lonely planet

SPANIEN

Isabella Noble,
Stuart Butler, Natalia Diaz, Jamie Ditaranto,
Esme Fox, Felicity Hughes, Anna Kaminski,
Laura McVeigh, Iain Stewart, Jenny Walker

INHALT

Reiseplanung

Reiseziele

Mercado San Miguel (S. 67), Madrid

La Sagrada Família (S. 236), Barcelona

Praktisches

Storybook

San Sebastián (S. 343)

Passeig del Born (S. 219), Barcelona

WILLKOMMEN IN SPANIEN

Ich bin im Süden Andalusiens aufgewachsen. Grandiose Strände, unwiderstehliche Tapas, Spaß am Leben und schier endloser Sonnenschein gehörten zu meinem alltäglichen, vielleicht sogar als selbstverständlich angesehenen Leben. Nachdem ich einige Zeit woanders zugebracht habe, genieße ich wieder jede Sekunde in diesem Land, angefangen vom abendlichen Trubel auf den Stadtplätzen bis hin zu den roten Sonnenuntergängen über den Hügeln auf dem Land (ausgenommen der Schlangen in den Postämtern!). Es ist leicht zu verstehen, warum es so viele Menschen aus aller Welt nach Spanien zieht und warum so viele von ihnen das Land nicht wieder verlassen. Köstliches Essen, grandiose Denkmäler und traumhafte Strände gepaart mit spanischer Lebensfreude – und dazu eine Portion *arroz* (Reis) und ein *tinto de verano* (Rotwein mit Limo) an einem der traumhaften Strände am Mittelmeer, was will man mehr!

Isabella Noble
@isabellamnoble

Isabella ist eine auf Spanien und insbesondere auf Barcelona und Andalusien spezialisierte Reisejournalistin.

Mein Lieblingserlebnis ist es, auf Barcelonas Passeig del Born zu schlendern, unabhängige Boutiquen zu besuchen und schließlich auf einer quirligen *terraza* einen Vermouth und eine Tortilla-Tapa zu genießen.

LIEBLINGSPLÄTZE

Hier schlägt für unsere Autor:innen und Expert:innen das Herz Spaniens

PABLESKU/SHUTTERSTOCK ©

Ich bin auf der ganzen Welt über Gebirgszüge gewandert, es gibt aber für mich keine Bergkette, die mit der reinen Schönheit und Vielfalt der Pyrenäen mithalten könnte. Wenn ich dort einen Ort wählen müsste, der die ganze Schönheit beschreibt, dann wäre es der einzigartige, süchtig machende **Monte Perdido**.

Stuart Butler

@stuartbutler1974

Stuart ist Schriftsteller, Autor von Reiseführern und Fotograf. Er lebt am Fuß der Pyrenäen.

RUDIERNST/SHUTTERSTOCK ©

Die ca. eine Autostunde von Cuenca entfernte **Ciudad Encantada** bietet ein Abenteuer durch ein prähistorisches Wunderland. Wer diesen 90 Mio. Jahre alten Park besucht, spielt „Fels-Rorschach" – und sucht die Felsformationen nach Tieren, Schiffen, Pilzen und sogar menschlichen Gesichtern ab.

Natalia Diaz

@nataliadi8z

Natalia ist Journalistin, Food-Bloggerin, Kinderbuchautorin und Mitbegründerin von Chefugee.org.

PABLO ESCUDER CANO/ISTOCK/GETTY IMAGES ©

Der Weg von Espot nach Estany Negre im Parc Nacional d'Aigüestortes i Estany de Sant Maurici führt über einen Anstieg mit 1000 Höhenmetern bis zu einem See inmitten einer von Gletschern ausgewaschenen Bergkette. Als ich oben ankam, hatte ich weiche Knie, aber in der *refugio* gab es kaltes Bier – ideal für die verdiente Pause.

Jamie Ditaranto

@jamieditaranto

Jamie ist Schriftstellerin und Fotografin in Barcelona.

Nur 50 km von Málaga entfernt befindet sich eine bizarre, märchenhafte Landschaft – Torcal de Antequera. Diese ursprüngliche Gegend liegt 1100 m über dem Meeresspiegel und ist eine der beeindruckendsten Karstlandschaften Europas. Skurrile Felsformationen ragen in den Himmel, Geier kreisen hoch oben in den Lüften und unten in den Felsen sind alte Ammonitenfossilien zu erkennen.

Esme Fox

@esmefoxy

Esme ist Reisejournalistin, lebt in Barcelona und reist gerne durch Spanien.

EDUARDO ESTELLEZ/SHUTTERSTOCK ©

Die Plaza Mayor war lange Zeit das schlagende Herz der Hauptstadt: eine Arena für alle öffentlichen Spektakel, von Hinrichtungen bis zu Stierkämpfen, und jetzt noch spürt man einen Hauch von Dramatik, wenn man über den Platz schlendert. Heute ist er ein beliebter Treff für alle, die hier den Weihnachtsmarkt oder ein Konzert des San-Isidro-Festivals besuchen.

Felicity Hughes

@Fliss108

Felicity Hughes ist Journalistin und Autorin des Geschichtsblogs The Making of Madrid.

ANGELO DAMICO/SHUTTERSTOCK ©

Nachdem ich Spanien zu meiner Heimat erkoren habe, war ich fast überall wandern – von den höchsten Gipfeln in Andalusien bis hin zur Costa de la Luz. Aber nichts kommt an Galiziens Costa da Morte heran, wenn es um die Herausforderung einer Wanderung an der schroffen Küste oder um den atemberaubenden Moment geht, wenn sich der Küstennebel auflöst und den Blick auf die wilden Wellen freigibt.

Anna Kaminski

@ackaminski

Anna ist Reiseautorin, sie lebt in La Axarquía.

ARCAM78/SHUTTERSTOCK ©

PASCAL SAEZ/VW PICS/UNIVERSAL IMAGES GROUP VIA GETTY IMAGES ©

Der Karneval in Cádiz ist das absolute Highlight der Stadt. Die Lockerheit der *gaditanos* zeigt sich vor allem im Februar, wenn zehn Tage lang laut und fröhlich gefeiert wird. Die ganze Stadt ist erfüllt von Musik, Gastro-Clubs säumen die Straßen, alle sind verkleidet und Umzüge, Karnevalswagen und Musiker:innen bringen die Straßen in Cádiz zum Brummen.

Laura McVeigh

www.lauramcveigh.com, @lcmcveigh

Laura ist Bestsellerautorin und Reiseschriftstellerin.

MEDVEDKOV/GETTY IMAGES ©

Die abbröckelnde Betonfassade ist nicht schick, aber ist man im La Mestalla, der Heimstätte des FC Valencia, spürt man ein Ehrfurchtsgefühl angesichts der schwindelerregenden Tribünen mit Blick aufs Spielfeld. Ein halbfertiges Ersatzstadion befindet sich ein paar Kilometer weiter weg, aber mich wird das historische La Mestalla immer an meinen ersten Besuch in der Stadt erinnern – als der Club La-Liga-Champion war.

Iain Stewart

@iaintravel

Iain ist Journalist und Reiseschriftsteller.

PABLO MENDEZ RODRIGUEZ/SHUTTERSTOCK ©

Es liegt nicht daran, dass es ein Gotteshaus ist, es liegt daran, dass es geliebt wird – und genau das berührt mich an dieser winzigen Einsiedelei. Die in den Fels gehauene Kapelle versteckt sich im fast vergessenen Ebro-Tal. Die Höhlenkirche Cadalso zeugt von der 1000-jährigen Geschichte dieser mit Dörfchen übersäten Region.

Jenny Walker

@jennywalkertravel

Dr. Jenny Walker ist Schriftstellerin und Wissenschaftlerin; sie ist in Nordspanien zu Hause.

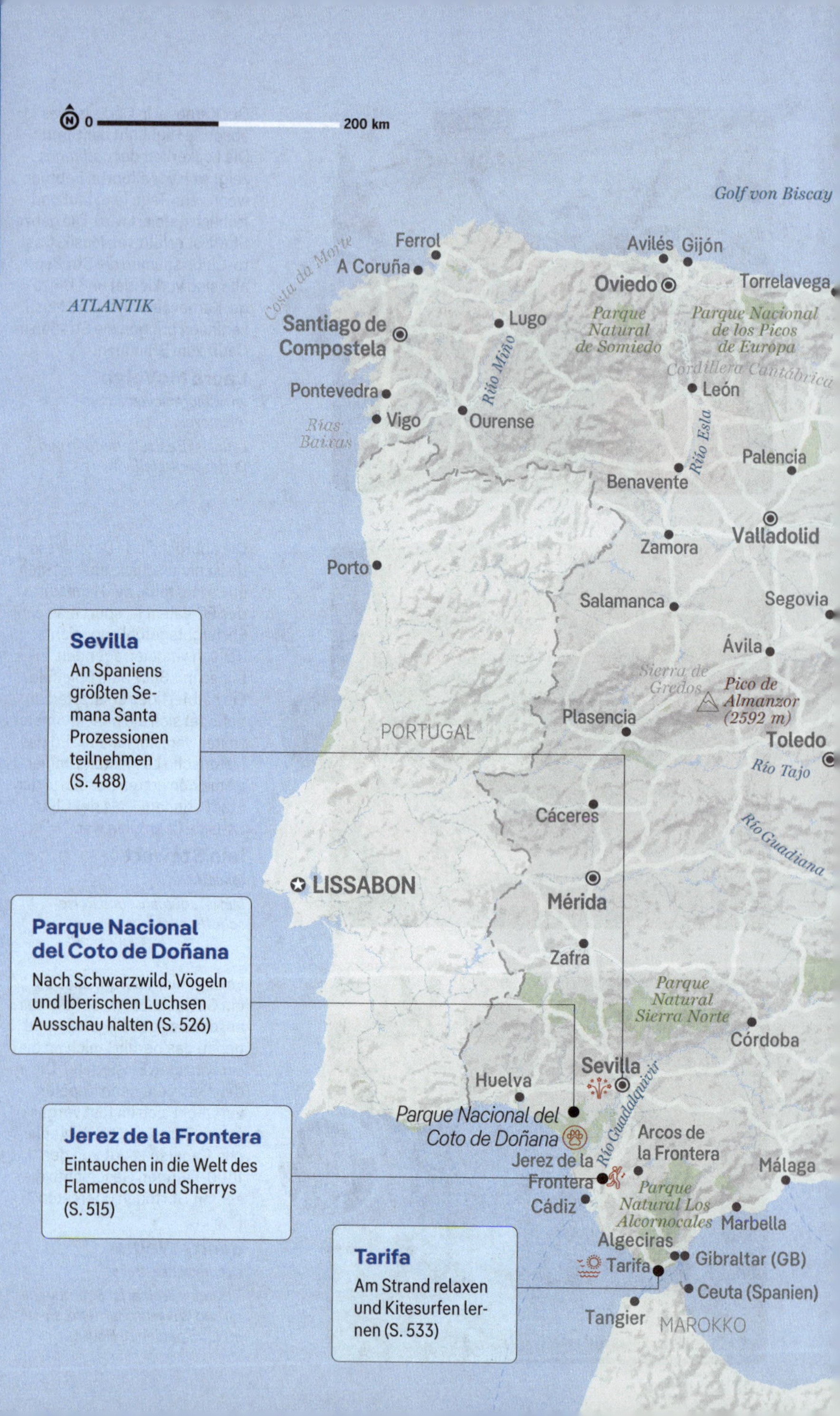
0
200 km
Golf von Biscay
ATLANTIK
Costa da Morte
Ferrol
A Coruña
Avilés
Gijón
Oviedo
Torrelavega
Santiago de Compostela
Lugo
Parque Natural de Somiedo
Parque Nacional de los Picos de Europa
Cordillera Cantábrica
Río Miño
León
Pontevedra
Vigo
Ourense
Rías Baixas
Río Esla
Palencia
Benavente
Valladolid
Zamora
Porto
Salamanca
Segovia
Ávila
Sierra de Gredos
Pico de Almanzor (2592 m)
Plasencia
PORTUGAL
Toledo
Río Tajo
Cáceres
Río Guadiana
LISSABON
Mérida
Zafra
Parque Natural Sierra Norte
Córdoba
Sevilla
Huelva
Río Guadalquivir
Parque Nacional del Coto de Doñana
Arcos de la Frontera
Jerez de la Frontera
Málaga
Parque Natural Los Alcornocales
Cádiz
Marbella
Algeciras
Tarifa
Gibraltar (GB)
Ceuta (Spanien)
Tangier
MAROKKO
Sevilla
An Spaniens größten Semana Santa Prozessionen teilnehmen (S. 488)
Parque Nacional del Coto de Doñana
Nach Schwarzwild, Vögeln und Iberischen Luchsen Ausschau halten (S. 526)
Jerez de la Frontera
Eintauchen in die Welt des Flamencos und Sherrys (S. 515)
Tarifa
Am Strand relaxen und Kitesurfen lernen (S. 533)

La Rioja
In Top-Bodegas erstklassische spanische Weine kosten (S. 372)

San Sebastián
In die berühmte pintxo-Szene eintauchen (S. 343)

Parque Nacional de Ordesa y Monte Perdido
Einige der spektakulärsten Wanderwege in den Pyrenäen in Angriff nehmen (S. 306)

FRANKREICH
Santander
Bilbao (Bilbo)
San Sebastián
Vitoria-Gasteiz
Pamplona (Iruña)
ANDORRA
Logroño
Parque Nacional de Ordesa y Monte Perdido
Parc Nacional d'Aigüestortes i Estany de Sant Maurici
ANDORRA LA VELLA
Burgos
La Rioja
Girona
Soria
Aranda de Duero
Zaragoza
Lleida
Blanes
Río Duero
Barcelona
Río Ebro
Tarragona
Costa Daurada
Guadalajara
MADRID
Menorca
Teruel
Aranjuez
Cuenca
Castellón de la Plana (Castelló de la Plana)
Palma de Mallorca
Valencia
Golfo de Valencia
Mallorca
Ibiza
Balearen (Islas Baleares)
Albacete
Ciudad Real
Ibiza-Stadt
Alicante (Alicant)
Formentera
Costa Blanca
Parque Natural Sierras de Cazorla, Segura y las Villas
Elche (Elx)
Torrevieja
Murcia
MITTELMEER
Jaén
Cartagena
Granada
Las Alpujarras
Almería
Parque Natural de Cabo de Gata-Níjar
ALGERIEN

Barcelona
In El Born durch die mittelalterlichen Straßen bummeln (S. 191)

Madrid
Galerie-Hopping: der Prado und vieles mehr (S. 58)

Granada
Andalusiens maurische Vergangenheit in der Alhambra entdecken (S. 550)

Las Alpujarras
Durch alte, weiße Dörfer wie Capileira schlendern (S. 559)

VAMOS A LA PLAYA

Von sonnenverwöhnten Mittelmeerstränden bis zu wilden Klippen im Nordwesten: Spaniens 5000 km lange Küste lädt – obgleich teils stark bebaut – zu endlosen Entdeckungsreisen ein. Im Sommer lockt sie das gesamte Land an, schließlich ist ein Ausflug zur *playa* (Strand) ein beliebtes Freizeitvergnügen. Die Bandbreite reicht von den zerklüfteten Buchten der Costa Brava über die Atlantikschönheit Costa de la Luz und die sandigen Surfparadiese im Norden bis hin zu den Traumstränden der Balearen.

Strandsaison

Die Hauptsaison mit Badeaufsicht und umfangreichem Serviceangebot dauert von Mitte Juni bis Mitte September, vielerorts ist es jedoch warm genug, um auch davor und danach schwimmen zu gehen.

Surfszene

Nordspanien ist ein Surfparadies, insbesondere die wilden Strände im Baskenland, in Kantabrien, in Asturien und in Galicien. Tarifa in Andalusien ist international als Kite- und Windsurfmekka bekannt.

Versteckte Buchten

Viele der schönsten Strände Spaniens sind winzige versteckte *calas* (Buchten), die nur zu Fuß, mit dem Boot, dem Kajak oder dem Paddle Board zu erreichen sind.

Cala Codolar, Tossa de Mar (S. 284)

STRAND-HIGHLIGHTS

Die wunderschönen atlantischen Sandstrände der Costa de la Luz rund um **Tarifa** versprühen Kitesurfflair. ❶ (S. 535)

Der Fernwanderweg Camí de Ronda führt zu den glitzernden Buchten der **Costa Brava**. ❷ (S. 283)

Das herrliche **Formentera** mit türkisfarbenen Wellen an perlweißen Stränden ist die Karibik Europas. ❸ (S. 629)

Die goldenen Sandstrände im unberührten Küstenparadies **Cabo de Gata** gehören zu den schönsten Spaniens. ❹ (S. 567)

Mit dem Boot geht's zu den weißen Stränden der geschützten **Illas Cíes** im Parque Nacional de las Islas Atlánticas in Galicien. ❺ (S. 436)

KULINARISCHE HÖHENFLÜGE

Nicht ohne Grund sind Tapas weltbekannt. Spanien ist ein echtes Feinschmeckerparadies mit großer regionaler Vielfalt. Den Kern der spanischen Küchentradition bilden erstklassige Zutaten, die man für sich sprechen lässt. Und am besten sind die lokalen Erzeugnisse, ob Schinken aus den Bergen im Westen, Meeresfrüchte von Galiciens felsiger Küste, würziger Käse und Grillfleisch aus den grünen Tälern im Norden oder Olivenöl aus den Ebenen Andalusiens. Mehr zur spanischen Küche gibt's auf S. 48.

Wunderbare Märkte

Zu den spannendsten kulinarischen Hotspots gehören Spaniens urbane Märkte mit lebhaften Theken, Tapasbars und Restaurants – marktfrischer geht's nicht!

Tapas-Kultur

Mundgerechte Tapas und *pintxos* (baskische Tapas) sind essenziell für die spanische Küche und fast schon eine Kunstform. In Andalusien werden mancherorts zu jedem Getränk Gratis-Tapas gereicht.

Kulinarische Touren

Mittlerweile gibt es in Spanien ein großes Angebot an tollen kulinarischen Touren und Kochkursen, bei denen Einheimische in die regionalen Spezialitäten einführen.

Tapas und Wein, Sevilla (S. 493)

BESONDERE GESCHMACKSERLEBNISSE

Sevilla weiht mit beliebten Tapas-Bars wie El Rinconcillo und La Brunilda in die Kunst des Tapas-Essens (*tapeo*) ein. ❶ (S. 493)

Die gefeierte kulinarische Kreativität des Baskenlandes wird in den lebendigen *pintxo*-Bars gelebt; Einblicke liefert eine *pintxo*-Bar-Tour rund um **San Sebastián**. ❷ (S. 343)

Einen guten Einstieg in Kataloniens wegweisende molekulare Sterneküche bietet z.B. das Disfrutar in **Barcelona**. ❸ (S. 241)

Galicische Meeresfrüchte gehören zu den gastronomischen Highlights Spaniens; im Abastos 2.0 in **Santiago de Compostela** sind sie marktfrisch. ❹ (S. 424)

Gute Chancen auf eine perfekte Paella hat man in ihrer valencianischen Heimat **La Albufera**; die Arrocería Maribel in El Palmar ist ein beliebtes lokales Restaurant. ❺ (S. 647)

OUTDOOR-ABENTEUER

Von den verschneiten Pyrenäen im Norden zu Almerías trockenen Wüstenlandschaften im Süden: Vielfalt und Schönheit von Spaniens Natur sind grenzenlos, ebenso die Outdoor-Möglichkeiten. Man kann wunderbar wandern (ob auf steile Berggipfel oder gemütlich in Tälern) oder beim Canyoning, bei Klippenklettertouren, mit dem Rad, auf dem Pferd oder beim Paddeln im Meer die Natur erleben. Hier hält jeder Monat das passende Abenteuer bereit!

Wandern

Spanien ist ein Wanderparadies, dafür sorgen Gipfeltouren in den Pyrenäen, in der Sierra Nevada oder in den Picos de Europa ebenso wie Routen zu malerischen Dörfern in niedrigeren Gefilden.

Im Wasser

An der Mittelmeer- und Atlantikküste warten zahllose Wassersportabenteuer wie Kite-, Wind- und reguläres Surfen, außerdem Kajaktouren, Stehpaddeln oder ganz klassisch ein Bad im Meer.

Abenteuersport

Spanien hält Canyoning, Höhlenklettern, Gleitschirmfliegen, Felsklettern, Reiten und Klettersteigtouren bereit sowie im Winter Skifahren, Snowboarden und Schneeschuhwanderungen.

Skifahren in den katalanischen Pyrenäen (S. 272)

OUTDOOR-HIGHLIGHTS

Die Wanderwege in Aragoniens **Parque Nacional de Ordesa y Monte Perdido** gehören zu den spektakulärsten der Pyrenäen (und ganz Spaniens). ❶ (S. 306)

Zum höchsten Gipfel auf dem spanischen Festland, dem **Mulhacén** (3479 m), führt eine faszinierende Wanderung in Granadas Sierra Nevada. ❷ (S. 563)

Skibegeisterte lockt es in die katalanischen Pyrenäen; **Baqueira-Beret** im Val d'Aran zählt zu den beliebtesten Skigebieten Spaniens. ❸ (S. 272)

Ob Kajakfahrten auf dem Río Sella oder Wanderungen zu Bergseen: Die **Picos de Europa** halten zahllose Abenteuer bereit. ❹ (S. 380)

Bei einer Heißluftballonfahrt erlebt man den **Parque Natural Sierra de Grazalema** in Cádiz im Süden Andalusiens aus der Vogelperspektive. ❺ (S. 524)

Iberiensteinbock, Sierra Nevada (S. 566)

WILDE TIERE

Spanien zählt zu den besten Orten Europas, um Wildtiere in ihrem natürlichen Lebensraum (verantwortungsvoll!) zu beobachten. Auf vielen Wanderwegen kann man unterwegs große Säugetiere entdecken, während hoch oben riesige Raubvögel kreisen. Mit etwas Glück lassen sich in Asturien wilde Bären und in Andalusien Iberische Luchse blicken.

Schutzgebiete

Viele der bekanntesten Arten Spaniens leben in streng geschützten *parques nacionales* (Nationalparks) und/oder *parques naturales* (Naturparks); Ökotouren bieten die Chance, diese zu entdecken.

Seltene Tiere

Braunbär, Iberischer Luchs und Iberischer Wolf zählen zu den drei spanischen Arten, die Wildtierinteressierte besonders begeistern. In Gibraltar wohnt Europas einziger Primat, der Berberaffe.

WILDTIER-HIGHLIGHTS

Bei einer Jeeptour durch Andalusiens **Parque Nacional de Doñana** erspäht man mit etwas Glück einen Iberischen Luchs. ❶ (S. 526)

Im abgeschiedenen **Parque Natural de Somiedo** entdeckt man manchmal einen seltenen Kantabrischen Braunbären. ❷ (S. 409)

Im **Parque Nacional de Monfragüe** in der Extremadura hat man die besten Chancen, Raubvögel zu sichten. ❸ (S. 466)

Bei einer Wanderung in Granadas **Sierra Nevada** lassen sich Iberiensteinböcke entdecken. ❹ (S. 566)

In **Tarifa** starten Walbeobachtungstouren durch die Straße von Gibraltar. ❺ (S. 535)

REISE IN DIE VERGANGENHEIT

Abseits des urbanen Trubels zeigt sich Spanien von einer anderen Seite: Die Uhren ticken scheinbar langsamer und hübsche Dörfchen zieren die friedliche Landschaft. Mit ihren verwinkelten Straßen, schiefen Steinhäuschen, einem Platz mit ein paar Bars, einer Kirche und einer halb verfallenen Burg sorgen sie für ganz besondere Reiseerinnerungen.

Dörfer im Norden

Im Norden zieren goldene Steindörfer die wunderbar grüne Landschaft; Regen verändert die Lichtstimmung in den Straßen.

Pueblos blancos

Andalusiens berühmte *pueblos blancos* (weiße Dörfer) zählen dank ihrer bewegten Geschichte, spektakulären Lage und verfallenden Burgen zu den faszinierendsten Zielen Spaniens.

Die schönsten Dörfer

In Spanien gibt es so viele verschiedene wunderschöner Dörfer, dass es sogar eine offizielle Liste und einen Verband für sie gibt: Los Pueblos más Bonitos de España (lospueblosmasbonitosdeespana.org).

HIGHLIGHTS

Mit seiner charakteristischen Architektur maurischen Ursprungs ist das weißgetünchte **Capileira** das magischste Dorf in Granadas Las Alpujarras. ❶ (S. 561)

Vejer de la Frontera, das wohl schönste *pueblo blanco* von Cádiz, lädt zu einem Spaziergang durch die atmosphärischen Gassen ein. ❷ (S. 539)

Santillana del Mar in Kantabrien ist der Star unter den Dörfern im Norden. ❸ (S. 395)

Das spektakuläre *malagueño*-Dorf **Ronda** über einer steilen Schlucht ist weltbekannt; ein Besuch lässt sich gut mit Wanderungen und Weingutbesichtigungen kombinieren. ❹ (S. 588)

Albarracín (Aragonien), eines der hübschesten Dörfer Spaniens, zeichnet sich durch zartrosa Straßen und Holzfachwerk aus. ❺ (S. 322)

FASZINIERENDE GESCHICHTE

Es heißt, dass man in Spanien stets auf Überreste der Vergangenheit stößt, wenn man etwas Neues baut. Manche Städte gehen auf phönizische Zeiten zurück (Cartagena, Cádiz, Eivissa) und eine Reise in Spaniens Geschichte zählt zu den Reisehighlights. Heute sind die prachtvollen Bauten, die die verschiedensten Kulturen hinterließen, eindrucksvolle Relikte der Vergangenheit – bei manchen scheint die Zeit stehen geblieben zu sein, andere entwickeln sich noch Jahrhunderte später weiter.

LINKS: MAKASANA PHOTO/SHUTTERSTOCK ©, FLORIN CNEJEVICI/SHUTTERSTOCK ©, RECHTS: PRISMA BY DUKAS/UNIVERSAL IMAGES GROUP EDITORIAL/GETTY IMAGES ©

Römisches Spanien

Römische Ruinen gibt es überall im Land, die schönsten beherbergt jedoch das lebendige Mérida, die einstige Hauptstadt der römischen Provinz Lusitania (S. 473).

Prächtige Kathedralen

Herzstück der meisten spanischen Städte ist eine spektakuläre Kathedrale. Viele davon wurden über Jahrhunderte gebaut und weisen einen faszinierenden architektonischen Stilmix auf.

Maurische Zeiten

Von der magischen Alhambra bis zu Sevillas La Giralda: Die großen Bauwerke Andalusiens, dem Herzstück von Al-Andalus, gehen auf die maurische Herrschaft zurück. Saragossa birgt die spektakuläre Aljafería (S. 302).

Mezquita (S. 499), Córdoba

HISTORISCHE & ARCHITEKTONISCHE HIGHLIGHTS

Granadas prachtvolle **Alhambra** bestaunen und dann durch den alten maurischen Albayzín spazieren. ❶ (S. 550)

Auf den Spuren der unzähligen Pilgernden wandeln, die seit dem Mittelalter dem berühmten **Camino de Santiago** folgen. ❷ (S. 362)

Bei einem Spaziergang durch das UNESCO-Welterbe **Ciudad Monumental** in Cáceres in der Extremadura mit die schönste Altstadt Spaniens erleben. ❸ (S. 458)

Sich in den unzähligen rotweißen Bögen von Córdobas unvergleichlicher **Mezquita**, einem maurischen Meisterwerk, verlieren. ❹ (S. 499)

In die modernistische Welt **Barcelonas** mit Gaudís charakteristischer La Pedrera, Casa Batlló oder La Sagrada Família eintauchen, idealerweise in Begleitung fachkundiger Einheimischer. ❺ (S. 233)

KUNSTWELT

In dem Land, das Picasso, Dalí, Goya, Velázquez, Miró, Tàpies und unzählige weitere große Namen hervorbrachte, spielt Kunst eine wichtige Rolle und in fast jeder größeren Stadt gibt es interessante Galerien. Madrid gilt mit seinem weltberühmten Museumstrio als Königin der Kunstwelt, doch auch Barcelona, Bilbao und Málaga sind für ihre herausragenden Museen bekannt. Oft sind die Gebäude selbst wahre Meisterwerke, z. B. das Guggenheim in Bilbao.

LINKS: DMITRO2009/SHUTTERSTOCK ©, JJFARQUITECTOS/ISTOCK EDITORIAL/GETTY IMAGES ©, RECHTS: © MUSEO PICASSO MÁLAGA

Galerieführungen

Die bekanntesten Galerien können mit ihrer schieren Größe schnell überfordern; Führungen geben einen Überblick über die jeweiligen Highlights.

Straßenkunst

Heute ist die Straße eine wichtige Bühne für lokale Kunst. Besonders lebendig sind die Straßenkunstszenen in Barcelona, Valencia, Granada, Málaga und Madrid.

Pablo Picasso

Spaniens größter Künstler des 20. Jhs. wird mit Museen in Málaga und Barcelona gefeiert. Sein Meisterwerk *Guernica* ist im Centro de Arte Reina Sofía in Madrid ausgestellt (S. 85).

Museo Picasso Málaga (S. 577)

KUNST-HIGHLIGHTS

Berühmte Meistwerke und weniger bekannte Schätze im **Museo del Prado** in Madrid bestaunen. ❶ (S. 86)

Auf den Spuren Picassos in seiner andalusischen Heimatstadt Málaga wandeln – zu den Highlights zählen sein Elternhaus und das **Museo Picasso**. ❷ (S. 577)

Im **Teatre-Museu Dalí** in Figueres die surrealistischen Darstellungen Salvador Dalís enträtseln und dann seinem Weg bis Cadaqués an der Costa Brava folgen. ❸ (S. 278)

Der Montjuïc in Barcelona ist ein Kunstmekka, wo sich die großartige **Fundació Joan Miró** mit dem spektakulären Museu Nacional d'Art de Catalunya kombinieren lässt. ❹ (S. 249)

Bei einem Besuch von **Saragossa** und Fuendetodos in die Welt Francisco Goyas eintauchen. ❺ (S. 305)

FIESTA-ZEIT

In Spanien ist das Feiern Teil der Identität, wie die unzähligen *fiestas* (Feste) im Land zeigen. Die Menschen tanzen, trinken, essen und feiern auf der Straße, sei es bei den sehnsüchtig erwarteten großen Stadtfesten oder auf lokalen Partys in winzigen Dörfern. Das ganze Jahr über finden verschiedenen Fiestas statt, bei denen jeder willkommen ist.

Religiöse Feierlichkeiten

Viele der bekanntesten Feste Spaniens haben alte religiöse Wurzeln und sind oft von großer Bedeutung für das Gemeinschaftsgefühl.

Essen & Trinken

Ob Käse, Schinken, Olivenöl oder Safran, Spanien feiert seine Liebe zum Essen und Trinken mit verschiedenen kulinarischen Festen (S. 49).

Musikfestivals

Der Sommer ist Festivalsaison. Zu den Highlights gehören Primavera Sound und Sónar in Barcelona, Mad Cool in Madrid, Benicàssim in Castellón und Womad in Cáceres.

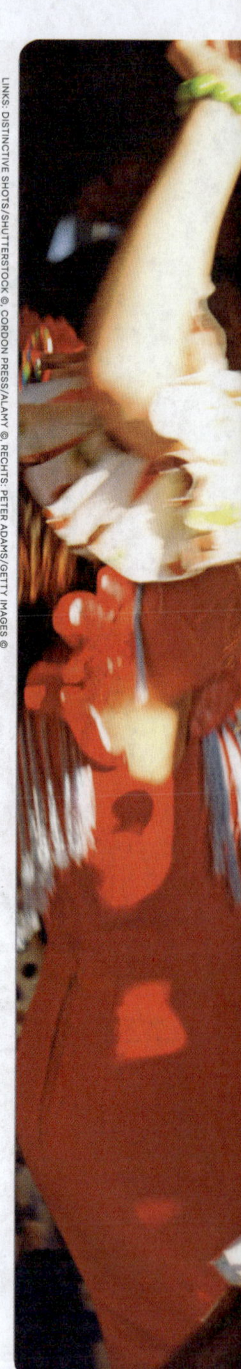

Feria de Abril (S. 489), Sevilla

DIE BESTEN FESTE

In Flamenco-Outfits feiert Sevilla mit der **Feria de Abril** die andalusische Fiesta schlechthin. ❶ (S. 489)

Die **Semana Santa** (Karwoche) in Andalusien steht sinnbildlich für die Essenz Spaniens. ❷ (S. 544)

Bei der **Romería del Rocío** in Huelva machen sich zahllose Pilgernde zu Pferde, in Kutschen oder zu Fuß nach El Rocío auf. ❸ (S. 528)

Valencias **Las Fallas** sorgen mit Feuerwerk, Leuchtfeuern und riesigen Pappmaché-Figuren für staunende Gesichter. ❹ (S. 634)

Von Jerez bis Valdepeñas feiern im September viele Weinregionen die **Vendimia** (Traubenernte) mit einem großen Fest, bei dem meist auch die ersten Trauben gestampft werden. ❺ (S. 184)

Flamenco-Tänzerin, Sacromonte (S. 546), Granada

FLAMENCO-RHYTHMEN

Flamenco hat seine Wurzeln in der seelenvollen Cádiz-Jerez-Sevilla-Region im Westen Andalusiens und geht auf unterdrückte Roma-, maurische und jüdische Gemeinschaften in Andalusien zurück. Die leidenschaftliche, spontane Kunstform lässt sich am besten in einer hiesigen Bar inmitten lauter *olé*-Rufe erleben.

Außerhalb Andalusiens

Barcelona hat aufgrund der vielen Zugezogenen aus Andalusien eine reiche Flamenco-Szene, ebenso Madrid, wo das Suma Flamenca gefeiert wird.

Andalusisches Kernland

Hier im Süden schlägt das Herz des Flamencos in Form lebendiger Feste, *peñas* (Privatclubs), *tablaos* (professioneller Shows) und mehr.

FLAMENCO-HIGHLIGHTS

Für Flamenco-Begeisterte ist das **Centro Andaluz de Flamenco** in Jerez de la Frontera ein Pflichtstopp. ❶ (S. 515)

Eine Flamenco-Show in den **Höhlen von Sacromonte** in Granada ist ein Erlebnis. ❷ (S. 555)

Sevillas authentisches *tablao* **Pura Esencia** bietet faszinierende Vorstellungen. ❸ (S. 495)

In Córdobas **Concurso Nacional de Arte Flamenco** finden erstklassige Darbietungen statt. ❹ (S. 504)

Sevilla und Málaga richten abwechselnd die renommierte **Bienal de Flamenco** aus. ❺

URBANE REIZE

Am besten lässt sich die spanische Lebensart bei einem *café con leche* an einem belebten städtischen Platz erspüren, wo der urbane Trubel je nach Uhrzeit abebbt oder auflebt. Bei einem Tag auf den Märkten, in den Geschäften, Restaurants und Parks lernt man außerdem einige der spektakulärsten Sehenswürdigkeiten des Landes kennen.

Weitere urbane Highlights

Vom betriebsamen Valencia über das reizende Palma de Mallorca bis hin zum eleganten Saragossa und den faszinierenden andalusischen Städten Granada, Sevilla und Málaga: Spaniens Städte sind ein Fest für alle Sinne.

Die großen zwei

Madrid und Barcelona sind besonders begehrte Ziele, dafür sorgen unschlagbare Gastronomie- und Ausgehszenen, großartige Galerien, eindrucksvolle Architektur und ihr ganz eigener Charakter.

Kulinarische Führungen

Zu den großen Highlights spanischer Städte gehört die florierende Gastronomiekultur, die sich wunderbar bei sachkundigen Führungen erleben lässt.

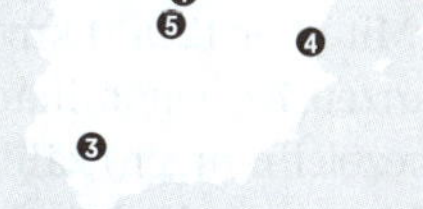

URBANE HIGHLIGHTS

Von der Puerta del Sol die **Calle de Alcalá** hinab warten einige der monumentalen Attraktionen Madrids. ❶ (S. 80)

Die mittelalterlichen Gassen von **El Born** in Barcelona geben Eindrücke von Kataloniens goldenem Zeitalter und Kunsthandwerkserbe. ❷ (S. 219)

In Sevillas **Barrio de Santa Cruz** kann man sich in weißgetünchten Straßen mit blumengefüllten Patios und einigen der größten Bauwerke Andalusiens verlieren. ❸ (S. 488)

Das wunderschön umgebaute **Flussbett des Turia** (heute eine idyllische Parklandschaft) in Valencia lässt sich mit dem Rad oder zu Fuß erkunden. ❹ (S. 640)

Die eindrucksvollen religiösen Bauwerke **Toledos** kann man, ausgehend von der gotischen Kathedrale, bei einem Spaziergang durch die geschichtsträchtige Stadt erleben. ❺ (S. 168)

WEINKULTUR

Mit über 12 000 km² großen Weinanbauflächen und ganzen 70 Denominaciones de Origen (DOs; Herkunftsbezeichnungen) zählt Spanien zu den internationalen Größen der Weinindustrie. Fast überall gibt es eine eigene Weinregion, und lokale Tropfen veredeln Restaurantbesuche im ganzen Land. Seit einigen Jahren sind viele Bodegas bemüht, alte Rebsorten wieder anzupflanzen und es gibt eine starke Bewegung hin zu biologischen, nachhaltigen Herstellungsmethoden.

LINKS: DARIO_FOTO_MADRID/SHUTTERSTOCK ©, OWEN FRANKEN/GETTY IMAGES ©, RECHTS: JON CHICA PARADA/GETTY IMAGES ©

Klassiker

Das spanische Traditionsanbaugebiet schlechthin ist das gefeierte La Rioja. Außerdem beliebt sind Somontano, Ribera del Duero, Rías Baixas und Ribeiro – und es gibt noch viele mehr.

Andere Tropfen

Katalonien ist die Heimat des *cava*, einem eigenen champagnerähnlichen Perlwein. Andalusien unten im Süden ist für leckere Sherrys bekannt, die ausschließlich in der Region Jerez hergestellt werden.

Apfelwein

Kantabrien, Asturien und das Baskenland im Norden ziehen spritzigen Apfelwein dem Klassiker vor. Das lokale Getränk wird publikumswirksam von weit oben ins Glas gegossen.

Haro (S. 373), La Rioja

HIGHLIGHTS FÜR WEINFANS

Eine Bodega-Tour in der katalanischen **Weinregion Penedès**, der Welthauptstadt des *cava*, unternehmen. ❶ (S. 291)

Bei einem Glas *fino* in **Jerez de la Frontera** den Geheimnissen andalusischer Sherrys auf den Grund gehen. ❷ (S. 515)

In **La Rioja**, Spaniens führender Weinbauregion, Weingüter besuchen – die Architektur ist oft ebenso eindrucksvoll wie die edlen Tropfen. ❸ (S. 372)

In **Cambados** mit Weingütern in alten *pazos* (Landhausvillen) und innovativen Bodegas wie Mar de Frades in die Welt des galicischen Albariño eintauchen. ❹ (S. 441)

Bei einer Reise entlang des Ufers des **Río Duero** in Kastilien und León leckere Rotweine mit lokalen Fleischspezialitäten kombinieren. ❺ (S. 155)

STÄDTE & REGIONEN

Entdecke dein Sehnsuchtsziel.

Santiago de Compostela & Galizien

PILGERZIEL; WILDE ATLANTIKKÜSTE

Santiago de Compostela, eine der bezauberndsten Städte Spaniens, zieht Pilgernde aus der ganzen Welt an. Sie erreichen die Stadt über den heiligen Camino de Santiago. Die unverwechselbare Nordwestecke des Landes bietet eine vom Wind gepeitschte Küste, sensationelles Seafood und grandiose Weine, steil abfallende grüne Täler, prächtige Steindörfer und betriebsame Städte.

S. 414

Kantabrien & Asturien

WO DIE BERGE BIS ANS MEER REICHEN

Farbenfrohe Fischereidörfer, wunderschöne grüne Täler, stufenförmige Küstenklippen und natürlich die majestätischen Picos de Europa – all das haben diese beiden kleinen, aber unglaublich lohnenswerten Regionen zu bieten. Hinzu kommen eine super Brandung, Meeresfrüchte in Hülle und Fülle sowie sehr unterschiedliche historische Reichtümer wie prähistorische Höhlenkunst, vorromanische Architektur und mehr.

S. 374

Kastilien-León

STÄDTISCHE KLEINODE IM ÖFFENTLICHEN RAUM

Himmelhohe Gipfel, weitläufige Ebenen, faszinierende mittelalterliche Städte und eine berühmte fleischlastige Gastronomie. In dieser großen Zentralregion mit alten Städten wie Salamanca und Segovia trifft jahrhundertealte Geschichte auf junge spanische Energie. Das ist Spanien in all seiner wunderbaren Originalität.

S. 120

Das Baskenland, Navarra & La Rioja

EINE ANDERE SEITE SPANIENS

Die drei völlig unterschiedlichen Regionen hoch oben in Nordspanien haben faszinierende Städte (Bilbao, San Sebastián, Pamplona, Vitoria-Gasteiz, Logroño), Spaniens beste Restaurants und Weingüter, den perfekt zum Surfen geeigneten Golf von Biscaya und eine grandiose, endlos erscheinende grüne Landschaft zu bieten, die förmlich nach Outdoor-Abenteuern schreit.

S. 326

Aragonien

RIESIGE BERGE, ENTZÜCKENDE ORTE UND ABENTEUER IN HÜLLE UND FÜLLE

Aragonien, dieses wenig beachtete Juwel, hat in den majestätischen Pyrenäen einige der besten Wander-, Fahrrad- und Outdoor-Abenteuer Spaniens zu bieten. Es ist aber auch eine Gegend mit faszinierenden mittelalterlichen Orten, abgelegenen Burgen und lebendigen Städten mit viel Kultur, u.a. die Hauptstadt Saragossa und Teruel im Mudéjar-Stil.

S. 294

Katalonien & die Costa Brava

BERÜHMTE KULTUR & BLÜHENDE NATUR

Katalonien hat außer Barcelona auch noch ehrfurchtgebietende Bergketten, glitzernde Küsten, jahrhundertealte Architektur sowie bezaubernde Städte und Dörfer zu bieten. Die Costa Brava mit ihren von Pinien gesäumten *cales* (Buchten), die energiegeladene Altstadt von Girona und Skiorte in den Pyrenäen – alles in allem eine wunderbar abwechslungsreiche Region.

S. 262

Barcelona

KATALONIENS UNBÄNDIGE HAUPTSTADT

Eine quirlige, absolut multikulturelle Stadt am Mittelmeer, in der sich die sagenhafte katalanische Kultur und Tradition mit frischer, kreativer Energie, grandioser Modernista-Architektur, umwerfenden Museen und Galerien vermischen. Auch gibt's hier eine der unwiderstehlichsten Food-Szenen Europas. So ist es nicht verwunderlich, dass heutzutage fast alle hier wohnen möchten.

S. 190

Madrid

BIS IN DEN HIMMEL!

Die spanische Hauptstadt ist eine der lebendigsten, freundlichsten und angenehmsten Städte Europas. Hierher kommt man wegen der sensationellen Galerien, grandiosen Paläste und geschäftigen *barrios* (Stadtviertel). Hier bleibt man wegen des hervorragenden Essens, der schwermütigen Festivals, dynamischen Märkte, mit neuem Leben erfüllten Grünflächen und des nicht enden wollenden Nachtlebens.

S. 58

Extremadura

RÖMISCHE RUINEN, GROSSE VÖGEL UND PRACHTVOLLE STÄDTE

Extremadura, eins der touristisch unberührtesten Ziele Spaniens, begeistert alle, die sich hierher wagen. Prächtige alte Städte wie Cáceres, Trujillo und Mérida beflügeln die Fantasie. Das Essen ist mit das Beste im Landesinneren Spaniens. Die Umgebung von Monfragüe mit seinen abgelegenen Tälern im Norden wartet mit unzähligen Vögeln auf.

S. 452

Sevilla & Andalusiens Bergdörfer

SPANISCHE SEELE & MAURISCHES ERBE

Andalusiens bezaubernde, feierlustige Hauptstadt Sevilla ist das Tor in eine Welt mit feurigem Flamenco, alten *pueblos blancos* (weiße Dörfer), atmosphärischen Bodegas, Atlantik-Stränden und maurischer Architektur. Lohnenswert sind die geschichtsträchtigen Städte Cádiz und Córdoba, die Costa de la Luz und das von Olivenbäumen bedeckte Hinterland. Zudem ist das Essen hier das legendärste ganz Spaniens.

S. 482

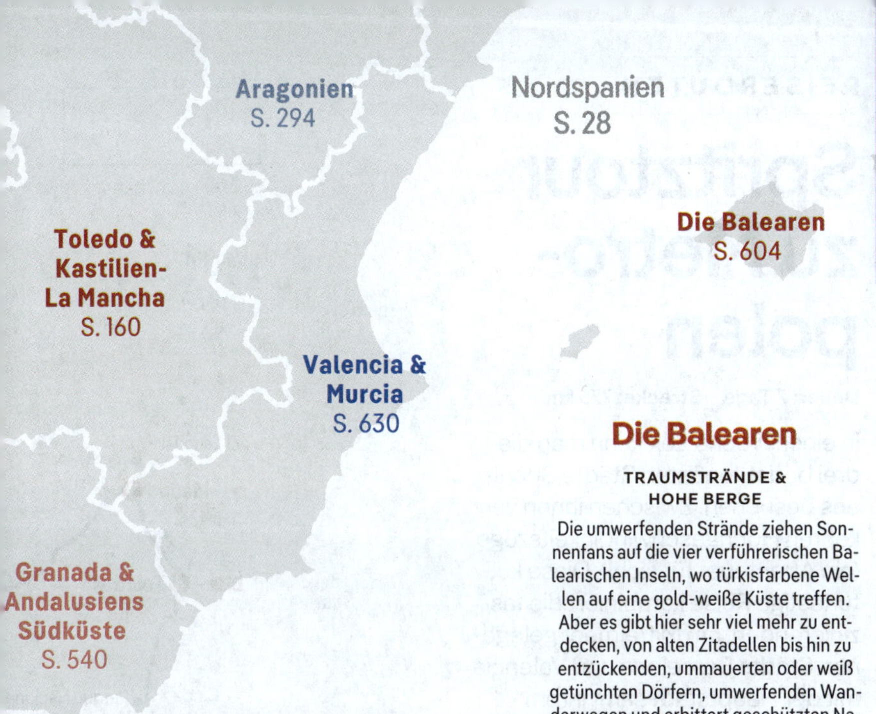

Aragonien
S. 294

Nordspanien
S. 28

Die Balearen
S. 604

Toledo & Kastilien-La Mancha
S. 160

Valencia & Murcia
S. 630

Granada & Andalusiens Südküste
S. 540

Die Balearen

TRAUMSTRÄNDE & HOHE BERGE

Die umwerfenden Strände ziehen Sonnenfans auf die vier verführerischen Balearischen Inseln, wo türkisfarbene Wellen auf eine gold-weiße Küste treffen. Aber es gibt hier sehr viel mehr zu entdecken, von alten Zitadellen bis hin zu entzückenden, ummauerten oder weiß getünchten Dörfern, umwerfenden Wanderwegen und erbittert geschützten Naturräumen. Auch die regionale Gastronomie ist wunderbar und einzigartig.

S. 604

Toledo & Kastilien-La Mancha

MYTHEN & MONARCHIE

Kastilien-La Mancha hat außer Käse und Wein auch noch die verlassenen Windmühlen und abbröckelnden Burgen des legendären Don Quijote zu bieten. Spaniens einstige Hauptstadt Toledo, das an einer Bergschlucht gelegene Cuenca, unzählige lokale Feste und eine Reihe kaum besuchter Städte und Dörfer sind nur einige der Überraschungen in der drittgrößten Region des Landes.

S. 160

Valencia & Murcia

KÜSTE & KULTUR

Vor Spaniens herrlicher Ostküste erstreckt sich das kobaltblaue Mittelmeer mit den beliebtesten Stränden des Landes. Der Geburtsort der Paella hat laute Festivals, römische Ruinen und göttliche Restaurants zu bieten. Das sonnenreiche Valencia gehört zu Spaniens bezauberndsten Städten und das unaufdringliche Murcia wird bis heute kaum besucht.

S. 630

Granada & Andalusiens Südküste

MAUREN, OLIVENHAINE & STRÄNDE

Das legendäre Granada mit der Alhambra, dieser unglaublichen maurischen Palastfestung, ist das absolute Highlight, aber Andalusien hat auch noch weitaus mehr im Angebot. Das kunstbeflissene Málaga, die glitzernde Mittelmeerküste, ein Wirrwarr weiß getünchter Dörfer, die gewaltige Sierra Nevada, schöne Renaissancestädte in Jaén, große Wüstengebiete in Almería und mehr.

S. 540

REISEROUTEN

Spritztour zu Metropolen

Dauer: 7 Tage **Strecke:** 775 km

In einer Woche Zeit kann man die drei bedeutendsten Städte Spaniens besuchen. Zwischen ihnen verkehren Hochgeschwindigkeitszüge (ein Abenteuer für sich!). Diese kulturlastige Reise kombiniert die faszinierenden, am Mittelmeer gelegenen Städte Barcelona und Valencia mit der Hauptstadt samt ihrem Reichtum in puncto Kunst sowie mit dem entzückenden Toledo.

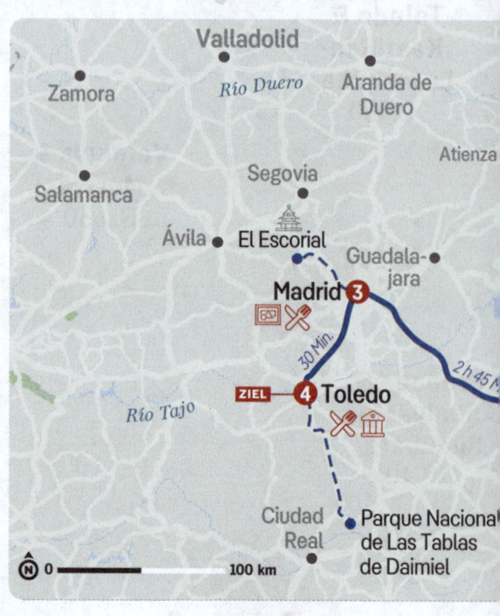

1

BARCELONA 2 TAGE

Startpunkt ist die unwiderstehliche katalanische Hauptstadt Barcelona (S. 190). Dort erkundet man das mittelalterliche Zentrum, erfreut sich an den Juwelen des Modernismus, relaxt an den Mittelmeerstränden und besucht hervorragende Galerien. Abends geht es in Tapaslokale, Cocktailbars oder mit Michelin-Sternen ausgezeichnete Restaurants.

Abstecher: *Das geheimnisvolle, unbedingt sehenswerte Montserrat kann man von Barcelona leicht im Rahmen eines Tagesausflugs besuchen. 1 Tag*

2

VALENCIA 2 TAGE

Das sonnige, fahrradfreundliche Valencia (S. 636) bietet tolle Märkte, goldfarbene Sandstrände, viel besuchte Grünflächen, gute Restaurants (in denen es weit mehr gibt als nur Paella), beeindruckende Öko-Auszeichnungen und Stadtviertel mit Lokalkolorit wie Russafa und El Carmen.

Länger Zeit: *Mit der Fähre auf eine der herrlichen balearischen Inseln mit den schönen Stränden fahren. 3 Tage*

3

MADRID 2 TAGE

Man könnte Wochen in Madrid (S. 58) zubringen und die Stadt trotzdem nur oberflächlich kennen. Aber ein paar Tage in der Hauptstadt vermitteln einen guten Vorgeschmack. Den Anblick des Templo de Debod genießen, durch den Parque del Buen Retiro radeln, die weltberühmten Galerien besuchen und sich anschließend in Tapas-Bars oder auf quirligen Märkten stärken.

Abstecher: *Der Besuch des königlichen Klosters El Escorial ist ein aufregender Tagesausflug. 1 Tag*

JUAN GARCIA HINOJOSA/SHUTTERSTOCK ©

4

TOLEDO 1 TAG

Wie wär's mit einem Tagesausflug nach Toledo (S. 166), in eine der faszinierendsten Metropolen und die einstige Hauptstadt? Die Altstadt gehört zum UNESCO-Weltkulturerbe und bietet Reste von drei sich wunderbar vermischenden Kulturen (Christentum, Judentum und Islam). Ferner erfährt man hier alles über den Künstler El Greco und kann in Kastilien-La Mancha in Spezialitäten schwelgen.

Abstecher: *Vogelbeobachtung im Parque Nacional de Las Tablas de Daimiel.* *1 Tag*

TMPR/SHUTTERSTOCK ©

Templo de Debod (S. 67), Madrid

REISEROUTEN

Abenteuer Andalusien

Dauer: 12 Tage **Strecke:** 770 km

Die aufregende Tour führt in Andalusiens bezauberndste Orte, von den großen Highlights bis hin zu wunderschönen Dörfern mit vielen Gelegenheiten, die wilde Natur zu genießen. Auf der Fahrt von der Mittelmeerküste in die Sierra Nevada und von den Olivenhainen an den krachenden Atlantik kann man wunderbar die Landschaften in sich aufsaugen.

1

MÁLAGA ⏱ 1 TAG

Nichts wie hinein ins sonnige Málaga (S. 577) mit seinem historischen Zentrum, seinen Galerien wie dem Museo Picasso und der Straßenkunstszene in Soho. Mittags genießt man Seafood in einem der Lokale am Mittelmeer, abends gibt's Tapas und anschließend stürzt man sich ins Nachtleben.

Abstecher: *Ausflug nach La Axarquía mit den weiß getünchten Bergdörfern. ⏱ 5 Std.*

2

LAS ALPUJARRAS ⏱ 2 TAGE

Wer gen Nordosten fährt, erreicht die dramatischen Hänge der Las Alpujarras (S. 559). Hier erklimmt man den mächtigen Mulhacén, wandert von einem alten Dorf zum nächsten, übernachtet in reizenden Landhotels und genießt nicht nur den Blick auf die Berge, sondern auch Spaniens besten *jamón* (Schinken) sowie Granadas Weine.

3

GRANADA ⏱ 2 TAGE

Granada (S. 546), die wohl magischste Stadt Andalusiens, ist ein Traum aus verwinkelten Straßen, Tapas-Bars und einer jahrhundertealten Geschichte. Los geht's mit dem Besuch der spektakulären Alhambra, gefolgt vom Albayzín-Viertel, vom Realejo-Hügel, von der Kathedrale, vom Flamenco und vielem mehr.

Abstecher: *Auf der Fahrt sollte man durch das untouristische Antequera bummeln. ⏱ 4 Std.*

4

PUEBLOS BLANCOS ⏱ 2 TAGE

Die Pueblos Blancos (weiße Dörfer) in der Provinz Cádiz (S. 519) gehören zu den schönsten Spaniens. Es lohnt sich, die Dörfer Grazalema, Zahara de la Sierra und Arcos de la Frontera (die sich alle als Ausgangsbasis anbieten) zu erkunden. Im Parque Natural Sierra de Grazalema kann man wunderbar wandern, reiten und mehr.

5

COSTA DE LA LUZ ⏱ 2 TAGE

Wer an der windgepeitschten Costa de la Luz Atlantikluft schnuppern möchte, sucht sich eine Bleibe in Tarifa (S. 533) oder Vejer de la Frontera. Beide Städte sind von weißen Mauern umgeben, haben ein maurisches historisches Zentrum, eine sich weiterentwickelnde Gastro-Szene und traumhafte Sandstrände, soweit das Auge reicht.

6

CÁDIZ ⏱ 1 TAG

Einen Tag sollte man in einer der ältesten Städte Europas verbringen. Cádiz (S. 509) wurde von den Phöniziern gegründet und hat viele grüne Plätze, historische Schätze, Atlantikstrände und brechend volle Tapas-Bars zu bieten, in denen man sich gern länger aufhält.

Länger Zeit: *Die Sherry-Orte Jerez und Sanlúcar sind grandiose Stopps auf dem Weg nach Sevilla. ⏱ 1–2 Tage*

0 50 km
Parque Natural Sierra Norte
Córdoba
Jaén
ZIEL
Sevilla 7
Dos Hermanas
Osuna
Utrera
Granada 3
2 h
2 h 30 Min
Antequera
1 h
Las Alpujarras 2
Sanlúcar de Barrameda
Pueblos Blancos 4
Ronda
START
La Axarquía
1 h 30 Min
Jerez de la Frontera
1 Málaga
Nerja
Motril
Cádiz 6
Marbella
Parque Natural Los Alcornocales
1 h 30 Min
Estepona
Fuengirola
Chiclana de la Frontera
Costa del Sol
1 h
Algeciras
Costa de la Luz 5
Tarifa
MITTELMEER
MAROKKO

7

SEVILLA ⏱ 2 TAGE

Weiter im Norden liegt Sevilla (S. 488), die verführerische Hauptstadt Andalusiens mit ihren Architekturschätzen, der Kathedrale und dem Alcázar sowie mit wuseligen barrios (Stadtviertel), einer grandiosen Kunstszene, Flamenco-Vorstellungen und einigen der besten Tapas-Bars Spaniens.

***Abstecher:** Mit dem AVE-Zug kommt man schnell von Sevilla nach Córdoba, einer weiteren faszinierenden Stadt in Andalusien. ⏱ 1 Tag*

Vejer de la Frontera (S. 539)

REISEROUTEN

Die Nordküste erkunden

Dauer: 10 Tage **Strecke:** 900 km

Eine völlig andere Welt als die geschäftige Mittelmeerküste ist Spaniens grüne Nordküste – sie gehört zu den spektakulärsten Europas. Honiggelbe Strände mit hohen, von der Brandung ausgewaschenen Klippen und Surfwellen. Die Städte im Norden sind quirlige Zentren voller Charme mit der wohl besten Gastronomie des Landes.

BARMALINI/SHUTTERSTOCK ©, JON CHICA/SHUTTERSTOCK ©, IÑIGO FDZ DE PINEDO/GETTY IMAGES ©

1

SAN SEBASTIÁN 2 TAGE

San Sebastián (S. 343) gehört zu den besten kulinarischen Städten weltweit und bietet mit den von Klippen gesäumten Stränden und der wuseligen Altstadt genau den richtigen Empfang im Norden. Wie wär's mit einem Besuch der tollen *pintxo*-Bars (baskische Tapas) oder mit ein paar Surfversuchen? Auch sollte man die Atmosphäre an der lieblichen Playa de la Concha in sich aufsaugen und einen Spaziergang an der grünen Küste unternehmen.

2

BILBAO 1 TAG

Als nächstes steht das aufregende Bilbao (S. 332) auf dem Programm. Und da macht das beeindruckende Museo Guggenheim nur den Anfang. Unzählige Galerien wollen besucht werden, ebenso das stimmungsvolle Casco Viejo (eine der größten *pintxo*-Gegenden Spaniens). Lohnend ist auch ein Spaziergang oder eine Radtour am Flussufer.

Abstecher: *In Altamira die vielleicht interessanteste prähistorische Höhle Europas besichtigen.* *3 Std.*

3

PICOS DE EUROPA
2 TAGE

Jetzt fährt man zu den majestätischen Picos de Europa (S. 380), wo sich die kantabrische Stadt Potes befindet. Spaniens zweitgrößter Nationalpark ist ein faszinierender Abenteuerspielplatz. Hier kann man wunderbar wandern, Kajak fahren, das historische Covadonga besichtigen und mit einer Seilbahn fahren.

Abstecher: *Das hübsche Ribadesella an der asturischen Küste besuchen.* *4 Std.*

OVIEDO 1 TAG

Der schicken asturischen Hauptstadt Oviedo (S. 403) kann man mit einem Apfelwein und etwas Picos-Käse zuprosten. Danach sollte man die Kathedrale und weitere romanische Monumente besichtigen, die Woody-Allen-Connection enttarnen und durch die Altstadt schlendern.

Länger Zeit: *Ca. 75 km südwestlich von Oviedo kann man im Parque Natural de Somiedo Braunbären zu Gesicht bekommen. 1 Tag*

A CORUÑA 1 TAG

A Coruña (S. 445), die dynamische Stadt am Atlantik, ist ein boomender galicischer Ort mit unzähligen Fischrestaurants, brummenden Bars, ausgezeichneten Museen und einem bezaubernden historischen Zentrum.

Abstecher: *Wie wär's mit einem Ausflug zum spektakulären Cabo Ortegal und zur Punta da Estaca de Bares, Spaniens nördlichstem Punkt. 6 Std.*

COSTA DA MORTE 1 TAG

Galiciens nebelverhangene Costa da Morte (S. 432) bietet zahlreiche kaskadenförmig abfallende Klippen, vom Wind umtoste Leuchttürme, Atlantikstrände und wunderbare Landhotels sowie das magische Cabo Fisterra und den berühmten Camino de Santiago.

Abstecher: *Ein Ausflug nach Cambados in die Rías Baixas und Albariño-Weine verkosten. 6 Std.*

SANTIAGO DE COMPOSTELA 2 TAGE

Galiciens herrliche Hauptstadt (S. 420) gehört zu den schönsten Städten Spaniens mit einer der berühmtesten Kathedralen. Die Erkundung der Kopfsteinpflasterplätze, der Genuss frischen Seafoods und der Bummel über den grandiosen Markt sind das perfekte Schlusskapitel.

Länger Zeit: *Wer mehr Zeit hat, sollte die spektakuläre Ribeira Sacra besuchen. 1 Tag.*

UNAI HUIZI PHOTOGRAPHY/SHUTTERSTOCK ©

Cadaqués (S. 275)

REISEROUTEN

Katalonische Küste & Pyrenäen

Dauer: 7 Tage **Strecke:** 800 km

In Katalonien gibt es viel mehr als Barcelona. Diese an Abenteuern reiche Route führt durch eine herrliche Küstenregion mit einem bedeutenden Kunsterbe und vorbei an von Kiefern gesäumten Buchten. Sie endet im Naturgebiet der Katalonischen Pyrenäen mit ihren friedlichen Dörfern.

ROMAN BELOGORODOV/SHUTTERSTOCK ©, DIGOARPI/SHUTTERSTOCK ©

1

GIRONA 1 TAG

In Girona (S. 279) scheint das Geflüster der Vergangenheit durch die Straßen zu hallen. Angefangen bei der Kathedrale aus dem 14. Jh. bis hin zu den Befestigungsmauern und Gustave Eiffels Brücke über den Riu Onyar. Ferner bietet die Stadt ausgezeichnete Museen, ein beeindruckendes historisches Zentrum und einige der Top-Restaurants Spaniens.

Länger Zeit: *In dem an einem Hang gelegenen Ort Begur gibt's Boutique-Hotels, grandiose Restaurants und wunderschöne Buchten. 1–2 Tage*

2

CADAQUÉS 2 TAGE

Jetzt verbringt man etwas Zeit an einigen der schönsten Küstenabschnitte Spaniens sowie in Cadaqués (S. 275), der vielleicht nettesten Stadt an der ganzen Costa Brava. Wie wär's mit einem Bummel durch die weiß getünchten Straßen voller Bougainvilleen, einem Sprung ins Mittelmeer und dem Besuch des ehemaligen Hauses von Salvador Dalí?

Abstecher: *Auf keinen Fall verpassen sollte man das phantastische Teatre-Museu Dalí in Figueres. 3 Std.*

Parc Nacional d'Aigüestortes i Estany de Sant Maurici
Val d'Aran
1 h 45 Min.
3
4 Vall de Boí
FRANKREICH
Perpignan
ANDORRA
ANDORRA LA VELLA
Cadaqués 2
Figueres
1 h 15 Min.
4 h 30 Min.
Girona 1
START
Begur
SPANIEN
Blanes
Granollers
Terrassa
3 h 30 Min.
Lleida
ZIEL
5 Barcelona
Sant Boi de Llobregat
Castelldefels
Tarragona
Golfo de Valencia
0 50 km

3

PARC NACIONAL D'AIGÜESTORTES I ESTANY DE SANT MAURICI

2 TAGE

Die lange Fahrt lohnt sich, denn Kataloniens einziger Nationalpark (S. 268) ist ein Zauberland voller glitzernder Seen, Berggipfel und Wanderwege. Als Basis bietet sich das quirlige Espot an. Man kann in einem Tag durch den Park bis Boí/Taüll wandern.

Abstecher: *Das abgelegene Val d'Aran erkunden. 5 Std.*

4

BARCELONA 1 TAG

Nun geht's nach Barcelona (S. 190). Im dortigen Museu Nacional d'Art de Catalunya kann man die Originalfresken aus der Kirche im Vall de Boí bewundern. Wer mag, nimmt ein Bad im Mittelmeer und genießt auf katalonische Art zubereiteten *arròs* (Reis) am Strand.

Abstecher: *Von Barcelona bietet sich das römische Tarragona als toller Ausflug an. 1 Tag*

5

VALL DE BOÍ 1 TAG

Eine der herrlichsten Ecken Kataloniens ist das am Westrand des Nationalparks gelegene Vall de Boí (S. 269). Einzigartige katalonisch-romanische Kirchen befinden sich in den schönen Mittelalterstädten Taüll, Boí und Erill la Vall, wo man Wandern und im Winter auch Skilaufen kann.

REISEROUTEN

Kastilien-León & Aragonien

Dauer: 10 Tage **Strecke:** 990 km

Abseits der Küsten hat das spanische Inland einen tollen Mix aus energiegeladenen, weniger bekannten Städten, netten Dörfern und weiten Ebenen mit bröckelnden Burgen, schicken Bodegas und geschäftigen Restaurants zu bieten, die fleischlastige Spezialitäten servieren. Zuerst schaut man sich die Kulturschätze in Kastilien-León an, und dann verzieht man sich in die majestätischen aragonischen Pyrenäen zum Wandern, Radeln oder zum Abenteuersport.

1

SEGOVIA 1 TAG

Segovia (S. 134), diese UNESCO-Welterbestätte , sorgt mit seinem umwerfenden römischen Aquädukt, seinen mythischen Ursprüngen, seiner gotischen Kathedrale und seinem an Walt Disneys Dornröschen erinnernden alcázar (Festung) innerhalb von Sekunden für Kastilien-Feeling.

Länger Zeit: *Weinverkostungstour in der Ribera del Duero, einem der renommiertesten Weingebiete Spaniens.* *1 Tag*

2

ÁVILA 1 TAG

Mit einigen der besterhaltenen mittelalterlichen Mauern Spaniens erweckt Ávila (S. 131) den Eindruck, als sei es gerade einer Filmkulisse entsprungen, vor allem nachts, wenn die Mauern angestrahlt werden. Hier erfährt man alles über die Pilger, die seit Jahrhunderten in die Kathedrale strömen. Auch sollte man die fleischlastigen kastilischen Köstlichkeiten probieren und die Altstadt erkunden.

Abstecher: *Spaniens besten Jamón kosten und in Guijuelo die Hersteller vor Ort besuchen.* *5 Std.*

3

SALAMANCA 1 TAG

Salamanca (S. 126), die Stadt mit Spaniens schönster Plaza Mayor, ist eine quirlige Universitätsstadt mit wunderbaren Bauwerken im Plateresk- und Renaissancestil. Wegen der vielen Studierenden ist auch spätabends auf den Straßen noch viel los.

Abstecher: *Die abgelegene Sierra de Francia abseits der ausgetretenen Pfade erkunden.* *1 Tag*

LEÓN ⏱ 2 TAGE

Das lebhafte León (S. 147) ist der nächste geschichtsträchtige Stopp mit einer der majestätischsten Kathedralen Spaniens, dem Camino de Santiago und einer topaktuellen Galerie. Man sollte alles in sich aufsaugen, dabei aber die grandiosen Tapas-Bars nicht vergessen.

***Abstecher:** Nichts wie rein in die alte römische Siedlung Astorga. ⏱ 6 Std.*

BURGOS ⏱ 1 TAG

Noch eine atemberaubend schöne Kathedrale? Genau. Die zum UNESCO-Weltkulturerbe gehörende gotische Kathedrale von Burgos (S. 141) ist eine der großartigsten ganz Spaniens. Und für alle Schleckermäuler bietet die Stadt auch noch eine grandiose regionale Gastro-Szene.

***Abstecher:** Durch das mittelalterliche Covarrubias, eines der Dörfer in Kastilien-León mit den meisten Auszeichnungen, bummeln ⏱ 5 Std.*

SARAGOSSA ⏱ 2 TAGE

Weiter geht's nach Aragonien mit der Hauptstadt Saragossa (S. 300). Die oft unterschätzte Stadt bietet Schätze wie Arbeiten Goyas, eine hochverehrte Basilika, die maurische Aljafería und eines der besten Tapas-Viertel Spaniens.

***Länger Zeit:** Wie wär's mit einem Ausflug ins ein paar Stunden südlich gelegene Mudéjar Teruel oder ins wunderschöne pinkfarbene Albarracín? ⏱ 1 Tag.*

PARQUE NACIONAL DE ORDESA Y MONTE PERDIDO ⏱ 2 TAGE

An Outdoor-Spaß mangelt es in einem der ältesten Nationalparks Spaniens, dem Ordesa y Monte Perdido (S. 306), mit Sicherheit nicht. Diese spektakuläre Ecke der Pyrenäen wartet mit wunderschönen Wanderwegen, schneebedeckten Gipfeln, majestätischen Bergpanoramen und glitzernden Seen auf. Die Orte Torla und Aínsa sind die stimmungsvollen Startpunkte.

REISEROUTEN

Extremadura

Dauer: 10 Tage
Strecke: 500 km

Zwischen Madrid und der portugiesischen Grenze liegt die wenig besuchte Region Extremadura. Diese eher unbekannte Ecke Spaniens lohnt aber unbedingt einen Besuch. Es locken traumhafte Altstädte, grandiose römische Ruinen, eine tolle Gastroszene, grenzenlos scheinende Landschaften und vieles, vieles mehr.

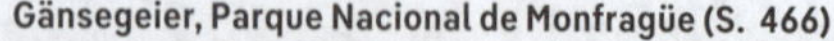

Gänsegeier, Parque Nacional de Monfragüe (S. 466)

1

CÁCERES ⏱ 2 TAGE

Die schönste Stadt der Extremadura ist von Madrid aus leicht mit dem Zug zu erreichen. Cáceres (S. 458) präsentiert sich als eine der magischsten alten Städte Spaniens und bietet eine blühende regionale Gastro-Szene sowie eine beeindruckende Kunstsammlung.

 ***Abstecher:** Zuerst im friedvollen Alcántara eine spektakuläre römische Brücke entdecken und anschließend am Río Tajo wandern. ⏱ 6 Std.*

2

PARQUE NACIONAL DE MONFRAGÜE ⏱ 1 TAG

Herzlich willkommen im schönsten Vogelbeobachtungsgebiet des Landes. In diesem dramatischen Nationalpark (S. 466) tummeln sich im Tajo-Tal seltene einheimische Vögel und Zugvögel.

 ***Länger Zeit:** Wer Zeit hat, verlässt die ausgetretenen Pfade und besucht die ummauerte Stadt Plasencia sowie die schönen Täler Ambroz, La Vera und Jerte. ⏱ 2 Tage*

3

TRUJILLO ⏱ 1 TAG

Architektonische Reichtümer und bodenständige Küche lassen sich m glanzvollen Trujillo (S. 463) erkunden. Grandiose Paläste, Kirchen und Plazas zeugen von der bedeutenden Rolle der Stadt bei der Kolonisierung Amerikas.

4

GUADALUPE 1 TAG

Ein weiterer gut machbarer Tagesausflug von Trujillo ist Guadalupe mit seiner UNESCO-Welterbestätte, dem Real Monasterio de Santa María de Guadalupe (S. 464). Das Kloster gehört zu den heiligsten Stätten Spaniens und ist eins der bedeutendsten Pilgerziele. Es macht Spaß, die reizende Stadt (mit Parador-Hotel) zu erkunden und die Wanderwege in Angriff zu nehmen.

MÉRIDA 2 TAGE

Im lebhaften Mérida (S. 473) mit großartigen römischen Ruinen kann man wunderbar in die Geschichte eintauchen. Eine Bogenbrücke, antike Tempel, ein Zirkus und ein beeindruckendes (noch aktives!) Theater vermitteln eine Ahnung davon, wie es hier vor 2000 Jahren wohl ausgesehen hat.

Abstecher: *Ein gut gehütetes Geheimnis ist Medellín mit weiteren spektakulären römischen Ruinen. 6 Std.*

ZAFRA 1 TAG

Die von Mauren gegründete lebendige, weiß getünchte Stadt Zafra (S. 480) am südlichen Zipfel der Extremadura verströmt einen Hauch von Andalusien. Sie hat einige tolle Plazas und eine begeisternde Tapas-Szene zu bieten.

Abstecher: *Auf dem Weg gen Süden sollte man im kleinen Ort Monesterio, der für seinen vorzüglichen jamón bekannt ist, Rast machen. 3 Std.*

SEVILLA 2 TAGE

Zuguterletzt geht's weiter nach Andalusien ins quirlige Sevilla (S. 488). Die Stadt bietet feurige Flamenco-Kurse, grandiose Baudenkmäler (wie La Giralda und Real Alcázar) und einige der besten Tapas-Bars Spaniens.

Länger Zeit: *Ein Besuch der wunderbaren Städte Jerez und/oder Sanlúcar im Sherry-Dreieck. 1–2 Tage*

BESTE REISEZEIT

Spanien lohnt das ganze Jahr über einen Besuch, sei es an der Mittelmeerküste oder in den bergigen Wanderregionen.

Von der galicischen Atlantikküste über die erhabenen Pyrenäen bis hin zu Andalusiens sonniger Mittelmeerküste laden Spaniens facettenreiche Landschaften zu jeder Jahreszeit zu einem traumhaften Urlaub ein. Längst steht das Land nicht mehr nur für Sonne und Meer (auch wenn's davon jede Menge gibt). Heute umfasst das Angebot kulturelle Stadtbesuche, entschleunigten Agrotourismus, Outdoor-Abenteuer, Naturattraktionen und vieles mehr. Frühling und Herbst sind ideal zum Wandern und andere Aktivitäten im Freien, während im Winter die Skigebiete beliebt sind. Im Sommer (früh buchen!) steht natürlich die Küste hoch im Kurs.

Günstig übernachten

Die besten Schnäppchen gibt's außerhalb der Hochsaison (meist Juli bis Mitte September) und wenn man Wochenenden und Feiertage meidet. In den Wintermonaten sind manche Hotels in kleineren und entlegeneren Ortschaften geschlossen.

LOCAL TIPP

FRÜHLINGSFARBEN

Raquel Rivas ist professionelle Fotografin und Geschäftsinhaberin in Cómpeta in Andalusien, wo sie außerdem ein Zentrum für gerettete Nutztiere leitet @sarja_microsanctuary

„Hier in Andalusien sind der April und der Mai meine Lieblingsmonate. Jedes Jahr schlüpft die gelbbraune, von der Sonne ausgedörrte Landschaft in ihr Frühlingsgewand. Die grünen, roten und lila Wildblumen kehren zurück, ebenso wie der Duft der Orangenblüten, das unablässige Vogelgezwitscher und die vielen *fiestas* und *ferias*."

Marbella, Costa del Sol (S. 583)

SONNENTAGE

Spaniens sonniges Image ist wohl verdient, wobei es große Unterschiede in den verschiedenen Landesteilen gibt. Andalusiens passend benannte Costa del Sol (Sonnenküste) zählt rund 320 Sonnentage im Jahr, während das kühlere Bilbao im Baskenland nur etwa auf die Hälfte kommt.

Reisewetter (Madrid)

JANUAR	FEBRUAR	MÄRZ	APRIL	MAI	JUNI
Max. ø-Temp.: 10 °C	Max. ø-Temp.: 12 °C	Max. ø-Temp.: 16 °C	Max. ø-Temp.: 18 °C	Max. ø-Temp.: 22 °C	Max. ø-Temp.: 28 °C
Regentage: 5	Regentage: 5	Regentage: 5	Regentage: 6	Regentage: 7	Regentage: 3

WARMES MITTELMEER

Das Mittelmeer vor Spaniens Süd- und Ostküste ist meist wärmer als die Atlantikküste im Norden und Westen. Im Sommer steigen die Temperaturen bis auf 26 oder 27°C, im Winter liegen sie bei rund 16 oder 17°C.

LOCAL TIPP

HERBSTREIZE

Eneida Mencía Gómez ist Inhaberin der Boutique-Hotels Jardín Secreto und Los Balcones del Arte in Santander @jardin._.secreto

„Meine Lieblingszeit in Santander sind die warmen Monate September und Oktober. Bei meist klarem Himmel sind die Bedingungen ideal für einen Strandbesuch und einen Spaziergang am Meer mit Blick auf die Bahía de Santander. Zudem lassen sich unsere typischen *pinchos* wunderbar auf den Terrassen genießen."

Die großen Fiestas

Das sonnige Cádiz feiert Spaniens wildesten **Carnaval** (S. 512) mit viel Glitzer, Musik und Tanz – da kann nur Teneriffa auf den Kanaren mithalten. Auch Badajoz, Sitges und Ciudad Rodrigo sind für ihren Karneval bekannt. **Februar**

Lokale Kunstteams kreieren riesige Pappmaché-Figuren für die eindrucksvollen **Las Fallas de San José** mit Straßenfesten, Feuerwerk, Konzerten, Kochwettbewerben und dem Verbrennen der *fallas* am letzten Tag. In Valencia sind sie am schönsten (S. 634) **März**

Besinnlicher geht es in der **Semana Santa** (Karwoche) zu, wenn unzählige kunstvolle *pasos* (Heiligenfiguren) durch die Straßen getragen werden. Sie wird überall groß gefeiert (auch in den winzigsten Dörfern), besonders zu erwähnen sind jedoch Sevilla, Málaga, Lorca (S. 664), Cuenca, Zamora und Ávila. **März/April**

Das größte andalusische Volksfest, die einwöchige **Feria de Abril** in Sevilla (S. 489), bietet Flamenco, Pferdereiten, Trinken, Tanzen, Spaß und großartige Outfits. **April**

Santander (S. 391)

Lokale & speziellere Feste

In Spaniens Kernland des Flamenco findet im Winter eines der weltweit größten Feste des aus Andalusien stammenden Genres statt, das **Festival de Jerez** in der Sherry-Stadt Jerez (S. 515). **Februar/März**

Madrids Festkalender ist gut gefüllt (S. 58) und die große **Fiesta de San Isidro** feiert den Stadtpatron leidenschaftlich mit Umzügen, Livemusik und *chotis*-Tänzen bis tief in die Nacht. **Mai**

Bei der bedeutendsten Pilgerfahrt des Landes, der **Romería del Rocío** (S. 528) in der andalusischen Provinz Huelva am Pfingstwochenende, nehmen bis zu eine Million Menschen teil. **Mai/Juni**

Barcelonas große *festa* (S. 204) setzt katalanische Kultur eindrucksvoll in Szene. Zu Ehren der zwei Stadtheiligen bieten die **Festes de La Mercè** *castells* (Menschentürme), *gegants* (Pappmaché-Riesen), *correfocs* (Feuerläufe) und mehr. **September**

WINDGEPEITSCHTE WELLEN

Der berühmte Ostwind Levante weht durch die Straße von Gibraltar und macht die entspannte Stadt Tarifa zu einem europäischen Kite- und Windsurfmekka. Der kalte Nordwind Tramontana wiederum kann kühle Luft zu den Balearen und nach Katalonien bringen.

JULI	AUGUST	SEPTEMBER	OKTOBER	NOVEMBER	DEZEMBER
Max. ø-Temp.: 32 °C	Max. ø-Temp.: 31 °C	Max. ø-Temp.: 26 °C	Max. ø-Temp.: 19 °C	Max. ø-Temp.: 13 °C	Max. ø-Temp.: 10 °C
Regentage: 1	Regentage: 1	Regentage: 3	Regentage: 6	Regentage: 6	Regentage: 6

Parque Nacional de Ordesa y Monte Perdido (S. 306)

BESTENS VORBEREITET AUF SPANIEN

Nützliches zum Vorbereiten und Einstimmen.

Kleidung

Sommerhitze Dank über 300 Sonnentagen im Jahr ist Spanien für sein (im Allgemeinen) warmes Klima bekannt; leichte, luftige Kleidung ist in den heißen Sommern am besten. Es gibt aber auch regionale Unterschiede – so braucht man selbst im Sommer im Norden abends oft eine Jacke.

Winterwetter In Spanien wird es im Winter kalt (vor allem in den Bergen und im Norden), und viele Häuser hier sind für die wärmeren Monate gebaut – was bedeutet, dass es recht frisch werden kann. Entsprechend auch wärmere Kleidung einpacken.

Feste & Events Im Regelfall kleidet man sich hier gut/schick – das gilt vor allem bei wichtigen Anlässen wie Hochzeiten und Festen (da legt man in Spanien gerne noch eine Schippe drauf).

Outdoor-Aktivitäten Auch in Spanien gibt's jede Menge Outdoor-Abenteuer. Alle, die sich in die Natur begeben wollen, sollten geeignetes Schuhwerk, Jacken, Mützen usw. mitbringen.

Etikette

Eile mit Weile Vieles in Spanien, z. B. Restaurantbesuche, geht gemächlich vor sich – zurücklehnen, entspannen und genießen!

Sprache Kastilisch/Spanisch sind die Amtssprachen. Zudem gibt's drei weitere Regionalsprachen: Katalanisch, Galicisch und Baskisch. In jenen Regionen sprechen zwar viele Menschen auch Kastilisch, Traveller, die ein paar Worte der lokal vorrangigen Sprache können, ernten ein Lächeln.

LESEN

Ghosts of Spain (Giles Tremlett; 2006) Der Journalist des Guardian widmet sich den dunklen Seiten der jüngeren spanischen Geschichte.

Trilogía Lorquiana (Federico García Lorca; 1933–36) Drei aufwühlende Tragödien von Spaniens größtem Dramatiker, die im ländlichen Spanien der 1930er-Jahre spielen.

Patria (Fernando Aramburu; 2016; unter selbem Titel auch auf Deutsch erhältlich) Großartiger Roman über den ETA-Terror.

Wem die Stunde schlägt (Ernest Hemingway; 1940) Die Geschichte eines amerikanischen Freiwilligen, der im spanischen Bürgerkrieg kämpft.

Sprechen

'hola' – Hallo.
'buenos días' – Guten Morgen.
'buenas tardes/noches' – Guten Tag/Nacht.
'¿qué tal?' – informell „Wie geht es dir?" (‚¿como estás?').
'por favor' – Bitte.
'gracias'– Danke (auch ‚muchas gracias' – Danke sehr).
'de nada' – Gern geschehen.
'socorro' – mit diesem Wort ruft man um Hilfe.
'olé' – wird normalerweise verwendet, um bei Flamenco-Aufführungen Begeisterung und Zustimmung zum Ausdruck zu bringen, wird aber auch oft in der allgemeinen Konversation verwendet (z. B. wenn jemand eine besonders clevere Anmerkung macht – oder in einem fantastischen Outfit auftaucht).
'¿habla/hablas alemán?' – bedeutet „Sprichst du Deutsch?"; die erste Variante ist die formellere („Sprechen Sie Deutsch?").
'¿dónde está ...?' – „Wo ist ...?"
'perdone/perdona' – damit zieht man die Aufmerksamkeit des Restaurant- oder Barpersonals auf sich; die zweite Variante ist weniger formell.
'la cuenta, por favor' – „Die Rechnung, bitte".
'chicos, chicas, chiques'– wird oft von Restaurant- und Barpersonal verwendet, um alle am Tisch informell anzusprechen (‚hola chicos' – bedeutet in etwa Jungs, ‚chicas' Mädchen, ‚chiques' ist eine geschlechtsneutrale Version).
'¿cómo se llama usted/cómo te llamas?' – „Wie heißt du?", wobei die erste Variante die formeller ist.
'me llamo ...' – „Ich heiße ..."/„mein Name ist ...".
'vamos a la playa' – „Wir gehen zum Strand".

ANSCHAUEN

Alles über meine Mutter (Pedro Almodóvar; 1999) Ein früher, außergewöhnlicher Almodóvar-Klassiker.

Haus des Geldes (Álex Pina; 2017) Äußerst beliebte (und sehenswerte) Raubüberfall-Serie über Bankräuber in Madrid (in z. B. Deutschland auf Netflix verfügbar).

Das Meer in mir (Alejandro Amenábar; 2004) Die Geschichte eines querschnittsgelähmten galicischen Fischers, der für das Recht zu sterben kämpft.

8 Namen für die Liebe (Emilio Martínez-Lázaro; 2014) Erfolgreiche Komödie, die sich um regionale spanische Stereotypen dreht.

Escuchando al Juez Garzón (Isabel Coixet; 2011) Das mit dem Goya-Preis ausgezeichnete Interview mit dem spanischen Richter Baltasar Garzón.

REINHÖREN

Cositas Buenas (Paco de Lucía; 2004) Spaniens größter zeitgenössischer Flamenco-Gitarrist glänzt u. a. mit Rumbas, Bulerías, Tangos.

El Mal Querer (Rosalía; 2018) Fantastisches zweites Album von Superstar Rosalía, die für ihre R&B-beeinflussten Flamenco-Songs bekannt ist.

La Portada Ausgezeichneter englischsprachiger Podcast über spanische Nachrichten und aktuelle Themen.

News in Slow Spanish Wöchentlicher spanischer Nachrichten-Podcast, in einem etwas langsameren Tempo für diejenigen, die die Sprache lernen.

SANNIELY/GETTY IMAGES ©

Croquetas

ESSEN WIE DIE LOCALS

Willkommen in einer einzigartigen, unwiderstehlichen Welt mundgerechter Tapas, fabelhafter regionaler Spezialitäten – und toller Weine.

Wenn die Spanier:innen ihr eigenes Land bereisen, hat die Frage, wo und was man essen kann, immer oberste Priorität. Die Verkostung regionaler Spezialitäten ist mindestens so wichtig wie die Besichtigung der Sehenswürdigkeiten. Es gibt Blogs, die sich nur damit befassen, wo man die besten *patatas bravas* (Kartoffeln in einer leicht scharfen Soße) oder die perfekten *croquetas* (Kroketten) findet. Gutes Essen ist das Herzstück der spanischen Kultur, und jede Region bietet ihre eigenen Besonderheiten.

Von einfachen Tapas-Bars bis hin zu Restaurants, die mit mehreren Michelin-Sternen ausgezeichnet sind – immer werden herrlich frische, hochwertige Zutaten aus ganz Spanien verwendet, die mit wenig Aufwand zubereitet werden. Da sind der beliebte *jamón* (Schinken – die leckersten kommen aus dem Landesinneren), oder Andalusiens Olivenöle (die als die besten der Welt gelten), oder die köstlichen frischen Fischen und Meeresfrüchten, oder die vielen regionalen Reissorten und fabelhaften Käsesorten (alles vom scharfen Cabrales aus den Picos de Europa bis zum weichen *manchego* aus Kastilien-La Mancha). Die oft terrassenförmig angelegten Anbauflächen liefern eine Fülle von frischem Obst und Gemüse: prächtige Tomaten, duftende Orangen, oder katalanische *calçots* (Frühlingszwiebeln).

Egal, wo man landet, immer wartet ein Festmahl, das mitunter über viele Stunden genossen wird.

Essenszeiten & Tapas

Das Wichtigste zuerst: Mittagessen gibt's in Spanien ab etwa 14 Uhr, Abendessen ab etwa

Unbedingt probieren!

ARROCES
Neben der Paella gibt's noch eine ganze Reihe anderer göttlicher Reisgerichte.

TAPAS
Von *jamón* und Käse bis hin zu Tortilla und *patatas bravas*; mehr siehe S. 51.

PINTXOS
Pintxos sind die (ebenfalls leckere) baskische Variante der Tapas.

PESCADO DEL DÍA
Frischester Fisch – gebraten, gebacken oder gegrillt.

21 Uhr (mit kleinen regionalen Unterschieden). Das Frühstück besteht in der Regel aus *tostada* (einfacher Toast mit Butter) und Kaffee. Das Mittagessen ist die wichtigste Mahlzeit des Tages. Zwischen Mittag- und Abendessen gönnen sich viele eine *merienda* (Nachmittagssnack).

Dann wären da noch Tapas und *pintxos* (baskische Tapas), die entweder als Snack vor dem Mittag- oder Abendessen oder auch als ganze Mahlzeit verzerrt werden. Tapas und ein paar Drinks am Abend sind besonders beliebt. Die Tapas werden oft an der Bar präsentiert, so dass man einfach auf die gewünschten Tapas zeigen oder sich einen Teller nehmen und sich selbst bedienen kann (die Zahnstocher bewahrt man zum Zählen für die Rechnung auf). In manchen Restaurants gibt es Listen mit Tapas auf Speisekarten oder hinter der Theke angeschrieben. *Raciones* (wortwörtlich Portionen; große Portion Tapas) und *medias raciones* (halbe Portionen) eignen sich gut zum Teilen. *Platillos* (kleine Teller) sind oft besonders kreativ zusammengestellt.

Das Tagesmenü (menú del día)

Eine der besten Möglichkeiten, hier günstig zu essen, ist das *menú del día*, ein festes Mittagsmenü unter der Woche, das normalerweise drei Gänge sowie Brot, Wasser und Wein umfasst, das besonders bei Berufstätigen beliebt ist und um die 10–12 € kostet.

ERLANTZ PÉREZ RODRÍGUEZ/GETTY IMAGES ©

Tapas

Heutzutage bieten alle möglichen Restaurants ein *menú* an, auch solche, die sich internationaler Küche verschrieben haben.

Vegetarisch & Vegan

An sich ist die spanische Küche nicht besonders vegetarierfreundlich (so enthalten selbst als vegetarisch auf der Speisekarte ausgewiesene Gerichte häufig z. B. Schinken).

LAKSHA BEECHAM/SHUTTERSTOCK ©

ESSENS- & WEINFESTIVALS

Gran Festa de la Calçotada de Valls (S. 291) Das ultimative Fest der katalanischen *calçots* (Frühlingszwiebel); findet jeden Januar statt.

Batalla del Vino (S. 373; Bild oben) Bisweilen chaotischer Weinkampf im Juni in Haro, Region La Rioja.

Fiesta de la Sidra Natural (S. 404) Gijóns fabelhaftes Apfelweinfest im August. Hält den Weltrekord der meisten Menschen, die sich gleichzeitig Cidre einschenken – 9721 (!).

Festa do Pulpo de O Carballiño (S. 428) Galiciens beliebtestes Oktopus-Massengelage wird im August gefeiert.

Cortamen del Queso de Cabrales (S. 379) Dieses kulinarischen Fest Ende August gilt dem blaugrünen *cabrales*-Käse aus Asturien.

Fiestas de la Vendimia (S. 487) Jerez ehrt auf hin- und mitreißende Weise die andalusische Weinlese.

Fiesta de la Rosa del Azafrán (S. 175) Das Fest der Safranrose in Consuegra bietet im Oktober Musik, Tanz und Wettbewerbe im Safranpflücken.

COCHINILLO ASADO
Gebratenes Spanferkel – eine Spezialität aus dem Landesinneren.

CORDERO ASADO
Gebratenes Frühlingslamm. Ebenfalls eine fabelhafte Leckerei aus dem Landesinneren.

PULPO Á FEIRA
Scharfer, gekochter Oktopus. Ein Juwel galicischer Meeresfrüchte.

PESCAÍTO FRITO
Gebackener, frittierter Fisch und Meeresfrüchte; beliebt in Andalusien.

GAZPACHO
Gekühlte Tomatensuppe, perfekt für den Sommer (*salmorejo* ist die dickere Variante).

In den vergangenen Jahren hat sich allerdings viel getan: spezielle vegetarische und vegane Restaurants gibt es inzwischen eigentlich überall, vor allem natürlich in den großen Städten (Barcelona, Madrid, Granada). In vielen traditionellen Restaurants werden heutzutage vegetarierfreundliche Paellas und Reisgerichte angeboten, und die meisten Restaurants passen auf Anfrage einzelne Gerichte entsprechend an. Für Veganer kann es schwieriger sein, aber auch in dieser Hinsicht wird's langsam besser.

Zu den beliebten vegetarischen Gerichten gehören *tortilla de patatas* (spanische Omelettes mit Kartoffeln und Ei – schmecken besonders gut, wenn das Ei noch ein wenig flüssig ist), *berenjenas con miel* (Auberginen mit Honig), *aceitunas* (Oliven), *espinacas con garbanzos* (Spinat mit Kichererbsen – bzgl. der Brühe unbedingt nachfragen, sie könnte auf Fleischbasis gekocht worden sein), Padrón-Paprika, *patatas bravas* und einige Käsesorten (die allerdings nicht immer komplett vegetarisch sind). Salate und Suppen werden oft mit *jamón* oder Thunfisch serviert, daher ist es am besten, wenn man um ‚sin *jamón*' oder ‚sin *atún*' bittet, um sicherzugehen, dass man sein Gericht ohne Schicken bzw. Thunfisch erhält. Es gibt zudem zunehmend international ausgerichtete Restaurants, in denen spanische Aromen mit allem Möglichen kombiniert werden, von indischen Gewürzen bis hin zu arabischer Mezze (diverse kleine Vorspeisen, typischerweise aus Kichererbsen, Tahin, Joghurt, Auberginen, Tomaten und Oliven). Auch Milch auf pflanzlicher Basis (Hafer, Mandeln usw.) ist immer häufiger erhältlich.

Spanische Weine

Die spanische Weinszene ist ein Genuss, denn es gibt rund 70 *Denominación de Origen* (DO; Herkunftsbezeichnung), die strengen Qualitätsanforderungen genügen. Wein wird hier seit der Ankunft der Phönizier angebaut, und heute experimentieren viele Weinkellereien mit modernsten Produktionsmethoden und ungewöhnlichen Traubenkombinationen (einschließlich der Wiedereinführung seltener alter Rebsorten). Die besten Weine werden häufig mit der Bezeichnung *crianza* (ein Jahr in Eichenfässern gereift), *reserva* (zwei Jahre gereift, davon mindestens ein Jahr in Eichenfässern) oder *gran reserva* (zwei Jahre in Eichenfässern und drei Jahre in der Flasche) gekennzeichnet.

La Rioja ist die wichtigste Weinregion Spaniens, doch auch anderswo gibt es viel zu entdecken, von Galiciens knackigem und erfrischendem weißen Albariño und dem Ribeiro bis hin zu Kastilien-Leóns Ribera del Duero. Im Süden Andalusiens gilt der Sherry, der so nirgendwo sonst auf der Welt hergestellt wird, als so etwas wie ein Nationalheiligtum; die Weinregion Penedès in Katalonien ist die Welthauptstadt des *cava* (ein champagnerähnlicher Schaumwein).

In den nördlichen Regionen Kantabriens, Asturiens und des Baskenlands ist *sidra* (Apfelwein) Begleiter der meisten Mahlzeiten.

LINKS: FRANTICOO/SHUTTERSTOCK © RECHTS OBEN: LARIK_MALASHA/GETTY IMAGES ©

pintxos* und *cava

Lokale Spezialitäten

Jede Region Spaniens lockt mit ihren eigenen Spezialitäten.

Zum Probieren!

Percebes Entenmuscheln aus Galicien.

Rabo de toro Stierschwanzeintopf.

Callos Spezialität aus Madrid: Innereien in einer würzigen Tomatensoße.

Morcilla Blutwurst. Berühmt in Burgos.

Cabrales Kräftiger Blauschimmelkäse aus den asturischen Picos de Europa.

Oreja Gegrilltes Schweineohr.

Preiswerte Snacks

Tapas oder pintxos Eine Tapas- oder *pintxos*-Tour bietet eine der besten und preisgünstigsten kulinarischen Erlebnisse Spaniens.

Bocadillos Sandwiches mit Käse, *jamón, calamares* ...

Pa amb tomàquet Kataloniens beliebtes Brot mit Tomate, Knoblauch, Salz und Olivenöl.

Süßes

Churros con chocolate Frittiertes Schmalzgebäck, das in heiße Schokolade getaucht wird.

Turrón Süßer Nougat, meist aus Mandeln oder Haselnüssen hergestellt.

Tarta de Santiago Galiciens beliebter Mandelkuchen.

Beliebte Tapas

Tortilla de patatas Das klassische Kartoffelomelett, mit oder ohne Zwiebeln.

Patatas bravas Gebratene Kartoffelstücke mit einer leicht pikanten Tomatensoße.

Jamón Gesalzene und gepökelte Wurst in Perfektion.

Charcuterie Alles von *botifarra* (katalanische Wurst) bis *morcilla* (Blutwurst).

Aus dem Meer Garnelen, Jakobsmuscheln, Sardinen, Langusten, Muscheln, Tintenfisch ...

Sardellen Besonders die aus Kantabrien.

Käse Vom Ziegenkäse bis zum scharfen, in Höhlen gereiften Blauschimmelkäse.

Pimientos de Padrón Kleine grüne Paprikaschoten aus Galicien; manche scharf.

GESCHMACKS-ERLEBNISSE

Arzak (S. 346) Juan Mari Arzaks Gerichte gehören zu den besten der Welt; in der Nähe von San Sebastián.

Disfrutar (S. 241) Zeitgenössische, kreative katalanische Küche; in Barcelona.

El Celler de Can Roca (S. 280) Das mit drei Michelin-Sternen ausgezeichnete Restaurant der Gebrüder Roca bietet zeitgenössische katalanischen Küche.

Quique Dacosta (S. 651) Molekularküche am Mittelmeer in Dénia.

Casa Marcial (S. 387) In den Ausläufern der Picos de Europa in Asturien. Dank Küchenchef Nacho Manzano mit zwei Michelin-Sternen ausgezeichnet.

Atrio (S. 459) Extremaduras bestes Restaurant in Cáceres besticht durch die Kreativität des Küchenchefs Toño Pérez.

Aponiente (S. 528) Sensationelles drei Michelin-Sterne-Restaurant in Andalusien.

SAISONALE KÜCHE

FRÜHLING

Zeit der Erdbeeren, Auberginen, Zucchini und anderer frischer Gartenerzeugnisse sowie des Almadraba-Thunfischs in Cádiz.

SOMMER

Die kalten Suppen *gazpacho* und *salmorejo*, beides andalusische Spezialitäten, sowie Reisgerichte und *fideuà* am Mittelmeer sind die wichtigsten Zutaten des spanischen Sommers.

HERBST

Der September ist die Zeit der Pilze, Granatäpfel und Trockenfrüchte – und der Weinlese, die im ganzen Land mit Weinfesten gefeiert wird.

WINTER

Kräftigende Eintöpfe, gebratenes Fleisch (vor allem *cochinillo* und *cordero*), katalanische *calçots*, köstliche Orangen und Mandarinen sowie festliche Leckereien wie *turrón* (Nougat).

RUI VALE SOUSA/SHUTTERSTOCK ©

Camino de Santiago (S. 362)

OUTDOOR-ERLEBNISSE

Lass beim Wandern oder Radfahren die unermessliche Schönheit der spanischen Natur auf dich wirken, oder stürz dich in die Fluten zum Surfen, Kajakfahren oder Kitesurfen.

Spaniens Landschaften sind in ihrer Größe und Vielfalt geradezu gigantisch und bieten die Kulisse für einige der besten Wanderungen in Europa, und durch das ganzjährig angenehme Klima ist eine Fülle anderer Outdoor-Aktivitäten möglich. Die 16 *parques nacionales* (Nationalparks) und viele weitere *parques naturales* (Naturparks) sind die schönsten Gebiete für Outdoor-Aktivitäten, und hier kannst du auch die interessantesten Wildtiere Spaniens erleben (S. 16).

Wandern

Viele Menschen finden, dass das Beste an Spanien die weiten, wilden Naturgebiete sind, die man nur zu Fuß zu erreicht. Wunderschöne Wanderwege schlängeln sich durch die eindrucksvollen Gebirgszüge des Landes oder führen entlang der faszinierenden Küsten und auch hinab zu traumhaften Stränden. Es gibt Wanderungen für jede Jahreszeit und jedes Niveau, wobei es in Nordspanien in den Sommer- und Herbstmonaten und in Südspanien im Winter, Frühling und Herbst am besten ist (mit Ausnahme der hohen Sierra Nevada, für die die Monate Juli/August optimal sind). Die Pyrenäen sind Spaniens beliebtestes Ziel für Bergwanderungen, aber auch die Picos de Europa, die Sierra de Grazalema, die Sierras de Cazorla, Las Alpujarras und die Sierra Nevada (mit dem höchsten Berg des spanischen Festlandes, dem Mulhacén) bieten tolle Möglichkeiten zum Wandern.

Outdoor Sport

KAJAKFAHREN
Flussabwärts auf dem **Río Sella** (S. 387) von der Stadt Arriondas in Asturien aus, die jedes Jahr ihr eigenes berühmtes Kajakrennen veranstaltet.

REITEN
Hinein in die raue Hügellandschaft des **Parque Natural Sierra de Grazalema** (S. 524); wo es außerdem tolle Möglichkeiten zum Canyoning und Paragliding gibt.

SKIFAHREN
Nordspanien ist die beste Region für diesen Wintersport, vor allem die **Aragonesischen Pyrenäen** (S. 272).

FAMILIEN-ABENTEUER

Macht eine Fahrradtour mit der ganzen Familie auf einer alten Eisenbahnstrecke, die heute als Vía Verde ausgebaut ist, wie die **Vía Verde Senda del Oso** (S. 412) oder die **Vía Verde del Aceite** (S. 600).
Unternehmt einen Ausritt von Tarifa aus über die Dünen der Costa de la Luz (S. 535).

Paddelt mit dem Kajak flussabwärts auf dem Río Sella (S. 387) in Asturien oder zwischen zerklüfteten Buchten an der Küste **Mallorcas** (S. 613).
Haltet Ausschau nach dem scheuen iberischen Luchs sowie nach Wildschweinen und Vögeln im **Parque Nacional del Coto de Doñana** (S. 526).

Beobachtet Wale zwischen Europa und Afrika in der **Straße von Gibraltar** (S. 535).
Fahrt mit einem solarbetriebenen Boot und entdeckt die Tierwelt im **Parque Natural Sierras de Cazorla, Segura y Las Villas** (S. 601).

Der berühmteste aller Wege ist der uralte Camino de Santiago (Jakobsweg), den jedes Jahr rund 350 000 Pilger:innen aus aller Welt nach Santiago de Compostela in Galicien zurücklegen. Die traditionelle Route ist der Camino Francés (S. 426), wobei auch andere Routen wie der Camino del Norte und der Camino Primitivo in den letzten Jahren immer beliebter geworden sind.

Radfahren

In Spanien kannst du dich zu jeder Jahreszeit aufs Rad schwingen, egal, ob du eine gemütliche Radtour oder eine intensive Mehrtagestour machen möchtest. Die Pyrenäen, die Sierra Nevada, die Picos de Europa und Mallorca gehören zu den spannendsten Gebieten für Radfahrer:innen in Spanien. Das ausgeklügelte, ständig wachsende Netz der Vías Verdes (Grüne Wege) besteht aus einer Reihe stillgelegter Eisenbahnstrecken, die nun zu perfekten Rad- (oder Wander-) Wegen umgebaut wurden, meist flach und mit zahlreichen Fahrradverleihen entlang der Strecke. Highlights sind die Vía Verde del Aceite (S. 600) und die Vía Verde Rio Huéznar (S. 498) in Andalusien und die Vía Verde Senda del Oso in Asturien (S. 412). Auch in den Städten verbessert sich die Situation: In Sevilla, Barcelona und Valencia gibt es immer mehr Radwege und Bike-Sharing-Systeme.

BEST OF

Die besten Orte und Routen für Outdoor-Erlebnisse findest du auf der Karte auf S. 54.

BEN WELSH/GETTY IMAGES ©

Windsurfen, Tarifa (S. 533)

Auf dem Wasser

In einem Land, das so eng mit dem Meer verbunden ist, überrascht es nicht, dass das Wellenreiten zu den beliebtesten Aktivitäten in Spanien zählt, und so gibt es Möglichkeiten für jedes Niveau. Die gesamte Nordküste (ebenso wie die weiter entfernten Kanarischen Inseln) bietet einige der besten Wellen Europas, von Mundaka im Baskenland bis zu den vom Atlantik umspülten Küsten Galiciens. Andalusiens Costa de la Luz ist ein weiteres Surfrevier, vor allem rund um El Palmar, Conil und Cádiz; in der Nähe liegt Tarifa, eines der besten Ziele zum Kite- und .Windsurfen auf dem Kontinent.

TAUCHEN & SCHNORCHELN
Abtauchen ins Mittelmeer im geschützten **Parque Natural Cabo de Gata** bei Almería (S. 569).

VIA FERRATA ROUTEN
Wander- und Kletterabenteuer auf ausgewiesenen Routen wie dem Klettersteig **Via Ferrata del Sorrosal** (S. 309) in Aragonien.

HÖHLEN-BEGEHUNGEN
Eintauchen in die unheimliche Tiefe der Höhlen in Kantabrien, zum Beispiel in der Region **Alto Asón** (S. 394).

KLETTERN
Warum wohl gilt **Mallorca** (S. 612) als eines der besten Klettergebiete Europas? Es gibt sogar die Möglichkeit zum Deep Water Soloing.

0
200 km
ATLANTIK
Rías Altas
Costa da Morte
A Coruña
Gijón
Santander
Oviedo
Lugo
Santiago de Compostela
Parque Nacional de los Picos de Europa
Cordillera Cantábrica
Vigo
Ourense
León
Burgos
PORTUGAL
Benavente
Valladolid
Zamora
Río Duero
Aranda de Duero
Salamanca
Segovia
Ávila
Guadalajara
Iberisches Scheidegebirge
MADRID
Plasencia
Garrovillas de Alconétar
Río Tajo
Toledo
Cáceres
Río Guadiana
Ciudad Real
Badajoz
Mérida
Parque Natural Sierra de Andújar
Parque Natural Sierra Norte
Córdoba
Cazorla
Jaén
Huelva
Sevilla
Parque Nacional de Doñana
Granada
Parque Natural Sierra Nevada
Jerez de la Frontera
Cádiz
Parque Natural Los Alcornocales
Marbella
Málaga
Costa de la Luz
Costa del Sol
Algeciras
Gibraltar (GB)
Tangier
Ceuta (Spanien)
MAROKKO
Surfen, Kitesurfen & Windsurfen
1 Tarifa, Andalusien (S. 535)
2 El Palmar, Andalusien (S. 535)
3 Mundaka, Baskenland (S. 350)
4 Somo, Kantabrien (S. 390)
5 Zarautz, Baskenland (S. 350)
6 Rodiles, Asturien (S. 390)
7 Cala Tirant, Menorca (S. 623)
Wandern
1 Parque Nacional de Ordesa y Monte Perdido, Aragonien (S. 306)
2 Parc Nacional d'Aigüestortes i Estany de Sant Maurici, Katalonien (S. 268)
3 Sierra Nevada & Las Alpujarras, Andalusien (S. 559)
4 Camiño dos Faros, Galicien (S. 433)
5 Camino Francés (S. 151)
6 Picos de Europa, Kantabrien & Asturien (S. 382)
7 Parque Natural Sierra de Grazalema, Andalusien (S. 524)
8 Serra Tramuntana, Mallorca (S. 616)
Radfahren
1 Aragonesische Pyrenäen (S. 318)
2 Sierra Nevada, Andalusien (S. 566)
3 Senda del Oso, Asturien (S. 412)
4 Cañón do Sil, Galicien (S. 428)
5 Parque Natural Sierra de Grazalema, Andalusien (S. 524)

ACTION AREAS

Die besten Outdoor-Erlebnisse in Spanien.

Ski- & Snowboardfahren

1. Pyrenäen in Navarra (S. 361)
2. Baqueira-Beret, Katalonien (S. 272)
3. Pradollano, Sierra Nevada, Andalusien (S. 566)
4. La Molina, Katalonien (S. 273)
5. Valgrande Pajares, Asturien (S. 406)

Nationalparks

1. Parque Nacional de Ordesa y Monte Perdido (S. 306)
2. Picos de Europa (S. 380)
3. Parque Nacional Sierra Nevada (S. 559)
4. Parque Nacional de Doñana (S. 526)
5. Parc Nacional d'Aigüestortes i Estany de Sant Maurici (S. 268)

Cruzcampo
Cruzcampo

SPANIEN

REISEZIELE

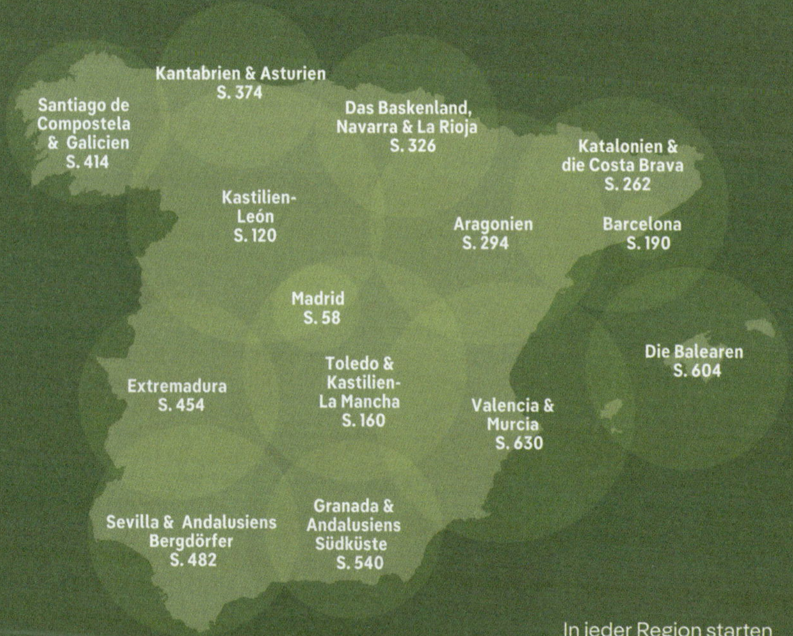

In jeder Region starten wir mit dem perfekten Standort, um die Umgebung zu erkunden. Entdecke einzigartige Erlebnisse, Tipps unserer Autor:innen und Expert:innen, Hintergründe und Empfehlungen.

Feria de Málaga, Málaga (S. 577)

CARON BADKIN/SHUTTERSTOCK ©

MADRID

DER HIMMEL IST DIE GRENZE!

Madrid hat zahlreiche erstklassige Sehenswürdigkeiten zu bieten, aber die Offenheit und Toleranz sind das, was die Stadt wirklich von anderen Städten unterscheidet.

Niemand weiß genau, wer den Ausdruck „*de* Madrid *al cielo*" geprägt hat und was er genau bedeutet. Dennoch blieb der Ausdruck „nach Madrid ist nur der Himmel schöner" haften. Vielleicht ist es eine Anspielung auf die Bemühungen von Karl III., die Hauptstadt zu verschönern, indem er ein Tor zur Stadt (S. 111) errichten ließ, das so beeindruckend war, dass man das Gefühl hatte, die Himmelspforte zu betreten. Es könnte sich auch um eine Anspielung auf die nächtliche Seelenwanderung handeln, die von der Casa de Campo aus stattfinden soll. Wahrscheinlich ist die Bedeutung eher „der Himmel ist die Grenze", ein Gefühl, das viele Besucher:innen haben, wenn sie an einem klaren Morgen in Madrid aufwachen.

Mit einer Höhe von 657 m über dem Meeresspiegel ist Madrid nach Andorra la Vella die zweithöchste Hauptstadt Europas. Die Höhe scheint den Einwohnerinnen und Einwohnern zu Kopf gestiegen zu sein. Jeder *madrileño* wird einem mit Stolz erzählen, dass Madrid die beste Stadt der Welt ist. Für diese Behauptung gibt es auch jede Menge Gründe. In der Metropole gibt es einige der besten Kunstmuseen der Welt, zwei riesige Parks im Stadtzentrum und den größten Palast Europas.

Es ist jedoch die Freundlichkeit der Menschen hier, die Spaniens Hauptstadt so besonders macht. Einwohner:innen in der dritten Generation werden *gatos* (Katzen) genannt – ein Begriff, der auf die Kletterkünste der christlichen Soldaten, die die Mauern der islamischen Zitadelle im 11. Jh. hochkletterten, zurückzuführen ist. Aber da es davon nur sehr wenige gibt, wird jeder, der für einen angemessenen Zeitraum in der Stadt lebt, als *madrileño* akzeptiert, egal ob er Spanier ist oder nicht. Diese Offenheit hat Madrid den Ruf eingebracht, eine der homosexuellenfreundlichsten Städte der Welt zu sein.

Wie alle Spanier lieben auch die *madrileños* gute Partys, und die Gay-Pride-Parade (S. 105) ist eins der vielen Feste, die die Fenster der Stadt bis in die frühen Morgenstunden zum Beben bringen. Das berühmteste Fest sind die Fiestas de San Isidro um den 15. Mai herum. Während dieser Zeit tanzen die *chulos* und *chulapas*, Madrids damalige Antwort auf die Könige und Königinnen Londons, in ihren Kostümen die traditionellen *chotis*. Die Feierlichkeiten dauern die ganze Nacht an, und wenn die Sonne wieder am blauen Himmel aufgeht und die Bergluft aus den Bergen hereinströmt, scheinen die Möglichkeiten für den kommenden Tag grenzenlos.

DIE WICHTIGSTEN ZIELE

SOL, PLAZA MAYOR & DAS KÖNIGLICHE MADRID
Das historische Zentrum der Stadt.
S. 64

BARRIO DE LAS LETRAS & GRAN VÍA
Große Boulevards und ein literarisches Erbe.
S. 74

EL RETIRO & KUNSTMUSEEN
Kulturelles Zentrum in einer grünen Oase.
S. 82

LA LATINA & LAVAPIÉS
Ein mittelalterliches und multikulturelles Viertel.
S. 90

FLORENTINO AR G/SHUTTERSTOCK ©

Fiestas de San Isidro

MALASAÑA & CHUECA
Angesagtes *barrio* und Schwulenviertel.
S. 99

SALAMANCA
Schickes und exklusives Viertel.
S. 108

RUND UM MADRID
Tagesausflüge in die Comunidad de Madrid.
S. 116

Erste Orientierung

Die wunderschöne Puerta del Sol ist ein guter Orientierungspunkt. Richtung Westen gelangt man über die Calle del Arenal zum Palast, Richtung Osten über die Carrera de San Jeronimo zum Museo del Prado. Richtung Norden liegen Malasaña und Chueca und Richtung Süden Lavapiés.

VOM FLUGHAFEN

Vom Terminal T4 dauert die Fahrt mit den *cercanías* (Regionalbahnen) zum Hauptbahnhof Atocha 29 Minuten. Von den anderen Terminals fährt man am besten mit der etwas schnelleren Metro zur Station Nuevos Ministerios und steigt dann um. Der festgelegte Taxipreis vom Flughafen Barajas ins Zentrum von Madrid beträgt 30 €.

ZU FUSS

Wer nicht gerade nach Salamanca unterwegs ist, kann in Madrid fast alles gut zu Fuß erreichen. Aber Vorsicht vor den niedrigen Metallpollern, die die schmalen Bürgersteige säumen! Und von Lavapiés nach Sol muss man steile Anstiege bewältigen.

METRO

Mit der äußerst effizienten und preisgünstigen Metro erreicht man fast jeden Ort im Zentrum Madrids. Zu Streckensperrungen kommt es in der Regel nur in den Sommermonaten, wenn viele Einwohner:innen an die Strände flüchten. Die Metro fährt selbst an Tagen, an denen gestreikt wird.

BUS

Für die lange Hauptstraße von Atocha hinauf nach Salamanca sollte man am besten den Bus nehmen. Aber lieber nicht während der Hauptverkehrszeit zwischen ca. 18 und 20 Uhr.

Perfekte Tage

Wie die Einheimischen in kleinen Markthallen essen, wie Hemingway in Huertas trinken und sich wie ein Gott fühlen, wenn man die herrlichen Sonnenuntergänge der Stadt genießt.

ROBERTO MORENO/SHUTTERSTOCK ©

Templo de Debod (S. 67)

Tag 1

Morgens

- Man leiht sich ein Fahrrad von BiciMAD vor dem Kulturzentrum **Matadero** (S. 96) aus und fährt entlang des renaturierten Flussufers zur **Puente de Segovia** (S. 69).

An der Metrostation Príncipe Pío lässt man das Fahrrad stehen und erkundet die Gegend zu Fuß, spaziert durch den Park **Campo de Moro** und bewundert die Fresken von Goya in der **Ermita de San Antonio de la Florida** (S. 70).

Nachmittags

- Wanderung zum **Templo de Debod** (S. 67) mit seinen herrlichen Aussichten über die Stadt, danach Besichtigung des **El Palacio Real** (S. 68).

Abends

- Auf der **Plaza de Ramales** (S. 69), einem der ruhigeren Plätze in Madrid entspannen, danach geht's weiter zur **Plaza Mayor** (S. 64).

DAVID BENITO/GETTY IMAGES ©, MANUEL RODRIGUEZ SEVILLANO/GETTY IMAGES ©, PABLO CUADRA/GETTY IMAGES ©

...nicht verpassen

Mit der Seilbahn für eine ganz andere Perspektive auf die Stadt fahren, *madroño*-Likör trinken und ein traditionelles Musiktheater erleben.

MADROÑO-LIKÖR TRINKEN

In den Bars in der Nähe der Plaza Mayor das **typische Getränk** Madrids trinken, das aus den Früchten des Erdbeerbaums hergestellt wird.

DEN MERCADO DE MOTORES ERKUNDEN

Der **Kunsthandwerkermarkt** findet jedes zweite Wochenende im Monat im alten Bahnhof Delicias statt.

MIT DER TELEFÉRICO FAHREN

Die **Seilbahn** fährt vom Parque del Oeste über den Fluss zur Casa del Campo und bietet herrliche Aussichten.

Tag 2

Morgens

- Man erkundet die Ursprünge des gedruckten Wortes im Museum **Imprenta Municipal-Artes del Libro** (S. 68) oder schaut sich Literatur aus dem Siglo de Oro in dem Wohnhaus von **Lope de Vega** (S. 75) an.

Danach spaziert man vom **Barrio de las Letras** (S. 74) zum **Los Rotos** (S. 78) und stärkt sich mit einem der Brote mit aus der Literatur inspirierten Namen.

Nachmittags

- Man verbringt den Nachmittag in der Gesellschaft von Velázquez, Picasso und anderen berühmten Künstlern im **Museo del Prado** (S. 86) oder im **Thyssen Bornemisza** (S. 82).

Abends

- Vom Dach des **Círculo de Bellas Artes** (S. 74) aus genießt man einen grandiosen Sonnenuntergang und danach zieht man wie **Hemingway von Bar zu Bar** in Huertas (S. 79).

Tag 3

Morgens

- Man beginnt den Tag mit einem Kaffee an der **Plaza dos de Mayo** (S. 101) und erfährt danach mehr über ihre revolutionäre Geschichte im **Museo de Historia** (S. 103).

Nachmittags

- Man schlendert über den **Mercado de Antón Martín** (S. 95) und isst in einem der kleinen Restaurants inmitten von Kohlköpfen und Blumenkohl zu Mittag.

Im **Museo de Artes y Tradiciones Populares** (S. 93) kann man eine corrala (traditioneller Innenhof) besichtigen und dann geht's die **Calle de Embajadores** entlang, um Lavapiés' Straßenkunst zu erkunden (S. 95).

Abends

- An einem Tisch im Freien im **La Buga del Lobo** (S. 98) sieht man Lavapiés zum Leben erwecken, und danach geht's weiter zu einer Flamenco-Aufführung im **Café Ziryab** (S. 94).

EIN BOCADILLO DE CALAMARES ESSEN

Brötchen mit frittierten Calamares, eine kulinarische Spezialität Madrids, bestellt man am besten in einer der kleinen Bars in der Nähe der Plaza Mayor.

ANTIKE KERAMIKWAREN KAUFEN

Im **Antigua Casa Talavera** gibt's wunderschöne Keramik aus ganz Spanien.

EINE ZARZUELA SEHEN

Einen Abend mit Musik und einem Theaterstück im **Teatro de la Zarzuela** genießen.

FUSSBALL SCHAUEN

Real Madrid CF spielt im **Santiago Bernabéu**. Karten gibt's auf der Webseite des Stadions.

SOL, PLAZA MAYOR & DAS KÖNIGLICHE MADRID

DAS HISTORISCHE ZENTRUM DER STADT

Bei jeder größeren Baumaßnahme wird hier etwas Bedeutendes freigelegt, wie beispielsweise bei den Bauarbeiten für ein Parkhaus unter der Plaza de Oriente Mitte der 90er-Jahre, wo man den Sockel eines Wachturms sowie Tonwaren und andere Artefakte aus dem 11. Jh. fand.

Wo einst eine Zitadelle und eine Medina standen, befinden sich heute eine Kathedrale und ein Palast. Letzterer wurde Mitte des 18. Jhs. auf den niedergebrannten Überresten des Alcazar erbaut und stammt aus der damaligen Bourbonenherrschaft, während die Plaza Mayor ein Überbleibsel der damals herrschenden Habsburger ist.

TOP TIPP

Seitdem Sol zur Fußgängerzone erklärt wurde, kann man zu Fuß bis zur Plaza Mayor gehen, ohne sich vor dem Verkehr in Acht nehmen zu müssen. Aber Vorsicht auf der Fahrradspur, die in der Regel mit Leihfahrrädern und Motorrollern vollgestopft ist. Die Gegend lässt sich allerdings am besten zu Fuß erkunden.

Plaza Mayor

VERANSTALTUNGEN AUF DER PLAZA MAYOR

Die Plaza Mayor, auf der sich die größten Dramen Madrids abgespielt haben, ist auch heute noch der Hauptschauplatz vieler Festivitäten. Die Veranstaltungen von heute sind jedoch nicht so brutal wie die Stierkämpfe, Glaubensprüfungen und Hinrichtungen von früher! Der Platz ist immer noch ein lebendiges Handelszentrum mit vielen alten Geschäften unter den kühlen Arkaden, und wer in der Weihnachtszeit kommt, sollte sich nicht den Markt mit seinen charmanten Holzbuden entgehen lassen.

Die Plaza Mayor

DAS NÜCHTERNE HERZ DER STADT

Philipp II. ordnete den Bau dieses zentralen Platzes an, als er 1561 beschloss, den Hof in Madrid anzusiedeln. Es war jedoch sein Sohn Philipp III., der die Fertigstellung durch den Architekten Juan Gómez de Mora im Jahr 1619 beaufsichtigte. Der ursprüngliche Architekt, Juan de Herrera, ist für den nüchternen, schmucklosen Stil der Fassaden, Steinbögen und Dächer verantwortlich – ein Stil, der auch in El Escorial (S. 116) zu sehen ist. Philipp III. ist jedoch derjenige, dem die ganze Ehre zuteil wird und der rittlings auf seinem Pferd in der Mitte des Platzes sitzt.

HIGHLIGHTS
1 El Palacio Real
2 Plaza Mayor

SEHENSWERTES
3 Campo de Moro
4 Convento de la Encarnación
5 Convento de las Descalzas Reales
6 Hammam al-Andalus
7 Iglesia San Nicolás
8 Imprenta Municipal-Artes del Libro
9 Jardines de Sabatini
10 Oso y Madroño
11 Parque Emir Mohamed I
12 Plaza de la Villa
13 Plaza de Oriente
14 Puerta del Sol

ESSEN
15 Casa Rúa
16 La Campana
siehe 16 La Ideal
17 Restaurante el Madroño

AUSGEHEN
18 Chocolatería de San Ginés
19 El Madroño

UNTERHALTUNG
20 Teatro Royal

SHOPPEN
21 Almacén de Pontejos
22 Convento del Corpus Cristi
23 Mercado de San Miguel

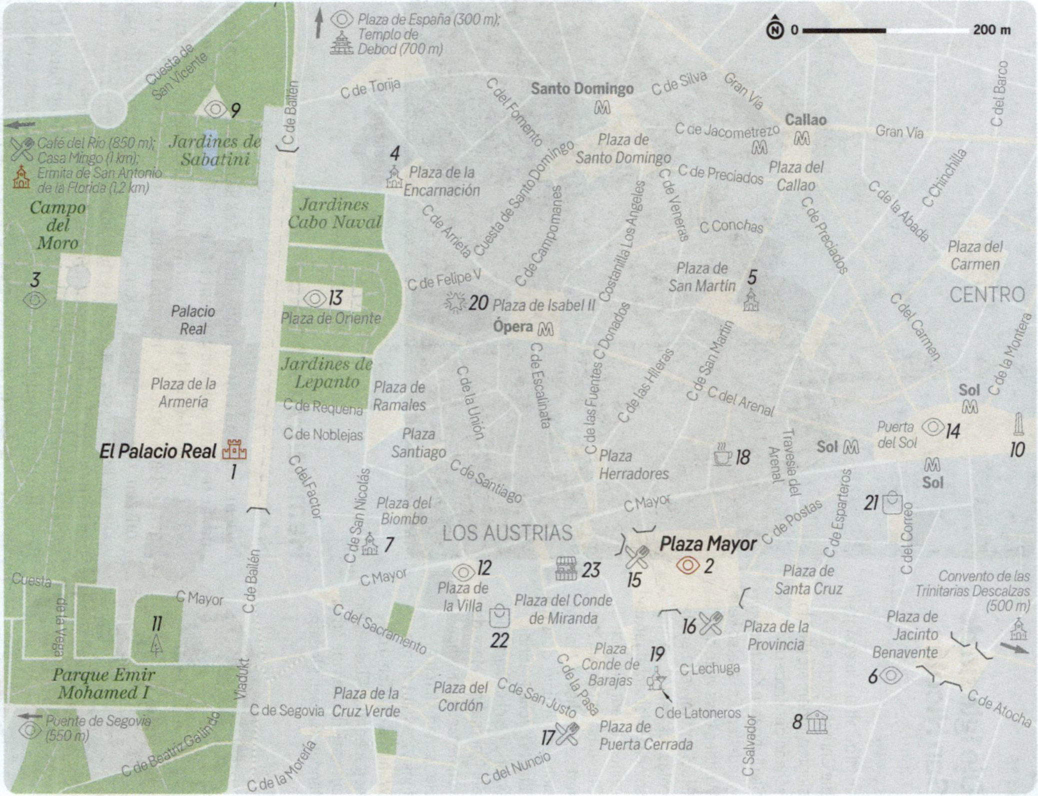

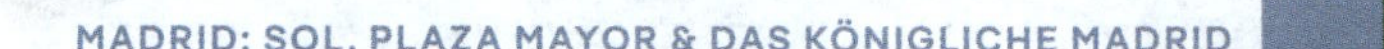

Die Iglesia de San Nicolás

MADRIDS ÄLTESTE KIRCHE

Im Mittelalter erniedrigten die Christen oft die Besiegten, indem sie die Moscheen der eroberten Siedlungen in Kirchen umwandelten. Es ist also kein Wunder, dass viele den Glockenturm von San Nicolás aus dem 12. Jh. mit seinen Hufeisenbögen und seinem quadratischen Grundriss mit einem Minarett verwechseln. Man ist sich jedoch einig, dass die älteste Kirche Madrids wahrscheinlich kurz nach der Übernahme Madrids von den muslimischen Herrschern durch Alfons VI. erbaut wurde. Während der König die herrschenden Klassen hinauswarf, durften die arbeitenden Klassen bleiben.

Iglesia de San Nicolás

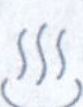

Hammam Al-Andalus

DIE ATMOPHÄRE VON AL-ANDALUS GENIESSEN

In dem Nachbau eines arabischen Bades kann man entspannen und die muslimische Vergangenheit der Stadt erkunden. Während der Zeit von Al-Andalus wurden in Madrid Hunderte von Brunnen gebaut, um die unterirdischen natürlichen Quellen zu nutzen, die es in dieser Gegend einst in Hülle und Fülle gab. Das Gebäude ist zwar relativ neu, aber der *hammam* wurde auf einem jahrhundertealten *aljibe* (Brunnen) errichtet.

Neben einem Dampfbad gibt es drei verschiedene Bäder, die Besucherinnen und Besucher in eine Zeit zurückversetzen, als der Ruf zum Gebet noch über die Straßen der nahegelegenen Medina hallte. Das Bad ist immer schnell ausgebucht, also unbedingt im Vorfeld reservieren.

Parque Emir Mohamed I

Parque Emir Mohamed I

GÄRTEN, DIE DIE MUSLIMISCHE VERGANGENHEIT FEIERN

Der kleine Garten befindet sich unter der ursprünglichen Mauer von Mayrit und ist eine Hommage an den Mann, der Madrid in der zweiten Hälfte des 9. Jhs. gründete. Die 2010 entworfenen, für das Königreich Al-Andalus typischen Designelemente erinnern an die längst vergessenen islamischen Ursprünge der spanischen Hauptstadt. Hier gibt es Springbrunnen mit sternförmigen Becken sowie verzierte Mauern, Zypressen, Wildkirschen-, Feigen- und Granatapfelbäume.

Es heißt, dass die christlichen Truppen die Festung Mayrit im Jahr 1083 nur erobern konnten, weil sie die 4 m hohen Mauern wie eine Katze hochklettern konnten. Ihre Geister spuken heute in Form von Straßenkatzen in den Gärten herum.

Almacén de Pontejos

EIN PARADIES FÜR SCHNEIDER

Der Handel in Madrid war einst in Gilden gegliedert. Jedes Gewerbe wurde in einem bestimmten Gebiet ausgeübt. Am Arco de Cuchilleros auf der Plaza Mayor wurden z.B. Messer verkauft. Pontejos zwischen Sol und Plaza Mayor ist das letzte Überbleibsel aus dieser Zeit. Hier haben die Kurzwarenhändler und Stoffläden noch immer das Sagen. Almacén de Pontejos ist von allen das beste Geschäft. Das 1913 gegründete Geschäft ist eine wahre Schatztruhe mit Knöpfen, Merinowolle, Bändern und anderen Artikeln.

Käse, Mercado San Miguel

Mercado San Miguel

KÖSTLICHE LECKEREIEN

In der Nähe der Plaza Mayor befindet sich ein hübsches Gebäude aus Gusseisen und Glas, in dem glitzernde Austern, selbstgemachter Käse und hübsche kleine Torten angeboten werden. Auch wenn es hier jede Menge Leckereien gibt, sollte man nicht unbedingt hungrig kommen, denn es ist ein harter Kampf um die Sitzplätze. Da man den Menschenmassen hier nicht entkommen kann, sollte man den Ort frisch und munter in Angriff nehmen und sich der ausgelassenen Stimmung hingeben, für die Spanien bekannt ist. Wenn man eine verlockend aussehende Leckerei entdeckt hat, verzehrt man sie schnell im Stehen, bevor man sich der nächsten Leckerei hingibt.

Templo de Debod

Templo de Debod

ATEMBERAUBENDE AUSSICHTEN BEI SONNENUNTERGANG

Der Tempel hoch über der Stadt umgeben von Wald ist ein beeindruckender Anblick. Der Tempel aus dem 2. Jh. v. Chr. ist dem Gott Amun und der Göttin Isis gewidmet und ein Geschenk an Spanien als Dank für die Hilfe bei der Erhaltung der Tempel von Abu Simbel in Ägypten. Unglaublicherweise wurde das gesamte Bauwerk am Ufer des Nils abgebaut und Stein für Stein im Cuartel de la Montaña Park wieder aufgebaut, bevor es 1972 der Öffentlichkeit zugänglich gemacht wurde.

Der Innenraum ist etwas beengt, aber der Eintritt ist frei und ein Besuch dauert nicht länger als 30 Minuten. Wer den Besuch richtig plant, kann vom nahe gelegenen Aussichtspunkt aus die letzten Sonnenstrahlen sehen, die den Palast und die Kathedrale in ein hübsches Rosa tauchen.

Teatro Real

MEHR ALS MAN AUF DEN ERSTEN BLICK SIEHT

Obwohl das Äußere des Opernhauses relativ unscheinbar daherkommt, ist es ein wahres Juwel. Abends finden im Inneren Opern- und Tanzaufführungen sowie klassische Konzerte statt. Das Opernhaus kann aber auch tagsüber besucht werden. Neben den üblichen historischen Führungen kann man bei technischen und künstlerischen Führungen einen Blick hinter die Kulissen werfen. Beim Kauf der Karten für eine Oper oder eine Ballettaufführung sollte man bedenken, dass einige der preiswerten Plätze nur eine eingeschränkte oder gar keine Sicht auf die Bühne bieten, auch wenn Bildschirme das Geschehen auf der Bühne zeigen.

El Palacio Real

OBEN: SONIA CALVO/SHUTTERSTOCK ©, UNTEN: DAVID VIOQUE/SHUTTERSTOCK ©

El Palacio Real

EINE AUGENWEIDE

Mit über 3000 Räumen ist der Palacio Real einer der größten Paläste des Landes. Bei einem Besuch sieht man nur einen Bruchteil davon, aber er ist trotzdem lohnenswert. Von der prachtvollen Chinoiserie bis hin zu den himmelblauen Decken voller Engel, Adler und Motiven aus aller Welt ist es ein grandioses visuelles Erlebnis. Auch wenn die derzeitige Königsfamilie nicht hier wohnt, ist die Präsenz der Bourbonen durch die königlichen Porträts an den verzierten Wänden deutlich zu spüren. Das beste Gemälde der Ausstellung ist jedoch Caravaggios *Salome mit dem Haupt Johannes des Täufers*, das man gegen Ende der Führung sieht, bevor man in den prächtigen Thronsaal gelangt.

Imprenta Municipal-Artes del Libro

Imprenta Municipal-Artes del Libro

EIN GENUSS FÜR BUCHLIEBHABER:INNEN

Dieses kaum bekannte Museum liegt versteckt in einer Seitenstraße neben dem Hammam Al-Andalus und ist in einem prachtvollen Art-déco-Gebäude untergebracht, das sowohl innen als auch außen wunderschön ist. Auf drei Etagen wird die Geschichte der Druckmaschine von den ersten Maschinen bis zur Erfindung des Offsetdrucks gezeigt. Mit über 3000 ausgestellten Objekten ist es ein tolles Ausflugsziel, bevor man im nahe gelegenen Barrio de las Letras (S. 78) das literarische Erbe Spaniens erkundet.

Madrids renaturiertes Flussufer

EINE VERSTECKTE OASE

In früheren Sommermonaten konnte im Manzanares nicht einmal die kleinsten Spatzen ein anständiges Fußbad nehmen. Als Madrid im 16. Jh. zur Hauptstadt Spaniens wurde, wurde über den Fluss eine beeindruckende Steinbrücke gebaut. Die beeindruckende **Puente de Segovia** wurde von dem Architekten Juan de Herrera geplant, der auch den Bau von El Escorial (S. 116) überwachte. Leider wurde die Brücke im 17. Jh. wegen des Wassermangels zum Gegenstand zahlreicher Scherze, und der Schriftsteller Lope de Vega witzelte, dass es vielleicht besser wäre, „die Brücke zu veräußern, um Wasser zu kaufen".

Heute strömen sowohl Vögel als auch Menschen in Scharen an den Fluss in Madrid. Er wurde nicht nur kanalisiert und damit der Wasserfluss erhöht, sondern auch begrünt. Zwischen 2003 und 2011 wurde im Rahmen eines ehrgeizigen Projekts die umweltverpestende Umgehungsstraße M30 unter die Erde verlegt, sodass der Fluss renaturiert und sein Ufer zu einem schönen Park umgestaltet werden konnten.

Wer die gesamte Länge abfahren möchte, kann sich an vielen Orten ein Fahrrad von BiciMAD ausleihen. Entlang des Teils unterhalb des Palastes gibt es aber auch jede Menge zu Fuß zu erkunden. Im **Café del Río**, direkt am Eingang der Casa de Campo, Madrids größter Grünanlage, hat man eine beeindruckende Aussicht auf die Stadt. Neben dem Café können sich Selfie-Liebhaber mit Madrid im Hintergrund neben riesigen blauen Buchstaben, die den Namen der Stadt bilden, fotografieren lassen.

Um das Gebiet unterhalb des Palastes zu erkunden und einen Blick auf den Puente de Segovia zu werfen, überquert man den Fluss wieder über eine der kleineren Fußgängerbrücken. Obwohl die Steinbrücke aus dem 16. Jh. mehrmals wieder aufgebaut wurde – z. B. nachdem die republikanischen Streitkräfte sie teilweise zerstört hatten, um zu verhindern, dass die nationalistischen Truppen während des Bürgerkriegs die Stadt stürmten - ist ihr Sockel noch weitgehend im Originalzustand. Der Fluss war während der Belagerung der Stadt eine wichtige Frontlinie, da die an seinem Südufer kampierenden nationalistischen Truppen die Stadt von der Casa de Campo aus beschossen.

Die Stadt wurde nicht nur während des Bürgerkriegs belagert. Im 11. Jh., nach dem Tod von Alfons VI., versuchte

BESTE RUHIGE PLÄTZE

Einen Kaffee im Freien bestellen und einen Moment der Ruhe an einem der ruhigen und doch zentralen Plätze genießen.

Plaza de la Cruz Verde
Der Platz war einst eine Stätte der Spanischen Inquisition. Er liegt direkt neben einer Buchhandlung mit Café, in dem es Getränke zu vernünftigen Preisen gibt.

Plaza Conde de Barajas
Der malerische Platz liegt in der Nähe der Calle Mayor. Wenn nicht gerade der Sonntagsmarkt stattfindet, geht es hier ziemlich gemächlich zu.

Plaza de Ramales
Hier kann man in Frieden ruhen, genau wie Velázquez, dessen Gebeine irgendwo in der Nähe vergraben liegen!

DEN FLUSS ENTLANG FAHREN

Von Sol aus mit der Metro nach Legazpi fahren und ein Fahrrad beim Kulturzentrum Matadero ausleihen. Herausforderndere Fahrradtouren auf S. 53.

ÜBERNACHTEN

Pestana Plaza Mayor
Der Blick auf die Plaza Mayor und der Pool auf dem Dach sind es wert, die hohen Preise für dieses Luxushotel zu bezahlen. **€€€**

Aspasios Calle Mayor Apartments
Modern eingerichtete Wohnungen in einem historischen Gebäude in der Calle Mayor. **€€**

Petit Palace Posada del Peine
Die altmodische Pension wurde renoviert, um seine bemalte Fassade und die Innenräume zu verschönern. **€€**

der muslimische Herrscher Alí Ben Yusuf, die Zitadelle, die an der Stelle des heutigen Palastes stand, zurückzuerobern. Daher heißen die Gärten darunter **Campo del Moro**, was „Lager der Mauren" bedeutet. Die Grünanlage liegt unterhalb der bekannteren **Jardines de Sabatini** und die Gärten im englischen Stil mit ihren gepflegten Rasenflächen, sich putzenden Pfauen und kaskadenartigen Springbrunnen sind noch schöner als die oberen geschnittenen Buchsbaumhecken und Steinwege.

Ein weiteres kleines, verstecktes Juwel am Ufer ist die **Ermita de San Antonio de la Florida**. In der Kapelle, die dem Heiligen Antonius gewidmet ist, findet man nicht nur atemberaubende freskenverzierten Decken von Francisco Goya aus dem 18. Jh., sondern auch sein Grab. Die Kirche ist so beliebt, dass eine Nachbildung daneben gebaut wurde, damit Besucher:innen, die die beeindruckende Decke bestaunen, nicht die Gläubigen beim Beten stören.

Beim Spaziergang am Fluss bekommt man irgendwann Hunger. Neben der Ermita liegt das **Casa Mingo**, wo man zu köstlichem Brathähnchen einen Apfelwein trinken kann. Das 100 Jahre alte Lokal ist bei Einheimischen sehr beliebt und kann ziemlich voll werden. Man kann nicht reservieren, aber wenn man „früh" isst, also vor 14 Uhr am Mittag oder vor 20 Uhr am Abend, sollte man einen Platz bekommen. Die besten Plätze befinden sich auf der riesigen Terrasse im hinteren Bereich.

DIE BESTEN SOUVENIRLÄDEN

Casa Yustas
Von der traditionellen flachen Mütze (*majo*) bis hin zu eleganten Panamahüten bietet dieses Geschäft alle Arten von Kopfbedeckungen, ob spanisch oder nicht.

Casa de Diego
Das Geschäft liegt direkt an der Puerta del Sol und ist berühmt für seine Fächer, Manila-Schals und verzierten *peineta*-Kämme.

Antigua Casa Talavera
Das Geschäft ist etwas schwierig zu finden, aber es lohnt sich. Spezialisiert ist es auf Keramikwaren, die nicht nur aus Talavera de la Reina, sondern auch aus anderen Regionen stammen, die für ihre Keramik bekannt sind.

Der Madroño: das Symbol der Stadt

AUF DER SUCHE NACH DEM ERDBEERBAUM

Ein Wahrzeichen von Sol ist die Statue eines Bären, **Oso y Madroño**, der sich mit seinen Pfoten an einen Erdbeerbaum lehnt. Der Bär und der Erdbeerbaum zieren das Wappen der Stadt aus dem 12. Jh., das überall in Madrid zu sehen ist, auf Mülltonnen bis hin zu den Türen der Taxis.

Im Prado sieht man einen kleinen schwarzen Bären, der in Hieronymus Boschs *Garten der Lüste* auf einen Erdbeerbaum klettert. Obwohl auf dem riesigen Triptychon noch viel mehr zu sehen ist, ist das Werk sogar im königlichen Inventar von Philipp II. als „Das Gemälde des Erdbeerbaums" bekannt.

Die Krone über Bär und Baum verweist auf eine Vereinbarung zwischen der Kirche und dem Stadtrat. Während sich die Kirche Ackerland aneignete, sicherte sich die Stadt bewaldete, von Bären bewohnte Jagdgebiete. Im Mittelalter wurde ein Gebräu aus den Blättern des Baums zur Heilung der Pest verwendet, weil es eine entzündungshemmende Wirkung hatte. Werden die Früchte jedoch nicht gepflückt, fangen sie an zu gären und somit könnten hungrige Bären durchaus einen Rausch bekommen!

WEITERE PRADO-HIGHLIGHTS

Hieronymus Boschs Der Garten der Lüste ist eine der großen Attraktionen im **Museo del Prado**. Weitere lohnenswerte Werke auf S. 86.

TAPAS ESSEN

Casa Revuelta
Das Lokal ist berühmt für seinen Kabeljau, aber es gibt auch köstliche *torreznos* (Schinkenhäppchen) und *callos* (Kutteln). **€**

Museo del Jamón
In dem Paradies für *jamón*-Liebhaber:innen trinkt man zu Käse und Schinken am besten eine erfrischende *caña* (kleines Bier). **€€**

Casa Labra
Eine der ältesten Bars Madrids und bei Einheimischen sehr beliebt; berühmt für seinen gesalzenen Kabeljau. **€€**

SKULPTUR: ANTONIO NAVARRO SANTAFÉ, FOTO: BRUNOCOELHO/SHUTTERSTOCK ©

Oso y Madroño

Die Madroño-Bäume stehen entlang der **Calle Mayor** und im **Retiro-Park**. Zwischen Oktober und Dezember bilden sie winzige, weiße, glockenförmige Blüten und kleine rote Beeren. Die stacheligen Früchte sehen zwar etwas merkwürdig aus, sind aber durchaus essbar. Allerdings sind sie etwas zäh, sodass sie besser als Likör konsumiert werden sollten.

Es gibt zwei Orte, an denen die alkoholische Leckerei in kleinen, mit Schokolade überzogenen Waffelbechern serviert werden. Das **El Madroño** und das **Restaurante el Madroño** liegen beide in der Nähe der Plaza Mayor. Mit ihren bezaubernden gefliesten Fassaden und traditionellen Innenräumen unterscheiden sie sich optisch kaum voneinander. Letzteres ist jedoch für die schiere Menge und Qualität seiner kostenlosen Tapas bekannt. So eine Großzügigkeit ist eher selten in Madrid!

Spirituelles Madrid

VERBORGENE WELTEN IM STADTZENTRUM

Bevor Joseph Bonaparte 1808 den Thron bestieg, waren die engen Straßen Madrids voll von religiösen Stätten. Um die Luft ein wenig von dem durchdringenden Duft des Weihrauchs zu befreien, ließ der viel gescholtene französische König einige von ihnen abreißen und baute an ihrer Stelle einige der schönsten Plätze der Stadt, darunter die **Plaza de Oriente** und die **Plaza de Santa Ana** (S. 76). Der Bürgerkrieg und der Rückgang der Kirchenbesucher haben ihre Zahl weiter verringert. Trotzdem

DIE BESTEN BOCADILLOS DE CALAMARES

Knuspriger Teig und ein knuspriges Brötchen sind die Markenzeichen eines guten Calamares-Brötchens. Der berühmteste Snack Madrids wird unterwegs oder an einer Bar rund um die Plaza Mayor gegessen. Am besten mit Aioli oder einem Spritzer Zitrone.

La Campana
In der bei Einheimischen sehr beliebten Bar gibt es immer eine lange Warteschlange, die aber sehr schnell abgearbeitet wird.

La Ideal
Direkt neben dem La Campana und ebenso voller *madrileños*.

Casa Rúa
Eine kleine Bar am westlichen Rand des Platzes.

Restaurante Mareas Vivas
Die Preise in dem Lokal sind günstig und die Tapas-Portionen sind großzügig. Die Meeresfrüchte sind hier besonders gut. **€€**

El miniBAR
Die kleine Bar ist berühmt für das saftige Entenconfit und knusprige Wildschweinröllchen mit Champignonsoße. **€**

La Casa del Bacalao
Bestes Preis-Leistungs-Verhältnis auf dem Mercado San Miguel (S. 67). Es gibt Tapas mit Meeresfrüchten und Fisch wie Kabeljau, Sardellen und Oktopus. **€€**

JJFARQ/SHUTTERSTOCK ©
Convento de las Descalzas Reales

ÄLTESTE GESCHÄFTE IN MADRID

Wer zu Fuß in Madrid unterwegs ist, bemerkt vielleicht einige kleine Bronzetafeln, die in den Bürgersteig eingelassen wurden. Sie befinden sich vor Geschäften und Restaurants, die seit mehr als 100 Jahren bestehen. Sie wurden von dem spanischen Zeichner Antonio Mingote entworfen und 2006 in der ganzen Stadt verteilt. Besonders häufig sind sie in der Gegend um die Plaza Mayor zu sehen. Auch wenn einige wenige Unternehmen während der Corona-Pandemie dauerhaft schließen mussten, haben die meisten glücklicherweise überlebt. Von Hutgeschäften bis zu Kurzwarenhändlern, wer ein Geschäft mit Tradition sucht, ist hier genau richtig.

gibt es in dem kleinen Gebiet um den Palast noch fünf genutzte Klöster.

Einige der Klöster sind einen Besuch wert. Am schönsten ist das **Convento de las Descalzas Reales** (patrimonionacional.es). Der ehemalige Palast von Karl I. von Spanien aus dem 16. Jh. verfügt über ein mit farbenhohen Fresken aus dem 16. und 17. Jh. verziertes Treppenhaus. Eine Generation später wurde das Gebäude von der Schwester Philipps II., Juana von Österreich, die nach dem Tod ihres Ehemannes Nonne wurde, in ein Kloster umgewandelt. Obwohl die Ordensschwestern ein Armutsgelübde abgelegt haben, verfügen sie über einen unschätzbaren Fundus an Kunstschätzen, die bei täglichen Führungen besichtigt werden können. Englischsprachige Führungen werden zwar angeboten, sind aber rar gesät, also rechtzeitig buchen oder dem spanischen Führer einfach freundlich zunicken. Die von Rubens entworfenen Wandteppiche und flämischen Gemälde sind besondere Highlights.

Ein weiteres Kloster mit einer königlichen Verbindung ist das **Convento de la Encarnación** (Führungen kann man über die Webseite des Patrimonio Nacional buchen). Zu den Highlights gehört ein funkelnder Raum voller Reliquien, darunter eine mit Blut des heiligen Pantaleón, das sich angeblich jedes Jahr am 27. Juni verflüssigt. Bei dem Ereignis ist die Kirche des Klosters voll mit Fernsehkameras und Gläubigen.

ESSEN

Sobrino de Botín
In das älteste Restaurant der Welt kam einst schon Hemingway. Die Spezialität des Hauses ist das Spanferkel. €€€

Las Cuevas de Luis Candelas
Das unterirdische Lokal war einst das Versteck des legendären Schurken Luis Candelas und ist heute für seine in Holzöfen zubereiteten Speisen berühmt. €€€

Kuraya
Das Kuraya gehört zum Ramen-Restaurant nebenan und bietet japanische Nudeln zum Tunken in köstlichen Soßen an. €€

ANDY333/SHUTTERSTOCK ©

Churros und heiße Schokolade

Während man bei einem Besuch der beiden alten Klöster nicht mit Nonnen in Kontakt kommt, kann man bei den Nonnen eines anderen Ordens Kekse kaufen, und zwar im **Convento del Corpus Cristi**. Das Kloster liegt in einer schmalen Seitenstraße abseits der **Plaza de la Villa**, dem mittelalterlichen Platz der Stadt. Einfach die Glocke läuten, neben der das Wort *monjas* (Nonnen) steht, und man wird eingelassen. Die Geschäfte werden hinter einer blickdichten Scheibe abgewickelt, sodass man nur mit den Nonnen spricht, sie aber nicht sieht. Man sollte auf Spanisch bestellen und Kreditkarten werden nicht akzeptiert.

Köstliche Churros!

TEIGWAREN ZUM NIEDERKNIEN

Die heiße Schokolade und die Churros in der **Chocolatería de San Ginés** sind immer noch die besten der Stadt, auch wenn die Schlange vor dem Laden unter den Kolonnaden immer lang ist. Die frittierten Teigstangen, die in eine große Tasse heißen Kakao getaucht werden, sind eine fettige Leckerei und der perfekte Start oder Abschluss eines Tages. Das San Ginés ist bei älteren Madrilenen ebenso beliebt wie bei jungen Clubgängern, die sich vor dem Ausgehen noch einmal stärken wollen und hat am Wochenende rund um die Uhr geöffnet. Das Café wurde 1884 eröffnet und in den Romanen von Benito Pérez Galdós und Valle-Inclán verewigt. Obwohl das Geschäft seine Produkte in die ganze Welt exportiert, ist die Qualität der Produkte weiterhin hoch.

LOCAL TIPP: DAS LEBEN NACH EINBRUCH DER DUNKELHEIT

Der Berater für audiovisuelle Medien **David Casero Vicente (@** moss_v____) rät Nachtschwärmern, den Abend am Temple of Debod zu starten, dem absolut schönsten Ort bei Sonnenuntergang.

„Man sucht sich einen schönen Platz auf dem Rasen. Mehrere Jazz- und Swing-Bands spielen. Viele der Musiker nehmen abends regelmäßig an Jamsessions teil. Wer Live-Musik liebt, kann sie fragen, ob irgendwo ein interessantes Konzert stattfindet. Wer gerne in Clubs geht, sollte ins Pirandello unter der Plaza de los Cubos gehen, wo häufig Elektro-Partys stattfinden. Die drei Clubs unter der Erde sind miteinander verbunden und oft schließen sich die Veranstalter heimlich zusammen."

Restaurante Gloria Bendita Madrid
Traditionelle kastilische Küche mit modernen Einflüssen. Der gebratene Oktopus ist besonders empfehlenswert. **€€**

Casa Boni
Das beste Lokal für ein *menu del día* (Tagesmenü). **€**

Tierra Burrito Bar
Eher Tex-Mex als authentisches mexikanisches Essen, aber die Portionen sind groß und es gibt auch gesunde Gerichte. **€**

BARRIO DE LAS LETRAS & GRAN VÍA

GROSSE BOULEVARDS UND DAS LITERATURVIERTEL

Für den englischen Schriftsteller Laurie Lee, der Madrid kurz vor dem Bürgerkrieg besuchte, war diese Gegend der Inbegriff der Spaltung der spanischen Gesellschaft. Die breiten Boulevards der Gran Vía und der Calle de Alcalá waren in seinen Augen „politische Paradeplätze, die zwischen mehrstöckigen Villen hindurchführen". Dahinter stieß er auf eine andere Welt: „die lebendigen Straßen der Stadt, enge Gassen, vollgestopft mit Karren und Bettlern".

Die extreme Armut ist zwar weitgehend verschwunden, aber die Pracht der Gebäude aus dem frühen 20. Jh., die sich zu beiden Seiten der Hauptverkehrsstraßen erheben, steht immer noch in scharfem Kontrast zu den engen Gassen des Barrio de las Letras, Madrids pulsierendem Viertel mit vielen Theatern und jeder Menge Literatur.

TOP TIPP

Die Calle Huertas führt mitten durch das Barrio de las Letras zum Museo del Prado (S. 86) und zum Botanischen Garten (S. 86). Die steile Straße ist an den goldenen Zitaten berühmter Autoren zu erkennen, die in die Bürgersteige eingelassen wurden. Für wen die Hänge zu steil sind, kann an einer Segway-Tour durch die Gegend teilnehmen.

Aussicht vom Círculo de Bellas Artes

STOYANH/SHUTTERSTOCK ©

Círculo de Bellas Artes

GRANDIOSE AUSSICHTEN AUF MADRID

Das 1880 gegründete Kunstzentrum erhielt 1926 seinen beeindruckenden Hauptsitz. Wie viele der monumentalen Gebäude in der Gegend wurde es von Antonio Palacios entworfen, dem Architekten, der auch für den nahegelegenen Palacio de Cibeles (S. 85) und das Instituto Cervantes verantwortlich war.

Das Kunstzentrum mit Ausstellungen in den großen Salons ist immer von 14 bis 17 Uhr geschlossen. Der Eintritt zu der Ausstellung umfasst auch den Zugang zur *azotea* (Dachterrasse), von der man einen der besten Ausblicke Madrids hat. Eintrittskarten gibt's am Automaten im Eingangsbereich.

Museo ICO

EIN MUSEUM FÜR ARCHITEKTUR UND FOTOGRAFIE

Das 2012 eröffnete Museo ICO ist einer der Hauptveranstaltungsorte des in den Sommermonaten in Madrid stattfindenden Festivals für Fotografie PHoto-ESPAÑA (www.phe.es/home/que-es-photoespana). Die Ausstellungen thematisieren häufig die sozialen Auswirkungen von Stadtlandschaften auf das Leben der Menschen.

Das Museum ist in einem modernen Gebäude untergebracht, in dem architektonische Modelle sowie Fotografien optimal zur Geltung kommen und versprüht eine moderne, aber zugleich einladende Atmosphäre.

HIGHLIGHTS
1 Círculo de Bellas Artes
2 Plaza de Santa Ana
3 Real Academia de Bellas Artes de San Fernando

SEHENSWERTES
4 Ateneo Científico, Literario y Artístico de Madrid
5 Casa de Lope de Vega
6 Convento de las Trinitarias
7 Museo Ico

SCHLAFEN
8 Westin Palace Hotel

AUSGEHEN
9 Cervecería Alemana
10 La Venencia
11 Museo Chicote

UNTERHALTUNG
12 Teatro de la Zarzuela
13 Teatro Español
14 Villa Rosa

SHOPPEN
15 Mercado de las Ranas

Casa de Lope de Vega

MEHR ÜBER MADRIDS LITERATUR ERFAHREN

Wer sich für die Gegend interessiert, in der Cervantes *Don Quijote* schrieb, muss unbedingt sein Wohnhaus aus dem 16. Jh. besuchen. Lope de Vega war zu seinen Lebzeiten sehr populär und obwohl Cervantes ihn später auf der internationalen Bühne in den Schatten stellte, genießt der Dramatiker und Dichter in Spanien immer noch hohes Ansehen.

Hier kann man erkunden, wie das Leben im literarischen Madrid aussah und etwas über das bunte Leben des Autors erfahren. Lope de Vega war ein ziemlicher Schürzenjäger und geriet deshalb in allerlei Schwierigkeiten. Aber an dieser Stelle soll nicht zu viel verraten werden. Man bucht am besten im Voraus eine kostenlose Führung auf Englisch, um mehr zu erfahren. Wer keine Eintrittskarte bekommt, kann zumindest durch den wunderschönen Garten schlendern.

FESTIVAL FÜR FOTOGRAFIE-FANS

Die PHotoESPAÑA ist ein tolles Festival für Fotografie, das jährlich in Madrid an mehreren Veranstaltungsorten stattfindet, darunter dem **CentroCentro**, der **Casa Árabe** (S. 108), dem **Real Jardín Botánico** (S. 86) und dem **Círculo de Bellas Artes**.

Plaza de Santa Ana

EIN ORT VOLLER LITERARISCHER TRADITION

Das Viertel Huertas wurde wegen eines 1582 außerhalb der Stadtmauern errichteten Gebäudes als Barrio de las Letras bekannt. Das Corral del Príncipe, das erste Theater Madrids, ist auch heute noch das älteste Theater der Stadt, wenn auch unter einem anderen Namen und in einem moderneren Gebäude. Auf der weißen neoklassizistischen Fassade des **Teatro Español** stehen die Namen vieler der berühmtesten Autoren Spaniens, darunter Lope de Vega, Tirso de Molina und Calderón de la Barca.

Auf der Plaza steht die Statue des Autors des Theaterstücks *La Vida es Sueño* (Das Leben ist ein Traum), Calderón de la Barca, der sowohl auf das Theater als auch auf die Bronzefigur des Dichters García Lorca blickt. Kurz nach Lorcas tragischem Tod kam Ernest Hemingway in die Stadt, um über den Bürgerkrieg zu berichten und in der Cerveceria Alemana gibt es einen kleinen Schrein zu Ehren von Don Ernesto (mehr über Hemingways Lieblingssorte auf S. 79).

Der Platz hat einen so vielfältigen literarischen Charakter, dass er sogar in einem zeitgenössischen amerikanischen Roman des Dichters Ben Lerner vorkommt. *Abschied von Atocha* muss man einfach gelesen haben, wenn man Madrid besucht: die Geschichte eines jungen Schriftstellers, der allein in der Stadt ist beschreibt die Schwierigkeiten, in eine fremde Kultur einzutauchen und sie gleichzeitig zu beobachten. Apropos, auf der Plaza kann man auch wunderbar Leute beobachten. Einfach einen *café con leche* an einem der Tische im Freien bestellen und sich Notizen machen!

ZU EHREN VON LORCA

Eine Statue von Garcia Lorca steht direkt neben dem Teatro Real, wo der Schriftsteller 1934 mit Yerma seinen größten Theatererfolg feierte. Das Stück befasste sich mit heidnischem Gedankengut und übte starke Kritik an der katholischen Kirche. Manche glauben, dass das einer der Gründe war, warum er zu Beginn des Bürgerkriegs von den nationalistischen Kräften erschossen wurde. Die Statue wurde 1984 anlässlich des 50-jährigen Jubiläums des Stücks errichtet. In seinen Händen hält er eine Lerche, die ein Symbol für Verliebte und den Anbruch des Tages ist.

Plaza de Santa Ana

Ateneo

EIN EXKLUSIVER LITERATURCLUB

Besucher:innen dieser Institution aus dem späten 19. Jh. fühlen sich, als hätten sie gerade eine Zeitreise unternommen. Durch die schmalen Tore gelangt man in eine große Marmorhalle, hinter der sich ein spektakuläres Auditorium und eine der besten Bibliotheken Madrids befinden. Allerdings schaffen das nur wenige Tourist:innen, da das Kulturzentrum nur für Mitglieder zugänglich ist. Wer jedoch spanisch beherrscht, kann sich auf der Webseite über für die Öffentlichkeit zugängliche Literaturveranstaltungen und Ausstellungen informieren. Gegen eine kleine Eintrittsgebühr kann man die Bibliothek besichtigen.

Teatro de la Zarzuela

Teatro de la Zarzuela

EINE SPANISCHE KOMBINATION AUS THEATER UND MUSIK

Zarzuela ist eine spanische Form des Musiktheaters, die bis in das 17. Jh. zurückreicht, als die Habsburger das Land regierten. Als jedoch der Bourbonenkönig Philipp V. die Macht übernahm, wurde die italienische Oper den spanischen Werken vorgezogen. Im 19. Jh. erlebte die *zarzuela* eine Renaissance in der Madrider Arbeiterklasse. *Lamparilla*, eines der berühmtesten Werke dieser Zeit, spielt im ärmsten Viertel von Madrid. Das Theater stammt aus dem Jahr 1856, hat aber seither viele Dramen hinter der Bühne erlebt, nicht zuletzt einen Brand, der das gesamte Gebäude zerstörte. Die Werke werden auf Spanisch mit englischen Untertiteln über der Bühne aufgeführt.

Geißlerprozession **von Francisco Goya, Real Academia de Bellas Artes de San Fernando**

Real Academia de Bellas Artes de San Fernando

HERAUSRAGENDE RADIERUNGEN

Die ehemalige Kunstakademie dient heute als Kunstgalerie und Museum. Die Akademie wurde vom aufgeklärten König Karl III. zur Förderung der Künste in Spanien gegründet und einer der berühmten Direktoren war kein Geringerer als Francisco Goya. Die Ausstellungen sind oft kostenlos. Wer beim Betreten des Gebäudes in die Galerie zur Linken geht und sie bis zum Ende durchgeht, stößt auf eine Sammlung von Goyas grandiosen Radierungen. Viele zeigen die Brutalität, die Goya während der Napoleonischen Kriege erlebte. Zu den Absolventen gehören Salvador Dalí und Pablo Picasso, wobei dieser, der mit gerade mal 16 Jahren in die Akademie eintrat, die meiste Zeit geschwänzt und sich stattdessen im Prado herumgetrieben haben soll.

PABLO CUADRA/GETTY IMAGES ©

Villa Rosa

CERVANTES BESUCHEN

Das Haus, in dem Cervantes als Erwachsener lebte, existiert zwar nicht mehr, aber das Haus, in dem er aufwuchs, liegt nur eine kurze Zugfahrt entfernt in Alcalá de Henares (S. 119), das genug Attraktionen für einen Tagesausflug bietet.

CASA MIRA

Wenn man durch die Straßen Madrids geht, begegnet man Menschen, die Tabletts mit gebrochenem Nougat zum Probieren anbieten. Dabei handelt es sich um *turrón*, eine beliebte Weihnachtsleckerei aus Honig, Zucker, Eischnee und Mandeln. Viele Geschäfte verkaufen die Köstlichkeit das ganze Jahr über und ein Riegel ist ein tolles Souvenir. Das traditionsreichste Geschäft ist das Casa Mira in der Carrera de San Jerónimo, wo *turrón* noch von Hand hergestellt wird. Das 1842 eröffnete Unternehmen befindet sich auch nach sechs Generationen noch in Familienbesitz. Im Inneren hat sich nur wenig verändert und auch wenn man nichts kaufen möchte, lohnt sich ein Blick hinein. Es ist wie eine Zeitreise in ein vergangenes Madrid.

NOCH MEHR IM BARRIO DE LAS LETRAS & AUF DER GRAN VÍA

Eine Reise wie Don Quijote

GROSSE BOULEVARDS UND EIN LITERATURVIERTEL

Miguel de Cervantes war knapp 60 Jahre alt, als er den ersten Teil von *Don Quijote* fertigstellte, und somit der ultimative Spätzünder. Obwohl er schon mehr als genug literarische Niederlagen erlebt hatte, wusste er diesmal, dass er endlich Erfolg haben würde. Mit dem Manuskript in der Hand eilte er die Straße hinunter, um es seinem berühmten Freund Lope de Vega zu zeigen. Der 15 Jahre jüngere, aber weitaus erfolgreichere Dramatiker verriss das Werk in einem Brief an einen Freund: „In Bezug auf Dichter ist das kein gutes Jahrhundert! Viele schreiben für das kommende Jahr an Stücken. Aber keiner ist so schlecht wie Cervantes, und niemand wäre so dumm, *Don Quijote* zu loben."

Cervantes hat natürlich zuletzt gelacht. Der satirische Roman war sofort ein Erfolg und das Haus von Lope de Vega (S. 75) befindet sich heute in der Calle de Cervantes. Das Haus von Cervantes befand sich ebenfalls in dieser Straße, wurde aber im 19. Jh. abgerissen. Eine Gedenktafel an der Nummer zwei markiert das Haus, in dem sein Meisterwerk entstand. Das Gebäu-

ESSEN

Decadente
Kreative spanische Fusion-Gerichte, darunter Köstlichkeiten wie Carpaccio vom Oktopus. Es gibt auch gesunde vegetarische Gerichte. €€€

Lhardy
Das 1839 eröffnete Urgestein brachte die französische Küche nach Madrid. Zur Spezialität des Hauses gehört der *cocido* (Eintopf). €€

Los Rotos
Das Restaurant ist bekannt für seine *huevos rotos* und es gibt getoastete Brote mit von der Literatur inspirierten Namen. €

de, in dem Don Quijote gedruckt wurde, steht jedoch noch immer, und zwar in der Calle de Atocha 87. Wer sich für frühen Buchdruck interessiert, sollte die in der Nähe gelegene Imprenta Municipal-Artes del Libro (S. 68) besichtigen.

Cervantes starb im Alter von 68 Jahren und hatte weniger als ein Jahrzehnt Zeit, den Ruhm zu genießen, den er so sehr verdient hatte. Er wurde im **Convento de las Trinitarias Descalzas** beigesetzt. Der Orden rettete ihm das Leben, als er als junger Mann von Piraten gefangen genommen wurde und er fühlte sich für immer in ihrer Schuld, weil sie das hohe Lösegeld zahlten, das seine Familie nicht aufbringen konnte.

Leider kann man nicht mit Sicherheit sagen, wo seine sterblichen Überreste liegen, da die Überreste mehrerer Toter bei Bauarbeiten am Kloster im 17. Jh. vermischt wurden. Im Jahr 2015 wurde ein Sarg mit der Inschrift „MC" gefunden, in dem die Knochen verschiedener Leichen durcheinander lagen. Wer eine halbe Stunde vor der Messe in der Kirche kommt, kann auf Nachfrage die Kiste mit verschiedenen Überresten sehen. Da Don Quijote sich oft über den Hochmut der Menschen lustig gemacht hat, hätte Cervantes sicher darüber gelacht. Aber er hätte es vielleicht nicht so lustig gefunden, dass das Kloster, in dem er begraben ist, in der Calle Lope de Vega liegt!

DIE BESTEN BUCHLÄDEN

Getreu seinem literarischen Erbe hat das Barrio de las Letras die höchste Konzentration an Buchläden in Madrid.

Secret Kingdoms
Ein recht neuer Laden, aber erwähnenswert, da er der einzige mit englischen gebrauchten und neuen Büchern in der Gegend ist.

Librería Desnivel
Die älteste Buchhandlung des Viertels verkauft heute Bücher zum Thema Wandern, Reisen und Abenteuer.

Librería Miguel Miranda
Ein atemberaubendes Interieur mit Wendeltreppe und prächtigen Holzschränken.

Hemingways Lieblingsorte

DON ERNESTOS LIEBLINGSBARS

Ernest Hemingways Liebe zu Spanien begann während eines Besuchs im Jahr 1923. Es war Liebe auf den ersten Blick und diese Erfahrung inspirierte *Fiesta*. Der Roman, eine Ode an den Stierkampf, spielt hauptsächlich in Pamplona, endet aber im **Westin Palace Hotel** in Madrid, wo die Hauptfigur Martinis trinkt, so wie Hemingway es gerne tat.

Als der Bürgerkrieg ausbrach, kehrte er als Kriegsberichterstatter zurück. Er arbeitete in der Pressestelle im Edificio Telefónica (S. 102), einem Angriffsziel der nationalistischen Truppen. Nachdem er seine Texte eingereicht hatte, ging er die Gran Vía entlang bis zum Chicote, um mit anderen Journalisten einen Cocktail zu trinken, während draußen die Granaten einschlugen.

Auf der Suche nach Geschichten ging er ins **La Venencia**, eine Sherry-Bar, die von republikanischen Kämpfern besucht wurde. Damals war Madrid voll von feindlichen Spionen, sodass Fotos verboten waren – eine Regel, die bis heute gilt. Er mochte auch die **Cervecería Alemana**, eine Bar, die von einem Stierkampfliebhaber betrieben wird. Hier war Hemingway

WEITERE LIEBLINGSORTE VON HEMINGWAY

Hemingway liebte das Spanferkel im **Sobrino de Botín** (S. 72), aber sein Lieblingsrestaurant war **Las Ventas** (S. 111). Wenn kein Stierkampf stattfand, ging er ins **Matadero** (S. 96), wo er gerne den Möchtegern-Stierkämpfern beim Üben zusah.

AUSGEHEN

Dos Gardenias
Nacho, der Besitzer der Bar, ist das Aushängeschild des Lokals. Er plaudert mit den Gästen und legt tolle Musik auf.

Jazz Bar
Die Cocktails werden in dieser schrulligen Eckbar, die Jazzgrößen gewidmet ist, in gemütlichen Nischen serviert.

Casa Pueblo
Klassische Tapas-Bar mit vernünftigen Preisen. Gelegentlich finden kleine Konzerte statt.

SPAZIERGANG: DIE SCHÖNSTEN GEBÄUDE IN DER CALLE DE ALCALÁ

Von Sol bis zum Palacio de Cibeles säumen auf beiden Seiten monumentale Gebäude die Calle de Alcalá. Das erste beeindruckende Gebäude befindet sich auf der rechten Seite und ist das Four Seasons. Das als 1 **Palacio de la Equitativa** bekannte Gebäude wurde im späten 19. Jh. für eine Versicherung erbaut. Obwohl das Innere des Gebäudes bei einer kürzlich erfolgten Renovierung größtenteils entkernt wurde, ist die schöne Fassade mit ihren dekorativen Elefantenköpfen aus Stein etwas ganz Besonderes.

Weiter die Straße entlang liegt das 2 **Edificio Metrópolis**. Das 1911 eröffnete Gebäude im französischen Stil ist eine der spektakulärsten Sehenswürdigkeiten Madrids. Die geflügelte Siegesstatue der griechischen Göttin Nike auf der Kuppel scheint die römische Göttin Minerva auf dem Dach des 3 **Círculo de Bellas Artes** (S. 74) zu grüßen. Ursprünglich befand sich auf der Kuppel ein Phönix, doch die Statue wurde 1972 entfernt, als das Gebäude den Besitzer wechselte.

Gegenüber des Círculo de Bellas Artes liegt der Hauptsitz des 4 **Instituto Cervantes**. Das Gebäude, eine ehemalige Bank, wurde zwischen 1911 und 1918 gebaut. Es ist ein weiteres Bauwerk von Antonio Palacios und es lohnt sich, das prächtige Marmorinterieur und die schöne Glaskuppel zu besichtigen. Ein kleines Stück die Straße hinunter auf der gegenüberliegenden Seite der Calle Alcalá befindet sich die 5 **Banco de España**. Der älteste Teil entlang des Paseo del Prado stammt aus dem späten 19. Jh., der Teil entlang der Calle Alcalá wurde in den 1930er-Jahren in einer Mischung aus neoklassizistischen und Art-déco-Elementen erbaut. In der Nähe befindet sich auch der Cibeles-Brunnen und der 6 **Palacio de Cibeles** (S. 85). Das Innere ist wunderschön und auf dem Platz davor gönnt man sich ein kaltes Getränk.

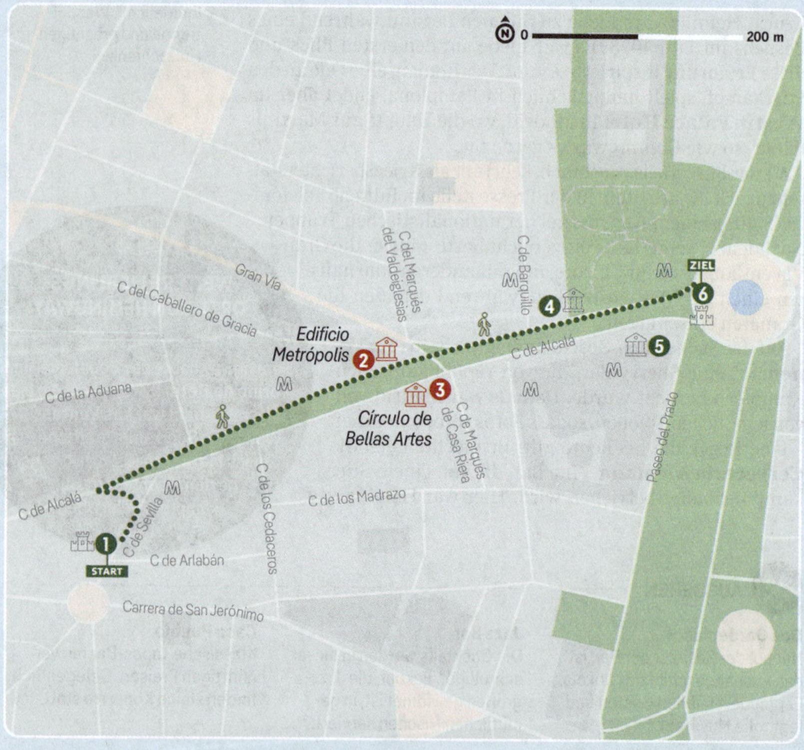

Edificio Metrópolis

so bekannt, dass für ihn ein Platz am Eingang reserviert wurde, der zu einer Art Schrein für Don Ernesto geworden ist.

Er ging auch gerne ins **Villa Rosa** direkt gegenüber auf der Plaza de Santa Ana (S. 76). Nach dem Krieg besuchte auch der Filmstar Ava Gardner gerne das Flamenco-Theater. Hemingway bewunderte Gardner zutiefst und soll gesagt haben, sie sei „die einzige Frau, die mich unter den Tisch trinken kann". Wer nach einem Besuch in all diesen Bars immer noch geradeaus laufen kann, verdient sich sicher den posthumen Respekt Hemingways!

Toller „Froschmarkt"

SHOPPEN; FLANIEREN UND DAS LEBEN DER EINHEIMISCHEN

Auf der Calle Huertas findet an jedem letzten Samstag im Monat der **Mercado de las Ranas** statt. Hier verkaufen kleine Geschäfte Bücher, Antiquitäten, Kleidung und Accessoires und verleihen dem Viertel somit eine lebendige Atmosphäre, die an den Londoner Portabello Road Market erinnert. Ein weiteres Highlight sind die Livemusik und die Sonderangebote in den Restaurants. Der Markt hat seinen Namen von dem früheren Namen Calle Lope de Vega, die früher als Calle Cantarranas bekannt war, was so viel wie Straße der singenden Frösche bedeutet. Eine Anspielung auf die Zeit, als diese Gegend noch relativ ländlich war und außerhalb der Stadtmauern lag.

LOCAL TIPP: DIE LIEBLINGSORTE DER EINHEIMISCHEN

María Fernández Rodríguez (@crazymarylibreria) ist die Besitzerin der Buchhandlung Crazy Mary.

„Das Barrio de las Letras bietet ein breites Spektrum an Gastronomie- und Freizeitangeboten sowie kleine Traditions- und Designergeschäfte, die dem Viertel seinen Charakter verleihen, darunter die Boutique **La Intrusa** oder das Geschäft für spanische Keramikwaren **Tado**. Für einen Aperitif empfehle ich das Casa Varona an der Plaza Matute und zum Mittagessen das Casa Alberto, eine traditionelle spanische Taverne in der Calle Huertas, die es schon seit 1827 gibt und bei Einheimischen sehr beliebt ist. Im Garten des **Casa de Lope de Vega** in der Calle Cervantes kann man herrlich entspannen und im Schatten ein gutes Buch lesen. Und am Abend genießt man ein *picoteo*-Menü mit Käse und Wein im **Casa Quiroga**."

ÜBERNACHTEN

Four Seasons Hotel Madrid
Das Hotel befindet sich im renovierten Palacio de la Equitativa und schicker kann man eigentlich nicht übernachten. **€€€**

Hotel Urban
Geräumige, modern eingerichtete Zimmer mit echten Kunstwerken. Auf dem Dach gibt's einen Pool und eine Bar. **€€€**

ME Madrid Reina Victoria
Das stylische Hotel im minimalistischen Stil liegt gegenüber des Teatro Español. Der Schriftsteller Arturo Barea wohnte hier während des Bürgerkrieges. **€€**

EL RETIRO & DIE KUNSTMUSEEN

KULTURELLES ZENTRUM IN EINER GRÜNEN OASE

Retiro bedeutet auf Spanisch „spiritueller Rückzugsort“, und genau das war das Gebiet für die katholischen Könige. Während ihrer Besuche in Madrid wohnten Königin Isabella und König Ferdinand außerhalb der Stadt im Kloster San Jerónimo. Als Philipp II. dcn Hof dauerhaft in Madrid ansiedelte, wohnte der fromme König in Räumen direkt neben dem Altarraum. Heute steht die Kirche San Jerónimo el Real oberhalb des Prado in einem der trubeligsten Viertel Madrids.

Das Viertel ist auch als kulturelles Zentrum Madrids, in ihm liegt das „goldene Dreieck“ mit den drei renommiertesten Kunstmuseen der Stadt. Auf dem Hügel im Osten befindet sich der riesige Parque del Buen Retiro mit vielen ruhigen Ecken, in denen man sich von all der Kultur erholen kann.

TOP TIPP

In den Abendstunden war der Paseo del Prado einst immer voller Menschen, die sich bei einem gemütlichen Spaziergang gegenseitig beobachteten. Die Erfindung des Automobils setzte dieser Tradition ein Ende, doch an den Wochenenden ist sie dank der Fußgängerzone zwischen 9 und 16 Uhr wieder belebt worden.

Caixa Forum

Caixa Forum

EIN AUSSERGEWÖHNLICHES GEBÄUDE

Bei der Restaurierung des Kulturzentrums der Caixa Bank leisteten die Architekten großartige Arbeit. Wenn man sich vom Paseo del Prado aus nähert, scheint das ehemalige Elektrizitätswerk über dem Boden zu schweben. Beim Betreten geht man unter dem scheinbar schwebenden Gebäude hindurch, steigt eine glänzende Wendeltreppe hinauf und gelangt in einen großen Raum, in dem wechselnde und manchmal ungewöhnliche Ausstellungen stattfinden. Die Eintrittspreise sind sehr moderat. Wer nicht hineingeht, sollte zumindest die außergewöhnliche Architektur von außen bewundern.

Thyssen-Bornemisza Museo Nacional

EINE GROSSE BANDBREITE AN STILEN FÜR JEDEN GESCHMACK

Die beeindruckende Sammlung von Baron Thyssen-Bornemisza befindet sich in einem wunderschönen Gebäude in der Nähe des Paseo del Prado, die mittelalterlicher Kunst über holländische Meister bis hin zu modernen Meisterwerken beinhaltet. Ein Highlight ist Vittore Carpaccios grandioses Werk *Junger Ritter in einer Landschaft*, ein riesiges Gemälde aus dem Jahr 1510 voller interessanter Symbole: Ihre Bedeutung liegt im Auge des Betrachters. Der Eintritt kostet 13 €, aber montags zwischen 12 und 16 Uhr ist der Eintritt kostenlos.

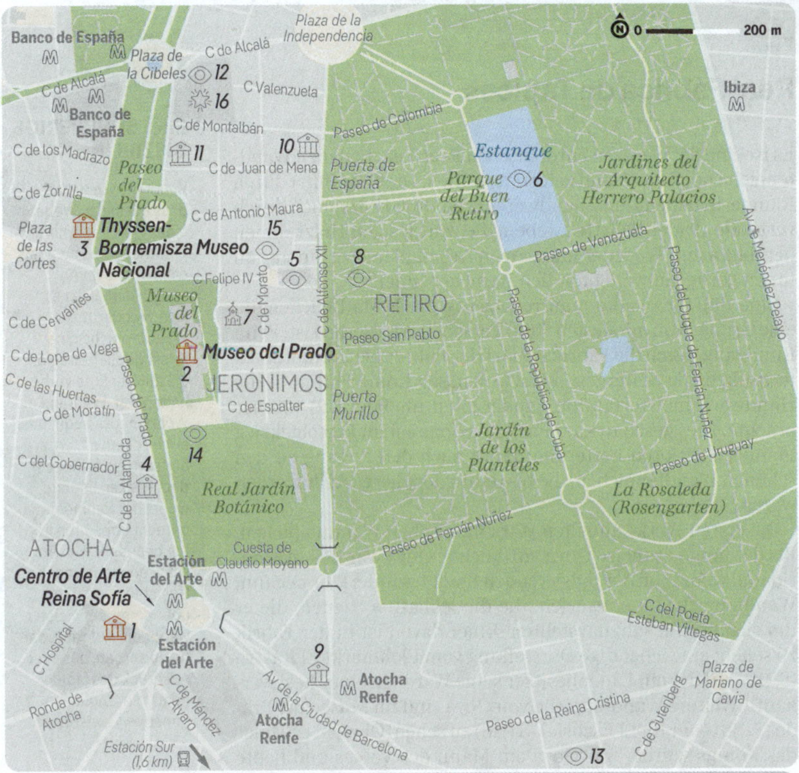

HIGHLIGHTS
1 Centro de Arte Reina Sofía
2 Museo del Prado
3 Thyssen-Bornemisza Museo Nacional

SEHENSWERTES
4 Caixa Forum
5 Casón del Buen Retiro
6 Estanque Grande
7 Iglesia de San Jerónimo El Real
8 Jardín del Parterre
9 Museo Nacional de Antropología
10 Museo Nacional de Artes Decorativas
11 Museo Naval
12 Palacio de Cibeles
13 Real Fábrica de Tapices
14 Real Jardín Botánico
15 Salón de Reinos

UNTERHALTUNG
16 CentroCentro

Museo Nacional de Antropología

GRUSELGESCHICHTEN AUS DEM WAHREN LEBEN

Die Sammlung wurde von Dr. González de Velasco zusammengestellt, einem Chirurgen mit großem Interesse für Anthropologie und Ethnographie. Daher ist es nicht verwunderlich, dass das 1875 eröffnete Kuriositätenkabinett eine leicht gruselige Atmosphäre verströmt. Hier spielte sich eine wahre Tragödie ab, die auch in einem Roman von Edgar Allan Poe vorkommen könnte, als der Arzt versehentlich seine eigene Tochter tötete, als er versuchte, sie von Typhus zu heilen. Vor lauter Trauer ließ er ihren einbalsamierten Leichnam ausgraben und ins Museum bringen, was ganz Madrid in Aufruhr versetzte. Zum Glück wurde Concha in ihr Grab zurückgebracht und das Museum modernisiert, wobei die Exponate zu informativen Ausstellungen über die Philippinen, orientalische Religionen und Afrika umgestaltet wurden. Der Raum III ist jedoch im Charakter der damaligen Zeit erhalten geblieben. Eintreten, wer sich traut!

Real Fábrica de Tapices

GOYAS INNOVATIVE WANDTEPPICHE

Es ist eine der wenigen europäischen Fabriken, in denen Wandteppiche noch von Hand gefertigt werden. Die Tour führt durch Räume, in denen Kunsthandwerker geduldig Holzspulen durch vertikale „Fadenskelette" weben, die von riesigen Holzrahmen herabhängen. Trotz der mühsamen Arbeit plaudern einige von ihnen gerne ein wenig mit den Besucher:innen.

Eine Führung sollte man rechtzeitig per E-Mail buchen, da eine Gruppe von mindestens fünf Personen erforderlich ist. Beim Rundgang durch die Fabrik erklärt der Führer die Produktionstechniken, die weitergegeben wurden, seit König Philipp V. die Handwerksmeisterfamilie Vandergoten im Jahr 1721 hierher brachte. Dies geschah kurz nachdem Spanien im Erbfolgekrieg Flandern verloren hatte und damit auch den Zugang zu den schönen Wandteppichen, die bis dahin dort hergestellt worden waren.

Die ersten Werke ähnelten stark flämischen Wandteppichen. Bis der junge Franciso Goya auftauchte. Goya war neu in Madrid und sofort von der pulsierenden Stadt fasziniert. Er begann, Wandteppiche zu entwerfen, die die lebhaften Szenen, die er um sich herum sah, darstellten. Einer davon ist in der Fabrik zu sehen: eine lebendige Darstellung vom Flohmarkt El Rastro (S. 92), auf der ein Ladenbesitzer seine Waren in einer Ecke verkauft. Weitere Wandteppiche von Goya sind im Museo del Prado (S. 86) oder im El Escorial (S. 116) zu sehen. Obwohl er Maler des Königs wurde, war Goya ein Mann des Volkes und liebte vor allem alltägliche Szenen aus Madrid.

EINE SCHWIERIGE DISZIPLIN

Wenn man bedenkt, dass allein das Weben eines Quadratmeters Wandteppichs mehr als einen Monat in Anspruch nimmt, ist es kein Wunder, dass Wandteppiche eine Kunst geblieben sind, die nur der Elite vorbehalten war. Während die Weber heute bequem auf Hockern sitzen, arbeiteten sie früher auf dem Rücken liegend, wobei der Rahmen waagerecht über ihren Köpfen gespannt war. Am schwierigsten sind die Gesichter, und dabei übernimmt der Meisterweber die Aufgabe, dafür zu sorgen, dass der Ausdruck des Motivs dem ursprünglichen Kunstwerk entspricht.

Real Fábrica de Tapices

PETER EASTLAND/ALAMY ©

MEHR GOYA

Goya war Maler des Königs. Im **Museo del Prado** (S. 86) sind seine königlichen Porträts und Schwarzen Gemälde und im **Museo de Historia de Madrid** (S. 103) seine umstrittensten Werke ausgestellt. Seine Fresken kann man in der Kirche **San Antonio de la Florida** (S. 70) bewundern.

Museo Naval

DIE SIEBEN WELTMEERE BEFAHREN

Mit einer umfangreichen Sammlung von Galionsfiguren, Karten, Modellen, Waffen und Kompassen ist das Museum genau das Richtige für Freunde der Seefahrt. Eines der Highlights ist eine alte Karte des amerikanischen Kontinents aus dem Jahr 1500. Sie wurde von dem Kartographen Juan de la Cosa, der Kolumbus mehrmals nach Amerika begleitete, auf Pergament gezeichnet. Eine Ausstellung über die Philippinen vermittelt einen interessanten Einblick in die Funktionsweise des spanischen Kolonialreiches. Der Eintritt ist frei, aber es wird eine Spende von 3 € empfohlen.

Centro de Arte Reina Sofía

Centro de Arte Reina Sofía

INNOVATIVE KUNSTWERKE

Das ehemalige Krankenhaus aus dem 18. Jh. wurde in eine Kunstgalerie der Superlative umgewandelt, die eine vielfältige Sammlung mit Werken aus der ganzen Welt beherbergt. Von modernen Meistern wie Dalí, Picasso und Miró bis hin zu innovativen zeitgenössischen Kunstwerken im Bereich der neuen Medien – diese Galerie wird die Fans der Avantgarde mit Sicherheit begeistern. Mit der glänzendroten Erweiterung des Architekten Nouvel ist die Galerie heute größer denn je. Wer genügend Zeit hat, für den lohnt sich das Zweitagesticket für 18 €, ansonsten schaut man sich nur die Highlights mit einem Tagesticket für 12 € an. Zu bestimmten Zeiten des Tages und den gesamten Montag über ist der Eintritt frei.

Palacio de Cibeles

Palacio de Cibeles

RÜCKZUGSORT IM SOMMER VOR DER HITZE

Der extravagante Palacio de Comunicaciones, der ursprünglich für die Post- und Telegrafenverwaltung der Stadt gebaut wurde, war ursprünglich ein großes Ärgernis. Während der 12 Jahre dauernden Bauzeit kursierten Gerüchte, das Gebäude sei verflucht. Als es schließlich 1919 fertiggestellt wurde, begründete es die Karriere von Antonio Palacios, der später einige der schönsten Gebäude in der Calle Alcalá entwarf (S. 80). Der riesige Komplex, der innen wie außen beeindruckend ist, dient sowohl als Kunstzentrum als auch als Rathaus von Madrid. Mit einem Café, einem Restaurant, Kunstgalerien, einer Tourismusinformation und einem Open-Air-Kino kann man hier wunderbar der spanischen Hitze entfliehen.

Real Jardín Botanico

EINE BLÜHENDE PRACHT

Am schönsten ist der Garten im Frühjahr, wenn oft Entenküken im Zierteich schwimmen. In dem Außencafé kann man einen Kaffee trinken und dabei die blühenden Blumen um einen herum bewundern. Das schöne alte Gewächshaus und die Bonsai-Sammlung an einem erhöhten Weg hinter dem Galeriebau sollte man sich nicht entgehen lassen. Im Winter wird alles mit weihnachtlichen Lichtern beleuchtet, die in den Bäumen hängen. Im Frühjahr und Sommer finden weitere Musik- und Lichtevents statt, nähere Informationen dazu auf der Website.

Real Jardín Botanico

OBEN: AL MORE/SHUTTERSTOCK ©, UNTEN: KIM WILLEMS/SHUTTERSTOCK ©

Museo Nacional de Artes Decorativas

BEEINDRUCKENDES KUNSTHANDWERK

Das etwas abseits gelegene Museum befindet sich in einem prächtigen Herrenhaus aus dem 19. Jh. in der Nähe des Paseo del Prado. Das Haus ist bis unter die Decke mit antiken Möbeln, Teesets und anderen schönen Dingen gefüllt. Besonders sehenswert ist die Küche aus dem 18. Jh. mit den aufwändig gestalteten Fliesen. Sie stand ursprünglich in Valencia und ein Teil zeigt elegante Männer in Strumpfhosen, die Tabletts mit köstlich aussehenden Leckereien tragen, während auf einem anderen Teil Kaninchen und Fische an Haken über dem Herd hängen.

Museo del Prado

Museo del Prado

DIE GRÖSSTEN WERKE UND WENIGER BEKANNTE SCHÄTZE

Neben Highlights wie Boschs *Garten der Lüste*, Goyas *Schwarzen Gemälden* und Velázquez' *Las Meninas* gibt es im Prado auch einige weniger bekannte, aber sehr lohnenswerte Werke zu sehen. Zunächst sollte man sich die umfangreiche mittelalterliche Sammlung des Museums im Erdgeschoss ansehen. Hier gibt es wunderbare primitive Darstellungen von Adam und Eva auf Fresken aus dem 12. Jh., die aus einer Kirche in Segovia gerettet wurden. Danach geht's weiter nach oben zu den schimmernden Figuren des spanischen Künstlers Jusepe de Ribera aus dem 17. Jh. Besonders beeindruckend ist Riberas skurriles und wunderbares Porträt einer bärtigen Frau beim Stillen. Dann geht man wieder nach unten, wo es eine kleine Sammlung von Mariano Fortunys Kunstwerken gibt. *Nackter alter Mann in der Sonne*, eine Hommage an die Kunst aus dem Siglo de Oro, ist besonders beeindruckend.

Eine Spur der Verwüstung

DIE ÜBERRESTE EINES KÖNIGSPALASTES

Mitten in den sorgfältig gepflegten französischen Gärten des **Jardín del Parterre** im Retiro steht ein riesiger zotteliger *ahuehuete*-Baum. Der Baum ist von einer Hecke umgeben und der einzige Teil des gesamten Parks, der noch aus der Zeit des Lustschlosses von Philipp IV. stammt. Der älteste Baum Madrids wurde vermutlich um 1630 gepflanzt, nachdem er aus seiner mexikanischen Heimat mitgebracht worden war, wo er sage und schreibe 2000 Jahre alt werden kann.

Wenn man bedenkt, was der Baum durchgemacht hat, ist es ein Wunder, dass er so lange überlebt hat. Er überstand nicht nur den Sturm Filomena im Januar 2021, der viele Bäume in der Stadt zerstörte, sondern auch den Angriff der napoleonischen Armee, die den Park und die königlichen Paläste während der Besetzung Madrids für Schießübungen nutzten.

Die Paläste gehörten ursprünglich Philipp IV. Der Enkel des frommen Philipp II. ist im Museo del Prado zu sehen, wo er im Hintergrund auf dem Gemälde *Las Meninas* lauert. Auf den Porträts von Velázquez, die ihn als jungen Mann zeigen, blickt er den Betrachter eindringlich an, und seine geschwollene Unterlippe scheint auf ein eher sinnliches Wesen hinzudeuten, das durch einen steif gestärkten Kragen in Schach gehalten wird. Trotz seiner düsteren Miene war Philipp im Grunde seines Herzens immer auf der Suche nach Vergnügen. Er liebte das Theater und hatte wenig Interesse daran, Spanien zu regieren, und ernannte einen *valido*, der an seiner Stelle regieren sollte. Doch der Conde-Duque de Olivares überzeugte Philipp, wenigstens eine gute Show zu liefern. Das Ansehen der Monarchie musste nach der halbherzigen Herrschaft von Philipp III. dringend aufpoliert werden. Philipp IV. musste es besser machen oder zumindest den Anschein erwecken.

Im Gegenzug ließ Olivares für den König einen riesigen Vergnügungspalast außerhalb der Stadtmauern bauen, in dem er sich nach Herzenslust vergnügen konnte. Auf dem **Estanque Grande**, einem See zum Bootfahren, den es noch heute gibt, wurden auf einer künstlichen Insel in der Mitte Theaterstücke und Konzerte aufgeführt. Doch es war schon zu spät und anderthalb Jahrhunderte später fiel Spanien selbst kurzzeitig an fremde Mächte. Die französischen Truppen, die im Retiro kampierten, hatten keinen Respekt vor der Aristokratie, achteten nicht auf die Parkanlagen und zerstörten die meisten der Pa-

LOCAL TIPP: EIN PERFEKTER TAG

Der Schriftsteller **Aitor Romero Ortega** (@aitorenelalambre) nutzt das Viertel schon sein Leben lang als romantische Kulisse für wichtige Ereignisse in seinem Leben, vom Kennenlernen seiner Partnerin bis zur Geburt seiner Kinder. Für ihn beginnt ein perfekter Tag mit einem Spaziergang durch El Retiro:

„Ich lese eine Weile in der Bibliothek **Biblioteca Eugenio Trías** und spaziere danach durch die Straßen von Ibiza, wo es im **Kulto** oder **Bienmesabe** gute Tapas gibt. Dann geht's weiter zur Buchhandlung **La Lumbre** in Pacífico. Hier gibt's das **Péntola Mágica**, eins der besten italienischen Restaurants in Madrid. Abseits der ausgetretenen Touri-Pfade kann ich die **Plaza del Niño Jesús** und den **Mercado de Ibiza**, auf dem es Stände mit unterschiedlicher Küche gibt, empfehlen."

ÜBERNACHTEN

Mandarin Oriental Ritz
Das Hotel im Belle-Époque-Stil mit Blick auf das Museo del Prado ist mit allem ausgestattet, was man sich nur wünschen kann. **€€€**

Only YOU Hotel Atocha
Schickes Hotel zwischen Atocha und dem Parque del Buen Retiro ausgezeichnetem Dachrestaurant, das einen Blick auf den Süden Madrids bietet. **€€**

Hostal Gonzalo
Praktisch gelegen in der Nähe vom Fuente de Neptuno an einer Straße mit vielen Restaurants. **€**

SERGIO DELLE VEDOVE/SHUTTERSTOCK ©

Casón del Buen Retiro

SCHNELLER ARBEITER

Luca Giordarno war äußerst produktiv und unter dem Spitznamen „luca fa presto" bekannt. Sein Meisterwerk befindet sich in der Kirche **San Antonio de los Alemanes** (S. 100), die auch als Sixtinische Kapelle von Madrid bezeichnet wird.

läste im Park. Nur zwei Gebäude sind erhalten geblieben: der Salón de Reinos und das Casón del Buen Retiro.

Der **Salón de Reinos** mit seiner prächtigen Decke und den Wappen der riesigen spanischen Territorien beherbergte früher ein Militärmuseum. Der Palast ist jedoch baufällig und wird derzeit vom Prado renoviert. Direkt gegenüber steht das **Casón del Buen Retiro**, in dem sich einst ein Ballsaal befand. Heute ist darin die Bibliothek des Prado untergebracht. Wer mindestens zwei Tage im Voraus eine E-Mail schreibt, darf in den Lesesaal mit einem riesigen Deckengemälde von Luca Giordano aus dem 17. Jh. Velázquez bemalte auch die Wände des Palastes von Philipp IV., doch leider fielen diese Werke den Franzosen zum Opfer, ebenso wie die Gestaltung der Gärten zwischen den alten Palästen und dem See.

Sport im Freien

YOGA IM PARK

Vom späten Frühling bis zum Frühsommer finden überall im Retiro Kurse im Freien statt, darunter Rollschuhlaufen, Fechten und Tai Chi. Für die meisten muss man kein Spanisch sprechen. Yogueando en el Retiro auf Meetup hat einen zweisprachigen Lehrer, der gerne hilft. Zu den Kursen kommt man einfach spontan hinzu und zahlt so viel, wie der Kurs einem wert ist. Es werden auch Yoga-Einzelstunden über Airbnb Experiences angeboten: nach „Marie" suchen.

BESTE DENKMÄLER IN EL RETIRO

Fuente del Ángel Caído
Die von Ricardo Bellver geschaffene Statue von Luzifer (666 m über dem Meeresspiegel) wurde von Miltons Gedicht Das verlorene Paradies inspiriert und 1878 in Bronze gegossen.

Monumento a Galdós
Der Schriftsteller Benito Pérez Galdós besuchte die Statue 1919 noch kurz bevor er starb. Da er erblindet war, tastete er das Gesicht ab und verkündete: „Er sieht genauso aus wie ich!"

Monumento a Alfonso XII
Der als „Friedensstifter" bekannte König sitzt hoch zu Ross in einem prächtigen Säulengang.

ESSEN

Horcher
Österreichisch-ungarische Küche mit außergewöhnlich gutem Stroganoff in Senfsoße, Hirschragout und Baumkuchen. **€€€**

Restaurante Alabaster
Moderne galizische Küche. Unbedingt den gefüllten Stierschwanz und die Jakobsmuscheln probieren. Perfekt für ein romantisches Abendessen. **€€€**

Vinos de Bellota
Man zahlt zwar für die Lage, aber die Gerichte sind ausgezeichnet, vor allem die *fois micuit* mit G&T-Gelee. **€€**

SPAZIERGANG: EINE DUNKLE VERGANGENHEIT

Vom 1 **Jardín del Parterre** geht man den Paseo de Venezuela bis zum alten Zoogebäude entlang. In dem Backsteingebäude aus dem 19. Jh. befindet sich heute eine öffentliche Bibliothek. Früher wurde es 2 **Casa de Fieras** (Haus der Tiere) genannt. Es wurde 1830 während der Herrschaft Ferdinands VII. gebaut und Besucher:innen schliefen in Räumen über den beengten Käfigen, in denen Löwen und Tiger gehalten wurden. Glücklicherweise sind diese nun durch Glaskästen ersetzt worden, in denen man fleißigen Menschen bei der Arbeit zusehen kann.

Nach der Absetzung von Isabella II. im Jahr 1868 wurde der Zoo für die Öffentlichkeit zugänglich gemacht. Die alten Gehege im 3 **Antiguo Zoo de Madrid** rechts von der Bibliothek gaben ein trostloses Bild ab. Während des Zweiten Weltkriegs schickten die europäischen Zoos ihre Tiere hierher, damit sie den Krieg unbeschadet überstehen.

Am Eingang der 4 **Jardines de Cecilio Rodríguez** geht man rechts und dann geradeaus zu einer Stahl-Glas-Konstruktion, dem 5 **Palacio de Cristal**. Das prächtige Bauwerk wurde 1887 für eine Ausstellung der philippinischen Flora und Fauna gebaut. Philippinisches Kunsthandwerk wurde auch im nahe gelegenen 6 **Palacio de Velázquez** ausgestellt. Die Ausstellung hatte jedoch auch eine erschreckende Seite, denn am Teich wurden Filipinos in traditioneller Kleidung begafft. Viele Spanier:innen wussten nichts von dieser grausamen Episode, bis der Menschenzoo 2021 in einer Ausstellung des philippinischen Künstlers Kidlat Tahimik im Gewächshaus öffentlich verurteilt wurde. Wie die Bibliothek sind auch der Palacio de Cristal und der Palacio de Velázquez heute kulturelle Einrichtungen. Sie sind Nebengebäude des Centro de Arte Reina Sofía (S. 85) und der Eintritt ist kostenlos.

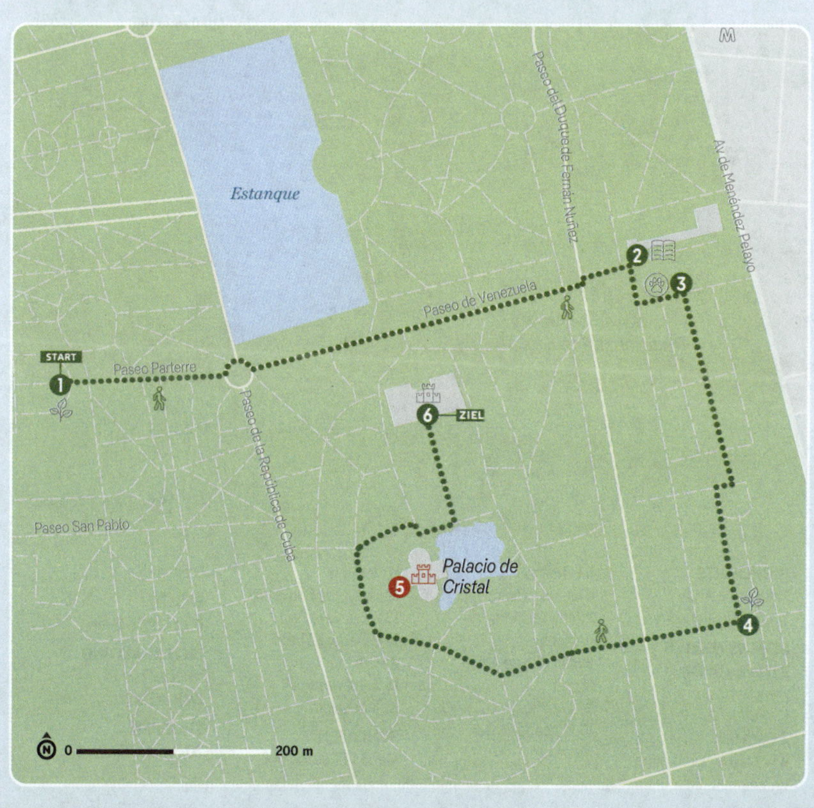

LA LATINA & LAVAPIÉS

EIN MITTELALTERLICHES UND EIN MULTIKULTURELLES VIERTEL

La Latina war einst Madrids *morería*: ein muslimisches Viertel, das ursprünglich außerhalb des Schutzes der Stadtmauern lag. Eine neue Mauer wurde im 12. Jh. entlang der heutigen Cava Baja errichtet (S. 93), aber jetzt sahen sich die Muslime im Inneren der Mauern mit einem Feind konfrontiert. Nach jahrhundertelanger Verfolgung schrumpfte ihre Zahl, während die christliche Bevölkerung wuchs. Im 14. Jh. wurde die Kirche San Pedro Real an der Stelle der größten Moschee des Viertels errichtet, und als 1609 die letzten Muslime aus Andalusien vertrieben wurden, gab es in Madrid keine mehr.

Die jüdische Bevölkerung war schon früher, im Jahr 1492, vertrieben worden. Die, die blieben, wurden gezwungen, zum Christentum zu konvertieren. Diese *conversos* lebten in Lavapiés. In jüngerer Zeit ist hier eine multikulturelle Bevölkerung aus Bangladesch, Senegal und Marokko entstanden.

TOP TIPP

In Lavapiés gibt es extrem steile Hänge, die im Sommer sehr anstrengend sein können. Um zum Beispiel zum Cine Doré zu gelangen, ist es daher sinnvoll, sich entweder einen Elektroroller auszuleihen oder von Norden her zu kommen. Wer den Flohmarkt El Rastro an einem Sonntag besucht, sollte ganz oben an der Metrostation La Latina beginnen und sich dann bis nach unten durcharbeiten.

HIGHLIGHTS
1 Museo de Artes y Tradiciones Populares

SEHENSWERTES
2 Basílica de San Francisco El Grande
3 Cava Baja
4 Corral de Sombrerete
5 El Rastro
6 Iglesia Patolica
7 Jardín del Príncipe Anglona
8 Mercado de Antón Martín
9 Mercado de la Cebada
10 Mercado de San Fernando
11 Monkey
12 Museo de San Isidro
13 Plaza de la Paja
14 Posada del León de Oro
15 Run Aways
16 Tabacalera

SCHLAFEN
siehe 14 Posada del Dragón

ESSEN
17 El Rincón Guay

UNTERHALTUNG
18 Cine Doré
19 Sala Equis

SHOPPEN
20 Swinton & Grant

Sala Equis

SPASS NUR FÜR ERWACHSENE

Früher wurden in dem Programmkino Pornofilme gezeigt, und im Foyer hängen noch immer die kitschigen Plakate der erotischen Filme aus den 60er-Jahren. Heute tummelt sich hier ein cooles Publikum, das sich auf den Liegestühlen im Innenhof, der an den Rändern elegant bröckelt, entspannt. Hier kann man gut spät am Abend noch etwas trinken, da die Bar bis 1 Uhr nachts geöffnet hat. Allerdings kann es recht laut sein, sodass es kein guter Ort ist, um die Absichten des Autors eingehend zu analysieren!

OBEN: SAMI AUVINEN/ISTOCK EDITORIAL/GETTY IMAGES ©, UNTEN: LUIS SEIJIDO/SHUTTERSTOCK ©

Jardín del Principe Anglona

Plaza de la Paja

EIN PLATZ REICH AN MITTELALTERLICHER GESCHICHTE

Einer der schönsten Plätze Madrids, dessen Geschichte bis ins Mittelalter zurückreicht, als die Bauern hier einen Teil ihrer Ernte für den Bischof herbrachten. Ein Zeugnis der wirtschaftlichen Macht der Kirche ist die **Capilla de Obispo** aus dem 16. Jh. mit dem **Palacio de los Vargas** aus dem 15. Jh. ganz oben auf dem abschüssigen Gelände. Am Fuße liegt eines der bestgehütetsten Geheimnissen Madrids: der **Jardín del Principe Anglona**. Der Garten des Schlosses wurde erst kürzlich umgestaltet, doch die ursprünglichen Backsteinwege aus der Mitte des 18. Jhs. sind erhalten geblieben. Feigen-, Granatapfel-, Mandel- und Madroñobäume (S. 70) erinnern an die andalusische Vergangenheit von Madrid.

Museo de San Isidro

Museo de San Isidro

MADRIDS FRÜHE GESCHICHTE

Von der Prähistorie bis zu einer Statue aus dem 16. Jh. zeigt dieses Museum die frühe Geschichte von Madrid. Man erfährt viel über die Fossilien, die in der Stadt gefunden wurden, und über Mayrit, die von Mohammed I. von Córdoba gegründete Festung. Um die unterirdischen Wasserquellen in der Region zu nutzen, wurden in dieser Zeit zahlreiche Brunnen und Wasserspeicher gebaut und einer dieser alten Brunnen befindet sich innerhalb des Museums. An ihm soll San Isidro, der zur Zeit der Rückeroberung der Stadt lebte, ein Wunder vollbracht haben. Von dem ursprünglichen Gebäude aus dem 16. Jh. ist nur noch wenig erhalten, aber der Innenhof im Renaissancestil sowie die Kapelle des Heiligen wurden wieder aufgebaut. Den bezaubernden Garten, in dem Pflanzen aus römischer und andalusischer Zeit gezüchtet werden, sollte man sich definitiv nicht entgehen lassen.

El Rastro

EIN FLOHMARKT MIT BLUTIGER VERGANGENHEIT

El Rastro bedeutet auf Spanisch „Spur“ und bezieht sich auf eine Spur aus Blut und Eingeweiden, die sich von der Plaza de Cascorro die Ribera de Curtidores entlang bildete. El Rastro wurde 1475 als Schlachthaus und Fleischmarkt eröffnet und wurde immer vielfältiger, als sich der Königshof dauerhaft in der Stadt niederließ. Neben Gerbereien, Kerzenziehern und ganzen Wolken aus Fliegen zog der Ort auch Straßenhändler an, die Waren verkauften, die von einem Karren aus dem 16. Jh. gefallen sein konnten. Diese raue Atmosphäre zog alle möglichen zwielichtigen Gestalten an, und Schriftsteller wie Cervantes und Lope de Vega nutzten den Markt als farbenfrohe Kulisse für ihre Stücke.

Irgendwann wurde der Markt so groß, dass die Stadtverwaltung begann, die Dinge zu regeln und Lizenzen an Standbesitzer zu vergeben. Dennoch wagen viele ihr Glück und lassen sich an den Rändern nieder und suchen beim Anblick der Polizei sofort das Weite. Auch Taschendiebe lauern in den Menschenmassen, also gut aufpassen. Aber davon sollte man sich nicht abschrecken lassen: Die chaotische Atmosphäre ist Teil des Charmes des El Rastro. Man sollte am Sonntag früh kommen, bevor es zu voll wird. Hier findet man einfach alles, von Antiquitäten bis zu Lederwaren. Auch wenn man nichts kauft, ist das Spektakel an sich schon einen Besuch wert. In einer der vielen Bars eine *caña* (kleines Bier) bestellen und die Show genießen.

El Rastro

DIE BESTEN CORRALAS

Traditionell wurden die Häuser in Madrid um einen schattigen Innenhof herum gebaut, der zum Wäschewaschen genutzt wurde. Die gemeinschaftlichen Gänge, die den zentralen Hof umgeben, machten sie zu perfekten Improvisationstheatern während des goldenen Zeitalters.

Museum of Arts and Popular Traditions
Die größte öffentliche *corrala* im Stadtzentrum wird zeitweise als Theater genutzt.

Posada del Dragón
Eine hübsche rechteckige *corrala*. Heute wird sie als Restaurant des Hotels genutzt.

Corral de Sombrerete
Die 1839 erbaute *corrala* ist zweigeteilt und den neugierigen Blicken der Passanten ausgesetzt.

Museo de Artes y Tradiciones Populares

VORSICHT VOR RIESIGEN KÖPFEN

Man kommt, um einen Blick in den *corrala*-Innenhof aus dem 19. Jh. zu werfen und bleibt wegen der riesigen Pappmaché-Köpfe. Letztere findet man gegen Ende einer faszinierenden Sammlung von Alltagsgegenständen aus vergangenen Zeiten, darunter traditionelle Werkzeuge, Keramiken und religiöse Utensilien. Gegen Ende der Ausstellung stößt man auf einen Raum voller *cabezudos* und *gigantes*. Vorsicht: Diese riesigen Figuren in Form von Nonnen, Geistern und Dämonen sind ganz schön gruselig. Der Besuch geschieht also auf eigene Gefahr hin!

Museo de Artes y Tradiciones Populares

Cava Baja

MADRIDS ÄLTESTER VERKEHRSKNOTENPUNKT

In der schönen Straße hallte früher das Getrappel der Hufe wider, wenn der Verkehr in die Stadt hinein und wieder hinaus fuhr und die Handelswaren zum **Mercado de la Cebada** (S. 95) gebracht wurden. Auch wenn die Pferde verschwunden sind, haben viele der *posadas* (Gasthöfe) noch Türen, die breit genug sind, sodass Kutschen durchfahren können. In der **Posada del Dragon** und der **Posada del León de Oro** sieht man noch die ursprünglichen *corrala*-Innenhöfe aus Holz, die früher in Madrid üblich waren. Man kann auch die Überreste der mittelalterlichen Mauer aus dem 12. Jh. unter Glasböden besichtigen. Die Straße ist vor allem nachts sehr belebt, da viele *posadas* in Bars und Restaurants umgewandelt wurden.

Cine Doré

Cine Doré

EIN WUNDERWERK DES MODERNISME

Das Kino aus den 1920er-Jahren, das jahrzehntelang vor sich hin moderte, wurde 1983 gerettet und restauriert und erstrahlt heute in neuem Glanz. Das Innere der Haupthalle ist ein Wunderwerk des Modernisme mit Plüschsitzen aus rotem Samt und einer beeindruckenden blau-goldenen Decke. Das Kino wird vom Staat verwaltet, der Eintritt kostet 3 €. Die Eintrittskarten können an der Kasse an einem Loch in der Wand neben dem Eingang oder online gekauft werden (frühestens zwei Tage im Voraus). Jeder Monat steht unter einem anderen Thema, wobei der Schwerpunkt auf Filmklassikern liegt. Ein Highlight für Cineasten, die sich auch die Buchhandlung im Vorraum nicht entgehen lassen sollten. Das Café, das ebenfalls liebevoll restauriert wurde und in altem Glanz erstrahlt, ist etwas ruhiger als die Bar im Sala Equis (S. 91).

Iglesia Patolica

EINE GUMMIENTEN GEWIDMETE GEHEILIGTE STÄTTE

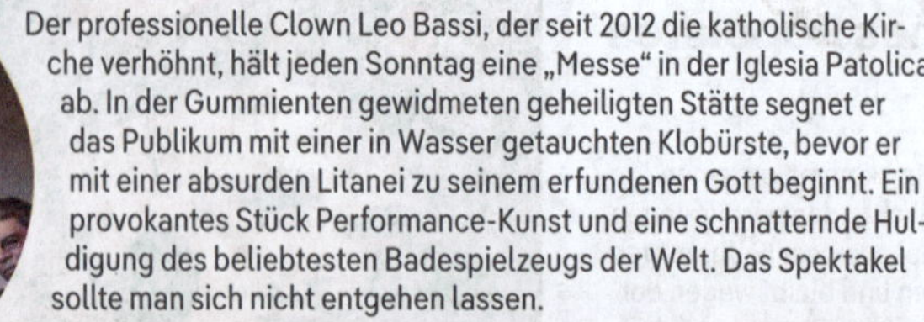

Der professionelle Clown Leo Bassi, der seit 2012 die katholische Kirche verhöhnt, hält jeden Sonntag eine „Messe" in der Iglesia Patolica ab. In der Gummienten gewidmeten geheiligten Stätte segnet er das Publikum mit einer in Wasser getauchten Klobürste, bevor er mit einer absurden Litanei zu seinem erfundenen Gott beginnt. Ein provokantes Stück Performance-Kunst und eine schnatternde Huldigung des beliebtesten Badespielzeugs der Welt. Das Spektakel sollte man sich nicht entgehen lassen.

Café Ziryab

Café Ziryab

AUTHENTISCHER FLAMENCO

Außer im Roma-Viertel sieht man auf den Straßen Madrids kaum Flamenco, der spontan aufgeführt wird. Das liegt ganz einfach daran, dass das Zentrum des Flamencos Andalusien ist. Trotzdem wollen viele Besucher:innen eine Flamenco-Show sehen, so dass mehrere Veranstaltungsorte entstanden sind. Die Preise sind in der Regel überteuert und man ist oft gezwungen, auch für ein Abendessen zu bezahlen. Das Café Ziryab widersetzt sich diesem Trend und bietet sowohl Flamenco-Liebhabern als auch Tourist:innen preisgünstige Shows mit aufstrebenden neuen Künstlern und alten Hasen. Neben Getränken werden auch Speisen angeboten, doch die Musik steht im Mittelpunkt.

Basílica de San Francisco El Grande

Basílica de San Francisco El Grande

SPANIENS GRÖSSTE BASILIKA

Die beeindruckende Basilika wird von Tourist:innen leider oft links liegen gelassen. Sie beherbergt nicht nur Gemälde von Francisco Goya und Zurbarán, sondern hat auch die größte Kuppel Spaniens. Das Gebäude stammt zwar aus dem späten 18. Jh., viele seiner dekorativen Elemente wurden jedoch erst im 19. Jh. hinzugefügt. Der Mischmasch aus byzantinischem, klassizistischem und Rokoko-Stil harmoniert erstaunlich gut, so dass sich die 5 € Eintritt definitiv lohnen. Man sollte vorher anrufen, da die Öffnungszeiten von denen auf der Website abweichen können. Es gibt nur Führungen auf Spanisch, aber man verpasst auch nichts, denn sie bestehen einfach nur aus einer Aufzählung von Namen und Daten, die auch neben den Kunstwerken stehen.

Die besten Markthallen

EIN GASTRONOMISCHES ABENTEUER

In La Latina und Lavapiés gibt es drei der besten Märkte Madrids. Von außen machen sie vielleicht nicht viel her, aber auf dem **Mercado de la Cebada**, dem **Mercado de Antón Martín** und dem **Mercado de San Fernando** kann man hervorragend zu moderaten Preisen essen.

Alles begann mit dem Aufkommen der Supermärkte und dem Niedergang der traditionellen Verkaufsstände. Als ein Metzger, Fischhändler und Lebensmittelhändler nach dem anderen schloss, wurden die Madrider Markthallen immer leerer und verlassener. Einige wenige Stände hielten sich und verkauften hochwertige Produkte an eine ältere Bevölkerung, die wusste, dass die Marktstände in Sachen Obst und Gemüse unschlagbar sind. Doch es ging mit den Markthallen bergab.

Bis kleine, innovative Stände eröffnet wurden, wie das Sushi-Lokal **Yokaloca** auf dem Antón Martín, das die Nähe zu hervorragenden Fischhändlern und die günstigen Mieten nutzt. Es dauerte nicht lange, bis die Märkte am Wochenende wieder überfüllt waren mit Menschen, die sich gerne auf Hocker setzen oder einfach an hohen Tischen stehen, um preiswerte Getränke und Tapas zu genießen.

In Lavapiés wird diese neue Tradition auf dem sensationellen **Tapapiés**-Festival zelebriert. Jedes Jahr im Oktober oder November wetteifern die Stände und Bars in der Gegend um die besten Tapas der Saison. Da Lavapiés ein multikulturelles Viertel ist, gibt's jede Menge Fusionsküche. Jede Tapa kostet nur 2,50 €, mit einer kleinen Flasche Estrella Damm, der Biermarke, die das Festival sponsert, nur 3 €.

Aber auf den Märkten kann man nicht nur essen und trinken. Auf dem Mercado de San Fernando gibt es beispielsweise einen afrikanischen Schneider, einen Buchladen und sogar ein Architekturbüro. Und das Beste daran ist, dass die ursprünglichen Stände von der erhöhten Besucherzahl profitieren. Alle Generationen erledigen hier ihren Wocheneinkauf oder suchen nach dem perfekten Fernseher, Hemd oder Tapas.

Schrift an der Wand

LAVAPIÉS' STRASSENKUNST

Die Madrider Stadtverwaltung geht hart gegen Graffitis vor und erhöhte die Bußgelder auf mindestens 600 € bis zu 2000 €. Und doch ist die ganze Stadt voll damit. Vor allem in Lavapiés sind

WIESO ICH LAVAPIÉS LIEBE

Felicity Hughes,
Autorin

Wer das authentische Madrid erleben möchte, muss nach Lavapiés. Es ist Lichtjahre von der exklusiven Eleganz von Salamanca entfernt und war schon immer ein Arbeiterviertel. Der raue Charme der Einwohner lässt sich am besten auf dem Flohmarkt El Rastro beobachten und es gibt für mich nichts Schöneres, als mit den Händlern zu plaudern, während ich an einem Sonntag durch den Trödel stöbere. Die in jüngster Zeit zunehmende Gentrifizierung führt zu steigenden Mieten und zur Vertreibung der Menschen, die dem Viertel seinen Charme verleihen. Aber die Party ist noch nicht zu Ende und es gibt nichts Besseres als einen Samstagabend in der Calle Argumosa.

Lavapiés

ÜBERNACHTEN

Hotel Eurostars Plaza Mayor
Das Vier-Sterne-Hotel in der Nähe von Sol liegt direkt neben einem Kino mit englischsprachigen Filmen. **€€**

Posada Del Dragón
Das Hotel befindet sich in einem traditionellen Gebäude mit jeder Menge Charme und hat eine moderne Einrichtung mit Teppichböden. **€€**

2060 The Newton Hostel
Die Gemeinschaftsschlafsäle und -bäder richten sich an ein junges, partyfreudiges Publikum. Die Bar auf der Dachterrasse ist ein großes Plus. **€**

FAHRRADTOUR AM RÍO MANZANARES ENTLANG

Man fährt von Lavapiés nur wenige Stationen mit der Metro nach 1 **Legazpi** zur renaturierten Uferpromenade von Madrid (S. 69). Der Fahrradweg ist mit dem Anillo Verde verbunden, der sich wie ein Ring um die Stadt zieht. Ein BiciMAD-Fahrrad kann man am Stand direkt neben dem 2 **Matadero**, einem ehemaligen Schlachthaus, das in ein riesiges Kulturzentrum umgebaut wurde, ausleihen. Es lohnt sich, den Backsteinkomplex aus dem frühen 20. Jh. zu besichtigen, bevor man sich auf den Weg macht.

Etwas Ausgefalleneres ausleihen kann man bei Mobeo im Inneren des Matadero. Neben normalen Fahrrädern gibt es hier auch Klappräder, Tretroller und behindertengerechte Fahrräder. Beginn der Tour ist am gegenüberliegenden Flussufer, da das Ufer auf der Seite des Matadero etwas hügelig ist.

Man hält sich rechts und fährt durch den Park am Fluss entlang. Auf dem Fahrradweg kommt man an der spektakulären neuen 3 **Puente Monumental de la Arganzuela** und danach an der eleganten 4 **Puente de Toledo** mit den von Pedro de Ribera entworfenen barocken Statuen des Schutzheiligen von Madrid vorbei, bevor man zur 5 **Puente de Segovia** (S. 69) und zur 6 **Casa de Campo** gelangt. In dem Park sollte man nur auf den Hauptwegen fahren, da es verboten ist, auf den kleinen Schotterwegen zu fahren. Hier gibt es jede Menge zu erkunden, aber wer fit genug für eine Tagestour ist, kann bis nach 7 **El Pardo** fahren.

Um zum Anillo Verde zu gelangen, muss man in die entgegengesetzte Richtung vom Matadero aus der Stadt hinausfahren. Im **Parque Lineal de Manzanares** angekommen, empfiehlt es sich, einfach den Schildern oder dem Fluss den flachen, idyllischen Fahrradweg bis aus der Stadt hinaus zu folgen und die Tour zu genießen.

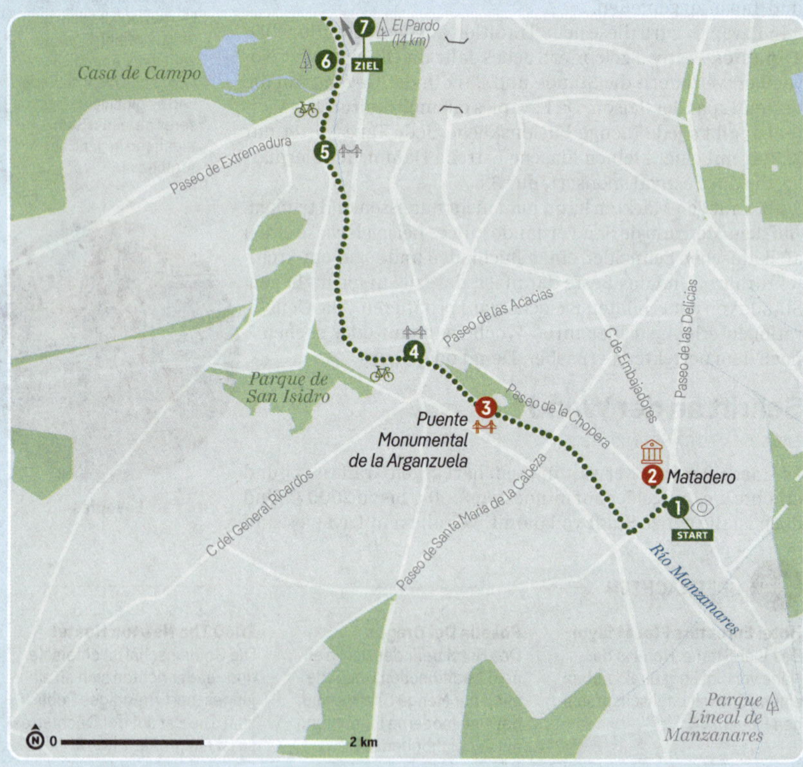

Puente Monumental de la Arganzuela

viele politische Botschaften zu sehen, die gegen die vielen *desahucios* (Zwangsräumungen) protestieren, die seit kurzem nach einer Unterbrechung während der Pandemie wieder durchgeführt werden, gegen den Aufstieg der rechtsextremen Partei VOX und gegen das Vordringen der *pijo modernos* (schicke Hipster) in das Viertel.

Neben diesen wütenden Mahnungen findet man auch legale urbane Kunstwerke an den Seiten von Gebäuden. In der Calle de Embajadores Nr. 21 befindet sich das spektakuläre Pop-Art-Kunstwerk **Run Aways** von D*FACE, und weiter unten in derselben Straße, an der Nr. 33, sieht man den **Affen** von Okuda San Miguel und Bordalo II, der sich über die zwei Seiten einer Ecke erstreckt. Okuda ist einer der bekanntesten Künstler in der spanischen Street-Art-Szene und ein Besuch in seiner kürzlich eröffneten Galerie **Factory of Dreams** in Usera lohnt sich unbedingt.

Auftragskunst kann auch zutiefst politisch sein. Weiter die Straße entlang stößt man auf das LGBTIQ+-freundliche Café **El Rincón Guay**. Gleich neben dem Eingang befindet sich das Porträt eines Straßenhändlers, der seine Waren über die Schulter geworfen hat. In der Widmung heißt es: „In Gedenken an Mame Mbaye und unsere Einwandererbrüder, die zu Opfern wurden". Mbaye war ein senegalesischer Straßenhändler, der illegal in Spanien lebte. Im Jahr 2018 wurde er von der Polizei von Sol bis nach Lavapiés verfolgt, wo er lebte. Der Stress führte bei ihm zu einem Herzinfarkt und Mbaye starb auf der Straße. Die Polizei behauptet, sie sei nicht dabei gewesen und konn-

LOCAL TIPP: DEN CHARME VON LAVAPIÉS GENIESSEN

Vinatha Sreeramkumar, Lehrerin, Tänzerin und Unternehmerin (@dance.with.vini) liebt Lavapiés für seine Vielfalt und das tolle Essen.

„Lavapiés hat kulinarisch jede Menge zu bieten: japanisches Essen auf dem Mercado de Antón Martín, guten Kaffee im Café Barbeiri, *croquetas* im Melo's oder die indischen Supermärkte. Es ist nicht unbedingt der glamouröseste Ort, aber wer aufgeschlossen ist wird die Kultur, die Straßenkunst und die Energie lieben. Obwohl das Viertel Menschen aus der ganzen Welt willkommen heißt, bleibt es authentisch und *castizo*, was so viel wie rein oder echt bedeutet. Es ist also eine interessante Mischung aus verschiedenen Kulturen, ohne dass dabei das Wesen der spanischen Hauptstadt verloren geht."

ESSEN

Casa Lucas
Eine große Auswahl an Weinen ergänzt die tollen Gerichte, darunter *rabo de toro* und Cannelloni mit Tintenfisch. €€€

Portomarín
Auf der Speisekarte stehen galicische Gerichte und zu den Getränken gibt's Tapas. €€

África Fusión
Es gibt senegalesische Gerichte und der Service ist äußerst herzlich. Der *maafe*-Erdnusseintopf ist zum Niederknien. €

PANTERA

Einer der häufigsten Anblicke auf den Straßen Madrids sind die *manteros*: Einwanderer:innen ohne Papiere, die gezwungen sind, illegal zu arbeiten und auf den Straßen Waren zu verkaufen. Sobald die Polizei auftaucht, müssen sie ihre Decke zusammenpacken und weglaufen. Obwohl diese Situation zum tragischen Tod von Mame Mbaye im Jahr 2018 und anschließenden Ausschreitungen führte, wurde wenig getan, um ihre Not zu lindern. Während der Pandemie verschlimmerte sich die Situation, da selbst illegale Verdienstmöglichkeiten verschwanden und sie auf Almosen angewiesen waren. In der Hoffnung, die Dinge zum Besseren zu wenden, wurde eine *mantero*-Gewerkschaft gegründet, die einen Laden namens **Pantera** eröffnet hat, um Geld für ihre Mitglieder zu sammeln.

F. J. CARNEROS/GETTY IMAGES ©

Fiesta de San Lorenzo

te somit keinen Krankenwagen rufen, aber die senegalesische Gemeinde sagt, er wurde einfach sich selbst überlassen. Sein Tod führte zu Ausschreitungen.

Am Ende der Calle de Embajadores, kurz vor der gleichnamigen Metrostation, befindet sich die **Tabacalera**. Die ehemalige Tabakfabrik aus dem 18. Jh. ist mit interessanten Graffitis übersät, die mehr oder weniger legal sind. Geht man an dem Gebäude bis zur **Calle de Miguel Servet** entlang, sieht man große Flächen, die von bekannten Künstlern besprüht wurden, die regelmäßig dazu eingeladen werden.

Zum Schluss besucht man noch **Swinton & Grant** auf der gegenüberliegenden Straßenseite. In der Buchhandlung Grant Librería befindet sich im Untergeschoss die Galerie Swinton, die Straßenkunst, Illustrationen und Fotografie ausstellt.

Spaß im Sommer

DREI FESTE IM AUGUST

Viele *madrileños* verlassen Madrid im Sommer, aber trotzdem gibt es in La Latina und Lavapiés drei Feste im August. Beim **San Cayetano** werden Papiergirlanden über die Straßen gehängt und auf der Plaza de Cascorro wird gefeiert. Beim **San Lorenzo** in Lavapiés geht es sehr multikulturell zu und es feiern viele junge Leute. Das Fest **Virgen de la Paloma** ist eher traditionell und es gibt *zarzuela*- (S. 77) und *chotis*-Aufführungen.

AUSGEHEN

La Musa Latina
Die Bar an der Plaza de la Paja ist sehr schick eingerichtet und es gibt außergewöhnlich gute Tapas. **€€**

La Buga del Lobo
Das Meiste in Lavapiés spielt sich in der Calle Argumosa ab. Das lässt sich am besten an einem der Außentische genießen. **€**

El Escondite
Ein gemütliches Lokal voller Schnickschnack, darunter auch ein Schachbrett, das zum Spielen einlädt. **€**

MALASAÑA & CHUECA

EIN HIPPES VIERTEL UND EIN SCHWULENVIERTEL

Wer feiern möchte, ist in Malasaña und Chueca genau richtig. Der Szenetreffpunkt und das Schwulenviertel liegen direkt nebeneinander, wobei die Grenzen zwischen beiden immer mehr verschwimmen. An den Wochenenden gibt es fast keinen Unterschied zwischen Tag und Nacht, da die Bars und Clubs bis in die frühen Morgenstunden geöffnet sind.

All dies ist für die Anwohner:innen, die sich über den ständigen Lärm und die hohen Mieten beschweren, verständlicherweise ziemlich anstrengend. Der Lärm ist schon ein Problem seit dem Beginn der *movida*-Bewegung (S. 106) Anfang der 1980er-Jahre. In dieser Zeit strömten selbsternannte *raros* (Spinner) in die Gegend. Endlich konnten sie sich frei entfalten und sich wilden Aktivitäten hingeben – vielleicht manchmal etwas zu wild. Die Party geht weiter, aber die Gegend ist viel sicherer und, wie manche behaupten, sauberer geworden.

TOP TIPP

Beide Stadtteile verfügen über belebte Plätze, die Besucher:innen einen Eindruck von der Atmosphäre des Barrios vermitteln. In Malasaña ist das die Plaza Dos de Mayo direkt an der Metrostation Tribunal. Und in Chueca führt die Metrostation direkt auf die Plaza de Chueca. Am besten setzt man sich an einen Tisch am Straßenrand und beobachtet erst mal die Leute, bevor man selbst in eine der interessanten Straßen eintaucht.

SEHENSWERTES
1 Edificio Telefónica
2 Iglesia de San Antón
3 Madrid me Meta
4 Museo de Historia
5 Museo del Romanticismo
6 Plaza de Chueca
7 Plaza del Rey
8 Plaza Dos de Mayo
9 San Antonio de los Alemanes

ESSEN
10 La Pollería
11 Mercado de San Antón

AUSGEHEN
12 El Penta
13 La Vía Láctea

UNTERHALTUNG
14 Microteatro por Dinero

La Pollería

WAFFELN IN PENISFORM

Das freche Konzept Penis am Stil hätte in keinem anderen Viertel besser ankommen können. Im Herzen des Madrider Schwulenviertels verkauft La Pollería Penisse in Waffelform, die man mit Toppings nach Wahl verzieren lassen kann. Der Name ist eine Anspielung auf *polla*, das spanische Slangwort für Schwanz: Wer Churros möchte, geht in eine *churrería*, und wer *pollas* möchte, geht in eine *pollería*. Aber Vorsicht: Man muss sie auf der Straße essen und darf sich dafür nicht schämen!

San Antonio de los Alemanes

San Antonio de los Alemanes

WUNDERSCHÖNE VERSTECKTE FRESKENMALEREIEN

Im Inneren der eher tristen Backsteinfassade der Kirche verbirgt sich eine prächtige mit Fresken verzierte Kuppel. Die von dem spanischen Künstler Francisco Rizzi und dem italienischen Maler Luca Giordano bemalte wunderschöne Decke wird durch mehrere Fenster angestrahlt, die überraschend viel Licht hereinlassen. Das Gebäude und seine Fresken stammen aus dem 17. Jh., als Philipp IV. auf dem Thron saß. Interessant sind auch die Medaillons an den Wänden, die die Habsburger Könige darstellen. Ursprünglich war es ein Zufluchtsort für portugiesische Reisende, nachdem Portugal an die Krone verloren gegangen war und diente dann der deutsch-katholischen Gemeinde in Madrid. Die Öffnungszeiten findet man auf der Webseite (esmadrid.com). Der Eintritt kostet 2 €.

Iglesia de San Antón

Iglesia de San Antón

EINE KIRCHE FÜR ALLE

San Antón ist der Schutzheilige der Tiere, und wer die Kirche am 17. Januar besucht, sieht lange Schlangen von Tierbesitzer:innen, die geduldig auf eine Segnung warten. Zahlreiche Hunde tragen Bänder und sogar Pelzmäntel und machen den Tag zum kitschigsten aller katholischen Anlässe. Die Kirche ist auch am 14. Februar sehr beliebt, wenn Verliebte kommen, um Bänder an die Stangen neben einem Sarg zu binden, der die Gebeine des Heiligen Valentin enthalten soll. Das ganze Jahr über ist diese Institution ein Zufluchtsort für Madrids Obdachlose, die dort kostenlos Sandwichs und heiße Getränke bekommen und ihre Handys aufladen können. Der Automat im Eingangsbereich nimmt Spenden entgegen.

Plaza Dos de Mayo

MALASAÑAS ZENTRALER PLATZ

Am 2. Mai 1808 zogen die Madrider Bürger gegen die französische Besatzungsarmee von Napoleon Bonaparte in den Kampf. Sie taten dies weniger mit richtigen Waffen, sondern nahmen das, was sie gerade zur Hand hatten: Mistgabeln, Blumentöpfe, Scheren... Wenn man bedenkt, dass sie gegen eine Elitearmee kämpften, zu der auch eine krummsäbelschwingende Mamelucken-Kavallerie gehörte, hatten sie eigentlich nie eine Chance.

Dann griffen abtrünnige Offiziere der spanischen Armee ein. Die Offiziere Luis Daoíz und Pedro Velarde erhielten zwar den Befehl, sich zurückzuhalten, verteilten aber in der Kaserne von Monteleón Waffen an die Bevölkerung. Es war jedoch ein aussichtsloser Kampf und beide Offiziere wurden zusammen mit vielen tapferen *madrileños* getötet. Die Tore der Kaserne in der Mitte des Platzes sind der einzige Teil, der den französischen Angriff überlebt hat. Der Rest wurde in der erbitterten Schlacht zerstört.

Statuen von Daoíz und Velarde stehen nebeneinander vor dem Tor und erinnern an einen Akt des Widerstands, der den Spanischen Unabhängigkeitskrieg auslöste, der schließlich zum Sieg Spaniens führte. Die 1831 geschaffenen Marmorskulpturen wurden 1932 nach einer langen Reise durch die Stadt schließlich auf dem Platz aufgestellt.

PROST!

Die Madrider feiern den Aufstand jedes Jahr am 2. Mai und dieser Platz ist das Zentrum der Feierlichkeiten, auf dem sich junge Leute versammeln, um zu trinken und kostenlose Konzerte zu genießen. Da irgendein Witzbold die Schwerter von den Statuen von Luis Daoíz und Pedro Velarde gestohlen hat, sieht es nun so aus, als ob beide Offiziere mitfeiern, da Velarde scheinbar dem etwas verwirrt aussehenden Daoíz zuprostet.

Plaza Dos de Mayo

DELPIXART/GETTY IMAGES ©

MEHR ZU DEM AUFSTAND

Wer mehr über die französische Besatzung Spaniens erfahren möchte, sollte das nahegelegene **Museo de Historia** (S. 103) besuchen. Goyas Gemälde von dem Aufstand hängt im **Museo del Prado** (S. 86).

360° Rooftop Bar

SCHWINDELERREGENDE AUSSICHTEN

Die hochgelegene Bar des Hotel Riu mit Blick auf die Plaza de España bietet eine tolle Aussicht auf Madrid und ist sehr zu empfehlen, auch wenn man dafür bezahlen muss. Wochentags vor 17 Uhr kostet der Eintritt 5 €. Später und am Wochenende kostet es doppelt so viel. Man muss vielleicht anstehen, aber allein die schwindelerregende Glasbrücke, die die beiden Enden des 27. Stocks miteinander verbindet, ist den Besuch wert. Getränke und Essen muss man zusätzlich bezahlen und die Preise sind ziemlich happig.

360° Rooftop Bar

Edificio Telefónica

DIE HAUPTSTADT VERBINDEN

Das Edificio Telefónica wurde in den 1920er-Jahren als Telefonzentrale erbaut und ist Schauplatz der Netflix-Hitserie Cable Girls. Der erste Wolkenkratzer Madrids dominiert noch immer die Skyline, wenn man sie vom Süden der Stadt aus betrachtet. Während des Bürgerkriegs verschickten Journalisten wie Ernest Hemingway (S. 79) von hier aus ihre Berichte, was umso schwieriger wurde, als das Gebäude unter Beschuss der in der Casa de Campo kampierenden nationalistischen Truppen geriet. In dieser Zeit wurden zahlreiche Schäden an der Außenfassade verursacht, die aber inzwischen behoben wurden. Das Gebäude ist immer noch im Besitz des Telekommunikationsriesen Telefónica, der in den Räumlichkeiten regelmäßig Ausstellungen veranstaltet. Auf der Webseite kann man sich über die Veranstaltungen informieren. Der Eingang befindet sich an der Seite in der Calle Fuencarral.

Museo del Romanticismo

Museo del Romanticismo

ATEMBERAUBENDE INNENRÄUME

Der Stadtpalast, eine Hommage an das Madrid des 19. Jhs., ist mit Spieldosen, Miniaturen, verzierten Pistolen und Puppenhäusern ausgestattet. Die Menschen, die einen aus den zahlreichen Leinwänden heraus ansehen, sehen sehr elegant und edel aus, doch sie stammen aus einer Zeit, in der Spanien von politischen Umwälzungen erschüttert wurde und progressive Kräfte gegen die repressive Monarchie kämpften. Leider versteht man diese politischen Verwicklungen nur, wenn man Spanisch spricht, da es zu den längeren Erklärungen an den Exponaten keine Übersetzungen gibt. Es ist jedoch ein wunderschönes, im Stil der damaligen Zeit eingerichtetes Museum, das einen guten Einblick in die romantische Epoche Spaniens gibt.

Mercado de San Antón

LECKEREIEN UND AUSBLICKE VOM DACH

Im modernsten der überdachten Märkte Madrids, dem Mercado de San Antón, gibt es Stände mit Feinschmecker- und Biokost sowie kleine Cafés/Bars, die Tapas und Getränke anbieten. Wie der Mercado San Miguel (S. 67) ist auch dieser Markt sehr voll. Wer kein Fan von Menschenmassen ist, sollte die Märkte in der Gegend von La Latina/Lavapiés (S. 95) besuchen. Wer jedoch verschiedene Tapas probieren möchte, ist hier genau richtig. Man muss zwar für die Aussicht bezahlen, aber im Restaurant **11 Nudos Terraza Nordés** auf der Dachterrasse ist es ein bisschen ruhiger.

Mercado de San Antón

Antiguo Cuartel del Conde Duque

Antiguo Cuartel del Conde Duque

EINE ZUM KULTURZENTRUM UMGEBAUTE KASERNE

Als der erste Bourbonenkönig Philipp V. den Thron bestieg, wollte er der Hauptstadt unbedingt seinen Stempel aufdrücken. Das tat er zum Beispiel in Form dieser beeindruckenden Kaserne, die von Pedro de Ribera entworfen und Anfang des 18. Jh. erbaut wurde. Wenn man durch das extravagant verzierte Tor aus Stein geht und auf den riesigen Paradeplatz tritt, kann man sich gut vorstellen, wie die königliche Garde in ihrer ganzen Pracht aufmarschierte. Ein Feuer zerstörte 1869 einen Teil des Gebäudes, das jedoch von der Stadt Madrid restauriert und 2011 als Kulturzentrum wiedereröffnet wurde. Das riesige Zentrum beherbergt heute Galerien, ein Theater, einen Konzertsaal und eine Bibliothek.

Museo de Historia

DIE ENSTSTEHUNG EINER HAUPTSTADT

Das Museum befindet sich in einem wunderschönen Barockgebäude und die Sammlung umfasst Exponate zur Geschichte Madrids ab 1500, wo das Museo de San Isidro (S. 91) endet. Von der Umwandlung der Stadt in die Hauptstadt Spaniens bis hin zur Invasion und dem Aufstand gegen Napoleon kann man sich hier über die Ereignisse informieren, die Madrid geprägt haben. Ein Highlight ist der Stadtplan von Pedro Teixeira aus dem Jahr 1656, auf dem El Retiro, die Plaza Mayor und die Calle de Alcalá zu sehen sind. Im Untergeschoss erfährt man Wissenswertes über die Dos de Mayo-Aufstände. Hier sieht man auch die Karikaturen über König Joseph Bonaparte (Napoleons Bruder) und Goyas Allegorie der Stadt Madrid.

Microteatro por Dinero

LIVEMUSIK IN MALASAÑA

Siroco
Der schickste aller Veranstaltungsorte mit einem großartigen Soundsystem; hier treten oft berühmte Künstler auf.

Cafe La Palma
Die kleinere Konzertlocation, Bar und Disco in einem direkt am Siroco bietet ein abwechslungsreiches Programm.

Fotomatón Bar
Der winzige Veranstaltungsort ist Schauplatz der seltsamsten und tollsten Indie-Konzerte.

Club Maravillas
Auch wenn die Akustik in dem langen und schmalen Raum nicht die beste ist, ist der Eintritt mit einem Freigetränk recht günstig.

NOCH MEHR IN MALASAÑA & CHUECA

Mikrotheater

EIN THEATERTREND, DER IN EINEM EHEMALIGEN BORDELL ENTSTAND

Wenn es in der Calle del Desengaño Nacht wird, beginnt eine Form des Straßentheaters, die so alt ist wie Madrid selbst. Eine Gruppe unglaublich großer Frauen, die in mörderisch hohen Stöckelschuhen und hautenger Kleidung noch größer wirken, rufen den vorbeigehenden Männern unzüchtige Dinge zu. Die Szenerie ist tragikomisch und gelegentlich kommt es zu Streitereien, die stets von schallendem Gelächter begleitet werden. Der Schauplatz ist ein dreieckiges Gebiet hinter der Gran Vía und der Calle Fuencarral.

Bis 2008 gab es hier viele Bordelle, aber eine Gruppe lokaler Unternehmer, bestehend aus Experten des spanischen Theaters, Kinos und Fernsehens nahm das Angebot an und eine neue Form des Theaters war geboren. Die Enge der kleinen Räume des Bordells führte zur Erfindung des Mikrotheaters, um kurze, kleine Stücke vor kleinem Publikum aufzuführen.

Zu dieser Zeit befand sich auch das Theater in einer Krise, da das Publikum nicht in der Lage war, für große Aufführungen zu bezahlen. Im **Microteatro por Dinero** war der Eintritt günstig und bald bildeten sich lange Schlangen um den Block herum. Mit rund 15 Minuten waren die Stücke kurz, was Regis-

ÜBERNACHTEN

SmartRental Collection Gran Via Centric II
Das renovierte Edificio España bietet einen atemberaubenden Blick auf Madrid und hat einen traumhaften Pool auf dem Dach. **€€€**

Círculo Gran Vía, Autograph Collection
Im dem eleganten Marriott-Hotel sind nur Erwachsene erlaubt. Es liegt direkt an der Gran Vía, aber gut isolierte Fenster dämpfen den Lärm. **€€**

Limehome Madrid Calle de la Madera
Schicke Selbstversorger-Studios mit Kochnische in einer coolen, stimmungsvollen Seitenstraße. **€€**

seuren und Schauspielern die Möglichkeit gab, mit dem Format zu experimentieren. Angezogen von dem Hype, schlossen sich große Namen des spanischen Theaters dem Spaß an.

Diese Form des Theaters wurde so populär, dass sich die Idee nicht nur in Madrid, sondern in ganz Spanien und später auch in Lateinamerika und sogar in Miami verbreitete. Es ist hauptsächlich eine spanischsprachige Kunstform geblieben. Vor der Pandemie wurden in der Stadt jedoch auch Theaterstücke in englischer Sprache aufgeführt.

Der beliebteste Veranstaltungsort in Madrid ist nach wie vor das Microteatro por Dinero, das sich in einem neuen Gebäude direkt an der Plaza de la Luna befindet. Wer Spanisch versteht, kann einen tollen Abend erleben. Die Eintrittskarten gelten für jeweils drei Stücke und zwischen den Aufführungen kann man in der Bar etwas trinken. Die vierte Wand wird oft durchbrochen. Man muss also darauf gefasst sein, dass die Schauspieler:innen einem sehr nahe kommen. Das passiert auch auf der Straße davor, wenn die Schauspieler:innen die Passanten mit einem frechen Augenzwinkern oder einem Pfiff ansprechen!

Madrid Orgullo

EUROPAS GRÖSSTE GAY-PRIDE-PARADE

Am Wochenende nach dem International Pride Day rollt die Stadt den roten Teppich aus, um LGBTIQ+ Reisende aus der ganzen Welt willkommen zu heißen. In dieser Zeit wehen überall in der Stadt Regenbogenflaggen

Ein Teil des Erfolgs von Madrid Orgullo könnte darauf zurückzuführen sein, dass Spanien eines der ersten europäischen Länder war, das die gleichgeschlechtliche Ehe gesetzlich erlaubte. Wenn man bedenkt, dass Homosexualität unter dem Franco-Regime verboten war, ist dies eine erstaunliche Entwicklung. Das ist auf Bewegungen wie *La Movida* (S. 106) zurückzuführen, die Madrid rasch zur Akzeptanz seiner LGBTIQ+-Community bewegte.

Allerdings ist das Festival ein wenig Opfer seines eigenen Erfolgs geworden und hat etwas von seiner Intimität verloren. Früher durften die Kneipen im Freien improvisierte Diskotheken aufbauen. Heute ist Musik im Freien auf die Plaza de Pedro Zerolo, die Plaza del Rey, die Plaza de Callao und die Plaza de España beschränkt. Bei der Parade am Samstag, die über den Paseo del Prado und den Paseo de Recoletos führt, drängen sich die Menschenmassen. Dem größten Andrang entgeht man, wenn man mit den *cercanías* nach Recoletos fährt und sich die Parade von dort aus ansieht. Ein weiteres Ereignis, das man nicht verpassen sollte, ist die jährliche Carrera de Tacones (Stöckel-

LOCAL TIPP: DURCHS VIERTEL SPAZIEREN

DJ Giulio Malatesta (@malatestag) wohnt in Malasaña und feiert in Chueca.

„Hier ist Tag und Nacht jede Menge los. Man spaziert einfach durch das Viertel und stöbert nach Schallplatten oder Secondhand-Klamotten. Im **Bianchi Quiosko Caffé** in der Calle Joaquin in der Nähe der Plaza San Ildefonso bekommt man tollen italienischen Kaffee, im **La Romana** in der San Bernardo tolles Eis und in der **Pizza Vesuvio** großartige Pizza. Oder man genießt ein schönes Abendessen im **Bastardo** in der Nähe der Metrostation Tribunal oder im **Casa Macareno** in der San Vicente Ferrer. Und zum Abschluss gibt's dann noch ein Bier auf der **Plaza De Chueca**."

B & B Apartments
Schön eingerichtete Wohnungen mit Balkon. Haustiere sind erlaubt und Kaffee gibt es gratis. **€€**

New Go Inn
Einfache Einzimmerapartments, einige mit Balkon, in einer schönen, zentralen Gegend. Die Einrichtung ist etwas veraltet. **€**

Safestay Madrid
Schlafsäle für Frauen und Männer und einige nur für Frauen. Zu den Highlights gehört eine Bar auf dem Dach. Das Frühstücksbuffet ist gegen Aufpreis erhältlich. **€**

DIE BESTEN SECONDHAND-LÄDEN

Humana Vintage
Die besten Secondhand-Produkte aus den normalen Humana-Secondhand-Läden. Einige sind sehr hochpreisig, aber von außergewöhnlich guter Qualität.

Flamingos Vintage Kilo Madrid
Eine umgebaute *vaquería* (Laden, der Milch direkt von der Kuh verkauft). Der Preis richtet sich nach dem Gewicht.

Magpie Vintage
Die Mode reicht hier bis in die 1940er-Jahre zurück und dennoch sind die Preise niedrig.

ELY PINEIRO/GETTY IMAGES ©

Madrid Orgullo

schuhrennen) in der Calle Pelayo. Wer teilnehmen möchte, schreibt eine E-Mail an carrerataconespelayo@gmail.com. Die Absätze dürfen nicht höher als 15 cm sein. Es wird sehr voll, also früh da sein.

Glücklicherweise sind überfüllte Straßen wahrscheinlich die einzige unangenehme Begegnung mit Menschen, die man während der Pride Week haben wird. Allerdings ist eine dunkle Wolke am Horizont aufgetaucht und zwar in Form von VOX, einer rechtsextremen Partei mit einer Minderheit in der lokalen Regierung, die kürzlich versucht hat, hart erkämpfte Rechte der LGBTIQ+-Community aufzuheben. Aber da die Zeit des repressiven Franco-Regimes noch nicht lange zurückliegt, ist die Szene politisch aktiv, und dieser Angriff wurde niedergeschlagen. Wenn man also bei der Gay-Pride-Parade das Wort *maricon* hört, kann man sicher sein, dass es sich nur um einen Scherz handelt, da das spanische Wort für „Schwuchtel" von der Community zurückerobert wurde. Madrid Pride bekam im Jahr 2021 seine eigenen Kryprowährung in Form des „Maricoin"!

Die Movida

DIE FESSELN DURCHSCHLAGEN

Malasaña war nicht immer ein angesagtes Viertel. Während der Diktatur war es ein ziemlich heruntergekommener Stadtteil. Der Schlüssel zu seiner Wiederbelebung war *La Movida*, eine Bewegung, die Anfang der 1980er-Jahre nach dem Übergang

LGBTIQ+-FREUNDLICHE BARS

El 12 CLUB
Die LGBTIQ+-Bar mit Club hat von allem ein bisschen zu bieten, darunter Livemusik und donnerstags gibt's Bingo.

Tal Fulanita
Freundliche Lesbenbar mit Disco und Livemusik. Freitags und samstags findet ein Karaokeabend statt.

YOU&ME
Entspannte Cocktailbar, in der *copas* mit Geleebohnen und dazu noch jeder Menge Charme serviert werden.

La Vía Láctea

zur Demokratie ins Leben gerufen wurde. Als Reaktion auf die jahrelange Unterdrückung wollte diese Gruppe von Künstler:innen, die sich selbst als *„raros"* (Spinner) bezeichneten, mit der Tradition brechen.

Der berühmteste Mitstreiter, der aus dieser Szene hervorgegangen ist, ist Pedro Almodóvar. Sein erster Film *Pepi, Luci, Bom und der Rest der Bande* (1980), der unglaublich frech und schonungslos war, brachte den Zeitgeist perfekt auf den Punkt. Aber Almodóvar ist nicht der einzige interessante Künstler, der aus *La Movida* hervorging. Auch die Fotografen Ouka Leele, Luis Baylón und Alberto García-Alix schufen herausragende Arbeiten.

Wer mehr über *La Movida* erfahren möchte, geht ins **Madrid Me Mata**, eine in ein Museum umgewandelte Bar, die sich mit dieser Zeit befasst. Sie liegt auf der anderen Straßenseite des damaligen Treffpunkts der *Movida*-Bewegung, dem **El Penta**. Die erste Disco-Bar Spaniens wurde 1976 eröffnet und an den Wochenenden ist hier immer noch jede Menge los. Am besten startet man den Abend jedoch in einem anderen *Movida*-Treffpunkt um die Ecke, da die Party im El Penta erst später beginnt. Das 1979 eröffnete **La Vía Láctea** war das Sprungbrett für Bands wie Alaska und Radio Futura. Hier gibt's immer noch Livemusik und ein Besuch lohnt sich schon alleine wegen der abgefahrenen 70er-Jahre-Einrichtung.

BOTELLÓN

Früher gab es in Malasaña oft spontane Partys, bei denen junge Leute in Parks und auf Spielplätzen Bier tranken. In den letzten Jahren wurde jedoch hart gegen das *botellón* vorgegangen. Jetzt drohen Leuten, die auf der Straße trinken, Bußgelder von bis zu 600 €. Die Polizei patrouilliert sogar in Zivil, um die Leute zu erwischen. Während der Pandemie erreichte der zivile Ungehorsam gegen diese Verordnung epische Ausmaße, als junge Leute, denen es verboten war, sich in Discos zu treffen, mit Hilfe von Textnachrichten „große *botellón*" organisierten. Ein Treffen auf der Plaza Dos de Mayo entwickelte sich zu Ausschreitungen. Es gibt zwar keine großen *botellón* mehr, aber man sieht immer noch illegale Einwanderer:innen, die auf der Straße verbotenerweise Bierdosen verkaufen, um ein paar Euro zu verdienen. Wer überlegt, eine zu kaufen, sollte daran denken, dass das nur während offiziellen Festen erlaubt ist.

VEGAN ESSEN

Avocado Love
Jedes Gericht enthält Avocado, aber die Gerichte sind trotzdem nicht langweilig. **€€**

Vega Alamo
Pad Thai, Risotto und gebratene Artischocken werden in dem leicht beengten und rustikalen Lokal serviert. **€€**

Barganzo
Vegane Köstlichkeiten aus dem Nahen Osten, darunter Shakshuka, Falafel und gebratene Auberginen. Unbedingt die selbstgemachte Limonade bestellen. **€€**

SALAMANCA

DAS EXKLUSIVSTE VIERTEL DER STADT

Salamanca wurde kurz nach dem Abriss der Stadtmauern erbaut und wirkt recht weitläufig, was es im Zentrum Madrids sonst nicht gibt. Die Hauptstraße, die Calle de Serrano, mit ihren eleganten Gebäuden und schicken Boutiquen könnte man fast mit einem Pariser Boulevard verwechseln. Sie ist das Herzstück eines Wohnungsbauprojekts, das auf die Idee von José de Salamanca y Mayol zurückgeht.

Die Madrider Oberschicht strömt, angezogen von den etwas kühleren Sommertemperaturen und dem vielen Platz zum Bauen in das neue *barrio*. Das Viertel ist in einem Raster angelegt und beherbergt einige der interessantesten Bauwerke der Stadt, wie die Stierkampfarena Las Ventas.

Es ist nicht verwunderlich, dass sich der Stierkampf hierher verlagert hat, denn der Sport ist seit langem beim rechten Bürgertum sehr beliebt. Während des Bürgerkriegs unterstützte dieser Teil der Gesellschaft weitgehend die nationalistische Seite, und das *barrio* ist nach wie vor stark rechtsorientiert.

TOP TIPP

Salamanca ist sehr weitläufig, so dass Besucher:innen zwischen den einzelnen Sehenswürdigkeiten oft weite Wege zurücklegen müssen. In der Calle Serrano gibt es einen Radweg, aber viele Radler beschweren sich, dass er zu schmal ist. Es ist besser, die Metro oder einen der häufig verkehrenden Busse zu nehmen.

Casa Árabe

Casa Árabe

BEZIEHUNGEN ZUR ARABISCHEN WELT AUFBAUEN

Dieses Gebäude aus dem späten 19. Jh. ist ein wunderschönes Beispiel für die Mudejararchitektur. Passenderweise beherbergt es heute eine öffentliche Einrichtung, die sich um den Aufbau diplomatischer und kultureller Beziehungen zwischen Spanien und der arabischen Welt bemüht. Neben Ausstellungen, Arabischkurse und vielem mehr findet von PHotoESPAÑA hier in den Sommermonaten normalerweise eine Fotoausstellung statt. Der schöne Terrassenbereich, der gerade von **Lakook** übernommen wurde, einem Team von Gastronomen, das Flüchtlinge und Migrant:innen beschäftigt, um ihnen die Integration in die spanische Gesellschaft zu erleichtern.

Museo Sorolla

EIN EINBLICK IN DAS LEBEN DES KÜNSTLERS

Der impressionistische Maler Joaquín Sorolla war ein Meister darin, das Spiel des Lichts auf der Leinwand einzufangen und so überrascht es nicht, dass sein Wohnhaus so lichtdurchflutet ist. Das Museum, das dem Künstler gewidmet ist, vermittelt in seinen hellen Räumen seine Freude am häuslichen Leben. Die Möbel sind alle original, ebenso wie die Gestaltung des schönen andalusischen Gartens. Der Eintrittspreis von 3 € ist zwar angemessen, aber das Museum ist nicht sehr groß, und sowohl die Innenräume als auch der Garten sind relativ schnell zu besichtigen.

SEHENSWERTES
1 Banco de España
2 Casa Árabe
3 Colonia Madrid Moderno
4 Consejo Superior de Investigaciones Científicas
5 Espacio Solo
6 Fundación Juan March
7 Las Ventas
8 MAN Museo Arqueológico Nacional
9 Museo Casa de la Moneda
10 Museo Sorolla
11 Sweet Space

ESSEN
siehe 17 Casa Dani
siehe 17 Matteo Cucina Italiana

AUSGEHEN
siehe 17 Vinoteca Tierra

SHOPPEN
12 Bimani
13 Bimba y Lola
siehe 13 Camper
14 CH Carolina Herrera
15 Corte Inglés
16 La Moderna Apicultura
17 Mercado de la Paz
18 Tiahra

Espacio Solo

Espacio Solo

EINE SEHR INNOVATIVE GALERIE

Die äußerst exklusive Galerie zeichnet sich dadurch aus, dass sie unsere Vorstellungen davon, was wir Kunst nennen, in Frage stellt. Ist ein von künstlicher Intelligenz generierter Pastiche eines Ölgemäldes Kunst? Oder extrem raffinierte Videokunst, die so fotorealistisch ist, dass es einen erschaudern lässt? Und was ist mit Spielzeug, das von Graffiti-Künstlern entworfen wurde? Ana Gervás und David Cantolla von Espacio Solo sind dieser Meinung und haben einen lustigen, leicht verstörenden visuellen Spielplatz geschaffen. Die sehr schnell ausgebuchten Führungen müssen im Voraus über die Website gebucht werden.

Mercado de la Paz

Mercado de la Paz

DIE BESTE CARBONARA DER STADT

Die 1882 erbaute Markthalle ist schon so alt wie das Viertel selbst. Wie andere Madrider Märkte ist dieser Markt mit der Zeit gegangen und man kann dort sowohl essen als auch Zutaten kaufen. Eines der besten Lokale ist das italienische Delikatessen-Restaurant **Matteo Cucina Italiana**, das die wohl beste Carbonara der Stadt serviert. Weitere empfehlenswerte Stände sind die Weinbar **Vinoteca Tierra** und das **Casa Dani**, das für seine köstlichen Tortillas bekannt ist.

Fundación Juan March

EIN KULTURZENTRUM VON EINEM SPANISCHEN KRÖSUS

Juan March, einst der reichste Mann Spaniens, kam während des Ersten Weltkriegs unter eher undurchsichtigen Umständen zu seinem Vermögen, mit dem er Francos nationalistische Bewegung im Bürgerkrieg unterstützte. Trotz dieser unschönen Vergangenheit wurde die Stiftung, die seinen Namen trägt, mit dem Ziel gegründet, die Kultur in Spanien zu fördern und der Allgemeinheit zu helfen. Sie hat sich in bewundernswerter Weise an dieses Vorhaben gehalten und die Ausstellungen in der Madrider Niederlassung sind in der Regel gut kuratiert, zeitgemäß und – was besonders wichtig ist – kostenlos. Liebhaber der klassischen Musik finden Informationen auf der Webseite, man sollte jedoch weit im Voraus buchen.

MAN Museo Arqueológico Nacional

MAN Museo Arqueológico Nacional

SPANIENS ALTE GESCHICHTE ERKUNDEN

In dem prächtigen neoklassizistischen Gebäude ist eine hervorragende ständige Ausstellung von Artefakten aus prähistorischer Zeit bis zum Mittelalter untergebracht. Die kostenlosen Wechselausstellungen mit Leihgaben aus internationalen Museen sind in der Regel hervorragend, auch wenn die englischen Übersetzungen der spanischen Informationen eher dürftig sind. Das kann mitunter anstregend sein. Im Hauptmuseum, das den Eintrittspreis von 3 € auf jeden Fall wert ist, gibt es bessere Übersetzungen. Zu den Highlights gehören die alte Iberische Statue *La Dama de Elche*, eine Sammlung westgotischer Kronen und einige beeindruckende Mudejar-Kassettendecken. Aufgrund der vielen römischen Statuen, griechischen Vasen und antiken Münzen besteht nicht die Gefahr, enttäuscht zu werden.

Las Ventas

SPEKTABKULÄRE STIERKAMPFARENA IM MUDEJARSTIL

Las Ventas, Madrids schönstes Gebäude im Mudejarstil, ist das Produkt einer architektonischen Modeerscheinung, die Spanien vom Ende des 19. bis zum Beginn des 20. Jh. erfasste. Die vom Architekten José Espelius entworfene und 1931 fertig gestellte riesige Arena nimmt Einflüsse der mittelalterlichen und der modernen islamischen Architektur auf und die Hufeisenbögen, das gemusterte Mauerwerk und die wunderschönen Kacheln sind wirklich spektakulär.

So beeindruckend die Arena auch von innen und außen ist, so ist es dennoch bedauerlich, dass Besucher:innen 14,90 € bezahlen müssen, zumal die Audioführung keine Zugeständnisse an diejenigen macht, die den Stierkampf kritisch sehen. Da der Stierkampf von Organisationen wie PETA vehement bekämpft wird, ist dies ein schwerwiegendes Versäumnis. Bombastische Musik untermalt die ausführlichen Erklärungen des Sports und die Videos von *toreros* in Aktion. Noch verstörender ist der Anblick von ausgestopften Stieren, die starr ihre Wunden zur Schau stellen, begleitet vom Klang der Glocken, die im Inneren des Gebäudes um die Hälse der todgeweihten Tiere hängen.

Auch wenn die Führung einen anderen Eindruck vermitteln mag, nimmt die Begeisterung für den Stierkampf immer weiter ab. In Katalonien wurde er schon verboten, und auch in Madrid ist man in dieser Frage zwiegespalten. Wer die *madrileños* danach fragt, bekommt leidenschaftliche Argumente sowohl dafür als auch dagegen zu hören. Wer den Stierkampf ablehnt, sollte sich die Arena nur von außen ansehen, oder falls man trotzdem einen Blick hineinwerfen möchte, eins der Konzerte im Sommer besuchen.

DAS TOR DES RUHMES

Eines der prächtigsten Elemente von Las Ventas ist der Haupteingang. Der gemauerte Hufeisenbogen ist mit wunderschönen Kacheln verziert, die im Zuge des Revivals der Keramikkunst im frühen 20. Jh. angebracht wurden. Wenn ein Stierkämpfer auf den Schultern der Fans durch das „Tor des Ruhmes" getragen wird, hat er den Gipfel der Stierkampfwelt erreicht. Einige schaffen dies mehr als einmal, und der aktuelle Rekordhalter ist Santiago Martín Sánchez, der dies 14 Mal schaffte, bevor er sich zur Ruhe setzte.

Las Ventas

SJHAYTOV/GETTY IMAGES ©

HEMINGWAYS MADRID

Ernest Hemingway liebte Madrid und besuchte die Stadt viele Male in seinem Leben. Nachdem er sich einen Stierkampf in Las Ventas ansah, zog er gerne durch die Bars des Viertels **Barrio de las Letras** (S. 79).

LOCAL TIPP: EINE FRAU, DIE DAS ESSEN LIEBT

Charlotte Christiansen, Lehrerin und Feinschmeckerin (@charlotita30), lebt seit sechs Jahren in Salamanca. Sie liebt die kleinen Lokale in dem Viertel.

„Die freundlichen Menschen, die kleine Lokale betreiben, begrüßen Gäste immer mit einem Lächeln. Ein perfekter Tag in dem Viertel beginnt mit einem Brunch im **Bartolomeo Kitchen**. Dann geht's weiter auf die Dachterrasse des **H10 Puerta de Alcalá Hotel**, wo man einen herrliche Aussicht über El Retiro und die Calle Alcalá hat. Für einen besonderen Anlass ist das **Restaurante Her** in der Calle Hermosilla sehr zu empfehlen oder zusammen mit den vielen Einheimischen das **El Rincón de Jaén**. Gute Drinks und Cocktails gibt es in der Bar **Commacero**. Hier wird man von Mitarbeiter:innen auf der großen Terrasse das ganze Jahr über freundlich bedient."

Souvenirladen, Sweet Space

NOCH MEHR IN SALAMANCA

Süßigkeiten in Hülle und Fülle

SALAMANCA FÜR NASCHKATZEN

Das Gebäude **Edificio ABC Serrano** (S. 115) ist nicht nur wegen seiner hübschen gefliesten Fassade einen Besuch wert, im Inneren des Einkaufszentrums befindet sich ein neues Museum, das Süßigkeiten gewidmet ist. Die bonbonfarbenen Innenräume des **Sweet Space** wurden von namenhaften Künstlern wie dem spanischen Graffiti-Star Okuda San Miguel und der Modedesignerin Ágatha Ruiz de la Prada gestaltet. Mit Rutschen, Videospielen und bunten Auslagen mit Lutschern und anderen Süßigkeiten ist das Museum ein interaktiver Spielplatz für Erwachsene und Kinder. Es ist nicht nur ein Augenschmaus, sondern es gibt auch zahlreiche Leckereien zu probieren; die Zuckerwatte mit Veilchengeschmack ist vielleicht die Geschmacksrichtung, die am typischsten für Madrid ist.

Die Stadt ist berühmt für *caramelos de violeta* und ein Geschäft in Madrid verkauft diese Süßigkeiten schon seit über 100 Jahren. Nach dem Besuch des Sweet Space unbedingt ins **La Violeta** an der Plaza de Canalejas gehen. Wer ein Souvenir kaufen möchte, das typisch *madrileño* ist, sollte eine der hübsch verpackten Schachteln kaufen.

Naschkatzen sollten auch zu **La Moderna Apicultura** gehen, ein nicht mehr ganz so modernes Geschäft, das seit 1919 besteht. Das winzige Gebäude mit dem Gemälde eines Bienenschwarms

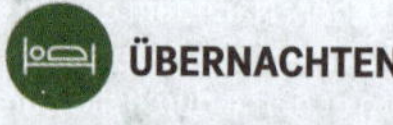

ÜBERNACHTEN

Santo Mauro
Luxuriöse Unterkunft in einem Herrenhaus in der Nähe des Museo Sorolla. Die eleganten Innenräume passen zur prächtigen Fassade. **€€€**

Hotel Jardín de Recoletos
Geräumige Zimmer, teilweise mit Kochnische und Balkon. Die üppig begrünte Terrasse ist ein absolutes Highlight. **€€**

Hotel Vincci Soma
Gutes Preis-Leistungs-Verhältnis für die Gegend. Moderne, helle Einrichtung. Frühstück ist nicht inbegriffen, aber das Büffet ist sehr zu empfehlen. **€**

in einem Bienenstock ist äußerst charmant und im Inneren werden hochwertiger Honig und andere Imkereierzeugnisse verkauft.

Shoppen in Salamanca

EINE HERAUSFORDERUNG FÜRS PORTEMONNAIE

Salamanca, das exklusivste Viertel Madrids, ist ein Paradies für Fans von Luxusmarken. Ein ausgiebiger Einkaufsbummel beginnt in der Calle Serano, der exklusivsten Einkaufsstraße der Stadt, in der sich schillernde Kaufhäuser mit großen Namen wie Prada, Louis Vuitton und Versace befinden. Zwar dominieren die italienischen Marken, aber es gibt auch spanische. Eine der bekanntesten ist **Bimba y Lola**, eine erschwinglichere Luxusmarke, die in den letzten Jahren sehr populär geworden ist. Gleich neben Bimba y Lola befindet sich **Camper**, eine Marke aus Mallorca, die sich durch funktionelle und lustig aussehende Schuhe auszeichnet. In der Serano befindet sich auch **CH Carolina Herrera**, die venezolanische Designerin, die dafür bekannt ist, First Ladies wie Michelle Obama und Melania Trump einzukleiden.

Richtung Osten auf der Calle Ayala in einer Nebenstraße befindet sich das Schmuckgeschäft Tiahra mit einer großen Auswahl an erschwinglichen, ausgefallenen Accessoires. Weiter unten in der Calle Velázquez liegt Bimani, eine relativ neue spanische Marke, die eine witzige Auswahl an wendbaren und bügelfreien Kleidern anbietet. In der Calle de José Ortega y Gasset findet man alle großen Namen wie Chanel, Gucci und Balenciaga. Im **Corte Inglés** in der Serrano findet man alle großen Designer unter einem Dach.

Auf den Spuren des Geldes

AUF DER SUCHE NACH DREHORTEN

In Madrid wurde eine der erfolgreichsten Netflix-Serien gedreht, *Casa de Papel* (Haus des Geldes). Fans, die sich in Salamanca befinden, können einen Blick auf die fiktive spanische Banknotendruckerei werfen, die in der ersten Staffel überfallen wurde und die eigentlich der **Consejo Superior de Investigaciones Científicas** in der Calle Serano 117 ist. Die berühmte Fassade kann man zwar durch den Zaun sehen, aber man kommt nicht näher an das Gebäude heran. Mehr erfährt man im **Museo Casa de la Moneda**, das sich mit der Geschichte der Geldherstellung beschäftigt und sich neben der echten Königlichen Münzstätte in der Calle Doctor Esquerdo 36 befindet.

COLONIA MADRID MODERNO

Direkt an der Stierkampfarena Las Ventas steht eine Reihe kleiner roter Backsteinhäuser, jedes mit einem verzierten überdachten Balkon. Ihnen gegenüber steht ein kleiner Turm, der im gleichen Stil aus verschiedenfarbigen Ziegeln in dekorativen Mustern errichtet wurde. Mehr ist von der Colonia Madrid Moderno nicht übrig geblieben, einem der ersten Wohnungsbauprojekte, das gebaut wurde, um die Wohnungsnot im überfüllten Zentrum Madrids zu lindern. Die Gebäude wurden zwischen 1890 und 1906 gebaut und stellen eine einzigartige Kombination aus Mudejar- und modernistischem Stil dar. In den 1970er-Jahren wurden jedoch viele von ihnen abgerissen, um Platz für Wohnblocks zu schaffen, und nur das Eingreifen einer Gruppe von Architekten konnte diese kleinen Schätze retten.

Colonia Madrid Moderno

ESSEN

La Bien Aparecida
Kantabrische Meeresfrüchte und Fisch in einem eleganten Ambiente mit Sitzgelegenheiten im Freien. Besonders empfehlenswert ist der Seehecht mit Artischocken. **€€€**

Restaurante La Vanduca
Das gut besuchte Restaurant in der Nähe des El Retiro hat eine schöne Terrasse. Auf der Speisekarte stehen typische spanische Gerichte; ein besonderer Genuss sind die *patatas bravas*. **€€**

Alfredo's Barbacoa
Hier gibt es gute Burger und Pommes für ca. 15 €, ein Schnäppchen für das *barrio*. **€**

SPAZIERGANG DURCH SALAMANCA

Ein Spaziergang entlang der Architektur

Die Entstehung Salamancas eröffnete Madrid neue architektonische Möglichkeiten. Entlang der Straßen können Besucher:innen eine Vielzahl von Stilen aus dem späten 19. Jh. bis heute bewundern. Die folgende Route führt an einigen der schönsten Gebäude vorbei. Insgesamt dauert der Spaziergang 50 Minuten.

1 Puerta de Alcalá

Das ehemalige Haupttor der Stadt wurde im 18. Jh. auf Geheiß von Karl III. erbaut. Das von Francesco Sabatini entworfene neoklassizistische Tor ist mit Wappen verziert. Ohne die Mauern aus dem 17. Jh. steht das Tor heute an einem Kreisverkehr, sodass man sich nur schwer vorstellen kann, welche Wirkung es einst auf Besucher:innen hatte.

2 Iglesia de San Manuel y San Benito

Geht man die Calle de Alcala weiter hinauf, sieht man zur Linken eine Kirche mit einer Kuppel und einem weißen quadratischen Turm. Das Innere dieses prächtigen Beispiels neobyzantinischer Madrider Architektur aus dem frühen 20. Jh. ist mit prächtigen Mosaiken verziert.

3 Casa Árabe

Etwas weiter auf der rechten Seite steht die Casa Árabe. Das Gebäude aus dem späten 19. Jh. (S. 108) spiegelt den abenteuerlustigen Geist der Zeit wider, als Architekten begannen nach Übersee zu reisen und sich von den damaligen exotischen Einflüssen inspirieren zu lassen. Besonders bemerkenswert sind der schöne quadratische Turm und das verschnörkelte Mauerwerk, beides Hauptmerkmale der Mudejar-Architektur. Heute ist die Casa Árabe ein Kulturzentrum, das seinen Schwerpunkt auf die arabische Welt legt.

4 Torre de Valencia

Der nächste Halt ist leicht zu entdecken, da viele ihn als einen Schandfleck bezeichnen.

Mosaik, Iglesia de San Manuel y San Benito

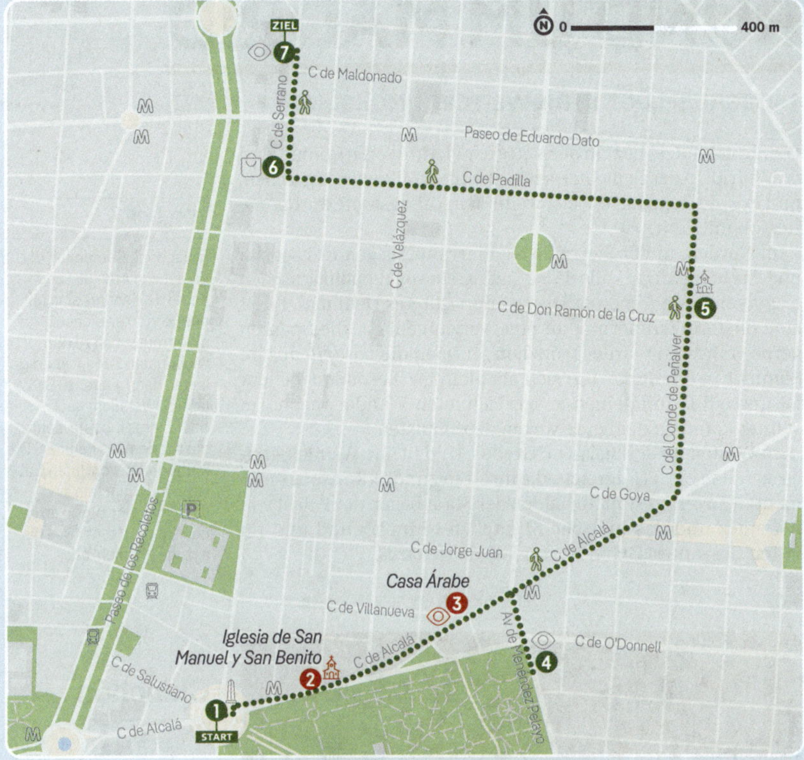

Als der Wolkenkratzer Anfang der 70er-Jahre gebaut wurde, beschwerten sich die Anwohner:innen darüber, dass er den Blick von der Plaza de Cibeles auf die Calle de Alcalá verdeckt, was zu einem zeitweiligen Baustopp führte. Mit einer Höhe von 94 m ist das Äußere dieses brachialen Gebäudes vielleicht nicht jedermanns Sache, aber mit seinem atemberaubenden Blick auf den Retiro-Park sind seine Bewohner:innen mehr als zufrieden.

5 Parroquia de Nuestra Señora del Rosario de Filipinas

Die katholische Kirche, die Ende der 60er-Jahre nach Plänen des Architekten Cecilio Sánchez-Robles Tarín errichtet wurde, ist ein weiteres brachiales Bauwerk. Im Inneren sorgt die Dominanz des Betons in Kombination mit der spektakulären Deckenbeleuchtung für Gänsehaut, aber ob aus Ehrfurcht oder Abscheu, hängt ganz vom persönlichen Geschmack ab.

6 Edificio ABC Serrano

Das Gebäude im neoplateresken Stil mit seiner wunderschönen Kachelfassade mit valencianischen Einflüssen war einst der Sitz der Zeitschrift *Blanco y Negro*. Das jahrhundertealte Gebäude ist heute ein gehobenes Einkaufszentrum. In der Bar auf der Dachterrasse kann man die Keramikarbeiten, die die Türme schmücken, aus der Nähe betrachten.

7 Edificio Castelar

Der Glasturm, der auf einem Betonsockel zu balancieren scheint, ist ein spektakulärer Anblick. Noch erstaunlicher ist, dass diese technische Meisterleistung Mitte der 70er-Jahre entwickelt wurde. Das Gebäude beherbergt heute eine Anwaltskanzlei und kann nicht betreten werden, aber es befindet sich in der Nähe des Museo Sorrola und des Museo Lázaro Galdiano, die beide über schöne Gärten verfügen, in denen man eine Pause einlegen kann.

RUND UM MADRID

TAGESAUSFLÜGE IN DIE WEITERE UMGEBUNG

Die Stadt Madrid liegt in der Mitte der viel größeren Comunidad de Madrid. In der Gemeinde leben etwa drei Millionen Menschen, und es sind doppelt so viele, wenn man die gesamte autonome Region mitzählt.

Im Norden, in der Sierra de Guadarrama, liegen El Escorial und das berüchtigte Valle de los Caídos, ein von republikanischen Gefangenen während der Diktatur errichtetes Denkmal. Es ist eine düstere Erinnerung an eine Vergangenheit, die Spanien gerne vergessen würde. Trotzdem strömen die *madrileños* im Sommer in die Berge, um sich abzukühlen. Besonders beliebt ist Cercedilla mit seinen ausgezeichneten Wanderwegen. Im Winter kommen die Leute wegen der Skipisten.

Im Westen, in der Sierra de Gredos, sind kleine Weinkellereien gerade sehr erfolgreich, da ihre Burgunder-Rotweine momentan angesagt sind. Im Süden der Stadt liegen der Palast von Aranjuez und das hübsche Städtchen Chinchónund und im Osten Cervantes' Geburtsort Acalá de Henares.

TOP TIPP

El Escorial, Cercedilla, der Palast von Aranjuez und Acalá de Henares sind mit dem Zug zu erreichen. Allerdings muss man zu den wichtigsten Sehenswürdigkeiten dann weiter zu Fuß laufen. Wer nicht nach Acalá de Henares möchte, sollte besser den Bus nehmen. Die Kathedralen von Justo Gallego und Chinchón sind nicht mit dem Zug zu erreichen, daher ist der Bus die einzige Möglichkeit.

El Escorial

El Escorial

EIN IMPOSANTER RENAISSANCE-PALAST-KOMPLEX

Der riesige Palast-Komplex, der in ein Kloster umgewandelt wurde, ist stark vom strengen Charakter von Philipp II. geprägt, der über Spanien auf dem Höhepunkt seines Reiches herrschte. Das Gebäude steht seit fast einem halben Jahrtausend in der Sierra de Guadarrama und sieht so unerbittlich aus wie Philipp es war. Die schlichten grauen Granitwände und die reich verzierte Basilika zeugen von seiner ernsten, frommen Haltung, während die prächtige Bibliothek seine gelehrte Seite widerspiegelt. Heute liegt der marmor- und goldverzierte Sarg des Königs in der königlichen Krypta, über den Särgen der nicht ganz so selbstherrlichen Philipps III. und IV.

Chinchón

FILMREIFE AUSSICHTEN VON DER PLAZA MAYOR

Die auf einem Hügel gelegene Stadt Chinchón verfügt über einen der schönsten Plätze Spaniens. Schöne Holzbalkone blicken auf einen kreisrunden Platz, der früher für Stierkämpfe genutzt wurde. Von einem der vielen Tische im Freien kann man die Aussicht auf die wunderschönen Bauwerke aus dem 15. Jh. und auf die hübsche Stadt, die sich dahinter erhebt, in vollen Zügen genießen.

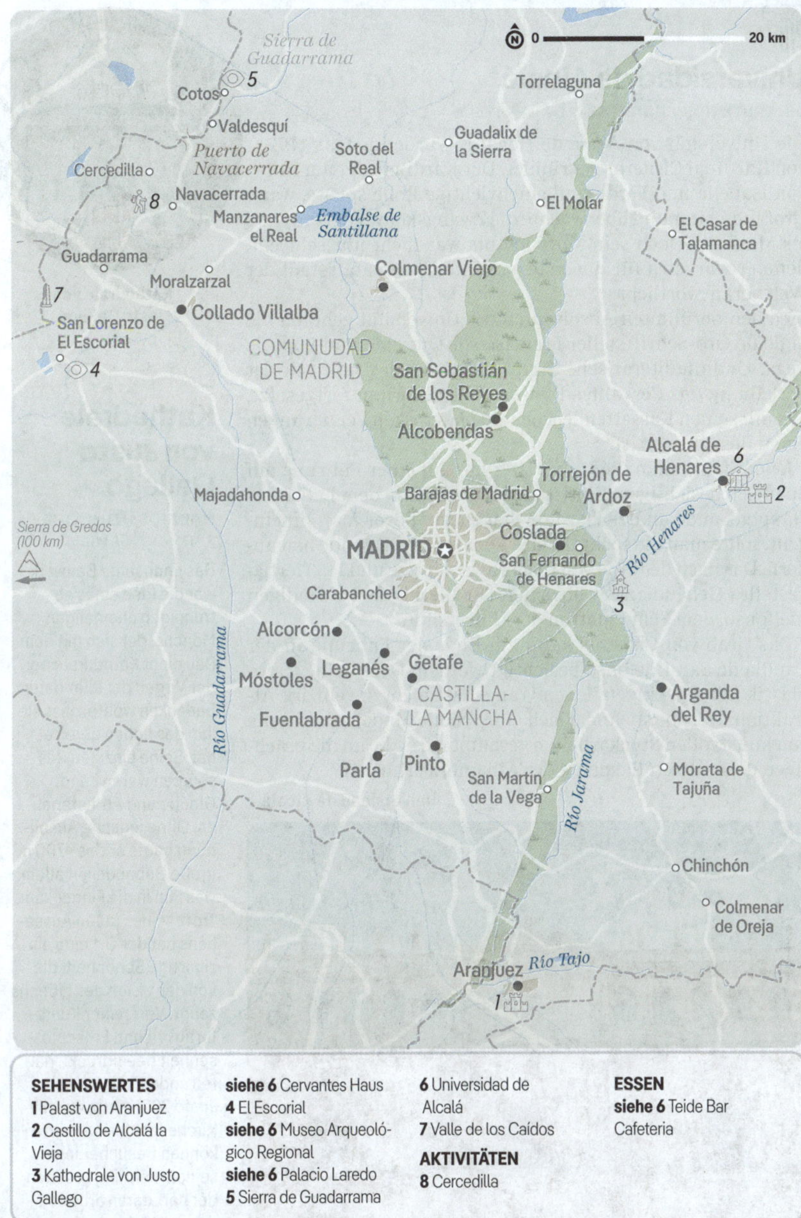

SEHENSWERTES
1 Palast von Aranjuez
2 Castillo de Alcalá la Vieja
3 Kathedrale von Justo Gallego
siehe 6 Cervantes Haus
4 El Escorial
siehe 6 Museo Arqueológico Regional
siehe 6 Palacio Laredo
5 Sierra de Guadarrama
6 Universidad de Alcalá
7 Valle de los Caídos

AKTIVITÄTEN
8 Cercedilla

ESSEN
siehe 6 Teide Bar Cafeteria

Universidad de Alcalá

DIE ERSTE UNIVERSITÄTSSTADT DER WELT

Die Universität von Acalá de Henares wurde im Jahr 1499 von Kardinal Cisneros gegründet. Der Kardinal, der am Hof von Isabella und Ferdinand eine wichtige Rolle spielte, war Großinquisitor und überwachte die Zwangskonvertierung vieler Muslime. Doch sein Vermächtnis war nicht nur schlecht, denn er war auch für die erste geplante Universitätsstadt der Welt verantwortlich.

Zu den berühmten Absolventen der Universität gehören die Siglo de Oro-Schriftsteller Francisco de Quevedo und Lope de Vega. Und die literarische Tradition wird jedes Jahr mit der Verleihung des Cervantes-Preises im Auditorium fortgesetzt, das mit seinen Kassettendecken und plateresken Verzierungen einen Besuch wert ist.

Leider kann man die Universität nur auf einer Führung auf Spanisch besichtigen. Eintrittskarten gibt es in dem Laden am Hauptgebäude an der Plaza de San Diego. Bevor man hineingeht, sollte man die spektakuläre Renaissance-Fassade bewundern. Das nach dem Tod von Cisneros errichtete und 1553 fertiggestellte Gebäude ziert über der Tür die Figur des Heiligen Idelfonso, dem Schutzpatron der Universität.

Das Grab von Cisneros kann am Ende der Führung in der Capilla de San Ildefonso besichtigt werden. Doch seine Grabplastik mit den eingefallenen Wangen ist nicht die einzige Attraktion. Darüber befindet sich eine schöne Mudejardecke, die von kunstvollen Stuckarbeiten gesäumt wird, die an die prächtigen dekorativen Elemente der Alhambra erinnern.

Universidad de Alcalá

Kathedrale von Justo Gallego

Kathedrale von Justo Gallego

MADRIDS HEIMLICHE SAGRADA FAMÍLIA

Das imposante Bauwerk war die Idee eines abtrünnigen ehemaligen Mönchs, der sich mit dem Bau einer Kathedrale bei der Virgen del Pilar dafür bedanken wollte, dass sie ihm das Leben gerettet hat. Seine einzigen Ressourcen waren Land, Glaube und Altmaterialien. Ohne jegliche Ausbildung baute er das 4700 m² große Gebäude mit allem, was ihm in die Finger kam. Trotz seines rauen Aussehens hat der Ort eine einzigartige Schönheit, die von der Vision des Mönchs zeugt. Von seiner Kunstfertigkeit und Entschlossenheit beeindruckt, halfen andere mit, und als Justo 2021 starb, war die Kirche fast fertig. Heute können Besucher:innen seinem Lehrling zusehen, der hart daran arbeitet, das unglaubliche Projekt fertigzustellen.

BILDHAUER: PEDRO REQUEJO NOVOA, BILD: ALVARO GERMAN VILELA/SHUTTERSTOCK ©

Statue von Don Quixote und Sancho Panza, Alcalá de Henares

NOCH MEHR RUND UM MADRID

Ein Tagesausflug nach Alcalá de Henares

RÖMISCHE RELIQUIEN UND CERVANTES' HAUS

Mehr über die römischen Ursprünge von Alcalá de Henares erfährt man im **Museo Arqueológico Regional**. Hier kann man Mosaike und andere Überreste und Artefakte aus dem Mittelalter besichtigen. Im Mittelalter war die Stadt Teil einer Befestigungslinie, die zusammen mit Madrid die nördlichste Grenze von Al-Andalus markierte. Alcalá bedeutet „Zitadelle" auf Arabisch, und wer den Fluss überquert, stößt auf die Überreste des **Castillo de Alcalá la Vieja** aus dem 10. Jh.

Nach der Rückeroberung wurde Alcalá de Henares zu einer berühmten Universitätsstadt, ist aber heute auch als Geburtsort von Cervantes bekannt. Das **Geburtshaus von Cervantes** (freier Eintritt) befindet sich in der Calle Mayor, einer malerischen Straße aus dem 16. Jh. Anschließend kann man den **Palacio Laredo** besichtigen, das verrückte Haus des ehemaligen Bürgermeisters von Alcalá aus dem späten 19. Jh., in dem sich neoklassizistischer, Mudejar- und gotischer Stil auf verblüffende Weise vermischen. Zum Abschluss geht man ins **Teide Bar Cafeteria**, das für seine großzügigen Tapas bekannt ist.

LOCAL TIPP: ALCALÁS ANDERE SEHENSWÜRDIGKEITEN

Andrés Fanlo Bonastre, Berufsschullehrer (@andres.fanlo), lebt in Alcalá de Henares, seit er die dortige Universität besucht und sich in die Stadt verliebt hat.

„Es gibt nichts Besseres, als ein kühles Bier und Tapas an einem Tisch im Freien einer der Bars und Cafés auf der Hauptstraße in der Altstadt zu genießen. Alcalá de Henares ist nicht nur der Geburtsort von Miguel de Cervantes, sondern auch vom deutschen Kaiser Ferdinand von Habsburg und von Katharina von Aragon, der späteren Königin von England. Die meisten Besucherinnen und Besucher besichtigen nur das Stadtzentrum, aber am Stadtrand befinden sich das Haus des Hippolytus und die Überreste einer römischen Siedlung."

ESSEN IN ALACALÁ DE HENARES

Restaurante Casino
Toll angerichtete Gerichte in einem schön eingerichteten Restaurant. Das Steak Tartar und der Oktopus sind besonders gut.
€€€

Restaurante Plademunt
Fleisch vom Holzkohlegrill und Arancini sind die Highlights in dem Restaurant im Bistrostil.
€€

El Alfar Restaurante
Hier gibt's tolle Menüs und ein gutes Angebot an preisgünstigen Fleisch- und Fischgerichten.
€

Salamanca (S. 126)

KASTILIEN-LEÓN

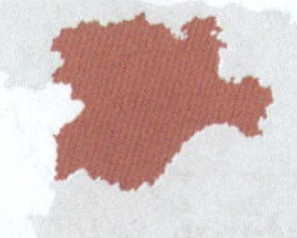

STÄDTISCHE JUWELEN IN WEITEN EBENEN

Die Region, die sich auf einem Hochplateau im Inneren der Iberischen Halbinsel erstreckt, lässt sich am besten durch Geschichten beschreiben – Geschichten über Pilgernde, Soldat:innen und Säufer:innen.

Während er in der einen Hand einen *vino tinto* und in der anderen einen Teller mit Spanferkel hält, versucht der Kellner in Livree nicht zu enttäuscht auszusehen und nickt den Neuankömmlingen freundlich zu, wobei er möglichst unauffällig zum Rathaus hinüberblickt. Auf dem hell erleuchteten Platz davor drängen sich die Feiernden, während die Uhr am Sandsteinturm Mitternacht schlägt.

Wer will denn um Mitternacht noch etwas essen? Offenbar halb Salamanca. Doch spätestens um 2 Uhr wird endlich Schluss sein. Dann sind Tische und Stühle von der Straße geräumt, die letzten Studenten verabschiedet – und es schleichen nur noch Katzen durch die Säulengänge.

So wird die großartige Plaza Mayor immer nachts zurück in ihren Urzustand versetzt und (wie die kastilische Sprache in ihrer reinsten Form) von allem Überflüssigem befreit. Dann sind hier nur noch die gewaltige Kathedrale und natürlich die Universität zu sehen.

Dieses nächtliche Ritual der Vorbereitung auf den nächsten Tag wird in allen Städten und Dörfern in Kastilien-León praktiziert, um ihre Schönheit und inspirierende Atmosphäre zu bewahren. Genau wie die unendliche Wiederholung der alten überlieferten Geschichten ist der Akt der Erneuerung überlebenswichtig für Gemeinschaften, die ansonsten nichts anderes als automatisierte Landwirtschaft zu bieten hätten. Diese Geschichten, die die Städte mit den großen Kathedralen miteinander verbinden, erhellen die Region wie eine Plaza Mayor bei Mitternacht.

DIE WICHTIGSTEN ZIELE

SALAMANCA
Ein Wunderwerk aus Sandstein. S. 126

SEGOVIA
Berühmtes Aquädukt S. 134

BURGOS
Die Stadt von El Cid. S. 141

LEÓN & ASTORGA
Gotischer Glanz und römisches Gold. S. 147

DER DUERO
Weinverkostung im Burgenland. S. 153

Erste Orientierung

Das weite Buschland ist am besten mit dem Auto zu erkunden. Die schnurgeraden Straßen führen durch Felder in Ocker, Olivgrün und Dunkelbraun in die schönsten Ecken des Landes.

León & Astorga, S. 147

Diese beiden schönen Städte wurden vor mehr als 2000 Jahren von den Römern gegründet und liegen am Pilgerweg nach Camino de Santiago.

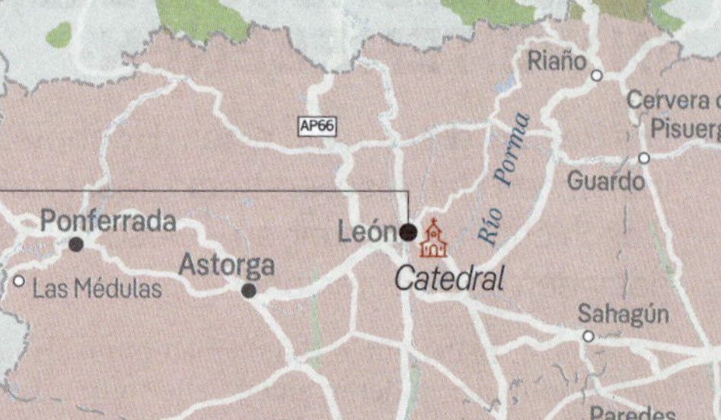

Salamanca, S. 126

Die alte Universitätsstadt glänzt mit einer kunstvoll verzierten Architektur.

AUTO

Kastilien-León ist geprägt von der *meseta*, der fruchtbaren Hochebene. Sie bildet den Hintergrund für spektakuläre Städte, alte Holzhäuser und einsame Burgen. Auf den oft leeren Straßen lässt sich diese Schönheit in aller Ruhe genießen.

BUS

Der öffentliche Nahverkehr in den Städten ist ausgezeichnet. Dies gilt jedoch nicht für das Duero-Tal, die *caminos* und die kleinen Dörfer an den Hängen der Sierra.

ZUG

Spaniens Schienennetz ist teilweise so gut ausgebaut, dass Züge schneller als das Flugzeug sind. Hochgeschwindigkeitszüge verkehren zwischen León, Palencia, Valladolid und Segovia sowie zwischen Galizien und Madrid. Langsamere Züge verbinden Salamanca und Burgos mit Bilbao.

Burgos, S. 141

Burgos war 500 Jahre lang die Hauptstadt von Kastilien-León. In der herrlichen gotischen Kathedrale ist der legendäre El Cid begraben.

Der Duero, S. 153

Das wilde Duero-Tal bietet Weinverkostungen, Gourmetessen, historische Hotels und mittelalterliche Dörfer.

Segovia, S. 134

Neben dem römischen Aquädukt und skurrilen Schloss mit Wassergraben ist die Stadt auch bekannt für ihre leckeren Schweinefleischgerichte.

Perfekte Tage

Diese Region bietet einfach zu viele zauberhafte Städte. Um eine architektonische „Übersättigung“ zu vermeiden, sollte man sich zwei bis drei Knotenpunkte aussuchen und die Gegend dazwischen auf den schönen Camino-Wegen erkunden.

JLALVAREZ/SHUTTERSTOCK ©

Ávila (S. 131)

Drei Tage Zeit

- Den ersten Tag verbringt man im kunstvoll verzierten Salamanca mit dem Besuch der **Universität** (S. 126) und der grandiosen Kathedrale. Abends genießt man das Leben auf der **Plaza Mayor** (S. 128).

- Am zweiten Tag fährt man in das von einer Stadtmauer umgebene **Ávila** (S. 131) und weiter nach Segovia. Das römische **Aquädukt** (S. 135) ist eine Meisterleistung antiker Baukunst, das **Alcázar** (S. 137) begeistert auch Kinder.

- Am dritten Tag geht's in die Bergdörfer des Campo Charro in der **Sierra de Francia** (S. 133). Hier kann man die flinken Bergziegen mit dem Fernglas beobachten, mitunter bietet sich auch Gelegenheit, in den Gewässern zu schwimmen. Danach geht es auf den schnurgeraden römischen Straßen zurück nach Salamanca.

LINDASKY76/SHUTTERSTOCK ©, JECHM/SHUTTERSTOCK ©, FUEN30/SHUTTERSTOCK ©

Beste Reisezeit

Im Sommer ist die Hitze in der weiten Landschaft ohne nennenswerten Schatten tagsüber unerträglich. Dafür ist es abends lange schön warm. Im Winter ist es zumeist bitterkalt.

JANUAR

Am **Dreikönigstag** suchen alle nach den im traditionellen *Roscón de Reyes* eingebackenen Schätzen.

APRIL

In Zamora finden in der Karwoche seit dem 13. Jh. spektakuläre **Osterprozessionen** statt.

MAI

In der Sierra de Gredos steht der wilde **Pfriemenginster** in voller Blüte.

Eine Woche Zeit

● Der erste Tag gehört der großartigen Kathedralenstadt **Burgos** (S. 141), in der einst El Cid lebte und die mit vielen gotischen Schätzen aufwartet. Mit einem Leihfahrrad geht es anschließend nach **Covarrubias** mit seinen Fachwerkhäusern (S. 145) und zu dem berühmte Kloster **Santo Domingo de Silos** (S. 145). Einen Besuch lohnt auch das nahe gelegene **Desfiladero de Yecla** (S. 145), ein bedeutendes Raubvogel-Habitat.

● Danach geht es ins wunderschöne **León** (S. 147) und ins benachbarte Astorga. Mit ihren herrlichen Kathedralen sind sie wichtige Stationen auf dem Camino Francés. Die kulturelle Bedeutung des Camino lässt sich am besten in Gaudis **Palacio Episcopal** (Bischofspalast; S. 149) ermessen oder bei einer **Wanderung** auf dem Pilgerweg von Rabanal zum Schloss Ponferrada (S. 151).

Einen wunderbaren Monat lang

● Nach den beiden Ausflügen geht es weiter ins Duero-Tal. Zuvor gibt's in **Soria** (S. 154) noch ein Abendessen oder einen Ausflug ins Nachtleben *(marcha)* auf dem Hauptplatz der Stadt. Verführerisch ist die ländliche Küche in einem Fachwerkhaus in **Calatañazor** (S. 154) oder unter den Arkaden von **El Burgo de Osma** (S. 154). Weinverkostungen bieten das **Castillo de Peñafiel** S. 155) und die Bodega **Ribera del Duero** (S. 155).

● Im **Real Convento de Santa Clara** (S.157) in Tordesillas verkaufen die Nonnen selbst gebackenen Kekse. **Zamora** (S. 158) ist vor allem in der Karwoche einen Besuch wert. Das Ende der Tour wird mit einem Glas Wein aus der Region gefeiert.

JUNI

Die Sommersonnenwende wird im Dorf San Pedro Manrique mit dem traditionellen **Lauf über glühende Kohlen** begangen.

JULI

Beim **Internationalen Folkfestival** in Burgos treten in der dritten Juliwoche 800 Bands aus der ganzen Welt auf.

SEPTEMBER

Die **Weinlese** in Aranda am Duero erfolgt zumeist noch von Hand und wird gebührend gefeiert.

OKTOBER

Das **El-Cid-Wochenende** in Burgos ist mit Ritterspielen, Prozessionen und allerlei mittelalterlichen Aktivitäten gewürzt.

SALAMANCA

Viele Kathedralenstädte in Kastilien-León haben eine schöne autofreie Altstadt mit wunderbarer Architektur, doch Salamanca hebt sich von allen anderen ab. Das liegt vor allem an der unglaublichen Homogenität der Gebäude im Stadtkern, alle im plateresken spanischen Stil errichtet. Sind die kunstvollen Steinmetzarbeiten der Kathedrale, Universität und des Klosters tagsüber klar zu erkennen, verschwimmen sie bei Sonnenuntergang im diffusen Licht.

Dann wird es Zeit für die herrliche Plaza Mayor, auf der sich abends die ganze Stadt versammelt. Das Kunstwerk aus dem 18. Jh. war früher tatsächlich eine Stierkampfarena, wovon heute nur noch die gute Stimmung zeugt.

TOP TIPP

In Salamanca sind die Cafés nur tagsüber geöffnet, die meisten Bars lassen um Mitternacht die Rollläden herunter. Sie schließen dann aber nicht, sondern werden zu Nachtclubs. Wer jetzt noch abfeiern will, sollte Siesta gehalten haben.

DIE BESTEN RESTAURANTS IN SALAMANCA

Abadía Plaza
Das vor allem bei Familien beliebte Restaurant an der Plaza Mayor punktet mit tollem Rinderfilet und ausgezeichnetem Service. €€

Tapas 2.0
Die innovative Bar unweit der Ruta Mayor serviert erstklassige Tapas. €

Víctor Gutiérrez
Das freundliche Sterne-Restaurant mit moderner spanischer Küche ist das beste der Stadt. €€€

Mesón de Gonzalo
Im schön altmodischen Speiseraum werden spanische Gerichte aus Zutaten der Region kreativ präsentiert. €€

Nachhilfe in alter Steinmetzkunst

DIE UNIVERSITÄT VON SALAMANCA

Wer seine Hausaufgaben nicht gemacht hat, wird kaum verstehen, warum Gruppen von Menschen zum Eingangsportal hinaufstarren und es Zentimeter für Zentimeter absuchen. Die Fassade ist über und über mit kunstvollen Schnitzereien verziert, die Wappen, mythische Wesen und religiöse Symbole darstellen. Aber was ist nun das Besondere daran?

Studierende wünschen sich Erfolg in ihren Prüfungen, Tourist:innen wollen besonders aufmerksam sein, Guides wollen mit ihrem zoologischen Wissen punkten. Aber eigentlich suchen alle nur den Frosch.

Wir könnten nun einfach verraten, wo genau er zwischen den zentralen Büsten von Ferdinand und Isabella sitzt, doch das würde künftigen Besucher:innen die Möglichkeit nehmen, dieses Meisterwerk eines Steinmetzes aus dem 16. Jh. selbst zu entdecken. Und natürlich ist das das Besondere an der Universität.

Die **Universidad Civil** wurde 1218 in Konkurrenz zu Oxford und Bologna gegründet. Die polierten Holzbänke haben schon einiges erlebt. Im 16. Jh. begann Fray Luis de León seine Vorlesung nach fünf Jahren Haft mit den Worten: „Wie ich gestern sagte ...“ Auch die Sünden der Studenten haben ihre Spuren hinterlassen. Neben der herrlichen Bibliothek soll das Wandgemälde eines Heiligen betrunkene Studenten davon abhalten, nachts im leeren Kreuzgang zu urinieren. Angesichts der makellosen Mauern scheint die Warnung erfolgreich gewesen zu sein.

SEHENSWERTES
1 Catedral Nueva
2 Catedral Vieja
3 Plaza Mayor
4 Casa de las Conchas
5 Casa Lis
6 Museo Taurino
7 Universidad Civil

SCHLAFEN
8 Grand Hotel Don Gregorio
9 Hospes Palacio de San Esteban
10 Sercotel Las Torres Salamanca

ESSEN
11 Abadía Plaza
12 Mesón de Gonzalo
13 Tapas 2.0

AUSGEHEN
14 Doctor Cocktail
15 Irish Theatre
16 Tío Vivo

Ein majestätischer Anblick

DIE ZWILLINGSKATHEDRALE VON SALAMANCA

Die Zwillingskathedrale sollte am besten ohne Reiseführer und Handy besichtigt und stattdessen instinktiv erfahren werden. Schon beim Betreten durch die Puerta de Ramos geht der Blick automatisch nach oben. Die **Neue Kathedrale (Catedral Nueva)** hat ein überwältigendes spätgotisches Gewölbe. Wie eine Sonne mit acht Strahlen ruht es auf geriffelten Säulen mit Kapitellen aus Blütenblättern. Die Galerien unter dem Dach, die über den Turm zu erreichen sind, bieten einen noch besseren Blick auf dieses steinerne Meisterwerk.

ALTE ORGELN GEFÄLLIG?

Für Orgelfans ist Kastilien-León das Paradies. Das **Colegiata de San Cosme y Damián** im winzigen Covarrubias (S. 145) hat eine berühmte Orgel aus dem 17. Jh., die **Kathedrale** in Palencia (S. 145) eine Schönheit aus dem 18. Jh.

ÜBERNACHTEN IN SALAMANCA

Sercotel Las Torres
Das gemütliche Hotel steht direkt an der Plaza Mayor. **€€€**

Hospes Palacio de San Esteban
Das zentral gelegene Hotel in einem ehemaligen Kloster aus dem 16. Jh. hat auch einen uneinsehbaren Garten. **€€**

Grand Hotel Don Gregorio
Hinter der schlichten Fassade verbirgt sich ein Palast mit Spa und Sterne-Restaurant. **€€€**

JUAN MANUEL APARICIO DIEZ/SHUTTERSTOCK ©

Neue Kathedrale (S. 127)

DER PLATERESKE STIL

Das Portal der Neuen Kathedrale, die Medaillons an der Plaza Mayor und die 300 Muscheln der **Casa de las Conchas** sind herrliche Meisterwerke der Steinmetze von Salamanca, die so filigran wirken wie Silberschmiedearbeiten.

Tatsächlich ist dieser **plattereske** Stil nach dem spanischen Wort für Silber benannt. Er kam im Spanien des 15. und 16. Jhs. auf und ist eine Mischung aus klassischen, christlich-religiösen und maurischen Elementen.

Aufgrund der großzügigen Unterstützung durch Königin Isabella wird die Architektur auch als „Isabellinisch" bezeichnet. Wie auch immer, moderne Steinmetze ließen sich von dem Stil inspirieren und meißelten bei der Restaurierung der Kathedrale 1992 einen Astronauten auf Eichenblättern und einen Dämon mit einem Eis in der Hand in das Nordportal.

In der anschließenden **Alten Kathedrale** (Catedral Vieja) geht der Blick zuerst von oben nach unten. Eine Treppe führt die Besucher:innen hinunter in den kalten, klammen Innenraum. Er wurde ab dem Jahr 1120 mit Gebetsdarstellungen aller Art geschmückt, die von Fresken über Fliesen bis hin zu bemalten Grabstätten reichen. Der Höhepunkt dieser Darstellungen ist das eindrucksvolle Altarbild mit dem düsteren Jüngsten Gericht aus dem 15. Jh. In der Anaya-Kapelle aus Alabaster ist ganz leise die Mudéjar-Orgel zu hören, eine der ältesten Orgeln Europas.

Zu Gast im Theater

ABENDESSEN AUF DER PLAZA MAYOR

Dieser wunderbare Platz, von 1729–1755 von dem Barockbaumeister Alberto Churriguera erbaut, ähnelt eher dem gewaltigen Zuschauerraum eines Opernhauses als einer ehemaligen Stier-

AUSGEHEN IN SALAMANCA

Tío Vivo
Inmitten von Karussellpferden und anderen Kuriositäten werden Kaffee und Cocktails serviert.

Doctor Cocktail
Die schicke Bar unweit der Plaza Mayor, die nach einem vor der Prohibition beliebten Cocktail benannt ist, bietet 30 Sorten Gin.

Irish Theatre
Die beliebte Studentenkneipe wird nachts zum Tanzclub.

kampfarena oder einem Verwaltungszentrum. Passenderweise treten hier oftmals spontan Bands auf oder es finden Tanzproben statt. Und es gibt auch jede Menge Restaurants für das leibliche Wohl der Zuschauer. Sobald die Lichter angehen, füllt sich der Platz mit Leben.

Ein modernistisches Meisterwerk

DAS WUNDERBARE JUGENDSTILMUSEUM

Die stylische Café-Bar des Museums **Casa Lis** allein ist schon einen Besuch wert.

Doch in dem modernistischen Gebäude, das einmal das Wohnhaus eines Kaufmanns war, ist auch ein bemerkenswertes Museum untergebracht. Schon an der mit gusseisernen Blumenmotiven und Bleiglaslampen geschmückten Fassade ist das Jugendstil-Thema eindeutig erkennbar. Das Museum zeigt eine umfangreiche Sammlung an Gläsern, Keramiken, Schmuck und Möbeln im Jugendstil sowie einige Art-déco-Stücke aus Chryselephantine (Bronze und Elfenbein) des rumänischen Bildhauers Demétre Chiparus.

In einer Stadt, die vor allem von der Renaissance geprägt ist, erstaunt ein Museum zum Kunsthandwerk des späten 19. und frühen 20. Jhs. schon etwas. Doch trotz dieses Widerspruchs ist die Casa Lis auch ein Monument der Kontinuität: Das von einer Galerie mit bunten Bleiglasscheiben umgebene Atrium der gewaltigen Eingangshalle stammt noch aus der Zeit der Gotik vor 700 Jahren.

Preisgekrönte Züchtungen

MUSEUM DER TRADITIONELLEN RINDERZUCHT

Auch wenn heutzutage viele Menschen den Stierkampf als brutale Tierquälerei wahrnehmen und ihn dementsprechend vehement ablehnen, hat er in Salamanca und in ganz Spanien doch eine lange Tradition und die Stierkampfarena ist das Wahrzeichen jeder Stadt. Mit fetten Weiden, schattigen Steineichen und vielen Flüssen ist die Campo Charro rund um Salamanca erstklassiges Rinderland und ideal für die Zucht der wunderbaren Lidia-Stiere geeignet. Das **Museo Taurino** unweit der Plaza Mayor zeigt eine schöne Sammlung von Kostümen der Stierkämpfer und bietet Einblick in die sozialen, wirtschaftlichen und kulturellen Hintergründe der Rinderzucht.

SPEZIALITÄTEN DER REGION

Von den 26 Produkten mit geschützter Herkunftsbezeichnung (DO) stammen die meisten aus dem Süden von Kastilien-León: *morucha*-Rindfleisch aus Salamanca, *negra ibérica*, die älteste Rinderrasse Europas, aus Ávila und *jamón* (Schinken) aus Guijuelo. Zu den regionalen Spezialitäten in Salamanca zählen *farinato,* eine Wurst aus Speck, Brot, Mehl, Paprika, Anis und Brandy, und *hornazo*, eine Schweinefleischpastete mit *chorizo* und gekochten Eiern.

Die Küche ist zwar sehr fleischlastig, doch grüne Linsen aus La Armuña und sieben Sorten von Bohnen aus Ávila sind fester Bestandteil vieler Gerichte. An Süßigkeiten werden in den *pastelería* (Konditoreien) Eierkuchen aus Ávila und *bollo maimón* aus Yemas de Santa Teresa und Salamanca verkauft.

UNTERWEGS VOR ORT

Von Madrid und Valladolid fahren Züge und Busse nach Salamanca. Dank vieler Fußgängerzonen ist die Stadt gut zu Fuß zu erkunden.

Ein Auto ist hier nicht erforderlich, und es gibt auch nur wenige Parkplätze für die Einheimischen und kaum Parkhäuser.

Salamanca
Ciudad Rodrigo
San Martin del Castañar
Ávila
La Alberca
Guijuelo
Cepeda
Béjar
Candelario

Rund um Salamanca

Entdecke die Städte des Campo Charro, erfahre alles, was sich über Schinken sagen lässt, und beobachte wilde Bergziegen.

Salamanca bietet so unglaublich viele Sehenswürdigkeiten, dass die Tourist:innen entweder nicht genug davon bekommen können oder dringend ein wenig Abwechslung benötigen. Zum Glück findet sich für beide Gruppen etwas in der Umgebung.

Eine Autostunde südöstlich von Salamanca liegt die Stadt Ávila aus dem 16. Jh., eine Autostunde südwestlich Ciudad Rodrigo aus dem 12. Jh. Beide sind von einer Stadtmauer umgeben und liegen inmitten der *dehesa,* einer hügeligen Landschaft mit Steineichen und Wiesen.

Die Berge südlich von Salamanca sind dagegen geprägt von kurvigen Straßen, die durch eine spektakuläre Landschaft aus hohen Kalksteinfelsen führen. Die 1000 Weiler des Guijuelo und weitere malerische Dörfer sind weitab des Rummels der Städte.

TOP TIPP

„Charro" bezieht sich auf die Menschen und Dinge, die typisch sind für die Provinz Salamanca, darunter vor allem das *campo* mit den vielen Rinderweiden und Teichen.

Cuidad Rodrigo

INESVILASBOAS/SHUTTERSTOCK ©

KELLY CHENG/GETTY IMAGES ©

Ávila

Spaziergang auf der Stadtmauer

DIE MAUERN VON ÁVILA UND CIUDAD RODRIGO

Beide Städte liegen auf einem Felsvorsprung über einem Fluss und haben eine Kathedrale aus dem 12. Jh. mit einem Chorgestühl aus der Renaissance. Dies allein würde schon den Besuch lohnen, doch **Ávila** und **Ciudad Rodrigo** haben eine weitere Gemeinsamkeit in Form der mittelalterlichen Stadtmauer.

Die tief religiöse Stadt Ávila ist seit Jahrhunderten die Kultstätte der hl. Teresa von Ávila und es ist recht schwierig, zwischen all den Kirchen und Klöstern den Aufgang zur 2,5 km langen, zinnenbewehrten Stadtmauer zu finden. Mit neun Toren, 88 Wachtürmen und mehr als 2500 Türmchen ist sie eine der am besten erhaltenen mittelalterlichen Stadtmauern der Welt. Der Aufgang durch die Puerta del Alcázar bietet den direkten Blick auf die Stadt. Auf dem 1300 m langen Abschnitt von der Puerta de

JAGD AUF KETZER

Wer sich für das dunkle Kapitel der Inquisition interessiert, erfährt in **Valladolid** (S. 158) alles über General Torquemada. Etwas weiter nördlich zeigt das Museo El Solar in **Santillana del Mar** (S. 395), wie die Inquisitoren ihrem grausamen Handwerk nachgingen.

DER KAMPF GEGEN DAS BÖSE IN ÁVILA

Die 1515 in Ávila geborene Teresa de Cepeda y Ahumada wurde mit 20 Jahren Nonne. 1560 hatte sie eine Vision von der Hölle. Inwiefern sie sich dadurch berufen fühlte, den Karmeliterorden zu reformieren, ist nicht bekannt. Tatsächlich versuchte sie jedoch, die Kirche zurück zur Bescheidenheit nach dem Vorbild von Jesus Christus zu führen. Dafür gründete sie mehrere Klöster in ganz Spanien und wurde zu einer bedeutenden Persönlichkeit der spanischen Kirchengeschichte. Teresa von Ávila starb 1582 und wurde 1622 heilig gesprochen.

Doch Ávila ist auch ein Ort des Bösen – in Gestalt des berüchtigten Inquisitors General Torquemada, der hier 1498 starb und im Kloster Santo Tomás begraben wurde. Das Kloster wurde von den katholischen Königen Ferdinand und Isabella gegründet.

DER BESTE JAMÓN IN GUIJUELO

Alma de Ibérico
Das Museo de la Industria Chacinera informiert ausführlich über *embutidos* (Trockenfleisch) und bietet auch Verkostungen.

Simón Martín
Bei der einstündigen Führung erfahren die Gäste alles über Trocknung und Pökeln und dürfen den *Jamón* danach auch probieren.

El Pernil Ibérico
Das *menú de degustación* bietet die berühmtesten Schinken von Guijuelo.

DER KAMPF MIT DER NATUR

Die Dörfer der Sierra de Francia sind so malerisch und idyllisch, dass es unvorstellbar ist, dass sie noch vor einem Jahrhundert ein „Land ohne Brot" in einer der ärmsten Regionen Spaniens waren. Nach der Überlieferung wurde König Alfonso XIII. bei seinem Besuch der malariaverseuchten Sierra im Juni 1922 Muttermilch angeboten. Er war darüber so entsetzt, dass er einige Milchkühe in die Region schickte.

Zehn Jahre später drehte Luís Buñuel, einer der renommiertesten Filmregisseure Spaniens, die Dokumentation *Tierra sin Pain* (Land ohne Brot) in der abgelegenen Gemeinde Las Hurdes bei La Alberca. Der reichlich übertriebene Film zeigte das harte Leben in den Bergdörfern und sollte vor der Glorifizierung der Vergangenheit warnen.

JUANJE_PEREZ_PHOTOGRAPH/GETTY IMAGES ©

Candelario

los Leales wird erklärt, wie die Mauer im Lauf der Jahrhunderte renoviert und instand gehalten wurde. Den besten Blick auf die gesamte Stadtmauer bietet der Aussichtspunkt bei Los Cuatro Poste abseits der N110 nach Salamanca – er ist noch spektakulärer, wenn die Mauer abends beleuchtet wird.

Dagegen ist die 2,2 km lange Stadtmauer von Ciudad Rodrigo in einem deutlich schlechteren Zustand, kann aber auch begangen werden. Der Aufgang erfolgt über 142 Stufen im Turm der Kathedrale. Von dort bietet sich auch der beste Blick auf das Meisterwerk aus dem 12. Jh.

Dörfliches Leben

IN GANZ UNTERSCHIEDLICHEN DÖRFERN

Es ist mitten am Vormittag, und unter der Ulme auf der winzigen Plaza Mayor trinken zwei Freunde ihren *café con leche*, während der Wirt, eben von der Arbeit in Deutschland zurückgekehrt, üppige Schinkenplatten und Tomatengerichte serviert. Auf den Steinsockeln sitzen ältere Männer und winken der Frau zu, die von ihrem zwischen Säulen und Pfosten eingeklemmten Wagen frisches Obst und Gemüse verkauft. Über allem scheint die Sonne und bestrahlt auch die Klettertrompeten, die sich um

ÜBERNACHTEN IN DER SIERRA

Casa de la Sal, Candelario
Die stylische Pension in einem modernisierten alten Haus ist mit Holzbalken und *pintura-rupestre*-Motiven ausgestattet. **€€**

Hotel Doña Teresa, La Alberca
Zu dem bezaubernden Hotel in einem Holzhaus mit Steinsockel gehört auch das benachbarte Spa. **€€€**

El Milano Real, Hoyos del Espino
Das Boutiquehotel „Roter Milan" bietet einen tollen Blick auf die Sierra de Gredos. **€**

die Balkonstützen ranken. Diese Szene spielt in **Cepeda**, könnte sich aber auch in jedem anderen Dorf der Sierra ereignen. Hier geht das Leben noch seinen gemächlichen Gang.

Es geht aber auch anders. **Béjar** liegt auf einem Bergkamm hoch oben in der dicht bewaldeten Sierra. Ganz in der Nähe liegt der Skiort **Candelario**. Die dortigen Steinhäuser verfügen alle über *batipuertas*, zweigeteilte Holztüren, die frische Luft hereinlassen, den Hund aber im Haus halten. Das malerische **La Alberca** hat viele Geschäfte, die handbemalte Schuhe und Korbwaren verkaufen, ein *jamón*-Museum und ist bekannt für seinen *turrón* (Nugat).

Wenn es Abend wird im kleinen **San Martín del Castañar** eine Autostunde südlich von Salamanca strömen die Familien auf Plätze und Straßen und füllen sich die Bars. Ein automatischer Rechen fährt über den Sand in der winzigen Stierkampfarena und irgendjemand spritzt die Hauswände ab. Das Leben in der Sierra folgt den alten Traditionen.

Abschalten in der Sierra

OUTDOOR-AKTIVITÄTEN IM VALLE DE BATUECAS

Die Sierra de Francia ist eine herrliche Naturlandschaft. Mit Badesachen und Fernglas ausgestattet geht es in die Pinienwälder des **Parque Natural las Batuecas**. Schon die 80-minütige Fahrt von Salamanca ist ein Erlebnis. Der Aussichtspunkt Mirador El Portillo bei La Alberca bietet einen tollen Blick auf die Straße, die sich in acht Haarnadelkurven ins Tal hinunter windet. Etwas weiter befindet sich eine abgeschiedene Karmelitereinsiedelei mitten im Wald. Das Valle de Batuecas ist schon von vielen Dichtern gerühmt worden und vermittelt so viel Ruhe und Stille, dass der kastilische Ausdruck *in Batuecas sein* so viel bedeutet wie „abschalten und in Gedanken verloren sein".

Die felsigen Abhänge sind die Heimat der *cabra montés* (Bergziegen), die auch in den uralten Höhlenmalereien dargestellt sind. Ein 1,5 km langer Weg führt zu den Höhlen, an Flussufern unter schattigen Korkeichen entlang. Der Fluss bildet immer wieder kleine Becken, die zum Baden einladen.

Zurück am Aussichtspunkt geht es weiter zum **Peña de Francia**, der mit 1732 m höchste Berg des Parks. An diesen windumtosten Hängen leben vor allem Steinböcke. Da sie perfekt an den felsigen Hintergrund angepasst sind, sind sie trotz der gewaltigen Hörner nur schwer zu entdecken. Das Kloster hier oben bietet einen atemberaubenden Rundumblick. Im Sommer ist es eine viel besuchte Pilgerstätte, im Winter dagegen völlig eingeschneit und unzugänglich. Über allem ziehen Steinadler ihre Kreise.

DIE BESTEN BERGWANDERUNGEN

Die Berge südlich von Salamanca sind von unzähligen Wanderwegen durchzogen. Der 4,5 km lange **Weg von El Arenal nach Puerto de la Cabrilla** in der Sierra de Gredos ist sehr beliebt, aber anspruchsvoll, da 1000 Höhenmeter zu bewältigen sind (hin & zurück 6 Std.). Wesentlich einfacher ist der 8 km lange **Weg von La Plataforma nach Laguna Grande**, der zum 2592 m hohen Pico de Almanzor hinaufführt (hin & zurück 5 Std.).

Wer sich für Kunst interessiert, kommt auf dem 9,2 km langen **Camino Asentadero** nach **Bosque de los Espejos** in der Sierra de Francia (hin & zurück 3 Std.) auf seine Kosten: Installationen verteilen sich im ganzen Wald von Batuecas. Sehr entspannend und einsam ist der 6,6 km lange **Weg von Puerto del Portillo nach La Torrita** (hin & zurück 2 Std.) durch die spektakuläre Landschaft des Batuecas.

UNTERWEGS VOR ORT

Von Ávila und Ciudad Rodrigo fahren Busse nach Salamanca. Mit Ausnahme von La Alberca sind die Orte in den Bergen südlich davon nur mit dem Auto zu erreichen. Die Straßen zwischen Salamanca und der Sierra de Francia wie z.B. die CL152 sind zumeist schnurgerade.

SEGOVIA

Von Dichtern wurde die alte Stadt auf dem Berg oft als „Schiff im kastilischen Ozean" beschrieben, das mit seinem Bug die Wasser der beiden Flüsse Eresma und Clamores zu teilen scheint. Segovia hat tatsächlich eine gewisse Ähnlichkeit mit einem Schiff: Die seltsamen Türmchen von Alcázar bilden die Galionsfigur, die Türme der Kathedrale sind die Masten und das berühmte Aquädukt ist der Bug. Ganz anders der Blick auf den Grundriss: Dann sieht die von einer Mauer umgebene Altstadt eher wie ein Schinken mit dem Schloss am unteren Ende aus.

Jede andere Stadt würde diesen Vergleich wenig schmeichelhaft finden, doch als Stadt der 40 verschiedenen, aber durchweg köstlichen Schinkensorten wird er in Segovia als sehr passend empfunden. So kann die Besichtigung der Sehenswürdigkeiten immer mit dem Verkosten des herrlichen Schinkens verbunden werden.

TOP TIPP

Wie in vielen anderen Städten in Kastilien-León ist die Altstadt von Segovia autofrei. Sie reicht vom Aquädukt am einen Ende der Hauptstraße bis zur Plaza Mayor am anderen. Der Name der Straße ändert sich in ihrem Verlauf, doch die Einheimischen nennen sie durchgehend einfach „Calle Real".

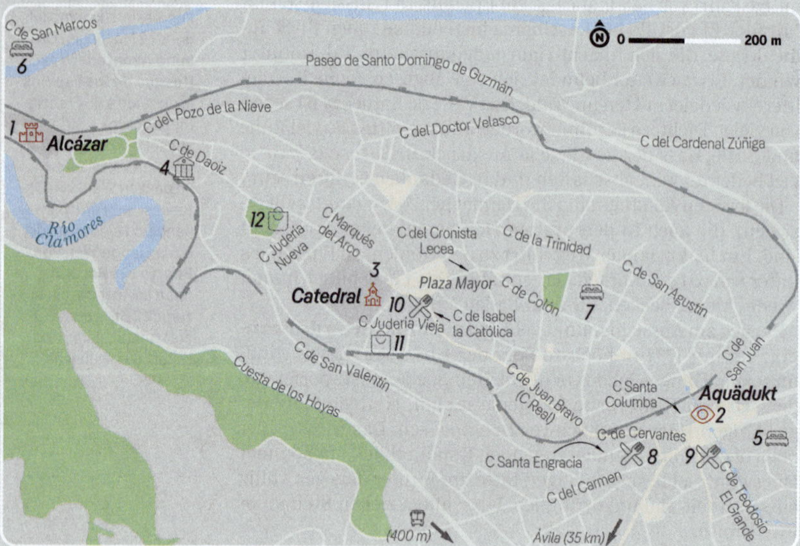

HIGHLIGHTS
1 Alcázar
2 Aquädukt
3 Catedral

SEHENSWERTES
4 Museo Gastronómico

SCHLAFEN
5 Hotel Eurostars Plaza Acueducto
6 Hotel Alcázar
7 Hotel Palacio San Facundo

ESSEN
8 Casa Duque
9 El Mesón de Cándido
10 Restaurante El Fogón Sefardí

SHOPPEN
11 Artesanía La Gárgola
12 Montón de Trigo Montón de Paja

SCSTOCK/SHUTTERSTOCK ©

Aquädukt

Besuch einer UNESCO-Welterbestätte

DAS AQUÄDUKT VON SEGOVIA

Wie wird ein Wahrzeichen zum Erlebnis? Das riesige **Aquädukt** mit 163 Bögen aus 24 000 Steinquadern ist auf einen Blick zu erfassen. Wie bringt man also Tourist:innen dazu, sich länger mit diesem Meisterwerk römischer Baukunst zu beschäftigen? Die Stadt hat dazu einige Ideen:

Erstens, die Autos aus der Stadt zu verbannen, damit Begeisterte sich in aller Ruhe unter den höchsten Punkt stellen und die gigantische Höhe von 28 m angemessen würdigen können.

Zweitens, den Platz beiderseits der Bögen zu pflastern, damit Reisende ihren eigenen Weg in die Stadt finden können.

Drittens, die Besteigung des Bauwerks zu erlauben, um zu zeigen, wie präzise die riesigen Granitblöcke ohne Mörtel zusammengefügt wurden.

Viertens, die Stadtführungen um eine Fahrt in die Berge zu ergänzen. Schließlich versorgt das Aquädukt die Stadt seit knapp 2000 Jahren mit dem Wasser des 18 km entfernten Río Frío.

Fünftens, den kleinsten Bogen des 728 m langen Aquädukts (in der Av Padre Claret) zu markieren und zum verkümmerten Fortsatz des Rückgrats der Stadt zu erklären.

WER ZUM TEUFEL HAT DAS GEBAUT?

Die Römer bauten das Aquädukt – wirklich? Denn einer anderen Theorie (und auch der Überlieferung) zufolge ist es Teufelswerk. Vor gut 2000 Jahren soll ein Mädchen, das sich mit schweren Wassereimern den Berg hinauf quälte, geschrien haben: „Der Teufel soll dieser Schufterei ein Ende setzen." Der Teufel antwortete: „Einverstanden, aber das kostet dich deine Seele." In diesem Augenblick war das Mädchen zu allem bereit, doch als sie in der Nacht sah, wie der Teufel sich plagte, bereute sie den Handel und bat Gott um Vergebung. Ihre Gebete wurden wohl erhört, denn als der Teufel kurz vor dem Ziel war, ging die Sonne eine Stunde früher auf als üblich. Als der Teufel merkte, wie Schafe und Hühner erwachten, ging er schnell davon. Der Zauber war gebrochen. Es muss ein mutiger Mensch gewesen sein, der das Bauwerk dann vollendete.

ESSEN IN SEGOVIA

El Mesón de Cándido
Das prachtvolle Restaurant von 1786 neben dem Aquädukt serviert Schweinefleisch in Perfektion. **€€**

Casa Duque
Die *mesón* (Taverne) aus den 1890er-Jahren bringt ein *menú de degustación* mit viel Schweinefleisch auf den Tisch. **€€€**

Restaurante El Fogón Sefardí
Das Restaurant in der ehemaligen *hospedería*, La Gran Casa Mudéjar (15. Jh.), bietet die sephardisch-jüdische Küche und göttliche Tapas. **€€**

TIERISCHER SCHUTZ

In der gotischen Architektur ist das Beste meistens hoch oben. Das gilt insbesondere für die Kathedrale in Segovia. Die Fassade ist über und über geschmückt mit Hunden, Löwen, Adlern und Drachen, alles in luftiger Höhe. Diese Figuren werden oft mit der mittelalterlichen Architektur in Verbindung gebracht, wurden aber schon vor 13000 Jahren im alten Ägypten verwendet. Mit ihren grotesken Formen sollten sie wohl vor dem bösen Blick schützen. Sie hatten aber auch eine ganz praktische Funktion, indem sie das Wasser bei Starkregen von den porösen Mauern fernhielten. Diese Funktion kommt im französischen Wort *gargoyle* für Wasserspeier zum Ausdruck, denn eigentlich bedeutet es „Hals". Die Wasserspeier der Kathedrale in Segovia sind teilweise sogar mit kunstvollen Rohren versehen, um das gotische Meisterwerk noch besser zu schützen.

ATLANTIDE PHOTOTRAVEL/GETTY IMAGES ©

Alcázar

Sechstens, bei Sonnenuntergang das Bauwerk so zu beleuchten, dass sich die Bögen auf der Straße spiegeln.

War das Aquädukt nun wirklich Teufelswerk? Und ist die Zunahme an Tourist:innen nur ein Zufall? Es ist wohl eher das Ergebnis von 2000 Jahren Stadtplanung.

Planeten beobachten

DIE WANDTEPPICHE IN DER KATHEDRALE VON SEGOVIA

In der **Catedral** von Segovia gibt es viel zu entdecken. Es dauerte mehr als 200 Jahre, bis das gotische Schmuckstück mit den vielen Türmchen und meterhohen Türmen fertiggestellt war. Ein wunderbares romanisches Portal führt ins Innere, das mit kunstvollen Decken und einem schönen Kreuzgang ausgestattet ist. Außerdem verfügt die Kathedrale über bestens erhaltene Messgewänder und eine einzigartige Sammlung von Wandteppichen.

Die Webtechnik hat sich in 1000 Jahren kaum verändert. Am Anfang der als Textilmalerei bezeichneten Kunst stand die Skizze eines Künstlers, die zu einem lebensgroßen „Cartoon" vergrößert wurde. Das Bild wurde dann mit bunten Fäden gewebt, was sehr aufwendig und langwierig war.

ÜBERNACHTEN IN SEGOVIA

Hotel Alcázar
Das Boutiquehotel am Fluss unterhalb von Alcázar bietet altmodischen Luxus. **€€€**

Hotel Palacio San Facundo
Das stylische historische Hotel in zentraler Lage hat einen schönen Innenhof und die alten Säulen toll integriert. **€€**

Hotel Eurostars Plaza Acueducto
Selbst der Teufel kommt nicht näher an das Aquädukt heran als dieses Hotel. **€€**

Ein großer Teil der Sammlung besteht aus prachtvollen flämischen Seidenteppichen aus dem 17. Jh. Sie stellen die Planeten Merkur, Venus, Mars, Jupiter, Saturn und andere als menschliche Allegorien zusammen mit der Harmonie der Sphären dar. Damit brachen die Teppichkunstwerke mit der Tradition, Figuren in Landschaften darzustellen. So steht Mars beispielsweise als Krieger mit Helm, Schwert und Fackel inmitten eines Stillebens aus Blumen, bereit, sich in die Schlacht in einem gut erkennbaren Wald aus Eichen und Akanthus zu stürzen. Die wunderbaren Meisterwerke konnten nur durch sorgfältige Restaurierung erhalten werden.

Nicht nur für Kinder

MÄRCHENSCHLOSS ALCÁZAR

Das wunderliche **Alcázar** soll Walt Disney zum Schloss in seinem Film „Dornröschen" inspiriert haben.

Das Schloss wurde im 19. Jh. auf römischen Fundamenten errichtet und nach dem arabischen Wort *al qasr* für „Festung" benannt. Mit den spitzen Dächern und gedeckten Türmchen ist es eine reichlich übertriebene Nachbildung der mittelalterlichen Burg, die im Jahr 1862 abbrannte.

Vor dem Eingang liegt der Exerzierplatz. Im Schloss wimmelt es nur so von edlen Rittern hoch zu Ross. Der Thronsaal von Heinrich IV. wurde im ursprünglichen maurischen Stil wiederhergestellt.

Dann kommt endlich schimmerndes Gold ins Spiel – und das in großzügiger Menge. Der Galerieraum, in dem die Botschafter geduldig auf die Audienz beim König warteten, ist mit sage und schreibe 4 kg Blattgold verziert. Der nächste Raum ist mit nicht weniger als 392 Pinienzapfen geschmückt – man darf raten, welche Bezeichnung er trägt.

Dornröschen suchen wir auch im Schlafzimmer des Königs vergeblich. Vielleicht finden wir sie in der Halle der Monarchen mit den Statuen von 56 Würdenträgern, wo 1574 die Hochzeit von Philip II. mit Anna von Östereich stattfand. In der Kapelle darunter wurde das Paar dann gesegnet.

Die Terrasse der Könige bietet einen tollen Blick auf die Berge.

DIE BESTEN KUNSTHANDWERKSLÄDEN

Artesanía La Gárgola
Das kuriose Geschäft mitten im alten jüdischen Viertel gehört Jesús de la Cruz Leonor, einem Meister der Metallbearbeitung. Er ist Mitglied der Kunsthandwerkergilde in Segovia, die auch die Internationale Keramik- und Töpfermesse und die Nationale Kunsthandwerksmesse in Segovia organisiert.

Montón de Trigo Montón de Paja
Die beiden Kunsthandwerksläden gehören vier Geschwistern, die die meisten Dinge selbst entwerfen und herstellen. Merinowolle ist ein traditioneller Bestandteil der heimischen Textilindustrie, die Keramiken stammen aus ganz Spanien.

GOURMETTOUREN

Das **Museo Gastronómico** in Segovia erklärt die Bedeutung des Schinkens für die kastilische Küche. Wer tiefer in die Materie einsteigen will, fährt nach **Guijuelo** (S. 131), wo es für viele den besten *jamón* in ganz Spanien gibt.

UNTERWEGS VOR ORT

An dem berühmten Aquädukt fahren einerseits Busse zu den vielen anderen Sehenswürdigkeiten in Segovia ab, andererseits aber auch zum Bahnhof und Busbahnhof. Auch hier kann das Auto außerhalb der Altstadt abgestellt werden.

Segovia liegt an der Hochgeschwindigkeitslinie von Madrid (30 Min.) nach Valladolid, Palencia und León. Ávila und Salamanca sind mit dem Bus bequem in eineinhalb bzw. zweieinhalb Stunden zu erreichen.

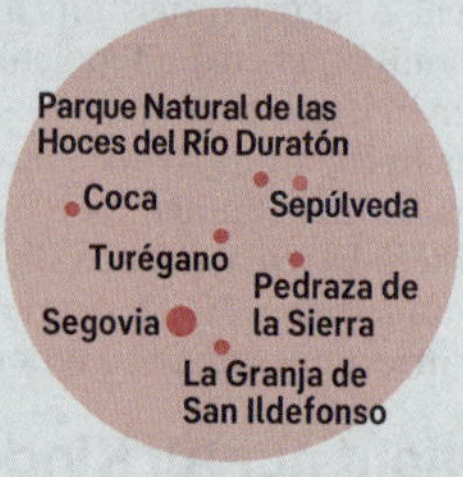

Parque Natural de las Hoces del Río Duratón
Coca
Sepúlveda
Turégano
Pedraza de la Sierra
Segovia
La Granja de San Ildefonso

Rund um Segovia

Nach einer Wanderung oberhalb des Duratón isst man stilvoll in einem Bilderbuchdorf zu Abend. Am nächsten Tag steht ein Ausflug zu Schlössern und einem Königspalast auf dem Programm.

Auf dem Weg von den weiten Ebenen der Meseta im Norden nach Segovia sind die Berge an der Grenze zur Comunidad de Madrid eine willkommene Abwechslung. In der spektakulären Landschaft warten auch einige Überraschungen wie ein Königspalast und filmreife Schlösser aus dem 15. Jh. sowie bestens erhaltene Dörfer. Der absolute Hit ist jedoch der Naturpark rund um die Duratón-Schlucht. Neben vielen Raubvögeln leben hier auch unzählige andere Vogelarten.

TOP TIPP

Segovia liegt in der Nähe von Madrid, daher ist die Region gut besucht. Vor allem an den Wochenenden geht es hier turbulent zu, unter der Woche ist es ruhiger.

Duratón-Schlucht (S. 140)

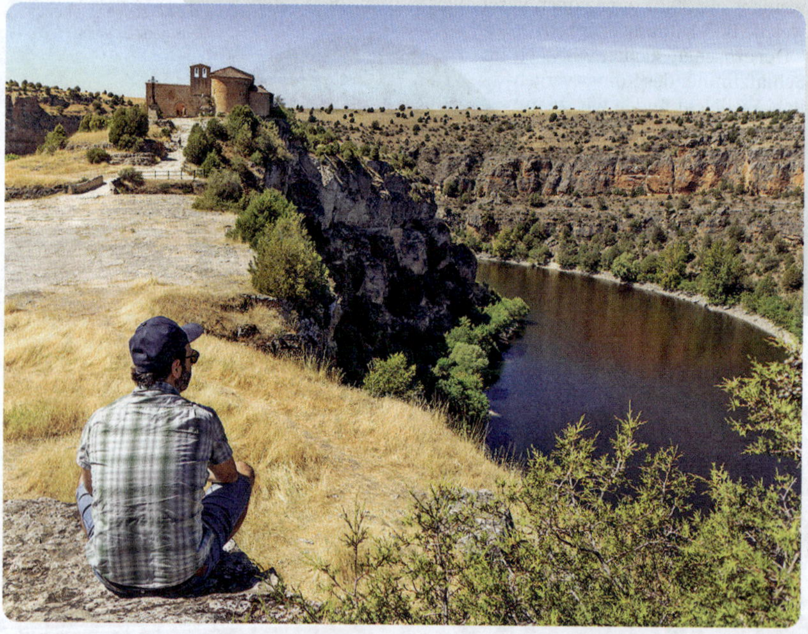

NEWLANDER90/SHUTTERSTOCK ©

Burg von Turégano

Im Licht der Kerzen

CAMPO, SCHLÖSSER UND KLASSISCHE MUSIK

Das Campo rund um Segovia wartet mit vielen Überraschungen auf, die sich für einen Tagesausflug anbieten.

So ist z. B. **La Granja de San Ildefonso** in nur 20 Minuten mit dem Bus zu erreichen. Der Königspalast mit 300 Räumen wurde nach dem Vorbild von Versailles errichtet und ist von einem herrlichen Barockgarten mit Springbrunnen und Labyrinth umgeben. 30 km nördlich von Segovia erhebt sich die Kirchenburg **Turégano** hoch über dem Campo. Sie war einmal die befestigte Residenz des Erzbischofs von Segovia. Und 50 km nordwestlich von Segovia liegt **Coca** aus dem 15. Jh. Hoch über der Stadt thront die quadratische Backsteinburg.

Wer nur Zeit für einen Ausflug hat, sollte aber auf diese Zeugnisse vergangener Größe verzichten und stattdessen das winzige **Pedraza de la Sierra** besuchen. Das von einer Stadtmauer umgebene Dorf aus dem 14. Jh. liegt 40 km nordöstlich von

DIE BESTEN RESTAURANTS RUND UM SEGOVIA

Restaurante Figón Zute el Mayor, Sepúlveda
Das bei den *madrileños* beliebte Restaurant auf dem Berg gibt es schon seit 1850. Spezialiät des Hauses ist *cordero asado* (gebratenes Lamm). Unbedingt reservieren! **€€**

El Soportal, Pedraza de la Sierra
Das Restaurant am Hauptplatz von Pedraza befindet sich in einem schönen Stadthaus aus dem 16. Jh. Man kann auch draußen essen. **€€**

La Muralla, Coca
Die Spezialität des einfachen Restaurants an der mittelalterlichen Stadtmauer ist Eintopf mit *níscalos* (wilde Pilze). **€€**

Casa Holgueras, Turegano
Das denkmalgeschützte Haus mit Blick auf die Burg serviert zu gefülltem Ochsenschwanz die passenden Weine aus dem Valtiendas. **€€**

HOTELS MIT AUSSICHT

Hospedería de los Templarios, Sepúlveda
Vom Balkon des historischen Gasthauses reicht der Blick bis zum Duratón. **€€**

Hospedería de Santo Domingo, Pedraza
Der Garten des gemütlichen Gasthauses bietet einen tollen Blick auf die mit Steinmauern durchsetzte Landschaft. **€€**

Parador de la Granja
Das prachtvolle Haus wurde im 18. Jh. für die Kinder von Carlos III. erbaut. Die Zimmer punkten mit dem Ausblick auf den herrlichen Schlossgarten. **€€€**

Segovia am Fuß dicht bewaldeter Hügel. Es ist eines der schönsten Dörfer in der Region und besonders stimmungsvoll, wenn die untergehende Sonne die Backsteinhäuser in den kopfsteingepflasterten Gassen in ein goldenes Licht taucht. Der Hauptplatz ist von uralten Säulen und Balkonen voller blühender Pflanzen gesäumt. Über den Platz huschen Marder und auf den Dächern nisten Störche. Am ersten und zweiten Sonntag im Juli findet hier das nächtliche Concierto de las Velas im Licht unzähliger Kerzen statt.

DEN AUSGANG FINDEN

Für alle, die gern ein Labyrinth bezwingen wollen, stehen in der Region drei fantastische Labyrinthe zur Auswahl. Das **Gartenlabyrinth von Alcázar** außerhalb der berühmten Burg ist besonders knifflig. Hier hilft nur die Unterstützung von oben durch eine zweite Person.

Das barocke **Gartenlabyrinth des La Granja de San Ildefonso** aus dem 18. Jh. wurde vor Kurzem restauriert.

Das steinerne **Labyrinth von Mogor-Hoyocasero** wurde 2012 im Rahmen eines Natur- und Kunstprojekts am Cerro Gallinera (Hühnerhügel) unterhalb der Sierra de Gredos und außerhalb von Ávila angelegt. Es liegt zusammen mit 27 anderen Kunstwerken an einem Weg durch die Natur.

Auf den Spuren der Raubvögel

GEIERBEOBACHTUNG IN DER DURATÓN-SCHLUCHT

Sie sind zu hören, lange bevor sie zu sehen sind. Dieses einzigartige Phänomen beruht auf der Kombination von Flughöhe, Flugbahn und Wind in den Federn, was dafür sorgt, dass die dunklen Schatten so geräuschvoll durch die Luft gleiten. Die Könige der Lüfte steuern ihren Flug mit winzigen Bewegungen der Federspitzen. Wenn sich ein Geier auf einem Baum niederlässt, folgen bald weitere. Dann stürzen sie sich in die Schlucht hinunter, um Beute zu jagen oder auch nur, um die Konkurrenten abzuhängen. Der Anblick eines solchen Schwarms ist unvergesslich.

In der engen, 100 m tiefen **Duratón-Schlucht** trifft man vor allem auf Weißkopf- und Ägyptische Geier, während im spektakulären **Parque Natural de las Hoces del Río Duratón** viele weitere Vogelarten wie Wander- und Turmfalken, Finken, Bachstelzen und Sperlinge leben. Sie alle lassen sich gut bei einer Wanderung über die Klippen beobachten. Im Park befindet sich auch die Ruine der **Ermita de San Frutos** aus dem 8. Jh. Bei einer Kajaktour auf dem Fluss lassen sich zusätzlich Reiher, Kormorane und verschiedene Stelzvögel beobachten, mit Glück auch ein farbenprächtiger Eisvogel.

UNTERWEGS VOR ORT

Segovia ist mit Bus und Hochgeschwindigkeitszug gut an andere Städte angebunden. Weniger gut sind die Verbindungen in die Umgebung, denn hier verkehren nur wenige Busse. Es ist zwar möglich, einzelne Ziele wie La Granja de San Ildefonso oder Coca zu erreichen; um mehrere Sehenswürdigkeiten miteinander zu verbinden oder Pedraza zu besuchen, ist jedoch ein Auto erforderlich. Als Alternative bietet die Tourismusinformation beim Aquädukt von Segovia Touren an.

Auch in den Parque Natural de las Hoces del Río Duratón fahren keine öffentlichen Verkehrsmittel. Situral in Sebúlcor bietet jedoch gemütliche Kajaktouren auf dem Fluss an.

BURGOS

Burgos ist vom spanischen Wort für „Dörfer" abgeleitet – und die freundliche Kleinstadt hat sich den dörflichen Charakter des 9. Jhs. bewahrt. Aus strategischen Gründen wurde sie einst als Festung gegründet, deren Überreste bis heute erhalten sind. Dann wurde sie zu einer wichtigen Station auf dem Pilgerweg nach Santiago und profitierte von ihrer Lage an der Kreuzung der Handelswege zwischen den Häfen des Nordens und dem Iberischen Binnenland. Dieses Zusammentreffen zeigt sich bis heute in den vielen Zugangswegen, spontanen Märkten und lebhaften Bars in der lebendigen Altstadt. Außerdem finden sich hier im Museum der Menschlichen Evolution Zeugnisse der frühen Besiedlung der Hochebene Meseta und sogar der Frühgeschichte der Menschheit insgesamt.

Der bedeutendste Ort menschlicher Interaktion ist jedoch die herrliche Kathedrale im Stil der französischen Gotik. Der Baubeginn fand im Jahr 1221 statt, und schon 40 Jahre später war das imposante Gotteshaus fertiggestellt. Von all den wirklich bemerkenswerten Kathedralen in Kastilien-León ist sie vielleicht die prachtvollste.

TOP TIPP

Wer sich gern bewegt, kann die Kathedrale von einem Aussichtspunkt im Park oberhalb der Altstadt bewundern. Wem der Aufstieg zu steil ist, fährt mit dem Auto zur Burgruine hinauf. Sie bietet auch einen tollen Blick auf die Umgebung.

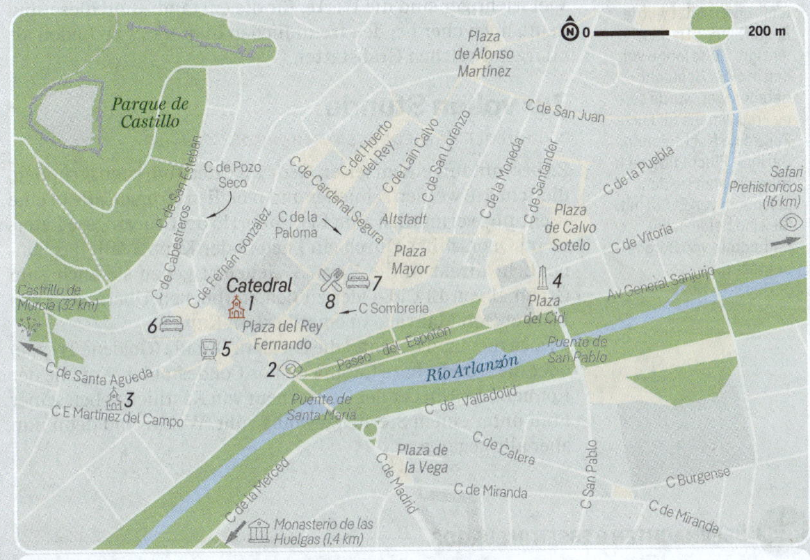

HIGHLIGHTS
1 Catedral

SEHENSWERTES
2 Arco de Santa María
3 Iglesia de Santa Águeda
4 Statue of El Cid

TOUREN
5 Tren Turistico

SCHLAFEN
6 Hotel Mesón del Cid
7 Rimbombín

ESSEN
8 Cervecería Morito

Spuren eines Helden

DER EL-CID-WEG IN BURGOS

Es ist der Klassiker: ein Ritter in glänzender Rüstung, Brüder, die sich um den Thron streiten, und eine verführerische Schwester mit einem ungewöhnlichen Sinn für Frauenrechte. Klingt zu unwahrscheinlich fürs Fernsehen? Tatsächlich ist aber *El Cid* auf Amazon Prime die in Spanien äußerst erfolgreiche Bearbeitung des Epos *Canto de mio Cid* aus dem 12. Jh., das auch schon 1961 mit Charlton Heston verfilmt wurde.

Die Begeisterung für den alten Stoff beruht wohl weniger auf Männern in Strumpfhosen, sondern vielmehr auf den ewigen Idealen von Loyalität, Ehre und höheren Werten, die gerade in extrem materialistischen Zeiten die Menschen wieder anrühren. Dazu kommen ausgezeichnete Schauspieler, traumhafte Kulissen und eine rasante Handlung – beste Bedingungen auch für einen internationalen Erfolg.

Auch Burgos, in dessen Kathedrale El Cid (arabisch für „Chef, Häuptling") begraben ist, würdigt den Helden mit einem speziellen Stadtrundgang, der die Legende mit der heutigen Realität verknüpft. Zu den wichtigsten Stationen zählen der **Arco de Santa María**, die **Iglesia de Santa Águeda** und die **Statue des El Cid**, wie er ins Exil reitet.

Aber war er vielleicht doch eher Söldner als heldenhafter Ritter? Ohne jeden Zweifel war El Cid ein hervorragender Soldat, dem schon zu Lebzeiten der Ehrentitel *El Campeador* (der Siegreiche) verliehen wurde, doch das ist nicht das Entscheidende. Viel wichtiger sind die Werte, für die er stand – und diese sind heute noch eher bei den freundlichen *burgaleses* zu finden als an irgendwelchen Grabstätten.

DER MANN HINTER DER LEGENDE

Rodrigo Díaz (alias El Cid) wurde 1043 in eine Familie des niederen Adels in Vivar bei Burgos geboren. Als Page am Hof von König Ferdinand I. unterstützte er den Königssohn Sancho II. gegen dessen Brüder Alfonso und Garcia. Nach Sanchos Ermordung wurde er 1081 von Alfonso ins Exil verbannt.

Im Religionskrieg kämpfte El Cid auf beiden Seiten und errang Ruhm und Reichtum. So eroberte er 1094 Valencia, wo er sowohl von Christen als auch Moslems unterstützt wurde. Er starb 1099. Da sein einziger Sohn lange vor ihm in einer Schlacht gefallen war, wurde seine Frau Jimena für kurze Zeit seine Nachfolgerin. Bei ihrer Flucht 1101 nach Burgos nahm sie den Leichnam von El Cid mit. Sie sind beide in der Kathedrale von Burgos begraben.

Zur vollen Stunde

BESUCH DER KATHEDRALE VON BURGOS

Es beginnt mit einem leisen Gedränge der Tourismusgruppen, die Schritte werden schneller und plötzlich strömen alle in eine Richtung, vermutlich zum El Cimborrio del Crucero (die Laterne im Querschiff). Durch ein Loch in der Kuppel fällt das Sonnenlicht direkt in die Kirche. Vielleicht gehen sie auch zum Grabmal von El Cid. Oder zu den sterblichen Überresten von Bischof Don Mauricio in emailliertem Kupfer.

Doch niemand beachtet die Escalera Dorada (Goldene Treppe) oder die wunderbare Capilla de Los Condestables (Kapelle der Konnetablen), in der der Gouverneur von Kastilien neben seiner Frau unter einem Sternengewölbe ruht. Wohin sind denn nun aber alle gegangen?

ÜBERNACHTEN & ESSEN IN BURGOS

Hotel Mesón del Cid
Das wunderbar restaurierte Hotel bietet einen tollen Blick auf die Kathedrale. **€€**

Rimbombín
Das gute, preiswerte Hostal liegt mitten im Tapas-Bezirk. Einige Zimmer gehen auf die Fußgängerzone hinaus. **€**

Cervecería Morito
Die *Revueltos Capricho de Burgos* der Tapas-Bar sind überaus sättigend. **€**

PUYALROYO/SHUTTERSTOCK ©

Kathedrale in Burgos

Irgendwo in der riesigen Kathedrale schlägt plötzlich eine Uhr. Zwei Personen kommen aus dem Kreuzgang und eilen zur Puerta Real (königliches Tor der Vergebung) … und da sind auch all die anderen. Die Köpfe in den Nacken gelegt starren sie gemeinsam nach oben und warten auf den nächsten Schlag. Der kleine, unscheinbare, aber perfekt gearbeitete Papamoscas ist pünktlich aufgewacht und schlägt mit seinem Arm zwölfmal die Uhr, während er gleichzeitig den Mund öffnet. Dann begibt sich der 400 Jahre alte Fliegenfänger wieder zur Ruhe, bevor er um genau 1 Uhr wieder tätig wird.

Des Königs edle Kleider

DAS TEXTILMUSEUM IM HUELGAS-KLOSTER

Jahrhundertelang wurden die kastilischen Könige und Königinnen im **Monasterio de las Huelgas** beigesetzt. Von der El-Cid-Statue führt ein schattiger Weg am Arlanzón entlang in 20 Minuten zum Kloster. Um die Gräber kümmern sich die noch hier lebenden Zisterzienserinnen. Das Prunkstück des Klosters ist jedoch das **Museo de Ricas Telas**. Es ist durch den romanischen Kreuzgang zu erreichen und verfügt über eine der größten Textilsammlungen der Welt. Die mehr als 300 zivilen Kleidungsstücke und Prunkgewänder stammen alle von der Königsfamilie. Es sind keine besonderen Nähkenntnisse nötig, um die kunstvollen heraldischen Muster und Perlenstickereien angemessen würdigen zu können.

BESTE FESTE IN BURGOS

Tren Turistico
Die Mini-Eisenbahn fährt in 40 Minuten an 30 Sehenswürdigkeiten in Burgos vorbei.

El-Cid-Wochenende
An einem Wochenende im Oktober wird die mittelalterliche Geschichte von Burgos nachgespielt, außerdem gibt es einen Fackelzug.

International Folk Festival
Bei dem Festival spielen 800 Folkbands in der ganzen Stadt auf.

Safari Prehistoricos
Das interaktive prähistorische Fest findet bei Atapuerca statt, wo ein 1,2 Mio. Jahre alter Kieferknochen (der älteste menschliche Knochenfund in Europa) gefunden wurde.

Baby-Jumping-Festival
An Fronleichnam springen in Castrillo de Murcia Erwachsene über ihre Kinder – bitte nicht nachmachen!

UNTERWEGS VOR ORT

Seit Jahrhunderten ist Burgos ein wichtiger Verkehrsknotenpunkt zwischen der Nordküste und dem Landesinneren, aber auch für die Ost-West-Verbindung. So gibt es viele Zugverbindungen nach Bilbao, Madrid, Salamanca und León. Leider ist der Bahnhof eine gute Stunde von der Altstadt entfernt. Es fährt jedoch ein Bus ab der Plaza de España. Der Busbahnhof südlich des Arlanzón ist dagegen nur fünf Gehminuten von der Kathedrale entfernt. Die Busse sind auch oft schneller als die Züge.

Rund um Burgos

Nach einem Besuch der „neu entdeckten" Kathedrale von Palencia kann man in der Meseta singende Mönche und winzige Dörfer entdecken und auf gut markierten Wegen wandern.

Von der Burg in Burgos scheint die Kalksteinlandschaft der Umgebung zum Greifen nah zu sein. Die Provinz Burgos wird im Nordwesten vom Montaña Palentina und im Südwesten von der Sierra de la Demanda begrenzt. Hier bieten sich unendlich viele Outdoor-Aktivitäten, von gemütlichen Wanderungen zu den spektakulären Felsformationen im Parque Natural de Río Lobos bis zu anspruchsvollen Trekkingtouren über die Montes Obarenes im Nordosten zum Ebro hinunter. Doch es gibt auch viele historische Sehenswürdigkeiten, die gut mit dem Bus zu erreichen sind, darunter die Kathedrale in Palencia und das Kloster Santo Domingo de Silos, dessen Mönche mit ihren gregorianischen Gesängen in den 1990er-Jahren in den Musik-Charts landeten.

TOP TIPP

Die Warnungen vor Waldbränden im Sommer sollten unbedingt beachtet werden: Als sich im Juli 2022 ein Waldbrand in Windeseile bis zum Kloster Santo Domingo ausbreitete, mussten die Mönche von dort evakuiert werden.

Parque Natural del Cañón del Río Lobos

TILYO PETROV RUSEV/SHUTTERSTOCK ©

Im hellen Sonnenlicht

DER SONNE ENTGEGEN

Juli in der *Meseta*. Die Landschaft rund um Burgos war einst bekannt für die Wolle ihrer Schafe. Heute wird hier Getreide angebaut. Im Sommer ist es unerträglich heiß und die Grillen zirpen ununterbrochen. Wenn die Felder abgeerntet sind, erscheint die Landschaft wie eine riesige Tafel voller Striche, zwischen denen sich die Punkte der Heuballen verteilen. Und immer wieder strecken sich leuchtend gelbe Sonnenblumen der Sonne entgegen. Ein herrlicher Anblick!

Durch die Vergangenheit wandern

WANDERUNGEN AM RÍO LOBOS

Der Aussichtspunkt Galiana auf einem verwitterten Bergkamm bietet einen tollen Blick auf die riesige Schleife des Río Lobos 1120 m weiter unten. Von hier oben sehen die Klippen glatt und einheitlich aus. Bei einer Wanderung am Fuß der Klippen im **Parque Natural del Cañón del Río Lobos** sind jedoch außergewöhnliche Formationen und Felsenbögen zu entdecken.

Eine Klangreise

EIN BESONDERER RADWEG IN BURGOS

Die Provinz Burgos ist voller Lieder. Ein spezieller Radweg führt an vielen herrlichen „Klangstationen“ vorbei. Er beginnt auf dem Hauptplatz des uralten **Covarrubius**, wo die Einheimischen fröhlich singend zum Mittagessen gehen. In der gotischen **Colegiata de San Cosme y Damián** ist die älteste Orgel Spaniens zu hören. Im Benediktinerkloster **Santo Domingo de Silos** singen die Mönche ihre gregorianischen Gesänge im Kreuzgang und eine alte Zypresse wiegt sich dazu im Takt.

Im nahegelegenen **Desfiladero de Yecla** führt ein Holzweg durch die Klippen, über denen Hunderte Raubvögel lautlos kreisen. Etwas lauter wird es wieder in den Wacholderwäldern des **Parque Natural Sabinares del Arlanza**, wenn die Vögel singen und zwitschern.

Ein neu entdeckter Schatz

DIE UNBEKANNTE KATHEDRALE VON PALENCIA

Wer nach der großartigen Kathedrale von Burgos noch eine gotische Kathedrale sehen will, muss eineinhalb Stunden mit dem Bus nach Palencia im Südwesten fahren.

DIE BERGE RUND UM BURGOS

Die A231 führt durch die weite topfebene Landschaft im Süden von Kastilien-León. Im Norden erstreckt sich das wild zerklüftete Gebirge **Montaña Palentina**. Die uralte Stadt **Aguilar de Campóo** ist ein gutes Basislager für die Erkundung der Gegend. Einer der vielen Wanderwege ist der 10,5 km lange, recht einfache Rundweg von **Dehesa de Montejo** zum **Tejeda de Tosande** (dem größten Eibenwald Europas).

Nordöstlich von Burgos liegt das hübsche Bergdorf **Frias** am Ebro, der hier den **Montes Obarenes Nature Park** begrenzt. Ein 61 km langer Weg führt in drei Etappen durch Portugiesische Eichenwälder an Schluchten entlang von **Santa Gadea del Cid** nach **Pancorbo** in einer der schönsten Gegenden im Hinterland von Burgos.

ÜBERNACHTEN & ESSEN RUND UM BURGOS

Posada Santa María La Real
Ein ehemaliges Kloster in Aguilar de Campóo ist heute eine Pension, die auch mittelalterliches Abendessen anbietet. **€€**

Parador de Lerma
Der einstige Herzogspalast steht direkt an der Plaza Mayor. Essen gibt's in der Casa Brigante. **€€€**

Casa Galín
Das rustikale Hostal in Covarrubias ist ganz mit Holz getäfelt. Das hauseigene Restaurant serviert Fisch aus der Region. **€**

VERBORGENE SCHÄTZE

Die Umgebung von Burgos ist voller Sehenswürdigkeiten, an denen die großen Tourbusse einfach vorbeifahren. So lassen sich diese Schätze ganz in Ruhe entdecken. An der Kirche **San Martín de Frómista** von 1066 hängen unglaubliche Tiere an der Dachrinne. Etwas weiter an der P980 folgt **Santa María La Blanca** aus dem 12. Jh., in der sich viele Königsgräber befinden. Die **Basílica de San Juan** in **Baños de Cerrato** schließlich ist die älteste Kirche in Spanien. Sie wurde 661 von den Westgoten errichtet. Am schönsten aber ist das kleine **Lerma**. Die von einer Mauer umgebene Stadt thront hoch oben über dem Río Arlanza. Der Zugang erfolgt über das Arco de la Cárcel (Gefängnistor), die großartige Plaza Mayor wird vom **Palacio Ducal** beherrscht. Der prachtvolle Palast mit den vielen Innenhöfen und 210 Balkonen beherbergt heute ein Nobelhotel.

DOLORES GIRALDEZ ALONSO/SHUTTERSTOCK ©

Kathedrale von Palencia

Die als *La Bella Desconocida* („die unbekannte Schöne") bezeichnete **Kathedrale** war bis vor Kurzem tatsächlich kaum bekannt und wenig besucht. Dabei ist die von 1172 bis 1504 erbaute Kathedrale mit 130 m Länge, 56 m Breite und 30 m Höhe eine der größten in Spanien.

Neben der überwältigenden Architektur bietet sie auch eine Sammlung schöner liturgischer Gewänder in einem Seitenschiff. An den Wänden hängen kostbare Wandteppiche, die berühmte Barockorgel ist mit witzigen Figuren geschmückt. Selbst ein El Greco aus San Sebastián ist zu sehen.

Das Wandgemälde einer Wildschweinjagd weist den Weg in die westgotische **Krypta des San Antolín**, ein 1000 Jahre alter Ort der Verehrung.

UNTERWEGS VOR ORT

Mit den zahlreichen Bussen, die rund um Burgos verkehren, sind Covarrubias und Santo Domingo de Silos problemlos zu erreichen, für spannende Ausflüge ins weitere Hinterland ist jedoch ein Auto erforderlich.

Ausgezeichnete Schnellstraßen verbinden Burgos mit Palencia, Valladolid, dem Duero-Tal und Soria im Süden und mit Santander und Bilbao in Kantabrien im Norden, sodass diese Orte gut mit Bus oder Auto zu erreichen sind.

LEÓN & ASTORGA

Die eine ist zwar eine richtige Großstadt, die andere deutlich kleiner, dennoch haben León und Astorga vieles gemeinsam. Zum einen wurden beide von den Römern gegründet. Doch welche iberische Stadt wurde das nicht? Diese Gegend ist aber besonders reich an römischen Überresten, die vor allem im Museo Romana in Astorga zu sehen sind. Zusammen mit den Goldminen im nahegelegenen Las Médulas war sie auch Teil der berühmten Ruta del Oro.

Fast ebenso alt, aber von etwas anderer Art ist ihre religiöse Verbindung. Beide Städte liegen nur zwei Tagesmärsche voneinander entfernt am Camino de Santiago und ihre großartigen Kathedralen sind wichtige Stationen auf dem Pilgerweg.

Neben schönen mittelalterlichen Altstädten haben sie aber beide auch moderne Kunstwerke von Gaudí, ein aufregendes Nachtleben und viel Atmosphäre zu bieten – das perfekte Basislager für die Erkundung des Nordwestens von Kastilien-León.

TOP TIPP

Zwischen den 50 km voneinander entfernten Städten bestehen regelmäßige Busverbindungen, sodass sich beide gut als Ausgangspunkt eignen. Die beiden großen historischen Wege Vía de la Plata und Camino Francés, die in Astorga zusammentreffen, sind am besten mit dem Auto zu erkunden – oder auch zu Fuß!

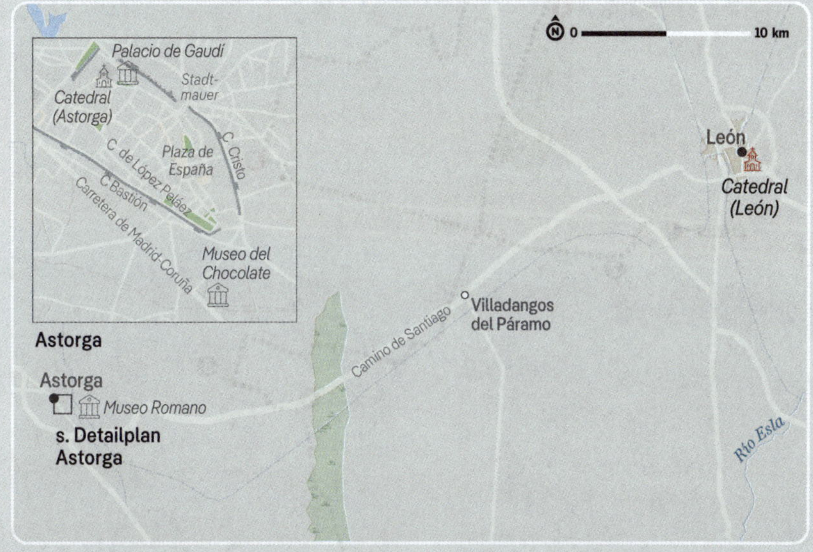

STADTSPAZIERGANG ZU DEN SIEBEN PLÄTZEN VON LEÓN

Die beste Möglichkeit, die Sehenswürdigkeiten von León kennenzulernen, besteht in einem Spaziergang von Platz zu Platz.

Der Start ist früh am Morgen auf der **Plaza de Santo Domingo** 1. Sie ist nicht nur der geschäftliche Mittelpunkt der Stadt, sondern bildet auch die Grenze zwischen Alt- und Neustadt. Zudem befindet sich hier das Museo de León. Einige Schritte weiter östlich liegt die **Plaza de San Marcelo** 2. Dort sitzt Gaudí auf einer Bank vor seiner modernistischen Casa de Botines. Vor dem *ayuntamiento* (Rathaus) aus dem 16. Jh. steht ein Modell der Altstadt.

Auf dem kunstvoll gepflasterten Pilgerweg geht es in die Calle de Ancha, wo eine Apotheke schon seit 1827 die Einheimischen versorgt. Noch wesentlich älter ist die herrliche gotische Kathedrale an der **Plaza de la Regla** 3. Im Panteón Real an der **Plaza de San Isidoro** 4 stehen die königlichen Sarkophage in einem mit den schönsten romanischen Fresken Spaniens geschmückten Kuppelbau.

Mittlerweile ist es schon Nachmittag, die beste Zeit für die **Plaza Mayor** 5 aus dem 17. Jh., wo der Markt stattfindet. Der schöne kleine Platz ist der Mittelpunkt der Stadt und bietet eine ganz eigene Geräuschkulisse aus flatternden Fahnen, gurrenden Tauben, zwitschernden Schwalben, Gitarrenklängen, klirrenden Gläsern und rollenden Bierfässern.

Die eher längliche **Plaza de San Martin** 6 ist von Bars und Restaurants gesäumt, in denen erst abends etwas los ist. Auf der gepflasterten **Plaza de Santa Maria del Camino** (oder auch Plaza del Grano) 7 mit ihren uralten Bäumen, säulenbewehrten Häusern und romanischer Kirche ist es dagegen herrlich ruhig.

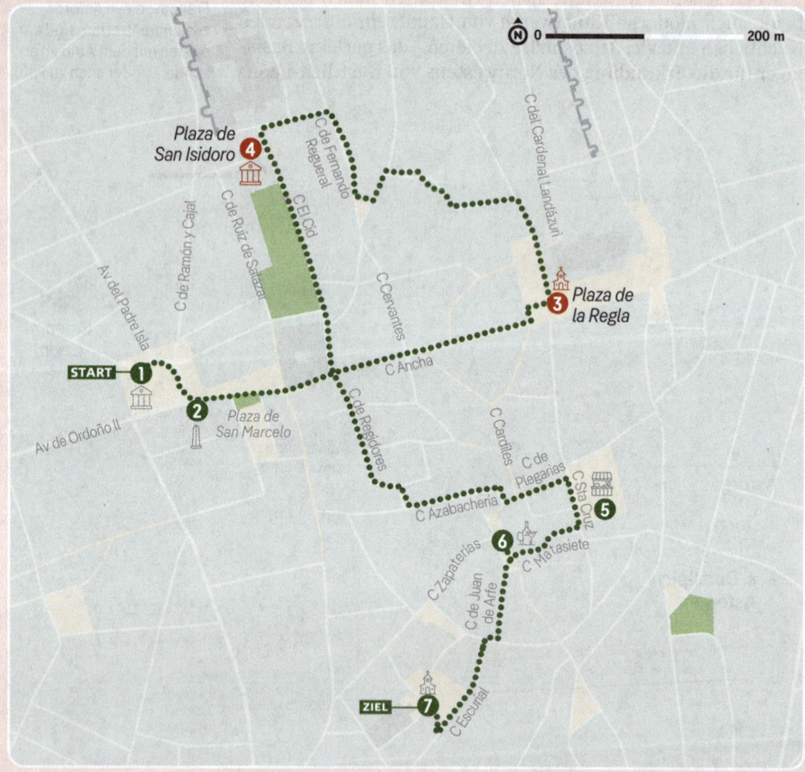

Weiterreise

DIE KATHEDRALEN VON LEÓN UND ASTORGA

Der Platz mit den Geschäften für Muscheln und Souvenirs in **Astorga** wird von der imposanten **Kathedrale** überragt. Baubeginn war das Jahr 1471, und erst 300 Jahre später war sie fertiggestellt. Auf dem plateresken Portal aus dem 17. Jh. ist auch ein Pilger dargestellt. In dem von Säulen gestützten Innenraum sind unzählige Kunstwerke zu entdecken.

In der eine Tageswanderung entfernten **Kathedrale von León** fällt das Licht durch 130 Buntglasfenster, die zumeist aus dem 13. bis 15. Jh. stammen und erst vor Kurzem von Hand restauriert wurden. Die Kunstwerke in Astorga bestehen dagegen aus Stein, bemaltem Holz und Edelmetallen wie das mit Perlen und Rubinen besetzte Kruzifix. Doch all diese Schätze und die großartige Architektur sollten nicht darüber hinwegtäuschen, dass die Kathedralen Orte der Verehrung Gottes und der spirituellen Sammlung vor der Weiterreise waren und sind.

Im **Palacio de Gaudí** (oder Bischofspalast) neben der Kathedrale von Astorga ist ein Museum zu den Pilgerwegen untergebracht. Auch hier ist der Blick nach vorne auf den weiteren Weg im Giebel des Portals und einem Fenster der Kapelle dargestellt.

Wie früher die Pilgernden hieraus Kraft für ihren weitern Weg schöpften, können sich auch heutige Menschen von diesem Innehalten inspirieren lassen.

TYPISCHE GERICHTE

Astorgas traditioneller *Cocido maragato* ist ein Eintopf mit sieben Sorten Fleisch, Kohl und Kichererbsen. Er stammt aus dem bezaubernden Dorf **Castrillo de los Polvazares** eine Autostunde westlich von Astorga. Das Dorf hat die für das Maragato typischen kopfsteingepflasterten Straßen, dunkelroten Mauern, grünen Fensterrahmen und wuchernden Klettertrompeten. Auch dieses Dorf wurde über uralte Maultierpfade versorgt.

Die besten *postres* (Desserts) gibt's in Astorga, der Hauptstadt des Maragato. Es mutet schon seltsam an, dass ausgerechnet in dieser frommen Stadt die ausgehungerten Pilgernde den Versuchungen der vielen Chocolaterien widerstehen mussten. Das wunderbare **Museo del Chocolate** dokumentiert die historische Bedeutung der Köstlichkeit für Astorga und bietet Verkostungen an.

UNTERWEGS VOR ORT

Von den unterirdischen Parkhäusern in León gehen Aufzüge direkt zur Plaza Mayor hoch. Damit ist León eine der wenigen Städte, in denen das Auto direkt in der Altstadt geparkt werden kann. Allerdings muss die Verfügbarkeit der Plätze zuvor in den Hotels erfragt werden.

Für die kompakte Altstadt mit ihren vielen Fußgängerzonen ist aber nicht unbedingt ein Auto erforderlich. Ebenso sind die wichtigsten Ziele wie Santiago de Compostela, Palencia, Valladolid und Madrid auch gut mit Hochgeschwindigkeitszügen zu erreichen.

Obwohl eng verbunden mit dem nur eine Autostunde entfernten Astorga bietet León die besseren Verbindungen in andere Orte der Umgebung. Wer will, kann auch auf dem Camino Francés von León nach Astorga wandern und einzigartige Eindrücke gewinnen.

Rund um León & Astorga

Ponferrada
Rabanal
León
Goldminen von Las Médulas
Cruz de Ferro
Astorga

Wandern auf den alten Pilgerwegen oder die von römischen Bergwerken geprägte Landschaft entdecken?

Nach der Besichtigung der vielen Städte wird es Zeit, auch die Landschaft der Umgebung zu entdecken. Das Land westlich der beiden Kathedralenstädte bietet viele Möglichkeiten, zurück zur Natur zu finden. Etwa mit einer Tageswanderung auf dem Pilgerweg in Richtung Galizien oder der Erkundung von Las Médulas, wo uralte Goldminen eine außergewöhnliche Landschaft geformt haben. Weiter westlich liegt die hübsche Stadt Puebla de Sanabria, wo der ruhige See Sanabria zu Wanderungen und Bootsfahrten einlädt. Der nordöstliche Teil der Provinz León schließlich gehört zum Nationalpark Picos de Europa (S. 380).

TOP TIPP

Wer mehrere Tage auf dem Camino Francés wandern will, kann eine Agentur beauftragen, das Gepäck zu transportieren und die Übernachtungen zu organisieren.

Molinaseca

Eine schöne Tageswanderung

EINEN TAG AUF DEM CAMINO FRANCÉS UNTERWEGS

Eine Wanderung, eine Burgbesichtigung und eine Geschichte gehören unbedingt zu einem Besuch in Kastilien-León. Eine tolle Kombination dieser drei Dinge ist die Wanderung auf dem Camino Francés von **Rabanal** nach **Ponferrada**. Mit mehr als 30 km bzw. genau 32,7 km ist der Weg nicht einfach, insbesondere, wenn es bis zum höchsten Punkt des gesamten *camino* hinaufgeht. Danach geht es dann aber nur noch bergab.

Der Weg führt durch viele kleine Dörfer, die seit den 1990er-Jahren durch die zunehmenden Pilgerströme zu neuem Leben erwacht sind. Eines davon ist **Foncebadón**, das bereits nach 5,5 km erreicht wird. Mit strohgedeckten Häusern und tollem Blick auf die Berge erinnert es stark an die Dörfer im benachbarten Asturien.

Höhepunkt der Tour in jeder Hinsicht ist jedoch der **Cruz de Ferro**. Der Aussichtspunkt in 1520 m Höhe diente den Pilgern von Anfang an als willkommener Stopp, um sich einer Last in Form eines Steins oder einer Erinnerung zu entledigen. Von hier führt der Weg weiter durch die winzigen Dörfer **Manjarin**, **El Acebo** und **Riego de Ambrós** nach **Molinaseca**. Hier überspannt eine malerische romanische Brücke den Río Meruelo. In Ponferrada thront hoch über dem Río Sil das mächtige **Castillo Templario** mit seinen zinnenbewehrten Türmen. Mit dem von den Tempelrittern erbauten Kastell endet die Wanderung.

Das waren also der Weg und die Burg. Und was ist mit der Geschichte? Sie wird mit jedem Schritt erzählt.

WARUM ICH LEÓN MAG

Jenny Walker, Schriftstellerin.

Am abgelegenen Río Luna saßen einmal drei Motorradfahrer:innen aus Madrid an einem Nebentisch. Das Wetter war herrlich und wir saßen in einem kleinen Garten voller Kletterrosen. Dann kamen noch der Fahrer eines Gemüselasters und Fernfahrer:innen aus Portugal dazu. Wir alle machten es uns bei leckeren *bocadillos* gemütlich. Das liebe ich an León – dieses Aufeinandertreffen verschiedenster Menschen, angefangen von den Römern, die das Gold aus Las Medulas holten, über die Pilgernde auf dem Camino Francés bis zu den Händler:innen aus der Maragateria, die mit ihren Maultieren die ganze Halbinsel versorgten.

Das Gold in den Bergen

RÖMISCHE RUINEN RUND UM ASTORGA

Die Römer sind allgegenwärtig in Kastilien-León. Während zumeist nur Fundamente vorhanden sind, haben sie in Astorga vielfach sichtbare Spuren hinterlassen.

Kaiser Augustus gründete „Astúrica Augusta" einst als Ausgangspunkt der Vía de la Plata. Bis heute sind das Römische Stadttor, die Bäder und Mosaikfußböden mit Bären und Vögeln erhalten. Selbst Teile des ursprünglichen Abwassersystems wurden in die moderne Kanalisation integriert. Auf der Plaza Mayor ist noch das Römische Forum zu erkennen. Das *ergástula* (Sklavengefängnis) in einer überwölbten Passage zeigt einen Film über die Geschichte der Römer in Astorga. Über der Passage befindet sich das ausgezeichnete **Museo Romano**.

RUF DES CAMINO

Wer nach einer Tageswanderung auf dem *camino* Lust auf mehr hat, kann weiter bis nach **Santiago de Compostela** (S. 420) wandern oder den **Camino Lebaniego** (S. 381) laufen.

ÖKOTOUREN WESTLICH VON LEÓN

Solar Catamaran
Die interessanten Katamaran-Touren auf dem Lago de Sanabria informieren über die vielfältige Tierwelt am See.

Wild Wolf Experience
Die Naturkundler John und Margaret Hallowell offerieren Touren zur Tierbeobachtung in der Sierra de la Culebra.

Zamora Natural
Von Oktober bis Mai werden Touren zur Wolfbeobachtung in der Sierra de la Culebra angeboten.

WILDER WESTEN

2022 bedrohte ein riesiger Waldbrand in der Sierra de la Culebra die dort lebenden Wolfsrudel. Es ist noch immer nicht ganz klar, wie sich diese Katastrophe langfristig auswirken wird. Zum Glück erreichte das Feuer nicht den **Parque Natural Lago de Sanabria** südwestlich von León. Das ursprüngliche Waldgebiet rund um den Gletschersee Sanabria, den größten See der Iberischen Halbinsel, ist nicht nur die Heimat zahlreicher Otter und Vogelarten, sondern auch ein beliebtes Naherholungsgebiet mit Möglichkeiten zum Baden und Bootfahren. Mit der Burg, einem Bootsdenkmal und üppigen Blumenkästen an den Balkonen ist **Puebla de Sanabria** ein Dorf wie aus dem Bilderbuch und ein gutes Basislager für die Erkundung der Gegend.

ABB PHOTO/SHUTTERSTOCK ©

Mosaik in der Villa Romana La Olmeda

Hier beginnt eine zweistündige Führung auf der **Ruta Romana** zu den wichtigsten römischen Sehenswürdigkeiten.

La Tejada und **Romana La Olmeda** sind zwei Landhäuser mit prachtvollen Mosaiken, die vom Reichtum ihrer römischen Besitzer zeugen. Doch woher kam dieser Reichtum? Die Antwort liefert eine Fahrt nach **Las Médulas**. In den dortigen Minen wurden rund 3 Mio. t Gold von Sklaven abgebaut, die ins ganze Römische Reich exportiert wurden. Als die Minen erschöpft waren, brach das 40 km lange Tunnelsystem ein und formte eine außergewöhnliche Landschaft. Die rotgelben Adern sind am besten auf dem 10,5 km langen Rundweg von Dierellán zu sehen.

Beim alljährlichen **Fiesta de Astures y Romanos** in Astorga wird die Geschichte der Römer nachgespielt.

UNTERWEGS VOR ORT

Westlich und nördlich von León und Astorga führen schöne Straßen nach Las Medulas und Puebla de Sanabria sowie ins Hochland an der Grenze zu Asturien und Galizien. Hierfür ist aber ein eigenes Fahrzeug unerlässlich, es sei denn, Schusters Rappen sind eine Option. Gleiches gilt für die Fahrt auf der N621 und N625 in den Nordosten durch den Picos de Europa mit seinen atemberaubenden Aussichtspunkten. Busse und Züge fahren ab Astorga und León nur zu wenigen Orten.

DER DUERO

Kastilien-León ist so reich an spektakulärer Architektur und großen Legenden, dass Auge und Geist irgendwann übersättigt sind und nichts mehr aufnehmen können. Dann ist es Zeit für eine Erholung am Duero.

Der bei Soria entspringende Fluss fließt über 572 km von Ost nach West quer durch Spanien. Im Naturschutzgebiet Arribes del Duero bildet er die Grenze zu Portugal, bevor er bei Oporto in den Atlantik mündet.

An seinem östlichen Teil erstreckt sich das berühmte Weinanbaugebiet Ribera del Duero. Hier reiht sich Bodega an Bodega, die alle Wein- und Gourmetverkostungen anbieten. Ist der Osten vor allem von Wein und Essen geprägt, dreht sich im Westen alles um Musik und Kontakt mit den Einheimischen. Besonders schön ist die Zeit der Karwoche in Zamora.

TOP TIPP

Angesichts der beachtlichen Länge sollte der Duero am besten in Etappen erkundet werden. Charakteristisch für den östlichen Abschnitt ist die Gegend um Valladolid, während sich der Fluss in Richtung Westen immer mehr verändert. Die N122 führt praktisch direkt am Fluss entlang.

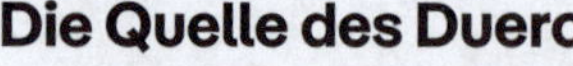

Die Quelle des Duero

WANDERN IN DER SIERRA DE URBIÓN

Eine Wanderung entlang des mächtigen Duero, des drittlängsten Flusses in Spanien, beginnt am besten an seiner Quelle hoch oben in der **Sierra de Urbión** unweit der Grenze zu La Rioja. Die Quelle selbst ist am besten mit dem Mountainbike zu erreichen, die ganze Gegend aber mit dem Auto. Sie ist 18 km entfernt vom Dorf **Vinuesa** und bietet tolle Wanderwege.

Die meisten führen zur wunderbaren **Laguna Negra**, einem Gletschersee auf 2000 m Höhe, der von Schottischen Kiefernwäldern und hohen Granitfelsen umgeben ist. Rund um den türkisgrünen See führt ein schöner Holzweg. Informationstafeln helfen, die einzelnen Bäume – zumeist Eichen, Pappeln, Birken und Buchen – zu erkennen. Am ersten Sonntag im August kommen viele Leute hierher, um im See zu schwimmen, doch ansonsten ist es hier sehr ruhig und friedlich. Im Herbst ist es besonders schön, wenn sich die Blätter bunt färben und die roten Vogelbeeren *(Sorbus aucuparia)* reif sind.

Vom Parkplatz führt ein steiler, 2 km langer Weg zum See hinauf. Von Juni bis Oktober fährt jedoch ein Shuttlebus bis in die Nähe des Sees. Vom See führen dann weitere Wege in die Sierra und zum **Pico de Urbión** hinauf.

DIE BESTEN RESTAURANTS AUF DEM LAND

Casa del Cura de Calatañazor
Das Restaurant in dem alten filmreifen Dorf voller spitzer Kamine bietet ein tolles *menú de degustación.* €€€

Mesón Marcelino, El Burgo de Osma
Im Schatten der Kathedrale aus dem 12. Jh., in der der Beato de Osma, ein wertvoller Kodex aus dem 11. Jh., aufbewahrt wird, gibt's sonntags leckeren Braten. €€

Senorio de Velez, Peñaranda de Duero
In einer ehemaligen Synagoge aus dem 12. Jh. wird zum Braten der passende Wein aus der Region serviert. €€

Gute Aussichten auf etwas Neues

NEUE PERSPEKTIVEN IN SORIA

Der auf römischen Fundamenten neu gebaute **Parador** in Soria ist am schönsten bei Sonnenuntergang. Dann bietet das Restaurant einen tollen Rundumblick auf den Kiefernwald und die herrliche Landschaft.

Die uralte Kalksteinlandschaft wurde vom Duero geschaffen, entwickelt sich aber immer weiter. Mittlerweile ist sie von Windrädern übersät und von Schnellstraßen durchzogen. Die Altstadt ist noch gut erhalten, doch die neuen Häuser in Soria haben immer öfter Solaranlagen auf dem Dach und Terrassen aus Beton. Und bei der berühmten **Ermita de San Saturio** am Fluss findet ein Elektromusik-Festival statt. Sicher, sonntags läuten immer noch die Glocken, doch die Kirchen werden immer mehr zu religiösen Museen. Ja, diese Landschaft lebt und verändert sich, und auch die innovative Version des Pilzeintopfs des Restaurants und die süße Butter aus Soria verkörpern auf leckere Art diese Modernisierung.

Laguna Negra

ÜBERNACHTEN AM (ÖSTLICHEN) DUERO

Parador de Soria
Der moderne Parador auf dem Berg hat Zimmer mit Panoramablick und ein avantgardistisches Restaurant. €€

Hotel AF Pesquera
Das innovative Hotel in einer ehemaligen Mehlfabrik serviert zum leckeren Essen die Weine der Familia Fernández Rivera. €€€

Residencia Real del Castillo de Curiel
Das Schlosshotel bietet Weinverkostungen, einen Fahrradverleih und Sternbeobachtung. €€

Castillo de Peñafiel

Die Geschichte des Weins

DAS WEINMUSEUM IM SCHLOSS PEÑAFIEL

Die Besichtigung einer Burg mit einer Weinverkostung zu verbinden, erscheint auf den ersten Blick etwas merkwürdig. Doch in Peñafiel funktioniert das hervorragend. Das vor Kurzem restaurierte **Castillo de Peñafiel** ist sehr bezaubernd und bietet einen tollen Blick über die Weinberge. Die Führungen enden mit einer Weinverkostung im **Museo Provincial del Vino** der Burg.

Auf dem Weg zurück in die Stadt fallen die niederen, mit Kuppeln überdachten Türme in der Landschaft auf – sie regulieren die Luftfeuchtigkeit in den unterirdischen Weinkellern. Die **Plaza del Coso** ist von Häusern aus dem 15. Jh. gesäumt, deren Türen von massiven Holzpfosten geschützt werden. Der Vorgänger der Plaza Mayor dient immer noch als Stierkampfarena, und in den Bars am Platz fließt der *tempranillo* in Strömen.

DIE WEINE DES DUERO

Das Weinanbaugebiet Ribera del Duero ist 115 km lang und 35 km breit und liegt auf einer Höhe von 800 m. Hier werden üppige *tinto-fino*-Weine produziert, über deren Herstellung die vielen Bodegas entlang des Flusses gerne informieren. Die Führungen müssen im Voraus gebucht werden.

Die **Bodegas Cillar de Silos** wurden schon im 17. Jh. gegründet, die **Bodegas Pradorey** ist mit 520 ha eines der größten Weingüter. **Legaris Ribera del Duero** mit Blick auf die Burg Peñafiel serviert Tapas zu den Verkostungen, die **Bodegas Arzuaga Navarro** ist in Quintanilla de Onésimo. Die **Bodegas Emilio Moro** in Pesquera de Duero ist seit drei Generationen im Besitz der Familie Moro. Sie bietet gebratenes Lamm zum Wein.

UNTERWEGS VOR ORT

Die Verwaltungshauptstadt Valladolid ist zugleich der Verkehrsknotenpunkt der Duero-Region. Hochgeschwindigkeitszüge fahren nach Palencia und León im Norden und nach Segovia und Madrid im Süden. In die größten Orte am Duero wie Peñafiel, Aranda de Duero, El Burgo de Osma und Soria fahren Busse und langsamere Züge. Die Quelle des Duero in der Sierra de Urbión ist nur mit einem Auto zu erreichen, weil Busse dort nur unregelmäßig oder gar nicht verkehren.

Fermoselle
Zamora
Valladolid
Río Duero
Tordesillas
Parque Natural Arribes del Duero

Rund um den Duero

Soll man in vollen Zügen die moderne Universitätsstadt Valladolid genießen oder flussabwärts die geschichtsträchtigen Städte Tordesillas und Zamora besuchen?

Westlich von Peñafiel fließt der Duero noch gemütlich durch die herrliche Landschaft, bevor er in Richtung Meer immer schneller wird. Im mittleren Abschnitt fließt er dicht an Valladolid vorbei. Die Verwaltungshauptstadt von Kastilien-León ist recht lebhaft und einen Abstecher wert.

Die Gegend weiter westlich ist besonders interessant in der Woche vor Ostern, wenn in vielen Städten farbenprächtige Prozessionen stattfinden. Diese werden auch in den örtlichen Museen zur Santa Semana dokumentiert.

An der Grenze zu Portugal durchquert der Duero die Schlucht Arribes del Duero. Die Fahrt auf dem Fluss könnte hier enden oder auch im nahegelegenen Fermoselle, der „Stadt der 1000 Weinkeller“.

TOP TIPP

Unbedingt sehenswert ist das ethnographische Museum in Zamora. Es zeigt das traditionelle Leben in den ländlichen Gemeinden von Kastilien-León.

Río Duero, Parque Natural Arribes del Duero (S. 159)

Valladolid

Die Gourmethauptstadt

FEIN SPEISEN IN VALLADOLID

Die Verwaltungshauptstadt **Valladolid** ist unbedingt einen Abstecher wert, denn es gibt unendlich viel zu sehen, vor allem die kostbare Sammlung farbiger Holzskulpturen im **Colegio de San Gregorio** aus dem 15. Jh. Außerdem ist die Stadt eng verbunden mit zwei berühmten Spaniern: Cervantes saß hier kurz im Gefängnis, Christoph Kolumbus starb hier. Die Stadt ist aber auch bekannt für gutes Essen und gute Unterhaltung, wie überhaupt die ganze Provinz für ihre üppige und vielseitige Küche bekannt ist. Zu den Spezialitäten gehören Wurst aus Zaratan, der Schafskäse *pata de mulo* aus Villalón, *lechuguino*-Brot, das auf das 9. Jh. zurückgeht, und die drei Weine mit geschützter Herkunft Ribera de Duero, Rueda und Cigales.

Ein gesichtsloses Geschäft

DIE KLOSTERKEKSE VON TORDESILLAS

Die meisten Tourist:innen kommen wegen dem Vertragsmuseum nach **Tordesillas**. Doch es gibt noch eine andere Sehenswürdigkeit, und zwar das Kloster **Real Convento de Santa Clara** aus dem 14. Jh., das allerdings eher nicht von historischem oder architektonischem Interesse ist, sondern wegen der hier verkauften Kekse.

DIE VERTEILUNG AMERIKAS

Die Provinz Valladolid spielte eine wichtige Rolle in der kolonialen Geschichte, denn der große Entdecker Christoph Kolumbus (Cristóbal Colón) starb 1506 in Valladolid im Alter von 54 Jahren. Das hervorragende **Casa-Museo de Colón** zeichnet mit schönen Karten seine Reisen nach und erzählt auch seine Geschichte.

1494, zwei Jahre nachdem Kolumbus Amerika entdeckt hatte, wurde der Vertrag von Tordesillas in der alten Stadt am Duero geschlossen. Darin vereinbarten die katholischen Könige Isabella und Ferdinand mit Portugal die Aufteilung Südamerikas. Portugal erhielt Brasilien, Spanien den Rest. Ausführliche Infos bietet das ausgezeichnete **Museo del Tratado de Tordesillas**.

ÜBERNACHTEN AM (WESTLICHEN) DUERO

Parador de Tordesillas
Eines der besten Hotels der Region liegt in einem Garten voller Mittelmeerkiefern. **€€€**

Hotel Juan II, Toro
Das rote Backsteinhotel in der Nähe des Ortes, an dem Ferdinand und Isabella 1476 ihre christliche Herrschaft begründeten, bietet einen tollen Blick auf den Duero. **€€**

Parador Condes de Alba y Aliste
Das großartige Hotel an der Plaza Viriato ist ideal für die Semana Santa. **€€€**

DOLORES GIRALDEZ ALONSO/SHUTTERSTOCK ©

Prozession der Semana Santa in Zamora

DER GROSSE INQUISITOR

Die Schönheit des Duero-Tals wird überschattet vom Treiben des berüchtigten Fray Tomás de Torquemada aus Valladolid. Der gebürtige Jude konvertierte 1420 zum Christentum und wurde zum unnachgiebigen Verfechter der Doktrin des *sangre limpia* (reinen Blutes). In den 15 Jahren seiner Amtszeit als Großinquisitor in Kastilien führte er tausende Prozesse und schickte hunderte angebliche Ketzer auf den Scheiterhaufen. Für die besonders Uneinsichtigen wurde dabei ein extra langsam brennendes Holz verwendet.

Auf seine Veranlassung wurde am 31. März 1492 auch das Edikt zur Vertreibung von rund 200 000 Jüdinnen und Juden aus Spanien erlassen. Aus gesundheitlichen Gründen und panischer Angst, vergiftet zu werden, zog sich Torquemada in ein Kloster zurück. Aber auch von dort war er weiterhin als Inquisitor tätig, bis er 1498 schließlich starb.

Diese gilt es jedoch zu finden. Hinter dem Eingang liegt ein großer Hof mit vielen Fenstern, deren Rolladen heruntergelassen sind. An der Längsseite befindet sich eine Tür, die in einen dunklen Korridor ohne Ausgang führt. An der Wand hängen Abbildungen der Kekse. Nach dem Klingeln ertönt eine Stimme, die die Bestellung aufnimmt. Dann wird das Geld auf dem Sims eines blinden Fensters abgelegt. Danach erscheinen die Kekse. Dieses anonyme Verfahren ist die einzige Möglichkeit, wie die Franziskanerinnen Geschäfte machen können, ohne ihre Abgeschiedenheit aufgeben zu müssen. Und die Kekse? Einfach, vollwertig, ohne jede Verzierung und äußerst beliebt in der Region.

Gelebte Traditionen

DIE SEMANA SANTA IN ZAMORA

Zamora wird auch „Romanisches Museum" genannt. Der Spitzname ist berechtigt, wie ein Spaziergang von der Plaza Mayor an den Kirchen San Juan de Puerta Nueva und Santa Maria La Neuva vorbei zur Kathedrale aus dem 12. Jh. beweist.

Die uralte Architektur wird um ebenso alte Traditionen ergänzt, wie etwa rund um die Semana Santa. Der 1412 hier ge-

AKTIVITÄTEN RUND UM ARRIBES DEL DUERO

El Corazón de las Arribes
Die 1½-stündigen Bootstouren durch die Schlucht starten an der hübschen Playa del Rostro in Aldeadávila.

Olive Oil Tour, Ahigal de los Aceiteros
Die Besichtigung einer Bio-Olivenfarm kann mit einem Besuch des Arribes de Duero verbunden werden.

Arribes Environmental Cruise
Die grenzüberschreitenden Touren beginnen in Miranda do Duoro in Portugal.

gründeten Königlichen Bruderschaft unserer Mutter der Leiden gehören heute 4500 Männer und Frauen an. Sie organisieren jedes Jahr die schweigenden, aber sehr berührenden nächtlichen Prozessionen in der Karwoche. Wer zu dieser Zeit gerade nicht in der Stadt ist, kann das **Museo de Semana Santa** besuchen. Es zeigt die *pasos* (lebensgroße Skulpturen) und die von den *nazarenos* (Gläubigen) getragenen Kapuzenumhänge. Den Hintergrund dieser Tradition erklärt das benachbarte **Museo Etnográfico** mit der Darstellung des alltäglichen Lebens im Laufe der Jahrhunderte.

Um die kulinarischen Traditionen Zamoras zu verstehen, braucht es kein Museum. Es genügt, Gerichte wie *potaje de vigilia* (gesalzener Kabeljau mit Kichererbsen und Gemüse) und *sopa de ajo* (Knoblauchsuppe) zu probieren. Am Ostersonntag treffen sich die Einheimischen auf der Plaza Mayor, um *dos y pingada* (geräuchertes Schweinefleisch mit zwei Spiegeleiern) und danach *aceitadas, rebojos* und *magdalenas*, die berühmten Süßigkeiten von Zamora, zu genießen.

Unterwegs im Schluchtenland

AKTIVITÄTEN IN DEN ARRIBES DEL DUERO

Nach seinem Ursprung in der Sierra de Urbión fließt der Duero durch ganz Kastilien-León in den **Parque Natural Arribes del Duero**. Die 100 km lange spektakuläre Schluchtenlandschaft an der Grenze zu Portugal bietet jede Menge Aktivitäten.

Schöne Wander- und Radwege führen zu den Aussichtspunkten **Mirador del Fraile** und **Picón de Felipe**. 500 m weiter unten windet sich der Fluss durch die tiefste Schlucht Spaniens. In der Nähe des Schluchtenrands befinden sich der 50 m hohe Wasserfall **Pozo de los Humos** („Quelle des Rauchs") und die strohgedeckten Schäferhütten von **Torregamones**.

Bei der **Environment Cruise** auf Spanisch und Portugiesisch sind rund 200 Vogelarten, darunter auch der scheue Schwarzstorch, 47 Säugetier- und 27 Reptilienarten zu beobachten.

In dem mediterranen Klima reift auch der bekannte Arribes-Wein heran, der beim Weingut **Fermoselle** verkostet werden kann.

DIE GRÜNE WENDE

Weitere grüne Projekte in Spanien sind die schwimmenden Windparks in **Asturien** (S. 412) und Tipps und Vorschläge, wie sich auch Traveller umweltfreundlicher und klimaschonender verhalten können (S. 674).

BITTE SAUBERHALTEN!

Als Region, die den größten Teil der erneuerbaren Energie (RES) in ganz Spanien erzeugt, könnte sich Kastilien-León eigentlich auf ihren Lorbeeren ausruhen. Stattdessen treibt die Region die Dekarbonisierung der Wirtschaft immer weiter voran. Bis 2021 konnte hier fast die gesamte von Atom- und Kohlekraftwerken erzeugte Energie durch Wind- und Wasserkraft sowie Solarenergie ersetzt werden. 2023 sollen ein neuer Photovoltaikpark der EDF mit einer Leistung von 50 Megawatt und weitere Windkraftanlagen die Region zu 100 % mit erneuerbarer Energie versorgen. Diese Großprojekte werden mit vielen kleineren Projekten und Initiativen ergänzt. So werden öffentliche Gebäude mit Kraftstoff aus Biomasse geheizt und gekühlt, und die Straßenbeleuchtung ist schon lange energieeffizienter als in allen anderen Regionen.

UNTERWEGS VOR ORT

In Valladolid verkehren am Wochenende offene Hop-on-Hop-off-Busse zu allen Sehenswürdigkeiten. Zusammen mit dem Valladolid-Pass ist dies eine tolle, preiswerte Art, die Stadt zu erkunden.

Im Duero-Tal westlich von Valladolid verkehren Busse und Züge nach Tordesillas und Zamora. Letzteres ist mit dem Hochgeschwindigkeitszug auch in 1½ Stunden von Madrid zu erreichen. Außerdem fahren Busse nach Salamanca, León und Burgos.

Die Arribes del Duero ist am besten mit dem Auto oder Fahrrad zu erreichen. Von dort führen dann Bootstouren an der Grenze zu Portugal entlang.

TOLEDO & KASTILIEN-LA MANCHA

MYTHEN UND MONARCHIE

Eine weite fruchtbare Hochebene mit mittelalterlichen Städten und archäologischen Schätzen.

Windumtoste Weinberge und Olivenhaine, mittelalterliche Städte und Burgensagen-umwobene Landschaften – Kastilien-La Mancha belohnt unerschrockene Reisenden mit Geschichte und Genuss. Immerhin ist dies die epische Kulisse von Miguel de Cervantes' Meisterwerk *Don Quijote von der Mancha*. Man begleitet hier also den berühmtesten Ritter der Literatur, kämpft gegen Windmühlen, erkundet Schlösser und schlendert in historischen Städten durch kopfsteingepflasterte Straßen.

Das Glanzstück der Region ist Toledo, bis 1561 die Hauptstadt Spaniens und eine der wichtigsten Städte der spanischen Monarchie auf dem Höhepunkt ihrer Macht. Cuenca ist eine faszinierende Stadt über einer Schlucht mit den berühmten *casas colgadas* (Hängende Häuser), die auf einem steilen Abhang thronen.

Am meisten Spaß macht es aber, die charmanten, weniger bekannten Städte der drittgrößten Region Spaniens zu erkunden – einige davon liegen an der Ruta de Don Quijote, darunter Consuegra und Valdepeñas – und an den lebhaften Festen der Einheimischen teilzunehmen. Die Fahrt durch die weite Hochebene offenbart Vulkanlandschaften, artenreiche Feuchtgebiete und archäologische Wunderwerke wie die alten keltischen und römischen Stadtruinen von Segóbriga und den 90 Mio. Jahre alten prähistorischen Park Ciudad Encantada.

In den Pausen ist Schlemmen angesagt. Diese gastronomische Spielwiese ist bekannt für Manchego-Käse, Wild und exquisite Weine – Kastilien-La Mancha ist Spaniens größtes Weinanbaugebiet, in dem mehr Reben angebaut werden als in jeder anderen Region der Welt.

DIE WICHTIGSTEN ZIELE

TOLEDO
Stadt der drei Kulturen. S. 166

CUENCA
Hängende Häuser am Rande einer Klippe. S. 176

VALDEPEÑAS
Wiege des Weinbaus. S. 184

Toledo (S. 166)

Erste Orientierung

Spaniens drittgrößte autonome Region ist gut erschlossen und verfügt über eine effiziente multimodale und zugängliche Verkehrsinfrastruktur. Im Folgenden werden Reiseziele vorgestellt, die die Geschichte, die Kultur und die Naturlandschaft der Region widerspiegeln, darunter auch einige Orte, die nicht unbedingt typische Touristenziele sind, aber einen Besuch lohnen.

KASTILIEN-LEÓN
Guadalajar
Madrid
Río Guadarrama
Talavera de la Reina
Aranjuez
Oropesa
Toledo
Catedral de Toledo
Río Tajo
Mascaraque
Orgaz
Mora
Villacañas
Montes de Toledo
Consuegra
Alcázar d San Jua
Parque Nacional de Las Tablas de Daimiel
Manzanare
Ciudad Real
Almagro
Almadén
Valdepeñas
Puertollano
Calzada de Calatrava
Córdoba
ANDALUSIEN
Jaén

Toledo, S. 166

Die historische Hauptstadt Spaniens gehört zum UNESCO-Weltkulturerbe und wartet mit einer beeindruckenden gotischen Kathedrale, gut erhaltenen Monumenten, in denen sich maurische, jüdische und christliche Kulturen verbinden, sowie der letzten Ruhestätte von El Greco auf.

Valdepeñas, S. 184

Die Wiege des Weinbaus in Kastilien-La Mancha lockt mit unterirdischen Weinkellern und exquisiten *vinos* zum Probieren.

Cuenca, S. 176

Die mittelalterliche Stadt am Rand einer Schlucht zwischen zwei Flüssen ist berühmt für ihre *casas colgadas* (hängende Häuser).

AUTO

Ein Auto ist die beste Möglichkeit, Kastilien-La Mancha zu erkunden und die kleineren Städte im eigenen Tempo zu besuchen. Carsharing und Autovermietungsplattformen wie BlaBlaCar und Ubeeqo sind eine nachhaltige und kostengünstige Option.

BUS

Der *autobús* ist ein zuverlässiges, preisgünstiges und bequemes Verkehrsmittel, um die wichtigsten Gemeinden und Städte der Provinzen in Kastilien-La Mancha zu erreichen. Alsa und Avanza sind die wichtigsten Buslinien.

ZUG

Die Hochgeschwindigkeitszüge der spanischen Renfe AVE sind eine bequeme und komfortable Möglichkeit, sich schnell fortzubewegen und dabei herrliche Aussichten zu genießen. Die Züge fahren täglich vom Madrider Bahnhof Atocha ab.

Perfekte Tage

Kastilien-La Mancha lockt Romantiker und Abenteurer. Man streift durch mittelalterliche Städte, taucht in die üppige Schönheit der weitläufigen Naturparks ein und genießt zwischendurch köstliche traditionelle Tapas und regionale Weine.

ADWO/SHUTTERSTOCK ©

Cuenca (S. 176)

Nur ein Tag!

● Einen Tag sollte man in Cuencas **Casco Antiguo** (S. 176) verbringen und sich auf die Aussichtsplattform **Miradores del Huécar** begeben, um den atemberaubenden Blick auf den **Puente de San Pablo** zu genießen, die die beiden Seiten der Schlucht überbrückt. Dann überquert man die Hängebrücke von San Pablo und bestaunt von der Mitte aus die bemerkenswerten ***casas colgadas*** (S. 176), die am Rande der Klippe hängen.

● Auf der anderen Seite der Brücke gelangt man zur neugotischen **Iglesia de San Pablo** (S. 178), in der sich das Museum Espacio Torner befindet. Zum Abschluss des Tages empfiehlt sich ein Abendessen im historischen Hotel **Parador de Cuenca** (S. 178).

Beste Reisezeit

Spanien ist bekannt für seine vielen Fiestas im ganzen Jahr. Die stimmungsvollen religiösen Feierlichkeiten und Erntedankfeste in Kastilien-La Mancha elektrisieren ganze Städte und spiegeln den lebensfrohen Charakter der Menschen und ihres Erbes wider.

JANUAR

Die Heiligen Drei Könige ziehen beim Cabalgata-Umzug am **Día de los Reyes** durch das historische Zentrum von Toledo.

FEBRUAR

Kostümierte Feierlustige jeden Alters versammeln sich auf der Plaza Mayor von Almagro, um den **Carnaval** mit Umzügen, Live-Musik und Straßentänzen zu feiern.

APRIL

Die Plaza Mayor von Cuenca erweckt das Mittelalter zum Leben und bereitet sich auf die einwöchigen Osterfeierlichkeiten während der **Semana Santa** vor.

BEARFOTOS/SHUTTERSTOCK ©, JUAN GARCIA HINOJOSA/SHUTTERSTOCK ©, JOSE ANGEL ASTOR ROCHA/SHUTTERSTOCK ©

Drei Tage Zeit

- Nach der Besichtigung des historischen Zentrums von Cuenca lohnt es sich, Tagesausflüge in die raue Natur der Umgebung zu unternehmen. Weiter in Richtung Nordosten kann man den Parque Natural de la Serranía de Cuenca erkunden und auf den Pfaden im 90 Mio. Jahre alten prähistorischen Park **Ciudad Encantada** (S. 183) wandern.

- Am nächsten Tag kann man sich im Río Júcar die Füße nass machen (und den Adrenalinspiegel in die Höhe treiben) sowie in den Wasserfällen und Naturpools des **Ventano del Diablo Canyon** (S. 181) im Wasserpark Cortados del Júcar schwimmen.

- Der dritte Tag bietet sich an, um die nahegelegenen archäologischen Schätze zu erkunden. Die römischen Ruinen von **Segóbriga** und **Valeria** (S. 183) sind von Cuenca aus in weniger als einer Stunde mit dem Auto zu erreichen.

Länger Zeit

- Nun schlüpft man in die Rolle des abenteuerlustigen Ritters und begibt sich auf die Spuren von Don Quijote. Es lohnt sich, zwei Abende mit der Erkundung des 2000 Jahre alten Zentrums von **Toledo** (S. 166) zu verbringen. Weiter geht's Richtung Südosten nach **Consuegra** (S. 174), wo man übernachten und die spektakulären Windmühlen bei Sonnenuntergang bewundern kann.

- In den nächsten fünf Tagen fährt man weiter nach Südwesten ins Herz von La Mancha, in die Provinz Ciudad Real, um **Almagro** (S. 189) zu besuchen, das Epizentrum des spanischen Theaters. In südöstlicher Richtung liegt **Valdepeñas** (S. 184), wo man in einer der unterirdischen Weinkeller eine Wein- und Käseverkostung genießen kann. Anschließend lockt ein Paradies für Vogelliebhaber im Feuchtgebiet des **Parque Nacional de Las Tablas de Daimiel** (S. 189).

JULI
Im **Corral de Comedias** in Almagro führen Theatergruppen während des einmonatigen internationalen Theaterfestivals klassische Stücke auf.

JUNI
Die goldene Monstranz verlässt die Catedral Primada, um die **Fronleichnamsprozession** anzuführen, das berühmteste religiöse Fest in Toledo.

SEPTEMBER
Die Jünger des Dionysos geben den Startschuss für das **Weinfest** in Valdepeñas.

OKTOBER
Die Straßen von Consuegra erstrahlen in lila, wenn die Einwohner während des **Safranfestes** zwischen den Blumen tanzen.

TOLEDO

Die 2200 Jahre alte Kaiserstadt Toledo thront auf einem felsigen Steilhang über dem Río Tajo wie ein Monarch, der auf sein Reich herunterblickt. Die Stadt, bis 1561 die Hauptstadt Spaniens, machte seit ihrer Eroberung durch die Römer im Jahr 192 v. Chr. viele Wandlungen durch und florierte als wichtiges *municipium*. Nach dem Untergang des Römischen Reiches wurde sie nacheinander Hauptstadt des westgotischen Königreichs, Hochburg des Emirats von Córdoba und zum Sitz des Kaisers des Heiligen Römischen Reiches und Königs von Spanien, Karl V.

Die Spuren einer vielschichtigen Vergangenheit geben der Stadt heute ihren einzigartigen Charakter – eine bunte kulturelle Mischung aus maurischen, christlichen und jüdischen Einflüssen, die ihr den Beinamen „Stadt der drei Kulturen" einbrachte. Toledos Monumente trotzen den Erwartungen, denn die Kathedrale, die Kirchen und die Synagogen haben den maurischen Baustil beibehalten, und weitere Ausgrabungen würden westgotische, römische und keltiberische Wurzeln zutage fördern. Das historische Zentrum wurde 1986 UNESCO-Welterbe.

TOP TIPP

Montags und sonntagnachmittags sollte man Toledo besser meiden, da die meisten Sehenswürdigkeiten und Einrichtungen dann geschlossen sind. Mehrere wichtige Bauwerke Toledos liegen nahe beieinander. Darum lohnt es sich, das Touristenarmband Pulsera de Toledo (10 €) zu erwerben. Dieses nicht übertragbare rote Band, das nicht verfällt, solange es nicht entfernt wird, gewährt Zugang zu sieben der wichtigsten Sehenswürdigkeiten der Stadt.

WO GIBT ES TAPAS?

Bar Ludeña
Charmante Taverne, deren Spezialität die *carcamusas* sind. €

Bar Santa Fe
Einfache Tapas-Bar in der Nähe der Plaza de Zocodover. €

Cuchara de Palo
Gute Mischung aus spanischen Tapas, Wild und leckerem Frühstück. €

Barrio
Gemischte Speisekarte mit spanischen, asiatischen und lateinamerikanischen Gerichten und tollen Cocktails. €

Alfileritos 24
Taverne, Tapas-Bar und Restaurant, das Traditionelles serviert. €

Bar Skala
Gegründet 1860; große Portionen von traditionellen Gerichten zum Teilen. €

Wer macht mit?

EINE TRADITIONELLE TAPAS-TOUR

Toledo eignet sich sehr gut zum Tapas-Hopping und zum Probieren der traditionellen Küche von Kastilien-La Mancha, die die reiche Landwirtschafts- und Jagdkultur der Region widerspiegelt. Es gibt kaum ein Restaurant oder eine Taverne, in der nicht Gerichte der *caza menor* (Kleinwild), wie *perdiz* (Rebhuhn), *faisán* (Fasan) und *venao* (Hirsch), oder in den kälteren Monaten deftige *platos de cuchara* (Eintöpfe) angeboten werden.

Das allgegenwärtige *carcamusas* ist ein Fleischeintopf mit einer leicht scharfen Sauce Espagnole. Der legendenhafte Ursprung des Namens ist ein Wortspiel aus *carcas* (konservative ältere Herren) und *musas* (junge Schauspielerinnen), die beide zur typischen Kundschaft einer Taverne in der Mitte des 20. Jhs. gehörten, die dieses beliebte Gericht servierte. Ein weiteres traditionelles Gericht ist *lomo de orza,* Schweinelende, die mit Olivenöl in einer *orza* (Tongefäß) gelagert und konserviert wird.

Migas ist ein einfaches Gericht, das aus den Krümeln von tagealtem Brot besteht, das mit Wasser aufgeweicht und mit Fleisch, Knoblauch und Gewürzen vermischt wird.

Queso manchego ist der weltberühmte Käse der Region, der mithilfe der Schafrasse Manchega hergestellt wird.

An fast jeder Ecke gibt es einen Laden, in dem *mazapán de Toledo* (Marzipan) verkauft wird, eine traditionelle, handgemachte Süßigkeit aus gemahlenen Mandeln, Honig und Zucker, die in der Regel zu Weihnachten oder im Winter gegessen wird.

HIGHLIGHTS
1 Catedral de Toledo

SEHENSWERTES
2 Alcázar
3 Aljibes
siehe 4 Baños del Caballe
4 Baños del Cenizal
5 Iglesia de Santo Tomé
6 Museo Convento de Santo Domingo El Antiguo
7 Museo de la Tortura
8 Museo de los Concilios y la Cultura Visigoda
9 Museo de Santa Cruz
10 Museo del Greco
11 Termas Romanas

SCHLAFEN
12 Hotel Domus Zocodover
13 Hotel Santa Isabel
14 Pintor El Greco

ESSEN
15 Adolfo
16 Alfileritos 24
17 Bar Ludeña
18 Bar Santa Fe
19 Barrio
20 Clandestina
21 Cuchara de Palo
22 Deheseo
23 La Malquerida
24 Meson de Orza
25 Taberna Skala

SHOPPEN
siehe 15 Casa Cuartero
26 Santo Tomé Obrador de Mazapán

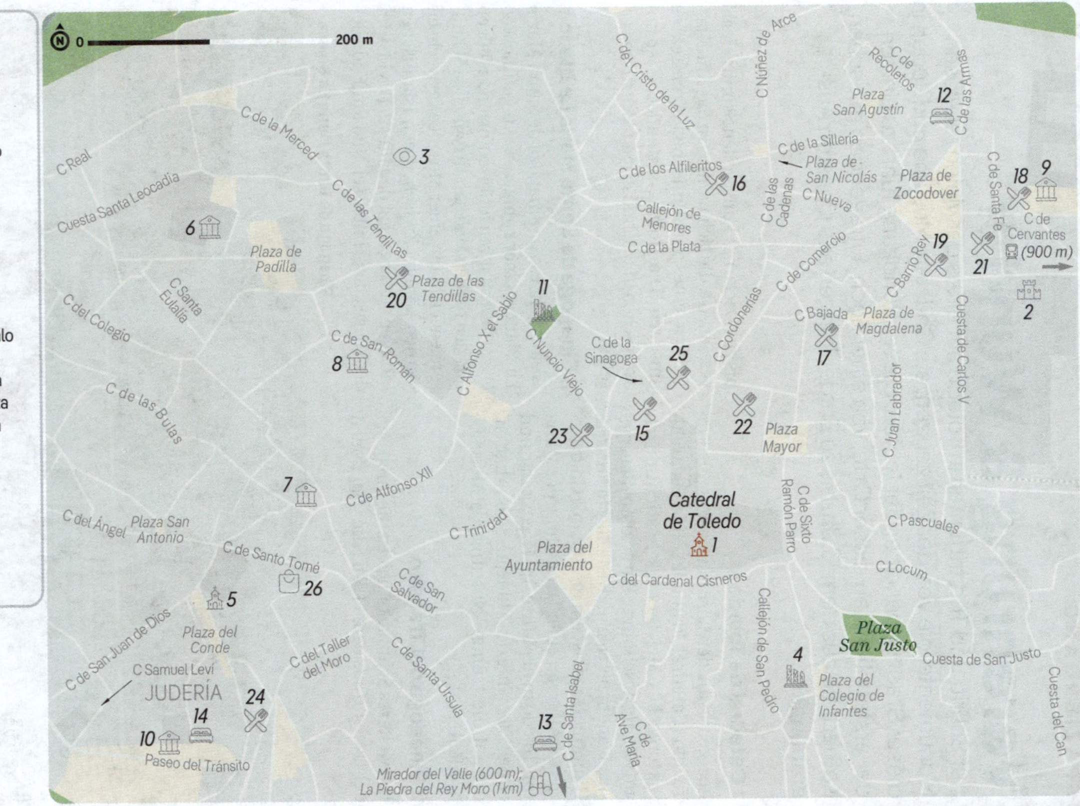

SPAZIERGANG

Verehrung & Wunder

Auf Schritt und Tritt trifft man in Toledo auf eines der vielen religiösen Monumente, die von der Zeit zeugen, als Christen, Muslime und Juden in dieser Stadt nebeneinander lebten. Dieser Rundgang führt zu einigen der erstaunlichsten dieser Orte, von einer hoch aufragenden gotischen Kathedrale aus dem 13. Jh. bis zu Entdeckungen aus jüngsten Ausgrabungen.

1 Catedral de Toledo

Los geht's an der berühmten Catedral de Toledo (Catedral Primada). Toledos architektonisches Meisterwerk besticht durch aufwendig geschnitzte Barockkapellen, riesige Wandmalereien und detaillierte Fresken. Hauptmerkmal ist ein großer, mit Gold verzierter Altar mit einer Darstellung der Maria von Toledo in der Mitte. Im Kreuzgang sind einige Elemente des Mudéjar-Stils erhalten, die auf die frühere Nutzung als Moschee hindeuten.

2 Sinagoga del Tránsito

Ein weiteres Schmuckstück ist die Sinagoga del Tránsito aus dem 14. Jh., die vom Boden bis zur Decke mit kunstvollen Schnitzereien verziert ist, die sich nahtlos in das Mudéjar-Design eines muslimischen Architekten einfügen. Die Holzkassettendecke ist mit arabischen und hebräischen Inschriften versehen.

3 Sinagoga de Santa María La Blanca

Weiter geht es zur Sinagoga de Santa María La Blanca, einer ruhigen, weiß getünchten Oase, die mit ihren hufeisenförmigen Bögen und den für den Mudéjarstil typischen Schnitzereien leicht mit einer Moschee verwechselt werden könnte. Zwischen den islamischen Motiven verbirgt sich der älteste Davidstern der Iberischen Halbinsel, und am Ende des

Sinagoga de Santa María La Blanca

SEAN PAVONE/SHUTTERSTOCK ©

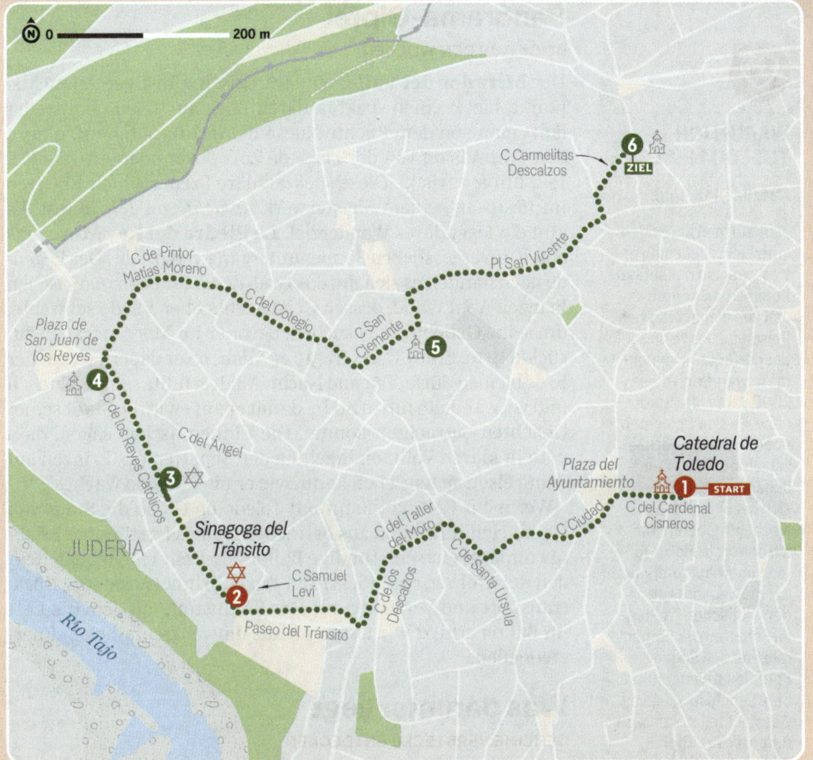

Hauptganges befindet sich ein christliches Kreuz. Während der napoleonischen Invasion in Spanien Ende des 18. Jhs. wurde das Gebäude als Kaserne und Artillerielager genutzt.

4 Monasterio de San Juan de los Reyes

Bevor man das nahe gelegene Kloster San Juan de los Reyes aus dem 15. Jh. betritt, sollte man einen Blick auf die Fassade werfen und die vielen Eisenketten bewundern, die die Gefangenen aus Granada als Dank an Isabel und Ferdinand für die Gewährung ihrer Freiheit nach dem Krieg von Granada mitbrachten. Dieses Bauwerk mit seinen kunstvoll geschnitzten Marmoraltären wurde Ende des 15. Jhs. von den katholischen Königen als ihre letzte Ruhestätte errichtet.

5 Iglesia de San Román

Ein 10-minütiger Spaziergang führt zur Iglesia de San Román, einem weiteren exquisiten Beispiel für die Verschmelzung dreier Kulturen, mit ihren schlüssellochförmigen Fenstern und Mudéjar-Eingängen, arabischen Inschriften, die Allah anrufen, Fresken, die jüdische Herrscher und christliche Mythen zeigen, und einem zentralen goldenen Altar mit einem Kruzifix.

6 Mezquita del Cristo de la Luz

Wer noch Lust auf mehr hat (vielleicht nach einer Tapas-Pause!), sollte etwas weiter vom Stadtzentrum entfernt die Mezquita del Cristo de la Luz besuchen, die 999 erbaut und später in eine christliche Kirche umgewandelt wurde. Kürzlich durchgeführte Ausgrabungen enthüllten, dass das Bauwerk über einer westgotischen Kirche und einem westgotischen Friedhof errichtet wurde, die wiederum über einer römischen Straße und einem keltiberischen Heiligtum gebaut wurden.

Panorama-Gipfel

BLICK AUS DEN WOLKEN

Der **Mirador del Valle**, ein strategisch günstiger Aussichtspunkt, bietet einen spektakulären Blick auf Toledo. Entweder läuft man von dem Puente Nuevo de Alcántara hinauf, nimmt den TrainVision von der Plaza de Zocodover oder ein Taxi (ca. 16 € hin & zurück). Diese spektakuläre Szenerie hielt El Greco im 16. Jh. in seinem Meisterwerk *Ansicht von Toledo* fest. Es gibt ein legendäres Wanderziel, **La Piedra del Rey Moro**, das einen unvergesslichen Sonnenuntergang verspricht. Der Legende nach handelt es sich um das Grab des gefallenen maurischen Prinzen Abul Walid, dessen Geist nachts über Toledo schwebte, um seine Geliebte zu besuchen, bevor er im Morgengrauen zurückkehrte. Eines Tages fragte er Allah, ob er dauerhaft auf der Erde bleiben dürfe, Tag und Nacht. Allah erfüllte seinen Wunsch und verwandelte ihn in Stein, damit er auf ewig die Stadt seiner Geliebten betrachten konnte. Die Einheimischen sagen, dass man in klaren Vollmondnächten den Schatten des Prinzen auf dem Felsen sitzen sehen kann, wie er über Toledo wacht.

Wer mehr Zeit hat, kann mit Toledo en Globo die Stadt von einem Heißluftballon aus betrachten . Das vierstündige Erlebnis umfasst eine einstündige Ballonfahrt mit einem begleitenden Reiseführer, *cava* (Sekt) und Tapas, Erinnerungsfotos, Rücktransport und Versicherung. Der Brennstoff, mit dem die Luft im Ballon erhitzt wird, stammt aus umweltfreundlichen Energiequellen.

WARUM ICH TOLEDO LIEBE

Natalia Diaz, Autorin

„Sobald man am Boden kratzt, entdeckt man etwas“, war ein beiläufiger Kommentar, den ich einmal von einem örtlichen Reiseleiter hörte und der perfekt zusammenfasst, warum ich diese 2000 Jahre alte Stadt liebe. Es sind Schichten über Schichten von Geschichten – die unendlichen Legenden, die sich bei Einbruch der Nacht offenbaren. Als ich das erste Mal in Toledo übernachtete, war ich wie gebannt von dem gotischen Zauber im Schatten der Kathedrale und den engen Kopfsteinpflasterstraßen. Schnipsel dieser Geschichten ziehen sich durch dieses Kapitel, und ich ermutige jeden Reisenden, egal ob er Toledo zum ersten oder zum 50.-mal besucht, sich alles genauer anzusehen und den vielen Geschichten zuzuhören, die hier erzählt werden.

Was darunter liegt

GEHEIME VERSTECKE ENTDECKEN

Toledo ist eine Geschichte in Schichten. Die Stadt ist ein Spielplatz für Archäologen – selbst in jüngster Zeit werden (buchstäblich) immer wieder neue Entdeckungen zutage gefördert. Eine etwas andere Art, Toledo und seine faszinierende Geschichte zu ergründen, ist ein Besuch der archäologischen Stätten, die unter der Stadt verborgen sind. Eine einzigartige private Führung bietet **VisiToledo** an – sie haben den Schlüssel zu den alten unterirdischen Stätten des „Dreiecks des Wassers“, die für die Öffentlichkeit nicht zugänglich sind.

Die aus dem 1. Jh. stammenden Badehäuser, die **Termas Romanas**, wurden 1986 zufällig entdeckt, als ein Einwohner den Bau einer Garage plante. Die für die Öffentlichkeit zugängliche Stätte weist eine intelligente Struktur von unterirdischen Wasserwerken, Thermalbädern und Heizsystemen auf.

Der Brunnen **Aljibes** ist ein unterirdisches Juwel aus dem 9. Jh. Der tiefe, höhlenartige Brunnen, zu dem man durch Me-

SPEZIALITÄTEN AUS TOLEDO SHOPPEN

Casa Cuartero
1920 gegründetes Feinkostgeschäft, ein Mazapán- und Manchego-Paradies.

Santo Tomé Obrador de Mazapán
Traditionelle Marzipanbäckerei an der Plaza de Zocodover, gegründet 1856.

La Catedral de Mazapán
Urige Konditorei mit handwerklich hergestelltem Marzipan, Geschenkpacks mit *turrón* (Nougat), Wein und Likör.

NANO CALVO/ALAMY ©

Termas Romanas

talltüren im Boden gelangt, die man kaum bemerkt, wenn man nicht aufpasst, wurde einst als öffentliche Wasserquelle genutzt und irgendwann in der Geschichte mit Aalen gefüllt, um die Verschlammung zu verhindern. Auf der Tour von VisiToledo sieht man auch die **Baños del Caballel**, einen ehemaligen Süßwarenladen, der heute ein behelfsmäßiges archäologisches Büro und Museum mit über 4000 Jahre alten Alltagsgegenständen ist. Das Prunkstück sind jedoch die **Baños del Cenizal**, ein beeindruckender Hammam mit mehreren Räumen, der im Mittelalter ein lebhaftes gesellschaftliches Zentrum war.

The artist formerly known as Doménikos

AUF DEN SPUREN VON EL GRECO

Doménikos Theotokópoulos geht vielleicht nicht so leicht über die Lippen wie sein spanischer Spitzname El Greco. So wie Toledo dem produktiven Künstler seinen freundlicheren Namen gab, so machte die Stadt auch seine Kunst unsterblich, indem sie seinen Werken ein dauerhaftes Zuhause schenkte.

El Greco zog 1577 im Alter von 36 Jahren nach Toledo, als die Stadt das religiöse Zentrum Spaniens war. Viele seiner großen Aufträge waren religiöse Gemälde, die die Kirchen der Stadt schmücken sollten. Einer dieser heiligen Orte ist die **Iglesia de Santo Tomé**, in der eines seiner berühmtesten Meisterwerke hängt: *El entierro del conde de Orgaz* (Das Begräbnis des Grafen Orgaz) das 1585 in Auftrag gegeben wurde. Wie viele ande-

DIE BESTEN RESTAURANTS IN TOLEDO

Meson de Orza
Bietet eine köstliche, moderne Version des *lomo de orza* sowie Manchego-Eiscreme. €€

Deheseo
Gemütliche Höhle mit modernen Akzenten, in der hochwertiger *jamón* und Charcuterie mit Weinen aus La Mancha und *vermút* serviert werden. €€

Adolfo
Feinschmecker-Restaurant mit köstlicher saisonaler Speisekarte mit Bio-Zutaten aus der Region. €€€

Clandestina
Beliebtes Restaurant, das traditionelle Tapas und Wildgerichte mit einem modernen Touch serviert. Es hat eine reizvolle, von Bäumen beschattete Terrasse. €

La Malquerida
Bekannt für ein gutes Frühstücksangebot und traditionelle Gerichte wie *carcamusas, migas* und *venao*. €

ÜBERNACHTEN IN TOLEDO

Hotel Domus Zocodover
Stilvolles Hotel, in dem historische Elemente wie eine Zisterne aus dem 16. und eine Mauer aus dem 17. Jh. erhalten sind. €€

Pintor El Greco
Vier-Sterne-Hotel, das den traditionellen toledanischen Architekturstil mit moderner Innenausstattung verbindet. €€

Hotel Santa Isabel
Dachterrasse auf einem restaurierten Gebäude aus dem 15. Jh., mit Panoramablick auf die Kathedrale. €€

DEA PICTURE LIBRARY/GETTY IMAGES ©

***La Anunciación de la Virgen* von El Greco, Santa Cruz Museum**

LOCAL TIPP: TOLEDO ENTDECKEN

Sara Cantero und **Jose Manuel Sierra**, VisiToledo-Tourguides, verraten Reisetipps. *(@visitoledo)*

„Ich empfehle, Toledo bei Nacht zu besuchen, um etwas anderes zu erleben. Die Stadt ist wie verwandelt. Am Mirador del Valle gibt es eine Stelle namens La Piedra del Rey Moro, an dem man den schönsten Sonnenuntergang der Welt beobachten kann." – Jose

„Sobald man die Stadtmauern passiert hat, taucht man ein ins 14. Jh. Die engen Gassen und der Kulturmix versetzen die Besucher:innen ins Mittelalter, aber mit den Annehmlichkeiten des 21. Jhs. Der Anblick der Kathedrale aus dem 13. Jh. überwältigt mich immer noch, wenn ich daran vorbeikomme." – Sara

re Werke des Künstlers zeigt das Gemälde zwei Ebenen: die himmlische Oberwelt und die irdische Unterwelt. El Greco malte sein Selbstporträt inmitten der illustren Adligen von Toledo, die in der Begräbnisszene dargestellt sind.

Das **Museo del Greco** beherbergt eine beeindruckende Sammlung von El Grecos Werken aus dem 16. bis 17. Jh., darunter *Vista y plano de Toledo, Las lágrimas de San Pedro* und die 13 Gemälde aus seiner Serie *El apostolado*. Im **Santa Cruz Museum**, einem ehemaligen Krankenhaus und Waisenhaus, sind mehrere Gemälde von El Greco ausgestellt, darunter das gespenstische *La Anunciación de la Virgen*.

Ein passender Abschluss des Rundgangs ist El Grecos letzte Ruhestätte im **Museo Convento de Santo Domingo El Antiguo**, in dem auch seine ersten Gemälde nach seiner Ankunft in Toledo zu sehen sind.

UNTERWEGS VOR ORT

Toledos Altstadt ist eine kompakte, autofreie Zone, die vom Haupteingang Puerta Bisagra, der zum Hauptplatz Plaza de Zocodover führt, leicht zu Fuß erreichbar ist. Dieser Platz ist ein strategischer Ausgangs- und Treffpunkt, von dem aus man mehrere Sehenswürdigkeiten erreicht. Die Steigungen und labyrinthartigen Kopfsteinpflasterstraßen können eine schwindelerregende Erfahrung sein – ein Tipp ist, nach oben zu schauen und sich an den Türmen der Catedral de Toledo zu orientieren.

Rund um Toledo

Ritter, auf zur Burg! Hier taucht man in die Abenteuer von Don Quijote ein und besucht die Kultorte und Wahrzeichen, die den Roman inspirierten.

TOP TIPP

Busse von Samar und Interbus verkehren täglich zwischen Toledo und Consuegra, mit eingeschränktem Angebot an den Wochenenden.

Eines der denkwürdigsten Kapitel von *Don Quijote von der Mancha* erzählt vom Kampf des unermüdlichen Ritters gegen Windmühlen, die er irrtümlich für Riesen hält. Man kann diese Giganten auf Felsen stehen sehen, wie sie über safranfarbene Ebenen und malerische kleine Städte wachen.

Die Windmühlen, Burgen, Dörfer und hügeligen Landschaften von Kastilien-La Mancha waren eine inspirierende Kulisse für Cervantes' Kultroman. Toledo ist ein guter Ausgangspunkt, um auf Don Quijotes Pfaden zu wandeln und in historischen Kleinstädten die Geschichte der frühen Siedler der Iberischen Halbinsel von den Römern über die Mauren bis zu den Johannitern zu entdecken, die alle ihre Spuren in diesen Orten hinterlassen haben. Die traditionelle Manchego-Küche sollte man unbedingt probieren – sie stillt auch den größten Appetit.

Windmühlen, Consuegra (S. 174)

DER MANN AUS LA MANCHA

Mit einer guten Übersetzung (die neuste Version auf Deutsch ist von Susanne Lange) ist Miguel de Cervantes' *Don Quijote* ein überraschend leicht zu lesendes Buch. Die in Episodenform erzählten Reisen und skurrilen Abenteuer, in die die beiden berühmten Amigos verwickelt werden, haben etwas Monty-Python-mäßiges an sich, sei es, dass sie Windmühlen angreifen, Schafherden mit marodierenden Armeen verwechseln oder in einem bizarren Bestrafungsritual auf einer Decke hin und her geworfen werden.

Es überrascht nicht, dass Cervantes' sogenannter „Ritter der traurigen Gestalt" überall in Kastilien-La Mancha in Form von Statuen, Werbetafeln, Restaurantschildern und Museen allgegenwärtig ist.

LINKS: TOP67/SHUTTERSTOCK ©, RECHTS: MARCOS DEL MAZO/LIGHTROCKET VIA GETTY IMAGES ©

Burg in Consuegra

Wächter auf den Hügeln

GEGEN WINDMÜHLEN KÄMPFEN

Die zwölf Windmühlen von **Consuegra** sind das Wahrzeichen der Stadt und bieten schon von fern einen faszinierenden Anblick. Die *molinos* stehen auf dem Bergrücken des Cerro Calderico und überragen die Ebenen von La Mancha wie stolze Wächter. Ursprünglich erbaut von den *Caballeros Sanjuanistas,* oder den Malteserrittern, wurden sie jahrhundertelang zum Mahlen von Weizen eingesetzt.

Jede dieser Windmühlen hat einen Namen, um sie voneinander zu unterscheiden. Bis 2020 beherbergte die Molino Caballero del Verde Gabán sogar das einzige Restaurant Spaniens in einer Windmühle. In der **Molino Rucio**, die auch heute noch als traditionelle Getreidemühle betrieben wird, kann man sich ansehen, wie eine Windmühle funktioniert. Bei einer Führung erlebt man, wie der massive hölzerne Mechanismus, dessen Teile bis ins 16. Jh. zurückreichen, Mehl mahlt.

Das Castillo de la Muela, auch bekannt als die **Burg von Consuegra**, erhebt sich stolz zwischen den zwölf „Riesen" auf dem erhöhten Felsvorsprung. Ursprünglich war die Festung aus dem

ÜBERNACHTEN IN CONSUEGRA

El Patio de los Jazmines
Stilvolles Boutiquehotel mit grünen Innenhöfen mit Pools und Blick auf die Windmühlen; ausgezeichnetes Frühstück. €€

El Retiro de la Mancha
Rustikale B&B-Hausvermietung; gut für Gruppen, mit Blick auf Windmühlen. €€

Hotel Consuegra
Sauberes, komfortables Hotel mit kontinentalem Frühstück in guter Lage. €

11. Jh. maurisch, nach einer Reihe von Kämpfen in der zweiten Hälfte des Jahrhunderts wechselte sie zwischen Christen und Mauren. Schließlich wurde die Burg von Alfons VIII. erobert, der sie 1183 den Johannitern schenkte. Heute ist ein Großteil restauriert und für Besucher:innen geöffnet.

Wer Zeit hat, sollte bis zum Sonnenuntergang bleiben, wenn sich der Himmel in feurige Farben hüllt und mit den weiten Landschaften unter ihm verschmilzt. In den wärmeren Monaten finden am Fuß der Windmühlen, die bei Einbruch der Dunkelheit beleuchtet werden, Konzerte im Sonnenuntergang statt. Im Frühherbst, wenn der Safran blüht und die Felder violett leuchten, wird der Panoramablick zum mythischen Erlebnis.

Mein Königreich für Safran…

FEST DER SAFRANBLÜTE

Consuegra ist das pulsierende Herz des Safranlandes. Das trockene Land ist ein fruchtbarer Boden für dieses legendäre Gewürz, das vor über einem Jahrtausend von den Mauren auf die Iberische Halbinsel gebracht wurde.

In den frühen Herbstmonaten Oktober und November tauchen die Safranblüten die Felder von La Mancha in ein bezauberndes Violett. Zu dieser Zeit sind die Straßen von Consuegra mit Blumen geschmückt und die Stadt feiert ein farbenfrohes Fest zu Ehren dieser kleinen Blume, die seit Jahrhunderten die Wirtschaft der Stadt antreibt. Ein Wochenende lang feiern die Einwohner von Consuegra die **Fiesta de la Rosa del Azafrán** mit farbenfrohen Trachten, Volksmusik und Tänzen sowie Safranschneidewettbewerben, bei denen man sich mit geschickten Einheimischen messen kann. Und natürlich wird auch viel gegessen, denn die Restaurants bieten typische Gerichte mit Safran an, wie *pisto manchego* und *migas*.

Nostalgische Heimat der Johanniter

ZWISCHENSTOPP AUF DER PLAZA

Es lohnt sich, einen kurzen Zwischenstopp in der kleinen Stadt **Tembleque** einzulegen, die einst von den Johannitern bewohnt wurde. Das Prunkstück der Stadt ist die Plaza Mayor aus dem 17. Jh., die im Stil traditioneller Freilichttheater gestaltet ist, mit weiß getünchten Wänden und Reihen von Holzbalkonen, die von Granitportalen gestützt werden. Der Platz, der für Freilichtaufführungen und Stierkämpfe gebaut wurde, bietet viele Bars und Restaurants mit Außenterrassen – ein idealer Ort für eine Rast mit Tapas und Getränken.

DIE BESTEN RESTAURANTS IN CONSUEGRA

El Alfar
Köstliches *menu del día* (Tagesmenü) mit Manchego-Spezialitäten und Safran-Menüs das ganze Jahr über. Ideal für Gruppen. €

El Retorno
Wunderschön angerichtete Kreationen des einheimischen Küchenchefs Pedro Rodríguez, die spanische und mediterrane Aromen vereinen. €€

Mesón la Centinela
Rustikale, familiengeführte Taverne mit Tischen aus Holzfässern und einer guten Auswahl an spanischen Gerichten im *menu del día*. €€

Safranernte, Consuegra

UNTERWEGS VOR ORT

Die Buslinien Samar und Interbus verkehren regelmäßig, an den Wochenenden fahren drei Busse zwischen Consuegra und Toledo und täglich bis zu sieben Busse zur Estación Sur in Madrid.

CUENCA

Das historische Zentrum von Cuenca liegt am Rand eines steilen, zerklüfteten Abgrunds an der Mündung zweier Flussschluchten, Río Huécar und Río Júcar. Die berühmtesten Wahrzeichen der Stadt, die *casas colgadas*, thronen frech am Rande der Schlucht.

Cuenca wurde 714 von den Mauren erbaut und florierte als befestigte Zitadelle, die drei Jahrhunderte lang wirtschaftlichen Wohlstand genoss, bis vom 11. bis 12. Jh. eine Reihe von Kämpfen zwischen Christen und rivalisierenden muslimischen Herrschern folgte. König Alfons XIII. eroberte die Stadt schließlich im Jahr 1177 und beendete damit die maurische Herrschaft in dem strategischen Bollwerk.

Die malerische Landschaft dieses UNESCO-Weltkulturerbes, deren natürliche Konturen mit den mittelalterlichen Strukturen und bunt bemalten Gebäuden harmonieren, ist einfach überwältigend. Trotz seiner mittelalterlichen Ursprünge hat sich Cuenca auch zu einem Zentrum für abstrakte moderne Kunst gemausert, mit zeitgenössischen Museen und Galerien an jeder Ecke der labyrinthartigen Straßen.

TOP TIPP

Steile Straßen, Treppen und Kopfsteinpflaster machen das Zentrum zu einer Herausforderung – also unbedingt festes Schuhwerk tragen (und sich auf ein kleines Workout einstellen!).

VON KÖNIGEN & MEERJUNGFRAUEN

Eines der drei hängenden Häuser von Cuenca heißt **La Casa de la Sirena** (Das Haus der Meerjungfrau). Die Legende besagt, dass Enrique IV. von Kastilien hier seine Geliebte Catalina und ihren unehelichen Sohn Gonzalo einsperrte. Dem abergläubischen Monarchen, der seinen Bruder Pedro „El Cruel" ermordet hatte, um den Thron von Kastilien zu besteigen, wurde vorhergesagt, dass für diesen Mord Blut an seinen Händen klebe und seinem eigenen ehelichen Sohn ein ähnliches Schicksal widerfahren würde. Daraufhin schickte Enrique Männer aus, um Gonzalo zu töten, woraufhin Catalina sich verzweifelt von der Klippe stürzte.

Ein bisschen abhängen?

HÄUSER AM RAND DER KLIPPE

Ein Spaziergang durch den Casco Antiguo (Altstadt) von Cuenca mit seinen *casas colgadas* (Hängende Häuser) ist ein fesselndes Erlebnis mit Ausblicken auf Schritt und Tritt. Ein idealer Ausgangspunkt ist das Südende des Paseo del Huécar entlang des Río Huécar, der die ummauerte Altstadt umgibt. Auf dem Weg dorthin kommt man an den **Rascacielos Conquenses** vorbei, den berühmten Stapelhäusern, die in den Himmel ragen, und an dem modernen Bauwerk des **Teatro Auditorio de Cuenca**, das vor einer beeindruckenden Bergkulisse steht.

Der Aufstieg beginnt am Fuß der kurvigen Bajada San Martin, die auf verschiedenen Höhen entlang des Bergrückens Aussichtspunkte bietet. Die Aussichtsplattform **Miradores del Huécar** eröffnet einen atemberaubenden Blick auf den **Puente de San Pablo**, die die beiden Seiten der Schlucht verbindet.

Die **casas colgadas** sind ein faszinierender Anblick, denn eine Seite ragt über die Kante des Felsvorsprungs hinaus, der senkrecht in die Flussschlucht abfällt. Die drei Häuser wurden zwischen dem 15. und 16. Jh. erbaut und haben mehrstöckige Holzbalkone, die über die Schlucht ragen. Im Lauf der Zeit dienten sie vielen Zwecken – als Unterkunft für besuchende Monarchen, als Zufluchtsort für Künstler und Arme und sogar als Münzprägestätte. Heute beherbergen sie das **Museo de Arte Abstracto Español**, das wichtigste Museum für abstrakte Kunst in der Stadt, das in den 1960er-Jahren gegründet wurde.

Die *casas colgadas* lassen sich am besten von der Mitte der Fußgängerbrücke Puente de San Pablo aus betrachten. Man

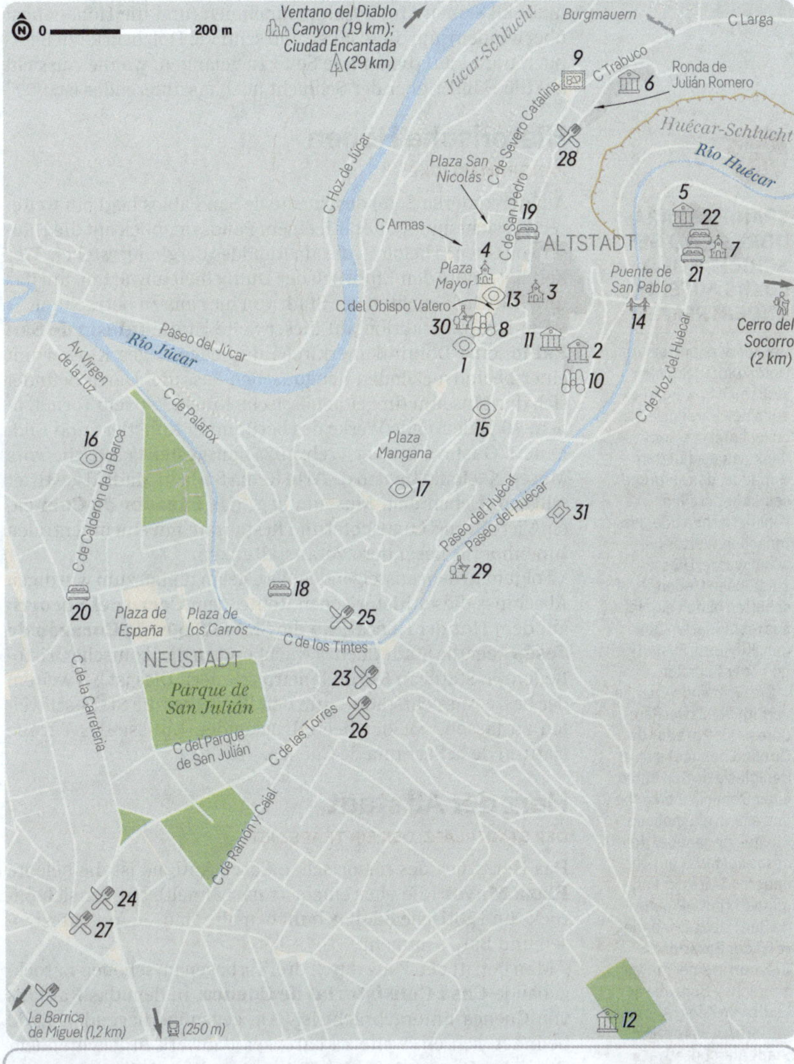

SEHENSWERTES
1 Casa Consistorial de Cuenca
2 Casas Colgadas
3 Catedral de Cuenca
4 Convento de las Petras
5 Espacio Torner
6 Fundación Antonio Pérez
7 Iglesia de San Pablo
8 Los Clasicos
9 Los Ojos de la Mora
10 Miradores del Huécar
siehe 2 Museo de Arte Abstracto Español
11 Museo de Cuenca
12 Museo Paleontológico de Castilla-La Mancha
13 Plaza Mayor
14 Puente de San Pablo
15 Rascacielos Conquenses
16 Túnel Calderón de la Barca
17 Túnel de Alfonso VIII

SCHLAFEN
18 Casa Botes
19 Convento del Giraldo
20 Hostal Canovas
21 Parador de Alarcón
22 Parador de Cuenca

ESSEN
23 5 Sentidos de Fran Martínez
24 Asador de Antonio
25 Bodeguita Capuz
26 Meson Darling
27 Olea Comedor
28 Raff San Pedro

AUSGEHEN
29 Grotte del Huécar
30 La Edad de Oro

UNTERHALTUNG
31 Teatro Auditorio de Cuenca

muss all seinen Mut zusammennehmen (und die Höhenangst überwinden), um diese lange und schmale Holzbrücke zu überqueren und auf die andere Seite zu gelangen, wo die Aussicht auf die Häuser über der Schlucht noch faszinierender ist.

SPANIENS PARADORES – WO GESCHICHTE UND LUXUS AUFEINANDERTREFFEN

Bei der Buchung einer Unterkunft in Spanien stößt man unweigerlich auf einen Parador, ein Luxushotel in einem denkmalgeschützten Gebäude, das aufgrund seines kulturellen, künstlerischen oder historischen Wertes gewählt wurde. Diese staatlichen Liegenschaften bilden ein Netz aus restaurierten Burgen, Klöstern, Festungen oder Palästen.

Die Gemeinde Cuenca verfügt über zwei Paradores. Der **Parador de Cuenca** befindet sich in der Iglesia de San Pablo, einer Dominikanerkirche und einem ehemaligen Kloster, gegenüber den *casas colgadas* auf der anderen Seite der Fußgängerbrücke Puente de San Pablo. Der andere ist der **Parador de Alarcón** in einer mittelalterlichen Burg, die im 12. Jh. von König Alfons VIII. erbaut wurde, in der Stadt Alarcón, etwa 80 km vom historischen Zentrum entfernt.

Historische Höhen

PANORAMABLICKE

Auf der anderen Seite des Puente de San Pablos liegt ein weiterer Aussichtspunkt, der mit einem Panoramablick auf die Häuser von Cuenca belohnt, die am Randdes Berghangs stehen. Wer Zeit hat, sollte den Einbruch der Dunkelheit abwarten, um das unwirkliche Leuchten der Stadt von hier aus zu betrachten.

Die Hauptattraktion auf dieser Seite ist die **Iglesia de San Pablo**, eine Dominikanerkirche und ehemaliges Kloster mit einer beeindruckenden neugotischen Fassade. Darin befindet sich das Museum für zeitgenössische Kunst, Espacio Torner, in dem 40 bedeutende Werke des berühmten Künstlers und Bildhauers Gustavo Torner (geb. 1925) ausgestellt sind, die vom Museo Nacional Centro de Arte Reina Sofía in Madrid gestiftet wurden. Neben dem Museum liegt das **Parador de Cuenca**, ein Vier-Sterne-Luxushotel und Restaurant mit einem zentralen Innenhof für besondere Veranstaltungen.

Folgt man dem ansteigenden Weg, gelangt man zum würdigen Abschluss dieser historischen Route, dem **Cerro del Socorro** auf dem Hoz del Huécar, wo die Statue **Sagrado Corazón de Jesús** über die Stadt Cuenca wacht und an die ikonische Cristo-Redentor-Statue in Rio de Janeiro erinnert. Dies ist bei weitem der beste Aussichtspunkt, um den Blick über die Stadt schweifen zu lassen, vor der beeindruckenden Kulisse des Parque Natural de la Serranía de Cuenca.

Herz der Altstadt

DER STADTPLATZ, DER EIN TRAPEZ IST

Das Herzstück des historischen Casco Antiguo ist die belebte **Plaza Mayor** (die eher einem Trapez ähnelt), auf der sich barocke und gotische Bauten, bunt bemalte Häuser, Außenterrassen und Bars tummeln.

Man betritt den Platz durch drei Torbögen im schönen Barockgebäude **Casa Consistorial de Cuenca**, in dem das Rathaus von Cuenca untergebracht ist. Am gegenüberliegenden Ende befindet sich ein weiteres barockes Bauwerk in leuchtendem Rosa, das **Convento de las Petras** aus dem 16. Jh.

Das Prunkstück des Platzes ist unbestritten die **Catedral de Cuenca**, die erste gotische Kathedrale Kastiliens, die zwischen dem 12. und 13. Jh. an der Stelle der Hauptmoschee errichtet wurde, nachdem die Stadt 1177 von Alfons VIII. erobert worden

DRINKS & TAPAS

Grotte del Huécar
Schick Essen und Cocktails in einer Kaverne mit Terrasse; Blick auf die Berge und den Fluss bei Sonnenuntergang. **€€**

Bodeguita Capuz
Tische aus Holzfässern mit religiösen Motiven, große Weinauswahl, Tapas und traditionelle regionale Gerichte. **€**

La Edad de Oro
Lebendige Kneipe an der Plaza Mayor mit einer guten Auswahl an Gin und IPA, Käse und Wurstwaren. **€**

DAVID ANDRES GUTIERREZ/SHUTTERSTOCK ©

Iglesia de San Pablo

war. Wenn sie einem vage bekannt vorkommt, liegt das daran, dass sie wegen ihrer romanischen Fassade, die typisch für die anglo-normannische Architektur des 12. Jhs. ist, ein wenig Notre-Dame in Paris ähnelt. Durch ein Renaissanceportal gelangt man in den Kreuzgang und den Kapitelsaal, dessen Decken in Pastellfarben bemalt sind. Täglich versammeln sich Menschen auf den Stufen der Kathedrale, denn sie ist ein beliebter Treffpunkt und steht für das rege soziale Leben, das die Kathedrale bietet. Neben den Besichtigungen am Tag werden auch nächtliche Führungen und Live-Orgelkonzerte veranstaltet. Auf der einen Seite der Kathedrale steht das **Reiterstandbild von Alfons VIII.**, eine Hommage an den bedeutendsten Monarchen von Cuenca, der die kastilischen Truppen zum Sieg über das Almohaden-Kalifat führte und die Stadt eroberte.

Nach einem langen Tag ist die Plaza Mayor ideal, um sich zu Tapas und Kaffee zu treffen und dann in einer der vom Platz abzweigenden Straßen zu Abend zu essen, wo es eine gute Mischung aus traditionellen und modernen Restaurants gibt.

Eine kurze Geschichte der abstrakten spanischen Kunst

AVANT-GARDE-MUSEEN

Kurioserweise ist Cuenca trotz seiner mittelalterlichen Ursprünge zu einem Epizentrum der abstrakten Kunst geworden. Dieser Ruf geht auf die 1950er-Jahre zurück, als eine Gruppe einhei-

ESSEN IN CUENCA

Raff San Pedro
Stilvolles Gewölberestaurant nahe der Kathedrale. Die Speisekarte bietet moderne Interpretationen der traditionellen *caza menor*-Gerichte. €€

Olea Comedor
Fantastisches, modernes Restaurant mit offener Küche, das mediterran-asiatische Fusionsgerichte und vegetarische Gerichte serviert. €€

Asador de Antonio
Rustikales Restaurant, das bei den Einheimischen wegen seiner köstlichen Hausspezialitäten beliebt ist: über dem Holzfeuer gebratenes Lamm und *cochinillo* (Spanferkel). €€

Meson Darling
Etwas außerhalb des Casco Antiguo gelegen, bietet dieses beliebte Lokal großzügige Portionen traditioneller spanischer Hausmannskost. €€

5 Sentidos de Fran Martínez
Das Degustationsmenü besteht aus köstlichen Cuenca-Gerichten mit MasterChef-Touch und netten Preisen. €€

WICHTIGE MUSEEN

Museo Paleontológico de Castilla-La Mancha (MUPA)
Audiovisuelles Erlebnis der prähistorischen Vergangenheit Spaniens, mit kinderfreundlichen Dinosaurier-Ausstellungen.

Museo de Cuenca
Die archäologische Geschichte Cuencas, mit einer umfangreichen Sammlung römischer Artefakte aus den Ruinen von Segóbriga und Valeria.

Fundación Antonio Pérez
Moderne Kunstgalerie im Convento de las Carmelitas mit einer breit gefächerten Sammlung abstrakter spanischer Werke.

Río Júcar

GEMALTE AUGEN AUF EINEM BERG

Eines der legendärsten Kunstwerke von Cuenca hängt nicht in einer Galerie, sondern befindet sich an der Seite eines Berges, gemalt von einem unbekannten Künstler. Um diesen besonderen Anblick zu genießen, geht man von der Plaza Mayor die Calle Trabuco entlang bis zu einem Aussichtspunkt am Berghang. Das melancholische Paar großer blauer Augen, das in eine Felsspalte gemalt wurde, heißt **Los ojos de la Mora** (Augen der Maurin) und gehört der Legende nach einer maurischen Frau, die sich in einen christlichen Soldaten verliebt hatte. Sie mussten ihre Liebe geheim halten, weil ihre Religionen Mischehen verboten. Sie starb an gebrochenem Herzen, und noch heute blicken ihre Augen traurig auf die Altstadt und erinnern an ihren Geliebten.

mischer Künstler die sogenannte „Cuenca-Schule" gründete. An der Spitze dieser Gruppe stand der spanisch-philippinische Maler und Kunstsammler Fernando Zóbel, der mit seinem Freund und Künstlerkollegen Gustavo Torner 1966 das **Museo de Arte Abstracto Español** in den *casas colgadas* eröffnete.

Dieses Museum (Eintritt frei!) ist der unbestrittene Dreh- und Angelpunkt für abstrakte Kunst in Cuenca. Es zeigt eine ständige Ausstellung von 129 Gemälden aus der Juan-March-Stiftung und Stücke aus der Privatsammlung von Fernando Zóbel. In dem minimalistischen Räumen hängen neben den großen Fenstern, die auf die Huécar-Schlucht blicken, mehrere Werke, die in den 1950er- bis 1960er-Jahren von bedeutenden spanischen abstrakten Künstlern gemalt wurden, darunter Antonio Saura, Eduardo Chillida, Antoni Tàpies, Manolo Millares, Gerardo Rueda, Pablo Serrano und die Museumsmitbegründer Gustavo Torner und Fernando Zóbel. Diese Kunstenklave wurde mehrfach ausgezeichnet, u. a. mit dem Titel Europäisches Museum des Jahres (1981) und der Goldmedaille für Verdienste um die schönen Künste (1980) des spanischen Kulturministeriums. Sein Erfolg ebnete den Weg für andere, darunter das Zentrum für zeitgenössische Kunst des in Sigüenza geborenen Künstlers und Dichters Antonio Pérez, in dem in 35 Räumen eine Reihe von Kunstwerken von Pérez' Künstlerfreunden, von Antonio Saura bis Andy Warhol, ausgestellt sind.

2005 eröffnete Gustavo Torner sein eigenes Museum, das **Espacio Torner**, das in einem anderen bemerkenswerten Gebäude gegenüber den *casas colgadas* untergebracht ist, der neugotischen Iglesia de San Pablo. Dieses Museum für zeitge-

ÜBERNACHTEN IN CUENCA

Casa Botes
Geräumige Unterkunft mit modernen Annehmlichkeiten; empfehlenswert für Gruppen; das historische Zentrum ist zu Fuß erreichbar. **€**

Convento del Giraldo
Stilvolles Vier-Sterne-Boutiquehotel in einem renovierten Gebäude aus dem 17. Jh., in der Nähe der Kathedrale und der Plaza Mayor. **€€**

Hostal Canovas
Siebzehn komplett ausgestattete Zimmer mit privaten Terrassen und Balkonen in einem renovierten Gebäude aus dem 19. Jh. **€**

nössische Kunst stellt 40 seiner wichtigen Werke aus, die vom Museo Nacional Centro de Arte Reina Sofía in Madrid gestiftet wurden.

Canyoning im wilden Fluss

NATURABENTEUER FÜR ABENTEUERLUSTIGE

Schluchten, Wasserfälle, natürliche Whirlpools – die einzigartige Lage Cuencas am **Río Júcar** macht die Stadt zu einem Paradies für Outdoor-Fans. In den wärmeren Monaten des Frühlings, Sommers und Frühherbstes können Adrenalinjunkies aller Altersgruppen mit dem Flussabenteuertouranbieter **Júcar Aventura** eine Reihe von Flussaktivitäten wie Canyoning, Kajakfahren und Höhlenwanderungen (saisonal) unternehmen.

Barranquismo (Canyoning) ist eine spannende Gruppenaktivität, bei der man unter fachkundiger Führung den **Ventano del Diablo Canyon** in den Cortados del Júcar hinunterfährt, einem herrlichen Wasserpark, in dem man schwimmen, springen und Wasserfälle sowie natürliche Becken runterrutschen kann. Wer es lieber etwas ruhiger mag, kann eine Kanufahrt auf dem Stausee La Toba im Herzen des Naturparks Serranía de Cuenca unternehmen. In den Gruppen- oder Einzelpaketen sind Transport, Video- und Fotoservices sowie spezielle Unterkunftspakete für die Übernachtung im Hostal Júcar enthalten.

Zwei Tunnel

EINE STADT IM UNTERGRUND

Unter der Altstadt von Cuenca befinden sich verborgene Gänge, die die Eroberer im Laufe der Jahre (mit ihren Händen und rudimentären Werkzeugen) gegraben haben und die verschiedenen Zwecken dienten – als Aquädukte, Wege zwischen Palästen, Abwasserkanäle, Krypten, Höhlen zur Lagerung von Wein und Lebensmitteln und als Luftschutzbunker während des Spanischen Bürgerkriegs in den 1930er-Jahren.

Heute lässt sich diese labyrinthische, unterirdische Stadt durch zwei Tunnel erkunden – den **Túnel Calderón de la Barca** und den **Túnel Alfonso VIII** (zum Zeitpunkt der Recherche wegen Wartungsarbeiten geschlossen). Bei den angebotenen Führungen erfährt man mehr über die Geschichte dieser verborgenen Wunder und den Erfindungsreichtum der früheren Bewohner Cuencas. Für die Besucher:innen wurden die Tunnel restauriert und mit Beleuchtungsanlagen, Holzstegen und Schautafeln mit historischen Informationen ausgestattet. Führungen (auf Spanisch) können über das Touristenbüro gebucht werden.

LOCAL TIPP: LIEBLINGSPLÄTZE

Diego Coronado *(@casabotescuenca)*, leidenschaftlicher Umweltschützer und Tierarzt, der das Hotel Casa Botes in der Altstadt leitet, verrät seine Lieblingsplätze in Cuenca.

Asador de Antonio
Mein Lieblingsrestaurant nicht weit vom Casco Antiguo. Ich empfehle meine Lieblingsgerichte, den *pisto manchego* und die *calabacines rellenos* (gefüllte Kürbisse).

Los Clásicos
Dieser typische Cuenca-Balkon mit seinem besonderen Flair eignet sich hervorragend für ein Bier oder einen Kaffee und liegt abseits der Touristenströme. Etwa fünf Minuten Fußweg entfernt erreicht man oberhalb des Parkplatzes im Barrio del Castillo zwischen den Felsen einen Aussichtspunkt, von dem man einen unglaublichen Blick hat.

UNTERWEGS VOR ORT

Man braucht kein Auto, sobald man die Mauern der Altstadt erreicht hat, die man auf zwei Ebenen erkunden kann. Ebenerdig, am Río Huécar, befindet man sich unterhalb der Schluchten und des Puente de San Pablos, bergauf geht's zu den Miradores del Huécar und zu den *casas colgadas* (so oder so ist die Aussicht einzigartig!). Von dort aus gelangt man Richtung Westen zum zentralen Stadtplatz.

Rund um Cuenca

Die Umgebung von Cuenca ist eine Reise in die Vergangenheit, in einen prähistorischen Geopark mitten in einem weitläufigen Naturpark.

TOP TIPP

Ein Auto ist das bequemste Transportmittel, um von der Stadt Cuenca aus zu den Naturparks und archäologischen Ruinen der Region zu gelangen. Man kann die drei genannten Orte in einem Tagesausflug besuchen und bei Sonnenuntergang nach Cuenca zurückkehren.

Etwas über 30 km nordöstlich von Cuenca wartet eine geologische Wunderwelt, in der man natürliche Museen aus der Kreidezeit erkunden kann. Der gewundene Río Júcar mit seinem smaragdgrünen Wasser führt zu majestätischen Kalksteinfelsen, die sich über Kiefernwäldern und üppigen Tälern erheben. Weniger als eine Autostunde entfernt liegt der Parque Natural de la Serranía de Cuenca, ein mythischer geologischer Park, der vom Massentourismus noch erstaunlich unberührt ist.

Dinosaurierüberreste und Fossilien liegen in dieser Gegend verstreut (im April 2022 wurden in Las Hoyas Fußabdrücke von Dinosauriern aus der Zeit vor 129 Mio. Jahren gefunden) und lassen auf das prähistorische Leben in diesem Teil Spaniens schließen.

Ciudad Encantada

Ein prähistorischer Spielplatz der anderen Art

GESCHICHTEN IN STEINEN

Etwa eine halbe Autostunde von Cuenca entfernt liegt der westliche Teil des Parque Natural de la Serranía de Cuenca, das Tor zur **Ciudad Encantada** – ein prähistorischer Fantasietraum mit massiven Dolomitfelsen aus der späten Kreidezeit. Sie bilden eine der spektakulärsten Karstlandschaften der Iberischen Halbinsel. (Fun Fact: Hier wurde auch *Conan der Barbar* gedreht.)

Es gibt viele Legenden über diese verblüffenden Dolomite, die kolossalen Pilzen, Schiffen, Tieren und sogar menschlichen Gesichtern ähneln, weshalb manch einer glaubt, dass sie von Feen und Elfen gemeißelt wurden. Auf einem Rundweg von etwa 3 km Länge gibt es 13 besondere Formationen, die dazu einladen, wie bei einem Rorschach-Test ihre Namen zu erraten. Diese magische Landschaft zeigt die künstlerische Ader der Natur, die mit Moos und Serpentinwurzeln die prähistorischen Felsen bemalt. Dieser Geopark, der 1929 zum Naturdenkmal erklärt wurde, ist auch ein artenreicher Lebensraum für Flora und Fauna. Füchse, Wildschweine und Steinmarder durchstreifen diese steinerne Stadt, in der Wacholder, Eiben, Frauenschuh und Stechpalmen wachsen.

Es handelt sich zwar um eine einfache, flache Route, die auch für Nichtwanderer und Kinder geeignet ist, aber es wird dringend empfohlen, festes Schuhwerk zu tragen, um nicht über die freiliegenden Wurzeln und Steine im Gelände zu stolpern.

Römische Ruinen

DURCH ANTIKE STÄDTE WANDERN

Zwei alte römische Städte können in einem Tagesausflug von Cuenca aus besucht werden – eine 50-minütige Fahrt nach Südwesten führt nach **Segóbriga**, eine ehemalige römische Stadt nahe von Saelices, die auf das 5. Jh. v. Chr. zurückgeht. Zu den Höhepunkten gehören ein Amphitheater mit Blick auf ein Tal, eine westgotische Basilika und eine Reihe von Badehäusern. Eine halbe Autostunde von Cuenca, etwa 34 km entfernt, liegen etwas außerhalb des Dorfes Valeria die **Ruinas Romanas de Valeria**. Die Stätte auf einem Plateau zwischen dem Río Gritos und dem Río Zahorra bietet eindrucksvolle Ausblicke auf Schluchten und hügelige Landschaften. An den Abenden in den wärmeren Jahreszeiten lohnt es sich, die Noches Mágicas en Valeria zu besuchen, die Nachtführungen, Konzerte und Abendessen inmitten der Überreste dieser alten Stadt bieten.

BARRIEREFREIE REISEZIELE

Spanien bemüht sich sehr um Barrierefreiheit im Land (S. 677) und arbeitet ständig an der Verbesserung seines Kulturtourismusangebots für Menschen mit Einschränkungen. Von Cuenca aus erreicht man innerhalb von 1 bis 1½ Autostunden einige außergewöhnliche Ausflugsziele, die über angepasste Angebote, Führer und Einrichtungen für Menschen mit eingeschränkter Mobilität verfügen.

Castillo de Alarcón
Festung aus dem 12. Jh. mit barrierefreiem Innenhof und Räumen.

Kloster von Uclés
Ruhiges Heiligtum des Santiagoordens, das über maurischen Befestigungsanlagen erbaut wurde, mit großem zentralen Innenhof.

Belmonte
Vom Markgrafen von Villena erbautes Schloss, in dem jedes Jahr mittelalterliche Schlachten nachgestellt werden.

Río Cuervo
Inklusiver Naturpark mit Holzplattformen und geführten Touren auf einem Rundweg.

ÜBERNACHTEN RUND UM CUENCA

Hostal Ciudad Encantada
Charmante Herberge weniger als 1 km von der Ciudad Encantada entfernt mit privaten Terrassen mitten im Grünen. **€€**

Hotel Uña Serrania Encantada
Ländliche Bungalows in der nahe gelegenen Talstadt Uña, eingebettet in Wälder mit Blick auf die Berge. **€**

Hostal La Laguna
Preisgünstiges *hostal* im nahegelegenen Uña mit Blick auf den See und die Berge sowie einem Freiluftrestaurant. **€**

VALDEPEÑAS

Die Weinhauptstadt in der Provinz Ciudad Real, vom Tourismusradar noch fast unentdeckt, zelebriert ihre Liebe zum Vino auf ganz eigenem Niveau. Eichenfässer zieren die Tavernen, Querstraßen und Fensterbänke des Pueblo. Kolossale *tinajas* (Keramik-Weinfässer aus der Römerzeit) säumen die Hauptstraßen, und unter der Stadt liegen labyrinthartige Weinkeller.

Diese Weinkultur spiegelt die traditionelle landwirtschaftliche Haupttätigkeit von Valdepeñas wider, denn einige der größten Weinkellereien Spaniens haben ihren Sitz im Tal. Der Weinanbau reicht Jahrtausende zurück; nur 7 km südlich von Valdepeñas wurden in den Ruinen der iberischen Siedlung Cerro de las Cabezas aus dem 7. Jh. v. Chr. Spuren von Weinreben gefunden.

Am Ende des Sommers erreicht die Verehrung der Weinrebe in Valdepeñas ihren Höhepunkt. Das jährliche Ernte- und Weinfest beschwingt die Stadt eine Woche lang, und die herzlichen Einheimischen laden ein, sich „vom Wein küssen zu lassen".

TOP TIPP

Obwohl es eine kleine Stadt ist, gibt es hier eine Menge zu sehen! Valdepeñas ist ein hervorragender Ort für langsames Reisen – man macht es sich hier gemütlich, genießt Tapas und trinkt exquisite regionale Weine in den Bodegas. Bargeld mitnehmen, denn viele Geschäfte ziehen *efectivo* (Bargeld) den Kreditkarten vor.

DIE BESTEN RESTAURANTS

Venta del Comendador
Renoviertes Haus, umgebaut wie ein *corral-de-comedia*-Theater aus dem 17. Jh. Tolle regionale Küche. **€€**

Fonda de Alberto
Große Auswahl an gemischten *arroces* (Reisgerichten), Entrecôte und *solomillo* (Lendensteak). **€€€**

La Antigua Bodega Los Llanos
Eines der denkmalgeschützten Restaurants der Stadt, in dem man zwischen alten *tinajas* und Eichenfässern speist. **€€**

Meson La Viña
Familiengeführtes Restaurant mit geräumiger Bar und Außenplätzen für Tapas. Empfehlenswert sind *migas*, Wild- oder Lammfleisch. **€€**

Historische Weinkeller

ESSEN UND TRINKEN UNTER DER ERDE

Das unschätzbare Erbe von Valdepeñas, das schon fast eine unterirdische Stadt ist, besteht aus mehreren unterirdischen Höhlen, die im Laufe der Jahrhunderte als *bodegas* (Keller) zur Lagerung von Wein dienten. Zwischen dem 16. und 17. Jh. gab es fast 500 von ihnen, und obwohl die meisten verschwunden sind oder unter Privatgrundstücken liegen, kann man noch einige besuchen und dort *catas* oder Weinproben genießen.

Ein kulinarisches Erlebnis lässt sich mit einem Bodega-Besuch verbinden: **La Antigua Bodega Los Llanos**, der beliebteste Weinkeller der Stadt, ist ein Komplex mit labyrinthartigen Gängen, die über eine unterirdische Treppe zugänglich sind. Die Temperatur sinkt, während man an endlosen Reihen von Eichenfässern und staubigen Flaschen entlangläuft, die eine gespenstische Kulisse für die hier regelmäßig angebotenen Weinverkostungen bilden. Im Hauptgeschoss gelangt man durch große Holztüren in das Vorzeige-Restaurant, das auf allen Seiten von massiven *tinajas* flankiert wird. Auf der Speisekarte findet man eine große Auswahl traditioneller *castellanomanchego*-Küche, diverse Fleischsorten und Meeresfrüchte. Auf der Außenterrasse stehen behelfsmäßige Tische aus Holzfässern, an denen man Wein und Tapas im Freien genießen kann.

Von den Weingöttern geküsst

JÄHRLICHE TRAUBENLESE UND WEINFEST

El vino en el labio es también un beso – „Wein auf den Lippen ist auch ein Kuss" – ist ein Motto des jährlichen Weinlesefestes

SEHENSWERTES
1 Molino de Gregorio Prieto
siehe 1 Museo de las Tradiciones
2 Nuestra Señora de la Asunción
3 Plaza de España

SCHLAFEN
4 Hospedería Museo Valdepeñas
5 Hotel Centra
6 Hotel Veracruz Plaza

ESSEN
siehe 3 Bar Penalty
7 Casa de Gavilla
8 Fonda de Alberto
9 La Antigua Bodega Los Llanos
10 La Taberna de Ivan
11 Meson La Viña
siehe 3 Venta del Comendador

AUSGEHEN
12 Il Anforas Vinoteca
13 Dionisos (La Bodega de las Estrellas)
14 El Patio de Chato Grato
siehe 9 La Antigua Bodega Los Llanos

in Valdepeñas, das immer um den ersten Septembertag stattfindet und das Ende des Sommers und den Beginn der herbstlichen Erntezeit markiert. Eine ganze Woche lang feiert die Stadt zu Ehren der heiligen Weinrebe u. a. mit täglichen Wein- und Käseverkostungen, Konzerten im Freien, Sportturnieren, Kunstausstellungen und Wettbewerben. Die meisten Restaurants und Bars bieten zu diesem Anlass spezielle Menüs an, die aber schnell ausgebucht sind, so dass eine Reservierung dringend empfohlen wird.

Einer der Höhepunkte des Festivals, den man sich nicht entgehen lassen sollte, ist der **Túnel de Vino**, ein Tummelplatz für Weinliebhaber, denn hier versammeln sich die regionalen Weinkellereien auf einem großen Areal und bieten bis spät in die

„DO"-WEINREGIONEN

Spanien ist einer der größten Weinproduzenten der Welt. Man sollte auf spanische Weine mit dem DO-Siegel (Denominación de Origen; S. 50) achten, das die Einhaltung hoher Qualitätsstandards garantiert.

ÜBERNACHTEN IN VALDEPEÑAS

Hotel Veracruz Plaza & Spa
Modernes Vier-Sterne-Hotel mit geräumigen Zimmern; fünf Minuten Fußweg zur Plaza de España; toller Concierge-Service. **€€**

Hotel Central
Drei-Sterne-Hotel in Familienbesitz in der Nähe der Plaza de España; gemütlich und makellos, mit Außenterrasse. **€€**

Hospedería Museo Valdepeñas
Ruhiges Zwei-Sterne-Hotel in einem renovierten Weingut mit kleinem Restaurant. **€**

Plaza de España

Nacht hinein Weinproben an – und das gegen einen geringen Eintrittspreis. Es gibt sogar einen Weinbus, der leicht angetrunkene Gäste ins Zentrum bringt und abholt (und am nächsten Tag zurückbringt!). Bei Einbruch der Dunkelheit wird die Fiesta auf der Plaza Mayor mit Live-Auftritten fortgesetzt, bei denen die *valdepeñeros* bis in die Morgenstunden feiern.

Wir treffen uns auf der Plaza

SKURRILER STADTPLATZ

In fast jeder spanischen Stadt gibt es schöne Plätze, aber die **Plaza de España** in Valdepeñas ist einer der schönsten. Die Fassaden sind in mediterranem Blau und Weiß gestrichen und bieten eine eindrucksvolle Kulisse für die Tavernen, Bars und Restaurants am Platz. Weinfässer aus Eichenholz, die über die Säulengänge verstreut sind, dienen als Stehtische, und der Brunnen in der Mitte wird von einer Weinpresse gekrönt, eine Hommage an den Protagonisten der Stadt. Im Sommer und zu besonderen Anlässen verwandeln sich die von diesem Drehkreuz abzweigenden Straßen in ein fantastisches Bild, denn sie werden von bunten Regenschirmen überdacht, die in der Luft schweben.

Das Highlight der Plaza ist die Pfarrkirche **Nuestra Señora de la Asunción** aus dem 12. Jh. – schreitet man durch das gotische Portal im isabellinischen Stil, kann man den Altar mit Goldintarsien bewundern, in dessen Mittelpunkt die Schutzpatronin der Stadt, die Virgen de Consolación, steht, ein Werk des berühmtesten Avantgarde-Künstlers von Valdepeñas, Gre-

LOCAL TIPP: KULINARISCHES

Bibiano Jimenez, Finanzanalyst und Botschafter für den Tourismus in Valdepeñas, ist stolz auf seine Heimatstadt, in der es im Winter kalt und im Sommer sehr heiß ist, in der man aber zu jeder Zeit von den Einwohnern warm umsorgt wird. Hier sind seine Tipps für Besucher:innen.

Plaza de España
Wer zum ersten Mal zu Besuch ist, sollte hierher kommen und Wein mit Tapas genießen, dann einen unserer wunderbaren Weinkeller besuchen und bei einer *cata* entspannen.

Venta del Comendador
Mein Lieblingsrestaurant, probiere die *lomitos de ciervo*.

Gachas
Wer nach Valdepeñas kommt und nicht *gachas* (traditionelles Porridge-Gericht) isst, muss wiederkommen!

TAPAS ESSEN IN VALDEPEÑAS

Bar Penalty
Günstig gelegen neben dem Brunnen der Plaza de España; zwanglose Sitzgelegenheiten drinnen und draußen mit *platos típicos*. €

Casa de Gavilla
An einem begrünten, schattigen Platz abseits des Hauptplatzes mit Tischen im Freien; unbedingt *cochifrito* (gebratenes Schweinefleisch) probieren. €

La Taberna de Ivan
Beliebte, gut besuchte, preisgünstige Tapas-Bar an der Plaza de España mit großzügigen Tapas und Manchego-Käseplatten. €

gorio Prieto. Der Altar ist umgeben von kunstvollen Bildern des Renaissance-Künstlers Fernando Yáñez de la Almedina.

Sanfte Riesen

WINDMÜHLEN- UND WEINSTRASSE

Valdepeñas ist ein Zwischenstopp auf der **Ruta de Don Quijote**, und ein kurzer Spaziergang vom Zentrum aus verrät warum.

Hier entdeckt man einen bekannten Riesen aus Cervantes' Roman, den **Molino de Gregorio Prieto**, angeblich die größte Windmühle der Welt. Der *molino* steht an einem sonnigen Platz und wird von zwei Pyramiden aus Eichenfässern bewacht, die die Namen einiger der größten Weinkellereien der Region tragen. In einem zweistöckigen Museum, dem kleinen **Museo de las Tradiciones**, sind kulturelle Artefakte wie Schmuck, traditionelle Kleidung und religiöse Accessoires ausgestellt, die für das Erbe der *valdepeñera* charakteristisch sind.

Nur einen Katzensprung von hier entfernt verläuft die **Avenida del Vino**, wo man auf eine ganze Armee von Riesen stößt: kolossale *tinajas* – Keramikgefäße aus der Römerzeit und Wahrzeichen der Stadt. Sie säumen beide Seiten der Hauptstraße und ehren berühmte *valdepeñeros* mit Gedenktafeln an ihrem Sockel. Der nahe **Parque Amapolas** ist ein schattiges Plätzchen, um zwischen den riesigen Weinbehältern zu verweilen. Bei Einbruch der Dunkelheit beleuchten die *tinajas* die Allee und heißen alle in der Wiege des Weinbaus von Kastilien-La Mancha willkommen.

Früheste Spuren der Weinreben

ANTIKE IBERISCHE SIEDLUNG

Eingebettet in die sanfte Hügellandschaft von Kastilien-La Mancha, etwa 7 km südlich von Valdepeñas, befinden sich die archäologischen Überreste des **Cerro de la Cabezas**. Dieses weitläufige, 14 ha große antike Wunderwerk war eine befestigte iberische Siedlung, die auf das 7. Jh. v. Chr. zurückgeht. Hier wurden erstmals Spuren von Weinreben entdeckt, die die frühesten Belege für den Weinanbau in der Region darstellen.

Die über die westlichen, nördlichen und südlichen Hänge der Stadt zugängliche Stätte ist eine bemerkenswert gut erhaltene Enklave, die einen Einblick in die iberische Architektur und Kultur bietet. Dicke Kalksteinblöcke wurden zu klobigen Mauern und Strebepfeilern zusammengefügt und spiegeln den für die mykenische Architektur typischen Stil des Zyklopenmauerwerks wider.

Man kann die Ruinen jeden Tag außer montags kostenlos besichtigen. Der Besuch erfolgt auf eigene Faust, es ist aber auch möglich, für Gruppen ab 15 Personen nach vorheriger Anmeldung eine Führung zu buchen.

BESTE BODEGAS ZUR WEINVERKOSTUNG

11 Anforas Vinoteca
Moderner, stylischer Weinladen mit einer beeindruckenden Auswahl an spanischen Spitzenweinen, *cava* und Olivenöl.

Dionisos (La Bodega de las Estrellas)
Nachhaltiges Weingut in einem traditionellen Herrenhaus aus dem 18. Jh.; Übernachtungsmöglichkeiten.

El Patio de Chato Grato
Vinoteca und Restaurant mit einer erlesenen Auswahl an regionalen Weinen, gepaart mit einer mediterranen Speisekarte.

La Antigua Bodega Los Llanos
Die Treppe hinunter führt zu Weinverkostungen in einem Keller aus dem 19. Jh. zwischen Reihen von Eichenfässern.

Cerro de la Cabezas

UNTERWEGS VOR ORT

Valdepeñas ist ein malerisches Städtchen, das man am besten zu Fuß erkundet. Wer mit dem Zug anreist, erreicht das Zentrum in etwa 15 Gehminuten. In diesem Ort kann man sich Zeit lassen, Tapas probieren und die freundlichen Einheimischen kennen lernen.

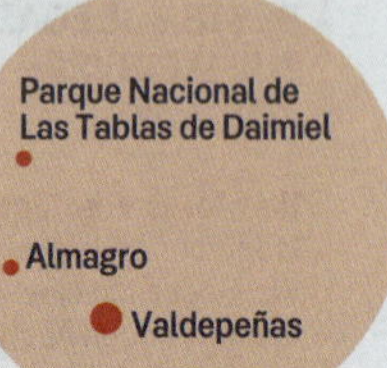

Rund um Valdepeñas

Tief im Herzen von La Mancha, inmitten der weiten Ebenen, liegt ein eindrucksvolles Städtchen und ein wundervolles Feuchtgebiet.

„An einem Orte der Mancha, an dessen Name ich mich nicht erinnern will ...“ – die erste Zeile von *Don Quijote* verweist auf die weiten, scheinbar endlosen Ebenen der südlichen Region Kastilien-La Mancha, die sich bis zum Horizont zu erstrecken scheinen. Aber die Provinz Ciudad Real hat auch einige beeindruckende Enklaven zu bieten, darunter eine historische Stadt, die als das Herz des spanischen Theaters bekannt ist, und ein Feuchtgebiet, das eine Vielzahl von Zugvögeln und ein artenreiches Ökosystem beherbergt.

TOP TIPP

Am besten fährt man mit dem Auto, von Valdepeñas über die Cd Real-Valdepeñas CM-412 nach Almagro. Der Renfe-Zug ist eine weitere beliebte Option.

Parque Nacional de Las Tablas de Daimiel

Die ganze Welt ist eine Bühne

SPANIENS HAUPTSTADT DES THEATERS

Was der Flamenco für Sevilla ist, ist das Theater für **Almagro**. Von Valdepeñas aus sind es nur 30 Autominuten oder eine einstündige Fahrt mit dem Renfe-Zug nach Nordwesten. Dieses kleine, aber feine Juwel in der Provinz Ciudad Real, das zum nationalen Kulturdenkmal erklärt wurde, ist die geistige Heimat des Theaters in Spanien. Wahrzeichen der Stadt ist das Theater **Corral de Comedias** aus dem 17. Jh. – das letzte seiner Art – direkt an der Plaza Mayor. Als Verweis auf das goldene Zeitalter des spanischen Theaters verfügt es über Reihen von Holzbalkonen, die auf die ursprüngliche Bühne ausgerichtet sind.

Seine Geschichte ist faszinierend: Es wurde 1628 von einem wohlhabenden Geistlichen gegründet und beherbergte bis zu seiner Schließung im 18. Jh. aufgrund eines behördlichen Verbots von *corrals* durchgehend Veranstaltungen. Danach wurde es zu einem Gästehaus umgebaut. Während der Restaurierungsarbeiten an der Plaza Mayor in den 1950er-Jahren fand ein örtlicher Gastwirt ein handbemaltes Spielkartendeck, das nach und nach zur Wiederentdeckung des Theaters führte. 1954 wurde es für Aufführungen wiedereröffnet.

Dieses außergewöhnliche Theater, das untrennbar mit der Identität von Almagro verbunden ist, wird auch heute noch für Wochenendvorstellungen genutzt.

FESTIVAL DE ALMAGRO

Jedes Jahr im Juli verwandelt sich Almagro in ein kleines Paradies für Theaterliebhaber, denn dann findet hier das Festival Internacional de Teatro Clásico statt, das jedes Jahr Zehntausende von Besuchern anzieht, um das Goldene Zeitalter des spanischen Theaters aus dem 16. und 17. Jh. zu feiern.

Fast einen Monat lang strömen Theatergruppen von Weltrang hierher, um im Corral de Comedias und einigen anderen ausgewählten prächtigen Veranstaltungsorten in der Stadt, wie dem Palacio Fúcares (Casa-Palacio de Juan Jédler), der Antigua Universidad Renacentista und dem Teatro Municipal, klassische Stücke und verschiedene Performance-Künste aufzuführen. Doch man muss kein Theaterfan sein, um die aufgeladene Atmosphäre zu genießen, denn die ganze Stadt gibt sich der festlichen Stimmung hin.

Wanderung durch ein Feuchtgebiet

PARADIES FÜR VOGELBEOBACHTER

Etwa 35 km nordöstlich von Valdepeñas, etwa 50 Minuten mit dem Auto, liegt der 3000 ha große **Parque Nacional de Las Tablas de Daimiel**. Auf einem Holzsteg, der über das Wasser führt, kann man zwischen einer Vielzahl von Tieren spazieren gehen, darunter viele Vogelarten, wie Flamingos, Enten, Gänse, Eisvögel und Reiher. Bei Gruppenführungen lernt man mehr über die Fauna, Flora und Geschichte des Feuchtgebiets. Wer mehr Strecke machen möchte, kann sich ein Elektrofahrrad mieten oder eine von **Civitatis** angebotene E-Bike-Tour machen. Die nur auf Spanisch geführte Tour beinhaltet einen Fahrradverleih mit Helm, Warnweste, Schloss und Erste-Hilfe-Set.

Die besten Zeiten für einen Besuch sind frühmorgens und am späten Nachmittag, und im Herbst, denn da kann man die Zugvögel beobachten, die in der kalten Jahreszeit einfliegen. Fernglas nicht vergessen! Um den Park zu erreichen, braucht man ein Auto. Man fährt Richtung Daimiel, wo der Hauptzugang über eine 10 km lange asphaltierte Straße führt.

ÜBERNACHTEN IN ALMAGRO

Casa Rural Tía Pilar
Edles Gästehaus aus dem 18. Jh., das mit Antiquitäten und Vintage-Möbeln eingerichtet ist und über einen eleganten Swimmingpool verfügt. **€€**

Hotel Spa La Casa del Rector
Fabelhaftes Boutiquehotel, das traditionelles und modernes Design verbindet. Es warten Vintage-Dekor und abstrakte Kunst. **€€**

Hotel Casa Grande Almagro
Restauriertes Haus aus dem 16. Jh. in zentraler Lage, in dem jedes Zimmer nach Don Quijote-Figuren benannt ist. **€€**

Casa Batlló (S. 233)

DIE WICHTIGSTEN ZIELE

DAS BARRI GÒTIC & LA RAMBLA
Barcelonas historisches Zentrum. **S. 196**

EL RAVAL
Multikulturell, kreativ und historisch. **S. 206**

LA RIBERA & EL BORN
Galerien, Restaurants, Nachtleben und mittelalterliche Architektur. **S. 213**

BARCELONETA, HAFENGEBIET & EL POBLENOU
Fischerquartier am Mittelmeer; frisches kreatives Zentrum. **S. 223**

BARCELONA

KATALONIENS GRENZENLOSE HAUPTSTADT

Die katalanische Hauptstadt fasziniert durch ihre Architektur des Modernisme, ihre mittelalterlichen Gassen, ihre römischen Ruinen, ihren kulturellen Reichtum und ihre Kreativität, die sie zu einer der dynamischsten Städte Europas machen.

Das vor über 2000 Jahren von den Römern gegründete Barcelona hat seit der Austragung der Olympischen Spiele 1992 einen erstaunlichen Aufschwung erlebt, für den das ehemals schäbige Hafenviertel und der früher verwilderte Berg Montjuïc umgestaltet wurden. Heute ist die katalanische Hauptstadt eine der begehrtesten Städte Europas und verbindet ihre reichen, alten kulturellen Traditionen mit einer zukunftsorientierten und umweltbewussten Einstellung.

Während des Goldenen Zeitalters der Stadt im Mittelalter wurden in der Ciutat Vella (Altstadt) große Kirchen und Herrenhäuser gebaut, die die heutigen Stadtviertel Barri Gòtic, La Ribera und El Raval prägen. Dann kam der industrielle Aufschwung in Quartieren wie El Poblenou und Sants und die Entstehung eines völlig neuen Stadtteils, L'Eixample, in dem Barcelonas großartige, außergewöhnliche Bauwerke des Modernisme stehen. Seit Ende des 19. Jhs. hat die Stadt neue Wege in Kunst und Stil sowie in der Architektur beschritten, und ihre berühmten Meister der Molekulargastronomie sind der jüngste Ausdruck einer langen, gefeierten Tradition der katalanischen Küche.

PHOTO_TRAVELLER/SHUTTERSTOCK ©

Etwa 22 % der Einwohner:innen Barcelonas sind internationaler Herkunft, was sich in den vielen verschiedenen Restaurants, in den Fachgeschäften und in den unzähligen Sprachen, die in den Straßen gesprochen werden, widerspiegelt. Viele andere stammen aus Familien, die in der Franco-Diktatur aus ärmeren Gegenden Spaniens hierher gezogen sind. Da der Tourismus heute ein wichtiger Bestandteil der hiesigen Wirtschaft ist, besteht eine der größten Herausforderungen der Stadt darin, die Bedürfnisse der Einwohner:innen und der Tourismusindustrie in Einklang zu bringen.

Doch Barcelona ist nach wie vor ein wunderbares Schaufenster der katalanischen Kultur. Bei lokalen Festen werden die Straßen von *castells* (Menschentürme), *gegants* (Pappmaché-Riesen), *correfocs* (Feuerläufe) und traditionellen Sardana-Tänzen erobert. An der Hafenpromenade locken goldgelbe Strände und das Mittelmeer, während die nach Pinien duftenden Collserola-Hügel im Norden einen Vorgeschmack auf die Schönheit der katalanischen Natur bieten. Bei Einbruch der Dunkelheit verwandelt sich die ganze Stadt: Die Plätze erwachen zum Leben, und die Nacht in Barcelona fängt erst richtig an.

Erste Orientierung

Barcelona ist eine relativ kompakte und bequem zu Fuß zu erkundende Stadt, auch wenn das alte historische Zentrum mit seinen engen, verwinkelten Gassen schon mal wie ein Labyrinth wirken kann. Orientierungshilfen bieten wichtige Sehenswürdigkeiten wie die Plaça de Catalunya, die Kathedrale und die Plaça de Sant Jaume. Mit dem ausgezeichneten öffentlichen Nahverkehrssystem der Stadt kommt man fast überall hin.

ZU FUSS

Die beste Art, Barcelona zu erkunden und die Architektur in sich aufzunehmen, ist zu Fuß. Ein Großteil der Ciutat Vella (Altstadt) ist flach, und die Boulevards von L'Eixample sind lang und begrünt. Unten am Wasser erstreckt sich eine sonnige Promenade von Barceloneta bis Poblenou.

METRO & BUS

Das benutzerfreundliche Metrosystem der Transports Metropolitans de Barcelona (TMB) hat 11 Linien und hält an den meisten Orten; am günstigsten ist eine T-Casual-Karte für 10 Fahrten. Die wichtigsten Ausnahmen sind die Zona Alta, wo Bus und Bahn meist die bessere Wahl sind, und der Montjuïc, der nicht nur mit Bussen, sondern auch mit Standseilbahnen und Seilbahnen erreichbar ist.

FAHRRAD

Barcelona bietet mehr als 200 km Radwege, und 2023 kamen weitere dazu – es ist eine sehr fahrradfreundliche Stadt. Fahrradverleihe gibt es überall, vor allem im Barri Gòtic, El Raval und La Ribera (ab 5 €/Std.). Das stadtweite Bike-Sharing-System Bicing ist für die hier Wohnenden gedacht (nicht für Besucher:innen).

Park Güell

Gràcia & Park Güe
S. 242

Camp Nou, Pedralbes & La Zona Alta
S. 256

Museu Nacional d'Art de Catalunya

Montjuïc, Poble Sec & Sant Antoni
S. 249

Parc del Migdia

VOM FLUGHAFEN

Der Aerobús verkehrt rund um die Uhr zwischen dem Flughafen (beide Terminals) und der Plaça de Catalunya, mit verschiedenen Haltestellen auf der Strecke (5,90 €, 30–40 Min.). Taxis vom/zum Zentrum Barcelonas kosten etwa 30 €. Züge (*línia* R2 Nord mit Renfe) und die Metro (*línia* 9 Sud) stehen ebenfalls zur Verfügung.

Perfekte Tage

Mit einem Kaffee und einer *torrada* (geröstetes Brot), die mit etwas Köstlichem belegt ist, startet man in den Tag. Dann nimmt man sich Zeit für die Architektur des Modernisme, mittelalterliche Denkmäler, faszinierende Kunstgalerien und die goldenen Strände des Mittelmeers, bevor man sich in Barcelonas Gastronomie-, Kneipen- und Tanzszene stürzt

Tantarantana (S. 222), La Ribera

Tag 1

Vormittag

● Im **Barri Gòtic** (S. 196) früh starten, bevor der Trubel losgeht. Man besichtigt die **Catedral de Barcelona** (S. 197), die **Basílica de Santa Maria del Pi** (S. 200) und die verwinkelten Straßen von **El Call** (S. 196); danach erholt man sich in **Satan's Coffee Corner** (S. 202), der **Bar Celta** (S. 203), **Bar La Plata** (S. 203) oder **Brugarol** (S. 203).

Nachmittag

● Ein Spaziergang nach La Ribera zum **Mercat de Santa Caterina** (S. 217), zur **Basílica de Santa Maria del Mar** (S. 217), zum **Museu Picasso** (S. 216), zum **Moco Museum** (S. 219) und zu den **Boutiquen** von El Born (S. 220).

Abend

● Genieße die fabelhafte Restaurantszene von La Ribera in der **Bar del Pla** (S. 218), im **Tantarantana** (S. 222) oder im **El Chigre 1769** (S. 222). Den Rest der Nacht kannst du in den Bars am Passeig del Born abhängen – **El Diset** (S. 219), **Creps al Born** (S. 219) und **Paradiso** (S. 220).

...nicht verpassen

Außerhalb des geschäftigen Zentrums warten weniger bekannte Attraktionen, weite Naturräume, lokale *barris*, belebte Strände und tolle Bars und Restaurants darauf, entdeckt zu werden.

AUF DEN PLÄTZEN FLANIEREN

In der lebendigen **Gràcia** findest du hübsche Plätze, schicke Boutiquen und das gemütliche Flair dieser ehemals eigenständigen Stadt.

MÄRKTEN ERKUNDEN

Stöbere auf dem restaurierten Markt aus dem 19. Jh., der sonntäglichen Buchmesse in **Sant Antoni** und dann in der Carrer del Parlament.

AN DEN STRAND

Das kreative postindustrielle Viertel **Poblenou** bietet herrliche goldene Strände und fantastische Restaurants.

Tag 2

Vormittag

● Zur Besichtigung von Gaudís **La Sagrada Família** (S. 236) muss man früh los. Danach erkundert man das umliegende Viertel. Zum Mittagessen geht's in die Gegend um den **Passeig de Sant Joan** (S. 240), wo **Parking Pizza, Bodega Bonay, Norte** und **Funky Bakers** zu den beliebtesten Lokalen gehören, oder man geht ins **Tapas 24** (S. 241).

Nachmittag

● Mehr Gaudí? Zur Wahl stehen der tolle **Park Güell** (S. 244), die wellenförmige **La Pedrera** (S. 235) und das magische **Casa Batlló** (S. 233). Man kann auch in den Geschäften von L'Eixample (S. 241), **Carner Barcelona, Avant** und **Bagués Masriera**, stöbern.

Abend

● Nach dem Abendessen in L'Esquerra de L'Eixample – z. B. im **Besta** (S. 234) oder **Gresca** (S. 234) – sucht man die perfekte Rooftop-Bar, schaut sich in den LGBTIQ+-Clubs rund um **Gaixample** um (S. 239) oder schlürft Cocktails im **Sips** (S. 241).

Tag 3

Vormittag

● Zuerst geht's zum bewaldeten Montjuïc, wo das **Museu Nacional d'Art de Catalunya** (S. 251) und die **Fundació Joan Miró** (S. 249) einzigartige Kunstsammlungen beherbergen und das auf einem Hügel gelegene **Castell de Montjuïc** (S. 253) einige der dunkelsten Seiten der Stadtgeschichte offenbart. Ein idealer Ort für ein Mittagessen ist das **Martínez** (S. 253).

Nachmittag

● Oder man nimmt die Seilbahn rüber nach **Barceloneta** (S. 223), wo es wunderbare Tapas gibt: **Bodega La Peninsular** (S. 226), **Jai-Ca** (S. 226) und **La Cova Fumada** (S. 226). Klassische Reisgerichte bieten **Can Ros** (S. 228) oder **7 Portes** (S. 228). Dann bummelt man durch die Straßen des alten Fischerviertels.

Abend

● Wenn es die eigene Energie und die Lage des Hotels zulassen, geht's nach **El Raval** (S. 206) zum Abendessen und Ausgehen.

AUF DIE HÜGEL WANDERN

Entfliehe dem Lärm der Stadt bei einer Wanderung im **Parc Natural de Collserola**, wo du einen herrlichen Blick auf die Stadt hast.

ABHÄNGEN IN EL RAVAL

Mach einen Streifzug durch die Bars des Viertels **El Raval**, genieße die internationale Küche und besichtige verborgene Sehenswürdigkeiten.

DIE *PINTXO*-BARS KENNENLERNEN

Unterhalb des Montjuïc, in **Poble Sec**, befinden sich die besten *pintxo*-Bars Barcelonas, dazu Weinlokale, Tapas-Lokale und vieles mehr.

AUF NACH NORD-BARCELONA

Die **Zona Alta** mit ihren alten *barris*, die früher einmal eigenständige Dörfer waren, ist Welten vom hektischen Zentrum entfernt.

CARLOS SANCHEZ PEREYRA/GETTY IMAGES ©, RAQUEL MARIA CARBONELL PAGOLA/LIGHTROCKET VIA GETTY IMAGES ©, MARCO BRIVIO/GETTY IMAGES ©, ELISA GALCERAN GARCIA/SHUTTERSTOCK ©

DAS BARRI GÒTIC & LA RAMBLA

DAS HISTORISCHE ZENTRUM VON BARCELONA

Das Barri Gòtic, ein labyrinthartiges Gewirr aus engen, alten Gassen, ist das Herz der Stadt, seit sie vor über 2000 Jahren von den Römern als Barcino gegründet wurde. In Barcelonas Goldenem Zeitalter im Mittelalter kamen große gotische Gebäude hinzu, darunter die Kathedrale. Alles veränderte sich im späten 19. Jh., als die Stadtmauern niedergerissen wurden und auch viele Gebäude des Barri Gòtic der Geschichte zum Opfer fielen. Heute ist das Barri Gòtic der am stärksten touristisch geprägte Teil Barcelonas, aber es gibt immer noch viel Lokalkolorit und viele *barcelonins* leben hier, gehen aus und kaufen hier ein.

An der Westseite des Viertels befindet sich La Rambla, ein 1,2 km langer, breiter und begrünter Boulevard, der sowohl die katalanische Kultur zelebriert als auch eine der am meisten frequentierten Ecken Barcelonas ist.

TOP TIPP

Das verwinkelte Barri Gòtic kann sehr verwirrend sein, wenn man sich dort bewegt. Zu den wichtigsten Sehenswürdigkeiten gehören die Kathedrale, die Plaça de Sant Jaume und am nördlichen Ende die Plaça de Catalunya. Es gibt überall im Viertel Metrostationen, beispielsweise Liceu, Drassanes und Catalunya an der *línia* 3 und Jaume I an der *línia* 2.

JOSEPH SOHM/SHUTTERSTOCK ©

Sinagoga Major

El Call

MITTELALTERLICHES JÜDISCHES VIERTEL

Das alte jüdische Viertel des Barri Gòtic, El Call, wirft ein Licht auf die mittelalterliche Gemeinde, die hier bis zu den tragischen Pogromen von 1391 ihre Blütezeit erlebte. Die engen, verwinkelten Gassen verbergen heute nach Ansicht einiger Historiker die ehemalige **Sinagoga Major** der Stadt und die Überreste des Hauses des jüdischen Webers Jucef Bonhiac in der archäologischen Stätte **MUHBA El Call**.

An der Placeta de Manuel Ribé gibt's einige wunderbare Restaurants: **La Vinateria del Call** (Wein- und Tapasbar bei Kerzenlicht), **Levante** (kreative mediterrane Gerichte), **Čaj Chai** (Bio-Tees und in Barcelona gebackene Kuchen), **La Alcoba Azul** (leckere spanisch-mediterrane Tapas) oder **Brugarol** (S. 203).

Relikte aus der Römerzeit

DIE ANTIKE STADT BARCINO

Als Barcelonas mittelalterliche Stadtmauern im späten 19. Jh. niedergerissen wurden, kamen Relikte aus der Römerzeit zum Vorschein. Im **Museu d'Història de Barcelona** an der **Plaça del Rei** sind auf 4 km² ausgegrabene römische Straßen, Bäder, Kanäle sowie Wein- und Fischfabriken zu besichtigen. Der verborgene **Temple d'August** in der Carrer del Paradís 10 enthält vier Säulen und den Architrav des römischen Haupttempels. Die heutige Plaça de Sant Jaume war das Forum, und die römischen Mauern hatten 78 Türme; die offene **Via Sepulcral Romana** ist die alte Begräbnisstätte.

Catedral de Barcelona

SPEKTAKULÄRE GOTISCHE KIRCHE

Die Kathedrale von Barcelona mit ihren spitzen Türmen, die von der ganzen Stadt aus zu sehen sind, bietet ein prächtiges Bild der katalanischen Gotik an einem weitläufigen Platz. Sie stammt größtenteils aus der Zeit zwischen 1298 und 1460, obwohl die reich verzierte Fassade und der zentrale Turm erst im späten 19. und frühen 20. Jh. hinzukamen, als einige Gebäude im Barri Gòtic restauriert wurden. Im Gegensatz zu den meisten Kirchen Barcelonas (die von Anarchisten zerstört wurden) hat sie den Bürgerkrieg unbeschadet überstanden.

Der Aufstieg über die imposante Treppe vermittelt einen ersten Eindruck von dem, was drinnen wartet. Das Innere ist ein großer, weitläufiger Raum, der durch elegante, dünne Säulen in ein Mittelschiff und zwei Seitenschiffe unterteilt ist. Das kunstvoll geschnitzte *coro* (Chorgestühl) ist ein besonderes Highlight. In der Krypta befindet sich der Alabastersarkophag der Heiligen Eulàlia (Laia) aus dem 14. Jh., einer der beiden Schutzheiligen Barcelonas, die während ihres Martyriums verschiedene Folterungen erlitt. Eine teilweise romanische Tür (eines der wenigen Überbleibsel des Vorgängerbaus der Kathedrale aus dem 11. Jh.) führt in den Kreuzgang, der für seine 13 schnatternden Gänse berühmt ist, die das Alter der Heiligen Eulàlia bei ihrem Tod darstellen. Die Capella de Santa Llúcia des Kreuzgangs ist ein weiteres romanisches Relikt.

Zwar ist die Kathedrale für Gläubige kostenlos zugänglich, doch wer während der touristischen Besuchszeiten hier ist, muss Eintritt zahlen. Sehenswert sind der Rundumblick vom Dach oder die **Casa de l'Ardiaca** aus dem 16. Jh. gegenüber der Kathedrale, in der Reste römischer Mauern und schöne Fliesenarbeiten von Josep Roig in einem 1902 von Lluis Domènech i Montaner renovierten Gebäude zu sehen sind.

Catedral de Barcelona

MITZO/SHUTTERSTOCK ©

ROMANTISCHE WANDMALEREI?

Versteckt auf einem kleinen Platz gegenüber der Kathedrale befindet sich das eindrucksvolle Wandbild **El mundo nace en cada beso** (Die Welt beginnt mit jedem Kuss), das vom Fotografen Joan Fontcuberta aus Barcelona geschaffen wurde und einen Kuss zwischen zwei Menschen darstellt. Doch bei genauerem Hinsehen erkennt man, dass es aus Tausenden von Einzelfotos besteht, die alle mit dem Thema Freiheit zu tun haben. Sie wurden von Lesern der Zeitung *El Periódico* eingesandt und anlässlich der 300. Diada Nacional de Catalunya (2014) auf kleine Mosaike übertragen. Der katalanische Nationalfeiertag erinnert kurioserweise an die Kapitulation Barcelonas vor der Monarchie der Bourbonen in Spanien am 11. September 1714 am Ende des Spanischen Erbfolgekriegs.

WELT DER WEINE

Wer sich für die katalanischen Weine interessiert, kann von Barcelona Sants aus mit dem Zug schnell in die Weinregion **Penedès** (S. 291) und nach San Sadurní d'Anoia, der Welthauptstadt des *cava*, fahren.

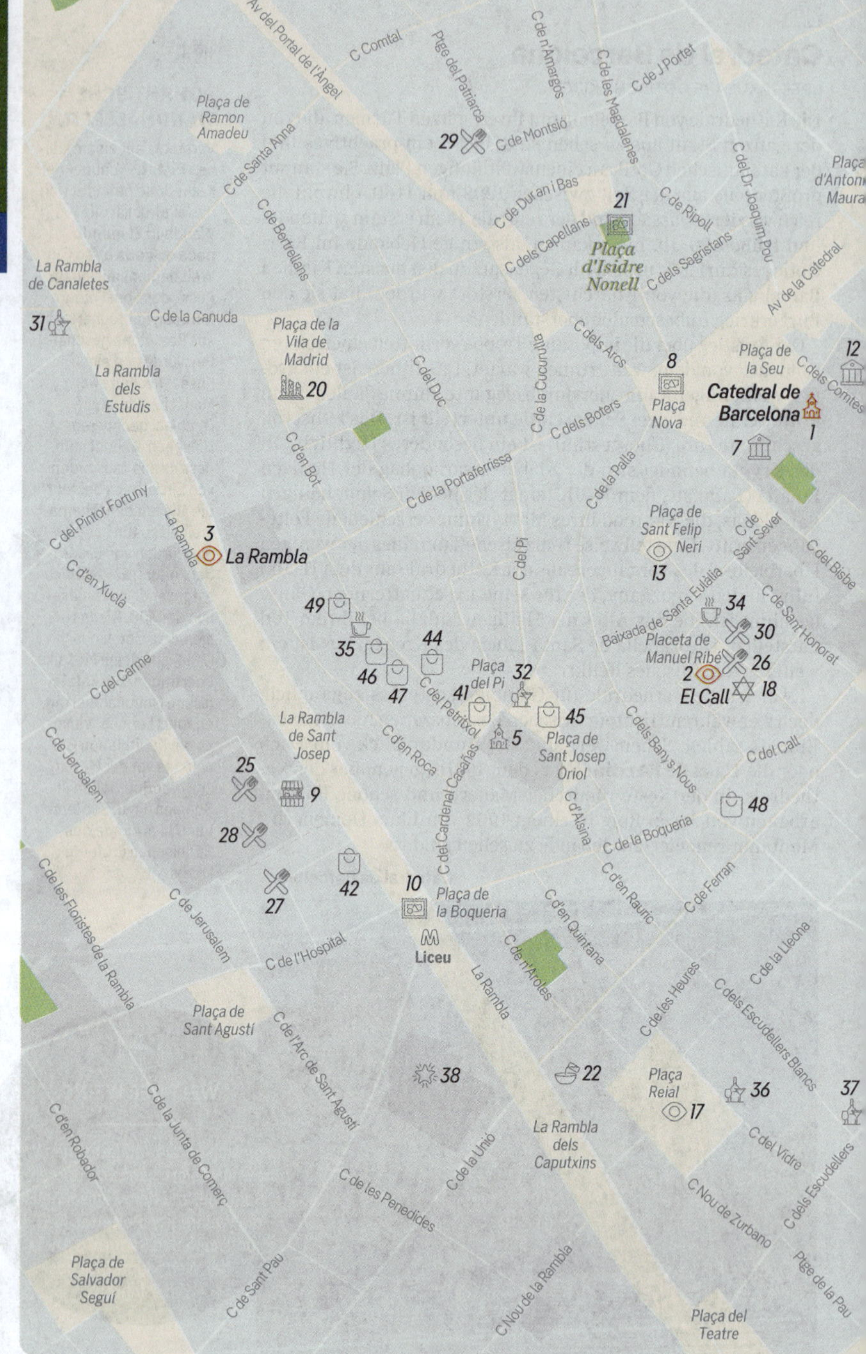
Av del Portal de l'Àngel
C Comtal
Ptge del Patriarca
C de n'Amargós
C de les Magdalenes
C de J Portet
Plaça de Ramon Amadeu
C de Santa Anna
29
C de Montsió
C del Dr Joaquim Pou
Plaça d'Antoni Maura
C de Duran i Bas
21
C de Ripoll
C de Bertrellans
C dels Capellans
Plaça d'Isidre Nonell
C dels Sagristans
Av de la Catedral
La Rambla de Canaletes
31
C de la Canuda
Plaça de la Vila de Madrid
20
C de la Cucurulla
C dels Arcs
8
Plaça Nova
Plaça de la Seu
12
C dels Comtes
Catedral de Barcelona
1
7
La Rambla dels Estudis
C del Duc
C dels Boters
C d'en Bot
C de la Portaferrissa
C de la Palla
C del Pintor Fortuny
La Rambla
3
La Rambla
Plaça de Sant Felip Neri
13
C de Sant Sever
C del Bisbe
C del Pi
C d'en Xuclà
49
35
44
46
47
Baixada de Santa Eulàlia
34
30
Placeta de Manuel Ribé
26
2
El Call
18
C de Sant Honorat
C del Carme
Plaça del Pi
32
41
C del Petritxol
45
5
Plaça de Sant Josep Oriol
C dels Banys Nous
C del Call
La Rambla de Sant Josep
C d'en Roca
C de Jerusalem
25
9
28
C del Cardenal Casañas
C d'Alsina
48
C de la Boqueria
C de les Floristes de la Rambla
42
27
10
Plaça de la Boqueria
C d'en Rauric
C de Ferran
C de Jerusalem
C de l'Hospital
Liceu
C d'en Quintana
C de n'Arolas
La Rambla
C de les Heures
C de la Lleona
C dels Escudellers Blancs
Plaça de Sant Agustí
C de l'Arc de Sant Agustí
38
22
Plaça Reial
17
36
37
C d'en Robador
C de la Junta de Comerç
C de la Unió
La Rambla dels Caputxins
C del Vidre
C Nou de Zurbano
C dels Escudellers
C de les Penedides
Plaça de Salvador Seguí
C de Sant Pau
C Nou de la Rambla
Ptge de la Pau
Plaça del Teatre

HIGHLIGHTS
1 Catedral de Barcelona
2 El Call
3 La Rambla

SEHENSWERTES
4 Basílica de la Mercè
5 Basílica de Santa Maria del Pi
6 Basílica dels Sants Màrtirs Just i Pastor
7 Casa de l'Ardiaca
8 Col·legi d'Arquitectes
9 Mercat de la Boqueria
10 Mosaïc de Miró
11 Museu d'Història de Barcelona
12 Museu Frederic Marès
13 Plaça de Sant Felip Neri
14 Plaça de Sant Jaume
15 Plaça del Rei
16 Plaça George Orwell
17 Plaça Reial
18 Sinagoga Major
19 Temple d'August
20 Via Sepulcral Romana
21 Wandbild El mundo nace en cada beso

AKTIVITÄTEN
22 Barcelona Cooking

SCHLAFEN
23 Serras

ESSEN
24 Bar La Plata
25 Bar Pinotxo
26 Brugarol
27 Direkte Boqueria
28 El Quim
29 Els Quatre Gats
30 La Alcoba Azul
siehe 26 La Vinateria del Call
siehe 2 Levante

AUSGEHEN
31 Bar Boadas
32 Bar del Pi
33 Bar Zim
34 Čaj Chai
35 Granja La Pallaresa
36 Karma
37 Marula Café

UNTERHALTUNG
38 Gran Teatre del Liceu

SHOPPEN
39 Casa Carot
40 Cereria Subirà
41 Col·lectiu d'Artesans de l'Alimentació
42 Escribà
43 La Colmena
44 Libreria Quera
45 Mostra d'Art Pintors del Pi
46 Petritxol Xocoa
47 Sala Parés
48 Sombrereria Obach
49 Torrons Vicens

Basílica de Santa Maria del Pi

Basílica de Santa Maria del Pi

GOTISCHE KIRCHE UND LEBENDIGE MÄRKTE

Der Legende nach entdeckte ein Fischer im 10. Jh. ein Bild der Jungfrau Maria in einer Kiefer, aus der er ein Boot bauen wollte, und baute stattdessen eine Kapelle. Heute steht an dieser Stelle eine der spektakulärsten Basiliken Barcelonas. Die 1320 begonnene Basílica de Santa Maria del Pi ist ein Schmuckstück der katalanischen Gotik mit einer imposanten Fassade, vergoldeten Kapellen, einem einzigen Kirchenschiff und einer der größten Rosetten der Welt. Jedes Wochenende stellen einheimische Künstler:innen ihre Werke auf dem Markt **Pintors del Pi** aus, und alle zwei Wochen findet ein Slow-Food-Markt statt, der **Col·lectiu d'Artesans de l'Alimentació**.

Historische Läden

EIN STÜCK GESCHICHTE BEWAHRT

Barcelonas traditionelle Fachgeschäfte, die über die ganze Stadt verstreut sind, sind für die Seele der Stadt ebenso wichtig wie Gaudís Kreationen der Moderne. Doch in den letzten Jahren mussten einige der beliebtesten Geschäfte schließen (oft wegen steigender Mieten und der Ansiedlung großer Ketten), was dazu führte, dass 228 Läden im Jahr 2015 einen Schutzstatus erhielten, der jegliche Veränderungen an ihren ursprünglichen Fassaden und Innenräumen verbietet. Leider mussten seitdem noch mehr Geschäfte schließen oder ihren Standort nach außerhalb des Zentrums verlegen. Wer also ein paar Mitbringsel kaufen möchte, sollte so beliebte Institutionen im Barri Gòtic unterstützen wie die **Sombrerería Obach** (fantastische Hüte seit 1924), **La Colmena** (köstliche Backwaren aus einer 1868 eröffneten Bäckerei), **Escribà** (Kuchen und Schokolade im Stil des Modernisme) und die **Cerería Subirà** (blumig duftende Kerzen in einem zauberhaften Ambiente aus dem 19. Jh.). Eine weitere Top-Adresse für unwiderstehliche lokale Produkte ist **Casa Carot**, eine ehemalige Butterfabrik aus dem 20. Jh., in der Käse, Honig, Wein und vieles mehr aus nachhaltiger Produktion verkauft wird.

Sombrerería Obach

Mosaik von Joan Miró, La Rambla

La Rambla

GESCHICHTSTRÄCHTIGE FUSSGÄNGERZONE

Bei so vielen Besucherströmen, Straßenkünstler:innen und Straßenhändler:innen ist leicht zu übersehen, dass auf Barcelonas berühmtester (und meist geschmähter) Prachtstraße Jahrhunderte der Geschichte aufeinanderprallen. Von Villen im Modernisme-Stil bis zum **Bodenmosaik von Joan Miró** von 1976 – ein Spaziergang unter den Platanen ist ein Einblick in die Seele der Ciutat Vella (auch wenn das geschäftige Treiben nicht jedermanns Sache ist). Die Rambla, die bis zum 14. Jh. außerhalb der Stadtmauern lag, ist in fünf inoffizielle Abschnitte unterteilt; viele kennen sie als Les Rambles (auf Spanisch Las Ramblas). Neben Mirós Mosaik erinnert ein 12 m langes Mahnmal mit Anti-Gewalt-Botschaften an die 14 Opfer des Terroranschlags von 2017.

Nach Jahren wachsender Besorgnis über zu viel Tourismus und steigende Kriminalität gaben die Behörden Barcelonas Ende 2022 den Startschuss für eine 44,6 Mio. Euro teure, auf Kultur ausgerichtete Überholung der Ramblas. Dabei soll der Platz für Fußgänger:innen vergrößert, der Verkehr reduziert, mehr Bäume gepflanzt, 100 Bänke aufgestellt, das Teatre Principal aus dem 17. Jh. restauriert, die Böden mit nachhaltigen Materialien neu verlegt und der Boulevard bis zum Meer verlängert werden.

Mercat de la Boqueria

EINE WELT DER SINNE

Dort wo der Mercat de la Boqueria stattfindet, der im Zeichen des Modernisme steht, gibt es bereits seit 1217 einen Markt, der nach wie vor einer der größten Märkte Barcelonas ist. Obwohl er heute zweifellos überlaufen ist, bemüht sich La Boqueria, seine lokalen Wurzeln wiederzubeleben; eine authentische Atmosphäre erlebt man, wenn man früh kommt. Ein weiterer guter Grund für einen Besuch sind die tollen Restaurants, die es wert sind, Schlange zu stehen. Die **Bar Pinotxo**, die seit 1940 besteht, verwöhnt ihre Gäste mit katalanischen Klassikern. **El Quim** ist ein traditionelles Lokal, das sich auf typisch katalanische Gerichte mit marktfrischen Zutaten spezialisiert hat. Es lohnt sich auch, einen der acht begehrten Plätze in der **Direkte Boqueria** zu ergattern, wo man katalanische Produkte mit asiatischen Aromen kombiniert.

Bar Pinotxo

DIE BESTEN CAFÉS & BRUNCH-LOKALE

Satan's Coffee Corner
Im punkigen Satan's sorgen die Bohnen der kleinen lokalen Rösterei Right Side für traumhafte Kaffeekreationen, dazu gibt's ein japanisch angehauchtes Frühstück.

Federal
Barcelonas beliebtester Brunch im Aussie-Stil aus lokalen Produkten, serviert auf dem palmengesäumten Platz des Barri Gòtic.

Milk
Im irischen Milk gibt es bis 16.30 Uhr einen beliebten Brunch für den Morgen danach, von Bananenpfannkuchen bis hin zu Omeletts mit Paprikafüllung.

Caelum
Wunderschönes mittelalterliches Gebäude (sehenswert ist das Badehaus im Keller), in dem es Kuchen, Gebäck und Süßigkeiten gibt, die von spanischen Nonnen hergestellt werden.

BEARFOTOS/SHUTTERSTOCK ©

Museu Frederic Marès

MEHR IM BARRI GÒTIC & LA RAMBLA

Plätze & Kirchen

JAHRHUNDERTE LOKALER GESCHICHTE

Eines der größten Vergnügen im Barri Gòtic ist es, sich in seinen jahrhundertealten Gassen und Plätzen zu verlieren. Auf der akazienbeschatteten **Plaça de Sant Felip Neri** verbirgt sich hinter der friedlichen Kulisse eine tragische Vergangenheit – während des Spanischen Bürgerkriegs wurden hier 1938 bei einem Bombardement 42 Menschen getötet, viele von ihnen Kinder der angrenzenden Schule – noch immer zeugen Schäden an den Wänden davon. In der nahe gelegenen Baixada de Santa Eulàlia steht eine kleine Statue von Santa Eulàlia, einer der beiden Schutzheiligen Barcelonas. Die majestätische **Plaça de Sant Jaume**, auf der sich sowohl das Ajuntament (das Rathaus von Barcelona) als auch der Palau de la Generalitat (der Sitz der katalanischen Regierung) befinden, ist bereits seit Jahrhunderten der Sitz der katalanischen Staatsmacht. Um die Ecke, an der Plaça de Sant Just, wurde 1342 die **Basílica dels Sants Màrtirs Just i Pastor** im Stil der katalanischen Gotik erbaut. 1924 wurde Antoni Gaudí auf dem Weg zur Messe hier verhaftet und für einen Tag ins Gefängnis gesteckt, weil er sich weigerte, mit der Guardia Civil Spanisch (statt nur Katalanisch) zu sprechen.

ÜBERNACHTEN

Hotel Neri
Designer-Boutiquehotel in zwei schicken, neu gestalteten Palästen aus dem 12. und 18. Jh. **€€€**

Serras
Wunderschöner Hafenblick und ein fabelhaftes Restaurant (zwanglos) in diesem Fünf-Sterne-Hotel mit 28 Zimmern in einem Gebäude aus dem 19. Jh. **€€€**

Yurbban Ramblas
Eines von drei beliebten Boutiquehotels der heimischen Marke Yurbban. Die Dachterrasse bietet einen schönen Blick auf die Rambla. **€€**

Relikte des Mittelalters

WUNDERWELT EINES SAMMLERS

Barcelona hat viele faszinierende Museen zu bieten, aber keines ist vergleichbar mit dem **Museu Frederic Marès**, das die kuriosen Sammlungen des katalanischen Bildhauers, Reisenden und Sammlers Frederic Marès i Deulovol (1893-1991) präsentiert – in einem wunderschönen mittelalterlichen Gebäude, das einst Teil des königlichen Palastes der Grafen von Barcelona und später Sitz der spanischen Inquisition in Barcelona war. Marès' Leidenschaft galt der mittelalterlichen Bildhauerei; zu den Höhepunkten gehört ein rekonstruiertes romanisches Portal aus einer Kirche in Huesca (Aragonien) aus dem 13. Jh.

Tapas-Zeit

DIE TRADITIONELLEN TAPASBARS IM BARRI GÒTIC

Das Barri Gòtic ist zwar das touristischste Viertel Barcelonas, aber die *barcelonins* kommen nach wie vor hierher, vor allem abends zum Essen und Feiern. Zwischen den vielen Kettenrestaurants gibt es einige angesagte Tapasbars, die ihren Wurzeln treu geblieben sind. In der schnörkellosen **Bar La Plata** in der Nähe der Uferpromenade werden nur vier einfache Gerichte serviert, und das schon seit der Eröffnung des mit Kacheln ausgekleideten Lokals im Jahr 1945 – was alsio darf es sein: Sardellen, Tomatensalat, *butifarra* (Wurst) oder *pescadito frito* (frittierter Fisch)? Die **Bar Celta** wurde 1970 von einem galicischen Ehepaar gegründet und zelebriert die von Meeresfrüchten geprägte Küche des Nordwestens Spaniens mit Gerichten wie *pop a feira* (Oktopus auf galicische Art). Gegenüber der Basílica de Santa Maria del Pi liegt die **Bar del Pi**, ein gemütliches Stück altes Barcelona, das Tortilla, Schinkenkroketten und andere Klassiker auf der Speisekarte hat.

Eine Nacht in der Oper

MAGISCHES THEATER FÜR KLASSISCHE MUSIK

Barcelona besitzt eines der größten Opernhäuser Europas. Das 1847 eröffnete (und nach einem Brand 1994 akribisch restaurierte) **Gran Teatre del Liceu** mit seinen Kronleuchtern verhalf katalanischen Stars wie Josep (José) Carreras und Montserrat Caballé zum Durchbruch. Eine Live-Aufführung im großen Saal ist ein unvergessliches Barcelona-Erlebnis, egal ob Oper oder Ballett. Es gibt auch Führungen durch das beeindruckende Gebäude, bei denen der verspiegelte und mit Fresken bemalte Saló dels Miralls und die Marmortreppe (Originale aus der Zeit vor dem Brand) besichtigt werden können.

DIE BESTEN INTERNATIONALEN RESTAURANTS

Koy Shunka
Eine der besten japanischen Küchen der Stadt, ein mit einem Michelin-Stern ausgezeichnetes, von Küchenchef Hideki Matsuhisa arranhiertes Erlebnis. **€€€**

Brugarol
Exquisite japanisch-mediterrane Fusionsküche im alten Call mit Bio-Zutaten, die von eigenen Bauernhöfen an der Costa Brava stammen. **€€€**

La Pachuca
Perfekte Margaritas, Mezcals und hausgemachte, marktfrische Tacos und Quesadillas mit authentisch mexikanischem Flair. **€**

Koku Ramen
Hausgemachte Nudeln und Gyoza, lokale katalanische Zutaten, traditionelle japanische Rezepte und köstliche Ramen-Suppe. **€**

DIE BESTEN ROOFTOP-BARS

La Terraza de Vivi
Rundumblick, raffinierte Cocktails, Sonntagsbrunch, DJ-Abende und spektakuläres Design.

Rooftop at Serras
Dachterrasse auf einem verträumten Boutiquehotel mit kreativen Cocktails und fabelhafter Küche des angesehenen Küchenchefs Marc Gascons.

Ohla Barcelona
Eine umwerfende Fassade im Modernisme-Stil bildet den Rahmen für eine schicke Rooftop-Lounge über der Via Laietana.

DIE BESTEN KATALANISCHEN RESTAURANTS

Can Culleretes
Das älteste Restaurant Barcelonas wurde 1786 gegründet und ist auf traditionelle katalanische Rezepte wie gefüllte *canelons* spezialisiert. €€

Capet
Eine kurze, aber feine saisonale Speisekarte mit südamerikanischem Touch, zubereitet vom venezolanischen Küchenchef Armando Álvarez. €€

Informal
Der gefeierte Küchenchef Marc Gascons steht hinter den kreativen, klassisch inspirierten Gerichten im entspannten Restaurant des Serras-Hotels. €€€

Grill Room/Bar Thonet
Eine Fassade im Modernisme-Stil bildet die Kulisse für die ausgezeichnete katalanische Küche in einer der ersten Wermut-Bars Barcelonas. €€

Das große jährliche Fest

FEST DER KATALANISCHEN KULTUR

Die **Festes de la Mercè** finden jedes Jahr um den 24. September statt: vier Tage mit Konzerten, Tanz und Straßentheater in der ganzen Stadt. Ein Großteil des Vergnügens konzentriert sich auf das Barri Gòtic, insbesondere die Basílica de la Mercè aus dem Jahr 1760, sowie auf die Plaça de Sant Jaume, die Via Laietana, La Rambla und die Umgebung der Kathedrale. Kulturelle Höhepunkte sind die *castells* (Menschentürme), die Paraden der *gegants* (Pappmaché-Riesen) und die feuerspeienden *correfocs*.

Katalanischer Kochathon

EIN BLICK IN DIE KÜCHE VON BARCELONA

Neugierig darauf, die Geheimnisse der Lieblingsgerichte Barcelonas kennen zu lernen? Dann nimm an einem katalanischen Kochkurs mit einem Besuch des berühmten Mercat de la Boqueria teil. **Barcelona Cooking** wurde von drei galicischen Freunden gegründet und bietet (zweisprachig) vierstündige Kochkurse an. Eine gute Möglichkeit, den touristischen Markt von einer lokalen Seite kennenzulernen. Anschließend wird ein Vier-Gänge-Menü zubereitet.

Eine Kostprobe von Picasso

AUF DEN SPUREN DES KÜNSTLERS

Neben dem großen Museu Picasso in La Ribera (S. 216) findet man die Spuren des großen Pablo Picasso überall im Barri Gòtic. Gegenüber der Kathedrale ist die Fassade des **Col·legi d'Arquitectes** aus dem Jahr 1931 mit einem krakeligen Picasso-Kunstwerk aus dem Jahr 1962 geschmückt, das die mediterranen Feste (einschließlich der katalanischen *castellers*) thematisiert und bei seiner Enthüllung von der lokalen Presse verspottet wurde. Ein paar Straßen weiter nordwestlich befindet sich das schöne Restaurant im Modernisme-Stil **Els Quatre Gats** (entworfen von Josep Puig i Cadafalch), wo der Künstler im Jahr 1900 seine erste Einzelausstellung zeigte. Das Gebäude aus dem 19. Jh. unten am Port Vell, in dem sich heute das schicke Hotel **Serras** befindet, war einst Picassos Atelier.

Durch die Nacht

VON DER ABENDDÄMMERUNG BIS ZUM MORGENGRAUEN

Wenn die Sonne langsam untergeht, zieht das Barri Gòtic seine Tanzschuhe an – hier nachts auszugehen und zu feiern gehört einfach zu den Höhepunkten von Barcelona. Als Einstieg gehst du am besten in eine der lebhaften Wein- und Cocktailbars des Viertels oder du schnappst dir einfach einen freien Tisch auf

DIE BESTEN ORTE FÜR LIVEMUSIK

Jamboree
Jazz, Blues, Afrobeats, Latin- und Bigbandsounds bietet dieser angesagte Veranstaltungsort und-Club an der Plaça Reial.

Harlem Jazz Club
Die schmale Kellerbar in der Altstadt ist gleichzeitig eine der besten Jazz-Bars Barcelonas.

El Paraigua
Ein dunkel getöntes Gebäude im Modernisme-Stil mit regelmäßiger Livemusik (Flamenco, Rock, Blues).

HANS GEEL/SHUTTERSTOCK ©

Granja La Pallaresa

einem der hübschen Plätze wie der **Plaça Reial** mit ihren Arkaden oder der **Plaça George Orwell**. In der schuhkartongroßen, höhlenartigen **Bar Zim** werden katalanische Weine zusammen mit lokalen Käsesorten und Aufschnitt serviert, während in der berühmten, 1933 gegründeten **Bar Boadas** auf La Rambla die berühmten Daiquiris an einem klassischen Tresen aus poliertem Holz gemixt werden. Später kannst du im **Marula** (Funk und Soul der 1970er-Jahre), im **Karma** (von Mainstream-Indie bis Disco) und in anderen Lokalen abtanzen.

Schokoladenstraße

GESCHICHTE UND SÜSSE LECKEREIEN

Gegenüber der Basílica de Santa Maria del Pi, im Herzen des Barri Gòtic, ist die schmale Carrer de Petritxol seit dem 17. Jh. mit der köstlichen Welt der Schokolade verbunden. Im Geiste der ursprünglichen Schokoladenwerkstätten, die sich hier niedergelassen haben, führen heute mehrere Unternehmen diese Tradition fort. In der **Granja La Pallaresa** aus den 1940er-Jahren locken knusprige, in heiße Schokolade getauchte *xurros* oder eine *ensaïmada* nach mallorquinischer Art (Gebäck mit Puderzucker). Außerdem gibt's unwiderstehliche handgefertigte Pralinen bei **Petritxol Xocoa** und das ganze Jahr über *turrón* (Nougat) bei **Torrons Vicens**. Die **Libreria Quera** ist eine um 1900 eröffnete Buchhandlung, in der man zwischen den Regalen einen kleinen Imbiss einnehmen kann, das **Sala Parés** ist einer von Barcelonas führenden Anbietern katalanischer Kunst.

LOCAL TIPP: DIE BESTEN BOUTIQUEN

Renier Guerra Enriquez, Gründer des Haute-Couture-Vintageshops **Le Swing** (bei den Einheimischen besonders beliebt seit 1999), verrät einige seiner Lieblingsboutiquen im Barri Gòtic.

Roberto & Victoria
Einzigartiger „Kultschmuck". Ich bewundere, wie persönlich ihre Entwürfe sind, immer voller Emotionen und Überraschungen.

E Gusmerini
Eugenia Gusmerini sammelt amerikanische, europäische und japanische Marken, von den 80er-Jahren bis heute.

Los Feliz Shop
Dieser kuratierte Online-Vintage-Laden hat gerade ein Geschäft eröffnet; ausgefallene Stücke aus den 70ern bis zu den 2000ern.

L'Arca
Eine Boutique mit romantischer Vintage-Kleidung, darunter zeitlos schöne Kleider.

Limited Editions
Kleine Mode- und Schuhkollektionen von exklusiven zeitgenössischen Designer:innen.

ESSEN

La Manual Alpargatera
Viele Stars, von Penélope Cruz bis Jean Paul Gaultier, haben hier ihre individuellen *espardenyes* (espadrilles) bestellt.

Raima
Das Schreibwarengeschäft deiner Träume, seit 1986 in Familienbesitz, in einem Klostergebäude aus dem 15. Jh.

Sabater Hermanos
Alle verführerischen Seifenprodukte in dieser ehemaligen Textilfabrik sind vegan, tierversuchsfrei und biologisch abbaubar.

EL RAVAL

MULTIKULTURELL, KREATIV UND HISTORISCH

Das einst heruntergekommene Viertel El Raval ist eines der lebendigsten und vielfältigsten Quartiere Barcelonas. Hochmoderne Kulturräume, künstlerische Restaurants und kreative Boutiquen mischen sich hier mit jahrhundertealten Bars und historischen Relikten.

El Raval lag bis zum 14. Jh. (als die Stadtmauern erweitert wurden) außerhalb der Stadt und diente bei Seuchen als Rückzugsort für die kranke Bevölkerung. Ab dem 16. Jh. wurden hier mehrere Klöster eingerichtet, bevor im 18. und 19. Jh. die Textilindustrie mit ihren Fabriken und Arbeiter:innen einzog.

Etwa 50 % bis 60 % der heutigen Bevölkerung von El Raval sind internationaler Herkunft. Die multikulturelle Seele des Viertels ist an den verschiedenen Sprachen zu spüren, die man hört, an den Geschäften mit Zutaten aus aller Welt, an der vielfältigen Kunstszene und an den zahlreichen Restaurants, wo Gerichte zubereitet werden, deren Ursprünge weit jenseits der Grenzen Kataloniens liegen.

TOP TIPP

Das kompakte El Raval lässt sich am besten zu Fuß erkunden. An den Rändern des Viertels befinden sich zahlreiche Metro-Haltestellen, darunter Liceu, Drassanes, Sant Antoni, Catalunya und Universitat. Das untere (südliche) Ende von El Raval ist seit jeher verrufen, vor allem die Gegend um die Carrer de Sant Pau hat ihren schäbigen Charakter behalten. Hier ist nachts Vorsicht geboten und man sollte auf sein Hab und Gut aufpassen.

Palau Güell

Palau Güell

EINZIGARTIGER ALTSTADTPALAST VON GAUDÍ

Barcelonas berühmtester Architekt Antoni Gaudí hat in der Ciutat Vella nur wenige Spuren hinterlassen (die meisten seiner Modernisme-Meisterwerke wurden im neueren Eixample errichtet), was den von der UNESCO geschützten Palau Güell in El Raval zu etwas Besonderem macht. Er wurde in den späten 1880er-Jahren für den Industriellen Eusebi Güell (Gaudís wichtigster Mäzen) erbaut und belegt Gaudís grenzenlose Vorstellungskraft.

Zu den Höhepunkten gehören das Untergeschoss mit seinen pilzförmigen Backsteinsäulen und der Musiksaal, in dem eine Orgel in einer parabolischen Pyramide erklingt. Auf dem Dach geben die fantastischen, mit *trencadís* (Mosaiken im Stil der katalanischen Moderne) verzierten Schornsteine einen Vorgeschmack auf Gaudís spätere Triumphe in La Pedrera und Casa Batlló. Beim Verlassen des Gebäudes lohnt ein Blick über die Straße Carrer Nou de la Rambla 10 – hier begann 1902 Picassos berühmte Blaue Periode.

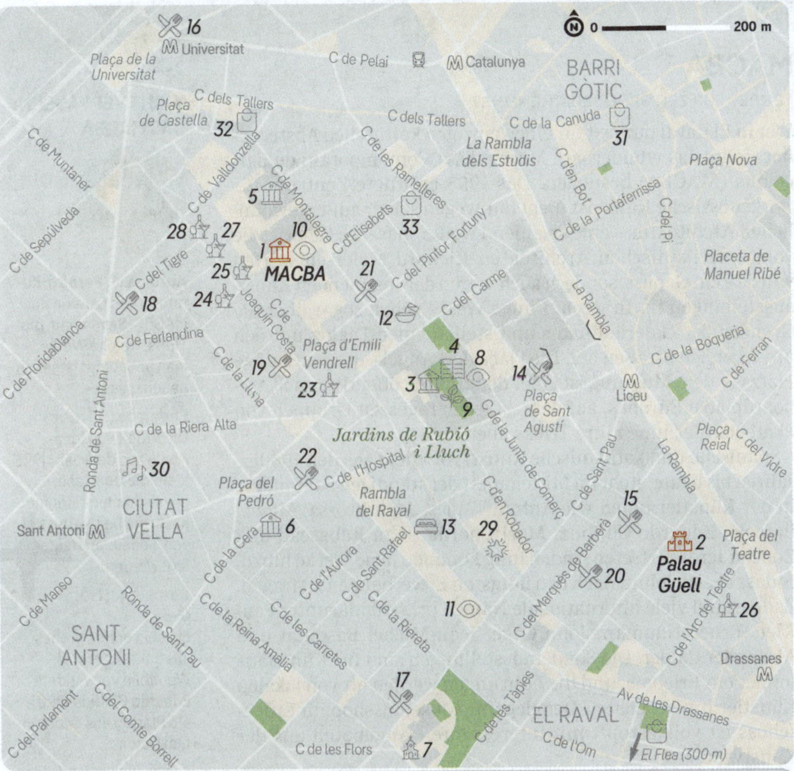

HIGHLIGHTS
1 MACBA
2 Palau Güell

SIGHTS
3 Antic Hospital de la Santa Creu
4 Biblioteca de Catalunya
5 Centre de Cultura Contemporània de Barcelona
6 EMUGBA (EcoMuseu Urbà Gitano de Barcelona)
7 Església de Sant Pau del Camp
8 Institute d'Estudis Catalans
9 Jardins de Rubió i Lluch
10 Plaça dels Àngels
11 Rambla del Raval

AKTIVITÄTEN
12 Paella Club

SCHLAFEN
13 Barceló Raval

ESSEN
14 Bacaro
15 Cañete
16 Casa Luz
17 El Pachuco
18 El Pollo
19 Fat Schmuck
20 Frankie Gallo Cha Cha Cha
21 Mirch
22 Paloma Blanca

AUSGEHEN
23 33 | 45
24 Casa Almirall
siehe 29 La Monroe
25 Lucky Schmuck
26 Moog
27 Negroni
28 Two Schmucks

UNTERHALTUNG
29 Filmoteca de Catalunya
30 JazzSí Club

SHOPPEN
31 Flamingos
32 Holala! Plaza
33 La Principal

Hervorragende Küche

EINE WELT DER GENÜSSE

Neben der katalanischen Küche (S. 210) gibt es in El Raval auch Spezialitäten aus vielen anderen Teilen der Welt. Das mexikanische **El Pachuco** bietet neben Tacos auch kräftige Margaritas an. Hinter dem Mercat de la Boqueria versteckt ist **Bacaro** für seine venezianischen Menüs bekannt, während das nahe **Mirch** eine moderne indische Küche mit Currys in Bowls bietet. **Frankie Gallo Cha Cha Cha** bereitet perfekte Holzofenpizzen zu und das entspannte **Paloma Blanca** zelebriert marokkanische Rezepte. Was die spanische Küche angeht, solltest du dir die Bar **Cañete** mit ihren *tortillitas de camarones* (Garnelenpuffer) nicht entgehen lassen, ebenso wenig wie das Tapas-Lokal **El Pollo**.

MACBA

TEMPEL FÜR ZEITGENÖSSISCHE KUNST

Wer in El Raval nur Zeit für einen einzigen kulturellen Abstecher hat, sollte das wunderbare Museu d'Art Contemporani de Barcelona (MACBA) besuchen. Das 1995 eröffnete Zentrum für zeitgenössische Kunst ist nicht nur wegen seiner außergewöhnlichen Architektur – eine strahlend weiße, gläserne Galerie, die vom amerikanischen Architekten Richard Meier entworfen wurde – ein Genuss, sondern auch wegen der spannenden Kunstausstellungen im Inneren. Einige Werke gehen sogar über die Grenzen der Galerie hinaus und stellen einen Dialog mit den umliegenden Straßen her. Die Plaça dels Àngels, der weitläufige Platz vor dem Museum, ist einer der größten öffentlichen Skateboardplätze Europas, auf dem zu jeder Tageszeit Gruppen von Skateboarder:innen ihre Tricks üben.

Spanische und katalanische Kunst, vor allem aus den 1960er-Jahren bis heute, steht im Mittelpunkt der ständigen Sammlung, in der Künstler:innen wie Antoni Tàpies, Joan Brossa, Miquel Barceló, Eduardo Chillida, Mari Chordà, Joan Rabascall und Concha Jerez vertreten sind; häufig kommen neue Werke hinzu, sodass es sich lohnt, nach den jüngsten Erwerbungen zu fragen. Zudem sind viele internationale Namen präsent, darunter Paul Klee, Bruce Nauman, John Cage, Jean-Michel Basquiat und Alexander Calder. Die Sonderausstellungen sind für Kunstfans immer ein Erlebnis, und die Führungen werden oft von lokalen Künstler:innen geleitet. Der elegante Museumsshop im Erdgeschoss ist vollgestopft mit interessanten Angeboten aus der Kunstwelt.

MACBA

NICHT VERPASSEN: DAS MACBA

Antònia M. Perelló, Kuratorin und Leiterin der MACBA-Sammlung, gibt Tipps, welche Werke man unbedingt gesehen haben muss.

Enderroc (Derribo)
Die Arbeit von Ignasi Aballí aus dem Jahr 1996 stellt die Überreste häuslicher Innenräume nach, die beim Abriss von Gebäuden freigelegt werden.

Barcelona, Mural G-333
Für sein erstes großes abstraktes Keramik-Wandbild verwendete Eduardo Chillida 1998 416 Platten aus gebranntem Beton.

Todos juntos podemos parar el SIDA
Am 27. Februar 1989 malte Keith Haring innerhalb von fünf Stunden dieses bedeutende Wandbild, dessen Botschaft ebenso aktuell wie universell ist.

La ola
Der baskische Künstler Jorge Oteiza schuf 1998 dieses großartige Werk aus schwarzem Aluminium im Dialog mit dem Gebäude von Richard Meier.

Rinzen
Das für die 45. Biennale von Venedig (1993) geschaffene Werk *Rinzen* von Antoni Tàpies enthält nicht nur eine Botschaft gegen den Krieg, sondern fordert auch zu einem Verständnis jenseits der Realität auf.

JazzSí Club

KONRAD ZELAZOWSKI/ALAMY ©

NOCH MEHR IN EL RAVAL

Ab in die Bars

DIE KLASSISCHE PARTYMEILE VON EL RAVAL

Trotz der etwas kantigen Atmosphäre ist El Raval ein großartiger Ort zum Ausgehen. Die Carrer de Joaquín Costa ist mit ihrer Mischung aus studentischem Flair, modernen Cocktails und Old-School-Atmosphäre ideal für einen Barbesuch. Am besten startest du bei **Two Schmucks**, wo erfahrene Barkeeper:innen einige der originellsten Cocktails Barcelonas mixen. **Negroni, 33 | 45** und **Lucky Schmuck** sind weitere beliebte Cocktail-Lokale, das **Fat Schmuck** ist berühmt für seine schnörkellose moderne Küche. Um einen Eindruck davon zu bekommen, wie es war, als die Künstler:innen der Bohème des 20. Jhs. sich hier aufhielten, schau mal in der **Casa Almirall** vorbei, die im Modernisme-Stil gestaltet ist und seit 1860 besteht; Wermut und Absinth sind hier die Getränke der Wahl. Nördlich der Carrer de Joaquín Costa liegt die **Casa Luz** mit einer wunderbaren Dachterrasse, auf der katalanische Weine und kreative Cocktails serviert werden. Musikfans sollten in den nahe gelegenen **JazzSí Club** pilgern, wo Live-Jazz, Flamenco, Rock und mehr geboten wird. Und wer gern tanzt, geht am besten ins **Moog** im südlichen Raval.

NOCH MEHR ANGESAGTE BARS

La Confiteria
In dieser ehemaligen Confiserie aus dem 19. Jh. kannst du an Marmortischen auf gefliesten Böden hervorragende Cocktails genießen.

Bar Muy Buenas
Denkmalgeschütztes Gebäude im Modernisme-Stil aus dem Jahr 1928 mit beeindruckenden Cocktails und traditioneller katalanischer Küche.

Caribbean Club
Der renommierte Barkeeper Juanjo González Rubiera betreibt diese auf karibische Rumsorten spezialisierte Cocktailbar mit nautischem Flair, die in den 1970er-Jahren eröffnet wurde.

Bar Marsella
Dieser Klassiker aus dem Jahr 1820, der sich auf starken Absinth spezialisiert hat, wurde schon von allen besucht: von Picasso über Gaudí bis Hemingway.

Celler d'en Frank Peterssein
Freundlicher Oldtimer aus den 1930er-Jahren, der Schalen mit Oliven und Wein direkt vom Fass anbietet.

KAFFEE & CAFES

Bar Central
Ein geheimer Garten in einem jahrhundertealten gefliesten Gebäude; hier gibt's Wermut, Tapas und Kaffeespezialitäten.

Caravelle
Kreatives internationales Brunchlokal, hauseigene Craftbiere und Kaffee von Nømad, der besten Rösterei Barcelonas.

Dalston Coffee
Von East London inspirierter Imbiss, der Bohnen der Saison (aus umweltgerechter Produktion) serviert, die aus der ganzen Welt bezogen werden.

LOCAL TIPP: INTERNATIONALE KÜCHEN

Majid und Mani Alam, Besitzer von Baby Jalebi und dem **Fish & Chips Shop**, verraten ihre Lieblingsrestaurants mit internationaler Küche in El Raval und Sant Antoni.

África Bar & Restaurante Foni
Das Lokal hat sich der Küche des afrikanischen Kontinents verschrieben. Unbedingt *maafe* und *kanja* bestellen.

Kabul
Typische Gerichte aus Afghanistan. Besonders empfehlenswert sind Lammgerichte wie die *seekh kebabs* und das traditionelle, langsam fermentierte afghanische Brot *naan.*

Món-Việt
Ein Vietnamese mit Stil in Sant Antoni. Perfekt zum Teilen mit Freund: innen, denn die Speisekarte ist im Tapas-Format gehalten – *bánh mì* und *pho* sind in Barcelona unübertroffen!

Spicy
Witziges Restaurant in Sant Antoni mit einem stimmungsvollen Interieur. Die Baos und die Süßkartoffelnudeln muss man unbedingt probieren.

ARTYOM SEMENUSHKIN/SHUTTERSTOCK ©

El Gat de Botero

Eine andere Rambla

ZENTRUM DES LOKALEN LEBENS

Die meisten Straßen in El Raval führen zur *rambla* des Viertels, auf der immer ein breiter Querschnitt der Gesellschaft unterwegs ist. Die von Cafés und Palmen gesäumte **Rambla del Raval** wurde im Jahr 2000 angelegt, jedes jedes Wochenende gibt's hier einen Kunsthandwerksmarkt. Das glanzvolle Hotel **Barceló Raval** (mit Dachterrassenbar) befindet sich auf der Ostseite, während Fernando Boteros **El Gat de Botero** – eine 7 m lange und 2 m hohe Skulptur einer Katze (so etwas wie ein Wahrzeichen Barcelonas) – am unteren Ende der Rambla Wache hält.

Gesundheit, Geschichte & Gaudí

DAS MITTELALTERLICHE KRANKENHAUS VON EL RAVAL

Bei einem Gang durch das 1401 gegründete, einst wichtigste und hoch angesehene Krankenhaus der Stadt gewinnt man einen Eindruck von der Vergangenheit von El Raval. Im **Antic Hospital de la Santa Creu** (bis in die 1930er-Jahre genutzt) starb 1926 der große Architekt Antoni Gaudí, nachdem er von einer Straßenbahn überfahren worden war. Heute beherbergt das Gebäude die **Biblioteca de Catalunya** (markante gotische Bögen) und das **Institut d'Estudis Catalans** (wunderschöne Keramiken, Besichtigung nur mit Führung). Die friedlichen, nach Zitrusfrüchten duftenden **Jardins de Rubió i Lluch** sind eine willkommene Abwechslung zu den belebten Straßen von El Raval, wo sich die Menschen zu einer Partie Schach oder einem Drink in einem der gemütlichen Cafés treffen.

KATALANISCHE KÜCHE

Suculent
Exquisite moderne katalanische Küche des valencianischen Küchenchefs Toni Romero, der sein Handwerk im El Bulli gelernt hat. **€€€**

Elisabets
Wunderbar unprätentiöse, traditionelle Küche im Hausmannskost-Stil mit freundlichem Personal und einem großartigen, günstigen *menú del dia.* **€**

Ca L'Estevet
Seit 1890 serviert dieses Lokal schlichte katalanische Spezialitäten auf Basis von saisonalen Zutaten frisch vom Markt. **€€**

Eine etwas andere Tour

EINE ANDERE SEITE VON BARCELONA

Etwa 20 % der spanischen Obdachlosen leben in Barcelona, und schätzungsweise mindestens 1000 Menschen schlafen jede Nacht auf den Straßen der Stadt, viele von ihnen mehr als zwei Jahre. Das in Großbritannien gegründete Sozialunternehmen **Hidden City Tours** bildet Fremdenführer:innen aus, die aus der Obdachlosenszene der Stadt stammen, und schafft Arbeitsplätze für sie. Die einfühlsamen, aufschlussreichen zweistündigen Touren durch El Raval (und das Barri Gòtic) sind mit den eigenen Geschichten der Stadtführer:innen durchsetzt und zeigen eine Seite Barcelonas, die den meisten Besucher:innen verborgen bleibt.

Streetart-Tour

KONTAKT ZU LOKALEN KÜNSTLER:INNEN

Seit den Anfängen der Straßenkunstszene Barcelonas in den 1970er-Jahren hat sich El Raval zu ihrem Epizentrum entwickelt. Neben dem MACBA (S. 208) ist das 1989 von Keith Haring geschaffene *Todos juntos podemos parar el SIDA* (Gemeinsam können wir AIDS stoppen) das bekannteste Open-Air-Werk des Viertels. Weitere Höhepunkte sind die Me-Lata-Installationen aus Blechdosen, die von Hand mit Liebesbotschaften bekritzelt wurden, und Carlos Redóns Schnuller-Logo *El Xupet Negre*. Das alles kannst du bei einem von Künstler:innen geführten Rundgang mit **Barcelona Street Style** oder **Be Local** erleben.

Vintage-Garne

AUF DER JAGD NACH GEBRAUCHTEN SCHÄTZEN

Einige originelle Läden für Secondhand-Mode befinden sich im Viertel El Raval. Die Carrer de la Riera Baixa (samstags ist hier Flohmarkt) ist ein guter Anlaufpunkt, zu dem auch das von zwei Musikern betriebene **Lullaby** gehört. Die Carrer dels Tallers, traditionell für ihre Musikläden bekannt, ist ein weiteres Zentrum für Vintage-Mode. **Flamingos** hat amerikanische Mode aus den 1940er- bis 1990er-Jahren. Weitere beliebte Läden sind **Holala! Plaza** (Ibiza-inspirierte Hippie-Mode) und **La Principal** (T-Shirts mit Logostempel, Designerjeans). **El Flea** ist ein monatlicher Secondhand-Markt neben den Reials Drassanes.

Paella-Meisterkurs

EINBLICK IN DIE SPANISCHE KÜCHE

Wer sich schon immer gefragt hat, was das Geheimnis einer perfekten Paella ist, erfährt hier alles über den knusprigen *so-*

DIE BESTEN ORIGINELLEN LÄDEN

Grey Street
Restauriertes ehemaliges Parfümgeschäft, das mit Produkten spanischer Kunsthandwerker:innen gefüllt ist (handbemalte Becher, ätherische Öle, Kunstdrucke).

La Nostra Ciutat
Lustige Drucke, Tragetaschen, Landkarten, Laptoptaschen und mehr, meist von katalanischen Künstler:innen und inspiriert von Barcelona.

La Portorriqueña
Dieses 1902 gegründete alteingesessene Kaffeegeschäft wird heute von der beliebten lokalen Rösterei **El Magnífico** betrieben.

Miscelánea
Verlockende Welt des Grafikdesigns mit Originaldrucken, handbemalter Keramik, Indie-Magazinen und mehr von Nachwuchskünstler:innen.

Fantastik
Fundstücke aus aller Welt, von Keramikschalen bis zu alten Postern.

SCHICKE BOUTIQUEN

Les Topettes
Ein Traum für Seifen, Parfums, Kerzen und mehr. Umweltfreundliche Marken.

Lantoki
Lebendige, minimalistische Atelier-Boutique für Damenmode mit Schwerpunkt auf Slow-Fashion. Bietet auch Workshops zur Herstellung von Kleidung an.

Teranyina
Das Textilatelier der Künstlerin Teresa Rosa Aguayo präsentiert wunderschöne Schals und Tücher aus Naturfasern.

carrat (die untere Schicht des gerösteten Reises), Spaniens unzählige Reisgerichte usw. Im **Paella Club**, der auf Anfrage auch auf die meisten Ernährungsformen eingehen kann, lernst du alles in einem Kochworkshop. Die Zutaten stammen aus der Region, das Gebäude ist mit recycelten Möbeln ausgestattet, und was übrig bleibt, wird an Küchen für Bedürftige gespendet.

ROMA-ERBE

In der Carrer de la Cera präsentiert das **EMUGBA (EcoMuseu Urbà Gitano de Barcelona)** in El Raval anhand von Fotos, Filmen, Briefen, Musik und mehr die Geschichte, das Erbe und die Kultur der Roma-Gemeinschaft der Stadt. Seit mindestens fünf Jahrhunderten gibt es in Barcelona eine Roma-Gemeinschaft, und hier, in den (heute geschlossenen) Bars dieser Straße, sowie in den Stadtvierteln Gràcia und Hostafrancs, entstand die große *rumba catalana.* Den großen katalanischen Roma-Sängern und Gitarristen Peret und Antonio González Batista (El Pescaílla) wird das Verdienst zugeschrieben, diesen unverwechselbaren Musikstil in die Welt gebracht zu haben. Das Museum ist Teil eines umfassenderen Projekts zur Bewahrung der lokalen Geschichte und Tradition der Roma in Katalonien.

Im Film

KATALONIENS NATIONALES KINO

Im Rahmen der laufenden Pläne zur Wiederbelebung der Kulturszene von El Raval wurde 2012 das nationale Kino Kataloniens aus dem nördlichen Sarrià an die Plaça de Salvador Seguí verlegt, die direkt an der Rambla del Raval liegt (in einer der verrufensten Ecken des Viertels). Die **Filmoteca de Catalunya** ist dem katalanischen Filmschaffen gewidmet und restauriert Filme und Filmdokumente wie Plakate und Bücher. Außerdem bietet sie Ausstellungen, eine Bibliothek und über 1400 Filmvorführungen pro Jahr in ihren beiden Sälen. Die LGBTIQ+-freundliche Café-Bar **La Monroe** des Zentrums ist ein lebhafter lokaler Treffpunkt, wo an Holztischen Wermut und köstliche Tapas serviert werden.

Romanische Relikte

DAS ÄLTESTE GEBÄUDE VON EL RAVAL

In einer unscheinbaren Ecke des südlichen El Raval verbirgt sich Barcelonas größtes Beispiel für romanische Architektur. Die kleine **Església de Sant Pau del Camp**, die im 9. oder 10. Jh. gegründet und im 11. und 12. Jh. umgebaut wurde, besitzt einen kunstvollen romanischen Kreuzgang. Seine mehrfach gewölbten Bögen aus dem 13. Jh. sind einzigartig in Europa und ruhen auf gemeißelten Kapitellen, die religiöse Szenen darstellen. Nur wenige andere Gebäude aus dieser frühen Epoche sind erhalten geblieben; die Capella de Santa Llúcia im Barri Gòtic (an die Kathedrale angebaut) ist ein weiterer romanischer Bau.

Architektur, Kultur & Kunst

EIN KULTURZENTRUM DER NEUEN ART

Wer durch den Innenhof des alten Hospizes Casa de Caritat aus dem 18. Jh. geht (hinter dem MACBA), wird unweigerlich von der 30 m hohen Glaswand überwältigt, in der sich die Stadtlandschaft rundum spiegelt. Das 1994 als **Centre de Cultura Contemporània de Barcelona (CCCB)** in El Raval wiederbelebte Gebäude ist ein Paradies für alles Kulturelle und Experimentelle. Zu den Höhepunkten des Programms gehören interaktive Veranstaltungen, Diskussionen, Filmvorführungen, Literaturtreffen, Festivals und eine wunderbare Vielfalt an Kunst.

VEGETARISCHE RESTAURANTS

Sésamo
Frische Zutaten aus der Region stehen im Mittelpunkt eines kreativen Tapas-Degustationsmenüs; eine der besten vegetarischen Küchen der Stadt. **€**

Veggie Garden
Günstige südasiatisch inspirierte Menüs – vegetarische Thalis, duftende Currys, frische Salate. **€**

Flax & Kale
Die katalanische Küchenchefin Teresa Carles verleiht der einfallsreichen pflanzlichen Küche ein schickes Flair, und das Restaurant hat eine schöne Terrasse. **€€**

LA RIBERA & EL BORN

GALERIEN, RESTAURANTS, NACHTLEBEN UND MITTELALTER-ARCHITEKTUR

La Ribera, das sich vom Barri Gòtic, von dem es durch die Via Laietana getrennt ist, nach Nordosten erstreckt, war im Mittelalter Barcelonas Handelszentrum, ein Viertel mit wohlhabenden Händlern, geschickten Handwerkern und eleganten Herrenhäusern. Das mittelalterliche Straßengewirr (größtenteils Fußgängerzone) rund um die majestätische Basílica de Santa Maria und den begrünten Passeig del Born ist unter dem Namen El Born bekannt; im Norden liegen die Viertel Santa Caterina und Sant Pere.

Von der Carrer de l'Argenteria (Silberzeugstraße) bis zur Carrer dels Mirallers (Spiegelstraße) erinnern die Straßennamen hier an das reiche handwerkliche Erbe des Viertels. Obwohl die Gentrifizierung und die Auswirkungen des Massentourismus in den letzten Jahren zu einem ernsthaften Problem geworden sind, hat dieses *barri* immer noch eine große Seele. Diese lebendige Ecke der Stadt beherbergt auch wichtige Sehenswürdigkeiten, darunter das Museu Picasso, und grenzt an den beliebten, palmengesäumten Parc de la Ciutadella.

TOP TIPP

Die Metro *línia* 4 hält in Urquinaona, Jaume I und Barceloneta. Auch die *línia* 1 hält in der Nähe, in Urquinaona und am Arc de Triomf (die nächste Station in Richtung Parc de la Ciutadella). Der größte Teil von La Ribera ist von Barceloneta, dem Barri Gòtic oder L'Eixample aus leicht zu Fuß zu erreichen (je nachdem, von welchem Ende aus du startest).

LORNET/SHUTTERSTOCK ©

Parc de la Ciutadella

Parc de la Ciutadella

BEI DEN EINHEIMISCHEN BELIEBTE GRÜNANLAGE

Die beliebteste Grünanlage im Zentrum Barcelonas ist eine Vision aus rauschenden Palmen, grünen Gärten und einem goldumrandeten Wasserfall/Brunnen, der teilweise von Gaudí entworfen wurde. Heute kommen die Menschen hierher, um spazieren zu gehen, zu joggen, an Joga- und Workout-Kursen im Freien teilzunehmen oder einfach in der mediterranen Sonne zu entspannen. Die Vergangenheit des Parks war jedoch düsterer – hier errichtete König Philipp V. nach dem Spanischen Erbfolgekrieg die verhasste Festung Ciutadella, die erst 1869 abgerissen wurde. Außerdem befinden sich hier das katalanische **Parlament** (das nach vorheriger Anmeldung besichtigt werden kann), der **Arc de Triomf** im Mudéjar-Stil von Josep Vilaseca (erbaut für die Weltausstellung 1888 in Barcelona) und verschiedene andere Gebäude aus dem 19. Jh.

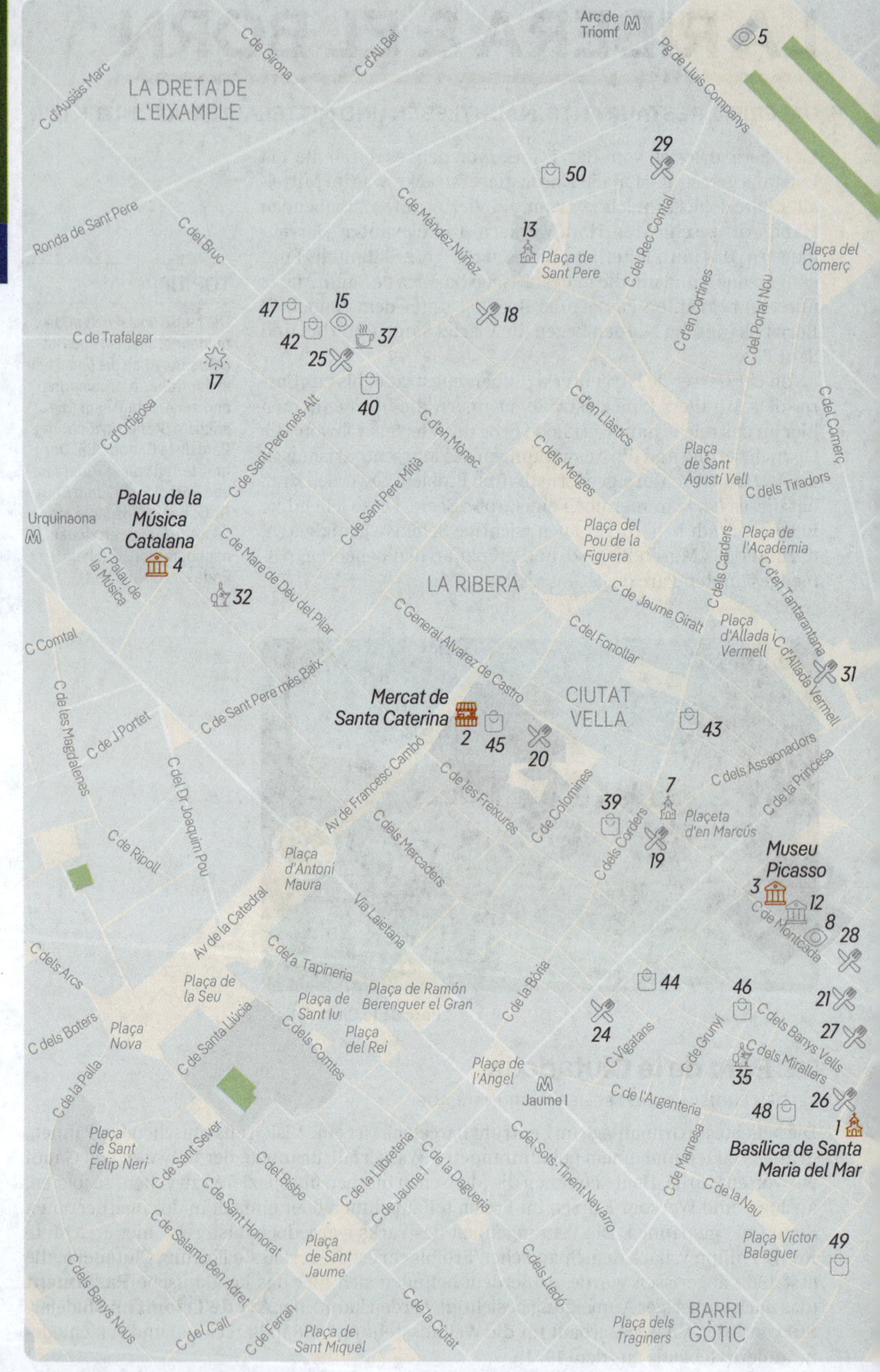
LA DRETA DE L'EIXAMPLE
LA RIBERA
CIUTAT VELLA
BARRI GÒTIC
Palau de la Música Catalana
4
Mercat de Santa Caterina
2
Museu Picasso
3
Basílica de Santa Maria del Mar
1
Arc de Triomf
Urquinaona
Jaume I
C d'Ausiàs Marc
C de Girona
C d'Alí Bei
Pg de Lluís Companys
Ronda de Sant Pere
C del Bruc
C de Méndez Núñez
C del Rec Comtal
Plaça de Sant Pere
Plaça del Comerç
C de Trafalgar
C d'Ortigosa
C de Sant Pere més Alt
C de Sant Pere Mitjà
C d'en Mònec
C d'en Cortines
C del Portal Nou
C d'en Llàstics
C dels Metges
Plaça de Sant Agustí Vell
C del Comerç
C dels Tiradors
Plaça del Pou de la Figuera
Plaça de l'Acadèmia
C dels Carders
C d'en Tantarantana
C Palau de la Música
C de Mare de Déu del Pilar
C de Jaume Giralt
C del Fonollar
Plaça d'Allada i Vermell
C d'Allada Vermell
C General Álvarez de Castro
C Comtal
C de Sant Pere més Baix
C de les Magdalenes
C de J Portet
C del Dr Joaquim Pou
Av de Francesc Cambó
C de les Freixures
C de Colomines
C dels Assaonadors
C de la Princesa
C dels Corders
Placeta d'en Marcús
C dels Mercaders
C de Ripoll
Plaça d'Antoni Maura
Via Laietana
C de Montcada
Av de la Catedral
C dels Arcs
C de la Tapineria
Plaça de la Seu
Plaça de Sant Iu
Plaça de Ramón Berenguer el Gran
C de la Bòria
C dels Boters
Plaça Nova
C de Santa Llúcia
C dels Comtes
Plaça del Rei
Plaça de l'Àngel
C Vigatans
C de Grunyí
C dels Banys Vells
C dels Mirallers
C de l'Argenteria
C de la Palla
Plaça de Sant Felip Neri
C de Sant Sever
C del Bisbe
C de la Llibreteria
C de la Dagueria
C de Jaume I
C del Sots-Tinent Navarro
C de Manresa
C de la Nau
C de Sant Honorat
Plaça de Sant Jaume
Plaça Víctor Balaguer
C de Salomó Ben Adret
C dels Lledó
C dels Banys Nous
C del Call
C de Ferran
Plaça de Sant Miquel
C de la Ciutat
Plaça dels Traginers
5
29
50
13
15
47
42
37
18
25
17
40
32
31
45
20
43
39
7
19
12
8
28
44
46
21
24
27
35
26
48
49

HIGHLIGHTS
1 Basílica de Santa Maria del Mar
2 Mercat de Santa Caterina
3 Museu Picasso
4 Palau de la Música Catalana

SEHENSWERTES
5 Arc de Triomf
6 Born Centre de Cultura i Memòria
7 Capella d'en Marcús
8 Carrer de Montcada
9 El Fossar de les Moreres
10 Homenatge a Picasso
11 Llotja de Mar
12 Moco Museum
13 Monestir de Sant Pere de les Puelles
14 Parc de la Ciutadella
15 Passatge de Sert
16 Passeig del Born

AKTIVITÄTEN
17 Passage Flowers

ESSEN
18 Bar Andorra
19 Bar del Pla
20 Bar Joan
21 Bodega La Puntual
22 Bormuth
23 Cal Pep
24 Can Cisa/ Bar Brutal
25 Casa Lolea
26 El Chigre 1769
27 Estimar
28 Euskal Etxea
29 Fismuler
30 Funky Bakers
31 Tantarantana

AUSGEHEN
32 Antic Teatre
33 Bar Sauvage
34 Clubhaus
siehe 30 Creps al Born
35 Dr Stravinsky
siehe 21 El Xampanyet
36 Mariposa Negra
37 Nømad
38 Paradiso

SHOPPEN
siehe 35 Angle
siehe 27 Casa Gispert
siehe 35 Colmado
39 Colmillo de Morsa
40 Formatgeria Simó
41 Hofmann Pastisseria
42 Ici et Là
siehe 35 Ivori
43 Mostaza
44 Nu Sabates
45 Olisoliva
46 Ozz Barcelona
47 Róuri
48 Sans i Sans
49 Vila Viniteca
50 Working in the Redwoods

Museu Picasso

DIE FRÜHEN JAHRE DES KÜNSTLERS

Zunächst einmal ist da das Ambiente: fünf miteinander verbundene mittelalterliche Paläste, deren elegante Innenhöfe, Bögen, Treppen und Galerien einen eindrucksvollen Kontrast zum künstlerischen Werk im Inneren bilden. Aber was Barcelonas Museu Picasso wirklich beeindruckend macht, ist die wunderbare Präsentation von Pablo Picassos prägenden Jahren (von denen er viele in Barcelona verbrachte), die das außergewöhnliche Talent, die Vielseitigkeit und die technische Virtuosität des in Málaga geborenen Künstlers in einem erstaunlich jungen Alter deutlich machen. Picasso lebte von 1895 bis 1904 in Barcelona, bevor er nach Paris zog.

Das meisterhafte Gemälde *Wissenschaft und Nächstenliebe* zum Beispiel entstand 1897, als Picasso gerade einmal 15 Jahre alt war. Auch die Serie der Selbstporträts, die Porträts seiner Eltern und das berühmte *Porträt der Tante Pepa*, alle aus dem Jahr 1896, zeigen die unvergleichlichen technischen Fähigkeiten des jungen Picasso. Die ständige Sammlung ist im Palau Aguilar, im Palau del Baró de Castellet und im Palau Meca untergebracht, die alle aus dem 14. Jh. stammen; in der Casa Mauri aus dem 18. Jh. (die auf mittelalterlichen Überresten errichtet wurde) und im angrenzenden Palau Finestres aus dem 14. Jh. Zu den weiteren Höhepunkten der 3500 Werke umfassenden Sammlung gehören Meisterwerke aus der Blauen Periode wie *Eine Frau mit einer Haube, Die Dächer von Barcelona* und *Der Wahnsinnige*, aber auch weniger bekannte Werke (Keramiken, Stiche). Hinzu kommt *Las Meninas*, eine spektakuläre Serie von Interpretationen des Klassikers von Velázquez aus dem Jahr 1656. Kein Wunder also, dass das Museu Picasso eine der beliebtesten Galerien Spaniens ist; Eintrittskarten unbedingt im Voraus reservieren.

Innenhof, Museu Picasso

PIT STOCK/SHUTTERSTOCK ©

RUND UM DAS MUSEU PICASSO

Llotja de Mar
Barcelonas mittelalterliche Börse wurde ursprünglich im 14. Jahrhundert erbaut; obwohl sie später mit einer neoklassizistischen Fassade erweitert wurde, hat sie noch viel von ihrem gotischen Inneren bewahrt. Ab 1775 beherbergte sie die Reial Acadèmia (bis 1970), wo Picassos Vater lehrte und der junge Künstler studierte, bevor er nach Paris ging. An den Wochenenden werden Führungen angeboten (nach Voranmeldung).

Homenatge a Picasso
Das charakteristische, komplexe Werk von Antoni Tàpies aus dem Jahr 1983 (dt.: Hommage an Picasso) befindet sich am Passeig de Picasso (an der Westseite des Parc de la Ciutadella), in der Nähe des ehemaligen Wohnhauses von Picassos Familie.

Mercat de Santa Caterina

UMWERFENDER MARKT MIT GESCHICHTE

Der von den Architekten Enric Miralles und Benedetta Tagliabue entworfene Markt, der anstelle des alten Marktes aus dem 19. Jh. errichtet wurde, ist einer der faszinierendsten Märkte Barcelonas. Er wurde 2005 fertiggestellt – Miralles war bereits verstorben. Vom 11. bis zum 19. Jh. stand hier ein Kloster, dessen Überreste noch in einer Ecke des Marktes zu sehen sind. Das gewellte, kaleidoskopische Keramikdach anzusehen lohnt sich, bevor du drinnen für den Tag einkaufst. Zwischen Tomatentürmen, Kräutersträußen und Käsesorten bietet **Olisoliva** auch hochwertige Olivenöle aus ganz Spanien an. Bei einer Pause in der Marktküche **Bar Joan** kannst du dich an die Theke setzen und *arròs negre* (Reis mit Tintenfischtinte) oder das *menú del dia* probieren.

Eine gute Möglichkeit, mehr über den Markt und sein zukunftsweisendes Design zu erfahren, ist ein Rundgang mit **Barcelona Architecture Walks**, die von Architekt:innen und Architekturprofessor:innen geführt werden.

Basílica de Santa Maria del Mar

Basílica de Santa Maria del Mar

SCHÖNHEIT DER KATALANISCHEN GOTIK

Das große, harmonische Gotteshaus in La Ribera erhebt sich am südwestlichen Ende des Passeig del Born. Die 1329 begonnene und in rekordverdächtigen 53 Jahren fertiggestellte Kirche ist Barcelonas prächtigste Kirche der katalanischen Gotik, mit klaren Linien und einer ruhigen Schlichtheit. Ein Mittelschiff, zwei symmetrische Seitenschiffe, schlanke achteckige Säulen und Buntglasfenster schaffen ein Gefühl von Weite. Der Bau der Basilika wurde von reichen Familien aus dem Viertel finanziert und steht in seiner religiösen Kraft der Hauptkathedrale im Barri Gòtic in nichts nach – diese Kirche wurde von Menschen für Menschen gebaut. Oft wird behauptet, dass die *bastaixos* (Träger) der Stadt die Steine für den Kirchenbau aus den königlichen Steinbrüchen in Montjuïc herübertrugen – tatsächlich wurden sie per Boot transportiert. Dennoch sind ihnen Reliefs und Steinmetzarbeiten gewidmet. Ein Aufstieg zu den Türmen und aufs Dach bietet eine ganz neue Perspektive auf La Ribera.

An der Ostseite der Basilika brennt eine ewige Flamme über dem **Fossar de les Moreres** (Maulbeerfriedhof), wo katalanische Widerstandskämpfer nach der Niederlage Kataloniens im Spanischen Erbfolgekrieg 1714 beigesetzt wurden.

Palau de la Música Catalana

MEISTERWERK DES MODERNISME

Um diesen von der UNESCO gelisteten Konzertsaal im Modernisme-Stil mit seinen 2146 Plätzen wirklich zu erleben, muss man eigentlich Tickets für eine Vorstellung buchen. In dem beeindruckenden Auditorium mit seinem schimmernden, 1000 kg schweren Oberlicht und der Decke aus blau-goldenen Glasmalereien werden Aufführungen von Flamenco bis Oper dargeboten. Der Palau de la Música Catalana wurde von 1905 bis 1908 von Lluís Domènech i Montaner für die Musikgesellschaft Orfeó Català erbaut und war als Tempel der katalanischen Renaixença (Renaissance) gedacht. Einige der besten katalanischen Meister:innen der Zeit waren an der Gestaltung der Säulen, der Buntglasfenster und der mit Ziegeln ausgelegten Räume beteiligt. Man kann sie auch im Rahmen von Führungen oder auf eigene Faust besichtigen.

OBEN: MATTES RENÉ/HEMIS.FR/ALAMY ©, UNTEN: JEFFREY ISAAC GREENBERG 2+/ALAMY ©

El Xampanyet

Traditionelle Tapas

BAR-HOPPING IN EL BORN

El Born ist gespickt mit großartigen, traditionell anmutenden Tapasbars – ein Abend in einem dieser Lokale gehört unbedingt zu einem Barcelona-Erlebnis dazu. Zuerst solltest du in die etablierte **Bar del Pla** am nördlichen Ende der Carrer de Montcada gehen. Hier werden Tapas wie Wasabi-Pilze mit einer leichten, kreativen Note in einer Umgebung mit schönen Kachelarbeiten und Gewölbedecken serviert. **Euskal Etxea** (köstliche baskische *pintxos*), **Bodega La Puntual** (edle Aufschnitt- und Käseplatten) und **El Xampanyet** (*cava* und hausgemachte Häppchen) sind alle einen Abstecher wert, wenn du die Montcada in Richtung Süden entlangschlenderst. Auf der anderen Seite des Passeig del Born ist **Cal Pep** ein legendäres Lokal für Tapas mit Meeresfrüchten (zum Beweis gibt es normalerweise eine lange Schlange); *cloïsses amb pernil* (Venusmuscheln und Schinken) und *trifàsic* (Tintenfisch, Weißfisch und Garnelen) sind Spezialitäten. Alternativ kannst du auch ins lebhafte **Bormuth** schauen, wo hausgemachter Wermut und köstliche katalanische Tapas (Tortilla, Pimientos de Padrón) serviert werden, oder in die familiengeführte **Bar Celta**, wo du galicische Gerichte in einem bodenständigen Ambiente schnabulieren kannst.

Wie wär's mit einer kulinarischen Tour, um die Tapas-Szene hier wirklich kennenzulernen? **Devour** bietet ausgezeichnete gastronomische Routen durch El Born an.

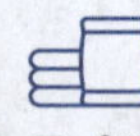

Zeitloses Handwerk

LOKAL, KREATIV UND NACHHALTIG

Wer Barcelonas kreative und innovative Seite entdecken möchte, sollte die eine oder andere der unabhängigen Boutiquen besuchen, die sich in den verwinkelten Gassen von El Born verstecken. Viele von ihnen setzen auf ein Slow-Fashion-Ethos und lokale Marken aus Barcelona. **Ozz Barcelona** ist ein besonders beliebtes Schaufenster für aufstrebende Modedesigner:innen; seine Nachbarn **Angle, Ivori** und **Colmado** haben unglaublich originelle Kollektionen, die auf nachhaltigen Materialien basieren. Ein weiterer Favorit ist das nordisch inspirierte **Colmillo de Morsa** von Elisabet Vallecillo und Javier Blanco, während **Nu Sabates** in Handarbeit wunderschöne Schuhe herstellt.

Bei **Mostaza** dreht sich alles um handgefertigte Produkte (vegane Kerzen, Keramik mit Tiermotiven) aus Katalonien und anderen Teilen Spaniens. Und die katalanische Designerin Miriam Cernuda stellt bei **Working in the Redwoods** von der Costa Brava inspirierte Keramik-Arbeiten her.

Nu Sabates

NOCH MEHR IN LA RIBERA & EL BORN

Aufregende Straßenkunst

TOPAKTUELLE WELT DER ZEITGENÖSSISCHEN KUNST

Im Einklang mit der modernen Kreativität des alten El Born wählte das unabhängige Amsterdamer **Moco Museum** Barcelonas mittelalterliche Carrer de Montcada als zum Nachdenken anregende Kulisse für seine zweite Dependance überhaupt. Beim Betreten des prächtigen Innenhofs des Palau dels Cervelló aus dem 16. Jh. wird man von einer riesigen, von Schlümpfen inspirierten Holzskulptur des amerikanischen Künstlers Kaws begrüßt, die einen unverkennbaren Kontrast zwischen der alten Architektur und den ausgestellten zeitgenössischen, modernen und Street-Art-Kunstwerken bildet. Banksy, Yayoi Kusama, Andy Warhol, Hayden Kays, Yago Hortal, Nick Thomm, Salvador Dalí und Jean-Michel Basquiat gehören zu den Künstler:innen, deren Werke zwischen den roten Backsteinbögen und verspiegelten Wänden darauf warten, entdeckt zu werden. Das immersive digitale Erlebnis ist ein Highlight, und es gibt auch hervorragende Wechselausstellungen.

Herrlicher mittelalterlicher Boulevard

DAS EHEMALIGE FORUM VON EL BORN

Der grüne **Passeig del Born**, der an den Enden von der majestätischen Basílica de Santa Maria del Mar und dem ehemaligen Mercat del Born eingerahmt wird, war vom 13. bis 18. Jh. der beliebteste Veranstaltungsort in Barcelona. Heute erscheint es unmöglich, dass auf diesem Boulevard mit all den grünen Bäumen und lebhaften Bars einst Ritterturniere stattfanden. Gesäumt von Bars, Cafés und Restaurants ist der Boulevard eine der besten Adressen Barcelonas zum Ausgehen. Zu den beliebtesten Lokalen gehören die **Bar Sauvage** und das **Creps al Born,** beide mit kreativen Cocktails und Party-Stimmung. Vorher solltest du dir einen Kaffee aus der Nømad-Rösterei und ein Challah-Bun-Sandwich vom beliebten **Funky Bakers** gönnen.

Passagen, Plätze & Kirchen

IM NORDEN VON LA RIBERA

Die Straßen im Norden von La Ribera werden von weniger Tourist:innen bevölkert als El Born, haben aber dennoch viel Charme. Wer vom Palau de la Música Catalana (S. 217) aus die **Carrer de Sant Pere més Alt** in Richtung Osten entlangschlendert, erreicht die **Passatge de Sert**, eine begrünte, überdachte Passage aus dem 19. Jh., in der sich einst die Textilfabrik der wohlhabenden Familie Sert befand; heute beherbergt sie die angesagte Tapas-

LOCAL TIPP: HIGHLIGHTS IM MOCO MUSEUM

Iris Brouwer, Generaldirektorin des Moco Museums, empfiehlt drei Werke, die man dort unbedingt gesehen haben muss.

SP 124-123
Der in Barcelona geborene und aufgewachsene Yago Hortal empfängt sein Publikum mit riesigen, ausladenden Farbwellen und dick aufgetragener Farbe. Inspiriert vom abstrakten Expressionismus hält er in seinen Werken die Balance zwischen Chaos und Ordnung.

Fact
Der zeitgenössische Künstler Hayden Kays macht sich die Macht des geschriebenen Wortes zunutze, um den Geist zu öffnen und das Urteilsvermögen zu befreien, indem er mit seiner Schreibmaschinenkunst stillschweigend getroffene Regeln umstößt.

Diamond Matrix
Die digitale immersive Kunstinstallation von Studio Irma zeigt eine unendliche Zahl von Diamanten, um endlose Verbindungen und die Kraft, aus Herausforderungen gestärkt hervorzugehen, auszudrücken.

WEINLOKALE

El Diset
Elegante Weinbar für katalanische Tropfen, direkt am Passeig del Born.

La Vinya del Senyor
Gegenüber der Basílica de Santa Maria del Mar mit unzähligen exzellenten Weinen und leckeren Käseplatten.

El Xampanyet
Eine der beliebtesten *cava*-Bars der Stadt mit traditionellem Touch und hausgemachten Tapas.

BRUNCH-PARADIESE & COOLE CAFES

Picnic
Das in kalifornisch-chilenischem Besitz befindliche Picnic ist eines der originellsten Brunchlokale Barcelonas; kreative Gerichte, frische Limonade, perfekte Cocktails. €€

Brunells 1852
Preisgekrönte aromatisierte Croissants, Kaffee vom Born-Röster El Magnífico und türkisfarbenes Styling; schon seit 1852 steht hier eine Bäckerei. €

Espai Mescladís
Charmantes mediterranes Café inmitten mittelalterlicher Gewölbe, das Arbeitsmöglichkeiten für Einwander:innen in Barcelona bietet und Kochkurse für Menschen finanziert, die Schwierigkeiten haben, Arbeit zu finden. €

Casa Gispert

bar **Casa Lolea**, die berühmte Kaffeerösterei **Nømad** (führend in Barcelonas Third-Wave-Kaffeeszene) und Boutiquen wie **Ici et Là** (Raumgestaltung) und **Róuri** (Slow Fashion). **Passage Flowers** bringt farbenfrohe Blüten in die benachbarte **Passatge de les Manufactures** von 1878 (und bietet Workshops für Blumenarrangements an), und die **Formatgeria Simó** verkauft seit über 30 Jahren europäische Käsesorten. Ein Stück weiter befindet sich das im Jahr 945 n. Chr. gegründete, häufig restaurierte **Monestir de Sant Pere de les Puelles**, von wo aus die Besiedlung von La Ribera begann. Sehenswert sind auch die lebendige **Bar Andorra**, die für ihre baskischen *pintxos* bekannt ist, und die lockere **Bar Antic Teatre**, die sich in einem Gebäude aus dem 17. Jh. befindet.

Raffinierte Cocktails

EINIGE DER BESTEN DER WELT

In den letzten Jahren ist die Cocktailszene Barcelonas ins internationale Rampenlicht gerückt, und im Lampenlicht der Straßen von El Born verbergen sich einige der besten Cocktailbars der Stadt. Es ist keine Überraschung, dass das **Paradiso** im Jahr 2022 den ersten Platz auf der Liste der 50 besten Bars der Welt belegte; man muss hier durch einen Kühlschrank gehen, um ein Lokal im Speakeasy-Stil zu entdecken, das kunstvolle Cocktails serviert. Ein paar Türen weiter ist das **Clubhaus** unter anderem eine Cocktailbar und ein Karaoke-Lokal. Ein paar Schritte entfernt befindet sich das **Mariposa Negra**, wo an der belebten Plaça de les Olles launige Cocktails in wunderschönen 3D-gedruckten Bechern serviert werden, während das von Alchemisten inspirierte **Dr. Stravinsky** (ein weiterer World's 50 Best-Triumph) seine eigenen hausgemachten Zutaten für hervorragende Signature-Drinks verwendet.

Traditionelle Geschäfte

ERINNERUNG AN DIE VERGANGENHEIT

Heute lebt das handwerkliche Erbe von El Born in einer Reihe von traditionellen Geschäften weiter. Seit 1851 röstet die **Casa Gispert** hinter einer waldgrünen Fassade Nüsse und verkauft Trockenfrüchte; heute gibt es dort auch Olivenöl, Wermut, Schokolade und mehr. Die nahe gelegene **Vila Viniteca** ist eine der großen spanischen Weinhandlungen, die bereits 1932 gegründet wurde; sie ist auch ein wahres Paradies für Gourmetprodukte. Wer auf Koffein steht, kann seine Bohnen im lokal beliebten **El Magnífico** kaufen, das seit dem frühen 20. Jahrhundert besteht; auf der anderen Straßenseite befindet sich der Teetempel **Sans i Sans**, der von derselben Familie betrieben wird. Ebenfalls einen

UNTERKÜNFTE

Yurbban Passage
Vom Design bestimmtes Boutique-Hotel, das sich auf dem Gelände einer ehemaligen Textilfabrik ausdehnt, mit einem Pool auf dem Dach. €€€

Pensió 2000
Familienbetriebenes Gästehaus mit sieben Zimmern in einem renovierten Gebäude aus dem 18. Jh. gegenüber dem Palau de la Música Catalana. €

360 Hostel Arts & Culture
Eines der besten Hostels von Barcelona mit modernen Schlafräumen, durchdachten Extras und einem lebendigen Programm. €

Mercat del Born

Besuch wert: **Hofman**, das für sein Tiffany-blaues Design und seine preisgekrönten Backwaren – darunter die berühmten Mascarpone-Croissants – bekannt ist.

Mittelalterliches Zentrum

PALÄSTE, MODERNE GALERIEN UND MEHR

Zwischen der romanischen **Capella d'en Marcús** (einer der ältesten Kirchen der Stadt) und dem **Passeig del Born** verläuft die mittelalterliche **Carrer de Montcada,** heute eine Fußgängerzone, die von der Straße, die im 12. Jh. von der Stadtmauer nach Nordosten führte, zum Meer hin gebaut wurde. Sie wurde zur begehrtesten Adresse Barcelonas für die Kaufleute im mittelalterlichen Barcelona. Die heute noch erhaltenen großen Herrenhäuser stammen größtenteils aus dem 14. und 15. Jh., und in einigen befinden sich Galerien wie das Museu Picasso (S. 216) und das Moco Museum (S. 219).

Streifzug durch die Geschichte

JAHRHUNDERTEALTER MARKT WIRD ZUR ARCHÄOLOGISCHEN STÄTTE

Der ehemalige **Mercat del Born**, eine hübsche Markthalle mit einer Eisen- und Backsteinkonstruktion aus dem 19. Jh., die vom katalanischen Architekten Josep Fontserè entworfen wurde, ist heute ein Kulturzentrum. Zu sehen sind die ausgegrabenen Überreste ganzer Straßenzüge, die eingeebnet wurden, um Platz

GALERIEN IN RAUEN MENGEN

Foto Colectania
Gemeinnützige Stiftung am Rand des Parc de la Ciutadella; präsentiert katalanische und spanische Fotokunst.

Museu de Cultures del Món
In zwei restaurierten mittelalterlichen Palästen in der Carrer de Montcada befindet sich das Museum der Weltkulturen von Barcelona mit über 500 Artefakten aus der ganzen Welt (allerdings stammt die Sammlung von Expeditionen aus der Kolonialzeit).

Arxiu Fotogràfic de Barcelona
Im alten Kloster Sant Agustí sind kuriose Fotos von Barcelona aus der Zeit von 1840 bis Ende des 20. Jhs. zu sehen.

LIVEMUSIK

Farola
Alles von Flamenco bis Jazz, dazu ausgezeichnete Cocktails und Sherries und italienisch inspirierte Tapas.

Guzzo
DJ Fred Guzzo betreibt dieses Lokal – Cocktailbar und Restaurant – mit mediterraner Küche, wo am Wochenende Livemusik gespielt wird.

Palau de la Música Catalana
Es geht nichts über ein klassisches Konzert in diesem Kleinod im Modernisme-Stil.

INTERNATIONALE RESTAURANTS

Koku Kitchen
Täglich frisch handgemachte Nudeln und Bio-Zutaten aus der Region sind die Hauptakteure in einem der besten Ramen-Gerichte Barcelonas; außerdem gibt's hausgemachte Bao. €

Mosquito
Katalanische Zutaten verwandeln sich in duftende Pho, Gyoza, Dim Sum und preiswerte „asiatische Tapas". €

Tlaxcal & Costa Pacífico
Diese beliebte *taquería* serviert kräftige, würzige Tacos und perfekte Margaritas; das Schwesterrestaurant Costa Pacífico bietet Tacos und Ceviche an. €

Nakashita
Der brasilianische Küchenchef Marcio Araujo knüpft an die Tradition der hervorragenden japanischen Küche seines Landes an und bietet ausgezeichnetes Sashimi, Sushi und mehr. €€

KITE_RIN/SHUTTERSTOCK ©

Tapas

für die allseits verhasste Ciutadella (Zitadelle) zu schaffen, die nach der katalanischen Niederlage im Spanischen Erbfolgekrieg (1714) zur Überwachung von Barcelona errichtet wurde. Das Gebäude ist kostenlos zugänglich, im Rahmen einer 90-minütigen Führung kann man zudem die Ruinen besichtigen (auch Nekropolen aus römischer und islamischer Zeit). Während der **Festes de la Mercè** im September gibt es eine Ausstellung mit fantastischen Tieren aus der katalanischen Folklore.

Kreative Küchen

KATALANISCHE PRODUKTE, INTERNATIONALES FLAIR

In El Born gibt es zahlreiche Restaurants, die frische katalanische Produkte auf originelle Weise zubereiten. Das **Can Cisa/Bar Brutal** ist eine ursprüngliche Weinbar, in der ein fröhliches Publikum bis in die frühen Morgenstunden Wassermelonensalate, hausgemachten Käse, Thunfischtartar und vieles mehr schlemmt. Für Tapas vom Markt solltest du einen der Tische auf der friedlichen Plaza im winzigen **Tantarantana** ergattern, das knusprige Kroketten, *ous estrellats* (zerbrochene Eier) und andere Köstlichkeiten modern inszeniert. Das edle **Fismuler** serviert täglich wechselnde Menüs mit lokalen Zutaten, die von drei ehemaligen El Bulli-Köchen zubereitet werden, und das **Estimar** (von Rafa Zafra, Chefkoch aus Sevilla) präsentiert die Früchte des Meeres. Im **El Chigre 1769** kannst du im Schatten der Basílica de Santa Maria del Mar katalanischen Wermut oder asturischen Apfelwein trinken und dazu Tapas mit Käse aus den Pyrenäen oder den Picos de Europa genießen.

SCHÖNE AUSSICHTEN

Barcelona Edition
Von der Bar auf der Dachterrasse dieses Hotels bietet sich eine tolle Aussicht auf den bunten Mercat de Santa Caterina.

Dach der Basílica
Den Blick auf die Dächer von El Born von den Türmen der Basílica de Santa Maria del Mar aus sollte man sich nicht entgehen lassen.

Dachterrasse des Yurbban Passage
Von dieser schicken Bar auf der Dachterrasse des Hotels aus gesehen breitet sich die ganze Stadt rundum aus; sehr gute Cocktails.

BARCELONETA, DIE HAFENPROMENADE & EL POBLENOU

MEDITERRANES FISCHERVIERTEL; KREATIVES ZENTRUM

Seit dem 20. Jh. hat sich Barcelonas einst industriell geprägtes Hafenviertel drastisch verändert und ist heute gesäumt von Stränden, Hochhäusern, Jachthäfen und einer schönen, von Palmen gesäumten Strandpromenade. Die wichtigsten Zugänge zum Mittelmeer sind das altmodische Fischerviertel Barceloneta und das postindustrielle Viertel El Poblenou.

Barceloneta ist ein entspanntes Hafenviertel, in dem Feste mit mediterranem Flair gefeiert werden und in dessen engen Gassen alte Tavernen und Fischrestaurants zu finden sind. Nordöstlich von Barceloneta hat sich das ehemalige Industrieviertel Poblenou in den letzten Jahrzehnten spektakulär verändert. Obwohl die Industrie hier schon seit den 1970er-Jahren verschwand, begann die Modernisierung des Viertels erst mit den Olympischen Spielen 1992. Heute ist es das aufregendste kreative Zentrum der Stadt, in dem Designer:innen und Künstler:innen in restaurierten Lagerhäusern Galerien, Ateliers und Boutiquen einrichten und große Unternehmen sich im 22@-Tech-Viertel ansiedeln.

TOP TIPP

Barceloneta ist leicht zu Fuß zu erkunden und verfügt über eine eigene Metro-Station (*línia* 4). Für das Viertel Poblenou sind die Stationen Llacuna, Bogatell und Poblenou am besten geeignet. Die breite Strandpromenade, die sich vom W-Hotel in Barceloneta bis zum El Fòrum erstreckt, ist ideal zum Radfahren, Spazierengehen, Laufen und Inlineskaten.

El Poblenou Platges

GOLDENE MITTELMEERSTRÄNDE

Die wunderschönen honiggoldenen Strände, die sich nordöstlich vom Port Olímpic bis zum El Fòrum erstrecken, gehören zu den großartigen Sommer-Freizeitmöglichkeiten in Barcelona. Obwohl größtenteils künstlich angelegt, sind diese Sandstrände weniger touristisch als die zentraleren Strände der Barceloneta und haben ein eher lokales Flair. Die Leute spielen Volleyball im Sand und essen in den ausgezeichneten Fischrestaurants, die die Promenade säumen. Außerhalb der heißen Monate ist dies ein beliebter Ort zum Laufen, Inlineskaten, Spazierengehen, Essengehen und mehr.

Der südlichste (und vollste) Strand von El Poblenou ist die breite **Platja de la Nova Icària**, hinter der die belebte **Platja del Bogatell** liegt. Der nächste Strand, **Platja de la Mar Bella**, hat einen kleinen FKK-Strand und ist bei der LGBTIQ+-Community beliebt. Hier befindet sich auch die **Base Náutica Municipal**, die Wassersportzubehör vermietet und Kajak- und SUP-Touren anbietet. Die bei Locals beliebte **Platja de la Nova Mar Bella** hat ebenfalls eine Wassersport-Szene. Über die **Platja del Llevant** gelangt man schließlich zur **Zona de Banys**, einem künstlich angelegten Meerwasserschwimmbereich im futuristischen **El Fòrum**.

SONNIGES SITGES

Einige der fabelhaftesten Strände innerhalb eines Tagesausflugs von Barcelona aus gibt es im lebhaften **Sitges** (S. 289), Spaniens berühmtestem LGBTIQ+-Ferienort, 35 km südwestlich des Stadtzentrums.

SEHENSWERTES
1 El Cap de Barcelona
2 Espacio 88
3 Homenatge a la Natació
4 IDEAL Barcelona
5 La Plataforma
6 L'Estel Ferit
7 Museu Can Framis
8 Museu del Disseny de Barcelona
9 Museu d'Història de Catalunya
10 Palau de Mar
11 Peix
12 Platja de la Nova Icària
13 Platja del Bogatell
14 Rambla del Poblenou
15 Torre Glòries

AKTIVITÄTEN & TOUREN
16 Alblanc Atelier
17 Base Náutica Municipal
18 Bike Tours Barcelona
19 Cap A Mar
20 Club Natació Atlètic-Barceloneta
21 Molokai SUP Center
siehe 20 Sea You
22 Uncensored Barcelona
23 Yoga by the Sea

ESSEN
24 1881
25 7 Portes
26 Bodega La Peninsular
27 Can Dendê
28 Can Fisher
29 Can Recasers

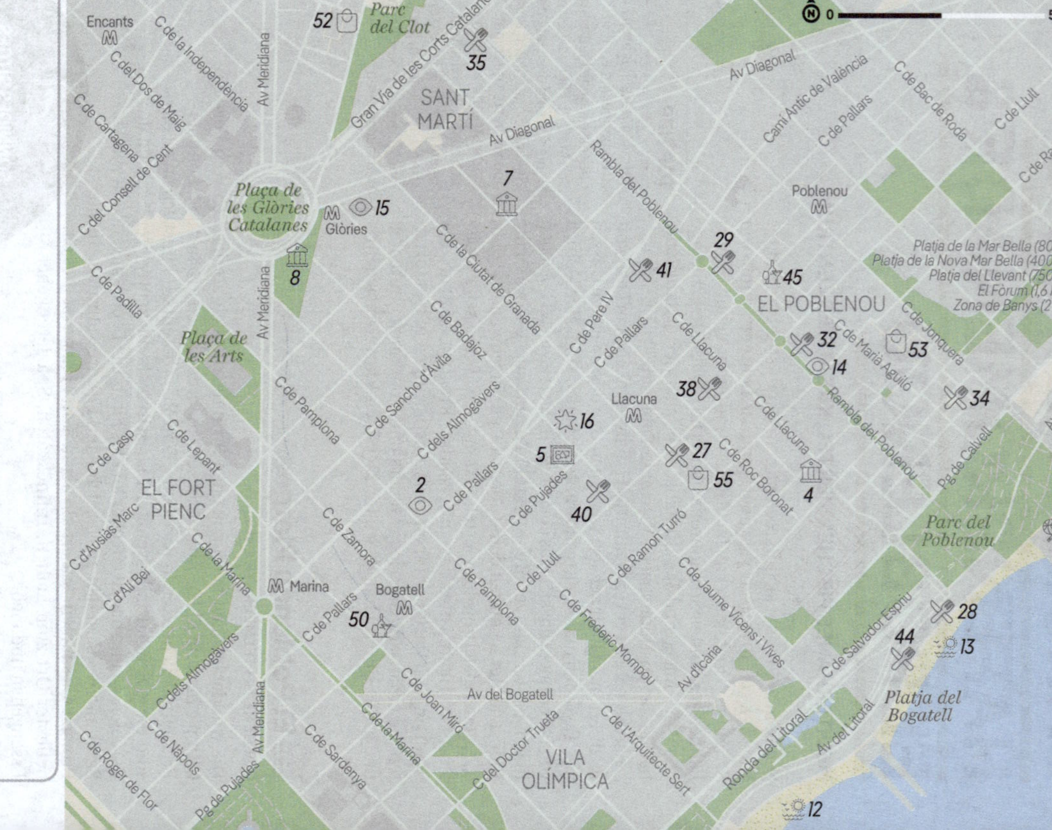

30 Can Ros
31 Can Solé
32 El 58
33 El Japonés Escondido
34 Els Pescadors
35 Els Tres Porquets
36 Green Spot
37 Jai-Ca
38 Kibuka Llull
39 La Cova Fumada
40 Leka
41 Little Fern Café
42 NAP Mar
43 Vaso de Oro
44 Xiringuito Escribà

AUSGEHEN
45 Balius
46 Bar Leo
47 BlackLab
48 Can Paixano
siehe 14 El Tío Ché
siehe 5 Frutas Selectas
49 Perikete
siehe 2 Skye Coffee
50 Van Van Var

SHOPPEN
51 Mercat de la Barceloneta
52 Mercat del Clot
53 Mercat del Poblenou
54 Palo Market Fest
55 Unusual

Museu Can Framis

Museu Can Framis

UMGESTALTETE FABRIK FÜR ZEITGENÖSSISCHE KUNST

In einer ehemaligen Textilfabrik aus dem 18. Jh., die der hiesige Architekt Jordi Badia mit viel Geschick umgebaut hat, zeigt diese lichtdurchflutete zeitgenössische Galerie mit freundlicher Genehmigung der Fundació Vila Casas katalanische Malerei seit den 1960er-Jahren. Beeindruckende Gemälde von verschiedenen Künstler:innen, teilweise aus unterschiedlichen Epochen, schaffen faszinierende Querverbindungen. Die Ausstellungen wechseln regelmäßig und umfassen unter anderem die traumartigen Sequenzen von Perejaume, das komplexe Werk von Antoni Tàpies, die wunderschön strukturierten Kreationen von Josep Guinovart, die kühnen Werke des Autodidakten Modest Cuixart und die ätherischen *Menines* von Agustí Puig (inspiriert von Velázquez' *Las meninas*). Das Gebäude im klassischen Barcelona-Stil ist so faszinierend wie die Sammlung selbst.

Museu Marítim

DER ALTE KÖNIGLICHE HAFEN

Das Schifffahrtsmuseum der Stadt ist nicht nur eine architektonische Schönheit, sondern auch eine großartige Galerie. Es befindet sich im mächtigen gotischen Reials Drassanes – ein bemerkenswertes Relikt aus Barcelonas Tagen als Sitz eines Seefahrerreichs. Zu den Highlights des Museums gehören eine maßstabsgetreue Nachbildung des Flaggschiffs von Don Juan de Austria (16. Jh.) aus den 1970er-Jahren, Fischerboote, alte Navigationskarten und Dioramen des Hafenviertels von Barcelona. Im Innenhof steht eine lebensgroße Nachbildung des *Ictíneo I*, eines der ersten U-Boote der Welt, das 1858 von dem katalanischen Universalgelehrten Narcís Monturiol erfunden und gebaut wurde. Mehrmals im Monat werden die angeschlossenen Jardins del Baluard geöffnet, die Zugang zur Stadtmauer Barcelonas aus dem 13. Jh. bieten.

Museu Marítim

Tapas-Tour durch Barceloneta

MEERESFRÜCHTE, WERMUT UND ALTEINGESESSENE BARS

Eine beliebte Freizeitbeschäftigung am Wochenende ist für *barcelonins* eine Tapas-Tour durch die langen, engen Straßen von La Barceloneta. Samstags und vor allem sonntags ist hier viel los; wenn du es lieber etwas ruhiger magst (und weniger Schlange stehen möchtest), solltest du an einem Werktag vorbeischauen – montags sind viele Bars und Restaurants allerdings geschlossen. Im **Vaso de Oro** oder im **Jai-Ca** kannst du ein kühles Bier trinken und Tapas mit gegrillten Garnelen genießen, bevor du die berühmten *bombes* (Fleisch-Kartoffel-Kroketten) im schlichten **La Cova Fumada** probierst. Die **Bodega La Peninsular** ist ebenfalls ein klassisches Lokal mit hausgemachtem Wermut und göttlichen Tapas, die nach dem Slow-Food-Prinzip zubereitet werden. Die **Bar Leo** ist zwar kein Tapas-Lokal, aber eine Legende unter den Flamenco-Fans im Viertel.

In der Nähe von La Ribera bietet das **Perikete** mehr als 200 Weine und exzellente Tapas. **Can Paixano** ist *die cava*-Bar des Viertels; hier gibt es den prickelnden Rosé der Eigenmarke.

OBEN: MICHAELA JILKOVA/SHUTTERSTOCK ©, UNTEN: JEFFREY ISAAC GREENBERG 7+/ALAMY ©

Barceloneta

Outdoor-Action

SCHWEISSTREIBENDE AKTIVITÄTEN

Lust auf Bewegung an der salzigen Mittelmeerluft? Mach es wie die vielen *barcelonins*, die an der Strandpromenade joggen, Rad fahren, spazieren gehen, Inlineskaten, Yoga machen, Kajak fahren, Stand-up-Paddling und vieles mehr betreiben.

Eine inspirierende Art, den Tag zu beginnen, ist ein SUP-Ausflug, um den Sonnenaufgang über Barceloneta zu erleben, mit **Sea You** oder **Molokai** – beide verleihen auch Ausrüstung, wenn du lieber auf eigene Faust losziehen möchtest. Yogakurse unter freiem Himmel finden an den meisten Tagen an verschiedenen Orten entlang der Uferpromenade statt, unter anderem bei **Yoga by the Sea**; einfach vorab einen Platz reservieren und los geht's mit dem Stretching. Im 1907 gegründeten **Club Natació Atlètic-Barceloneta** kann man das ganze Jahr über in den Langschwimmbecken schwimmen, und das geht auch für Nichtmitglieder:innen mit Tagestickets. Außerdem gibt es eine Menge geführter Fahrradtouren, die von **Uncensored Barcelona** (das gebrauchte Fahrräder restauriert) und **Bike Tours Barcelona** (einer der ersten Anbieter in der Stadt) durchgeführt werden. Du kannst aber auch auf einer Katamaran-Tour mit **Orsom**, mit einem Glas Wermut in der Hand, einfach alles auf dich wirken lassen.

Rambla del Poblenou

BELEBTES ZENTRUM DES VIERTELS

Der begrünte Boulevard, der sich von der Avinguda Diagonal durch Poblenou fast bis zur Hafenpromenade erstreckt, ist seit langem ein beliebter Treffpunkt für die Einheimischen. Er wurde Mitte des 19. Jhs. angelegt, als der industrielle Aufschwung von Poblenou einsetzte; heute ist die zentrale Fußgängerzone gespickt mit Tapasbars, Cafés und Restaurants, die von einigen Gebäuden im Modernisme-Stil überragt werden. Im romantischen, jahrhundertealten **Can Recasens** werden katalanische Weine und hervorragende *torrades* (geröstetes Brot) mit Belägen aus der Region angeboten. Für Tapas sind das französisch-katalanische **El 58** und das tavernenartige **Els Tres Porquets** ganz hervorragende Adressen. Das 1980 gegründete **El Tío Che** serviert eine der besten *horchatas* der Stadt, während das **Balius** im Vintage-Stil perfekte Gin Tonics mixt.

Rambla del Poblenou

Museu del Disseny

OBEN: ARCHITEKT:INNEN: MBM ARQUITECTES. BILD: EQROY/SHUTTERSTOCK ©, UNTEN: CRYSTALTMC/SHUTTERSTOCK ©

Auf der Spur des Reises

EIN STÜCK KULINARISCHE GESCHICHTE

Köstliche *arrossos* (Reisgerichte) sind ein besonders wichtiger Teil der kulinarischen Tradition in diesem vom Meer geprägten Teil Barcelonas. Statt Paella kannst du auch einen der typisch katalanischen *arrossos* probieren, wie den *arròs negre* (Reis mit Tintenfischtinte) oder *arròs caldoso* (Suppenreis, manchmal mit Fleisch). Oder ein leckeres *fideuà*, das mit Fadennudeln anstelle von Reis zubereitet wird, oder ein lokales *suquet de peix* (Fisch- und Meeresfrüchteeintopf). Im Straßennetz von Barceloneta sind das **Can Ros** (gegründet 1908) und das **Can Solé** (1903) Legenden der Reis- und Meeresfrüchte-Szene der Stadt, ebenso wie das nahe gelegene **7 Portes** (1929). Reis mit Aussicht auf den Strand bietet das Boho-Restaurant **Pez Vela** am südlichsten Zipfel der Platja de Sant Sebastià mit gegrilltem Gemüse und Gerichten mit Tintenfischtinte.

Das **Xiringuito Escribà** und das **Can Fisher** (moderne Küche mit Slow-Food-Ethos) im Nordwesten entlang der Uferpromenade sind beide bei den Einheimischen für ihre spektakulären Reisgerichte und frischen Meeresfrüchte mit Aussicht auf die Platja del Bogatell beliebt. Das **Els Pescadors** an einem hübschen Platz ein Stück weg vom Wasser ist eines der beliebtesten Fischrestaurants Barcelonas und bietet herrliche saisonale Reisgerichte.

Museu del Disseny

DIE DESIGN-OASE VON POBLENOU

Das faszinierende Designmuseum Barcelonas mit dem Spitznamen *la grapadora* (der Hefter) befindet sich in einem monolithischen modernen Gebäude mit geometrischen Fassaden und brutalistischem Äußeren. Die faszinierende Sammlung von Keramik, Mode, Kunsthandwerk und Textilien ist ein Muss für alle, die sich für die Welt des Designs interessieren. Almodóvar-Filmplakate, Keramiken von Picasso und Miró, französische Ballkleider aus dem 16. Jh., Korsetts aus dem 18. und 19. Jh. und Haute Couture aus dem 20. und 21. Jh. (darunter Stücke des spanischen Designers Cristóbal Balenciaga) gehören zu den zahlreichen Highlights. Eine dramatisch beleuchtete Sammlung von Krinolinen (käfigartige Unterkleider) aus dem 19. Jh. wird wie seltene Meerestiere in riesigen Glasröhren ausgestellt.

Arròs negre

MEHR IN BARCELONETA, AN DER HAFENPROMENADE & EL POBLENOU

Kunst am Meer

OPEN-AIR-GALERIE

Im Uferbereich Barcelonas stehen einige faszinierende Straßenskulpturen, allen voran *Peix*, Frank Gehrys schimmernder, bronzefarbener, 35 m hoher kopfloser Fisch gegenüber dem Port Olímpic aus dem Jahr 1992. Weitere Werke sind das *El Cap de Barcelona* von Roy Lichtenstein aus dem Jahr 1992 im Port Vell, Rebecca Horns Hommage an die alten Fischbuden, *L'Estel Ferit*, aus dem Jahr 1992 und Alfredo Lanz' *Homenatge a la Natació* von 2004. Das alles lässt sich bei einem Spaziergang entlang der Hafenpromenade besichtigen, am besten am frühen Morgen, wenn es noch ruhig ist.

Kleine Einblicke in die lokale Geschichte

VON DEN RÖMERN BIS HEUTE

Direkt am Ufer bei Barceloneta wurde der gewaltige Backsteinbau des **Palau de Mar** aus den 1880er-Jahren (ursprünglich ein Lagerhaus) als lebendiges, vielseitiges Gebäude mit Cafés und Restaurants auf Straßenebene wiedergeboren. Vor allem aber beherbergt es das **Museu d'Història de Catalunya**, das einen spannenden multimedialen Streifzug durch mehr als 2000 Jahre Lokalgeschichte bietet. Zu den Höhepunkten gehören das Leben im römischen Barcelona, die Möglichkeit, arabische Poesie aus der Zeit der maurischen Herrschaft zu hören, und eine ergreifende Betrachtung des Spanischen Bürgerkriegs, die sich mit der kulturellen und politischen Unterdrückung in Katalonien nach dem Krieg befasst.

Anschließend kannst du im Restaurant und der Cocktailbar **1881** auf der Dachterrasse einen Happen essen und die Aussicht auf das Wasser genießen. Oder du gönnst dir ein Craftbier im **BlackLab**, einer innovativen Mikrobrauerei, die auch köstliche asiatisch-amerikanische Gerichte anbietet.

Das kreative Zentrum der Stadt

INNOVATIVES DESIGN

Der kreative Geist von Poblenou ist in den Galerien, Ateliers, Boutiquen und anderen avantgardistischen Einrichtungen des Viertels zu spüren. Am besten startest du mit **Espacio 88**, einem alten Lagerhaus, das zu einem Kunstzentrum umfunktioniert wurde und für seine dynamischen Veranstaltungen und Ausstellungen sowie den beliebten **Skye** Coffee Truck bekannt ist.

WARUM ICH BARCELONETA, DIE HAFENPROMENADE & EL POBLENOU LIEBE

Isabella Noble, Autorin

Für mich sind die Strände von Poblenou der Ort, an dem die mediterrane Schönheit Barcelonas am besten zur Geltung kommt. Bei Sonnenuntergang leuchtet das Meer unter dem orange-rosa Himmel, und der Blick schweift bis zum markanten segelförmigen W-Hotel in der Ferne. Ich liebe es, abends entlang der Uferpromenade zu joggen und morgens Yoga zu machen, an den Stränden von Bogatell oder Mar Bella ins glitzernde Meer einzutauchen (vor allem im September, wenn das Wasser warm ist und es ruhiger zugeht) und bei einem ausgedehnten Mittagessen im lebhaften Can Fisher zu schlemmen, wo der *arròs* mit Bio-Gemüse perfekt zu einem der katalanischen Weine passt.

WEINLOKALE

La Violeta
Auf dem Marktplatz von Barceloneta werden unter dem Motto Slowfood spanische Naturweine und marktfrische Tapas serviert.

Mes de Vi
Angesagtes Lokal in Poblenou für katalanische Weine (Empordà, Costers del Segre) und fantasievolle *platillos*.

Bodega Vidrios y Cristales
Wiederbelebte traditionelle Bodega an der Grenze zwischen Barceloneta und El Born mit Wermut, spanischen Weinen und Tapas.

TOP POBLENOU DESIGN SPOTS

Suzanne Wales, Mitbegründerin von **Barcelona Design Tours**, verrät ihre Lieblingsorte in Poblenou.

Mercat dels Encants
Das glänzende, hoch aufragende Dach, unter dem Stände alles Mögliche aus zweiter Hand und Trödel anbieten, sagt viel über Barcelonas zukunftsorientierte Einstellung zu neuer Stadtarchitektur aus.

Museu Can Framis
Die meisten der Fabriken aus dem frühen 19. Jh. in Poblenou wurden umgewandelt, aber keine auf so poetische Weise wie diese (S. 226).

Espai Mietis
In einem beeindruckenden Verkaufsraum präsentiert diese lokale Marke ihre farbenfrohen Taschen und Lederjacken.

Sala Beckett
Diese gefeierte Umgestaltung eines alten Theaters ist sowohl radikal als auch bezaubernd. Das Café war früher eine Kantine für die örtlichen Fabrikarbeiter:innen.

Im **La Plataforma** kannst du den Ausstellungsraum für zeitgenössische Kunst durchstöbern, und im Alblanc Atelier, das wie eine *masia* (Landhaus) an der Costa Brava gestaltet ist und Workshops für Blumenarrangements anbietet, einen Blick in das beliebte Blumengeschäft werfen. Ganz in der Nähe befindet sich **Unusual**, eine Konzeptboutique mit einem Gespür für Design, und in dem 1917 eröffneten ehemaligen Kino Ideal in Poblenou ist heute die innovative Galerie **IDEAL Barcelona** untergebracht. Einmal im Monat verwandelt sich ein umgebautes Lagerhaus in das beliebte **Palo Market Fest** mit kreativen Ständen, Food Trucks und Wermutbars. Während des dreitägigen Festivals **Llum BCN** im Februar werden die Straßen von Poblenou von Open-Air-Lichtinstallationen innovativer Designer:innen aus aller Welt in Beschlag genommen. **Barcelona Design Tours** bietet Rundgänge unter fachkundiger Leitung an.

Hoch in die Lüfte

SCHWINDELERREGENDER DESIGNER-WOLKENKRATZER

Jean Nouvels leuchtender gurkenförmiger **Torre Glòries** gehört zu den kühnsten Beiträgen zur Skyline, seit die ersten Türme der Sagrada Família in die Höhe wuchsen. Der 2005 eröffnete 38-stöckige Bau schillert nachts in Schattierungen von Mitternachtsblau und Lippenstiftrot. Die obersten Stockwerke des Gebäudes wurden in eine Aussichtsplattform umgewandelt, in deren Kuppel eine Installation des argentinischen Künstlers Tomás Saraceno steht. Mit dem Aufzug geht es in 34 Sekunden hinauf – und man genießt einen Rundumblick über die Stadt.

Auf dem Markt

EINKAUFEN MIT DEN BARCELONINS

Die lebendigen *mercats* in diesem Viertel sind zwar nicht ganz so spektakulär und monumental wie einige der anderen Märkte Barcelonas, haben aber dennoch ein ausgeprägtes lokales Flair: Die Anwohner:innen ziehen mit Einkaufswagen von Stand zu Stand, jeden Tag werden Berge von frischen Produkten angeliefert. Auf den meisten Märkten gibt es auch ein bis zwei Stände, an denen vorgekochte katalanische Gerichte zum Mitnehmen verkauft werden. Der **Mercat de la Barceloneta** befindet sich in einem sanierten Bau aus Glas und Stahl, der 1884 von Antoni Rovira i Trias entworfen wurde; die Bar del Paco ist eine der beliebtesten Café-Bars der Stadt. Der 1889 von Pere Falqués errichtete und umgebaute **Mercat del Poblenou** ist eher unspektakulär und vermittelt das Gefühl, zum Leben im *barri* zu gehören. Auch der **Mercat del Clot**, ein eleganter Bau im Modernisme-Stil aus dem Jahr 1889 in einem wenig besuchten Teil der Stadt ist eine tolle Adresse zum Einkaufen.

UNTERKÜNFTE

Hotel Arts Barcelona
Luxuriöser, himmelhoher Turm mit einem verführerischen Spa, einem Restaurant mit Michelin-Stern, schicken Pools und mehr. **€€€**

Poblenou Bed & Breakfast
Ein behagliches Haus aus den 1930er-Jahren (geflieste Böden, hohe Decken) mit sechs Zimmern, direkt an der Rambla del Poblenou. **€€**

Hoxton Poblenou
Inspiriert durch die lokale Kreativszene, mit Zimmern im Boho-Schick, Pool/Bar auf dem Dach und tollen Veranstaltungen. **€€€**

Torre Glòries

Kaffeekultur

LOKALE RÖSTEREIEN, KREATIVE KÜCHEN

Zu den Attraktionen von Poblenou gehören die vielen kleinen Cafés. Das beliebte **Little Fern** ist ein wunderschönes Café in neuseeländisch-ungarischem Besitz, in dem der Kaffee von der lokalen Rösterei Three Marks stammt und die kreativen Gerichte mit Bio-Zutaten zubereitet werden (lecker: Maiskrapfen oder Kimchi-Pfannkuchen). Ein paar Blocks weiter südlich serviert das brasilianische **Can Dendê** Mimosas, hausgemachte Limonaden und fluffige salzige Pfannkuchen. Das benachbarte **Frutas Selectas** ist die Poblenou-Filiale von Barcelonas beliebter Kaffeerösterei Nømad, die von Superstar-Barista Jordi Mestre gegründet wurde. Selbst die **Rambla del Poblenou** ist ein Paradies für ganz normale Cafés, in denen man unter den Bäumen einen klassischen *cafè amb llet* (Milchkaffee) trinken kann. In der Nähe befindet sich das **Federal**, das auf Brunch im australischen Stil spezialisiert ist.

Das Erbe der Seefahrt

WISSENSWERTES VON EINEM EINHEIMISCHEN AUS BARCELONETA

Wer die maritimen Wurzeln Barcelonetas verstehen und mehr über die lokale Fischereiindustrie erfahren möchte, sollte eine fachkundig geführte Besichtigungstour des Familienunternehmens **Cap A Mar** mitmachen, das sich zum Ziel gesetzt hat, diese wenig beachtete Welt zu beleuchten und zur Bewahrung der Seefahrerkultur der Stadt beizutragen. Der Klassiker ist eine

WOHNUNGEN & OVERTOURISM

Auch wenn Privatwohnungen eine bequeme und kostengünstige Unterkunftsmöglichkeit zu sein scheinen, ist es wichtig zu wissen, dass Airbnb und andere Vermietungsagenturen beschuldigt werden, zu Barcelonas Overtourism-Problem beizutragen und die Preise (ganz zu schweigen vom Lärmpegel) für die Einwohner:innen in die Höhe zu treiben. Besonders betroffen sind Barceloneta, das Barri Gòtic, El Raval und El Born. Barcelonas Behörden stellen seit 2014 keine neuen Lizenzen mehr aus und schließen seit 2016 rigoros nicht lizenzierte Unterkünfte. Wenn du stattdessen in einem Hotel übernachtest (vor allem in einem kleinen, unabhängigen), unterstützt du die lokalen Unternehmen und Beschäftigten (und das umso mehr, wenn du deinen Besuch in die Nebensaison legst). Wenn du ein Apartment buchst, überprüfe zuerst unter fairtourism.barcelona, ob es lizenziert ist.

STRÄNDE RUND UM BARCELONA

Platja de Castelldefels
Etwa 20 km südwestlich von Barcelona; beliebt bei Kitesurfer:innen.

Platja del Garraf
Winziger Strand von Garrafe, 30 km südwestlich von Barcelona, mit einer schönen Bucht, die von Strandhütten gesäumt ist.

Montgat
Rund 20 km nordöstlich von Barcelona an der Costa del Maresme.

LOCAL TIPP: KATALANISCHE RESTAURANTS, DIE MAN NICHT VERPASSEN SOLLTE

Carme Ruscalleda, die renommierte Köchin und Beraterin des mit zwei Michelin-Sternen ausgezeichneten Restaurants **Moments** in Barcelona (in Zusammenarbeit mit dem Chefkoch Raül Balam), verrät ihre Lieblingsorte für katalanische Küche.

7 Portes
Dieses Lokal in La Ribera kann auf eine 185-jährige Geschichte zurückblicken, hat sich auf Gerichte der kulinarischen Tradition Kataloniens spezialisiert und ist ein absolutes Muss!

Els Pescadors
In diesem jahrhundertealten Restaurant in El Poblenou widmet sich Marc Maulini einer katalanischen Küche, in deren Mittelpunkt die frischesten Meeresfrüchte und Fische stehen.

La Gormanda
Die junge Küchenchefin Carlota Claver setzt in auf eine innovative, frische Küche, die auf katalanischen Klassikern basiert.

LINKS: ALFRED ABAD/AGEFOTOSTOCK/ALAMY ©, RECHTS: DEJAN GILESKI/SHUTTERSTOCK ©

Food Trucks, Poblenou

Tour rund um die Moll del Rellotge (den Hafen der Stadt), bei der man einheimische Fischer kennenlernt, aber es gibt auch einige andere Touren. Sie alle zeigen eine Seite des Viertels (und Barcelonas insgesamt), die von vielen Menschen übersehen wird.

Internationale Küche

VON STREETFOOD BIS SUSHI

Die Wiederbelebung von Poblenou hat dem *barri* einige wunderbar kreative Restaurants beschert. **Van Van VAR** beschäftigt regelmäßig wechselnde Food-Truck-Köch:innen, die wöchentlich wechselnd alles von Ramen bis Falafel anbieten. Der in Gràcia geborene beliebte Koch Kibuka hat das **Kibuka Llull** eröffnet, das exquisite Maki-Rollen mit einigen kreativen Akzenten anbietet, während das Leka mit Meeresfrüchten aus Barceloneta, Bio-Fleisch aus den Pyrenäen und Gemüse aus dem eigenen Garten wunderbar originelle Tagesmenüs zubereitet. In Barceloneta ist **Green Spot** ein Paradies für vegetarische und vegane Feinschmecker:innen (mit inspirierten Gerichten, die unter weiß getünchten Bögen serviert werden), **El Japonés Escondido** hat sich zu einer angesagten Adresse für Sushi und andere japanische Gerichte mit Stil entwickelt, und das aus Barcelona stammende **NAP Mar** wurde von der italienischen Associazione Verace Pizza Napoletana für seine Pizzen aus dem Holzofen, die 24 Stunden lang fermentiert werden – mit Belägen wie Speck, Trüffelcreme und Rucola – ausgezeichnet.

CRAFTBIER IN POBLENOU

Hoppiness
Wechselndes Angebot an lokal gebrauten Craftbieren vom Fass, dazu kleine snackartige Tapas (Oliven, Käse).

La Cervecita Nuestra de Cada Día
Beliebte Bar und Craftbier-Lokal in einem; gleich neben der Rambla del Poblenou.

Freddo Fox
Kreatives Lokal, in dem man eine ganze Reihe der hauseigenen Biere probieren und kaufen kann.

L'EIXAMPLE & LA SAGRADA FAMÍLIA

ARCHITEKTUR IM MODERNISME-STIL, AUSGEZEICHNETE GASTRONOMIE

Wenn man den Passeig de Gràcia mit seinen Designer-Boutiquen und märchenhaften architektonischen Meisterwerken entlangschlendert, glaubt man kaum, dass es das elegante L'Eixample vor 200 Jahren noch gar nicht gab. Das heutige Nobelviertel Barcelonas entstand, als die Mauern der Ciutat Vella aufgrund des Bevölkerungswachstums abgerissen und ein neuer Stadtteil errichtet wurde. Hinter dem revolutionären Plan stand der katalanische Architekt Ildefons Cerdà, und die größten Architekten des Modernisme Spaniens machten sich ans Werk. Dazu gehörte Antoni Gaudí, dessen unvollendete Basilika La Sagrada Família heute das meistbesuchte Monument Spaniens ist.

Aber es gibt hier noch viel mehr als unvergleichliche Architektur. Selbst in einem so riesigen Gebiet findet man in den kleineren Vierteln ein entspanntes Flair, mit Lokalen zum Abhängen, belebten Märkten und versteckten Ecken. Enge *passatges* (Passagen) führen zu mit Pflanzen bepflanzten Patios, geheimen Gärten und riesigen Innenhöfen innerhalb der Stadthäuser. Hier befinden sich viele der besten gastronomischen Adressen Barcelonas, das lebendigste LGBTIQ+-Nachtleben, das alte Universitätsgebäude und die luxuriösesten Geschäfte, Hotels und Bars.

TOP TIPP

Für alle Gaudí-Sehenswürdigkeiten und die meisten anderen Monumente gilt: Tickets im Voraus buchen, um die Warteschlangen zu umgehen und ein paar Euro zu sparen. In L'Eixample gibt es zahlreiche Metro-Haltestellen, die wichtigsten Bahnhöfe sind Passeig de Gràcia und Plaça de Catalunya.

 Casa Batlló

GAUDÍS LEBENDES HAUS

In einer Stadt, in der die Ansprüche an die Architektur hoch sind, ist das schillernde Casa Batlló eines der schönsten und kuriosesten Gebäude. Das von 1904 bis 1906 errichtete Haus ist Gaudís fantastisches Meisterwerk, von der verspielten Fassade mit ihren knochenartigen Balkonen bis hin zu den innovativen Experimenten mit Licht und architektonischen Formen und der Anordnung von Arbeitsräumen im Dachgeschoss. Der Knüller ist das unendlich faszinierende Dach, auf dem Sant Jordi (der Heilige Georg) und der Drache dargestellt sind; beim Umhergehen kann man fast spüren, wie sich die Schuppen des Drachens bewegen und ihre Form verändern.

Casa Batlló

Auf dem Weg nach oben führt eine gewundene Treppe zum Hauptsalon im ersten Stock, wo Wellen aus Holz und Glasmalerei eine magische Atmosphäre mit Blick auf den Passeig de Gràcia schaffen. Von dort aus gelangt man auf die hintere Terrasse (ein Feuerwerk aus Trencadís-Kacheln), bevor man eine lichtdurchflutete Innentreppe hinaufsteigt, auf der die maritime Inspiration des Gebäudes zum Ausdruck kommt. Vom Dach aus führt ein Labyrinth aus Aluminiumvorhängen – entworfen vom japanischen Architekten Kengo Kuma – nach draußen.

HIGHLIGHTS
1 Casa Batlló
2 La Pedrera

SEHENSWERTES
siehe 1 Casa Amatller
3 Casa Calvet
4 Casa Comalat
5 Casa Lleó Morera
6 Casa Serra
7 Casa Thomas
8 Fundació Antoni Tàpies
siehe 1 Illa de la Discòrdia
9 Palau Baró de Quadras
10 Palau Macaya
11 Palau Ramon Montaner

SCHLAFEN
12 Casa Bonay
13 Casa Sagnier

ESSEN
14 Albé
15 Auto Rosellon
16 Batea
17 Besta
siehe 12 Bodega Bonay
18 Brugarol X
19 Casa Masala
20 Compartir Barcelona
21 Disfrutar
22 Funky Bakers Eatery
23 Granja Petitbo
24 Gresca
25 Lasarte
26 Mediamanga
siehe 26 Mont Bar
27 Parking Pizza
28 Taktika Berri
29 Viet Kitchen
30 Xerta

AUSGEHEN
31 Arena Classic
32 Arena Madre
33 Cafè del Centre
34 Candy Darling
35 Carita Bonita
36 Dry Martini
37 El Viti
38 Garage Beer Co
39 JOK
siehe 40 La Chapelle
siehe 3 La Textil
40 Punto BCN
41 Sips

SHOPPEN
42 Mercat de la Concepció
43 Mercat del Ninot

Kulinarische Hochgefühle

VOM PASSEIG DE GRÀCIA NACH WESTEN

L'Esquerra de L'Eixample ist ein Zentrum kulinarischer Kreativität in Barcelona. Innovative Tapas bieten Iván Castros **Mont Bar** und **Mediamanga**, das **Gresca** und das **Compartir Barcelona**. Japanisch-katalanische Kreationen gibt's im **Brugarol X**, exquisite Meeresfrüchte-Fusionen im **Besta** und **Batea**, göttliche *pintxos* im **Taktika Berri**, libanesische Einflüsse im **Albé** und kreative Menüs im **Auto Rosellon**. Das **Casa Masala** ist ein tolles indisches Restaurants hier, während das **Viet Kitchen** liebevoll zubereitete vietnamesische Gerichte serviert und das **Pocha** für kreative koreanische Gerichte steht.

Recinte Modernista de Sant Pau

WENIGER BEKANNTES KLEINOD DES MODERNISME

Nach der Besichtigung der Sagrada Família (S. 236) bietet sich ein kleiner Abstecher zu diesem atemberaubend spektakulären, aber weniger bekannten Werk von Domènech i Montaner an. Mit dem zwischen 1902 und 1930 errichteten Hospital de la Santa Creu i de Sant Pau hat sich der Architekt des Modernisme wirklich selbst übertroffen. Es war jahrelang eines der wichtigsten Krankenhäuser Barcelonas, bis es 2009 in Kulturzentren, Büros u. v. m. umgewandelt wurde. Der 27 Gebäude umfassende Komplex, der zusammen mit dem Palau de la Música Catalana (S. 217) zum UNESCO-Weltkulturerbe gehört, ist mit Fliesen, Bögen, Glasmalereien und 16 einzigartigen Pavillons aufwendig dekoriert – alles sorgfältig als eine Umgebung konzipiert, die die Patient:innen aufmuntern sollte.

MITZO/SHUTTERSTOCK ©

Recinte Modernista de Sant Pau

La Pedrera

GAUDÍS GEBÄUDE DER BESONDEREN ART

Dieses verrückte, auf der UNESCO-Liste stehende Meisterwerk mit seinen 33 Balkonen wurde 1905–10 als kombiniertes Wohn- und Bürogebäude errichtet und gehört zu Gaudís Spitzenleistungen. Offiziell heißt es Casa Milà, nach dem Politiker und Unternehmer Pere Milà, der es in Auftrag gegeben hatte, aber besser bekannt ist es als La Pedrera (der Steinbruch) wegen seiner wellenförmigen Fassade aus grauem Stein, die sich um die Ecke der Carrer de Provença schlängelt. Gaudís Umgang mit Raum und Licht sowie das Verschwimmen von Dekoration und Funktionalität sind einfach verblüffend.

Wenn du das Äußere des Gebäudes betrachtest, wirst du staunen: Der fließende Stein sieht aus wie eine Felswand, die von den Elementen geformt wurde, und die schmiedeeisernen Balkone erinnern an angeschwemmten Seetang. Im Inneren führt der Weg durch zwei Innenhöfe (die so angelegt sind, dass die Innenräume lichtdurchflutet sind), eine Wohnung im Stil des frühen 20. Jhs. und hinauf auf das außergewöhnliche Dach, wo die mit Ziegeln bedeckten Schornsteine zu mittelalterlichen Rittern werden und Sommerkonzerte stattfinden.

ARCHITEKTUR-TOUREN

Gaudís Werk ist nicht nur verspielt und ausgefallen, sondern auch komplex und unendlich vielschichtig – dahinter verbirgt sich immer mehr, als man sieht. Die beste Möglichkeit, in seine Fantasie einzutauchen, ist eine geführte Tour mit professionellen Architekt:innen vor Ort. **Barcelona Architecture Walks** bietet eine hervorragende Barcelona & Gaudí-Route an, die seine Werke in den historischen und politischen Kontext der Stadt einbettet, und **Barcelona Design Tours** veranstaltet eine Modernisme-Tour abseits der ausgetretenen Pfade, die auch in versteckte Gefilde der Bewegung führt.

NOCH MEHR GAUDI

Außer in Katalonien errichtete der große Antoni Gaudí Gebäude in **Comillas** (S. 395), **Astorga** (S. 149) und **León** (S. 148).

PRAKTISCHES
Erw./Kind 26 €/gratis
April–Sept. 9–20, **März & Okt.** bis 19, **Nov.–Feb.** bis 18 Uhr
sagradafamilia.org

HIGHLIGHT

La Sagrada Família

Mehr als 140 Jahre nach Baubeginn ist die Sagrada Família des großen Meisters des Modernisme, Antoni Gaudí, immer noch unvollendet. Mit 4,5 Millionen Besucher:innen pro Jahr ist sie das populärste Bauwerk Spaniens. Trotz der Menschenmassen ist sie ein unverzichtbares Highlight in Barcelona. Die Basilika ist ein Feuerwerk aus himmelhohen Türmen, kunstvollen Skulpturen und fließenden Formen.

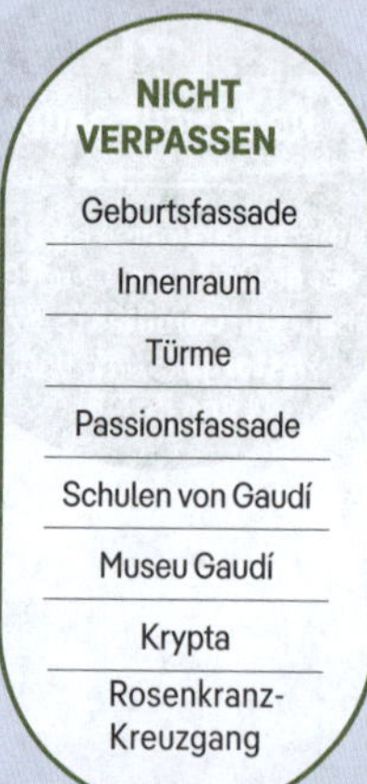

Heilige Geschichte

Die Arbeiten am Temple Expiatori de la Sagrada Família (Sühnetempel der Heiligen Familie) begannen bereits 1882 – aber wer weiß schon, dass sie ursprünglich nicht unter Gaudís Leitung standen! Nachdem er 1883 die Nachfolge des ursprünglichen Architekten Francisco de Paula del Villar y Lozano angetreten hatte, verbrachte Gaudí 43 Jahre seines Lebens mit dem Bau der Sagrada Família, die er als heilige Mission betrachtete und zu der er sogar eigene Mittel beisteuerte. Seine Pläne sahen einen Raum für bis zu 13 000 Menschen vor. Aktuell besteht die (vorsichtige) Hoffnung, dass die Bauarbeiten zum 150-jährigen Jubiläum der Basilika im Jahr 2032 abgeschlossen sein werden.

Eindrucksvolle Fassaden

Die spektakulär gestaltete **Geburtsfassade** (Façana del Naixement) ist die älteste der drei Fassaden der Basilika und wurde von Gaudí selbst entworfen, um „die Hoffnung und Freude des Lebens" auszudrücken. Hier erreicht das Gebäude seinen größten künstlerischen Ausdruck: Gaudí verwendete für die Skulpturen Gipsabgüsse von Menschen aus der Umgebung. Sehenswert ist auch der **Rosenkranz-Kreuzgang** (Claustre del Roser), der an diesen Teil des Hauptgebäudes angebaut ist.

Die 2018 fertiggestellte **Passionsfassade** (Façana de la Passió) ist größtenteils das Werk des verstorbenen Bildhauers Josep Maria Subirachs, obwohl die Grundform aus den Jahren 1954 bis 1978 stammt. An der **Glorienfassade** (Façana de la Glòria) soll später der Haupteingang der Basilika liegen.

18 Türme

Nach der Fertigstellung mehrerer wichtiger Meilensteine in den Jahren 2021 und 2022 beherrschen die Türme der Sagrada Família heute das öffentliche Interesse. Über dem Hauptgebäude werden 18 Türme stehen, die die zwölf Apostel, die vier Evangelisten, die Jungfrau Maria und Christus darstellen. Der letzte und höchste Turm wird eine Höhe von 172,5 m erreichen und über einen Aufzug verfügen. Mehrere Türme befinden sich noch im Bau, andere sind bereits für den Besucherverkehr geöffnet.

Der Innenraum

Wenn man das hoch aufragende Innere der Basilika betritt, eröffnet sich ein waldartiges Panorama aus schiefen Säulen, die dank der Buntglasfenster in beruhigendes gelbes, blaues, rotes und grünes Licht getaucht sind. Der gesamte Raum verwandelt sich in einen wogenden Baldachin, ganz im Sinne Gaudís – die Natur war seine Lieblingsmuse. Von der Apsis aus kann man einen Blick auf die neugotische Krypta werfen, die der älteste Teil des Gebäudes ist und größtenteils vor Gaudís Übernahme der Arbeiten fertiggestellt wurde. 1926 wurde er hier begraben, nachdem er von einer Straßenbahn überfahren worden war.

Schule & Museum

Das kleine, wellenförmige Gebäude neben der Passionsfassade beherbergt die **Schulen von Gaudí** (Escoles de Gaudí). 1909 wurde es für die Kinder der Bauarbeiter gebaut, erst 2002 erhielt es seinen heutigen Standort. Hier lassen sich das elegante katalanische Gewölbe und ein nachgebautes Klassenzimmer bewundern. Bevor du den Komplex verlässt, solltest du einen Blick in das **Museu Gaudí** werfen. Die faszinierenden Ausstellungen bieten einzigartige Einblicke in die Gedankenwelt und das Leben des Architekten; sie stellen seine vielen genialen Kreationen einander gegenüber und veranschaulichen die komplizierten Bautechniken, die hier noch heute verwendet werden.

Kontroversen

Es gibt die Auffassung, dass die aktuellen Bauarbeiten – die auf den wenigen Originalmodellen Gaudís beruhen, die den Spanischen Bürgerkrieg überstanden haben – nicht mehr zur Vision des Architekten passen. Und dann ist da noch die Frage der Beeinträchtigung der Anwohner:innen, die sich Sorgen wegen der riesigen noch zu bauenden Haupttreppe machen, die den Abriss mehrerer Wohn- und Geschäftshäuser bedeuten würde. Es bleibt abzuwarten, wie sich das Ganze entwickelt.

GEFÜHRTE TOUREN

La Sagrada Família lässt sich am besten im Rahmen einer geführten Tour erkunden, die in verschiedenen Sprachen angeboten werden und 50 Minuten dauern. Das große Highlight ist die Besichtigung der Türme der Geburts- und Passionsfassaden per Aufzug und Treppe (weitere Türme werden mit dem Fortschreiten der Bauarbeiten hinzukommen); mit dem Ticket „Sagrada Família & Türme" kann man die Türme auch selbständig besuchen.

TOP TIPPS

- Alle Tickets und Führungen müssen bis zu zwei Monate im Voraus online gebucht werden und schließen einen Audioguide (Download) ein.
- Die Sagrada Família ist die meistbesuchte Sehenswürdigkeit Spaniens und daher fast immer gut besucht; an Wochentagen kann es ruhiger sein.
- Denk daran, dass es sich um ein katholisches Gebäude handelt; durchsichtige Kleidung ist nicht erlaubt, Röcke und kurze Hosen müssen mindestens bis zur Mitte des Oberschenkels reichen, und die Krypta ist nur während der Gottesdienstzeiten geöffnet.
- Du brauchst eine Pause? Im Blackbird erhälst du einen Third-Wave-Kaffee, im Can Pizza eine Gourmet-Pizza, im Gigi Von Tapas kreative Tapas und im Celler Miquel Wermut und Weine. Und dann gibt es noch den Mercat Sagrada Família.

DIE BESTEN DACHTERRASSENBARS

Jardí Diana
Auf der wunderschönen Dachterrasse im Stil des Modernisme im El Palace werden Brunch, Yoga, Cocktails und mehr angeboten.

Terraza del Pulitzer
Die lauschige, begrünte Dachterrasse des Hotels Pulitzer ist im Sommer ein beliebter Treffpunkt (DJs, Live-Bands, Cocktails).

El Chiringuito
Cocktails, Naturweine und perfekte Grillgerichte gibt's auf dem Dach des Casa Bonay im Boho-Stil.

Alaire
Elegante Bar auf der Dachterrasse im 8. Stock des Hotels Condes de Barcelona mit einem atemberaubenden Blick.

Dolce Vitae
Von der stilvollen Dachterrasse des Hotels Majèstic hat man einen Rundumblick über Barcelona.

Verbena
Spanische Weine und ein leichtes mediterranes Menü von Martín Berasategui im Hotel Monument.

MANFRED GOTTSCHALK/GETTY IMAGES ©

Fundació Antoni Tàpies

NOCH MEHR IN L'EIXAMPLE

Das Genie Antoni Tàpies

MEISTERWERKE UND MODERNISME

Die **Fundació Antoni Tàpies** ist die bedeutendste Sammlung des führenden katalanischen Künstlers des 20. Jhs., Antoni Tàpies (1923–2012), und zugleich ein wegweisendes Bauwerk des Modernisme der 1880er-Jahre, das von Domènech i Montaner für den Verlag Editorial Montaner i Simón entworfen wurde. Tàpies, der für sein esoterisches Werk bekannt ist, hinterließ über 2000 eindrucksvolle Gemälde und eine Stiftung zur Förderung zeitgenössischer Künstler:innen. Bei dem Gebäude handelt es sich um ein mit Backstein verkleidetes Eisengerüst mit islamisch inspirierter Dekoration, das von Tàpies' Installation *Núvol i Cadira* (Wolke und Stuhl) gekrönt wird.

Morgens auf dem Markt

KULINARISCHES UND KULTUR

Wer sich für das Alltagsleben der Einheimischen interessiert, sollte einen Blick auf die Märkte in L'Eixample werfen, die weniger frequentiert sind als der La Boqueria. Der elegante **Mercat de la Concepció** in der Dreta de L'Eixample wurde 1888 von dem katalanischen Architekten Antoni Rovira i Trias errichtet und 1998 umgestaltet. Er ist randvoll mit Käse, Obst, Wurstwaren, Olivenöl, Wein und anderen Leckereien, aber besonders bekannt ist er für seine Blumenläden, darunter der 1960 gegründete **Flores Navarro** (24 Stunden geöffnet!).

LUXUSHOTELS

El Palace
Das ehemalige Ritz (1919), Barcelonas Luxustempel, hat intelligent modernisierte Räume und eine fabelhafte Dachterrasse. €€€

Majèstic Hotel
Dieser Klassiker aus dem Jahr 1918 mit luxuriösen Zimmern, einem schicken Spa und Restaurant bietet außerdem spektakuläre Ausblicke. €€€

Alma
Ein geheimer Garten und hervorragender Service zeichnen dieses 5-Sterne-Hotel in einem Gebäude aus dem frühen 20. Jh. aus. €€€

Der **Mercat del Ninot** beim Hospital Clínic erstrahlt in neuem Glanz und wurde modern renoviert. Der im 19. Jh. angelegte Markt wurde 1933 überdacht und 2015 nach einer fünfjährigen Renovierung wiedereröffnet. In einer der Café-Bars kannst du ein Stück Tortilla oder Meeresfrüchte-Tapas genießen.

Während der Weihnachtszeit findet auf dem Platz vor der Sagrada Família einer der beliebtesten **Weihnachtsmärkte** Barcelonas statt. Hier gibt es auch einen eigenen (nicht touristischen) Markt, den **Mercat Sagrada Família**, der 1993 eröffnet wurde.

Weniger bekannte Modernisme-Werke

NICHT NUR GAUDÍ

Die Modernisme-Bewegung hat neben Gaudís wunderbarem Werk noch viele andere Zeugnisse hinterlassen – auf einem geführten Rundgang kann man sie entdecken. An der Rambla de Catalunya befindet sich das Atelier und Wohnhaus von Enric Sagnier aus dem Jahr 1892 (heute das Hotel **Casa Sagnier**). In der **Casa Serra** sind die berühmten Büsten von Eusebi Arnau und Alfons Juyol in einem von Josep Puig i Cadafalch entworfenen neugotischen Herrenhaus ausgestellt. Danach geht es weiter zur **Casa Comalat** von Salvador Valeri, einem Eckgebäude mit zwei Fassaden, das stark von Gaudí beeinflusst ist. Noch mehr Puig i Cadafalch gibt es beim gotisch inspirierten **Palau Baró de Quadras** von 1882 und einem frühen Werk von Domènech i Montaner in der **Casa Thomas**, die 1912 erbaut wurde. Dieser Künstler war auch für den **Palau Ramon Montaner** von 1893 verantwortlich. Der **Palau Macaya** von Puig i Cadafalch aus dem Jahr 1901 ist ein weniger bekanntes Schmuckstücke des Modernisme. Auch Gaudí darf nicht fehlen – die **Casa Calvet** (1900) ist eines seiner frühesten und konventionellsten Werke.

Gaixample

HERZ DER LGBTIQ+-SZENE VON BARCELONA

Das Gebiet nördlich der Gran Via de les Corts Catalanes und westlich der Rambla de Catalunya ist als „Gaixample" bekannt. Die vielen Bars, Clubs, Restaurants und Buchläden machen es zum Herz der LGBTIQ+-Szene Barcelonas. Zu den beliebtesten Nachtclubs gehören **Arena Madre** und **Arena Classic** zum Tanzen (die allerdings recht gemischt sein können), **Punto BCN** für Drinks, **Candy Darling** (mit Drag-Shows, Kunstausstellungen und einem kulturellen Schwerpunkt), das entspannte **La Chapelle** und **Carita Bonita** (ein lesbischer Bar-Club). Ende Juni oder Anfang Juli findet in Barcelona ein zweiwöchiges **Pride-Festival** mit Konzerten, Partys, kulturellen Veranstaltungen und dem traditionelle Pride-Marsch am Samstag statt.

LOCAL TIPP: DIE KUNSTSZENE VON L'ESQUERRA DE L'EIXAMPLE

Joel Miñana, Illustrator und Designlehrer in Barcelona, stellt einige seiner liebsten Kreativräume vor.

LAB-ART Studio
Faszinierende Rahmenwerkstatt und Galerie, mit allen Arten von Rahmen aus verschiedenen Epochen und Stilen.

Objeto de Deseo
Barcelonas erste Galerie für Objekte – eine sehr spezielle, eklektische Sammlung von Designstücken.

Biblioteca Fundació Tàpies
In der wunderschöne Bibliothek der bekannten Fundació Tàpies kann man sich verlieren. Nach Voranmeldung kann sie besichtigt werden.

ADN Galería
Mutige zeitgenössische Galerie, in der junge einheimische und internationale Künstler:innen vorgestellt werden.

Cosmo
In diesem Café-Galerie- und Designlokal trifft Kunst auf Gastronomie.

BOUTIQUE-HOTELS

Casa Bonay
Das Casa Bonay, ein wunderschön renoviertes Gebäude aus dem Jahr 1896, fühlt sich an wie die Wohnung eines unglaublich stilvollen Freundes. €€€

Margot House
Designerhotel mit neun Zimmern und Blick auf den Passeig de Gràcia; Gourmetfrühstück, katalanische Ausstattung, klare Linien. €€€

Praktik Rambla
Herrenhaus aus dem frühen 19. Jh. mit schickem Interieur von Designer Lázaro Rosa-Violán. €€

LOCAL TIPP: LIEBLINGSPLÄTZE IN L'EIXAMPLE

Inés Miró-Sans, Gründerin des Hotels Casa Bonay, verrät ihre Lieblingsplätze in diesem Viertel.

Norte
Ideal zum Mittagessen oder Frühstück – einfache Hausmannskost, als würde man bei einem Freund essen, der ein guter Koch ist.

Gresca
Von Küchenchef Rafa Peña, mit wunderbaren kleinen Gerichten aus saisonalen Produkten und einer unglaublichen Weinauswahl.

Parking Pita
Die gefüllten Pitas gehören zu den besten in Barcelona und werden aus demselben Pizzateig hergestellt wie am gleichen Ort die beliebte Parking Pizza.

Sato i Tanaka
Eines der besten japanischen Lokale Barcelonas, das elegante und preisgünstige Degustationsmenüs serviert.

Libertine Cocktail Bar
In der Lobby-Bar der Casa Bonay wird alles selbst gemacht, von den Bittergetränken bis zu den Gärungsprodukten.

Die lokale Feinschmecker-Szene

ANGESAGTER BOULEVARD

Am östlichen Rand von L'Eixample hat sich die lange, von Bäumen beschattete Flaniermeile **Passeig de Sant Joan** zu einem angesagten gastronomischen Hub entwickelt. Ob auf einen Kaffee, einen Brunch, einen Drink am Abend oder ein ausgiebiges Abendessen – hier ist immer was los.

Das gemütliche Eckcafé **Granja Petitbo** serviert ausgezeichneten Kaffee und ganztägig Menüs mit lokalen Zutaten, weshalb die Leute hier am Wochenende gerne brunchen. Den Wermut nimmt man im **El Viti**, das mit modernen Ambiente und originellen Tapas punktet, oder im benachbarten **Chichalimoná**, das global inspirierte Gerichte serviert. Ein paar Türen weiter ist das lagerähnliche **Parking Pizza** ein Favorit in Barcelona wegen seine exquisiten Holzofenpizzen, die mit schwarzem Trüffel, geräuchertem Lachs und mehr belegt sind. Gleich um die Ecke hat die **Casa Bonay** mit Cocktailbar, Kaffeespezialitäten und *chiringuito* auf der Dachterrasse das Viertel in Schwung gebracht. In der **Bodega Bonay** verzückt Küchenchef Giacomo Hassan die Gäste mit saisonal wechselnden italienisch-katalanischen Schmankerln. Und das benachbarte **Funky Bakers Eatery** begeistert mit Bio-Küche mit nahöstlichem Flair.

Ein Straßenzug voller Modernisme

DIE MODERNISME-NACHBARN DER CASA BATLLÓ

Die drei Häuser am Passeig de Gràcia zwischen der Carrer del Consell de Cent und der Carrer d'Aragó tragen den Scherznamen **Illa de la Discòrdia** (spanisch: Manzana de la Discordia), was so viel wie „Apfel (Block) der Zwietracht" bedeutet. Die **Casa Amatller** von Puig i Cadafalch vereint gotische, romanische und holländische Stadtarchitektur; die **Casa Lleó Morera** von Domènech i Montaner hat eine kunstvoll gearbeitete Fassade; und Gaudís Casa Batlló (S. 233) ist ein faszinierendes, von der Natur inspiriertes Werk. Alle drei wurden 1898–1906 renoviert und zeigen, wie eklektisch der Modernisme als Stil war.

Michelin-Küche

GRIFF NACH DEN STERNEN VON BARCELONA

Viele der 24 mit Michelin-Sternen ausgezeichneten Gastronomie-Tempel Barcelonas liegen versteckt entlang der Boulevards von L'Eixample. Bei allen gilt: rechtzeitig reservieren und sich dann von den Degustationsmenüs überwältigen lassen. Unter der Leitung von Martín Berasategui und Paolo Casagrande war das **Lasarte** das erste Restaurant der Stadt, das mit seiner inspirierten saisonalen Küche drei Michelin-Sterne erhielt. Das mit

WELT DES KAFFEES

Three Marks
Kaffeelokal im minimalistischen Chic mit kreativen Sandwiches und in Barcelona-gerösteten Bohnen.

Satan's Coffee Corner
Hausgemachtes Gebäck und Japan-inspirierte Gerichte im Streetfood-Style und dazu ein teuflisch leckerer Kaffee der Saison.

Hardware Société
Diese dritte Niederlassung der aus Melbourne stammenden Café-Kette serviert Brunch im Aussie-Style und Market Lane Coffee.

XAVI TORRENT/GETTY IMAGES ©

Gericht aus dem Degustationsmenü, Disfrutar

zwei Michelin-Sternen ausgezeichnete **Disfrutar** ist ebenfalls ein Aushängeschild der gehobenen Küche Barcelonas und wird von Mateu Casañas, Oriol Castro und Eduard Xatruch (ehemalige Mitarbeiter von Ferran Adriàs El Bulli) geführt. Fran López setzt die Genüsse des Ebro-Deltas im **Xerta** gekonnt in Szene, das mit einem Michelin-Stern ausgezeichnet ist (und eine zwanglosere Tapasbar betreibt), während Jordi Artal mit seinen Menüs im **Cinc Sentits** zwei Michelin-Sterne erhalten hat.

In die Stadt

WUNDERBARE WEINE, RAFFINIERTE COCKTAILS

L'Eixample besitzt einige der besten Cocktailbars, Weinbars und Kleinbrauereien der Stadt. Im innovativen **Sips** (das 2022 den dritten Platz auf der Liste der 50 besten Bars der Welt belegte) kreieren die Top-Mixologen Simone Caporale und Marc Álvarez vor deinen Augen galaktische Cocktails. Das elegante **Dry Martini** ist eine klassische Adresse für Cocktails in Barcelona; hier sollen schon über eine Million fachmännisch gemixte Martinis serviert worden sein. Für Craft-Brew-Fans ist **Garage Beer Co** eines der Urgesteine der Stadt.

Östlich des Passeig de Gràcia geht es etwas ruhiger zu, aber im **La Textil**, einem stilvollen Bierlokal, das gleichzeitig ein Veranstaltungsort für Live-Musik und ein wunderbares Restaurant ist (spezialisiert auf geräucherte oder gegrillte Gerichte), werden ebenfalls Craftbiere angeboten. Beim **JOK** musst du an der Tür klingeln, um die romantische Garten-Cocktailbar zu entdecken, in der die Drinks kreativ und dennoch schlicht sind. Oder du besuchst das **Café del Centre**, eine Café-Bar im Modernisme-Stil, die seit 1873 besteht und heute von einem der beliebtesten Nightlife-Teams in Barcelona geführt wird.

DIE BESTEN TAPASBARS

Pepa
In diesem ehemaligen Buchladen werden hervorragende *platillos* mit kreativem Flair und Naturweinen serviert. €€

Betlem
Wunderschön umgenutztes Gebäude aus dem Jahr 1892, ein entspanntes Lieblingsrestaurant mit kunstvollen, unkomplizierten Tapas aus Marktprodukten. €

Tapas 24
Bekannt für seine Gourmet-Kreationen klassischer Gerichte, unter anderem *bikini* (Schinken-Käse-Toast). €€

Bar Mut
Elegante, saisonal abgestimmte Tapas. Dasselbe Team betreibt auch das **Entrepanes Díaz** gegenüber. €€

Paco Meralgo
Hervorragendes Angebot an saisonalen Tapas, von gegrillten Garnelen aus Palamós bis zu *patatas bravas*. €€

ORIGINELLE BOUTIQUEN

Carner Barcelona
Unwiderstehliche Düfte, inspiriert von Barcelona und dem Mittelmeer, alles vegan, tierversuchsfrei und lokal produziert.

Avant
Die Designerin Silvia Garcia Presas kreiert wunderschöne, von Tanz und globalen Kulturen inspirierte Damenmode.

Bagués-Masriera
In der Casa Amatller; hier wird seit dem 19. Jh. klassischer Schmuck gestaltet, häufig mit einem Touch von Modernisme-Stil.

GRÀCIA & PARK GÜELL

PLÄTZE, MÄRKTE, RESTAURANTS, AUSGEHEN – UND GAUDÍ

Mit seinen anmutigen Gebäuden, engen Gassen und belebten Plätzen erinnert Gràcia an alles Schöne, was Barcelona ausmacht. Ob Bohème oder Gentrifizierung – dieser eklektische *barri* präsentiert sich in einer Reihe von endlos miteinander verbundenen Plätzen und vermittelt das entspannte Gefühl einer Kleinstadt.

Belebte Cafés und Bars, nachhaltig orientierte Boutiquen, eine blühende Gastronomieszene, eine lebendige Wermutkultur und ein schillernder Modernisme-Markt sind nur einige der vielen Highlights. Für alle, die die Stadt besuchen, ist Gaudís Casa Vicens allein schon einen Besuch wert, aber auch das Leben auf dem Platz, die Tapasbars und die Geschäfte gehören zum Erlebnis von Gràcia dazu.

Nördlich der Gràcia liegt das Freiluft-Paradies des Modernisme, der Park Güell, in dem Gaudís Fantasie in einem riesigen Naturspielplatz zu neuen Höhen aufstieg. Von hier aus breitet sich die Stadt in ihrer ganzen mediterranen Schönheit aus.

TOP TIPP

Zu den wichtigsten Plätzen von Gràcia gehören die Plaça de la Vila de Gràcia, die Plaça del Sol und die Plaça de la Llibertat; die günstigsten Metro-Stationen sind Diagonal, Fontana, Joanic und Lesseps. Der Park Güell ist von den Metro-Stationen Lesseps oder Vallcarca (mit Rolltreppen am Hang) in 20 Minuten zu Fuß zu erreichen; die Buslinie V19 hält am Osteingang, und die Buslinien H6 und D40 10 Minuten entfernt an der Travessera de Dalt.

Plaça de la Vila de Gràcia

Dorfplätze in Gràcia

EINE EHEMALS EIGENSTÄNDIGE STADT

Abends und an den Wochenenden sind die Plätze des Viertels am belebtesten. Auf der **Plaça de la Llibertat** befindet sich der modernistische Mercat de la Llibertat (S. 245), der von Gaudís Protegé Francesc Berenguer i Mestres entworfen wurde; bei **La Clau** oder **La Pubilla** kann man gut frühstücken. Weiter östlich liegt die **Plaça de la Vila de Gràcia** mit dem Rathaus (ebenfalls von Berenguer) und dem **Torre del Rellotge** von 1864 (von Antoni Rovira i Trias). Die nördlich gelegene **Plaça del Sol** ist der belebteste Platz. Sind im **Café del Sol**, im **Sol de Nit** und in den anderen Bars keine Tische mehr frei, setzt man sich auf die Stufen. An der **Plaça de la Revolució de Setembre de 1868** ist die **Bar Canigó** seit 1922(!) ein beliebter Treffpunkt. Weiter geht's über die Carrer de Verdi in Richtung Norden zur begrünten **Plaça del Diamant**, wo ein Bunker aus der Zeit des Bürgerkriegs besichtigt werden kann (nur sonntags). Weiter östlich zieht die **Plaça de la Virreina** mit ihren Bars und der **Església de Sant Joan** aus dem 19. Jh. die Aufmerksamkeit auf sich – eine weitere Kreation von Berenguer, auch wenn behauptet wird, das Innere sei Gaudís Werk.

SEHENSWERTES
1 Casa Vicens
2 Església de Sant Joan
3 Plaça de la Llibertat
4 Plaça de la Revolució de Setembre de 1868
5 Plaça de la Vila de Gràcia
6 Plaça de la Virreina
7 Plaça del Diamant
8 Plaça del Sol

EATING
9 Bar Bodega Quimet
10 Bodega Neus
11 Botafumeiro
12 Café del Sol
13 Cal Boter
siehe 3 El Tast de Joan Noi
14 El Villa
15 Extra Bar
siehe 3 La Clau
16 La Fonda Pepa
17 La Pubilla
18 Pepa Tomate
19 Polleria Fontana

AUSGEHEN
20 **14** de la Rosa
21 Bar Canigó
22 Bar Salvatge
23 Bobby Gin
24 Bodega Marín
25 El Ciclista
26 El Rabipelao
27 Elephanta
28 La Vermu
29 La Vermuteria del Tano
30 Sol de Nit
31 Vermuteria Puigmartí
32 Viblioteca

SHOPPEN
33 Amalia Vermell
34 Green Life Style
35 Koetania
siehe 3 Mercat de la Llibertat
36 Olokuti
37 Revolution Vintage
38 Velvet BCN

Casa Vicens

GAUDÍS ERSTER AUFTRAG

Als der 30-jährige Gaudí den Auftrag erhielt, für den Börsen- und Devisenmakler Manuel Vicens i Montaner eine Sommerresidenz zu errichten, ahnte die Welt noch nicht, was aus ihm einmal werden würde. Dieses kantige, turmartige, 1885 fertiggestellte Sommerhaus – heute von der UNESCO geschützt – war Gaudís erster Auftrag. Die detailreiche Fassade ist voller Keramik, Farben und Formen, darunter die charakteristischen Ringelblumen, eine Anspielung an die einst hier vorhandenen Gärten. Gaudí ließ sich oft von der Vergangenheit inspirieren, in diesem Fall vom Erbe des Backsteinbaus im Mudéjar-Stil. Der plätschernde Brunnen im Innenhof erinnert an die Bedeutung des Wassers im ursprünglichen Entwurf.

Park Güell

GAUDÍS WUNDERLAND

Die Tatsache, dass das Projekt 1914 aufgegeben wurde, tut der Magie von Gaudís wunderbarem, von der UNESCO geschützten Park Güell keinen Abbruch, in dem die Leidenschaft des Architekten für fließende, von der Natur inspirierte Formen zu neuen Höhenflügen ansetzte. Hier verbrachte Gaudí die letzten 20 Jahre seines Lebens, und das raffinierte Zusammenspiel mit der Natur macht den Park einzigartig.

Im Jahr 1900, als Eusebi Güell eine von England inspirierte „Gartenstadt" für wohlhabende *barcelonins* in Auftrag gab, war dieses Gebiet noch ein baumbestandener Hügel außerhalb der Stadt. Gaudí schuf zwei Torhäuser, einen wellenförmigen Platz, monumentale Treppen und rund 3 km Wege, bevor das Projekt eingestellt wurde. Heute sind die duftenden Hänge mit Pinien und Olivenbäumen, Rosmarin, Lavendel, Glyzinien und vielem mehr bewachsen. Die geschwungene Banc de Trencadís von Josep Maria Jujol aus dem Jahr 1914 überragt die **Plaça de la Natura** und wird vom **Pòrtic de la Bugadera** (Wäscherei-Portikus) flankiert, einer klosterähnlichen Galerie aus gedrehten Steinsäulen. Dann gelangt man zur **Sala Hipóstila** (dorischer Tempel) mit einem Wald von 86 eckigen Steinsäulen. Die geschwungene, spitz zulaufende **Casa del Guarda** ist heute ein Museum; die Villa Casa-Museu Gaudí, in der Gaudí lebte, wurde 1904 von Francesc Berenguer erbaut.

Ziel der laufenden Renovierungsarbeiten ist es, ein Gleichgewicht zwischen dem Tourismus und den Bedürfnissen der Einheimischen zu finden, indem der Park für die Anwohner:innen zurückgewonnen und die einheimische Flora wieder angepflanzt wird. Tickets möglichst vorab reservieren, um sich den Eintritt zu sichern. Der nördliche Teil des Parks (die Zona Forestal) ist kostenlos zugänglich.

Park Güell

LUKASZ JANYST/SHUTTERSTOCK ©

LOCAL TIPP: GLORREICHER GAUDÍ

Pia Wortham, Architektin und Fremdenführerin bei **Barcelona Architecture Walks** (S. 217), verrät ihre Gaudí-Tipps.

Pavellons Güell
Gaudí entwarf das Drachentor und die Stallungen für das Anwesen von Eusebi Güell im entfernten Pedralbes (S. 258).

Casa Vicens
Gaudís erstes Haus (S. 243) in Gràcia. Der Palmblattzaun ist ein Hinweis auf die natürlichen Formen in seinem späteren Werk.

Palau Güell
Dieser Palast im Raval (S. 206) markiert den Beginn von Gaudís Strukturexperimenten. Er hat katalanische Gewölbe und die für ihn charakteristischen Schornsteine aus gebrochenen Ziegeln auf dem Dach.

Cripta Gaudí
Der Höhepunkt von Gaudís baulichen Innovationen in der Colònia Güell westlich von Barcelona. Jede Säule der Veranda stellt einen anderen Baum dar.

Park Güell
Die Säulen der Sala Hipóstila stützen einen flachen Platz mit wellenförmigen Keramikbänken darauf – und das Ganze fungiert als Wasserfilter.

FRANK BIENEWALD/LIGHTROCKET/GETTY IMAGES ©

Mercat de la Llibertat

NOCH MEHR IN GRÀCIA & PARK GÜELL

Beliebter Markt im Modernisme-Stil

EINKAUFEN MIT DEN LOCALS

Der 1888 eröffnete **Mercat de la Llibertat** (Freiheitsmarkt) wurde 1893 von Francesc Berenguer i Mestres (1866–1914), Gaudís langjährigem Assistenten, mit einem Dach im typischen Modernisme-Stil versehen. Trotz eines umfangreichen Faceliftings im Jahr 2009 ist er nach wie vor ein Aushängeschild für Gràcia: voller Leben, Lachen und fabelhafter frischer Produkte. Zwischen den Ständen mit Käse, Schalen mit Oliven und Stapeln von Gewürzen sind die Café-Bars des Marktes ein beliebter Treffpunkt für Einheimische. Im **El Tast de Joan Noi** bereitet Küchenchef Paco González (der seine Ausbildung im schicken Gràcia-Restaurant Botafumeiro absolvierte) herrlich frische Tapas mit Zutaten vom Fischstand nebenan zu.

Die Stunde des Wermuts

EINE LOKALE SPEZIALITÄT

Der Wermut, der Mitte des 19. Jhs. aus Italien nach Spanien gebracht wurde, hat in den letzten zehn Jahren in Barcelona ein fulminantes Revival erlebt, und Gràcia ist das Herzstück der Szene. Das Getränk, das auf der Basis von Rot- oder Weißwein hergestellt, mit pflanzlichen Stoffen versetzt und mit Brandy

PARC DE LA CREUETA DEL COLL

Knapp 1 km nördlich des Park Güell liegt dieser wohltuende, von Palmen gesäumte Park mit einem mäandernden Lagunenbecken (nur im Sommer), Schaukeln, Duschen und einer Snackbar, was ihn besonders bei Familien beliebt macht. Er befindet sich in einem tiefen ehemaligen Steinbruchkrater und wird von der riesigen, 54 Tonnen schweren Betonskulptur *Elogio del Agua* (Lob des Wassers) von Eduardo Chillida geschmückt, die an einer Seite aufgehängt ist. Von den hügeligen Wegen aus hat man einen Blick auf die Stadt und den Tibidabo.

UNTERKÜNFTE IN GRÀCIA

Casa Gràcia
Aufgemotztes Hostel in zwei historischen Gebäuden; saubere Schlafsäle, bequeme private Zimmer, begrünte Terrasse, Yoga, DJ/Bar. **€**

Casa Jam
Freundliches Gästehaus/Hostel, das mit verantwortungsbewussten lokalen Unternehmen zusammenarbeitet und erneuerbare Energien und Upcycling-Materialien verwendet. **€**

Hotel Casa Fuster
Von Domènech i Montaner entworfenes Herrenhaus im Modernisme-Stil mit Pool auf dem Dach, ruhigen Zimmern und hervorragendem Restaurant. **€€€**

BUNKERS DEL CARMEL

Auf dem Hügel Turó de la Rovira im Viertel El Carmel bietet die Aussichtsplattform Bunkers del Carmel einen herrlichen 360-Grad-Panoramablick auf Barcelona. Dieser Ort, der während des Spanischen Bürgerkriegs zu einer Flugabwehrbatterie gehörte, war bis Anfang der 1990er-Jahre ein Elendsviertel und liegt seither verlassen da. In den letzten Jahren ist die Beliebtheit des Ortes bei Einheimischen und Besucher:innen jedoch sprunghaft angestiegen, was zu zunehmenden Beschwerden der Anwohner:innen über Lärm, späte Partys und vieles mehr geführt hat. Zum Zeitpunkt der Erstellung dieses Berichts war der Zugang nur bei Tageslicht möglich, und es gab Pläne, den Ort zu einer offiziellen Sehenswürdigkeit zu machen; erkundige dich vor Ort und nimm bei einem Besuch Rücksicht auf die Anwohner:innen. Das einladende, am Hang gelegene Restaurant **Las Delicias** ist ein idealer Zwischenstopp mit Tapas, gegrilltem Fleisch und vielem mehr.

OXAS/SHUTTERSTOCK ©

Patates braves **und weißer Wermut**

angereichert wird, stammt in der Regel von kleinen lokalen Erzeuger:innen. In den angesagten Lokalen wird er auf Eis mit einer Olive und einer dünnen Orangenscheibe serviert. Am besten genießt man ihn mit einer Gruppe von guten Freund:innen um die Mittagszeit – *la hora del vermut*. Wichtig ist, dass der Wermut immer von leichten Snacks wie salzigen Chips oder ein paar Tapas (Sardellen, Kroketten, *patatas bravas*) begleitet wird. Wer den Wermut in seiner ganzen traditionellen Herrlichkeit erleben möchte (*fer el vermut*), muss zur **La Vermuteria del Tano, Bodega Marín** oder zur **Bodega Quimet**. Für einen leichten, modernen Touch und ausgeklügelte Tapas sind **Bodega Neus, La Vermu, El Villa** und **Puigmartí** die richtigen Orte.

Tapas-Zeit

EIN TYPISCHER ABEND IN GRÀCIA

Ein richtiger Tag in Gràcia wäre kein richtiger Tag ohne einen Besuch in einer der lebendigen Tapasbars. Am besten ist es, früh da zu sein, um einen Platz in der winzigen **Extra Bar** zu ergattern, deren unvergessliche *platillos* (Teller zum Teilen) mit Produkten vom Markt jede Woche wechseln und vom Team des traditionellen La Pubilla zusammengestellt werden. Im lässigen **Pepa Tomate** kannst du dich an die Bar setzen oder auf einen Tisch draußen warten. Auf der Speisekarte stehen Zutaten von den lokalen Märkten wie gegrillter Spargel mit Burrata und andere Köstlichkeiten. Das **La Panxa del Bisbe** im oberen Teil von Gràcia (übrigens ein praktischer Zwischenstopp auf dem Weg zum Park Güell) wird für seine kreativen, saisonalen Tapas hoch gelobt (zum Beispiel gegrillter Oktopus oder mit Käse gefüllte Zucchiniblüten). Die meisten der angesagten *vermuterias* in Gràcia (S. 245) bieten ebenfalls köstliche Tapas an.

DIE BESTEN LEBENSMITTELLÄDEN

Fromagerie Can Luc
Über 150 europäische Käsesorten, von katalanischen Produkten bis zypriotischem Halloumi, dazu schöne Picknickkörbe.

Mercat de l'Abaceria Central
Gràcias zweiter Frischwarenmarkt, der während der Renovierung des ursprünglichen Gebäudes in den Passeig de Sant Joan verlegt wurde.

Bodega Bonavista
Ausgezeichnete Weine aus ganz Katalonien, dem übrigen Spanien und Frankreich; Verkostung an Fasstischen im Laden.

Um die kulinarische Szene von Gràcia wirklich kennenzulernen, lohnt sich eine geführte Tour mit den lokalen Expert:innen von **Culinary Backstreets**, die sich auf kleine, unabhängige Lokale mit besonderen Geschichten konzentrieren.

Eine große Festa

DAS JÄHRLICHE FEST VON GRÀCIA

Die **Festa Major de Gràcia**, die eine Woche lang um den 15. August herum stattfindet (meist ist es dann schwül!), ist eine der größten Klang- und Farbsensationen Barcelonas. Ihre Wurzeln reichen bis ins Jahr 1812 zurück. Die Anwohner:innen wetteifern um die am besten geschmückte Straße. Kostenlose Freiluft-Konzerte, Straßenfeste, Bars am Straßenrand, *correfocs* (Feuerläufe) und *castells* (Menschentürme) sind Teil des Festes.

Katalanische Genüsse

LOKALE SPEZIALITÄTEN

Der Ort, um in katalanischen Spezialitäten zu schwelgen, ist **La Pubilla**, gegenüber dem Mercat de la Llibertat (von dem viele der Zutaten stammen). Das von Küchenchef Alexis Peñalver geführte Restaurant ist bekannt für seine *„esmorzars de forquilla“* (Gabelfrühstücke) und seine saisonalen Mittagsmenüs (Feigen-Gazpacho, Reis mit Pilzen und Tintenfischen). Das lebhafte Cal Boter ist ein klassisches Lokal für *cargols a la llauna* (gebratene Schnecken), *botifarra* (katalanische Wurst) mit Bohnen, Lammbraten und Suppen der Saison. Einen moderneren Ansatz verfolgt das **La Fonda Pepa**, das ein traditionelles *casa de menjars* (Haus der Speisen) mit einer aufgepeppten Speisekarte wiederbelebt hat, die ständig wechselt – zum Beispiel mit brutzelheißem Meeresfrüchte-Reis oder in Zitrusfrüchten mariniertem Seebarsch. Die **Polleria Fontana** serviert Schinken-Huhn-Kroketten, duftende Reisgerichte und frisch zubereitete *tortillas* in rustikal-modernem Ambiente. Viele der angesagten *vermuterias* in Gràcia (S. 245) bieten ebenfalls köstliche Tapas an.

Ökologisch orientierte Boutiquen

SLOW FASHION UND NACHHALTIGE PRODUKTE

Gràcia ist bekannt für seine umweltbewussten Geschäfte. Das hübsche **Olokuti** gehört zu den Pionieren – jedes Produkt, das hier angeboten wird, ist sowohl nachhaltig als auch fair gehandelt, darunter vegane Kerzen, handgefertigte Körbe und Notizbücher aus Recycling-Papier. In der Carrer de Torrent de l'Olla bietet **Green Life Style** biologische, fair gehandelte Mode von kleinen, unabhängigen europäischen Designer:innen an. Ein

KAFFEEZEIT

SlowMov
Das auf Nachhaltigkeit ausgerichtete SlowMov arbeitet direkt mit Kaffeeproduzent:innen zusammen, um auf verantwortungsvolle Weise saisonale, sortenreine Bohnen zu beziehen, die vor Ort geröstet werden.

El Noa Noa
In diesem kreativen Lieblingsort des Viertels treffen Kaffeespezialitäten auf eine kleine Buchhandlung, die sich auf LGBTIQ+, feministische sowie Kunst- und Design-Titel spezialisiert hat.

La Camila
Eine ganz normale Café-Bar, die mit frischer Energie wiedergeboren wurde – im Angebot sind Ökoweine, hauseigene Wermutgetränke und Kaffee von spanischen Spitzenröstern.

Syra Coffee
Das winzige Syra verwendet saisonale, nachhaltig produzierte Bohnen, die in Barcelona geröstet werden, und hat ein paar lokale Niederlassungen.

MEERESFRÜCHTE-RESTAURANTS

Lluritu
Tapas mit Meeresfrüchten wie Riesengarnelen und Sardinen, frisch von der spanischen Küste. Zwei Niederlassungen in Gràcia. **€€**

Diània
Traditionelle valencianische Küche in Gràcia, mit preisgünstigen Paellas, *fideuà* und *arròs a banda*. **€€**

Botafumeiro
Wunderbar smartes Lokal, das sich auf galicische Meeresfrüchte spezialisiert hat, zum Beispiel *percebes* (Gänsefußkrebse). **€€€**

DIE BESTEN KREATIVEN & INTERNATIONALEN RESTAURANTS

Berbena
Ambitionierte saisonale *menús*, die jeden Tag wechseln – zum Beispiel Pilze und Fenchelreis oder Rinderzunge mit Aubergine. €€

Kibuka
Gràcias beliebtestes japanisches Restaurant hat zwei Niederlassungen, die extrem frische Maki mit innovativem Touch anbieten. €€

Baby Jalebi
Kreative Punjabi-Küche mit Streetfood-Flair, von fluffigem Tandoor Naan bis zu perfekt gewürzten Aloo Tikki Burgern; auch in Sant Antoni (S. 210). €€

Ramen Ya Hiro
Die erste Adresse für dampfende Ramen oder kühle Tsukemen, auch vegetarisch; zum Hier-Essen (zum Mitnehmen vorbestellen). €

Les Filles
Vom Linsensalat bis zur Forelle aus den Pyrenäen bietet dieses Café-Restaurant in der Nähe der Diagonal eine kreative, saisonale Speisekarte. €€

Viblioteca

Stück in östlicher Richtung, in der Carrer de Verdi, verkauft **Revolution Vintage** gebrauchte Jeansjacken, Lederhandtaschen und Hawaiihemden. Nur wenige Türen weiter, bei **Velvet BCN**, kannst du schöne Ohrringe aus Keramik, Kleidung aus Bio-Stoffen und nachhaltige Schönheitsprodukte erstehen. Ein weiteres Highlight des Viertels ist die **Casa Protea**, ein grünes Paradies mit Pflanzen aus aller Welt. Nicht verpassen solltest du außerdem **Amalia Vermell**, die kühnen geometrischen Schmuck präsentiert, und **Koetania**, wo du nachhaltig gefertigten Schmuck findest.

Ausgehen

RAFFINIERTE COCKTAILS UND KATALANISCHE WEINE

Es ist keine Überraschung, dass Gràcia mit seinen zahlreichen Bars, Straßencafés und belebten Plätzen ein toller Ort zum Ausgehen ist. Hier befinden sich auch einige der exquisitesten Cocktailbars Barcelonas. Mit einem kunstvoll gemixten, gigantischen Gin Tonic im **Bobby Gin** kannst du unter den wachsamen Augen des preisgekrönten Barkeepers Alberto Pizarro loslegen. Gleich um die Ecke verbindet das elegante **14 de la Rosa** Vintage-Style mit subtilen, kreativen Cocktails des britischen Mixologen Dean Shury, oder du probierst den Wermut des Hauses. Weitere göttliche Gins gibt es im beliebten, mit Fahrrädern dekorierten **El Ciclista**, das auch nicht weit entfernt ist. In der Nähe der **Plaça de la Virreina** solltest du im kleinen **Elephanta** (Tipp: Katalanischer Gin) und im **El Rabipelao** (ein Salsa-Lokal mit tropischen Cocktails) vorbeischauen.

Wer eher Wert auf Wein legt, findet in der **Bar Salvatge** Naturweine und in der **Viblioteca** ein hervorragendes Angebot katalanischer Weine. Fans von Craftbier sollten sich unbedingt direkt ins **La Rovira** begeben.

LIVEMUSIK & KINO

Cines Verdi
Lieblingskino der Einheimischen im Herzen von Gràcia; zeigt Arthousefilme und Blockbuster.

Soda Acústic
Einer der innovativsten Veranstaltungsorte in Gràcia für alles von Jazz und Swing bis hin zu lateinamerikanischen Rhythmen.

Heliogàbal
In diesem seit Mitte der 1990er-Jahre bestehenden Live-Musik-Lokal in Gràcia treten katalanische und internationale Künstler:innen auf.

MONTJUÏC, POBLE SEC & SANT ANTONI

MUSEENZENTRUM; ENTSPANNTE VIERTEL; GOURMETSZENE

Der von Pinien bewachsene Berg Montjuïc, der den Hafen im Südwesten Barcelonas überragt, beherbergt einige der besten Kunstgalerien und Museen der Stadt sowie eine imposante alte Festung und einen bunten Reigen von Gärten. An der unteren Nordseite des Montjuïc gehen die Museen in die abfallenden Straßen des lebhaften Poble Sec über, eines der lebendigsten und bodenständigsten Viertel Barcelonas, das vor allem für seine *pintxo*-Bars, urigen Bodegas, Tapas-Lokale, sein attraktives Nachtleben und seine dynamische Kunstszene bekannt ist.

Jenseits der belebten Avinguda de Paral-lel hat sich das, was als umgestalteter Markt aus dem 19. Jh. begann, zu Barcelonas trendigstem Viertel entwickelt. Das einst verschlafene Sant Antoni zieht heute mit seiner schicken Restaurantszene und den immer belebten Boulevards ein stilvolles Publikum an.

TOP TIPP

Je nach Ziel sind die nächstgelegenen Metrostationen Espanya, Poble Sec, Paral-lel und/oder Sant Antoni. Zum Montjuïc kann man von der Metrostation Paral-lel aus die Standseilbahn nehmen (sie gehört zum Metrosystem); die Busse 150 und 55 fahren hin; von Barceloneta aus kannst du mit der Seilbahn dorthin fahren (S. 255).

Fundació Joan Miró

EINZIGARTIGE GALERIE FÜR MEISTERWERKE MIRÓS

Inmitten des Grüns von Montjuïc präsentiert diese lichtdurchflutete Galerie die weltweit größte Sammlung von Werken Joan Mirós, Barcelonas berühmtestem Künstler des 20. Jhs. Sie wurde von dem katalanischen Architekten Josep Lluís Sert (einem Freund Mirós) entworfen und bietet ein eindrucksvolles Zusammenspiel sorgfältig ausgewählter Exponate, die den Besucher:innen einen Einblick in die künstlerische Entwicklung des Künstlers geben.

Fundació Joan Miró

Von einigen frühen Werken, die einen naturalistischen Ansatz zeigen, geht die Sammlung zu Mirós sehr individuellen Stilen und symbolischen Formen über, mit Meisterwerken wie *Figur vor der Sonne* (1968), *Das Gold des Azurs* (1967) und *Die Hoffnung eines Verurteilten* (1974). Zu den weiteren Höhepunkten gehören *Flicken mit acht Regenschirmen*, ein früher Vorstoß in die Textilkunst, und *Tapís de la Fundació*, Mirós Markenzeichen, die Primärfarben als riesiger Wandteppich. Bei einer Führung kannst du zusammen mit Kunstexpert:innen in Mirós Gedankenwelt eintauchen.

Mirò ist auf dem **Cementiri de Montjuïc** von 1883 begraben. In der Nähe der Plaça d'Espanya befindet sich der mit Palmen bewachsene **Parc de Joan Miró**, der von Mirós Skulptur *Frau und Vogel* aus den 1980er-Jahren überragt wird.

Mercat de Sant Antoni

MARKT AUS DEM 19. JAHRHUNDERT

Das Gebäude aus Eisen und Backstein in Sant Antoni wurde 1882 von dem Architekten Antoni Rovira i Trias fertiggestellt. Als der Markt 2018 nach einer Renovierung wiedereröffnet wurde, bewirkte dies eine neue Dynamik des Viertels. Hier kannst du dich mit saisonalen Produkten eindecken oder in einem der Restaurants einen Happen essen, bevor du die bei Restaurierungsarbeiten freigelegten Überreste der römischen Via Augusta, ein Mausoleum aus dem 1. Jh. und eine zerstörte Verteidigungsmauer aus dem 17. Jh. bewunderst. Sonntags werden auf dem **Mercat Dominical de Sant Antoni** antiquarische Bücher verkauft.

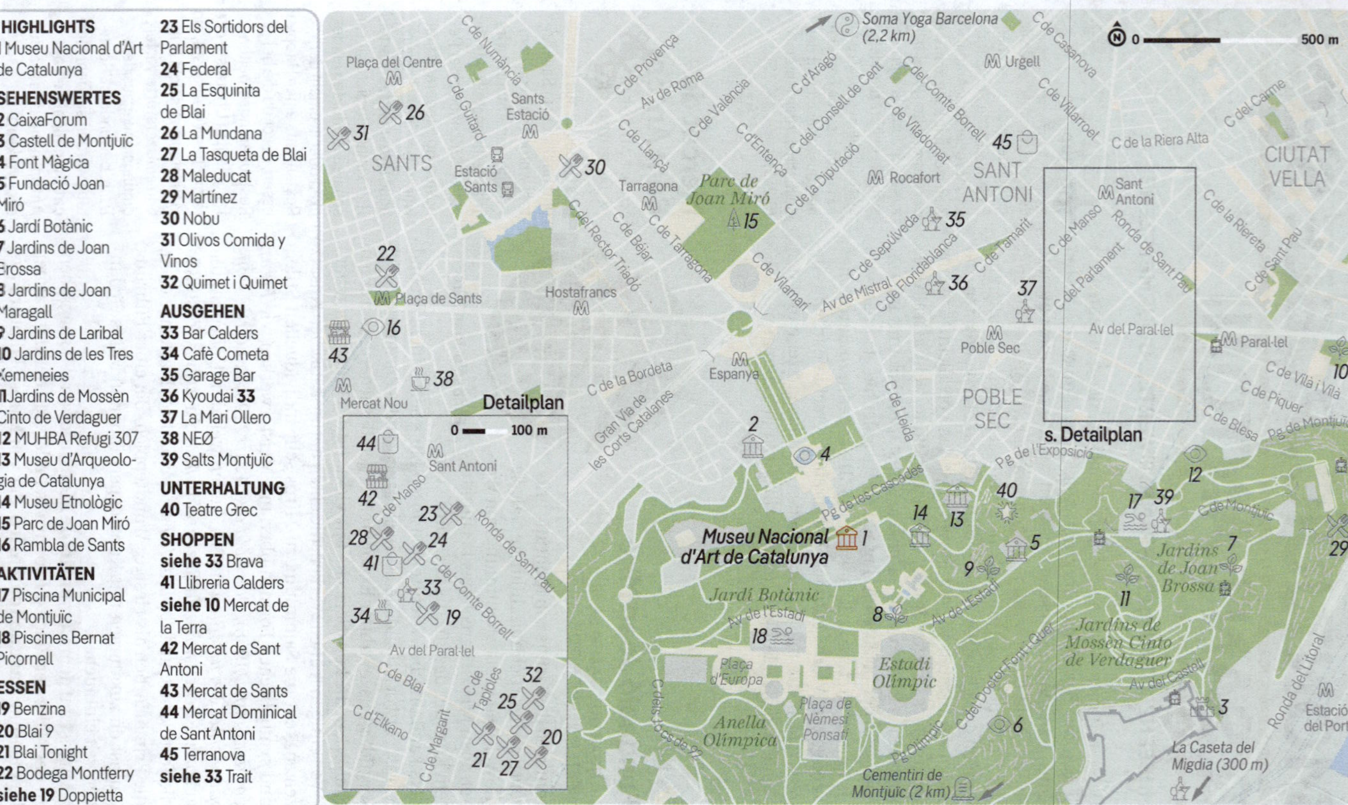

HIGHLIGHTS
1 Museu Nacional d'Art de Catalunya

SEHENSWERTES
2 CaixaForum
3 Castell de Montjuïc
4 Font Màgica
5 Fundació Joan Miró
6 Jardí Botànic
7 Jardins de Joan Brossa
8 Jardins de Joan Maragall
9 Jardins de Laribal
10 Jardins de les Tres Xemeneies
11 Jardins de Mossèn Cinto de Verdaguer
12 MUHBA Refugi 307
13 Museu d'Arqueologia de Catalunya
14 Museu Etnològic
15 Parc de Joan Miró
16 Rambla de Sants

AKTIVITÄTEN
17 Piscina Municipal de Montjuïc
18 Piscines Bernat Picornell

ESSEN
19 Benzina
20 Blai 9
21 Blai Tonight
22 Bodega Montferry
siehe 19 Doppietta
23 Els Sortidors del Parlament
24 Federal
25 La Esquinita de Blai
26 La Mundana
27 La Tasqueta de Blai
28 Maleducat
29 Martínez
30 Nobu
31 Olivos Comida y Vinos
32 Quimet i Quimet

AUSGEHEN
33 Bar Calders
34 Cafè Cometa
35 Garage Bar
36 Kyoudai **33**
37 La Mari Ollero
38 NEØ
39 Salts Montjuïc

UNTERHALTUNG
40 Teatre Grec

SHOPPEN
siehe 33 Brava
41 Llibreria Calders
siehe 10 Mercat de la Terra
42 Mercat de Sant Antoni
43 Mercat de Sants
44 Mercat Dominical de Sant Antoni
45 Terranova
siehe 33 Trait

Museu Nacional d'Art de Catalunya

KATALONIENS GROSSARTIGER KUNSTTEMPEL

In den frühen 1900er-Jahren retteten zwei italienische Kunstrestauratoren, die die Geheimnisse des Strappo (Ablösen von Fresken von den Wänden) mitbrachten, eine ganze Reihe einzigartiger romanischer religiöser Fresken aus maroden Kirchen im Norden Kataloniens. Heute sind diese Meisterwerke die Schmuckstücke von Barcelonas unübersehbarem Museu Nacional d'Art de Catalunya (MNAC), das sich im spektakulären neobarocken Palau Nacional befindet.

Viele der Fresken stammen aus dem Vall de Boí in den Pyrenäen, darunter der herausragende *Christus in Majestät* aus der Zeit um 1223 n. Chr. (aus der Apsis der Església de Sant Climent de Taüll) und die *Jungfrau Maria mit dem Christuskind*, die etwa zur gleichen Zeit (in der nahe gelegenen Església de Santa Maria de Taüll) entstanden. Sie sind alle in sorgfältig nachgebauten Kirchen ausgestellt, die das Gefühl vermitteln, wie sie vor über tausend Jahren in situ ausgesehen haben mögen.

Neben den romanischen Fresken birgt das Museum noch viele andere Schätze. In der gotischen Abteilung sind beeindruckende Werke von Bernat Martorell und Jaume Huguet zu sehen, und in der Renaissance- und Barockgalerie finden sich Werke von Diego Velázquez, Francisco de Zurbarán, Josep de Ribera, Francisco Goya, Tiepolo, Rubens, El Greco und Canaletto. Im obersten Stockwerk, jenseits des schönen Kuppelsaals mit einem Miró-Mosaik, sollte man sich die 2021 eröffneten Säle zum Spanischen Bürgerkrieg nicht entgehen lassen, die diese dunkle Zeit anhand von Plakaten, Gemälden, Fotografien und vielem mehr beleuchten.

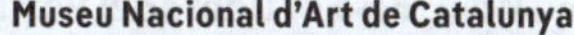

Museu Nacional d'Art de Catalunya

MAGISCHER BRUNNEN

Unterhalb des MNAC glitzert der riesige, farbig beleuchtete Brunnen **Font Mágica**, der für die Weltausstellung 1929 geschaffen wurde und heute mit Grundwasser, LED-Leuchten und anderen umweltfreundlichen Mitteln betrieben wird. Jeden Abend erstrahlt er in einem Spektakel aus beleuchtetem, musikalisch begleitetem Wasserleben, das die Flanierenden in helle Begeisterung versetzt. Besonders spektakulär ist das Schauspiel während der Festes de la Mercé im September, in Abstimmung mit einem Feuerwerk.

DIE BESTEN TRADITIONELLEN RESTAURANTS

Elche
Das Familienunternehmen Elche verwöhnt seine Gäste seit 1959 mit einer der besten Paellas und *fideuà* (Fadennudel-Gericht) Barcelonas. €€

Bodega Sepúlveda
Diese alteingesessene Bodega ist seit 1952 im Besitz derselben Familie und bekannt für ihre klassische katalanische Küche. €€

Bar Ramón
Ein lebhaftes Lokal gegenüber dem Markt von Sant Antoni, in dem einfache Tapas serviert werden, wie etwa Schinken und gegrillte Garnelen. €

MERIPOPPS/SHUTTERSTOCK ©

Bar Calders

NOCH MEHR IN MONTJUÏC, POBLE SEC & SANT ANTONI

Der coolste Bezirk der Stadt

DIE SZENE VON SANT ANTONI

Misch dich unter die eleganten Leute, um eine Runde durch das einst verschlafene, jetzt aber wiederbelebte **Sant Antoni** zu drehen. Nachdem du im **Mercat de Sant Antoni** (S. 249) vorbeigeschaut hast, geht es weiter entlang der begrünten Carrer del Parlament, der Hauptstraße von Sant Antoni, in der es jetzt von Cafés und Fußgängerzonen wimmelt. Das von Australiern gegründete **Federal** war hier der Vorreiter mit seinem meisterhaft bereiteten Kaffee, seinen ausgezeichneten Brunchs und seiner lauschigen Dachterrasse. Die **Bar Calders** ist beliebt für Wermut und Wein; **Els Sortidors del Parlament** serviert einfache Tapas und Wermut; und im künstlerischen **Cafè Cometa** gibt es noch mehr leckeren Kaffee. Die Schwesterrestaurants **Benzina** und **Doppietta** bieten einige der fabelhaftesten italienischen Gerichte, Cocktails und Weine Barcelonas. Du kannst auch in den kleinen unabhängigen Boutiquen wie **Trait** und **Brava** stöbern und die Buchhandlung **Llibreria Calders** besuchen, die in einer alten Knopffabrik untergebracht ist.

Anschließend gehst du hinüber zur Carrer del Comte Borrell, zur Kunstbuchhandlung **Terranova** in einem ehemaligen Schuhgeschäft im Modernisme-Stil aus dem 19. Jh. Weitere beliebte Lokale sind **Maleducat** (modern katalanisch), **La Mari Ollero** (Wermut und Tapas im andalusischen Stil) und **Garage Bar** (Naturweine und Tapas aus lokaler Produktion).

UNTERKÜNFTE

Hotel Brummell
Individuell gestaltete Möbel und Antiquitäten aus Europa und Sri Lanka; eine umwerfende Boutique im Poble Sec. €€

Pars Tailor's Hostel
Wunderbares, günstiges aber schickes Hostel mit Dekorationen im Stil eines Schneiderateliers aus den 1930er-Jahren (alte Nähmaschinen und ähnliche Vintage-Accessoires). €

Hotel Market
Boutique-Refugium in Sant Antoni; kräftige Kunstdrucke, Zimmer in Schwarzweiß und eine Cocktailbar. €€

Eine geschichtsträchtige Burg

FESTUNG MIT DUNKLER GESCHICHTE

Die hoch aufragende Festung auf dem Montjuïc stammt aus dem späten 17. und 18. Jh. Die meiste Zeit war das **Castell de Montjuïc** ein politisches Gefängnis und ein Ort des Tötens. Anarchisten wurden hier im späten 19. Jh. hingerichtet, Faschisten während des Bürgerkriegs und Republikaner danach . Heute besuchen die Menschen den Platz wegen der prächtigen Aussicht und um mehr über die Vergangenheit Barcelonas zu erfahren.

Gelegenheit zu einer Verschnaufpause bietet **La Caseta del Migdia**, eine Art Strandbar auf dem Gipfel des Montjuïc.

Pintxo-Bars

DER GESCHMACK VON NORDSPANIEN

Auch wenn *Pintxos* (spanisch: pinchos) nicht zur klassischen kulinarischen Tradition Kataloniens gehören, gibt es in Barcelona zahlreiche *pintxo*-Bars. Vor allem in der Carrer de Blai, einer Fußgängerzone im unteren Poble Sec, drängen sich die Menschen, um Leckereien für nur 1 bis 2 € pro Stück zu ergattern. **Blai 9** ist auf kreative *pintxos* spezialisiert, z. B. iberischer Schinken auf Mini-Pfannkuchen; **La Tasqueta de Blai** serviert ähnlich innovative Häppchen (gebratener Tintenfisch im Sesambrot), ebenso wie **La Esquinita de Blai**, wo der Wermut perfekt zu den Spießen mit gegrillten Garnelen passt. Bei **Blai Tonight** geht es darum, die Zutaten ohne viel Aufhebens zur Geltung zu bringen (knusprige Kroketten, gegrillter Ziegenkäse). Das **Quimet i Quimet** mit seinen auf Bestellung produzierten *montaditos* und 500 Weinen ist ein Muss – und deshalb immer voll.

Herrliche Berggärten

GRÜNANLAGEN UND FANTASTISCHE AUSSICHTEN

Neben den wunderbaren Galerien bietet der **Montjuïc** auch eine grüne Oase mit einer Fülle von wohltuenden Gärten. Die **Jardins de Joan Brossa** (ein ehemaliger Vergnügungspark) sind von mediterraner Schönheit, die **Jardins de Mossèn Cinto de Verdaguer** laden zu einem Spaziergang zwischen Seerosen, Tulpen und Lotosblumen ein, und danach geht's hinunter zu den von der Alhambra inspirierten **Jardins de Laribal**. Die wenig bekannten **Jardins de Joan Maragall**, die an einen neoklassizistischen Palast angebaut sind, können (nur) am Wochenende vormittags besichtigt werden, während der **Jardí Botànic** eine Schatzkammer mit über 1500 Pflanzenarten ist. Unterwegs bietet das **Martínez** Gelegenheit, Reisgerichte und Wein mit Blick auf die Stadt zu genießen, gute Tapas gibt's im **Salts Montjuïc**.

POBLE ESPANYOL

Hier gelangst du vom andalusischen *pueblo blanco* (weißes Dorf) Arcos de la Frontera zum von Mauern umgebenen galicischen Städtchen Cambados – und das in nur wenigen Minuten. Willkommen im Poble Espanyol, einem faszinierenden Sammelsurium aus 117 Gebäuden mit nachgebauter spanischer Architektur, das für den Bereich des lokalen Handwerks der Weltausstellung von 1929 errichtet wurde. Heute gibt es hier Restaurants, Cafés, Bars, Clubs, Geschäfte und alle Arten von Veranstaltungen sowie Handwerksbetriebe, in denen man Keramiker:innen, Korbflechter:innen und Goldschmied:innen bei der Arbeit zusehen oder sogar einen Kurs besuchen kann. Hier befindet sich auch die **Fundació Fran Daurel** mit einer 300 Werke umfassenden Sammlung moderner Kunst, darunter Picasso, Miró und andere spanische Größen.

LEBENDIGE NACHTLOKALE

La Terrazza
Wie auf Ibiza: Tanzen unter den Sternen des Sommers in diesem nachempfundenen balearischen Herrenhaus, das sich im Poble Espanyol befindet.

La Federica
Favorit der lokalen LGBTIQ+-Szene, mit Drag-Shows, Wochenendpartys, Kunstausstellungen und Vintage-Dekor.

Abirradero
Brauerei in Poble Sec mit eigener Biermarke vom Fass, Tapas, Burger und Gerichte zum Teilen.

LOCAL TIPP: TAPASBARS IN POBLE SEC

Paula Mourenza, Foodtour-Guide bei **Culinary Backstreets**, verrät ihre Lieblingslokale.

Denassus
Witzige, entspannte Weinbar, die von zwei Sommeliers eröffnet wurde; kreative Tapas und eine fantastische Auswahl an Weinen.

La Platilleria
Die gemütliche Bar von Küchenchef Fernando Silva ist auf hochwertige traditionelle Tapas mit modernem Touch spezialisiert.

Koska Taverna
Kleine, kultige baskische Taverne mit perfekt gereichten *canyes* (Bieren) und Tapas, wie den grandiosen Kartoffelomeletts.

Bodega Cal Marino
Alte Soda-Siphon-Fabrik, die in eine Weinbar umgewandelt wurde, mit Wein vom Fass und guten Tapas.

La Chana
Andalusische Tapasbar mit aufregenden südlichen Einflüssen: Thunfisch, Sardellen, gebratene *ortiguillas* (Seeanemonen).

Ein weniger bekanntes Viertel

LEBENDIGES EHEMALIGES INDUSTRIEZENTRUM

Das zwischen der Plaça d'Espanya und dem Camp Nou gelegene, touristisch wenig erschlossene Arbeiterviertel **Sants** war im 19. Jh. einer der wichtigsten Industriestandorte Barcelonas (hauptsächlich Textilindustrie) – bis heute hat es seinen bodenständigen *barri*-Charakter bewahrt. Die erhöhte **Rambla de Sants** führt zum wunderschön restaurierten **Mercat de Sants** aus rotem Backstein, der 1913 eröffnet wurde. Auch die von Bäumen beschattete und von Tapas- und Wermut-Bars gesäumte Plaça d'Osca zählt zu den Highlights hier. Außerdem gibt es klassische Tapas in der **Bodega Montferry**, Kaffeespezialitäten im Zero-Waste-Lokal NEØ, eine Gourmet-Wermut-und-Tapas-Szene im **La Mundana**, kreative Menüs im Slow-Food-Lokal **Olivos Comida y Vinos**, gehobene japanische Küche im **Nobu** und vieles mehr. Eine gute Möglichkeit, Sants zu erkunden, ist eine geführte kulinarische Tour mit **Culinary Backstreets**, die auch Touren durch Gràcia anbieten (S. 247).

Kunst trifft Architektur

FABRIK IM MODERNISME-STIL WURDE ZUR GALERIE

Es sind die internationalen Ausstellungen, die die *barcelonins* ins **CaixaForum** locken. Aber auch das rote Backsteingebäude selbst ist ein Erlebnis. Die alte Fábrica Casaramona, die 1909 – 1912 von Josep Puig i Cadafalch erbaut wurde, ist ein schillerndes Stück Modernisme-Architektur, in dem ursprünglich Baumwollartikel hergestellt wurden. Im Jahr 2002 wurde sie von dem japanischen Architekten Arata Isozaki, der im zentralen Innenhof einen Baum aus Glas und Stahl errichtete, restauriert.

Workout auf dem Berg

OUTDOOR-SPIELPLATZ AM BERG

Vom Spazierengehen durch die blühenden Gärten über Yoga im Freien bis hin zum Joggen auf schattigen Wegen – der Montjuïc ist einer der beliebtesten Orte der Stadt, um ins Schwitzen zu kommen. Man kann auf eigene Faust trainieren, es gibt aber auch organisierte Laufclubs (siehe Websites wie Meetup), und in den wärmeren Monaten finden im **Teatre Grec** Gruppen-Yogakurse statt, unter anderem mit **Soma Yoga Barcelona**. Für Wasserratten gibt es das **städtische Schwimmbad** (nur im Sommer) und die **Piscines Bernat Picornell** (Barcelonas offizielles olympisches Schwimmbad), die beide oberhalb der Stadt liegen und öffentlich zugänglich sind. Ein weiteres verlockendes Angebot ist eine E-Bike-Route mit **Barcelona Bike Tours**, auf

KREATIVE KÜCHEN

Palo Cortao
Ansprechend angerichtete *raciones* aus Meeresfrüchten und Fleisch mit Gewürzen aus Andalusien – von dort stammen die Gründer des Ladens. €€

Casa Xica
Lockeres Lokal in kunstvollem Design mit Elementen verschiedener asiatischer Küchen in Fusion mit frischen katalanischen Zutaten. €€

Alkímia
Raffinierte katalanische Gerichte mit einem Michelin-Stern in der kühn umgestalteten Brauerei Fàbrica Moritz. €€€

WERNER SPREMBERG/SHUTTERSTOCK ©

CaixaForum

der du beim Strampeln hoch auf dem Weg zum Castell de Montjuïc etwas über die Geschichte der Gegend erfährst.

Andere wunderbare Museen

EIN WAHRES KULTURERLEBNIS

Montjuïc ist ein Paradies für Kulturfans. Neben dem MNAC (S. 251) und der Fundació Joan Miró (S. 249) kann man im **Museu d'Arqueologia de Catalunya** uralte Schätze Kataloniens bewundern (nicht verpassen: den 53 200 Jahre alten menschlichen Kiefer aus Sitges und das römische Mosaik *Les Tres Gràcies*) und im **Museu Etnològic** alles über die katalanische Folklore erfahren (u.a. einige *gegants* – Riesen aus Pappmaché). Etwas weiter unten in Poble Sec befindet sich mit dem **MUHBA Refugi 307** der am besten erhaltene Bürgerkriegsbunker Barcelonas mit 400 m langen Tunneln; er ist nur sonntags im Rahmen einer Führung (vorab anmelden!) zu besichtigen.

Lokales Zentrum der Streetart

KUNST UND LEBENSMITTELMÄRKTE

Gegenüber der Avinguda del Paral-lel in El Raval können Straßenkünstler:innen ganz legal die Betonwände des Skateparks **Jardins de les Tres Xemeneies** bemalen. Samstags findet hier zudem der Bauernmarkt **Mercat de la Terra** statt (mit Essensständen), der von der Vereinigung Slow Food Barcelona organisiert wird.

SEILBAHNEN

Zwei verschiedene Seilbahnen schweben die Hänge des Montjuïc hinauf und geben unterwegs den Blick auf Barcelonas Hafenviertel frei. In nur sieben Minuten verbindet die Seilbahn **Telefèric del Port** den Torre de Sant Sebastiá in Barceloneta mit der Station Miramar auf dem Montjuïc. Die separate Seilbahn **Telefèric de Montjuïc** führt von der Seilbahnstation Parc Montjuïc auf dem nördlichen Montjuïc hinauf zum Castell de Montjuïc und hält auf halber Höhe am Mirador; die Station Parc de Montjuïc erreicht man mit der Standseilbahn von der Metrostation Paral·lel aus (die Standseilbahn ist vom Ticket her Teil des Metrosystems).

INTERNATIONALE RESTAURANTS

Xemei
Italienische Küche im Vintage-Stil mit venezianischen Köstlichkeiten, von *cacio e pepe* bis zum Kardamom-Orangen-Risotto. **€€€**

Lakni
Libanesisches Restaurant mit eigenen Rezepten: pikanter Hummus und andere Meze-Köstlichkeiten (Falafel, *muhammara*). **€€**

Last Monkey
Tapas und *platillos* mit Einflüssen aus ganz Asien (Pulled-Pork-Wonton, Confit Aubergine) in Sant Antoni. **€€**

CAMP NOU, PEDRALBES & LA ZONA ALTA

ARCHITEKTUR, FUSSBALL UND NORDBARCELONA

Es ist heute kaum noch vorstellbar, dass bis zum Beginn des 20. Jhs. auf den weiten, hügeligen Flächen im Norden Barcelonas unabhängige Städte und Dörfer lagen. Obwohl sie nach und nach in die Stadt eingemeindet wurden, fühlen sich Barcelonas wohlhabende nördliche *barris* oft immer noch wie reizende, in sich geschlossene Städte an, mit ihren eigenen Märkten, Plätzen, Parks, Boulevards und belebten Nachbarschaftskneipen.

Aber es gibt noch viel mehr, was die Menschen aus dem Zentrum Barcelonas herauslockt. Die hügelige Serra de Collserola ist die der Stadt am nächsten gelegene Naturlandschaft und ein beliebtes Ausflugsziel der Einheimischen. Das westlich gelegene Wohnviertel Les Corts war früher ebenfalls eine eigenständige mittelständische Stadt, während das Camp Nou die berühmte Heimat des legendären FC Barcelona ist und Fans aus der ganzen Welt anlockt.

TOP TIPP

Dieses Gebiet ist sehr weitläufig, es ist deshalb ratsam, die Anfahrt im Voraus zu planen. Die Metro fährt zum/vom Camp Nou, Sarrià, Les Corts und dem Palau de Pedralbes, während Stationen wie Diagonal, Fontana oder Lesseps günstig für Sant Gervasi sind. Zum Parc Natural de Collserola gelangt man mit einem FCG-Zug oder der Standseilbahn Tibidabo.

POL ALBARRÁN/GETTY IMAGES ©

Tibidabo

MONTSERRAT

Das mystische **Montserrat** (S. 289), 50 km nordwestlich der Stadt, ist ein weiterer Ort vor der Haustür, an dem sich die *barcelonins* in den Bergen austoben können. Hier befindet sich auch das 1025 gegründete bedeutendste Kloster Kataloniens.

Parc Natural de Collserola

GESCHÜTZTER PARK MIT UMWERFENDEN AUSBLICKEN

Für eine kleine Auszeit zieht es viele *barcelonins* in den 83 km² großen Parc Natural de Collserola nördlich der Stadt, wo sie joggen, wandern, Fahrrad und Mountainbike fahren können. Ein Hauch von Pinienduft und ein Blick auf die ruhigen, staubigen Pfade genügen, um zu verstehen, warum. Eine beliebte Route ist die 10 km lange **Carretera de les Aigües**, eine vorwiegend flache Strecke, die sich an den der Stadt zugewandten Hängen entlangschlängelt – allein die Aussicht ist beeindruckend. Das Informationszentrum des Parks befindet sich an der Carretera de l'Església 92 (in der Nähe des FGC-Bahnhofs Baixador de Vallvidrera); hier beginnt auch der 7 km lange Wanderweg Serra d'en Cardona, von dem aus in der Ferne der Berg Montserrat zu sehen ist.

Mit 512 m ist der **Tibidabo** der höchste Gipfel des Parks und mit seinen weitläufigen Panoramablicken, dem altmodischen Themenpark und der imposanten **Basilika** aus dem 20. Jh. (von Modernisme-Architekt Enric Sagnier) seine meistbesuchte Attraktion. Die Standseilbahn Cuca de Llum führt von der Plaça del Doctor Andreu im Norden Barcelonas zum Gipfel des Tibidabo; die untere Station der Standseilbahn erreicht man mit einem Shuttle-Bus vom Bahnhof Avinguda Tibidabo.

SEHENSWERTES
1 Barça Stadium Tour & Museum
2 Bellesguard
siehe 4 Centre Cívic Can Deu
3 CosmoCaixa
siehe 12 Església de Sant Vicenç de Sarrià
4 Església de Santa Maria del Remei
5 Jardins del Palau de Pedralbes
6 Monestir de Santa Isabel
7 Parc del Turó
8 Parc del Turó del Putxet
9 Parc Natural de Collserola
10 Pavellons Güell
11 Plaça de Sant Vicenç de Sarrià
12 Plaça de Sarrià
siehe 12 Plaça del Consell de la Villa
13 Reial Monestir de Santa Maria de Pedralbes
14 Tibidabo

ESSEN
siehe 7 Aspic
15 Bambarol
16 Bangkok Cafe
17 Bar Tomàs de Sarrià
18 Blavis
19 Chennai Masala Dosa
siehe 18 Dalt de Tot
20 El Bisaura
siehe 12 Foix de Sarrià
21 Morro Fi
22 Pinhan
23 Tapas **24**
24 Ultramarinos Marín
siehe 12 Vivanda

AUSGEHEN
siehe 4 El Maravillas

UNTERHALTUNG
24 Camp Nou

SHOPPEN
25 Carolina Blue
siehe 12 Mercat de Sarrià

Bellesguard

GAUDÍS WENIG BEKANNTES KLEINOD IM NORDEN

Im Jahr 1900 erhielt Gaudí den Auftrag zum Bau einer schlossähnlichen Residenz an einem seit mindestens 2000 Jahren bewohnten Ort. Dieses inzwischen restaurierte Meisterwerk Gaudís wurde 1909 fertiggestellt. Die Ruine des 1400 errichteten ursprünglichen Herrenhauses war im 15. Jh. der letzte Wohnsitz des Königs Martí I. de Aragó. Im Gegensatz zu den für Gaudí typischen fließenden Formen weist Bellesguard gerade Linien auf und kombiniert Elemente der Gotik und des Modernisme in den schmalen Buntglasfenstern, den aufwändigen Schmiedearbeiten, den hellen Kacheln und den Backsteinmauern, wobei auch Reste der mittelalterlichen Burg wiederhergestellt wurden. Der Turm wird von einem farbenfroh gefliesten Kreuz im Gaudí-Stil gekrönt (und bietet eine spektakuläre Aussicht).

Reial Monestir de Santa Maria de Pedralbes

OBEN: BEARFOTOS/SHUTTERSTOCK ©, UNTEN: CHRISTIAN BERTRAND/SHUTTERSTOCK ©

Pedralbes & versteckte Werke von Gaudí

VON DER KATALANISCHEN GOTIK ZUM MODERNISME

Bis ins 20. Jh. stand das ehrwürdige Kloster **Reial Monestir de Santa Maria de Pedralbes** auf dem Lande, und auch heute noch ist diese grüne Gegend ein erfrischend ruhiges Fleckchen in Barcelona. Das Kloster wurde 1327 von Königin Elisenda gegründet, deren Grabmal neben einer Kapelle mit (restaurierten) Wandmalereien aus dem Jahr 1346 von Ferrer Bassá, einem der frühesten dokumentierten Maler Kataloniens, zu sehen ist. Aber das große Highlight ist der große, elegante, dreistöckige Kreuzgang, ein Juwel der katalanischen Gotik aus dem frühen 14. Jh. Die schlichte Kirche ist ein weiteres hervorragendes Beispiel der katalanischen Gotik.

Etwa 1 km südöstlich, an der Avinguda de Pedralbes, verbergen die nach Zitrusfrüchten duftenden Gärten des alten **Palau de Pedralbes** einige wenig bekannte Schätze Gaudís: eine mit Weinreben bewachsene Pergola, ein gurgelnder Herkulesbrunnen (der unter dichter Vegetation begraben war, bevor er 1984 wiederentdeckt wurde) und vor allem die islamisch geprägten **Pavellons Güell** (Stallungen und ein Pförtnerhaus, die zwischen 1884 und 1887 gebaut wurden). Nicht weit östlich der Pavellons befindet sich das Portal Miralles aus dem Jahr 1902 – eine wenig besuchte, weniger bedeutende Schöpfung Gaudís. Die geschwungene Mauer und das Tor am Passeig de Manuel Girona sind mit (verblichenen) weißen *trencadís* verziert.

Camp Nou

DER HEILIGE RASEN DES FC BARCELONA

Camp Nou, eines der größten Fußballstadien der Welt, wurde 1957 erbaut und für die Fußballweltmeisterschaft 1982 erweitert. Wenn die Renovierungsarbeiten Ende 2023 abgeschlossen sind, wird es 100 000 Zuschauer:innen Platz bieten. Wer ein Ticket für ein Live-Spiel ergattert (von 40 bis über 400 €), sollte früh da sein, um die prickelnde Atmosphäre mitzubekommen. Falls es am Spieltag nicht geklappt hat, bietet die **Barça Stadion Tour & Museum** einen verlockenden Vorgeschmack. Von der Vereinshymne bis hin zu kunstvollen Toren auf Video – das Hightech-Museum beschäftigt sich mit der Geschichte des Vereins, seinen größten Spielern, seinem sozialen Engagement und seiner Bedeutung für die katalanische Identität. Außerdem kann man sich die Umkleidekabinen, das geheiligte Spielfeld und vieles mehr ansehen.

Mehr über den spanischen Fußball auf S. 692.

Camp Nou

Marktzeit

EINER VON BARCELONAS HERAUSRAGENDEN MÄRKTEN

Hinter einer hoch aufragenden Fassade aus rotem Backstein verbirgt sich in diesem einzigartigen Stadtteilmarkt ein auffälliges Interieur aus Gusseisen und Glas. Der 1927 eröffnete (restaurierte) **Mercat de Galvany** in Sant Gervasi ist einer der schönsten Märkte der Stadt und beherbergt mehr als 80 Stände mit frischen Produkten, die von ofenfrischem Brot über traditionell hergestellten katalanischen Käse bis hin zu allen Arten von Meeresfrüchten reichen. Die entspannte **Café-Bar** ist ein idealer Ort für einen Morgenkaffee und ein gefülltes *entrepan* (Brötchen). Danach kannst du beim Flanieren durch die **Carrer de Santaló** ein Gefühl für den Lebensstil in Galvany bekommen. Die Straße ist voll mit Cafés, Restaurants, Bars und Boutiquen, wie z. B. **Carolina Blue**, wo du alles für dein Zuhause findest.

Tapas & Wermut

KLASSISCHE AKTIVITÄT DER LOCALS

Die lebendige Wermut-Szene der Zona Alta wird perfekt durch die göttlichen Tapasbars ergänzt. Im **Dalt de Tot**, nördlich der Plaça Molina, schart sich ein buntes junges Publikum um die Marmorbar, um ein Glas Wermut der Eigenmarke zu trinken, begleitet von Käse, frisch zubereiteten Tortillas und *gildas* auf katalanische Art; dies ist eine von mehreren beliebten Wermutbars, die von einer Gruppe von Freund:innen gegründet wurden, die einst einen Gastronomie-Blog betrieben. Das benachbarte **Blavis** bringt japanische und italienische Akzente in seine hervorragenden kreativen Tapas ein, z. B. das seidige Bonito-Sashimi.

Etwa 1 km weiter südlich hat sich das **Ultramarinos Marín** mit seinen schlichten, aber exzellent zubereiteten Tapas und *platillos* (Gerichte zum Teilen) in einem alltäglichen Bar-Ambiente unter der Leitung des bekannten Küchenchefs Borja García zu einem echten Hit entwickelt. Gleich um die Ecke befindet sich das **Tapas 24** von Spitzenkoch Carles Abellán, wo die klassischen Tapas einen gehobenen Touch bekommen; unbedingt probieren: den sensationellen *bikini*-Toast (mit Trüffel und rohem Schinken). Im **Bambarol**, in der Nähe des Mercat de Galvany, dreht sich bei den Tapas von Ferran Maicas alles um saisonale katalanische Geschmackserlebnisse und kreative Details (Kroketten mit iberischem Schinken, Brathähnchen mit Kimchi-Mayonnaise).

DIE BESTEN CAFÉS

Oma Coffee
Starker Espresso und Brunch-Häppchen in der Nähe des Mercat de Galvany; die Bohnen stammen von der beliebten Rösterei El Magnífico in El Born.

Flying Monkey
Ganztägiges Vergnügen in Sant Gervasi von Küchenchef Ronit Stern, mit Kaffeespezialitäten, interessanten Weinen, hausgemachtem Gebäck und marktfrischen Gerichten.

Café Turó
Lebhaftes, von Paris inspiriertes Café-Bistro gegenüber dem Parc del Turó, geführt vom gefeierten Küchenchef Romain Fornell.

Roter Wermut

UNTERKÜNFTE

Primero Primera
Glanzvoll gestyltes Tres-Torres-Haus von 1955 mit atmosphärischen Zimmern, Art-déco-Elementen und einem von Zypressen gesäumten Pool. €€

Pol & Grace
Mit Kunst angefüllter Boutique-Rückzugsort in Sant Gervasi. Mit Bio-Gärten sowie einer Dachterrasse mit Aussicht. €€

Anita's B&B
Herrliche Aussicht von diesem reizenden, familiengeführten Gästehaus mit drei Zimmern an den Hängen des Tibidabo. €€

RESTAURANTS MIT MICHELIN-STERNEN

Cocina Hermanos Torres
Eine aufwendig umgestaltete Reifenwerkstatt in Les Corts beherbergt den gastronomischen Spielplatz der Gebrüder Torres, der mit drei Michelin-Sternen ausgezeichnet ist. €€€

ABaC
Eines von nur drei mit drei Michelin-Sternen ausgezeichneten Restaurants in der Stadt, das von dem angesehenen Küchenchef Jordi Cruz geführt wird und in einem exquisiten Herrenhaus von 1890 untergebracht ist. €€€

Hisop
Das mit einem Michelin-Stern ausgezeichnete Restaurant des katalanischen Küchenchefs Oriol Ivern bietet beeindruckende Weine und raffinierte saisonale Menüs. €€€

Via Veneto
Salvador Dalí war Stammgast in diesem 1967 eröffneten Lokal der High Society, das für seine hervorragende katalanische Küche bekannt ist. €€€

Spaziergang durch den Norden

DAS ALTE SARRIÀ

Das elegante **Viertel Sarrià** erstreckt sich heute rund um die abschüssige **Carrer Major de Sarrià**, das alte Zentrum ist eine weitgehend autofreie Oase mit gemütlichen Plätzen, exklusiven Häusern, schmalen Straßen und Lokalen mit Flair. Sarrià wurde im 13. oder 14. Jh. gegründet und erst 1921 nach Barcelona eingemeindet. Am oberen (nördlichen) Ende befinden sich die hübsche **Plaça de Sarrià**, die von der **Església de Sant Vicenç de Sarrià** (18. Jh.) überragt wird, und der Lebensmittelmarkt **Mercat de Sarrià**. Auf dem Weg nach unten kommt man an der **Plaça del Consell de la Vila**, der begrünten **Plaça de Sant Vicenç de Sarrià** und dem **Monestir de Santa Isabel** von 1886 vorbei. Zu den besten Lokalen hier gehören die **Bar Tomàs**, die 1886 gegründete Bäckerei **Foix de Sarrià**, das Wermut- und Tapas-Lokal **Morro Fi** und das elegante **Vivanda** von Jordi Vilà.

Im Reich der Wissenschaft

GROSSARTIGES WISSENSCHAFTSMUSEUM

Ein familienfreundliches Erlebnis verspricht das beliebte **CosmoCaixa** im Norden Barcelonas, ein interaktives Wissenschaftsmuseum, das sich mit geologischen Prozessen, mediterranen Gärten und der Welt der Dinosaurier befasst. Für das hochmoderne Planetarium sollte man sich im Voraus anmelden. Zu den Ausstellungen gehört auch eine 1 km² große Nachbildung des überschwemmten Amazonas-Regenwaldes, in dem über 100 Arten der einheimischen Flora und Fauna leben (von Schlangen bis hin zu Wasserschweinen). Das Museum will aufklären und das Bewusstsein für den Naturschutz fördern und weist darauf hin, dass diese Tiere alle in Gefangenschaft geboren wurden und nicht in die freie Wildbahn zurückgebracht werden können.

Parks in der Umgebung

BELIEBTE GRÜNANLAGEN

Der Anfang des 20. Jhs. am südwestlichen Rand von Sant Gervasi angelegte beschauliche **Parc del Turó** ist einer der ältesten Parks der Stadt. Wenn man zwischen den raschelnden Magnolien, Steineichen und Palmen zum Seerosenteich wandert, kann man sich kaum vorstellen, dass dies einmal ein Rummelplatz war. Versteckt in den Gartenanlagen liegt das reizende, von Foodtrucks inspirierte Café **Pinhan**, ein herrlicher Ort für einen Kaffee und ein leckeres Sandwich mit Tomaten und Feta. Alternativ kann man im Gourmet-Café **Aspic** auf der anderen Straßenseite die Zutaten für ein Picknick zusammenstellen. Etwa 2 km weiter nördlich (in der Nähe der Metrostation Lesseps) bietet der ab-

NOCH MEHR FANTASTISCHES ESSEN

La Balmesina
Für viele *barcelonins* gibt's hier die beste Pizza der Stadt – Biomehl, saisonale Zutaten, unter italienischer Leitung. €€

Mantequerias Pirenaicas
Eines der beliebtesten Frühstückslokale der Zona Alta; die unwiderstehliche Tortilla gehört zu den besten der Stadt. €

Casa Fernández
Geheimtipp in Santaló, der für seine schnörkellose katalanische Küche und die Cocktailbar Gimlet bekannt ist. €€

TRABANTOS/SHUTTERSTOCK ©

Parc del Laberint d'Horta

schüssige **Parc del Turó del Putxet** verschlungene Pfade zwischen mediterranen Kiefern, die zu einem Rundumblick über Barcelona führen – ein beliebter Ort, um die spektakulären Sonnenuntergänge zu genießen.

Flucht in den Norden der Stadt

LABYRINTH-GARTEN UND ESSEN IN EINER MASÍA

Nur 20 Minuten mit der Metro (Station Mundet oder Horta) vom Stadtzentrum entfernt, am Fuße der Collserola-Hügel, zeigt das friedliche nördliche *barri* **Horta** ein ganz anderes Barcelona mit hübschen Plätzen, alten *masías* (Bauernhäusern) und einem Garten aus dem 18. Jh. mit einem Labyrinth aus Zypressenhecken. Der vom italienischen Ingenieur Domenico Bagutti für Joan Antoni Desvalls, den Marquès d'Alfarràs i de Llupià, angelegte und sorgfältig gepflegte **Parc del Laberint d'Horta** war bis in die 1970er-Jahre ein privates Familienidyll. Heute führen die Wege an einem See, Wasserfällen, einem neoklassizistischen Pavillon und einem falschen Friedhof (inspiriert von der Romantik des 19. Jhs.) sowie an dem zentralen Labyrinth vorbei.

Dazu passt ein Essen in einer jahrhundertealten *masía* – **Can Travi Nou** ist ein wunderschönes Anwesen aus dem 11. Jh. mit saisonalen Menüs; eine Alternative ist das romantische **Can Cortada**, ein von Bougainvilleen umranktes Herrenhaus aus dem 17. Jh., in dem katalanische Spezialitäten wie langsam gebratenes Schweinefleisch und Meeresfrüchteaufläufe serviert werden. Die lebhafte **Plaça d'Eivissa** ist das Zentrum des ehemaligen Dorfes und Sitz des in den 1920er-Jahren gegründeten Tapas-Lokals **Quimet d'Horta**.

LES CORTS

Wer dem Trubel im Stadtzentrum entfliehen will, findet im bodenständigen Viertel Les Corts, westlich von L'Eixample, genau das Richtige. Der Hauptplatz Plaça de la Concòrdia wird von der **Església de Santa Maria del Remei** aus dem 20. Jh. mit ihrem sonnengelben, 40 m hohen Glockenturm überragt. Hier befinden sich auch ein neugotisches Herrenhaus aus dem späten 19. Jh., das von Eduard Mercader i Sacancha entworfen wurde (heute das **Centre Cívic Can Deu**), und die beliebte Wein- und Wermutbar **El Maravillas**.

In der Nähe ist der 1961 umgestaltete **Mercat de Les Corts** ein Frische-Paradies mit einer hervorragenden kleinen Bar, **El Bisaura**. Echte südindische Gewürze und die unverwechselbaren gefüllten Dosas findet man im farbenfrohen **Chennai Masala Dosa**; und wer authentische thailändische Küche sucht, sollte ins **Bangkok Cafe** gehen, das mit seinen scharfen Papayasalaten, roten Currys und vielem mehr ein Klassiker ist.

BOUTIQUEN IN ZONA ALTA

Coquette
Eine Welt katalanischer, anderer spanischer und internationaler Designermode für Frauen im Minimal Chic.

Dr Bloom
Diese heitere Boutique in Sarrià entwirft und kreiert ihre eigenen hellen, kühn gestalteten Kleidungsstücke in Barcelona.

Catalina House
Stylische mediterrane Designs für zuhause (Kissen, Tischdecken, Vasen) aus nachhaltigen Materialien.

KATALONIEN & DIE COSTA BRAVA

GLANZVOLLE KULTUR & BLÜHENDE NATUR

Während die katalanische Hauptstadt Barcelona ein internationales Publikum anzieht, sind die umliegenden Regionen kulturell unverkennbar katalanisch, voller Naturschönheiten und reich an Geschichte.

Katalonien ist eine Region, in der es alles gibt. Nur wenige Stunden von Barcelona entfernt kann man im Meer schwimmen, auf Berge klettern oder Schlösser, Klöster und antike Ruinen besichtigen – ohne sich jemals zu weit von seinem nächsten Glas *cava* zu entfernen. Katalonien hat seine eigene Kultur und Sprache und steckt voller Überraschungen.

Die katalanische Küste mit der Metropole Barcelona besteht aus zwei Abschnitten. Im Norden liegen die felsigen Buchten und kleinen Städte der Costa Brava, im Süden die sonnenverwöhnten Sandstrände der Costa Dourada. Entlang beider Küsten warten berühmte Stätten darauf, entdeckt zu werden – sowohl antike wie die ersten griechischen und römischen Siedlungen auf der Iberischen Halbinsel als auch moderne wie das Traumhaus des surrealistischen Künstlers Salvador Dalí. Was die Natur betrifft, so lässt die Küste das Herz aller Abenteuerlustigen höher schlagen: Zahlreiche Wanderwege und geheime Strände sind hier zu erkunden.

Im Landesinneren, abseits der Urlaubs-Hotspots und -Highlights an der Küste, trifft man auf Berge, bedeutende Kulturzentren mit modernistischer Architektur und saisonale Feste, bei denen alte Traditionen gefeiert werden. Unter dem Schutz des heiligen Berges Montserrat gedeiht der Weinbau, die hoch aufragenden Pyrenäen begeistern mit steilen Hängen und Kataloniens einziger Nationalpark ist ein Wunderwerk voller Seen, das die Besucher:innen in seinen Bann ziehen wird.

FCG/SHUTTERSTOCK©

DIE WICHTIGSTEN ZIELE

AIGÜESTORTES I ESTANY DE SANT MAURICI
Wunderland aus Bergen und Wiesen. **S. 268**

CADAQUÉS
Ein Jahrhundert der Inspiration und kreativer Genüsse. **S. 275**

TARRAGONA
Römische Festung an der goldenen Küste **S. 285**

SANTIAGO URQUIJO/GETTY IMAGES ©

Aigüestortes i Estany de Sant Maurici (S. 268)

Erste Orientierung

In der nordöstlichen Ecke Spaniens bezaubert Katalonien mit einer bunten Landschaft aus felsigen Küsten, sonnendurchfluteten Tälern und vulkanischen Ebenen, die alle am Rande der Pyrenäen liegen

Cadaqués, S. 275

Dieser Küstenort ganz im Norden der Costa Brava ist ein beliebtes Urlaubsziel, berühmt durch seinen einstigen Bewohner Salvador Dalí.

Aigüestortes i Estany de Sant Maurici, S. 268

Kataloniens einziger Nationalpark; majestätische Seen und Berggipfel machen Lust auf Wanderungen auf gut markierten Wegen.

0 100 km
Colombiers
Foix
Quillan
FRANKREICH
Perpignan
Prades
Le Boulou
Portbou
Vielha
Salardú
Arties
Pica de Aneto (3404 m)
Pica d'Estats (3143 m)
Espot
ANDORRA
ANDORRA LA VELLA
Boí
Erill la Vall
Parc Nacional d'Aigüestortes i Estany de Sant Maurici
Llívia
Puigcerdà
La Jonquera
Garriguella
Port Lligat
Bellver de Cerdanya
Queralbs
Ribes de Freser
Beget
Figueres
Roses
Cadaqués
Castelló d'Empúries
Sant Joan de les Abadesses
Riu Fluvià
Olot
Besalú
Ripoll
L'Escala
Santa Pau
ARAGONIEN
Tremp
Berga
Parc Natural de la Zona Volcànica de la Garrotxa
Púbol
Verges
Girona
Peratallada
Begur
Àger
LLEIDA
Solsona
Riu Llobregat
Vic
Riu Ter
GIRONA
Palafrugell
Tamariu
Llafranc
Ponts
Cardona
Santa Coloma de Farners
Sant Feliu de Guíxols
Balaguer
Manresa
BARCELONA
Blanes
Tossa de Mar

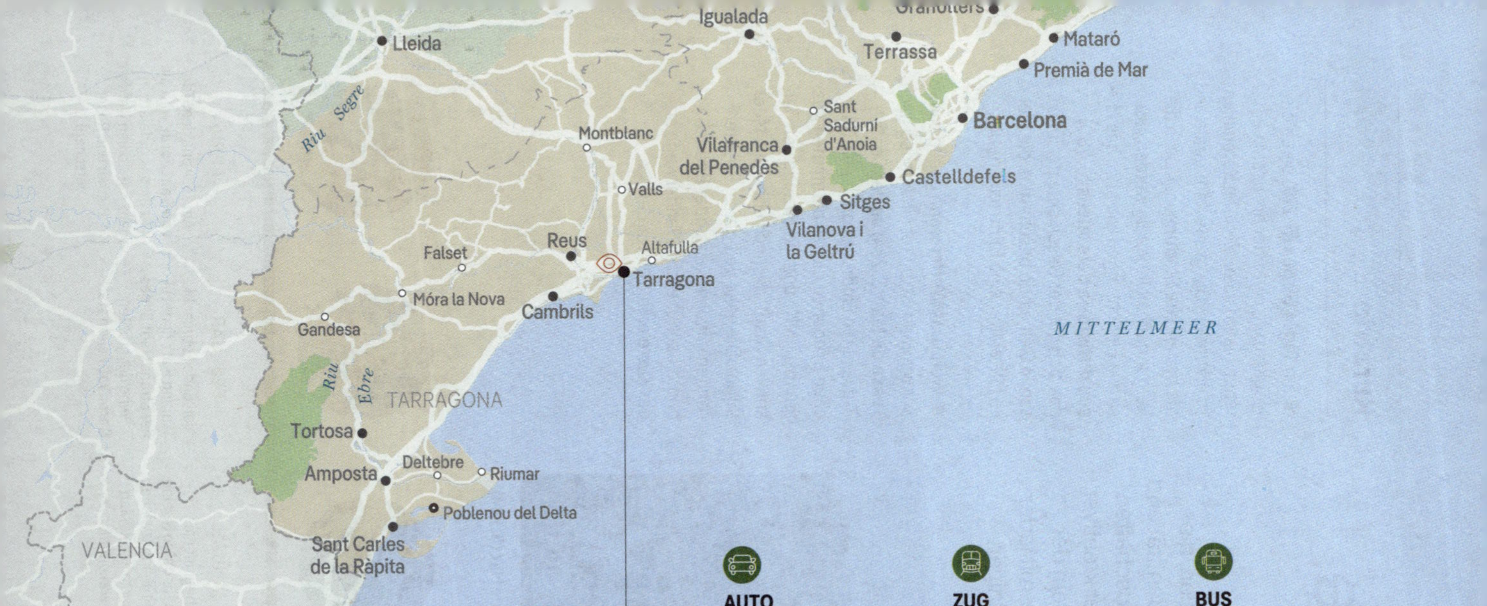

Granollers
Igualada
Lleida
Terrassa
Mataró
Premià de Mar
Sant Sadurní d'Anoia
Barcelona
Montblanc
Vilafranca del Penedès
Castelldefels
Valls
Sitges
Riu Segre
Vilanova i la Geltrú
Reus
Altafulla
Falset
Tarragona
Móra la Nova
Cambrils
Gandesa
MITTELMEER
Riu Ebre
TARRAGONA
Tortosa
Deltebre
Amposta
Riumar
Poblenou del Delta
VALENCIA
Sant Carles de la Ràpita

Tarragona , S. 285

Eine der ersten römischen Siedlungen auf der Iberischen Halbinsel, ein „Mini-Kolosseum" am Meer und die Ruinenflut im Stadtzentrum – hier lebt die Vergangenheit auf.

AUTO

Ein Auto bietet die Freiheit, sich durch die Kurven der Costa Brava zu schlängeln oder die Bergregionen rund um Barcelona zu erklimmen und dabei schwer zugängliche Dörfer zu entdecken.

ZUG

Die anderen großen Städte Kataloniens – Tarragona, Lleida und Girona – sind gut an Barcelona angebunden, aber nur wenige Routen führen in die Pyrenäen.

BUS

Da es im Norden keine Küstenbahnlinie gibt, sind Busse die beste Möglichkeit, die Dörfer der Costa Brava und die kleinen Städte in den verschiedenen Bergregionen zu erreichen.

Perfekte Tage

Katalonien ist eine Region, die eine stolze kulturelle Identität und inspirierende Naturlandschaften vereint. Sie steckt voller kreativer Energie – von den Gipfeln der Pyrenäen bis zur Küste, mit jeder Menge Ruinen und sonnigen Weinbergen mittendrin.

KIRK FISHER/SHUTTERSTOCK ©

Tossa de Mar (S. 284)

Kurztrip

- Ein Tag in **Girona** (S. 279) bietet die Möglichkeit, eines der am besten erhaltenen historischen Zentren Kataloniens zu erkunden. Die große Kathedrale und die begehbare Stadtmauer lassen die Vergangenheit lebendig werden, ebenso wie Einrichtungen wie etwa das **Museu d'Història dels Jueus** (S. 280), das sich mit der Geschichte der jüdischen Gemeinde beschäftigt, die hier im Mittelalter eine Blütezeit erlebte.

- Wenn das Wetter warm genug zum Schwimmen ist, bietet ein Ausflug nach **Tossa de Mar** (S. 284) an der Costa Brava einen Eindruck von der natürlichen Schönheit dieses berühmten Küstenabschnitts und gleichzeitig von der antiken Stadt, die hoch über dem Meer thront. Die nahe gelegenen Buchten können mit dem Kajak oder Paddelboard oder über die Wanderwege an der Küste erkundet werden.

Beste Reisezeit

Der Sommer an der Küste ist heiß, feucht und überlaufen, besonders im August. Frühling und Herbst sind ideal für Aktivitäten wie Weinverkostungen und Wanderungen. Im Winter lockt in den Pyrenäen frischer Pulverschnee zum Wintersport.

JANUAR

Jetzt beginnt die Grillsaison für **calçots**, eine milde Frühlingszwiebel, die nur in Katalonien vorkommt.

FEBRUAR

Von Ende Februar bis Anfang März findet in der Strandstadt Sitges eine der größten **Carnaval**-Feiern statt.

APRIL

Am 23. April, dem **Tag von Sant Jordi**, wird die Romantik gefeiert; in ganz Katalonien werden Bücher und Rosen verschenkt.

PERE RUBI/SHUTTERSTOCK ©, DARIA PUDENKO/SHUTTERSTOCK ©, 19BPRODUCTION/SHUTTERSTOCK ©

Drei Tage Zeit

Wer mehr Zeit hat, kann die Erkundung der Costa Brava im Norden in **Cadaqués** (S. 275) beginnen, einem noblen Badeort, der neben **Portlligat** (S. 275) liegt, einem noch kleineren Dorf, in dem sich das Dalí-Haus-Museum befindet.

Wenn die Kostprobe von Dalí Lust auf mehr Surrealismus macht, kann man in **Figueres** (S. 278) das **Teatre-Museu** des Künstlers (S. 278) besuchen, bevor es weiter nach Süden geht.

In **Girona** (S. 279) oder **Montserrat** (S. 289) lohnt sich eine Übernachtung wegen des herrlichen Blicks auf den Sonnenaufgang, bevor es weiter nach **Tarragona** (S. 285) geht, um die zahlreichen antiken Ruinen der Stadt zu besichtigen, darunter das bekannte Amphitheater und die römischen Mauern.

Länger Zeit...

Auf geht's in die Berge, um die spanischen Pyrenäen zu erkunden, angefangen mit dem majestätischen **Parc Nacional Aigüestortes i Estany de Sant Maurici** (S. 268). Wenn Schnee vorhergesagt ist, erwarten einen tolle Skigebiete im **Val d'Aran** (S. 272) oder im etwas abgelegeneren **Vall de Núria** (S. 274). Alternativ kann man sich auf den vielen Radwegen in der spanischen Hälfte des **Cerdanya-Tals** (S. 273) austoben.

Dann geht es weiter die Costa Brava hinunter nach Süden oder direkt in das **Weinanbaugebiet Penedès** (S. 291) zu einer *cava*-Verkostung.

Ausgleich zu den Abenteuern in den Höhenlagen bieten die flachen Feuchtgebiete des **Ebro-Deltas** (S. 293), wo Strände, Lagunen und Flamingos zu finden sind.

XAVI LAPUENTE/SHUTTERSTOCK ©, SERGI BOIXADER/ALAMY ©, JOSSFOTO/SHUTTERSTOCK ©, MARGALEF-EVA/GETTY IMAGES ©

MAI

Girona feiert eine Woche lang die **Temps de Flor** (Blumensaison) mit beeindruckenden Blumendekorationen an den bedeutendsten Plätzen der Stadt.

JUNI

Zur Zeit der Sommersonnenwende feiern die Pyrenäendörfer das **Falles Festival** mit traditionellen Fackelumzügen.

SEPTEMBER

Der **Diada Nacional de Catalunya** (Nationalfeiertag von Katalonien) wird jedes Jahr am 11. September begangen.

DEZEMBER

Während der Feiertage kann man die Figur des *caganer* („Schisser") entdecken, der sich im Hintergrund von Krippenspielen versteckt.

AIGÜESTORTES I ESTANY DE SANT MAURICI

Im einzigen Nationalpark Kataloniens, dessen Name „mäandernde Flüsse und der Sant-Maurici-See" bedeutet, kann man die Pyrenäen auf spektakuläre Weise erleben. Der Nationalpark bietet gut markierte Wanderwege, nette *refugis* (Schutzhütten) und herrliche Landschaften. Mit über 200 *estanys* (Seen), die von 3000 m hohen Berggipfeln überragt werden, wirkt dieses von Gletschern geformte Gebiet wie aus dem Bilderbuch.

Übernachten kann man hier nicht, es sei denn, man bucht im Voraus ein *refugi*, denn Zelten ist verboten. Es gibt aber viele Hotels und Campingplätze an der großen Straße, die um den Park verläuft. Der Zugang zum Park ist von vielen Stellen aus möglich. In der Stadt Espot steht ein Service mit 4WD-Taxis (Allradantrieb) zur Verfügung, um Besucher:innen zu den wichtigsten Gebieten wie dem Sant-Maurici-See zu bringen, in dessen kristallklarem Wasser sich die Zwillingsgipfel von Els Encantats spiegeln.

TOP TIPP

Das Wetter im Park ändert sich schnell, vor allem im Sommer, wenn Gewitterwolken in den Vorhersage-Apps auftauchen. Stell dich auf Regen ein, aber kümmere dich nicht zu sehr um die Vorhersagen, bis du ankommst und dich im Informationsbüro in Espot anmelden kannst.

WARUM ICH AIGÜESTORTES I ESTANY DE SANT MAURICI LIEBE

Jamie Ditaranto, Autor

Was ich an diesem Park am schönsten finde, ist, dass von außen nichts zu sehen ist. Selbst in Espot kannst du nicht erahnen, welch eindrucksvolles Geheimnis diese Berge verbergen. Du weißt erst dann, dass du wirklich angekommen bist, wenn du den entscheidenden Punkt auf dem Weg erreicht hast, an dem es dir plötzlich so vorkommt, als seist du in ein fantastisches Reich der schönsten Natur versetzt worden. Zum Beispiel, wenn du am Ufer eines kristallklaren Sees oder auf einer Wiese stehst und merkst, dass du von Berggipfeln geradezu umzingelt bist.

Wiesen, Seen & Gipfel

VERWUNSCHENE PFADE IN DEN PYRENÄEN

Der beste Aufstieg in den Nationalpark beginnt in **Espot**, einem Bergdorf mit einem ständigen Strom von mit Stöcken bewaffneten Wanderern. Die Haltestelle der Taxis d'Espot befindet sich direkt gegenüber dem kostenlosen Parkplatz am Ortseingang und das Fremdenverkehrsbüro mit einem kleinen Museum über die Flora, Fauna und Geologie des Parks liegt gleich nebenan.

Wer seine Kräfte sparen will, bucht eine Fahrt zum **Estany de Sant Maurici** und beginnt die Wanderung am berühmtesten See des Parks. Dort besteht die Möglichkeit, an einem großen Wasserfall vorbei zum **Estany de Ratera** hinaufzusteigen und von dort aus wieder hinabzuwandern und einen Abstecher zum Aussichtspunkt oberhalb von Sant Maurici zu machen. Alternativ kann man auch weiter hinauf zu den **Estanys d'Amitges** und der Hütte **Refugi d'Amitges** wandern, wo man die Mittagspause an einem wunderschönen Ort verbringen kann, bevor es wieder hinunter nach Espot geht.

Die *refugis* bieten Übernachtungen mit Voll- oder Halbpension an, sodass man in den abgelegenen Berghütten gut versorgt ist. Eine weitere beliebte Route führt zum **Estany Negre** und dem **Refugi Josep Maria Blanc**, das nach einem 1000-Meter-Anstieg von Espot aus zu erreichen ist – oder nach einer teuren Taxifahrt. Auch wer hier nicht übernachtet, kann am Ufer des **Estany Trullo** eine ausgedehnte Rast einlegen.

In allen Seen und Bächen des Parks ist das Schwimmen verboten, aber wer sich nach dem Wandern nach einer Abkühlung sehnt, findet hinter der Taxistation von Espot eine kleine Bar mit Pool. Es gibt auch einige gute Hotels in der Stadt (z. B. das **Hotel Saurat**) oder in der Nähe (das **Hotel Poldo** mit angegliedertem Restaurant ist zu empfehlen), und die Städte **La Guingueta d'Àneu** oder **Boí** sind ebenfalls eine gute Alternative.

Vall de Boí & Falles

KIRCHEN UND FESTE IM FEUERSCHEIN

Auf der Westseite des Parks kann man Quartier in Boí beziehen und sich mehr Zeit nehmen, um dieses bezaubernde Tal zu erkunden. Wanderwege verbinden die mittelalterlichen Städte und die romanischen Kirchen aus dem 11. bis 14. Jh., die dieses Tal mit ihren anmutigen Glockentürmen prägen und wie steinerne Leuchttürme aus der Landschaft ragen.

Während der Sommersonnenwende im Juni feiern die Dörfer in den Pyrenäen das Falles Festival und die Dörfer im Vall de Boí bieten eine besonders schöne Show. Bei Sonnenuntergang zieht eine lange Prozession mit brennenden Fackeln langsam zurück in die Stadt, die schließlich in ein Freudenfeuer geworfen werden, das die Feierlichkeiten begleitet. Die Dörfer im Vall de Boí feiern in der Regel an unterschiedlichen Tagen, sodass es ein großes Zeitfenster gibt, um dieses Spektakel zu erleben.

UNTERWEGS VOR ORT

Mit dem Taxi-Service ist der Park gut erreichbar, aber die Wege sind steil und anspruchsvoll, vor allem, wenn man sich in die Hochgebirgsregionen wagt. Wer lieber Thru-Hiking machen möchte oder kein Auto hat, kann den Park mit öffentlichen Bussen durchqueren, die von Boí nach Espot fahren und wichtige touristische Zentren wie Vielha, Esterri d'Àneu, Escaló und Sort bedienen.

Val d'Aran
Aigüestortes i Estany de Sant Maurici
Pallars Sobirà
Puigcerdá
La Seu d'Urgell
La Garrotxa

Rund um Aigüestortes i Estany de Sant Maurici

Der Park liegt an der westlichen Grenze der katalanischen Pyrenäen, doch auf dem Weg zurück zur Küste warten weitere Höhenabenteuer.

TOP TIPP

Die Dörfer in den Pyrenäen sind klein; mit einem fahrbaren Untersatz hat man am meisten von der wunderschönen Landschaft.

Die katalanischen Pyrenäen, die an Frankreich und Andorra grenzen, sind reich an Geschichte und ein attraktives Ziel für Adrenalin-Junkies, die sich auf Skiern, mit dem Fahrrad oder zu Fuß in die Berge wagen wollen. Auf dem Weg vom Nationalpark nach Westen durchquert man den Parc Natural de l'Alt Pirineu, die Urgell-Ebene und das Cerdanya-Tal, das in der Mitte zwischen Spanien und Frankreich liegt.

Jede Stadt entlang der Strecke hat ihre eigene Geschichte und ihre eigenen Besonderheiten, wie z. B. der weit abgelegene Austragungsort für Rafting bei den Olympischen Spielen 1992 in Barcelona oder das älteste Skigebiet Spaniens. Mit beliebten Zielen für Winter- und Sommersportarten zieht diese Region ein aktives Publikum an und bietet zahlreiche Wanderwege sowie Outdoor-Läden, die dafür sorgen, dass man immer in Bewegung bleibt und gut ausgerüstet ist.

Cerdanya-Tal (S. 273)

JOAN MANEL/SHUTTERSTOCK ©

Río Noguera Pallaresa

Nervenkitzel beim Rafting in Pallars Sobirà

WILDWASSERABENTEUER UND MEHR

Der Fluss **Río Noguera Pallaresa**, der sich von seinem Quellgebiet im Val d'Aran durch die Region schlängelt, prägt den Pallars Sobirà oder Oberen Pallars, der sich an der östlichen Seite des Parks befindet und verlockend für Wildwasser-Rafting-Fans ist. Am Fluss liegen zahlreiche Ortschaften wie **Llavorsí**, **Rialp** und **Sort**, die für Rafting und andere Abenteuersportarten bestens gerüstet sind. Hier gibt es mehr Übernachtungsmöglichkeiten und Restaurants als im nahe gelegenen Espot, sodass jeder dieser Orte eine gute Alternative für die Erkundung des Nationalparks und des **Parc Natural de l'Alt Pirineu** ist.

Stromschnellen der Stufe IV locken erfahrene Wildwasserfans auf den Fluss, aber wenn man nicht in den reißenden Fluten unterwegs sein möchte, hat die Gegend im Sommer auch viele andere Aktivitäten zu bieten. Wander-, Rad- und Reitwege schlängeln sich durch ruhige Dörfer mit romanischen Kirchen (wie **Santa Maria d'Àneu** samt dazugehörigem Apfelbaumgarten), über mittelalterliche Brücken und vorbei an gut getarnten Bunkern aus dem Spanischen Bürgerkrieg. In den ruhigen Feuchtgebieten von **Mollera d'Escalarre** werfen die Fischer ihre Angeln aus und bei den lokalen Erzeuger:innen von Honig, Käse und Salz erhält man einen persönlichen Einblick in das agrotouristische Angebot der Region.

DIADA DELS RAIERS

Könnte man sich auf dem Río Noguera Pallaresa ein paar hundert Jahre in die Vergangenheit begeben, würde man mit etwas Glück eine Gruppe von *raiers* (Flößern) auf ihren Holzflößen vorbeifahren sehen. In dieser holzverarbeitenden Region wurden die Stämme von den *raiers* transportiert, aber dieser Beruf wurde durch die modernen Erfindungen von Dämmen und Autobahnen überflüssig. In der ersten Juliwoche kann man jedoch in der Stadt La Pobla de Segur erleben, wie die alte Tradition von modernen *raiers* wieder zum Leben erweckt wird. Einmal im Jahr kommen sie zusammen, um die Flöße auf traditionelle Weise zu bauen und die 5 km zwischen dem Llània-Staudamm und der Claverol-Brücke zurückzulegen, und das alles in historischer Kleidung.

ESSEN IN DEN KATALANISCHEN PYRENÄEN

Ca l'Amador
In dem ruhigen Dorf Josa de Cadí gelegen, präsentiert dieses Restaurant die traditionellen Aromen der Pyrenäen. **€€€**

Fogony
In Sort kann man die Slow Food Revolution mit einem erschwinglichen Menü ab 45 € ohne Getränke genießen **€€€**

Era Lucana
Dieses Restaurant im Val d'Aran verzaubert seine Gäste seit 1989 mit traditioneller aranesischer Küche. **€€**

PARADIES MIT HEISSEN QUELLEN

Wer Abgeschiedenheit sucht, ist im Val d'Aran gut aufgehoben, aber man kann sogar noch einen Schritt weiter gehen und eine oder zwei Nächte in den **Banhs de Tredos** buchen, einem Wellness-Hotel in luftiger Höhe, das in den Wintermonaten ausschließlich mit dem Schneemobil erreichbar ist. Es ist nur 9 km von Salardú entfernt und befindet sich an einem der alternativen Eingänge zum Parc Nacional Aigüestortes i Estany de Sant Maurici. Das heiße Wasser stammt aus einer Schwefelquelle, sodass man sich hier auch im Winter aufwärmen kann, was besonders willkommen ist, wenn man die umliegenden Schneemobil-, Schneeschuh- und Skilanglauftouren nutzt. Wer es wärmer mag, kann im weniger besuchten Circ de Colomèrs, einem noch seenreicheren Teil des Parks, wandern gehen.

JOSUE ACOSTA QUINTANILLA/SHUTTERSTOCK ©

Baqueira-Beret

Skifahren im Val d'Aran

SKISPORT IN DEN PYRENÄEN

Die spanische Seite der Pyrenäen wird bei der Planung von Skireisen im Winter oft übersehen, dabei haben die tief eingeschnittenen Pisten und Täler des Val d'Aran ihren ganz eigenen Reiz. Die nördlichste Region Kataloniens ist ein einzigartiges Reiseziel, das einst völlig isoliert war. Mit der Fertigstellung eines 5 km langen Tunnels im Jahr 1948 wurde die Hauptstadt **Vielha** mit dem restlichen Spanien verbunden und die Region für den Bergtourismus erschlossen. Unterwegs kann man Menschen Aranesisch sprechen hören, eine Minderheitensprache, die nur im Val d'Aran gesprochen wird und als eine der offiziellen Sprachen Kataloniens anerkannt ist.

Das größte und beliebteste Skigebiet Kataloniens und Spaniens ist **Baqueira-Beret**, das über 150 km Skipisten, 35 Skilifte, zwei Snowparks und ein Slalomstadion verfügt. Es profitiert von den warmen Winden des Atlantiks, die für reichlich Schnee sorgen. Übernachten kann man in der Nähe in **Arties**, einem Ort, der sich an ein eher gehobeneres Publikum wendet, oder in **Salardú**, das kleiner, aber auch bodenständiger ist. Beide Dörfer sind in der Nebensaison wunderbare Ausgangspunkte für Wanderungen und Radtouren in der Umgebung sowie für Ausflüge in den südlich gelegenen **Parc Nacional Aigüestortes i Estany de Sant Maurici**.

GASTRONOMISCHE HOTELS IN DEN PYRENÄEN

Andria Hotel
In La Seu d'Urgell serviert dieses familiengeführte Restaurant mit 16 Zimmern deftige Gerichte wie Bergreis und Hühncheneintopf. €€

Hotel del Prado
Das am malerischen Teich von Puigcerdà gelegene Restaurant des Hotels verwendet ausschließlich Zutaten aus der Region. €€

Ca l'Amagat Hotel
Das in Bagà versteckt gelegene Hotelrestaurant ist seit Langem für seine vorzügliche katalanische Küche bekannt. €€

Paddeln & Radfahren rund um La Seu d'Urgell

EIN UNERWARTETES OLYMPISCHES ERBE

Am Zusammenlauf zweier Flüsse in einer weiten Ebene gelegen, ist La Seu D'Urgell eine betriebsame Stadt, die in der Geschichte der Hochpyrenäen eine wichtige Rolle gespielt hat. Sie besitzt die einzige romanische Kathedrale Kataloniens, die **Santa Maria d'Urgell** aus dem 12. Jh., und ist auch heute noch Sitz der Diözese von Urgell. Aber es ist die umgebende Topographie, die diese Stadt zu einem Zentrum für Rafting- und Mountainbike-Abenteuer macht.

Für einen ersten Eindruck empfiehlt es sich, durch die Altstadt zu spazieren und die Stufen zum Río Segre hinunterzugehen, um zum **Rafting Parc** zu gelangen. Er wurde 1992 für die Austragung des Kanuslaloms bei den Olympischen Sommerspielen gebaut. Das Gelände versprüht 1990er-Jahre-Flair und ist frei zugänglich, wenn es geöffnet ist, und es gibt genügend Sitzgelegenheiten, um den trainierenden Kanut:innen beim Üben ihrer Manöver zuzusehen.

Wer sich inspiriert fühlt, die Strecke selbst auszuprobieren, kann in ein Schlauchboot oder ein offenes Kajak steigen, das zur Sicherheit von einem erfahrenen Führer begleitet wird. Auch Mountainbikes können gemietet werden, um die zahlreichen Routen zu erkunden, die von La Seu d'Urgell ausgehen. Dabei lassen sich nahegelegene Dörfer wie das auf einem Hügel thronende **Castellciutat** erkunden, oder man wagt sich auf längere, anspruchsvollere Strecken zu verschiedenen Aussichtspunkten um die Ebene herum.

Outdoor-Erlebnisse in Puigcerdà

HAUPTSTADT DER BAIXA CERDANYA

Das **Cerdanya-Tal**, das in der Mitte durch die spanisch-französische Grenze geteilt wird, ist das sonnigste Tal Europas und zu allen Jahreszeiten schön. Die Stadt Puigcerdà, die direkt unter der Grenze auf einem Hügel liegt, ist ein wichtiger sozialer Knotenpunkt für sportliche Exkursionen. Im Winter lockt eine frische Schneedecke die Brettlfans in das älteste Skigebiet Spaniens, das **La Molina Resort**, und im Sommer sind Besucher:innen mit dem Rad und zu Fuß auf den zahlreichen Wegen und Routen auf beiden Seiten der Cerdanya unterwegs.

Die Aussicht auf das Tal genießt man am besten vom Mirador auf der Westseite der Stadt oder von oben vom Turm der **Santa Maria de Puigcerdà**, dem verbliebenen Glockenturm der alten Kirche, die während des Spanischen Bürgerkriegs zerstört wur-

ROMANISCHE KUNST & ARCHITEKTUR

Sant Climent de Taüll
Diese schlichte Kirche im Vall de Boí ist vor allem für ihren hohen und malerisch gelegenen Glockenturm bekannt.

Iglesia de Nuestra Señora de la Purificación
Diese Kirche in dem kleinen aranesischen Dorf Bossòst besitzt ein wunderschönes Portal mit einem interessanten Mittelteil aus schwarzem Marmor.

Cathedral of Urgell
Die einzige romanische Kathedrale Kataloniens liegt in La Seu d'Urgell und verfügt über eine beeindruckende Fassade und einen schönen Kreuzgang.

Besalú Bridge
Diese Verteidigungsbrücke über den Río Fluvià wurde ursprünglich im 11. Jh. als Befestigungsanlage für die Stadt gebaut.

Santa Maria de Ripoll
Dieses Benediktinerkloster besitzt einen großen und äußerst detailreichen Sandsteinportikus aus dem 12. Jh.

Sant Jaume de Frontanyà
Diese Kirche ist das letzte erhaltene Gebäude eines Augustinerklosters aus dem 11. Jh. und besticht durch ihre einzigartige zwölfseitige Kuppel.

ANDERE NATURPARKS IN DEN PYRENÄEN

Parc Natural Cadí-Moixero
An dem Ort, an dem die Pyrenäen tatsächlich beginnen, kann man riesige Bergmassive besteigen.

Parc Natural de l'Alt Prineu
Der größte Park Kataloniens ist ein Tummelplatz zum Angeln und für den Wassersport; außerdem bietet er ein einzigartiges Kulturerbe.

Parc Natural de les Capçaleres del Ter i del Freser
Mit Gipfeln, die fast 3000 m hoch sind, ist dies der beste Ort für richtigen Höhensport.

de. Am Stadtrand lädt der künstliche Teich **Estany de Puigcerdà** zum Spazierengehen und Kaffeetrinken ein, während weiße Schwäne vor der Bergkulisse vorbeigleiten. Der kurze, flache **Camí de Enamorats** ist ein schöner Wanderweg, der an einigen Aussichtspunkten auf das Tal vorbeiführt und auf dem man mit Glück Heißluftballons sieht, die in der Nähe abheben.

VALL DE NÚRIA

Das Vall de Núria, das allgemein als einer der schönsten Orte Kataloniens gilt, ist auch einer der abgelegensten. Dieses malerische Tal, das von der Stadt Ribes de Freser aus nur mit der Zahnradbahn zu erreichen ist, liegt an einer Stelle, an der drei Berge aufeinandertreffen. Schon vor tausend Jahren war es als Wallfahrtsort der Jungfrau von Núria bekannt, doch heute ist es ein ganzjähriges Ausflugsziel mit Wanderwegen für den Sommer und einigen Pisten für den Wintersport. Der künstlich angelegte See ist ein beliebtes Ausflugsziel für Familien und bietet auch Möglichkeiten für Freizeitaktivitäten wie Kanufahren. Es gibt viele Unterkunftsmöglichkeiten, wie z.B. das gehobene Hotel Vall de Núria oder das Hostel Alberg de l'Àliga, das auf einem Berggipfel mit herrlichem Blick auf das Tal liegt.

Llívias gallische Grenzen

EINE SPANISCHE ENKLAVE, DIE VON FRANKREICH UMGEBEN IST

Das Dorf Llívia ist zwar nur 7 km von Puigcerdà entfernt, aber um dorthin zu gelangen, muss man zweimal die französische Grenze überqueren. Auf der französischen Seite des Cerdanya-Tals ist Llívia eine spanische Exklave, die im 17. Jh. durch einen Vertrag zur Beendigung des französisch-spanischen Krieges entstanden ist. Zu einer Zeit, als nur „Dörfer" in der Cerdanya an Frankreich abgetreten werden durften, war Llívia technisch gesehen eine „Stadt".

Neben der geopolitischen Besonderheit ist die Hauptattraktion von Llivia das **Apothekenmuseum Esteve**, das eine Sammlung von Apothekenobjekten wie die wunderschön bemalten *albarellos* (Keramikgefäße zur Aufbewahrung von Medikamenten) zeigt. Gegründet im 15. Jh., ist sie eine der ältesten Apotheken in Europa.

Die vulkanischen Ebenen von La Garrotxa

ALTE VULKANLANDSCHAFT

Auf dem Weg von den Pyrenäen nach Barcelona oder an die Mittelmeerküste lohnt sich ein Zwischenstopp in dem Vulkangebiet von La Garrotxa, südlich der Stadt **Olot**. Der **Parc Natural de la Zona Volcànica de la Garrotxa** besteht aus 40 Vulkankegeln und 20 Lavaströmen, die von üppigen Eichenwäldern bedeckt sind, und ist ein beliebtes Gebiet zum Wandern und für Heißluftballonfahrten. Obwohl das Gebiet immer noch seismisch aktiv ist, liegt der letzte Ausbruch bereits über 11 500 Jahre zurück.

In der Umgebung des Parks befinden sich zahlreiche Dörfer wie **Santa Pau** mit seiner Burg aus dem 13. Jh. und die schmale Stadt **Castellfolit de la Roca**, die kühn auf dem Rand einer 50 m hohen Basaltklippe balanciert. Viele Wanderwege in der Gegend führen durch friedliche Wälder und zu Wasserfällen, aber einer der beliebtesten Wege ist der, der in den Krater des **Volcà de Santa Margarida** führt, in dem eine kleine romanische Kapelle trutzig errichtet wurde.

UNTERWEGS VOR ORT

Von Barcelona aus kann man mit dem Zug nach Puigcerdà im Cerdanya-Tal oder nach La Pobla de Segur fahren, jeweils eine Stunde südlich von Boí und Espot, den beiden Haupteingängen des Nationalparks, gelegen. Die Städte in den Pyrenäen sind gut mit Bussen verbunden, sodass dies die beste Möglichkeit ist, sich ohne eigenes Auto fortzubewegen. Vorsicht ist geboten bei den Straßenverhältnissen in den schneereichen Wintermonaten.

Cadaqués

Madrid

CADAQUÉS

Wer sich nur für einen Ort an der glitzernden Costa Brava entscheiden kann, findet in Cadaqués den Inbegriff eines Küstendorfs mit felsigen Stränden, weiß getünchten Gebäuden und Kopfsteinstraßen, die von den rosa und violetten Blüten der Bougainvillea-Bäume gesäumt werden. Cadaqués ist seit Langem ein beliebter Urlaubsort für Künstler:innen und Prominente, aber der ganze Stolz von Cadaqués gilt dem früheren langjährigen Einwohner Salvador Dalí.

Dalí wählte das Nachbardorf Portlligat als Ort für seinen Altersruhesitz, der heute ein Museum beherbergt, das Dalís legendäre Exzentrik zum Leben erweckt. Um herauszufinden, was Dalí an diesem Ort so besonders fand, genügt ein Spaziergang an der Küste oder eine Tour mit einem Kajak, um eine ruhige Felsenbucht zu entdecken. Auch ein Bummel durch die Stadt ist eine gute Möglichkeit, sich die Zeit zu vertreiben, denn Einkaufsmöglichkeiten und gute Restaurants gibt es reichlich.

TOP TIPP

Dalí zog es vielleicht wegen der Ruhe und Abgeschiedenheit in diese Gegend, aber jetzt kommen die Reisenden in der Sommersaison in Scharen. Die beste Zeit für einen Besuch ist Juni oder September, wenn es noch warm ist, aber weniger Menschen unterwegs sind. Wer auf die Hauptsaison angewiesen ist, sollte auf jeden Fall daran denken, frühzeitig zu reservieren.

Surrealismus im Urlaub

LASS DICH INSPIRIEREN

Als erstes sollte man bei einem Besuch in Cadaqués durch die Stadt schlendern, sich den Weg durch die kopfsteingepflasterten Straßen bahnen und staunen, wie schön sich bunte Pflanzen und bemalte Fensterrahmen von den weiß getünchten Mauern abheben. Für einen besseren Überblick empfiehlt sich ein Besuch der **Església de Santa María**, des spätgotischen Wahrzeichens der Dorfsilhouette. Außerdem kann man sich im **Museu de Cadaqués** über die Geschichte des Ortes informieren.

Es empfiehlt sich, im Voraus zu reservieren, nicht nur um im angesehenen **Compartir** zu speisen, sondern auch um die **Casa Museu Dalí** zu besichtigen. Im Gegensatz zu vielen anderen historischen Gebäuden steckt Dalís Haus voller Kuriositäten, die zum Nachdenken anregen, wie z. B. der Grillenkäfig im Schlafzimmer oder der Spiegel, der so angebracht war, dass Dalí behaupten konnte, der erste Mensch in Spanien zu sein, der den Sonnenaufgang sah. Nach dem kurzen Fußmarsch von Cadaqués nach **Portlligat** kann man sich Zeit nehmen, um einige der Strände und Buchten an der Küste zu erkunden, wie z. B. die **Platja de Calders**, oder zurück in die Bucht von Cadaqués fahren, um sich an der **Platja del Ros** zu sonnen.

Wem die felsigen und überfüllten Strände nicht zusagen, unternimmt vielleicht einen langen Spaziergang am **Cap de Creus**, wo die Landschaft etwas einsamer ist. Mit einem Auto kann man bis zum Leuchtturm fahren und dann zu Fuß Strände wie die **Cala Jugadora** und die **Cala Culip** erkunden.

ESSEN UND AUSGEHEN IN CADAQUÉS

Compartir
Das 10-gängige Degustationsmenü offeriert katalanische Köstlichkeiten. €€€

Talla
Am Wasser leckere Gerichte genießen. €€€

Es Baluard
Familiengeführtes Restaurant mit frischen Meeresfrüchten. €€

Lua
Fusionsküche aus mediterranen und asiatischen Aromen mit vielen Veggie-Varianten. €€

Bar Boia
Seit 1946 ist diese Bar am Meer Treffpunkt vieler Kreativer. €€

Brown Sugar
Morgens einen Saft und abends einen Cocktail schlürfen. €

HIGHLIGHTS
1 Casa Museu Dalí

SEHENSWERTES
2 Platja de Calders
3 Església de Santa Maria
4 Museu de Cadaqués
5 Platja del Ros
6 Portlligat

ESSEN
7 Compartir
8 Es Baluard
9 Lua
10 Talla

AUSGEHEN
11 Bar Boia
12 Brown Sugar

Die Winde von Cap de Creus

EIN NATURPARK MIT FRISCHER BRISE

Cadaqués liegt auf der Halbinsel Cap de Creus in einer Felslandschaft, die Salvador Dalí zeitlebens inspirierte. Heute ist die Halbinsel ein geschützter Naturpark mit Wanderwegen, darunter ein 8 km langer Weg zum Leuchtturm aus dem 19. Jh., der den östlichsten Punkt Spaniens markiert. Im Winter toben die *tramuntana*-Winde, die mit bis zu 200 km/h von den Pyrenäen herabstürzen. Diese Naturgewalt ist mit einem Mythos verbunden: Auf Katalanisch sagt man, wenn man einen Menschen etwas seltsam findet – z. B. jemanden, der schmelzende Uhren malt –, er sei *atramuntanat*, d. h. „von der *tramuntana* berührt".

UNTERWEGS VOR ORT

Wer ohne Auto unterwegs ist, kann Cadaqués nur mit dem Bus von Barcelona, Girona oder Figueres erreichen. Im Dorf und an der Küste kann man sich gut zu Fuß bewegen. Obwohl es sich im Grunde um einen anderen Ort handelt, ist es nur ein 15-minütiger Spaziergang von Cadaqués nach Portlligat.

Rund um Cadaqués

Von Cadaqués aus kann man entlang der Küste malerische Ausblicke, Küstenstädte, alte Ruinen und die stimmungsvolle mittelalterliche Hauptstadt der Region erkunden.

TOP TIPP

An der Costa Brava gibt es viele felsige Buchten, in denen man schwimmen kann. Auf den scharfen und rutschigen Oberflächen sind jedoch Badeschuhe angebracht.

Das klare und schillernde Wasser der Costa Brava ist von einer Schönheit, die durch die dramatischen aprikosenfarben leuchtenden Steilküsten, die die gemütlichen Fischereidörfer, die langen Sandstrände und die beliebten *cales* (kleine Buchten, die einen felsigen, aber direkten Zugang zum Meer bieten) voneinander trennen, noch verstärkt wird. Im Landesinneren pulsiert die Geschichte in den mittelalterlichen Relikten von Girona, der zweitgrößten Stadt Kataloniens, und in Dalís Heimatstadt Figueres lebt dessen Erbe fort. Die Costa Brava ist nicht umsonst so beliebt, denn sie bietet sowohl Strandurlaub für alle, die ihre Batterien wieder aufladen wollen, als auch waghalsige Abenteuer für alle, die das Mittelmeer lieben. Doch wird sich hier niemand weit von den frischen Meeresfrüchten, dem guten Wein und den kulturellen Reichtümern der Costa Brava entfernen.

Cala Estreta in der Nähe von Calella de Palafrugell (S. 282)

Teatre-Museu Dalí

LINKS: ARMANDO OLIVEIRA/SHUTTERSTOCK ©, RECHTS: JAUME ROSELLOC/SHUTTERSTOCK ©

DER GROSSE DALÍ

Der 1904 in Figueres geborene Salvador Dalí wurde zum weltweit berühmtesten Anhänger und Vertreter des Surrealismus und zu einem der größten Künstler Spaniens. Nach dem Kunststudium in Barcelona und Madrid wurde Dalí von Sigmund Freud beeinflusst und dazu inspiriert, einen Weg zu finden, direkt aus seinem Unterbewusstsein heraus zu malen, was er als paranoisch-kritische Methode bezeichnete. Der Kontakt mit dem Surrealismus ließ seine Bilder reifen, und er begann, einige seiner berühmtesten Traumlandschaften zu schaffen, Szenen, die wie realistisch dargestellte Verzerrungen der Realität wirken. Das berühmteste Motiv in Dalís Werk ist die schmelzende Uhr, die die Allgegenwart der Zeit symbolisiert.

Surrealismus in Figueres

EIN GROSSES SURREALES OBJEKT

In Cadaqués fand Salvador Dalí seine Inspiration, aber in Figueres wird seine Kunst im **Teatre-Museu Dalí** zum Leben erweckt. Das 1974 eröffnete Dalí-Museum wurde zu einem Herzstück der Heimat- und Geburtsstadt des Künstlers. Die überlebensgroßen Eier, die die Fassade des Gebäudes zieren, sind nur ein erster Hinweis auf die vielen surrealistischen Bilder und Ideen, die im Inneren des Gebäudes warten.

Man betritt das Museum durch den Innenhof mit dem auf dem Kopf stehenden Boot, das wie eine Regenwolke über Dalís Cadillac schwebt, bevor man den Hauptsaal mit der überlebensgroßen Kulisse des Gemäldes *Labyrinth* betritt. Man beachte die weiße Platte, auf die man unwissentlich tritt; sie markiert den Ort, an dem sich Dalís Grabmal befindet. Auf dem Weg durch die absichtlich schwindelerregenden Gänge des Museums sollte man nach versteckten Attraktionen Ausschau halten, z. B. nach Gucklöchern, die in einen grün beleuchteten Flamingoraum führen; ein Blick nach oben an die Decke zeigt Dalís eigene Version der Sixtinischen Kapelle im Palast des Windes. Das Museum enthält einen Großteil von Dalís Lebenswerk sowie Werke anderer katalanischer Künstler wie Antoni Pitxot, einem langjährigen Freund Dalís und Mitbegründer des Museums.

Nach der Besichtigung des Museums begegnet man überall in der Stadt dem schnauzbärtigen Gesicht des Künstlers, wobei

ÜBERNACHTEN AN DER COSTA BRAVA

Hotel Sant Roc
Dieses Hotel in Palafrugell auf einer Klippe mit Blick auf die Bucht hat Zimmer mit Betten mit antiken Kopfteilen. **€€**

Gran Hotel Reymar
In Tossa de Mar liegt dieses große Luxushotel direkt am Strand und bietet außerdem ein Spa und einen Pool. **€€**

Palau dels Alemanys
Dieses Boutique-Hotel mit drei Zimmern in Girona befindet sich in einem historischen Gebäude in einer ruhigen Gasse in der Nähe der Kathedrale. **€€€**

die Stadt auch Attraktionen wie das **Spielzeugmuseum von Katalonien** und das **Castell de Sant Ferran** (18. Jh.) bietet. Der Rundgang durch Dalís Heimatstadt lässt sich ausdehnen, indem man an seinem Geburtshaus vorbeischaut, direkt an der Hauptpromenade, oder im **Hotel Duran** speist, einem Lieblingsort des großen Surrealisten.

Empordà-Wein – und Apfelwein

DER GESCHMACK DER REGION

Im Landesinneren und nördlich von Figueres gelegen, ist Empordà die Region, in der Katalonien stolz Weine mit der Denominación de Origen (DO) produziert. Dank der heftigen Winde von den Pyrenäen und der salzhaltigen Luft vom Mittelmeer, die den Weinen ihr komplexes Geschmacksprofil verleiht, sind die Bedingungen für den Weinanbau hier einzigartig. Eines der bekanntesten Weingüter an der Weinstraße des Empordà ist der **Celler Peralada**. Er verbindet das Erlebnis der Weinverkostung mit einem attraktiven architektonischen Stil, der das moderne Design der neuen Weinkellerei mit dem efeubewachsenen mittelalterlichen Schloss Peralada zusammenbringt. Verkostungen und Besichtigungen der Weinberge, der Kellerei und des Schlossmuseums können online gebucht werden; ein Luxushotel befindet sich vor Ort.

Wenn Wein nicht dein Ding ist, gibt es nur 6 km außerhalb von Pals im unteren Empordà ein *Sidra*-Haus. Mostereien sind nicht sehr typisch für Katalonien, aber die Betreiberfamilie von **Mooma** baut bereits seit drei Generationen Äpfel im Empordà an. Hier gibt es alles von Saft über Apfelwein bis hin zu Apfelessig, aber der eigentliche Grund für einen Besuch ist ein Abendessen im schönen Restaurant und die Besichtigung der herrlichen Anlage. Wer mehr über die Herstellung von Apfelwein erfahren möchte, sollte sich für eine Verkostung anmelden. Führungen in englischer Sprache werden nur im Sommer am Dienstag und Donnerstag angeboten (Voranmeldung erforderlich).

DAS TOR ZUR COSTA BRAVA

Girona mag weit vom Strand entfernt sein, aber die Stadt ist die Hauptstadt der Provinz, die die gesamte Costa Brava und einen Großteil der Pyrenäen umfasst. Von Girona aus sind viele Küstenstädte leicht mit dem Bus zu erreichen. Eines der wichtigsten Busunternehmen ist SARFA, das regelmäßige Verbindungen zu Städten wie Cadaqués, L'Escala, Palafrugell, Platja d'Aro und Tossa de Mar anbietet. Je nach Strecke kann man in weniger als zwei Stunden von Girona ans Meer gelangen. Der zentrale Busbahnhof sowie der Bahnhof ermöglichen einfache Tagesausflüge und sind in der Hochsaison eine gute Möglichkeit, teure Hotels zu sparen.

Mittelalterliche Meisterwerke in Girona

STIMMUNGSVOLLE ARCHITEKTUR UND HISTORISCHE STRASSEN

Sobald man die Fußgängerbrücke in die Altstadt von Girona überquert, wird man sofort von den verwinkelten Gassen und Treppen in die Vergangenheit versetzt. Die Stadt hat uralte Wurzeln als römische Stadt Gerunda, erlangte aber ihre Größe während einer Periode des Wohlstands im katalanischen Mittelalter. Die Relikte der Geschichte sind hier dicht und greifbar, und egal, wie viele Runden man durch die Altstadt dreht, es gibt immer etwas Neues, das ins Auge fällt.

Trauben, Empordà

WEITERE ZIELE AN DER COSTA BRAVA

Pals
Diese Stadt im Landesinneren ist vor allem für die Aussicht von ihrem romanischen Uhrenturm und ihr gut erhaltenes gotisches Viertel bekannt.

Peratallada
Efeubewachsene Gebäude schmücken die beeindruckende Burgstadt mit ihren Festungsmauern und einem Wassergraben.

Banyoles
Die Stadt am See bietet Sonnenhungrigen Abenteuer in Form von Wassersportaktivitäten und einige interessante Museen für Kinder.

DIE BESTEN RESTAURANTS IN GIRONA

Girona verfügt über eine renommierte Gastronomieszene, die alles von gemütlichen Tapas-Bars bis zu einigen der besten Restaurants der Welt bietet.

L'Argardà
Dieses klassische Steakhaus ist der beste Ort, um traditionell zubereitete *calçots*, die beliebten Frühlingszwiebeln der Katalanen, zu probieren. €€

El Celler de Can Roca
Dieses familiengeführte Restaurant beeindruckt seine Gäste immer wieder mit spektakulären Anrichtetechniken und gehört zur Weltspitze. €€€

Café Le Bistrot
Bei diesem einzigartigen Restaurant, das auf der Treppe von Sant Domènec im Freien serviert, muss man früh reservieren. €€

Zanpazar
Für einen schnellen Imbiss bietet sich dieses im historischen Viertel gelegene Restaurant für *pintxos* an; man muss aber schnell sein, bevor alle Plätze an der Bar besetzt sind. €

Das Herzstück der Stadt, das am Ende einer 86-stufigen Treppe über der Stadtsilhouette aufragt, ist die **Catedral de Girona**. Das Bauwerk im gotischen Stil aus dem 14. Jh. wurde an der Stelle eines antiken römischen Tempels und Forums errichtet. Nicht weit davon entfernt befindet sich mit der **Basílica de Sant Feliu** eine weitere markante Kathedrale, die mit ihrem gotischen Glockenturm die Silhouette prägt. Im **Monestir de Sant Pere de Galligants** kann man einen Blick auf die wunderschön geschnitzten Säulen werfen, auf denen sich von Engeln über Löwen bis hin zu Meerjungfrauen alles tummelt. Ebenfalls in der Nähe befinden sich die **Banys Àrabs**, die Ruinen eines Badehauses aus dem 12. Jh., das islamische und römische Einflüsse mit mittelalterlichem Stil verbindet.

Weiter geht es den Hügel hinauf durch die Gärten des **Passeig Arqueològic** bis zum ersten Eingang der Stadtmauer, der sich in den **Jardins del Alemanys** befindet. Von der Stadtmauer bietet sich ein herrlicher Blick auf die Stadt, die am schönsten ist, wenn die Sonne hinter den Bergen untergeht. Von hier kannst du den Weg am **Torre Gironella** vorbei bis zu den **Jardins de la Muralla** auf der anderen Seite der Stadt fortsetzen. Der Zugang ist kostenlos und die Route in beiden Richtungen begehbar.

Nach der Umrundung der Stadt lohnt sich ein Blick in Museen, die sich mit Gironas Geschichte beschäftigen. Das **Museu d'Art de Girona** beherbergt eine umfangreiche Sammlung romanischer Kunst sowie Werke führender katalanischer Architekten des frühen 20. Jh. wie Rafael Masó i Valentí, der auch die **Casa Masó** am Flussufer entworfen hat. Ein weiteres modernes Schmuckstück, das für Überraschung sorgt, ist die **Eiffelbrücke**, eine rote Eisenbrücke, die von Gustave Eiffel entworfen wurde, bevor er mit dem Bau seines Turms in Paris begann. Wer es richtig alt mag, kann sich im **Museu d'Arqueologia de Catalunya – Girona** Artefakte aus dem mittelalterlichen, römischen und prähistorischen Girona ansehen.

Die jüdische Gemeinde von Girona

ERINNERTE GESCHICHTE

Die jüdische Geschichte Gironas wird im **Museu d'Història dels Jueus** gut bewahrt. Es dokumentiert die zweitwichtigste jüdische Gemeinde Kataloniens (nach der in Barcelona) vor der Inquisition und den Zwangskonvertierungen, mit denen die Traditionen der katalanischen Juden ausgelöscht wurden. Das Museum befindet sich im alten jüdischen Viertel, das auch als Call bekannt ist, und zeigt u. a. eine Mikwe aus dem 11. Jh. für rituelle Bäder sowie hebräische Grabsteine, die vom jüdischen Friedhof in Barcelonas Montjuic nach Girona verlegt wurden.

STRÄNDE AN DER COSTA BRAVA

Cala Rovira
Nördlich des belebten Platja d'Aro ist dieser Strand wegen seines tiefblauen Wassers und der zahlreichen Angebote in der Nähe sehr beliebt.

Platja Fonda
Etwas abgelegen, aber nicht ganz geheim, ist Begurs wohl schönste Bucht über eine lange Treppe vom Parkplatz aus erreichbar.

Cala d'Aiguafreda
Diese von Bäumen umgebene, geschützte Bucht ist wegen ihres klaren Wassers insbesondere zum Schnorcheln attraktiv.

ZEBRA0209/SHUTTERSTOCK ©

Catedral de Girona

Bis zum 12. und 13. Jh. erlebte die jüdische Gemeinde von Girona eine Blüte und führte als Minderheit ein friedliches Leben. Die Gemeinde durfte außerhalb der Stadtmauern nicht wohnen und war den „Disputen“ ausgesetzt (festgelegte Debatten, die zu Massenkonvertierungen führten). Bei einem Pogrom 1391 wurden 40 Einwohner getötet. Bis zum 15. Jh. waren die meisten Juden zum Christentum übergetreten, die übrigen wurden 1492 aus Spanien vertrieben.

Das Erbe der Juden von Girona lebt im Museum weiter. Die Exponate erzählen die Geschichte von der Ankunft im 9. Jh. bis hin zu den Zeiten des Wohlstands.

Die Ruinen von Empúries & L'Escala

ERKUNDUNG EINER ANTIKEN GRIECHISCHEN RUINE

Am Südende der Rosenbucht liegen die Ruinen einer antiken Siedlung, die 575 v. Chr. von den Griechen gegründet und später von den Römern erweitert wurde. Tickets erhält man im **Archäologischen Museum von Katalonien-Empúries**, wo man bei einem Rundgang den Ausführungen des kostenlosen Audioguides lauschen kann. Im Innenbereich stehen die Statue des Äskulap und sein von einer Schlange umwundener Stab, ein Symbol, das im medizinischen Bereich wohlbekannt ist. Beim Durchqueren der römischen Stadt fallen die Überreste der Badehäuser und die kunstvollen Mosaike der römischen Villen auf, die im Winter allerdings abgedeckt sind.

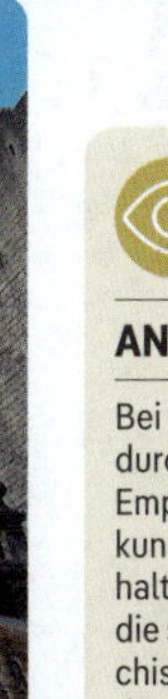

ANTIKE MOSAIKE

Bei einem Rundgang durch die Ruinen von Empúries fallen die kunstvollen und gut erhaltenen Mosaike auf, die sowohl auf der griechischen als auch auf der römischen Seite der Stadt zu finden sind. Das Museum präsentiert etwa 150 Mosaike aus dieser Zeit, die einst die Fußböden griechischer und römischer Häuser schmückten und den Zahn der Zeit seit fast zwei Jahrtausenden überdauert haben. Der Großteil der Mosaike befindet sich in der römischen Siedlung. Sie sind von beeindruckender Größe und detailliert, aber auch die griechischen Mosaike mit ihren altgriechischen Inschriften, die auf die Lebensweise vor zwei Jahrtausenden hinweisen, sind sehenswert. Eine dieser Botschaften, die in den Boden eines Bankettsaals eingearbeitet ist, lautet: „Möge alles, was du hier tust, dir wohlgefällig sein.“

Platja de Pals
Weicher, weißer Sand ist eine Seltenheit am Mittelmeer, aber der lange Hauptstrand von Pals besteht eher aus flachen Feuchtgebieten als aus schroffen Klippen.

Platja del Canadell
Dieser reizvolle Strand zwischen Roses und Cadaqués liegt neben einem alten Fischerdorf und besticht durch sein klares türkisfarbenes Wasser.

Cala del Senyor Ramon
Für FKK-Anhänger, die sich lieber unverhüllt sonnen, bietet dieser Strand nördlich von Tossa de Mar viel Platz, um sich im Sand zu aalen.

DIE KATALANISCHE SPRACHE

Wenn du Katalanisch als einen Dialekt des Spanischen bezeichnest, musst du damit rechnen, böse angeguckt zu werden. Obwohl es sich um eine romanische Sprache handelt, die sowohl dem Französischen als auch dem Spanischen ähnelt – manche Wörter wie „hola“ und „merci“ sind identisch –, ist Katalanisch eine eigenständige Sprache, die von über vier Millionen Einheimischen gesprochen wird. Katalanisch wird nicht nur in Katalonien gesprochen, sondern auch in Teilen Valencias, auf den Balearen und sogar in der italienischen Stadt Alghero auf Sardinien, die im Mittelalter von den Katalanen kolonisiert wurde. Obwohl die meisten Menschen in Katalonien wahrscheinlich auch Spanisch sprechen, freuen sie sich sicher, wenn du dich hier und da an einer katalanischen Redewendung versuchst.

Ruinen von Empúries

Nach der Besichtigung der Ruinen lockt ein Bad an einem der vorgelagerten Strände, bevor es weiter die Küste hinunter nach L'Escala geht, einem Fischereihafen, der für seine Sardellenproduktion bekannt ist, über die man sich in dem kleinen, kostenlosen **Sardellen- und Salzmuseum** informieren kann.

Bootstouren und Wassersportmöglichkeiten gibt es hier zuhauf, aber auch viele Sandstrände wie die große und ruhige **Platja de Riells** oder **Platja de Montgó**. Zwischen diesen beiden Stränden kann man auf Wanderwegen entlang der Klippen durch den **Parc Natural del Montgrí** wandern. Weiter südlich gelangt man zum Parkplatz **Mirador de Punta Montgó**, von wo aus man eine kurze Wanderung zum **Bürgerkriegsbunker** oder zum **Torre de Montgó** unternehmen kann, um weitere geniale Ausblicke auf die Costa Brava zu genießen.

Von Dorf zu Dorf rund um Palafrugell

FISCHEREIDÖRFER UND MALERISCHE BUCHTEN

Die 4 km landeinwärts gelegene, lebendige Stadt mag nicht wie ein typischer Ort an der Costa Brava erscheinen, aber sie ist der Ausgangspunkt für die Erkundung der vielen Fischereidörfer, Buchten und Strände, die diesen sehr schönen Küstenabschnitt ausmachen. In Richtung Norden beginnt die Tour in **Calella de Palafrugell**, einem Dorf mit weiß getünchten Häusern, das sich um eine schöne Bucht mit Sandstrand schmiegt. Etwas

KULTURELLE ATTRAKTIONEN AN DER COSTA BRAVA

Jardins de Cap Roig
Südlich von Calella schmücken diese Gärten einen Palast aus dem frühen 20. Jh., der von einem russischen Oberst erbaut wurde.

Monestri de Sant Pere de Rodes
Das romanische Kloster stammt aus dem 9. Jh. und thront über zwei Buchten.

Jardines de Santa Clotilde
Die makellos gepflegten Gärten in der Nähe von Lloret de Mar scheinen kaskadenförmig zum Meer hin abzufallen.

südlich von hier, in **Cap Roig**, liegt – umgeben von einem wunderschönen botanischen Garten – ein Schloss, das Anfang des 20. Jh. einem russischen Oberst gehörte.

In Richtung Norden befindet sich das ein wenig gehobenere **Llafranc**, wo ein langer Sandstrand mit aquamarinblauem Wasser Sonnenhungrige willkommen heißt. Wer lieber auf Entdeckungstour geht, kann sich vor Ort eine Tauch- oder Schnorchelausrüstung besorgen und die Bucht auf diese Weise erkunden. Hinter der Biegung des **Cap de Sant Sebastià** taucht das nächste Dorf auf, **Tamariu**, das gemütlich in einer sichelförmigen Bucht liegt, deren Wasser zu den klarsten an der Costa Brava gehört. Nördlich von hier befindet sich **Begur**, das mit seiner Burg größer ist als viele der anderen Dörfer und in dem es viele Boutiquen und farbenfrohe modernistische Villen gibt.

Zwischen diesen malerischen Zentren der Aktivität warten unberührte Strände und Buchten auf diejenigen, die den Küstenweg Camí de Ronda nutzen, der Calella de Palafrugell, Llafranc, Tamariu und Begur miteinander verbindet. Zu den bemerkenswerten Stränden dazwischen gehören **Platja Fonda** bei Begur und **Platja del Golfet** bei Cap Roig, aber unvergesslich wird diese Tour vor allem durch die kleinen Badestellen und die weiten Ausblicke, die sich unterwegs bieten.

WANDERN AN DER COSTA BRAVA

Eine der besten Möglichkeiten, die Costa Brava zu erkunden, ist eine Wanderung auf einem Abschnitt des 400 km langen **Camí de Ronda**, einem spannenden Küstenweg, der die gesamte Costa Brava von Blanes im Süden bis nach Portbou nahe der französischen Grenze hinaufführt. Der Weg verbindet seit Jahrhunderten die Dörfer miteinander und wurde von den staatlichen Behörden genutzt, um Schmuggler dingfest zu machen, die die vielen versteckten Buchten und Strände oft für ihre illegalen Aktivitäten nutzten. Der Weg ist gut ausgeschildert und bietet eine tolle Möglichkeit, weniger überlaufene Badestellen zu finden, die bei waghalsigen Fels- und Klippenspringern beliebt sind.

Küstenflair in Sant Feliu de Guíxols

WAGEMUTIGE KLETTERPARTIEN UND SPAZIERGÄNGE AM MEER

Die nicht weit südlich von Palafrugell gelegene Stadt Sant Feliu de Guíxols ist ein beschauliches Hafenstädtchen mit einer charmanten Innenstadt, in der es von Geschäften und Restaurants nur so wimmelt. Doch nur einen kurzen Spaziergang den **Camí de Ronda** hinauf befindet sich das Zentrum der Action an der **Via Ferrata in Cala Molí**. Beim Anblick dieses Kletterparcours mit einer Reihe von Eisenschienen, die sich um die orangefarbene Granit- und Quarzwand über dem blaugrünen Meer schlängeln, werden Kletterfans sofort Feuer und Flamme sein. Dieser Parcours kann von Kletter-Erfahrenen mit eigener Ausrüstung benutzt werden, aber Einsteiger:innen und Amateur:innen sind besser beraten, wenn sie sich von einem Guide begleiten lassen.

Von der Küstenroute nördlich von Sant Feliu hat man einen guten Blick auf den Klettersteig, bevor man zu Fuß zum langen Sandstrand von **Platja de Sant Pol** weitergeht. Entlang des Weges gibt es viele leicht zugängliche *Cales*, auch wenn dafür einiges an Kraxelei erforderlich ist. Wer sich motiviert fühlt, kann seine Tour entlang der Küste fortsetzen, um die klassisch schönen Villen von **S'Agaro** zu besichtigen, einem Ferienort aus den 1920er-Jahren mit Villen am Meer, die von

Via Ferrata von Cala Molí

La Torre de les Hores
Über der Stadt Pals erhebt sich dieser Glockenturm, dessen mittelalterliche Burg vor vielen Jahrhunderten zerstört wurde, doch die Glocke läutet noch heute.

Sant Martí d'Empúries
Nicht weit von den eigentlichen Ruinen entfernt liegt dieses kleine Dorf, das die erste griechische Kolonie war und dessen mittelalterliches Erscheinungsbild noch heute gut erhalten ist.

Museu Memorial de l'Exili
Das Museum nahe der französischen Grenze erzählt die Geschichte der Menschen, die nach dem Ende des Bürgerkriegs aus Spanien geflohen sind.

dem Architekten Rafael Masó entworfen wurden. Der Wanderweg führt direkt an den Vorgärten vieler dieser prächtigen Villen vorbei, in denen einst Berühmtheiten wie Orson Welles und Frank Sinatra zu Gast waren.

Weiter in Richtung Norden, vorbei an dem abgelegenen, aber keineswegs geheimen Strand **Platja Sa Conca**, erreicht man schließlich den belebten Ferienort **Platja d'Aro**, der sich an einem 2 km langen Strand ausdehnt und auf Familien und Feriengäste ausgerichtet ist, mit trendigen Restaurants und erstklassigen Einkaufsmöglichkeiten an der Hauptstraße.

LOCAL TIPP: CALES

Die Tauchführerin **Aida Ruiz Gimeno** ist an der katalanischen Küste aufgewachsen und verrät ihre Tipps für die Entdeckung von *cales* auf eigene Faust.

Für mich ist eine *cala* superklein und hat nicht viel Sand, aber das Schöne ist, dass nicht so viele Leute dorthin kommen können. Am besten schaust du zuerst auf der Karte nach, ob es dort einen Strand gibt oder nicht, denn manchmal sind es nur Felsen. Wenn du ein bisschen Sand siehst, nimmst du das Kajak und fährst los, um nachzusehen, ob es eine *cala* gibt. Hier in Katalonien gibt es so viele *cales*, die niemand kennt, weil man sie nur mit dem Boot erreichen kann. Mit einem Kajak oder Paddelbrett kannst du an einem belebten Strand starten und die Gegend erkunden.

Ferienspaß in Tossa de Mar

DIE URSPRÜNGLICHE COSTA BRAVA

Tossa de Mar, eine der beliebtesten Städte an der Costa Brava, hat eine Altstadt, die inmitten rosafarbener Granitfelsen mit Sandstränden, Buchten und einsamen Bäumen, die auf Felsvorsprüngen wachsen, glänzt. Hier erhielt die Region zum ersten Mal ihren Namen, als sie 1908 von einem Journalisten, der sie besuchte, als „raue Küste" bezeichnet wurde. Seitdem hat sich Tossa de Mar zu einem beliebten Urlaubsziel entwickelt und ist stolz auf seine Verbindung zum Hollywood-Star Ava Gardner, die hier 1950 *Pandora und der Fliegende Holländer* drehte.

Vom Hauptstrand **Platja Gran** aus kann man den steilen, gewundenen Hügel hinaufsteigen – oder ganz entspannt den Touristenzug nehmen –, um die Stadtmauer und die Ruinen der mittelalterlichen Burg zu besichtigen. Dabei kommt man an der **Església Vella de Sant Vicenç** vorbei, der Ruine einer gotischen Kirche, deren intakte Apsis manchmal für Freiluftkonzerte genutzt wird. Weiter geht es hinauf bis zum Leuchtturm, von dem aus die Aussicht von beiden Seiten genossen werden kann. Vorsicht ist geboten, wenn man die besonders holprigen Kopfsteinstraßen der **Villa Vella** hinuntergeht. In dieser charmant erhaltenen Altstadt gibt es ein kleines Kunstmuseum zu besichtigen und man kann durch ein winziges Loch in der Mauer krabbeln, das zu einem weiteren schönen Aussichtspunkt über **Cala Codolar** führt.

Im Sommer sind überfüllte Strände die Regel, aber ein Kajak- oder Tauchabenteuer ist eine fantastische Möglichkeit, dem Trubel zu entfliehen. Am Strand **Platja Mar Menuda** gibt es zahlreiche Tauchshops und Kajakverleihe. Alternativ kann man auch dem Wanderweg **Camí de Ronda** folgen, der zu kleineren Stränden und Buchten führt. Wer keine Lust auf einen Spaziergang verspürt, fährt mit dem Auto nach **Cala Bona**, einer beliebten, aber hübschen Bucht mit türkisfarbenem Wasser und einer Strandbar, in der über offenem Feuer zubereitete Paella serviert wird.

UNTERWEGS VOR ORT

Mit dem Auto kann man problemlos an der Küste entlangfahren, doch per Bus sind die Städte an der Costa Brava nicht sehr gut verbunden. Will man von einer Stadt zur anderen reisen, führen die meisten Linien über Girona. Mit dem Zug von Barcelona aus kann man bis nach Girona oder Figueres fahren, aber um ans Meer zu gelangen, muss man dann in einen Bus umsteigen.

TARRAGONA

Madrid
Tarragona

Tarragona liegt in zentraler Lage an der Costa Daurada und war die erste Stadt, die von den Römern bei ihrer Ankunft auf der Iberischen Halbinsel besiedelt wurde. Die Stadt, die früher Tarraco hieß, war jahrhundertelang die Hauptstadt der Region. Überreste der antiken Stadt sind in der gesamten Altstadt zu finden und wurden von ihren Bewohner:innen bis heute gut erhalten. Die bemerkenswerteste Sehenswürdigkeit ist jedoch das Amphitheater, das auf seinem eindrucksvollen Platz am Meer bis zu 14 000 Zuschauer:innen aufnehmen konnte.

Die römischen Ruinen, die das Fundament dieser modernen Stadt bilden, werden mit großer Sorgfalt erhalten und präsentiert. Die Kathedrale, eine der größten in Katalonien, besticht durch ihre Mischung aus gotischem und romanischem Stil, während der zentrale Markt auf die jüngere Ära der Architekten der Moderne zurückgeht. Tarragona hat eine lange Geschichte und bietet einige schattige Plätze, auf denen man entspannt einen Wermut trinken kann, und viele verlockende Ecken, die es zu erkunden gilt.

TOP TIPP

Für knapp 8 € erhält man an jeder der offiziellen historischen Stätten des Geschichtsmuseums von Tarragona eine Eintrittskarte für alle vier römischen Stätten (die man immer bei sich tragen sollte). Bei einem Streifzug durch die Stadt wirst du froh sein, sie dabeizuhaben, wenn du über das Forum oder den Eingang der alten Stadtmauer stolperst.

Abtauchen in eine vielschichtige Vergangenheit

VOM ALTERTUM ZUM MITTELALTER

Vom Bahnhof aus beginnt der Aufstieg in die Stadt mit einem Spaziergang entlang des **Balcó del Mediterrani**, der einen Endpunkt der Rambla Nova markiert. Diese Promenade erstreckt sich bis zur **Plaça Imperial**. Von dort aus kann man sich im modernistischen **Mercat Central** mit frischen Produkten eindecken, eine schnelle Mahlzeit zu sich nehmen oder in die Altstadt gehen. Keine Sorge, wenn du eine große und seltsam unbewegliche Menschenmenge vor dir siehst: Das **Monument als Castellers** ist eine Bronzeskulptur, die den traditionellen katalanischen Sport der Menschentürme darstellt.

Wer sich auf eine Zeitreise begeben möchte, kann über die von Restaurants gesäumte **Plaça de la Font** schlendern und die Stufen zur **Catedral de Tarragona** aus dem 12. Jh. hinaufsteigen. Von hier aus geht es weiter zum Eingang der **Muralles Romanes**, wo ein Garten parallel zur alten Festungsanlage von Tarragona angelegt wurde. Ein wunderbarer Ort für den Sonnenuntergang, bestückt mit Zypressen und sonnenbeschienenen Kanonen, die die Stadt bewachen.

Weiter geht es zum Eingang des Geschichtsmuseums am **Torre de les Monges**, von wo aus der **Circ Romà** zu sehen ist, ein erhaltener Teil eines ehemals weitaus größeren Parcours für Wagenrennen. Das Museum verläuft unterirdisch weiter und endet am **Torre del Pretori**, von dessen Spitze aus sich ein spektakulärer Blick auf die Kathedrale, die die Skyline über-

RÖMISCHE RUINEN

Zwar bietet der Star unter Tarragonas Ruinen, das Amphitheater, eine umwerfende Aussicht – doch die größte römischen Ruine auf der Iberischen Halbinsel ist das Amphitheater von **Mérida** (S. 473).

Monument als Castellers

SEHENSWERTES
1 Amfiteatre de Tarragona
2 Balcó del Mediterrani
3 Catedral de Tarragona
4 Circ Romà
5 Monument als Castellers
6 Muralles Romanes
7 Museu Nacional Arqueològic de Tarragona
8 Plaça de la Font
9 Rambla Nova
10 Torre de les Monges
11 Torre del Pretori

ESSEN
12 CReeA
13 Filosofía
14 Mercat Central

SAIKO3P/SHUTTERSTOCK ©

Amfiteatre de Tarragona (S. 285)

ragt, und auf das **Amfiteatre de Tarragona** am Meer bietet. Vom Ausgang aus geht es weiter zum **Parc del Miracle**, wo sich der Eingang des Stadions aus dem 1. Jh. befindet, in dem einst die brutalen Spiele und Spektakel des römischen Tarraco stattfanden. Das **Museu Nacional Arqueologic de Tarragona** wurde wegen Renovierungsarbeiten vorübergehend von der Plaça del Rei in das Gebäude T4 im Hafen von Tarragona verlegt, soll aber 2023/24 an seinem ursprünglichen Platz wiedereröffnet werden.

Kataloniens Menschentürme

DIE CASTELLS

Diese einzigartige katalanische Tradition vergisst man nicht so schnell. Die *castells* gehen auf einen valencianischen Volkstanz aus dem 18. Jh. zurück. Dabei geht es darum, den höchstmöglichen Menschenturm zu bauen – oft bis zu 15 m hoch. Beim Bau der imposanten Türme geht es vor allem um die Gemeinschaft und um Gruppen von *castellers*, die sogenannten *collas*, die verschiedene Gemeinden aus ganz Katalonien repräsentieren. Es gibt keine Altersbeschränkung, was man sofort merkt, wenn man die kleinen Kinder sieht, die sich den Weg nach oben bahnen. Sie treten das ganze Jahr über bei Kulturfestivals auf, aber nur alle zwei Jahre findet der **Concurs de Castells** statt, die größte Veranstaltung der *castellers*.

DIE BESTEN RESTAURANTS IN TARRAGONA

Mercat Central
Hier kann man die frischen Produkte probieren oder im Restaurant speisen – von klassischen Tapas bis zu Sushi. €

CReeA
Dieses gemütliche vegane Café und Restaurant mit internationalen und auf Nachhaltigkeit ausgerichteten Gerichten lädt zum Verweilen ein. €

Filosofía
Philosophisch angehauchtes Restaurant mit Gourmet-Burgern und Steaks auf der Speisekarte, in dem Gemütlichkeit groß geschrieben wird. €€

UNTERWEGS VOR ORT

Die Stadt ist klein und lässt sich gut zu Fuß erkunden, doch gibt es in der Altstadt einige Hügel, Stufen und Kopfsteinpflaster, die bei Regen rutschig werden können. Vor einem langen Fußmarsch zum oder vom Hafen und Strand sollte man sich über die Temperatur informieren, denn auf der Brücke, die über die Bahngleise führt, gibt es nicht viel Schatten.

Montserrat
Siurana
Valls
Penedès
Priorat
Reus
Sitges
Tarragona
Ebro-Delta

Rund um Tarragona

Die Vielfalt der Landschaften und Angebote in den Regionen um Tarragona sprengt die Grenzen eines normalen Strandurlaubs.

TOP TIPP

Im September beginnt die Zeit der Weinlese und zahlreiche Weingüter der Region bieten ihren Gästen besondere Veranstaltungen und Verkostungen an.

Tarragona ist das Tor zur Costa Daurada, einem sandigen Küstenstreifen mit Ferienorten und Vergnügungsparks, die darauf warten, Feriengäste zu verwöhnen und zu unterhalten, aber das ist nur der Anfang von dem, was Katalonien im Süden zu bieten hat. Die Berge sind von Klöstern und mittelalterlichen Ruinen gekrönt, legendäre spanische Weine werden in einer Umgebung produziert, die unterschiedlicher nicht sein könnte, und Barcelonas modernistisches Erbe findet hier zu seinen Wurzeln. Ohne dass man sich zu weit von der internationalen Kultur- und Kunstszene an den Küsten zu entfernen braucht, laden Weinverkostungen, Wanderungen und Kajaktouren zum Genießen und Entdecken ein.

Monestir de Montserrat

JUAN CARLOS FOTOGRAFIA/GETTY IMAGES ©

Pulsierendes Sitges

LAUT UND PROUD

Nur eine kurze Zugfahrt von Barcelona entfernt ist Sitges ein lebendiger Zufluchtsort mit herrlichen Stränden und einer glamourösen Nachtleben-Szene. Sitges ist seit jeher LGBT-freundlich und eröffnete in den 1980er-Jahren erste Schwulenclubs. Heute kann man hier beim Karneval Ende Februar/Anfang März oder bei der **Gay Pride Parade** im Juni eines der beiden größten Festivals der Vielfalt und Liebe erleben. Das **Internationale Festival des Fantastischen Films von Katalonien** im Oktober ist ein großer Anziehungspunkt für Cineast:innen, insbesondere für Fans von Fantasy und Horror.

Du kannst die Glocken der **Església de Sant Bartomeu i Santa Tecla** läuten hören, während du dich am Hauptstrand entspannst, oder etwas weiter die Küste hinauffahren, um am **Strand von Balmins** ins Wasser zu springen, wo es keine Kleiderordnung gibt. Sitges bietet jedoch nicht nur Strand und Partyszene, sondern auch ein historisches Zentrum, in dem du durch die alten Straßen wie die mittelalterliche **Carrer d'en Bosch** schlendern oder dich im **Museu de Cau Ferrat** und dem kunstvollen **Palau de Maricel** über einen der führenden Künstler der Moderne, Santiago Rusiñol, informieren kannst.

Pilgerfahrt nach Montserrat

EIN WAHRZEICHEN KATALONIENS

Das **Monestir de Montserrat** wurde im Jahr 1025 gegründet und ist ein beliebtes Ausflugsziel, von Barcelona von der Plaça Espanya aus leicht mit dem Zug zu erreichen. Die Fahrt nach **Monistrol de Montserrat**, der Stadt am Fuße des Berges, dauert etwa eine Stunde. Das malerisch in der Höhe gelegene Kloster lässt sich mit der Standseilbahn oder Seilbahn erreichen – oder auf Schusters Rappen über den traditionellen Fußweg.

Pilger:innen kommen auf den heiligen Berg, um die Ikone La Moreneta („Die kleine Braune“ oder „Schwarze Jungfrau“) zu sehen, eine Holzfigur der Jungfrau Maria, die in Jerusalem geschaffen worden sein soll. Die Figur befindet sich in der Mitte des Altars und kann von den Kirchenbänken aus gesehen werden, aber wer einen näheren Blick darauf werfen möchte, sollte sich in eine separate Schlange einreihen, die es kleineren Gruppen erlaubt, die Kapelle zu betreten. Am Nachmittag ist die Warteschlange in der Regel kürzer. Dann besteht auch die Möglichkeit, eine der Aufführungen des **Knabenchors der Escolania** zu erleben; samstags und während bestimmter Schulferien finden jedoch keine Aufführungen statt.

GAUDÍ IN MONTSERRAT

Der junge Antoni Gaudí, der vor allem für seine monumentalen Werke in Barcelona und andere aufwendige Projekte in Katalonien bekannt ist, begann seine Karriere in Montserrat. Während seines Studiums arbeitete Gaudí als Assistent des Architekten Francisco de Paula del Villar y Lozano, der die Arbeiten an einer neuen Apsis überwachte, aber das sollte nicht das einzige Mal sein, dass Gaudí nach Montserrat gerufen wurde. Er kehrte zurück, um ein skulpturales Denkmal entlang des Weges zur Heiligen Grotte zu schaffen, eine modernistische Darstellung der Auferstehung. Gaudís ursprüngliche Pläne sahen vor, einen Obstgarten anzulegen und eine Höhle in den Felsen zu meißeln, aber der ursprüngliche Entwurf litt aufgrund der hohen Kosten unter vielen Abstrichen und so verließ Gaudí den Ort noch vor dessen Fertigstellung im Jahr 1916.

STÄDTE IM HERZEN KATALONIENS

Lleida
Diese Handelsstadt bietet bemerkenswerte historische Sehenswürdigkeiten wie die Seu Vella, eine auf einem Hügel gelegene Kathedrale mit einer maurischen Burg im Inneren.

Vic
Die Stadt ist berühmt für ihre Märkte, auf denen man nicht nur Lebensmittel einkaufen, sondern auch Antiquitäten, Kunstwerke, Kunsthandwerk und Schallplatten erstehen kann.

Cardona
Die Salzbergwerke haben der Stadt seit der Römerzeit zur Blüte verholfen; Hauptattraktion ist die Burg von Cardona.

JACKF/GETTY IMAGES ©

Gegrillte *calçots*, Gran Festa Calçotada de Valls

DIE STUNDE DES WERMUT

Trockener Wermut ist als Hauptbestandteil eines klassischen Martinis allgemein bekannt, doch der katalanische Wermut ist völlig anders. Beides sind angereicherte Weine, d.h. es handelt sich um Wein, der weiter destilliert und mit zusätzlichem Alkohol sowie einer einzigartigen Gewürzmischung versetzt wurde. Dieses aromatische Getränk wird in der Regel als Aperitif genossen, und als es im 19. Jh. in ganz Europa in Mode kam, wurde die Stadt Reus zum spanischen Epizentrum der Wermutproduktion. In Katalonien ist der Wermut so beliebt, dass „auf einen Wermut gehen" eine gängige Abkürzung für ein Treffen mit Freunden ist, und „L'hora del vermut" bezieht sich auf die beste Zeit dafür (während der entspannten Momente kurz vor der Mittagszeit).

Wer die Ruhe der Berge erleben möchte, sollte eine Nacht hier verbringen – dann sind die Tagesgäste wieder abgereist. So bleibt mehr Zeit, um die Wanderwege zu erkunden, die zu einzigartigen Zielen wie der abgelegenen **Ermita de Sant Joan** und dem **Gipfel des Sant Jeroni** führen.

Modernismus, Gaudí & Wermut in Reus

MODERNISTISCHE ÄSTHETIK

Der architektonische Stil des Modernisme Català (katalanischer Modernismus) ist charakteristisch, farbenfroh und schillernd. Nur 14 km nordwestlich von Tarragona liegt die Stadt Reus, die viele modernistische Gebäude beherbergt und zufällig auch die Heimatstadt des berühmtesten spanischen Architekten, Antoni Gaudí, ist.

Obwohl es hier keine Bauten von Gaudí zu sehen gibt, erfährt man im **Gaudí Centre**, wo Modelle und Reproduktionen seiner Werke ausgestellt sind, mehr über den Werdegang des kreativen Genies. Auch sein Geburtshaus befindet sich auf der Modernisme-Route. Es steht noch immer in der **Carrer de Sant Vicenç**, und eine Statue des jungen Architekten erinnert an diesen Ort. Überall in der Stadt findet man leuchtende Beispiele des Modernisme, wie die **Casa Navàs**, ein Stadthaus im Art-Nouveau-Stil, das von Lluís Domènech i Montaner entworfen wurde. Von ihm stammt auch das **Institut Pere Mata**, eine noch heute bestehende psychiatrische Klinik mit lichtdurchfluteten Pavillons und wunderschönen Mosaiken.

WEINVERKOSTUNGEN

Can Bas Domini Vinícola
Bio-Weine werden im Penedès mit Sorgfalt produziert und die Weinberge bieten einen einzigartigen Blick auf den Montserrat.

Pere Ventura Cava
Erdige Höhlen mit Gängen, in denen über 2 Millionen Flaschen *cava* lagern.

Codorníu
Der Geburtsort des *cava* in Spanien; in einem der schönsten Gebäude des Penedès kann man Geschichte schmecken.

Reus ist übrigens auch die Hauptstadt des Wermuts in Katalonien. Wer möchte, kann sich in verschiedenen *vermuterias* wie **Racó del Vermut** und **Vermuts Rofes** durch die Stadt kosten oder im **Museo del Vermut**, in dem eine große Sammlung von 1800 Flaschen von über 2000 verschiedenen Marken aus aller Welt ausgestellt ist, mehr über dieses schmackhafte Getränk aus Wein erfahren. Am besten trinkt man den Wermut auf traditionelle Weise, mit einer Orangenscheibe und einer aufgespießten Olive, aufgespritzt mit Mineralwasser.

Katalanische Feste in Valls

LOKALE FESTIVALS

Das waghalsige Spektakel der katalanischen *castells* (Menschentürme) hat seinen Ursprung während des 18. Jh. in Valls. Die Tradition wird bis heute fortgesetzt, zusammen mit vielen anderen typisch katalanischen Ritualen, die hier regelmäßig gefeiert werden. Das ganze Jahr über kann man die *castells* bei verschiedenen Festen bewundern, und derzeit ist ein eigenes Museum in Planung.

Jedes Jahr im Januar wird in Valls die **Gran Festa Calçotada de Valls** gefeiert, die den Beginn der *calçot*-Saison markiert. Diese grünen Zwiebeln sind einzigartig in Katalonien und werden immer auf traditionelle Weise zubereitet und gegessen. Zunächst werden sie über offenem Feuer gegrillt, dann in Zeitungspapier eingewickelt und in Bündeln gereicht. Wer eine frische *calçot* in der Hand hat, kann dann die verkohlte Außenseite mit den Händen abstreifen, das gekochte Innere in die Salsa tauchen und die Zwiebel für den ersten knackigen Bissen in den Mund stecken. In den Wintermonaten findet man *calçots* in Restaurants in ganz Katalonien, aber während des Festes in Valls wird die katalanische Kultur in vollen Zügen zelebriert, mit Kochvorführungen, *calçot*-Ess-Wettbewerben und Gruppen von *castellers*, die ihre Menschentürme zusammenbauen.

CAL GANXO

Wer das große Fest verpasst hat, kann in diesem All-you-can-eat-Restaurant in der Nähe von Valls trotzdem ein *calçot*-Buffet genießen. Das Restaurant befindet sich in einem Herrenhaus aus dem 18. Jh. und ist von Weiden und Weinbergen umgeben. Eine authentischere Kulisse für eine individuelle *calçotada*, bei der es ebenso um die ländliche Umgebung wie um die Frühlingszwiebeln geht, kann man nicht finden. Neben den *calçots* und dem rustikalen, traditionellen Ambiente bietet das Restaurant auch lokale Weine und Wermut an, um das in üppiger Menge gereichte Fleisch und Brot herunterzuspülen. Zum Nachtisch empfiehlt sich eine *crema catalana*, ein Gericht, das fast identisch mit der französischen Crème brûlée ist, aber Milch statt Sahne verwendet und auch Zitronen- und Zimtaromen enthält.

Ein Toast mit Cava im Penedès

DAS TAL DES CAVA

In Katalonien ist keine Feier komplett, ohne dass ein Korken knallt und die prickelnden Perlen des *cava*, des typischen spanischen Schaumweins, der nach der gleichen Methode wie der französische Champagner hergestellt wird, auf der Zunge zergehen. Der meiste spanische *cava* wird im Weinanbaugebiet Penedès hergestellt, einem Tal, das durch die umliegenden Berge geschützt ist, aber dennoch nahe genug an der Küste liegt, um eine feuchte Brise einzufangen. Es gibt Hinweise darauf, dass die Geschichte des Weinbaus im Penedès mit der Ankunft

Scala Dei
Die Anfänge des Priorat gehen zurück auf die Produktion im benachbarten Kartäuserkloster aus dem 12. Jh.

Ferrer Bobet
Hier sind einige der schönsten Priorat-Weinterrassen der Region zu besichtigen (nach Voranmeldung).

Mas Doix
Die jahrhundertealten Rebstöcke werden mit Sorgfalt gepflegt, um einige der besten Priorat-Weine der Region zu erzeugen.

der Griechen und Römer auf der Halbinsel begann. Hier wird der Großteil des spanischen *cava* und anderer Weine produziert.

Es gibt viele Möglichkeiten, einen Tagesausflug durch die sonnigen Weinberge und die erdigen Weinkeller des Tals zu unternehmen, aber um wirklich in die vielen Weinkellereien und *cava*-Sorten der Region einzutauchen, sollte man sich in einer von zwei Städten einquartieren. **Sant Sadurní d'Anoia** gilt als die *cava*-Hauptstadt der Region. Hier kann man **Codorníu** und seinen beeindruckenden Weinkeller besichtigen, der im modernistischen Stil vom Architekten Josep Puig i Cadafelch entworfen wurde. **Vilafranca del Penedès** am anderen Ende des Tals ist eine größere Stadt und bietet auch die Möglichkeit, das **Vinmuseum** zu besuchen, das die Geschichte der Winzerei in der Region und in ganz Katalonien beleuchtet.

EINE NEUE KATEGORIE VON SCHAUMWEIN

Beim Stöbern in den Regalen mit *cava* aus Katalonien stößt man vielleicht auf einen spanischen Schaumwein mit anderer Bezeichnung. Corpinnat ist eine neue Art von Schaumwein, der von Kellereien produziert wird, die ausschließlich biologische, handgelesene Trauben verwenden. Der Wein wird nach der traditionellen Methode hergestellt, wobei er während des gesamten Prozesses der Vinifikation das Weingut nicht verlässt. Wie der Name schon andeutet, liegt der Schwerpunkt auf dem Terroir: „cor" ist das katalanische Wort für Herz und „pinnat" der ursprüngliche Name von Penedès – das Herz des Penedès. Corpinnat macht weniger als 1 % des in der Region erzeugten Schaumweins aus, aber Weingüter wie Torelló und Llopart ermöglichen interessierten Gästen tiefere Einblicke in diese neuen Art von Schaumwein.

Ein Prosit auf das Priorat

WEINE AUS DEN BERGEN

Die Region Priorat ist vor allem für den gleichnamigen Wein bekannt, der nur einer von zwei DOQ-Weinen (Denominación de Origen Calificada) in Spanien ist. Die Weinberge an den steilen Hängen des Gebirges bringen intensive rote Cuvées hervor, die schwer und kräftig im Geschmack sind. In den Weingütern rund um die Stadt **Falset** werden Weinverkostungen angeboten, aber es lohnt sich auf jeden Fall, die Umgebung zu erkunden und in die Berge hinaufzusteigen, um die historischen und manchmal abenteuerlich gelegenen Orte zu erkunden.

Ein solcher Ort ist das mittelalterliche Dorf **Siurana**, das auf einem Kalksteinsockel über dem Flusstal zwischen den Gebirgszügen Montsant und Prades liegt. In dem intakten Dorf gibt es eine romanische Kirche und die Überreste einer maurischen Burg aus dem Mittelalter, aber der eigentliche Grund für einen Besuch ist die Aussicht. Auch Bergsteiger:innen kommen hierher und finden auf den zahlreichen Kalksteinrouten ihr Paradies.

Für einen anderen Blick auf die einzigartige Geologie der Region lohnt sich ein Abstecher nach **Prades**, auch bekannt als die rote Stadt. Prades wurde aus demselben roten Sandstein erbaut, der auch in den Schichten der umgebenden Landschaft zu finden ist. Es ist ein schöner Ort zum Übernachten und um die umliegenden Wanderwege zu erkunden. Ganz Mutige können außerdem **La Mussara** besuchen, eine Stadt, die in den 1950er-Jahren verlassen wurde. Dort befindet sich eine bewirtschaftete Schutzhütte (*refugi*) für Gäste, die in La Mussara übernachten, durch die überwucherten Ruinen wandern und sich Geistergeschichten erzählen lassen möchten.

NOCH MEHR STÄDTE IM HERZEN KATALONIENS

Manresa
Diese große Industriestadt im Herzen Kataloniens liegt rund um eine hoch aufragende gotische Basilika mit bemerkenswerter Aussicht auf Montserrat.

Olot
Als nächstgelegene Stadt zu La Garrotxa ist dies der beste Ausgangspunkt, um in die mittelalterliche Geschichte dieser vulkanischen Region einzutauchen.

Berga
Wer sich für die mittelalterlichen Attraktionen dieser historischen Bergbaustadt interessiert, kann hier das berühmte, 600 Jahre alte Patum-Festival besuchen, das jährlich stattfindet.

Flamingos, Ebro-Delta

Wildtiere beobachten im Ebro-Delta

EIN FAHRRADFREUNDLICHES VOGELPARADIES

Nachdem er sich durch Nordspanien gewunden hat, mündet der Río Ebro am südlichen Ende der katalanischen Grenze ins Mittelmeer und bildet ein Sumpfgebiet, in dem Hunderte von Tier- und Pflanzenarten leben. Die Landschaft besteht aus schilfbewachsenen Lagunen, Sanddünen und einem weiten Himmel, in dem man die Silhouetten von Ibissen und Flamingos erkennen kann – vor dem Hintergrund der flammenden Farben der legendären goldenen Stunde des Deltas. Die einfachste Art, das Delta zu erkunden, ist eine Bootsfahrt mit einem Tourveranstalter wie **Deltanatur**, der den Ausflug mit frischen Muscheln beendet, die in seinem Restaurant als Tapas serviert werden.

Im Gegensatz zu den bergigeren Regionen Kataloniens bieten die Sümpfe des Ebro-Deltas flache, zwischen 7 und 43 km lange Radwege. Von der Hafenstadt **Amposta** führen Wege zum Delta, außerdem findet man überall in der Gegend Hotels und Ferienhäuser. In der Stadt **La Ràpita** an der Südseite des Deltas kann man Kajaks oder Paddelboote mieten oder zu Fuß die Kurve der Nehrung nachzeichnen und an den Stränden von **L'Eucaliptus** bis **Costa de Fora** entlang wandern. Das **Ecomuseu** in der Stadt **Deltebre** zeigt eine Dauerausstellung, in der angehende Naturforscher:innen mehr über die Entstehung des Deltas, die Funktionsweise des Ökosystems und die Tierwelt erfahren können, für die man die Augen offen halten sollte.

PRETTY IN PINK

Zu den beliebtesten Bewohnern des Ebro-Deltas gehören die rosa Flamingos, die sich erst 1992 in diesem Gebiet niederließen. Heute besteht die große Kolonie aus über 4000 Vögeln, die man zu jeder Jahreszeit im ganzen Park sehen kann. Im Winter sind die Schwärme jedoch meist größer. Die beste Zeit zum Beobachten der Tiere ist bei Sonnenaufgang oder -untergang – dann sind die Vögel besonders aktiv. Als hervorragende Beobachtungspunkte bieten sich der **Mirador del Garxal** oder der **Mirador de la Tancada** an. Hinter einem Sichtschutz kann man die anmutigen Vögel betrachten, ohne sie zu stören. Von einem kundigen Führer erfährt man zudem, welche anderen Vogelarten in den Feuchtgebieten unterwegs sind.

UNTERWEGS VOR ORT

Der nächstgelegene Flughafen von Tarragona aus liegt in Reus und wird von Iberia, RyanAir, Jet2 und Tui Airways angeflogen. Von Tarragona aus kann man mit dem Zug nach Sitges, Montserrat und Reus fahren, aber um in die Städte in den Bergen und ins Ebro-Delta zu gelangen, nimmt man am besten das Auto. Einige Orte im Penedès, wie beispielsweise Vilafranca del Penedès und Sant Sadurní d'Anoia, lassen sich mit dem Zug erreichen, aber für eine ausführliche Besichtigung der Weinkeller des Tals bietet ein Auto die größte Flexibilität.

COLORMAKER/SHUTTERSTOCK ©

Basílica de Nuestra Señora del Pilar (S. 300), Saragossa

ARAGONIEN

MÄCHTIGE BERGE, BEZAUBERNDE DÖRFER, ABENTEUER IN HÜLLE UND FÜLLE

Aragonien liegt im Landesinneren und ist wild, aber auch kultiviert. Von den schneebedeckten Bergen bis zu den sonnigen Ebenen locken überall Abenteuer und Entdeckungen.

Wer Aragonien bereist, wird ins Schwärmen geraten. Die riesige, zwischen Madrid, Barcelona und Frankreich gelegene Region ist die wohl vielfältigste des ganzen Landes. Den Norden prägen mittelalterliche Burgen und romanische Kirchen, den Süden die einzigartige Mudéjar-Architektur. Es gibt imposante Kathedralen, großartige römische Bauwerke, Meisterwerke des Islam, alte Dörfer, die wie aus dem Fels gewachsen scheinen, und die Hauptstadt der Region, Saragossa, mit einem bunten Nachtleben und wunderbarem Essen.

Doch was Aragonien so absolut einzigartig macht, das sind die majestätischen Pyrenäen am nördlichen Rand der Region. Der in Aragonien gelegene Teil des mächtigen Gebirges ist der höchste und für viele Menschen auch der schönste. Er bietet nicht nur außergewöhnliche Panoramen, sondern ist zugleich auch ein riesiger Abenteuerspielplatz in der Natur mit den schönsten Wander- und Klettertouren Spaniens und großartigen Möglichkeiten zum Skifahren, Canyoning, Mountainbiking, Rafting und Gleitschirmfliegen. Vor allem aber sind die Pyrenäen noch bemerkenswert unberührt. Die alte Tradition der Naturweidewirtschaft ist noch immer lebendig, und Flora und Fauna bleiben nicht nur erhalten, sondern gedeihen auch bestens – die Populationen vieler großer Säugetiere wie Bären und Wölfe wachsen Jahr für Jahr. Angesichts all dieser Vorzüge ist es kein Wunder, dass Aragonien für viele ihre spanische Lieblingsregion ist.

DIE WICHTIGSTEN ZIELE

SARAGOSSA
Unglaubliche Architektur und großartige Tapas-Bars. S. 300

PARQUE NACIONAL DE ORDESA Y MONTE PERDIDO
Wandergebiete, die zu den schönsten Europas zählen. S. 306

VALLE DE HECHO & VALLE DE ANSÓ
Wunderschöne Pyrenäentäler und großartiges Essen. S. 316

ALBARRACÍN
Mittelalterliche Schmuckstücke, hinreißende Dörfer. S. 322

Erste Orientierung

Mit seiner unglaublichen Fülle an Natur, Kultur und Erlebnissen bildet Aragonien eine Art Spanien im Kleinformat. Hier sind die wichtigsten Orte, Landschaften und Orte aufgeführt, die diese Region ausmachen.

Valle de Hecho & Valle de Ansó, S. 316

Abgelegene Pyrenäentäler mit dichten Wäldern und charmanten Dörfern erkunden, bevor man den Tag mit einem hervorragend zubereiteten Gourmetmenü ausklingen lässt.

Parque Nacional de Ordesa y Monte Perdido, S. 306

Rund um den einzigartigen Monte Perdido (Verlorener Berg) bilden die Pyrenäen ihren landschaftlichen Höhepunkt. Das Wandern hier ist Weltklasse.

Saragossa, S. 300

Eine Stadt mit großartigen islamischen und christlichen Gebäuden, römischen Ruinen und einer tollen Tapas- und Barszene.

AUTO

Weite Teile Aragoniens sind ländlich geprägt und die schönsten Ecken am besten mit dem eigenen Auto erreichbar. Die Straßen sind meist wenig befahren.

BUS

Saragossa ist zentraler Knotenpunkt für die regionalen Buslinien. Die Busse fahren alle Städte und einige Dörfer an, aber der Service ist manchmal etwas dürftig. Die Bergregionen sind mit dem Bus nur schwer zu erkunden.

ZU FUSS

Die beste Art, die Pyrenäen zu erkunden, ist zu Fuß. Ob am Flussufer entlang oder auf einer Durchquerung des gesamten Gebirgszuges – beim Wandern eröffnen sich Ausblicke und Erlebnisse, die man als Autofahrer verpasst.

Albarracín, **S. 322**

Die Miradors erklimmen und die rosafarbenen Straßen und die mittelalterliche Geschichte dieses charmanten Dorfes im Süden erkunden.

Perfekte Tage

In Aragonien sollte man sich Zeit lassen. Naturfreunde könnten Monate damit verbringen, die Bergwege der Pyrenäen zu erkunden, und alle Besucher:innen genießen es, ruhige Tage in den malerischen Dörfern zu verbringen.

LUKASZ JANYST/SHUTTERSTOCK ©

Parque Nacional de Ordesa y Monte Perdido (S. 306)

Kurztrip

- Wer nur ein oder zwei Tage in Aragonien verbringt, fährt am besten direkt zum **Parque Nacional de Ordesa y Monte Perdido** (S. 306), der mit einigen der markantesten Landschaften Europas aufwartet.

- Einen Tag verbringt man mit einer Wanderung zwischen den gigantischen Felswänden des **Valle de Ordesa** (S. 306), einer der größten Schluchten Europas.

- Am nächsten Tag geht es zum nahen **Cañon de Añisclo** (S. 309), der etwas enger als das Valle de Ordesa ist und idyllischer wirkt. Man kann unten in der Schlucht wandern oder genießt von der Punta Alta de Sestrales die Aussicht von oben. Übernachtungsmöglichkeiten gibt es in Torla (S. 313) oder Aínsa (S. 313).

BLAZAR SLU/SHUTTERSTOCK ©, OSCAR GALVAN FELEZ/MOMENT/GETTY IMAGES ©, ANA DEL CASTILLO/SHUTTERSTOCK ©

Beste Reisezeit

Der höchste Punkt Aragoniens liegt auf 3404 m, der tiefste auf nur gut 200 m ü. M., daher kann man am selben Tag glühende Hitze und eisige Kälte erleben.

FEBRUAR

In den Wintersportorten wie Formigal, Cerler und Panitcoas ist die **Skisaison** auf dem Höhepunkt.

MÄRZ

Die **Cincomarzada** (5. März) erinnert mit Konzerten und Picknicks in den Parks an den gescheiterten Angriff der Karlisten auf Saragossa im Jahr 1838.

MAI

Die besten Zeit mit milden Temperaturen, um Saragossa und die Ebenen Aragoniens zu besuchen. Überall blühen **Frühlingsblumen**.

Eine Woche voller Action

Nach den Highlights im Parque Nacional de Ordesa y Monte Perdido verbringt man einen oder zwei Tage mit der Erkundung der malerischen Täler und Bergwiesen des **Valle de Hecho** und des **Valle de Ansó** (S. 316), wo man auch unbedingt eines der überaus innovativen Restaurants besuchen sollte.

Danach geht es in das sehenswerte Dorf **Sos del Rey Católico** (S. 320), mit einem Zwischenstopp am Felsenkloster **Monasterio de San Juan de la Peña** (S. 321).

Die letzten Tage gehören den grandiosen Baudenkmälern und der lebhaften kulinarischen Szene der wunderschönen aragonesischen Hauptstadt **Saragossa** (S. 300).

Die große Tour

Wer das Glück hat, länger bleiben zu können, verbringt nach der ersten Woche einige Tage mehr im Parque Nacional de Ordesa y Monte Perdido oder macht sich in **Benasque** (S. 313) auf ins Hochgebirge.

Wenn man in Saragossa ausgiebig Kirchen besichtigt und Tapas gegessen hat, verbringt man den nächsten Tag auf den Spuren von Goya, dem berühmtesten Künstler Aragoniens, und besucht seinen Geburtsort **Fuendetodos** (S. 305).

Von hier fährt man weiter Richtung Süden ins charmante Dorf **Albarracín** (S. 322), für viele das schönste Dorf Spaniens, und besichtigt unterwegs die eindrucksvolle Mudéjar-Architektur im nahen **Teruel** (S. 325).

JULI

Im Juli feiert Teruel elf Tage lang in großem Stil die **Fiestas del Ángel**, gemeinhin La Vaquilla genannt.

AUGUST

Im Mittelpunkt des bizarren Festivals **Cipotegato**, das am 27. August in Tarazona gefeiert wird, steht der Harlekin Cipotegato, der mit Tomaten bombardiert wird.

SEPTEMBER

Beim **Festival Asalto** lädt Saragossa spanische und internationale Straßenkünstler dazu ein, Wände in der Stadt mit Wandbildern zu schmücken.

OKTOBER

Laubfärbung in den Bergen. Bei den **Fiestas del Pilar** in Saragossa vermischen sich Religion und die berühmte Lust der Stadt am ausgelassenen Feiern.

SARAGOSSA

Wenn man an einem windstillen Abend am Ufer des Río Ebro entlangschlendert, sollte man innehalten, um das Spiegelbild der Basílica de Nuestra Señora del Pilar im ruhigen Wasser des Flusses zu bewundern. Diesen Anblick, das Sinnbild der aragonesischen Hauptstadt, wird man so schnell nicht vergessen.

Dank der langen Geschichte der Stadt und der Einflüsse der Römer, Mauren und Christen gibt es hier eine facettenreiche Architektur, darunter eine Burg mit vielen Türmchen und dem Interieur einer kleinen Alhambra sowie großartige unterirdische Überreste aus der Römerzeit, die noch weitaus älter sind.

Und Saragossa hat noch mehr zu bieten: Die Stadt, in der die Hälfte der Einwohner Aragoniens lebt, punktet mit einer der besten Tapas-, Bar-, Café- und Restaurantszenen des Landes und zahlreichen epochalen Kunstwerken von Francisco de Goya, dem genialen Maler, der 1746 ganz in der Nähe geboren wurde.

Es verwundert also nicht, dass Saragossa für viele zur Lieblingsstadt in Spanien wird.

TOP TIPP

Mit der Zaragoza Family Card (erhältlich in der Tourismusinformation; 27 € für eine vierköpfige Familie) kann man gratis oder ermäßigt Sehenswürdigkeiten und Museen besuchen, an Stadtführungen teilnehmen und den Bus Turístico sowie die städtischen Verkehrsmittel nutzen. Es gibt auch Rabatte in manchen Hotels, Lokalen und Geschäften.

Atemberaubende christliche Bauwerke

DIE GROSSEN RELIGIÖSEN HIGHLIGHTS DER STADT

2000 Jahre lang erlebte Saragossa den Aufstieg und Niedergang der Ideen und Religionen. Die Römer und Mauren hinterließen in der Stadt deutliche architektonische Spuren, doch am sichtbarsten ist der Einfluss des Christentums, besonders nach dem 12. Jh. In der Stadt gibt es mehrere beeindruckende christliche Bauwerke, darunter eine der imposantesten spanischen Kirchen: die **Basílica de Nuestra Señora del Pilar**.

Der riesige katholische Barockbau steht an der Stelle, wo nach Überzeugung der Gläubigen am 2. Januar des Jahres 40 die Jungfrau Maria auf einer Jaspis-Säule (*pilar*) dem Apostel Jakobus (spanisch Santiago) erschienen sein soll. Die Säule ließ sie als Zeugnis ihres Besuches zurück. Um sie herum wurde zunächst eine Kapelle errichtet, der eine Reihe immer prächtigerer Kirchen folgten, die am Ende in der gewaltigen Basílica de Nuestra Señora del Pilar gipfelten. Ob man sie nun zum ersten oder zum hundertsten Mal sieht – das Bauwerk ist einfach atemberaubend.

DIE SCHÖNSTEN BLICKE AUF DIE BASÍLICA DEL PILAR

Parque de Macanaz
In diesem hübschen Park kann man das klassische Bild der sich im Río Ebro spiegelnden Basilika sehen.

Puente de Piedra
Die vielen Bögen dieser alten Steinbrücke bilden einen schönen Rahmen für die Basilika.

Torre de San Pablo
Panoramablick auf die Stadt und die Basilika vom Turm der Kirche San Pablo.

ÜBERNACHTEN IN SARAGOSSA

Hotel Sauce
Das familiengeführte Hotel hat frische, freundliche Zimmer mit geschmackvollen Aquarellen an den Wänden. €€

The Bridge
Hier herrscht eine coole, hostelähnliche Atmosphäre, auch wenn die ein Dutzend Zimmer alle privat sind . €

Catalonia El Pilar
Ein stattliches Modernista-Bauwerk wurde kunstvoll renoviert und in dieses ausgesprochen komfortable Hotel verwandelt. €€

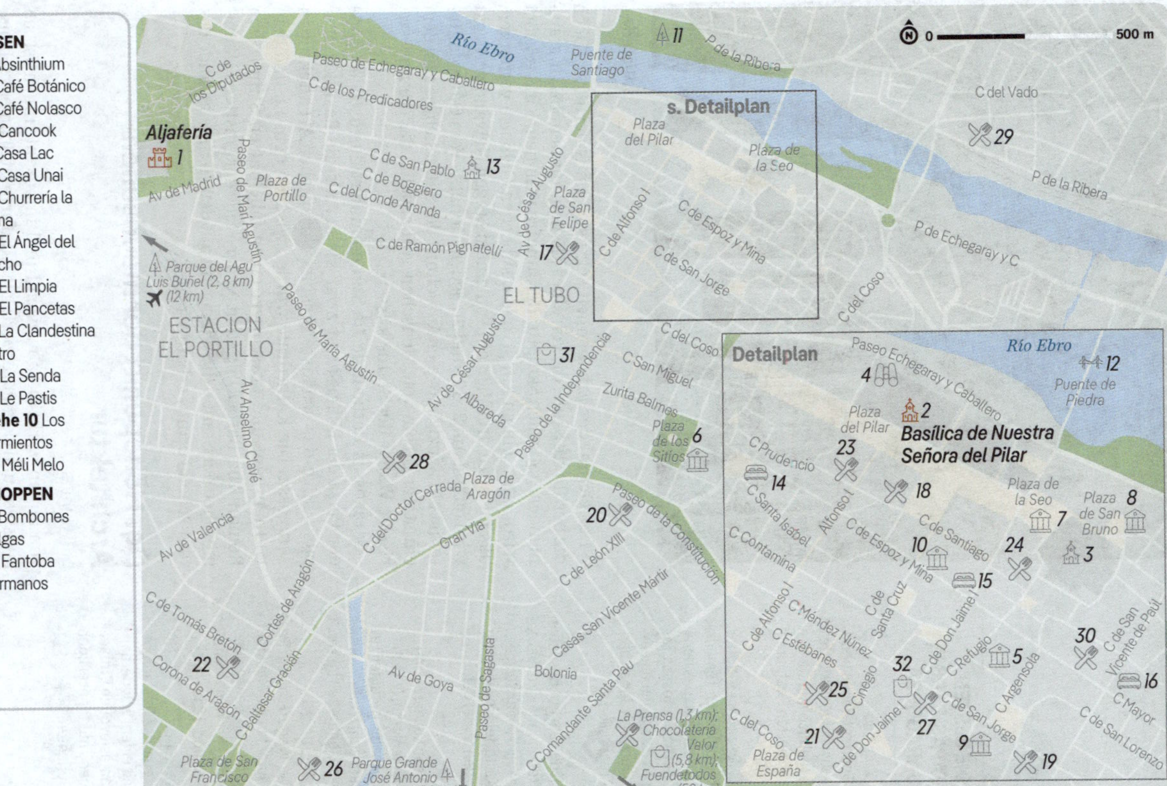

HIGHLIGHTS
- **1** Aljafería
- **2** Basílica de Nuestra Señora del Pilar

SEHENSWERTES
- **3** La Seo
- **4** Mirador de la Torre del Pilar
- **5** Museo de las Termas Públicas
- **6** Museo de Zaragoza
- **7** Museo del Foro de Caesaraugusta
- **8** Museo del Puerto Fluvial
- **9** Museo del Teatro de Caesaraugusta
- **10** Museo Goya
- **11** Parque de Macanaz
- **12** Puente de Piedra
- **13** Torre de San Pablo

SCHLAFEN
- **14** Catalonia El Pilar
- **15** Hotel Sauce
- **16** The Bridge

ESSEN
- **17** Absinthium
- **18** Café Botánico
- **19** Café Nolasco
- **20** Cancook
- **21** Casa Lac
- **22** Casa Unai
- **23** Churrería la Fama
- **24** El Ángel del Pincho
- **25** El Limpia
- **26** El Pancetas
- **27** La Clandestina Bistro
- **28** La Senda
- **29** Le Pastis
- **siehe 10** Los Xarmientos
- **30** Méli Melo

SHOPPEN
- **31** Bombones Belgas
- **32** Fantoba Hermanos

DIE BESTEN TAPAS-BARS IN SARAGOSSA

Casa Lac
Gourmet-Tapas und vollwertige Gerichte im angeblich ältesten lizensierten Restaurant Spaniens. €€

El Ángel del Pincho
Die delikaten Tempuras und Empanadas bereichern Saragossas Tapas-Szene mit einem Hauch von Japan und Argentinien. €

El Limpia
In diesem gut besuchten Restaurant wird das *papapico* (Hackfleisch und Kartoffeln in einer würzigen Soße) gefeiert. €

Méli Melo
Diese kulinarischen Sensationen (z.B. mit Garnelen gefüllter Tintenfisch) sollte man sich nicht entgehen lassen. €

Casa Unai
Der Weg zu diesem Restaurant in der Neustadt lohnt sich wegen der fantastisch zubereiteten Seafood-Tapas. €€

La Senda
Elegantes Restaurant mit einem wunderbar fantasievollen Probiermenü mit tapasartigen Gerichten. €€€

SUN_SHINE/SHUTTERSTOCK ©

Aljafería

Das Gefühl der Erhabenheit setzt sich im Innern fort. Doch die berühmte Säule, die von einer kleinen, aus dem 15. Jh. stammenden, gotischen Skulptur der Jungfrau mit dem Kind gekrönt wird, ist in einem kunstvollen, silbernen Gehäuse verborgen, das meist zu drei Vierteln von einem langen Gewand verdeckt wird (außer am 2., 12. und 20. jeden Monats). Vom Gang dahinter ist ein winziger ovaler Ausschnitt der Säule sichtbar, an dem ein steter Strom von Menschen vorbeizieht, die die polierte, rissige Wange der Statue küssen.

Saragossas Kathedrale **La Seo** dominiert das östliche Ende der Plaza del Pilar. Sie ist zwar kleiner als die Basilika, aber tatsächlich das schönste Beispiel christlicher Architektur in Saragossa. Die Kathedrale wurde zwischen dem 12. und dem 17. Jh. erbaut und präsentiert einen fabelhaften Stilmix von Romanik bis Barock. Sie steht an der Stelle der einstigen Hauptmoschee der Stadt – die wiederum auf dem Tempelgelände des römischen Forums erbaut wurde.

Der Höhepunkt der maurischen Architektur

DIE ALJAFERÍA ENTDECKEN

Von außen wirkt sie abweisend und imposant, innen ist sie kunstvoll und elegant verziert: Die **Aljafería** ist Spaniens schöns-

ESSEN IN SARAGOSSA

Los Xarmientos
Die Spezialitäten sind aragonesische Fleischgerichte vom Grill. €€

Cancook
Das junge, hippe Restaurant hat Saragossa mit seinen außergewöhnlich kreativen Gerichten im Sturm erobert. €€€

Absinthium
Im nobelsten Restaurant der Stadt wird Essen als Kunst zelebriert. Hier sollte man das Unerwartete erwarten. €€€

tes maurisches Bauwerk außerhalb Andalusiens. Ursprünglich wurde sie im 11. Jh. als befestigter Palast für Saragossas maurische Herrscher erbaut. Wenn man durch die Innenhöfe und die schmalen Säulengänge schlendert, kann man sich den Pomp und die Pracht des maurischen Spaniens zu jener Zeit gut vorstellen – tatsächlich aber wurde die Aljafería in ihrer tausendjährigen Geschichte immer wieder umgebaut.

Hinter dem Haupteingang liegt der zentrale Hof des maurischen Palastes, der Patio de Santa Isabel. Er ist bekannt für seine kunstvoll miteinander verwobenen Bögen und ein Musterbeispiel geometrischer Formenkunst. Hinter der nördlichen Vorhalle befindet sich der Salón de Oro, der Thronsaal des Palastes; von der Vorhalle aus öffnet sich zudem ein kleines, achteckiges Oratorium, ein Gebetsraum, mit fein ziselierten, floralen Motiven, Koraninschriften und einer angenehm schlichten Kuppel – allesamt wunderbare Beispiele für islamische Kunst.

Als die Christen Saragossa im 12. Jh. zurückeroberten, änderte sich der Charakter der Aljafería. Einige Überbleibsel aus dieser Zeit sind im Palacio Cristiano Medieval und im Palacio de los Reyes Católicos (katholischer Königspalast) zu sehen. Letzterer weist – wie eine Antwort auf die filigrane maurische Kunst darunter – einige edle Mudéjar-Kassettendecken auf, vor allem im prächtig dekorierten Salón del Trono (Thronsaal).

Begrabene Römer

DIE RÖMISCHE VERGANGENHEIT AUSGRABEN

Verborgen unter den Straßen des heutigen Saragossa liegt eine noch ältere Stadt, deren Name Caesaraugusta lautete. Die römische Stadt wurde 14 v. Chr. gegründet und war eine der bekanntesten und strategisch bedeutendsten Kolonien Hispaniens, ehe sie im Jahr 472 an die Westgoten fiel.

Historiker wussten zwar immer, dass Überreste von Caesaraugusta unter der stetig wachsenden Stadt lagen, doch erst in den 1980er- und 1990er-Jahren kam das römische Saragossa erstmals ans Tageslicht. Heute präsentieren vier großartige Museen die archäologischen Entdeckungen in intelligent aufbereiteten Ausstellungen und mit guten Multimediaexponaten, die eine realistische Vorstellung davon geben, wie das Leben damals ausgesehen haben könnte.

Das **Museo del Foro de Caesaraugusta** zeigt die freigelegten Fundamente des römischen Stadtforums, im **Museo del Puerto Fluvial** ist eine römische Flusshafenanlage zu sehen, im **Museo de las Termas Públicas** befinden sich die öffentlichen Bäder, und das beste von allen, das **Museo del Teatro de Caesaraugusta,** präsentiert ein Theater mit 6000 Plätzen, das einst das größte Hispaniens war.

SARAGOSSAS KULINARISCHE SZENE

In der internationalen Gastronomieszene ist Saragossa zwar nie so aufgestiegen wie einige andere spanische Städte, nichtsdestotrotz gibt es hier einige der besten Tapas- und Restaurantangebote des Landes. Das Herz der Szene bilden die vier als El Tubo bezeichneten Straßen nördlich der Plaza de España. In dieser Gegend wimmelt es nur so von hervorragenden Tapas-Bars. Vor allem an den Wochenenden ziehen hier Menschentrauben von Bar zu Bar, um die zahlreichen Spezialitäten zu verkosten. Am besten mischt man sich einfach unter die Leute und macht mit, denn das könnte eine der schönsten Erinnerungen an Saragossa werden.

FÜR GOURMETS

Wer die Gastronomieszene Saragossas mag, sollte auch die ländlichen Pyrenäentäler **Valle de Hecho** und **Valle de Ansó** (S. 316), besuchen, die mit tollen kulinarischen Überraschungen aufwarten.

La Prensa
Familiengeführtes Sternerestaurant, dessen Gerichte aus regionalen Produkten zubereitet werden. **€€€**

El Pancetas
Das Ambiente ist schlicht, doch die Speisen sind alles andere als einfach. Geheimtipp der Einheimischen. **€€**

Le Pastis
Auf der Terrasse des Le Pastis kann man sich unter Bäumen einen Burger oder einen Coussalat schmecken lassen. **€**

Museo Goya

DIE BESTEN SCHOKOLADEN-GESCHÄFTE IN SARAGOSSA

Fantoba Hermanos
Dieses Geschäft für Konditorwaren und heiße Schokolade wurde 1856 eröffnet und soll das älteste seiner Art in der Stadt sein.

Chocolatería Valor
Nach traditionellen Rezepten werden hier Meisterwerke aus Schokolade hergestellt.

Churrería la Fama
Hier kann man sich *churros* (längliches Fettgebäck) schmecken lassen, die in ein Glas mit dickflüssiger, heißer Schokolade gestippt werden.

Bombones Belgas
Dieses Schokoladengeschäft gilt weithin als eines der besten Saragossas und verkauft wunderschön verzierte Pralinen.

Schokoladenstadt

DIE ORIGINALE HEISSE SCHOKOLADE GENIESSEN

Die Kunst der Schokoladenherstellung wird in Saragossa seit dem 16. Jh. praktiziert. Tatsächlich war Saragossa die erste europäische Stadt, die Gefallen an Kakao fand. Es heißt, dass der Abt Fray Jerónimo Aguilar bei einer Expedition ins heutige Mexiko in den Genuss eines Kakaogetränks kam, und als er in sein Kloster nach Aragonien zurückkehrte, hatte er sowohl den Kakao als auch das Rezept für das köstliche Getränk mit im Gepäck. Als er seine neue Entdeckung in Saragossa einführte, war es eine Sensation. Schon bald servierten die ersten Cafés ihren Gästen heiße Schokolade, und in kurzer Zeit wurde das Getränk so weit verfeinert, bis es schließlich so schmeckte wie die heiße Schokolade, die wir heute kennen. Feste Schokolade wurde erst einige Zeit später hergestellt. Heute gibt es viele Orte in Saragossa, wo man Schokolade verkosten kann – als heiße Schokolade oder in fester Form.

KAFFEETRINKEN IN SARAGOSSA

Café Botánico
In diesem mit Pflanzen geschmückten Café gibt's tolle Kaffeespezialitäten, Tees und hausgemachte Limonade. €

Café Nolasco
Das Café mit Blick auf einen hübschen Platz in der Altstadt ist ideal zum Frühstücken oder für Kaffee und Kuchen; außerdem gibt es leckeres Mittagessen. €

La Clandestina Bistro
Das funkige Hipster-Café ist vor allem für seinen üppigen Sonntagsbrunch bekannt. €

Wer mehr über die Geschichte der Schokolade in Saragossa erfahren will, kann mit dem **Chocopass** (Verkauf in der Tourismusinformation) fünf verschiedene Schokoladenspezialitäten bei 20 teilnehmenden Betrieben probieren. Die Tourismusinformation bietet auch **Schokoladentouren** und Verkostungen an. Wer die Küche besuchen will, in der die erste heiße Schokolade Europas hergestellt wurde, fährt zum 100 km südwestlich der Stadt gelegenen **Monasterio de Piedra**, das auch ein Schokoladenmuseum beherbergt.

Auf den Spuren Goyas

MALEN MIT DEM MEISTER

Der berühmteste Sohn Aragoniens war Francisco José de Goya y Lucientes, besser bekannt als Goya. Kunstinteressierte können einen Tag lang Sehenswürdigkeiten rund um Goya besichtigen, die meisten davon in Saragossa oder in dem kleinen Dorf Fuendetodos, das 45 km südlich von Saragossa liegt.

Los geht's in Saragossa im **Museo Goya**, das einen ausführlichen Überblick über das Werk des Malers bietet. Jede Etage hat einen eigenen Schwerpunkt. Goyas eigene Werke sind in der zweiten Etage ausgestellt. Hier werden vier komplette Serien seiner Druckgrafiken gezeigt, darunter das bahnbrechende Werk *Desastres de la Guerra* (Die Schrecken des Krieges), ein bitterer Angriff auf die Grausamkeit des Krieges.

Goyas magische Ausstrahlung ist auch in der Basílica de Nuestra Señora del Pilar (S. 300) zu spüren: Seine *La adoración del nombre del Dios* schmückt die Decke des *coreto* (Chor) und das *Regina Martirum* den Nordgang. Am südlichen Rand der Altstadt von Saragossa befindet sich das **Museo de Zaragoza**, das 19 Gemälde von Goya präsentiert.

Von Saragossa geht es Richtung Süden durch die heißen Ebenen nach **Fuendetodos**, wo Goya 1746 zur Welt kam. Um das bescheidene Geburtshaus des Malers, die **Casa Natal de Goya**, wird viel Rummel gemacht. Goya selbst verbrachte allerdings nur fünf Monate hier, denn seine Mutter war nur für seine Geburt aus Saragossa nach Fuendetodos zurückgekehrt, während das Haus der Familie umgebaut wurde.

Das Haus in Fuendetodos wurde im Bürgerkrieg zerstört, danach jedoch wieder restauriert und mit zeitgenössischen Möbeln und Exponaten aus dem Leben Goyas eingerichtet. Das **Museo del Grabado de Goya** in Fuendetodos zeigt eine bedeutende Sammlung von Radierungen des Künstlers.

HEILENDES KRAUT

Borraja (Borretsch) ist ein kleines Kraut mit zarten, blauen Blüten und im Mittelmeerraum heimisch. Früher war es als Küchen- und Heilkraut weit verbreitet, verlor aber im Lauf des 20. Jh. an Bedeutung. Heute erlebt die Pflanze in der Region um Saragossa eine Art Comeback und wird zunehmend als Garnitur für Salate und für Suppen verwendet. Auch ein spezielles Getränk wird daraus hergestellt, das in manchen Cafés der Stadt serviert wird. Als Heilkraut kann es bei einem hyperaktiven Magen-Darm-Trakt, bei Atemwegsproblemen sowie bei Herz-Kreislauf-Erkrankungen verwendet werden.

Borretsch

UNTERWEGS VOR ORT

Das Zentrum Saragossas ist sehr flach und lässt sich gut zu Fuß erkunden, denn die meisten Sehenswürdigkeiten liegen dicht beieinander in der Altstadt. Die Línea 1 der Straßenbahn durchquert die Stadt in Nord-Süd-Richtung und hält im Stadtzentrum an der Avenida de César Augusto, an der Plaza de España und an der Plaza Aragón.

Nach Fuendetodos, wo Goya geboren wurde, fährt mehrmals täglich ein Bus (1 Std.). Mit dem Auto dauert die Fahrt auf der A-2101 und der A-23 45 Minuten. Am Rand des Dorfes kann man in der Regel problemlos parken.

Wer mehr von Zentralaragonien sehen will, kann die attraktive Kleinstadt Tarazona mit ihrer malerischen, ockerfarbenen Altstadt besuchen. Sie bietet auch gute Übernachtungsmöglichkeiten, wenn man keine Lust mehr auf den Großstadttrubel in Saragossa hat.

PARQUE NACIONAL DE ORDESA Y MONTE PERDIDO

Madrid

Parque Nacional de Ordesa y Monte Perdido

Im Norden Aragoniens formt die Landschaft immer höhere Gebirge und immer tiefere Täler, bevor die dramatischen Gipfel der Pyrenäen den Höhepunkt bilden. Die unberührten Berge sind überwältigend, majestätisch und mit ihrer schlichten Schönheit inspirierend. Das absolute Highlight ist der Nationalpark Ordesa y Monte Perdido, der zum UNESCO-Welterbe zählt.

Wie ein Drachenrücken erstrecken sich die Kalksteingipfel nach Süden, darunter der dritthöchste Berg der Pyrenäen, der Monte Perdido (3355 m), dessen Landschaft und Geografie einmalig sind. Als zentraler Punkt ist er umgeben von tiefen Schluchten, steilen Felswänden, riesigen Talkesseln, dichten Wäldern, Tundraebenen, Flüssen, Wasserfällen, türkisblauen Bergseen und Gletschern. Die landschaftliche Vielfalt macht dieses Bergmassiv nicht nur in Spanien, sondern weltweit einzigartig.

TOP TIPP

Im Sommer ist der Zugang zum Valle de Ordesa auf 1800 Personen gleichzeitig begrenzt. Deshalb ist es ratsam, früh da zu sein. Camping ist streng reglementiert und nur zu gewissen Zeiten, auf einer bestimmten Höhe und in genau ausgewiesenen Gebieten möglich. Gute Ausgangspunkte für einen Besuch sind Torla und Aínsa.

ORIENTIERUNG

Der Nationalpark erstreckt sich über ein riesiges Hochlandgebiet, das von vier Haupttälern durchzogen ist: das Valle de Ordesa (Westen), der Cañón de Añisclo (Süden), das Valle de Escuaín (Südosten) und das Valle de Pineta (Osten). Hauptzugänge zu den Tälern sind Torla für das Valle de Ordesa, Aínsa für den Cañón de Añisclo und das Valle des Escuaín sowie Bielsa für das Valle de Pineta. Zur Erkundung des Gebiets sollte man zwei bis drei Tage einplanen.

Wandern im Valle de Ordesa

PRÄGENDE LANDSCHAFT DER PYRENÄEN

Der Cañon des Ordesa ist das landschaftliche Highlight der Pyrenäen und eine der spektakulärsten Schluchten Europas. Die bis zu 1000 m hoch über dem Grund der Schlucht aufragenden Felswände bieten eine unglaubliche Palette an Farben und Kontrasten. Überragt von Gletschern, kargen Felslandschaften und dem mächtigen Monte Perdido im Hintergrund, endet der Kopf der Schlucht abrupt am Circo de Soaso, einer natürlichen Felsenarena, die von der Cascada de la Cola de Caballo (Pferdeschwanz-Wasserfall) dominiert wird.

Die beliebte, klassische Wanderroute, die die Ordesa-Schlucht hinaufführt ist 8 km lang und überwindet 500 Hm. Sie beginnt am Grund der Schlucht an der **Pradera de Ordesa** zwischen imposanten Felsen und verläuft an zahlreichen Wasserfällen vorbei zum **Circo de Soaso**. Die reine Gehzeit für die 16 km lange Rundtour beträgt etwa fünfeinhalb Stunden, doch es lohnt sich auch, einen kürzeren Teil des Weges zu wandern.

ÜBERNACHTEN

Refugio de Góriz
Diese gut ausgestattete Berghütte im Schatten des Monte Perdido ist nur zu Fuß erreichbar. **€**

Refugio de Bujaruelo
Die idyllische Berghütte aus Naturstein ist Ausgangspunkt für zahlreiche Wanderungen. **€**

Parador de Bielsa
Gehobenes Hotel in einem atemberaubenden Gebirgstal. **€€€**

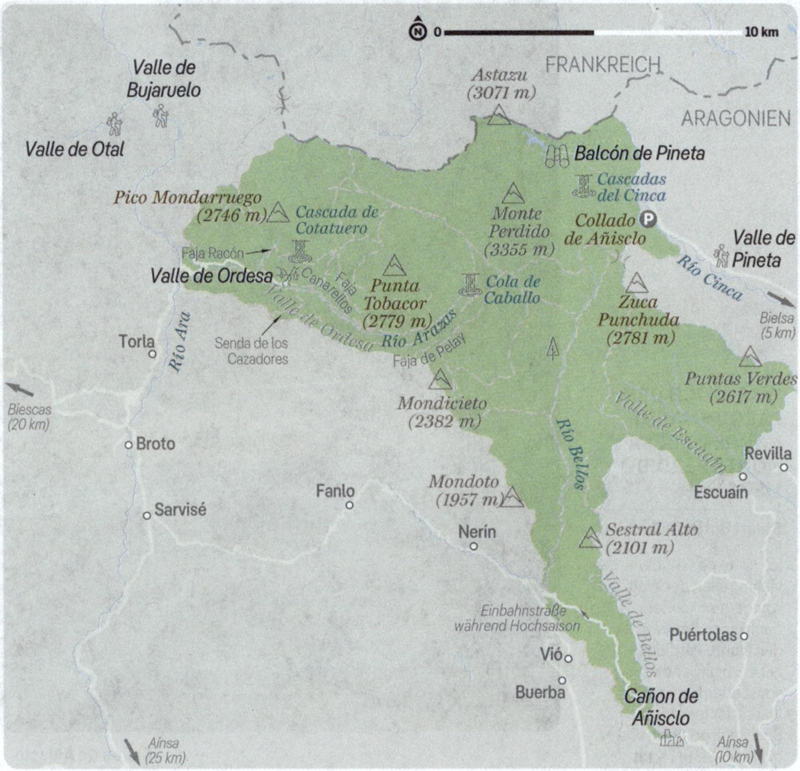

Eine noch abenteuerlichere Tour (die dennoch als Familienwanderung geeignet ist) führt an der **Faja Pelay** entlang, einer nahezu senkrechten, 600 m hohen Felswand auf der Südseite der Schlucht, und anschließend hinunter zum Talboden des Circo de Soaso. Von dort geht es dann auf der Standardroute durch die Schlucht zurück zum Parkplatz. Der erste Aufstieg vom Parkplatz bei der Pradera de Ordesa zur *faja* führt zunächst über zahlreiche Zickzackkurven steil und schweißtreibend bergauf – danach verläuft die Route aber nur noch gemütlich bergab. Für die reine Gehzeit sollte man sechseinhalb Stunden einplanen.

Etwa einen halben Kilometer die Nordseite der Schlucht hinauf befindet sich die wenig bekannte **Faja Racón**. Diese Wanderung ist um einiges ruhiger als die oben beschriebenen Touren und bildet die goldene Mitte zwischen dem Talgrundweg und der Faja-Pelay-Route. Nach dem ersten, steilen Aufstieg

Valle de Ordesa

Hotel De Montaña Lamiana
Das kleine, aus Naturstein gebaute Hotel im Landhausstil liegt inmitten grüner Hügel. €€

Hotel Palazio
Warmes, gemütliches Berghotel mit einem guten Restaurant und holzgetäfelten Zimmern. €€

Biwakieren
Der Balcón de Pineta könnte der spektakulärste Ort sein, an dem man je sein Zelt aufgeschlagen hat.

WARUM ICH DEN PARQUE NACIONAL DE ORDESA Y MONTE PERDIDO LIEBE

Stuart Butler, Autor

Ich hatte das Glück, in vielen Teilen der Welt wandern zu können, doch einen Berg wie den Monte Perdido habe ich nirgendwo sonst angetroffen. Das Massiv ist fast wie ein Sechseck geformt, und auf jeder Seite bietet sich eine völlig andere Landschaft. Ich wandere schon seit Jahren auf den Wegen rund um den Berg, aber auf dem Gipfel habe ich noch nicht gestanden. Für mich ist der Monte Perdido fast schon ein heiliger Berg, und ich werde ihn erst besteigen, wenn ich fühle, dass ich den Berg und die vielen Wege in seiner Umgebung wirklich kenne, zu jeder Jahreszeit und von allen Seiten.

Cañon de Añisclo

verläuft der Pfad für eine gute Stunde an einer steilen (aber ungefährlichen) Felswand entlang, führt dann beim **Circo de Carriata** in den Wald hinunter und weiter zum Talboden der Schlucht, durch den man zurück zum Parkplatz gelangt. Die Gehzeit beträgt etwa viereinhalb Stunden.

Fitte Wander:innen können auf einem steilen Zickzackweg den Circo de Soaso oberhalb des Wasserfalls Cola de Caballo erklimmen und erreichen in anderthalb bis zwei Stunden das **Refugio de Góriz**, das ein Hauptkreuzungspunkt in den Pyrenäen und Ausgangspunkt für viele Gipfeltouren ist.

Diejenigen, für die diese Wanderungen eine Nummer zu groß sind, können die Schlucht trotzdem sehen: Eine unbefestigte Straße führt auf der Südseite der Schlucht sowohl von **Torla** (S. 313) als auch von **Nerín** hinauf auf die Steilwand und kommt

DIE SCHÖNSTEN WASSERFÄLLE

Cascada de la Cueva
Eine Reihe kleiner Wasserfälle im Valle de Ordesa, inmitten prächtiger alter Buchen.

Cascada de la Cola de Caballo
Der große Wasserfall am oberen Ende des Valle de Ordesa fällt über die Felswand wie ein schwingender Pferdeschwanz.

Cascada del Cinca
Mehrere große, spektakuläre Wasserfälle, die am oberen Ende des Valle de Pintea über die Felsen in die Tiefe stürzen.

unterwegs an mehreren kleinen, sehr ausgesetzten Aussichtspunkten vorbei. Die Straße ist für private Fahrzeuge gesperrt, man kann aber mit einem Jeeptaxi hinauffahren.

Die zerrissene Erdkruste

ERKUNDUNG DES CAÑON DE AÑISCLO

Dieser fast surreal wirkende Riss in der Erdkruste ist stellenweise 500 m tief. Auf dem Grund des **Cañon de Añisclo** fließt der türkisblau leuchtende Río Bellós durch dichten Buchenwald.

Von der Brücke Puente de San Úrbez führt ein Pfad neben der Straße HU631 in etwa zweieinhalb Stunden (450 Hm) nach **La Ripareta**, wo der Barranco de la Pardina über mehrere kleine Wasserfälle und Stromschnellen in den Río Bellós mündet.

Nach weiteren zwei Stunden (300 Hm) erreicht man noch einen Mündungsarm unterhalb des mächtigen Wasserfalls **Fuen Blanca.** Von Oktober bis Anfang November bietet die Laubfärbung hier ein unvergessliches Naturschauspiel.

Um die Schlucht von oben zu erleben, fährt man in der Nähe des Dorfes Puertolas auf einer unbefestigten Straße bis zum Parkplatz **Plana Canal**. Von hier führt ein familienfreundlicher Weg Richtung Süden zur **Punta Alta de Sestrales**. Mutige können sich an diesem Aussichtspunkt vorsichtig bis zum Rand der Schlucht vorwagen und 800 m senkrecht in die Tiefe bis zum Grund der Schlucht schauen. Die Wanderung dauert hin und zurück dreieinhalb Stunden. Ein anderer Weg führt von der Plana Canal an den Schluchtwänden entlang fast ohne Höhenunterschiede nach Norden und ebenfalls bis zum Wasserfall Fuen Blanca. Hin und zurück braucht man ca. fünf Stunden.

Wer die Schlucht von der Westseite aus sehen will, wandert vom Dorf **Nerín** zum **Pico Mondoto** (1960 m) und kann dort vorsichtig in die Schlucht schauen. Die Route mit einem Anstieg von 720 Hm dauert hin und zurück etwa vier Stunden.

VÍA FERRATA DEL SORROSAL

Im Parque Nacional de Ordesa y Monte Perdido und seiner Umgebung locken viele Abenteuer, doch eine der aufregendsten Optionen ist die Vía Ferrata del Sorrosal (ein gesicherter Klettersteig) in Broto, 4 km südlich von Torlo. Die spektakuläre, zweistündige Route, die etwa von April bis November begehbar ist, führt neben dem 100 m hohen Wasserfall Cascada de Sorrosal hinauf und dann weiter die Sorrosal-Schlucht hoch. Zahlreiche Veranstalter bieten geführte Touren an; die einzigen Voraussetzungen sind eine gute Grundkondition und Schwindelfreiheit.

Wunderschönes Bujaruelo

EIN MAGISCHES BERGTAL

Ein paar Kilometer nördlich von Torla, knapp außerhalb des Parque Nacional de Ordesa y Monte Perdido an der westlichen Grenze (aber mit denselben geologischen Merkmalen), erstreckt sich das Valle de Bujaruelo, das dem Nationalpark in puncto landschaftlicher Schönheit in nichts nachsteht und ebenfalls erstklassige Wanderwege bietet.

Viele gute Tageswanderungen beginnen an der Berghütte, der romanischen Steinbrücke und dem Parkplatz in **San Nicolás de Bujaruelo**, auch die einfachen Touren in die Hängetäler **Valle de Otal** (Westen) und **Valle de Ordiso** (Nordwesten).

Valle de Otal

Cascada de la Larri
Ein Pfad führt hinauf zu diesen malerischen Wasserfällen im Valle de Pineta.

Gradas de Soaso
Die oft fotografierten Wasserfälle stürzen vor der Kulisse des Monte Perdido hinab in blaue Teiche.

Cascada de Aso
Dieser schöne, tief in der Añisclo-Schlucht gelegene Wasserfall ist der perfekte Ort für ein Picknick.

Wenn das Buchenlaub im Herbst in kräftigen Orange- und Rottönen leuchtet, kann man sich kaum einen schöneren Ort auf der Welt vorstellen, als diese beiden Täler. Beide Wanderungen können auch gut von Kindern bewältigt werden, allerdings gibt es auf der Tour ins Valle de Otal einen kurzen, etwas steilen Anstieg.

Anspruchsvoller ist die Wanderung zum kreisrunden Bergsee **Ibón de Bernatuara** nördlich von San Nicolás, die hin und zurück etwa sechs Stunden dauert. Im Juni bringen Schäfer Hunderte Kühe auf die Hochweiden rund um den See und bis hinüber nach Frankreich – Ende September holen sie sie dann wieder hinunter ind Tal.

Von San Nicolás führt ein steiler, etwa dreistündiger Aufstieg (350 Hm) zum Pass **Puerto de Bujaruelo** an der französischen Grenze, der Rückweg dauert zweieinhalb Stunden. Vom Pass kann man weiter nach Frankreich wandern, entweder ins Dorf Gavarien (ca. 3 Std.) oder hinüber zum Refuge de la Brèche de Roland (ca. 1½ Std.).

TRANSHUMANZ

Einer der Gründe dafür, dass die UNESCO diesen zentralen Teil der Pyrenäen zur Welterbestätte ernannte, ist die traditionelle Weidewirtschaft, die laut UNESCO einst in vielen Hochgebirgsregionen Europas verbreitet war, heute aber nur noch in diesem Teil der Pyrenäen zu finden ist. Das vielleicht beste Beispiel dafür ist die Transhumanz, bei der die Schäfer ihre Tiere im Sommer zum Weiden auf die Almen der Hochpyrenäen bringen. Ein guter Orte, um dies zu erleben, ist der Ibón de Bernatuara. Jedes Jahr im Juni ziehen hier mehrere Hundert Schafe und Rinder auf der spanischen Seite das Tal hinauf und überqueren den Pass zu den Sommerweiden in Frankreich, um im September dann wieder den Rückweg anzutreten. Schon seit über 2000 Jahren findet dieser alljährliche Viehzug statt. Wer das große Spektakel einmal miterleben möchte, erhält in den Tourismusinformationen die genauen Daten.

Die Gipfel des Valle de Pineta

EISIGE PANORAMEN UND IDYLLISCHE TÄLER

Das leuchtend grüne, von kahlen Bergen gesäumte Valle de Pineta bildet den östlichen Rand des Parque Nacional de Ordesa y Monte Perdido. Wie überall in der Region durchziehen auch hier großartige Wanderwege die Berge rings um das Tal. Eine sehr lohnende Tour, die keine besonderen Ansprüche stellt, führt hinauf ins Hängetal **Larri** an der Nordostseite des Valle de Pineta, das schon außerhalb der Nationalparkgrenze liegt. Die zweieinhalbstündige Rundwanderung verläuft mit einem Anstieg von 300 Hm durch dichten Buchenwald, vorbei an spektakulären Wasserfällen, in ein idyllisches, von Kühen beweidetes Hochgebirgstal, das von Bächen durchzogen und von mächtigen Bergen umgeben ist.

Eine wesentlich anspruchsvollere Route beginnt im Talgrund des Valle de Pineta und führt steil bergan auf 1300 m Höhe zum **Balcón de Pineta**, einem felsigen, kargen, fast wüstenähnlichen Plateau mit fantastischem Blick über das Tal. Von hier sind es nur noch 20 Minuten zum großen, oft zugefrorenen See **Ibón de Marmorés** (2591 m) am Fuß der mit Gletschern gespickten Nordseite des Monte Perdido. Es gibt wohl kaum einen schöneren Aussichtspunkt in den Pyrenäen. Die Rundwanderung dauert sieben Stunden und ist auf jeden Fall als schwer einzustufen. Um die Landschaft ohne Zeitdruck genießen zu können, nimmt man am besten ein Zelt mit und übernachtet am See. Den Aufstieg auf den Monte Perdido über die Nordseite sollten nur erfahrene Bergsteiger unternehmen.

BEEINDRUCKENDE AUSSICHTSPUNKTE

Balcón de Pineta
Türkisfarbene Seen, schimmernde Gletscher und der Monte Perdido – dieser Aussichtspunkt ist einfach unschlagbar.

Mirador de Calcilarruego
Von diesem grandiosen Aussichtspunkt kann man in die Ordesa-Schlucht schauen.

Punta Alta de Sestrales
Von hier blickt man 800 m senkrecht in die Tiefe in den Cañon de Añisclo.

AGAMI PHOTO AGENCY/ALAMY ©

Bartgeier

Vögel und Aussichtspunkte im Valle de Escuaín

WO GEIER UND ADLER AM HIMMEL KREISEN

Das Valle de Escuaín im südöstlichen Teil des Nationalparks ist die kleinste und am wenigsten bekannte Schlucht an den Flanken des Monte-Perdido-Massivs. Der Hauptort ist das winzige, aber idyllische Dorf **Escuaín** (S. 313), zu dem eine kleine Landstraße führt, die beim Hospital de Tella von der A-138 nach Norden abzweigt.

Es gibt hier einige fantastische Wanderwege und dank einer von Naturschützern angelegten Futterstelle eine besonders vielfältige Vogelwelt. Wander:innen haben gute Chancen, die seltenen Bartgeier sowie Schmutzgeier, Gänsegeier und Steinadler zu sehen. Der **Miradores de Revilla**, zu dem von Revilla (S. 313) ein einfacher, 1,25 km langer Pfad führt, ist ein guter Posten, um Vögel zu beobachten und bietet zudem einen herrlichen Blick auf die Schlucht.

Ein weiterer toller Aussichtspunkt ist der **Gargantas de Escuaín** auf der anderen Seite der Schlucht. Man erreicht ihn auf einer 5,5 km langen Wanderung vom Dorf Escuaín aus, zu dem eine 15 km lange Landstraße führt, die westlich von Escalona von der HU631 abzweigt.

Eine längere, anspruchsvollere Wanderung führt von Escuaín zum **Cuello Viceto** (2202 m), von wo sich eindrucksvolle Blicke sowohl ins Valle de Escuaín als auch in den Cañón de Añisclo bieten. Für den Hin- und Rückweg sollte man fünfeinhalb Stunden einplanen (800 Hm).

VOGELBEOBACHTUNG IN DEN LANDSCHAFTEN ARAGONIENS

In den abwechslungsreichen Landschaften Aragoniens, die von schneebedeckten Bergen über weite Flusstäler und flache Lagunen bis zu dicht bewaldeten Bergen reichen, leben zahlreiche Vogelarten. Für Raubvögel ist dies eine der besten Regionen Europas. Viele Vogelbeobachter kommen hierher, um Rotmilane, Schwarzmilane, Schmutzgeier, Gänsegeier sowie die bedrohten Bartgeier und die majestätischen Steinadler zu sehen.

Turismo de Aragón, der regionale Tourismusverband, hat detaillierte Informationen zu den 16 *rutas ornitológicas* (ornithologische Touren), die sich über ganz Aragonien verteilen. Auch ein Besuch der Seiten birdingpirineos.com (für Nordwestaragonien) und birdingaragon.com lohnt.

Naturfreunden sei die englischsprachige Lektüre *Crossbill Guides: Spanish Pyrenees* empfohlen, die sich – ungeachtet des Titels – ausschließlich auf die Tierwelt Aragoniens konzentriert.

UNTERWEGS VOR ORT

Im Hochsommer sind die Straßen, die zu den beliebtesten Gegenden der Region führen, entweder komplett für private Fahrzeuge gesperrt oder die Zufahrt ist stark eingeschränkt. In diesem Fall fahren in der Regel Shuttlebusse von der nächsten Ortschaft. Auf der langen, kurvenreichen Straße zur Talmündung des Cañon de Añisclo gilt ein Einbahnstraßensystem.

Rund um den Parque Nacional de Ordesa y Monte Perdido

Einzigartiger Abenteuerspielplatz mit abwechslungsreichen Landschaften

TOP TIPP

Weil die Sierra de Guara nicht so hoch liegt, sind hier der Oktober und der November sowie April und Mai die besten Monate zum Wandern und Mountainbiken.

Die wunderbare Bergwelt setzt sich auch außerhalb des Parque Nacional de Ordesa y Monte Perdido fort – und wird sogar noch beeindruckender. Ein paar Gebirgskämme Richtung Osten liegt die Stadt Benasque im Schatten des höchsten Pyrenäengipfels, und in den Gebirgsausläufern sorgen kleine Dörfer mit honigfarbenen Steinhäusern und blühenden Geranien vor den Fenstern für einen ganz eigenen landschaftlichen Reiz. Und dann ist da noch Alquézar, eine Stadt wie aus dem Bilderbuch, die sich tief in der schluchtenreichen, wenig bekannten Sierra de Guara versteckt.

Auch außerhalb des Nationalparks stehen sämtliche Gebirgsregionen der Region in irgendeiner Form unter strengem Naturschutz, deshalb sind der Einsatz von Drohnen, die Mitführung von Hunden und das Campen häufig reglementiert.

Aínsa

LUBOS_POKRIVCAK/GETTY IMAGES ©

Postkartendörfer

DÖRFER VON SELTENER SCHÖNHEIT ERLEBEN

Die Berge sind es, die in diesem Teil der Welt alle Blicke auf sich ziehen, doch wer genauer hinschaut, entdeckt noch eine ganz andere Art von Schönheit. Manche der Dörfer und Städte, die die unteren Hanglagen der Pyrenäen säumen, zählen zu den bezauberndsten ganz Spaniens. Sie liegen alle außerhalb des Nationalparks, doch die Gebiete um sie herum stehen oft in irgendeiner Form unter Naturschutz.

Die Kleinstadt **Aínsa** ist ein perfektes Beispiel. Ihre auf einem Hügel erbaute Altstadt ist ein Meisterwerk aus wunderschön angelegten Natursteingebäuden. Das Zentrum des Ortes bildet der breite, gepflasterte Hauptplatz, **Plaza Mayor**, der von stattlichen Häusern und Arkaden gesäumt wird. Die Burg am Ende des Platzes geht mehrheitlich auf das 16. und 17. Jh. zurück und bietet eine wunderbare Aussicht. Die beiden letzten erhaltenen Türme beherbergen zwei nur mäßig interessante Museen: Das **Eco Museo** widmet sich Raubvögeln und anderen Tieren der Pyrenäen, das **Espacio del Geoparque de Sobrarbe** der besonderen Geologie der Region.

Das winzige Dorf **Escuaín** und der nahegelegene Weiler **Revilla** sind kleine Ansammlungen von Steinhäusern, die mit den Hügeln zu verschmelzen scheinen. Bis vor Kurzem war Revilla fast vollständig verlassen, doch inzwischen werden die Häuser nach und nach restauriert.

Torla liegt am Eingang zum Valle de Ordesa und ist ein malerisches Bergdorf mit schiefergedeckten Häusern, die sich oberhalb des Río Ara konzentrieren. Bei einem Spaziergang durch die Stadt sollte man die Iglesia de San Salvador aus dem 13. Jh. besuchen, von deren Nordseite sich eine tolle Aussicht bietet.

Benasque & Pyrenäenhöhen

PICKNICK IM SCHATTEN VON GIGANTEN

Ganz im Nordosten Aragoniens liegen die beiden höchsten Gipfel der Pyrenäen, der **Aneto** (3404 m) und der **Posets** (3369 m) sowie viele andere eindrucksvolle Berge und einige leider schrumpfende Gletscher. Die sympathische Kleinstadt **Benasque** mit ihren schmucken, schiefergedeckten Steinhäusern im alpinen Stil ist das perfekte Tor zu den Hochtälern. Im Sommer herrscht hier viel Betrieb, dann sollte man seine Unterkunft (und Plätze im Restaurant) im Voraus buchen.

Die Täler und Berge rund um Benasque laden, wie überall in den Pyrenäen, zu fantastischen Wanderungen ein. Am 13 km nordöstlich von Benasque gelegenen **Hospital de Benasque**, in dem heute eine charmante Berglodge untergebracht ist, sowie

ESSEN & TRINKEN IN AÍNSA & TORLA

Restaurante Callizo
In diesem Restaurant in Aínsa verbindet sich aragonesische Tradition mit gastronomischer Show, und das Resultat ist ein echtes Erlebnis. €€€

Bodegón de Mallacán
Langsam gebratenes Lamm ist eine aragonesische Spezialität, die man in diesem Restaurant in Aínsa wunderbar genießen kann. €€€

L'Alfil
Die hübsche Café-Bar in Aínsa serviert kreative *raciones* wie Aufläufe mit Wildpilzen, Wildbret und gepökeltem Wildschwein. €€€

L'Abrevadero
Belebte Bar in der Altstadt von Aínsa mit einer guten Auswahl an regionalen Craft-Bieren. €

La Brecha
Regionale Hausmannskost wie Lammbraten, Kalbsschnitzel und *longaniza*-Würste serviert dieses Restaurant in Torla. €

Restaurante El Duende
Das Duende (Kobold) befindet sich in einem Gebäude aus dem 19. Jh. und ist das nobelste Restaurant Torlas. €€

ÜBERNACHTEN & ESSEN IN BENASQUE

Sommos Hotel Aneto
Das Aneto ist mit seinen großen, hellen Zimmern und viel Holz überdurchschnittlich gut. €€

Restaurante El Fogaril
Serviert herausragende Küche der aragonesischen Gebirgsregion wie Wildbret, Rebhuhn und Wildschwein. €€

El Veedor de Viandas
Das unkomplizierte Lokal kombiniert ein Feinkost- und Weingeschäft, mit einer Tapas-Bar und einem Restaurant. €

ARSSECRETA/GETTY IMAGES ©

Gleitschirmflieger, Castejón de Sos

am einige Kilometer talaufwärts gelegenen **La Besurta** beginnen zahlreiche Wanderwege aller Schwierigkeitsgrade, die in das außergewöhnlich schöne Tal führen. Der beliebteste Weg verläuft zur **Plan d'Aiguallut**, einer breiten Hochalm. Durch die Alm schlängeln sich mehrere Bergbäche, die sich zum Wasserfall **Cascada d'Aiguallut** vereinen und in eine Doline stürzen. Dort verschwindet der Fluss auf wundersame Weise unter der Erde, um auf der Nordseite der Bergkette, in Frankreich, wieder aufzutauchen und mit anderen Flüssen schließlich zur mächtigen Garonne zusammenzufließen.

Die Wanderung von La Besurta zur Plan d'Aiguallut verläuft fast ohne Anstieg und dauert nur 45 Minuten – ein wunderbares Ausflugsziel für ein Familienpicknick. Im Juli und August ist die Straße zwischen dem Hospital de Benasque und La Besurta für private Fahrzeuge gesperrt. Man kann die Strecke vom Hospital de Benasque nach La Besurta aber auch gut zu Fuß gehen: Die etwa eine Stunde dauernde, landschaftlich reizvolle Tour führt durch blühende Wiesen, begleitet von den Pfiffen der Murmeltiere. Wer nicht so weit laufen will, kann den Shuttlebus nehmen, der von Benasque sowie vom großen Parkplatz in der Nähe des Hospital de Benasque nach La Besurta fährt.

Zahlreiche weitere Wege führen ebenfalls zur Plan d'Aiguallut, sodass auch tolle Tageswanderungen möglich sind. So kann man auf dem Weg nach La Besurta einen Abstecher zur Berghütte **Refugio de la Renclusa** machen und von dort über den kleinen Pass **Collado de Renclusa** zur Plan d'Aiguallut wandern (1½ Std. von La Besurta zur Plan) und dann auf dem Hauptweg zurückgehen – das ergibt eine einfache, aber ausgesprochen lohnende, dreistündige Rundwanderung.

DIE BESTEN WANDERUNGEN FÜR FAMILIEN

Viele Wanderungen in den Pyrenäen sind nur etwas für erfahrene Wander:innen, doch die wunderschönen Täler eignen sich oft gut für Wanderungen mit Kindern. Wir sind viele dieser Wege mit unseren Kindern gewandert. Dies sind unsere Lieblingswanderungen.

Plan d'Aiguallut
Leichter Weg zu einer idyllischen Bergwiese.

Valle d'Otal
Blumenwiesen und rauschende Bäche schaffen eine magische Atmosphäre.

Selva de Oza
Dichter Wald mit glasklaren Bächen.

Tal von La Larri
Die vielleicht schönste Wanderung für Familien in der Region.

ESSEN IN ALQUÉZAR

Casa Pardina
Ein ganz besonderes Restaurant mit traditioneller aragonesischer Küche, die sehr kreativ zubereitet wird. **€€€**

L'Artica
Die Terrassen hoch über der Schlucht machen das L'Artica zum perfekten Ort für ein leichtes Mittagessen. **€**

Le Petit Bistro
Legere Snackbar, die kleine Gerichte mit französischem Einfluss serviert. **€**

Eine der schönsten Tageswanderungen auf der Westseite des Valle de Benasque führt hinauf ins grüne Estós-Tal zu zwei Bergseen, dem winzigen **Ibonet de Batisielles** und dem etwas größeren **Ibón d'Escarpinosa**, die vor einer Kulisse hoher, zerklüfteter Berge liegen. Der Weg ist pro Richtung nur 6 km lang, überwindet aber 750 Hm; die reine Gehzeit beträgt hin und zurück etwa fünf Stunden.

In der Gegend um Benasque kann man nicht nur wandern und klettern, hier gibt es auch sehr gute Bedingungen zum **Gleitschirmfliegen.** Das 14 km südlich von Benasque gelegene **Castejón de Sos** ist einer der besten Orte dafür. Der Startpunkt Liri liegt auf 2300 m Höhe, von hier sind ganzjährig Gleitschirmflüge möglich. In der Hauptstraße von Castejón de Sos gibt es zahlreiche Gleitschirmschulen und -geschäfte, man kann aber auch alles in Benasque arrangieren.

Alquézar & die Sierra de Guara

ZAUBERHAFTES DORF UND FANTASTISCHES CANYONING

Südlich der Pyrenäenhauptkette und des Parque Nacional de Ordesa y Monte Perdido erstrecken sich die zerklüfteten Gebirgskämme der Sierra de Guara. Abgesehen von der malerischen Ortschaft Alquézar ist der größte Teil der Region nur schwer zugänglich und wird kaum von Tourist:innen besucht.

Alquézar liegt oberhalb der steil abfallenden Felswände der Río-Vero-Schlucht und ist ein verwinkeltes Labyrinth aus gepflasterten, von rostroten Häusern gesäumten Straßen. Es ist herrlich, durch das Dorf zu spazieren und die Aussicht zu genießen, doch das eigentliche Highlight ist die **Ruta de las Pasarelas**, eine familienfreundliche, 3 km lange Wanderung durch die Schlucht unterhalb des Ortes. Einige Abschnitte führen über Metallstege, die an den senkrechten Felswänden befestigt sind (gut gesichert und völlig ungefährlich). Der Fluss bildet mehrere türkisblaue natürlich Becken, in denen man schwimmen kann, was von den Einheimischen im Sommer ausgiebig genutzt wird. Der Zugang zur Schlucht ist reglementiert, Wanderschuhe sind Vorschrift, und sehr große Taschen oder Picknickkörbe dürfen nicht mitgenommen werden.

Alquézar ist Spaniens **Canyoning-Metropole**. Mehrere Veranstalter bieten hier die Möglichkeit zum Springen, Rutschen und Abseilen in die dramatischen Schluchten, die sich tief in die Sierra de Guara gegraben haben.

Die A-2205 verbindet die Region mit dem südlichen Teil des Parque Nacional de Ordesa y Monte Perdido. Die Fahrt ist wunderschön und führt an einigen tollen Aussichtspunkten vorbei, darunter der spektakuläre **Mirador del Vero**.

KAFFEEKRÄNZCHEN DER GEIER

Die steilen Wände der Schlucht unterhalb von Alquézar bieten Geiern und Raubvögeln ausgezeichnete Rastplätze. Geier sind Aasfresser und kreisen auf der Suche nach Nahrung den ganzen Tag in aufsteigenden Thermalwinden. Weil die Zahl der Weidetiere in den Bergen abgenommen hat, ist auch die Vogelpopulation zurückgegangen. Inzwischen wurden in verschiedenen Teilen der Pyrenäen und der Sierra de Guara Futterstationen eingerichtet, wo zu festen Zeiten (meistens ein- oder zweimal wöchentlich) ein Schafskadaver für die Geier abgelegt wird. An diesen Futterstationen kann man die Geier aus der Nähe sehen. Sie haben zwar einen schlechten Ruf, sind aber lebenswichtig für die Natur.

UNTERWEGS VOR ORT

Zu Ostern, im Sommer und an den Feiertagen im Oktober ist in Alquézar sehr viel los, und Parkplätze werden knapp. Man sollte sehr früh oder sehr spät kommen und für den möglicherweise langen Weg vom Parkplatz zum Dorf unbedingt bequeme Wanderschuhe mitbringen! Die Landstraßen, die von Benasque und Alquézar Richtung Nationalpark Ordesa führen, sind sehr kurvenreich und es geht nur langsam voran. Ein eigenes Fahrzeug ist in dieser Region unverzichtbar.

VALLE DE HECHO & VALLE DE ANSÓ

Diese beiden reizvollen, parallel verlaufenden Täler im nordwestlichsten Winkel Aragoniens ziehen sich durch dichte Wälder, die nur von ein paar zwischen dramatischen Felsen versteckten Dörfern unterbrochen werden, und enden am Pyrenäenhauptkamm an der französischen Grenze. Außerhalb Spaniens ist kaum bekannt, dass die Täler und die Berge ringsum mit einem gut ausgebauten Wegenetz fantastische Wandermöglichkeiten bieten – von einstündigen Spaziergängen über Tages- und Gipfeltouren bis hin zu mehrtägigen Wanderungen ist hier alles geboten. Auch das kulinarische Angebot kann sich sehen lassen, denn die Restaurants scheinen stets darum zu wetteifern, wer die kreativsten Gerichte auftischt.

Wenn man keine Lust zum Wandern hat, kann man die Täler mit ihren Flüssen, Wäldern und Wiesen auch unmittelbar abseits der Straßen genießen.

TOP TIPP

Im oberen Teil der beiden Täler verkaufen Schäfer im Sommer am Straßen- oder Wegesrand in kleinen Hütten köstlichen Schafskäse.

WANDERKARTEN & ROUTENBESCHREIBUNGEN

In den örtlichen Tourismusinformationen erhält man genauere Informationen zu den Wanderrouten, und die Website montanasegura.com/folletos-de-excursiones-por-valles bietet Wegbeschreibungen, Karten und Daten in englischer Sprache. Die Karte Valles Occidentales Ansó-Echo im Maßstab 1:25000, herausgegeben von Prames, ist hervorragend.

Bergseen & geheime Aussichtspunkte

ERKUNDUNG DES VALLE DE HECHO

Es gibt kaum einen angenehmeren Ort, um zu Touren in die Pyrenäen aufzubrechen, als die kleine Stadt **Hecho** (Echo), ein attraktives Gewirr aus soliden Steinhäusern mit steilen Dächern, hohen Schornsteinen und blumengeschmückten Balkonen.

Besonders malerisch ist das obere Ende des Valle de Hecho, das 15 km nördlich von Hecho an der französischen Grenze liegt: Der **Selva de Oza** ist ein riesiger Buchenwald, der im Frühsommer in frischen Grüntönen leuchtet und im Herbst rot-golden im Sonnenuntergang erstrahlt. Durch den Wald führen viele Wanderwege, es kann aber auch wunderschön sein, einfach an einem Bach zu picknicken und die Füße ins Wasser zu halten.

Weiter talaufwärts erreicht man **La Mina** mit einer Berghütte und einem Campingplatz in der Nähe. Hier beginnen die wirklich aufregenden Wandertouren! Unsere Lieblingstageswanderung ist die moderate, viereinhalbstündige Rundwanderung zum **Ibón d'Acherito** (630 m Anstieg); zurück geht man gemütlich bergab an den Schäferhütten am **Foya l'Acherito** vorbei. Lust auf einen Aussichtspunkt, den kaum jemand kennt?

ÜBERNACHTEN IM VALLE DE HECHO & IM VALLE DE ANSÓ

Hostal Kimboa
Angenehme Zimmer mit Kiefernmöbeln über einem guten Restaurant, das auf Grillfleisch spezialisiert ist; im Dorf Ansó. €

Posada Magoria
Die *posada* in Ansó verströmt Vintage-Flair und wird mit Herzblut von einer Familie betrieben. €

Casa Blasquico
Mit seinen Blumenkästen, Giebeln und Holzbalkonen verzaubert dieses Hotel in Hecho schon auf den ersten Blick. €

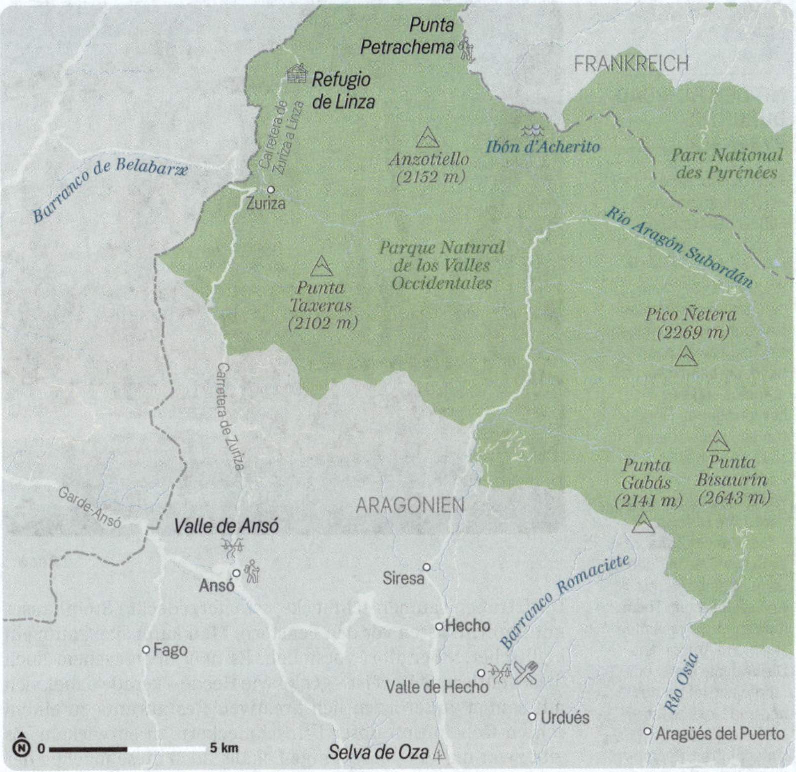

Vom Ibón d'Acherito geht es 15 Minuten auf den Grenzkamm, von wo sich eine tolle Aussicht auf das Valle de Hecho und auf den noch eindrucksvolleren, geradezu atemberaubenden Cirque de Lescun auf der französischen Seite bietet.

Das traumhaft schöne Valle de Ansó

EIN GEBIRGSTAL WIE AUS DEM BILDERBUCH

Westlich des Valle de Hecho erstreckt sich das noch etwas wildere Valle de Ansó. Auch die Berge am Talschluss wirken noch ein wenig dramatischer, und auch hier gibt es großartige Wandermöglichkeiten.

Doch ehe man die Wanderschuhe schnürt, sollte man unbedingt einen Rundgang durch **Ansó** unternehmen. Die engen

Ibón d'Acherito

GOURMETRESTAURANTS IM VALLE DE HECHO & IM VALLE DE ANSÓ

Restaurante Canteré
Fantastisches, preiswertes 7-Gänge-Probiermenü aus regionalen Zutaten, nach heimischen Rezepten zubereitet; in Hecho. **€€**

Berari
Die funkige Einrichtung und originelle Gerichte wie Tomaten-Eiscreme-Salat sorgen für ein unvergessliches Erlebnis in Ansó. **€€**

Maiberal
Dieses Restaurant in Ansó serviert kreative Gerichte aus regionalen Zutaten. Unbedingt den fantastischen Käsekuchen probieren! **€€**

MIT DEM FAHRRAD DURCH DIE PYRENÄEN

Falls der Aufstieg auf einen Pyrenäengipfel zu Fuß nicht herausfordernd genug ist – wie wäre es dann mit einer Radtour? Die Pyrenäen sind ein wahres Mekka für Radfahrer. Zum einen sind die Touren spannend, die Landschaft ist grandios und es gibt hervorragende Einrichtungen, zum anderen sind die Einheimischen Radfahrern sehr zugewandt und bieten immer gerne ihre Hilfe an.

Das Projekt **Zona Zero** (zonazeropirineos.com) ist eine zentrale Anlaufstelle zum Thema Radfahren im gesamten Hochland Aragoniens. Die Website bietet umfangreiche Informationen und Links zu fahrradfreundlichen Unterkünften, Reparaturwerkstätten, Guides und Anbietern von Fahrradtransporten. Alle Hotels, die auf der Website aufgeführt sind, haben abschließbare Fahrradräume, und die meisten stellen Platz zum Reinigen und Reparieren von Rädern und in der Regel auch das nötige Werkzeug zur Verfügung.

Ansó

Dorfstraßen säumen schmucke, schiefergedeckte Steinhäuser mit Blumenkästen vor den Fenstern. Man kann sich kaum ein idyllischeres Bergdorf vorstellen. Es mag überraschen, doch dieses entlegene Dorf ist – genau wie Hecho – gerade dabei, sich mit seinen außerordentlich kreativen Restaurants zu einem echten Geheimtipp unter Feinschmeckern zu entwickeln. Es gibt zwar nur ein paar wenige Lokale, doch diese machen der Region alle Ehre.

Aber nun zurück zu den Bergen: Eine 19 km lange Nebenstraße führt von Ansó durch Weideland und Wald bis zur Wanderhütte **Refugio de Linza**. Hier beginnen mehrere eindrucksvolle Wanderungen. Die beliebteste Tour führt vom *refugio* zur **Punta Petrachema** (Pic d'Ansabère; 2360 m), einem steilen felsigen Grat, der über hohen Felsnadeln und dem grandiosen Cirque de Lescun in Frankreich aufragt. Für den Hin- und Rückweg mit 1050 m Hm Aufstieg benötigt man viereinhalb Stunden. Die Route ist gut markiert und mäßig schwierig.

Rund um das *refugio* unten im Tal gibt es zahlreiche einfache, familienfreundliche Wanderwege, die oft in sanften Bögen den mäandernden Bergbächen folgen.

UNTERWEGS VOR ORT

Auf allen Strecken in der Region bietet sich eine großartige Aussicht, doch die schönste Route ist die Nebenstraße NA-176, die von Ansó nach Westen ins Valle de Roncal in Navarra führt. Die Fahrt dauert 30 Minuten pro Richtung. Die kurvenreiche Straße windet sich durch dichten Wald hinauf zum Puerto de Matamachos (1144 m) an der Grenze zwischen Aragonien und Navarra und führt dann auf der anderen Seite ebenso dramatisch steil nach unten. Hierher kommt man nur mit einem eigenen Auto (oder Fahrrad). An den unteren Enden beider Täler befinden sich Parkplätze.

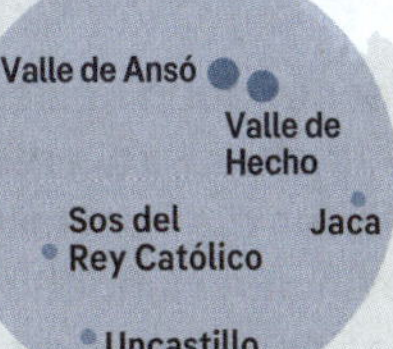

Rund um das Valle de Hecho & das Valle de Ansó

Alte Routen durch bezaubernde Landschaften

Seit zum ersten Mal Menschen durch Europa zogen, dienten die Pyrenäen als natürliche Barriere zwischen der Iberischen Halbinsel und dem übrigen Kontinent. Im Lauf der Zeit entwickelten sich Handels- und Pilgerrouten, und an strategischen Punkten entlang der südlichen Flanken der Pyrenäen entstanden befestigte Städte und mit religiöser Inbrunst durchtränkte Klöster. Die meisten dieser Orte erlebten ihre wirtschaftliche, politische und religiöse Blütezeit im Mittelalter. Heute sind im Nordwesten Aragoniens noch Zeugnisse aus dieser Periode erhalten, in Form von massiven, mit Türmen versehenen Burgen, Hügeldörfern und prächtigen Klosterkomplexen. Wer sich auch nur ein wenig für romantische Geschichte begeistern kann, wird es genießen, diese Region mit ihren grandiosen Landschaften und ihrer bedeutenden Geschichte zu erkunden.

TOP TIPP

Wer frühzeitig am Monasterio de San Juan de la Peña und in Sos del Rey Católico ankommt, entgeht dem Rummel und dem Gedränge der Reisegruppen.

Monasterio de San Juan de la Peña (S. 321)

AUTOTOUR

Fahrt ins Mittelalter

Die Pyrenäen waren im Lauf der Geschichte immer nur dünn besiedelt, doch gleich südlich der Berge, wo die Landschaft flacher wird, entstand eine Reihe alter Klöster, Burgen und befestigter Dörfer, die vom milderen Klima und von der strategisch günstigen Lage an den Handelsrouten über die Pyrenäen profitierten. Eine fabelhafte Panoramatour führt zu den faszinierendsten dieser Orte.

1 Sos del Rey Católico

In dem malerischen kleinen Dorf Sos del Rey Católico wurde 1452 König Ferdinand II. von Aragonien, der spätere Ehemann von Isabella I. von Kastilien, im Sada-Palast geboren. Heute ist das Gebäude ein Museum, das dem ereignisreichen und historisch bedeutsamen Leben Ferdinands gewidmet ist.

Die Route: Man fährt auf der A-127 23 km gen Süden bis Uncastillo. Unterwegs kreuzt man mehrmals die Grenze zwischen Aragonien und Navarra.

2 Uncastillo

Uncastillo ist ähnlich malerisch wie Sos del Rey Católico, doch deutlich weniger besucht, da es nicht so extrem touristisch ist. Über den makellos erhaltenen Sandsteingebäuden thront eine verfallene mittelalterliche Burg, von der sich ein guter Blick aufs Dorf bietet.

Die Route: Die 70 km lange, kurvenreiche A-1202 führt gen Osten nach Castillo de Loarre. Die Landschaft prägen sanfte, dicht bewaldete Hügel, die gelegentlich von Dörfern unterbrochen werden.

3 Castillo de Loarre

Das Castillo de Loarre aus dem 11. Jh. ist eine Festung wie aus dem Bilderbuch. Es wurde unter Sancho III. von Navarra im christlich-muslimischen Grenzgebiet erbaut und später von Sancho Ramírez von Aragonien erweitert. Hier gibt es viel zu sehen, etwa eine romanische Kapelle und Krypta, und Besucher:innen können die oberen Geschosse der beiden Haupttürme besteigen.

Castillo de Loarre

KARSOL/SHUTTERSTOCK ©

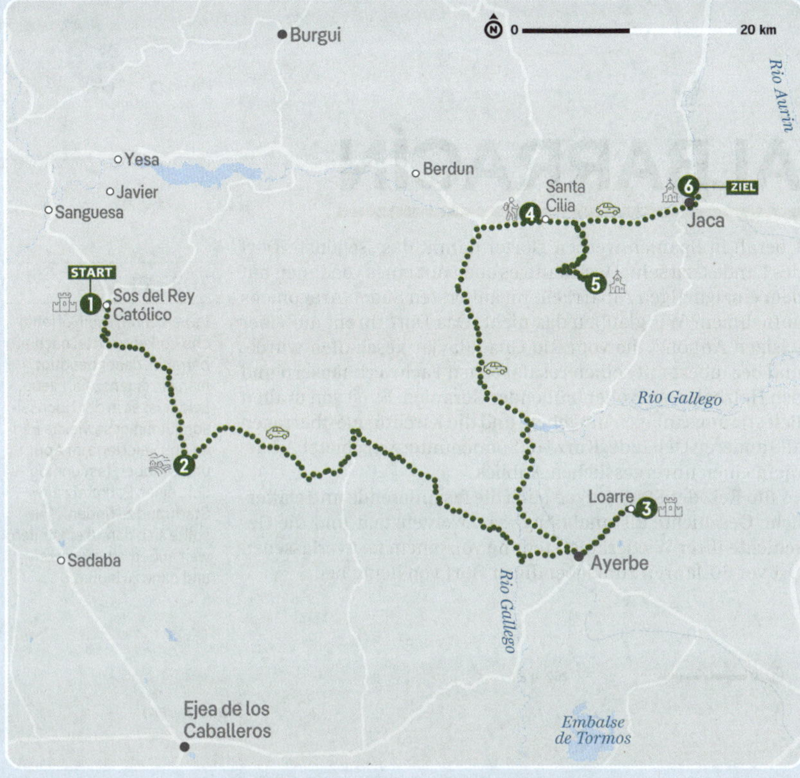

Die Route: Hier biegt man rechts ab und fährt 61 km durch die zunehmend hügligere Landschaft bis in das kleine Dorf Santa Cilia.

4 Ermita de la Virgen de la Peña

Die winzige, höhlenartige Ermita de la Virgen de la Peña ist eine in eine Felswand gebaute Einsiedelei, die außerhalb der Region kaum bekannt ist. Man erreicht sie nur auf einem Pfad, der in der Kleinstadt Santa Cilia beginnt und durch dichten Steineichenwald führt. Hin und zurück (510 m Aufstieg) dauert die Wanderung dreieinhalb Stunden.

Die Route: Von Santa Cilia geht es auf der A-1603 15 km Richtung Südosten bis zum Monasterio de San Juan de la Peña. Gegen Ende der Strecke wird es immer kurvenreicher und holpriger.

5 Monasterio de San Juan de la Peña

Eigentlich besteht das Monasterio de San Juan de la Peña aus zwei Klöstern. Das ursprüngliche, im 10. Jh. erbaute Monasterio Viejo liegt unter einem Felsüberhang. Es ist eines der bedeutendsten aragonesischen Klöster und birgt die Grabstätten der ersten drei Könige Aragoniens – Ramiro I. (1036–1064), Sancho Ramírez (1064–1094) and Peter I. (1094–1104) sowie einen romanischen Kreuzgang, auf dessen Säulenkapitellen die Genesis und das Leben Jesu dargestellt sind.

Die Route: Wenn man wieder unten in der Ebene angekommen ist, sind es noch schnelle 26 km auf der N-240 nach Osten bis zum letzten Stopp.

6 Jaca

Die lebhafte Stadt Jaca hat eine kompakte, attraktive Altstadt mit vielen gut erhaltenen Bauwerken aus ihrer Vergangenheit als Hauptstadt des einstigen Königreichs Aragonien im 11. Jh. Die aus dieser Zeit stammende Catedral de San Pedro ist ein mächtiger Bau mit der typischen massiven Steinarchitektur Nordaragoniens. Im Inneren befindet sich viel Sehenswertes, besonders die Kapelle in der Nordwestecke, die Jacas Schutzheiliger, Santa Orosia, geweiht ist.

ALBARRACÍN

Überall in Spanien werben Dörfer damit, das „schönste Dorf des Landes" zu sein. Doch kann es auch nur eines von ihnen mit dem einzigartigen Albarracín im äußersten Süden Aragoniens aufnehmen? Wir glauben das nicht. Das Dorf thront auf einer felsigen Anhöhe, die vom Río Guadalaviar geschaffen wurde, und bezaubert mit seinen rosafarbenen Fachwerkhäusern und den Holzbalkonen voller blühender Geranien. Es ist von uralten Befestigungsanlagen umgeben, und die Kirchtürme überragen alle anderen Gebäude. Kurz vor Sonnenuntergang bietet Albarracín einen unvergesslichen Anblick.

Zum Reiz der Stadt tragen auch die faszinierende mittelalterliche Geschichte als unabhängiger Zwergenstaat und die Geschichte ihrer Wiederauferstehung von einem fast verlassenen Ort vor 60 Jahren zum lebendigen Dorf von heute bei.

TOP TIPP

Es verkehren kaum öffentliche Verkehrsmittel nach Albarracín, daher benötigt man ein eigenes Fahrzeug. Leider ist es in der Hochsaison (Sommer sowie die Ferien und Feiertage im April und Oktober) fast unmöglich, einen Parkplatz am Stadtrand zu finden. Man sollte sich darauf einstellen, weit außerhalb zu parken und dann zu laufen.

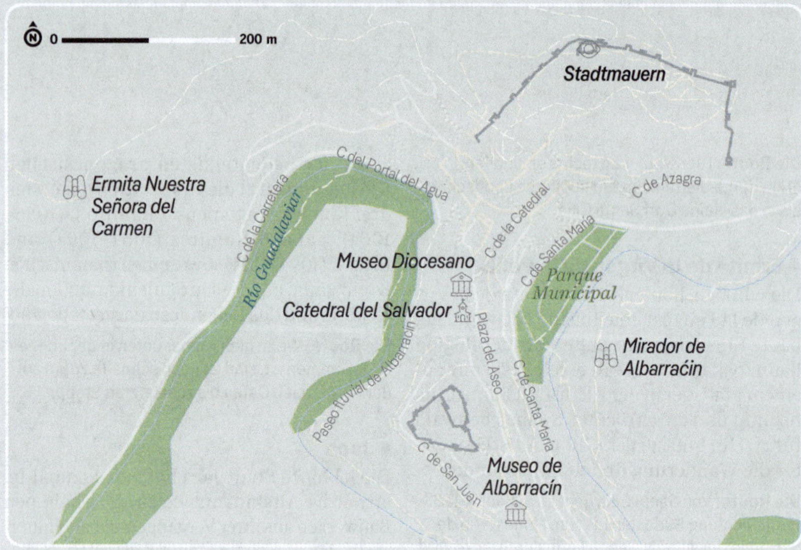

SERGIO FORMOSO/SHUTTERSTOCK ©

Albarraćin

Schwindelerregende Ausblicke auf Albarracín

AUS DER NÄHE UND AUS DER FERNE

Bevor man in das Herz der Altstadt Albarraćins eintaucht, lohnt es sich, zunächst von verschiedenen Aussichtspunkten, etwa von den alten Stadtmauern aus, einen Blick auf die Stadt zu werfen. Der **Mirador de Albarraćin** ist z. B. ein guter Ort dafür. Er befindet sich gegenüber des unteren Teils der Stadt, gleich auf der anderen Seite des Flusses. Eine noch bessere Aussicht bietet sich vom höchsten Punkt der **Stadtmauern**. Der Blick auf den hübschen Ort, der sich wie eine Bilderbuchkulisse vor einem ausbreitet, ist einfach unvergesslich. Einen guten Überblick erhält man auch von der gleich westlich der Stadt auf einem Hügel thronenden **Ermita Nuestra Señora del Carmen**, einer kleinen Einsiedelei. Diesen Aussichtspunkt kennen nur wenige, darum ist es hier immer ruhiger als an den beiden anderen Stellen.

Wer sich Albarraćin genauer ansehen möchte, spaziert einfach durch die engen, sandfarbenen Straßen. Die wichtigste Sehenswürdigkeit ist die im 16. Jh. erbaute **Catedral del Salvador**. Zu ihren Highlights gehören einige einzigartige Fresken und ein schönes, unbemaltes Altarwerk aus heimischem Kiefernholz, das dem Leben von Petrus gewidmet ist. Im Bischofspalast aus dem 18. Jh. neben der Kirche befindet sich das kleine **Museo Diocesano,** das eine umfangreiche Sammlung religiöser Kunst zeigt. Ein weiteres lohnendes Museum ist das **Museo de Albarracín**, das die faszinierende Geschichte der Stadt auf spannende Weise erzählt (allerdings überwiegend auf Spanisch).

LOCAL TIPP: BOULDERN IN ALBARRACÍN

Roberto Palmer, Autor von Bouldering Albarracín (albarracinbouldering.com), empfiehlt seine Lieblingsorte zum Bouldern (Klettern an Felsblöcken ohne Kletterausrüstung bis zur Absprunghöhe).

„Besucher:innen, die bouldern wollen, sollten den Sector Arrastradero besuchen, den bekanntesten und größten Ort zum Bouldern im Wald rund um Albarracín. Sehr empfehlenswerte Boulderplätze sind auch Techos, La Fuente und Tierra Media. Außerdem gibt es einige Orte, die man besucht, weil sie auch sehr malerisch sind, wie die Terrasse von Aben Razin, Boubacar oder die Placa Rosa. Der Besitzer der Pension Stone & Woods direkt außerhalb von Albarracín ist ein guter Guide."

ÜBERNACHTEN & ESSEN IN ALBARRACÍN

Casona del Ajímez
Gemütliche Pension mit massiven Holzmöbeln und historischem Flair. **€€**

Señorío de Albarracín
Albarracins nobelstes Restaurant serviert schicke Variationen alter Klassiker. **€€**

La Alcazaba
Das gemütliche, höhlenartige Interieur passt genauso gut zur historischen Atmosphäre der Stadt wie die traditionellen Gerichte. **€**

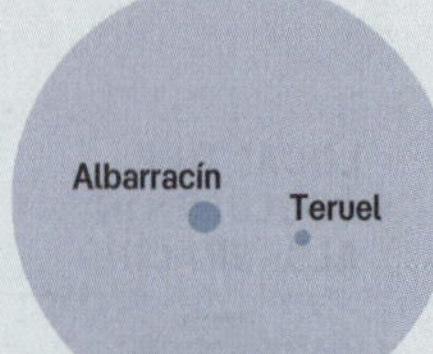

Rund um Albarracín

Die architektonischen Juwelen der selten besuchten Stadt Teruel entdecken

TOP TIPP

Rund um die Uhr kostenlos parken kann man auf einem großen, nicht überdachten Areal in der Carretera de Villaespesa in der Nähe des Bahnhofs am westlichen Stadtrand. Außerdem gibt es mehrere kostenpflichtige unterirdische Parkhäuser sowie Straßenparkplätze am Rand der Innenstadt.

Die felsigen Hügel rund um Albarracín sind von einer besonderen Schönheit, doch die eigentliche Attraktion in dieser Gegend ist die erstaunliche Architektur in der Stadt Teruel. Die Mudéjar-Architektur ist ein echter Hingucker, und ihre Kombination aus islamischem Kunsthandwerk und christlichem Geschmack ist auf der Iberischen Halbinsel einmalig. Beispiele dieses dekorativen Stils sind zwar in vielen Teilen Spaniens zu sehen, besonders in Südspanien, es gibt aber wohl keinen anderen Ort, an dem die Mudéjar-Architektur so prächtig zur Geltung kommt wie in Teruel. Überall in der Altstadt sieht man die markanten Merkmale dieses Stils – Muster aus Terrakottaziegeln, glasierte Kacheln und kunstvoll geschnitzte Holzdecken – in herausragender handwerklicher Qualität an den Türmen und Kirchen; vier von ihnen stehen auf der UNESCO-Welterbeliste.

Catedral de Santa María de Mediavilla

Mausoleum der Liebenden, Iglesia de San Pedro

Die Liebenden von Teruel

SPANIENS ROMEO UND JULIA

Die Geschichte der unglücklichen Liebenden, die wegen gesellschaftlicher Normen nicht zusammenkommen können, gibt es auf der ganzen Welt. In Teruels Version, die im 13. Jh. spielt, geht es um Juan Diego Martínez de Marcilla und Isabel de Segura. Isabel stammte aus einer reichen Familie, Juan Diego war arm. Die beiden verliebten sich ineinander und wollten heiraten. Isabels Vater war zunächst gegen diese Liebe, stimmte aber schließlich zu, dass Isabel fünf Jahre unverheiratet bleiben dürfe, sodass Juan Diego Zeit gegeben war, um zu Wohlstand zu kommen. Zur Überraschung aller war Juan Diego Erfolg beschieden, doch als er zu seiner Braut zurückkehrte, kam er einen Tag zu spät – Isabels Vater hatte seine Tochter bereits verheiratet. Verzweifelt bat Juan Diego Isabel um einen letzten Kuss, den sie ihm aber verweigerte. So starb Juan Diego an gebrochenem Herzen. Als Isabel zu Juan Diegos Beerdigung kam, gab sie ihm den Kuss, den sie ihm zu Lebzeiten verwehrt hatte – und starb gleich darauf.

Was diese Geschichte von allen anderen Romeo-und-Julia-Geschichten der Welt unterscheidet, ist, dass sie wahr sein könnte. In der **Fundación Amantes** – einem grandiosen Beispiel der Mudéjar-Architektur – kann man in der Kirche **Iglesia de San Pedro** aus dem 14. Jh., die einzige Muéjar-Kirche Teruels, das Mausoleum der beiden Liebenden besuchen, die ihre Hände nacheinander ausstrecken, sich aber nicht ganz berühren.

DIE ANDEREN ARCHITEKTONISCHEN MEISTERWERKE TERUELS

Torre de El Salvador
Ein 40 m hoher, extravaganter Turm aus dem 14. Jh. aus Ziegeln und Keramik, der nach dem Modell einer Moschee der Almohaden erbaut wurde.

Torre de San Martín
Der 1316 fertiggestellte Turm ist der zweite herausragende Mudéjar-Turm der Stadt.

Catedral de Santa María de Mediavilla
Prächtiges Beispiel der Mudéjar-Kunst des 13. Jhs. mit einem grandiosen Glockenturm.

Museo de Teruel
Das Museum befindet sich eigentlich in einem Renaissance- und nicht in einem Mudéjar-Palast, dennoch lohnt es einen Besuch, besonders wegen der Keramiksammlung mit einigen fantastisch erhaltenen mittelalterlichen Exponaten und der Ausstellungen über die Iberer und die Römer.

ESSEN IN TERUEL

La Bella Neda
Wer Lust auf ein Festmahl mit viel Fleisch hat, sollte dieses Steakhaus mit rustikalen Deckenbalken und einem offenen Holzkohlegrill besuchen. **€€**

Locavore
Ein tolle, kleine Gastro-Bar in minimalistischem Design mit köstlichen, kreativen Speisen und herzlichem Service. **€**

El Mercao de Teruel
Teruel wirbt leidenschaftlich für seinen regionalen *jamón* (Schinken), und hier kann man diese Spezialität sehr gut verkosten. **€**

DAS BASKENLAND, NAVARRA & LA RIOJA

EINE ANDERE SEITE SPANIENS ENTDECKEN

Mit seiner einzigartigen Kultur und faszinierenden Landschaften zeigt das Baskenland eine andere Facette Spaniens.

Egal, woher man gerade kommt, das Baskenland ist anders. Die auf Baskisch Euskadi oder Euskal Herria („Land der Baskischsprechenden") und auf Spanisch El Pais Vasco genannte Region prägen grüne Täler mit weidenden Kühen und Schafen, hohe Berggipfel und eindrucksvolle Felsbuchten am wilden Atlantik. Die wichtigsten Städte, Bilbao, Vitoria-Gasteiz und San Sebastián, sind alle sehr unterschiedlich, jedoch gleichermaßen faszinierend. Bilbao ist groß, kunstinteressiert und etwas düster, während Vitoria-Gasteiz vornehm und kultiviert daherkommt. Und dann ist da noch der Strandliebling San Sebastián, eine hübsche Stadt mit imposanter Kulisse und einer der besten Gastroszenen der Welt.

Jenseits des Baskenlandes liegen Navarra und La Rioja. Im facettenreichen Navarra bringen die grüne Natur und das erfrischende Klima der Pyrenäen weite Ebenen, Getreidefelder und Weinberge, unterbrochen von hohen Bergketten, hervor. Navarras Hauptstadt, Pamplona, ist für die berühmten Stierläufe bekannt, der eigentliche Charme der Region liegt allerdings in den spektakulär vielfältigen Landschaften und den malerischen kleinen Dörfern und Städten. La Rioja ist wieder anders. Mit winzigen Steindörfern und atmosphärischen alten Klöstern inmitten von Reben, die einige der besten Weine Spaniens hervorbringen, lädt die reizvolle Landschaft zu entschleunigten Entdeckungsreisen ein.

DIE WICHTIGSTEN ZIELE

BILBAO
Erstklassiges Kunstzentrum. S. 332

SAN SEBASTIÁN
Wunderschöne Strände, hervorragendes Essen. S. 343

VITORIA-GASTEIZ
Exzentrische Museen, tolle Kunst. S. 352

Itinerario Muralístico Vitoria-Gasteiz (S. 352)

PAMPLONA
Stierrennen, historische Stätten.
S. 357

OLITE
Märchenschloss. S. 364

LOGROÑO
Weinhauptstadt.
S. 368

Erste Orientierung

Das Baskenland, Navarra und La Rioja sind drei kompakte Regionen, deren Klima, Landschaften und Kultur sich stark voneinander unterscheiden. Hier liegt der Fokus auf den Städten und Gebieten, die die Gegend ausmachen.

Bilbao, S. 332

Künstlerische Inspiration bietet das Guggenheim, ein architektonisches Highlight Spaniens, zudem lockt eine lebendige Gastroszene.

Vitoria-Gasteiz, S. 352

Die malerische baskische Hauptstadt birgt eine bemerkenswerte Kathedrale, großartige Street-Art und tolle unprätentiöse Lokale.

Logroño, S. 368

Nach den lebhaften Tapasbars der Stadt lockt das renommierte umliegende Weinbaugebiet.

San Sebastián, S. 343

Die stilvolle Küstenstadt lockt mit einem perfekten Strand, grandiosen *pintxos* (baskischen Tapas) und Kopfsteinpflasterstraßen.

Pamplona, S. 357

Neben den Spuren Hemingways und vorbeigaloppierender Stierherden gibt es hier interessante historische Stätten und eine großartige Gastroszene.

AUTO

Wer ländliche Regionen und vor allem das Bergland erkunden möchte, benötigt ein Auto. Die Straßen sind in gutem Zustand (wenn auch im Sommer an der Küste verstopft) und die Entfernungen kurz.

BUS

Ein exzellentes Bussystem verbindet alle größeren Städte regelmäßig miteinander. Für alle, die sich vorwiegend in Städten aufhalten, ist der Bus das mit Abstand einfachste und praktischste Verkehrsmittel.

ZUG

Ein langsamer Zug mit schönen Ausblicken verkehrt zwischen Bilbao und San Sebastián. Auch alle weiteren größeren Städte und Ortschaften werden angefahren, allerdings sind Bahnreisen in Spanien oft eher bedächtig und umständlich.

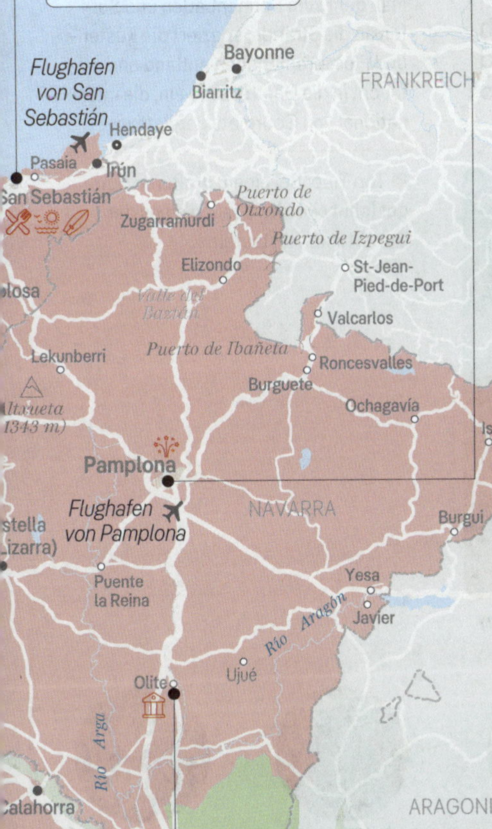

Olite, S. 364

Die ummauerte Altstadt dieses hübschen Ortes mit Rondellen und Turmspitzen scheint einem Märchen entsprungen. Zudem locken in der Nähe Wüstenlandschaften.

Perfekte Tage

Reisende steuern in diesem Teil Spaniens meist die Städte an. Um die Region jedoch wirklich kennenzulernen, sollte man sich Zeit für das ländliche Hinterland nehmen – je abgelegener, desto besser.

PERE RUBI/SHUTTERSTOCK ©

Lekeitio (S. 342)

Wenig Zeit

● Wer nur ein Wochenende in der Region verbringt, steuert **San Sebastián** (S. 343) an. Es gibt einige klassische Sehenswürdigkeiten, am besten nähert man sich jedoch der wunderschönen Küstenstadt wie die Einheimischen: Man geht zum Sonnenbaden und Surfen an die Strände, spaziert die Küsten- und Flusspromenaden entlang und taucht in die Gastroszene ein, die international von Gourmets gefeiert wird.

● Top Tipp: Bei einem größeren Budget lohnt sich der Besuch eines der Drei-Sterne-Restaurants.

Beste Reisezeit

Für die Küste und Berge ist der Sommer die beste Zeit. Für La Rioja und das südliche Navarra sind Frühling und Herbst perfekt, während Bilbao und andere Städte das ganze Jahr über einen Besuch lohnen.

JANUAR

Beim **Día de San Sebastián** am 19. und 20. Januar lässt es San Sebastián richtig krachen.

FEBRUAR

Bilbao und San Sebastián feiern sechs Tage lang **Carnaval**, von Gründonnerstag bis Fastnachtsdienstag.

JUNI

Die feuchtfröhliche **Batalla del Vino** (Weinkampf) findet in der ansonsten ruhigen Stadt Haro in La Rioja statt. Überall blühen Wildblumen.

ALVARO GERMAN VILELA/SHUTTERSTOCK ©, LAIOTZ/SHUTTERSTOCK ©, LAKISHA BEECHAM/SHUTTERSTOCK ©

Eine Woche Zeit

● Die Woche startet in **Bilbao** (S. 332), wo man mindestens zwei Tage für das Museo Guggenheim und die anderen Museen und Galerien einplanen sollte. Daneben locken ein Spaziergang am Flussufer und eine Nacht in den *pintxo*-Bars im Casco Viejo.

● Danach führt einen die langsame, kurvige Straße die verschlungene baskische Küste entlang – mit einem Zwischenstopp im reizvollen **Lekeitio** (S. 342) –, bevor man für ein paar Tage in **San Sebastián** (S. 343) ankommt.

● Zum Abschluss geht's hinauf in die üppig grünen Berge von **Navarras Pyrenäen** (S. 361) mit tollen Ausblicken und einer soliden baskischen Agrarwirtschaft.

Länger Zeit

● In zwei Wochen lässt sich die gesamte Bandbreite der Region erleben. Auf die einwöchige Tour folgen ein paar Wandertage in den Pyrenäen und ein Besuch von **Pamplona** (S. 357) und seiner Kathedrale.

● Dann führt die Straße unter dem weiten blauen Himmel südwärts bis zum Märchenschloss in **Olite** (S. 364).

● Zurück Richtung Pamplona geht's dann zum Pilgerweg **Camino de Santiago** (S. 362), der durch zeitlose Dörfer bis nach **La Rioja** (S. 372) führt. Auf einige Tage in der Weinregion folgen ein Tag in **Vitoria-Gasteiz** (S. 352) weiter nördlich und schließlich die Rückfahrt nach Bilbao.

JULI

Bei der alljährlichen **Fiesta de San Fermín** (Sanfermines) rennen Stiere durch die Straßen Pamplonas.

AUGUST

San Sebastián und andere Strandorte sind überfüllt. Eine beliebte Zeit für Wanderungen in den Bergen.

SEPTEMBER

Bei der **Traubenernte** im Herbst fließt in La Rioja der Wein in Strömen.

OKTOBER

Dank des wunderschönen Lichts, toller Farben, angenehmer Temperaturen und geringer Menschenmengen die schönste Zeit für einen Besuch.

BILBAO

Eindrucksvolle Architektur, eine renommierte Gastronomie, faszinierende Museen und eine hochkreative Kulturszene mit besonderem baskischem Fokus machen Bilbao zum spannendsten urbanen Zentrum im Baskenland.

Bilbao hat – im Gegensatz zum schicken Strandparadies San Sebastián in der Nähe – ordentlich Schneid und Charakter. Dies ist wohl auf die taffe Vergangenheit der Stadt zurückzuführen, die von Schwerindustrie, Industriebrachen und urbanem Verfall in der zweiten Hälfte des 20. Jhs geprägtist. Die radikale Neuerfindung Bilbaos in den letzten drei Jahrzehnten fand 1997 mit der Eröffnung des Guggenheim-Museums, einem funkelnden architektonischen Meisterwerk des modernen Zeitalters aus Titan, ihren Höhepunkt. Die Stadt veränderte sich über Nacht, bekam einen festen Platz in der internationalen Kunst- und Kulturszene und wurde zu einem Urlaubsmagnet des Baskenlandes.

TOP TIPP

Der Artean Pass gilt für das Museo Guggenheim Bilbao und das Museo de Bellas Artes. Er bietet eine deutliche Ersparnis und ist in beiden Museen erhältlich. In den Osterferien und an nassen Sommertagen sind die Schlangen vor dem Museo Guggenheim manchmal endlos. Am besten früh kommen.

ANDERE KUNSTGALERIEN IN BILBAO

BilbaoArte Fundazioa Kunststätte mit Ateliers und oft nachdenklich stimmenden zeitgenössischen Ausstellungen.

Museo de Arte Sacro de Bilbao Religiöse Gemälde, Skulpturen und Schmuckstücke, die bis auf das 12. Jh. zurückgehen.

Museo de Reproducciones Artísticas Fast perfekte Nachbildungen von Meisterwerken klassischer Kunst.

Bilbaos Kunstwelt

WEGWEISENDE ARCHITEKTONISCHE MEISTERWERKE

Kunst ist im Baskenland allgegenwärtig, aber den prominentesten Vertreter der baskischen Kunstszene findet man in Bilbao.

In der zweiten Hälfte des 20. Jhs. stand Bilbao für industriellen Verfall. 1997 kam dann ein schimmerndes Juwel aus Titan, das von Frank Gehry entworfene **Museo Guggenheim Bilbao**. Es gehört zu den ikonischsten Bauwerken moderner Architektur, half dabei, Bilbaos Talfahrt zu beenden, und machte die Stadt zu einem internationalen Kunst- und Tourismusmagnet.

Das außergewöhnliche Gebäude am Flussufer wurde als Ausstellungsort für Teile der erstklassigen Sammlung moderner Kunst der Guggenheim Foundation erbaut. Für kritische Stimmen mag der Bau wichtiger als die Funktion und das Museum eher für die Architektur als für die Kunst berühmt sein. Die geschwungenen Vordächer, Klippen, Vorsprünge, Schiffsformen, Türme und Lamellen sind jedoch zweifellos etwas ganz Besonderes.

ÜBERNACHTEN IN BILBAO

Poshtel Bilbao
Schickes Hostel mit vertikalem Garten, hauseigener Restaurant-Bar und Sauna. €

Hostal Begoña
Kleine, aber gemütliche Gästezimmer mit moderner Kunst, schmiedeeisernen Bettgestellen und bunt gefliesten Bädern. €

Quartier Bilbao
In der Altstadt mit geselligen Gemeinschaftsbereichen. €

ARCHITEKT: FRANK GEHRY; FOTO: KAROL KOZLOWSKI/SHUTTERSTOCK ©

Museo Guggenheim Bilbao

Auch andere Einflüsse von Kunstschaffenden sind sichtbar. Zwischen den gläsernen Stützpfeilern des zentralen Atriums und der Ría del Nervión befindet sich eine **Installation von Fujiko Nakaya**, ein einfaches Wasserbecken, das Nebel abgibt. In Ufernähe ragt Louise Bourgeois' **Maman** auf, ein skelettartiges, spinnenförmiges Konstrukt, das für eine schützende Umarmung steht, während Jeff Koons' skurril-kitschige **Puppy**, ein 12 m großer Terrier aus tausenden Begonien, fast schon zu einem ebenso wichtigen Wahrzeichen der Stadt geworden ist wie das Gebäude dahinter.

Im Inneren zeigen die Dauerausstellungen im Erdgeschoss z. B. Richard Serras labyrinthartige Skulpturen aus verwittertem Stahl und Jenny Holzers neun LED-Säulen mit durchlaufenden Schlagwörtern und Textfragmenten. Für viele sind jedoch die Sonderausstellungen das Highlight. Über das aktuelle Programm informiert die Website.

Doch Bilbao steht nicht nur für modernen Minimalismus. Fünf Gehminuten südwestlich befindet sich das **Museo de Bellas Artes**. Wie der Name schon sagt, geht es hier konservativer zu. Die faszinierende Sammlung in dem prachtvollen Gebäude reicht von gotischen Skulpturen bis hin zur Pop-Art des 20. Jhs. mit Werken von Murillo, El Greco, Goya und Eduardo Chillida.

ORIGINELLE GESCHÄFTE IM CASCO VIEJO (ALTSTADT)

La Quesaría
Wundersamer Laden für Käse-Fans.

Magnolia Rare Books
Wohnzimmerähnlicher Buchladen voller verstaubter alter Schinken.

Rzik
Hippes, kleines Geschäft mit umweltfreundlicher Straßenmode aus recycelten Materialien.

Larralde
Die altmodische Bäckerei von 1910 ist auf Gebäck aus der baskischen Stadt Tolosa spezialisiert.

Sombreros Gorostiaga
Seit 1857 werden hier klassische Baskenmützen gefertigt.

Gran Hotel Domine
Wenn Geld keine Rolle spielt, ist dieses Prunkstück direkt bei Bilbaos Wahrzeichen die richtige Wahl. **€€€**

Pensión Iturrienea Ostatua
Bunter Stilmix mit antiken und Vintage-Möbeln. Die Zimmer an der Straßenseite haben kleine schmiedeeiserne Balkone. **€**

Hotel Carlton
Die Grande Dame von Bilbaos Hotellandschaft mit altmodischem Glamour und Retro-Schick. **€€€**

2 Museo Guggenheim Bilbao
Av Abandoibarra
Paseo Campo Volantín
C Lehendakari Leizaola
12
16
Alameda Mazarredo
C Lersundi
C Barraincua
C de Cosme Echevarrieta
ABANDO
Alameda Mazarredo
C Unbitarte
C de Elcano
C de Iparreguirre
Alameda de Recalde
C de Los Heros
C de Ercilla
1 Museo de Bellas Artes
11
C de Colón de Larreátegui
C de Henao
27
Itsasmuseum (600 m); Etxanobe (800 m)
Gran Vía de Don Diego
Plaza de Jado
Plaza del Ensanche
C Ibañez de Bilbao
30
C San Vincente
32
Plaza de Federico Moyúa
Moyúa
C de Colón de Larreátegui
C de Rodríguez Arias
C Máximo Aguirre
14
Moyúa
C de Ledesma
28
C Berástegui
C de Licenciado Poza
C de Ercilla
Alameda de Recalde
C de Elcano
C de la Diputación
Gran Vía Lopez de Haro
Abando
Estadio San Mamés (700 m)
EL ENSANCHE
Abando
Indautxu
Plaza de Indautxu
C de Iparreguirre
Plaza Alhóndiga
Alameda de Urquijo
Bahnhof Abando (Renfe)
4
Alameda de San Mamés
C del General Concha
C Euskalduna
C de Lutxana
C de Gregorio de la Revilla
C Hurtado de Amézaga
C Bailén
Av de la Autonomía
Alameda de Recalde
C de García Salazar
C de San Francisco
C Lamana
C Hernani
18
9
Plaza de Toros
Juan de Garay Kalea
Bizkaia Frontoi (1 km)

HIGHLIGHTS
1 Museo de Bellas Artes
2 Museo Guggenheim Bilbao

SEHENSWERTES
3 Arkeologi Museo
4 Azkuna Zentroa
5 BilbaoArte Fundazioa
6 Catedral de Santiago
7 Euskal Museoa
8 Museo de Arte Sacro de Bilbao
9 Museo de Reproducciones Artísticas
10 Plaza Nueva
11 Sala Rekalde

SCHLAFEN
12 Gran Hotel Domine
13 Hostal Begoña
14 Hotel Carlton
15 Pensión Iturrienea Ostatua
16 Poshtel Bilbao
17 Quartier Bilbao

ESSEN
18 Agape Restaurante
19 Bacaicoa Taberna
20 Basquery
21 Baster
22 Claudio: La Feria del Jamón
23 Gure Toki
24 Los Fueros
25 Mina Restaurante
siehe 23 Sorginzulo
26 Tostadero Nossi-Be
27 Zortziko

AUSGEHEN
28 Café Iruña
29 MaiKala

UNTERHALTUNG
30 Azkena
31 Bilborock
32 Kafe Antzokia
33 LuzGas
34 Teatro Arriaga

SHOPPEN
35 La Quesaría
36 Larralde
37 Magnolia Rare Books
38 Mercado de la Ribera
39 Rzik
40 Sombreros Gorostiaga

BRESTER IRINA/SHUTTERSTOCK ©

Azkuna Zentroa

DIE BESTE LIVE-MUSIK IN BILBAO

Kafe Antzokia
Internationaler Rock, Blues und Reggae sowie baskischer Rock-Pop vom Feinsten.

Bilborock
In einer Kirche aus dem 17. Jh.; für Rock- und Metal-Konzerte bekannt.

Azkena
Die Adresse für alternative Musik (die in Bilbao sehr alternativ sein kann!).

LuzGas
Cooles Café mit regelmäßigen Jazzkonzerten und Kunstdekor.

In der Nähe zeigt die **Sala Rekalde**, ein avantgardistischer kultureller Raum mit Kunstgalerie, die oft überaus fesselnden Werke zeitgenössischer baskischer Kunstschaffenden. Vieles hat einen politischen und gesellschaftlichen Fokus.

Am südlichen Ende der Neustadt liegt das **Azkuna Zentroa** (Alhóndiga). Das einstige Weinlager wurde in ein Kultur- und Freizeitzentrum verwandelt, die einzigartige Architektur machen es jedoch auch zu einer zeitgenössischen Kunstgalerie. Die stämmigen Säulen im Erdgeschoss stehen jeweils für verschiedene Kulturen und Architekturstile. Bemerkenswert ist auch der Swimmingpool mit Glasboden über einem.

Baskische Geschichtsstunde

SIND SIE DIE ÄLTESTEN EUROPÄER?

Die Basken scheinen schon immer in diesem Teil Spaniens zu leben. Manche halten sie für die ursprünglichen Europäer, tatsächlich sind ihre Ursprünge aber nicht geklärt. In Bilbao geben verschiedene eindrucksvolle Museen eine gute Einführung in baskische Geschichte und Kultur.

Am besten startet man mit dem Beginn der Menschheitsgeschichte. Das **Arkeologi Museo** zeigt eine übersichtliche und interessant gestaltete Sammlung über das, was man über die

KAFFEE UND EIS IN BILBAO

MaiKala
Fantastische Bäckerei im Vintage-Stil an der Plaza Nueva, die Frühstück mit Ausblick bietet.

Café Iruña
Bögen nach maurischer Art, exquisite Fliesen und eine Marmorbar machen diese Grande Dame aus.

Tostadero Nossi-Be
Pilzeis? Na gut, aber Tintenfischeis?! Manche Sorten fordern den Gaumen heraus!

STADTSPAZIERGANG: ARCHITEKTUR & FLUSSBLICKE

Zu den Highlights Bilbaos gehören die verschiedenen Architekturstile und die Spazierwege am Fluss.

Startpunkt ist das barocke 1 **Teatro Arriaga** am Rand des Casco Viejo. Von dort geht es den Fluss entlang über die Plaza del Arenal und am prachtvollen 2 **Ayuntamiento** (Rathaus) aus dem späten 19. Jh. vorbei. Dann führt der Weg flussaufwärts den Paseo Campo Volantín entlang und über die 3 **Puente Zubizuri**; die wellenartige Brücke wurde von Santiago Calatrava entworfen und zählt zu den eindrucksvollsten der Stadt.

Nun läuft man nach rechts am Ufer entlang zum bekanntesten Gebäude der Stadt, dem 4 **Museo Guggenheim Bilbao**.

Dann folgt man weiter dem Fluss und passiert einige Skulpturen. Schließlich erreicht man den modernen 5 **Palacio Euskalduna**, die Heimat der Sinfonieorchester von Bilbao und vom Baskenland. Ein Spaziergang durch den 6 **Parque de Doña Casilda de Iturrizar** führt vorbei am 7 **Museo de Bellas Artes** zur 8 **Plaza de Federico Moyúa**, dem Mittelpunkt der Neustadt. Rechter Hand steht der 9 **Palacio de Chávarri** aus dem frühen 20. Jh., und gegenüber das imposante 10 **Hotel Carlton**. Nun geht's die Calle de Ercilla hinab und weiter bis zu den hübschen 11 **Jardines Albia**, über denen die 12 **Iglesia San Vicente Mátir** aus dem 16. Jh. thront. Schließlich läuft man zur Calle Lopez de Haro und an der Jugendstilfassade der 13 **Concordia-Bahnstation** vorbei über den Puente del Arenal bis zum Ausgangspunkt.

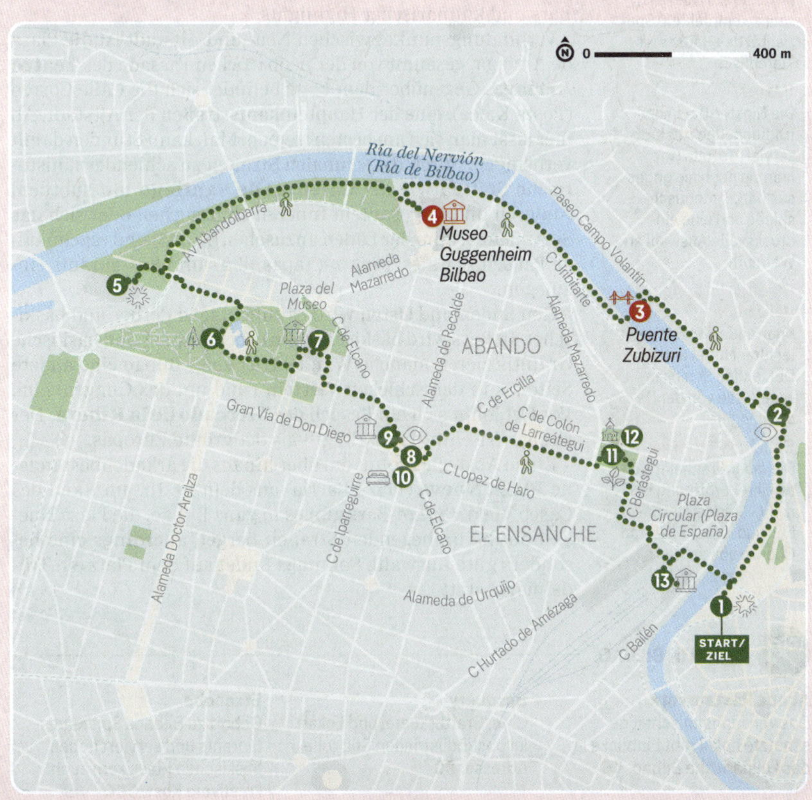

frühesten Ankömmlinge in der Region weiß, und über das Wachstum von Städten und Dörfern bis zum Mittelalter.

Gerüstet mit historischem Basiswissen geht's zum **Euskal Museoa**. Das exzellente Museum ist der Zeit vom Mittelalter bis zum 20. Jh. gewidmet und gibt einen Überblick über das Leben der Seefahrer und Schäfer, die prägend für die heutige baskische Identität waren. Zu sehen sind außerdem interessante Exponate zu baskischen Ritualen und Glaubensvorstellungen. Zu Redaktionsschluss war das Museum wegen Renovierung geschlossen.

Die letzte Geschichtsstunde findet im **Itsasmuseum** am Ufer statt. Das interaktive Meereskundemuseum erweckt die Seefahrtsgeschichte von Bilbao und dem Baskenland zum Leben. Hier lernt man, dass die Basken gefürchtete Piraten, versierte Walfänger und furchtlose Entdecker waren, die vielleicht sogar vor Kolumbus Amerika entdeckten.

DIE BESTEN *PINTXO*-BARS IM CASCO VIEJO

Gure Toki
Eine großartige Option an der Plaza Nueva in der Altstadt mit einer raffinierten schnörkellosen Auswahl an kreativen *pintxos*.

Sorginzulo
Auch diese winzige Bar an der Plaza Nueva ist sehr zu empfehlen. Spezialität des Hauses ist Tintenfisch.

Baster
Die Hipster-Bar in der traditionellen Altstadt serviert Tortilla (wie man sie noch nie gegessen hat), Tintenfischspieße und eine eindrucksvolle Auswahl an Wermuth.

Claudio: La Feria del Jamón
Knarrende alte Bar voller alter Möbel und mit Dutzenden Schinkenkeulen, die von der Decke hängen.

Bacaicoa Taberna
Die *taberna* scheint sich seit ihrer Eröffnung 1965 nicht verändert zu haben und ist auf Pilze und Chorizo spezialisiert.

Casco Viejo

SICH IM ALTEN BILBAO VERLIEREN

Der kompakte Casco Viejo, Bilbaos atmosphärische Altstadt, ist voller charmanter Straßen, origineller Geschäfte, lebhafter Bars und kulinarischer Highlights.

Verbindungspunkt zwischen Neu- und Altstadt ist die Plaza de Arriaga, gesäumt von der neobarocken Fassade des **Teatro Arriaga**. Gegenüber dem Platz befindet sich die Calle Correo (Posta Kalea), eine der Haupteinkaufsstraßen der Altstadt. Ab hier lässt man sich am besten treiben. Man kann Stunden damit verbringen, durch die schmalen Straßen zu schlendern, historische Stätten wie die **Catedral de Santiago** mit subtilem Äußeren und imposantem Inneren zu besuchen oder sich das Sortiment origineller Läden anzusehen (S. 333) und regelmäßige Pausen in Cafés, *pintxo*-(Tapas-)Bars und Restaurants einzulegen.

Gen Süden und Osten wird es zunehmend derber und baskischer. In Bars wird baskischer Hardrock gespielt und baskische Graffitis zieren manche Wände. Hier zeigt Bilbao eine andere Seite als in den schicken Vierteln rund um das Guggenheim. Vor Ort lohnt sich ein Besuch des **Mercado de la Ribera**. Der riesige Frischwarenmarkt gilt als der größte Europas.

Einen Abstecher lohnt darüber hinaus die arkadenbestandene **Plaza Nueva** (Plaza Barria) aus dem 19. Jh. am Rand des Casco Viejo. *Pintxo*-Bars gibt es in ganz Bilbao, die Plaza Nueva und die umliegenden Straßen bergen allerdings eine besonders gute Auswahl. Sonntags findet auf dem Platz ein Trödelmarkt statt.

ESSEN IN BILBAO

Agape Restaurante
Das von Einheimischen geschätzte Lokal gibt Einblicke in das kulinarische Bilbao. **€€**

Basquery
Café, Craftbrauerei und Lokal im postindustriellen Stil; tolle Adresse. **€€**

Etxanobe
Gehört zu Bilbaos Spitzenrestaurants und serviert neben baskischen Klassikern auch kreativere Kost. **€€€**

Teatro Arriaga

ATHLETIC BILBAO

Viele baskische Herzen schlagen für Pelota, noch größer ist allerdings die Leidenschaft für Fußball und das lokale Team Athletic Bilbao. Schon lange zählt der Club zu den erfolgreichsten Spaniens, was angesichts der besonderen Vereinspolitik, nach der nur baskische Spieler unter Vertrag genommen werden, besonders beeindruckt. Das neue Stadion, das **Estadio San Mamés**, ist ein kleines architektonisches Meisterwerk und passt perfekt nach Bilbao. Ein Stadionbesuch ist ein tolles Erlebnis. Tickets gibt es über die Website des Vereins, im Stadion und an Spieltagen an BKK-Geldautomaten. Das Stadion ist auch ein Museum und bietet Führungen an.

Pelota, der baskische Nationalsport

DAS SCHNELLSTE BALLSPIEL DER WELT

Ob in Städten oder auf dem Land, der allgegenwärtige Pelota-Platz oder Frontón steht sinnbildlich für das Baskenland. Der an eine Kirchenwand gebaute Frontón ist der Mittelpunkt des baskischen Dorflebens. Hier trifft sich die lokale Gemeinde am Wochenende, um sich ein Pelota-Spiel anzuschauen.

Im Baskenland gibt es diverse traditionelle Sportarten und Spiele – Holzsägen, Steinheben, Heuballenwerfen und Tauziehen –, doch Pelota ist etwas Besonderes. Das schnelle Ballspiel kann zu zweit oder in Teams gespielt werden und ähnelt Squash, wobei es Unterschiede und verschiedene Arten gibt. Es kann mit kleinen Holzschlägern gespielt werden oder mit einem langgezogenen Korb, dem *chistera* (die schnellste Variante, bei der der Ball bis zu 300 km/h erreicht). Im Baskenland ist *Pelota mano* („Handball") am beliebtesten; dabei wird der Ball mit der bloßen Hand so schnell wie möglich gegen die Prellwand geschlagen.

Der größte Frontón ist der **Bizkaia Frontoia** in Bilbao mit 3000 Plätzen. Hier werden viele große Wettbewerbe ausgetragen. Karten für größere Spiele gibt es online, und im Sommer finden regelmäßig Freundschaftsspiele statt.

UNTERWEGS VOR ORT

Dank der schnellen, günstigen Metro, die vom Zentrum zu einigen küstennahen Orten (wie Getxo) fährt, spart man sich stressige Autofahrten.

Mina Restaurante
Das Restaurant am Fluss bietet kulinarische Kreativität auf höchstem Niveau; für manche das beste Bilbaos. **€€€**

Zortziko
Hoch anspruchsvolle Kreationen in Form von Probiermenüs mit fester Menüfolge serviert dieses elegante Sternerestaurant. **€€€**

Los Fueros
Das Bar-Restaurant in einer Seitenstraße mit Fokus auf Seafood kredenzt Klassiker wie in Apfelwein marinierte Sardinen. **€€**

Rund um Bilbao

Auf der gemächlichen kurvenreichen Straße zwischen Bilbao und San Sebastián lässt sich wunderbar die fantastische baskische Küste entdecken.

Jenseits der weitläufigen Vororte Bilbaos erstreckt sich eine üppig grüne Landschaft mit Klippen, die steil in den wilden Atlantik abfallen, und mit hübschen Fischereidörfern, die sich im Sommer in hippe Strand- und Surftreffs verwandeln. Doch nicht alles ist eitel Sonnenschein. In Gernika gibt ein bewegendes Museum zum Thema Krieg und Frieden Einblicke in menschliche Abgründe.

Aufgrund limitierter öffentlicher Transportmittel ist das Auto die beste Wahl. Die Straßen sind kurvenreich, die Ausblicke großartig und die Strände schön, deswegen sollte man mindestens einen ganzen Tag für die Strecke zwischen Bilbao und San Sebastián einplanen. Wer zwei Tage erübrigen kann, übernachtet im charmanten Lekeitio.

TOP TIPP

Unterkünfte sind an diesem Küstenabschnitt erstaunlich rar gesät und im Sommer stark nachgefragt. Also früh buchen.

Fliesen-Nachbildung von Picassos *Guernica*, Gernika

MIKEDOTTA/SHUTTERSTOCK ©

VALERY ROKHIN/SHUTTERSTOCK ©

Museo de Euskal Herría

Geschichte, Schrecken & Hoffnung in Gernika

MEHR ALS EIN BILD

Gernika (Guernica auf Spanisch) steht sinnbildlich für die Brutalität des Spanischen Bürgerkrieges und wurde 1937 durch einen verheerenden Bombenangriff dem Erdboden gleichgemacht. Der Schreckenstag hinterließ tiefe Spuren in der Identität der Stadt. Nach dem Krieg wurde Gernika schnell wieder aufgebaut. Die historischen Bauten sind verloren, doch in den schmalen Straßen des Zentrums herrscht heute buntes Treiben. Einige exzellente Museen sind dem Bombenangriff und der Widerstandsfähigkeit der baskischen Kultur im Wandel der Zeiten gewidmet.

Ein eindrückliches Erlebnis ist der Besuch des **Museo de la Paz de Gernika**. Audiovisuelle Exponate zeigen den Schrecken des Krieges, sowohl im Baskenland als auch weltweit. Es zeichnet auf bewegende Weise die Geschehnisse des 26. April 1937 nach und behandelt die Themen Frieden und Versöhnung.

In der Nähe gibt das **Museo de Euskal Herría** mittels alter Karten, Gravierungen und verschiedener anderer Dokumente und Porträts einen umfassenden Überblick über die baskische Geschichte. Am interessantesten sind die zwei oberen Etagen, wo einem kulturelle Traditionen mit Exponaten zu Tanz, Folklore, Mythologie und Sport näher gebracht werden.

Die Tragödie von Gernika ist dank Picassos *Guernica* international ein Begriff. Das ikonische Gemälde steht symbolisch für die Gewalt im 20. Jh.

DER BOMBENANGRIFF AUF GERNIKA

Warum Franco Gernika zerstören wollte, liegt auf der Hand. Der Spanische Bürgerkrieg wütete und der Zweite Weltkrieg stand kurz vor dem Ausbruch. Francos nationalistische Truppen rückten vor und Gernika war die letzte Stadt zwischen den Nationalisten und der Einnahme Bilbaos. Die Beweggründe Hitlers sind weniger offensichtlich, man geht jedoch davon aus, dass die Nationalsozialisten die Strategie des „Bombenterrors" gegen zivile Ziele testen wollten.

Am Morgen des 26. April 1937 flogen Flugzeuge von Hitlers Legion Condor über der Stadt hin und her und demonstrierten ihre neue Strategie des Flächenbombardements. In nur wenigen Stunden war Gernika zerstört und viele Menschen starben oder wurden verletzt.

ESSEN AN DER BASKISCHEN KÜSTE

Zallo Barri
Laut Einheimischen die beste Adresse für baskische Küche in Gernika. €€

Mesón Arropain
Wunderschön angerichtete Seafoodgerichte, bei denen die hochwertigen Zutaten für sich sprechen. €€€

Artza
Köstliche Platten mit gegrilltem Tintenfisch, Thunfisch und Rochen sowie herausragender *marmitaco* (herzhafte Fischsuppe). €€

DIE BESTEN BASKISCHEN STRÄNDE

Das Baskenland hat eine spektakuläre Küste, von winzigen Felsbuchten, zu denen holprige Pfade führen, bis hin zu weltbekannten urbanen Schönheiten. Hier ein paar sandige Highlights.

Hondarribia
Dank ruhigem Wasser ist der familienfreundliche Strand gut für kleine Kinder geeignet.

Playa de Ereaga
Der Sandstrand von Getxo ist nur eine Metrofahrt vom Zentrum Bilbaos entfernt. Vor Ort lohnt sich ein Abstecher zum Puente Colgante. Entworfen von einem Schüler des berühmten Gustave Eiffel, war das die erste Schwebefähre der Welt.

Playa de Laida
Von dem Surfort Mundaka geht's mit dem Boot zu diesem goldenen Sandstrand.

Zarautz
Kleiner Urlaubsort mit langgezogenem Sandstrand und ordentlicher Brandung.

ANA DEL CASTILLO/SHUTTERSTOCK ©

Lekeitio

Zauberhaftes Lekeitio

GUTES ESSEN UND TOLLE STRÄNDE

San Sebastián ist die Königin der baskischen Küstenstädte, das hinreißende Lekeitio hingegen die Prinzessin. Kern der hübschen Altstadt sind die prachtvolle Basilika und der geschäftige Hafen, gesäumt von bunten alten Gebäuden mit Holzfachwerk, die teils großartige Fischrestaurants beherbergen. Hauptmagnet für Traveller sind jedoch die zwei Strände. Die zwei reizvollen goldenen Sandstreifen trennen ein Fluss und die **Isla de San Nicolás**. Die felsige, von Laubbäumen bedeckte Insel verleiht Lekeitio das gewisse Etwas. Bei Ebbe kann man über einen befestigten Weg bis zur Insel laufen. Wer nicht zurückschwimmen möchte, sollte die Gezeiten im Blick haben!

Nach den Stränden lohnt die **Basílica de la Asunción de Santa María** einen Besuch. Die spätgotische Kirche mit von Türmchen bekröntem Strebewerk ist mit ihrer Pracht für solch eine kleine Stadt ein überraschender Anblick. Tatsächlich half Lekeitios erfolgreiche Walindustrie bei der Finanzierung des extravaganten Baus. Zu den Highlights gehören die von einem Fries bedeckte Westfassade und ein eindrucksvolles gotisch-flämisches Altarbild, das drittgrößte Spaniens nach denen in Sevilla und Toledo.

Auf einer Felskuppe, 1,8 km nördlich des Zentrums, thront der **Leuchtturm von Santa Catalina**. Er ist noch in Betrieb und das angeschlossene Infozentrum gibt einen interessanten Überblick über die Küstenschifffahrt und die Herausforderungen für baskische Fischer.

UNTERWEGS VOR ORT

Busse fahren von Bilbao (und oft auch von San Sebastián) in alle Küstenstädte. Nach Gernika, Mundaka und Bermeo verkehren ab Bilbao zudem Züge. Für die Erkundung der Küste ist ein Auto ideal. Die Küstenstraße zwischen Bilbao und San Sebastián erscheint kurz, doch wegen der vielen Kurven (und dem hohen Verkehrsaufkommen im Sommer) braucht man doch einige Stunden.

San Sebastián
Madrid

SAN SEBASTIÁN

Gesäumt von goldenen Stränden und grünen Hügeln, weltweit gefeiert für seine herausragende Gastroszene und mit prachtvoller Architektur und einem umfangreichen Kulturprogramm gesegnet: San Sebastián geizt nicht mit Reizen.

In dieser Stadt wird die Kunst des Essens zelebriert. Ob frische Austern und *txakoli* (leicht perlender Weißwein) in einem Café am Meer oder ein dekadentes mehrgängiges Menü in einem der besten Restaurants der Welt, kulinarisch gesehen spielt die Stadt in einer eigenen Liga.

So gut wie das Essen sind die sommerlichen Vergnügungen. Lage, Form und Glamour machen die Playa de la Concha zu einem klassischen Stadtstrand, während die Playa de la Zurriola Surfbegeisterte anlockt.

Bei diesem Gesamtpaket sind die meisten Reisenden der attraktiven Stadt schnell verfallen.

TOP TIPP

San Sebastián ist im Sommer ein sehr beliebtes Urlaubsziel für Einheimische und Auswärtige. Zwischen Ostern und Oktober bekommt man an den populärsten Orten nur schwer eine Unterkunft und für Juli und August sollte man, wenn möglich, Monate im Voraus buchen.

Die Welt der *pintxos*

SPANIENS BESTE TAPAS

Im Baskenland gibt es für Einheimische zwei Kunstformen. Eine findet man in Museen, die andere kann man essen: *pintxos*. Der *pintxo* ist der denkwürdige baskische Beitrag zur internationalen Gastroszene. Diese Köstlichkeit als bloße baskische Tapas-Version zu bezeichnen, wird den *pintxos* nicht gerecht. Der kleine, facettenreiche, stets überraschende *pintxo* steht für die Essenz des Baskenlandes im Snackformat.

Pintxos werden in *pintxo*-Bars serviert, von denen es in San Sebastián viele gibt. Ähnlich wie die Pubs in Irland ist auch eine *pintxo*-Bar nicht nur ein Ort zum Essen, sondern eine Begegnungsstätte und eine gesellschaftliche Institution. In denen rund um die Plaza de la Constitución in der Altstadt Parte Vieja (Herz und Seele der hiesigen *pintxo*-Szene) treffen sich am Wochenende abends große gesellige Runden zum Essen und Plaudern, während die Kinder draußen bis tief in die Nacht herumtoben und lautstark Fußball spielen. Im Inneren der *pintxo*-Bar begrüßt einen eine einladende Geräuschkulisse,

DIE BESTEN *PINTXO*-BARS IN DER NEUSTADT

Altuna
Originelle *pintxos* wie geräucherte Kaktusfeige mit *jamón* und Orangenstaub.

Casa Valles
Holzgetäfelte lokale Institution.

Rojo y Negro
Kulinarisches Abenteuer: Tintenfisch-Miniburger, Schweineohren und gegrillte Gänsestopfleber.

Antonio Bar – Bergara 3
Von Sterneköch:innen zu einer der besten *pintxo*-Bars gewählt.

ÜBERNACHTEN IN SAN SEBASTIÁN

Pensión Aldamar
Die freundliche Pension unter professioneller Leitung hat moderne Zimmer mit weißem Dekor und Steinwänden. €€

Pensión Amaiur
Die besten Zimmer haben einen kleinen blumengeschmückten Balkon, auf dem man es sich gemütlich machen kann. €€

Pensión Altair
In einem wunderschön restaurierten Stadthaus in Gros mit Bogenfenstern und modernen, minimalistischen Zimmern. €€

SEHENSWERTES
1 Playa de la Concha
2 Playa de la Zurriola

SCHLAFEN
3 A Room in the City
4 Hotel Maria Cristina
5 Pensión Aida
6 Pensión Aldamar
7 Pensión Altair
8 Pensión Amaiur

ESSEN
9 Altuna
10 Antonio Bar – Bergara 3
11 Bar Borda Berri
12 Bar Desy
13 Bergara Bar
14 Bodega Donostiarra
15 Bodegón Alejandro
16 Casa Urola
17 Casa Valles
18 Ganbara
19 Gandarias
20 Gerald's Bar
21 Kata 4
22 La Cuchara de San Telmo
23 La Viña
24 Loaf
25 Pagadi Taberna
26 Rojo y Negro
27 Txalupa Gastroleku
28 Txepetxa
siehe 24 Xarma

AUSGEHEN
29 Botanika
30 Koh Tao
31 Museo del Whisky
32 Old Town Coffee

UNTERHALTUNG
33 Etxekalte

Paprika in Tempurateig, Bar Borda Berri

während die Leute Ellbogen an Ellbogen sitzen und dem Barpersonal ihre Bestellungen entgegenrufen. An der Theke türmen sich Teller mit verschiedenen *pintxos*, darunter Klassiker wie Garnelen- oder Lachsmousse auf einer Scheibe Brot, Tintenfischspieße, winzige mintgrüne Wachteleier, haufenweise Pilze und ordentliche Portionen Gänsestopfleber. Jede Bar hat eine Spezialität des Hauses, wobei diese nicht zwangsläufig ganz oben auf der Theke ausgestellt ist. Die meisten *pintxo*-Bars bereiten auch warme *pintxos* frisch zu. In der Regel sind diese an einer Tafel hinter der Bar angeschrieben.

Auf den ersten Blick können *pintxo*-Bars etwas einschüchtern, doch tatsächlich ist alles ganz unkompliziert, auch wenn es ein paar Regeln gibt. Die wichtigste: Es herrscht keine Selbstbedienung. *Pintxos* sind nicht gratis (und teils sogar recht teuer). Man sagt an der Bar, welche man möchte, bekommt dann einen Teller dafür und das Personal notiert, was man gegessen hat. Bezahlt wird beim Gehen. Einheimische wählen meist nur einen oder zwei *pintxos* und ziehen dann zur nächsten Bar weiter. Auf diese Art lernt man die größte Bandbreite kennen.

Na dann, *topa!* (baskisch für Prost!) – und auf in die spannendste Tapas-Szene Spaniens.

DIE BESTEN *PINTXO*-BARS IN DER ALTSTADT

Bar Borda Berri
Die Spezialität des Hauses ist Pilz-Ziegenkäse-Risotto.

Casa Urola
Das 1956 eröffnete Lokal serviert leckeren gegrillten weißen Spargel.

Ganbara
Zu empfehlen sind die gegrillten Pilze mit pochiertem Ei.

Gandarias
Die Krabbenpastete ist ein Meisterwerk.

La Cuchara de San Telmo
Die langsam geschmorten Kalbsbäckchen sind ein Gedicht.

Txalupa Gastroleku
Tolles Gesamtpaket; aktuell unsere Lieblings-*pintxo*-Bar.

Txepetxa
Die einfache *antxoa* (Anchovie) wird hier royal veredelt.

WEITERE UNTERKÜNFTE IN SAN SEBASTIÁN

Pensión Aida
Exzellente Pension. Helle, kreativ eingerichtete Zimmer mit viel freigelegtem Mauerwerk. €€

Hotel Maria Cristina
Glamourös und perfekt in Schuss; hier nächtigten bereits Audrey Hepburn, Coco Chanel und Mick Jagger. €€€

A Room in the City
Das Hotel über einer lebhaften Bar ist perfekt, um neue Leute kennenzulernen. €

LINKS: DPA PICTURE ALLIANCE/ALAMY ©, RECHTS: JOHN HARPER/GETTY IMAGES ©

***Pintxo*, Arzak**

DIE BESTEN CAFÉS IN SAN SEBASTIÁN

Koh Tao
Das freundliche Café mit bunt zusammengewürfelten Vintage-Möbeln, gemütlichen Sesseln und Street-Art-Malereien auf freigelegtem Mauerwerk lädt zu Kaffee oder Kaltgetränken ein.

Old Town Coffee
Hochwertige Röstungen, verschiedene Zubereitungstechniken und eine kleine hauseigene Rösterei. Zudem gibt's frisch gepresste Säfte und den ganzen Tag über Frühstück.

Loaf
Brot, Kuchen und Kekse sind exzellent, außerdem gibt's guten Kaffee.

Land der Sternenküche

EINIGE DER BESTEN RESTAURANTS DER WELT

Essbare „Flusssteine", Algenschaum und mehr: Ein Besuch in einem der vielen Sternerestaurants im Baskenland ist ein unvergessliches kulinarisches Erlebnis. In der Region gibt es 23 Restaurants mit mindestens einem Michelin-Stern und vier – **Arzak**, **Akelarre**, **Martín Berasategui** und **Azurmendi** – mit ganzen drei Sternen. Allesamt werden zu den besten Restaurants der Welt gezählt. In den Küchen geht es dabei ganz anders zu als beim klassischen Kochen. Vielmehr verbinden kulinarische Alchemist:innen Kunst und Wissenschaft in Kochlaboren. Im Labor des Arzak gibt es z. B. über tausend Produkte und Zutaten zum Experimentieren. Die Gerichte müssen nicht nur den Geschmackstest bestehen, sondern auch mit ihrer Optik, ihrem Geruch und ihrer Textur überzeugen und sich harmonisch in die restliche Speiseauswahl der Saison einfügen.

Während so vor allem das Neue, Unterwartete im kulinarischen Fokus steht, konzentrieren sich auch manche Spitzenköchinnen und -köche im Baskenland auf bewährte Traditionsgerichte. Das **Asador Etxebarri** (S. 356) mitten im grünen Landesinneren, 75 km von San Sebastián entfernt, ist im Kern ein klassisches *asador*-(Grill-)Restaurant, wie es fernab der

ESSEN IN SAN SEBASTIÁN

Bodegón Alejandro
Das gemütliche, geschmackvolle Kellerrestaurant ist für seine baskische Küche bekannt. **€€€**

La Viña
Leckeres Essen, die Leute kommen jedoch von nah und fern vor allem wegen des wunderbar cremigen Käsekuchens. **€€**

Chutney Gastrobar
Der englische Koch mit asiatischen Wurzeln und der französische Barkeeper stehen für Innovation pur. **€**

Küste in Spanien viele gibt. Hier kommen jedoch vom Küchenchef Victor Arguinzoniz selbst entworfene, verstellbare Grills zum Einsatz, die durch ein Flaschenzugsystem gehoben und gesenkt werden können. Zudem wählt der Küchenchef das Grillholz sorgfältig aus (von alten Weinstöcken für Fleisch, von Grüneichen für Fisch), was das einfache Barbecue zu einer ganz neuen Erfahrung macht.

Im Mittelpunkt stehen bei allen stets lokale marktfrische Zutaten. Viele baskische Spitzenrestaurants haben große eigene Gemüsegärten und verwenden so viel Selbstangebautes wie möglich. Ein weiteres Beispiel für diesen regionalen Fokus ist Andoni Luis Aduriz, Küchenchef im Zwei-Sterne-Restaurant **Mugaritz**, 10 km von San Sebastián entfernt. Bei ihm kommen Produkte, die in den umliegenden Wäldern und Hügeln gesammelt wurden, zum Einsatz.

Der Besuch von einem dieser Sternetempel ist ein denkwürdiges Erlebnis auf jeder Reise durchs Baskenland. Günstig ist es allerdings nicht. Man zahlt mindestens 200 € pro Person (ohne Wein) und muss bereits Monate im Voraus einen Tisch reservieren.

Sand & Meer

SPASS AM STRAND

Die Stadt liebt die Strände, was angesichts der traumhaften Strände in San Sebastián nicht verwundert.

San Sebastiáns Vorzeigestrand, die halbmondförmige **Playa de la Concha** (und ihre Verlängerung im Westen, die **Playa de Ondarreta**), zählt zweifellos zu den besten Stadtstränden Europas. Er ist größtenteils vor den Altantikwellen geschützt und zieht eine bunte Klientel an, von einheimischen Großeltern über körperbewusste Fashionistas bis hin zu Familien mit kleinen Kindern. Hier ist das ganze Jahr über etwas los. Im Sommer reiht sich ein Körper an den nächsten und es herrscht Fiesta-Stimmung. Man kann zu vor der Küste verankerten Tauchplattformen, teils mit kleinen Rutschen, schwimmen und an den äußeren Rändern des Strandes Volleyball spielen. Interessant sind auch verschiedene Sandkunstwerke, die nur bis zur nächsten Flut überdauern. Die Sandkünstler:innen sammeln sich in der Regel am östlichen Ende des Strandes unterhalb des Parque de Alderdi Eder. Bei Sonnenuntergang breiten dann Familien und Freund:innen ihre Handtücher im Sand aus und genießen ein Picknick unter dem Sternenhimmel. Im Winter wandelt sich der Strand zum beliebten Joggingrevier, während sich ein paar Hartgesottene vom eiskalten Wasser eine belebende Wirkung versprechen.

SAN SEBASTIÁN AUS DER VOGELPERSPEKTIVE

Monte Igueldo
Weites Panorama der Bahía de la Concha. Am besten mit der Seilbahn am westlichen Ende der Playa de Ondarreta zu erreichen.

Monte Urgull
Erhebt sich über der Altstadt; den Gipfel krönt eine Christusstatue.

Monte Ulia
Perfekte Blicke auf den Sonnenuntergang. Über das östliche Ende der Playa de la Zurriola zu erreichen.

Playa de Ondarreta

Kata 4
Hier gibt's acht verschiedene Austernvarianten und kreativ zubereiteten Fisch. €€

Gerald's Bar
Lokal unter australischer Leitung mit einer täglich wechselnden Auswahl, die internationale Einflüsse miteinander verbindet. €€

Xarma
Ein eindrucksvoller moderner Speiseraum dient als Kulisse für künstlerisch angerichtete Speisen. €€

DIE BESTEN *PINTXO*-BARS IN GROS

Das Viertel Gros in San Sebastián hat eine lokalere *pintxo*-Barszene als die nahe Parte Vieja.

Bodega Donostiarra
Lust auf scharf gebratene Makrele mit Lachsrogen oder Blutwurst mit süßen roten Paprika?

Bergara Bar
Die leckeren Köstlichkeiten türmen sich auf der Theke und sind an der Tafel angeschrieben.

Pagadi Taberna
Bei Einheimischen beliebte Bar mit einer großen Auswahl an traditionellen *pintxos*.

Bar Desy
Craft-Bier und gehaltvolle *pintxos* – eine tolle Kombination.

Bixente Taberna
Altmodisch und untouristisch mit herausragenden Austern.

GABRIEL BOUYS/AFP VIA GETTY IMAGES ©

Surfer, Playa de la Zurriola

Vor der Küste der Playa de la Concha liegt die Isla de Santa Clara. Die kleine baumbewachsene Insel ist mit Booten erreichbar, die im Sommer halbstündlich vom Fischereihafen verkehren. Bei Ebbe hat die Insel ihren eigenen winzigen Strand. Man sollte nicht versuchen, hierher zu schwimmen – die Entfernung ist größer, als man denkt, und es herrscht reger Bootsverkehr.

Der zweite Stadtstrand, die **Playa de la Zurriola** im Viertel Gros, ist die Surfzentrale. Zwar kann er optisch nicht mit der glamourösen Playa de la Concha mithalten, dafür geht's hier oft ruhiger und unprätentiöser zu. Die besten Surfwellen findet man am östlichen Ende. Vor Ort gibt es zahlreiche Surfschulen.

Zwischen der Playa de la Concha und der Playa de la Zurriola verläuft eine Uferpromenade. Sie führt um die hintere Altstadt herum und passiert das eindrucksvolle **Aquarium**, wo sich all die anderen Kreaturen tummeln, die das Wasser vor San Sebastián bewohnen.

UNTERWEGS VOR ORT

San Sebastián ist klein und die Parte Vieja liegt mittendrin, deshalb gelangt man zu Fuß meist am einfachsten und schnellsten dorthin. Busse mit Stopps in anderen Stadtteilen bedienen die Haltestellen an der Alameda del Boulevard.

AUSGEHEN IN SAN SEBASTIÁN

Etxekalte
In Hafennähe gibt's hier auf zwei Stockwerken Livemusik (Jazz und Blues) und oft sind DJs bis spät in die Nacht da.

Museo del Whisky
Atmosphärische Bar mit einer riesigen Auswahl vom schottischen Nationalgetränk (3400 Flaschen, um ganz genau zu sein).

Botanika
Einheimische treffen sich in dem kleinen schattigen Innenhof und dem sonnigen Innenraum mit Kunstdekor gern auf einen Wein oder Wermuth.

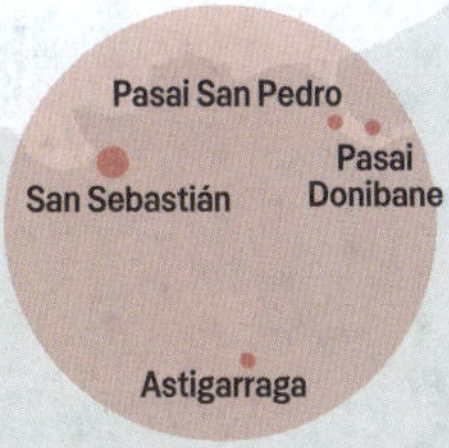

Pasai San Pedro
San Sebastián
Pasai Donibane
Astigarraga

Rund um San Sebastián

Jenseits von San Sebastián locken typisch baskische Küstenorte und die Welt des *sagardoa.*

TOP TIPP

Für Reisen nach Frankreich ist die Fähre von Hondarribia, 20 km von San Sebastián entfernt, nach Hendaye die reizvollste Option.

Wen die Küche San Sebastiáns begeistert hat, kann sich erst recht auf das freuen, was vor den Stadttoren wartet. Das östlich gelegene Pasaia lädt zu einem Restaurantbesuch mit anschließendem Spaziergang ein. Ein kulinarisches Erlebnis der anderen Art bietet ein Abend in einem *sagardotegi* (Apfelweinhaus) in den grünen Hügeln im Landesinneren. Nur wenige Auswärtige erkunden das Umland San Sebastiáns, deswegen zeigt sich das Baskenland hier von seiner authentischsten Seite.

Pasai Donibane (S. 350)

SURFEN IM BASKENLAND

Von ruhigen Strandwellen über imposante Slab Reefs bis hin zur weltbekannten tunnelförmigen Linkswelle von **Mundaka** an einer Flussmündung: Die baskische Küste gehört zu Europas erstklassigen Surfzielen. Die Auswahl an guten Surfstränden im Baskenland ist schier endlos. Zu den besten Spots für Neulinge gehören die eingefleischte Surfgemeinde **Zarautz**, 20 km westlich von San Sebastián, die Strände rund um **Sopelana** nördlich von Bilbao und die sanften Wellen an San Sebastiáns Playa de la Zurriola (Gros). An all diesen Stränden gibt es Surfschulen.

Der Sommer ist naturgemäß die angenehmste Zeit zum Surfen, wobei der Wellengang im Herbst und Winter erst richtig Fahrt aufnimmt.

PERSPECTIVEMAN/SHUTTERSTOCK ©

Leuchtturm von La Plata

Küstenwanderweg nach Pasaia

BASKISCHE WALFÄNGER UND WALÄHNLICHE GIPFEL

Pasai Donibane ist ein kleines Dorf mit grünen und weißen Häusern, die an einem schmalen Naturhafen ans Wasser grenzen. Es gehört zu vier Küstenorten, die zusammen Pasaia genannt werden, und ist bekannt für seine Fischrestaurants, die mehr Einheimische anziehen als die in San Sebastián. Man kommt gut mit dem Auto hierher, deutlich schöner ist jedoch der Klippenwanderweg ab San Sebastián. Für die 7,5 km lange Route benötigt man knapp drei Stunden. Zu den Highlights des Weges gehören einige ungewöhnliche klobige Felsformationen, tolle Meerblicke und die wunderbar ruhige Felsenbucht der **Playa de Murgita** (Badekleidung einpacken). Das Beste kommt allerdings zum Schluss: Am **Leuchtturm von La Plata** gibt es einen hübschen Aussichtspunkt mit Blick auf einen messerscharfen Spalt in der Klippenwand, durch den Boote zu den Häfen von Pasaia gelangen. Der Weg endet an den Docks von **Pasai San Pedro**, wo kleine Fährboote etwa alle 15 Minuten über den Kanal nach Pasai Donibane tuckern.

In San Sebastián startet der gut beschilderte Weg nach Pasai Donibane am östlichen Ende der Playa de la Zurriola ganz oben an den Treppen, die von der Calle de Zemoria hinauf zum Monte Ulía führen. Zurück nach San Sebastián geht's mit dem Bus.

Um sich in Pasaia zurechtzufinden, sollte man ein paar Dinge wissen. Zunächst ist Pasaia nicht *eine* Stadt, sondern besteht

ESSEN RUND UM SAN SEBASTIÁN

Casa Cámara
Das Restaurant wird seit 1884 von derselben Familie betrieben. Hier werden herausragende traditionelle Seafoodgerichte serviert. **€€€**

Laía Erretegia
Hier wird das Rindfleisch 30 bis 60 Tage abgehangen und dann über Holzkohle gegrillt. **€€€**

La Hermandad de Pescadores
Bekannt für die angeblich beste *sopa de pescado* (Fischsuppe) der Gegend. **€€€**

aus vier Distrikten. Am interessantesten sind für Reisende Pasai San Pedro, wo die meisten Busse aus San Sebastián ankommen, und Pasai Donibane am Ostufer des Meeresarms.

Ein *sagardotegi* besuchen

EIN *TXOTX* AUF APFELWEIN!

Im Baskenland ist alles etwas anders. Während im restlichen Spanien vorwiegend Wein produziert und konsumiert wird, sind die kühlen, feuchten, grünen Hügel des baskischen Landesinneren ideal für den Anbau von Äpfeln – und Apfelwein (*sagardoa* auf Baskisch, *sidra* auf Spanisch) ist somit das Getränk der Stunde. Die baskische Variante unterscheidet sich von klassischem Apfelwein. Er ist deutlich herber und muss für eine leichte Perligkeit von weit oben eingeschenkt werden. Da Essen und Trinken im Baskenland einen großen Stellenwert haben, gibt es gewisse Rituale rund ums Apfelweintrinken. Zu lernen, wie man baskischen Apfelwein trinkt, und sein Wissen in einem Apfelweinhaus zu testen, ist ein tolles kulturelles Erlebnis.

Ein *sagardotegi* (*sidrería* auf Spanisch) ist ein Apfelweinhaus, eine der großen Institutionen des baskischen Lebens. Hier wird nicht nur Apfelwein getrunken, sondern auch gegessen. Eine Mahlzeit startet traditionell mit einem Kabeljau-Omelette, gefolgt von riesigen Steaks vom Holzkohlegrill und einem Dessert.

Im Preis für das Essen ist so viel Apfelwein inbegriffen, wie man trinken möchte. Traditionell ruft an jedem Tisch in regelmäßigen Abständen eine Person „*txotx*". Dann stehen alle auf und gehen zu den Fässern, um die Gläser an den geöffneten Zapfhähnen aufzufüllen.

Das Wichtigste an einem Abend in einem *sagardotegi* ist der soziale Aspekt. Hierher kommt man nicht alleine oder als Paar, sondern mit alten Bekannten, um auf vergangene Zeiten anzustoßen. Es gibt auch in Städten *sagardotegi*, die besten findet man jedoch auf dem Land. In den Bergen im Landesinneren nahe San Sebastián ist die Auswahl besonders gut. Wer ein *sagardotegi* besucht, ist vermutlich der einzige nichtbaskische Gast, was für ein umso herzlicheres Willkommen sorgt.

Die Apfelweinsaison dauert etwa von Januar bis April, wobei viele *sagardotegi* das ganze Jahr über geöffnet sind.

Adressen von *sagardotegi* findet man unter www.sagardoa.eus. Es ist ratsam, vorab einen Tisch zu reservieren. Wissenswertes über die Apfelweinkultur und -produktion im Baskenland erfährt man im **Sagardoetxea**, einem Apfelweinmuseum mit Obstgarten in Astigarraga, eine nur 20-minütige Busfahrt von San Sebastián entfernt.

VENTAS BESUCHEN

Eine weitere alte baskische kulinarische Tradition ist die *venta* (*benta* auf Baskisch, aber so wird es selten geschrieben). Im Grunde handelt es sich dabei um Gasthäuser entlang alter Fußwege, die an der bergigen Grenze mit Frankreich besonders häufig sind. Bis heute versorgen sie Durchreisende mit Essen und Trinken (manchmal auch mit einem Schlafplatz) und sind oft wunderbare Orte für eine sehr traditionelle baskische Mahlzeit wie gebratene Babyforelle als Vorspeise, gefolgt von einem riesigen Steak zum Hauptgang und lokalem Käse mit Marmelade zum Dessert. Im oberen Teil des Baztán-Tals sind einige vertreten. Es gibt übrigens eine neuere Gattung von *ventas* in der Nähe größerer Grenzübergänge, die billigen Alkohol und viel Ramsch verkaufen.

Txoko Getaria
Die loyale Stammkundschaft schwört auf Sardinen, Seebrassen und Flunder vom Grill. **€€€**

Venta Burkaitz
Klassische *venta* an einer Bergstraße mitten im Nirgendwo. **€€**

Venta Yasola
Renommierte *venta* an den unteren Hängen von La Rhune. Nur zu Fuß zu erreichen. **€€**

VITORIA-GASTEIZ

Vitoria-Gasteiz, meist kurz Vitoria genannt, haben viele nicht im Blick, dabei handelt es sich um die geschäftige, von Wohnbezirken geprägte Verwaltungshauptstadt der südlichen baskischen Provinz Álava (baskisch Araba) und des gesamten Baskenlandes. Trotz des fehlenden touristischen Trubels gibt es viele Gründe für einen Besuch. Die hübsche Stadt hat große Plätze und viele grüne Parkflächen (darunter einen weitläufigen grünen Gürtel um die Stadt), und einige der alten städtischen Gebäude dienen als Leinwände für riesige Kunstwerke. Zudem gibt es eine progressive Kunstgalerie, einige interessante Museen, eine reizvolle Altstadt und tolle *pintxo*-Bars und Restaurants, was ein wirklich attraktives urbanes Gesamtpaket ergibt.

TOP TIPP

Führungen (bei Vorabanfrage auch auf Englisch) durch die Stadt, zu den Wandmalereien, den weitläufigen Grünflächen und Vogelbeobachtungsstätten im direkten Umland organisiert die Tourismusinformation.

GASTROSZENE

Vitoria mag kulinarisch gesehen nicht das internationale Renommee San Sebastiáns genießen, doch bei hiesigen Gourmets hat sie einen hohen Stellenwert. 2014 wurde die Stadt wegen der herausragenden Auswahl an *pintxo*-Bars und hochkreativen Köchinnen und Köche zur *Capital Nacional de la Gastronomía* (Nationalen Gastronomiehauptstadt) gekürt.

Kunst & das Artium

ÜBERRASCHENDE KUNST

In Vitoria begegnet einem Kunst an ungewöhnlichen Orten und in ungewöhnlicher Form. Hinter unscheinbaren Häuserecken warten auffällige kreative Kunstwerke im Riesenformat. Dafür verantwortlich ist die Bewegung **Itinerario Muralístico Vitoria-Gasteiz (IMVG)**, die die nackten Wände der Stadt als Leinwände für Kunst im epischen Stil nutzt. Heute gibt es über ein Dutzend Wandmalereien, die sich auf die Geschichte Vitorias, baskische Legenden oder aktuelle gesellschaftliche Themen beziehen. Sie haben die Altstadt in eine riesige Kunstgalerie verwandelt, in der Häuser und vorbeigehende Menschen Teil der Bilder werden. Es macht Spaß, einfach loszuziehen und sich von den Kunstwerken überraschen zu lassen, in der Tourismusinformation gibt es aber auch eine Karte mit den Standorten.

Die Stadt zeigt Kunst auch auf klassischere Art. Die großen unterirdischen Galerien des **Artium** bergen spannende Stücke von Kunstschaffenden aus dem Baskenland und ganz Spanien, eigentliches Highlight sind jedoch die zum Nachdenken anre-

ÜBERNACHTEN IN VITORIA

La Casa de los Arquillos
Die Pension in einem Gebäude aus dem 18. Jh. beherbergt acht Zimmer mit hellen luxuriösen Textilien. **€€**

Abba Jazz Hotel
Die Zimmer zieren Bilder von Klaviertasten, Trompeten und anderen Jazzinstrumenten. **€€**

Albergue de la Catedral
Das eindrucksvolle, in die Wände einer Kathedrale gebaute Hostel hat schicke Zimmer. **€**

SEHENSWERTES	SCHLAFEN	ESSEN
1 Artium	**3** Abba Jazz Hotel	**6** Bar Txiki
2 Bibat	**4** Albergue de la Catedral	**7** Kea
	5 La Casa de los Arquillos	**8** Torre de Anda

genden Sonderausstellungen. In der Vergangenheit standen dabei Themen wie Folter und Suizid im Mittelpunkt oder auch Pornografie. In Bilbaos Guggenheim-Museum bekommt man so etwas nicht zu sehen!

Vitorias historische Schatztruhe

ARCHÄOLOGISCHE FUNDE UND ANTIKE KARTENSPIELE

Vitorias Gratismuseum **Bibat** schließt das Museo de Arqueología mit ein. Dessen 1500 Stücke fassende archäologische Sammlung zur Provinz Álava umspannt die Urgeschichte bis zur Bronzezeit (1. OG), die Eisenzeit bis zur Geburt Christi (2. OG) und die Römer bis zum Mittelalter (3. OG).

Vor Ort präsentiert außerdem das unkonventionellere Museo Fournier de Naipes eine eindrucksvolle Sammlung historischer Pressen und Spielkarten, darunter einige der ältesten europäischen Kartensets. Deutlicher spannender, als es zuerst klingt!

LOCAL TIPP: DIE BESTEN PINTXOS IN VITORIA

Itziar Herrán, freiberufliche Journalistin, lebt in Vitoria und ist Expertin für alles Baskische.

Bar Txiki
Für mich die beste *pintxo*-Bar in Vitoria. Die Familie Rubio bereitet *tortilla de patatas* seit 40 Jahren nach demselben Rezept zu. Das Txiki befindet sich im Markt mit mehreren Gastrobars und einer Kochschule.

Torre de Anda
Winzige Bar in der Altstadt mit exquisiten Käseplatten und Wein. Auf den Bänken oder der Stadtmauer vor der Tür schmeckt ein Aperitif gleich doppelt so gut.

Kea
Neues raffiniertes Restaurant und *pintxo*-Bar. Sehr zu empfehlen ist *el brioche de chipis fritos.*

UNTERWEGS VOR ORT

Vitoria-Gasteiz ist eine fahrradfreundliche Stadt. Leihräder und geführte Radtouren im Anillo Verde und im historischen Zentrum bietet Capital Bikes. Das kleine, kompakte Vitoria lässt sich wunderbar zu Fuß erkunden. Fast alle Attraktionen liegen einen kurzen Fußmarsch voneinander entfernt und nur wenige Autos verkehren in der Altstadt und in den Haupteinkaufsstraßen.

Rund um Vitoria-Gasteiz

Die ländlich geprägte Region birgt das baskische Kernland.

TOP TIPP

Busse fahren von Vitoria (1 Std.) und Bilbao (1–2 Std.) nach **Oñati**, dem wichtigsten Ort der Region. Für die Naturparks benötigt man unbedingt ein Auto.

Vitorias Umland ist sehr ländlich geprägt. Es gibt nur wenige bedeutsame Städte und teils sind sogar Dörfer rar gesät. Das wellige Ackerland mit sanftäugigen Kühen, bewaldeten Hügeln und Berggipfeln lädt zu entschleunigtem Reisen ein. Angesichts dreier wichtiger Schutzgebiete mit guten Wandermöglichkeiten, interessanter Tierwelt und einer einzigartigen christlichen Pilgerstätte lassen sich in der wenig besuchten Region leicht drei bis vier Tage verbringen.

In Vitoria kann man gut übernachten, tolle Einblicke ins baskische Dorfleben bieten jedoch kleine Landgasthöfe in der Nähe der Schutzgebiete.

Oñati

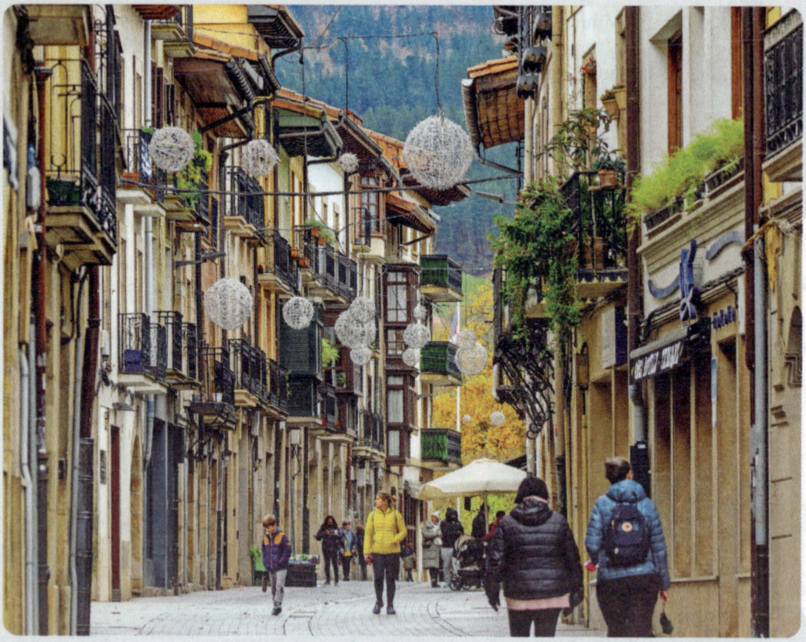

Santuario de Arantzazu

Santuario de Arantzazu

FASZINIERENDE ARCHITEKTUR UND LÄNDLICHES BASKENLAND

Im Baskenland werden Häuser anders gebaut als im Rest der Welt, doch die christliche Pilgerstätte Santuario de Arantzazu, 53 km nordöstlich von Vitoria, nimmt nochmal eine Sonderrolle ein. Die bemerkenswerte Verschmelzung von Frömmigkeit und avantgardistischer Kunst mag nicht allen gefallen, hinterlässt aber einen bleibenden Eindruck. Die Stätte drängt sich in eine Schlucht zwischen Berggipfeln; hier soll der Schäfer Rodrigo de Baltzategi 1468 zwischen Dornbüschen eine Marienfigur entdeckt haben. Ihr nüchternes, sehr originelles Erscheinungsbild geht auf einen Neubau aus den 1950er-Jahren unter Leitung eines baskischen Architektenteams zurück. Die Fassade der Hauptbasilika zieren 14 gemeißelte Apostel und eine unverhüllte Jungfrau Maria, die über dem liegenden Jesus steht. Der Vatikan war bei der Enthüllung über diese biblische Interpretation nicht erfreut.

Die religiöse Stätte thront vor einer spektakulären Berglandschaft, bekrönt vom Aizkorri (1551 m) und Aitzabal (1507 m). Ein großartiger sechs- bis siebenstündiger Rundwanderweg führt vom *santuario* durch wunderschöne sommergrüne Wälder und über offene Wiesen zu den Zwillingsgipfeln. Die Route ist gut beschildert. In der Nähe gibt es noch einige kürzere Wege.

DIE BASKISCHE SPRACHE

Woher die Basken kamen, ist nicht geklärt (es ist kein Einwanderungsmythos überliefert), doch ihre Präsenz soll weiter zurückreichen als die frühesten bekannten Migrationsbewegungen. An der baskischen Kultur ist vieles besonders, einen besonders hohen Stellenwert nimmt jedoch die einzigartige Sprache ein. Der französische Autor Victor Hugo beschrieb die baskische Sprache als ein „Land" – dem würden wohl alle Einheimischen zustimmen. Die Sprache wird als Euskara bezeichnet, ist die älteste Europas und hat keine bekannte Verbindung zu indogermanischen Sprachen. Das unter Franco unterdrückte Baskisch ist eine der offiziellen Amtssprachen Spaniens und erfreut sich in der jungen Generation wachsender Beliebtheit. In und um Oñati wird fast nur Euskara gesprochen.

ÜBERNACHTEN RUND UM VITORIA

Torre Zumeltzegi
Die Zimmer in einer Villa aus dem 13. Jh. haben Deckenbalken und Ausblicke auf Oñati. **€€**

Casa Rural Arregi
In dem reizenden baskischen Haus kann man wunderbar in die ländliche Ruhe eintauchen. **€€**

Caserio Iruaritz
Äußerst romantische ländliche Bleibe mitten in den Hügeln nahe dem Parque Natural de Gorbeia. **€€**

Buntspechte, Parque Natural de Izki

WANDERN IM BASKENLAND & IN NAVARRA

Navarras Pyrenäen stoßen auf mehrere baskische Bergmassive, was das gesamte Baskenland zu einem Wanderparadies mit zahlreichen Wegen über Bergpässe macht. Neben den drei hier beschriebenen Naturparks lohnen auch andere zerklüftete Gebirge einen Besuch, darunter die Sierra de Andia und die Sierra de Aralar, beide im nördlichen Navarra, sowie das pyrenäische Vorland, das sich an der Küste erhebt. Eine klassische Route in den Ausläufern der Pyrenäen führt zum La Rhune; der Gipfel liegt in Frankreich, und zwar direkt hinter der Grenze, doch es gibt einen Weg von der spanischen Seite.

Welt der Natur

BERGE, ADLER, LEGENDEN UND WANDERWEGE

Die Städte im Baskenland sind faszinierend, doch die wahre baskische Seele findet man in den zerklüfteten Hügeln und Bergen der Region.

Es gibt drei Naturparks, die gut von Vitoria aus zu erreichen sind. Am bekanntesten ist der **Parque Natural de Gorbeia**, der sowohl von Vitoria als auch von Bilbao jeweils rund 30 Fahrtminuten entfernt liegt. Hier befindet sich der sanft abgerundete, kuppelförmige **Gorbeia** (1481 m), der höchste Gipfel im Westen des Baskenlandes. Eine tolle fünfstündige Rundwanderung (moderat) startet am **Embalse de Urteguia**, einem Stausee, und führt über Wälder und windgepeitschte Wiesen hinauf zum Gipfel.

Eine 30-minütige Fahrt südöstlich von Vitoria liegt der **Parque Natural de Izki**. Die Landschaft ist von scharfen Gebirgskämmen, einem weiten Eichenwald und Ackerland geprägt. Hier kann man wunderbar wandern und noch besser Vögel beobachten – mit dem Mittelspecht und dem Steinadler als interessanteste Spezies. Im Dorf **Korres** fängt ein guter, recht einfacher 3½-stündiger Rundweg durch den Wald an.

Im **Parque Natural de Valderejo**, eine Fahrtstunde westlich von Vitoria, leben Wölfe, Adler und Schafe. Verschiedene gut beschilderte Wege führen vom Dorf Lalastra bergaufwärts. Einer der schönsten ist die Route 6, ein einstündiger Spaziergang zur **Kapelle San Lorenzo** auf dem Bergkamm.

ESSEN RUND UM VITORIA

Asador Etxebarri
Eines der besten Restaurants der Welt; tatsächlich wird fast alles auf offenem Holzfeuer zubereitet. **€€€**

Urbiako Fonda
Das Urbiako Fonda in einem atmosphärischen Steinhaus ist der ideale Stopp bei einer Wanderung in den Hügeln nahe Arantzazu. **€**

Asador Goyaran
Traditionelle Baskenküche des Landesinneren (große Portionen Fleisch) mit Flair. **€€**

PAMPLONA

Pamplona (auf Baskisch Iruña), Hauptstadt des stolzen unabhängigen Königreichs Navarra, ist vor allem für das wilde Sanfermines-Fest mit den berüchtigten Stierläufen in den Straßen der Altstadt bekannt.

Außerhalb der Fiesta-Zeit bekommt einen das Gefühl, man hätte etwas verpasst, doch es gibt auch dann viel zu erleben. Die Catedral de Santa María, die gerade umfassend renoviert wird, ist die Hauptattraktion. Führungen geben Einblicke hinter die Kulissen der Arbeiten und zeigen einige faszinierende Entdeckungen aus der römischen Zeit. Apropos Römer: Das Stadtmuseum birgt ein paar großartige römische Mosaike. Die Altstadt ist von einer riesigen Befestigungsanlage gesäumt, die heute in einen Park integriert ist, der zu Spaziergängen einlädt.

Hinzu kommt eine lebhafte Restaurant- und Ausgehszene – kein Wunder, dass so viele Reisende, darunter auch Ernest Hemingway, den Reizen Pamplonas verfallen sind.

TOP TIPP

Wer das Sanfermines-Fest besuchen möchte, sollte Unterkünfte weit im Voraus buchen. Ratsam sind sechs Monate bis ein Jahr vorher.

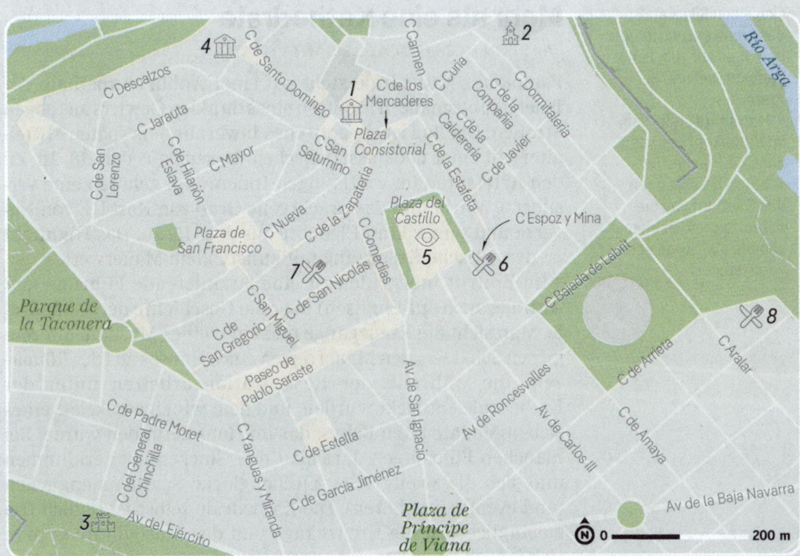

SEHENSWERTES
1 Ayuntamiento
2 Catedral de Santa María
3 Ciudadela
4 Museo de Navarra
5 Plaza del Castillo

ESSEN
6 Bar Gaucho
7 Baserri Berri
8 Restaurante Rodero

SURVIVAL-GUIDE FÜR LOS SANFERMÍNES

Der Stierlauf findet vom 7. bis zum 14. Juli jeden Morgen um 8 Uhr statt. Von der Teilnahme ist abzuraten (Verletzungen sind an der Tagesordnung, vor allem weil viele der Teilnehmenden übereinander fallen, nicht wegen der Stiere), doch auch dem Publikum wird etwas geboten. Dafür sollte man sich früh entlang der Route einen Platz sichern. Manche mieten sich einen auf einem der Balkone entlang des Parcours. Andere kaufen sich einen Sitzplatz in der Arena und verfolgen den Stierlauf vom Eingangstunnel und der Arena aus.

Man sollte außerdem im Hinterkopf behalten, dass zahlreiche Tierschutzorganisationen den Stierlauf und die darauffolgenden Stierkämpfe als Tierquälerei verurteilen.

Mit den Stieren rennen

WILDES JAHRHUNDERTEALTES FEST

Jedes Jahr am 6. Juli fluten rotweiß gekleidete Menschenmassen Pamplona und dann verwandelt Los Sanfermínes eine Woche lang die sonst ruhige Stadt in ein lautstarkes, farbenfrohes Fest.

Im Mittelpunkt steht *el encierro,* der Stierlauf am frühen Morgen. Dabei laufen die sogenannten *mozos* wie Wahnsinnige neben den Tieren her und möchten dabei der Herde wilder Kampfstiere möglichst nahe – aber auch nicht zu nahe – kommen.

Das Spektakel ist aufregend und makaber zugleich, doch die Sanfermines sind viel mehr als nur donnernde Hufe. Das Fest ist ein sorgfältig choreografiertes Schauspiel von Traditionen und Zeremonien. Da ist die vorfreudige Erwartung vor der Eröffnungsfeier, da ist dieser Moment am 7. Juli, wenn die aus dem 15. Jh. stammende Statue von San Fermín durch die Straßen getragen wird, da ist dieses ohrenbetäubende Spektakel, wenn sich Tausende eine Minute vor Mitternacht zu Trommelklängen versammeln und so viel Lärm wie möglich machen, und da ist der Abschluss am 14. Juli um Mitternacht, wenn das schwermütige Lied *Pobre de Mí* gesungen wird. Und dazwischen steigt eine leidenschaftliche Straßenparty, bei der Zehntausende tanzen, singen, essen und trinken.

Mehr als eine Kathedrale

PAMPLONAS CATEDRAL DE SANTA MARÍA

Pamplonas Kathedrale steht auf einer Anhöhe innerhalb der Befestigungsmauern inmitten eines dunklen Gewirrs aus engen Straßen. Der Bau ist ein gotisches Juwel aus dem späten Mittelalter mit einer neoklassizistischen Fassade aus dem 18. Jh. Zu den Artefakten im weitläufigen Innenraum gehören eine versilberte Maria und das prachtvolle Grab von Karl III. von Navarra und seiner Frau Eleonore aus dem 15. Jh. Das Highlight ist der gotische Kreuzgang mit kunstvollem Mauerwerk.

Im Eintritt inbegriffen ist eine faszinierende Führung (auf Anfrage auch auf Englisch) über die Geschichte der Kathedrale. Man sieht die Kreuzgänge und ein kleines Museum mit religiösen Schätzen, den Mauerresten eines Hauses aus der Römerzeit, die während der Restaurationsarbeiten unter der Kathedrale entdeckt wurden, und dem winzigen Skelett eines sieben Monate alten Babys, das im Haus gefunden wurde. Bei manchen Führungen darf man den Glockenturm erklimmen und sich die zweitgrößte Kirchenglocke Spaniens angucken (und eventuell anhören). Die Kathedrale selbst ist täglich frei zugänglich, für die Kreuzgänge und das Museum muss man sich jedoch einer Führung anschließen.

ESSEN IN PAMPLONA

Bar Gaucho
Die mehrfach preisgekrönten *pintxos* gehören zu den besten Pamplonas. Lecker ist Räucheraal mit Tomatengelee. **€**

Restaurante Rodero
Sternerestaurant mit Gerichten aus erstklassigen regionalen Zutaten; ein Fest für die Sinne. **€€€**

Baserri Berri
Kunstvoll präsentierte Probiermenüs mit raffinierten Gerichten wie geräuchertem Strauß mit Bloody-Mary-Gelee. **€€**

Ayuntamiento

Mosaike, Festungen & Plätze

2000 JAHRE GESCHICHTE

Das Alter von Pamplona, das von den Römern gegründet wurde, lässt sich an herausragenden historischen Stätten ablesen.

Das grandiose **Museo de Navarra** in einem einstigen Krankenhaus aus dem Mittelalter birgt eine vielfältige Sammlung an archäologischen Stücken (z. B. einige römische Mosaike, die allerdings aus dem Süden Navarras, nicht aus der Stadt selbst stammen) und Kunst, darunter Goyas *Marqués de San Adrián*. Alles ist auf Spanisch beschriftet, es gibt jedoch Broschüren in anderen Sprachen. Weitere Highlights sind ein Kalksteinblock mit Felsmalereien aus der Steinzeit, die eine Steinbockherde in Linearperspektive zeigen, mit Figuren geschmückte romanische Kapitelle aus dem 12. Jh. und gotische Wandzeichnungen.

Nach dem interessanten Geschichtsgrundkurs bietet sich ein Spaziergang durch die engen Straßen der Altstadt an, vorbei an der verschnörkelten Fassade des **Ayuntamiento** (Rathaus) und hinunter zur von Cafés gesäumten **Plaza del Castillo**, dem eigentlichen Herz der Stadt und dem Mittelpunkt der Sanfermines-Festlichkeiten. Von dem Platz geht's Richtung Südwesten, um jenseits der Grenzen der Altstadt die gut erhaltenen Mauern und Bollwerke der imposanten befestigten Zitadelle zu bewundern. Die sternförmige **Ciudadela** wurde zwischen 1571 und 1645 unter König Philipp II. erbaut und gilt als eines der besten Beispiele für Militärarchitektur in der spanischen Renaissance. In den einstigen Gräben und Bastionen sind heute Kunstwerke ausgestellt.

PAMPLONAS GESCHICHTE IN KURZFORM

Pamplona geht auf die Römer zurück, die die Stadt Pompaelo nach ihrem Gründer Pompeius Magnus benannten. Auf sie folgten die Westgoten und dann für einen kurzen Zeitraum die Mauren. Navarra selbst war von dynastischen, politischen und kulturellen Ambitionen und Spannungen geprägt, seit Karl der Große 788 von Frankreich aus in den Pyrenäen gewütet hatte. Die Stadt erblühte unter Sancho III. im 11. Jh. und ihre Lage am Camino de Santiago war ein Wohlstandsgarant. Durch wirtschaftliche Erfolge im 20. Jh. konnte die Stadt weiterwachsen.

UNTERWEGS VOR ORT

Pamplona ist gut mit Bus und Bahn an das restliche Land angebunden. Die Fahrt nach San Sebastián ist mit dem Bus deutlich schneller als mit dem Zug.

Rund um Pamplona

Ob Berge oder Klöster – Pamplonas Umland wartet mit Kontrasten und großartigen Reiseerlebnissen auf.

TOP TIPP

Im Sommer verkaufen Schäfer:innen frisch gemachten Schafskäse direkt vor ihren Steinhütten.

Die Landschaft östlich und westlich von Pamplona könnte nicht gegensätzlicher sein. Im Osten erstrecken sich Navarras Pyrenäen, eine wunderschöne wilde Region mit von Buchen- und Eichenwäldern bewachsenen Steilhängen, die sich oft im Nebel verstecken. Die Region ist eine Spielwiese für Outdoor-Begeisterte und Pilgernde auf dem Camino de Santiago. Apropos, in den flacheren, wärmeren und sonnigeren Gegenden westlich von Pamplona gibt es viele winzige Dörfer und friedliche Kapellen, die wichtige Stationen auf dem Jakobsweg sind.

Beide Regionen sind ideal für entschleunigtes flexibles Reisen, das Zeit für Wanderungen in der wunderschönen Landschaft lässt. Einige der Bergdörfer bieten sich für einen stimmungsvollen Übernachtungsstopp an.

Isaba

OIER JAUREGI/SHUTTERSTOCK ©

Navarras Pyrenäen entdecken

GRÜNE HÜGEL, MAGISCHE WÄLDER UND HÜBSCHE DÖRFER

Im eindrucksvollen Valle del Roncal werden die Ausläufer der Pyrenäen zu richtigen Bergen. Die zerklüfteten Felsen und schneebedeckten Gipfel, von Buchen- und Eichenwäldern bewachsen und oft vom Nebel verdeckt, sind die perfekte Spielwiese für Outdoor-Fans, die hier wandern, Ski fahren, Angeln und Kajak fahren können.

Mit 17000 ha ist die **Selva de Irati** (Irati-Wald) der größte in den Bergen gelegene Buchenwald Europas. Er ist das ganze Jahr über eindrucksvoll schön, doch im Herbst, wenn sich die Blätter golden verfärben, ist es hier magisch. Es gibt zahlreiche gut beschilderte Wanderwege unterschiedlicher Länge. Die meisten starten an den **Casas de Irati**, 100 km nordöstlich von Pamplona. Zwei gute Ziele sind die **Cascada del Cubo** (Cubo-Wasserfall), einen nur 25-minütigen Spaziergang entfernt, und der **Embalse de Irabia**, ein großer See im Herzen des Waldes.

Etwas weiter östlich liegt das **Valle del Roncal**, Navarras spektakulärste Bergregion. Hier gibt es mehrere kleine Dörfer und unzählige Wanderwege. **Isaba** in luftiger Höhe über den anderen Ortschaften ist eine beliebte Ausgangsbasis für Wander- und Skibegeisterte. Nördlich des Dorfes Richtung französischer Grenze wird die Szenerie noch eindrucksvoller. Die Straße schlängelt sich zunächst zwischen Berggipfeln hindurch, bevor die Landschaft plötzlich in weite Hochlandwiesen vor der Kulisse der majestätischsten Berge der westlichen Pyrenäen übergeht. Kurz vor der französischen Grenze windet sie sich immer weiter nach oben bis zum Pass von **Roncalia**. Dahinter liegen Frankreich und ein großes Skigebiet, **Pierre Saint-Martin**. Auf beiden Seiten der Grenze gibt es beschilderte Wanderwege; ein guter (und einfacher) führt zum Wasserfall Belabarze, 6 km nordöstlich von Isaba auf der spanischen Seite. Deutlich herausfordernder ist der Aufstieg zum pyramidenförmigen Gipfel des **Pico Anie** (2504 m), der die Landschaft dominiert. Tatsächlich ist er am besten von Pierre Saint-Martin in Frankreich aus zu erklimmen. Die Wanderung dauert insgesamt rund fünf Stunden und sollte wegen des anspruchsvollen karstartigen Terrains mit Dolinen und Sackgassen nur an klaren Sommertagen unternommen werden.

Ein weiteres Highlight, das man gut in die Fahrt zwischen Pamplona und dem Valle de Roncal integrieren kann, ist der **Foz de Lumbier**, 40 km östlich von Pamplona. In der schmalen Schlucht leben zahlreiche Gänsegeier sowie ein paar Schmutz- und Bartgeier. Viele davon lassen sich auf den zwei einfachen Fußwegen durch die Schlucht beobachten.

NAVARRAS SCHÖNSTE BERGDÖRFER

Die Dörfer an den Hängen von Navarras Pyrenäen wirken teils fast unwirklich idyllisch. Hier einige Highlights:

Zugarramurdi
Adrettes Dorf mit einer unheimlichen „Hexenvergangenheit“, über das ein Hexenmuseum informiert.

Burguete
Pittoreskes Pilgerdorf aus dem 12. Jh.

Ochagavía
Grauer Stein, Schiefer und Pflaster dominieren den Ort am Fluss.

Burgui
Charmantes Gewirr aus Steinhäusern neben einem klaren sprudelnden Bach.

Roncal
Über den Kopfsteinpflastergassen und Steinhäusern Roncals thront eine festungsähnliche Kirche.

ÜBERNACHTEN IN NAVARRAS PYRENÄEN

Onki Xin
Wunderbar rustikale Zimmer in Isaba mit Balkendecken, antiken Möbeln und Traumblicken. **€**

Casa Rural Tetxe
Gemütliches, einladendes und sehr komfortables Gästehaus in einem alten Steinhaus in Roncal. **€€**

Hotel Rural Auñamendi
Reizendes Hotel im idyllischen Ochagavía mit elf hellen geräumigen Zimmern; Top-Unterkunft. **€€**

AUTOTOUR

Unterwegs auf Navarras Camino de Santiago

Durch das an der Grenze gelegene Navarra verläuft der erste spanische Abschnitt des Camino de Santiago (Jakobsweg). Diese Spritztour folgt der 1000 Jahre alten Pilgerroute nach Santiago de Compostela in Galicien, und zwar von den hohen Bergen an der französischen Grenze bis zu den sonnenverwöhnten Dörfern im Flachland an der Grenze von La Rioja.

1 Roncesvalles

Auf ihrem Weg durch die Pyrenäen ab Frankreich stoßen Pilgernde zuerst auf die alte Klosteranlage von Roncesvalles. Hier gibt es verschiedene interessante Bauwerke, darunter die Real Colegiata de Santa María im gotischen Stil aus dem 13. Jh. und ein Kreuzgang mit dem Grab von König Sancho VII. („El Fuerte") von Navarra.

Die Strecke: 47 km lange entspannte Fahrt bergabwärts entlang der N-135 nach Pamplona.

2 Pamplona

Die Altstadt von Pamplona (S. 357), die Hauptstadt Navarras und wichtiger Stopp auf der Pilgerroute, lädt zum Erkunden ein.

Die Strecke: Der schnellen Fernstraße A-12 südwestwärts über 14 km bis zur Kreuzung 18 (Beschilderung Puente la Reina/Gares/Obanos) und dann der ruhigen NA-601 8 km nach Südosten folgen.

3 Santa María de Eunate

Wildblumen zieren die fast perfekt achteckige romanische Kapelle von Santa María de Eunate aus dem 12. Jh. Tatsächlich liegt sie nicht direkt an der Hauptpilgerroute und ihre Ursprünge – und der Grund für ihre Lage mitten im Nirgendwo – sind nicht geklärt.

Die Strecke: Die 5 km kurze Fahrt führt nach Westen durch Maisfelder entlang der NA-6064 zum nächsten Stopp.

Puente la Reina

MARK GREEN/SHUTTERSTOCK ©

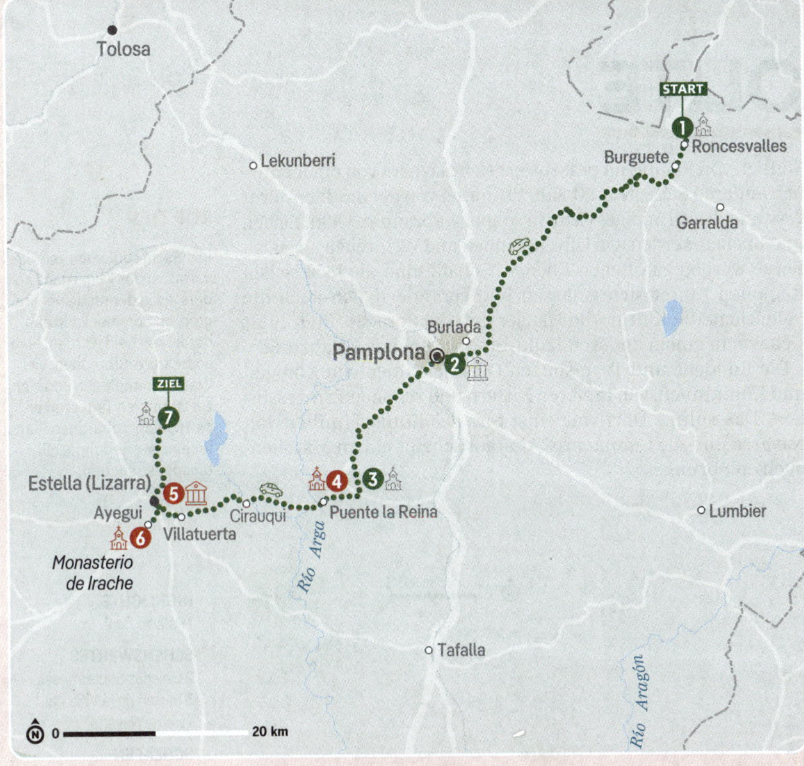

4 Puente la Reina

Für Pilgernde liegt im hübschen Puente la Reina der Fokus auf der spätromanischen Iglesia del Crucifijo, die von Tempelrittern erbaut wurde. Sie beherbergt eines der schönsten gotischen Kruzifixe. Nach dem religiösen Pflichtprogramm geht's zur anderen Attraktion der kleinen Stadt, der spektakulären mehrbogigen mittelalterlichen Brücke über dem Fluss am westlichen Ortsrand.

Die Strecke: Die 20 km lange Fahrt nach Estella ist über die schnelle Autobahn A-12 oder die gemütlichere NA-110 zu bewältigen. Letztere verläuft näher am Camino.

5 Estella

Die Altstadt von Estella ist eine Schatzkiste monumentaler romanischer Architektur. Besonders eindrucksvoll sind das grandiose Portal der Iglesia de San Miguel, der Kreuzgang der Iglesia de San Pedro de la Rúa und der Palacio de los Reyes de Navarra.

Die Strecke: Die schnelle 4 km Fahrt südwestlich entlang der NA-110 führt durch die Vororte Estellas und über die offene Landschaft zum Monasterio de Irache.

6 Monasterio de Irache

Das Monasterio de Irache liegt nicht offiziell am Jakobsweg, aber der kleine Umweg lohnt sich. Das alte Benediktinerkloster hat einen hübschen, eigenartig verzierten Kreuzgang aus dem 16. Jh. und seine Puerta Especiosa schmücken kunstvolle Skulpturen.

Die Strecke: Die 14 km lange Fahrt entlang der NA-120 führt in hügeligeres Terrain zu einem der schönsten Klöster der Region.

7 Monasterio de Irantzu

Die imposante Zisterzienserabtei Monasterio de Irantzu thront vor wunderschöner Kulisse im grünen Yerri-Tal und wurde zwischen dem 12. und 14. Jh. erbaut.

OLITE

Olite
Madrid

Südlich von Pamplona präsentiert sich Navarra von einer gänzlich anderen Seite. Nur 20 Fahrtminuten von der Stadt entfernt verwandelt sich üppiges Grün in sonnenverbranntes Gold. Eichen und Buchen werden von Olivenbäumen und Weinreben abgelöst, Berge werden zu offenen Ebenen. Sobald man die baskischen Regionen hinter sich gelassen hat, verändern sich auch die Menschen, die Kultur, die Häuser und die Sprache. Man fühlt sich wie in einem anderen Land, eine spannende Erfahrung!

Die Rondelle und Turmspitzen Olites erzählen von Königen und Königinnen, von tapferen Rittern und schönen Prinzessinnen. Das ruhige Dorf war einst Sitz der Königsfamilien von Navarra und die ummauerte Altstadt scheint einem Märchenbuch entsprungen.

TOP TIPP

In diesem südlichen Teil Navarras ist das Klima ganz anders als in der restlichen Region. Im Sommer kann es gefährlich heiß werden. Man sollte früh aufbrechen, viel Wasser mitnehmen und sich zur wärmsten Tageszeit einen kühlen, schattigen Platz für eine ausgedehnte Mittagspause suchen.

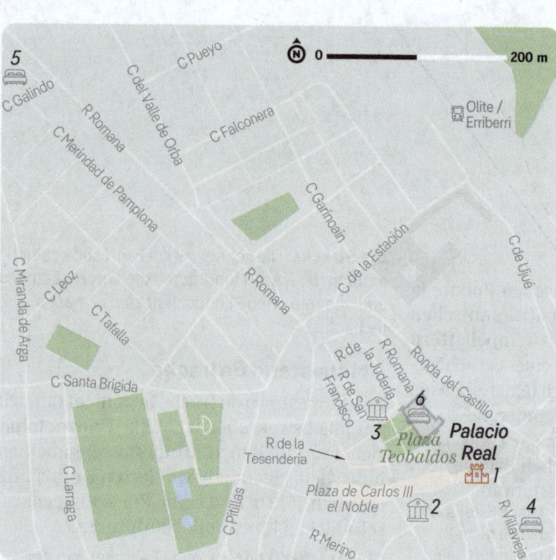

HIGHLIGHTS
1 Palacio Real

SEHENSWERTES
2 Galerías Subterráneas
3 Museo de la Viña y el Vino de Navarra

SCHLAFEN
4 Hostal Rural Villa Vieja
5 Hotel el Juglar
6 Parador de Olite

Iglesia de Santa María la Real

ÜBERNACHTEN IN OLITE

Parador de Olite
Die spektakulärste Unterkunft der Stadt befindet sich in einem Flügel von Olites mittelalterlicher Burg; auch das Restaurant lohnt einen Besuch. **€€**

Hostal Rural Villa Vieja
Das schicke Hotel im Herzen des historischen Zentrums bietet helle Farben und Pop-Art an den Wänden. **€€**

Hotel el Juglar
Das Hotel el Juglar in einer Steinvilla verfügt über neun elegant eingerichtete Zimmer. **€€**

Palacio Real

Reise in die Vergangenheit

WIE EIN MITTELALTERLICHER KÖNIG LEBEN

Der **Palacio Real** aus dem frühen 15. Jh. dominiert Olite nicht einfach, vielmehr scheint er das gesamte Dorf zu verschlucken. Karl III. ließ die Burg erbauen, die nicht nur Königsfamilien, sondern auch Löwen, andere exotische Haustiere und von Babylon inspirierte hängende Gärten beherbergte. Heute lädt die restaurierte Burg zu einem atmosphärischen Spaziergang ein, bei dem man malerische Wachtürme erklimmen, durch einst reich vergoldete Hallen laufen und die Befestigungsmauern entlangschlendern kann. Zur Burg gehört die **Iglesia de Santa María la Real** mit einem kunstvoll verzierten gotischen Portal.

Nicht viele kamen im Olite des 15. Jhs. in den Genuss des angenehmen Lebens am Hof. Die meisten waren bettelarm und lebten von der Hand in den Mund. Ein kleines Museum in den **Galerías Subterráneas** gibt Einblicke in den üblichen Lebensalltag im Mittelalter.

Die Weinproduktion ist traditionell ein wichtiger Wirtschaftsfaktor in Olite, und das kleine, aber umfassende städtische **Museo de la Viña y el Vino de Navarra** bietet faszinierende Einblicke in die Themen Wein und Weinkultur in Navarra.

WARUM ICH OLITE & DAS SÜDLICHE NAVARRA LIEBE

Stuart Butler, Autor

Mich begeistert vor allem die sich wandelnde Landschaft. Ich liebe die Fahrt von Pamplona hinunter nach Olite. In nicht einmal einer Stunde ist vom üppigen, vom Regen bewässerten Grün und den kühlen Temperaturen nichts mehr zu spüren. Oliven- und Korkbäume tauchen auf, die Sonne strahlt und das südliche Navarra zeigt sich von seiner mediterranen – manche sagen auch spanischen – Seite. Für meine Familie und mich ist dies der ideale Ort, um den langen nassen Wintermonaten im Baskenland zu entfliehen. Und dann ist da noch Olite selbst, dessen Rondelle und Türmchen auf den ersten Blick begeistern. Man fühlt sich wie in einem Märchen.

UNTERWEGS VOR ORT

Olite liegt nur eine halbstündige Fahrt (43 km) südlich von Pamplona. Die sich schnell wandelnde Landschaft ist sehr eindrucksvoll. Bis zu zwölf Busse am Tag verbinden Olite mit Pamplona.

Rund um Olite

Die bizarre erodierte Wüstenlandschaft der Bárdenas Reales versprüht Wild-West-Flair und lässt sich per Rad, zu Fuß oder mit dem Auto erkunden.

Im südlichen Navarra weicht das saftige Grün einem helleren, mediterran anmutenden Ocker. Es wird heißer und die zerklüfteten Hügel gehen in idyllische Tiefebenen über, während die üppigen Wälder zu sonnenverbrannten Weinreben und Olivenbäumen werden, die überraschend schnell in die eindrucksvolle Landschaft der wüstenähnlichen Bárdenas Reales übergehen.

Die Halbwüstenregion lädt zum Wandern, Radfahren und Vögel beobachten ein. Durch den Naturpark führen kurze, gut beschilderte Wander- und Radwege. Wer Vögel erspähen möchte, reist am besten im Winter an, wenn Zugvögel ankommen, darunter zahlreiche Kraniche, die der Kälte der Arktis entfliehen.

TOP TIPP

Teile der Bárdenas Reales werden für Militärübungen genutzt. Das Infozentrum gibt Auskunft darüber, ob gerade welche stattfinden.

Castillo de Javier

KARSOL/SHUTTERSTOCK ©

Bárdenas Reales

DIE BESTEN HISTORISCHEN STÄTTEN IM SÜDLICHEN NAVARRA

Javier
Die Burg ist so gut erhalten, dass man sich nicht wundern würde, wenn ein Ritter in Rüstung herausmarschiert käme.

Ujué
Perfektes Beispiel für ein befestigtes mittelalterliches Dorf.

Monasterio de San Salvador de Leyre
Historisches Kloster, dessen Krypta aus dem 11. Jh. die sterblichen Überreste der ersten Könige von Navarra birgt.

Villa Romana de las Musas
Prachtvolle Adelsvilla aus der Römerzeit.

Ciudad Romana de Andelos
Die römische Stadt Andelos ist nicht mehr taufrisch, dafür allerdings abgeschieden und friedlich.

Parque Natural de las Bárdenas Reales

BIZARR GEFORMTE WÜSTENLANDSCHAFT

Navarras Ödland, die **Bárdenas Reales** südöstlich von Olite, ist eine sonnenverbrannte Wüste mit mächtigen Horizonten, endlosem blauem Himmel, heulenden Winden und skurril geformten Felsformationen, die mit den Elementen verschmolzen scheinen. Tatsächlich erstreckte sich hier vor nicht allzu langer Zeit üppiges Weideland, doch die Ankunft des Menschen mit Schafen und Ziegen im Schlepptau setzten der fragilen Vegetation zu; Wind und Erosion erledigten den Rest.

Heute dient das einzigartige Habitat einigen der exotischsten Tiere Spaniens als Lebensraum, darunter die Großtrappe und der Schmutzgeier. Man kann hier außerdem wunderbar wandern und Rad fahren, auch wenn der Wind stören kann. Viele verschiedene Wege führen durch den Park, von denen einige allerdings schlecht beschildert sind. Manche Teile sind zudem militärisches Sperrgebiet. Angesichts der Hitze, des fehlenden Schattens und der großen Distanzen ziehen die meisten die 34 km lange Straße durch den Park vor, die an ein paar eindrucksvollen Felsformationen vorbeiführt.

UNTERWEGS VOR ORT

Das Straßennetz innerhalb der Bárdenas Reales ist unbefestigt und begrenzt. Eine bessere Alternative sind Mountainbikes. Diese sowie E-Bikes verleiht Bárdenas Bikes in Arguedas, einem Dorf nahe der Wüste.

ESSEN IM SÜDLICHEN NAVARRA

Mesón las Migas, Ujué
Die Spezialität des Hauses sind *migas de pastor* (gebratene Brotstücke mit Kräutern und Chorizo). **€€**

Pastas Urrutia, Ujué
Die Bäckerei mit Café und Feinkostwaren hat Kaffee und Spezialitäten wie *codillo al horno* (gebratene Schweinshaxe). **€**

Hotel Xabier, Javier
Das Hotel hat ein gutes Restaurant, das Navarra-Küche serviert, und eine Bar mit Patxaran (lokaler Likör aus roter Schlehe). **€€**

LOGROÑO

Logroño, die Hauptstadt von La Rioja, einer sonnenverwöhnten, für Wein bekannten Region, ist eine würdevolle, einladende Stadt mit baumbestandenen Plätzen, engen Straßen und gemütlichen versteckten Ecken. Bauwerke gibt es nur wenige, dafür jedoch eine tolle Auswahl an Restaurants und Tapasbars. Wer auf der Suche nach Spaniens eindrucksvollster geheimer Gourmetstadt ist, wird hier fündig.

Die Leidenschaft fürs Essen und Trinken wird bei den Fiestas de San Bernabé Mitte Juni und bei der Fiesta de San Mateo Mitte September besonders offensichtlich, wenn Essens- und Weinproben im Mittelpunkt stehen.

Die kleine Stadt mitten in La Rioja ist eine ideale Ausgangsbasis, um die Weinbaugebiete, hübschen Dörfer und alten Klöster der Region zu erkunden.

TOP TIPP

Logroño ist ein Gourmetparadies. Es gibt einige sehr gute Restaurants und nur wenige Städte Spaniens bieten eine solche Dichte an exzellenten Tapasbars. Die größte Auswahl gibt's in der Calle Laurel und der Calle de San Juan. Die Preise sind, verglichen mit Städten wie San Sebastián, sehr fair.

SEHENSWERTES
1 Catedral de Santa María de la Redonda
2 Museo de la Rioja

ESSEN
3 Bar Soriano
4 Bar Torrecilla
5 La Cocina de Ramón
6 La Taberna del Laurel
7 Malabar Bodega
8 Tastavin
9 Umm

Catedral de Santa María de la Redonda

Entdeckungstour in der Altstadt

UNTERWEGS IN LOGROÑOS PRACHTSTRASSEN

Logroño hat einige interessante Attraktionen zu bieten. Dabei sticht vor allem die **Catedral de Santa María de la Redonda** ins Auge. Hinter dem Hauptaltar verbirgt sich ein kleines, aber kunstvolles Gemälde, das Jesus am Kreuz zeigt und Michelangelo zugeschrieben wird. Einen Besuch lohnt außerdem das **Museo de la Rioja** mit rätselhaften keltiberischen Steinreliefs aus dem 5. Jh. v. Chr., wunderschönem Schmuck und Statuen aus der Römerzeit.

Wer keine Lust auf Sightseeing hat, wird sich über Logroños eigentliches Highlight freuen, die Gastronomieszene. Die Stadt ist für ihre erstklassigen Tapas bekannt (die meist auch Tapas genannt werden, da La Rioja nicht zum Baskenland gehört), die es in jeder Hinsicht mit denen in Bilbao und San Sebastián aufnehmen können. Die Altstadt ist Logroños Tapas-Hotspot. Die meisten Bars sind winzig und oft auf eine Sache spezialisiert. Deswegen lässt sich die hiesige Tapas-Welt am besten erkunden, indem man eine Bar nach der nächsten besucht und jeweils die Spezialität des Hauses probiert. Die Preise sind deutlich niedriger als in den großen baskischen Städten und das Angebot ist fast durchweg lokal. Auch bei der Weinauswahl kann man nicht viel falsch machen!

DIE BESTEN TAPASBARS IN LOGROÑO

Bar Torrecilla
Ein Kandidat für die beste Tapasbar der Stadt, dafür sorgen z. B. zart schmelzende Gänsestopfleber und Mini-Burger.

La Taberna del Laurel
Die Spezialität sind *patatas bravas* (Kartoffeln mit würziger Tomatensoße). Einfach köstlich!

Umm
Die Auswahl an raffinierten Leckerbissen ist einfach unwiderstehlich.

Bar Soriano
Serviert seit 1972 nur eine Tapa, aufeinandergestapelte Pilze mit einer Garnele.

UNTERWEGS VOR ORT

Logroño ist eine kleine Stadt, deren Sehenswürdigkeiten maximal zwei Blöcke voneinander entfernt liegen, und lässt sich am besten zu Fuß erkunden.

ESSEN IN LOGROÑO

Tastavin
Das stilvolle Tastavin kredenzt Leckereien wie Räucherforelle und Waffeln mit Zitronencreme. Die Weine sind erstklassig. **€**

Malabar Bodega
Zu den Weinen gibt's leckere Wurstplatten, Tapas, Salate sowie herzhaftere Fleisch- und Fischgerichte. **€€**

La Cocina de Ramón
Die große Anhängerschaft schätzt die hochwertigen lokalen Zutaten und bewährten Familienrezepte. **€€**

Haro
Laguardia
Briones
Elciego
Santo Domingo de la Calzada
Logroño
San Millán de Cogolla

Rund um Logroño

Weingüter, die weltbekannte Tropfen hervorbringen, sowie hübsche Dörfer und historische Stätten machen die Region La Rioja zu einem ansprechenden Reiseziel.

TOP TIPP

Ende September lohnt sich ein Besuch wegen der Traubenernte und den wunderschönen Farben.

Der ockerfarbene Boden und der weite Himmel von La Rioja bringen einige der besten spanischen Rotweine hervor, darunter der Tempranillo, der am häufgigsten angebaut wird. In der Region gibt es mehrere Winzereien, die meisten säumen jedoch den Río Ebro rund um die Stadt Haro, 48 km nordwestlich von Logroño. Manche erstrecken sich auch bis ins benachbarte Navarra und in die baskische Provinz Álava. Viele Bodegas können besichtigt werden, zudem machen eindrucksvolle Weinmuseen und bemerkenswerte Architektur La Rioja zu einem lohnenswerten Weintourismusziel. Neben Reben hat die vielfältige Region außerdem lebendige Städte, ruhige Pilgerkirchen und imposante Zeugen aus der Dinosaurierzeit zu bieten.

Weinreben, Haro

ALBERTO LOYO/SHUTTERSTOCK ©

LOUIELEA/SHUTTERSTOCK ©

Monasterio de Yuso

Der Pilgerweg

KLÖSTER UND PILGERNDE

Das ruhige Ackerland westlich von Logroño birgt einige religiös und kulturell bedeutsame Klöster und Kirchen, die einen Besuch lohnen.

Die teils ummauerte Altstadt von **Santo Domingo de la Calzada**, 50 km westlich von Logroño, ist ein Paradebeispiel für eine spanische Kleinstadt. In dem verwinkelten Labyrinth aus mittelalterlichen Straßen weht der Wind der Vergangenheit. Pilgernde auf dem Weg nach Santiago sind schon lange Teil des Stadtbildes und prägen den Ort bis heute. Meist steuern sie direkt die monumentale Kathedrale aus dem 11. Jh. an, deren glitzerndes Gold von dem großen Reichtum zeugt, den der Jakobsweg Provinzorten einbrachte. Gute preiswerte Unterkünfte laden zu einer Übernachtung ein.

In einem bewaldeten Tal, 19 km südöstlich von Santo Domingo de la Calzada, beherbergt der kleine Ort **San Millán de Cogolla** zwei bemerkenswerte Klöster, die bei der Entstehung der kastilischen Sprache eine bedeutende Rolle spielten. Das **Monasterio de Yuso** aus dem 6. Jh. zeigt in seinem Museum verschiedene Schätze, während im **Monasterio de Suso** der Mönch Gonzalo de Berceo im 13. Jh. einige der ersten kastilischen Wörter niederschrieb. Beide Klöster sind nur im Rahmen von Führungen zu besichtigen.

WEINTOUREN IN LA RIOJA

Für eine spannende Weintour durch La Rioja muss man vorab planen und Besichtigungen und Touren im Voraus buchen. Hiesige Tourismusinformationen können helfen, einfacher ist es allerdings, die Dienste eines speziellen Weintouranbieters in Anspruch zu nehmen.

Rioja Trek
Große Auswahl an individuellen Weinguttouren mit Weinproben.

Mimo
Exklusive, renommierte Weintouren durch La Rioja.

Rioja Wine Trips
Geführte Touren unter fachkundiger lokaler Leitung.

UNTERWEGS VOR ORT

Um die Städte, Weingüter und Sehenswürdigkeiten von La Rioja zu erkunden, braucht man ein Auto.

ÜBERNACHTEN IN LA RIOJA

Parador de Santo Domingo de la Calzada
Prunkvolles Hotel in einem ehemaligen Krankenhaus aus dem 12. Jh. **€€€**

Hotel Viura
Das schicke Design-Hotel sieht aus wie aufeinandergestapelte bunte Boxen. **€€€**

Castillo el Collado
Die märchenhafte Burg mit einem Zinnen besetzten Turm und hübschen Blumengärten ist eine charmante Unterkunft. **€€€**

AUTOTOUR

Spritztour durchs Weinland

Weinfans aus der ganzen Welt kennen die berühmten Weine aus La Rioja, wo seit der Römerzeit Reben angebaut werden. Die hiesige Weintourismusindustrie ist gut aufgestellt und viele Bodegas können besichtigt werden (manchmal ist eine Vorabbuchung nötig, vor allem bei Touren auf Englisch). Nachdem man einen abstinenten Fahrenden auserkoren hat, eröffnet einem diese Spritztour die Weinkultur La Riojas.

1 Laguardia

Die reizvolle befestigte Altstadt Laguardias lädt zu einem Spaziergang ein. Das Centro Temático del Vino Villa Lucía ist ein Weinmuseum mit Geschäft und die dortige Führung endet mit einem 4D-Film und einer Weinprobe. Einen kurzen Fußmarsch vom Zentrum entfernt befindet sich das älteste Weingut der Stadt, die Bodegas Casa Primicia. Tourguides erläutern den Weinherstellungsprozess und zum Schluss gibt's eine Weinprobe.

Die Strecke: Die 2 km lange Fahrt führt entlang einer Nebenstraße durch Weinreben zu den Bodegas Ysios.

2 Bodegas Ysios

Die 2001 eröffneten Bodegas Ysios wurden vom Architekten Santiago Calatrava als „Weintempel" konzipiert und sind das optisch eindrucksvollste Weingut der Region. Das faszinierende Gebäude verfügt über eine Aluminiumwelle als Dach und eine Zedernholzfassade, die sich harmonisch in die Bergkulisse einfügt. Die reservierungspflichtigen Führungen geben Einblicke in die Weinherstellung.

Die Strecke: Man fährt zurück, an Laguardia vorbei, und dann über 9 km südwestwärts entlang der A-3210 zum hübschen Dorf Elciego, wo ein echtes Highlight wartet.

Hotel Marqués de Riscal, Elciego

ALFREDO RUIZ HUERGA/SHUTTERSTOCK ©

3 Elciego

Das Hotel Marqués de Riscal ist La Riojas Guggenheim und tatsächlich wurde das Gebäude ebenfalls von Frank Gehry entworfen. Der spektakuläre Bau ist eine extravagante Welle aus verschiedenfarbigen Titanplatten und steht in starkem Kontrast zu dem Dorf dahinter. Wer nicht hier nächtigt oder in dem großartigen hauseigenen Restaurant speist, muss sich für einen näheren Blick einer der Führungen anschließen.

Die Strecke: Die 20 km lange Fahrt führt nach Westen entlang der A-4205 und dann entlang der N-232 zu dem pittoresken goldenen Dorf Briones.

4 Briones

Briones ist ein wunderschöner Ort aus weichem gelbem Stein mit weiten Blicken über die umliegenden Weinebenen. Am östlichen Dorfrand befindet sich **Vivanco**, das mit Abstand beste Weinmuseum der Region. Zu den Exponaten gehören von Picasso entworfene Weinkrüge, römische und byzantinische Mosaike und vom Wein inspirierte religiöse Artefakte. Verschiedene Führungen geben Einblicke in das Weingut außerhalb des Museums und beinhalten Weinproben.

Die Strecke: Ins Herz des Weinlandes von La Rioja bringt einen eine 10 km lange Fahrt Richtung Nordwesten entlang der N-126 zum Ort Haro.

5 Haro

Haro gewinnt sicherlich keinen Schönheitswettbewerb, doch wenn man das Zentrum einer der renommiertesten Weinbauregionen der Welt ist, spielt das keine Rolle. Diverse Bodegas stehen zur Besichtigung bereit, weiteres weiß die Tourismusinformation. Wer kann, kommt am 29. Juni, wenn die Batalla del Vino die Straßen rot färbt. Beim „Weinkampf" begießen sich die Feiernden gegenseitig mit literweise Wein.

IMAG3S/SHUTTERSTOCK ©

Picos de Europa (S. 380)

KANTABRIEN & ASTURIEN

WO DIE BERGE AUFS MEER TREFFEN

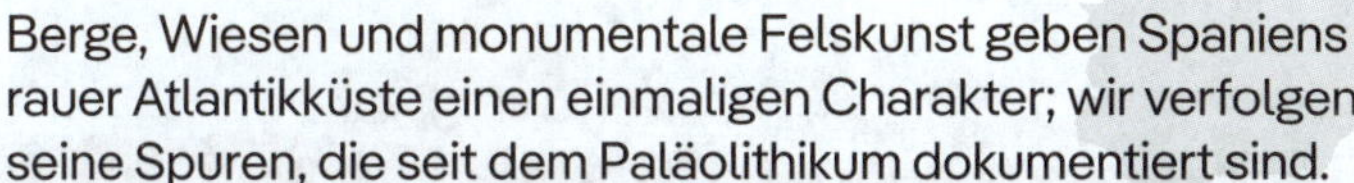

Berge, Wiesen und monumentale Felskunst geben Spaniens rauer Atlantikküste einen einmaligen Charakter; wir verfolgen seine Spuren, die seit dem Paläolithikum dokumentiert sind.

Auf der Fahrt zwischen Astorga und Oviedo gibt es einen Punkt, wo sich die Straße zum Parque Natural de Somiedo hinaufschlängelt und die sonnenverbrannten Hochebenen von Kastilien und León plötzlich in ein Gewirr aus grünen Falten und Kalksteingipfeln übergehen: Die Veränderung ist so abrupt, dass man glauben könnte, ein anderes Land betreten zu haben.

In dieser durch reichlichen Regen gesegneten und vom Rest der Halbinsel durch das Kantabrische Gebirge getrennten Landschaft am Atlantischen Ozean türmen sich die Picos de Europa mit ihren hochalpinen Wiesen und engen Kalksteinschluchten über einer zerrissenen Küstenlinie aus Klippen, Flussmündungen und Sandbuchten auf. Im Schutz dieser fruchtbaren Region gedeihen verschiedenste Wildtiere, darunter Bären und Wölfe, und auch die Menschen haben hier schon in frühester Zeit eigene Wege beschritten, wie die prähistorischen Malereien in den berühmten Höhlen dieser Region bezeugen.

Der Schutz der Natur und die Verbundenheit mit ihr setzt sich auch heute noch mit der Viehzucht in kleinen Herden, dem Bestellen der Felder von Hand und saisonal mit dem Fischen mithilfe kleiner Boote fort. Man spürt das geradezu am Duft des handwerklich hergestellten Käses, im leichten Prickeln des Bio-Cidres oder auch unter den überraschenden Eukalyptusbäumen und Palmen, die von zurückgekehrten Auswander:innen gepflanzt wurden.

Beim Besuch eines Haselnussfests, beim Kajakfahren auf einem Fluss oder bei spätabendlichen Tapas in einem Restaurant am Meer fühlt man den Gemeinschaftssinn, der diesem Erbe innewohnt. Am besten versteht die Region, wer sich ihren kleinsten Details widmet.

DIE WICHTIGSTEN ZIELE

PICOS DE EUROPA
Majestätische Berge. **S. 380**

SANTANDER
Unterhaltung am Meer. **S. 391**

GIJÓN
Kultur der Küste. **S. 399**

PARQUE NATURAL DE SOMIEDO
Wandern in der Natur. **S. 408**

Erste Orientierung

Kantabrien und Asturien bilden einen schmalen Streifen auf der Landkarte, doch ermisst man die Region besser vertikal als horizontal. Man sollte zusätzliche Zeit für die Fahrt über steile, schmale Gebirgspässe, durch sich dahinschlängelnde Täler und über Straßen einplanen, die man sich mit grasenden Eseln teilen muss.

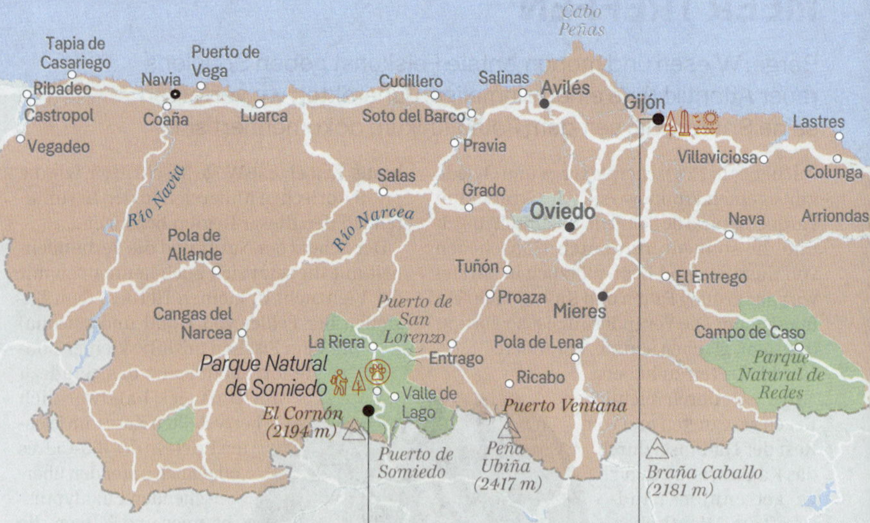

Parque Natural de Somiedo, S. 408

Bären und Wildschweine leben auf den steilen bewaldeten Hängen dieses schönen, abgelegenen Parks mit strohgedeckten Häusern und ländlichen Traditionen.

Gijón, S. 399

Alte Gassen, der Duft von Sardinen und vergossenem Sidra – diese aufregende, zwischen zum Wandern einladenden Landzungen und Parks gelegene Stadt am Meer hat viel Charakter.

AUTO

Die A8, auch bekannt als La Autovía del Cantábrico, ist fast schon ein Reiseziel für sich allein; diese prächtige Autobahn umspannt die gesamte Region und erschließt alle wichtigen interessanten Stätten. Viele von ihnen sind nur mit dem Auto erreichbar.

BUS

Fährt man langsam auf einer kleinen Bergstraße, ist es nicht gerade unwahrscheinlich, von einem Bus überholt zu werden. Busse verbinden viele Dörfer in der Region und erreichen überraschend entlegene Ziele. Im Sommer fahren sie häufiger.

ZUG

Eine verlässliche Bahnstrecke führt an der Meeresseite der Berge durch viele größere Orte und verbindet die wichtigsten Zentren (Gijón, Oviedo und Santander) mit ein paar Orten jenseits der Region.

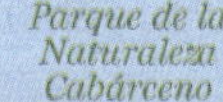

Picos de Europa, S. 380

Die über dem Atlantik aufragenden und mit pastellfarbenen kleinen Dörfern besetzten prächtigen Kalksteinberge dieses Nationalparks versprechen faszinierende Outdoor-Abenteuer.

Santander, S. 391

Das muntere Herz Kantabriens bietet großzügige Alleen, elegante Plätze und weite Strände. Hier erwarten einen Bootsausflüge, hervorragende Meeresfrüchte und im Sommer ein pulsierendes Nachtleben.

Perfekte Tage

Diese an Naturwundern, die sich an der Küste oder in den Höhlen und Vorsprüngen der Kalksteingipfel verstecken, reiche Region erlebt man am besten bei einem Besuch, der sich auf einzelne Orte einlässt und bei dem man nicht unbedingt alles zu sehen bekommen muss.

CAFTOR/SHUTTERSTOCK ©

Santander (S. 391)

Ein langes Wochenende

● Man unternimmt einen Bootsausflug um den Hafen von **Santander** (S. 391), um diese Stadt am Atlantik im Zusammenhang mit ihren Küsten zu sehen, oder schließt sich im Sommer den Massen an, die an den schönen Stränden der Stadt in der Sonne liegen.

● Man fühlt das Mittelalter (mit seinen Qualen und Schätzen) im wunderbar erhaltenen **Santillana del Mar** (S. 395) und besucht den gemalten Wisent im Museum von **Altamira** (S. 394). Noch besser: In den kühlen Höhlen von **Monte Castillo** (S. 394) oberhalb von Puente Viesgo kann man originale prähistorische Malereien besichtigen.

● Bei einer Fahrt zu den vier **Miradores** (S. 396) durchquert man das schöne kantabrische Binnenland. Wieder an der Küste stehen die architektonischen Schätze von **Comillas** (S. 395) auf dem Programm.

ALBERTO MENENDEZ CERVERO/GETTY IMAGES ©, SIGUR/SHUTTERSTOCK ©, PABLO MAZORRA/SHUTTERSTOCK ©

Beste Reisezeit

Man fragt sich, warum die *madrileños* im Sommer scharenweise an den Nordrand Spaniens ziehen? Die Antwort: Hier ist es kühler als in den meisten anderen Landesteilen. In den feuchten, windigen Wintern haben die Ortsansässigen die Region ganz für sich.

FEBRUAR

Mit warmen Sachen und Schneeschuhen entdeckt man in diesem Monat des stärksten Schneefalls in den Picos ein **Winterwunderland.**

MÄRZ

Alle Möwen mit Selbstachtung finden sich im März in **Santoña** ein, wenn die Fischereisaison für Kantabriens berühmte Sardellen beginnt.

APRIL

Alpine Wildblumen blühen ab April spektakulär; die Blüte setzt sich in der ganzen Region prächtig bis in den Juli fort.

Weniger als eine Woche

● Das Picos-Abenteuer beginnt im historischen **Covadonga** (S. 381), der verehrten Stätte einer Schlacht im 8. Jh., die als Beginn der christlichen Reconquista Spaniens gilt.

● Weiter geht's mit der Fahrt durch enge Schluchten nach **Fuente Dé** (S. 382), wo man den spektakulären, 753m langen *teleférico* auf die Spitze der Picos nimmt und von 1853m Höhe den Berg hinunter wandert. Wer dann noch Energie hat, unternimmt eine Kajaktour auf dem **Río Sella** (S. 387) nach Ribadesella.

● Nach dem Boot kommen die Wanderstiefel zum Einsatz: Auf den Spuren der ersten Pilger geht's auf dem Camino de Santiago zur **Kathedrale von Oviedo** (S. 403). Es folgt ein Abend im schicken **Gijón** (S. 399), wo man auf den Promenaden der Stadt, durch die Parks und über die Landzungen schlendert.

Länger Zeit

● Bei einer Fahrt auf der **Indianos-Route** (S. 397) erkundet man die örtliche Kultur und entdeckt die Architektur und die exotischen Palmen, die aus Spaniens ehemaligen Kolonien eingeführt wurden. Man erlebt die Traditionen der Sidra-Produktion in **Nava** (S. 404) und der Käseherstellung im Höhlenmuseum nahe **Arenas de Cabrales** (S. 383).

● Man besichtigt die strohgedeckten Häuser im abgelegenen **Parque Natural de Somiedo** (S. 408) und erfährt etwas über seine Wölfe in der **Casa de Lobo** (S. 413) und über die kantabrischen Braunbären auf dem **Senda del Oso** (S. 412).

● Anschließend geht's zurück in ein Küsten-Refugium für ein kühles Bad an der versteckt liegenden **Playa del Silencio** (S. 390), gefolgt von einer Krabben-Schlemmerei im malerischen **Cudillero** (S. 407).

JULI

Man schließt sich den Kajakfahrern an, die auf dem Fluss zwischen Arriondas und Ribadesella vor dem **Descenso Internacional del Sella** im August üben.

AUGUST

Beim **Certamen del Queso de Cabrales** am letzten Sonntag des Monats muss man auf einen durch Käse verursachten Anschlag auf die Geruchsnerven gefasst sein.

SEPTEMBER

Bei der **Muestra Internacional de Artes Fantásticas de Santander** (MAF) stehen Puppenspiel und darstellende Künste im Mittelpunkt.

OKTOBER

Man verputzt Haselnüsse in der am Fluss gelegenen Stadt **Infiesto,** bevor sich die Exporthändler (und anwesende Eichhörnchen) die begehrten Früchte schnappen.

PICOS DE EUROPA

Zunächst ein Blick auf die Zahlen, denn diese sind bei den drei Kalksteinmassiven der Picos wahrlich eindrucksvoll. Diese spektakulären gezackten Berge sind hoch: Es gibt mehr als 200 über 2000 m hohe Gipfel. Sie erstrecken sich über drei Provinzen (Asturien, Kantabrien sowie Kastilien und León), drängen sich aber auf einem Gebiet von nur 40 mal 25 km; sie umfassen (auf einer Fläche von 647 km²) Spaniens zweitgrößten Nationalpark und kommen dem Meer ungewöhnlich nahe (am nördlichsten Punkt bis auf 15 km). Als Markierung für Seeleute, die den Atlantik überquert hatten, verhießen sie den Reisemutigen, dass sie Europa erreicht hatten.

Dass diese Region von außergewöhnlicher Schönheit zu einem der beliebtesten Gebiete für Outdoor-Aktivitäten in Spanien geworden ist, verwundert nicht. Gleichzeitig ist sie aber auch lohnend für ruhige Kontemplation. Die wahre Majestät der Picos enthüllt sich, wenn man inmitten von Enzian auf einer Wiese sitzt, während droben ein Steinadler seine Kreise zieht und man dem Läuten der Kuhglocken lauscht.

TOP TIPP

Schmale Straßen und ein großer Andrang machen es im Juli und August schwer, schnell irgendwohin zu fahren oder gar sein Auto zu parken. Statt zu versuchen, die gesamte Gegend abzufahren, wählt man besser ein Standquartier und wandert von dort aus. Unbedingt beachten, dass die Unterkünfte Monate im Voraus ausgebucht sind.

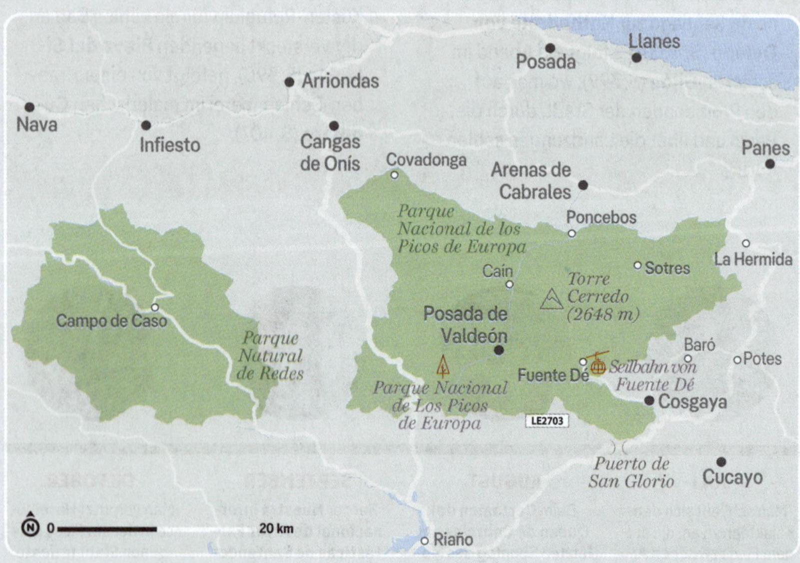

VALERY ROKHIN/SHUTTERSTOCK ©

Santa Cueva (S. 382)

Eine Veränderung des Laufs der Geschichte

PILGERSTÄTTE COVADONGA

Es ist Oktober, und gelbes Laub liegt auf dem Weg nach **Covadonga**. Nach dem kürzlichen Regen ist es feucht, und viele der Parkplätze am Aufstieg zu diesem Pilgerkomplex, die im Sommer dem Andrang kaum gerecht werden, sind leer. Der Herbst mit den vielen rötlich schimmernden Buchen und Edelkastanien ist eine schöne Jahreszeit; das Moos wird wieder grün, und die Eichhörnchen sammeln Vorräte für den Winter. Man kann sich kaum vorstellen, viel Verkehr auf der Straße durch dieses ruhige, bewaldete Tal zu sehen – und schon gar nicht den Schauplatz einer Schlacht. Doch irgendwo hier in der Nähe änderte sich um das Jahr 722 n. Chr. der gesamte Verlauf der spanischen Geschichte.

Verständlicherweise wird die Bedeutung der Schlacht von Covadonga von den beiden beteiligten Seiten unterschiedlich bewertet, aber die Tatsachen bleiben bestehen. Es handelte sich um die erste Niederlage der Muslime in Spanien, die von einem Heer unter König Pelayo geschlagen wurden. Diese Niederlage führte zur Gründung des Königreichs Asturien und leitete die Reconquista ein – die 800 Jahre währende Rückeroberung Spaniens für die Christenheit.

PILGER AUF DEM WEG NACH SÜDEN

Es ist kein Geheimnis, dass die Caminos de Santiago eine Renaissance erleben, weil diese alten Routen Kameradschaft und die Möglichkeit zum Nachdenken in schöner Natur bieten. Eine solche Route ist der von Osten nach Westen führende **Camino del Norte** an der Nordküste Spaniens. Weniger bekannt ist, dass andere Pilgerstraßen in Nord-Süd-Richtung verlaufen. Der **Camino Lebaniego** beispielsweise verbindet San Vicente de la Barquera mit Santo Toribio. Seit 1512 pilgern Gläubige zum Lignum Crucis, das ein Stück des originalen Kreuzes sein soll, an dem Jesus gekreuzigt wurde, und im Kloster von Santo Toribio aufbewahrt wird. Mit knapp 73 km ist dies eine der kürzesten Pilgerstraßen in der Region.

FAN LÄNGERER WANDERUNGEN?

Viele der Wanderrouten in Spanien folgen alten Pilgerstraßen. **Oviedo** (S. 403) ist der Ausgangspunkt des ursprünglichen Camino de Santiago, der bis zum Jahr 814 zurückreicht.

UNTERKÜNFTE IN DEN PICOS

La Casa de las Chimeneas, Potes
Die ländlichen Steinhäuser mit kopfsteingepflasterten Höfen befinden sich in Tudes, 7 km außerhalb von Potes. **€€**

Posada de Cucayo, Cucayo
Das Hotel in einem traditionellen Bauernhaus aus Stein mit Oberbalken aus Holz rühmt sich einer herrlichen Aussicht in die Berge. **€**

Hotel de Oso, Cosgaya
Die stilvollen, rustikalen Zimmer in zwei Steinhäusern neben dem Río Deva machen dieses Hotel beliebt. **€€**

WANDERN IM NATIONALPARK

Der 1918 gegründete **Parque Nacional de los Picos de Europa** war Spaniens erster Nationalpark und wird also schon seit mehr als einem Jahrhundert von Tausenden von Besucher:innen erkundet und genossen. Der nur 671 km² große, aber spektakuläre Park wurde gründlich zum Wandern, Radfahren, Klettern und Bergsteigen kartiert, und es gibt einige ausgezeichnete Tour- und Wanderführer für diese Region.

Drei der besten Wanderstrecken sind der Abstieg von Fuente Dé, die Umrundung der Lagos de Covadonga und die Wanderung durch die Schlucht von Cares. Darüber hinaus gibt's Dutzende gut markierte, ausführlich dokumentierte Routen für alle Niveaus von Energie, Fitness und Begeisterung, sodass man diesen wunderschönen Park leicht für sich entdecken kann.

Die Seilbahn von Fuente Dé

Aber nicht das zieht die Massen an. Wenn man die im 19. Jh. nach Erdrutschen erbaute Basilika umrundet, kommt am Hügelhang die winzige **Santa Cueva** in Sicht. An diesem Ort, den man über mit Kerzenwachs betropfte Steinstufen erreicht, soll nach dem Glauben der Pilger die Heilige Jungfrau die Armee von König Pelayo ermutigt haben. Eine einsame Frau kniet vor dem Höhlenaltar; sie bekreuzigt sich und rutscht dann auf den Knien aus der Kapelle heraus. Hier zählt nicht, was man sieht, sondern was es bedeutet.

Ein Bergklassiker

WANDERN VON DER BERGSTATION DER SEILBAHN VON FUENTE DÉ

Drei Männer mittleren Alters liefen an der Viehsperre entlang. Das war eine glückliche Begegnung, weil sie die einzigen Leute waren, die wir während unserer dreistündigen Wanderung zu sehen bekamen, und wir nicht sicher waren, ob wir der Straße nach Espinama folgen oder die Abkürzung über den steilen, von Disteln übersäten Hügel in den Wald nehmen könnten. „*Muy fácil*", erklärten die Männer fröhlich und gingen den Abhang hinunter, wobei sie sich beim Klettern an den Farnen festhielten. Uns erschien das gar nicht so einfach, und die letzten beiden Stunden des Wanderns über steile Waldpfade waren doch ziemlich strapaziös.

ESSEN RUND UM FUENTE DÉ

Hotel del Oso, Cosgaya
Das beliebte Lokal am Fluss serviert leckere *cocido montañés*- und *cocido lebaniego*-Eintöpfe. **€€**

Restaurante Remoña, Espinama
Das *cocido lebaniego* wird hier nach Omas Rezept zubereitet und ist sehr zu empfehlen. **€**

Vicente Campo, Espinama
Die Familie, die dieses 1959 gegründete Restaurant betreibt, züchtet selbst Rinder. **€€**

Doch was für eine Wanderung! Sie beginnt, indem man vorab eine Fahrt mit dem **Teleférico de Fuente Dé** bucht. Schon das Anstellen an der Talstation der Seilbahn ist spektakulär, wenn die Sonne langsam über die vertikale Südwand des Macizo Central schwenkt. Die Fahrt führt 762 m hoch zu einem Punkt, wo man Steinadlern Aug in Aug begegnet – vorausgesetzt man wagt es, an die Bergkante zu treten und tief hinab Ausschau zu halten. Die Bergstation liegt nahe dem Punkt, wo die drei Regionen, in denen die Picos liegen, aneinander genzen. Dort fächern mehrere Wege in das hochgelegene Gelände aus.

Viele wandern die 3,5 km lange Strecke zum Hotel Áliva. Das einsam auf Hochwiesen gelegene Gelände ist ein unvergesslicher Ort, um Raubvögel zu beobachten, die im Konvoi über die Kalksteingipfel fliegen. Wer talwärts wandert hat eine herrliche Aussicht. Der Weg ist nicht zu verfehlen – meistens jedenfalls.

Angriff auf die Nase

CABRALES-KÄSE PROBIEREN

Man riecht ihn schon, bevor man ihn sieht. Überquert man den Río Cares bei **Arenas de Cabrales** in den Picos, ist der stechende Geruch des berühmten Käses dieses Gebiets schon wahrnehmbar. Was für den einen ein Duft ist für den anderen Gestank, aber der Geruch ist ein wesentlicher Bestandteil eines Esserlebnisses, das nur Liebhaber von Blauschimmelkäse wirklich würdigen können. Eine Führung mit Verkostung durch die **Cueva El Cares** könnte jedoch manchen Skeptiker überzeugen.

Der Hauptbestandteil des *queso de Cabrales* ist harmlos und besteht aus Rohmilch von asturischen Milchkühen, die traditionell zwischen Mai und Juli gesammelt und mit bis zu 20 % Ziegen- oder Schafsmilch vermischt wird. Erst der sich entwickelnde Schimmel sorgt für den kräftigen Geruch.

Wie die Ausstellung in der Cueva erklärt, ist die Käseherstellung eine komplexe Kunst, die von Generation zu Generation weitergegeben wird und das Erhitzen und Gerinnen der Milch, die Zugabe von Lab und das Entfernen der Molke umfasst. Der abgetrennte Käsebruch wird in Zylinder gepresst, gesalzen und dem Aushärten überlassen, ehe er auf den Holzborden in einer Höhle reift, deren Feuchtigkeit und Temperatur die Bildung von *Penicillium*-Pilzen fördert.

Früher wurde der *queso de Cabrales* in Ahornblätter gewickelt, heute verkauft man ihn in einer grünen Folie mit einem fünfzackigen Blatt und der Angabe „Denominación de Origen". Im Jahr 2020 wurde einer dieser handwerklich produzierten Käse für 20 500 € verauktioniert – ein Guinness-Weltrekord.

BESTE KÄSELÄDEN

La Barata, Cangas de Onís
Der prächtige Feinkostladen verkauft auch Gerätschaften für *fabada* (Bohneneintopf).

Quesería Main, Sotres
Die Käsemeister hier wurden zweimal mit dem Preis für den besten Cabrales-Käse ausgezeichnet und stellen ihn schon seit Generationen her.

Queso de Baró
Das Familienunternehmen im bergigen Baró gewann die 78. Picos-Käseausstellung.

Quesería artesanal Ca Llechi, nahe Infiesto
Dieser Handwerksbetrieb produziert *casín* (Hartkäse) aus vollfetter Kuhmilch.

Quesu Ovin, Nava
Dieser Handwerksbetrieb ist auf halbgereiften Ziegenkäse spezialisiert.

FÜR KÄSELIEBHABER:INNEN

Käsefans besuchen Arenas de Cabrales im August zum **Certamen del Queso de Cabrales** oder im November in Oviedo **Asturias Paraíso Natural Cheese Festival** (S. 403).

BESUCHERINFORMATIONEN IN DEN PICOS

Besucherzentrum Pedro Pidal, Lagos de Covadonga
Das saisonal geöffnete Zentrum bietet audiovisuelle Infos zu den Picos und einen Garten, in dem man die Bäume bestimmen kann.

Besucherzentrum Sotama, Tama
Das ganzjährig geöffnete Büro hat eine Liste der Guides in Kantabrien und bietet zusätzliche Infos zu denen auf der offiziellen Webseite des Parks.

Info-Punkt, Poncebos
Eine von mehreren saisonal (Juli–Mitte September) geöffneten Informationsstellen an Schlüsselpunkten in den Picos.

Zu hochgelegenen Orten fahren

FAHRTROUTEN IN DEN PICOS

Man hat es gerade sicher durch die Haarnadelkurven geschafft, als das eine Fahrzeug pro Stunde, dem man hier begegnet, auf einen zukommt: Es handelt sich um einen Traktor, und der fährt schneller, als es irgendein landwirtschaftliches Vehikel sollte, und hält nicht an. Ohne Ausweichmöglichkeit auf der einspurigen Straße bleibt keine Möglichkeit, als bergauf durch die Kurven zurückzusetzen. Kein Vergnügen? Dann ist eine Fahrt durch die Picos eher nicht zu empfehlen. Glücklicherweise ist der gesamte Park aber von einer etwas besser ausgebauten Straße umgeben, die man sicher befahren kann, wenn man nicht zu schnell wird. Sie schlängelt sich durch Schluchten und über Hochwiesen, wo im Frühjahr viele Bergblumen blühen und im Herbst buntes Laub fällt. Ein spektakuläres Erlebnis.

Die 200 km lange Route folgt der N65, N621 und AS114 und beginnt und endet in Cangas de Onís in Asturien. Die Fahrt sollte nur vier Stunden dauern, es können aber auch acht werden – vor allem, wenn man Fotopausen macht. Zu den vielen Highlights an der Strecke zählen das Tosen des **Río Sella** im Tal, das Ausschauen nach wilden Ziegen auf dem spektakulären Straßenabschnitt **Desfiladero de los Beyos** und das Erlebnis der Weite beim Übergang nach Kastilien und León, neben dem ruhigen Wasser des **Embalse de Riaño**. Am **Mirador del Corzo** teilt man sich die Panoramaaussicht mit Rehen, die von Jesús Otero in Stein verewigt wurden, und legt eine Mittagspause im alten Potes ein, einer typischen kantabrischen Marktstadt. Auf dem kopfsteingepflasterten Hauptplatz von **Arenas de Cabrales** gibt's Blauschimmelkäse-Tapas, den **Mirador del Naranjo de Bulnes** erreicht man bei Sonnenuntergang – wenn dieses Wahrzeichen der Picos seinem Namen gerecht wird.

BESTE HOTELS IN DEN PICOS

Hotel Imperión, Cangas de Onís
In dieser attraktiv restaurierten Villa übernachtet man fürstlich. **€€**

Parador de Fuente Dé
Von den *galerias* in diesem *parador* am *teleférico* genießt man die Aussicht auf die Picos. **€€€**

La Cabaña de Severina, Sotres
In dieser ländlichen, hoch gelegenen (1050 m) Hütte kann man ausspannen. **€**

Hostería Sierra del Oso, Potes
Bequeme Altstadtwohnung, in der man aus der Bar kommend direkt ins Bett fällt. **€€**

Hotel Picos de Europa, Arenas de Cabrales
Aus dem Fenster des Hotels am Río Cares kann man fast die Forellen sehen. **€**

Spaniens beliebteste Wanderstrecke

WANDERN DURCH DIE SCHLUCHT VON CARES

Die selbst an Winterwochenenden gut besuchte **Ruta del Cares** ist so populär, dass man sie häufig als „Spaniens beliebteste Wanderroute" bezeichnet. Die 11 km lange Tour ist aus guten Gründen berühmt: Sie ist ein Abenteuer mit reicher Flora und Fauna und schöner Aussicht in die Berge. Die Strecke führt an Felsvorsprüngen entlang, passiert Tunnel und überquert Brücken in einer Schlucht hoch über dem Río Cares.

Der Weg verbindet zwei kleine Dörfer – **Poncebos** in Asturien und **Caín** in Kastilien und León. Er wird in der Regel von Nord nach Süd gewandert, um die schönsten Ausblicke bis zuletzt aufzusparen. Da die Strecke, abgesehen von einem 400 m

SPEZIALISIERTE GUIDES

Iberian Wildlife
Teresa Farino, Schmetterlingskundlerin und begeisterte Botanikerin, lebt in den Picos und führt seit 1989 Touren.

The Picos de Europa
Der Englisch sprechende Führer Javi bringt 20 Jahre Vogelbeobachtungserfahrung in jede Tour durch die Picos und an der Küste ein.

Fernando Zamora PAKGuia de Picos
Fernando ist der Spezialist für Wanderungen, Klettern und Canyoning in großer Höhe.

Ruta del Cares

hohen Anstieg zu Beginn, weitgehend eben ist und der Weg eine Breite von mindestens 2 m hat, gilt die Wanderung als „leicht". Weil die Route aber ohne Abgrenzung an 200 m tiefen Gefällen vorbeiführt, dürften Leute, denen leicht schwindlig wird, das anders sehen! Der Klippenweg wurde in den 1940er-Jahren angelegt, um die Arbeit an einem Wasserkraftwerkskanal zu erleichtern; ein eindrucksvoller, 23 m langer Steg ersetzt einen Abschnitt des ursprünglichen Tunnels, der durch Erdrutsche zerstört wurde. Einst war die Strecke haarsträubend, doch heute besteht die größte Gefahr darin, sich an den niedrigen Tunneldecken den Kopf zu stoßen oder im Sommer zu dehydrieren (was man vermeiden kann, wenn man einen Hut trägt und Wasser mitnimmt).

Die Weiterreise von Caín erfordert einige Planung, weil die Strecke zurück zwar zu Fuß nur 11 km lang ist, aber rund 120 km per Taxi. Trotz aller logistischen Probleme: Diese Strecke berührt das Herz der Picos und aller, die auf ihr wandern.

CAFÉS IM GEBIRGE

Wandern macht hungrig. Aber während man in den tiefer gelegenen Dörfern der Picos problemlos seinen Hunger stillen kann, kann es schwieriger sein, in den Hochlagen etwas zu beißen zu finden. Ein oder zwei Cafés springen dankenswerterweise in die Bresche und versorgen die Wandergemeinde. Da gibt es beispielsweise die **Bar Bulnes**, zu erreichen über die Seilbahn im autolosen Dorf Bulnes; sie serviert Kaffee und schmackhafte *bocadillos* (belegte Brötchen). Dann gibt es die **Casa Mi Güelu** in Sotres, ein nettes, schlichtes Café mit hausgemachten Gerichten für alle, die während der Wanderung mehr brauchen als nur einen Kaffee. Wer von Tresviso aus unterwegs ist, findet im **Bar/Restaurante El Redondal**, einem netten, familiengeführten Lokal, Kaffee und als Markenzeichen *picón*-Käsekroketten.

UNTERWEGS VOR ORT

In den Spitzensaisons ist der Verkehr auf den Straßen der Picos dicht – es empfiehlt sich, eine Ausgangsbasis zu beziehen und von dort Ausflüge zu unternehmen. Schnee blockiert die Wege von Dezember bis März und viele Einrichtungen sind geschlossen. Taxis sind relativ günstig, sogar, wenn die Rückfahrt des Fahrers im Preis enthalten ist.

Das auf Meeresspiegel-Höhe gelegene Cangas de Onís ist ideal, um die westlichen Picos und den Río Sella zu erkunden. Von hier gibt's öffentliche Verkehrsmittel nach Covadonga; in der Spitzensaison fahren Shuttlebusse zu den Wegen am See.

Das höher gelegene Potes ist praktisch für die südöstlichen Picos. Nur im Sommer verbinden Busse Potes mit Fuente Dé, von wo der *teleférico* Wander:innen hinauf zu den Bergrouten befördert.

Arenas de Cabrales ist der Ausgangspunkt für die zentralen Picos einschließlich der Schlucht von Cares. Im Sommer fahren Busse nach Poncebos, Sotres ist nur mit dem Auto erreichbar.

Playa de Rodiles
Ribadesella
Arriondas
Playa de Torimbia
Oviedo
Picos de Europa

Rund um die Picos de Europa

Auf Höhe des Meeresspiegels bieten die Küstenorte Aktivitäten der eher epikuräischen Art.

Die Picos sind so inspirierend, dass man sich, mittendrin, kaum vorstellen kann, anderswo sein zu wollen. Allerdings gilt das nur an guten Tagen, wenn die Sonne scheint und man bei guten Sichtverhältnissen die steilen Aufstiege und die Panoramaausblicke richtig genießen kann. An schlechten Tagen, wenn Wolken in den Tälern hängen, wird man über Ausweichmöglichkeiten froh sein. Und glücklicherweise gibt's gleich außerhalb des Nationalparks viel Interessantes zu sehen und zu tun.

Man kann auf dem Río Sella Kajak fahren, auf den Klippen wandern, romanische Bauten besichtigen und ein Meeresfrüchte-Abendessen genießen. So entdeckt man nach der Rückkehr vom Wohnsitz der Götter die irdischen Freuden.

TOP TIPP

Sidra (Apfelwein) ist in Asturien sehr beliebt, in Kantabrien trinkt man bevorzugt Wein.

Camino del Norte (S. 389)

ALEX CASANOVAS/SHUTTERSTOCK ©

CESAR MANSO/AFP VIA GETTY IMAGES ©

Descenso Internacional del Sella

Eine Fahrt auf dem Río Sella

MIT DEM KAJAK VON ARRIONDAS NACH RIBADESELLA

Man weiß, dass es Sommer ist, wenn in den Straßen von **Arriondas** die Flaggen gehisst werden und sich die Kleinstadt am Fuß der Picos de Europa auf den jährlichen **Descenso Internacional del Sella** vorbereitet. Die Geschichte des berühmten Kajakrennens (am ersten Augustsamstag) reicht bis 1930 zurück. Es führt zur Mündung des Río Sella (im passend benannten Ribadesella) und lockt zahlreiche internationale Wettkämpfer und Zuschauer an, die das sonst ruhige Flussufer in eine Fiesta der Farben, der Musik und der Unterhaltung verwandeln.

Die Strecke ist 20 km lang, seit 2009 gilt der Rekord von 61 Minuten und 14 Sekunden. Ein Umzug, angeführt von Dudelsackspielern und Riesen, geleitet die mehr als 1000 Teilnehmenden zum Ufer, wo ihnen die Besucherscharen zujubeln. Selbstverständlich endet das Event, so wie es begonnen hat, mit einem rauschenden Straßenfest.

Man muss aber kein Profi sein, um aufs Wasser zu kommen. Zu allen übrigen Zeiten des Jahres (obwohl überwiegend im Sommer) kann man ein Kajak und eine Rettungsweste von einem Veranstalter in Arriondas mieten und stromabwärts paddeln. Die Weiden über einem, grasende Kühe am Ufer und schnelle Untiefen, die man bewältigen muss: Dies ist eine ideale Art, um den Ausblick auf die schöne asturische Landschaft mit ihren Kalksteingipfeln und blumenübersäten Weiden zu genießen.

BESTE RESTAURANTS NAHE ARRIONDAS

Casa Marcial, La Salgar
Für ein Essen in diesem mit zwei Michelin-Sternen ausgezeichneten Restaurant des Chefkochs Nacho Manzano an einem schönen Ort nahe bei Arriondas sollte man vorab reservieren. **€€€**

El Corral del Indianu, Arriondas
José Antonio Campoviejo leitet die Küche dieses mit einem Michelin-Stern ausgezeichneten Restaurants. Hier wurde das Anrichten zur Kunstform erhoben. **€€€**

Arbidel, Ribadesella
Ebenfalls ein Michelin-Stern ziert das Restaurant des Chefkochs Jaime Uz, das sich in den Gassen der Altstadt von Ribadesella versteckt. Hier stimmen die Details bis hin zur exakt gebügelten Tischwäsche. **€€€**

ESSEN IN KANTABRIEN

Bar Javi,
Castro-Urdiales
Die Bar warnt davor, dass ihre pinchos süchtig machen. Also Vorsicht! **€**

La Esquina de Tasca, Santoña
In diesem Ecklokal im Stadtzentrum gibt's kein großes Tamtam, aber dafür die berühmten Sardellen der Stadt. **€€**

Restaurante Fuentebro, Reinosa
In diesem Restaurant mit Blick auf die Quelle des Río Ebro gibt's klassische kantabrische Gerichte. **€€**

JUAN CARLOS MUNOZ/SHUTTERSTOCK ©

Santa María del Naranco

Die ferne Vergangenheit entdecken

FRÜHE KIRCHEN, RUHIGES HINTERLAND

Es ist kein Geheimnis, dass Nordspanien viele alte Kirchen besitzt, weniger bekannt ist aber, dass viele davon vorromanisch sind, also vor dem 11. Jh. erbaut wurden. Auf der Suche nach diesen Zeugnissen des frühen Christentums gelangt man in einige schöne und abgelegene Ecken des Nordens.

Los geht's nahe der Küste in den Hügeln rund um Oviedo, wo die **Iglesia de San Julián de los Prados** mit ihrer doppelten Vorhalle und dem freskengeschmückten Inneren die vielleicht älteste und größte dieser Kirchen ist. Die zwischen 792 und 842 erbaute **Iglesia de Santa María de Bendones** besitzt bemerkenswerte, mit Ornamenten verzierte durchbrochene Steinfenster, während die **Iglesia de San Miguel de Lillo** majestätisch auf einem bewaldeten Hügel thront. In der ursprünglich als Palast erbauten zweigeschossigen Kirche **Santa María del Naranco** findet man *sogueado*-Motive – verdrehte, tauartige Motive, die ein Merkmal der regionalen Steinmetzkunst sind.

Oben in den Picos kann man in der Nähe von Potes die Kirche **Santa María de Lebena** besichtigen. Ihr Inneres prunkt mit Hufeisenbögen, die für die mozarabische Architektur des 10. Jahrhunderts typisch sind. Von hier ist es nicht weit bis Reinosa – der Quelle des Río Ebro (dem die Iberische Halbinsel ihren Namen

VORROMANISCHE ARCHITEKTUR

Als letztes Bollwerk des Christentums auf der Iberischen Halbinsel nach der muslimischen Eroberung des Westgotenreichs entwickelte das Königreich Asturien im 8. Jh. seinen eigenen, als vorromanisch bezeichneten Baustil. Dieser Stil stützt sich (im Fall wiederverwerteter antiker Säulenkapitelle wortwörtlich) auf die römische Ästhetik und die westgotische Architektur, deren direkter Nachfolger sie ist. In ganz Asturien sind 14 Gebäude (überwiegend Kirchen) aus der Zeit vor dem 11. Jh. erhalten.

Die mozarabische Architektur entwickelte sich etwa um das 10. Jh. und zeigt den Einfluss der islamischen Kunst auf christliche Gebäude in Gebieten unter muslimischer Herrschaft. Da es den Mauren nie gelang, die Gebiete nördlich des Kantabrischen Gebirges zu erobern, findet man hier nur wenige Beispiele des mozarabischen Stils.

OUTDOOR-AKTIVITÄTEN VEREINBAREN

Escuela Asturiana de Piragüismo
Bietet Rafting, Caving und Canyoning und arrangiert Kajakfahrten auf dem Río Sella.

Jaire Aventura
Dieser Veranstalter nahe Cangas de Onís arrangiert Wanderungen durch die Schlucht von Cares und Winterwanderungen.

Cangas Aventura
Caving, Canyoning, Ausritte und Quad-Touren gehören zu den vielen Aktivitäten in den Picos, die hier organisiert werden.

verdankt) – und zum nahegelegenen Corconte. Man folgt den braunen Schildern durch das Valderredible, ein Tal voller alter Bauwerke. Zu diesen zählen die schöne romanische Kirche **San Martín de Elines** und die bemerkenswerten, in den Fels gehauenen Kapellen **Cadalso** und **Santa María de Valverde**. Das ist zwar nicht mit Lalibela vergleichbar, aber was diesen beliebten Gebäuden an Größe fehlt, machen sie durch berührende rustikale Schönheit wett.

Auf der Überholspur

LA AUTOVÍA DEL CANTÁBRICO

Wohl kaum jemand wird eine Autobahn als Highlight in seinen Urlaubsplan aufnehmen, aber für die A-8, die wichtigste Autobahn an der Nordküste von Kantabrien und Asturien, kann man schon eine Ausnahme machen. Diese 584 km lange, vielspurige Straße, die sich zwischen dem Baskenland und Galicien erstreckt, ist nicht nur eine außergewöhnliche Leistung der Bauingenieurskunst mit vielen Viadukten, Tunneln, Holzbrücken und aufwändig gebauten Autobahnkreuzen, sondern auch ein Hochweg durch die schöne Küstenlandschaft am Atlantik. Selbst eine zeitgenössische Kunstinstallation gehört dazu: **El Monumento Encrucijada** in Cabezón de la Sal.

Einen wunderbaren Blick auf die Region hat man auf dem zweistündigen Abschnitt zwischen Santander und Oviedo; dort kommen die Berge den Klippen ganz nah, und die Straße überspannt Ästuare und abgeschiedene Strände. Über die Landschaft verstreut stehen bunt gestrichene Bauernhäuser und *hórreos* (Getreidespeicher) auf Steinsockeln, kleine Dörfer verstecken sich in den Wäldern. Folgt man den hilfreichen braunen Schildern, erreicht man die Schätze jenseits dieser eindrucksvollen Verbindungsstraße.

Der Küsten-Jakobsweg

PILGERROUTE NACH SANTIAGO

Der 825 km lange **Camino del Norte** ist die angeblich älteste Pilgerstraße nach Santiago auf der Halbinsel – und ein strapaziöses Unterfangen. Das liegt an den steilen Aufstiegen auf Küstenwegen, die zwischen den Klippen hinauf- und hinunterführen und an einem vergleichsweise großen Mangel von Hostel-Unterkünften. Tagesausflüge auf dem asturischen Abschnitt sind aber wunderbar, um die spektakuläre Atlantik-Landschaft zu bewundern, insbesondere auf dem Küstenweg bei Gijón. Dieser 17 km lange Weg beginnt in Gijón (S. 399) und führt an der Playa de Estaño vorbei zur Playa de la Ñora, von wo aus Busse in die Stadt zurückfahren.

LOCAL TIPP: TIERE IN DEN PICOS

Sam Owen, ein Ingenieur, der seinen Lebensabend im Ausland in den Picos verbringt, nennt seine Highlights in den Bergen.

Insekten statt Bären
Als Kind pfiff ich „I'm Just A Country Boy" – seit je habe ich unberührte Orte geschätzt. Natürlich ist es aufregend, dass es in den Picos große Säugetiere gibt, aber die Vielfalt der kleinen Tiere bringt Leben in die große Weite. Angesichts von 140 hier lebenden Schmetterlingsarten lohnt es sich, die Insektenwelt hier zu studieren, statt nur auf Bären zu warten.

Himmel und Wasser
Die großen Raubvögel – der Steinadler und der Gänsegeier – sind spektakulär, aber unten in den Flüssen wimmelt es von Lachsen und Forellen. Das Wasser schimmert silbern im Mondlicht und leuchtet golden in der Sonn.

Los Cauces
Hilft beim Organisieren von Abenteuer-Aktivitäten, darunter Kajakfahrten auf dem Río Sella.

El Cares Campsite
Das Unternehmen nahe Santa Marina de Valdeón ist auf Schneeschuhwanderungen spezialisiert und gibt Tipps zu Bergrouten.

Happy Emotions
Das Unternehmen mit Sitz in Potes veranstaltet Tandem-Gleitschirmflüge, bei denen man die Picos aus der Luft bewundern kann.

TAMARA KULIKOVA/SHUTTERSTOCK ©

Playa de Torimbia

WINTERWUNDER

Während sich Tausende Besucher:innen im Sommer auf den Wanderwegen der Region drängen, vermeiden andere die Massen, indem sie sich im Winter mit umgeschnallten *raquetas de nieve* über den Stiefeln auf die Strecke begeben. Das wachsende Interesse am Schneeschuhwandern hat dazu geführt, dass zahlreiche Routen überall in Kantabrien und Asturien angelegt wurden, z. B. von Santa Marina de Valdeón zum Städtchen Prada in den Picos, rund um die Lagos de Covadonga und darüber hinaus, ferner im Parque Natural de Ponga sowie ein sechsstündiger Trail ab Polo de Somiedo. Alle bieten die Chance, Wildtiere wie etwa Rehe zu sichten – aber natürlich keine Bären, denn die halten ab Dezember Winterschlaf.

Ein Bad im Meer

STRÄNDE IN KANTABRIEN UND ASTURIEN

Wer die Nordküste Spaniens besucht, sollte Badesachen dabeihaben. Das Wasser im Golf von Biskaya ist zwar das ganze Jahr über kühl, und die Wellen sind mitunter einschüchternd, aber zumindest einmal einen Zeh ins Wasser zu tauchen, ist sozusagen Pflicht. Im Sommer von Sonnenhungrigen geprägt ist die spektakuläre Küstenlinie im Winter verlassen – abgesehen von denPersonen, die hier ihre Hunde ausführen.

Die Wahl des Strands hängt von den eigenen Interessen ab. Surfer:innen lieben die **Playa Oyambre** und die **Playa de Rodiles** mit den nach links brechenden Wellen an der Mündung des Ria de Villaviciosa, während Anfänger an der **Playa de Somo** üben. Sonnenanbeter entscheiden sich für die sandige **Playa de Berria** und die **Playa de Torimbia**, wo auch nackt gebadet werden darf, während Vogelbeobachter ein Mündungsgebiet, etwa bei Ribadesella oder Villaviciosa auswählen und auf die Ebbe warten. Taucher:innen gehen bei Santander über Bord.

Für alle, die den Strand lieber zu Wanderungen nutzen, ist die **Playa del Silencio**, rund 70 km westlich von Gijón, ideal. Die ländliche Zufahrtsstraße (N632a) – eine einspurige Autostraße oben auf den Klippen – bietet eine spektakuläre Sicht auf die ins Meer hineinragenden Felspfeiler, ist aber kein Ersatz für eine Wanderung unten am Meer. Ein Abzweig führt nach rechts durch hohes Gestrüpp und über einen Bach zu einer noch abgeschiedeneren Bucht. Mit dem Rauschen des Wassers und den heiseren Schreien der Möwen ist der „Strand der Stille" an einem wilden Herbsttag aber alles andere als ein Geheimtipp.

UNTERWEGS VOR ORT

Die malerische FEVE-Bahnstrecke verbindet Oviedo, Arriondas, Ribadesella, Llanes und Santander. Busse verbinden Cangas de Onís mit Arriondas. Möchte man weniger besuchte alte Kirchen sehen, ist es praktischer, mit dem Auto herumzufahren.

SANTANDER

Zwei Gegebenheiten in der modernen Geschichte Santanders prägten den dynamischen Charakter der Stadt. Die erste war die Vorliebe König Alfons XIII. in den 1900er-Jahren, den Sommer hier zu verbringen. Das führte zur Erschließung des eleganten Viertels El Sardinero mit seiner langen Promenade und den Stränden am Ozean. Die stolzen Einwohner revanchierten sich, indem sie für den König einen Palast auf dem Parkgelände der Península de la Magdalena errichten ließen. Die zweite Gegebenheit war die katastrophale Feuersbrunst von 1941, die die Altstadt verwüstete. Das Feuer brannte zwei Tage und vernichtete einen großen Teil des mittelalterlichen Erbes der Stadt. So desaströs das Feuer auch war, es bot Stadtplanern die seltene Chance, für ein neues Jahrhundert zu entwerfen, Investitionen anzulocken und das soziale Gefüge zu verändern.

Fährt man mit der Freiluftrolltreppe hinauf zur Calle de Hernán Cortés, spaziert im oberen Teil der Stadt zwischen den wohlhabenden Anwesen und besucht die Bars junger Geschäftsleute, wird man unausweichlich dem Charme dieses modernen Phönix verfallen.

TOP TIPP

Santander zieht sich über eine recht große Strecke längs der Küste hin. Um ein Gefühl dafür zu bekommen, wie alles zusammenhängt, kann man eine Bootstour durch den weiten Hafen ab dem Palacete del Enbarcadero unternehmen. Weniger überlaufene und sonst schwer zu erreichende Strände lassen sich mit den örtlichen Fähren leicht ansteuern.

SEHENSWERTES
1 Centro Botín
2 Los Raqueros
3 Palacio de la Magdalena
4 Paseo de Pereda
5 Real Club Marítimo de Santander

TOUREN
6 Palacete del Enbarcadero

SCHLAFEN
7 Hotel NH Ciudad de Santander

ESSEN
8 La Flor de Tetuán
9 Bodega del Riojano

BESTE UNTERKÜNFTE & RESTAURANTS IN SANTANDER

Hotel NH Ciudad de Santander
Das Hotel mit hellen, modernen Zimmern liegt günstig zu den Brennpunkten des Nachtlebens der Stadt. €€€

Hotel Las Brisas
Diese Villa in Sardinero hat Boutique-Charme und ist eine Schatztruhe voller Kunst und Kunstgewerbe. €€

Jardín Secreto
Das stilvolle alte Familienhaus hat einen charmanten versteckten Garten. €€

La Flor de Tetuán
Das beliebte intime Meeresfrüchterestaurant an der Calle Tetuán serviert ausgezeichnetes Essen. €€€

Bodega del Riojano
Weinfässer geben dem Restaurant, das Schalentiere und andere Lieblingsgerichte des Nordens serviert, seine spezielle Atmosphäre. €€

Centro Botín

Santander vom Meer aus gesehen

EINE STADTTOUR PER BOOT

Tourboote starten zu einstündigen Hafenrundfahrten neben dem **Palacete del Enbarcadero**. Die beiden Blocks von Santanders **Centro Botín** fallen in den Blick, während das Boot den Anker lichtet. Dieser von Renzo Piano entworfene und 2017 eröffnete Ausstellungsort ist schon jetzt ein Wahrzeichen der Stadt. Bewundert man heute den verkehrsberuhigten **Paseo de Pereda**, kann man sich kaum vorstellen, dass der hier verankerte Kran, Denkmal eines vergangenen Zeitalters, einst voll in Betrieb war. Noch schwerer kann man begreifen, dass die nach Münzen tauchenden Jugendlichen (die in der Bronzeplastik **„Los Raqueros"** verewigt sind) einst wegen Kleinkriminalität belangt wurden. Der **Real Club Marítimo de Santander**, der wie ein Ozeandampfer der 1930er Jahre gestaltet ist, hat heute den **Palacio de Festivales** zum Nachbarn – in dem darstellende Künste und Puppentheaterfestivals ein Zuhause haben.

Was wohl alles im Meer schwimmt? Ein Besuch des **Museo Marítimo del Cantábrico** hat mit seinem Skelett eines 60 t schweren Wals und seinem Aquarium die Antwort.

Bei der Umrundung der **Península de la Magdalena** schaut man zum **Palast** auf dem Hügel, den die spanische Königsfamilie bis 1930 benutzte. Sobald das Schiff das offene Meer erreicht, hört man oft erwartungsfrohe Schreie – wenn hohe Wellen aus dem Golf von Biskaya auf den langen Sandstreifen der **Playa del Sardinero** zurollen. Während das Boot schließlich gemütlich längs der schönen **Playa del Puntal** und der kantabrischen Berge im Hintergrund zurücktuckert, lässt es sich gut entspannen.

UNTERWEGS VOR ORT

Wer seine Zeit ausschließlich in Santander verbringen will, könnte aufs Auto verzichten. Wenn man aber fahren will, empfiehlt sich ein Hotel mit einem privaten Parkplatz, um anstrengende Märsche hügelauf von einem freien Stellplatz zu vermeiden. Mit seinen breiten, verkehrsberuhigten Promenaden und Freiluftrolltreppen bietet sich die Stadt zum Spazierengehen an. Busse und Fähren verkehren zwischen der Altstadt, El Sardinero und den nahegelegenen Stränden. Der Fährhafen, der Busbahnhof und der Bahnhof liegen alle nahe der Altstadt.

Santander
Comillas
Santillana del Mar
Altamira
Puente Viesgo
Höhlen von Monte Castillo

Rund um Santander

Innerhalb einer Fahrtstunde von Santander kann man auf mittelalterlichen Plätzen zu Mittag essen, Höhlenkunst besichtigen oder in einem modernen Resort surfen.

TOP TIPP

Die ländlichen Gebiete sind von der Stadt aus zu Fuß erreichbar. Eine Wanderung ins Land ist in der gesamten Region sogar als Tagesausflug möglich.

Beim Anstehen für die Fähre nach Como in Santander bietet sich Besucher:innen ein verlockender Blick auf die kantabrische Landschaft, die sich im Vordergrund grün und bewaldet zeigt und sanft zu dem gewaltigen Kalksteinmassiv in der Ferne ansteigt. Das von Höhlen wie denen von Altamira und Monte Castillo durchzogene grüne Gelände ist seit Tausenden von Jahren bewohnt, und Menschen haben ihre Spuren in uralten Petroglyphen, den in den Fels gehauenen Kirchen am Río Ebro und in gut erhaltenen Städten wie Santillana del Mar hinterlassen. Doch geht es hier nicht nur um Geschichte: Wer am Meer gelegene Orte wie Santoña oder Castro-Urdiales besucht, verspürt, wie sich die dynamische Modernität von Santander in das Hinterland ausbreitet.

El Capricho **(S. 395)**

HÖHLEN BESUCHEN

Altamira und Monte Castillo sind zwar die berühmtesten Höhlen in der Region, aber keineswegs die einzigen. Zwei weitere Höhlen unter den 17 in Nordspanien, die als Welterbestätten geführt werden, sind die **Cueva de Tito Bustillo** in Ribadesella, wo es ein ausgezeichnetes Informationszentrum nahe dem Eingang gibt, und die **Cueva de Covalanas** hoch oben in dem rauen kantabrischen Land, die man über einen steilen 650 m langen Fußpfad erreicht. Führungen durch beide Höhlen (die man am besten vorab online bucht) helfen beim Verständnis der wunderschönen prähistorischen Kunst und insbesondere der Verwendung von Punktmalerei durch unsere Vorfahren.

Abenteuer-Veranstalter erleichtern die Erkundung anderer Höhlen wie der **Cueva de Coventosa** in der Nähe von Ramales de la Victoria sowie weiterer Höhlen in der Region **Alto Asón**.

JESUS DE FUENSANTA/SHUTTERSTOCK ©

Roter Steppenbison, Altamira

Verbindung zu den Menschen der Vorzeit

KANTABRIENS PRÄHISTORISCHE HÖHLENKUNST

Menschen sind erfindungsreich. Besucht man das Höhlenmuseum in **Altamira**, könnte man vergessen, dass es sich um eine Nachbildung und nicht um das Original handelt. Steigt man in die unterirdische Galerie hinunter, wirken dieser Triumph der Kreativität und die Meisterschaft der Nachbildung inspirierend. Natürlich markieren sie den Beginn einer Reise der Erfindungskraft, die in Altamira und anderen vergleichbaren Höhlen begann, in denen sich unsere paläolithischen Vorfahren vor dem rauen Wetter schützten und die Knochen von Bisons benagten. Als Hommage an die Tiere, die sie am Leben erhielten, bemalten die Menschen die Decken von Höhlen überall in Kantabrien, deren steinerne Konturen den einst von Feuern beleuchteten Bildern Form und Bewegung gaben. Die originale Höhle von Altamira, die 1879 von einem Amateurarchäologen und seiner achtjährigen Tochter entdeckt wurde, ist gesperrt, um die bedeutenden Kunstwerke vor dem für sie schädlichen menschlichen Atem zu schützen. Aber was macht das schon, wenn die Kopie genauso schön ist wie das Original?

Um den Unterschied wahrzunehmen, reist man zu dem „heiligen Berg" oberhalb des nahegelegenen Puente Viesgo. Fünf der 40 Höhlen von **Monte Castillo** sind mit prähistorischer Kunst geschmückt, die zwischen 4500 und 40 000 Jahre alt ist. Der Unterschied zu den Repliken in Altamira ist unverkennbar: Die Höhlen sind kalt, feucht und am Boden schlüpfrig; die Dun-

ÜBERNACHTEN IN SANTILLANA

Parador de Santillana Gil Blas
Vom Balkon dieses historischen Hotels an dem malerischen, kopfsteingepflasterten Hauptplatz der Stadt kann man gut Leute beobachten. **€€€**

Casa del Marqués
In dieser Villa aus dem 15. Jh. mit ihrem aus einem einzigen Baum geschnitzten Treppengeländer fühlt man sich wie ein Adliger. **€€**

Posada La Solana
In diesem gemütlichen Landhaus am Camino del Norte, zwei Gehminuten außerhalb der Stadt, kann man seine Stiefel aufhängen. **€**

kelheit ist bedrückend; Stalagmiten glitzern an den Decken, die Wände sind mit Sinter überzogen und die Böden öffnen sich in eine endlose Tiefe. Innerhalb dieser prächtigen Kathedrale der Natur erscheint eine abgezeichnete menschliche Hand ursprünglich und fragil. Lohnt es sich also, für einen Besuch dieser originalen Stätte zu reservieren? Ja, denn in unserem Zeitalter des Anthropozäns kann jedes Erlebnis, das zur Reflexion über den Platz des Menschen in der Natur anregt, nur lohnend sein.

Auge in Auge mit der Inquisition

MUSEO EL SOLAR, SANTILLANA DEL MAR

Hat man die Vordertür dieses Museums durchschritten, gibt es eine Stelle gleich hinter der Kasse, wo man von einer Schar entsetzter Besucher:innen aufgehalten wird. Es ist unmöglich, diesen Flaschenhals schnell zu durchqueren, aber das liegt nicht an der Enge, sondern an dem spürbaren Schock, der alle Besucher:innen zum Verharren zwingt.

Schon anhand der wenigen ersten Exponate wird klar, dass dies kein normaler Ausstellungsraum ist: Es ist eine Präsentation unvorstellbarster Grausamkeiten, und der erste Eindruck von den hier ausgestellten Werkzeugen geht mächtig unter die Haut. Sie sind zu furchtbar, um sie zu beschreiben, und schon ihre Namen sind so düster wie diese Geräte selbst. Im zweiten Saal, dem mit der eisernen Jungfrau, lässt der Horror schon nach, und im dritten handelt es sich, wie ein Besucher sagte, „ja nur um eine Guillotine".

Dieser atemberaubende, beklemmende Rundgang spiegelt vielleicht ansatzweise wider, wie normale Menschen in den Jahrhunderten der spanischen Inquisition dazu gebracht wurden, anderen Todesqualen zuzufügen. Von 1478 bis 1834 wurde der katholische Glaube durch die Verfolgung von Abweichlern auf diese Weise angeblich geschützt. Wie die Gesichtsmaske mit dem Dorn für die Zunge belegt, wurde Grausamkeit zu einer Abkürzung für Intoleranz und Bigotterie. Ein Besuch in diesem zum Nachdenken anregenden Museum der Folter, das sich in der schönen und faszinierenden Altstadt von Santillana del Mar versteckt, erinnert einen daran, wie dünn die Decke der Zivilisation tatsächlich ist.

Wüstenstaub in Kantabrien

GAUDÍ, DER MODERNISME UND COMILLAS

Am Rand des kopfsteingepflasterten Städtchens **Comillas** reicht die Schlange vor Gaudí's **El Capricho** den Hügel hinunter bis zur Straßenecke, an der ein geschäftstüchtiger Wirt gut an den wartemüden Gästen verdient. Seine Bar La Fuente

BESTE HISTORISCHE HOTELS IN KANTABRIEN

Casa del Organista, Santillana del Mar
Dieses Hotel aus dem 18. Jh. in der schönen Stadt Santillana war einst der Wohnsitz des Organisten des Kollegs. **€€**

Hotel Palacio Torre de Ruesga, Valle
Dieser renovierte, 1610 erbaute und mit Antiquitäten bestückte Palast liegt nahe dem rauen Parque Natural Collados del Asón. **€€**

Molino Tejada, Polientes
Das ländliche Boutiquehotel am Río Ebro residiert in einer alten Wassermühle und ist von Trauerweiden umgeben. **€€€**

Museum der Folter

FOTOKON/SHUTTERSTOCK ©

SURFEN LERNEN IN KANTABRIEN

Escuela Cántabra de Surf, Somo
Diese lange bestehende Surfschule bietet C- (auf Englisch) und Stehpaddelkurse.

Escuela de Surf Sardinero, Santander
Diese Schule an der Playa de Sardinero bietet Kurse in drei Sprachen und hat einen Surfshop.

Escuela de Surf Costa Norte, San Vicente
Diese Schule an der Playa del Rosal bietet Kurse, längere Surf-Camps und Stehpaddelunterricht.

Real ist mit Fliesen verziert, von denen eine einen Mauren auf einem Kamel zeigt, der durch die Wüste reitet. Es handelt sich um eine Werbung für „El Dromedario" – eine Kaffeemarke, die 1871 in Santander eingeführt wurde.

Die kantabrische Küste scheint ein seltsamer Ort für ein Kamel, aber die Fliesen, die Villa von Gaudí und die Pracht des auf dem Hügel gelegenen Sobrellano-Komplexes (Palast, Kapelle, Sommerhaus und Pantheon) sind alle Teil der Ästhetik des späten 19. und frühen 20. Jhs. Mit Arabesken, bemalten Innenräumen und Buntglasfenstern übertrifft diese Art von Neugotik für manche das Original. Auf jeden Fall versprechen die Bauten eine faszinierende architektonische Tour.

El Capricho mit seiner berühmten mit Sonnenblumen verzierten Fassade lohnt das Warten. Wenn irgendein Gebäude den Geist des europäischen Modernisme, für den Kunst alles ist, gültig zusammenfasst, ist es diese Villa. Gaudí selbst verkörperte als Architekt, Künstler und Bildhauer eine neue Art Renaissance-Mensch. Er führte seine eklektische Vision bis ins kleinste Detail aus, von Fensterriegeln bis zu Deckenbalken. Steht man in dem Garten und bewundert den an ein Minarett erinnernden Turm und die umliegenden Palmen, dann scheint ein Maure zu Kamel, der Kaffeebohnen aus der Neuen Welt bringt, durchaus nicht mehr fehl am Platz.

BESTE UNTERKÜNFTE IN COMILLAS

Hotel Marina de Campíos, Comillas
Musikliebhaber werden gern Zeit in der Pianobar dieses renovierten Boutiquehotels aus dem 19. Jahrhundert verbringen, dessen Zimmer nach Opern benannt sind. **€€**

Hostal Esmeralda
Retro-Fans schätzen das von einer Familie geführte Haus von 1874, dessen betagte Zimmer von den Urgroßeltern der Eigentümer gebaut wurden. **€€**

Posada Los Trastolillos, El Tejo
Dieses friedliche ländliche Refugium zwischen dem historischen Städtchen Comillas und dem Strand ist ein toller Zwischenstopp zum Surfen auf dem Weg zur Playa Oyambre. **€€**

Die Route der vier Miradores

EINE RUNDFAHRT MIT AUTO ODER RAD DURCH KANTABRIEN

Man kann nicht behaupten, Kantabrien gesehen zu haben, wenn man nicht die Landschaft erkundet hat – und davon gibt es viel. Das schöne hügelige Weideland, das von Wäldern begrenzt ist und in dem historische Orte wie San Vicente de la Barquera, Comillas und Castro Urdiales liegen, lädt zu einer improvisierten Spazierfahrt auf den Küstenstraßen eins. Für ein wilderes ländliches Erlebnis muss man jedoch die A-8 überqueren und südwärts ins **Kantabrische Gebirge** fahren.

Es gibt Dutzende von Routen durch die Berge, und alle sind lohnend. Hier fassen wir vier spektakuläre Aussichtspunkte zu einer 200 km langen, 3½ Stunden dauernden Rundfahrt ab Santander zusammen. **Puente Viesgo** bildet das Tor in die Hügel. Von hier führen kleine Straßen wie die CA-270 vorbei an alten Dörfern durch eine Region, in der man Hühnern und Pferden häufiger begegnet als Autos. Nach einer Pause, um die berühmten *sobaos* (Kuchen) von **Villacarriedo** zu probieren, ist der erste Mirador – **de Braguí II** – erreicht, der einen weiten Blick auf hügeliges Ackerland und bewaldete Täler gewährt.

Noch nicht beeindruckt? Das wird sich bald ändern! Jenseits des Kamms folgt der zweite Mirador, **de Braguí I**, hoch über

CAVING & KLETTERN IN KANTABRIEN

Red de Cuevas del Alto Asón
Der Veranstalter in Ramales de la Victoria bietet Caving und einen 15 m langen Abseilparcours in der Cueva de Coventosa.

h2ur
Organisiert Rafting-, Hydrospeeding-, Klettersteig- und Höhlentouren ab Barrio de Arroyo in der Nähe von Reinosa.

Valcan Active Tourism
Das Unternehmen mit Sitz in Argoños organisiert Canyoning-, Caving-, Klettersteig- und Wandertouren in Kantabrien.

GEOGRAPHY PHOTOS/UCG/UNIVERSAL IMAGES GROUP VIA GETTY IMAGES ©

Puerto de Los Tornos

Vega de Pas – das nächste Ziel und ein möglicher Halt für ein Mittagessen. Auf dem Weg Richtung Osten auf der CA-631 führt die Straße in Serpentinen eng um einen spektakulären Berghang zum dritten Mirador, **Alto de Estacas**. Nachdem der raue, außergewöhnlich grüne, 1166 m hohe Pass überquert ist, kehrt die Route kurzzeitig nach Kastilien und León zurück, ehe die Rückfahrt nach Santander auf der N629 am vierten Mirador, **Puerto de Los Tornos**, vorbeiführt.

Dem Geld folgen

DEM ERBE DER INDIANOS NACHSPÜREN

Man muss keine besondere Beobachtungsgabe besitzen, um zu erkennen, dass die Menschen Kantabriens und Asturiens Farbe lieben – jedenfalls an ihren Hausfassaden. Die bevorzugten Farbtöne sind Kadmiumgelb, Preußischblau und Chromgrün zu braun gefirnissten Holzterrassen. Woher stammt diese Lust an der Farbenpracht? Möglicherweise aus Kuba, beflügelt von der tropischen Sonne in der Karibik.

Das mag weithergeholt klingen, aber vielleicht ist doch etwas dran. Im späten 19. Jh. gingen Tausende Menschen aus armen Bauerngemeinden (darunter viele Kinder) auf der Suche nach einem besseren Leben über den Atlantik oder um sich Verwandten auf Kuba oder in Mexiko anzuschließen. Viele von denen,

ÖRTLICHE FESTE

Selbst das kleinste Dorf in Kantabrien und Asturien staubt einmal im Jahr seine Fahnen ab und organisiert ein Fest. Diese Feste sind oft lose mit einem Schutzheiligen verbunden und beinhalten auch den Besuch der örtlichen Kapelle oder Kirche, wo die Einwohner den Segen empfangen, vor allem aber sind sie Gelegenheiten für die hart arbeitenden Menschen in der Region, einen Tag lang aus sich herauszugehen. Man teilt hausgemachte Kost, manche tragen traditionelle Trachten. Die Menschen betrachten die örtliche Fiesta als eine wertvolle Gelegenheit, die Bande in der Gemeinde wieder enger zu knüpfen.

In Santander, Oviedo und Gijón gibt's viele gut beworbene Feste zur Semana Grande mit Konzerten und Unterhaltung – was wann wo stattfindet, erfährt man in den Tourismusinformationen.

TAUCHEN RUND UM SANTANDER

Acquatur
Das Unternehmen bietet seit 1978 Tauchen und Schnorcheln vor der Küste von Santander.

Buceo Pedreña
Dieser Veranstalter offeriert Trips zu elf Tauchstätten und vermietet Ausrüstung für Profis.

Buceo Calypso
Beim Tauchen von einer Sandbank nahe Punta Ballota kann man mit diesem Unternehmen vielleicht den einen oder anderen Kraken sichten.

IMAGSS/SHUTTERSTOCK ©

Fundación Archivo de Indianos in Colombres

die ihr Glück machten, kehrten später in die Heimat zurück, wo man sie mit dem Spitznamen „Indianos" bezeichnete. Ihre in sonnenverwöhnten Farben angestrichenen und mit exotischen Palmen dekorierten Villen stehen in der Landschaft an der Nordküste und verschönern Ortschaften wie Somao, Ribadesella und Comillas. Diese Villen können durchaus die allgemeine Vorliebe für bunte Farben angeregt haben.

Aber die Indianos bauten nicht nur Häuser, sie investierten auch in Bildung, Gesundheitsversorgung, Infrastruktur und Industrie und trugen damit dazu bei, das Land, das sie einst verlassen hatten, wohlhabender und moderner zu machen. Die Ergebnisse dieser Wohltaten sind auch heute noch sichtbar, allerdings wird das Erbe einiger dieser Unternehmer von ihrer Verwickung in den atlantischen Sklavenhandel und die Zwangsarbeit auf den Zucker- und Kaffeeplantagen überschattet. Dieses sensible Thema greift neuerdings das der Emigration gewidmete Museum des **Fundación Archivo de Indianos in Colombres** auf.

BESTE INDIANOS-HOTELS

Hotel Villa Rosario Palacete, Ribadesella
In diesem schönen Strandhotel mit an Fischschuppen erinnernden Fliesen und einem mit Michelin-Stern ausgezeichneten Restaurant tritt man von der Terrasse gleich ans Meer. **€€€**

Hotel Casa De Indianos Don Tomás, Nueva de Llanes
In diesem familiengeführten historischen Haus im schönen Llanes sitzt man entspannt unter einem Paar schlanker Palmen. **€**

Casona De La Paca nahe bei Cudillero
Diese mithilfe kubanischer Reichtümer erbaute Villa mit schönen kolonialen Innenräumen und einem Garten mit einer 400 Jahre alten Eiche versetzt einen ins 19. Jahrhundert zurück. **€€**

UNTERWEGS VOR ORT

Busse und Züge verbinden Santander in beide Richtungen mit den meisten Orten an der Küste, sodass Tagesausflüge mit örtlichen Verkehrsmitteln machbar sind. Ins Binnenland gibt's weniger Verbindungen – für die Erkundung der ländlichen Gebiete im Südosten oder zur Kombination von Santander mit den Picos de Europa ist also ein Auto die bessere Alternative. Züge und Busse fahren ab Santander regelmäßig nach Bilbao, Oviedo und Madrid.

GIJÓN (XIXÓN)

Gijón ist zwar nicht die Hauptstadt des Fürstentums Asturien (diesen Titel trägt Oviedo), doch was der attraktiven Stadt, die sich längs der Küste erstreckt und eine kompakte Altstadt, Parks und Sandstrände besitzt, an Status fehlt, macht sie durch Haltung wett. In den letzten Jahrzehnten hat sie sich als Fixpunkt kultureller Events neu erfunden.

Doch Gijón hat viel mehr zu bieten als eine anregende Runderneuerung. Die Stadt (auf den meisten Landkarten ist sie auf Kastilisch und auf Asturisch (Xixón) verzeichnet, ist das Resultat der zähen Entschlossenheit ihrer Einwohner und der örtlichen Eisen-, Stahl- und Schiffbauindustrie, die ihre Entwicklung befeuerten.

Eine Hommage an diese robuste Identität ist das 500 Tonnen schwere, 10 m hohe Betonmonument des baskischen Bildhauers Eduardo Chillida, welches die Landzunge bekrönt. Dieses Kunstwerk mit dem Titel „Lob des Horizonts" ist zu einem Wahrzeichen geworden – es fasst den zukunftsorientierten Charakter dieser energiegeladenen Stadt zusammen.

TOP TIPP

Die meisten interessanten Orte Gijóns liegen an oder nahe der Meeresküste und befinden sich in Gehweite. Die stimmungsvollsten Bars und Restaurants finden sich in den alten Gassen rund um Cimavilla, die ausgeprägte Landzunge der Stadt, und die muntersten am östlichen Ende der Playa de San Lorenzo.

SEHENSWERTES
siehe 10 Ayuntamiento de Gijón
1 Capilla de San Lorenzo
2 Cimavilla
3 Museu del Pueblu d'Asturies
4 Palacio de Revillagigedo
5 Parque de Isabel La Católica
6 Paseo Marítimo Gijón
7 Playa de Poniente
8 Playa de San Lorenzo
9 Plaza del Marqués
10 Plaza Mayor
11 Torre del Reloj

ESSEN
siehe 10 La Galana
12 Parador de Gijón

TRINKEN
13 Toma 3

Wandern zwischen Parks

WANDERUNG AN DER STADTKÜSTE

Zunächst einmal tankt man Kraft im **Parador de Gijón,** dessen *fabada* (Bohneneintopf) entweder Schwung gibt oder zu einem Schläfchen verführt. Von dieser alten Mühle geht's dann in den **Parque de Isabel La Católica** mit seinen Trauerschwänen, Gänsen und den überall zu findenden Möwen und weiter am Río Piles zur schön sandigen **Playa de San Lorenzo**.

Das Kantabrische Meer schlägt bei Flut gegen den Hafendamm, daher sollte man auf dem **Paseo Marítimo Gijón** bleiben, einer Promenade, auf der Hundebesitzer ihre Lieblinge ausführen. Die weite, sandige Bucht endet nahe der schönen **Capilla de San Lorenzo**. Das mit einem Portikus versehene **Ayuntamiento** (Rathaus) an der benachbarten Plaza Mayor ist typisch für das alte Viertel, aber die Stadt gründet auf viel älteren Fundamenten, wie gegenüber die aus dem 1- bis 4. Jh. stammenden **römischen Bäder** beweisen.

Erklimmt man den steilen Hügel nach **Cimavilla**, versteht man leicht, warum dies früher militärisches Gebiet war. Heute ist die Landzunge ein Parkgelände mit einem Panoramablick aufs Meer. Man erblickt den Hafen und unten die beliebte **Playa de Poniente.** Wege führen hinunter zur Marina und zur **Plaza del Marqués**, an der der anmutige **Palacio de Revillagigedo** aus dem 18. Jh. steht. Dieser ist heute ein Kulturzentrum, während der benachbarte **Torre del Reloj** die Geschichte der Stadt dokumentiert.

Durstig geworden, probiert man in den *sidrerías* abseits der **Plaza Mayor** den örtlichen Sidra, begleitet von *raciones* aus Scheidenmuscheln, Seeigeln und Napfschnecken.

LOCAL TIPP: KULTUR IN GIJÓN

Iván García, ein Hochschuldozent aus dem Vereinigten Königreich, kehrt regelmäßig nach Gijón zurück und äußert sich hier zum reichen Kulturangebot in seiner Heimatstadt.

Festivals
Wenn man nur einmal kommen kann, sollte man dies während der Semana Negra oder des Festival International de Cine de Gijón tun. Viele Veranstaltungen finden in dem prächtigen Teatro Jovellanos statt. Anschließend kann man einen Kaffee im angrenzenden Café Dindurra trinken. Wer Mitte August vor Ort ist, sollte sich das Feuerwerk nicht entgehen lassen, das am 15. das Ende von Gijóns Semana Grande markiert.

Küche
Vor der Abreise sollte man den örtlichen Sidra und die Meeresfrüchte probiert haben. Ich empfehle mein Leibgericht *fabas con almejas* (Limabohnen mit Muscheln).

Das Problem mit Bäumen

GIJÓNS JARDÍN BOTÁNICO ATLÁNTICO

Unterwegs auf Asturiens Straßen entdeckt man schnell Büschel silbrig blauer Blätter, die über die Kronen anderer Bäume emporragen. Sie gehören zu Eukalypten – Giganten der Pflanzenwelt. Sie erfreuen das Auge – das Problem ist nur, dass die Eukalyptusbäume, die wahrscheinlich im 19. Jh. von einem Benediktinermönch aus Galicien, der in Australien gelebt hatte, ins Land gebracht wurden, viel zu gut gedeihen und damit die endemischen Spezies bedrohen.

Wie sich invasive Pflanzen bekämpfen lassen ist ein Thema, das im **Jardín Botánico Atlántico** aufgegriffen wird. Der schöne Garten, der sich der Pflanzenwelt der Atlantikküste widmet, umfasst auf einem 25 Hektar großen, der Erholung der örtlichen Ökosysteme bestimmten Gelände, rund 30 000 Pflan-

ESSEN & TRINKEN IN GIJÓN

Parador de Gijón
In dieser renovierten Wassermühle am Ententeich des Parque Isabel genießt man sein Mittagessen unter einem hundertjährigen Baum. **€€€**

La Galana
Stimmungsvolle Taverne an der Plaza Mayor. Hier sind die Dielen mit Sidra durchtränkt; das Gericht des Tages steht auf der Kreidetafel. **€€**

Toma3
In diesem rustikalen Café kann man ein Show-Cooking, einen literarischen Abend oder eine DJ-Nacht erleben. **€€**

Laboral Ciudad de la Cultura

zen (darunter Erlen und hundertjährige Eichen). Der Park dient der Forschung an der Universität von Oviedo; Besucher:innen sind willkommen.

Stadt der Kultur

SPANIENS GRÖSSTES GEBÄUDE

Erstaunt über das Gebäude gegenüber Gijóns botanischem Garten? Das riesige Gebäude (150 m lang, 50 m breit) ist das größte in Spanien. Es wurde unter dem Franco-Regime von Luis Moya als ein Waisenhaus für Kinder verstorbener Bergarbeiter entworfen, dann aber als die Universidad Laboral de Gijón eröffnet. Vor Kurzem wurde die Einrichtung dann zur **Laboral Ciudad de la Cultura.** Jetzt finden in dem riesigen Bauwerk Ausstellungen, Theatervorstellungen und Konzerte statt. Der 129 m hohe Turm ist ein örtliches Wahrzeichen und verweist auf die Entwicklung Gijóns von einer ehemaligen Bergbaustadt zu einem Ort anspruchsvoller Kultur.

UNTERWEGS VOR ORT

Die Altstadt liegt vor der Landzunge Cimavilla und wird von zwei Sandstränden, der Playa de Poniente und der 2 km langen Playa de San Lorenzo, flankiert. Dank verkehrsberuhigter Straßen und Promenaden kann man leicht von einem zum anderen marschieren, es gibt aber auch Taxis.

HOCHGESCHÄTZTE EINHEIMISCHE BÄUME

Wegen ihrer exotischen Herkunf genießen Eukalyptusbäume und Palmen vielleicht mehr Aufmerksamkeit, doch ist ihre Zahl relativ niedrig verglichen mit den indigenen Buchen und Eichen. Allein im Wald von Peloño stehen geschätzt 200 000 Buchen (im Herbst ein sagenhafter Anblick), während im Wald von Muniellos (der seit 2000 ein UNESCO-Biosphärenreservat ist) die größte Menge von Eichen in ganz Spanien zu finden ist. Vor Ort wird aber besonders die Hasel geschätzt, da einst Tonnen von Haselnüssen (avellanos) von den Häfen in Gijón, Villaviciosa und Ribadesella nach England verschifft wurden. Seit mehr als 30 Jahren gedenkt die asturische Stadt Infiesto der Bedeutung der Haselnuss für die örtliche Wirtschaft mit einem Herbstfest zu ihren Ehren, bei dem Preise für die beste Qualität der Nüsse, die besten Pflücker und die jüngsten Pflanzer verliehen werden.

ERSTAUNLICHE ANBLICKE

Wer sich für Labyrinthe begeistert, sollte sich den Lorbeer-Irrgarten nicht entgehen lassen, der in Gijóns botanischem Garten angelegt wurde. Wer nach Süden weiterreist, findet weitere wundervolle Pflanzenlabyrinthe in **Kastilien und León** (S. 140).

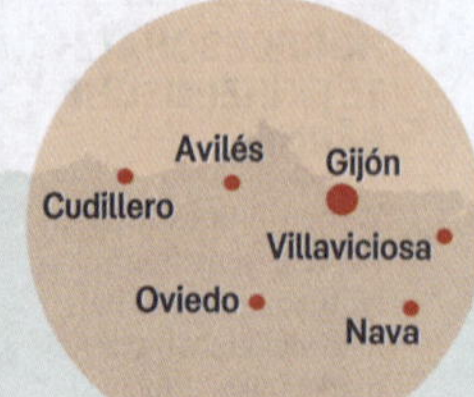

Rund um Gijón

Hier macht man sich mit dem reichen Erbe der Pilgerfahrten in und rund um Oviedo vertraut, probiert örtlichen Sidra und beobachtet Vögel in den Mündungsgebieten der Flüsse.

TOP TIPP

Auf den kompliziert geführten Autobahnen rund um Gijón mit GPS zu fahren, kann verwirrend sein: Um sich lange Umwege zu ersparen, sollte man sich die Kreuzungen genau notieren.

Wer Gijón besucht, muss unbedingt auch Zeit in Oviedo verbringen. Diese beiden Städte sind sozusagen an der Hüfte zusammengewachsen, aber während Gijón gern feiert, geht Oviedo, die Hauptstadt der Autonomen Gemeinschaft Fürstentum Asturien, ruhig seinen Geschäften nach. Oviedo mit seiner wunderschönen Kathedrale und seinem Sinn für Tradition, mit seinen spezialisierten Läden und seiner munteren Gastronomie ist der richtige Ort, um das „alltägliche" Asturien zu erleben.

Leicht von beiden Städten aus erreichbar, sind die an Mündungsgebieten liegenden Kleinstädte Avilés und Villaviciosa attraktive Alternativen für ein Mittagessen und einen Spaziergang. Die winzigen Fischerdörfer Cudillero und Tazones sind ein Traum für Fotografen. Hinzu kommt die Chance, bei Ebbe an den nahegelegenen Uferbänken Vögel zu beobachten, sodass man in dieser Gegend gut ein paar schöne Tage verbringen kann.

Tazones (S. 407)

MIGUEL SOTOMAYOR/SHUTTERSTOCK ©

QUINTANILLA/SHUTTERSTOCK ©

Kathedrale San Salvador (S. 404)

Planen für die Nachwelt

OVIEDOS GOTISCHE KATHEDRALE

Was haben Textilien, ein steinernes Gesäß, eine 1608 gegründete Universität, ein internationales Käsefestival und eine Statue von Woody Allen gemein? Sie alle gehören zu dem faszinierenden Gefüge von **Oviedo.** Zusammen mit einem Blumenmarkt, Läden, die *carbayones* (Zuckergebäck) verkaufen, einer Theaterkultur und bis in den späten Abend geöffneten *sidrerías* geben sie Gelegenheit, das bunte Leben in Asturiens grüner Hauptstadt kennenzulernen.

Oviedo hat eine interessante Geschichte. Es war Hauptstadt des Königreichs Asturien bis 910 (als der Herrschaftssitz nach León verlegt wurde), und von hier aus brach 814 König Alfons II. als erster Pilger nach Santiago auf, um die Gebeine des heiligen Jakobus zu besuchen. Jahrelang blieb Oviedo der Ausgangspunkt des Camino de Santiago.

Der *casco antiguo* der Stadt wurde nach den schweren Beschädigungen während des Spanischen Bürgerkriegs restauriert und besitzt viele elegante Plätze. Der wichtigste

EIN HOCH AUF DEN KÄSE

Schaut man sich in den Läden an einem beliebigen Ort in Asturien um, kann einem das hiesige Faible für Käse nicht verborgen bleiben. Vielleicht erkennt man den Cabrales aus den Picos oder den Casín aus Campo de Caso, aber was ist mit dem Gamonéu aus Cangas oder dem Bedón de Vaca aus Llanes? Milde Sommer und harte Winter, traditionelle Viehzucht und feuchte Lagerkeller begünstigen die Käseproduktion, die heute teils von Hand, teils automatisiert erfolgt. In Oviedo wird die Käseindustrie jedes Jahr gefeiert. 230 internationale Preisrichter:innen beurteilen beim jährlichen **Asturias Paraíso Natural Cheese Festiva**, das 10 000 Besucher:innen anlockt, mehr als 4000 Käsesorten und vergeben die World Cheese Awards.

HEILIGES KREUZ

Im 10. Jh. stiftete Alfons III. der Kathedrale von Oviedo das Cruz de la Victoria. In diesem Kreuz, Emblem Asturiens, soll König Pelayos Standarte aus der **Schlacht von Covadonga** (S. 381) eingefasst sein.

UNTERKÜNFTE IN OVIEDO

Barceló Oviedo Cervantes
Die Glasflügel dieses zentral gelegenen Hotels sind eine auffällige Modernisierung der Villa aus dem frühen 20. Jh. **€€**

Munia Princesa Hotel & Spa
Das um Innenhöfe angelegte elegante ehemalige Wirtshaus aus dem 18. Jh. ist Oviedos bestes Hotel. **€€€**

Munia Princesa Hotel & Spa
Das Boutiquehotel am Rand der Altstadt bietet 23 Zimmer in Weiß- und Cremetönen. **€€**

DIE KUNST, SIDRA AUSZUSCHENKEN

Es mag nach Glückssache aussehen, aber das Ausschenken von asturischem Sidra erfordert Können. Der Kellner hält die Flasche in Kopf- und das Glas in Kniehöhe, um den Sidra einzuschenken – und schaut dabei in eine andere Richtung. Zwangsläufig landet nicht die gesamte Flüssigkeit, wo sie sollte, sondern auf den Dielen, die im Lauf der Zeit mit Alkohol durchtränkt sind. Aber es kommt nicht allein auf die Zielgenauigkeit an; genauso wichtig ist, dass der Apfelwein so auf das Glas trifft, dass er optimal sprudelt, und auch die Nonchalance, mit der der Barkeeper seine Arbeit verrichtet.

Bei Sidra-Festen werden die Ausschenker nach der Zahl der Gläser bewertet, die sie gleichzeitig in der Hand halten können – ein Einwohner aus Nava brachte es auf elf! Gijón hält dafür den Weltrekord in Gleichzeitigkeit: Bei der **Fiesta de la Sidra Natural** schenkten hier einmal 9721 Personen gleichzeitig an der Playa de Poniente Sidra aus – den Rekord dürften sie länger Zeit halten.

MARTINEZNOTTE/SHUTTERSTOCK ©

Traditioneller *hórreo*

ist die **Plaza de la Constitución** mit dem barocken Rathaus und der prächtigen **Catedral de San Salvador,** die Elemente aus Gotik und Barock aufweist und unbezahlbare Schätze verwahrt, darunter das Santo Sudario, ein Tuch, das das Gesicht Christi nach seinem Tod verhüllt haben soll, und das aus dem 9. Jh. stammende Cruz de los Ángeles, das Emblem der Stadt. Beide werden in der Cámara Santa verwahrt, einer vorromanischen Kapelle, deren Bau schon im 8. Jh. begann.

Vor dem Weitergehen bemerkt man im Pantheon der Figuren an der Fassade der Kathedrale eine leere Nische: Sie wird für die Nachwelt freigehalten.

Asturiens Lieblingsgetränk

SIDRA PROBIEREN

Betritt man das fassförmige Gebäude, wird klar, dass das **Museo de la Sidra** keinen üblichen Museumsbesuch verspricht. Zunächst einmal wird die Führung (auf Spanisch) nicht etwa von einem gelangweilten Kurator durchgeführt, sondern von einem Mitarbeiter der 25 führenden Sidra-Produzenten, die die Herstellung des Apfelweins bis auf den heutigen Tag pflegen.

SIDRA-BARS

Sidrería Plaza, Nava
Mit Raum für 23 Personen rund um eine 10 m lange traditionelle Sidra-Theke ist dies ein erstklassiges Lokal, um die Atmosphäre einer Sidrería kennenzulernen.

Sidrería Tierra Astur Parrilla, Oviedo
Diese supermoderne Sidrería verwendet Sidra-Flaschen als Kerzenhalter und Fässer als Möbel.

Restaurante Asturiano La Galana, Ribadesella
In dieser rustikalen Taverne werden regionaler Sidra und unglaublich frische Meeresfrüchte serviert.

Die Technologie mag sich verändert haben, aber die Herstellung von Sidra ist in Asturien immer noch eine handwerkliche Tätigkeit. Hier ist die Entwicklung der Entsaftungsapparaturen zu sehen – angefangen von großen alten Pressen mit riesigen Baumstämme bis zu funktionstüchtigen Modellen heutiger raffinierterer Maschinen. In der Region werden mehr als 70 Apfelsorten angebaut. Die Kunst, einen guten Sidra zu machen, besteht in der richtigen Mischung von süßen und sauren Noten – und diese Auswahl lernt man nur durch jahrelange Erfahrung. Ein weiterer entscheidender Faktor ist die Sauberkeit der Flaschen: Für den modernen Markt braucht man etwas Effizienteres als Spülbürste und Tauchbecken. Asturiens Apfelwein-Industrie produziert jährlich nicht weniger als 45 Millionen Liter (80 % der spanischen Gesamtproduktion).

Am Ende der Führung, die die kulturelle Bedeutung von Sidra für die asturische Psyche behandelt, setzt man sich an die Theke und probiert das blasse, leicht milchige und fast geschmacklose Getränk. Und in der zweiten Juliwoche kann man sich in Nava dem von Dudelsäcken begleiteten Fest anschließen.

WARUM ICH ASTURIEN LIEBE

Jenny Walker, Autorin.

Volkslieder tönen durch unser Bergdorf. Das Akkordeon wird von einem Nachbarn gespielt, der, mit seinen mehr als 80 Jahren, bis zur Hüfte entkleidet, auf dem Quad mit seinem Collie zur Arbeit aufs Feld fährt. Wenn seine neun Kühe nachts den Kopf bewegen, durchbricht das Läuten ihrer Glocken die Stille.

„Ist der Boiler in Ordnung?", fragt ein anderer Nachbar. „Brauchst du Hilfe, um das Asturisch des Elektrikers zu verstehen?", fragt er hilfsbereit, weil er weiß, dass der örtliche Dialekt schwierig ist. Ein Bier beim Vorbeikommen, Ratschläge für den Garten, eine Umarmung zum Abschied – dafür liebe ich Asturien und die freundliche und höfliche Gemeinschaft, die uns aufgenommen hat.

Die Ernte schützen

LANDWIRTSCHAFTSGESCHICHTE IN ASTURIEN

Wer einige Zeit in Asturien verbringt wird zweifellos die kleinen, als *hórreos* bezeichneten Steinbauten bemerken. Mit ihren Holzbalkonen und Ziegeldächern könnte man diese Gebäude für Wohnungen halten – vielleicht Anbauten für ältere Familienmitglieder. Tatsächlich aber handelt es sich um Lagerhäuser für Getreide. Wenn man sich die oberste Stufe dieser erhöhten Speicher anschaut, stellt man fest, dass sie keine Verbindung zum Treppenabsatz hat. So werden selbst die geschicktesten Nagetiere ferngehalten.

Diese im Allgemeinen rechteckigen Holzgebäude sind ein Kunstwerk. Sie halten das Getreide in dem feuchten asturischen Klima trocken und sind von der Natur mit moosbedeckten Sattelsteinsockeln, Farnzweigen auf den Dächern und Geländern verschönert, an denen die diesjährige Ernte hängt. Jeder Bezirk ist stolz auf seine Bautraditionen, die sich an dem unterschiedlichen, rechtwinkligen Stil der Stein-*hórreos* im nordwestlichen Asturien zeigt. Man schätzt, dass es 18 000 *hórreos* und *paneras* (größere erhöhte Getreidespeicher) im Fürstentum gibt; fast zu jedem Bauernhaus gehört einer.

Einblicke in die Bedeutung dieser Speicher für die Sozialgeschichte vermittelt das **Museu del Pueblu d'Asturies** in Gijón. Das ethnografische Museum, das das regionale ländliche Leben seit 1800 vorstellt, zeigt verschiedene hierher versetzte Gebäu-

LÄNDLICHE REFUGIEN IN ASTURIEN

La Posada de babel, nr Llanes
Auf diesem Hof unter der düsteren Sierra de Cuera entspannt man im Schatten von Kastanien, Eichen und Birken. **€€**

3 Cabos, near Luarca
Man kuschelt sich ans Feuer und genießt in diesem umgebauten alten Bauernhaus den spektakulären Blick aufs Meer. **€€**

Posada del Valle, Arriondas, Collía
In diesem von einer Familie geführten umweltfreundlichen Bauernhaus genießt man Ruhe und Frieden. **€€**

de, so den asturischen Pavillon von der Expo in Sevilla 1992 und auch einige *hórreos*. Noch besser ist jedoch eine Fahrt auf der N634 von Oviedo nach Arriondas; hier zieren viele alte und moderne Speicher das Ackerland der Region.

ROMANISCHE KIRCHEN

In der asturischen Landschaft stehen viele frühe Kirchen, die klein an Umfang, aber reich an Geschichte sind. In der Nähe der überwiegend barocken Stadt Villaviciosa finden sich drei, die auch für weniger an Architektur Interessierte eine Erkundung lohnen. Die **Iglesia de San Salvador de Valdediós** ist eine präromanische Kirche, die im Jahr 893 im „Tal Gottes" errichtet wurde. Die benachbarte **Iglesia y Monasterio de Santa María** ist ein späteres romanisches Gebäude der Zisterzienser, das im Rahmen einer Führung besichtigt werden kann. Eine noch eindrucksvollere romanische Kirche, die **Iglesia de San Juan de Amandi,** liegt fast in Gehentfernung (rund 2 km) vom Stadtzentrum.

Eine Geschichte von zwei Mündungsgebieten

VOGELBEOBACHTUNG UND FOTOGRAFIEREN AM FLUSSUFER

Die nördliche Küste von Asturien und Kantabrien ist mit vielen Ästuaren durchsetzt, die Süßwasser aus den Bergen in die See spülen. Das den Gezeiten unterworfene, von fruchtbaren Feldern umgebene Watt ist bei Ebbe ein Paradies für Vogelbeobachter, und bei Flut wegen der spiegelnden Wasserflächen ein Traum fürs Fotografieren.

Der gleichnamige Fluss, der durch die aus dem 18. Jh. stammende Stadt **Villaviciosa** in Asturien fließt, ist die Heimat vieler Watvögel. Ein Natur-Informationszentrum an der VV-5 hilft dabei, einige dieser Vögel zu bestimmen, die in den Gewässern dieser nördlichen Feuchtgebiete leben – darunter Löffler, Haubentaucher, Brachvögel und Schnepfen. Das Gebiet ist auch für Bootsfahrten beliebt, bei denen man dieses wunderbare Habitat aus der Entenperspektive betrachten kann.

Ein weiterer schöner Mündungsarm liegt 100 km östlich. Dort spiegeln sich – umrahmt von den fernen Picos – Kiefern und Weiden majestätisch im Becken des Río del Escudo. Die Grenzstadt **San Vicente de la Barquera**, eine der vier mittelalterlichen Hafenstädte (Cuatro Villas de la Costa), aus denen 1778 Kantabrien gebildet wurde, bietet von ihrem Burghügel aus den schönsten Blick auf das Ästuar. In der Stadt prunkt die aus dem 13. Jh. stammende **Iglesia de Nuestra Señora de los Ángeles** mit romanischen Portalen, in den Boden eingelassenen Gräbern und einer Statue des Inquisitors Antonio del Corro, der im 16. Jh. lebte. Das lebensecht wirkende Meisterwerk zeigt ihn auf einen Ellbogen gestützt ein Buch lesend und gilt als eine der besten Leistungen der spanischen Grabmalkunst.

Ein Meeresfrüchteessen

RESTAURANTS IN HAFENSTÄDTEN

Für Uneingeweihte ist es etwas beunruhigend, wenn das Essen damit beginnt, ein lebendes Krustentier aus einem Wasserbecken auszuwählen und darauf zu warten, dass es auf dem Teller erscheint. Das Unbehagen verstärkt sich, wenn Nussknacker und ein Spieß, eine Schürze und eine Fingerschale gebracht werden. Doch wenn diese besonderen Hürden überwunden sind, zählt

ASTURIEN IN DER NEBENSAISON GENIESSEN

Skiresort Valgrande Pajares
Das Resort mit Unterkünften, Snowboard- und Abfahrtspisten sowie Langlaufloipen befindet sich südlich von Oviedo.

Explore Asturias
Diese hilfreiche Adresse listet gute Wanderoptionen mit Anschluss an öffentliche Verkehrsmittel auf, falls das Wetter schlecht wird.

Somiedo Experience
Das Unternehmen veranstaltet geführte botanische Wanderungen – zu den Blumen des Frühlings und den Blättern des Herbsts; außerdem Schneeschuhwanderungen.

AJF/ALAMY ©

Muscheln, Cudillero

der Genuss frisch gefangener Schalentiere zu den Höhepunkten eines Besuchs an der Atlantikküste. Das Angebot auf der Karte erweitert bei manchen Ausländern vielleicht die Vorstellungen von dem, was essbar ist: Neben den vertrauten Krabben, Hummern, Muscheln und Wellhornschnecken sind auch Scheidenmuscheln und Seeigel im Angebot. Auch die Gerichte sind vielfältig und reichen von Suppen und Eintöpfen bis zu Paellas – auch hier stehen die Meeresaromen im Vordergrund.

Wo kann man diese atlantischen Gaumenfreuden genießen? Bei so vielen wunderbaren Küstenorten in Asturien fällt die Wahl schwer; die eleganten Städte **Llanes**, **Ribadesella** und **Avilés** sind sämtlich starke Konkurrenten. Soll man sich aber entscheiden, ist **Cudillero** ideal für ein Mittagessen, wenn die bunten Häuser am Hügelhang in vollem Sonnenschein liegen, während das winzige **Tazones** am Ende des aus dem 16. Jh. stammenden Camín Real (Königliche Straße) am besten für ein Abendessen ist – dann lassen die letzten Sonnenstrahlen die weiß getünchten Häuser weniger schroff wirken. Mit ihren traditionellen Fischerbooten, einer *pescadería,* gemütlichen Restaurants und authentischen Bars, dem Schreien der Möwen und dem Donnern der Wellen im Winter, sind diese Fischerdörfer einfach malerisch.

BESTE MEERESFRÜCHTERESTAURANTS

El Pescador Restaurant, Cudillero
Der frisch mit dem familieneigenen Boot gefangene Fisch macht dieses Hügelrestaurant zur besten Adresse für Seebären. €€

El Uria, Tazones
Das Restaurant bringt etwas Moderne in den alten Hafen, in dem Karl V. – Habsburger-Kaiser und König von Spanien – 1517 an Land ging. €€

El Campanu, Ribadesella
Eine Glocke läutet bei der Sichtung des ersten Lachses, wie der erfahrene Angler José Manuel weiß. €€

Los Piratas del Sablón, Llanes
Das Ambiente mit Staub und Sägemehl ist schnell vergessen. Alles, was zählt, sind die Krabben für den Mittagstisch. €

Restaurante Boga Boga, San Vicente
Die als Deko aufgehängten Körbe sind fast so denkwürdig wie der Seehecht hier. €€€

UNTERWEGS VOR ORT

Oviedo ist ein wichtiger Verkehrsknoten: Renfe-Züge fahren gen Süden nach León und Madrid, während die FEVE-Schmalspurbahn an Spaniens Nordküste Luarca, Cudillero, Gijón, Llanes, Arriondas und Santander ansteuert. Busse fahren viele kleinere Ortschaften in der Region (sowohl an der Küste, als auch im Hinterland) an, allerdings nicht besonders häufig.

PARQUE NATURAL DE SOMIEDO

Mit der Verbissenheit eines Jägers, die Augen auf den Hügelhang gegenüber gerichtet, justiert ein Mann im Tarnanzug seinen Feldstecher und befestigt sein Stativ. Die Luft knistert vor Spannung, als hoch über dem großen, weiten, von Eichen gesäumten Tal, dessen Weiden gemäht wurden, ein Falke ins Fadenkreuz fliegt. Irgendwie im Geröll hoch oben löst sich ein Stein, poltert die Moräne entlang und stürzt hinunter in den Wald. Der Mann kneift die Augen zusammen, um zu erkennen, was er sich nur vorstellen kann, und drückt erwartungsfroh auf den Auslöser. „Bergziege?", frage ich. „Nein", antwortet er, „ein Bär". Er prüft die Aufnahme und kehrt mit einem Seufzen zu seiner einsamen Wache an diesem Hügelhang im Naturpark Somiedo zurück.

Eine Wolke bringt vorbeiziehenden Regen, der den Ginster auf den Dächern der nahegelegenen Hirtenhütten glänzen lässt. Ich verlasse den Bärenbeobachter, der stoisch mit dem Rücken gegen den Wind dasteht und das Geröll mit den Augen nach einer weiteren Sichtung absucht. Die Bären sind schwer zu entdecken, aber sie sind hier!

TOP TIPP

Die beste Chance, einen kantabrischen Braunbären in freier Wildbahn zu sichten, hat man im April oder Mai im Rahmen einer Tour mit einem örtlichen Veranstalter. Selbst wenn sich die Bären nicht blicken lassen, geben die von qualifizierten Guides durchgeführten Touren wertvolle Einblicke in die Umwelt, in der die Tiere leben.

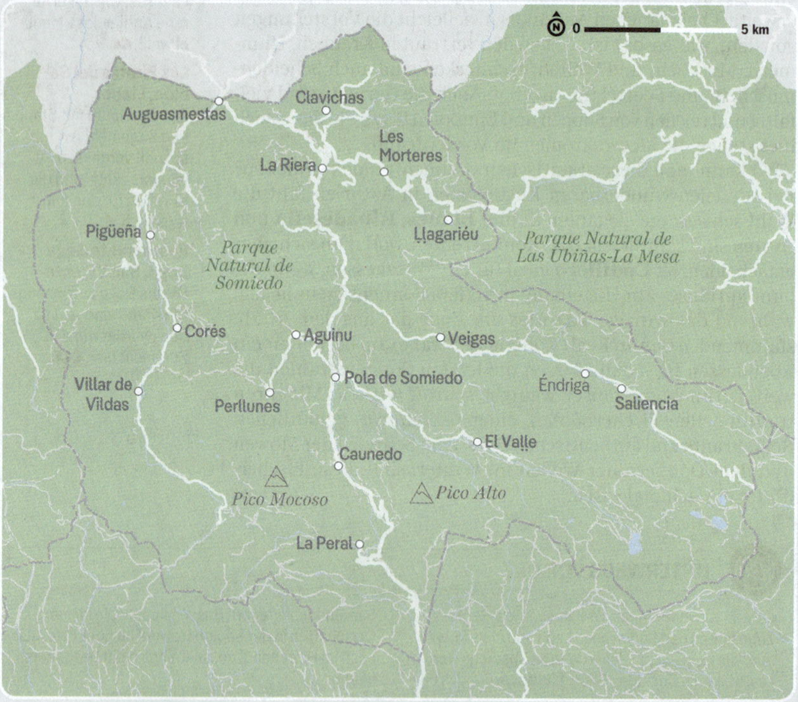

CAVALLAPAZZA/GETTY IMAGES ©

Junger kantabrischer Braunbär

Auf der Suche nach einem der „Big Five" Europas

WILDE BÄREN IM NATURPARK SOMIEDO BEOBACHTEN

Das Wort „Sohlengänger" mag einem nicht als erstes einfallen, wenn man an Bären denkt, aber dieses Merkmal verbindet alle Mitglieder der Familie der Bären mit uns: Wie die Menschen laufen Bären auf den Sohlen ihrer Füße und nicht auf den Zehen. Das ergibt sehr gute Pfotenabdrücke am Boden, wenn man im modernden Laub der Eichen, Ebereschen und Haseln nach Spuren ihrer Anwesenheit sucht.

Für so große und bis zu 200 kg schwere Tiere sind sie überraschend leicht zu übersehen, weil sie so gut mit ihrem Waldhabitat verschmelzen. Hier kommen die Guides ins Spiel: Sie können, wenn nicht am Geruch, so doch anhand der Spuren und des Kots, die Fährte naher Familiengruppen von Bären aufnehmen. Und da sie verstehen, sich außerhalb der Windrichtung zu halten, helfen sie Besucher:innen regelmäßig dabei, Bären zu sichten.

BESTE KURZE WANDERUNGEN IM NATURPARK SOMIEDO

Ruta de los Lagos
Die klassische, 14 km lange und 4½ Stunden dauernde Tour verläuft zwischen Gletscherseen und wird von der Parkverwaltung als „mittelschwer" bewertet.

Ruta de Valle del Lago
Diese leichte, 6 km lange und 2½ Stunden dauernde Wanderung führt Schritt für Schritt hinauf zum größten der Seen im Naturpark.

Ruta de Braña de Sousas
Die leichte, 3 km lange und 1½ Stunden dauernde Wanderung beginnt im Valle de Lago und führt vorbei an typischen strohgedeckten Häusern.

Ruta de la Braña de Mumian
Diese ebenfalls als „leicht" bewertete, 6,5 km lange und etwa 2¼ Stunden dauernde Tour führt von El Llamardal hinauf zu einem Aussichtspunkt mit Panoramablick.

UNTERKUNFT IM NATURPARK SOMIEDO

Palacio de Flórez-Estrada
In dieser Villa, der Geburtsstätte des Ökonomen Álvaro Flórez-Estrada, kann man Musik lauschen und an vogelkundlichen Veranstaltungen teilnehmen. €€

Auriz
Neben diesen modernen, gut ausgestatteten Apartments am Rand von Pola de Somiedo kann man schwimmende Forellen beobachten. €€

Hotel Rural Somiedo
Unter Führung der hilfsbereiten Eigentümer kann man von hier azs ins Valle de Lago vordringen; die Zimmer sind mit Kiefernholz ausgestattet. €

Mit Geduld und etwas körperlicher Anstrengung diese prächtigen Tiere zu sichten, ist in jüngster Zeit wahrscheinlicher geworden, da sich ihre Zahl in Asturien von nur 77 Individuen im Jahr 1962 dank örtlicher Naturschutzbemühungen verdreifacht hat. Das langfristige Überleben der Bären ist zwar noch nicht gesichert, aber die Schaffung von Korridoren zwischen geschützten Gebieten und das Projekt „Früchte für die Bären" zur Anpflanzung von Kastanien und Kirschbäumen geben Hoffnung für die Zukunft.

Etablierte Unternehmen veranstalten geführte Bärenbeobachtungstouren und Naturwanderungen. Zu diesen zählen **Wild Watching Spain** und **Somiedo Experience** (mit Englisch sprechenden örtlichen Führern). Beide Veranstalter haben ihren Sitz in Pola de Somiedo, während **Geoface** achtstündige Touren (hin & zurück) ab Oviedo, Gijón oder Avilés anbietet.

BESUCH IM FRÜHJAHR

Der Sommer ist die naheliegende Zeit für einen Besuch in den Bergen, aber da alle so denken, drängen sich dann die Massen. Der Herbst wirft einen vielfarbigen Umhang über die Wälder, bringt aber auch mehr Regen. Der Schnee im Winter sieht schön aus, aber viele Zufahrtsstraßen sind seinetwegen gesperrt. Von Ende April bis Anfang Juni erblickt man Büschel prächtig blühender Blumen in Hülle und Fülle.

Der Naturpark Somiedo besitzt eine große botanische Vielfalt mit 45 Orchideenarten und mehr als der Hälfte der 1125 Pflanzenarten, die in Asturien vorkommen. Von 73 endemischen Baumarten gibt's hier 63, und zwei Pflanzen, eine Fenchelart und *Centaurium somedanum*, wachsen nur hier.

Geführte botanische Wanderungen im Naturpark Somiedo und die 170 Fotos im Buch *Mountain Flowers – Pyrenees & Picos* von Cliff Booker und David Charlton helfen bei der Bestimmung.

Ein Blick unter die Traufe

KULTURTOUR ZU DÖRFERN MIT GINSTERDÄCHERN

Auch andere Länder haben eine Tradition von Stroh- oder Reetdächern – Großbritannien, Frankreich und Japan fallen einem ein –, aber wohl in keinem wird *Cytisus scoparius*, der „Gewöhnliche Besenginster", als Dachmaterial benutzt. Die Zweige der Pflanze mit ihren gelben, erbsenähnlichen Blüten, die auf den Hügelhängen im Naturpark Somiedo üppig wächst, sind ideal als Flecht- und Deckmaterial, weil sie zugleich stark und biegsam sind.

Überall im Parque Natural de Somiedo sind aus Stein gebaute Schäferhütten ein gewöhnlicher Anblick, und viele davon haben mit Ginster gedeckte Dächer. Diese Hütten werden im Sommer genutzt und dienen als Schutzräume für Bauern, die auf ihren Almen arbeiten, oder als Speicher für Feldfrüchte. Im Weiler **Veigas** finden sich jedoch ganze Häuser, die auf diese Weise (mit *„teito d'escoba"*) eingedeckte Häuser, das **Ecomuseo de Somiedo** bietet Interessierten faszinierende Führungen durch drei von ihnen an. Mit den Ginsterzweigen, die wie zottelige Fransen über die Fenster hängen, geben diese malerischen Wohngebäude Einblick in das raue Leben der Hirten, das viele noch bis zum heutigen Tage führen.

Um etwas über die örtliche Kultur zu erfahren, lohnt sich ein Besuch im **alten Schulhaus** im Dorf **Caunedo**. Mit audiovisuellen Hilfsmitteln erläutert diese ethnografische Ausstellung die Bedeutung von Materialien wie Granatapfelholz in der Region und beschreibt die Anfertigung traditioneller Holzschuhe, die heute immer noch von einigen getragen werden.

UNTERWEGS VOR ORT

Nur einmal täglich unternimmt ein Bus die zweistündige Fahrt von Oviedo nach Pola de Somiedo. Im Ort bringen einen Taxis (darunter einige Geländewagen) zu den Ausgangspunkten der Wanderwege und holen einen dort ab. Mit dem Auto lassen sich die schönen (aber sehr engen) Straßen innerhalb und außerhalb des Parks besser erkunden.

Fährt man durch Puerto de Ventana (1587 m) auf der AS227 südwärts nach Kastilien und León, erkennt man deutlich, wie sich praktisch gleich ab der Grenze die Landschaft und die Art des Wohnens ändern. Von allen Landstraßen im Park und rund herum hat man einen Ausblick auf die spektakuläre Berglandschaft.

Rund um den Parque Natural de Somiedo

Hier erkundet man einen ländlichen, wenig besuchten Teil Asturiens, trifft seine vierbeinigen Bewohner und begibt sich auf die Spuren der keltischen Vergangenheit.

Obwohl im Parque Natural de Somiedo gar nicht wenige Braunbären und Wölfe leben, ist er wegen seiner dichten Wälder nicht der Ort, wo man beide Tiere am leichtesten sichten kann. Bessere Chancen auf eine Sichtung und die Gelegenheit, mehr über diese bedrohten Säugetiere zu erfahren, hat man auf dem Senda del Oso oder im Dorf Belmonte. Ein weiterer interessanter Tagesausflug führt vom Somiedo in Richtung Küste, zum Keltischen Dorf bei Castro de Coaña. Von dort ist man nur einen Steinwurf von Klippenpfaden und einigen langen Sandstränden entfernt. Nur wenige Besucher:innen dringen weiter in den westlichen Teil Asturiens vor, wenn sie nicht auf dem Weg nach Galicien sind, sodass man hier ruhigere und authentischere Erfahrungen machen kann als in den Gebieten mit sommerlichem Massenandrang weiter östlich.

TOP TIPP

Ein Fernglas mitnehmen: Selbst wenn man keine Bären oder Wölfe sichtet, kann man damit doch andere Tiere entdecken, zum Beispiel Kantabrische Auerhühner, Hirsche und Wildschweine.

Castro de Coaña (S. 413)

STOCKPHOTOASTUR/GETTY IMAGES ©

IMMER GRÜNER

Asturien hat zwar eine Tradition der Schwerindustrie, kann aber auch in Sachen Umwelt punkten. Das mit großen Waldgebieten gesegnete Fürstentum hat eine Vereinbarung mit der Repsol Foundation zur Unterstützung des Green Engine Project geschlossen, einer Initiative zur Wiederaufforstung von 3500 Hektar geschädigter Fläche. Man schätzt, dass dadurch nicht nur 1,1 Mio. Tonnen CO_2 gebunden, sondern auch 700 örtliche Arbeitsplätze entstehen werden. Im Rahmen einer weiteren grünen Initiative soll in Asturien bis 2030 als Teil des Projekts HyDeal Ambition die weltweit erste Anlage für erneuerbaren Wasserstoff gebaut werden und 7,4 Gigawatt durch Elektrolyse gewonnenen Stroms produzieren. Zudem ist in Asturien Spaniens erster schwimmender Windpark geplant – das grüne Fürstentum wird also noch grüner werden und sich bald zu 100 % mit erneuerbarer Energie versorgen.

Senda del Oso

Radfahren im Bärenland

EINE RADTOUR AUF DEM SENDA DEL OSO

Wenn man allein im Land unterwegs ist, kommen einem zwei in Widerspruch stehende Wünsche: „Bitte, lass mich einen Bären sehen", doch, sobald ein Zweig knackt oder sich ein Stein aus dem Geröll löst: „Bitte, lass das bloß keinen Bären sein". Die beiden kleinen „Dinner-Glocken", die beim Aufbruch ein nützliches Abschreckungsmittel zu sein schienen, sorgen für keine Beruhigung mehr, sobald man einen Pfotenabdruck erblickt und nicht erkennen kann, ob er frisch ist oder von gestern.

Glücklicherweise kann man auf dem **Senda del Oso** Bären in ihrem natürlichen Habitat sehen, ohne sich irgendeiner Gefahr auszusetzen. Viele fahren mit dem Rad auf dieser 20 km langen, asphaltierten ehemaligen Bergbautrasse zwischen den Dörfern **Tuñón** und **Entrago**, da man hier problemlos Räder mieten kann und die Strecke einfach ist und leicht abwärts führt. Der als „Cercado Osero" ausgeschilderte Weg ist mit Informationstafeln bestückt und führt durch Felder und Wälder, über Brücken und durch Tunnel.

Für viele ist die Chance, Paca (die hier lebt, seit sie vor mehr als 20 Jahren zur Waise wurde) und die 2018 eingetroffene Moli

ESSEN RUND UM DEN NATURPARK SOMIEDO

Casa Cobrana, Valle de Lago
Das Dorfrestaurant serviert traditionelle Kost der Berge (wie Pilze, Ziegenfleisch und Bohnen). €

Restaurante Castillo del Alba, Polo de Somiedo
Die gesellige Taverne im Herzen der Stadt serviert hungrigen Wander:innen herzhafte *cachopos*. €€

L'Esbardu, Proaza
Das rustikale Ambiente dieses mit Holzbalken versehenen beliebten Lokals passt gut zu den Wildgerichten (mit Wildschwein und Reh). €€

zu sehen, das eigentliche Highlight der Tour. Die beiden wunderbaren Braunbärinnen leben auf einem 40 000 m² großen, eingezäunten Gelände und nähern sich gegen Mittag zur Fütterung dem Weg. Um mehr über diese zwei liebenswerten Vierbeiner und über Bären im Allgemeinen zu erfahren, besucht man die **Casa del Oso** an der Strecke in **Proaza**, wo die Bärenstiftung Asturiens ihren Sitz hat.

Von Oktober bis Juni reserviert man an den Wochenenden vorab ein Fahrrad beim **Centro BTT Valles del Oso** in Tuñón, bei Deporventura (an der AS-228) oder bei **TeverAstur** oder **Maquila Aventura** in Entrago. Von Entrago führt die Route leicht bergab; die Fahrradverleiher bringen einen nach der Fahrt zum Ausgangspunkt zurück.

Begegnung mit Wölfen

CASA DE LOBO, BELMONTE

Es ist etwas unheimlich, einem Paar haselnussbrauner Augen zu begegnen, die einen gebannt starren lassen und einem das Gefühl geben, die Nackenhaare würden sich sträuben, selbst wenn man keine hat. Man möchte wegschauen, fühlt sich aber privilegiert, von dem wilden Tier beachtet zu werden, das seinen Lauf unterbrochen hat, um einem in die Augen zu sehen. Es heißt, Hunde würden sich darin von Wölfen unterscheiden, dass sie eine Augenbraue hochziehen können – was ein genetischer Vorteil gewesen sein soll, um die Gunst der Menschen zu gewinnen. Hier gibt es keinen Wohlwollen erheischenden Blick: Mit einem leichten Knurren und einem leichten Entblößen seiner Fangzähne scharrt der Wolf mit der Pfote den Boden auf, und die Begegnung ist vorüber.

Natürlich gibt es einen hohen Drahtzaun zwischen den Besucher:innen und den Wölfen in diesem Gehege nahe dem Dorf **Belmonte**, aber das macht die Begegnung kaum weniger eindrucksvoll. Man schätzt, dass in Spanien zwischen 2000 und 3000 Iberische Wölfe leben, davon etwa 38 Rudel in Asturien. Da die Wildschweinjagd in der Saison jedes Jahr (mit Lizenz) erlaubt ist, sind gelegentliche Unfälle, bei denen Wölfe zu Schaden kommen, wohl unvermeidlich. Die **Casa de Lobo** gewährt verletzten Tieren Zuflucht auf einem großen, von Bäumen beschatteten Gelände am Río Pigüeña. Eine 20-minütige geführte Wanderung führt vom Wolfsinformationszentrum im Ort durch den Wald. Die Aktivitäten der Einrichtung helfen dabei, ein von größerer Sympathie getragenes Verständnis für die Tiere zu wecken, auch wenn sie ihre Augenbrauen nicht hochziehen können.

DIE CASTRO-KULTUR

Verstreut über die Landschaft Asturiens finden sich diverse Zeugnisse dafür, dass das Gebiet schon lange vor der Ankunft der Römer besiedelt war. Die Überreste der *castro*-Kultur (mit dem Begriff *castro* bezeichnet man vorrömische Wehrdörfer, die oft für keltisch gehalten werden) sind besonders gut erhalten in **Coaña,** einem isoliert in den Hügeln südlich der Meeresstadt Luarca gelegenen Dorf. Hier sieht man die Steinfundamente einer solchen alten Wehrsiedlung am Rand eines Hügels. Ein Besucherzentrum vor Ort hilft, die Ruinen der öffentlichen Bäder und der Wohngebäude aus dem 4. Jh. v Chr. besser zu verstehen.

Das archäologische Museum in Oviedo, das in einem Kloster aus dem 16. Jh. untergebracht ist, stellt die *castro*-Kultur in einen zeitlichen Kontext, der von der prähistorischen Höhlenmalerei über die römische und vorromanische Architektur bis hin zur Pracht des mittelalterlichen Königreichs Asturien reicht.

UNTERWEGS VOR ORT

Der Verkehr jenseits des Naturparks Somiedo konzentriert sich auf den Nord-Süd-Transit durch Oviedo und den Ost-West-Transit über Luarca; beide Routen werden von Zügen und ALSA-Bussen bedient. Dieses überall vertretene Busunternehmen, das seinen Sitz heute in Madrid hat, entstand in Luarca, einem attraktiven Küstenort, der ein guter Ausgangspunkt zum Besuch der örtlichen Strände ist. Einige Strände sind ohne eigenes Verkehrsmittel schwer zu erreichen, zwischen vielen Dörfern verkehren aber örtliche Busse – man muss allerdings oft lange auf sie warten.

SANTIAGO DE COMPOSTELA & GALICIEN

WALLFAHRTSORT & WILDE ATLANTIKKÜSTE

Der Nordwesten Spaniens ist eine einzigartige Region mit unverwechselbarer Kultur, eigener Sprache, dem Pilgerzentrum Santiago und einer dramatischen Küstenlandschaft.

Mit seinen vom Atlantik umspülten Klippen und Stränden, den bewaldeten Hügeln, der grünen Landschaft und einem regenreichen, milden Klima wirkt Galicien oft ganz anders als das übrige Spanien. Als keltische Nation mit einer eigenen Sprache (Gallego, ähnlich dem mittelalterlichen Portugiesisch) und einer einzigartigen kulturellen Identität, die Dudelsackmusik, Tartan und *cruceiros* (gälische Steinkreuze) umfasst, hat diese Region mehr mit Schottland als mit Andalusien gemein.

Seit über 1000 Jahren zieht es Pilger in die Hauptstadt Santiago de Compostela, und auch heute noch kommen über 350 000 Gläubige auf verschiedenen Jakobswegen zu Fuß oder mit dem Rad an diesen Ort.

Jenseits von Santiago ist Galiciens wilde, 1200 km lange Küste von dramatischen *rías* (Küstenbuchten) durchzogen und bietet die schönsten weißen Sandstrände Spaniens (vorausgesetzt, es ist nicht neblig) sowie abgelegene Inseln und malerische Fischerdörfer, wo man die vermutlich besten Meeresfrüchte Europas bekommt. Im Norden sind die zerklüfteten Landzungen der Rías Altas nahezu menschenleer, während die südlichen Rías Baixas an der Grenze zu Portugal mit ihrem nur geringfügig wärmeren Klima im Sommer Scharen von Besuchern anziehen. Dazwischen liegen die schöne, von Leuchttürmen gesäumte Costa da Morte und Galiciens pulsierende, zweitgrößte Stadt, A Coruña.

Im Landesinneren erstreckt sich ein Labyrinth aus tiefgrünen Tälern, gesprenkelt mit mittelalterlichen Klöstern, charmanten Dörfern und uralten Weinbergen.

DIE WICHTIGSTEN ZIELE

SANTIAGO DE COMPOSTELA
Historische Pilgerstadt mit ausgezeichneten Restaurants. S. 420

CABO FISTERRA
Abgelegener Leuchtturm und dramatische Felsen. S. 430

PARQUE NACIONAL DAS ILHAS ATLÂNTICAS
Zerklüftete Inselarchipele mit herrlichen Wandermöglichkeiten. S. 436

A CORUÑA
Charmante, oft regnerische Küstenmetropole. S. 445

Illas Cíes (S. 436)

Erste Orientierung

Die Provinz Galicien hat viele Attraktionen zu bieten, die in der ganzen Region verstreut sind. Wir haben die Orte ausgewählt, die ihr kulturelles und kulinarisches Erbe sowie ihre Naturlandschaften am besten widerspiegeln.

A Coruña, S. 445

Die Stadt am Meer bezaubert mit modernem Großstadtflair, exzellenten, für Meeresfrüchte bekannte Restaurants, einer hübschen Altstadt und ihren römischen Wurzeln.

Cabo Fisterra, S. 430

Magisch: Wanderung zum Leuchtturm am Ende der Welt, wo die Costa da Morte abrupt in wellenumtosten Klippen endet und Sirenen den Nebel durchdringen.

Santiago de Compostela, S. 420

In den labyrinthartigen Gassen dieser alten Stadt hallt es von den Tapas-Bars herüber, während sich die Pilger im Schatten der Kathedrale ausruhen.

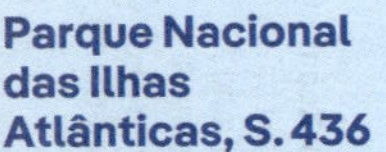

Parque Nacional das Ilhas Atlânticas, S. 436

Spaniens erstes UNESCO-Biosphärenreservat fasziniert mit seinen Gipfeln, Schluchten, Klettersteigen und vielen Möglichkeiten zum Wandern, Radfahren, Höhlenwandern, Klettern und Reiten.

BOOT

Naviera Mar de Ons (mardeons.com), Nabia Naviera (piratasdenabia.com) und Cruceros Rías Baixas (crucerosriasbaixas.com) bieten saisonale Passagierfähren nach Illas Cíes und Illa de Ons ab Vigo und kleineren Häfen auf dem Festland an.

AUTO & BUS

Die großen Städte und Ortschaften Galiciens sind durch häufige Busverbindungen mit ALSA (alsa.es) und Monbus (monbus.es) verbunden. Der Besuch abgelegener Ziele erfordert eine sorgfältige Planung, da es nur wenige oder manchmal gar keine Busverbindungen gibt.

Mit dem eigenen Auto hat man größte Flexibilität, wenn es darum geht, kleine Fischerdörfer und abgelegene Ziele im Landesinneren zu erkunden.

ZUG

Die Schmalspurbahn FEVE (renfe.com) bietet täglich mehrere landschaftlich reizvolle Zugverbindungen entlang der Nordküste von Ferrol nach Oviedo in Asturien an, mit Anschlusszügen nach Santander und Bilbao. Renfe-Züge verbinden Santiago de Compostela und A Coruña mit Madrid (schnell), Barcelona (langsam), einigen Städten in Kastilien und León sowie mit Porto in Portugal (nach Vigo).

Perfekte Tage

Galicien ist Vielfalt pur: Jahrtausendealte historische Städte, einzigartige Kultur und Musik, die schönsten und am wenigsten frequentierten Sandstrände Spaniens, hervorragende Restaurants, preisgekrönte Weine und tolle Fernwanderwege entlang der Küste.

MAXMAXIMOVPHOTOGRAPHY/SHUTTERSTOCK ©

Camiño dos Faros, Muxia (S. 435)

Wenig Zeit

- ... sollte man ihn damit verbringen, die Altstadt von Santiago de Compostela und ihre Sehenswürdigkeiten zu erkunden. Gleich morgens geht's in die **Kathedrale** (S. 422), anschließend zum Frühstück im **Ratiños** (S. 424), gefolgt von einem Spaziergang durch die mittelalterlichen Gassen und über die Plätze der Stadt, wie die Praza do Obradoiro, die Praza das Praterías und die Praza de Fonseca. Das **Museo das Peregrinacións** (S. 420) bietet einen Einblick in die Pilgerschaft. Zum Mittagessen geht's dann ins **Abastos 2.0** (S. 424).

- Am Nachmittag sollte man sich das **Museo do Pobo Galego** (S. 420) ansehen und dann die Tapas-Bars entlang der belebten Rúa do Franco besuchen, darunter die ausgezeichnete **A Taberna do Bispo** (S. 424)

Beste Reisezeit

In Galicien werden zahlreiche Feste gefeiert, der Großteil davon in den Sommermonaten. Auch der Karneval im Februar/März ist ein wichtiger Termin. Im Juli feiert Santiago seinen Schutzpatron, während im Oktober Meeresfrüchtefeste im Mittelpunkt stehen.

FEBRUAR/MÄRZ

In Laza liefern sich maskierte und kostümierte Feiernde zum **Karneval von Os Peliqueiros** ausgelassene Mehlschlachten.

JUNI

Die **Festa de San Xoán** am 23. Juni wird mit Lagerfeuern am Strand und reichlich *queimada* (ähnlich wie Feuerzangenbowle) gefeiert.

JULI

Während **Rapa das Bestas** gehen die Bewohner des Dorfes Salbucedo in die Berge, um Wildpferde einzufangen und deren Mähnen und Schweife zu stutzen.

RUI NORONHA/GETTY IMAGES ©, GENA MELENDREZ/SHUTTERSTOCK ©, PETER ADAMS/GETTY IMAGES ©

Eine Woche Zeit

- Man fährt Richtung Westen an die Küste, wo man zwei Tage damit verbringt, sich **A Coruña** (S. 445) anzuschauen, den **Torre de Hércules** (S. 447) zu besteigen, den benachbarten **Parque Escultórico** (S. 447) und die **Ciudad Vieja** (S. 447) zu erkunden und im **Omakase** (S. 445) und im **NaDo** (S. 445) zu speisen.

- An der **Costa da Morte** (S. 432) lassen sich ein paar Wandertage verbringen. Übernachten kann man wunderbar in Laxe, Muxía oder Fisterra.

- Fährt man gen Süden, gelangt man nach Vigo, wo man farbenfrohe Wandmalereien bewundern und im **Restaurant O Porton** (S. 441) an der Rúa de Pescadería in der Altstadt leckere Meeresfrüchte genießen kann. Den letzten Tag sollte man für eine Wanderung auf den spektakulären **Illas Cíes** (S. 436) verwenden – und für ein Essen im **Maruja Limón** (S. 441) in Vigo.

Länger Zeit

- Von Vigo aus geht's ins Landesinnere, um in **Ribadavia** (S. 427) hervorragende Weine zu probieren, in **Ourense** (S. 428) in heißen Quellen zu baden und den **Cañon de Sil** (S. 428) zu durchwandern.

- Anschließend fährt man zurück an die Küste, um einen Tag im historischen **Pontevedra** (S. 440) zu verbringen. Übernachten kann man im **Quinta de San Amaro** (S. 441). Nicht entgehen lassen sollte man sich die Albariño-Weinkellereien um Cambados und Sanxenxo und ein Sonnenbad an den **Stränden** von O Grove und der Illa de Arousa (S. 444).

- Auf einer Fahrt Richtung Norden lassen sich das **Cabo Ortegal** (S. 450), die **Halbinsel Bares** (S. 450) und die Nordküste erkunden. Anschließend bietet sich ein Abstecher ins Landesinnere an für einen Besuch der römischen Stadt **Lugo** (S. 427).

JULI
In der zweiten Julihälfte feiert Santiago de Compostela die **Festas do Apostolo** mit diversen Musik- und Kulturveranstaltungen.

AUGUST
Die Einwohner von Catoira stellen bei der **Romería Vikinga** eine historische Wikingerinvasion nach; in Villagarcía findet das **Festa-da-Agua**-Musikspektakel statt.

SEPTEMBER
Während der **Fiera Franca** finden in Pontevedra große Feste, lebhafte Märkte und Live-Shows statt, die dem Wohlstand der Stadt im 15. Jh. huldigen.

OKTOBER
Die Küstenstädte und -orte feiern Seefood mit **Festas do Marisco**, bei denen vor allem in O Grove Unmengen an Meeresfrüchten verzehrt werden.

SANTIAGO DE COMPOSTELA

Alle Wege führen nach Santiago de Compostela. Wie schon im Mittelalter, als Santiago nach Jerusalem und Rom die drittwichtigste Stadt der Christenheit war, gilt das auch heute noch für Hunderttausende von Pilgern, die sich auf den Weg zum Grab des Heiligen Jakobus machen. Auf der Praza do Obradoiro sieht man oft erschöpfte, mit Rucksäcken bepackte Wanderer, die sich mit Blick auf die Kathedrale im Schatten ausruhen.

Man muss jedoch kein Pilger sein, um diese traumhafte Stadt zu besuchen, das Gassenlabyrinth des mittelalterlichen Zentrums zu erkunden, an den prächtigen Plätzen und jahrhundertealten, aus Granit gehauenen Gebäuden vorbeizuschlendern, unter den Arkaden des Mercado de Abastos einzukaufen und es sich in urigen Tapas-Bars gemütlich zu machen, wo man die besten Gerichte der *gallegos* (Galizier) probieren kann.

TOP TIPP

Mehr als 350 000 Pilger besuchen Santiago jedes Jahr. Im Juli und August ist der Andrang am größten, sodass Hotels, Restaurants und Tickets für die Kathedrale lange im Voraus gebucht werden müssen. Am 25. Juli finden am Jakobsschrein Zeremonien statt, bei denen Spanien dem Heiligen neu geweiht wird (fällt das Datum auf einen Sonntag, ist es ein „Heiliges Jahr").

SHOPPEN IN DER ALTSTADT VON SANTIAGO

Die Altstadt ist voller verlockender Boutiquen und anderer Geschäfte, in denen Santiagos traditioneller Jett-Schmuck, Bücher, Kunst, galicischer Wein und *tetilla*-Käse sowie regionales Kunsthandwerk wie Camariñas-Spitzen und Sargadelos-Töpferwaren angeboten werden (und natürlich auch jede Menge Touristenkram).

Spaziergang durch die Pilgerstadt

SANTIAGO DE COMPOSTELAS SEHENSWÜRDIGKEITEN

Dieser ca. dreistündige Rundgang durch Santiago beginnt auf der **Praza do Obradoiro**, dem Hauptplatz vor der Kathedrale. An seinem nördlichen Ende befindet sich das im Renaissance-Stil erbaute **Hostal dos Reis Católicos**, das im 16. Jh. im Auftrag der Reyes Católicos (Katholische Könige), Isabel und Fernando, als Pilgerherberge erbaut wurde. Heute ist es ein *parador* (luxuriöses, staatliches Hotel) und das edelste Hotel Santiagos mit vier prächtigen, sehenswerten Innenhöfen. Gegenüber der Kathedrale befindet sich der Innenhof des eleganten **Pazo de Raxoi** (Santiagos Rathaus) aus dem 18. Jh., in dem an vielen Abenden Livemusik geboten wird. Auf dem Weg nach Süden, zur von Cafés gesäumten **Praza de Fonseca**, kommt man am **Colegio de San Xerome** aus dem 17. Jh. vorbei, einem früheren Armenkolleg. Auch das **Colexio de Fonseca** mit seinem Renaissance-Innenhof ist sehenswert. Das Gebäude war ursprünglich Sitz der Universität von Santiago (gegründet 1495) und beherbergt heute die Universitätsbibliothek. Anschließend geht es die Rúa de Xelmírez entlang gen Osten bis zur **Praza das Praterías**, dem „Platz der Silberschmiede", dessen Mitte die kunstvolle Fuente de los Caballos von 1825 schmückt.

Auf der Ostseite bietet das **Museo das Peregrinacións** faszinierende Einblicke in das Phänomen Santiago (Mensch, Stadt und Pilgerschaft) im Lauf der Jahrhunderte. Ein kurzer Abstecher führt aus der Altstadt hinaus zum **Museo do Pobo Galego**, das faszinierende Einblicke die galicische Kultur vermittelt.

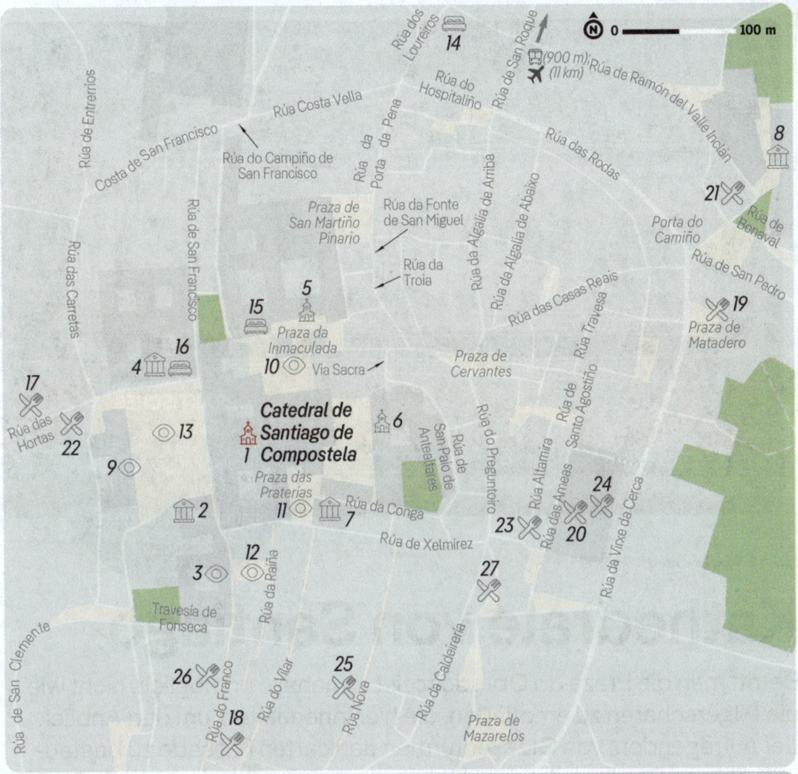

HIGHLIGHTS
1 Catedral de Santiago de Compostela

SEHENSWERTES
2 Colegio de San Xerome
3 Colexio de Fonseca
4 Hostal dos Reis Católicos
5 Mosteiro de San Martiño Pinario
6 Mosteiro de San Paio
7 Museo das Peregrinacións
8 Museo do Pobo Galego
9 Pazo de Raxoi
10 Praza da Inmaculada
11 Praza das Praterías
12 Praza de Fonseca
13 Praza do Obradoiro

SCHLAFEN
14 Altaïr Hotel
15 Hospedería San Martín Pinario
16 Parador Hostal dos Reis Católicos

ESSEN
17 A Horta d'Obradoiro
18 A Taberna do Bispo
19 A Viaxe
20 Abastos 2.0
21 ANACO.
22 Casa Marcelo
23 Lume
24 Mercado de Abastos
25 Mori Cafés Especiais
26 Petiscos Do Cardeal
27 Ratiños

Am östlichen Ende der Kathedrale befindet sich hinter der Praza da Quintana das im 9. Jh. gegründete **Mosteiro de San Paio** mit den Reliquien Santiagos. Über die Via Sacra gelangt man zur **Praza da Inmaculada**, die einen schönen Blick auf die Kathedrale bietet. Gegenüber liegt das barocke **Mosteiro de San Martiño Pinario** mit einem Museum.

ÜBERNACHTEN IN SANTIAGO

Altaïr Hotel
Das Altaïr, eine Symphonie aus rohem Stein und dunklem Holz, bietet moderne Zimmer und Gourmet-Frühstück. **€€**

Hospedería San Martín Pinario
In dem jahrhundertealten Kloster hat man die Wahl zwischen schlichten, spartanisch eingerichteten Zimmern mit Bad und einfacheren Pilgerzimmern. **€**

Parador Hostal dos Reis Católicos
Dieses *parador* in einem Gebäude aus dem 16. Jh. bietet Zimmer mit hohen Decken und Blick auf die Kathedrale. **€€€**

MAXMAXIMOVPHOTOGRAPHY/SHUTTERSTOCK ©

PRAKTISCHES
9–20 Uhr
Führung: Pórtico de la Gloria – Erw./Kind 10 €/frei
catedraldesantiago.es

BESTE SEHENSWÜRDIGKEIT

Kathedrale von Santiago

Betritt man die Praza do Obradoiro, ist es nahezu unmöglich, nicht wie die Pilgerscharen zu empfinden, die hier innenhalten, um den Anblick der aufragenden, von Glockentürmen flankierten Fassade zu bestaunen. Dieses Gebäude ist der Höhepunkt eines wochenlangen Fußmarsches, das Ziel der Gläubigen und ein beeindruckendes Denkmal.

NICHT VERPASSEN
- Pórtico de Gloria
- Las Cubiertas
- Der Hochaltar
- Das botafumeiro
- Puerta Santa
- Die Krypta
- Museo de Catedral

Hinter der Fassade

Die Kathedrale wurde über mehrere Jahrhunderte hinweg erbaut. Ihre Schönheit verdankt sie der Mischung aus ursprünglich romanischer Struktur (erbaut zwischen 1075 und 1211) und späteren gotischen und barocken Verzierungen. Auch wenn einen die spirituelle Bedeutung des Gotteshauses nicht anspricht, sollte man sich das kunstvolle Innere, das mit unbezahlbarer mittelalterlicher Kunst gefüllt ist, nicht entgehen lassen.

Pórtico de Gloria

Das Highlight der Kathedrale sind die 200 romanischen Skulpturen von Maestro Mateo, der Ende des 12. Jhs. für den Bau der Kathedrale verantwortlich war. Diese detaillierten, bemerkenswert lebensechten Granitskulpturen, deren ursprüngliche Farbe größtenteils wiederhergestellt wurde, stellen wichtige Figuren und Szenen aus der Bibel dar. Das Alte Testament und seine Propheten befinden sich auf der Nordseite, das Neue Testament, die Apostel und das Jüngste Gericht auf der Südseite, und im zentralen Bogen sind die Herrlichkeit und die Auferstehung dargestellt.

Die Hauptfigur im zentralen Bogengang ist der auferstandene Christus, flankiert von seinen Aposteln und umgeben von Engeln und Symbolen der Passion Jesu. Auf dem zentralen Pfeiler befindet sich eine Skulptur, von der man annimmt, dass sie Maestro Mateo selbst darstellt.

Las Cubiertas

Ein weiteres unvergessliches Erlebnis ist die beliebte Dachbesichtigung, die durch die sonst unzugänglichen oberen Stockwerke führt und einen unvergesslichen Blick auf das Innere der Kathedrale aus der Vogelperspektive bietet. Auf dem Dach kann man die Füllhörner, Jakobsmuscheln und Kuppeln, die die Türme schmücken, aus nächster Nähe betrachten. Die Führungen werden entweder auf Spanisch oder Englisch angeboten.

Der Hochaltar

Am östlichen Ende des Gebäudes erhebt sich der wunderbare Altar Mayor (Hochaltar). Von der rechten Seite des Ganges, der direkt dahinter verläuft, führt eine kleine Treppe hinauf zu einer Santiago-Statue, die seit 1211 über die Kathedrale wacht. Die Gläubigen stehen hier Schlange, um den Umhang der Statue zu küssen, bevor sie zur Beichte und zum Hochamt gehen.

Puerta Santa

Besucht man Santiago in einem heiligen Jahr (das nächste Mal 2027), kann man die Öffnung der Puerta Santa der Kathedrale erleben, die den Zugang zur Kathedrale von der Praza da Quintana aus ermöglicht. Sie wurde zwischen 1611 und 1616 erbaut und wird von 24 romanischen Skulpturen biblischer Figuren flankiert, die aus dem ursprünglichen, von Maestro Mateo geschaffenen Chor der Kathedrale hierher versetzt wurden.

Das Botafumeiro

Während bestimmter Pilgergottesdienste kann man sehen, wie das riesige *botafumeiro* (Weihrauchfass) der Kathedrale von acht Priestern, die das Flaschenzugsystem am Altar bedienen, in einem großen Bogen über das Querschiff geschwungen wird – ein beeindruckendes Spektakel!

Museo de Catedral

Das Museum der Kathedrale erstreckt sich über vier Etagen und umfasst einen Kreuzgang aus dem 16. Jh. Zu sehen sind ein Teil des originalen steinernen Chors von Maestro Mateo, eine großartige Sammlung religiöser Kunst (mit dem *botafumeiro*), der *sala capitular* (Kapitelsaal) aus dem 18. Jh. mit Wandteppichen, die von Goya entworfen wurden, und der Panteón de Reyes mit den Gräbern der Könige des mittelalterlichen León.

Die Krypta

Von der Santiago-Statue in der Nähe des Altar Mayor steigen Pilger in die Cripta Apostólica hinab, um der großen Silberschatulle aus dem 19. Jh. (s. Bild) ihre Aufwartung zu machen, in der angeblich die sterblichen Überreste des heiligen Jakobus verwahrt werden.

ALTE TRADITIONEN

Auf dem Pórtico de Gloria ist Santiago zu sehen und unter ihm Herkules oder Samson, der die Mäuler zweier Löwen aufhält. Traditionell steckten die Besucher:innen ihre Finger in die fünf Löcher über dem Kopf des Herkules, die Millionen von Gläubigen im Lauf der Jahrhunderte durch dieselbe Handlung geschaffen haben. Eine andere Tradition sah vor, dass die Gäste ihren Kopf an den des Maestro legten, um etwas von seinem Genie zu erhaschen

TOP TIPPS

- Kommt man um 7 Uhr morgens, ist die Kathedrale sogar in den Hochsommermonaten nahezu leer – außerdem braucht man dann auch keine Eintrittskarte.
- Für den Pórtico de Gloria und Las Cubiertas ist eine Voranmeldung erforderlich; der Eintritt erfolgt nach Zeitplan. Im Juli und August sollte man den Pórtico mindestens eine Woche und die Las Cubiertas mindestens zwei Wochen im Voraus buchen.
- Tickets für das Museo de Cathedral gelten auch für den Zugang zur Freiluftgalerie im 3. Stock mit herrlichem Blick auf die Praza do Obradoiro.
- Der Pórtico de Gloria ist vom Rest der Kathedrale abgetrennt – den Hochaltar kann man aber auch aus der Entfernung sehen.

BESONDERE RESTAURANTERLEBNISSE IN SANTIAGO DE COMPOSTELA

Casa Marcelo
Von der Theke dieses mit einem Michelin-Stern ausgezeichneten spanisch-japanischen Fusion-Restaurants hat man einen Blick in die offene Küche. €€€

A Horta d'Obradoiro
In dem schönen Garten wartet eine kleine, feine Speisekarte mit innovativen, galicischen Gerichten. €€

ANACO.
Kleine saisonal ausgerichtete Speisekarte mit einfachen, schön zubereiteten Gerichten – die auch als Probiermenü zu einem unglaublich günstigen Preis angeboten werden. €€

A Viaxe
In diesem Fusion-Bistro triff Galicien auf Peru. Die Ceviche, der *tiradito* (roher Fisch in scharfer Sauce) und die Pisco Sours sind besonders lecker. €€

VALERY ROKHIN/SHUTTERSTOCK ©

Mercado de Abastos

Wunderbar essen in Santiago

AUSSERGEWÖHNLICHE RESTAURANTS UND TAPAS-BARS

In Santiago wird jeder satt, ob Pilger mit kleinem oder Feinschmecker mit größerem Budget. Am besten beginnt man den Tag im **Mori Cafés Especiais** mit *tostadas* (Toast) und Kaffee oder mit frischem Gebäck und einem *café bombón* (halb Espresso, halb Kondensmilch) auf der Terrasse des Cafés **Ratiños**. Der **Mercado de Abastos**, Santiagos Lebensmittelmarkt, bietet an rund 300 Ständen regionale Produkte von den Feldern und aus dem Meer. Hier kann man sich mit *tetilla*-Käse, Wurstwaren und Weinen aus ganz Galicien eindecken. Die Tapas-Stände bieten hervorragendes, preiswertes Mittagessen.

Die Rúa das Ameas, die die Westseite des Marktes flankiert, ist gesäumt von tollen Restaurants. Besonders hervorzuheben ist das **Abastos 2.0**, das eine täglich wechselnde Speisekarte mit Meeresfrüchten bietet, die in der „Barra" (12 Plätze) oder im Speisesaal genossen werden können. Das nahe gelegene **Lume** bietet schön präsentierte, experimentelle Meeresfrüchtegerichte mit passenden Weinen.

Abends geht's in Santiagos wichtigster Tapas-Gasse, der Rúa do Franco, wo die Leute in der **Taberna do Bispo** Schlange stehen, um sich *pintxos* (baskische Tapas) an der Bar oder größere *raciones* mit galicischem Käse hinzugeben. Wer's ein wenig feiner wünscht, findet im holzgetäfelten **Petiscos Do Cardeal** Kroketten und *Bocadillos* (Sandwiches) der Spitzenklasse.

Auch am Rande der Altstadt, entlang der Rúa do Hortas und vor dem östlichen Stadttor Porta do Camino, gibt es eine Reihe Restaurants mit innovativer Küche.

UNTERWEGS VOR ORT

Santiagos wichtigste Sehenswürdigkeiten sind alle zentral gelegen und leicht zu Fuß zu erreichen. Der Bahnhof befindet sich 10 Gehminuten südlich der Altstadt. Von hier aus verkehren täglich regelmäßige Züge nach A Coruña, Madrid, Ourense, Pontevedra und Vigo.

Vom Busbahnhof, der 20 Minuten nordöstlich des Zentrums liegt, gibt's viele Verbindungen. So bringen dich Busse nach A Coruña, Cambados, Fisterra, León, Lugo, Madrid, Muxía, Ourense, Pontevedra, Vigo. Außerdem ist auch Porto in Portugal angebunden.

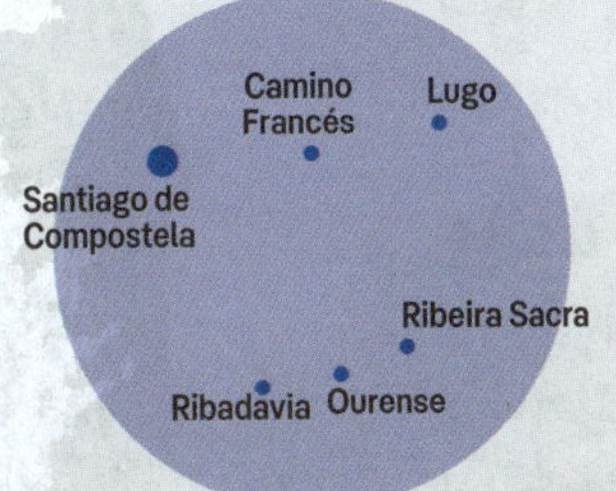

Rund um Santiago de Compostela

Auf dem Jakobsweg wandern, römische Mauern erkunden, in tiefe Schluchten blicken, Weinregionen besuchen und in heißen Quellen baden.

Galiciens Osten hat einen leisen Charme, der von der historischen Anziehungskraft von Lugo und seinen römischen Mauern unterstrichen und vom Jakobsweg geteilt wird, der jedes Jahr Hunderttausende Pilger anzieht. Im Süden wartet Ourense, die drittgrößte Stadt Galiciens mit einem reizvollen, labyrinthartigen Stadtkern und Thermalbädern. Westlich von Ourense liegt Ribadavia mit der Denominación de Origen (DO) Ribeiro, deren sanfte Hügel mit Weinbergen und alten Steindörfern übersät sind. Die spektakuläre Schönheit der Natur und das große kulturelle Erbe der Ribeira Sacra entfalten sich nordöstlich von Ourense mit den steilen Weinhängen der DO Ribeira Sacra, die abgelegene mittelalterliche Klöster und herrliche Wanderwege entlang des Cañón do Sil bergen.

TOP TIPP

Weinkenner:innen sollten ihre Reise Ende April/Anfang Mai planen, wenn die Fiera de Viño do Ribeiro in Ribadavia stattfindet.

Lugo (S. 427)

PILGERRITUALE

Nähert man sich Santiago, wird man auf mehr und mehr Pilger treffen, die verschiedene Rituale durchführen, von denen einige bis ins Mittelalter zurückreichen. Damals war die Waschung im Fluss **Lavacolla**, 12 km östlich der Stadt, besonders wichtig: Für viele war diese rituelle Reinigung das erste Bad auf ihrer Reise. Es ist zu hoffen, dass dies nicht auf die modernen Pilger zutrifft, auch wenn *„lavacolla"* sich angeblich auf das Waschen des Hodensacks bezieht und man immer noch den einen oder anderen Pilger sehen kann, der sein Geschlechtsteil ausgiebig wäscht. Der nächste Halt auf dem Weg zur Kathedrale ist der Monte de Gozo (Berg der Freude), 5 km westlich. Ist man Teil einer Gruppe? Dann sollte man *„mon joie"* rufen, sobald man die Türme der Kathedrale von Santiago erblickt, um sich zum Gebieter über die Mitreisenden zu erklären.

MOCHILAOSABATICO/SHUTTERSTOCK ©

O Cebreiro

Camino Francés – Der Jakobsweg

LEGENDÄRE PILGERROUTE

Seit der Entdeckung der sterblichen Überreste des Apostels Jakobus vor über 1200 Jahren strömen Pilger aus ganz Europa nach Santiago de Compostela. Früher war der Glaube der Hauptgrund; heute kommen viele wegen der körperlichen Herausforderung, zum Gedenken an Verstorbene oder aus anderen Gründen hierher. Was sie eint, ist neben der Kameradschaft zwischen Menschen, die sich unterwegs begegnen, in den Gemeinschaftszimmern der *albergues* (Pilgerherbergen) schlafen und sich den Pilgerpass abstempeln lassen, das einzigartige Gefühl, Teil einer tausendjährigen Tradition zu sein.

Es gibt zwar auch kleinere Camino-Routen wie den Camino Inglés (über Ferrol, A Coruña, Bruma und Sigüeiro), den Camino Portugués (von Lissabon über Coimbra, Porto und Pontevedra) und den Camino del Norte von San Sebastián (entlang der baskischen, kantabrischen und asturischen Küste), aber der ursprüngliche und bekannteste Camino de Santiago ist der Camino Francés. Er startet auf der französischen Seite der Pyrenäen und erreicht Galicien in **O Cebreiro** (1300 m) nach dem anstrengenden, 30 km langen Anstieg von Villafranca in Kastilien und León. Unter den Gebäuden von O Cebreiro gibt es auch *pallozas* (runde, strohgedeckte vorrömische Behausungen).

In **Triacastela**, 19 km von O Cebreiro den Berg hinunter, teilt sich der Camino. Die längere Route (25 km) führt durch

ÜBERNACHTEN IN LUGO

Orbán e Sangro
Stattliches Herrenhaus aus dem 18. Jh. mit antik eingerichteten Zimmern und Designer-Badezimmern. **€€€**

Hostel O Portón
Betten (keine Stockbetten) in Schlafsälen, mit Pflanzen dekorierte Gemeinschaftsräume und eine tolle Atmosphäre kennzeichnen dieses Hostel in der Altstadt. **€**

Hotel Exe Puerta de San Pedro
Klassisches Business-Hotel. Die Eckzimmer sind besonders empfehlenswert. **€€**

Samos, ein Dorf, dessen Zentrum das benediktinische Mosteiro de Samos ist.

Wer nur die letzten 100 km des Camino absolviert (die Mindestanforderung für das Zertifikat „Compostela“), beginnt 12 km westlich von Samos in **Sarria**. Von hier aus schlängelt sich der Camino durch Dörfer, Wälder und Felder und führt dann steil hinunter nach **Portomarín**. Nach der anstrengenden, 25 km langen Strecke nach **Palas de Rei**, folgen die nächsten 15 km bis **Melide** über hübsche, ländliche Wege. Bis zu den heiligen Straßen Santiagos sind es vor hier aus weitere 53 km.

Das römische Erbe von Lugo

RÖMISCHE FESTUNG MIT ANTIKEN MAUERN

Lugo (Lucus Augusti), die älteste Stadt Galiciens, ist über 2000 Jahre alt, und ihre kompakte Altstadt ist von den weltweit am besten erhaltenen römischen Stadtmauern umgeben.

Los geht's im **Centro de Interpretación de la Muralla**, in der Nähe der Kathedrale, mit interaktiven Ausstellungen über den Bau der römischen Mauern. Zwei Blocks weiter östlich, im **Domus Oceani**, kann man die Überreste einer römischen Villa und einige wunderbar erhaltene Mosaike besichtigen (einige davon sind unter durchsichtigen Tafeln in der Rúa de Doutor Castro zu sehen). Weiter geht es nach Westen zum **Domus de Mitreo** an der Puerta de Santiago, wo man die Überreste einer römischen Villa mit Mosaik- und Wandmalereifragmenten sowie die Überreste eines römischen Tempels, der dem Sonnengott Mithras gewidmet ist, bewundern kann.

Einen Block weiter nördlich befindet sich der **Porta Miña Ausstellungssaal**. Die Ausstellung über die wichtigsten Epochen der römischen Geschichte Lugos zwischen dem 1. Jh. v. Chr. und dem späten 5. Jh. zeigt eine Fülle von Grabbeigaben, Fruchtbarkeitsutensilien mit großzügig proportionierten männlichen Genitalien sowie Theatermasken und Amphoren.

Auf der anderen Straßenseite kann man die zum Weltkulturerbe zählenden **römischen Mauern** der Puerta de Miña erklimmen. Die 15 m hohen Befestigungsanlagen, die im 3. Jh. v. Chr. errichtet wurden, bilden eine 2,2 km lange Schleife um die Altstadt; der gesamte Rundgang dauert 30 Minuten und erlaubt einen Blick auf die Altstadt aus allen Richtungen.

Ribeiros Weinberge & heiße Quellen

WEIN GENIESSEN UND MÜDE MUSKELN ENTSPANNEN

Das reizende **Ribadavia** – ein charmantes Labyrinth aus engen, gepflasterten Gassen und kleinen Plätzen – liegt im Herzen des

DAS BESTE ESSEN IN LUGO

Os Cachivaches
Vorstädtische *arrocería*, die sich auf unglaublich gute Reisgerichte (für eine Person) spezialisiert hat, mit Lammfleisch, Meeresfrüchten und Entenconfit. **€€**

Las Cinco Vigas
Bei Einheimischen beliebte, angenehme Bar in der Altstadt mit gutem Apfelwein und leckerem Tintenfisch. **€**

Restaurante Campos
Raffinierte Meeresfrüchte-, Fleisch- und Reisgerichte, die in einem Gebäude aus dem 18. Jh. serviert werden. **€€€**

A Xarra Vinos y Tapas
Bar in Lugos belebter Tapas-Gasse; ausgezeichnete *croquetas* (Kroketten), *raxo* (Schweinelende) und Meeresfrüchte. Gute Auswahl regionaler Weine. **€**

AUSGEWÄHLTE HEISSE QUELLEN

Termas Outariz
Warme und kalte Innen- und Außenbecken, teilweise mit Wasserfällen oder Unterwasserdüsen.

Zona Termal Muiño da Vega
Die beste aller kostenlosen Thermalquellen unter freiem Himmel in Ourense, mit vier großen Außenbecken inmitten von Grünanlagen.

Estación Termal das Burgas
Schönes, 200 qm großes Freibad im Zentrum von Ourense.

OKTOPUS-SCHMAUS

Die meisten Galicier sind sich einig, dass der beste *pulpo á feira* (Galiciens typisches Tintenfischgericht) weit weg vom Meer in der bescheidenen Stadt **O Carballiño** im Landesinneren, 20 km nördlich von Ribadavia, zubereitet wird. Die Köche des Ortes erfanden das Rezept im Mittelalter, da das örtliche Kloster aufgrund seiner Besitztümer an der Küste stets mit reichlich Tintenfisch versorgt wurde. Bei der Zubereitung des Gerichts kocht man den Tintenfisch in einem Kupferkessel, schneidet ihn dann in Stücke und bestreut ihn mit Salz, Olivenöl und Paprika. Heute strömen Zehntausende von Menschen am zweiten Sonntag im August nach O Carballiño, um die **Festa do Pulpo de O Carballiño** zu begehen. Wer das Fest verpasst, kann das ganze Jahr über in den Restaurants von O Carballiño Oktopus genießen, z.B. in der modernen **Pulpería Carral**, die Oktopus mit *cachelos* (Salzkartoffelscheiben) serviert.

Weinanbaugebiets Ribeiro am Ufer des Río Avia, 110 km südöstlich von Santiago. Der Weinanbau in dieser Region begann mit den Römern und wurde im Mittelalter von Mönchen wiederbelebt. Die Weine mit der Herkunftsbezeichnung Denominación de Origen (DO) von Ribeiro, darunter Weißweine, die hauptsächlich aus der Treixadura-Traube gekeltert werden, erfreuen sich zunehmender Beliebtheit. Rund 20 Weingüter können in der Region besichtigt werden (rutadelvinoribeiro.com); die Mitarbeiter des Fremdenverkehrsbüros von Ribadavia helfen gern bei der Organisation von Besichtigungen.

Ein guter Ausgangspunkt ist **Casal de Armán**, ein Landhaus inmitten von Weinbergen, 6 km nordöstlich von Ribadavia. Neben den geräumigen Zimmern mit Holzbalken und Steinwänden sowie den Weinverkostungen vor Ort bietet das Restaurant **Sábrego** raffinierte saisonale Gerichte (begleitet von regionalen Weinen). Eine weitere schöne Bodega ist die **Viña Meín**, ein altes Herrenhaus, das von kleinen Parzellen umgeben ist, in denen Godello, Albariño, Loureiro, Caíño blanco, Lado, Torrontés und Caíño longo an den Hängen kultiviert werden. Die **Bodega Pazo Casanova** ist bekannt für ihre Treixadura-, Albariño-, Godello- und Loureiro-Weine. Bei den Führungen wird der traditionelle Weinherstellungsprozess erläutert, und es werden Wein- und Brandy-Verkostungen angeboten.

Wenn man schon in der Gegend ist, lohnt sich ein Tagesausflug in das nahe gelegene **Ourense** zur Erkundung des mittelalterlichen Stadtkerns und um ein Bad in einer der Thermalquellen zu nehmen, die schon zu Zeiten der Römer Ourenses Hauptattraktion waren.

Die fantastische Landschaft der Ribeira Sacra

CANYON, KLÖSTER UND DÖRFER

Die natürliche Schönheit und das einzigartige kulturelle Erbe der **Ribeira Sacra** (Heiliges Flussufer) – benannt nach den hier gegründeten, mittelalterlichen Klöstern – entfaltet sich entlang der Täler der Ríos Sil und Miño, östlich von Ourense. Besonders dramatisch ist die Landschaft entlang des **Cañón do Sil** – wunderbar geeignet zum Wandern und Radfahren oder für Bootsfahrten. Die **Weinkellereien der DO Ribeira Sacra** sind berühmt für ihre Trauben, die an oft spektakulären Steilhängen angebaut werden und den Weinen die Bezeichnung *viticultura heroica* (heroischer Weinbau) eingebracht haben.

Einen Besuch wert ist auch das aus dem 6. Jh. stammende **Mosteiro de San Pedro de Rocas** inmitten dichter Wälder, 11 km südlich von Luintra. Es beherbergt drei Höhlenkapellen,

ÜBERNACHTEN IN DER RIBEIRA SACRA

Pazo da Pena Manzaneda
Hübsches Herrenhaus mit sehr komfortablen Zimmern, ausgezeichnetem Restaurant und Gemeinschaftsräumen, die mit Antiquitäten ausgestattet sind. **€€**

Parador de Monforte de Lemos
Herrschaftliches Gebäude in Monteforte mit schönen, modernen Zimmern. **€€€**

Reitoral de Chandrexa
Gemütlich eingerichtete Zimmer mit Holzdecken im ehemaligen Pfarrhaus neben der Kirche von Chandrexa. **€**

Mosteiro de San Pedro de Rocas

die ursprünglich als Rückzugsorte für frühe Eremiten in den Fels gehauen wurden, sowie Felsengräber aus dem 10. Jh. Von Luintra aus führt die OU-536 nach **Castro Caldelas**, dessen gepflasterte Straßen und Steinhäuser sowie eine intakte Burg aus dem 14. Jh. mit einem fantastischen Ausblick von den Festungsmauern zum Verweilen einladen.

Von Castro Caldelas schlängelt sich die landschaftlich spektakuläre OU-903 10 km nach Norden hinunter zum Cañón do Sil, überquert den Fluss über die Brücke Ponte do Sil (Ausgangspunkt für Flusskreuzfahrten) und führt dann steil durch Weinberge hinauf in Richtung Monforte de Lemos, vorbei an interessanten, kleinen Weingütern wie Ponte da Boga, Adega Vella und Adega Algueira. In Doade sollte man über die LU-P-5903 einen Abstecher nach Sober machen, um im **Berso**, einem der besten Restaurants Galiciens, einzukehren, bevor man über die N-120 in den schönen, historischen Stadtkern von **Monteforte de Lemos** gelangt.

PARADA DE SIL – RUNDWANDERUNG

Der 11 km lange Rundwanderweg bietet die ideale Möglichkeit, den gewaltigen Cañón de Sil zu erkunden. Vom Dorf Parada de Sil aus geht es zum Aussichtspunkt Balcóns de Madrid, von wo aus man aus 400 m Höhe einen Blick auf den sich dahinschlängelnden Fluss werfen kann. Der Weg führt dann landeinwärts durch einen Kiefernwald, bevor er am Rande der Schlucht die Sicht auf steile Terrassenfelder und kleine Flusskreuzfahrtschiffe freigibt, die den Fluss entlangschippern. Beim Aufstieg zu einer alten Wassermühle, der Muiño de Portela, kommt man an drei Aussichtspunkten vorbei. Anschließend geht es auf einem steilen Serpentinenweg zum schönen Mosteiro de Santa Christina hinauf. Bevor man dem Waldweg zurück nach Parada de Sil folgt, wartet weiter westlich, im Weiler Castro, ein weiterer toller Aussichtspunkt.

UNTERWEGS VOR ORT

Busse verbinden Lugo regelmäßig mit Santiago, A Coruña, Ourense, Pontevedra und Vigo. Außerdem fahren täglich mehrere Züge nach A Coruña und Madrid. Die wichtigsten Sehenswürdigkeiten in der Altstadt von Lugo sind alle gut zu Fuß erreichbar. Wer mit dem Zug nach Santiago fahren will, muss in Ourense umsteigen. Zur Erkundung der Weinregion ist ein eigener Wagen erforderlich.

MEHR GALICIEN FÜR SELBSTFAHRENDE

Die wilde, dramatische **Küste des Rías Altas** (S. 450) ist weiterer Teil Galiciens, der sich besonders gut für eine gemütliche Erkundung mit dem eigenen Fahrzeug eignet.

CABO FISTERRA

Das hügelige, mit Heidekraut bewachsene und von Kiefern bedeckte Cabo Fisterra, von dem die Europäer glaubten, es sei die westliche Grenze der bekannten Welt (bis Kolumbus das Gegenteil bewies), ist das Ziel besonders hartgesottener Jakobsweg-Pilger (von Santiago de Compostela sind es bis hier 80 km). Man nimmt an, dass das heute mit einem Leuchtturm versehene Kap in vorchristlicher Zeit für die sonnenanbetenden Kelten von großer Bedeutung war. Vor allem jene, die Schwierigkeiten mit der Empfängnis hatten, kamen hierher, um den Akt an einem bestimmten Stein zu vollziehen.

Seit der Antike ist das Kap wegen seiner Lage von strategischer Bedeutung – so brachen von hier die Phönizier nach Britannien auf. In der Nähe fanden mehrere Seeschlachten zwischen Portugal und Frankreich und später zwischen Britannien und Frankreich/Spanien statt.

Das Kap wird von einem Leuchtturm aus dem 19. Jh. gekrönt und ist bei Nebel, wenn das unverkennbare Signal des Nebelhorns, die sogenannte „Kuh von Fisterra“, ertönt, ein recht gruseliger Ort.

TOP TIPP

Es kann ein Schock sein, wenn man am Kap auf großen Andrang trifft, vor allem, wenn man zuvor die Einsamkeit auf dem Camiño dos Faros genossen hat. Wenn möglich, sollte man den Leuchtturm nicht zur Hochsaison im August besuchen. Wer im Sommer herkommt, sollte sein Taxi vom Leuchtturm im Voraus buchen.

GUIZIOU FRANCK/HEMIS.FR/ALAMY ©

Wanderer am Cabo Fisterra

Alle Wege führen zum Cabo Fisterra

SCHÖNE WANDERWEGE ZUM LEUCHTTURM AM ENDE DER WELT

Das Cabo Fisterra kann man auf einfache oder auf spektakuläre, anspruchsvollere Art erreichen.

Der einfache Weg ist eine 3,5 km lange Wanderung von der Stadt **Fisterra** aus, vorbei an der **Igrexa de Santa María das Areas** aus dem 12. Jh. mit ihrem wunderschönen, geschnitzten Altar. Danach folgt ein Anstieg auf den Monte Facho mit einem Besuch der mittelalterlichen Ruine **Ermida de San Guillerme**, von der man annimmt, dass sie einst der Standort eines legendären *ara solis* (Sonnenaltar) war, der das Cabo Fisterra zu einem vorchristlichen Wallfahrtsort machte.

Der anspruchsvollere Weg ist der letzte Abschnitt des **Camiño dos Faros**, der das Beste am Schluss bereithält. Von der Praia de Nemiña geht es entlang der Flussmündung nach Lires, dann auf der Landzunge weiter bis zu den Klippen an der herrlichen **Praia do Rostro**. Bei der Überquerung des langen, goldenen Sandstreifens muss man gelegentlich riesigen Atlantikbrechern ausweichen. Der Weg steigt schließlich sanft an und führt an der felsigen Punta de Rostro vorbei. Bevor man zu der schönen **Praia de Arnela** weiterwandert, lohnt ein kurzer Abstecher zu den Überresten des alten **Castro de Castromiñán**. In der Nähe der Punta Longa genießt man spektakuläre Ausblicke auf die Klippen und folgt anschließend dem Weg zum Monte Veladoiro (243 m) hinauf. Danach führt die Wanderung stetig bergab zur **Praia de Mar de Fora** und dann über Kopfsteinpflaster in das Dorf A Insua. Zum Schluss folgt ein letzter, steiler Anstieg auf den Monte do Facho (241 m), von dem ein Serpentinenweg zum Cabo Fisterra hinunterführt.

TOP-BOUTIQUE-HOTELS IN FISTERRA

Mar de Ardora
Modernes, familiengeführtes Hotel mit fantastischem Meerblick, Spa, solarbeheiztem Pool, türkischem Bad und ausgezeichnetem Frühstücksbuffet. €€

O Semáforo de Fisterra
Das ehemalige Leuchtturmwärterhaus an der Spitze des Cabo Fisterra verfügt über sieben luxuriöse, individuell gestaltete Zimmer. Unglaubliche Aussicht. €€€

Hotel Rústico Spa Finisterrae
Das umgebaute Bauernhaus bietet helle Zimmer mit Natursteinwänden, ein Spa, Massagen und Panoramablick. Frühstück und Abendessen auf Anfrage. €€

Alén do Mar
Die raumhohen Fenster in den holzgetäfelten Zimmern geben den Blick auf den umliegenden Wald frei. Nur wenige Schritte von der Praia da Langosteira entfernt. €€

UNTERWEGS VOR ORT

Fisterra ist die am besten angebundene Stadt an der Costa da Morte, es gibt täglich mehrere Verbindungen nach Santiago de Compostela mit Monbus (monbus.es) und nach A Coruña mit Arriva (arriva.gal). Fisterra ist von Santiago de Compostela aus auch mit dem eigenen Auto leicht zu erreichen.

Malpica
Laxe
Camariñas
Muxía
Praia de Nemiña
Camiño dos Faros
Cabo Fisterra

Rund um das Cabo Fisterra

Wanderung an einem der dramatischsten Abschnitte der galicischen Küste und ein Spaziergang über die schmalen, verschlungenen Wege zwischen Fischerdörfern.

TOP TIPP

Unbedingt an wind- und wasserdichte Ausrüstung denken. Vorsicht vor dem hier schnell aufziehenden Nebel. An böigen Tagen sollte man Wanderungen entlang steiler Klippen vermeiden.

Zwischen A Coruña und dem vom Leuchtturm gekrönten Cabo Fisterra erstreckt sich Galiciens dramatischste Küstenlinie mit steil abfallenden Klippen, felsigen Landzungen und ausgedehnten, von der Atlantikbrandung umspülten, weißen Sandstränden. Dies ist die abgelegene Costa da Morte (Todesküste), deren tückische Riffe im Lauf der Jahrhunderte Hunderten von Schiffen zum Verhängnis geworden sind. Der westlichste Außenposten des spanischen Festlands ist von Mythen und Legenden umwoben und oft in Meeresnebel gehüllt, der die Landschaft in Sekundenschnelle verändert. Im Landesinneren verbinden verschlungene Landstraßen verschlafene Fischerdörfer und Weiler, die sich um steinerne *hórreos* (Getreidespeicher auf Stelzen) gruppieren. Hier gibt es einen der besten Fernwanderwege Spaniens sowie hervorragende Meeresfrüchte und hervorragende galicische Weißweine.

Praia do Treco (S. 435)

XURXO LOBATO/GETTY IMAGES ©

Camiño dos Faros in der Nähe der Praia de Traba (S. 435)

Wandern auf dem Camiño dos Faros

SCHIFFSWRACKS, LEUCHTTÜRME UND EIN ANSPRUCHSVOLLER KÜSTENWANDERWEG

Die Schönheit der Costa da Morte kann man bei einer Wanderung auf dem 200 km langen Camiño dos Faros (caminodosfaros.com) entdecken, der von Malpica bis zum Cabo Fisterra an der Küste entlangführt. Der in acht Etappen aufgeteilte Weg ist nur in der Richtung Malpica–Fisterra markiert.

Die **1. Etappe** (Malpica bis Praia de Niñons, 22 km) ist ein hervorragender Einstieg, der über Klippen und zu traumhaften, weißen Sandstränden führt. Vom ehemaligen Walfanghafen von **Malpica** geht es hinunter zur Praia de Seaia und anschließend hinauf zu der aus dem 16. Jh.stammenden **Ermita de San Adrián**. Nachdem man die Landzunge umrundet hat, kommt man durch die Dörfer Beo und Seiruga und gelangt schließlich, teils auf Naturwegen, teils auf asphaltierter Straße, an der **Praia de Barizo** und dem Felsenfenster As Barrieras vorbei, zum **Faro de Punta Nariga**. Über steiniges Gelände geht es weiter an der Küste entlang bis zur Praia de Niñons.

Die lange und anspruchsvolle **Etappe 2** (Praia de Niñons bis Ponteseco, 26 km) verbindet sanfte Anstiege zu Beginn mit einem langen Spaziergang um die Bucht von de Barda, bevor ein stei-

MEINE HEIMAT: WANDERTIPPS

Adrián Lema, Taxifahrer und Trailrunner

In meiner Freizeit bin ich Trailrunner und habe in der Nebensaison Zeit, die Costa da Morte mit meinem Hund zu erkunden. Man kann den Camiño dos Faros definitiv das ganze Jahr über entlangwandern (wobei es im Winter viel mehr regnet und die Tage kürzer sind), und obwohl es eine anspruchsvolle Route ist, lohnt sich die Mühe. Von den acht Etappen des Weges sind die Etappen 2 und 7 die längsten und schwierigsten; außerdem können die sandigen Abschnitte sehr kräftezehrend sein. Mein Lieblingsabschnitt liegt zwischen Arou und Camariñas – dort verbinden sich wunderbare Naturschönheiten mit ergreifender Geschichte. Der Cementerio dos Ingleses und der Leuchtturm von Cabo Vilán sind zwei der interessantesten Orte an der Küste.

ÜBERNACHTEN ENTLANG DES CAMIÑO DOS FAROS

Casa de Trillo, in der Nähe von Muxía
Charmantes Herrenhaus aus dem 16. Jh. mit komfortablen Zimmern und außergewöhnlich gutem Abendessen. €€

Casa Fontequeiroso, in der Nähe von Praia de Nemiña
Pension mit sechs Zimmern in einem restaurierten, jahrhundertealten Steingebäude. €€

Hostal Bahía, Laxe
Der hilfsbereite Inhaber Manolo teilt gerne seine umfangreichen Ortskenntnisse; die meisten Zimmer haben Meerblick. €

PERCEBES – EINE GEFÄHRLICHE DELIKATESSE

In Corme gibt es ein riesiges Denkmal für *percebes* (Entenmuscheln), die an schwer zugänglichen Felsen der Costa da Morte zu finden sind. Die *percebes* (die wie die Fingernägel des Teufels aussehen sollen) werden von Feinschmeckern sehr geschätzt. An sie ranzukommen ist allerdings höchst gefährlich.

Percebeiros (Entenmuschelfischer) müssen zwischen den Wellen von ihrem Boot zu den mit den Muscheln bedeckten Felsen schwimmen, einige von ihnen abmeißeln und dann zu ihrem Boot zurückschwimmen – und all das, bevor die nächste Welle kommt. Jedes Mal besteht die Gefahr, gegen die Felsen zu prallen; die Zementkreuze am Cabo Roncudo zeugen von den *percebeiros*, die hier ihr Leben verloren haben.

Percebes gibt's im **Restaurante Miramar** (Corme), während der **Festa do Percebe** am 14. Juli und in vielen Fischrestaurants an der galicischen Küste.

LANSBRICAE/SHUTTERSTOCK ©

Felsskulpturen, Camelle

ler Anstieg nach **Punta Espiñeira** und ein schwieriger Abschnitt über Klippen folgen. Vorbei an der Ortschaft O Roncudo geht es durch Moorland zum **Faro do Roncudo** und über die Küstenstraße nach **Corme**. Nachdem man drei Stränden passiert hat, führt ein kurzer, steiler Anstieg zu einer steinernen Plattform mit fantastischen Ausblicken auf die Küste. Anschließend folgt man den niedrigen Klippen nach Ponteseco.

Der erste Teil der **3. Etappe** (Ponteseco bis Laxe, 25 km) ist ein entspannter Spaziergang entlang der Mündung des Río Anllóns und einer riesigen Sandbank. Vorbei an mehreren Mühlen geht es landeinwärts zu den Überresten der **Castro de Bornerio**, der „megalithischen Kathedrale" von **Dolmén de Dombate** und dem malerischen Gipfel des **Castelo de Lourido** (312 m). Nach dem Abstieg zu den Dörfern Arnela und Canduas und folgt man einem Küstenpfad, vorbei an einsamen Buchten und dramatischen Landzungen bis zur Praia de Laxe.

Die kurze und schöne **4. Etappe** (Laxe bis Arou, 18 km) führt um die Landzunge von Laxe herum bis zum **Faro de Laxe**. Anschließend passiert man den Friedhof und die Praia dos Cristais, bevor es an niedrigen, felsigen Klippen entlanggeht. Es folgt

MEERESFRÜCHTE ESSEN ENTLANG DES CAMIÑO DOS FAROS

A Lonxa de Álvaro, Muxía
Die Highlights hier: Muscheln *a la brasa* (vom Holzkohlegrill), mit Meeresfrüchten gefüllte *filloas* (Crêpes) und Hummerreis. **€€**

Apracería, Laxe
Hier sitzt man an Fässern, umgeben von maritimer Deko und genießt köstliche Fisch- und Meeresfrüchtegerichte. **€€**

As Garzas, Malpica
Wunderbar zubereitete Jakobsmuscheln, Sardinen, Seehecht und Miesmuscheln – mit Meerblick. **€€€**

der Aufstieg auf den **Petón do Castro**, von wo aus sich ein herrlicher Blick auf den Sandstrand **Praia de Soestro** bietet. Nach Überquerung des Strandes führt ein flacher Weg zur langen **Praia de Traba**. Über einen Holzsteg gelangt man zu den Vogelbeobachtungsplätzen im Sumpfgebiet. In der Umgebung von Lagoa de Traba kann man gigantische Felsbrocken bestaunen sowie die Dali-ähnlichen Felsskulpturen am Strand des Dorfes **Camelle**, die dort von einem verstorbenen deutschen Eremiten errichtet wurden. Anschließend folgt man der Straße nach Arou.

Die **Etappe 5** des Wanderweges Costa da Morte (Arou bis Camariñas, 23 km) hat einen düsteren Ruf, da fast tausend Schiffswracks jenseits des Riffs verstreut liegen. Über heidebewachsene Felsvorsprünge, riesige Sanddünen und die einsame **Praia do Treco** gelangt man zum **Cementerio dos Ingleses**, der letzten Ruhestätte der Opfer der verunglückten Schiffe SS *Iris* und HMS *Serpent* aus dem 19. Jh. Hinter der Praia de Reira führt eine Abkürzung hinauf zur Schotterstraße, von der aus sich ein herrlicher Blick auf den **Faro do Cabo Vilán** bietet. Nachdem man die Fischfarm umrundet hat, folgt man dem Weg zu einer kleinen Steinkirche, umwandert zwei bewaldete Landzungen und gelangt schließlich nach Camariñas.

Der längste Abschnitt – **Etappe 6** (Camariñas bis Muxía, 29,5 km) – verläuft fast durchgängig eben und führt durch die Dörfer Cruzeiro, O Ariño, Dor, Ponte Do Porto, Cereixo und Merexo. Abgesehen von ein paar Abschnitten auf Straßen und Holzstegen schlängelt sich der größte Teil des Weges durch Wälder am Wasser. Zu den Höhepunkten gehören die schöne **Praia de Ligunde**, die **Burg** von Cereixo mit Gezeitenmühle und das wunderschöne Tal von **Paseo do Río**.

Die spektakuläre, aber anstrengende **7. Etappe** (Muxía bis Praia de Nemiña, 26,5 km) führt über die Praia de Lourido auf den **Monte Cachelmo** (174 m), von dessen Gipfel man einen herrlichen Panoramablick über weite Felder hat. Anschließend geht es hinunter zur **Praia de Arnela**. Nach der Umrundung der Landzunge erklimmt man den **Monte Buitra** (164 m), der eine grandiose Aussicht auf die Klippen des Vorgebirges **Os Penedos** bietet. Danach folgt ein langer Aufstieg durch Kiefernwälder hinauf zum Gipfel des **Monte Pedrouzo** (272 m), von dem aus man auf das Cabo Touriñán hinunterblickt. Nach dem steilen Abstieg zur Praia de Moreira führen Schotterwege zum **Faro de Touriñán**. Man sollte einen Abstecher zum Leuchtturm machen und dann den Küstenweg zum kleinen **Talón** nehmen. Kurz dahinter liegt die Praia de Nemiña.

UNTERWEGS VOR ORT

Mit dem eigenen Auto ist man unabhängig. Es gibt aber auch tägliche Busverbindungen von Santiago de Compostela nach Muxía und mit Arriva (arriva.gal) zwischen A Coruña und Fisterra über Laxe, Camariñas und Muxía. Die Verbindungen zwischen den Orten der Costa da Morte sind unregelmäßig – manchmal git es auch gar keine. Monbus (monbus.es) verkehrt dreimal täglich zwischen Muxía und Camariñas; alternativ gelangt man mit Taxis zu den Wanderwegen.

WARUM ICH CABO FISTERRA LIEBE

Anna Kaminski, Autorin

Ich bin eine begeisterte Wanderin, die die Herausforderungen des Camiño dos Faros in Angriff genommen hat. Der letzte Aufstieg zum Gipfel und der Anblick des teilweise nebelverhangenen Kaps und des Leuchtturms erfüllen mich noch heute mit Hochgefühl. Alles hatte sich gelohnt – die Flussdurchquerungen, die scheinbar endlosen Fußmärsche durch den Sand, die langen Anstiege am vorletzten Tag, der Nebel, der Regen. Und schon bei der Abreise freue ich mich darauf, wiederzukommen und die schönste Küste Galiciens erneut zu erwandern!

KRÖNENDES ZIEL

Wer die Anstrengungen der ersten sieben Etappen des Camiño do Faros gemeistert hat, sollte zum Abschluss auch die 8. Etappe von Praia de Nemiña zum Ziel am **Cabo Fisterra** (27 km; S. 431) begehen.

PARQUE NACIONAL DAS ILHAS ATLÂNTICAS

Die vier Inselarchipele, die den Parque Nacional das Ilhas Atlânticas bilden, beherbergten einst römische Siedlungen, Einsiedeleien, mittelalterliche Festungen, Piratenverstecke und Fischsalinenfabriken. Hier gibt es die schönsten Strände der Region (und Spaniens), Pinien- und Eukalyptuswälder, schroffe Klippen und majestätische Leuchttürme.

Die Illas Cíes in der Ría de Vigo bieten die dramatischste Topographie und sind die beliebtesten, gefolgt von der etwas größeren Illa de Ons in der Ría de Pontevedra, zwischen denen in den wärmeren Monaten Passagierfähren zum Festland pendeln. Die steilen Granitklippen von Cíes und Ons stehen im Kontrast zu den sanfteren Klippen von Sálvora und Cortegada. Neben Dutzenden von endemischen Pflanzenarten sind die Inseln wichtige Nistplätze für Mittelmeermöven, Krähenscharben und Sturmvögel. Der Zugang zu Sálvora und Cortegada ist aufgrund ihrer Bedeutung als Meereslebensräume eingeschränkt, aber Cíes und Ons eignen sich hervorragend für Tagesausflüge.

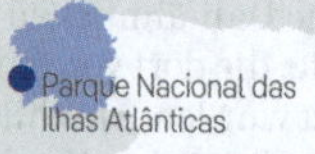

TOP TIPP

Besuche auf den Illas Cíes und der Illa de Ons zwischen März und September muss man online (autorizacionillasatlanticas.xunta.gal) reservieren, da die Besucherzahl begrenzt ist (im Juli/August lange im Voraus planen). Nach Erhalt eines Codes bleiben zwei Stunden Zeit, um Fährtickets zu buchen.

INSELBESUCHE

Die sanft abfallende Insel **Sálvora** mit ihren Sanddünen, Stränden und Granitfelsen blickt auf eine reiche Seefahrertradition zurück, wie die stummen Zeugen des früheren Inseldorfes, in dem noch Überreste von zivilen und militärischen Gebäuden zu finden sind, belegen. Im Gegensatz dazu ist **Cortegada** von dichtem Lorbeerwald bedeckt und weist die Überreste einer Siedlung auf – der ehemaligen Sommerresidenz von König Alfons XIII. Die Inseln können mit einem privaten Boot (vorherige Genehmigung erforderlich) oder im Rahmen einer Führung (ebenfalls mit Vorabgenehmigung) besucht werden. Die tägliche Besucherzahl ist auf 250 Personen pro Insel begrenzt.

Illas Cíes: zwei von drei

ERHABENE AUSSICHTSPUNKTE, HERRLICHE STRÄNDE

Die Illas Cíes, deren zerklüftete Felsen schon von Weitem zu sehen sind, bestehen aus drei Inseln: Monteagudo, do Faro und San Martiño. Ein Tagesausflug reicht aus, um die ersten beiden (zusammenhängenden) Inseln zu erwandern.

Vom Fähranleger geht es über die Strandpromenade, vorbei am weißen Sandstrand der **Praia das Rodas** Richtung Norden. Dann wandert man hinunter zur weniger besuchten **Praia das Figueiras** (FKK erlaubt) und durch Pinien- und Eukalyptuswälder weiter zum Nordende der Insel, wo sich der Weg gabelt. Der obere Abzweig führt zu einem Beobachtungsposten mit Blick auf Kolonien von Krähenscharben und Mittelmeermöven an den Klippen. Weiter unten, am Faro do Peito, kann man von einer Plattform aus die vorbeiziehenden Schiffe beobachten.

Auf dem Rückweg nimmt man den 750 m langen Abzweig zum **Alto de Príncipe**, einem der schönsten Aussichtspunkte der Insel, mit Blick auf die Felsen des südlichen Eilandes und die imposante Brandung des Atlantiks.

Zurück an der Praia das Rodas, überquert man den Damm zur südlichen Insel und macht einen lohnenden Abstecher zum natürlichen Felsenfenster von **Pedra de Campá**, bevor man die Haarnadelkurven zum **Faro de Cíes** hinaufwandert, von dem aus man einen herrlichen Rundblick über die Inseln hat. Nach einem kleinen Umweg zur ruhigen **Praia de Nosa Señora** lohnt sich ein erfrischendes Bad an der Praia das Rodas (oder man stärkt sich mit *bocadillos* in **Restaurante Serafín** oder mit Kaffee und Kuchen im **Restaurante Rodas**).

WANDERUNG ÜBER DIE ILLA DE ONS

Die 16 km lange, ca. fünfstündige Wanderung beginnt und endet im Fischerdorf O Curro auf der Illa de Ons, der einzigen dauerhaft bewohnten Insel des Parque Nacional das Ilhas Atlânticas. Los geht's im **1 Besucherzentrum** mit seinen ausgezeichneten Ausstellungen über die Fischergemeinschaft der Insel. Anschließend nimmt man den linken Abzweig des Weges in Richtung **2 Praia de Canexol**, ein bei Familien beliebter Sandstrand mit guten Schnorchelmöglichkeiten. Der breite Feldweg führt weiter bergauf durch einen Kiefernwald bis zum beliebten **3 Miradoiro de Fedorentos**, einem felsigen Aussichtspunkt, von dem aus man das (unbewohnte) Vogelparadies Illa de Onza und die Umrisse der Illas Cíes dahinter sehen kann. Weiter geht es an der Westseite der Insel entlang, bis zur Abzweigung zum **4 Burato de Inferno**, einem Aussichtspunkt mit Blick auf die Brandung des Atlantiks.

Dann geht es an der Nordküste entlang, vorbei an der Anhöhe **5 Monte de Castro**, bis zu dem Punkt, an dem sich der Panoramablick auf die Bucht **6 Enseada de Canivelińas** eröffnet. Von hier aus führt der Küstenweg mit herrlicher Sicht auf die schroffen Felsen sanft bergauf, bis er sich gabelt. Dem rechten Abzweig folgend, gelangt man zum **7 Faro de Ons** (119 m), dem höchsten Punkt der Insel. Eine Abkürzung führt wieder auf den Küstenpfad, von dem aus man beim Abstieg auf die Landzunge **8 Punta de Centollo** blickt; während der Nistzeit der Seevögel (April bis August) ist dieser östlichste Punkt der Insel nicht zugänglich. An der Südküste liegt die **9 Praia de Melide**, ein weißer Strand, an dem auch FKK möglich ist. Auf dem Rückweg zum Bootsanleger bietet sich ein Abstecher zur **10 Punta de Castello** an, wo man die Überreste einer alten Festung besichtigen kann.

Illa de Ons (11 km); Sálvora (26 km); Cortegada (50 km)
Faro do Peito
Punta do Ferreiro
Illa de Monteagudo
ATLANTISCHER OZEAN
Punta Muxieiro
Illas Cíes
Illa do Faro
Praia de Nosa Señora
Punta de San Martiño
Praia de San Martiño
Illa de San Martiño
Punta de Concela
Cabo Dos Bicos
0 — 1 km

SEHENSWERTES
1 Alto de Príncipe
2 Faro de Cíes
3 Pedra de Campá
4 Praia das Figueiras
5 Praia das Rodas
6 Praia de Nosa Señora

ESSEN
7 Restaurante Rodas
8 Restaurante Serafín

UNTERWEGS VOR ORT

In der Hochsaison fahren mehrmals täglich Passagierfähren von Naviera Mar de Ons (mardeons.com) und Nabia Naviera (piratasdenabia.com) ab den Häfen Vigo, Baiona und Cangas nach Illas Cíes, während Illa de Ons von den Fähren der Cruceros Rías Baixas (crucerosriasbaixas.com), der Naviera Mar de Ons und der Nabia Naviera von Portonovo, Sanxenxo und Bueu aus bedient wird. Von jedem Hafen gibt's zu Ostern (Donnerstag bis Sonntag), samstags und sonntags im Juni und täglich von Ende Juni bis Mitte oder Ende September in der Regel mehrere Abfahrten pro Tag. Die Fahrtzeit zu beiden Inseln beträgt 45 bis 60 Minuten pro Strecke.

Rund um den Parque Nacional das Ilhas Atlânticas

Es warten die Pilgerstadt Pontevedra, Meeresfrüchte in Vigo und Cambados, Albariño-Weinberge und einige der schönsten Strände Galiciens.

TOP TIPP

Im Juli und August ist an den Stränden am meisten los; Anfang August findet das wunderbare Weinfest von Cambados statt.

Die vier längsten *rías* (Küstenbuchten) Galiciens – Rías de Muros y Noia, de Arousa, de Pontevedra und de Vigo – haben die Rías Baixas zu Galiciens beliebtestem Sommerreiseziel gemacht. Die Strände hier sind herrlich weißsandig, auch wenn sie im Sommer sehr überlaufen sind – vor allem die in der Nähe der Häfen von Sanxenxo und auf der Halbinsel O Grove; die Illa de Arousa ist ruhiger. Abgesehen von den Stränden locken auch die hübsche historische Stadt Pontevedra, der ausgebaute Naturhafen von Vigo und das Dorf Cambados, die „Hauptstadt" des Albariño-Weinanbaugebiets. Auf dem Weg nach Portugal? Dann sollte man sich das hübsche Fischerdorf A Guarda, die am Fluss gelegene Kathedralenstadt Tui und den historischen Hafen und Ferienort Baiona nicht entgehen lassen.

Vigo (S. 441)

P A THOMPSON/GETTY IMAGES ©

JOAQUIN OSSORIO CASTILLO/SHUTTERSTOCK ©

Santuario da Virxe Peregrina

KLASSE ESSEN IN PONTEVEDRA

O Pulpeiro
Seit Jahrzehnten bekannt für *pulpo á feira* (S. 428), Galiciens beliebtestes Oktopusgericht. Hervorragende Meeresfrüchte. Reservierung erforderlich. **€€**

La Quesera
Hier gibt es neben den bekanntesten Käsesorten Galiciens auch Seltenheiten wie *quesos* – alles mit erstklassigen Rotweinen aus Ribeiro oder Ribeira Sacra. **€**

Eirado de Leña
In Pontevedras erstem mit einem Michelin-Stern ausgezeichneten Restaurant vollbringt Küchenchef Iñaki Bretal Wunder mit Degustationsmenüs, bei denen Fisch und Meeresfrüchte im Mittelpunkt stehen. **€€€**

Bar Pitillo
Tapas-Lokal, in dem gebackene Jakobsmuscheln, gedämpfte Venusmuscheln und scharfe *chorizo al infierno* zu den Highlights gehören. **€**

Pontevedras Altstadt

HISTORISCHE PLÄTZE UND PILGERREICHE SEHENSWÜRDIGKEITEN

Der ehemalige mittelalterliche Fischereihafen von Pontevedra ist eine hübsche Gallego-Stadt mit einer reizvollen *zona monumental* (Altstadt), deren enge, verkehrsfreie Gassen mit Tavernen und Tapas-Bars gespickt sind und von blumengeschmückten Steinhäusern gesäumt werden. Auf den von Kolonnaden umgebenen Plätzen wimmelt es von Pilgern, die auf dem Portugiesischen Weg unterwegs sind.

Die angrenzenden Plätze **Praza de Peregrina** und **Praza de Ferretería** bilden die Grenze zwischen der Altstadt und der Neustadt von Pontevedra. Über dem ersten Platz erhebt sich die barocke, im 18. Jh. erbaute **Santuario da Virxe Peregrina**, die der *Virxe Peregrina*, der katholischen Schutzpatronin von Pontevedra (und des Jakobsweges) gewidmet ist. Der Grundriss hat die Form einer Jakobsmuschel, die das Symbol des Jakobsweges ist. Die Arkaden der Praza de Ferretería beherbergen die beste Auswahl an Cafés der Stadt, überragt von der **Igrexa de San Francisco** aus dem 13. Jh., von der man annimmt, dass sie vom Heiligen Franz von Assisi gegründet wurde.

Am westlichen Rand der Altstadt befindet sich die spätgotische **Basilica de Santa María** aus dem 16. Jh., die von der Seefahrergilde von Pontevedra erbaut wurde, mit Büsten von Kolum-

ÜBERNACHTEN IN PONTEVEDRA

Slow City Hostel
Pilgerfreundliches Hostel mit einem Schlafsaal und zwei Doppelzimmern, das von einem einheimischen Paar geführt wird. **€**

Parador Casa del Barón
Eleganter Palast aus dem 16. Jh. mit Zimmern, die mit antiken Möbeln und historischer Kunst ausgestattet sind. **€€€**

Hostel Charino
Makelloses Hostel mit stilvollen Schlafsälen, schönen Doppelzimmern und einer Suite mit Küchenzeile im Dachgeschoss. **€€**

bus und Hernán Cortés. Das Flaggschiff von Kolumbus, die *Santa María*, wurde in Pontevedra gebaut.

Absolut sehenswert ist das fantastische **Edificio Sarmiento** des Museo de Pontevedra. Es zeigt auf fünf Etagen galicische Sargadelos-Keramik, prähistorischen galicischen Goldschmuck sowie zeitgenössische Kunst und Skulpturen aus Pontevedra und Galicien. Hervorzuheben sind die ergreifenden Werke von Alfonso Castelao, der unter Franco ins Exil getrieben wurde.

Vigo: Meeresfrüchte und Straßenkunst

EIN RIESIGER HAFEN, MARISCOS & WANDMALEREIEN

Die größte Stadt Galiciens, die sich an der spektakulären Bucht der Ría de Vigo entlangzieht und das Haupttor zu den Illas Cíes bildet, ist überraschend bezaubernd – trotz des riesigen Hafens mit seinem Pier für Kreuzfahrtschiffe.

Die steilen Kopfsteinpflastergassen von *casco vello*, der Altstadt, erfordern einige Mühen. Die Rúa dos Cesteiros ist von malerischen Korbwarenläden gesäumt, und in fast jeder Straße gibt es hervorragende Tapas-Bars. Vigos Fischereiszene kann man auf dem Markt am Wasser aus nächster Nähe erleben oder auf dem **Mercado de Pedra**, wo der Fang des Tages verkauft wird, sowie entlang der **Rúa de Pescadería** (auch Austernstraße genannt), wo die Austernschäler zwischen 10.30 und 15.30 Uhr ihre Waren anbieten. Die gibt's auch in den einfachen Fischrestaurants und *perceberías* (Fischtavernen, die auf *percebes* spezialisiert sind, S. 434) entlang der Straße.

Das spannende **Museo do Mar de Galicia**, das an der Stelle eines römischen *castro* (befestigte Siedlung) errichtet wurde, widmet sich der Beziehung Galiciens (und Vigos) zum Meer. Ein weiteres lohnendes Museum ist das **MARCO**, das in der Neustadt Ausstellungen über zeitgenössische Kunst und Architektur zeigt. Bei einem Spaziergang durch die Straßen der Neustadt beeindruckt die Schönheit der Jugendstil- und modernistischen Architektur; zudem es hier ganze Gebäude, die von einheimischen Wandmalern als riesige Leinwände genutzt wurden.

AUSGEZEICHNETE MEERESFRÜCHTE IN VIGO

Taberna A Pedra
In dieser gemütlichen *taberna* (Taverne) kommen u.a. gegrillte Sardinen, *pulpo a feira*, gegrillte Jakobsmuscheln und andere Meeresfrüchte auf den Tisch. **€**

Maruja Limón
Man hat die Wahl zwischen zwei delikaten Meeresfrüchten-Degustationsmenüs von Sternekoch Rafa Rye. **€€€**

Restaurant O Porton
In der Rúa de Pescadería kann man sich zu mehreren eine *epische mariscada* (Meeresfrüchteplatte) schmecken lassen. **€€**

Detapaencepa
Bistro mit saisonaler, kreativer spanischer Küche – begleitet von über 400 spanischen sowie internationalen Weinen. **€€**

Tour durch die Albariño-Weinregion

WEINVERKOSTUNGEN IN AUSGEWÄHLTEN WEINGÜTERN

Die galicische Küste zwischen der Ría de Arousa und der Ría de Pontevedra ist das Weinanbaugebiet des Albariño. Wer einige der 16 Weinkellereien besuchen möchte, die der Öffentlichkeit zugänglich sind, sollte unbedingt das hübsche **Cambados** besuchen, das von drei mittelalterlichen Dörfern betrieben wird. Das von Weinbergen umgebene **Boutique-Quinta de San Amaro**, 12 km südlich von Cambados, bietet 14 individuell ge-

ÜBERNACHTEN IN VIGO

Gran Hotel Nagari
Luxuriöses, modernes Hotel mit Hightech-Zimmern in Silber, Gold und Weiß, einem Pool auf dem Dach und einem Spa. **€€€**

Occidental Vigo
Tadellose Zimmer mit blau-weißem Dekor und Blick auf die Ría. **€€**

R4 Hostel
Hostel in der Altstadt mit bequemen Betten, einer gut ausgestatteten Küche und einer Terrasse. **€**

AUTOFAHRT VON VIGO NACH PORTUGAL

Die 88 km lange, vierstündige Fahrt von Vigo nach Portugal führt entlang der Küste und durch das Landesinnere Südwestgaliciens. Südwestlich von Vigo lohnt ein Stopp an der **1 Praia América** – Galiciens bekanntestem und relativ unerschlossenem Strand –, bevor man **2 Baiona** passiert, einen beliebten Ferienort und Fischereihafen, der an einer kleinen *ría* liegt. Der Ort stand am 1. März 1493 im Rampenlicht, als die Pinta, ein Schiff der Flotte von Kolumbus, hier anlegte und die Nachricht überbrachte, dass der Entdecker die (west)indischen Inseln erreicht hatte. Im Hafen von Baiona kann man eine **3 Nachbildung der Pinta** besichtigen, bevor man die mächtige **4 Fortaleza de Monterreal** erkundet, eine mittelalterliche Festung, die das Vorgebirge des Monte Boi beherrscht. Anschließend geht es zu der Granitstatue der **5 Virxe da Rocha** im Süden der Stadt. Die Gläubigen klettern hinauf, um das Boot in ihrer Hand zu erreichen. Weiter geht es in das Fischerdorf **6 A Guarda**, nördlich der Mündung des Río Miño. In den Restaurants an der Rúa do Porto gibt es die besten Meeresfrüchte der Region. Am **7 Monte de Santa Trega**, 4 km von der Stadt entfernt, sollte man einen Halt einlegen. Auf dem Gipfel warten eine Kapelle aus dem 16. Jh., ein *kromlech* (Steinkreis), eine teilweise restaurierte vorrömische Siedlung – und eine grandiose Aussicht auf den Miño, auf Portugal und den Atlantik. Die Straße folgt dem Río Miño landeinwärts bis **8 Tui**, dem Hauptzugang des Camino Portugués in Spanien. Die gepflasterten Gassen des mittelalterlichen Ortskerns führen hinauf zur romanischen **9 Catedral de Santa María**. Um Valença do Minho zu erreichen, überquert man am südwestlichen Ende der Stadt die eiserne **10 Puente Internacional** aus dem 19. Jh. (entworfen von Gustave Eiffel).

Weingut Gil Armada

staltete Zimmer, einen Infinity-Pool und das unvergleichliche Weinwissen der Besitzer.

Zu den Weingütern, die man nicht verpassen sollte, gehört auch **Martín Códax**, eine große, moderne Genossenschaft, 2,5 km östlich von Cambados, die mit Hilfe von 550 einheimischen Familien international anerkannte Weine produziert. Verkostungen und verschiedene Führungen müssen im Voraus gebucht werden. Im Zentrum von Cambados liegt der hübsche **Pazo de Fefiñáns** aus dem 17. Jh., in dem die kleine, familiengeführte Weinkellerei **Gil Armada** untergebracht ist. Der einstündige Rundgang (7 €, plus 3 € für eine Weinprobe) führt durch die mit Antiquitäten und Kunstwerken geschmückten Räume des historischen Gebäudes sowie durch die Brennerei und die weitläufigen Gärten mit 150 Jahre alten Weinstöcken. Der mit Rankpflanzen bewachsene Palast **Pazo Baion** ist ein weiterer bezaubernder Ort für die Verkostung hervorragender Markenweine (Führungen ab 20 €), während sich das angesagte, innovative **Mar de Frades**, 9 km östlich von Cambados, auf fünf Markenweine spezialisiert hat, darunter einen schäumenden Albariño. Es werden auch einstündige Führungen durch den eigenen Weinberg und die modernen Anlagen angeboten (im Voraus buchen).

KLEINE GALICISCHE WEINKUNDE

Zu den galicischen Speisen passen am besten galicische Weine. Am bekanntesten sind die fruchtigen Albariño-Weißweine, die in der Denominación de Origen Rías Baixas in den Rías Baixas und entlang des unteren Río Miño angebaut werden. Andernorts kultivieren die Winzer wieder heimische, galicische Rebsorten, die während der Reblausplage im 19. Jh. fast verschwunden waren – darunter Godello (Weißwein), Brancellao und Merenzao (Rotweine). Weitere galicische Weine und ihre Anbaugebiete:

Ribeira Sacra
Im Südosten werden Mencía und andere Rotweine angebaut, einige davon an den Hängen oberhalb des Río Sil.

Monterrei
Im wärmsten und trockensten Teil des Südostens, an der Grenze zu Portugal. Den Mencía und den fruchtigen Godello von Crego e Monaguillo sollte man sich nicht entgehen lassen.

Ribeiro
Im Zentrum von Ribadavia produziert Ribeiro gute Weißweine, meist aus Treixadura-Trauben.

Valdeorras
Südöstliche Region mit Anbau von Godello, Mencía und Brancellao.

ESSEN & ALBARIÑO-WEINE TRINKEN

Quinta de San Amaro, Meano
Kreative Interpretationen traditioneller, galicischer Speisen. Weinkarte mit Schwerpunkt auf Albariño. Im Voraus reservieren! **€€**

A Fonte Do Viño, Cambados
Austern, Jakobsmuscheln, Tintenfisch und *bacalao* (Kabeljau) gehören mit Albariño zu den Highlights der Taverne. **€**

Taberna do Trasno, Cambados
Die auf Meeresfrüchte ausgerichtete Küche mit globalem Touch passt besonders gut zu Albariño-Weinen. **€€**

Brücke zur Illa de Arousa

Entlang der Rías Baixas

HÜBSCHE FISCHERDÖRFER UND TRAUMHAFTE STRÄNDE

Die fjordähnlichen Rías, die Galiciens Südküste prägen, verbinden die **Costa da Morte** mit der Pilgerstadt Pontevedra; die landschaftlich reizvollen Küstenstraßen lohnen eine Erkundung.

Muros bietet mitunter die beste traditionelle, galicische Architektur, deren Wirkung durch die spektakuläre Lage der Stadt noch verstärkt wird. Die Ría de Muros führt landeinwärts nach **Noia**, dem ehemaligen mittelalterlichen Hafen von Santiago, in dessen Zentrum die hübsche Igrexa de San Martiño im Stil der Meeresgotik steht. Südlich von Noia folgt die AC-550 der windgepeitschten „Küste der Herzmuschel“. Südlich des winzigen Porto do Son lohnt es, am Restaurant **O Castro** anzuhalten und einen 15-minütigen Spaziergang durch die Wälder zu einem schönen Strand zu unternehmen, mit Blick auf die bedeutendste prähistorische Siedlung Galiciens, das **Castro de Baroña**.

Der Legende nach beendete der Heilig Jakob seine posthume Reise im ehemaligen Hafen von **Padrón**. Von hier aus führt die AC-548 zum Übergang zur bewaldeten Insel **Illa de Arousa**. An ihrem südlichen Ende liegt der **Parque Carreirón** mit einem Kiefernwald, der von Wanderwegen durchzogen ist, die zu abgelegenen, weißen Sandstränden führen (einige davon auch für FKK freigegeben). Zurück auf dem Festland, an der Spitze einer walschwanzförmigen Halbinsel weiter südlich, liegt der Fischereihafen **O Grove**, dessen ausgezeichnete Fischrestaurants ebenso einen Besuch wert sind, wie die **Praia La Lanzada**, der größte goldene Sandstrand der Region. In Richtung Osten, 7 km westlich von Pontevedra, liegt **Combarro**, ein Fischerdorf, das für Galiciens größte Sammlung von *hórreos* (Getreidespeicher) bekannt ist.

DOLMEN DE AXEITOS

Es lohnt sich, den Schildern entlang der Nebenstraßen ins Landesinnere zu folgen, die zu diesem herrlichen Beispiel für die Megalithkultur führen – einem der am besten erhaltenen Grabhügel der Iberischen Halbinsel. Das Grab stammt aus der Zeit um 4000 v. Chr. und besteht aus acht vertikalen Steinen, die von einer großen Steinplatte bedeckt sind. Sieht man genau hin, kann man auf einigen dieser alten Steine Gravuren erkennen – eine in Form eines Kreuzes, das einen Menschen darstellt, und andere, die aus vertikalen Streifen bestehen. Im Korridor, der zur Grabkammer führt, fanden Archäologen einen anthropomorphen Götzen. In der Grabkammer selbst sahen mehrere Mitglieder der neolithischen Gemeinschaft neben Waffen und Keramikgefäßen der Ewigkeit entgegen.

UNTERWEGS VOR ORT

Züge verbinden Vigo und Pontevedra mit Santiago, A Coruña und Ourense, auch Busse verkehren regelmäßig zwischen diesen Städten (zwischen kleineren Städten und Dörfern fahren sie weniger häufig). Mit dem eigenen Auto lässt sich die tolle Landschaft dieser Region am besten erkunden.

A CORUÑA

Galiciens zweitgrößte Stadt ist eine spektakulär gelegene, zum Atlantik hin abfallende Hafenstadt mit einer hervorragenden Gastronomieszene und einem bunten Nachtleben. Das kleine Zentrum (bestehend aus den Vierteln Ensanche und Pescadería) liegt auf einer Landenge, die vom Hafen auf der Südostseite und den beiden herrlichen Stränden der Stadt auf der Nordwestseite begrenzt wird. Eine Halbinsel erstreckt sich 2 km nach Norden, wo sich der zum Weltkulturerbe gehörende römische Leuchtturm (Torre de Hércules), ein Skulpturenpark am Meer und das berühmte Aquarium der Stadt befinden.

A Coruña bietet wirklich alles: Es ist sowohl eine stolze moderne Metropole mit hochmodernen Museen, einigen der besten Restaurants Galiciens und beeindruckender Jugendstilarchitektur als auch eine zutiefst kultivierte Stadt mit uralten Wurzeln und einer blühenden Kunstszene. Es lohnt sich, länger zu bleiben – denn hier gibt es die weniger touristische Seite Galiciens zu entdecken.

TOP TIPP

Die Stadt lässt sich gut zu Fuß erkunden. Die Sehenswürdigkeiten an der Küste kann man von der Praia de Riazor aus, vorbei am Museo Nacional de Ciencia e Tecnoloxía, entlang der Strandpromenade erreichen. Sehenswert ist die „Stadt aus Glas": Die Straßen der Ensanche und der Pescadería sind von kunstvollen, modernen Gebäuden gesäumt.

Die atlantische Küche von A Coruña

FRISCHE MEERESFRÜCHTE UND DIE BESTEN RESTAURANTS

Wegen der Nähe zum Meer werden in den örtlichen Tapas-Bars und Coruña-Cociña-Restaurants, die von kreativen Köch:innen geführt werden, Meeresfrüchte von Weltklasse serviert. Außerdem gibt es zahlreiche Gastro-Festivals – von **O Parrote**, einem Fest der galicischen Zutaten, das alle zwei Jahre im Juni stattfindet, und dem **Picadillo-Tapas-Wettbewerb** im September, bis hin zur Semana Santa **Bo en Boca** Fusions-Extravaganz und **Boucatise**, dem Gourmet-Sandwich-Festival im Dezember.

Bei einem Besuch des **Mercado Praza de Lugo** im Viertel Ensanche oder des **Mercado San Agustín** nahe der Praza de María Pita bekommt man einen Eindruck von der Fülle regionaler Erzeugnisse. An der Ostseite des Platzes drängen sich in den Gassen traditionelle Tapas-Bars und moderne Bistros, in denen gebackener Kabeljau mit Schweinshaxe (**Pablo Gallego**) und Meeresfrüchte mit Flair (**55 Pasos**) serviert werden. An der Praza de España, die vom Hauptplatz aus über eine Treppe erreicht wird, findet man zahlreiche Fischrestaurants. Besonders hervorzuheben sind die **Pulpería de Melide**, die sich auf *pulpo á feira* (Oktopusscheiben mit Paprika und Olivenöl; S. 428) spezialisiert hat, und **La Sartén de Coruña**, eine moderne Taverne, in der Krabben und Hummer die Hauptrolle spielen.

Die belebtesten Tapas-Straßen von A Coruña sind die Rúa Franja, die von Westen her an den Hauptplatz angrenzt, und die Rúa Galera. Abends bieten sich **Barítono GastroCurruncho** (raffinierte Fusions-Tapas), **El Rincón de Alba** (vegane Küche), **La Bombilla** (legendäre Tapas-Bar) und **Meson As Cavas** (einfach zubereitete Meeresfrüchte) an.

INNOVATIVE GASTRONOMIE

Árbore da Veira
Sternekoch Luis Veira bringt mit drei Degustationsmenüs, bei denen Meeresfrüchte im Mittelpunkt stehen, den Atlantik auf den Teller. **€€€**

Omakase
Küchenchef Adrián Figueroa interpretiert galizische Meeresfrüchte auf japanische Art. **€€€**

NaDo
Bei den Degustationsmenüs kommen die frischen, regionalen Zutaten optimal zur Geltung. **€€€**

Artabria
Einfallsreiche Zubereitungen marktfrischer, galicischer Zutaten ergeben Oktopus-Tempura und *cestilla de zamburiñas* (knuspriges „Nest" aus Jakobsmuscheln). **€€**

SEHENSWERTES
1 Casa Museo María Pita
2 Castillo de San Antón
3 Praia do Orzán
4 Praza de María Pita
SLEEPING
5 Hotel Riazor
6 Meliá María Pita
siehe 9 Hotel Alda Galería Coruña
ESSEN
7 **55** Pasos
8 Barítono GastroCurruncho
9 El Rincón de Alba
10 La Bombilla
11 La Sartén de Coruña
12 Mercado Praza de Lugo
13 Mercado San Agustín
14 Meson As Cavas
15 NaDo
16 Omakase
17 Pablo Gallego
18 Pulpería de Melide

FRANCISCO JAVIER DIAZ/SHUTTERSTOCK ©

Parque Escultórico

Highlights der zweitgrößten Stadt Galiciens

TRAUMLANDSCHAFT UND HISTORISCHE SEHENSWÜRDIGKEITEN

Im Herzen von A Coruña liegt die **Praza de María Pita**, die von dem *ayuntamiento* (Rathaus) aus dem frühen 20. Jh. und einem Denkmal zu Ehren der lokalen Heldin, nach der der Platz benannt ist, dominiert wird. Von hier aus kann man bergauf zur **Casa Museo María Pita** gehen, ihrem einstigen Wohnhaus, mit Exponaten über ihr Leben. Gleich hinter **Ciudad Vieja** erhebt sich die Landzunge mit dem **Castillo de San Antón** aus dem 16. Jh., das das Museo Arqueológico e Histórico beherbergt, in dem Exponate zur Geschichte von A Coruña zu sehen sind.

Ab hier kann man dem Uferweg folgen, vorbei an der langen Mole und der Promenade Paseo Alcalde Francisco Vazquez. Jenseits der geschützten Praia de Santo Amaro befindet sich der **Parque Escultórico**, in dem verschiedene Werke galicischer Bildhauer zu sehen sind. Am auffälligsten sind das Stonehenge-ähnliche Denkmal für die Opfer des Bürgerkriegs und die Menhire (stehende Steine) mit „Fenstern".

In der Nähe kann man die mehr als 200 Stufen des UNESCO-gelisteten **Torre de Hércules**, einen steinernen Leuchtturm, der von den Römern im 1. Jh. n. Chr. erbaut wurde, hinaufsteigen. Ein nahe gelegener Küstenpfad führt an der Bucht Praia do Areal vorbei zum beliebten **Aquarium Finisterrae**, in dem die Meeresbewohner der galicischen Küsten und des Atlantiks zu sehen sind.

Vom Aquarium aus führt der malerische Paseo Marítimo vorbei am **Museo Domus** zu A Coruñas großartigem, weißen Stadtstrand **Praia do Orzán**, der die Bucht umrahmt.

GUT SCHLAFEN IN ZENTRALER LAGE IN A CORUÑA

Hotel Alda Galería Coruña
Natursteinwände treffen auf modernes Dekor in diesem Gebäude mit Glasfassade in bester, zentraler Lage. €€

Hotel Riazor
Die deckenhohen Fenster in den in neutralen Farbtönen gehaltenen Designerzimmern bieten einen beneidenswerten Blick auf die Praia do Orzán. €€

Meliá María Pita
Geräumige, in Grau, Silber und Weiß gehaltene Zimmer mit herrlichem Strandblick aus den oberen Etagen. €€

UNTERWEGS VOR ORT

Das Zentrum von A Coruña kann man sehr gut zu Fuß erkunden.

Die Buslinie 5 verbindet die Porta Real und die Plaza de España mit dem Bahnhof. Kompakte, blaue Busse fahren von der Plaza de España zum Flughafen.

Züge verbinden A Coruña mit Santiago, Pontevedra, Vigo und Lugo, während diverse Busverbindungen Costa de Morte und den Rías Altas anfahren.

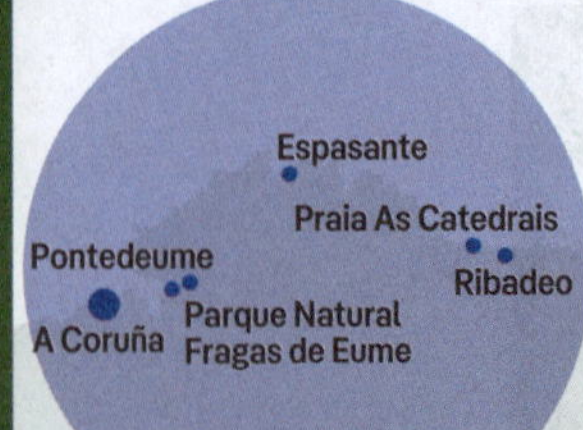

Rund um A Coruña

Zerklüftete, raue Landzungen mit einsamen Leuchttürmen, steil abfallende Klippen, weiße Sandstrände und eine malerische Schmalspurbahnstrecke – es gibt hier viel zu entdecken.

TOP TIPP

„Wem das Wetter nicht gefällt, der warte einfach einen Moment," – es kann sich sehr schnell ändern. Entsprechend sollte man Allwetterkleidung einpacken. Für den Besuch der Praia As Catedrais braucht man eine Genehmigung, die man im Voraus buchen muss.

Nordöstlich von A Coruña zeigt sich Galicien von seiner aufregensten Seite. Die menschenleeren Strände, die gewaltigen Granitklippen und die windgepeitschten, von Leuchttürmen gekrönten Landzungen der Rías Altas (Galiciens Nordküste von A Coruña ostwärts), die von der gewaltigen Brandung des Atlantiks geformt wurden, sind dramatischer, wilder und weniger besiedelt als andere Abschnitte der galicischen Küste. Wer sich abseits ausgetretener Pfade am wohlsten fühlt findet kaum ein besseres Ziel.

Cabo Ortegal und die Halbinsel Bares sind landschaftlich reizvolle Gegenden, die von Wanderwegen und schmalen Straßen durchzogen sind, mit beschaulichen Fischerdörfern, die es zu erkunden gilt, und gelegentlichen Sichtungen von Wildpferden, die frei über die Hügel streifen. Andernorts gibt es zahlreiche weiße Sandstrände, darunter der spektakuläre Praia As Catedrais.

Banco de Loiba

BASOTXERRI/SHUTTERSTOCK ©

WANDERUNG VON O VICEDO NACH PORTO DE ESPASANTE

Diese ausgezeichnete, 20 km lange Tageswanderung führt durch einen landschaftlich besonders reizvollen Teil der Nordküste, mit *rías*, Klippen, Stränden und Küstenstädten.

Das Auto lässt man in Espasante stehen und nimmt dann den FEVE-Zug um 9.43 Uhr nach **1 O Vicedo**. Dort folgt man der Uferpromenade bis zum breiten Sandstrand **2 Praia de Arealonga**. Durch ein Kiefernwäldchen gelangt man zu drei Brücken über den Río Sor – man überquert die Fußgängerbrücke und genießt vom Bahnhof von **3 O Barqueiro** den Blick auf das Dorf. Über Feldwege und Markierungen des Camino Natural gelangt man zu einer Brücke über die Bahnlinie. Auf der anderen Seite folgt man dann den Schildern entlang einer asphaltierten Straße zum Parkplatz von **4 Praia do Esteiro**, die von einigen Feuchtgebieten und einem kleinen Fluss umgeben ist.

Eine Promenade führt über den Fluss. Die rechte Abzweigung des Weges umrundet die Landzunge und führt anschließend steil die **5 Acantilados de Loiba** (Klippen von Loiba) hinauf. Von hier aus kann man die waghalsigen Surfer beobachten. Mehrere *miradores* (Aussichtspunkte) entlang der Klippen bieten unglaubliche Ausblicke auf die zerklüftete Küste. Der spektakulärste ist der **6 Banco de Loiba**, auch bekannt als „Die beste Bank der Welt".

Der Abstieg erfolgt durch den idyllischen Kiefernwald bis zum kleinen **7 Mazorgán**, dann geht es über einige Felder und wilde Klippen hinunter zur **8 Praia de Bimbieiro** (FKK erlaubt). Ein sehr steiler Anstieg auf der Landzunge bringt einen schließlich hinüber zur **9 Praia de Santo António**, von wo aus man wieder nach **10 Espasante** gelangt.

Die wilde Küste der Rías Altas

DRAMATISCHE LANDSCHAFTEN UND EINSAME LEUCHTTÜRME

PARQUE NATURAL FRAGAS DE EUME

Etwa 5 km nordöstlich der Küstenstadt Pontedeume befindet sich im Tal des Río Eume der 91 km² große Parque Natural Fragas do Eume, Europas besterhaltener atlantischer Küstenwald, mit wunderschönen Laubwäldern und seltenen Farnen. Der Weg führt am Centro de Interpretación vorbei, das Karten und Wandertipps ausgibt; anschließend geht es weiter durch das dicht bewaldete Tal zum Mosteiro de Caaveiro aus dem 9. Jh. (8 km weiter östlich). Für die verbleibenden 5 km können Wanderer einen Weg abseits der Straße nehmen – den Camiño dos Encomendeiros. Das Kloster kann man jederzeit besichtigen; zu bestimmten Jahreszeiten werden auch kostenlose Führungen angeboten. Auch in den anderen Teilen des Parks gibt es Wanderwege, wie den 6,5 km langen Camiño dos Cerqueiros oberhalb des Stausees Encoro do Eume.

An diesem Abschnitt der galicischen Küste erwartet Traveller ein spektakuläres Küstenschutzgebiet sowie zwei der dramatischsten, von Leuchttürmen gekrönten Kaps Galiciens, malerische Klippenstraßen, einige der schönsten Strände Spaniens und zwei lebhafte Fischerhäfen.

Nördlich von A Coruña liegt **Betanzos**, ehemals ein blühender Hafen an der Flussmündung, mit einer gut erhaltenen mittelalterlichen Altstadt mit Galeriehäusern, traditionellen Läden und monumentaler Architektur. Ebenfalls entlang der Küste liegt, auf einem Hügel oberhalb der Eume-Mündung, das mittelalterliche Zentrum von **Pontedeume** – eine reizvolle Kombination aus hübschen Häusern mit Galerien, gepflasterten Gassen und Plätzen mit zahlreichen Tavernen und Tapas-Bars.

Cedeira ist ein kleiner Fischerhafen und entspannter Ferienort, der sich entlang einer geschützten *ría* erstreckt und einen guten Ausgangspunkt für einen Spaziergang entlang der langen, sandigen Praia da Madalena bietet. An seinem nördlichen Ende befindet sich die erfrischend unkommerzielle Altstadt mit einer Reihe gemütlicher Restaurants und Tapas-Bars.

Von Cedeira aus führt die DP-2205 an zwei landschaftlich reizvollen Aussichtspunkten vorbei und zu der Abzweigung zum Pilgerort **San Andrés de Teixido**, bevor sie an Höhe gewinnt und in eine einspurige Straße mit gelgentlichen Überholmöglichkeiten übergeht. Nach der Überquerung einer kahlen Hochebene, auf der Wildpferde umherstreifen, lohnt ein Zwischenstopp an der **Garita de Herbeira** (615 m), einem Aussichtspunkt mit einer winzigen Steinkapelle, von dem sich ein Blick auf die tosenden Wellen unten in der Tiefe bietet. Weiter nördlich weisen Schilder den Weg zum **Faro de Cabo Ortegal**, dem nördlichsten Leuchtturm Spaniens, von dessen Aussichtsplattform aus man einen herrlichen Blick auf die Klippen hat.

Die AC-862 schlängelt sich in östlicher Richtung zum Dorf O Barqueiro am Fuß der Halbinsel Bares. Etwa 7 km nördlich lockt das winzige **O Porto de Bares** mit seinem spektakulären Halbmondstrand, der vom Wasser der *ría* umspült wird. Auf halbem Weg nach O Porto de Bares schlängelt sich eine kurvenreiche Nebenstraße zum **Faro de Estaca de Bares**, dem Leuchtturm an der Spitze der Halbinsel, von wo aus ein 500 m langer Weg zur **Punta da Estaca de Bares** führt, dem nördlichsten Punkt Spaniens.

Östlich der Halbinsel Bares verläuft die LU-862 in Richtung Osten, wo die Küstenlinie flacher wird. Die Schnellstraße führt durch das geschäftige **Viveiro**, dessen historisches Viertel durch

ÜBERNACHTEN IN DERRÍAS ALTAS

Hotel Herbeira, Cedeira
Elegant gestaltete Zimmer mit verglasten Galerien und einem atemberaubenden Blick über die Ría von einem Hügel aus. **€€€**

Urban Hotel, Viveiro
Dieser schwarze Glaskubus mit Blick auf die Ría bietet große, schicke Zimmer und Mahlzeiten auf Anfrage. **€€€**

Casona de Lazúrtegui, Ribadeo
Renoviertes Stadthaus aus dem frühen 20. Jh. mit netten Zimmern und freundlichem Personal. **€€**

Betanzos

die *ría* geteilt wird, bevor sie schließlich in die hübsche, lebhafte Hafenstadt **Ribadeo** führt.

Kurz vor Ribadeo zweigt eine Straße in Richtung Küste zu den gotisch anmutenden Felstürmen ab, die durch die unerbittliche Kraft des Meeres über Äonen hinweg geformt wurden und die dem spektakulären weißen Sandstrand **Praia As Catedrais** seinen Namen gaben. In der Hochsaison müssen die kostenlosen Besuchergenehmigungen (http://ascatedrais.xunta.gal) im Voraus gebucht werden.

EXZELLENT ESSEN IN DEN RÍAS ALTAS

A Taberna de Jojó, Cedeira
Diese Bar am Flussufer glänzt mit gegrillten Herzmuscheln und *pulpo á feira*. €

A Muller Mariña, O Porto do Bares
Blick auf den Strand und frische, einfach zubereitete Meeresfrüchte. €€

Chiringuito de San Xiao, Cabo Ortegal
Freundliche Bar mit über offener Flamme gegrilltem Fleisch und *caldeiradas*. €€

La Botellería, Ribadeo
Die gemütliche Bar serviert zu galicischen Weinen originelle Gerichten wie Thunfischtartar mit Mangosoße. €€

Restaurante Nito, Viveiro
Zum Blick über die Playa de Area gibt es gegrillten Fang des Tages. €€

Bodegon 82, O Porto de Espasante
Hier genießt man frische Meeresfrüchte entweder im gemütlichen, holzvertäfelten Innenraum oder draußen an einen Fasstisch. €€€

Semáforo de Bares, Bares Peninsula
Das Hotel liegt auf einem Hügel mit Panoramablick und verfügt über ein ausgezeichnetes Restaurant. €€

UNTERWEGS VOR ORT

Mehrere FEVE-Schmalspurbahnen führen durch reizvolle Landschaften und verbinden täglich Ferrol (das südliche Ende von Rías Altas) mit Oviedo und Gijón in Asturien (über Espasante, O Barqueiro, Viveiro, Ribadeo und andere Küstenstädte). Zusätzliche Züge fahren von Ferrol nach A Coruña. An Wochentagen gibt es außerdem unregelmäßige Busverbindungen zwischen den wichtigsten Städten und Santiago und A Coruña.

Die abgelegeneren Sehenswürdigkeiten auf den Halbinseln erreicht man nur mit einem eigenen Fahrzeug.

Teatro Romano, Mérida (S. 473)

EXTREMADURA

RÖMISCHE RUINEN, RIESIGE VÖGEL, UND PRACHTVOLLE STÄDTCHEN

Die Extremadura ist das Spanien, das die Welt vergessen hat. Es ist schon fast beschämend, wie wenig Traveller hierher kommen, wo die Extremadura ihren Besuchern doch so viele fantastische Sehenswürdigkeiten und Erfahrungen bietet.

Die Erkundung der Extremadura ist wie eine Reise in das Herz des alten Spaniens. Die Gegend ist Heimat der schönsten römischen Ruinen Spaniens sowie geheimnisvoller mittelalterlicher Städtchen und verschlafener Dörfer. Mérida, Cáceres und Trujillo gehören zu den am besten erhaltenen historischen Siedlungen des Landes, und alle bieten ein dynamisches kulturelles Leben und eine hervorragende kulinarische Szene. Einen extremen Gegensatz zum urbanen Buzz bilden die abgeschiedenen wunderhübschen *extremeño*-Dörfer. Von den abgelegenen Hügeln im Norden über das heilige Guadalupe im Osten hin zum bezaubernden Zafra an Andalusiens Grenze im Süden verströmen alle diese wunderhübschen Städtchen ihren eigenen zeitlosen Charme.

Das Reisen hier bietet einen Einblick in ein Spanien, das mit den Urlaubsorten an der Küste nur wenig gemein hat. Die Einheimischen kennen die Extremadura jedoch als einen Ort, an dem die beste Küche auf das spanische Festland lockt, darunter gegrilltes Fleisch, cremiger Torta-del-Casar-Käse und edler *jamón* (Schinken) aus Monesterio.

Die Extremadura ist eine Region der weiten blauen Himmel und riesigen, kaum bevölkerten Landstriche, übersät mit einsamen Bauernhäusern und Hügeln, die von zerfallenden Burgen gekrönt sind. Bewaldete Gebirgszüge umrahmen die Region im Norden, Osten und Süden, während der Parque Nacional de Monfragüe mit riesigen Greifvögeln punktet. Angesichts des Charmes der Region ist es ein Rätsel, warum die Gegend nicht mehr Besucher:innen anlockt.

CÁCERES
Imposante mittelalterliche Architektur. **S. 458**

PARC NACIONAL DE MONFRAGÜE
Geier und Adler am Himmel. **S. 466**

MÉRIDA
Beeindruckende römische Ruinen. **S. 473**

Erste Orientierung

Die Extremadura bietet zwei sehr unterschiedliche Facetten. Einerseits die belebten Städte und andererseits das stille Landleben. Hier sind einige sehenswerte Reiseziele aufgeführt.

Parque Nacional de Monfragüe, S. 466

Im berühmten Nationalpark lassen sich z. B. der spanische Kaiseradler oder der seltene Schwarzstorch beobachten.

Cáceres, S. 458

Nach einem ausgiebigen Spaziergang durch die gepflasterten Straßen der Ciudad Monumental lässt sich der Tag in einer der hervorragenden Tapas-Bars ausklingen.

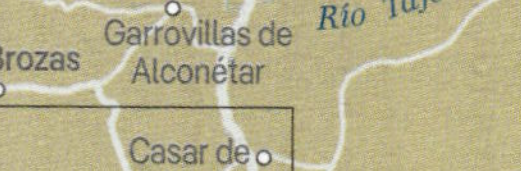

Mérida, S. 473

Bei einer Besichtigung der majestätischen römischen Ruinen reist man 2000 Jahre in die Vergangheit.

AUTO

Die öffentlichen Verkehrsmittel vernetzen die städtischen Zentren hervorragend. Für die ländliche Erkundung ist ein Auto erforderlich. Dies ist problemlos, und selbst in den Städten gibt es so gut wie nie Stau.

BUS

Ein gut ausgebautes Busnetz verbindet alle größeren Städte miteinander, so dass man ganz einfach mit öffentlichen Verkehrsmitteln reisen kann.

FAHRRAD

Radtouren durch die abgelegenen Hügel des Nordens bieten sich besonders im Frühjahr und Herbst an. Im Hochsommer ist die Hitze zu stark.

IVAN SOTO COBOS/SHUTTERSTOCK ©, CHARLES LEUTWILER/SHUTTERSTOCK ©, ROBALITO/SHUTTERSTOCK ©

Perfekte Tage

Die Extremadura umfasst einen riesigen, nur dünn besiedelten Landstrich im Südwesten Spaniens. Der ruhige Gang dieser vorwiegend ländlichen Region heißt: Slow Travel ist angesagt.

IVAN NL/SHUTTERSTOCK ©

Trujillo (S. 463)

Ein römisches Wochenende

● Wem nur ein Wochenende zur Verfügung steht, sollte sich auf die meist beeindruckendsten der drei UNESCO-Welterbestätten der Extremadura konzentrieren: die fabelhaften römischen Ruinen von **Mérida** (S. 473). Zwei Tage reichen gerade so aus, um die Sehenswürdigkeiten wie das Teatro Romano, den Puente Romano und das Museum zu besuchen, und einen Zwischenstopp im römischen Theater im nahe gelegenen Dorf **Medellín** (S. 480) einzulegen.

● Aber der Aufenthalt hier ist nicht nur eine Geschichtsstunde. Vergnügen bereitet auch der Besuch einiger der ausgezeichneten Restaurants und Tapasbars in Mérida, zum Beispiel das **Restaurante Milanesa** (S. 475).

FOTOEVENTIS/SHUTTERSTOCK ©, EDUARDO ESTELLEZ/SHUTTERSTOCK ©, WH_PICS/SHUTTERSTOCK ©

Beste Reisezeit

Wer kann, sollte die Sommerhitze meiden. Der Winter eignet sich gut zur Vogelbeobachtung und das Wetter ist ideal zum Sightseeing. Die beste Zeit insgesamt sind der Frühling und der Herbst.

FEBRUAR

Die Grenzstadt Badajoz feiert den **Carnaval**, eines der aufwendigsten und beliebtesten Karnevalfeste Spaniens.

APRIL

In der Nacht zum Karfreitag wird Valverde zum Schauplatz eines der leidenschaftlichsten religiösen Feste Spaniens, der **Los Empalaos**.

JULI

Das **Festival Contemporánea** ist ein großes Indie-Musik-Festival, das in Alburquerque und Badajoz stattfindet.

Eine Woche Vögel, Ruinen und Pilgernde

- Eine Woche ist ausreichend, um alle wichtigen Sehenswürdigkeiten der Extremadura auf der Liste abzuhaken. Los geht's in Mérida mit dem oben beschriebenen Reiseplan für das römische Wochenende. Danach geht es weiter Richtung Norden nach **Cáceres** (S. 458), der Hauptstadt der Extremadura, mit ihrer bedeutenden Sammlung historischer Gebäude und Mega-Kirchen. Cáceres ist eine weitere Stadt mit erstklassiger kulinarischer Szene.

- Wer Cáceres als Ausgangsbasis nutzt, kann einige Tage damit verbringen, die römische Brücke und andere historische Stätten in **Alcántara** (S. 462), das hübsche **Trujillo** (S. 463) und die Pilgerstätte **Guadalupe** (S. 464) zu besuchen.

- Zum Abschluss der Woche bietet der **Parc Nacional de Monfragüe** (S. 466) Gelegenheit zur Vogelbeobachtung und zum Wandern.

Eintauchen in die Extremadura

- Nur wenige Besucher:innen verbringen zwei Wochen ausschließlich in der Extremadura, aber wer sich die Zeit nimmt, hat die Gelegenheit, gänzlich in die Region einzutauchen und Dörfer, Ruinen und Bergpässe abseits der Touristenpfade zu erkunden. Los geht's mit dem oben beschriebenen Reiseplan für eine Woche. Danach geht's weiter zu den faszinierenden Burgen, die sich in Dörfern wie **Feria** (S. 479), **Zafra** (S. 480) und **Badajoz** (S. 478) bis in den Süden erstrecken.

- Zum Abschluss der Tour geht's in die Region **La Vera** (S. 470), eine der abgelegendsten Spaniens, deren kleine Dörfer und hübsche Hügel und Berge sich wunderbar zum Erkunden eignen. Wer in der Region unterwegs ist, sollte viel Zeit dem **Monasterio de Yuste** (S. 470) widmen, einer bedeutenden historischen Stätte.

JULI/AUGUST
Méridas 2000 Jahre altes römisches Theater bietet die Bühne für das **Festival Internacional de Teatro Clásico**.

SEPTEMBER
Guadalupe ehrt seine geliebte Virgen de Guadalupe mit einer aufwändigen Zermonie und in Trujillo tobt die jährliche Party.

OKTOBER
Dies ist der beste Monat, um die Extremadura zu erkunden: Die Herbstfarben leuchten und die **Fiesta de la Hispanidad** findet statt.

NOVEMBER
Die Zugvögel kommen langsam im Parc Nacional de Monfragüe für ihren Winterurlaub an.

CÁCERES

Die von der UNESCO zur Welterbestätte erklärte Altstadt von Cáceres – der aufregenden, kleinen und sehr charmanten Hauptstadt der Extremadura – gleicht einem Märchen. In die Steine der uralten Häuser, Paläste, Villen, Arkaden und Kirchen sind tausend alte Geschichten von Intrigen, Tratsch, Klatsch, Freuden, Leiden und Skandalen geschrieben. Geschützt von ihren Verteidigungsmauern ist sie seit ihrer glanzvollen Blütezeit im 16. Jh. beinahe unversehrt geblieben, und ein Ort, der Reisende geradezu zwingt, sich Zeit zum Erkunden zu nehmen. Hierbei sollte man immer mit einem Ohr an den alten Mauern lauschen, um die alten Geschichten zu hören.

Wer die mittelalterliche Geschichte der Stadt erkundet hat, kann sich der zeitgenössischen kulinarischen Szene widmen. Die Quantität und Qualität der Retsaurants und Tapasbars ist selbst in diesem Teil der Landes, das vom Essen besessen ist, nicht zu übertreffen.

TOP TIPPS

Auf der östlichen Seite der Plaza Mayor wetteifern zahlreiche Touristenführer um Kunden. Die meisten Führungen dauern 1½–2 Stunden und beinhalten die Highlights der Ciudad Monumental. Die Führungen finden überwiegend auf Spanisch statt, viele aber auch auf Englisch.

AUSSICHTSPUNKTE

Wer einen anderen Blick auf die Stadt als den vom Torre de Bujaco erhaschen möchte, steigt den Glockenturm der Kathedrale empor, oder begibt sich zur wunderhübschen **Iglesia de San Francisco Javier** aus dem 18. Jh., die sich auf der Plaza de San Jorge befindet. Ihre Türme bieten einen herrlichen Ausblick auf die Altstadt (obgleich Netze den Ausblick etwas trüben).

Ein Spaziergang über die Plazas von Cáceres

DIE CIUDAD MONUMENTAL ENTDECKEN

Im Herzen von Cáceres befindet sich das von einer Mauer umgebene Altstadtviertel, das als Ciudad Monumental bekannt ist. Der Name sagt alles: Die Kirchen, Paläste und Türme sind unglaublich beeindruckend. Aber es sind die zahlreichen Plazas, die das Auge auf sich ziehen. Sie bilden die Ausgangspunkte, von denen Besucherinnen und Besucher das bemerkenswerte historische Erbe von Cáceres besichtigen können, und bilden gleichzeitig lebendige soziale Treffpunkte, an denen sich die Einheimischen zum Spielen, Demonstrieren und Feiern treffen.

Cáceres erste und größte Plaza ist die **Plaza Mayor**. Obwohl sie von eleganten weißen Villen und Häusern mit aufwändigen Renaissancefassaden gesäumt ist, ist die Plaza selbst eine große, offene Fläche, die nur wenig Raum für Intimitäten lässt. Hier finden oft Events und Festivals statt. Wer die Stadt von oben bewundern möchte, steigt den 25 m hohen **Torre de Bujaco** an der Südseite der Plaza hinauf. Er beherbergt eine Ausstellung zur Geschichte von Cáceres, es ist jedoch der atemberaubende Blick über die Stadt, der den Aufstieg lohnenswert macht.

ÜBERNACHTEN IN CÁCERES

Parador de Cáceres
Diese Ansammlung aus gotischen Palästen aus dem 14. Jh. bietet komfortable, elegante Zimmer. **€€€**

Hotel Soho Boutique Casa Don Fernando
Mittelklassehotel mit geschmackvollen, modernen Zimmern im Boutiquestil und funkelnden Bädern. **€€**

Hotel Don Carlos
Kleines Hotel mit elegant dekorierten Zimmern in einem renovierten Haus aus dem 19. Jh. **€€**

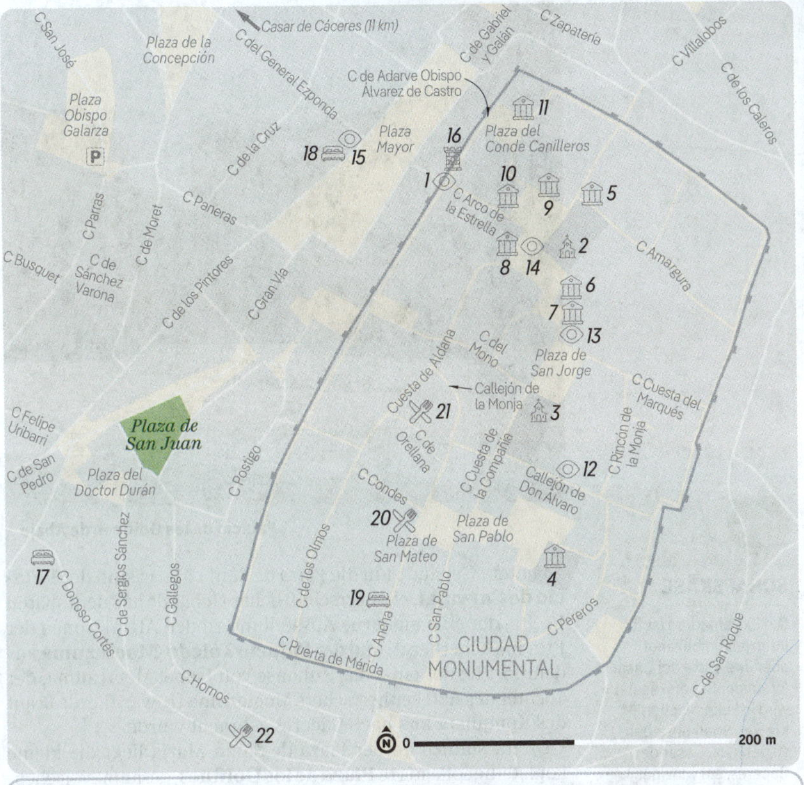

SEHENSWERTES
1 Arco de la Estrella
2 Concatedral de Santa María
3 Iglesia de San Francisco Javier
4 Museo de Cáceres
5 Palacio de Carvajal
6 Palacio de la Diputación
7 Palacio de los Golfines de Abajo
8 Palacio de Mayoralgo
9 Palacio de Ovando
10 Palacio Episcopal
11 Palacio Toledo-Moctezuma
12 Plaza de las Veletas
13 Plaza de los Golfines
14 Plaza de Santa María
15 Plaza Mayor
16 Torre de Bujaco

SCHLAFEN
17 Hotel Don Carlos
18 Hotel Soho Boutique Casa Don Fernando
19 Parador de Cáceres

ESSEN
20 Atrio
21 La Cacharrería
22 Trinidad Tapas

Als nächstes geht's weiter zur prächtigen **Plaza de Santa María**, die viele bemerkenswerte Gebäude zieren, darunter der **Palacio Episcopal**, der **Palacio de Mayoralgo** und der **Palacio de Ovando**, alle im Renaissancestil des 16. Jhs. Ein bisschen weiter südöstlich liegt der **Palacio de la Diputación**, ebenfalls im Renaissancestil. Über all dem thront die gotische Kathedrale **Concatedral de Santa María** aus dem 15. Jh. Zusammengenommen bildet dieses Ensemble mittelalterlicher Architektur das Highlight von Cáceres.

ESSEN IN CÁCERES

Atrio
Zeitgenössisches Design und freundlicher Service sowie wunderbare, einfallsreiche kulinarische Kreationen. **€€€**

La Cacharrería
In dieser minimalistisch eingerichteten Tapasbar verbinden sich einheimische Aromen und Zutaten zu international inspirierten Kreationen. **€€**

Trinidad Tapas
Die einfallsreichen Tapas in dieser surrealen, mit religiöser Kunst geschmückten Bar sind unvergesslich. **€€**

MIGUEL ALMEIDA/SHUTTERSTOCK ©

Palacio de los Golfines de Abajo

SCHAFSKÄSE

Die Extremadura ist für ihren *jamón* bekannt, aber ihre Torta del Casar (cremiger Schafskäse) wird in kulinarischen Kreisen Spaniens ebenso gefeiert. Casar de Cáceres, ein winziges Dorf 12 km nördlich von Cáceres, das an der N630 von/nach Plasencia gut ausgeschildert ist, ist die Wiege des regionalen Schatzes, der hier erfunden wurde und noch immer hergestellt wird. Der Ausflug aus Cáceres ist unkompliziert, und den Käse gibt es vielerorts zu kaufen.

Weitere Gebäude um die Plaza de Santa María sind der **Palacio de Carvajal**, ein herrschaftliches Gebäude aus dem späten 15. Jh., der eine moderne Ausstellung zu den Attraktionen der Provinz beherbergt, und der **Palacio Toledo-Moctezuma** aus dem 16. Jh., der einst das Zuhause von Isabel Moctezuma, der Tochter des Aztekenherrschers Moctezuma II., war, die als Braut des Konquistadors nach Cáceres gebracht wurde.

Direkt südlich an der Plaza de Santa María liegt die kleine kopfsteingepflasterte **Plaza de los Golfines**, gesäumt von ebenso stattlichen Gebäuden. Das bedeutendste ist der **Palacio de los Golfines de Abajo**. Der zwischen dem 14. und dem 20. Jh. erbaute Palast ist das verschwenderische Zuhause der bekannten Familie Golfín – gefüllt mit historischen Schätzen. Absolutes Highlight sind die detaillierten, theatralischen Touren, die durch die vier reich dekorierten Wohnräume, die ausgefallene Kapelle und das faszinierende Dokumentenzimmer führen.

Richtung Süden gelangt man zur **Plaza de las Veletas**. Die Plaza, von Bäumen, Blumen und alten Steintürmen gesäumt, ist mit ihrer fast dörflichen Atomsphäre eine der fotogensten Plazas der Stadt. Hauptattraktion ist das **Museo de Cáceres**, das eine imposante archäologische Abteilung beherbergt (darunter ein Wildschwein aus Stein, das vermutlich aus dem 2. bis 4. Jh. v. Chr. stammt) und eine ebenso beeindruckende Kunstausstellung (hinter dem Hauptmuseum) mit Werken von Größen wie Picasso, Miró, Tàpies und El Greco.

UNTERWEGS VOR ORT

Cáceres eignet sich wunderbar zum Spazierengehen, ohne unbedingt das lokale Busnetz nutzen zu müssen. In die Stadt gelangt man vom Bahnhof (2,5 km südwestlich der Altstadt) oder vom Busbahnhof (400 m östlich) mit dem Bus L8 zur zentral gelegenen Plaza Obispo Galarza.

Rund um Cáceres

Natur, Geschichte und Religion bestimmen das Leben in der hügeligen Landschaft rund um Cáceres.

Geschichte und Religion werden in der ausgedörrten Landschaft im Zentrum der Extremadura groß geschrieben. Im noch immer belebten Pilgerzentrum Guadalupe können Besuchende die Kraft Gottes spüren, und im magischen Trujillo nach den Geistern der Konquistadoren Ausschau halten. Wem das noch nicht reicht, dem sollte die Gastroszene in Trujillo Anreiz genug zum Erkunden der Gegend um Cáceres sein.

Trujillo und Guadalupe liegen 50 bzw. 90 Minuten Fahrt östlich von Cáceres, und können beide leicht im Rahmen eines Tagesausflugs besucht werden. Die meisten Reisenden übernachten jedoch gerne in Trujillo und genießen die mittelalterliche Atmosphäre in den abends leeren Straßen.

TOP TIPP

Religiöse Leidenschaft erfährt man beim Besuch der farbenfrohen Fiesta de la Virgen de Guadalupe in Guadalupe (6.–8. Sept.).

Puente Romano, Alcántara (S. 462)

Francisco Pizarro statue, Trujillo

DEN PARQUE NATURAL TAJO INTERNACIONAL ERKUNDEN

Der Parque Natural Tajo Internacional ist ein wunderschönes, geschütztes Areal mit Steineichenwäldern, das sich über die portugiesische Grenze unweit von Alcántara erstreckt. Der Park beherbergt eine Reihe von Wander- und Fahrradwegen, aber am Besten erkundet man den Park auf dem Rücken eines Pferdes. Dieser Teil Spaniens ist für seine Pferde bekannt und es gibt mehrere Ställe, die Ausritte im Park für alle Niveaus anbieten. Die Tourismusinformation empfiehlt gute Ställe.

Wie die Römer in Alcántara schwimmen

RÖMISCHE BRÜCKEN UND POOLS

Alcántara liegt 70 km nordwestlich von Cáceres. Der arabische Name bedeutet „Brücke" und in der Tat überspannt eine spektakuläre, aus dem 2. Jh. stammende römische Brücke – der **Puente Romano** – in diesem abgelegenen Ort den Río Tajo. Sie ist 204 m lang und 61 m hoch, und besteht aus sechs Bögen (die über die Jahrhunderte häufig verstärkt wurden). Von hier aus folgt ein wunderschöner 20 km langer Rundweg dem Fluss, und schlängelt sich dann über die Hügel durch ein Dorf und einen prähistorischen Menhir. Mehr Infos gibt es im Touristenzentrum.

Der Ort selbst beherbergt noch immer die alte Stadtmauer, die Ruine einer maurischen Burg und das gewaltige **Renaissance Conventual de San Benito**. Die Abtei wurde im 16. Jh. erbaut, um den Orden von Alcántara beherbergen. Dieser gehörte zum Orden der Reconquista-Ritter – teils Mönche, teils Soldaten –, die den größten Teil des Westens der Extremadura als privates Lehensgut beherrschten. Zu den Highlights der prachtvollen restaurierten Abtei im Renaissance-Stil, die im 9. Jh. aufgegeben wurde, gehören der gotische Kreuzgang und die perfekt proportionierte dreigliedrige Loggia. Der Eintritt ist gratis im Rahmen geführter Besichtigungen (einfach die Glocke läuten, falls die Tür verschlossen ist).

Alcántara ist eine der heißesten Städte Spaniens und wer im Sommer hier ist, wird wahrscheinlich schwimmen gehen wollen.

ÜBERNACHTEN RUND UM CÁCERES

Hospedería Conventual de Alcántara
Stylisch-modernes Hotel in einem Gebäude aus dem 15. Jh., das zuerst ein Kloster und dann eine Mehlfabrik beherbergte. **€€**

Hospedería del Real Monasterio, Guadalupe
Altmodisches Hotel, dessen Zentrum der wunderschöne gotische Kreuzgang des Real Monasterio bildet. **€€**

Eurostars Palacio de Santa Marta, Trujillo
Das restaurierte Gebäude aus dem 16. Jh. bietet geschmackvolle Zimmer mit historischen Elementen. **€€**

Denn Alcántara beherbergt einen einzigartigen Ort für einen Sprung ins kühle Nass: einen alten römischen Steinbruch! In der **Cantera de Alcántara** wurden die Steine gebrochen, die zum Bau des Puente Romano verwendet wurden. In den vergangenen zwei Jahrtausenden hat sich das tiefe Loch mit Wasser gefüllt und eignet sich hervorragend zum Schwimmen.

Wer hierher möchte, fährt über den Puente Romano entlang der EX207 in Richtung Portugal. Nach rund 1 km biegt eine Abzweigung nach „Embalse" und den (jetzt geschlossenen) Campingplatz ab. Nach weiteren 2,7 km befindet sich die *cantera* auf der linken Seite – der Eingang ist am Ende der geteerten Straße.

Auf den Spuren von Trujillos Konquistadoren

MITTELALTERLICHE MÄRCHENSTADT

Mitten im Zentrum von Trujillo befindet sich der Hauptplatz aus dem 16. Jh. – die **Plaza Mayor** – einer der imposantesten Plätze des Landes. Wer sich hier langsam im Kreis dreht, vor dem entspannt sich ein filmisches Band aus Kirchen, Statuen der Mächtigen, herrlichen Paläste und Stadthäusern, Festungswällen und Cafétischen unter uralten Arkadengängen. Der Platz bietet eine magische Einführung in die historischen Wunder dieses Städtchens. Trujllo, wie so viele Orte in der Extremadura, wurde auf dem Wohlstand der spanischen Kolonien in Zentral- und Südamerika errichtet. Von all den Konquistadoren, die Trujillo geprägt haben, muss insbesondere Francisco Pizarro gedankt werden, der hier geboren wurde und dessen verwegene Expeditionen zur Eroberung Perus und der Gründung der Stadt Lima führten.

Auf geht es zu einem Rundgang durch das schmucke Städtchen. Der **Palacio de la Conquista** aus dem 16. Jh., das mit seiner Relief-Fassade beeindruckendste Gebäude Trujillos, liegt an der Südseite der Plaza. Die Reliefs stellen Francisco Pizarro und seine Geliebte Inés Yupanqui (Schwester des Inka-Herrschers Atahualpa) dar.

In der nordöstlichen Ecke des Platzes steht der ebenfalls herrschaftliche **Palacio de los Duques de San Carlos** aus dem 16. Jh. mit seinem nüchternen klassischen Patio, Granittreppe und markanten Ziegelschornsteinen im Mudéjarstil.

Gegenüber vom Palast befindet sich die von den Elementen gezeichnete **Iglesia de San Martín**. Das Äußere der Kirche ist düster und wirkt wie eine bedrohliche Wehrburg. Im Inneren jedoch ist alles anders: feines gotisches Maßwerk schmückt die Decke der einschiffigen Kirche, die auch markante Buntglasfenster, einen Altar aus dem Jahr 1724 und eine prächtige Orgel aus dem 18. Jh. beherbergt.

DIE RÖTELFALKEN VON TRUJILLO

Die vielen Storchennester, die die Türme und Gebäude der Stadt schmücken, sind nur schwer zu übersehen. Aber was Besucher:innen vielleicht nicht auf den ersten Blick erkennen, ist die lebhafte Population gefährdeter Rötelfalken. Bei der letzten Zählung gab es 130 brütende Pärchen dieser kleinen rostfarbenen Falkenart, die sich in verschiedenen Teilen der Stadt niedergelassen haben.

Einige der besten Plätze, um sie in ihren Nestern zu sehen, sind der Castillo de Trujillo, die Iglesia de San Martín und die Iglesia de Santa María la Mayor, der Torre del Alfiler and der Parador de Trujillo.

Trujillo ist für diese Vögel so wichtig, dass die Stadt als spezielle Schutzzone deklariert wurde, eine der ersten dieser Art in Spanien. Mehr Informationen gibt's auf proyectomicaldetrujillo.blogspot.com.es.

Posada Dos Orillas, Trujillo
In einer fantastischen Ecke der Altstadt befindet sich dieses geschmackvoll renovierte Herrenhaus aus dem 15. Jh. mit besonderer Atmosphäre. **€**

Hospederia Puente de Alconétar
In dem charmanten Städtchen Garrovillas de Alconétar lohnt dieses erstklassige Hotel einen Abstecher. **€€**

Parador de Guadalupe
Guadalupes parador befindet sich in einem umgebauten Krankenhaus aus dem 15. Jh. gegenüber vom Kloster. **€€€**

HONIG AUS DER EXTREMADURA

Jamón, Käse und gegrillte oder gebratene Fleischsorten, darüber hinaus natürlich Oliven, Mandeln und jede Menge Früchte- und Gemüsesorten: Die Extremadura bietet zahlreiche kulinarische Genüsse, aber einer der weniger bekannten ist Honig aus der Region, die als Villuercas-Ibores bekannt ist, in der Nähe von Guadalupe. Miel Villuercas-Ibores, ausgezeichnet mit dem Status Denominación de Origen Protegida (DOP) (einem geschützten Status für ausgewiesene lebensmittel- oder weinproduzierende Gebiete) stellt einige der besten und teuersten Honigsorten des Landes her. Villuercas-Ibores, eines von nur sieben DOP-ausgezeichneten Honig herstellenden Gebieten des Landes, stellt vier verschiedene Honigsorten her. Der beste ist der Honig von Bienen, die sich von der Blüte der *Retama sphaerocarpa* ernähren, der einen sehr aromatisches und besonderes Aroma hat. Den Honig kann man in Feinkostläden in Cañamero und Guadalupe kaufen.

Vor der Kirche befindet sich eine **Statue** des Mannes selbst: Francisco Pizarro in voller Rüstung auf dem Rücken eines galoppierenden, ebenfallls mit Rüstung geschmückten Pferdes.

Pizarro war wahrscheinlich auf dem Weg nach Hause. Dies sollte auch der nächste Stopp für Reisende sein: Das **Casa-Museo de Pizarro** befindet sich in einem Gebäude aus dem 15. Jh., das angeblich der Pizarro-Familie gehörte. Es beherbergt historische Möbel, diversen Schnickschnack von den Eroberungszügen Pizarros, einen hilfreichen Stammbaum und Porträts von – dem ehrlicherweise nicht gerade freundlich dreinblickenden – Pizarro. Im Obergeschoss befindet sich eine historische Ausstellung (auf Spanisch, teils auf Englisch) zur spanischen Eroberung Amerikas.

Weiter geht es im Konquistadoren-Leitmotiv zum **Centro de Visitantes Los Descubridores**, das sich gleich außerhalb der alten Stadtmauer befindet. Das Zentrum zeigt eine Hightech-Ausstellung zu Spaniens Eroberung Amerikas und den überlebensgroßen Helden Trujillos, die hierbei oft den Weg zeigten. Überraschenderweise werden die amerikanischen indigenen Völker kaum erwähnt, als hätten sie nicht existiert.

Der heilige Geist von Guadalupe

PILGERNDE UND HEILIGE VISIONEN

Man stelle sich vor: Es ist das 8. Jh. und Südspanien geht durch schwierige Zeiten. Die Mauren sind auf dem Vormarsch und bringen den Islam mit sich. Ort nach Ort fällt in die Hände der Eroberer und die verbleibenden Christen Südspaniens haben nur zwei Optionen: fliehen oder konvertieren. In dieser Atmosphäre begräbt eine Gruppe von Priestern, die vor dem muslimischen Angriff auf Sevilla fliehen, eine Statue der Jungfrau Maria in den entlegenen Bergen nördlich der Stadt. Und das könnte das Ende der Geschichte sein, hätte es rund 600 Jahre später nicht eine mystische Begegnung mit einem Hirten gegeben. Dem Hirten, der mit seinen Tieren in den Bergen unterwegs was, erschien eine Vision der Jungfrau und befahl him, Priester zur selben Stelle zu bringen und dort zu graben. Und was fanden sie? Natürlich die verschwundene Statue der Jungfrau. Ein Schrein wurde an der Stelle gebaut und mit der Zeit wurde daraus eine beeindruckende Pilgerstätte.

Der erste Anblick der Türme und Türmchen der UNESCO-Welterbestätte **Real Monasterio de Santa María de Guadalupe** enttäuscht nicht: Der einst kleine Schrein ist heute eine riesige, halb-befestigte Kirche mit Klosterkomplex, der umgeben von einem Dorf inmitten bewaldeter Hügel liegt. Als der ursprüngliche Schrein gebaut wurde, entwickelte sich die Stätte bis heute zu einem bedeutenden christlichen Pilgerzentrum.

ESSEN IN TRUJILLO

Mesón La Troya
Berühmt in ganz Spanien für die goßen Portionen comida casera (Hausmannskost) ohne Schnickschnack. €

El 7 de Sillerías
Freundiche Atmosphäre, warmes Holz-Interieur und elegant-traditionelle Gerichte. €€

Restaurante Corral del Rey
Relaxtes Restaurant mit verlockenden Paletten an gegrillten Fleisch, gebratenem Fisch und Suppen. €€

Real Monasterio de Santa María de Guadalupe

An christlichen Festen oder Feiertagen trifft man hier auf ganze Pilgerströme. Die Kirche hat noch immer für viele Menschen in Spanien einen hohen Stellenwert. Selbst an einem normalen Tag herrscht viel Betrieb; der Gebäudekomplex selbst ist ein beeindruckendes Stück Mudéjararchitektur aus dem späten 14. Jh.

In der Kirche steht die Jungfrau am Ehrenplatz: Eingerahmt von Blumen leuchtet sie inmitten des hoch aufgragenden *retablo* (Altarbildes), der vom Hauptteil des Hauptschiffes durch ein feines Gitter im Plateresker-Stil getrennt ist. Das fantastische Chorgestühl aus Walnuss aus dem 18. Jh. umfasst einen großartigen Ambo. Pilgernde stehen in langen Reihen an, um einen Teil des Umhanges der Jungfrau zu küssen.

Weiter geht es zu dem herrlichen Kreuzgängen, die mit Gemälden aus dem 17. Jh. dekoriert sind, die die Geschichte der Jungfrau und die von ihr vollbrachten Wunder darstellen. Um die Kreuzgänge befinden sich mehrere Museen, die einige der Schätze ausstellen, die über die Jahrhunderte hier angesammelt wurden, darunter einige übewältigende Gemäde von Goya und El Greco. In der Nähe befindet sich der Relicario-Tesoro aus dem 16. Jh. wo die gruseligen Relikte von Märtyrer-Heiligen und zahlreiche weitere Schätze bestaunt werden können.

ABKÜHLUNG

Die Sommer in diesem Teil der Welt sind unfassbar heiß, häufig steigen die Temperaturen über 40 °C. Die **Piscina Natural la Nutria** ist ein wunderhübscher natürlicher Pool mit Fluss gleich nördlich des kleinen Städtchens Cañamero, das sich rund 18 km südlich von Guadalupe befindet. Die Einheimischen kommen an heißen Tagen in Scharen hierher, um sich abzukühlen und in den schattigen Uferwäldern zu entspannen. In der Nähe gibt es außerdem einige gute Wandermöglichkeiten.

UNTERWEGS VOR ORT

Mehrere Busse fahren täglich zwischen Cáceres und Trujillo und Guadalupe.

FEINKOSTLÄDEN IN TRUJILLO

Pastelería Basilio
Diese traditionelle Konditorei bietet seit 1939 feinste Qualität an und befindet sich noch immer im Besitz der selben Familie.

Monasterio de Santa Marta
Die Nonnen in diesem Kloster aus dem 15. Jh. verkaufen selbstgemachte Backwaren.

La Almazara
Hier gibt es feine Spezialitäten aus der Extremadura, z. B. Torta del Casar-Käse, jamón, Olivenöl und Honig.

PARQUE NACIONAL DE MONFRAGÜE

Der Parque Nacional de Monfragüe ist ein dramatisches, hügeliges, 180 km² grosses Paradies für Vögel, Vogel- und andere Naturliebende. Der Park erstreckt sich im Tajo-Tal und beheimatet spektakuläre Raubvogelkolonien. Unter den rund 175 gefiederten Vogelarten befinden sich über 375 Paare Mönchsgeier (die größte Konzentration eines der größten Raubvögel Europas) und Popualationen zweier weiterer Großvögel: des Spanischen Kaiseradlers (um die zwölf Paare) und des Schwarzstorchs (fast 30 Paare, die nur von Frühjahr bis Sommer anwesend sind). Im Nationalpark leben ebenso Rotwild, Otter, Dachse, Ginsterkatzen, Hasen, Füchse und Wildschweine.

Der beste Ausgangsort ist der hübsche Weiler Villareal de San Carlos, wo die meisten Wanderwege beginnen. Auch in Torrejón el Rubio an der Südseite des Parks gibt es einige touristische Einrichtungen.

TOP TIPP

Es gibt zwei Vogelsaisons: Den Sommer, wenn die Vögel, die in Afrika überwintern, zum Nisten nach Spanien zurückkehren, und den Winter, wenn die Vögel, die dem Winter im Norden entfliehen, ankommen.

DIE GEIER VON MONFRAGÜE

Trotz wichtiger Rolle im Ökosystem hat ein Mix aus Desinformation und allgemeiner Abneigung dazu geführt, dass Geier in vielen beheimateten Ländern seit langem verfolgt werden. Spanien war dabei keine Ausnahme. Einer Schätzung nach gab es im Jahr 1979 nur 3 249 brütende Paare. Dank Aufklärungs- und Schutzprogrammen leben nun 25 000 Paare im ganzen Land. Das sind 90 % der gesamteuropäischen Gänsegeierpopulation und 75 % der globalen Population!

Der fliegende Bestatter

DIE GEIER AM HIMMEL

Der Gänsegeier scheint wahrhaft der Jurazeit entsprungen zu sein. Diese riesigen Vögel mit einer Spannweite von rund 2,50 m, nackten Hälsen und sensenartigen Schnäbeln, sind die Bestatter der Vogelwelt. Sie ernähren sich von Kadavern und das kichernde Schreien, das sie beim Entdecken einer toten Beute ausstoßen, lässt einem das Blut in den Adern gefrieren. Trotz allem ist die Rolle, die sie spielen, essentiell, und es gibt nichts Faszinierenderes, als diese Vögel aus der Nähe zu beobachten – und Monfragüe ist einer der besten Orte in Spanien, um sie zu sehen.

Die beste Zeit, um Geier aus der Nähe zu betrachten, ist der frühe Morgen. Aufgrund ihrer Größe und ihres Gewichts können sie nicht einfach abheben und müssen warten, bis sich der Boden erwärmt und genug Thermik vorhanden ist, um sie zu tragen. Bevor man sich auf die Suche nach Geiern macht, sollte man im **Centro de Visitantes** in Villarreal de San Carlos vorbeischauen. Die Mitarbeitenden hier wissen, wo die besten Stellen zur Beobachtung sind. Wer durch Torrejón el Rubio kommt, kann sich auch beim **Monfragüe Bird Center** erkundigen.

VOGELBEOBACHTUNGSTOUREN IN MONFRAGÜE

Birding Extremadura
Bemerkenswert gut geführte Vogelbeobachtungstouren mit dem britischen Orthitologen Martin Kelsey.

Iberian Nature
Lokale Vogelbeobachtungsexpertinnen und -experten bieten geführte Wanderungen und Kurse an.

Monfragüe Vivo
Bietet Vogelbeobachtungstouren und verschiedene Aktivitäten im Park mit lokalen Guides.

Das öffentliche Straßennetz durch den Park ist recht eingeschränkt, doch finden sich zu Fuß hervorragende Stellen zur Vogelbeobachtung entlang aller Straßen und Wege. Wer sich ernsthaft für Vögel interessiert, sollte sich eine organisierte Tour mit einer lokalen Vogelbeobachtungsagentur gönnen.

Mit oder ohne Guide ist einer der besten Orte zur Beobachtung der **Mirador Salto del Gitano**. Von diesem Aussichtspunkt 5 km südlich von Villareal entlang der EX208 bieten sich atemberaubende Blicke über die Schlucht des Río Tajo zum Felsen Peña Falcón craq, auf dem eine Kolonie Gänsegeier lebt. Hier kann man manchmal sogar Schwarzstörche sehen.

Auf der Spitze des Hügels hinter dem Mirador Salto del Gitano liegt das **Castillo de Monfragüe**, die Ruine eines islamischen Forts aus dem 9. Jh. Von hier aus bieten sich 360-Grad-Ausblicke über den Park und die oben und unten vorbeirauschenden Vögel. Das Castello erreicht man über eine steile, kurvige Straße abseits der EX208, 8 km südlich von Villareal de San Carlos.

Doch wer zu Fuß unterwegs ist, entschleunigt nicht nur, sondern kommt auch in engeren Kontakt mit der Natur, darüber hinaus sieht man viele Vögel und Tiere, die man vom Auto aus nicht sehen kann. Der Park verfügt über ein sehr umfassendes Wandernetz und die Besucherzentren halten einfache Wanderkarten bereit. Eine gute Route ist die schöne, 8 km lange und eineinhalbstündige Wanderung von Villareal, entlang der sogenannten Ruta Roja (Rote Route). Der Weg führt vorbei an der Burg und dem Mirador Salto del Gitano.

LOCAL TIPP: ORTE ZUR VOGELBEOBACHTUNG IN DER EXTREMADURA

Martin Kelsey OBE ist ein fachkundiger Vogelbeobachter und Inhaber von Birding Extremadura. Hier sind seine Vorschläge für die besten Spots:

Die Ebenen zwischen Trujillo und Cáceres eignen sich besonders gut zur Beobachtung von Raubvögeln, an Frühlingstagen kann man leicht fünf Adlerarten sehen.

Die Gredos-Berge bieten Schutz vor der Sommerhitze und beherbergen ihre eigenen besonderen Vogelarten, hier kann man auch Schmetterlinge sehen.

Im Winter bieten die nassen Reisstoppelfelder nahe Madrigalejo ein Spektakel mit zehn Tausenden überwinternden Grauen Kranichen.

Der Puente Romano in Mérida eignet sich hervorragend zur Beobachtung von Reihern und Egrets, während das historische Städtchen Trujillo für seine Kolonien Rötelfalken bekannt ist.

ÜBERNACHTEN RUND UM MONFRAGÜE

Casa Rural El Recuerdo
Ein Favourit unter Vogelbeobachtenden mit schönen Zimmern in einem ehemaligen Weingut, mit vielen Olivenhainen. **€€**

Hospedería Parque de Monfragüe
Ruhiges Hotel mit Blicken auf das Grasland Richtung Park. **€€**

Palacio Viejo de las Corchuelas
Abgeschiedene und ruhige Pension mit antiken Möbeln und weitläufigen Gärten. **€€**

DIE ÄLTESTEN LEBENDEN DINGE

Geier, Adler und Höhlenmalereien. Der Park hat alles! Und noch mehr: Die meisten Bewohner des Parks – und zugleich die ältesten – sind auch die am meisten übersehenen: Die Bäume. Monfragüe und die umliegenden, weniger geschützten Landstriche beherbergen spektakuläre alte Bäume, von denen einige den Besuch lohnen. Die riesige **Padre Santo-Korkeiche**, gleich südwestlich des kleinen Ortes Mirabel, ist der König der Bäume von Monfragüe. Ihr knorriger Stamm ist so breit wie ein Auto. Die Besucherzentren in Monfragüe haben Karten, auf denen der Baum eingezeichnet ist, neben vielen anderen wahrhaft königlichen Blätterwerken.

DAVID FORSTER/ALAMY ©

Höhlenmalereien, Castillo de Monfragüe

Die Felsenkunst von Monfragüe

MALEN WIE HÖHLENMENSCHEN

Geier sind prähistorisch aussehene Vögel. Daher ist es vielleicht angemessen, dass Monfragüe auch ein Hotspot für prähistorische und eisenzeitliche Höhlenmalerei ist. In der Tat beherbergen die bewaldeten Hügel in dem Park eine der umfassendsten Konzentrationen an Höhlenmalereien der iberischen Halbinsel, die zwischen 2500 und 9000 Jahre alt sind. Bislang wurden erst 107 Felsunterschlüpfe und Bilder offiziell katalogisiert, aber viele stehen noch aus. Das schöne an den prähistorischen Stätten hier ist, dass sie im Gegensatz zu vielen Stätten in anderen Teilen Europas frei zugänglich sind.

Die beeindruckendste Stätte befindet sich nahe des **Castillo de Monfragüe** und ist von dort ausgeschildert. Es gibt hier acht Panelen, die Darstellungen von menschlichen und tierischen Figuren in symbolischen und geometrischen Formen zeigen.

Eine weitere Stätte, die man nicht verpassen sollte, ist der **Barbaón-Fluss** in der Nähe von Serradilla, wo die Wände der Unterschlüpfe, Felsvorsprünge und Flussufer eine wahrhafte Kunstgalerie lebendiger roter Figuren, Muster und Tiere darstellen.

Wer sich auf die Suche nach der Felskunst (*arte rupestre* auf Spanisch) begegeben möchte, sollte im **Centro de Interpretación del Arte Rupestre de Monfragüe** in Torrejón el Rubio vorbeischauen und sich Infos zu den Hintergründen und Stätten besorgen.

UNTERWEGS VOR ORT

Es gibt nur wenige öffentliche Verkehrsmittel zum oder durch den Parque Nacional de Monfragüe. Besuchende sollten im Auto anfahren oder eine Vogelbeobachtungstour buchen.

GÜNSTIG ÜBERNACHTEN RUND UM MONFRAGÜE

Camping Monfragüe
Schattiger Campingplatz mit Café-Restaurant, Laden und Pool sowie zwei heimeligen Bungalows für zwei bis vier Personen. **€**

Casa Rural la Cañada
Günstige und einfache Pension in Torrejón el Rubio, in der die vogelkundigen Besitzer ihre Gäste herzlich willkommen heißen. **€**

Casa Rural Rincón de Monfragüe
Eine gut durchdachte Pension, die fast schon luxuriös anmutet, aber Budgetpreise verlangt. **€**

Jarandilla
Plasencia
Jaraíz
Valverde
Parque Nacional de Monfragüe

Rund um den Parque Nacional de Monfragüe

Ländliche Erkundungen abseits der Touristenpfade in einer der am wenigesten bekannten Ecken Spaniens.

Kaum eine Gegend in Spanien ist abgelegener als die Wildnis im Norden der Extremadura mit ihren hügeligen Korridoren, zerklüfteten Bergkämmen und dünn besiedelten Landstrichen. Diese Region erkundet man am besten langsam und ohne Plan. Denn die besten Entdeckungen sind die, die man zufällig macht, wenn man von der Hauptstraße abweicht, eine staubige Piste erkundet und völlig unerwartet zu einem Aussichtspunkt oder zu einem perfekten Picknickplatz in einem Olivenhain gelangt.

TOP TIPP

Diese ländliche Gegend verfügt nur über ein sehr eingeschränktes öffentliches Verkehrsmittelnetz. Ein eigenes Auto ist ein Muss für alle, die die Gegend umfassend erkunden möchten.

Martes Mayor, Plasencia (S. 472)

WIRESTOCK CREATORS/SHUTTERSTOCK ©

AUTOTOUR

La Vera

Eine der entlegensten Ecken in einer der am wenigsten besuchten Regionen Spaniens ist die fruchtbare Region La Vera, die von hoch aufragenden Berggipfeln umgeben und von kleinen Dörfern, die traditionelle Fachwerkhäuser schmücken, durchsetzt ist. Dieser Ausflug im Auto, der in Pasarón (43 km nördlich von Plasencia) beginnt und in Madrigal endet, kann an einem – ausgedehnten – Tag geschafft werden, mit genügend Zeit zum Anhalten und Erkunden.

1 Pasarón

Das kleine Pasarón befindet sich in herrlicher Lage am Eingang eines flachen Tales. Die kleine kopfsteingepflasterte Plaza ist von traditionellen Häusern gesäumt, darunter der Palast Osorno, der im 16. Jh. von Garci-Fernández Manrique de Lara, einem engen Vertrauten von Karl V., gebaut wurde.

Die Fahrt: Auf der CC-31.3 geht es durch ruhiges Ackerland 8 km bis Jaraíz.

2 Jaraíz

Eine der größeren Siedlungen in der Region, aber noch immer eher Dorf als Stadt, ist der alte Teil von Jaraíz, den weiße Häuser mit Terrakottadächern zieren. Das Leben hier dreht sich um die Herstellung von *pimentón* (Paprika). Wer mehr wissen möchte, sollte das interessante kleine Museo del Pimentón besuchen.

Die Fahrt: Auf der EX-203 gelangt man nach 8 km in nördlicher Richtung zum nächsten Stopp. Die Landschaft unterwegs wird immer hügeliger.

3 Monasterio de Yuste

Das berühmte Monasterio de Yuste ist der Ort, an den Karl I. von Spanien im Jahr 1557 kam, um sich auf seinen Tod vorzubereiten, nachdem er seine Herrschaft über den Groß-

Parador de Jarandilla

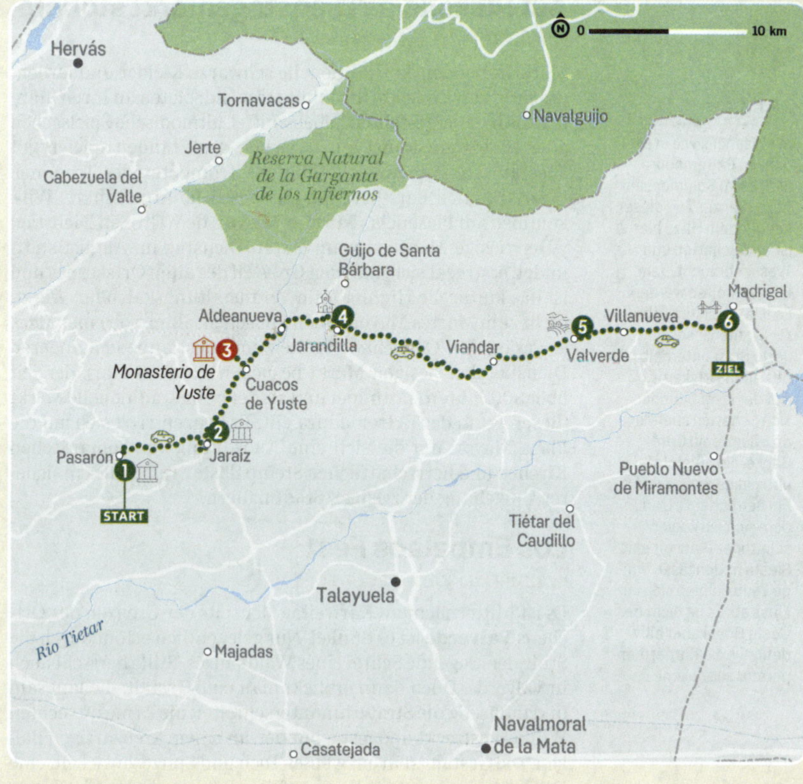

teil West- und Mitteleuropas abgetreten hatte. Es ist ein atmosphärischer, bewegender Ort inmitten von bewaldeten Hügeln und ein ruhiger Gegenpol zu der Prachht so vieler ehemaliger herrschaftlicher Bauten andernorts in Spanien.

Die Fahrt: Zurück auf der Straße gelangt man nach 11 km in nordöstlicher Richtung auf der EX-203 nach Jarandilla.

4 Jarandilla

Jarandilla, mit Blick auf den nahe gelegenen Fluss, ist einer von La Veras schönsten Zwischenstopps. Die burgartige Tempelritterkirche beherbergt eine uralte Schrift aus dem Heiligen Land. Karl I. übernachtete einst in der nahe gelegenen Burg, die aus dem 15. Jh. stammt.

Die Fahrt: Auf der EX-203 geht es weiter Richtung Osten, wo man nach ruhigen 19 km in Valverde ankommt.

5 Valverde

Im winzigen Valverde gibt es keine offiziellen Sehenswürdigkeiten, aber seine knarrenden alten Häuser mit Holzbalkonen und seine hübsche Plaza de España eignen sich hervorragend für einen Spaziergang – andernfalls trinkt man einen Kaffee in einem Cafés an der Plaza.

Die Fahrt: Weiter in Richtung Osten gelangt man nach weiteren 13 km auf der EX-203 zum letzten Stopp, Madrigal.

6 Madrigal

An der Grenze zu Kastilien-León gelegen, eignet sich Madrigal wunderbar als Endpunkt des Ausflugs. Das kleine Örtchen wurde an einem Fluss gebaut, über den eine uralte und bucklige Steinbrücke führt, der Puente Romano. Im Sommer sollte man sich den Einheimischen anschließen, die sich unter der Brücke im Fluss erfrischen.

LA ISLA

In Plasencia, wie in der ganzen Extremadura, wird es im Sommer sehr heiß. Wer zur Zeit dieser sengendem Hitze hier ist und Schatten und Wasser braucht, dem kann geholfen werden. La Isla ist ein fingerbreiter Streifen Insel im Jerte River unterhalb des alten Ortskerns. Auf der Insel befinden sich Schatten spendende Bäume, ein Café, Bänke, ein Spielplatz und einige Skulpturen. Ein herrlicher Ort, an dem sich ein kühler, schattiger Platz für eine Siesta finden lässt. Einige Leute kühlen sich im Fluss ab. Es ist nicht die Costa Brava aber hilft definitiv, die Körpertemperatur zu senken!

Auf Plasencias Dienstagsmarkt stöbern

RIESIGER MITTELALTERMARKT

Marktfrauen, meist traditionelle schwarze Kleider und farbenprächtig geschmückte Strohhüte tragend, bieten an ihren Ständen die hier hergestellten Lebensmittel, altmodische Spielsachen oder Handwerkskunst an. Zwischen den Ständen spielen gut ausstaffierte einheimische Männer Trompete oder Trommel. Überall in den Bars herrscht eine festliche Atmopshäre. Willkommen auf Plasencias **Martes Mayor**, dem Großen Dienstag!

Der riesige Markt, der am ersten Dienstag im August stattfindet, erstreckt sich über den Großteil des alten Ortskernes und ist das kulturelle Highlight im Veranstaltungskalender. Wer es nicht zum Martes Mayor in den hübschen, alten, von einer Mauer gesäumten Ort schafft, sollte zumindest an jedem anderen Dienstag den riesigen Markt besuchen (ca. 8–14 Uhr), der seit über 800 Jahren stattfindet und als der beste traditionelle Markt dieser Art in der Extremadura gilt. Er konzentriert sich auf die Plaza Mayor, um die sich eine Anordnung von romanischen Kirchen und herrschaftlichen Steinpalästen reiht, alles in sicherer Umgebung der riesigen Stadtmauern.

Los Empalaos Fest

BESCHREITEN DES KREUZWEGES

Es ist Mitternacht an Karfreitag. Jenseits der Grenzen des Örtchens **Valverde** ist es dunkel. Nur gelegentlich ertönt durch die Stille der klagende Schrei eines Waldkauzes. Stille herrscht auch in Valverde. Doch dann erblickt man eine Gestalt, die langsam und mühselig die Straße hinunterschreitet, die Arme im rechten Winkel gestreckt und festgebunden an einem kreuzartigen Balken. Die Gestalt ist in ein weißes Tuch und Spitze gewickelt, eine Dornenkrone ziert den Kopf, auf dem Rücken sind zwei Schwerter befestigt, das Gesicht bleibt vor aller Augen verborgen. Dem Büßer voran gehen in Decken gehüllte Gestalten mit gesenktem Haupt. Sie tragen flackernde Laternen, um den Weg zu beleuchten. Die geisterhafte Prozession schreitet in totenstiller Ruhe den Kreuzweg entlang.

Los Empalaos („der Gepfählte") ist eines der leidenschaftlichsten religiösen Feste Spaniens. Es hat seinen Ursprung im 16. Jh., als die Bruderschaft Nuestro Señor Jesucristo begann, den Leidensweg Jesus auf dem Weg zu seiner Hinrichtung als eine Art der Buße für die im Vorjahr begangenen Sünden nachzustellen. Treffen sich zwei Trauerprozessionen auf der Straße, knien die Teilnehmenden voreinander nieder, als Zeichen gegenseitigen Respekts.

UNTERWEGS VOR ORT

Täglich verkehren eine Handvoll Busse zwischen Cáceres und Plasencia, aber jenseits davon gibt es fast keine öffentlichen Verkehrsmittel.

ÜBERNACHTEN RUND UM LA VERA

Parador de Jarandilla
In diesem Hotel, dass sich in einer alten Burg aus dem 15. Jh. befindet, in der einst Karl I. nächtigte, fühlt man sich wie ein König oder eine Königin. **€€**

La Vera de Yuste
Die Zimmer in diesem Gebäude aus dem 18. Jh. sind mit rustikalen Möbeln ausgestattet und Holzbalken geschmückt. Der Garten ist herrlich. **€€**

La Casa de Pasarón
Die lichtdurchfluteten Zimmer sind mit Terrakottafliesen, Blumendrucken und weißem Leinen ausgestattet. **€€**

MÉRIDA

Für die Einheimischen von Mérida lebt die Geschichte ihrer Stadt nicht in staubigen alten Geschichtsbüchern. Stattdessen begegnen sie ihrer uralten Geschichte Tag und Nacht an jeder Ecke. Die Stadt ist Heimat der weitläufigsten römischen Ruinen Spaniens, darunter einige der am besten erhaltenen nördlich des Mittelmeeres. Die spektakulären Ruinen der einstigen Hauptsdat der römischen Provinz Lusitania verteilen sich in der ganzen Stadt und erscheinen oft an den unwahrscheinlichsten Ecken. Man kann sich nur fragen, was noch immer unter der heute lebendigen, modernen Stadt begraben liegt. Bei so vielen gut erhaltenen römischen Ruinen in einem so kleinen Areal überrascht es, dass die Stadt nicht bekannter ist und mehr Traveller anzieht. Im Moment ist sie in jedem Fall das vielleicht am besten gehütete urbane Geheimnis Spaniens.

TOP TIPP

Der Eintritt zu den römischen Stätten erfolgt im Rahmen eines Kombitickets. Es beinhaltet den Eintritt zu folgenden Attraktionen: Teatro Romano und Anfiteatro, Los Columbarios, Casa del Mitreo, Alcazaba, Circo Romano, Cripta de Santa Eulalia und Zona Arqueológica de Morería. Das Museo Nacional de Arte Romano ist nicht inkludiert.

Die Einzigartigkeit des römischen Show-Business

TEATRO ROMANO & DAS MUSEUM RÖMISCHER ARTEFAKTE

Interessierte bräuchten mehrere Tage, um sich alle römischen Stätten in Mérida anzuschauen. Wer nicht so viel Zeit hat, sollte sich direkt zum **Teatro Romano** begegeben. Es ist ohne Zweifel das Kronjuwel von Méridas römischen Stätten. Nebenan beherbergt das **Museo Nacional de Arte Romano** eine Weltklassesammlung von Artefakten, die von den Ausgrabungsstätten in und rund um die Stadt stammen.

Zur historischen Orientierung beginnt man am besten mit dem Museum, das auf drei Etagen Statuen, Büsten, Mosaike, Fresken, Keramik und andere römische Artefakte zeigt. Hier gibt es so viel zu sehen, dass man sogar ein bisschen überwältigt wird, vor allem sollte man jedoch einen Blick auf die bewundernswerten **römischen Mosaike** werfen. An den Wänden des Museums befinden sich einige der größten und schönsten Mosaike überhaupt.

THEATRE AL FRESCO

Es gibt keine spektakulärere Bühne für eine Theateraufführung als Méridas Teatro Romano. Jedes Jahr im Juli und August verwandelt das **Festival Internacional de Teatro Clásico** das 2000 Jahre alte, historische Monument in einen Raum der darstellenden Künste. Scheinwerfer erhellen die Säulen und Bühne und hunderte Menschen verfolgen die Aufführungen klassischer Stücke. Die Karten sollten bestenfalls im Voraus gekauft werden.

ÜBERNACHTEN IN MÉRIDA

La Flor de Al-Andalus
Fantastisches Budgethotel mit farbenfrohen, wunderschön dekorierten Zimmern im charakteristischen andalusischen Stil. **€**

Hotel Ilunion Mérida Palace
Überwältigendes Fünf-Sterne-Hotel in einem jahrhundertealten Gebäude mit einem wunderschönen gewölbten, blau getönten Atrium. **€€**

Hotel Adealba
Schickes Hotel im zeitgenössischen Stil in einem Stadthaus aus dem 19. Jh. Die Kopfenden der Betten sind künstlerische Highlights. **€€**

HIGHLIGHTS
1 Puente Romano
2 Teatro Romano

SEHENSWERTES
3 Alcazaba
4 Anfiteatro
5 Arco de Trajano
6 Casa del Mitreo
7 Cripta de Santa Eulalia
8 Museo de Arte Visigodo
9 Museo Nacional de Arte Romano
10 Zona Arqueológica de Morería

SCHLAFEN
11 Hotel Adealba
12 Hotel Ilunion Mérida Palace
13 La Flor de Al-Andalus

ESSEN
14 Fusiona Gastrobar
s. 14 Mesón El Pestorejo
15 Shangri-La Vegetariano
16 Sybarit
17 Tábula Calda

AUSGEHEN
18 Jazz Bar
19 La Moett

Wer sich die Grundlagen erarbeitet hat, kann zur Hauptattraktion weitergehen: dem Teatro Romano. Das Theater wurde rund 15 v. Chr. für 6000 Besuchende erbaut. Das daneben gelegene **Anfiteatro** öffnete 8 v. Chr. für die wichtigen Gladiatorenkämpfe und bot Platz für rund 14 000 Zuschauende. Statuen der Götter säumen den zentralen Eingang, die rechte Figur soll den griechisch-ägyptischen Gott Serapis oder Pluto darstellen und die linke eine Muse oder Proserpina.

TAPAS ESSEN IN MÉRIDA

Fusiona Gastrobar
Kreative Tapas und Handwerksbier. Was braucht man sonst? **€€**

Mesón El Pestorejo
Die Spezialität ist *pestorejo*, ein saftiges Stück Schweinenacken. **€**

Sybarit
Beliebte Tapasbar, in der man draußen in der Nähe des Arco de Trajano sitzen kann. **€€**

Das römische Mérida

GESCHICHTE, ARCHITEKTUR UND KUNST

Das Zentrum von Mérida befindet sich über einer viel älteren römischen Stadt namens Emerita Augusta, und viele der darunter begrabenen römischen Gebäude werden wohl nie das Tageslicht erblicken, da moderne Häuser und andere Gebäude über ihnen erbaut wurden. Unten aufgeführt sind nur die Ruinen, die für das Auge von Nicht-Historikern am beeindruckendsten sind. Die Ruinen im Stadtzentrum kann man zu Fuß erkunden, andere erreicht man mit dem Fahrrad oder dem Taxi.

Die am breiten, langsam dahinfließenden Río Guadiana beginnende **Puente Romano** (römische Brücke) ist spektakulär. 792 m lang und aus 60 Granitbögen bestehend, ist sie eine der längsten von den Römern gebauten Brücken (im 17. Jh. wurde sie teilrestauriert). Sie sieht besonders bei Nacht beeindruckend aus, wenn die Bögen von innen angestrahlt werden.

Einige Straßenzüge nördlich steht der **Arco de Trajano**, dessen Identität oft verwechselt wird. Der beeindruckende 15 m hohe Granitbogen hat nichts mit dem römischen Kaiser Trajan zu tun, liegt aber an einer der römischen Hauptstraßen Méridas und mag in seiner ursprünglich mit Marmor bedeckten Form als ein Eingang zu einer heiligen Stätte gedient haben.

Man braucht ein Transportmittel, um die nächsten Stätten zu erreichen, die etwas außerhalb des Stadtzentrums liegen. Neben Méridas Plaza de Toros, einige hundert Meter zu Fuß südlich des Stadtzentrums, steht die **Casa del Mitreo** aus dem späten 1. oder 2. Jh., ein römisches Haus mit gut erhaltenem Fresko und mehreren aufwändigen Mosaiken. Unter Letzteren befinden sich die Überreste des *mosaico cosmológico* aus dem 3. Jh., dessen leuchtende Farben und Allegorien von der Erschaffung der Welt berichten. Das Mosaik wurde durch Feuer beschädigt. Die Casa del Mitreo ist durch einen Fußweg mit der daneben gelegenen römischen Begräbnisstätte Los Columbarios Roman verbunden.

Wer sich an den östlichen Rand der Stadt begibt, entdeckt den **Circo Romano** aus dem 1. Jh. Das größte öffentliche Unterhaltungsvenue, das die Römer in Mérida bauten, bot Platz für rund 30 000 Zuschauende und ist das einzige verbliebene Hippodrom seiner Art in Spanien. In dem angegliederten Infozentrum kann man alles über Diokles lesen, einen preisgekrönten *auriga* (Rennwagenfahrer), der in in Mérida sein Handwerk lernte, bevor er in Rom zum Star wurde.

Letztes Highlight ist der 830 m lange **Acueducto de los Milagros**, einige hundert Meter nördlich des Stadtzentrums, der einst das römische Mérida mit Wasser aus dem Damm bei Lago Proserpina (6 km nördlich der Stadt) versorgte. Der Bau stammt aus der Zeit zwischen dem 1. Jh. v. Chr. und dem 3 . Jh. n. Chr.

DIE ANDERE GESCHICHTE

Mérida wurde nicht an einem Tag erbaut und die Stadt beherbergt eine beeindruckende Sammlung von Ruinen und Monumenten späterer westgotischer und islamischer Perioden.

Cripta de Santa Eulalia
Das Museum und Ausgrabungsstätten zeigen römische Häuser, einen christichen Friedhof aus dem 4. Jh. und eine Kirche aus dem 5. Jh.

Museo de Arte Visigodo
In dem in einem Kirchenkloster aus dem 16. Jahrhundert untergebrachten Museum werden westgotische Gegenstände ausgestellt, die in Mérida ausgegraben wurden.

Zona Arqueológica de Morería
Überbleibsel eines Friedhofs und Häusern aus der römischen bis post-islamischen Periode.

Alcazaba
Dieses islamische Fort aus dem 9. Jh. war wahrscheinlich die erste *Alcazaba*, die in Al-Andalus erbaut wurde.

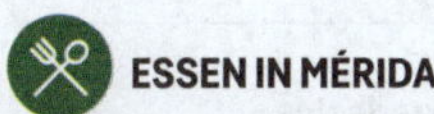

ESSEN IN MÉRIDA

Restaurante Milanesa
Bekannt für seine Reisgerichte, obwohl man zwei bestellen muss, um satt zu werden. €€

Tábula Calda
Ein einladend gelb getünchter Raum es gibt hochwertige Gerichte mit lokalen Zutaten. €€

Shangri-La El Vegetariano
Hungrige VegetarierInnen werden in diesem farbenfrohen Restaurant glücklich satt. €€

UNESCO-WELTERBESTÄTTEN IN DER EXTREMADURA

Die Extremadura beherbergt drei UNESCO-Welterbestätten:

Ciudad Monumental, Cáceres
Den 1986 aufgenommenen Stadtkern wegen der Mischung aus römischen, islamischen, nordgotischen und italienischen Renaissancestile.

Römische Ruinen, Mérida
Im Jahr 1993 aufgenommen wegen seiner außergewöhnlichen römischen Ausgrabungsstätten.

Real Monasterio de Santa María de Guadalupe
Ebenso 1993 aufgenommen wegen seines fulminanten Schatzes spanischer religiöser Architektur aus vier Jahrhunderten.

UNTERWEGS VOR ORT

Die meisten Stätten in Mérida befinden sich in Laufnähe voneinander, aber für den Acueducto de los Milagros muss man in ein Taxi steigen.

MILOSK50/SHUTTERSTOCK ©

Arco de Trajano (S. 475)

Die andere Seite von Mérida

BALLONS, DÄMONEN UND GEISTER

Mérida ist so voll gestopft mit alten Schätzen, dass man die Stadt fast als Freilichtmuseum bezeichnen könnte. Aber Mérida hat noch mehr zu bieten. Es lohnt sich, nicht nur die historischen Stätten abzuhaken, sondern das Städtchen auch aus einer anderen Perspektive zu erkunden.

Apropos andere Perspektive: Wie wäre es mit einer Fahrt im **Heißluftballon** über die Stadt? Eine Reihe von Unternehmen bieten Fahrten an. Heißluftballons lassen sich nicht ganz so gut steuern, und die tatsächliche Flugroute hängt vom Wind ab, aber die Piloten geben ihr Bestes, um Passagierinnen und Passagiere langsam über die römischen Stätten zu steuern.

Auf einer **Mérida Secreta**-Nachtwanderung durch die Stadt entdecken Besuchende eine Seite Méridas, die nicht in der offiziellen Geschichtsschreibung erwähnt wird. Die Guides führen Teilnehmende an versteckte Orte der Stadt, erklären, wie sich die Römer gegen böse Geister wehrten, zeigen die Wirkungsorte von Engeln und Märtyrern und erzählen gruselige Geschichten von Spukhäusern. Die Touren finden auf Spanisch statt, aber wenn man im Voraus Bescheid gibt, können auch englische Touren arrangiert werden.

Beide Ausflüge (sowie die normalen historischen Rundgänge) können über die Tourismusinformation gebucht werden.

DRINKS, MUSIK & CHURROS IN MÉRIDA

La Moett
Klassische, zeitgenössische Wahl für einen Kaffee am Nachmittag oder einen Cocktail am Abend.

Jazz Bar
Diese verlässliche Jazzabar zieht mit regelmäßigen Ausstellungen und Livemusik ein gehobenes Publikum an.

Churrería Noe
Nicht viel mehr als eine Hütte am Straßenrand, und der richtige Ort für süchtig machende Schokoladen-Churros.

Rund um Mérida

Weiss getünchte Hügelstädtchen im andalusischen Stil, riesige Burgen und leckeres Essen machen die Umgebung von Mérida zu einem interessanten Ausflugsziel.

Mérida dient als praktische Ausgangsbasis für den Besuch einer Reihe interessanter historischer Orte, Sehenswürdigkeiten und Aktivitäten. Wer hier unterwegs ist, findet auf jeder Hügelspitze und in jedem Dorfzentrum eine Burg, und die Erkundung einiger eignet sich hervorragend zum Kennenlernen der Region. Aber nicht alles konzentriert sich auf gestern. Die Region ist außerdem für ihr gutes Essen bekannt, vor allem für ihren *jamón* (geräucherten Schinken), für den die südliche Extremadura landesweit bekannt ist.

Im Herzen der Gegend, nahe der Grenze zu Andalusien, liegt der hübsche Ort Zafra.

TOP TIPP

Zafra eignet sich ausgezeichnet als Zwischenstopp zur Übernachtung auf dem Weg zwischen Sevilla and Mérida.

Plaza Grande, Zafra (S. 480)

AUTOTOUR

Burgentour

Die südwestliche Ecke der Extremadura ist übersät mit fabelhaften alten Burgen, die erbaut wurden, um die Gzenzen zwischen dem christlichen und muslimischen Spanien zu verteidigen und Angriffe aus Portugal oder auch anderen spanischen Regionen abzuwehren. Die Burgen befinden sich in verscheidenen Stadien des Verfalls, einige stehen auf einsamen Hügeln, andere inmitten von Dörfern und Städtchen. Die folgenden eigenen sicher hervorragend für einen Tagesausflug ab Mérida.

1 Badajoz

In Badajoz, direkt an der portugiesischen Grenze, befindet sich die **Alcazaba**, die im 12. Jh. von den Mauren auf außergewöhnlichen 8 Hektar Land erbaut wurde, was sie zu dem größten Burgenkomplex Spaniens macht. Heute umfassen ihre langen Mauern eine weitläufige, halb bewaldete Parklandschaft.

Die Fahrt: Auf der EX-107 geht es nach 27 km in südwestlicher Richtungen weiter nach Olivenza.

2 Olivenza

Das hübsche Olivenza hat richtig portugiesisches Flair, wurde aber erst im Jahr 1801 Teil Spaniens. Die imposante Burg aus dem 14. Jh. mit ihren turmverzierten Verteidigungsmauern, bekannt als die **Ciudadela de Olivenza**, zeigt, dass es sich hier um einen Ort handelt, der bereit war, sein Überleben zu verteidigen. Von der Spitze des Burgfrieds Torre del Homenaje hat man einen herrlichen Ausblick.

Die Fahrt: Über die EX-107 und die BA-081 geht es weitere 60 km bis Jerez de los Caballeros.

3 Jerez de los Caballeros

Jerez de los Caballeros ist wunderhübsch und eignet sich hervorragend zum Mittagessen. Der kleine Ort steht gedrungen auf einem niedrigen Hügel, auf dem sich Kirchtürmen und eine Tempelritterburg aus dem 13. Jh., die **Fortaleza Templaria**, tummeln. Vier der sechs Tore der Burg stehen noch, und das Ganze ist in erstaunlich gutem Zustand.

Alcazaba, Badajoz

SOPOTNICKI/SHUTTERSTOCK ©

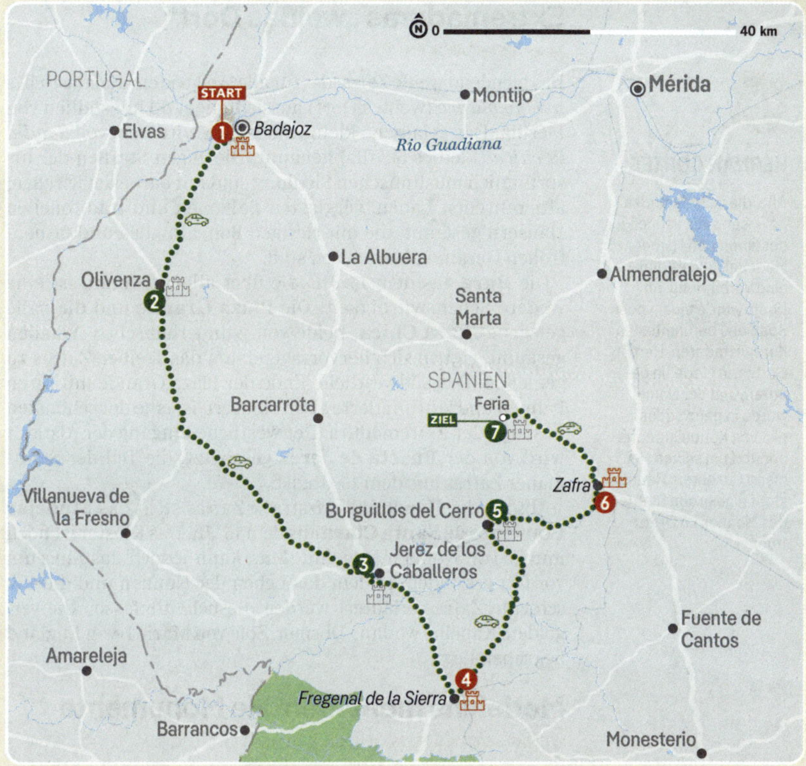

Die Fahrt: Fregenal de la Sierra befindet sich eine 22 km kurze Fahrt Richtung Süden auf der N-435.

4 Fregenal de la Sierra

Das wunderbar erhaltene **Castillo Templario** in Fregenal de la Sierra bietet einen fantastischen Anblick. Die makellos restaurierte Burg mit ihren riesigen Verteigungswällen dominiert das weiß getünchte Örtchen.

Die Fahrt: 32 km in nördlicher Richtung, zuerst auf der EX-101 und dann nach einer Abzweigung links weiter auf der schmalen BA-032, führt nach Burguillos del Cerro.

5 Burguillos del Cerro

Die Burg auf dem Hügel aus dem 15. Jh., die auf den kleinen weiß getünchten Ort hinunterschaut, ist wild romantisch. Ihre Verteidigungswälle und ihr Burgfried sind in ziemlich gutem Zustand, aber andernorts sind nur einige Haufen Steine zurückgeblieben, die erahnen lassen, was hier einst stand.

Die Fahrt: Auf der EX-112 and der EX-101 geht es nach 19 km geradewegs ins herrliche Zafra.

6 Zafra

Das gelassene Zafra (S. 480) wird von einer Burg aus dem 15. Jh. dominiert. Die Anlage ist eine architektonische Mischung aus Gotik, Mudéjar and Renaissance und beherbergt heute das Hotel **Parador de Zafra**.

Die Fahrt: Der letzte Stopp ist Feria, nur 20 km in nordwestlich Richtung entlang der N-432, und einer der schönsten Stopps überhaupt.

4 Feria

Heute ist Feria kaum mehr als ein Punkt auf der Karte, aber im 14. Jh. war Feria Heimat der gleichnamigen Dynastie. Abseits des Ortes liegt die Burg auf einem windgepeitschten Hügel, umgeben von Buschland, und die ruhigen, zerfallenden Mauern und der Bergfried bieten beeindruckende Blicke und Erinnerungen an Hofintrigen.

Extremaduras „weißes Dorf"

ZAFRA ENTDECKEN

HERNÁN CORTÉS

Alle, die in Südamerika gewesen sind, kennen bestimmt den Namen Medellín, und es gibt eine Verbindung. Im 15. Jh. wurde einer von Spaniens berühmtesten Konquistadoren, Hernán Cortés, in Medellín geboren, und der Name wurde in ganz Südamerika von Konquistadores benutzt um seinen Heimatort zu ehren. Heute steht eine große Statue des Mannes im Ortszentrum.

Das blendend weiße Zafra, das für alle Welt wie ein andalusisches *pueblo blanco* (weißes Dorf) aussieht, liegt 60 km südlich von Mérida. Das gelassene kleine Städtchen wird liebevoll *Sevilla la chica* (kleines Sevilla) genannt. Die engen Straßen der ursprünglich muslimischen Siedlung sind mit barocken Kirchen, altmodischen Läden, verglasten Balkonen und traditonellen Häusern gesäumt, die mit riesigen Bougainvillea und farbenfrohen Geranien bewachsen sind.

Die **Burg** aus dem 15. Jh., die über allem throhnt, ist eine weitere Sehenswürdigkeit. Die **Plaza Grande** und die nahe gelegene **Plaza Chica**, beide von wunderhübschen Arkaden gesäumt, eignen sich hervorragend, um das Treiben Zafras zu genießen. Das südwestliche Ende der Plaza Grande mit ihren Palmen und jahrhunderte alten Häusern ist eine der schönsten Ecken in der Extremadura. Der westliche Eingang der Alstatdt wird von der **Puerta de Jerez** geschützt, die Teil der Stadtmauer Zafras aus dem 15. Jh. ist.

Abseits der Haupteinkaufsstraße Zafras steht das **Mudéjar Convento de Santa Clara** aus dem 15. Jh. Das Kloster ist noch immer von Nonnen bewohnt. Man kann jedoch das Museum vor Ort erkunden, in dem das Leben der Nonnen und die Geschichte Zafras erläutert werden. Besuche umfassen die vergoldete Kapelle, wo Jane Dormer, Zofe von Maria I. von England begraben liegt.

Medellíns monumentale Monumente

WENIG BEKANNTES RÖMISCHES THEATER

Rund 40 km nordöstlich von Mérida, ausgeschildert in östlicher Richtung von der A5, liegt Medellín, eines der bestgehütetsten Geheimnisse der Extremadura. Hoch über den Ebenen gelegen und über eine Brücke über den Río Guadiana erreichbar, war Medellín ein bedeutender römischer Ort, ehe er von Mérida (Emerita Augusta) überschattet wurde. Heute ist hier nicht viel los, aber eine Erkundung lohnt sich dennoch.

Das Dorf selbst lohnt einen Rundgang, aber die wahren Attraktionen liegen am Rande des Örtchens. Das **Teatro Romano de Medellín** ist ein fantastisches römisches Theater, das in den Hügel über dem Ort geschlagen wurde und eines der schönsten Spaniens ist, wegen des Theaters selbst und der Ausblicke von dort. Das Museum am Eingang birgt archäologische Schätze, die vor Ort ausgegraben wurden, und ein Video erläutert (auf Spanisch) Medellíns Stellung während der römischen Zeit.

Castillo de Medellín

ESSEN IN ZAFRA

La Rebotica
Zafra's bestes Restaurant serviert traditionelle Gerichte mit innovativem Twist in edler Atmosphäre. **€€**

Arco Restaurante
Restaurant mit traditionellen spanischen Gerichten, z. B. Ochsenschwanz, und anderen Überraschungen. **€€**

Quesería La Bendita
Das alt eingessene Bendita verkauft Käse und serviert herrliche Tapas mit Käse. **€€**

AVES Y ESTRELLAS/SHUTTERSTOCK ©

Auswahl an Aufschnitt und Käse, Extremadura

Auf dem Hügel unmittelbar über dem Theater thront das **Castillo de Medellín** aus dem 12. Jh. Heute ist davon nur noch wenig übrig, aber die wundervoll restaurierten Mauern der Burg sind sehr atmosphärisch. Die von dem Muslim Almohad erbaute Festung fiel 1234 in christliche Hände und wurde später stark umgebaut. Die Ausblicke von den Verteidigungswällen auf das darunter liegende Theater und das Umland sind umwerfend.

Der Schinken der Extremadura

JAMÓN, JAMÓN, JAMÓN

Die Extremadura ist in ganz Spanien für ihr Essen bekannt. Die Käsesorten gelten als himmlisch, die Oliven (und das Olivenöl) setzen Standards, und es gibt jede Menge Fleisch- und Gemüsesorten. Aber über allem steht der *jamón* (geräucherte Schinken), der als bester Spaniens gilt. Er wird aus Schweinen hergestellt, die nur mit Eicheln gefüttert werden (dadurch erhält der Schinken seinen signifikanten Geschmack). Der beste Schinken ist der *Iberico bellota,* von Schweinen aus der Iberico-Züchtung. Es gibt auch den einfachen *bellota jamón,* der aus einer Mischung verschiedener, immer mit Eicheln gefütterten, Schweinerassen stammt. Alle Schweine leben übrigens frei inmitten von Stein- und Korkeichenfeldern. Nach der Schlachtung wird der Jamón bis zu vier Monate lang geräuchert.

Der kleine Ort **Monesterio** im tiefen Süden der Extremadura ist die *jamón*-Hauptstadt Spaniens. Im exzellenten **Museo del Jamón** werden die Traveller durch den Herstellungsprozess geführt. Und um den *jamón* zu kosten, bietet Monesterio jede Menge Gelegenheit dazu.

WO GIBT ES DEN BESTEN JAMÓN?

Monesterios Ruf als *jamón*-Hauptstadt Spaniens bedeutet, dass, es hier jede Menge Restaurants gibt, die ihn anbieten. Zu den Favouriten gehören:

Los Templarios
Schön eingerichtetes Restaurant mit erstklassigem *jamón* und anderen Gerichten aus Schwein.

El Rinconcillo
Coole Bar mit Restaurant, die Tapas mit *jamón* und Hauptgerichte serviert.

Ibéricos Casa Lucas
Mit Abstand der beste Ort in der Stadt, um ein Schinkenbein zu kaufen. Hier kann man sich außerdem gut beraten lassen.

UNTERWEGS VOR ORT

Zafras Busstation befindet sich 1 km nordöstlich der Altstadt. Fast stündlich fahren Busse nach Mérida (alternativ nimmt man den Zug) und bis zu sieben Busse täglich nach Monesterio.

ÜBERNACHTEN IN ZAFRA

Hotel Plaza Grande
Cremeweiße Wändern und frei gelegte Backsteine verleihen dem preiswerten Hotel einen edlen Look. **€**

Parador de Zafra
Eine Festung aus dem 15. Jh., die in ein Luxuxhotel verwandelt wurde – etwas ganz besonderes! **€€**

Hotel Adarve
Ein hübscher Garten und ein schöne, moderne Hotelzimmer zum unschlagbaren Hostal-Preis. **€**

SEVILLA & ANDALUSIENS BERGDÖRFER

SPANISCHE SEELE & MAURISCHES ERBE

Faszinierende Architekturwunder, atmosphärische maurische Bergdörfer, großartige Naturparks und eine atemberaubende Küste: willkommen in Spaniens seelenvollem Süden!

Ob Flamenco, *duende* (Geist), Architekturwunder im maurischen und Mudéjar-Stil, römische Ruinen, gemütliche *paseos* (Spaziergänge) entlang palmengesäumter Alleen, abendliche Tapas-Rituale, labyrinthartige weiße Gassen oder kunstvoll geflieste Patios voll blühender Geranien, ob ungezügelte Lebensfreude beim Karneval im Frühling, der zeremonielle Pomp der Feria oder die wilde Schönheit der Naturschutzgebiete: Sevilla und das faszinierende Umland haben einen besonderen Zauber.

Das andalusische Kernland mit der ursprünglichen Atlantikküste und dem wunderschönen bergigen Landesinneren voller Olivenhaine und Pinienwälder ging durch phönizische, griechische, karthagische, römische und westgotische Hände. Zu Al-Andalus-Zeiten verschmolzen hier drei Kulturen, nämlich die maurische, die christliche und die jüdische, wovon bis heute die alten Stadtviertel von Sevilla, Córdoba und Cádiz zeugen. Prägend waren außerdem ein fremdes Reich, Christoph Kolumbus' Wirken sowie das Streben der Konquistadoren in die „Neue Welt".

Mit seinem romantisch-nostalgischen Geist inspiriert dieser Teil Spaniens schon lange auch Literaturschaffende. Und bei einem Spaziergang durch die zauberhaften *pueblos blancos* wie Vejer de la Frontera, Ubrique oder Arcos de la Frontera im goldenen Licht der Abendsonne und vor der gedämpften Geräuschkulisse läutender Kirchenglocken, schreiender Esel und unermüdlich zirpender Zikaden scheint die Zeit ganz einfach stehen zu bleiben.

DIE WICHTIGSTEN ZIELE

SEVILLA
Historische Hauptstadt. S. 488

CÓRDOBA
Maurisches Erbe S. 499

CÁDIZ
Alte Stadt am Meer S. 509

© GEORGIOS TSICHLIS/SHUTTERSTOCK

Mezquita (S. 499), Córdoba

PUEBLOS BLANCOS
Weiße Bergdörfer **S. 519**

PARQUE NACIONAL DEL COTO DE DOÑANA
Tierwelt und Natur
S. 526

TARIFA
Wind und Wellen
S. 533

Erste Orientierung

Von der Grenze zu Portugal und dem Parque Nacional del Coto de Doñana, entlang der Atlantikküste, über Bergdörfer und die maurischen Städte Sevilla, Córdoba und Cádiz, bis hin nach Tarifa, dem südlichsten Zipfel Europas – die Reise führt zu den kulturellen, historischen und Natur-Highlights der Region.

Sevilla, S. 488

Andalusiens selbstbewusste und unbezähmbare Hauptstadt voller Kunst, Architektur, Geschichte und Kultur hat eine lebhafte Tapas-Szene sowie ein pulsierendes Nachtleben, das den *duende* (Geist) feiert.

Córdoba, S. 499

Die großartige Moschee Mezquita in Córdoba, einst das spirituelle und wissenschaftliche Herz von Al-Andalus, ist eines der Architektur-Weltwunder. Und Córdoba selbst ist am Río Guadalquivir ein echtes Schmuckkästchen von einer Stadt.

AUTO

Eine der besten Möglichkeiten, die zahlreichen Bergdörfer und abgelegenen, unberührten Strände dieser Region zu erkunden, ist mit dem Auto. Außerhalb der labyrinthischen Mauern der Bergdörfer parken!

Parque Nacional del Coto de Doñana
Frontera
GRANADA
Antequera
Lebrija
Olvera
Villamartín
Zahara de la Sierra
Setenil de las Bodegas
MÁLAGA
Golfo de Cádiz
Sanlúcar de Barrameda
Arcos de la Frontera
El Torreón (1648 m)
Pueblos Blancos
Álora
Chipiona
Grazalema
Ronda
Cártama
Jerez de la Frontera
Rota
Ubrique
Parque Natural Sierra de las Nieves
Coín
El Puerto de Santa María
Parque Natural Sierra de Grazalema
Bahía de Cádiz
Cádiz
CÁDIZ
Mijas
San Fernando
Río Genal
Marbella
Jimena de la Frontera
Fuengirola
Chiclana de la Frontera
Embalse de Barbate
Estepona
San Pedro de Alcántara
Vejer de la Frontera
Parque Natural Los Alcornocales
La Línea de la Concepción
Costa del Sol
Barbate
Algeciras
Gibraltar
Bahía de Algeciras
Straße von Gibraltar
Tarifa
ATLANTISCHER OZEAN
0 — 50 km

Parque Nacional del Coto de Doñana, S. 526

Eines von Europas größten Naturschutzgebieten strotzt nur so von Natur, darunter über 300 Vogelarten und seltene Flora und Fauna. Es gibt hier viele Ökosysteme, z.B. Feuchtgebiete, Lagunen, Kiefern- und Korkwälder sowie Dünen.

Cádiz, S. 509

Cádiz, eine der ältesten Städte Europas, war einst die Hauptstadt Spaniens und ein Tor zur „Neuen Welt". Heute erwacht sie zu neuem Leben und feiert einen Karneval, der es mit dem in Rio de Janeiro aufnehmen kann.

OLGA KOT PHOTO/SHUTTERSTOCK ©

Pueblos Blancos, S. 519

Andalusiens Bergdörfer erstrecken sich von Ronda bis Arcos de la Frontera. Hier gibt es zeitlose, weiß getünchte Labyrinthe mit prächtigen Farben und atemberaubenden Ausblicken auf Berge, Schluchten und Hochgebirgspässe zu entdecken.

Tarifa, S. 533

Dieses windgepeitschte Kitesurf-Paradies, nur 15 km von der afrikanischen Küste entfernt, ist das Tor zur Costa de la Luz und bietet neben unberührten Stränden auch einige der besten Surf- und Windsurfmöglichkeiten Europas.

BUS

Busse bedienen die Hauptverbindungsstrecken und viele der Dorfrouten im Landesinneren, allerdings ist der Service oft eingeschränkt. Man sollte daher rechtzeitig planen. Informationen über den Flughafenbus, Fahrkarten und Travelcards gibt's unter www.tussam.es.

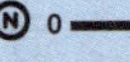

ZUG

Die Reise zwischen den Hauptknotenpunkten Córdoba, Sevilla und Cádiz ist dank schnellen Direktzügen und regelmäßigen Verbindungen einfach. Man sollte für die Sommermonate und zu den Zeiten der Feria und des Karnevals im Voraus buchen. Während der Fahrt lässt sich die herrliche Landschaft genießen.

Perfekte Tage

Ob Kunst und Architektur, traumhafte Strände, Wanderabenteuer, lokale Küche, Flamencokurse oder Erkundungen der Bergdörfern: Die Region bietet etwas für jeden Geschmack.

GRAHAM KING/SHUTTERSTOCK ©

Alcázar de los Reyes Cristianos (S. 502), Córdoba

Wenig Zeit

- Wer nur einen Tag Zeit für **Sevilla** (S. 488) hat, besucht frühmorgens die **Kathedrale** (S. 489) und dann die wunderschönen **Jardines de Real Alcázar** (S. 494), zwei bedeutende historische und kulturelle Stätten. Um lange Wartezeiten zu vermeiden, sollte man Tickets vorab online kaufen.

- Im Anschluss deckt man sich auf dem Markt im Schatten von **Las Setas** (S. 495) mit frischen Zutaten fürs Mittagessen ein. Ein guter Platz für ein Picknick ist der **Parque de María Luisa** (S. 494).

- Am Nachmittag lockt das charmante **Barrio de Santa Cruz** (S. 488). Bei Sonnenuntergang bietet **La Terraza del EME** (S. 493) eindrucksvolle Blicke über die Stadt, bevor in **La Carbonería** (S. 495) Flamenco nach Sevilla-Manier auf dem Programm steht.

PASCAL SAEZ/VW PICS/UNIVERSAL IMAGES GROUP VIA GETTY IMAGES ©, KIKOSTOCK/SHUTTERSTOCK ©, TMP - AN INSTANT OF TIME/SHUTTERSTOCK ©

Beste Reisezeit

Im Sommer, wenn es in Sevilla und Córdoba meist sehr heiß ist, lockt die Küste. Ideal für einen Besuch der Städte und Bergdörfer sind Frühling und Herbst.

FEBRUAR

Die zügellosen **Los Carnavales** erweckaen den wahren Geist des Karnevals zum Leben – die Feierlichkeiten in Cádiz sind weltbekannt.

APRIL

Bei der **Fiera de Abril** wird klassisch andalusisch gefeiert, mit Pferden, traditionellen Kostümen, Fahrgeschäften und sevillanischen Volkstänzen.

MAI

Anlässlich des **Festival de los Patios** erstrahlt Córdoba in einem bunten Blütenmeer.

Wochenendtrip

● In Córdoba gönnt man sich einen Aufenthalt im luxuriösen **Hospes Palacio del Bailio** (S. 502). Morgens geht's ins **Judería Barrio** (S. 502), danach kann man im **El Laberinto** (S. 505) nach Büchern stöbern oder den **Palacio de Viana** (S. 502) mit wunderschönen Innenhöfen und Gärten besuchen. Für Stärkung sorgt ein Mittagessen auf der Hofterrasse des **Atrio Copas** (S. 503), danach lockt die **Mezquita** (S. 499) mit ihren berühmten rot-weiß gestreiften Bögen, ein echtes Highlight der Stadt.

● An Tag zwei steht die **Medina Azahara** (S. 501) auf dem Programm. Die frühere Hauptstadt von Al-Andalus, „Leuchtende Stadt" genannt, ist ein architektonisches Highlight. Am Abend versprechen die authentischen arabischen Bäder im **Hamman Al-Andalus** (S. 502) in Córdoba Entspannung, gefolgt von Tapas und tollen Blicken auf den Sonnenuntergang beim **Sojo Ribera** (S. 503).

Eine Woche oder länger

● Von Sevilla aus geht's zum Sternegucken in die **Sierra Norte** (S. 497), einem UNESCO-Lichtschutzreservat. Nun entdeckt man die **Pueblos Blancos** (weiße Bergdörfer; S. 519) und wandert in deren Umland oder erlebt auf einer geführten Tour die unverfälschte Natur im wunderschönen **Parque Nacional del Coto de Doñana** (S. 526) an der Küste mit zahlreichen Vögeln und großer Artenvielfalt.

● An den wunderschönen, mit der Blauen Flagge ausgezeichneten Stränden lassen sich ein paar Tage zubringen, z.B. an der **Playa Bolonia** (S. 535) an der Costa de la Luz, außerdem lädt **Tarifa** (S. 533) zum Surfen, Windsurfen und Kitesurfen ein. **Walbeobachtungstouren** (S. 535) vor der afrikanischen Küste begeistern Kinder und Erwachsene gleichermaßen.

JUNI

Ende Mai/Anfang Juni treffen Wagen andalusischer Pilgernder anlässlich der **Romería del Rocío** in El Rocío ein.

SEPTEMBER

Anfang September beginnt das Traubenstampfen und die **Fiestas de la Vendimia de Jerez** feiern die Ernte.

OKTOBER

Das **Festival Iberoamericano de Teatro** lockt Theaterensembles aus Spanien und Lateinamerika nach Cádiz.

NOVEMBER

Tanz- und Musikwettbewerbe sowie alles, was mit Flamenco zu tun hat, gibt's beim **Nationalen Flamencokunst-Wettbewerb** in Córdoba.

SEVILLA

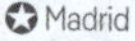

Das über 2200 Jahre alte Sevilla (700 000 Ew.) mit römischen Wurzeln ist die stolze Hauptstadt Andalusiens. Sie bietet zahllose Tapasbars und ist für ihr maurisches Erbe, Flamenco, ihre Konquistador-Geschichte als Tor in die „Neue Welt" und eine lange Stierkampftradition bekannt.

Die am Río Guadalquivir gelegene Stadt lässt sich wunderbar zu Fuß erkunden und bezaubert mit malerischen, weißgetünchten Gassen, Innenhöfen mit Azulejo-Fliesen und bunten Blumen, eindrucksvoller Architektur (die Kathedrale, La Giralda und Real Alcázar sind Pflichtstopps) und mit der sprühenden Energie und den *alegrías* (Flamenco-Liedern) der *sevillanos*, die ihre Liebe für Traditionen mit Feierlichkeiten wie der Semana Santa oder der Fiera de Abril leben. In den Stadtvierteln finden sich Paläste, Gärten, Museen, Kunstgalerien und Springbrunnen, und neben der maurischen, gotischen, Renaissance- und Mudéjar-Architektur der Vergangenheit geben so visionäre Elemente wie Las Setas, die als größte Holzkonstruktion der Welt gelten, der sich ständig wandelnden Stadt neue Impulse.

TOP TIPP

Einen anderen Blick auf die Stadt bieten Boots-, Stehpaddel- und Kajaktouren auf dem Fluss.

HIGHLIGHTS IN SANTA CRUZ

Centro de Interpretación Judería de Sevilla
Das kleine Museum ist der hiesigen jüdischen Geschichte gewidmet.

Casa de Pilatos
Ein kunstvoll verzierter Palast aus dem 16. Jh. mit wunderschönen Gärten.

AIRE Sevilla
Luxuriöse arabische Bäder am Standort eines Original-Hamams.

Historisches Barrio de Santa Cruz

DAS FRÜHERE JÜDISCHE VIERTEL

Santa Cruz, das atmosphärische Herz Sevillas, erstreckt sich ostwärts der Kathedrale. Hier kann man sich in labyrinthartigen Gassen verlieren, versteckte blumengeschmückte Patios und Plätze entdecken und den beseelten Geist der Stadt in sich aufsaugen. Am besten bricht man früh vor Ankunft der Reisegruppen auf und ignoriert die Souvenirläden an der Plaza del Triunfo neben der Kathedrale.

Auf der von Orangenbäumen gesäumten **Plaza de Santa Cruz** laden Straßencafés zu einer Erfrischung ein. Dann lockt die **Callejón de Agua** (Wassergasse) mit Innenhöfen und Balkonen voller wunderschöner Pflanzen hinter schmiedeeisernen Geländern. In der Nähe des Real Alcázar stößt man auf malerische weiße Gassen und die **Jardines de Murillo**. Der Park mit kühlendem Schatten und Wasserspielen gehörte einst zum Alcázar und ist heute nach dem berühmten Künstler und *sevillano* Murillo benannt. Zu den Highlights gehört auch die Statue von Christopher Kolumbus – zwei hoch aufragende korinthische Säulen mit einem Löwen und einer Weltkugel, die das spanische

ÜBERNACHTEN IN BOUTIQUEUNTERKÜNFTEN IN SEVILLA

Las Casas de los Mercaderes
Stimmungsvoller Innenhof und tolle Lage in der Nähe der Kathedrale und von La Giralda. €€

Casa del Poete
Restaurierte Villa aus dem 17. Jh. mit stilvoll-kultiviertem Komfort. €€

Casa Romana
Klassischer Komfort und eine Cocktailbar auf dem Dach mit Ausblick über die Stadt. €€

Reich symbolisieren. Zurück an der Plaza del Triunfo geht es in das **Archivo General de Indias** in der historischen Handelsbörse Casa Lonja de Mercaderes, dessen insgesamt über 10 km lange Regale auch Briefe von Cervantes, George Washington, Magellan und Cortés beherbergen. Das Archiv enthält umfassende Dokumente zur Geschichte des spanischen Kolonialreichs, wobei neben Briefen auch Karten Einblicke in jene Zeit geben.

Architekturwunder

PFLICHTSTOPPS: KATHEDRALE, GIRALDA & ALCÁZAR

Die weltweit größte gotische Kathedrale **Santa María de la Sede** (benannt nach ihrer Schutzheiligen) verdrängte einst eine Almohad-Moschee aus dem 12. Jh., von der nur La Giralda (der Glockenturm), die Puerta del Perdón mit Koraninschriften und der Patio de los Naranjos übrig geblieben sind. Die Kathedrale birgt das Grab von Kolumbus und die Biblioteca Colombina an der Ostseite. Die faszinierende Bibliothek enthält Briefe und Dokumente von Kolumbus' Reisen, die sein Sohn sammelte und der Stadt spendete. Kunstwerke sind in der Sacristía Major zu sehen, darunter Gemälde von Murillo. Am eindrucksvollsten ist jedoch die schiere Größe des ambitionierten Baus.

La Giralda, das Minarett der einstigen Moschee nordöstlich der Kathedrale, thront 91 m hoch über der Stadt. Im Inneren führen Rampen nach oben zur Panoramaaussicht.

Nach dem Besuch der Kathedrale und des Glockenturms stehen der **Real Alcázar** und seine maurischen Gärten auf dem Programm. Der Königspalast, in dem bereits im frühen Mittelalter die Herrscherklasse residierte, ist vom Mudéjar-Stil geprägt und die wunderschöne Parkanlage schmücken Springbrunnen, Ziergärten, hochaufragende Palmen, Teiche und Bögen.

Mitreißende Feria de Abril

DIE ANDALUSISCHE FIESTA SCHLECHTHIN

Die Party aller Partys findet in der Regel zwei Wochen nach der Semana Santa (Karwoche) statt und feiert mit überschwänglicher Freude andalusische Kultur und Gebräuche. Auf dem Festgelände Real de la Feria sind über 1000 mit Laternen beleuchtete *casetas* (Buden) aufgestellt und der Boden ist vom kreidigen dunkelgelben Sand der Alcalá de Guadaria bedeckt. Die Feierlichkeiten beginnen mit der *noche del alumbrao* (Nacht der Lichter), wenn tausende Lämpchen um Mitternacht angezündet werden und Lichtspiele das riesige Eingangstor La Portada erhellen. An Ständen wird *pescaíto frito* (frittierter Fisch) gegessen, *manzanilla* fließt in rauen Mengen und jeder wirft sich in sein bestes Flamenco-Outfit.

INSIDER-TIPPS: SEVILLA ERLEBEN

Maria lebt in Sevilla und arbeitet für Devour Tours. Der Veranstalter gehört mittlerweile zu City Experiences und bringt Reisenden auf kulinarischen Touren Sevilla durch Essen und Getränke nahe. *@devour_tours*

„Ich liebe es, wie dynamisch und zugleich entspannt Sevilla ist. Wer die Stadt wirklich erleben möchte, sollte nicht zu viele Pläne machen und sich Zeit für einen *relío* nehmen. Gerade beim Einkaufen trifft man oft spontan Bekannte, mit denen man ein schnelles Bier trinkt. Meine Lieblingsadresse für einen *relío* ist **Lama La Uva**, eine wunderbare Weinbar mit unbekannteren Sorten, die immer wieder für eine Überraschung gut ist. Frühmorgens gehe ich am liebsten am Fluss joggen oder spazieren und genieße die kühle Luft, vor allem im Winter. Es ist nie zu kalt, um rauszugehen."

ÜBERNACHTEN IN BUDGETUNTERKÜNFTEN IN SEVILLA

La Casa del Maestro Boutique Hotel
Einladendes Hotel mit Innenhof und Mosaik-Fliesen. **€**

Hotel Alcántara
Zimmer mit Blick auf einen typisch andalusischen Innenhof im Barrio de Santa Cruz. **€**

Casa Boutique La Pila del Pato
Gemütliche, saubere Unterkunft in zentraler Lage in der Altstadt. **€**

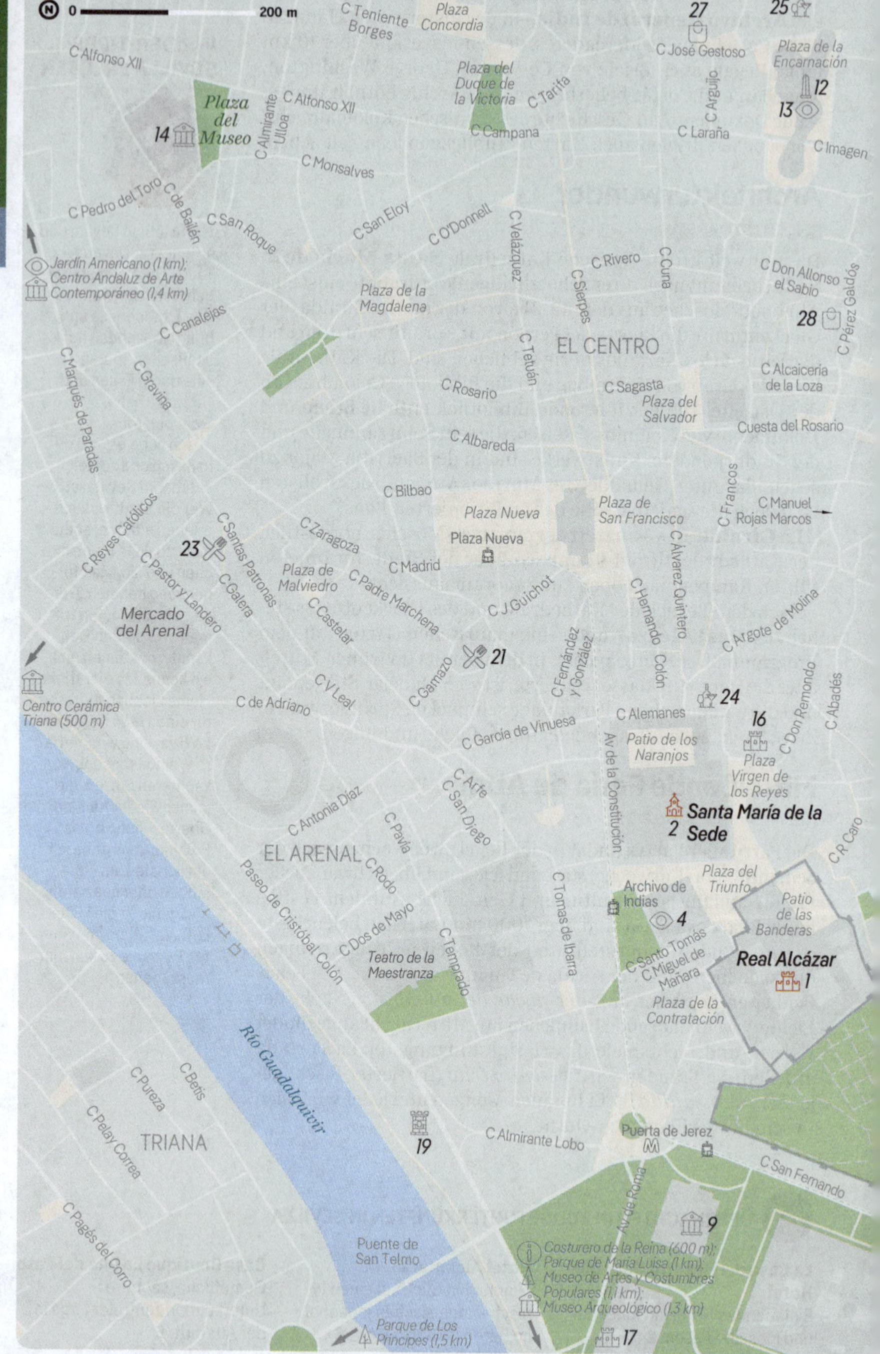
0 200 m
C Teniente Borges
Plaza Concordia
27
25
C José Gestoso
Plaza de la Encarnación
C Alfonso XII
Plaza del Duque de la Victoria
C Tarifa
C Arguijo
12
13
Plaza del Museo
14
C Almirante Ulloa
C Alfonso XII
C Campana
C Laraña
C Imagen
C Monsalves
C Pedro del Toro
C de Bailén
C San Roque
C San Eloy
C O'Donnell
C Velázquez
C Rivero
C Cuna
C Sierpes
C Don Alfonso el Sabio
C Pérez Galdós
Jardín Americano (1 km); Centro Andaluz de Arte Contemporáneo (1,4 km)
Plaza de la Magdalena
28
C Canalejas
C Tetuán
EL CENTRO
C Marqués de Paradas
C Gravina
C Rosario
C Sagasta
Plaza del Salvador
C Alcaicería de la Loza
Cuesta del Rosario
C Albareda
C Bilbao
Plaza Nueva
Plaza de San Francisco
C Francos
C Manuel Rojas Marcos
Plaza Nueva
C Zaragoza
C Santas Patronas
23
C Reyes Católicos
C Pastor y Landero
C Galera
Plaza de Malviedro
C Madrid
C Padre Marchena
C J Guichot
C Álvarez Quintero
C Hernando Colón
Mercado del Arenal
C Castelar
C Argote de Molina
21
C Fernández y González
C Gamazo
C V Leal
24
C de Adriano
C Alemanes
16
C Don Remondo
C Abades
Centro Cerámica Triana (500 m)
C García de Vinuesa
Patio de los Naranjos
Av de la Constitución
Plaza Virgen de los Reyes
C Arfe
C San Diego
C Antonia Díaz
C Pavía
Santa María de la Sede
2
C R Caro
EL ARENAL
C Rodo
Paseo de Cristóbal Colón
C Tomas de Ibarra
Plaza del Triunfo
Archivo de Indias
4
Patio de las Banderas
C Dos de Mayo
C Temprado
C Santo Tomás
C Miguel de Mañara
Real Alcázar
1
Teatro de la Maestranza
Plaza de la Contratación
Río Guadalquivir
C Pureza
C Betis
C Pelay Correa
TRIANA
19
C Almirante Lobo
Puerta de Jerez
C San Fernando
Av de Roma
9
C Pagés del Corro
Puente de San Telmo
Costurero de la Reina (600 m); Parque de María Luisa (1 km); Museo de Artes y Costumbres Populares (1,1 km); Museo Arqueológico (1,3 km)
Parque de Los Príncipes (1,5 km)
17

HIGHLIGHTS
1 Real Alcázar
2 Santa María de la Sede

SEHENSWERTES
3 AIRE Sevilla
4 Archivo General de Indias
5 Casa de Pilatos
6 Centro de Interpretación Judería de Sevilla
7 Focus Abengoa Foundation
8 Hospital de los Venerables
9 Hotel Alfonso XIII
10 Jardines de Murillo
11 Jardines de Real Alcázar
12 Las Setas
13 Metropol Parasol
14 Museo de Bellas Artes
15 Museo Murillo
16 Palacio Arzobispal
17 Palacio de San Telmo
18 Plaza de Santa Cruz
19 Torre del Oro

AKTIVITÄTEN
20 Aire Baños Árabes

ESSEN
21 Bodeguita Romero
22 El Rinconcillo
23 La Brunilda

AUSGEHEN
24 La Terraza del EME
25 Lama La Uva

UNTERHALTUNG
26 La Carbonería

SHOPPEN
27 Caotica
28 Un Gato en Bicicleta

OPERNSTADT

Sevilla inspirierte viele große europäische Komponisten. Zu den vielen bekannten Opern, die in der Stadt spielen, gehören *Der Barbier von Sevilla, Don Giovanni* und *Die Hochzeit des Figaro*.

Kein Werk festigte Sevillas Ruf als Schauplatz für heißblütige Dramen allerdings so sehr wie *Carmen*, die Oper aus dem Jahr 1875 von Georges Bizet. Sie beruht auf einer Erzählung des französischen Autors Prosper Mérimée und handelt von Carmen, einer feurigen *cigarrera* (Arbeiterin in einer Zigarrenfabrik).

Zu Beginn verführt Carmen Don José, einen Soldaten, der sie festnehmen soll. Sie werden ein Liebespaar, doch bald hat Carmen genug von ihm und verliebt sich in einen bekannten Stierkämpfer (Escamillo). Daraufhin ersticht Don José in einem Anfall von Eifersucht Carmen vor der Plaza de Toros de la Real Maestranza von Sevilla.

JOSE CARRASCO/SHUTTERSTOCK ©

Feria de Abril (S. 489)

Tagsüber stehen Kutschenparaden und verschiedene Stierkämpfe in La Maestranza auf dem Programm. Der Stierkampf hat in der andalusischen Kultur eine lange Tradition, kritische Stimmen äußern sich hingegen besorgt um das Wohl der Tiere.

Abends beginnt dann das eigentliche Spektakel. Die einwöchigen Feierlichkeiten enden mit einem spektakulären Feuerwerk über dem Río Guadalquivir.

Am besten lässt sich die Feria mit einer Einladung in eine private *caseta* erleben, in der man sich von Einheimischen sevillanische Tänze beibringen lassen kann. Ansonsten ist der Eintritt frei und es gibt auch ein paar *casetas*, die öffentlich zugänglich sind. Ein *traje de gitana* (Kostüm) ist nicht notwendig, aber alle werfen sich in Schale.

ÜBERNACHTEN IN LUXUSHOTELS IN SEVILLA

Hotel Alfonso XIII
Glamour alter Schule und eleganter Charme. **€€€**

Hotel Colón Gran Meliá
Die Luxusbleibe in der Altstadt gehört zu „The Leading Hotels of the World". **€€€**

Barceló Sevilla Renacimiento
Schickes, gehobenes Familienhotel auf der Isla de Cartuja in der Nähe des Themenparks Isla Magica. **€€€**

Kunst in Sevilla

SEVILLAS KÜNSTLERISCHES ERBE

Als in Spaniens Goldenem Zeitalter Cervantes seinen *Don Quijote* schrieb und Lope de Vega an seinen Stücken arbeitete, machte sich in Sevilla Diego Rodríguez de Silva Velázquez als Maler einen Namen.

Velázquez (1599–1660) ist vor allem für *Las Meninas* bekannt, das ihn bei der Arbeit am spanischen Hof zeigt. Er begann seine Künstlerlaufbahn bereits mit elf Jahren als Schüler von Francisco Pacheco, der damals als Sevillas bedeutendster Künstler und Kunsttheoretiker galt. Schon 1617 hatte er sein eigenes Atelier und heiratete Pachecos Tochter. Seine Werke übertrafen bald die seines Lehrers. Das Velázquez-Zentrum in der **Fundación Focus-Abengoa** ist seinem Leben und Werk in Sevilla und darüber hinaus gewidmet. Seine Arbeit inspirierte einen anderen Sohn der Stadt, Bartolomé Esteban Murillo (1617–1682). Beispiele für Murillos Werk gibt es im **Museo de Bellas Artes**, das zudem Bilder von Zurbarán, El Greco und Ribera zeigt, sowie in der Kathedrale. In der Stadt stehen Statuen von Velázquez und Murillo, und das **Museo Murillo** im Wohnsitz des Künstlers vermittelt Eindrücke von dessen Leben in Sevilla.

Eine weitere interessante Kunstsammlung bietet die **Casa de Pilatos** mit Werken von Goya, Pacheco und Llanos y Valdés.

KREATIVPLÄTZE FÜR KUNSTAFFINE

Caótica
Buchladen mit Café für Literatur- und Kunstinteressierte. Auf den Tischen sind Buchempfehlungen ausgelegt.

Centro Andaluz de Arte Contemporáneo
Zeigt Kunst und veranstaltet am Wochenende Konzerte. Die zauberhaften Gärten laden zu einem Abendspaziergang ein.

Un Gato en Bicicleta
Diese Mischung aus Galerie, Café und Buchladen bietet auch Töpferkurse.

Sevillanische Esskultur

DIE KUNST DES TAPEO

Die Herkunft der Tapas-Tradition ist nicht geklärt. Manche führen sie auf Alfons XII. zurück, andere auf den französischen Ausdruck *étape* (als Proviant auf einer Etappe), wiederum andere vermuten ihre Wurzeln in Lebensmittelläden in Cádiz. Abgesehen davon, welche Theorie nun stimmen mag, gilt es als gesichert, dass Tapas – die Tradition, Snacks oder kleine Gerichte zu Drinks in einer Bar zu reichen – in Andalusien ihren Ursprung haben. Früher waren Tapas kostenlos. Wegen der wachsenden Auswahl und Komplexität der Gerichte ist es heute allerdings üblich, für Tapas Geld zu verlangen. Zu den schönsten abendlichen Vergnügungen in Sevilla gehört eine Bartour, bei der man verschiedene Tapas kostet und sie mit einem Glas *manzanilla, vino tinto* (Rotwein) oder *tinto de verano* (Rotwein mit Limonade) begleitet. Zu den Klassikern gehören *albóndigas* (Fleischbällchen), *tortilla española* (Kartoffelomelette), *jamón ibérico* (Schinken), *croquetas* (Kroketten), *gambas al ajillo* (Knoblauchgarnelen) und *berenjena con miel* (Aubergine mit Honig). Um Tapas zu bestellen, muss man sich

Tortilla

AUSGEHEN IN SEVILLA

La Terraza del EME
Blicke auf die Skyline bei Sonnenuntergang, Lounge-Flair und klassische Cocktails.

Le XiX
Cocktails bei der Kathedrale, Kinoplakate und freundliches Personal.

El Rinconcillo
Bar von 1670 mit Geschichte und Atmosphäre. Oben gibt's Essen, in der gefliesten Bar unten Drinks.

NOCH MEHR HIGHLIGHTS: GÄRTEN

Jardines de Real Alcázar
Eindrucksvolle Gartenanlage mit einem Labyrinth aus *Game of Thrones*; kostenpflichtig.

Jardines de Buhaira
Eine Oase aus dem 12. Jh. im maurischen Stil.

Parque del Alamillo
Natur, Seen und Tiere; am Wochenende bei Familien beliebt.

Jardines de Murillo
Der maurische Garten neben dem Alcázar ist nach dem Maler benannt, der in der Nähe wohnte.

Parque de María Luisa

ESSEVU/SHUTTERSTOCK ©

– wenn es sich um eine beliebte Adresse handelt – (höflich) seinen Weg zur Bar erkämpfen und der Person hinter der Bar die Bestellung zurufen. Zum ersten Getränk gibt's die erste Runde, dann die zweite, dann die dritte... Nicht vergessen: In Spanien isst man spät zu Abend, gegen 21 oder 22 Uhr.

Zu Sevillas besten Tapas-Adressen gehört der beliebte Klassiker **El Rinconcillo**, eine atmosphärische Bar von 1670 mit alten Weinfässern als Tischen (besonders lecker ist der *jamón bellota*). In Arenal verbindet **La Brunilda** auf souveräne Art Alt mit Neu. Es ist an der riesigen blauen Eingangstür zu erkennen und schließt sonntags um 16 Uhr. Für eine Stärkung in der Nähe der Kathedrale bietet sich die **Bodeguita Romero** an, eine lokale Institution mit umfangreicher Sherry-Auswahl und den beliebten *papas aliñas* (Kartoffelsalat).

Parkkultur

DIE GRÜNFLÄCHEN DER STADT

Ob wunderschöne Gärten oder Parks, erholsame Grünflächen sind nie weit entfernt. Die Stadt liegt am Ufer des Río Guadalquivir und viele Orte erinnern mit Springbrunnen, Teichen und Wasserbecken, denen Bäume Schatten spenden und die die Hitze erträglich machen, an Sevillas maurisches Erbe.

Zu den beliebtesten grünen Lungen der Stadt zählt der **Parque de María Luisa**. Er wurde im Vorfeld der Expo von 1929 angelegt und bietet neben Blumengärten voller Palmen und Orangenbäumen einen See zum Bootfahren mit verschiedenen Wasserspielen sowie das **Museo Arqueológico** und das **Museo de Artes y Costumbres Populares**.

An der anderen Uferseite in Triana lädt der idyllische **Parque de Los Principes** zu einem Spaziergang oder Picknick ein. Zu Sevillas größeren Parks gehört außerdem der **Parque Miraflores**, der sich gut zum Joggen und wegen des beliebten Spielplatzes für einen Familienausflug eignet. Auf der Isla de la Cartuja in der Nähe des Komplexes für zeitgenössische Kunst liegt der **Jardín Americano**; wie der Name schon vermuten lässt, wachsen hier neben einem Uferweg Pflanzen aus Amerika.

Paläste, Museen & andere Schätze

PRACHTBAUTEN

Neben der Kathedrale, La Giralda und Alcázar bietet Sevilla noch zahlreiche weitere architektonische Highlights, von denen sich einige auf einem Stadtspaziergang entdecken lassen. Einen Besuch wert ist der **Costurero de la Reina**, ein kleiner Turm direkt neben dem Parque de María Luisa. Das auffällige Gebäude im Neo-Mudéjar-Stil beherbergt heute die Tourismusinformation und ist als Miniburg in typischen sevillanischen

FEINKOSTLÄDEN IN SEVILLA

Maestro Marcelino
Tapas, Weine, Schinken und Käse, einen kurzen Fußmarsch von La Giralda entfernt.

Casa Moreno
Kleiner Feinkostladen mit Bar und Tapas; bei Einheimischen beliebt.

Bar El Comercio
Tapas sowie großartige *churros* und Schokolade in nettem altmodischem Ambiente.

Torre del Oro

MARQUES/SHUTTERSTOCK ©

MODERNE ARCHITEKTUR-HIGHLIGHTS

Zu den jüngeren architektonischen Attraktionen gehören das Centro Cerámica Triana, das Alt mit Neu verbindet und mit dem *celosia*-Erbe (Kunstschmiedearbeiten) spielt.

Die eindrucksvollen **Las Setas** (eigentlicher Name: Metropol Parasol) sind eine große gewellte Holzstruktur, bestehend aus sechs Sonnenschirmen bzw. Pilzen. Die Bögen sollen die der Kathedrale aufgreifen. Der fünfstöckige, bis zu 26 m hohe Bau versorgt die Plaza de la Encarnación mit Schatten und dient als erhöhter Fußweg und Aussichtspunkt über die Stadt.

Farben gestaltet. Alternativ startet man mit dem **Palacio Arzobispal** (Erzbischöflicher Palast) direkt gegenüber von La Giralda. Mit seiner rot-weißen Fassade, dem eindrucksvollen Portal und den Statuen ist er ein sehr gutes Beispiel für spanische Barockarchitektur.

Weitere Exemplare im klassischen Barockstil sind das **Hospital de los Venerables** mit hübschem Patio und einer Sammlung von Velázquez-Werken sowie der prachtvolle **Palacio de San Telmo** mit Innenhöfen, einer Kapelle und Säulen, der heute als Sitz der andalusischen Regierung dient.

Das vielleicht beste Beispiel für die Fusion verschiedener Architekturstile ist das **Hotel Alfonso XIII** im Barrio Santa Cruz, eine faszinierende Mischung aus arabischen Bögen, Fenstern im Renaissance-Stil und Neo-Mudéjar-Design.

Die ikonische **Torre del Oro** am Ufer geht auf das 13. Jh. zurück und sollte während der Herrschaft der Almohaden-Dynastie die Stadt vor Angreifern schützen.

UNTERWEGS VOR ORT

Die Viertel Santa Cruz, Triana, El Arenal und La Macarena lassen sich wunderbar zu Fuß erkunden. Für weitere Strecken bieten sich Taxis sowie das gute Zug- und Busnetz der Stadt an.

LIVEMUSIK IN SEVILLA

La Carbonería
Kostenloser Flamenco und tolle Atmosphäre in einem stimmungsvollen ehemaligen Lagerhaus.

Pura Esencia
Authentisches *tablao* (Lokal mit Flamenco-Vorstellungen).

Fun Club
Indie-Rock-Konzerte, gefolgt von Clubnächten.

Rund um Sevilla

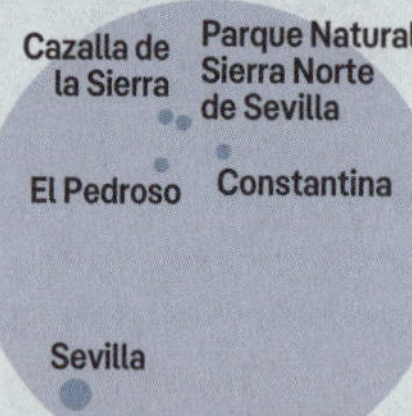

Die Sierra Norte lockt mit eindrucksvoller Landschaft, einsamen Wanderwegen und Sternenhimmeln in einem UNESCO-Lichtschutzgebiet.

Der Parque Natural Sierra Norte de Sevilla erstreckt sich über 1770 km² im Norden der Provinz Sevilla. Er bietet ein breites Angebot an Outdoor-Aktivitäten und exzellente Wanderungen durch Kork- und Steineichenwälder, von einfachen Wegen mit sanftem Gefälle bis hin zu anspruchsvolleren Berggipfelrouten. Pappeln, Weiden, Haseln, Eschen und Ulmen säumen das Ufer des Río Huéznar. Die Landschaft prägen Bergwiesen, alte Saumpfade, Wälder, Flusstäler und majestätische Gipfel. Das Gebiet wurde 2011 zum UNESCO-Geopark erklärt und zieht eher einheimische Wanderbegeisterte als Reisende an. Es gibt auch ein paar hübsche Bergdörfer, eigentliches Highlight bleibt allerdings die Natur.

TOP TIPP

Die Sierra Norte ist gut per Auto, Bus oder Zug zu erreichen. Züge fahren am Bahnhof Santa Justa in Sevilla ab und halten u.a. in Cazalla de la Sierra, einer hübschen Ortschaft mitten im Park, und in Constantina mit Burgruinen und maurischen Gassen.

Almadén de la Plata

JOSERPIZARRO/SHUTTERSTOCK ©

JOSE LUCAS/ALAMY ©

Parque Natural Sierra Norte de Sevilla

Outdoor-Abenteuer & Sternenhimmel

WANDERN, RADFAHREN & STERNE BEOBACHTEN

Orientierung geben die Infozentren im **Parque Natural Sierra Norte de Sevilla** mit Karten und Tipps zu Wanderrouten (El Robledo oder Cortijo Berrocal). Ausgangspunkt für verschiedene beschilderte Wege ist **Almadén de la Plata**. Neben Restaurants bietet der Ort auch diverse Aktivitäten wie Kanufahrten auf dem nahen Stausee El Pintado, Forellenfischen in den Flüssen des Parks und Ausritte. Wer möchte, kann sich mit dem Leihrad einen Teil des **Sendero de Sierra Morena** vornehmen, dem längsten Fahrradweg Südspaniens. Oder man erkundigt sich nach nächtlichen Routen, um den eindrucksvollen Sternenhimmel zu erleben – das Gebiet ist ein UNESCO-Lichtschutzreservat.

Zu den schönsten Wanderwegen im Herbst gehört der **Sendero Molino del Corcho**, eine einfache 7 km lange Route das Flussufer entlang durch Wälder, die in Herbstfarben erstrahlen. Ausgangspunkt ist der Picknickbereich von Isla Margarita in der Nähe des Bahnhofs Cazalla-Constantina; einfach dem ausgeschilderten Weg „Molino del Corcho" zum Fluss folgen.

Als Rundweg bietet sich der **Sendero Los Castañares** an. Er beginnt am Ende der Calle Venero in Constantina, dauert etwa zwei Stunden, bietet einen Aussichtspunkt über die Sierra und führt durch Oliven- und Kastanienhaine bis zur Burg von Constantina mit weiteren Traumblicken.

LUST AUF ABENTEUER?

Der **Sendero La Capitana**, ein 10 km langer Wanderweg, führt hinauf zur La Capitana, dem höchsten Gipfel der Sierra (959 m). Dort bieten sich unglaubliche Panoramablicke über die Sierra Morena und die Extremadura.

Für abenteuerlustige Kinder ist der **Parque Aventura Sierra Norte** mit Ziplining, Bogenschießen und weiteren Outdoor-Aktivitäten die richtige Wahl.

Der Veranstalter für Abenteuersport **Barranquismo Calzadillas** in Almadén de la Plata hat Abseiltouren an Wasserfällen, Klettertrips und Kajakfahrten im Angebot.

ÜBERNACHTEN IN DER NÄHE DES PARQUE NATURAL SIERRA NORTE DE SEVILLA

Cartuja de la Inmaculada
Das restaurierte Kloster aus dem 15. Jh. beherbergt heute ein Hotel, eine Kunstgalerie und Ateliers für hier wohnende Kunstschaffende. **€€**

Camping La Fundición
Beim Rio Huéznar mit Pool und Restaurant-Bar. **€**

Molino del Corcho
Frühere Wassermühle vor wunderschöner Kulisse. **€€**

JOSERPIZARRO/SHUTTERSTOCK ©

Cascadas de Huéznar

AUSGANGSPUNKTE FÜR ABENTEUER IN DER SIERRA NORTE

Cazalla de la Sierra
Charmantes weißes Dorf mit Hotels im Zentrum des Parks.

Constantina
Die größte Stadt der Sierra mit einer Burg und maurischen Gassen.

El Pedroso
Hübsches Dorf mit Mudéjar-Kirche.

Tierwelt, Höhlen & Radwege

WASSERFÄLLE, HÖHLENMALEREIEN UND RADFAHREN

Der über 1770 km² große Parque Natural Sierra Norte de Sevilla dient vielen Tieren als Heimat, darunter findet sich eine vielfältige Vogelwelt mit Adlern, Geiern, Gabelweihen und Uhus. Wildschweine verstecken sich im Unterholz, ebenso wie Füchse, Dachse, Iltisse, Luchse und Wildkatzen. Im Flusswasser fühlen sich Otter und Forellen wohl, während sich in den Wäldern Pirole und Kernbeißer entdecken lassen.

Für Wanderfreudige sind die **Cascadas de Huéznar** (Huéznar-Wasserfälle) eine gute Wahl. Neben einem hübschen Picknickplatz bieten sie in den wärmeren Monaten kühlenden Schatten. Archäologiefans können das Höhlensystem der **Cuevas de Santiago** erkunden. Die unterirdischen Tunnel und Höhlen bergen prähistorische Funde aus der Altsteinzeit. Jungsteinzeitliche Höhlenmalereien und Kalksteinformationen finden sich in der **Cueva de los Covachos** nahe Almadén de la Plata.

Für eine Radtour bietet sich die 18 km lange *vía verde* (Grüne Route) am Río Huéznar an, ein Wander- und Radweg entlang einer ehemaligen Bergbaubahnstrecke. Alternativ veranstaltet **Elecmove** zweitägige Touren durch die Sierra Norte mit emissionsfreien E-Bikes. Die 80 km lange Route führt zu Dörfern, Olivenhainen und Seen; von Sevilla aus geht's mit dem Zug zum Ausgangspunkt Lora del Rio.

UNTERWEGS VOR ORT

Mit dem Auto lässt sich das Umland Sevillas am flexibelsten bereisen, ansonsten fahren Züge zu den Ausgangspunkten der Wege. Die Hauptzugangsstraßen in den Park sind die A432 nach El Pedroso und Cazalla de la Sierra sowie die A455 von Lora del Río bis hoch nach Constantina.

CÓRDOBA

Das einstige intellektuelle Zentrum des islamischen Westens am Ufer des Rio Guadalquivir wartet mit nicht weniger als vier UNESCO-Welterbestätten auf. Jede davon weist Elemente des römischen, maurischen und christlichen Erbes Córdobas auf, von der eindrucksvollen Moschee-Kathedrale Mezquita im historischen Zentrum der Stadt über die einstige Hauptstadt von Al-Andalus, Medina Azahara, und die Überreste eines römischen Tempels bis hin zu dem Palastkomplex Alcázar de los Reyes Cristianos mit seinen duftenden Gärten und Höfen. Einmal im Jahr kann man während der einwöchigen Feria de los Patios die blumenbewachsenen Innenhöfe der lebendigen Stadt bewundern, außerdem kann man sich in den schmalen Kopfsteinpflasterstraßen der charmanten Altstadt im Judería Barrio (der größten Altstadt Spaniens) wunderbar treiben lassen. Die historische Liebe zum mittlerweile umstrittenen Stierkampf zeigt sich vor allem in dem Viertel Santa Marina, auch Barrio de los Toreros genannt, und bei der mitreißenden Feria, die eine Woche lang Flamenco, Stierkämpfe und Essen feiert.

TOP TIPP

Von Mitte April bis Mitte Juni ist in Córdoba ordentlich was los, denn dann finden die wichtigsten Feste statt. Für die perfekte Kulisse sorgen blauer Himmel, angenehme Temperaturen und die vielen Bäume, Gärten und Innenhöfe voller Blüten.

Die maurische Vergangenheit entdecken

DIE WUNDER DER MEZQUITA

Mit dem Bau der überaus ambitionierten Moschee wurde 786 unter Emir Abd ar-Rahman I. am einstigen Standort einer Kathedrale und eines römischen Tempels begonnen. Nach 200 Jahren war das Bauwerk mit römischen, westgotischen, byzantinischen, persischen und syrischen Stilelementen vollendet. Karl V. ließ im Zentrum der Moschee ein Kirchenschiff nach Renaissance-Art errichten, das fehl am Platz wirkt, dennoch beeindruckt die **Mezquita** dank ihrer Weitläufigkeit, der byzantinischen Mosaike und der riesigen rotweiß gestreiften Bögen, gehalten von 856 verbliebenen Säulen westgotischen und römischen Ursprungs. Der kunstvolle Mihrab (Gebetsnische), im 10. Jh. hinzugefügt und von Kunsthandwerkern aus Konstantinopel verziert, ist interessanterweise nach Damaskus und nicht nach Mekka ausgerichtet. Abd ar-Rahman I. soll Heimweh nach seiner syrischen Heimat gehabt haben, aus der er ins Exil floh. Von jener Nostalgie zeugen auch die vielen Palmen, die in der Stadt gepflanzt wurden, sowie der Stil der Säulen und Bögen. Von den ursprünglichen Eingängen wird nur noch die Puerta del Perdón

KULTUR-MIX

Córdobas multikulturelle Vergangenheit spiegelt sich im Architektur-Erbe wider, das vom Aufeinandertreffen und Verschmelzen der islamischen, jüdischen und christlichen Kultur zeugt. Die Al-Andalus-Herrschaft prägte eine Politik religiöser Toleranz, die den Kultur-Mix ermöglichte. Córdoba wurde zum Zentrum intellektuellen und wissenschaftlichen Fortschritts, samt bedeutenden Bibliotheken. Nach der Reconquista flohen viele Nicht-Christen aus der Stadt und Córdobas Niedergang war eingeläutet.

ÜBERNACHTEN IN CÓRDOBA

Patio del Posadero
Marokkanisches Flair in einem Stadthaus mit Pool auf dem Dach und Patio. **€€**

Viento10
Moderne Einrichtung und Dach-Patio mit Blick über die Stadt. **€€**

La Llave de la Judería
Restauriertes Stadthaus mit Patios und stilvoller Kunst im Judería Barrio. **€€**

HIGHLIGHTS
1 Mezquita

SEHENSWERTES
2 Casa de Sefarad
3 Hammam Al-Andalus
4 Museo Taurino
5 Palacio de Viana
6 Sotos de la Albolafia
7 Torre de la Calahorra
8 Triunfo de San Rafael

SCHLAFEN
9 Casa de los Azulejos
10 Hotel Hospes Palacio del Bailío
11 Las Casas de la Judería

ESSEN
12 Casa Mazal
13 Taberna Casa Pepe de la Judería

AUSGEHEN
14 Atrio Copas
15 Sojo Ribera

UNTERHALTUNG
16 Gran Teatro
17 Tablao Flamenco Cardenal

SHOPPEN
18 Casa del Libro
19 El Laberinto
20 Luque
21 Republica de Las Letras

genutzt. Sie führt zum Patio de los Naranjos, einem großen Hof voller Orangenbäume, Palmen und Brunnen, in denen man sich früher vor dem Beten in der Moschee die Hände wusch. Zugang zur Mezquita gewährten zahlreiche Türen, die außerdem für Licht sorgten. Das einstige Minarett, die Torre del Alminar von 957, ist heute ein barocker Glockenturm.

AUSGEHEN IN CÓRDOBA

Taberna San Miguel
Geschichte und Nostalgie; bei Einheimischen beliebt.

El Tercio Viejo
Experimentierfreudige bestellen Schnecken zum Drink.

Bodegas Mezquita
Klassische, traditionelle Tapas in atmosphärischer, freundlicher Bar mit Feinkostsortiment.

Medina Azahara

Leuchtende Stadt

DER MAURISCHE PALASTKOMPLEX MEDINA AZAHARA

8 km von Córdoba entfernt liegt die **Medina Azahara**, einst „Leuchtende Stadt" und das Verwaltungszentrum von Al-Andalus. Sie wurde erst zu Beginn des 20. Jhs. wiederentdeckt und gibt bemerkenswerte Einblicke in das maurische Andalusien des 10. Jhs. Obwohl bis dato nur etwa 10 % der ursprünglichen Stadt ausgegraben wurden, bekommt man ein Gefühl für die eindrucksvollen Ausmaße der Medina Azahara. 936 gab Abd ar-Rahman III. den Bau der Palast- und Moscheeanlage in Auftrag, die angeblich nach seiner Lieblingsfrau as-Zahra benannt wurde. In der nur fünfjährigen Bauzeit kamen über 10 000 Arbeiter, 1500 Kamele und Maultiere sowie Marmor aus Nordafrika zum Einsatz. Die Anlage umfasste einen Zoo, ein Kristallzimmer, riesige Fischteiche, eine Voliere, viele Bäder sowie den Palast, Regierungsgebäude, hunderte Häuser, Marktplätze und zwei Kasernen für die königliche Wache. Sie wurde auf einem Hügel auf drei Ebenen angelegt (der Palast in der oberen Ebene, die Regierungs- und Verwaltungsgebäude sowie die öffentlichen Gärten in der mittleren und die Moschee und die Wohnhäuser in der unteren) und überblickt das ländliche Umland.

Zur Medina Azahara gelangt man mit dem Auto oder vom Zentrum Córdobas mit dem Bus. Die Haltestelle befindet sich

LITERATUR AUS UND ÜBER ANDALUSIEN

Wallada bint al-Mustakfi
Dichterin des 11. Jhs. aus Córdoba.

Lord Byron
Don Juan (1819) zeigt die Leidenschaft des Dichters der englischen Romantik für Andalusien.

Ernest Hemingway
Wem die Stunde schlägt (1940) basiert auf Hemingways Erfahrungen in Andalusien während des Spanischen Bürgerkriegs.

Salman Rushdie
Der Roman *Des Mauren letzter Seufzer* (1995) ist von dem im Exil lebenden maurischen König von Granada inspiriert.

Gerald Brenan
Südlich von Granada (1959) porträtiert präzise das Leben in einem andalusischen Bergdorf.

ESSEN IN CÓRDOBA

Garum 2.1
Moderne Varianten klassischer Gerichte in Bistro-Kulisse. €€

Regadera
Ästhetik, Liebe zum Detail und gute Küche. €€

Paseo Ibérico
Rustikale Kneipe, in der es *jamón*, Käse und Knoblauchpilze gibt. €

JUAN MANUEL APARICIO DIEZ/SHUTTERSTOCK ©

Sinagoga de Córdoba

beim **Alcázar de los Reyes Cristianos** (Di–So 11 Uhr); um Tickets sollte man sich vorab online kümmern.

Das historische Judería Barrio

EINBLICKE INS ALTE JÜDISCHE VIERTEL

Das atmosphärische alte **jüdische Viertel** Córdobas befindet sich im *casco antiguo* zwischen La Puerta de Almodóvar, der Mezquita und dem Bischofspalast. Mit seinen verschlungenen Straßen und Gassen vermittelt das Judería Barrio Eindrücke des mittelalterlichen sephardischen Lebens in der Stadt.

Die **Synagoge**, eine von nur drei verbliebenen Originalen in Spanien, liegt in der Calle de los Judios und stammt von 1315. Das Innere birgt eine Galerie für Frauen und kunstvolle hebräische Inschriften im Putz. Die Tora wurde in einem Behältnis in einem halbkreisförmigen Bogen aufbewahrt. In der Nähe der Synagoge, auf der Plaza Maimonides, steht eine Statue des jüdischen Philosophen und Astronomen Maimonides, der in den 1130er-Jahren in Córdoba geboren wurde. Er gilt als einer der einflussreichsten Tora-Gelehrten des Mittelalters.

Die **Casa de Sefarad** gibt Einblicke in das jüdisch-spanische (sephardische) Leben im 14. Jh. vor der Vertreibung aus Spanien. Im Fokus stehen Traditionen, Haushaltsgegenstände, Musikinstrumente und Details zur sephardischen Sprache und Kultur. Neben den Exponaten gibt es eine Bibliothek und ein Sound-Archiv.

Die Gassen des faszinierenden Viertels säumen Silberschmiede- und Schmuckgeschäfte, während sich hinter schmiedeeiser-

ÜBER DIE STRÄNGE SCHLAGEN

Erstens: die Unterkunft. Zur Auswahl stehen **Las Casas de la Judería**, ein Boutiquehotel mit Pool, römischen Ruinen und Blick auf die Mezquita, das **Hotel Hospes Palacio del Bailío**, eine eindrucksvolle Fünfsterne-Villa mit grünen Innenhöfen, und die **Casa de los Azulejos**, ein wunderschön umgestalteter *palacio* mit Patios und farbenfrohen Fliesen.

Zweitens: ein Bad. In dem traumhaft renovierten arabischen **Hammam Al-Andalus** kann man in warmen, heißen und kalten Becken entspannen.

Drittens: ein Museumsspaziergang. Die Innenhöfe und Gärten des prachtvollen **Palacio de Viana** laden zu einem Streifzug ein.

LUXUSUNTERKÜNFTE IN CÓRDOBA

Eurostars Palace
Modernes Fünfsternehotel in der Nähe von La Puerta de Almodóvar. €€€

Hotel Hospes Palacio del Bailío
Stilvolle, wunderschöne Ruheoase im Herzen der Altstadt. €€€

Parador de Cordoba
Vor den Stadttoren am Standort eines früheren maurischen Sommerpalasts. Traumblicke vor eleganter Kulisse. €€€

nen Fenstergittern und Toren wunderschöne Innenhöfe voller Blumen verbergen; hervorzuheben ist dabei die Calleja de las Flores. In der **Casa Mazal** kann man traditionelle sephardische Küche kosten und die Atmosphäre der winzigen Straßen und Plätze auf sich wirken lassen.

Kulinarisches Córdoba

CÓRDOBAS KÜCHE VOR STIMMUNGSVOLLER KULISSE

Die Küche Córdobas kann man auf speziellen kulinarischen Stadttouren vor eindrucksvoller Kulisse erleben. Ob Marktbesuche, Kochkurse, Tapas- und Terrassentouren (dreistündige Gastronomietouren in der Altstadt), Ausflüge zu alten Olivenmühlen, lokale Weinproben, Stadtführungen mit stimmungsvollem Picknick zur Mittagszeit oder Frühstück bei römischen Ruinen: Geschichte und Esskultur der Stadt werden hier auf ganz besondere Art vermittelt. Man kann sich entweder einer kleinen Gruppe Gleichgesinnter anschließen oder eine private Tour buchen, Geschichte, Humor und gastronomische Highlights inklusive. Für kulinarische Führungen ist **Foodie & Experiences** eine gute Wahl.

Die Küche Córdobas machen Gewürze und Kräuter aus (beliebt sind Estragon, Oregano und Pfefferminz) sowie – dank des maurischen Erbes der Stadt – die häufige Verwendung von Bohnen, Linsen, Kichererbsen und Auberginen. Gerichte wie *mazamorra* (herzhafte Speise mit Mandeln, Semmelbröseln, Olivenöl, Knoblauch, Essig und Salz, garniert mit schwarzen Oliven und hartgekochten Eiern) und der bekanntere *salmorejo cordobés* (kalte Suppe auf Tomatenbasis) gehören zu den Klassikern. Typische Tapas sind z.B. *boquerones en vinagre* (Sardellen in Essig), *cogollos al ajillo* (gebratene Salatblätter mit Paprika, Knoblauch und Olivenöl) und *cordero con miel* (Lamm mit Honig). Ob traditionelle Bodegas, neu eröffnete Sternerestaurants oder eine Tapastour von Bar zu Bar, Córdoba bietet für jeden Geschmack etwas.

Fahrt auf dem Río Guadalquivir

DIE STADT AUS EINER ANDEREN PERSPEKTIVE

Der Río Guadalquivir (der Name leitet sich von dem arabischen Begriff *al-wadi al-Kabir*, „der große Fluss", ab) fließt mitten durch die Stadt und spielte über die Jahrhunderte eine Schlüsselrolle in Córdobas Geschichte. Er führt durch ganz Andalusien bis zur Atlantikküste und war entscheidend für den Olivenöl- und Weinhandel der alten Römer. Heute lässt sich der Fluss auf verschiedene Arten erleben und gibt eine neue, frische Perspektive auf die Stadt.

DIE SCHÖNSTEN TERRASSEN CÓRDOBAS

Sojo Ribera
Dachbar mit Traumblicken bei Sonnenuntergang, Tapas, Cocktails und Nachtclub.

Atrio Copas
Modernistische Villa mit hübscher Café-Bar und Außenterrasse im Hof des wunderschönen Colegio de Arquitectos.

Taberna Casa Pepe de la Judería
Beliebter Klassiker mit gutem Essen und Blicken vom Dach auf die Mezquita.

Puente Romana (S. 504)

BUDGETUNTERKÜNFTE IN CÓRDOBA

Hostal Maestre
Saubere, einfache und preisgünstige Unterkunft mit Innenhof. €

Hostal La Fuente
Urige Einrichtung, ein Innenhof und eine Dachterrasse. €

Hotel Boutique Suite Generis
Ein kleines Juwel mit wunderhübscher Einrichtung. €€

DIE STADT AUF ZWEI RÄDERN

Eco-Bici Cyclocity
Einfach registrieren und dann kostenlos mit dem Rad die Stadt erkunden.

Rent A Bike Córdoba
Große Auswahl an Leihrädern und geführte Radtouren.

Nattule
Leihradanbieter sind auf nattule.com zu finden, einer Online-Plattform für nachhaltigen Tourismus (in ganz Spanien).

Elektrik.es
Verleiht E-Scooter und E-Bikes.

Bei einer Kanufahrt kann man einige der schönsten Ecken der Stadt erleben, darunter den **Real Jardín Botánico de Córdoba** (Botanischer Garten) mit paläontologischem und ethnobotanischem Museum sowie das Naturschutzgebiet **Sotos de la Albolafia**. Letzteres ist Heimat für über 120 Vogelarten, so lassen sich Reiher, Weißstörche, Stockenten und Sumpfhühner Grünes schmecken, während sich Regenpfeifer und Purpurhühner im Schilf verbergen. Danach lohnt sich ein Besuch der **Kapelle von Belén** mit Ausblick auf das Guadalquivir-Tal.

Wer den Fluss lieber vom Festland aus erleben möchte, spaziert über den **Puente Romana** (Römische Brücke). Im Westen sind das Denkmal **Triunfo de San Rafael** (Triumph des Heiligen Rafael) und das Brückentor zu sehen. Gegenüber der Brücke steht die **Torre de la Calahorra** von 1369, heute ein Museum der „drei Kulturen" (muslimische, jüdische und christliche), die Córdobas Geschichte prägten. Bei Sonnenauf- und Sonnenuntergang, wenn sich das Licht im Wasser spiegelt, sind die Ausblicke am schönsten.

Traditionen & Kunsthandwerk

FLAMENCO, SILBERSCHMUCK & LEDER

Bekannt ist Córdoba für seine Flamenco-Leidenschaft, seine Stierkampftradition und fachmännisches Kunsthandwerk, das u.a. wunderschönen Silberschmuck und Lederarbeiten hervorbringt.

Die Heimatstadt von Paco Peña, dem Star des modernen Flamenco, bietet Vorstellungen im **Gran Teatro**, während des Wettbewerbs **Concurso Nacional de Arte Flamenco** und im **Tablao Flamenco Cardenal** nahe der Mezquita. Zudem macht **Flamenco Insights** Kurse für Neulinge in einem Gebäude im Viertel Santa Marina, die außerdem Wissenswertes zur Geschichte des Flamenco vermitteln und eine Vorstellung in einer *peña flamenco* (Privatclub) beinhalten.

Eine weitere beliebte (wenn auch umstrittene) Tradition ist der Stierkampf. Für die einen ist er noch immer eine Kunstform, für die anderen Tierquälerei. Tickets für *corridas* (Stierkämpfe) gibt's bei der **Plaza de Toros**, während sich das **Museo Taurino** an der Plaza Maimonides der Geschichte dieser andalusischen Tradition widmet. Wer sich lieber über Initiativen gegen den Stierkampf informieren möchte, ist bei peta.org.de richtig.

Triunfo de San Rafael

Córdoba blickt auf eine lange Kunsthandwerkstradition zurück, vor allem in den Bereichen Gold- und Silberschmuck sowie Lederarbeiten. Viele Geschäfte sind auf den Tourismus ausgerichtet, es gibt jedoch noch ein paar authentischere Adressen mit tollem Sortiment. Tatsächlich werden 60 % von Spaniens Gold- und Silberschmuck in Córdoba gefertigt, wobei beim Design die drei Kulturen, die die Stadtgeschichte prägten, eine Rolle spielen. Weitere Einblicke bieten die Ateliers im Judería Barrio.

LIVEMUSIK IN CÓRDOBA

Café Málaga
Beliebte Livemusik-Location mit Jazzabenden am Donnerstag.

Jazz Café
In dem atmosphärischen, beliebten Jazzlokal herrscht bis spät in die Nacht Stimmung.

Córdoba Long Rock
Freundliche Bar mit Livemusik.

KEN WELSH/ALAMY ©

Kunsthandwerk im Entstehen: bemaltes Leder

Poesie & Philosophie

KULTUR DER VERGANGENHEIT & GEGENWART

Für eine Stadt mit nur 300 000 Einwohner:innen blickt Córdoba auf eine lange und reiche Literaturgeschichte zurück. Die römischen Dichter Lukan und Seneca der Jüngere wurden beide hier geboren. Das *monumento a los enamorados* ist der Liebe zwischen dem Poeten Ibn Zaidun und der Prinzessin Wallada bint al-Mustakfi, einer bekannten Dichterin von Al-Andalus, gewidmet. Ziryab, der „Dichter von Córdoba", galt als weiteres Ausnahmetalent. Der äußerst begabte Musiker und Poet floh aus Bagdad, gelangte nach Al-Andalus und wurde am Hof von Abd ar-Rahman aufgenommen. Zu den vielen großen Philosophinnen und Philosophen sowie Denker:innen, die in Córdoba lebten, gehören Averroes (1126–1198; Philosoph aus Córdoba, der mit seinen Kommentaren zu Aristoteles großen Einfluss auf das mittelalterliche Christentum hatte und Wissenschaft und Religion versöhnen wollte), Maimonides (S. 502) und der Jurist und Theologe Ibn Hazm.

Córdobas Kulturszene floriert bis heute. Initiativen und Veranstaltungen fördern die Dichtkunst und das gesprochene Wort, und bei dem Festival **Cosmopoética: Poetas del Mundo en Córdoba** versammeln sich jeden Herbst Dichter:innen aus der ganzen Welt. Geboten werden verschiedene Events, Filmvorführungen, Lesungen und Workshops in Bars, Parks, Palästen und in der **Biblioteca Central** (Zentralbibliothek). Zudem gibt es das ganze Jahr über ein kreatives Programm an Lesungen und Zusammenkünften in den Buchläden der Stadt; in der **Republica de Las Letras** finden regelmäßig Lesungen mit Weinbegleitung statt.

DIE BESTEN BUCHLÄDEN

Republica de Las Letras
Einladende kulturelle Institution und ein Paradies für Bücherfans mit interessantem Veranstaltungsprogramm; Bücher können auch geliehen werden.

Luque
Große Auswahl an Literatur zur Geschichte Córdobas und Andalusiens.

El Laberinto
Gebrauchte und antiquarische Bücher auf Englisch und Französisch.

Planet Book
Für eine polyglotte, sprachinteressierte Kundschaft; gute Auswahl an Reiseromanen.

Casa del Libro
Gut ausgewähltes Sortiment und freundliches Personal. Die bewährte Kette bietet eine große Auswahl an Literatur für jedes Alter und jeden Geschmack.

UNTERWEGS VOR ORT

Córdoba ist von Madrid, Sevilla, Cádiz und Granada gut mit Expresszügen zu erreichen. Man kann die Stadt im Rahmen eines Tagesausflugs besuchen, es lohnt sich allerdings ein längerer Aufenthalt. Insbesondere die Altstadt lässt sich gut zu Fuß erkunden. Zur Medina Azahara, 8 km vom Zentrum entfernt, gelangt man mit dem Bus oder Taxi.

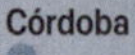

Córdoba
Ruta del Aceite
Ruta del Vino
Laguna de Zóñar
Sierra Subbética Cordobesa

Rund um Córdoba

Im Umland Córdobas locken Entdeckungstouren auf der Ruta del Aceite und Weinproben auf der Ruta del Vino.

Im Süden der Provinz Córdoba beeindruckt La Subbética mit faszinierender Landschaft. Die Wanderwege, der bergige Geopark, die Seen und Stauseen, Wassersport wie Segeln, Kajakfahren und Paddeltouren, Mountainbike-Routen und grüne Radwege sind perfekt für alle, die gern aktiv sind. Dank der malerischen, einladenden, weiß getünchten andalusischen Dörfer und Städte ist die Region in Sachen Kultur, Natur und Geschichte ein echtes Schwergewicht. Auf der Ruta del Aceite locken Highlights wie Baena, Luque, Zuheros und Priego de Córdoba, gepaart mit Wissenswertem zur hiesigen Olivenölproduktion. Auf der Ruta del Vino lassen sich in der Region Montilla-Moriles hergestellte Weine entdecken. Es lohnen außerdem Abstecher nach Montemayor, Montilla, Aguilar und zur Laguna de Zóñar, bevor die Tour dann in Cabra, einer hübschen Stadt in der Campiña, endet.

TOP TIPP

Wer ein paar Tage Zeit hat, kann eine Radtour auf der Via Verde del Aceite unternehmen.

Cabra (S. 508)

Olivenöl, Núñez de Prado

Unterwegs auf der malerischen Ruta del Aceite

ARCHÄOLOGIE, ARCHITEKTUR UND OLIVENÖL

Die Ruta del Aceite verläuft von Córdoba südostwärts Richtung Priego de Córdoba durch die eindrucksvolle Landschaft der **Sierra Subbética Cordobesa**, mittlerweile ein ausgewiesener Naturpark. **Baena** hat eine eigene *denominación de origen* (Herkunftsbezeichnung) wegen der herausragenden Qualität des Olivenöls, war in maurischen Zeiten eine bedeutende Stadt und macht bis heute einen wohlhabenden, dynamischen Eindruck. Bei einem Besuch der Mühle **Núñez de Prado** bekommt man Einblicke in die Ernte und das Olivenpressen, während das **Museo del Olivar** über die Geschichte dieses so bedeutenden andalusischen Industriezweigs informiert. Nach einer Mittagspause lockt das 7 km entfernte Dorf **Luque** mit idyllischer Kulisse samt Burg in Berglage. Etwas weiter westlich liegt **Zuheros**, ein hübsches Dorf in einer Schlucht vor steilen Klippen unterhalb einer in den Fels gehauenen maurischen Burg. Dort kann man das lokale Archäologiemuseum besuchen und sich in die **Cueva de los Murciélagos** (Fledermaushöhle) mit eindrucksvollen Felsformationen und Höhlenmalereien aus der Jungsteinzeit wagen. Dann geht's nach **Priego de Córdoba**, der Hauptstadt der Subbética, die mit ihren Barockkirchen und einem eindrucksvollen Springbrunnen einen Besuch lohnt. Früher hieß sie Medina Bahiga und florierte in der maurischen Zeit sowie erneut im 18. Jh., als die Textil- und Seidenproduktion den Wohlstand zurückbrachte und barocke Architektur entstehen ließ.

THEMENTOUREN IN LA SUBBÉTICA

Camino de Pasión
In der Semana Santa (Karwoche) die Umzüge in den verschiedenen andalusischen Dörfern und Städten erleben.

Camino Mozárabe
Einen Teil des berühmten Jakobswegs laufen.

Ruta del Califato
Der mittelalterlichen Verbindungsroute zwischen Córdoba und Granada folgen, mittels derer die maurischen Städte Wissen, Kunst und Wissenschaft austauschten.

ÜBERNACHTEN RUND UM CÓRDOBA

Hotel Rural Hacienda Minerva
Charmante, stilvolle Unterkunft nahe Zuheros mit einer alten Olivenpresse, kopfsteingepflasterten Patios und schattigen Höfen. €€

Hospedería San Francisco
In Priego de Córdoba und mit spektakulärer, atmosphärischer Kulisse. €€

La Era Hospedería
Eine nachhaltige, erholsame Erfahrung erwartet einen in dieser Unterkunft. €€

BARMALINI/SHUTTERSTOCK ©

Weinreben in Montemayor

Fruchtbare Täler entdecken

DIE WEINBERGE DER RUTA DEL VINO

Südlich von Córdoba erstreckt sich das fruchtbare Tal **La Campiña Cordobesa** mit Weinbergen, hügeligen Feldern, weißen Dörfern, auf Bergen thronenden Burgen und Olivenhainen. Diesen Teil Andalusiens erschlossen die Römer und später die Mauren als Weinbaugebiet. Ausgangspunkt für eine Tour entlang der Ruta del Vino ist der Ort **Montemayor**, hoch oben auf einem Hügel mit einer Burg und einem Aussichtspunkt mit spektakulärem Blick. Dann geht's weiter nach **Montilla**, Córdobas Weinanbauzentrum, wo **Bodegas Alvear** zu einer Weinprobe einlädt. Die Weine sind nicht so bekannt wie die Sherrys aus dem benachbarten Jerez, werden jedoch fachkundig im Fass gereift und decken die Bandbreite von jungen Weinen bis hin zu Sherrys ab. Während des **Erntefests in Montilla** kann man sich am traditionellen Traubenstampfen versuchen. 10 km von Montilla entfernt liegt das charmante hügelige **Aguilar de la Frontera** mit steilen weiß getünchten Straßen, schmiedeeisernen Balkonen, einer eindrucksvollen achteckigen Plaza und der **Torre del Reloj**, einem barocken Uhrenturm. Die letzte Station der Spritztour ist **Cabra**. Die einstige römische Kolonie war in maurischen Zeiten eine bedeutende Provinzhauptstadt und lädt mit ihren barocken Villen und der Altstadt voll verwinkelter Gassen und Straßen, die Geranientöpfe zieren, zu einem hübschen Spaziergang ein. Die Stadtkirche La Asunción war früher eine Moschee, wovon bis heute 44 rote Marmorsäulen zeugen.

SALZSEEN

Die idyllische **Laguna de Zóñar** umfasst verschiedene Salzseen mit versteckten Aussichtsplattformen zum Beobachten der Vögel im und am Wasser. Entdecken lassen sich Kolbenenten, Stockenten, Reiherenten, Weißkopf-Ruderenten, Haubentaucher und manchmal auch Flamingos.

UNTERWEGS VOR ORT

Die Region südlich von Córdoba und die verschiedenen Dörfer, Städte und Naturparks entlang der Routen in der bergigen La Subbética lassen sich am besten mit dem Auto erkunden.

CÁDIZ

Die 1104 v. Chr. gegründete Stadt am Rande Europas ist die vielleicht älteste des Kontinents und ein echtes kleines Juwel. Die Phönizier nannten sie Gadir, deswegen werden die Einheimischen bis heute als *gaditanos* bezeichnet. Als bedeutende Hafenstadt und Verbindungsachse für einen Großteil des spanisch-amerikanischen Gold- und Silberhandels florierte Cádiz im 18. Jh. Der sich daraus ergebende Reichtum führte zum Bau vieler hübscher Barockvillen und eindrucksvoller Verwaltungsgebäude. So entstand auch eine der größten Kathedralen Spaniens, die Catedral Nueva (1722), deren goldene Kuppel erst nach 110 Jahren Bauzeit vollendet wurde. Das am Atlantik gelegene Cádiz mit seinen Gärten, den grünen Plätzen und einer Altstadt mit verschlungenen, schmalen Gassen gilt traditionell als liberale Stadt. Im Spanischen Bürgerkrieg stellte sie sich gegen Franco und für eine kurze Zeit war sie Spaniens Hauptstadt, da 1812 hier die erste Verfassung verkündet wurde.

TOP TIPP

Cádiz' schmale Altstadtgassen und Meerespromenade lassen sich am besten zu Fuß erkunden. Bei der Orientierung hilft eine Hop-on-Hop-off-Bustour durch die Stadt.

Kunst- & Literaturschaffende

KREATIVE GESCHICHTE UND DAS HERZ VON CÁDIZ

Cádiz zieht mit seiner magischen Energie und seinem Licht schon lange Literatur- und Kunstschaffende an. Laurie Lee schrieb in *An einem hellen Morgen ging ich fort*: „Aus der Ferne wirkte Cádiz wie ein grelles Glühen, eine weiße Kritzelei auf einem Blatt aus blauem Glas, geschwungen wie ein Krummsäbel in der Bucht liegend und in afrikanischem Licht erstrahlend." Auch Byron empfand eine tiefe Liebe für die Stadt und sagte: „Cádiz, süßes Cádiz! Die entzückendste Stadt, die ich je erblickte." Im nahen El Puerto de Santa María wurde der Dichter Rafael Alberti geboren und die **Fundación Rafael Alberti** gibt Einblicke in sein Leben und Werk.

In Cádiz' Buchladen-Cafés mit ihren interessanten Lesungen und Veranstaltungen kann man wunderbar stöbern (oder schreiben). Die Stadt und das Umland bergen wunderbare Kunst, von barocker Pracht bis hin zu zeitgenössischen Werken, zudem gibt es Kunstateliers, die man besuchen kann. Eine wunderbare Option sind Kunsttouren durch Cádiz wie die **Much Art Tour** von Genuine Andalusia.

WARUM ICH CÁDIZ LIEBE

Laura McVeigh, Autorin

Cádiz umgibt schon immer ein besonderer Zauber. Verglichen mit Sevilla und Córdoba wirkt die inselähnliche Stadt etwas widerspenstig und verwahrlost. Vom Wind gepeitscht und vom Licht der Costa de la Luz erhellt, fühlt sie sich oft eher afrikanisch als spanisch an, hat starke genuesische und kubanische Einflüsse und verführt mit ihrem entspannten Ambiente. Hier genießt man einfach das Hier und Jetzt. Die Feierlichkeiten von Los Carnavales sind einzigartig.

ESSEN IN CÁDIZ

El Faro de Cádiz
Bekanntes Fischrestaurant am Meer mit leckeren *tortillitas de camarones* (Garnelenomeletts) und ausgezeichneten *boquerones*. **€€**

Taberna Casa Manteca
Klassische Tapas im alten Fischereiviertel Barrio de la Viña. **€**

Freiduría Las Flores
Imbiss und Café-Restaurant; eine der besten Adressen für frittierten Fisch. **€**

SEHENSWERTES
1 La Caleta

SCHLAFEN
2 Boutique Hotel Casa Cánovas
3 Casa Caracol
4 Planeta Cadiz Hostel

ESSEN
5 El Faro de Cádiz
6 Freiduría Las Flores

AUSGEHEN
7 Ajolá
8 Taberna Casa Manteca

SHOPPEN
9 Alejandría Libros & Café
10 La Clandestina
11 Libería Manuel de Falla
12 Quorum Libros

Die Flamenco-Kultur lässt sich in den privaten Flamenco-Clubs der Stadt erleben, zudem lohnt es sich, in die Musik und Tanzkunst großer Namen wie z. B. Lola Flores, Camarón de la Isla, Paco de Lucía und Rocío Jurado einzutauchen. In Cádiz ist La Cava eine gute Adresse, außerdem werden Flamenco-Fans in Puerto de Santa María, San Fernando (hier lebte einst Camarón de la Isla), Chiclana oder Jerez de la Frontera fündig.

Etwas weiter entfernt, in der Nähe von Vejer de la Frontera, zeigt die **Fundación Montenmedio Contemporánea** (NMAC)

ÜBERNACHTEN IN CÁDIZ

Boutique Hotel Casa Cánovas
Elegantes helles Stadthaus in der Altstadt von Cádiz. **€€**

Planeta Cadiz Hostel
Schickes, stilvolles Haus aus dem 18. Jh. mit Terrasse. **€**

Casa Caracol
Angenehme, solarbetriebene Unterkunft mit fröhlichem Dekor und schattiger Terrasse mit Hängematten. **€**

STADTSPAZIERGANG DURCH CÁDIZ

Startpunkt ist die 1 **Plaza San Juan de Dios** am Rand der Altstadt. Der von hoch aufragenden Palmen bestandene Platz aus dem 16. Jh. ist das Herz der Stadt. Die Tourismusinformation befindet sich neben dem mittelalterlichen Barrio del Pópulo mit Toren aus dem 13. Jh.

Nun geht's durch die historische Stadtmauer in die Gassen der Altstadt und zur 2 **Catedral Nueva** mit ihrer ikonischen goldenen Kuppel. Die schönsten Fotos lassen sich hier kurz vor Sonnenuntergang zur goldenen Stunde schießen. Die berühmte Kuppel hat einen Auftritt im James-Bond-Film *Stirb an einem anderen Tag,* in dem die Stadt als Havanna fungierte und sich die Stadtpromenade in den kubanischen Malecón verwandelte. Ganz in der Nähe findet man die 3 **Iglesia de Santa Cruz** von 1260 und das 4 **Teatro Romano**, die Ruinen eines alten römischen Theaters.

Im Herzen der Altstadt lockt die 5 **Plaza de las Flores**, die wegen eines alten phönizischen Tempels, der einst hier stand, auch Plaza de Topete genannt wird. Den Platz säumen zahlreiche Marktstände und Cafés.

Nach einer kleinen Stärkung geht's zum nahen barocken 6 **Hospital de Mujeres** mit El Grecos Gemälde *Éxtasis de San Francisco.* Ein paar Straßen weiter erzählt das 7 **Museo de las Cortes de Cádiz** die liberal geprägte Geschichte von Cádiz und dessen Rolle als Geburtsort der ersten spanischen Verfassung. Alternativ lohnt sich der Besuch des 8 **Museo de Cádiz** mit einer Mischung aus archäologischen Funden und barocker Kunst, darunter Werke von Murillo und Zurbarán.

PASCAL SAEZ/VW PICS/UNIVERSAL IMAGES GROUP VIA GETTY IMAGES ©

Los Carnavales

DIE BESTEN BUCHLÄDEN IN CÁDIZ

Quorum Libros
Fantastische Literaturauswahl mit Büchern in verschiedenen Sprachen.

La Clandestina
Buchladen-Café und beliebter literarischer Treffpunkt mit toller Auswahl an Romanen, Comics und Kinderbüchern sowie abwechslungsreichen Veranstaltungen.

Liberaría Manuel de Falla
Kleines Juwel in der Altstadt an der Plaza Mina.

Alejandría Libros & Café
Bücher und Kuchen – was will man mehr?!

eine faszinierende Skulpturensammlung in einer Waldkulisse, die Kunst und Natur verbindet.

Los Carnavales feiern

AUSGELASSENER, WELTBEKANNTER KARNEVAL

Das Herz der Stadt schlägt für den Karneval, dessen Traditionen bis auf das 15. Jh. und auf italienische Einflüsse (Cádiz hatte intensive Handelsverbindungen mit Venedig, das ebenfalls für seinen Karneval bekannt ist) zurückgehen und der selbst unter Franco gefeiert wurde. Der Karneval steht für die liberale, gelassene Einstellung der *gaditanos*. An zehn Tagen im Februar aktiviert Cádiz seinen hedonistischen Partymodus und feiert das Leben mit vollem Elan und mit Umzügen, Prozessionen, viel Musik, Essensständen und farbenfrohen Kostümen. Musik klingt durch die Stadt, alle werfen sich in ihre *tipos* (Kostüme)

AUSGEHEN IN CÁDIZ

Taberna Casa Manteca
Andalusisches Flair, Nostalgie und manchmal der Klang von Flamenco-Gitarren.

Marama
Sonnenuntergänge am Strand, Cocktails und entspannende Wasserpfeifen.

Ajolá
In der lässigen Bar mit beliebter Terrasse im historischen Herz der Altstadt wird einfache Küche serviert.

und Paraden, Umzugswägen und Bands sorgen auf Cádiz' Straßen für Partystimmung. Einblicke in die Feierlichkeiten gibt's unter #cadizcarnival und #carnivaldecadiz.

Vor den offiziellen Festlichkeiten finden verschiedene Vorveranstaltungen statt, die u. a. gastronomische Clubs organisieren. Bei der Pestiñada (Fettgebäck-Party) werden z. B. 12 000 Gebäckstücke mit einem Glas Anislikör unters Volk gebracht. Am Tag darauf wiederholt sich das Prozedere bei der Erizada mit über 400 kg Seeigeleiern, zugleich wird mit der Ostionada eine Austernparty gefeiert. Beim Falla-Wettbewerb des Gran Teatro Falla messen sich über 100 Teams an Musizierenden in vier Kategorien: Coros, Comparsas, Chirigotas und Cuartetos. Das Finale wird im Fernsehen übertragen und von Hunderttausenden in Andalusien verfolgt.

Also: Kostüm einpacken, rechtzeitig eine Unterkunft buchen, sich auf wenig Schlaf einstellen und den Geist des Karnevals leben!

DIE BESTEN STRÄNDE VON CONIL DE LA FRONTERA

La Fontanilla
Gut für Familien mit kleinen Kindern; großes Angebot an Aktivitäten.

Castilnovo
3 km unberührter Strand vor der Kulisse von Sanddünen und dem Wachturm Castilnovo.

Los Bateles
Fantastischer Stadtstrand mit Badeaufsicht, Duschen und Strandbars.

Calas de Roche
Eine Reihe unberührter, miteinander verbundener *calas* (Buchten), die über steile Steintreppen oder bei Ebbe übers Meer zugänglich sind.

Cala del Aceite
Wunderschöne Bucht, die ein Pinienwald vor Wind schützt.

Küste & Strände

DIE COSTA DE LA LUZ ENTDECKEN

Als Küstenstadt ist Cádiz die ideale Ausgangsbasis für Tagesausflüge zu den nahen Stränden der wunderschönen Costa de la Luz. In Zentrumsnähe liegt der Stadtstrand **La Caleta** (besser außerhalb der Saison besuchen), eine beliebte Filmkulisse. Die **Playa de la Victoria**, ein langer Stadtstrand mit goldenem Sand im neueren Teil von Cádiz, ist bei Einheimischen beliebt und wird von einer Promenade mit Restaurants und Hotels flankiert.

Fährt man mit dem Auto nordwärts nach Rota (41 km von Cádiz entfernt), stößt man auf eine Reihe von Stränden (insgesamt 16 km), die mit der Blauen Flagge ausgezeichnet sind, darunter die **Playa la Costilla**, **Punta Candor**, **Rompidillo**, **Playa de la Ballena** und **Puntalillo**. Der Ort bietet eine interessante Altstadt, liegt eher unterhalb des Touri-Radars und ist nicht weit von Naturparks entfernt.

Alternativ geht's von Cádiz aus nach Süden – regelmäßig verkehren Busse zu wunderschönen Stränden wie denen von **Conil de la Frontera**. Der lange goldene Sandstrand **La Fontanilla** eignet sich für Surfbegeisterte ebenso wie für Familien. Hinter dem Strand gibt es Restaurants, Serviceeinrichtungen sind jedoch nicht vorhanden. Conil de la Frontera geht auf die Phönizier zurück und ist ein kleiner, belebter Fischereiort. In dem weiß getünchten *pueblo blanco* am Meer, das bei einheimischen Erholungssuchenden beliebt ist, herrscht in den Sommermonaten viel Betrieb. Man kann außerdem der Küste weiter bis nach Barbate folgen und den unberührten Traumstrand Los Caños de Meca besuchen.

Conil de la Frontera

UNTERWEGS VOR ORT

Das Umland von Cádiz erkundet man am besten mit dem (Miet-)Auto. Die Stadt selbst, vor allem die Altstadt, ist gut zu Fuß zu bewältigen.

Zu Stränden in der Nähe fahren Busse, zudem gibt es regelmäßige Fährverbindungen nach El Puerto de Santa María und in andere Küstenorte.

Rund um Cádiz

Sanlúcar de Barrameda
Jerez de la Frontera
Arcos de la Frontera
El Puerto de Santa María
Cádiz
Medina Sidonia

Hier locken bei einem Trip nach Arcos die *pueblos blancos* im Hinterland, faszinierende historische Städte wie Medina Sidonia und eine kulinarische Entdeckungstour auf dem Sherry-Dreieck ab Jerez.

Jenseits von Cádiz erstreckt sich die wunderschöne Küstenlinie der Costa de la Luz (S. 513) mit traumhaften unberührten Stränden, doch nicht weit entfernt im Landesinneren hat dieser faszinierende Teil Andalusiens noch viel mehr zu bieten. Zum Verlieben ist der weiß getünchte, auf einem Hügel gelegene Ort Arcos de la Frontera, dessen steile, enge Straßen blühende Blumentöpfe zieren. Einblicke in die Vergangenheit der Region bietet ein Besuch der alten hügeligen Stadt Medina Sidonia, die zeigt, wie man hier früher lebte. Und bei einer Tour durch die Bodegas des Sherry-Dreiecks lernt man das andalusische Vorzeigegetränk kennen.

TOP TIPP

Wer sich dem Tempo in diesem entschleunigten Teil der Welt anpasst, weiß den Rhythmus des andalusischen Lebens erst so richtig zu schätzen.

Bodegas Sandeman

Reiten, Jerez de la Frontera

Eine Tour durchs Sherry-Dreieck

DIE BODEGAS VON JEREZ, SANTA MARÍA & SANLÚCAR

Die drei ansprechenden Hauptzentren des Sherry-Dreiecks – El Puerto de Santa María, Jerez de la Frontera und Sanlúcar de Barrameda – sind jeweils gut im Rahmen eines Tagesausflugs von Cádiz aus zu erreichen.

Jerez de la Frontera, die wohl berühmteste Sherry-Stadt, ist für die Produktion sowie den Export von Sherry und Brandy bekannt. Einst gehörte sie zum Tartessos-Reich, wurde von den Phöniziern „Xeres" genannt und unter maurischer Herrschaft „Sherrish". Heute lädt die charmante Stadt mit ihren hübschen Straßen und Villen zu einem Spaziergang zu den verschiedenen Bodegas ein, zudem pflegt sie eine große Leidenschaft fürs Reiten und für Flamenco. Wer möchte, besucht die **Escuela Andaluz del Arte Ecuestre** (Königliche Reitschule) und sieht sich die Ställe, das Museum und eine – etwas surreale – „Pferdetanz"-Vorstellung an. *Cartujanos* sind eine spanische Pferderasse, entstanden aus einer Kreuzung von andalusischen, arabischen und berberischen Pferden, und zeichnen sich durch ihr elegantes, majestätisches Auftreten aus. Anfang Mai wirft sich Jerez anlässlich der Pferdemesse Feria del Caballo in Schale. Wer sich eher für Flamenco interessiert, geht ins **Centro Andaluz de Flamenco**. In der Stadt lebt eine der größten Roma-

DIE BESTEN BODEGA-TOUREN

Bodegas Domecq
Jerez de la Frontera

Bodegas Gonzalez-Byass
Jerez de la Frontera

Bodegas Lustau
Jerez de la Frontera

Bodegas Sandeman
Jerez de la Frontera

Bodegas Tradición
Jerez de la Frontera

Bodegas Osborne
El Puerto de Santa María (Touren auf Englisch)

Bodegas El Tiro
El Puerto de Santa María (Touren auf Englisch)

ESSEN IN ARCOS DE LA FRONTERA

Restaurante Parador de Arcos de la Frontera
Terrasse mit Traumblicken und glutenfreie Optionen. €€

Gastrobar El Retablo
Kreative Küche, wunderschön und mit Liebe zum Detail präsentiert. €€

Restaurante Aljibe
Marokkanische Küche in atmosphärischem Ambiente. €€

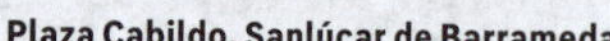

Plaza Cabildo, Sanlúcar de Barrameda

WEITERE HIGHLIGHTS IM SHERRY-DREIECK

Alcázar de Jerez
Der imposante frühere maurische Palast mit Garten geht auf das 11. Jh. zurück.

Catedral, Jerez de la Frontera
Mix verschiedener Architekturstile aus dem 17. Jh.; mit abendlicher Beleuchtung besonders eindrucksvoll.

Historische Altstadt von Sanlúcar
Jede Menge Obst und Gemüse auf einem der lebhaftesten Märkte Andalusiens.

Tour von Sanlúcar zum Doñana-Park
In spektakulärer Landschaft Tiere beobachten.

Gemeinden Spaniens, dementsprechend authentisch ist hier der Flamenco. Lohnenswert sind die *peñas* (halbprivate Flamenco-Clubs) im Barrio de Santiago in der Altstadt, wobei die Vorführungen spontaner sind als in Sevilla oder Córdoba. Freitag- und Samstagabends gibt es die meisten Vorstellungen, zudem findet im Februar/März ein einmonatiges **Flamencofestival** statt.

Die Küstenstadt **Sanlúcar de Barrameda**, 22 km nordwestlich von Jerez, ist ein wichtiger Hafen an der Mündung des Río Guadalquivir und für hochwertigen *manzanilla,* ein leichter trockener Sherry, bekannt. Sie liegt etwas abseits der üblichen Touri-Pfade, ist außerhalb der Hochsaison sehr ruhig und bietet Zugang zu dem eindrucksvollen Naturpark Parque Nacional del Coto de Doñana an der anderen Seite der Flussmündung. In ihrer Blütezeit diente die Hafenstadt als Ausgangsbasis für die Entdeckungsreisen von Magellan. Auch Kolumbus brach von hier zu mehreren seiner Expeditionen auf. Sanlúcar teilt sich ins Barrio Alto (Altstadt auf dem Hügel) und ins Barrio Bajo unten am Hafen und bietet verschiedene interessante Attraktionen. Zu den Highlights der Altstadt gehören die **Plaza Cabildo** mit Tapasbars, hübsche Kirchen aus dem 16. Jh. und das **Castillo de Santiago**. Gegenüber der Burg lädt der Sherry-Produzent Barbadillo zu einer Verschnaufpause ein, Museumsbesuch und *manzanilla*-Probe inklusive. Zu den prächtigen Palästen der Stadt zählen der **Palacio de los Duques de Medina Sidonia** mit Archiven zur spanischen Armada und Gemälden von Goya.

ÜBERNACHTEN IN JEREZ DE LA FRONTERA

Hotel Casa Palacio María Luisa
Überaus stilvolle Unterkunft mit Pool, Fitnesscenter und Garten. Eignet sich für einen romantischen Paarurlaub. **€€€**

Hotel Bodega Tio Pepe
Cooles, elegantes Dekor und ein Pool auf dem Dach in der Nähe der Kathedrale von Jerez. **€€**

Villa Jerez
Luxusbleibe in eindrucksvoller Villa mit großer Gartenanlage. **€€€**

Dritte Station auf dem Sherry-Dreieck ist **El Puerto de Santa María** mit mehreren *palacios* in der charmanten Altstadt und schönen, bei Einheimischen beliebten Stränden. Die Fischrestaurants in den Straßen um die Ribera del Marisco laden zu einem entspannten Essen ein, und die hübsche **Casa de Indias** ist eine preisgünstige Option für eine Übernachtung. Zurück nach Cádiz geht's per Dampffähre.

Ein klassisches Bergdorf entdecken

DAS IKONISCHE ARCOS DE LA FRONTERA

Arcos de la Frontera liegt auf einem Felsen mit Blick auf den Río Guadalete und geht als klassisches *pueblo blanco* auf frühkeltische Zeiten zurück. Unter den Römern Arcos Briga genannt, florierte die Stadt während der Al-Andalus-Herrschaft und wurde zu einem unabhängigen Königreich mit eigener Burg. Herzstück des *barrio antiguo* (Altstadt) ist die Plaza del Cabildo. Der eindrucksvolle Platz bietet einen Aussichtspunkt mit spektakulärem Blick über die Felsen und das Guadelete-Tal darunter. Eine Seite flankiert die Burg, die heute unter Privatbesitz steht. Die Kirche von Santa María gegenüber des Aussichtspunkts verbindet verschiedene architektonische Stile und hat einen Glockenturm, der nach dem Erdbeben von Lissabon im Jahr 1755 wieder aufgebaut wurde. Läuft man weiter nach Westen, stößt man auf die San-Pedro-Kirche mit atemberaubender Aussicht vom Turm über die Stadt.

Arcos lässt sich am besten bei einem Spaziergang durch die verwinkelten Gassen mit ihrem poetischen Flair entdecken. Literarische Zitate auf Fliesen an den alten Steinwänden verleihen der Stadt einen intellektuellen Touch. Die Straßen sind steil, deswegen bricht man am besten früh oder spät am Tag und nicht während der größten Sommerhitze auf. Zahlreiche Tapasbars, Terrassen und Cafés im alten und neuen Teil der Stadt laden zu gemütlichen Stunden mit Blick auf das bunte Treiben ein. Mit ein wenig Glück kommt man im Sommer auf den Plätzen in der Altstadt in den Genuss von Flamenco-Darbietungen.

Historisches Medina Sidonia

GESCHICHTE IN DEN BERGEN

Medina Sidonia mag weniger bekannt sein als die benachbarten Bergdörfer, blickt jedoch auf eine reiche Geschichte zurück. Von den Phöniziern als Asido gegründet, wurde das altehrwürdige *pueblo blanco* unter den Römern Asido Caesarina genannt (Überreste einer römischen Straße sind im Römischen Archäologiemuseum der Stadt ausgestellt) und von den Mauren in

DAS ERBE SPANIENS

Carmen R. Huidobro betreibt die Website españolita.net und bringt Reisenden die spanische Kultur nahe.

Was ich an Andalusien am meisten liebe, ist die alte, facettenreiche Kultur. Die Architektur in den Städten zeugt von maurischen Einflüssen, und in den Bergen sieht man bis heute landwirtschaftliche Praktiken der damaligen Zeit. Wunderschön und faszinierend sind auch die Flamenco-Traditionen und die Spiritualität des Rocío. Andalusien ist riesig und arm, mit Menschen, die sich durch ihre Widerstandsfähigkeit auszeichnen, und mit einem Erbe, das einen unweigerlich in den Bann zieht.

ÜBERNACHTEN IN ARCOS DE LA FRONTERA

La Casa Grande
Heimelige Villa aus dem 18. Jh. in den Felsen mit marokkanisch-andalusischem Design und Dachterrasse. **€€**

Hotel El Convento
Früheres Kloster mit Traumblicken über das Gaudalete-Tal und mit Dachterrasse. **€**

Parador Arcos de la Frontera
Elegante Bleibe mit exzellentem Restaurant. Im schattigen Patio und Pool kann man sich von der Hitze erholen. **€€**

ROMAN PEREZ HERVAS/SHUTTERSTOCK ©

Puerta de Sol, Medina Sidonia

WEITERE HIGHLIGHTS

Parque Natural los Alcornocales
Der imposante Park lockt mit Mountainbike-Routen, Höhlen, *canutos* (tiefen Schluchten) und einer unglaublichen Artenvielfalt.

Jimena de la Frontera
Hübsches weißes Bergdorf mit eindrucksvoller maurischer Burgruine in exponierter Lage.

Medina Sidonia umbenannt. 1264 eroberte Alfons X. von Kastilien die Stadt und verwandelte sie in eine wehrhafte Festung. Später ließ Herzog Juan Alonso Pérez de Guzman, der die spanische Armada 1588 gegen England anführte, auf die Ruinen des alten Alcázar eine mittelalterliche Burg bauen. Die Burgruinen können besichtigt werden und bieten traumhafte Ausblicke bis zum Rif-Gebirge in Marokko. Am besten lässt sich die Stadt bei einem Spaziergang erleben, u. a. zu den Barockhäusern an der Calle Varos. Einen Besuch lohnen die **Kirche Santa María de la Coronada**, das **Descalzas-Kloster** sowie mehrere Bögen und alte Tore wie die **Puerta de Belén** (Tor von Bethlehem) am Eingang der Altstadt, der **Arco de Pastora**, ein weiteres maurisches Tor aus dem 10. Jh., und die **Puerta de Sol** (Sonnentor).

Zu einer Pause und einem *alfajor de Medina* (süßes Gebäck mit gerösteten Nüssen, Honig und Gewürzen) lädt die hübsche **Plaza de España** im Herzen der Stadt ein.

UNTERWEGS VOR ORT

Für größere Entdeckungstouren bietet sich das (Miet-)Auto an. Je nach Ziel kann man auch den Bus nehmen.

Mehrmals am Tag verkehren El-Vapor-Boote von Cádiz nach El Puerto de Santa María (45 Min.).

Es gibt eine gute tägliche Busverbindung zwischen Cádiz, Sanlúcar de Barrameda und El Puerto.

Die Zugfahrt von Cádiz nach Jerez dauert 30 Minuten, von Jerez nach El Puerto sind es 10 Minuten.

PUEBLOS BLANCOS

Für die malerischen *pueblos blancos* („weißen Dörfer"), die atmosphärischen Bergstädte und -dörfer Andalusiens, nimmt man sich am besten Zeit und erkundet die traditionellen Ortschaften zu Fuß. Wanderwege in der wilden Berglandschaft vom Einfallstor Ronda bis nach Arcos de la Frontera im Westen versprechen großartige Abenteuer im hügeligen Kernland Andalusiens. Neben spektakulärer Kulisse locken idyllische Bergdörfer und typisch andalusische Herzlichkeit. Highlights sind die *pueblos blancos* Ronda (S. 588), El Bosque, Grazalema, Zahara de la Sierra und Setenil de las Bodegas. In den verwinkelten alten Straßen kann man sich auf die Suche nach traditionellem Kunsthandwerk machen, Naturfans können außerdem klettern oder Kajak fahren.

TOP TIPP

Mit dem (Miet-)Auto lassen sich die Bergdörfer im eigenen Tempo erkunden. Die engen Kopfsteinpflasterstraßen und Einbahnstraßen meidet man lieber und parkt am Ortsrand. Wer wenig Zeit hat, kann auch eine eintägige Bergdörfer-Tour ab Sevilla oder Cádiz buchen.

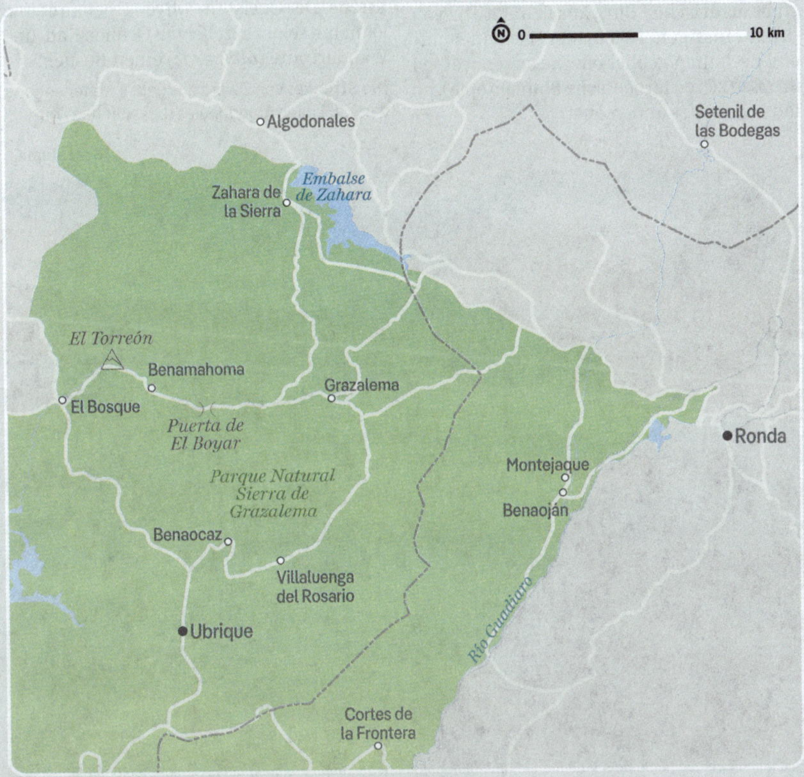

AUTOTOUR

Ruta de los Pueblos Blancos

Bei einer ein- bis zweitägigen Tour entdeckt man die wunderschönen grünen Bergdörfer der Sierra de Grazalema, einem UNESCO-Biosphärenreservat, und besucht Setenil de las Bodegas, Olvera, Zahara de la Sierra, Grazalema und El Bosque. Ausgangspunkt ist Setenil de las Bodegas mit Häusern, die unter einem Felsüberhang erbaut wurden.

1 Setenil de las Bodegas

Am einen Ufer des Rio Trejo liegt die Calle Cuevas de Sol (Sonnenhöhlenstraße) mit verschiedenen Restaurants, am anderen die Calle Cuevas de la Sombra (Schattenhöhlenstraße) mit vielen interessanten Geschäften, in denen Weine, Käse, Chorizo, Schinken und Gebäck aus der Region verkauft werden. Wer ein Höhlenhaus besichtigen möchte, wendet sich an die Tourismusinformation. Über der Stadt befinden sich die Überreste einer maurischen Burg aus dem 12. Jh.; von ihren einstigen 40 Türmen ist leider nur einer erhalten geblieben. Die engen weißen Straßen zieren farbenfrohe Blumentöpfe und laden zum Erkunden ein.

Die Strecke: Die Fahrt von Setenil de las Bodegas nach Olvera dauert rund 20 Minuten und führt entlang der CA-9120 über den Rio Trejo.

2 Olvera

Das wunderschöne Olvera liegt inmitten von Olivenhainen und hat eine imposante, auf einem Felskamm thronende Burg (sie wurde so gebaut, um mit anderen Burgen mittels Spiegelreflektionen zu kommunizieren) sowie eine ebenso eindrucksvolle neoklassizistische Kirche. Der Ort ist für Olivenöl bekannt und lohnt mit seiner exzellenten Grünen Rad- und Wanderroute (*vía verde*) einen Besuch.

Die Strecke: Von Olvera aus geht's weiter entlang der A384 nach Algodonales (bekannt fürs Dra-

Grazalema

KIRK FISHER/SHUTTERSTOCK ©

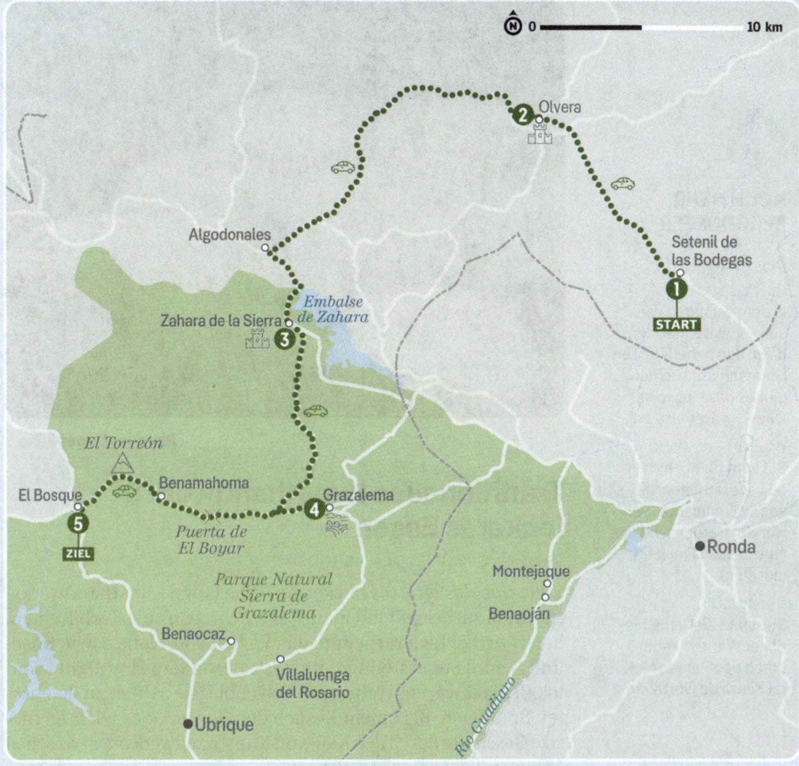

chenfliegen und den Bau von Gitarren) und dann nach Zahara de la Sierra am Ufer des Embalse de Zahara, einem malerischen See.

3 Zahara de la Sierra

Der Name Zahara de la Sierra ist arabischen Ursprungs: „Al-Sajra" bedeutet „Burg auf einem Hügel". Der hübsche weiße Ort schlängelt sich im Schatten seiner spektakulären Burg bergabwärts. In einem der Cafés auf dem Dorfplatz neben der imposanten Kirche kann man sich zurücklehnen und das bunte Treiben auf sich wirken lassen.

Die Strecke: Nach einem Tankstopp in Zahara geht's über steile Serpentinen nach Grazalema; unterwegs passiert man die Schlucht Gargante Verde und den Puerto de las Palomas auf einer Höhe von 1357 m.

4 Grazalema

Grazalema ist Ausgangsbasis für tolle Wanderungen und Abenteuersport im Parque Natural Sierra de Grazalema sowie ein charmantes *pueblo blanco*. Der Río Guadalete verläuft neben dem Dorf, das mit seinen weißen Häusern und steilen Kopfsteinpflasterstraßen im Schatten des Peñon Grande, einer großen Felsnase, liegt. Zu entdecken gibt's neben den Kirchen hübsche Straßen mit schmiedeeisernen Fenstergittern, üppigen Bougainvilleen und anderen bunten Blumen.

Die Strecke: Die Fahrt von Grazalema nach El Bosque dauert ungefähr 20 Minuten und führt entlang der A372.

5 El Bosque

Im Sommer lädt unterwegs (hinter Grazalema) ein Swimmingpool mit Blick auf die Sierra und Grazalema zu einer Pause ein. El Bosque befindet sich am Ufer des Majaceite in den Ausläufern der Sierra de Grazalema und bietet sich als Ausgangspunkt für Ausflüge in den Naturpark an (hier findet man auch das Informationszentrum des Parks). Den aromatischen lokalen Käse sollte man unbedingt probieren.

NOCH MEHR BERGDÖRFER

Villaluenga del Rosario
In dem einstigen Versteck von Bergräubern, die in den nahen Höhlen Unterschlupf suchten, gibt es das Museo del Queso (Käsemuseum).

Ubrique
Bekannt für hochwertige Lederarbeiten, die von Designmarken verwendet werden, und das Museo de la Piel (Ledermuseum).

Benaocaz
Start und Ziel verschiedener Wanderwege durch den Parque Natural Sierra de Grazalema.

JOSERPIZARRO/SHUTTERSTOCK ©

Payoyo-Ziegenkäse

Traditionelles Kunsthandwerk & leckeres Essen

SHOPPINGTOUR IN DEN BERGDÖFERN

Viele *pueblos blancos* blicken auf eine lange Kunsthandwerkstradition zurück (oft mit maurischen Wurzeln), die Korbflechten, hochwertige Lederarbeiten, das Weben von Wolle sowie Käse- und Schinkenherstellung umfasst. Besondere Highlights sind lokale Backwaren, Weine und Olivenöle (sie zählen zu den besten Spaniens). Bei einem Besuch der Dörfer ist es wichtig, hiesige Geschäfte durch den Kauf von Kunsthandwerk oder typischen Lebensmitteln zu unterstützen.

Payoyo-Ziegenkäse (sowie ein Käsemuseum) gibt's in **Villaluenga del Rosario**, während **Grazalema** für Decken (das traditionelle Handwerk geht auf die Mauren zurück) und **Olvera** für hochwertiges Olivenöl bekannt sind.

Fans spanischer Gitarrenmusik finden in **Algodonales** eine bekannte Gitarren-Manufaktur. Die hochwertigen Lederwaren in **Ubrique** sind bei vielen führenden Modehäusern beliebt, die daraus ihre Ledermode kreieren. Die Höhlenhäuser in der Calle Cuevas de la Sombra in **Setenil** beherbergen zahlreiche kleine Läden mit einem großen Angebot an Lebensmitteln und Kunsthandwerk aus der Gegend; besonders zu empfehlen ist Marmelade aus lokalen Orangen.

Wer lieber wandert als einkauft, kann sich an einen einheimischen Guide mit dem Fachgebiet Botanik, Tierwelt oder Wandertouren wenden, um die lokale Wirtschaft zu unterstützen.

WEITERE BERGDÖRFER

In der Nähe des Grazalema-Naturparks findet man das klassische andalusische Bergdorf **Ronda** (S. 588), während **Arcos de la Frontera** (S. 517) und **Medina Sidonia** (S. 517) nur eine kurze Fahrt von Cádiz entfernt liegen.

BUDGETUNTERKÜNFTE IN ZAHARA DE LA SIERRA

Hotel Alojamiento el Pinsapo
Preisgünstige Pension in Hügellage mit Blick über die Stadt. €

Hotel Al Lago
Einfache, gemütliche Unterkunft mit Seeblick. €

TUGASA Hotel Arco de la Villa
Gemütliches, charmantes Hotel mit tollen Panoramablicken. €

Rund um die Pueblos Blancos

Ab in die Berge der Cordillera Subbética – es locken großartige Wanderwege in der Serrania de Ronda und der Sierra de Grazalema.

Die ursprünglichen Berglandschaften rund um die *pueblos blancos* bieten fantastische Wanderbedingungen, von einfachen Wegen für die ganze Familie bis hin zu anspruchsvollen Gipfelrouten. Die beste Wanderzeit ist der späte Frühling, wenn die starken Niederschläge vorüber sind (die Sierra de Grazalema ist das regenreichste Gebiet Spaniens!) und die Wildblumen in voller Blüte stehen, oder der Herbst nach den heißen Sommermonaten. El Bosque, Grazalema und Ronda (S. 588) bieten sich als Ausgangsbasis für Wanderungen an. Einen lokalen Guide kann man z. B. über den sehr empfehlenswerten Anbieter Hike & Bike The Sierras in Ronda buchen. Das Angebot umfasst Tagesausflüge, Wanderungen in Eigenregie und geführte Touren, die den jeweiligen Wünschen und Bedürfnissen angepasst sind. Einfach eine Route wählen, die Wanderschuhe schnüren und genießen!

TOP TIPP

Die Startpunkte vieler Wanderwege sind von Grazalema und El Bosque aus gut zu erreichen. Auf Wikiloc sind Routen nachzulesen. Für anspruchsvollere Strecken ist manchmal eine Genehmigung erforderlich; einfach vorab beim Parkbüro von El Bosque informieren.

Sierra de Grazalema

DIE BESTEN TAPAS NACH EINER WANDERUNG

Casa Martín 1920
Freundliches Lokal an der Plaza de España in Grazalema mit *vermuts* (Wermuth), *jamón* und kreativen Tapas.

Meson La Posadilla
Herzhafte Küche in gemütlichem Ambiente in Grazalema.

Bar El Tapeo
Die leckeren großzügigen Portionen im kleinen Ubrique sind beliebt.

In den Bergen wandern

DIE SIERRA DE GRAZALEMA ENTDECKEN

Mit einem über 510 km² großen Naturpark bietet das UNESCO-Biosphärenreservat abwechslungsreiche Wandermöglichkeiten, von einfachen einstündigen Ausflügen über moderate längere Routen bis hin zu anspruchsvollen Klettertouren zu den höchsten Gipfeln der Provinz Cádiz, für die Genehmigungen und ein lokaler Guide vonnöten sind. Neben Steineichen, Portugiesischen Eichen und Korkbäumen wachsen in der Gegend Pinsapo-Tannen. Die Sierra de Grazalema hat eine vielfältige Tierwelt (Rehe, Steinböcke und viele Raubvögel wie Geier und Adler), zudem gedeiht am Flussufer und in den üppig grünen Buchten vor den Kalksteinbergen eine reiche Pflanzenwelt. Verschiedene Höhlen durchziehen den Park, darunter Andalusiens größtes Höhlensystem Hundidero-Gato mit der größten Fledermauskolonie Spaniens. Die Wege sind in der Regel gut beschildert, und man sollte immer in Begleitung (z. B. eines Guides) und mit einer entsprechenden Wanderkarte aufbrechen. In El Bosque gibt es ein Infozentrum für den Park. Wer sich für eine der genehmigungspflichtigen Routen – z. B. El Torreón, El Pinsapar, La Garganta Verde und Llanos de Rabel – interessiert, muss sich vorab telefonisch oder per E-Mail über das Büro um einen *permiso* kümmern. Ein exzellenter englischsprachiger Wanderführer für lokale Routen mit guten Karten ist *The Mountains of Ronda and Grazalema* von Guy Hunter-Watts.

Zu den beliebtesten Wanderwegen gehört die Route **La Garganta Verde** (Grüner Rachen). Sie ist nach der grünen Schlucht benannt, durch die sie führt, und beginnt rund 4 km südlich von Zahara de la Sierra. Die Abstiege sind teils sehr schmal und man benötigt Seile. Für den 5 km langen Weg bis zu den Höhlen der Ermita del Garganta sollte man ca. zwei Stunden einplanen; für die Route ist eine Genehmigung nötig.

Etwas einfacher, jedoch ebenfalls genehmigungspflichtig ist die Route **Llanos de Rabel**. Für den landschaftlich reizvollen, 10 km langen Weg durch hübsche Wälder braucht man etwa drei Stunden.

Bei Familien beliebt ist der **Sendero Rio Majaceite**. Der gut zu bewältigende, 9 km lange Weg (3 Std.) führt an Bächen vorbei, in denen man baden oder sich kurz erfrischen kann. Die Route verläuft von El Bosque nach Benamahoma; zurück fährt man mit dem Taxi.

Korkbäume, Sierra de Grazalema

Abenteuer unter freiem Himmel

RADFAHREN, KANUTOUREN, CANYONING UND KLETTERN

Der Parque Natural Sierra de Grazalema gehört zur Cordillera Subbética und ist über verschiedene Ortschaften wie El Bosque

ÜBERNACHTEN RUND UM DIE PUEBLOS BLANCOS

La Mejorana
Heimelige, einladende Unterkunft mit Außenpool, Garten und Blick auf den Park. **€**

Hotel Puerta De La Villa
Einfach, aber gemütlich mit Bergblick. **€€**

Hotel Fuerte Grazalema
Das ökozertifizierte Hotel mit großem Außenpool ist eine gute Ausgangsbasis für Wanderungen. **€€**

Cáñon de las Buitreras

oder Grazalema zu erreichen. Neben Wanderungen gibt es zahlreiche weitere Aktivitäten wie Rad- und Mountainbikentouren, Kanufahrten auf Seen oder auf dem Fluss, Gleitschirmfliegen, Ausritte, Canyoning-Touren in den Schluchten und Klettern in den Kalksteinbergen.

Etwas Besonderes sind Heißluftballonfahrten mit Blick auf die Berge aus 90 m Höhe. Veranstalter wie **Sierra Ventura** organisieren entsprechende Abenteuer in dem grünen Naturpark voller tiefer Schluchten, Eichenwälder, Tannen, Kalksteinklippen, Höhlen, wilder Orchideen und Olivenhaine. Für Kinder gibt es spezielle Kletter- und Abseilaktivitäten.

Der Naturpark lässt sich auch vom Wasser aus erleben. Kajaktouren auf dem See von El Chorro eröffnen eine andere Perspektive auf die Berglandschaft, zudem locken verschiedene *barranquismo*-(Canyoning-)Abenteuer. Zu den Highlights mit Adrenalingarantie gehören dabei der **Cáñon de las Buitreras**, benannt nach den Raubvögeln, die hier vorkommen (vor allem Gänsegeier), sowie die **Sima Del Diablo**.

Noch mehr Abenteuer bieten **El Torreón**, der höchste Gipfel in der Provinz Cádiz mit Traumblicken nach Marokko, und **El Pinaspar** (für die anspruchsvolle Wanderung von Grazalema nach Benamohoma ist ein Guide erforderlich).

Tambor del Llano, benannt nach einem Gedicht Lorcas, ist ein guter Ausgangspunkt in Grazalema mit preisgünstigem Yoga, verschiedenen Retreats und Unterkünften.

KUNSTHANDWERK & FEINKOST

Grazalema wurde zu maurischen Zeiten von Berbern gegründet, die Schafe auf den Bergwiesen weiden ließen, und ist für die Herstellung von Decken bekannt. Mantas de Grazalema werden bis heute verkauft, und Einblicke in das traditionelle Kunsthandwerk gibt eine Werkstatt außerhalb der Stadt, die Artesanía-Textil de Grazalema. Typisch für die Gegend ist außerdem das Korbflechten und Lederarbeiten.

In Spanien gibt es über 250 Olivensorten. Die sechs bekanntesten sind Picual, Arbequina, Cornicabra, Empeltre, Hojiblanca und Picudo. Oliven werden zwischen November und Februar mit unter den Bäumen platzierten Netzen geerntet. Besonders gut ist das Olivenöl aus Olvera.

UNTERWEGS VOR ORT

Für längere Erkundungstouren benötigt man ein (Miet-)Auto, die vielen Spazier- und Wanderwege in der schönen Region sollte man aber nutzen.

ESSEN RUND UM DIE PUEBLOS BLANCOS

La Maroma
Freundlicher Service und gute Küche in Grazalema. €€

Mirador San Diego
Leckere Küche und großartige Aussicht in Zahara de la Sierra. €€

Restaurante Cádiz El Chico
Atmosphärisches, bei Travellern beliebtes Lokal in Grazalema mit guter Küche. €€

PARQUE NACIONAL DEL COTO DE DOÑANA

Zu Spaniens am wenigsten entdeckten Regionen gehört die Provinz Huelva, die in erster Linie für eines der bedeutendsten Feuchtgebiete Europas bekannt ist. Der Parque Nacional del Coto de Doñana, eine Welterbestätte, ist ein 500 km² großes Naturschutzgebiet mit vielfältiger Tierwelt und fragilen Ökosystemen. Die ruhige Ecke Andalusiens mit Cádiz und Sanlúcar de Barrameda im Osten, dem Atlantik vor der Küste, Portugal im Westen, den Bergen der Sierra de Aracena im Norden sowie Städten wie Huelva und dem magischen El Rocío lohnt zweifellos einen Besuch. Neben Jeeptouren oder Ausritten im Nationalpark locken El Rocío, wo Spaniens größte religiöse Pilgerfahrt, die Romería del Rocío, stattfindet, die Kolumbusroute mit Einblicken in die koloniale Vergangenheit des Landes oder ein Tag in Francisco Bernie's Birdwatching Centre, wo man Ibisse, Löffler und Flamingos aus der Nähe beobachten kann. Einfach einen Gang runterschalten und genießen!

TOP TIPP

Als Ausgangsbasis bieten sich El Rocío oder Huelva an. Touren in den Doñana-Park sollte man mit viel Vorlauf buchen. Es sind auch Tagesausflüge ab Sevilla oder Cádiz möglich. Von Sanlúcar aus ist der Strand vor dem Nationalpark per Boot zu erreichen, jedoch nicht das eigentliche Parkgelände.

UMWELTPROBLEME

Obwohl der Nationalpark ein geschütztes Gebiet mit einzigartiger Artenvielfalt ist (hier leben gefährdete Arten, z.B. der Iberische Luchs und der Spanische Kaiseradler), ist er durch die Trockenlegung von Sümpfen und das Abzweigen von Flusswasser für die Bewässerung landwirtschaftlicher Flächen bedroht. Hinzu kommen die Verschmutzung durch Bergbauaktivitäten und der Tourismus.

Den Doñana-Nationalpark erkunden

IN DIE NATUR DES PARKS EINTAUCHEN

Das Guadalquivir-Delta bildet eines der bedeutendsten Feuchtgebiete Europas. 1969 zum Naturschutzgebiet erklärt und zudem Welterbestätte, birgt der 500 km² große – er erstreckt sich 30 km entlang der Küste und 25 km im Landesinneren – **Parque Nacional del Coto de Doñana** eine ungemein vielgestaltige Tierwelt. Er umfasst mehrere wichtige Ökosysteme mit Sanddünen, Wäldern, Pinienhainen und Sümpfen, in denen europäische und afrikanische Zugvögel jedes Jahr Zuflucht finden und die Flamingokolonien, Rehen, Wildschweinen und den noch verbliebenen Exemplaren des Iberischen Luchs als Lebensraum dienen. Man findet hier noch weitere bedrohte Arten wie den Spanischen Kaiseradler.

Wer den Park besucht, kann an einem der vier Infozentren parken und hat von dort Zugang zu verschiedenen Wander- und Spazierwegen. Wenn man mehr vom Park sehen möchte, muss man jedoch (mit viel Vorlauf) online eine Jeeptour buchen.

BOUTIQUEUNTERKÜNFTE

Hotel La Malvasia
Prachtvolle *casa señorial* (Gutshaus) in El Rocío mit Blick über das Sumpfgebiet. **€€€**

Hotel Toruñol
Direkt neben dem Sumpfgebiet in El Rocío; am besten ein Zimmer mit Blick auf die Sümpfe buchen und Flamingos aus der Nähe betrachten. **€€**

Parador de Mazagón
Moderner Komfort vor grüner Pinienwaldkulisse im Herzen des Doñana-Nationalparks. **€€**

Doñana Nature und **Doñana Reservas** veranstalten vierstündige Ausflüge unter sachkundiger Führung; Wasser, Insektenschutzmittel, Sonnenhut und Fernglas nicht vergessen. Naturerlebnisse bietet außerdem **Doñana Horse Adventures** in Form dreistündiger Reitausflüge im Parque Nacional del Coto de Doñana. Die **Real-Fernando-Fähre** ab Sanlúcar verkehrt den Río Guadalquivir hinauf entlang des Parks und liefert somit ein Safarierlebnis der anderen Art. Tagestouren in das Gebiet können von Sevilla oder dem nahen Cádiz aus gebucht werden.

Vogelwelt

EIN VOGELBEOBACHTUNSZENTRUM BESUCHEN

Hunderte verschiedener Vogelarten machen den Nationalpark zum idealen Terrain fürs Beobachten der gefiederten Tiere. In

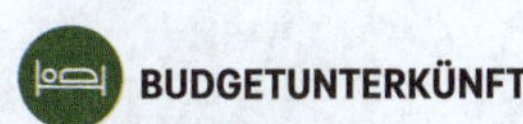

BUDGETUNTERKÜNFTE

Hotel Palacio Doñana
Preisgünstiges Hotel im altmodischen Stil. €

Hotel Doñana Blues
Einfache, gemütliche Bleibe in der Nähe des Strands von Matalascañas mit Außenpool und Garten. €

ON Family Playa de Doñana
Ferienwohnungen mit Außenpool, fünf Gehminuten vom Strand entfernt. €

DIE BESTEN STRÄNDE VON HUELVA

Matalascañas
Direktbusse ab Sevilla oder Huelva sowie Boote ab Cádiz fahren zu dem langen Sandstrand. Ruhigere Bereiche gibt es Richtung Nationalpark im Osten.

Playa de Castilla
An der Cuesta Maneli parken und dann auf dem Bohlenweg bis zum Strand laufen.

Isla Cristina
Die bewachte Playa del Carmen mit Parkplätzen, Promenade und Restaurants eignet sich für Familien.

La Flecha del Rompido
Von Nuevo Portil fahren Boote zu der 8 km langen sandigen Landzunge.

den Wintermonaten gibt es hier Triele, Krickenten und Gänse zu erspähen, im Frühling Rosenfußlöffler sowie viele tausend Rosaflamingos, die in den Lagunen des Parks nach Nahrung suchen. Zu den Sommerbewohnern gehören Schlangenadler, Zwergadler, Weißbart-Seeschwalben, Rohrschwirle und Purpurreiher. Die wandernden und festen Dünen sowie die Feuchtgebiete des Parks dienen alljährlich über 500 000 Vögeln als Winterquartier.

Geführte Vogelbeobachtungstouren veranstalten **Spoon Trips** (spoontrips.com) und die **Andalusian Cooperative Company Marinas del Rocío** (donanavisitas.es). Das **Francisco Bernie's Birdwatching Centre** (in El Rocío nahe der Ermita) bietet eine Aussichtsplattform mit Blick in das Sumpfgebiet. Das Zentrum wird von der spanischen Vogelschutzvereinigung **SEO Birdlife** betrieben und vor Ort helfen Fachkundige bei der Identifizierung der verschiedenen Arten, sie teilen außerdem ihr Wissen über Zugvögel. Mit ein wenig Glück entdeckt man von der Plattform aus Ibisse, Reiher, Löffler oder Flamingos. Ferngläser sind vorhanden.

Im Park gibt es fünf Vogelbeobachtungsstände. Interessierte können eine geführte Tagestour buchen oder (das ganze Jahr über) auf eigene Faust losziehen.

Cowboys & Pilgerfahrten

DIE WILD-WEST-STADT EL ROCÍO BESUCHEN

El Rocío ist einzigartig in Spanien. Die sandigen Straßen, die einstöckigen Häuser mit Holzgeländer und die Balken zum Anbinden von Pferden scheinen einer Westernkulisse entsprungen. Jedes Jahr am Pfingstwochenende findet hier die größte Pilgerfahrt des Landes statt und die Straßen, in denen es im restlichen Jahr eher ruhig zugeht, füllen sich anlässlich der Romería del Rocío mit bis zu 1 Mio. Pilgernden. Zur Romería wirft man sich in andalusische Gewänder und es wird gesungen, getanzt und gefeiert.

El Rocío

Die Pilgernden erreichen El Rocío wie in alten Zeiten zu Fuß, auf dem Pferd oder in Fuhrwerken. In den letzten Jahren wurde Kritik am Umgang mit Pferden und anderen Tieren während der Romería laut. Die Polizei, lokale Behörden und Tierschutzvereine haben einen ehrenamtlichen Veterinärdienst eingerichtet, der sich während der Feierlichkeiten um die Pferde und Maultiere kümmert, die den (oft langen und heißen) Weg bis nach El Rocío hinter sich haben.

Die Häuser des Dorfes gehören *hermandades* (Bruderschaften) und Herzstück des Ortes ist die weiß getünchte **Ermita del Rocío** mit der Nuestra Señora del Rocío (Jungfrau von El Rocío), einer Holzstatue über dem Altar, die die Jungfrau in einer lan-

GEHOBENE KÜCHE

Aires de Doñana
Modern interpretierte Klassiker vor eindrucksvoller Kulisse bei der Lagune von El Rocío. **€€€**

Aponiente
Küchenchef Ángel León serviert außergewöhnliche gehobene Küche in El Puerto de Santa María am Meer. **€€€**

Restaurante Acanthum
In Huelva verbindet Küchenchef Xanty Elías Kreativität mit hochwertigen Produkten aus der Provinz Huelva. **€€€**

RAFAEL SANTOS RODRIGUEZ/SHUTTERSTOCK ©

Nachgebaute Karavellen, La Rábida

gen Robe zeigt. El Rocío liegt am Rand des Parque Nacional del Coto de Doñana und in den *marismas* (Sümpfen) in der Nähe der Ermita sammeln sich zahllose Flamingos.

Die Kolumbus-Route

AUF DEN SPUREN VON CHRISTOPH KOLUMBUS

Im August 1492 überzeugte der italienische Entdecker Christoph Kolumbus Isabella und Ferdinand, Königin und König Spaniens, von seiner Unternehmung, einen Seeweg nach Indien in Ostasien zu entdecken. Er startete in **Palos de la Frontera** und segelte mit den drei kleinen Schiffen *La Santa Maria*, *La Pinta* und *La Niña* den Rio Tinto hinab in den Atlantik. Im Oktober ging er schließlich auf den heutigen Bahamas an Land und glaubte, Asien erreicht zu haben. Später hielt er das heutige Kuba für China und Hispaniola für Japan. Kolumbus hatte die Neue Welt „entdeckt" und kehrte im März 1493 mit Gold, Gewürzen und „indianischen" Gefangenen zurück. Spaniens rasanter Aufstieg zu einer Weltmacht begann und der Grundstein für die schmerzvolle Geschichte der Sklaverei und der Kolonisierung auf dem amerikanischen Kontinent war gelegt.

Heute sind in **La Rábida** Nachbauten der Originalboote zu sehen, die bei der Überfahrt zum Einsatz kamen. Im nahe gelegenen Ort Moguer kann man das **Santa-Clara-Kloster** besuchen, wo Kolumbus die Äbtissin darum bat, ihren Neffen

LITERATUR ZU CHRISTOPH KOLUMBUS

Im Archivo General de Indias (S. 489) in Sevilla gibt es eine umfangreiche Sammlung mit Originalbriefen und -karten von Kolumbus.

- *The Four Voyages* von Christoph Kolumbus.
- *The Race to the New World* von Douglas Hunter.
- *Kurzgefasster Bericht von der Verwüstung der Westindischen Länder* von Bartolomé de las Casas

ESSEN IN DER REGION

Mesón El Lobito
Familienbetriebene Bodega in Moguer mit weiß getünchten Wänden und alten Fässern; keine vegetarischen Optionen. **€€**

Restaurante Toruño
Überzeugt mit Andalusien-Fotos an den Wänden, der geselligen Terrasse und herzhafter Küche; in El Rocío. **€**

BESPOKE
Sehr beliebtes Lokal in El Puerto de Santa María mit guter Küche und gemütlicher Ausstattung. **€€**

Bergbaupark von Riotinto

König Ferdinand davon zu überzeugen, ihn bei seinem Vorhaben zu unterstützen. In Palos zeigt das **Museo Martin Alonso Pinzón**, das einstige Zuhause eines Reisegefährten von Kolumbus, einen Kurzfilm über den Entdecker und eine Sammlung mit Exponaten über die Expedition.

Bergbaugeschichte des Río Tinto

ZUGFAHRT DURCH MONDLANDSCHAFTEN

Der **Bergbaupark von Riotinto** (parquemineroderiotinto.es) gibt faszinierende Einblicke in die Mondlandschaft und die Bergbaugeschichte in Huelva. Zur Auswahl stehen verschiedene außergewöhnliche Aktivitäten. Man kann in den Original-Bergbauwaggons einen Teil der restaurierten Bahngleise am Ufer des Río Tinto entlangfahren (der Name geht auf die besondere rotbraune Färbung des Flusses zurück) oder mit dem Nachtzug Tren de la Luna (Mondzug) nach Corta Atalaya, Europas größtem Tagebau, tuckern (besonders in den warmen Sommermonaten beliebt). Bei einer neuen Tour namens Marte en la Tierra (Mars auf der Erde) können Teilnehmende Bereiche der Bergbauanlage besuchen, in der die NASA und die Europäische Raumfahrtbehörde Tests durchgeführt haben, da der Boden und das Gestein den Bedingungen auf dem Mars am nächsten kommen. Wer sich für eine Zugfahrt entscheidet, tuckert teils mitten durch die rotgoldene Mondlandschaft. Die Fahrt dauert zwei Stunden, inklusive eines 20-minütigen Stopps, bei dem man die Brücke überqueren und zum Fluss laufen kann (nicht hineinfassen, er ist hochgiftig). Die Waggonsitze lassen sich in Fahrtrichtung drehen und auf der holprigen Ausflugsfahrt passiert man verschiedene Stationen.

FAHRT MIT DER DAMPFLOK

An jedem ersten Sonntag im Monat zieht Spaniens älteste Dampflok, Jahrgang 1875, die Waggons im Bergbaupark von Riotinto. Die Eisenbahn transportierte bis 1968 Bergarbeiter, Einheimische und Mineralien aus den Minen. Das gut präsentierte **Museo Minero** ist der Bergbaugeschichte gewidmet.

UNTERWEGS VOR ORT

Eine spannende Art, den Nationalpark zu erkunden, ist per Boot. Neben den Rutas en Barco Mazagón (Delfinbeobachtungstouren und Flussfahrten) gibt es San-Fernando-Bootstouren ab Sanlúcar auf dem Río Guadalquivir und in den Nationalpark.

Gruta de las Maravillas
PORTUGAL
SPANIEN
Vilareal do Santo António
Ayamonte
Faro
Parque Nacional del Coto de Doñana

Rund um den Parque Nacional del Coto de Doñana

Hier gehören schöne Wanderrouten und faszinierende Höhlensysteme in der Sierra, hübsche, wilde Strände an der unberührten Küste und die direkte Nähe zu Portugal zu den Highlights.

Das manchmal Spaniens „vergessene" oder „geheime" Provinz genannte Huelva (das dennoch von großen Städten wie Sevilla oder Cádiz gut zu erreichen ist) bietet neben der bemerkenswerten Flora und Fauna im eindrucksvollen Nationalpark eine dramatische Küste mit großartigen Stränden an der Costa de la Luz. Es warten hübsche historische Städte wie Moguer, wo der spanische Nobelpreisträger, Dichter und Autor Juan Ramón Jimenez lebte, und Niebla mit maurischer Geschichte und imposanten Burgmauern. Zudem locken wunderbare Wanderwege und die Höhlensysteme der Gruta de las Maravillas in der Sierra de Aracena im Norden. In Ayamonte kann man außerdem per Boot einen Tagesausflug nach Portugal machen. Wer abseits der ausgetretenen Pfade wandelt, lernt Huelvas ganze Schönheit kennen.

TOP TIPP

Die Altstadt von **Ayamonte** zwischen dem Paseo de la Ribera und dem Fährhafen (400 m westlich) lädt mit ihren hübschen Plätzen, alten Kirchen, Cafés, Boutiquen und Restaurants zu einem Spaziergang ein.

Ayamonte

TAGESAUSFLUG NACH PORTUGAL

Nach einer 15-minütigen Fährfahrt von Ayamonte nach Vilareal do Santo António kann man bei einem Tagestrip nach Portugal *pastéis de nata* (typische süße Törtchen) und *um galão* (Milchkaffee) genießen. Die unmittelbare Nähe zum Nachbarland spiegelt sich in Ayamontes Küche wider, so ist *bacalao a la Portuguesa* ein beliebtes Gericht.

Faro an der Algarve ist nur eine 45-minütige Autofahrt von Ayamonte entfernt, also schneller zu erreichen als das nahe Sevilla.

85 % der Wörter im Spanischen und Portugiesischen überschneiden sich, auch wenn sich die Aussprache unterscheidet. Hier ein paar wichtige Ausdrücke:

Bom dia
Guten Morgen

Por favor
Bitte

Obrigado/obrigada
Danke

MAKASANA PHOTO/SHUTTERSTOCK ©

Gruta de las Maravillas

Magische Karsthöhlen in Aracena

HÖHLEN MIT BEGRENZTEM ZUGANG

Das malerische, auf einem Hügel gelegene Aracena in der Sierra Morena lohnt wegen der **Gruta de las Maravillas** einen Besuch. Die faszinierende geologische Formation aus unterirdischen Kalksteinhöhlen voller Stalaktiten und Stalagmiten bildete sich über Tausende von Jahren und ist seit 1913 für die Öffentlichkeit zugänglich. Ein etwa 45-minütiger Rundweg führt zu Seen, Kammern und eindrucksvollen Felsformationen. Die Temperatur in den Höhlen beträgt zwischen 16 und 19 °C, deswegen ist eine leichte Jacke eine gute Idee. La Cristalería de Dios und der Smaragdsee gehören zu den Highlights. Für die Zahl an Besucher:innen gilt pro Tag eine Obergrenze, aus diesem Grund kommt man am besten möglichst früh. Oben bietet die mittelalterliche Burganlage Panoramablicke auf die Sierra und Aracena darunter. Bei einem Ausflug in die wunderschöne Sierra de Aracena y Picos de Aroche lassen sich grüne Täler voller Lavendel, Wacholder und Mastixsträuchern sowie Gipfel und Wiesen mit Eichen, Kastanien, Olivenhainen und Obstbäumen entdecken.

UNTERWEGS VOR ORT

Die Sierra de Aracena ist eine einstündige Autofahrt von Sevilla entfernt (über die Ost-West-Route N-433 von Sevilla nach Lissabon oder die Nord-Süd-Route N-435 von Badajoz nach Huelva), zudem fahren Züge ab Huelva. Ins nahe Portugal gelangt man mit dem Boot oder Auto.

TARIFA

Tarifa hat eine ganz spezielle Energie. Die verwinkelten engen Straßen und Stadtmauern, die charmanten Plätze und die belebten Bars und Cafés spielen allerdings nur eine Nebenrolle, denn sie gilt als Surf-Hauptstadt Europas. Hier treffen die Atlantikwinde Levante und Poniente aufeinander und sorgen für perfekte Surf-, Windsurf- und Kitesurf-Bedingungen. Die unbeschwerte, lässige Partystadt ist ein Paradies für Surffans und mit einer traumhaften Küste samt einigen der schönsten Naturstrände der Costa de la Luz gesegnet.

Tarifa ist nur 11 km von der afrikanischen Küste entfernt (es gibt regelmäßige Fährverbindungen nach Tanger und am Horizont erstreckt sich das marokkanische Rif-Gebirge) und verdankt seinen Namen Tarif Ibn Malik, der die Stadt 710 eroberte. 1292 nahm Kastilien die Stadt ein. Die Mauern und das Haupttor, die Puerta de Jerez, aus dem 13. Jh. stehen noch heute.

TOP TIPP

Der Küstenabschnitt lässt sich wunderbar mit dem Boot erkunden, wobei das Angebot groß ist. Tagesausflüge nach Tanger in Marokko sind per Fähre möglich, wobei die Überfahrt eine knappe Stunde dauert.

Tarifas windgepeitschte Altstadt

HISTORISCHER STADTBUMMEL

Das an der südlichsten Spitze Europas gelegene Tarifa war ursprünglich eine römische Siedlung und wurde 710 von den Mauren eingenommen. Mit engen, labyrinthartigen, weißen Gassen und der ummauerten Altstadt versprüht der Ort nordafrikanisches Flair und ist international geprägt.

Eine Erkundungstour durch die Altstadt führt durch das mittelalterliche Tor **Puerta de Jerez** (das einzig verbliebene von ursprünglich vier), das Angreifer abschrecken sollte, und zum **Mercado de Abastos** an der Calle Colón. Danach stößt man auf die **Iglesia de San Mateo** aus dem 16. Jh. Wer die Burgmauern erklimmt, genießt vom **Miramar** Ausblicke bis nach Afrika. In der Nähe steht das **Castillo de Guzmán el Bueno**. Der Legende nach wurde Guzmán el Bueno mit dem Tod seines entführten Sohnes gedroht, sollte er die Burg nicht maurischen Angreifern, die Tarifa einnehmen wollten, übergeben. Der Held der Reconquista weigerte sich und warf den Angreifern den eigenen Dolch vor die Füße.

Bei einem Spaziergang durch die kopfsteingepflasterten Gassen der Altstadt taucht man in das Surf-Flair ein und stärkt sich unterwegs in einer Tapasbar oder in einem Café. Das freundliche

DIE BESTEN YOGAKURSE

Mandalablue
Hatha-, Yin- und Aerial-Yoga sowie Meditation, Energy Clearing und Kurse unter freiem Himmel am Strand.

Asociación Holistica Respira Tarifa
Freundliches Studio in der Innenstadt, das sich für Neulinge eignet.

Eiko Yoga
Klangtherapie und entspannende Meditationskurse.

ESSEN & AUSGEHEN IN TARIFA

Surf Bar Tomatito
Beliebt bei der – wenig überraschend – Surfgemeinde.

Taco Way
Die belebte Cocktailbar sorgt für einen unterhaltsamen Abend.

Chilimosa
Gemütlicher Imbiss und Restaurant mit vegetarischer Kost. €

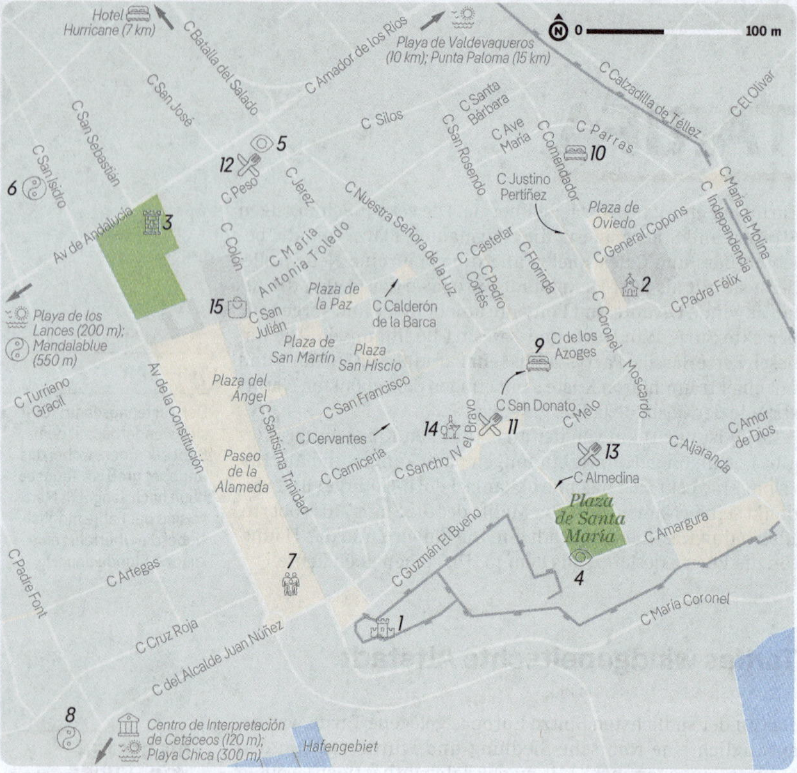

SEHENSWERTES
1 Castillo de Guzmán el Bueno
2 Iglesia de San Mateo
3 Miramar
4 Plaza de Santa Maria
5 Puerta de Jerez

AKTIVITÄTEN
6 Asociación Holistica Respira Tarifa
7 Castle Play Park
8 Eiko Yoga

SCHLAFEN
9 Posada La Sacristía
10 Riad Tarifa

ESSEN
11 Bar El Francés
12 Chilimosa
13 El Lola

AUSGEHEN
14 Surf Bar Tomatito
siehe 14 Taco Way

SHOPPEN
15 Mercado de Abastos

El Lola mit der belebten Terrasse zählt zu den beliebtesten Lokalen. Es serviert leckere Tapas mit kreativem Touch und *raciones* vom atlantischen Blauflossenthunfisch, von leichtem Tataki bis hin zum Degustationsmenü. Eine gute Wahl ist zudem die **Bar El Francés** in der Nähe; wer früh kommt, hat gute Chancen auf einen Sitzplatz. Letzte Station ist der schattige Hauptplatz **Plaza de Santa Maria**. Weil dessen Springbrunnen am Rand kleine Frösche zieren, wird er auch Plaza de la Ranita genannt.

ÜBERNACHTEN IN TARIFA

Riad Tarifa
Mischt marokkanische und andalusische Einflüsse. €€

Posada La Sacristía
Atmosphärisch-stilvolles Juwel mit maurischem Design im Herzen der Altstadt. €€

Hotel Hurricane
Beliebter Klassiker mit großartiger Lage und Gärten. €€€

Wellen, Wind & Ausritte

ABENTEUERSPORT AN DER KÜSTE

Tarifa ist dank der Atlantikwinde als das Windsurf-, Surf- und Kitesurf-Zentrum Europas bekannt. Die besten Bedingungen herrschen im Mai, Juni und September. Der Küstenabschnitt zwischen Tarifa und Punta Paloma, 10 km Richtung Nordwesten, ist von bunten **Kitesurfsegeln** gespickt. Der **ION Club Valdevaqueros** und der **ION Club Hurricane** bieten Kurse für Anfänger:innen im Kite- und Windsurfen in verschiedenen Sprachen. **Windsurfen** lässt sich außerdem mit dem Anbieter **Spin Out** an der Playa de Valdevaqueros erlernen, der auch Kurse für Kinder im Programm hat. Alternativ lässt sich die Küste auf einem geliehenen Paddle Board erkunden, darüber hinaus veranstaltet die gemeinnützige Stiftung FIRMM informative **Walbeobachtungstouren**.

Ausritte sind an dem Küstenabschnitt mit eindrucksvollen Naturparks in direkter Nähe ebenfalls beliebt. Populäre Optionen sind einstündige Ausritte an der Playa de los Lances sowie zweistündige Reitausflüge am Strand und in den Bergen. **Aventura Ecuestre** mit Sitz im Hotel Dos Mares, 5 km nördlich von Tarifa, veranstaltet auch längere Ausritte im Parque Natural Los Alcornocales oder zu den Dünen von Punta Paloma. Auch **Molino El Mastral**, 5 km nördlich der Stadt, organisiert Ausritte.

HIGHLIGHTS FÜR KINDER

Zu den beliebten Familienstränden gehören die **Playa Chica**, ein kleiner Stadtstrand in der Nähe von Tarifa mit gutem Serviceangebot, und **Punta Paloma** mit Sanddünen und Schlammbädern. Eine weitere Option ist ein Bad im **Rio de la Jara**.

In Tarifa ist der **Castle Play Park** an der Calle Alcalde Juan Nunez bei den Kleineren beliebt, während ältere Kids im **Centro de Interpretación de Cetáceos (CICAM)** Wissenswertes über Wale und Delfine erfahren.

Strände rund um Tarifa

DIE COSTA DE LA LUZ

Die Costa de la Luz erstreckt sich von Tarifa im Süden bis nach Huelva im Westen. Dank kilometerlanger Sandstrände lassen sich in dem Abschnitt zwischen Tarifa und Barbate ein paar tolle Strandtage verbringen. In **Barbate**, **Yerba Buena**, **Caños de Meca**, **El Palmar** und **La Barrosa** kommen Surffans bei entsprechenden Wind- und Wellenbedingungen auf ihre Kosten.

Einer der schönsten Strände ist die von Pinien gesäumte, 10 km lange **Playa de los Lances** mit hellem Sand und türkisfarbenem Wasser. Vor Ort gibt's Duschen, eine Badeaufsicht und Erste Hilfe, in unmittelbarer Nähe zudem verschiedene Strandbars und Restaurants. Der südliche Bereich ist nur für Schwimmer:innen, der nördliche für Wassersport. Es gibt zwei Zeltplätze sowie eine regelmäßige Busverbindung nach Tarifa.

Die angesagte **Playa de Valdevaqueros**, 10 km nordwestlich von Tarifa, ist ein Windsurfparadies mit weißem Sand, türkisfarbenem Wasser und diversen Strandbars, die zu einem Sundowner einladen. Zu den Highlights gehören außerdem spektakuläre Naturstrände wie **Bolonia** in der Nähe auf dem Gelände des Naturparks El Estrecho sowie **Zahara de los Atunes** zwischen Zahara und Cabo de Plata.

Playa de Valdevaqueros

UNTERWEGS VOR ORT

Tarifa ist gut zu Fuß zu erkunden und bietet Zugang zu verschiedenen Stränden. Zu Stränden wie Bolonia oder zur römischen archäologischen Stätte von Baelo Claudia ein Stück weiter die Küste entlang gelangt man am besten per Auto, Taxi oder Bus.

Rund um Tarifa

Jenseits der Traumstrände, Sonnenuntergänge und des Windsurfparadieses gibt es unweit von Tarifa im Landesinneren magische maurische Bergdörfer und wilde Natur zu entdecken.

Neben magischen Stränden und Sonnenuntergängen vor dem Panorama der marokkanischen Rif-Berge bietet Europas Windsurfparadies im Landesinneren viele weitere Highlights, die eine Erkundungstour lohnen. Vom Naturpark El Estrecho an der Küste mit seiner reichen Artenvielfalt über märchenhafte maurische Bergdörfer wie Vejer de la Frontera (eines der schönsten Dörfer Spaniens) und die faszinierenden schmalen Gassen bei einem Tagesausflug ins marokkanische Tanger bis hin zu den eindrucksvollen römischen Ruinen von Baelo Claudia gibt es bei einer Reise rund um die südlichste Spitze Europas jede Menge zu entdecken.

TOP TIPP

Von Tarifa reist man die Küste hinauf Richtung Cádiz mit Stopps in Küstendörfern und an eindrucksvollen Stränden bis nach Vejer de la Frontera im Hinterland von Barbate.

Vejer de la Frontera (S. 539)

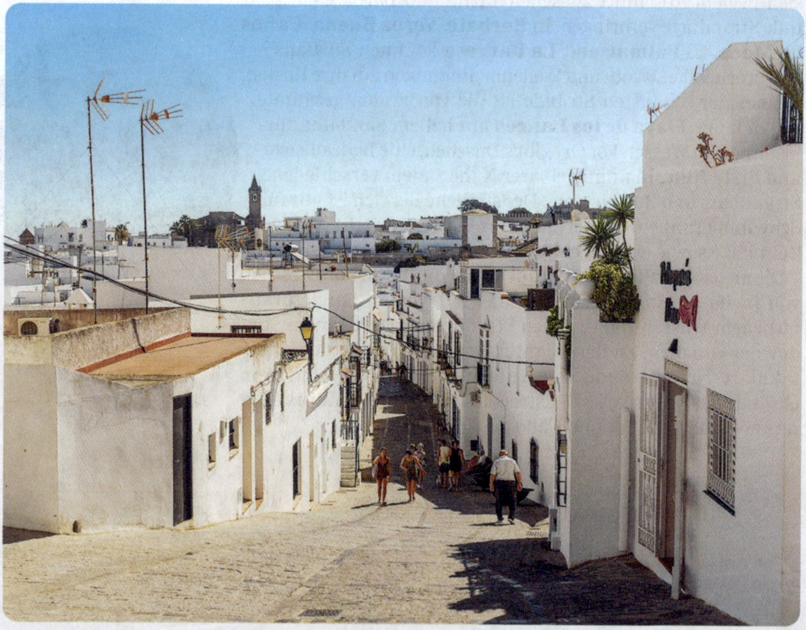

Kasbah-Museum

Tagesausflug nach Tanger

KURZTRIP NACH NORDAFRIKA

Tarifa liegt nur 11 km vor der nordafrikanischen Küste und es gibt regelmäßige Fährverbindungen (ca. 45 Min. Fahrtzeit) zur marokkanischen Hafenstadt Tanger. Die einstige Interzone übte als kultureller Schmelztiegel eine große Anziehung auf Literatur- und Kunstschaffende sowie andere kreative Köpfe aus. Fährtickets besorgt man sich vorab online und dann findet man sich am Hafen rund 90 Minuten vor der Abfahrt ein. Alternativ kann man im Voraus eine Tagestour buchen (den Guide trifft man in Tanger) oder eine Hop-on-Hop-off-Bustour in Tanger unternehmen. Bei der Ankunft wird man von Touranbietern fast schon überrannt.

Bei einer Tagestour konzentriert man sich auf die Attraktionen der belebten **Medina** mit ihrem Grand Socco und Petit Socco (Souk). Dazu gehören das **Kasbah-Museum** und das **Teatro Cervantes**, ein Art-déco-Theater, das 1913 zu Ehren von Miguel Cervantes erbaut wurde. Ein weiteres Art-déco-Highlight ist das **Cinema Rif** nahe des Grand Socco, das Filme auf Arabisch und Französisch zeigt.

DIE BESTEN BUCHLÄDEN VON TANGER

Librairie des Colonnes
Arabische, französische, spanische und englische Romane sowie regelmäßige Veranstaltungen. Eine kulturelle Institution für die internationale Gemeinde.

Les Insolites
Buchladen-Café mit Mittagsmenü und Kunst.

Le Cercle des Arts
Literarischer, kultureller Treffpunkt mit Café.

ESSEN IN TANGER

El Tangerino
Bistro mit spanischer Küche und hübscher Aussicht auf die Küstenstraße. **€€**

El Morocco Club
Stimmungsvolles Flair und leckeres Essen in der Kasbah. **€€**

Café Restaurant New Andalous
Draußen bei der Mnar-Burg mit hübschen Meerblicken. **€€**

PARQUE NATURAL DEL ESTRECHO

Rund um Baelo Claudia liegt der spektakuläre Parque Natural del Estrecho, das südlichste Naturschutzgebiet Europas, dessen fast 190 km^2 großes Küstengebiet sich von Cabo del Gracia im Westen bis nach Punto del Carnero im Osten erstreckt. Bekannt ist der Park für seine artenreiche Meereswelt und die vielfältigen Lebensräume wie Wanderdünen, Wälder und Sandbänke vor der Küste. Mit mehreren Wachtürmen, über 30 Höhlen (teils mit bedeutenden Felsmalereien) und vielen archäologisch interessanten Schiffswracks (auf die Seitenwinde und Bedingungen der Straße von Gibraltar zurückzuführen) bietet sich hier Natur- und Geschichtsinteressierten ein Alternativprogramm zu Tarifa.

MEGAPIXELES.ES/SHUTTERSTOCK ©

Baelo Claudia

Die Stadt teilt sich in die Medina (Altstadt) und das neue, moderne *ville nouvelle* (neue Stadt) mit einer breiten Promenade am Meer. Entweder bestellt man sich wie die Einheimischen einen Minztee in einem der Cafés oder besucht die **Librairie des Colonnes**. In dem bekannten Bücherladen gingen einst Samuel Beckett, Tennessee Williams und Truman Capote ein und aus.

Römische Ruinen

HISTORISCHES HINTERLAND VON BAELO CLAUDIA

Die meisten zieht es wegen der Traumstrände, der Surfbedingungen und des entspannten Partyflairs nach Tarifa, die Gegend hält jedoch auch bedeutsame historische Stätten bereit. Hervorzuheben ist dabei der archäologische Komplex **Baelo Claudia**, der im 2. Jh. v. Chr. als römische Stadt gegründet wurde. Baelo Claudia war ein wichtiges Zentrum des Handels mit Nordafrika, vor allem für Fische, Salz und Garum. Es liegt 22 km von

ESSEN IN VEJER DE LA FRONTERA

Garimba Sur
An der Plaza de España. Mit schönen andalusischen Fliesen und guter lokaler Küche. €€

El Jardín del Califa
Marokkanisch inspiriertes, beliebtes Lokal (vorab reservieren). €€

Bar Peneque
Tapas und Frühstück unter Orangenbäumen. €

Tarifa entfernt in der Nähe des charmanten Dorfs Bolonia. Dort gibt es ein Infozentrum und ein Museum mit einer eindrucksvollen Sammlung von Artefakten und Statuen. Tatsächlich ist Baelo Claudia die größte römische Ausgrabungsstätte Spaniens.

Die florierende Stadt wurde durch Erdbeben und wiederholte Piratenangriffe im 3. Jh. „ausgebremst" und im 6. Jh. schließlich verlassen. Der Decumanus Maximus (Ost-West-Route) und der Cardo Maximus (Nord-Süd-Route) führen mitten auf das Forum (öffentlicher Platz). Zu sehen sind Überreste von *tabernae* (Geschäften), Thermalbädern und vom *macellum* (Markt) sowie eine bemerkenswerte Basilika, Gerichtshöfe, ein Theater mit Platz für 2000 Personen und vier Tempel (für Jupiter, Juno, Minerva und Isis). Ursprünglich hatte die Stadtmauer 40 Wachtürme, und vier Aquädukte versorgten die bedeutende Küstenstadt mit Wasser.

ÜERNACHTEN IN VEJER DE LA FRONTERA

La Casa del Califa
Stilvolle Bleibe mit marokkanischem Design unter schottischer Leitung. €€€

Hotel Plaza 18
Komfortables Hotel im edlen Stil. €€€

Casa Shelly Hospedería
Charmante, entspannte Pension. €€

Mittelalterliches Bergdorf Vejer

EINES DER SCHÖNSTEN DÖRFER SPANIENS ENTDECKEN

Vejer de la Frontera gilt als eine der hübschesten Ortschaften in den Bergen Andalusiens und die Gründe dafür sind offensichtlich. Panoramablicke von Mauern und Bögen in Berglage, Kopfsteinpflasterstraßen mit weiß getünchten Häusern und versteckten Blumen-Patios, der reizende Dorfplatz Plaza de España mit herrlich gefliestem Springbrunnen und hoch aufragenden Palmen, ein ansprechender Mix arabisch-andalusischer Architektur, entspannte Atmosphäre sowie Obstbäume und Orangenhaine im Umland sorgen für eine malerische Kulisse.

Die Einheimischen sind stolz auf ihr Dorf, das den Titel eines historisch-künstlerischen Denkmalensembles nationaler Bedeutung innehat. Ein besonderer *duende* (Geist) umgibt den Ort. Von 711 bis 1248, als die Stadt von Ferdinand von Kastilien eingenommen wurde, gehörte Vejer zum maurischen Andalusien, wovon die Altstadt bis heute zeugt. Interessant sind außerdem die mittelalterliche Burg **Casa del Mayorazgo** mit blumengeschmückten Innenhöfen und Blick über die Stadt, die Stadtmauer aus dem 15. Jh., das alte jüdische Viertel und das Stadtmuseum.

Vejer birgt zahlreiche schicke Unterkünfte und Gourmettempel. In der Nähe locken zudem der **Parque Natural de la Breña y Marismas del Barbate** (mit dem Barbate-Feuchtgebiet), die **Fundación NMAC**, eine faszinierende Skulpturensammlung mit Naturbezug, sowie die tollen Strände der Costa de la Luz.

Casa del Mayorazgo

UNTERWEGS VOR ORT

Um die engen Einbahnstraßen zu umgehen, parkt man am Stadtrand und erkundet Vejer de la Frontera zu Fuß. Nach Baelo Claudia geht's mit dem (Miet-)Auto, am besten zu einer kühleren Tageszeit. Von Tarifa fahren Fähren nach Tanger und es gibt Tagestouren. Wer keine Tour gebucht hat, muss damit rechnen, am Hafen von Tanger von entsprechenden Anbietern umworben zu werden.

Palacio de Jabalquinto (S. 599), Baeza

DIE WICHTIGSTEN ZIELE

GRANADA
Eine malerische maurische Stadt.
S. 546

LAS ALPUJARRAS
Weiße Dörfer und Aussicht auf die Berge.
S. 559

PARQUE NATURAL DE CABO DE GATA-NÍJAR
Einsame Strände und Wüstenberge.
S. 567

GRANADA & ANDALUSIENS SÜDKÜSTE

OLIVENHAINE, MAUREN & STRÄNDE

Andalusiens Osten hat eine tolle Mischung aus sanften Hügeln mit Olivenhainen, faszinierenden Städten mit ihrem maurischen Erbe und endlosen Sandstränden zu bieten.

Granada und Andalusiens Südküste begeistern mit dramatischen Berggipfeln, eindrucksvollen Naturschutzgebieten und einer wunderschönen Küste mit tollen Städten voller Geschichte, Kultur und einigen der besten Tapasbars des Landes. In der Region gibt es auch ein paar der am besten erhaltenen maurischen Bauwerke Spaniens, von alten arabischen Badehäusern bis hin zu zahllosen Bergfestungen, und natürlich die Königin von allen – Granadas faszinierende Alhambra. Die Region ist unglaublich vielfältig und es lohnt sich, alles zu erleben. Von den Olivenhainen und Renaissancestädten der Provinz Jaén über die bezaubernde Stadt Granada und ihren maurischen Schmuckstücken bis hin zum spektakulären Bergstädtchen Ronda. Im Süden von Granada warten die schneebedeckten Höhen der Sierra Nevada mit ihren Bergdörfern in Las Alpujarras auf. Im Südosten liegen die Wüstengebiete von Almería mit den bizarren vulkanischen Formationen des Parque Natural de Cabo de Gata-Níjar. Im Westen bezaubern die charmanten maurischen Dörfer von La Axarquía und die entspannte Costa Tropical. Im Süden locken das pulsierende Málaga als Zentrum der zeitgenössischen Kultur und die Badeorte der Costa del Sol. Und im Norden zeigt sich die Provinz Málaga mit den beeindruckenden architektonischen Sehenswürdigkeiten von Antequera und dem wunderschönen Ronda von ihrer besten Seite.

MÁLAGA
Zentrum der Kunstszene an der Küste.
S. 577

RONDA
Spektakuläres Bergstädtchen.
S. 588

ÚBEDA
Renaissance-Architektur und Olivenhaine.
S. 595

Erste Orientierung

Der Osten Andalusiens umfasst die Provinzen Granada, Jaén, Almería und Málaga. Die ausgewählten Städte spiegeln ihren Charme, ihre Kultur und Geschichte sowie die wunderschöne Natur am besten wider.

Úbeda, S. 595

Eine der spektakulärsten Renaissancestädte Spaniens voller grandioser Architektur und umgeben von weitläufigen Olivenhainen.

Ronda, S. 588

Die berühmte Brücke des sensationellen Städtchens auf einer Klippe führt über eine tiefe Schlucht und liegt in einem tollen Weingebiet. Außerdem gibt es prächtige Paläste zu besichtigen.

Málaga, S. 577

In der pulsierenden Küstenstadt kann man toll ausgehen und es gibt fantastische Kunstmuseen, endlos lange Strände und wunderbares Seafood.

Granada, S. 546

Die alte maurische Stadt begeistert mit einer der tollsten Sehenswürdigkeiten Spaniens, der Alhambra, sowie Flamenco-Höhlen und einigen der besten Tapasbars des Landes.

AUTO

Diesen Teil Andalusiens erkundet man am besten mit einem Mietwagen. Auf diese Weise gelangt man zu allen Zielen, von den Bergdörfern bis zu den Naturschutzgebieten.

BUS

Wer kein Auto hat, kommt am besten mit dem Bus in die kleineren Städte und Dörfer in Las Alpujarras, Cabo de Gata-Níjar und rund um Úbeda. Da die Busse nicht so häufig fahren, ist eine genaue Planung schwierig.

ZUG

Zwischen den großen Städten und Verkehrsknotenpunkten wie Granada, Almería, Málaga und Ronda sowie entlang der Costa del Sol reist man vorzugsweise mit dem Zug.

Parque Natural de Cabo de Gata-Níjar, S. 567

Versteinerte Sanddünen, uralte vulkanische Gesteinsformationen und karge Gipfel gehen in menschenleere, unberührte Strände und Gewässer mit vielen Tiere über.

Las Alpujarras, S. 559

Malerische Bergdörfer schmiegen sich an die Hänge einiger der höchsten Berge Spaniens mit zahlreichen Wanderwegen. Hier findet man auch das südlichste Skigebiet Europas.

N 0 — 50 km

Perfekte Tage

Der Osten Andalusiens umfasst ein großes Gebiet. Wer alles sehen will, braucht zwei bis drei Wochen, aber man bekommt auch einen guten Eindruck, wenn man sich einen oder zwei Ausgangspunkte aussucht und diese mit Bergen, einem Naturschutzgebiet oder einem Teil der Küste kombiniert.

INU/SHUTTERSTOCK ©

Sacra Capilla del Salvador (S. 595), Úbeda

Nur einen oder zwei Tage zum Erkunden

- Am besten fährt man sofort nach **Granada** (S. 546), um eine der faszinierenden Städte Spaniens zu erleben. Die Altstadt erstreckt sich rund um die prächtige **Capilla Real** (S. 553) und ist von den schneebedeckten Gipfeln der Sierra Nevada umgeben. Nach einem Besuch der letzten Ruhestätte der Reyes Católicos (Katholische Könige) schlendert man durch die umliegenden Straßen mit Granadas berühmten Tapasbars.

- Von hier führen Kopfsteinpflasterstraßen ins alte arabische Viertel **Albaicín** (S. 547). Vom **Mirador de San Nicolás** (S. 547) hat man einen phänomenalen Blick auf die Alhambra. Für den Besuch der **Alhambra** (S. 550) sollte man mindestens einen halben Tag einplanen, um die opulenten Palacios Nazaríes, die üppigen Gärten des Generalife und die beeindruckende Festung Alcazaba zu bewundern.

Beste Reisezeit

Frühling und Herbst sind die beste Reisezeit für diesen Teil Andalusiens, da man so die große Hitze im Sommer meidet. Viele der besten Feste der Region finden zu dieser Zeit statt.

JANUAR

Wegen des Schnees in den Bergen ist das die beste Zeit zum **Skifahren** in der Sierra Nevada.

APRIL

Die **Semana Santa** (Heilige Woche) an Ostern ist einer der Höhepunkte des Jahres, und am eindrucksvollsten wird sie in Granada gefeiert.

MAI

Cruces de Mayo, auch Fest der Maikreuze genannt, wird in der gesamten Region gefeiert, aber am besten in Granada, Almería und Málaga.

NICK STUBBS/SHUTTERSTOCK ©, AKTURER/SHUTTERSTOCK ©, JUAN PEDRO PENA/SHUTTERSTOCK ©

Vier Tage zum Erkunden

- Nach zwei Tagen in Granada fährt man Richtung Südosten nach **Las Alpujarras** (S. 559) in den Ausläufern der Sierra Nevada. Einen Tag lang besucht man die drei weißen Dörfer in der **Poqueira-Schlucht** (S. 560), bevor man weiter nach Almería und in den **Parque Natural de Cabo de Gata-Níjar** (S. 567) fährt.

- Dann geht's weiter durch das hügelige, mondähnliche Landesinnere bis zum Dorf **San José** (S. 567), das der perfekte Ausgangspunkt für die langen, windigen Strände und die Unterwasserwelt ist.

Länger Zeit

- Wer eine Woche oder noch länger Zeit hat, sollte die Reise im Bergstädtchen **Ronda** (S. 588) beginnen lassen, das an einer riesigen Schlucht liegt.

- Weiter geht's Richtung Südwesten nach **Málaga** (S. 577), wo man einen Tag lang mehr über die Geburtsstadt Pablo Picassos erfahren und die tollen Kunstmuseen besichtigen kann. Richtung Westen entlang der Küste bis zum östlichen Ende Andalusiens erstreckt sich der Parque Natural de Cabo de Gata-Níjar mit seinen fast menschenleeren Stränden.

- Auf dem Weg Richtung Nordwesten nach Granada erwartet Reisende eine andere Welt, die **Desierto de Tabernas** (S. 575). Wenn man genug von Granada hat, geht's weiter gen Norden in die Renaissancestädte **Úbeda** (S. 595) und **Baeza** (S. 599), die beide zum UNESCO-Weltkulturerbe gehören.

JUNI
Jetzt noch schnell die Strände genießen, bevor die Massen kommen, und den Feiertag **Corpus Christi** (Fronleichnam) begehen.

AUGUST
Im August ist es in den Städten im Landesinneren sehr stickig, aber Málaga erwacht während seiner **Feria** zum Leben.

SEPTEMBER
Es wird kühler und die Touri-Massen haben die *costas* verlassen, wodurch jetzt die perfekte Reisezeit ist: Es ist immer noch warm genug, um an den Stränden zu entspannen.

NOVEMBER
Die **Olivenerntesaison** beginnt in Jaén, und man kann sogar sein eigenes Olivenöl herstellen.

GRANADA

Die Gipfel der Sierra Nevada bilden die perfekte Kulisse für eine der schönsten Städte Spaniens. Die meisten Besucher:innen kommen hierher, um die beeindruckende Palastanlage der Alhambra zu besichtigen, bleiben aber länger als geplant, weil sie sich auch für den Rest der Stadt begeistern. Granada war das letzte Bollwerk der Mauren, die fast 800 Jahre lang über einen Großteil Südspaniens herrschten. Ihr Erbe ist in dem historischen Maurenviertel und in den *teterías* (Teehäuser) allgegenwärtig. Außerdem gibt's trubelige Bars und eine der besten Flamenco-Szenen des Landes. Man kann also gut verstehen, warum so viele von der „Stadt der Granatäpfel" fasziniert sind.

TOP TIPP

Die Stadt und die Sehenswürdigkeiten kann man gut zu Fuß erkunden. Den Bus muss man nur nehmen, wenn man hoch zur Alhambra oder ins Viertel Sacromonte möchte.

TANZEN IN GRANADA

Casa del Arte Flamenco
In dem auf Flamenco spezialisierten Theater treten erstklassige Kunstschaffende auf.

Jardines de Zoraya
Flamenco-*tablao* in einer Villa im arabischen Stil.

Cuevas Los Tarantos
Zambra (Flamenco-Stilrichtung) in einer Höhle in Sacromonte.

Tablao Flamenco La Alborea
Tablao in gemütlicher Umgebung im Zentrum.

Casa Ana
Flamenco-Theater mit eigener Flamenco-Schule.

Grandioser Flamenco

ANDALUSIENS GEFÜHLVOLLE KUNSTFORM

Granada ist neben Sevilla, Jerez de la Frontera und Córdoba eine der besten Städte, um sich in Andalusien Flamenco anzusehen. Abends hört man das Stampfen der Flamenco-Rhythmen und die betörenden Stimmen der Sänger:innen durch die Stadt hallen. Wer Glück hat, sieht vielleicht eine Flamenco-Vorführung auf der Straße, aber es ist eher unwahrscheinlich, in einer der Bars eine improvisierte Flamenco-Aufführung zu erleben. Den besten Flamenco sieht man heute in *tablaos* (choreografierte Flamenco-Vorführungen für Tourist:innen) oder *peñas* (Flamenco-Clubs), für die man eine Eintrittskarte benötigt.

Aber egal, wo man sie sieht, Granadas Flamenco-Künstler:innen sind Weltklasse und touristische Aufführungen teilweise sehr gut. *Tablaos* gibt's im gesamten Stadtzentrum in speziellen Flamenco-Theatern, -Clubs und alten maurischen Häusern. Einer der beliebtesten Orte für Flamenco-Aufführungen sind die Höhlen im Viertel Sacromonte, hoch über der Stadt. Granadas Roma-Gemeinde spielte eine wichtige Rolle bei der Entstehung dieser Kunstform, und Nachkommen einiger berühmter Roma-Tänzer:innen treten immer noch in den Höhlen auf, in denen sie einst lebten.

ÜBERNACHTEN IN GRANADA

Parador de Granada
Das elegante Hotel in einem ehemaligen Kloster befindet sich innerhalb der Mauern der Alhambra. €€€

Hotel Casa Morisca
Das wunderschöne Hotel in Albaicín ist in einem alten maurischen Herrenhaus mit einem Brunnen im Innenhof und Holzbalkendecken untergebracht. €€

Casa De Federico
Schönes Hotel in der Nähe der Kathedrale mit großen, marokkanisch inspirierten Zimmern. Das Frühstück wird auf der Dachterrasse serviert. €

LAPAS77/SHUTTERSTOCK ©

Blick vom Mirador de San Nicolás auf die Alhambra

Das Viertel Albaicín

ARABISCHE EINFLÜSSE & STEILE STRASSEN

Granadas ehemaliges Maurenviertel mit steilen Kopfsteinpflasterstraßen liegt direkt gegenüber der Alhambra. Die meisten Besucher:innen zieht es auf die Calle Caldereria Nueva mit ihren vielen *teterías* und marokkanischen Kunsthandwerksgeschäften, die wirklich alles verkaufen, von glitzernden Glaslampen über paillettenbesetzte Pantoffeln bis hin zu handgefertigten Ledertaschen.

Wer weiter hinaufgeht, kommt an vielen weiß getünchten Häusern und *cármenes*, umgebaute ehemalige maurische Privathäuser, vorbei. In ihrem Inneren verbergen sich hinter Bogengängen im arabischen Stil ruhige Terrassengärten mit Springbrunnen, Zitrusbäumen und duftendem Jasmin. Wer einen der Gärten besichtigen möchte, macht sich auf zum **Carmen de los Mártires**, einem Herrenhaus aus dem 19. Jh. mit einer Gartenanlage mit Springbrunnen, gepflegten Hecken und Pfauen, die über das Gelände spazieren.

Der Höhepunkt des Albaicín ist der Aussichtspunkt **Mirador de San Nicolás**, von dem man vor allem bei Sonnenuntergang einen spektakulären Ausblick auf die Alhambra hat. Hier trifft man oft auf Musiker:innen, die auf der Gitarre eine magische Begleitmusik im Hintergrund beisteuern. In der **Casa de Zafra**, dem kleinen Informationszentrum im Albaicín, in einem maurischen Herrenhaus aus dem 14. Jh. erfährt man mehr über das Viertel. Im sehr interessanten **Museo Arqueológico y Etnológico de Granada**, das nach aufwendiger Restaurierung 2018 neu eröffnet wurde, erhält man weitere Informationen.

BESTE AUSSICHTSPUNKTE IN GRANADA

Mirador de San Nicolás
Granadas beliebtester Aussichtspunkt befindet sich oben im Albaicín mit einer grandiosen Aussicht auf die Alhambra.

Mirador de San Miguel Alto
Nach einer 30-minütigen Wanderung hat man vom höchsten Aussichtspunkt einen tollen Blick auf den Albaicín.

Mirador de Santa Isabel la Real
Von dem ruhigen Platz im Albaicín kann man den Panoramablick auf die Sierra Nevada und die Alhambra genießen.

Carmen de la Victoria
Von dem Garten mit Brunnen eines Anwesens aus dem 19. Jh. im arabischen Stil hat man einen tollen Ausblick auf die Alhambra.

FLAMENCO IN SACROMONTE

Sacromonte (S. 554) eignet sich dafür, eine Flamenco-Show zu sehen, und ist mit den alten Häusern ein wichtiger Ort, um mehr über die hiesige Geschichte zu erfahren.

Hotel Casa 1800 Granada
Historisches Hotel am Fuß der Alhambra, untergebracht in einem arabischen Haus mit Mudéjar-Elementen aus dem 16. Jh. **€€**

Gar Anat Hotel Boutique
Kleines Hotel in einem Palast aus dem 17. Jh. im früheren jüdischen Viertel Realejo-San Matias. **€€**

Hotel Hospes Palacio de Los Patos
Das Hotel in einem palastartigen Gebäude aus dem 19. Jh. ist eines der besten in Granada. **€€€**

(700 m);
Monasterio de la Cartuja (1,3 km);
(2,4 km)
Plaza de San Nicolás
Callejón del Gallo
9
12
Camino Nuevo de San Nicolás
Placeta de San Miguel Bajo
C de Santa Isabel la Real
C de Elvira
Gran Vía de Colón
C Aljibe de Trillo
Placeta Cruz Verde
C Tiña
C Cruz de Quirós
C Arteaga
C San José
C Marqués de Falces
C Bañuelo
Placeta del Correo Viejo
Cuesta Marañas
34
3
Cuesta de Santa Inés
C de Elvira
35
33
20
Cuesta Aceituneros
Carrera del Darro
26
C de Santa Paula
C San Agustín
Gran Vía de Colón
C Calderería Nueva
36
C Cárcel
C Benalúa
C Santa Ana
C Cárcel Alta
Casa De Federico (150 m);
Monasterio de San Jerónimo (500 m);
Basilica San Juan de Dios (500 m)
C Cetti Meriem
29
C Calderería Vieja
39
C Almanzora Alta
C Hospital de Santa Ana
C Cárcel Baja
Plaza de la Romanilla
C Almireceros
22
Plaza Nueva
25
Placeta Sillería
C Joaquín Costa
7
4
17
37
C Reyes Católicos
Cuesta de Gomérez
Plaza de las Pasiegas
C Oficios
C Colcha
31
Plaza Isabel la Católica
C Azacayuela Alta
CENTRO
Placeta Berrocal
C Pavaneras
Cuesta Pañera
Plaza Bib-Rambla
C del Aire Alta
10
REALEJO
Cuesta Rodrigo del Campo
24
30
C Mariana Pineda
C Reyes Católicos
C Principe
Plaza Padre Suárez
Placeta del Hospicio Viejo
C Salamanca
C Escudo del Carmen
19
C Capitanía
C Santa Escolástica
C Damasqueros
C de los Mesones
Placeta de los Peregrinos
Plaza del Carmen
C Jesus y María
27
C San Rafael
Plaza de los Girones
Plaza de Fortuny
Plaza del Realejo
Puerta Real
C Navas
C Sarabia
C San Matías
C Varela
C Ángel Ganivet
C Santiago
Hotel Hospes Palacio de Los Patos (300 m);
(19 km)
28
32
C Virgen del Rosario
Plaza de los Campos
C Acera del Darro
Plaza de Mariana Pineda
C Enriqueta Lozano
C Paco Seco de Lucena
Acera del Casino
23
11

HIGHLIGHTS
1 Alhambra

SEHENSWERTES
2 Alcazaba
3 Baños Árabes El Bañuelo
4 Capilla Real
5 Carmen de la Victoria
6 Casa de Zafra
7 Catedral de Granada
8 Convento de San Bernardo
9 Convento de Santa Isabel la Real
10 Corral del Carbón
11 Cuarto Real de Santo Domingo
12 Mirador de Santa Isabel la Real
13 Mirador de San Nicolás
14 Monasterio de Santa Catalina de Zafra
15 Museo Arqueológico y Etnológico de Granada
siehe 16 Museo de Bellas Artes
siehe 16 Museo de la Alhambra
16 Palacio de Carlos V.
17 Palacio de la Madraza
18 Palacios Nazaríes

SCHLAFEN
19 Gar Anat Hotel Boutique
20 Hotel Casa 1800 Granada
21 Hotel Casa Morisca

ESSEN
22 Bodegas Castañeda
23 Café Fútbol
24 Gran Café Bib-Rambla
25 La Bueuna Vida
26 La Cocina de San Agustín
siehe 28 La Pajuana
27 Los Diamantes
28 Malvasia

AUSGEHEN
29 Bodegas La Mancha
30 Cafetería Alhambra
31 Casa de Vinos La Brujidera
32 Taberna La Tana
33 Tetería Alfaguara
34 Tetería El Bañuelo
35 Tetería La Oriental

UNTERHALTUNG
36 Casa Ana
37 Casa del Arte Flamenco
38 Cuevas Los Tarantos
39 Tablao Flamenco La Alborea

PANI GARMYDER/SHUTTERSTOCK ©

PRAKTISCHES
Erw./Kind 14 €/frei
April–Okt. 8.30–20 Uhr, **Okt.–März** bis 18 Uhr, auch abendliche Besichtigungen
alhambra-patronato.es

BESTE SEHENSWÜRDIGKEIT

Die Alhambra

Die Alhambra ist nicht nur die beeindruckendste Sehenswürdigkeit Granadas, sondern auch eine der spektakulärsten Spaniens, und wenn man nur Zeit für eine Sache hat, sollte es unbedingt diese sein. Teile der überwältigenden Palastanlage stammen aus dem 9. Jh., aber die späteren maurischen Paläste, die kunstvollen Gärten und die eleganten Springbrunnen sind am fesselndsten.

NICHT VERPASSEN

- Palacios Nazaríes
- Generalife
- Alcazaba
- Palacio de Carlos V.
- Museo de la Alhambra
- Museo de Bellas Artes

Palacios Nazaríes

Das Herzstück der Alhambra, der Palastkomplex, der unter dem Namen Palacios Nazaríes bekannt ist, wurde größtenteils im 14. Jh. als Residenz des muslimischen Emirs von Granada erbaut. Die miteinander verbundenen Räume sind mit verzierten Stuckwänden, farbenfrohen geometrischen Kacheln, kunstvoll geschnitzten Türbögen und prächtigen Säulen ausgestattet und die Innenhöfe mit Wasserbecken und Springbrunnen. Der Höhepunkt ist der **Palacio de los Leones**, der private Wohnbereich des Emirs, mit einem riesigen Brunnen aus Marmor, der von zwölf Löwen (Bild) umgeben ist.

Generalife

Der Generalife, die prächtige Sommerresidenz der Sultane, stammt aus dem 13. Jh. Räume mit geometrisch gemusterten Kacheln und kunstvoll geschnitzten Türen öffnen sich zu riesigen Innenhöfen mit großen Wasserbecken, die den gesamten Bereich ausfüllen. Der imposanteste Hof ist der **Patio de la**

Acequia, in dem man einen Teil des Hauptbewässerungskanals sieht, der die gesamte Anlage mit Wasser versorgt.

Generalife-Gärten

Der Generalife-Palast ist von wunderschönen Gärten mit kunstvoll geschnittenen Hecken, schönen Innenhöfen und sprudelnden Brunnen umgeben. Hier kann man leicht eine Stunde herumlaufen, an den Blumen riechen und den Ausblick auf die Stadt genießen.

Alcazaba

An der westlichen Spitze der Alhambra befinden sich die Überreste der Alcazaba, der ursprünglichen Zitadelle der Anlage. Die erste historische Erwähnung der Alcazaba geht auf das 9. Jh. zurück. Die **Torre de la Vela** ist berühmt als der Turm, in dem im Januar 1492 das Kreuz und die Fahnen der Reconquista aufgestellt wurden, als das Emirat von Granada fiel. Eine Wendeltreppe führt nach oben, von wo aus man einen weiten Blick über die Dächer von Granada hat.

Palacio de Carlos V.

Der Stil des gewaltigen Renaissance-Palastes steht im krassen Gegensatz zum Rest der arabischen Anlage. Er wurde 1527 im Auftrag von Kaiser Karl V., dem Enkel der Katholischen Könige Ferdinand und Isabella, erbaut. Er hat einen runden zweistöckigen Innenhof, der von 32 Säulen gesäumt ist. Im Inneren des Palastes befinden sich das Museo de la Alhambra und oben das Museo de Bellas Artes (Kunstmuseum).

Museo de la Alhambra

Das Museum im Erdgeschoss des Palacio de Carlos V. ist relativ klein, aber in den Räumen gibt es viel zu entdecken. Es wurde 1942 eröffnet und zeigt eine faszinierende Sammlung nasridischer Artefakte, die bei archäologischen Ausgrabungen in der Alhambra gefunden wurden, darunter alte große Töpfe, wunderschöne Fliesen, riesige, kunstvoll geschnitzte Türöffnungen und einige der Original-Löwen der berühmten Fuente de Leones (Löwenbrunnen) im Palacios Nazaríes.

Museo de Bellas Artes

Das Kunstmuseum wurde 1958 ins oberste Stockwerk des Palacio de Carlos V. verlegt. Es präsentiert eine Sammlung aus über 2000 Werken, hauptsächlich religiöse Kunst aus Granada aus dem 15. bis 18. Jh., darunter Werke von Künstlern wie Alonso Cano, Pedro Machuca, Mariano Fortuny und José María López Mezquita.

STADT DER GRANATÄPFEL

Das spanische Wort Granada bedeutet Granatapfel, und wenn man genau hinsieht, kann man überall in der Stadt Symbole der rubinroten Frucht entdecken. Granatäpfel finden sich in dekorativen Elementen von Brunnen, auf Hydranten, auf Gullydeckeln und in Form von Türklopfern.

TOP TIPPS

- Die Eintrittskarten für die Alhambra sind schnell ausverkauft, sodass man das ganze Jahr über mehrere Wochen im Voraus buchen muss.
- Die allgemeinen Eintrittskarten haben zeitlich begrenzte Einlasszeiten für die Palacios Nazaríes, aber man kann die Alhambra zu jeder Zeit des Tages betreten.
- Man braucht mindestens einen halben Tag, um alles zu sehen.
- Im Inneren gibt es nur wenige Schilder und Erklärungen, sodass es sich lohnt, für den Audioguide zu zahlen oder eine geführte Tour zu buchen.
- Es gibt auch spezielle Abendtickets für die Alhambra, die nach Einbruch der Dunkelheit nochmal ein ganz anderes Erlebnis bieten. Sie sind entweder für die Palacios Nazaríes oder für die Gärten und den Generalife erhältlich.

DIE BESTEN TAPASBARS IN GRANADA

Malvasia
Die moderne, gemütliche Gastrobar in einer kleinen Kopfsteinpflasterstraße serviert Klassiker mit moderner Note.

Los Diamantes
Das Lokal ist seit 1942 eine Institution in Granada und ein Muss für Seafood-Fans. Mittlerweile gibt es drei Filialen.

La Cocina de San Agustín
Tolle Tapas-Platten, z.B. mit Mini-Burgern, direkt vor dem Markt San Agustín.

La Pajuana
Modernes Lokal mit innovativen Tapas, darunter Tortellini, Quesadillas und gefüllte Pfannkuchen. Sehr vegetarierfreundlich.

Bodegas Castañeda
Das traditionelle und beliebte Lokal mit Weinfässern, Keramikfliesen und *jamón*-Beinen (Schinken) gibt es seit 1927.

JOHN ROBERTS/ALAMY ©

Tortilla und Brot

Gratis-Tapas

WER MAG KEIN KOSTENLOSES ESSEN?

Granada ist eine der letzten Städte Spaniens, die sich die kulturelle Tradition bewahrt hat, zu jedem Getränk kostenlose Tapas zu servieren. Die Tapas-Kultur ist hier so tief verwurzelt, dass einige Tapasbars darum wetteifern, wer die besten oder aufwendigsten Tapas anbietet, während andere nur die beliebten Klassiker auftischen. Einfach ein Getränk (2–2,50 €) bestellen und ein paar Minuten nach den Getränken erhält man eine Portion Tapas. Die Tapas werden zu fast allen Getränken serviert, auch zu Softdrinks und Wasser, sodass auch Kinder in den Genuss des kostenlosen Essens kommen. Nur wer Kaffee, Tee oder etwas Ungewöhnlicheres wie einen Milchshake bestellt, bekommt keine Tapas. Ansonsten wiederholt sich der Vorgang mit einer neuen Köstlichkeit bei jedem weiteren Getränk. Die Tapas können von einem einfachen Stück Tortilla (spanisches Omelett) auf Brot bis hin zu einer kleinen Portion Paella oder sogar einem Teller mit einem Stück panierten Fisch alles Mögliche sein.

Auf Wunsch bekommt man auch eine vegetarische Option. Etwa gegrillte Pilze mit Knoblauch, eine Spinat-*croqueta* oder einen Toast mit einem lokalen Käse. Veganer:innen haben es etwas schwerer, aber die meisten Bars können sicher irgendetwas mit Gemüse kredenzen, von gebratener Paprika bis hin zu Gazpacho. In einigen Bars wie dem **La Bueuna Vida** kann man sich die Tapas sogar von einer Speisekarte aussuchen. Die Calle de Elvira und die Calle Navas sind beliebte Anlaufstellen, die heute jedoch stark touristisch geprägt sind. Viele ausgezeichnete Tapasbars liegen westlich und südlich der Kathedra-

CHURROS ESSEN IN GRANADA

Gran Café Bib-Rambla
Seit 1907 eine Institution für Churros; mit einer eleganten Inneneinrichtung. **€€**

Café Fútbol
Die immer gut besuchte *chocolatería* und Eisdiele ist seit 1903 bei den Einheimischen beliebt. **€**

Cafetería Alhambra
Das sehr beliebte Café liegt neben dem Gran Café Bib-Rambla am Hauptplatz. **€€**

le, im Realejo und Albaicín sowie in den weiter außerhalb gelegenen Vierteln.

Kathedralen, Kirchen & Klöster

BESICHTIGUNGEN HEILIGER STÄTTEN

Neben der islamischen Architektur gibt es in Granada auch zahlreiche Kirchen und Klöster. Am Sehenswertesten ist die **Capilla Real** (königliche Kapelle), die letzte Ruhestätte der Reyes Católicos (Katholische Könige) Isabella I. von Kastilien (1451–1504) und Ferdinand II. von Aragonien (1452–1516). Der 1505 begonnene Bau wurde erst 1517 fertiggestellt. Das Mausoleum im isabellinisch-gotischen Stil beherbergt die monumentalen Marmorgräber mit den Monarchen darunter sowie den Überresten ihrer Tochter Juana la Loca (Johanna der Wahnsinnigen) und ihres Ehemanns Felipe el Hermoso (Philipp des Schönen) sowie des Prinzen Miguel von Asturien, der als Kind starb. Es gibt auch ein kleines Museum mit einer königlichen Sammlung und ausgezeichnetem Audioguide.

Direkt um die Ecke befindet sich die **Catedral de Granada**, gesäumt von belebten Plätzen mit vielen Tapasbars. Von außen lassen sich die enormen Dimensionen einer der größten Kathedralen Spaniens, die von einer 30 m hohen Kuppel gekrönt wird, nur schwer ermessen. Sie wurde auf der ehemaligen Moschee von Granada im Renaissancestil mit einer prächtigen Barockfassade aus dem 17. Jh. erbaut.

Ein kleiner Spaziergang Richtung Norden vom Stadtzentrum aus führt zum **Monasterio de San Jerónimo**. Das Kloster mit seiner majestätischen Fassade liegt versteckt in einer kleinen gepflasterten Seitenstraße. Die Kirche vereint Spätgotik mit Renaissance und ist noch beeindruckender, wenn man durch den mit Orangenbäumen geschmückten Kreuzgang und die reich verzierte Kapelle geht. Dank des informativen Audioguides erhält man einen guten Einblick in die Geschichte des Klosters und den Zweck der verschiedenen Räume.

Fast nebenan liegt ein weiteres katholisches Meisterwerk Granadas: die **Basílica San Juan de Dios**, die durch die Menge an glitzerndem Gold, mit dem die Kuppeldecke, die verzierten Kapellen und der große Altar bedeckt sind, fast zu leuchten scheint. Sie wurde zwischen 1737 und 1759 erbaut und ist von imposanten Fresken von Diego Sánchez Sarabia und den italienischen Künstlern Corrado Giaquinto und Tomás Ferrer übersät. Die Basilika ist auch die letzte Ruhestätte des portugiesischen Soldaten und Krankenpflegers, dem Heiligen Johannes von Gott,

SÜSSES AUS DEM KLOSTER

Die Nonnen, die in mehreren Klöstern Granadas leben, verkaufen schon seit Generationen süße Leckereien wie kandierte Früchte, *roscos* (Gebäck in Donutform), Marzipangebäck, *magdalenas* (Muffins) und *tocinos de cielo* (Karamellpudding). Die Nonnen leben in Klausur, d.h. sie vermeiden den Kontakt mit der Öffentlichkeit. Wer die Köstlichkeiten kaufen möchte, muss in einem kleinen Raum in der Nähe des Eingangs eine Glocke läuten. Wenn die Nonnen kommen, um die Bestellung aufzunehmen, sagt man, was man von einer Liste an der Wand möchte, und legt das Geld durch die Luke auf ein drehbares Tablett. Wird das Tablett wieder umgedreht, erhält man die Leckereien. Einige der besten Orte sind das **Convento de San Bernardo**, das **Monasterio de Santa Catalina de Zafra** und das **Convento de Santa Isabel la Real**.

TEE TRINKEN IN GRANADA

Tetería La Oriental
Niedliches kleines Teehaus mit bequemen, loungeartigen Sitzgelegenheiten. Zum Tee sollte man einen süßen Crêpe oder eine leckere Auswahl an Baklava essen. **€€**

Tetería El Bañuelo
Das Teehaus mit seinen vielen Zimmern und gemütlichen Ecken verfügt über eine Dachterrasse mit herrlichem Blick auf die Alhambra. **€€**

Tetería Alfaguara
In dem eleganten, von der Alhambra inspirierten Teehaus gibt's viele verschiedene exotische Tees, Smoothies und Milchshakes. **€€**

zu dessen Grab man über die gekachelte Treppe hinter dem Altar gelangt.

Wer Zeit hat, sollte das **Monasterio de La Cartuja** vor den Toren der Stadt besichtigen. Es wurde zwischen dem 16. und 18. Jh. von den Kartäusermönchen erbaut und ist bekannt für seine schöne Barockarchitektur, die aufwendigen Stuckarbeiten und die wunderschöne, mit Fresken verzierte Kuppel.

PIONONOS DE SANTA FE

Die typischste Leckerei für Granada sind die *piononos de Santa Fe*, die so heißen, weil sie in der kleinen Stadt Santa Fe vor den Toren Granadas hergestellt werden. Sie wurden 1897 von Ceferino Isla González zu Ehren des Papstes erfunden. Es handelt sich um einen kleinen, in Sirup getränkten Zylinder aus Biskuitteig, der mit einer Eigelbcreme und Zimt überzogen ist und dem Aussehen des Papstes nachempfunden wurde. Die Küchlein werden in zahlreichen Bäckereien und Fachgeschäften im Stadtzentrum verkauft.

Maurische Monumente

ÜBERRESTE DER ARABISCHEN VERGANGENHEIT

Die Alhambra ist nicht die einzige Hinterlassenschaft der Mauren in Granada. Schmuckstücke des maurischen Erbes finden sich in der gesamten Stadt. Zunächst besichtigt man das **Cuarto Real de Santo Domingo**. Die von märchenhaften Gärten umgebene Palastanlage stammt aus dem 13. Jh. Der Hauptsaal ist genauso spektakulär wie einige der Räume in der Alhambra. Nach einem kurzen Spaziergang Richtung Stadtzentrum stößt man auf den **Corral del Carbón**, einen alten Kohlenhof aus dem 14. Jh. mit einem beeindruckenden Innenhof und einem kunstvollen Hufeisenbogen am Eingang.

Dann geht's weiter zur Kathedrale. Gegenüber des Eingangs zur Capilla Real steht der **Palacio de la Madraza**. La Madraza wurde 1349 von Yusuf I. als muslimische Universität gegründet und gehört noch heute zur Universität Granada. Den eleganten Hof und die imposante Gebetsnische, die vom Boden bis zur Decke mit kunstvollen Fliesen und Schnitzereien verziert ist, kann man besichtigen. Dann geht man weiter die Calle Reyes Católicos entlang vorbei an der Plaza Nueva, bis man zum Río Darro gelangt. Hier befinden sich die **Baños Árabes El Bañuelo**. Die alten maurischen Badehäuser aus dem 11. oder 12. Jh. zählen zu den am besten erhaltenen Badehäusern in ganz Spanien. Durch sternenförmige Schächte fällt Licht in die gewölbten Backsteinräume, das Säulen und Böden aus Marmorfliesen beleuchtet.

Palacio de la Madraza

Sacromonte

HÖHLENHÄUSER & FLAMENCO

Sacromonte ist definitiv eines der faszinierendsten Viertel Granadas. Es liegt noch höher als das Viertel Albaicín am Rande der Stadt. Granadas historisches Roma-Viertel ist für seine Höhlenhäuser und Flamenco-Tradition bekannt. Der Ursprung von Sacromonte liegt zwischen dem späten 14. und dem frühen 16. Jh., als die jüdische und muslimische Bevölkerung gezwungen war, Granada nach der Rückeroberung durch die Katholischen

WEIN TRINKEN IN GRANADA

Bodegas La Mancha
In der altmodischen Bar mit Holzbalkendecken gibt's Wermut und Sherry direkt aus dem Fass.

Taberna La Tana
Die Gäste stehen bis auf den Bürgersteig vor der beliebten, altmodischen Weinbar. Am besten ein oder zwei Tapas essen und dazu ein passendes Glas Muskateller trinken.

Casa de Vinos La Brujidera
In der holzvertäfelten Bar erwarten einen mehr als 100 verschiedene Weine.

PIOJ/SHUTTERSTOCK ©

Baños Árabes El Bañuelo

Könige zu verlassen. Sie ließen sich in den Hügeln oberhalb der Stadt nieder und gruben einfache Höhlenwohnungen in den Fels. Später schlossen sich ihnen Roma an, die dort auch heute noch stark vertreten sind.

In den 1960er-Jahren wurden viele Häuser durch Überschwemmungen zerstört, woraufhin ein Teil der Bewohner:innen zum Umzug gezwungen war. Danach gerieten die Höhlen in Vergessenheit, bis ein internationales Hippie-Publikum in den 1980er-Jahren sie für sich entdeckte. Die Höhlen wurden restauriert und die Roma-Gemeinde kehrte zurück. Die Roma sind auch für die starke Flamenco-Tradition im Sacromonte verantwortlich, insbesondere für die Stilrichtung Zambra, die von muslimischen Hochzeiten inspiriert wurde.

Heute zieht es die meisten Traveller nach Sacromonte, um eine Flamenco-Vorführung (S. 546) in einer der Höhlen zu sehen, die heute charmante, weiß getünchte Gebäude sind und mit Blumen und glänzenden Kupfertöpfen geschmückt sind. Im **Museo Cuevas del Sacromonte** können sich Besucher:innen ein Bild davon machen, wie eine traditionelle Höhlenwohnung früher aussah, wohingegen man in der großen Abtei **Abadía del Sacromonte** Katakomben und unterirdische Höhlenkapellen erkunden kann.

WIESO ICH GRANADA SO LIEBE

Esme Fox, Autorin

Als ich zum ersten Mal in Spanien lebte, zog ich in eine malerische, weiß getünchte Wohnung, die versteckt in den Kopfsteinpflasterstraßen im Albaicín lag. Von der Ecke des Fensters konnte ich gerade noch die Türme der Alcazaba der Alhambra sehen, und wenn ich das Fenster öffnete, um frische Luft hereinzulassen, wehte mir der Geruch von Seafood entgegen. Ein kurzer Spaziergang führte mich zum Mirador de San Nicolás, von wo aus ich eine noch bessere Aussicht hatte. Dort hörte ich das Klimpern der Gitarren und die Einheimischen, die zu den Flamenco-Rhythmen klatschten. Ich merkte sofort, dass ich in Spanien lebte, und Granada fing die Essenz dessen ein, wofür es am berühmtesten ist.

UNTERWEGS VOR ORT

Die Estación de Autobuses de Granada (Busbahnhof) liegt etwa 3 km außerhalb des Zentrums und wird von den Buslinien 21 und 33 angefahren.

Die Estación de Tren de Granada (Bahnhof) befindet sich etwas außerhalb des Zentrums. Die Buslinie 4 fährt vom Bahnhof ins Zentrum.

Züge verbinden Granada mit Almería im Südosten in 2½ Stunden und mit Málaga im Südwesten über Antequera oder Loja (1 Std. 10 Min.). Busse von ALSA (alsa.com) fahren direkt nach Málaga und benötigen dafür eine Stunde und 45 Minuten.

Züge über Antequera nach Rona brauchen knapp unter drei Stunden.

Busse von ALSA verkehren auch zwischen Granada und den wichtigsten Dörfern in Las Alpujarras und benötigen für eine Strecke zwei bis drei Stunden und zu den Küstenstädten an der Costa Tropical ein bis zwei Stunden.

Granada
Nerja
Almuñécar
Playa de Velilla
Salobreña
La Herradura
Aquatropic Water Park
Costa Tropical

Rund um Granada

Wer sich von Granadas Schönheit losreißen kann, kann nur wenige Stunden entfernt noch sehr viel mehr Schönes entdecken.

TOP TIPP

Die Gegend um Granada kann zwar mit öffentlichen Verkehrsmitteln erreicht werden, aber am besten erkundet man sie mit dem Auto, vor allem, wenn man wenig Zeit hat.

Bergdörfer, malerische Küstenorte und hoch aufragende Gebirgsketten sind von Granada aus leicht in Tagesausflügen oder bei einem Trip mit einer Übernachtung zu erreichen und bieten jede Menge Abenteuer, von Wandern und Skifahren bis hin zu Schwimmen und Wassersport. Zu bestimmten Zeiten im Jahr (meist im April) ist es sogar möglich, morgens Ski zu fahren und nachmittags im Meer zu schwimmen. Gemeint sind Las Alpujarras, die Sierra Nevada und die Costa Tropical. Die Costa Tropical ist in einer knappen Stunde mit dem Auto (1½- bis zweistündige Busfahrt) von Granada aus zu erreichen, sodass sich Strand und Stadt einfach in einem Ausflug kombinieren lassen.

La Herradura

ALEXEMARCEL/SHUTTERSTOCK ©

Costa Tropical

DIE ENTSPANNTE SÜDKÜSTE

Die Costa Tropical erstreckt sich über 80 km entlang der Küste südlich von Granada. Sie ist nach ihrem subtropischen Mikroklima benannt, das ganzjährig Sonnenschein, heiße, trockene Sommer und milde Winter mit sich bringt und Spaniens beste Mangos, Bananen, Zimtäpfel und Avocados hervorbringt. Sie ist dabei weit weniger erschlossen und entspannter als die Costa del Sol, und die Steilküsten werden von charmanten weißen Dörfern, Urlaubsorten, maurischen Burgen und alten Wachtürmen unterbrochen. Die besten und beliebtesten Urlaubsorte entlang der Costa Tropical sind **Almuñécar**, **La Herradura** und **Salobreña**. Von La Herradura aus braucht man nur 15 Minuten mit dem Auto oder Bus nach Almuñécar, und von dort aus noch einmal 15 Minuten bis nach Salobreña, sodass man sie alle problemlos bei einem Abstecher von Granada aus in ein bis zwei Tagen besuchen kann.

Küstenstädte

KIESELSTEINBUCHTEN & MAURISCHE BURGEN

Almuñécar, der wichtigste Urlaubsort an der Costa Tropical, wimmelt im Sommer von spanischen und europäischen Urlauber:innen, die sich an den palmengesäumten Stränden tummeln. Der Hauptstrand, die **Playa Costa Tropical**, liegt südlich des Zentrums und ist ein grauer Kieselstrand mit zahlreichen Vergnügungsmöglichkeiten. Weiter Richtung Westen befinden sich die **Playa San Cristóbal**, ein 1 km langer schwarzer Sandstrand, und Richtung Osten die große **Playa de Velilla** mit Kieselsteinen. An dem längsten Strand der Region befindet sich auch der **Aquatropic Water Park**.

Die Strandpromenade selbst ist kein besonders ansprechender Ort, aber jenseits der tristen Hochhäuser findet sich ein malerischer *casco antiguo* (Altstadt) mit engen Gassen, hübschen weiß getünchten Häusern und von Bars gesäumten Plätzen, und über allem thront die beeindruckende maurische Burg **Castillo de San Miguel**. Sie wurde im 16. Jh. von den christlichen Eroberern über islamischen, römischen und phönizischen Befestigungen erbaut. Mit den Eintrittskarten für die Burg kann man auch in das kleine **archäologische Museum** in mehreren unterirdischen Gewölbekellern aus dem 1. Jh.

La Herradura ist der schönste der drei Ferienorte und wurde nach der hufeisenförmigen Bucht mit einem Kieselstrand benannt, an der es liegt. Die Stadt ist das Wassersportzentrum an der Costa Tropical und zieht Tauch-, Windsurf-, Kajak- und

DIE BESTEN STRÄNDE AN DER COSTA TROPICAL

Playa Rijana
Östlich von Salobreña liegt dieser abgeschiedene Kiesel- und Vulkansandstrand mit kristallklarem Wasser und felsigen Klippen.

Playa La Herradura
Breite, hufeisenförmige Bucht, eingerahmt von hohen Bergen, im Zentrum von La Herradura.

Playa del Tesorillo
Der weitläufige, von weiß getünchten Hotels gesäumte und von einem imposanten maurischen Turm überragte schwarze Sandstrand von Velilla-Taramay.

Playa de Cantarriján
An dem grauen Kieselstrand westlich von La Herradura, unter den Klippen von Maro-Cerro Gordo, ist FKK erlaubt, aber nicht vorgeschrieben. In den zwei Restaurants vor Ort werden frisches Seafood und Fisch serviert.

ÜBERNACHTEN AN DER COSTA TROPICAL

Hotel Casablanca
Das Hotel ist im neo-maurischen Stil gehalten und hat elegante, moderne Zimmer. Es liegt direkt hinter den Felsen von San Cristóbal. **€**

Sol Los Fenicios
Hotel direkt am Strand in La Herradura mit Zimmern im andalusischen Stil um einen mit Pflanzen verschönerten Innenhof herum. **€€**

Hotel Avenida Tropical
Vom Whirlpool auf der Dachterrasse dieses netten Hotels mit andalusischen Fliesen hat man einen tollen Blick auf Salobreña. **€**

JOKE VAN EEGHEM/SHUTTERSTOCK ©

Salobreña

BESTE ORTE FÜR WASSERSPORT

Windsurf La Herradura
Die Windsurfschule vermietet Ausrüstung, bietet Kurse an und verkauft Wassersport-Ausrüstung und Accessoires.

Buceo La Herradura
Die Tauschschule an der Marina de Este zwischen Almuñécar und La Herradura bietet Tauchgänge und -kurse an.

Nimo Aventura
Der Anbieter für Abenteueraktivitäten bietet geführte Kajak- (sowie Kajakvermietung), Canyoning- und Wandertouren an.

Open Water La Herradura
Die Tauchschule bietet PADI-Kurse für alle Niveaus sowie Schnorchelausflüge an.

Segel-Fans an. Es gibt mehrere gute Wassersportverleihe. Das Naturschutzgebiet **Paraje Natural de los Acantilados de Maro Cerro Gordo** liegt an einem Steilhang zwischen La Herradura und **Nerja** und ist einer der besten Orte an der Südküste zum Kajakfahren – mit hoch aufragenden Klippen und alten Wachtürmen, die das Gebiet einst vor Piratenangriffen schützten.

Die eindrucksvolle, weiß getünchte Stadt **Salobreña** befindet sich östlich von Almuñécar und ist bei *granadinos* (Einheimischen aus Granada) sehr beliebt. Der malerische Ortskern wird von einem grauen Kieselsteinstrand und einer wunderschönen maurischen Burg, die über allem wacht, eingerahmt. Unter dem Königreich Granada (1232–1492) entwickelte sich Salobreña zu einem der wichtigsten Küstenorte der Region. Die ursprünglichen Teile der Burg stammen aus dem 10. Jh., doch der Großteil der heutigen Überreste geht auf das 13. Jh. zurück. Im Sommer gibt's in den kleinen *chiringuitos* (Strandbars) ausgezeichnete gegrillte Sardinen.

UNTERWEGS VOR ORT

Busse von ALSA verbinden die Ferienorte Almuñécar, La Herradura und Salobreña mit Granada. Die Fahrt dauert ungefähr zwei Stunden. Busse von ALSA verkehren auch zwischen den Küstenorten und brauchen jeweils ca. 15 Minuten.

LAS ALPUJARRAS

Madrid
Las Alpujarras

Südöstlich von Granada liegt Las Alpujarras, eine idyllische Region mit Bergdörfern, Tälern und Schluchten in den Ausläufern der Sierra Nevada. Malerische, weiße Dörfer schmiegen sich an die hohen Berge, und unzählige Wanderwege führen im Zickzack durch geschützte Täler, und alles im Schatten des mächtigen Mulhacén. Die Region erkundet man am besten mit dem eigenen Fahrzeug und indem man ein Dorf als Ausgangspunkt wählt und mehrere Tagesausflüge unternimmt. Im Sommer sind die grünen Wiesen perfekt zum Wandern und Mountainbiken und um von Dorf zu Dorf zu fahren. Im Winter verwandelt sich das Gebiet in ein verschneites Wunderland mit einem der besten Skigebiete Spaniens – der Sierra Nevada.

TOP TIPP

Um von Dorf zu Dorf und zu den Ausgangspunkten der Wanderungen zu gelangen, braucht man ein eigenes Fahrzeug. Am besten mietet man eins in Granada, dem nächsten Verkehrsknotenpunkt.

Bergdörfer

HIPPIES, WASSER & SCHINKEN

Die meisten beginnen ihre Las-Alpujarras-Reise in **Órgiva**, dem Hauptort der Region. Es ist nicht ganz so schön und wesentlich größer als die Nachbardörfer, aber durch die vielen verschiedenen Nationalitäten, die Hippie-Szene und den alternativen Lebensstil ist der Ort sehr interessant. Es gibt zahlreiche Handwerksmärkte und das eine oder andere Yogastudio. Die Kirche **Nuestra Señora de la Expectación** aus dem 16. Jh. wurde auf den Überresten einer alten maurischen Moschee errichtet, und das **Casa Palacio de Los Condes de Sástago** wurde zwischen dem 16. und 17. Jh. erbaut und ist bekannt für seine arabische Architektur und seinen Turm mit Zinnen.

Lanjarón, das Haupttor zu den westlichen Alpujarras, ist ein hübsches, grünes Bergdorf mit weiß getünchten Häusern, das auch *Pueblo del Agua* (Dorf des Wassers) genannt wird und für seine Heilquellen bekannt ist, die viele Besucher:innen anziehen. In der Nacht von San Juan am 23. Juni findet Spaniens größte Wasserschlacht während der Fiesta del Agua y del Jamón (Wasser- und Schinkenfest) statt.

Ein Besuch in **Trevélez** führt einen in schwindelerregende Höhen. Das zweithöchste Dorf Spaniens nach Valdelinares in Aragonien ist ein Knotenpunkt für unzählige Wanderwege, die in alle Richtungen durch Las Alpujarras führen. Es ist auch der Startpunkt für eine der Hauptrouten hinauf auf den höchsten Berg des spanischen Festlands (3479 m). Unbedingt *jamón serrano* (roher Schinken) einpacken, für den das Dorf berühmt ist.

DAS DORF DER HEXEN

Eines der ungewöhnlichsten Dörfer in Las Alpujarras ist **Soportújar**, in dem man auf der einen Seite die Gipfel der Sierra Nevada und auf der anderen Seite das Mittelmeer sieht. Während des Aufstandes in den Alpujarras, als die Mauren von Ferdinand II. aus Granada vertrieben wurden, wurde das Dorf von Familien aus der nördlichen Region Galiciens neu besiedelt, die angeblich der Hexerei verfallen waren. Die Legende hat auf das Dorf abgefärbt, und bei einem Rundgang sieht man viele Hexen-Sehenswürdigkeiten wie den riesigen Kopf der berühmten Hexe Baba Yaga und ihr Haus mit den Hühnerbeinen, die Skulptur einer riesigen Spinne, Brunnen in Form von Drachen und Hexenkesseln sowie das **Casa de Caramelos**, das dem Lebkuchenhaus aus *Hänsel und Gretel* ähnelt.

Barranco del Poqueira

WEISSE DÖRFER IN EINER SCHLUCHT

Im Barranco del Poqueira (Poqueira-Schlucht) befinden sich drei der malerischsten und meistbesuchten Dörfer der Alpujarras: Pampaneira, Bubión und Capileira, die 14, 18 und 20 km nordöstlich von Órgiva liegen. Man kann alle drei problemlos an einem Tag besuchen.

Man beginnt in **Pampaneira**, dem niedrigsten gelegenen der drei auf ca. 1000 m. Es liegt rund um die Plaza de la Libertad und ihrer Kirche im Mudéjarstil aus dem 16. Jh., der **Iglesia de Santa Cruz**. Hier gibt's einige Bars und Geschäfte sowie das Lavadero Árabe, ein altes arabisches Waschhaus, in dem man immer noch die alten Becken sehen kann. Man sollte unbedingt ins **Chocolate Abuela ili**, einem Schokoladengeschäft mit Fabrik sowie einem kleinen Museum, das der süchtig machenden Süßigkeit gewidmet ist.

ÜBERNACHTEN IN LAS ALPUJARRAS

Estrella de las Nieves
Das charmante weiße Hotel in Pampaneira verfügt über geräumige Zimmer und eine schöne Gartenanlage mit Blick auf die Berge. **€**

Hotel Real de Poqueira
Das Hotel liegt im Zentrum von Capileira. Die Zimmer sind groß und modern eingerichtet, und es gibt einen Pool. **€€**

La Oveja Verde de la Alpujarra
Unterkunft in den Bergen am Rande von Pitres, umgeben von üppigen Gärten und mit einem Kamin für den Winter. **€€**

JAPHOTOS/ALAMY ©

Nuestra Señora de la Expectación, Órgiva

Dann geht's weiter nach **Bubión**, dem kleinsten und ruhigsten der drei Dörfer. Es ist ein unglaublich malerischer Ort mit maurischen Gassen, weiß getünchten Bögen und typischen *alpujarreño* (Flachdachhäuser). In dem faszinierenden **Museo Casa Alpujarreña** erfährt man mehr über die Häuser. Außerdem gibt es noch eine wunderschöne Kirche im Mudéjarstil aus dem 16. Jh., die auf den Überresten einer alten Moschee errichtet wurde.

Capileira ist das höchstgelegene und größte Dorf in der Poqueira-Schlucht (1436 m) und der ideale Ausgangspunkt für Hochgebirgswanderungen mit mehreren Restaurants und Übernachtungsmöglichkeiten. Es gibt zwei *miradors* (Aussichtspunkte) am jeweiligen Ende des Dorfs, von denen man eine tolle Aussicht auf Bubión und Pampaneira oder hoch in die Sierra Nevada hat. Im **Casa-Museo Pedro Antonio de Alarcón** erfährt man mehr über lokale Bräuche und das Kunsthandwerk

HÖHLEN IN GUADIX

Ein lohnender Tagesausflug von Granada oder der Alpujarras aus ist die bezaubernde Stadt Guadix, in der mehr als 2000 Höhlenwohnungen in das felsige Gelände gegraben sind. Man kommt sich hier fast wie auf dem Mars vor. Mit ALSA-Bussen braucht man von Granada aus knapp unter einer Stunde und von Las Alpujarras mit dem Auto eineinhalb Stunden. Einige der ältesten Höhlenwohnungen sind etwa 1000 Jahre alt, die meisten wurden jedoch im 15. und 16. Jh. von den Mauren erbaut, die nach der Übernahme durch die Katholischen Könige aus Granada flohen und später während des Aufstands in den Alpujarras, als die Morisken (zum Christentum konvertierte Muslime) revoltierten und sich in den Bergen versteckten. Viele Höhlen sind auch noch heute von den Einheimischen bewohnt, die einen auch gern mal einen Blick hineinwerfen lassen. Im **Centro de Interpretación Cuevas de Guadix** kann man noch mehr über die Höhlen lernen.

Hostal El Cascapeñas de Capileira
Das kleine, freundliche Hotel verfügt über einfache Zimmer, und von den Balkonen hat man einen grandiosen Blick auf die Berge. €

Hotel Rural Alfajía De Antonio
Das charmante Hotel in Capileira hat gemütlich eingerichtete Zimmer und das Frühstück wird auf der Terrasse mit Blick auf die Berge serviert. €

Hotel España
In dem imposanten alten Hotel in Lanjarón machte in den 1920er- und 1930er-Jahren der Schriftsteller Federico García Lorca Urlaub mit seiner Familie . €€

DIE BESTEN WANDERWEGE IN LAS ALPUJARRAS

Wanderweg durch die Poqueira-Schlucht
Der 9,8 km lange Rundweg (ca. 3 Std. 45 Min.) führt durch die drei Dörfer in der Schlucht.

Mulhacén-Berggipfel
Man kann den Gipfel in einem oder zwei Tagen erklimmen, wenn man im Hostel **Refugio Poqueira** übernachtet.

GR7 von Busquístar nach Capileira
Einer der schönsten Abschnitte des GR7 führt durch sechs malerische weiße Dörfer. Für die 11,5 km braucht man ungefähr 5 Stunden für einen Weg.

Von Trevélez nach Cañada de Siete Lagunas
Ein Teil der Route PR-A 27 zwischen den Gipfeln des Mulhacén und der Alcazaba und vorbei an sieben atemberaubenden Lagunen. Vier Stunden für eine Strecke.

Barranco del Poqueira

in der Region und es gibt eine Ausstellung über den Schriftsteller (1833–1891).

Wanderungen jenseits der Dörfer

DURCH DIE BERGE WANDERN

Die Berge und Täler von Las Alpujarras sind von einem Netz aus Eselspfaden, Bewässerungsgräben und Wegen durchzogen, die Hunderte von Routen zwischen den Dörfern und auf die Berggipfel ermöglichen – sie gehören zu den besten Wanderwegen in ganz Andalusien. Die besten Monate sind von April bis Juni und von September bis Anfang November, wenn die Temperaturen genau richtig sind. Im Frühling sind die Berge mit zartrosa Mandelblüten und den grünen Trieben der Olivenbäume bedeckt, während sich im Herbst die Blätter verfärben und die Landschaft in einen Flickenteppich aus Ocker- und Rotbraunentönen verwandeln.

Die besten Ausgangspunkte für Wanderungen sind die Dörfer im **Barranco del Poqueira** – Pampaneira, Bubión und Capileira (S. 560). Von jedem dieser drei Orte aus gibt's farblich gekennzeichnete Wanderwege, die zwischen 4 und 23 km (2 bis 8 Std.) lang sind und kreuz und quer durch die Schlucht führen. Viele Hotels vor Ort haben eigene Karten oder Beschreibungen der Wanderwege und können nützliche Tipps geben. Hilfreiche Karten gibt's z. B. auch von Editorial Alpina oder Discovery Walking Guides.

ESSEN IN LAS ALPUJARRAS

Casa Julio
Das rustikale familienbetriebene Restaurant in Pampaneira serviert traditionelle Alpujarreño-Gerichte wie *migas*. **€**

Restaurante Ruta del Mulhacén
Das Restaurant in Pampaneira hat eine Terrasse mit Blick auf die Berge und serviert klassische Gerichte und gute vegetarische Speisen. **€€**

Las Chimeneas
Das Restaurant und Gästehaus in Mairena serviert andalusische Spezialitäten mit Bio-Gemüse aus eigenem Anbau und lokalen Produkten. **€€**

Wer den **Mulhacén** erklimmen möchte, startet am besten in Capileira oder Trevélez (S. 560). Der Fernwanderweg GR7 (gut ausgeschildert mit rot-weißen Markierungen) führt ebenso durch Las Alpujarras. Für die gesamte Strecke von Lanjarón nach Válor (80 km) benötigt man etwa fünf Tage, aber man kann auch kürzere Abschnitte wandern.

Die Gastronomie in Las Alpujarras

EIN PARADIES FÜR FLEISCHLIEBHABER:INNEN

Die Küche in Las Alpujarras basiert auf lokalen und saisonalen Zutaten, die in den Bergen und um sie herum angebaut werden, und unterscheidet sich stark von den Gerichten, die man eine Stunde weiter nördlich in Granada oder auch eine Stunde weiter südlich an der Costa Tropical findet. Da die Geschichte von Las Alpujarras eng mit den Mauren verbunden ist, gibt's hier viele Gerichte mit einem starken maurischen Einfluss. Zu den typischen regionalen Zutaten gehören tiefrote getrocknete Paprika, salzige Mandeln, süße Kastanien, große Oliven, Feigen und Beeren sowie viele verschiedene Fleischsorten, vor allem Produkte von iberischen Schweinen. Die Region ist vor allem für ihren ausgezeichneten *jamón serrano* sowie verschiedene Wurstsorten, von *longanizas* und Chorizo bis hin zu *salchicha blanca* (Weißwurst) und *morcilla* (Blutwurst), bekannt.

Die kalten Winter haben viele herzhafte Suppen und Eintöpfe hervorgebracht, darunter den *cocido alpujarreño* mit Kartoffeln, Schinken und weißen und grünen Bohnen und die *sopa alpujarreña* aus hartgekochten Eiern, Mandeln und rohem Schinken. *Migas* (wörtlich „Brotkrumen") ist ein weiteres typisches Gericht für Las Alpujarras. Hier werden Brotkrumen mit Paprika, Knoblauch, Chorizo und Blutwurst gebraten. Aber wenn man nur ein Gericht probieren möchte, das all diese Geschmacksrichtungen vereint, dann unbedingt das *plato alpujarreño*. Das Gericht vereint die besten Produkte der Region und ist eine Art Alpujarras-Version des English Breakfast, auch wenn es normalerweise mittags gegessen wird. Dazu gehören Chorizo, Schinken, Blutwurst und Schweinelende, serviert mit Spiegeleiern und *patatas a lo pobre* (Kartoffeln für Arme), Bratkartoffeln mit Zwiebeln, Knoblauch und Paprika.

Kunsthandwerk in Las Alpujarras

TEXTILIEN, TEPPICHE & KERAMIKWAREN

Aufgrund seiner Geschichte im Seidenhandel im 14. und 15. Jh. und der Ankunft der Hippies in den 70er- und 80er-Jahren hat sich Las Alpujarras zu einem Zentrum für kreatives Kunsthandwerk entwickelt, das in der ganzen Region verkauft wird.

DIE BESTEN ORTE, UM PLATO ALPUJARREÑO ZU ESSEN

El Corral del Castaño
In dem hübschen, kleinen Restaurant an einem kleinen Platz in Capileira kann man drinnen oder draußen essen.

Bodega Asador El Lagar
Rustikales Restaurant in Pampaneira, in dem die Wände mit landwirtschaftlichen Geräten und Schnickschnack dekoriert sind.

Mesón Haraicel
In dem traditionellen Restaurant kann man auf der sonnigen Terrasse oder im eleganten Speiseraum essen.

Venta El Buñuelo
In dem bei Einheimischen sehr beliebten Restaurant am Rande von Lanjarón hat man einen herrlichen Blick auf die Berge.

Morcilla und *jamón*

Alquería de Morayma
Das Restaurant dieses Bio-Bauernhofs, in dem man auch übernachten kann, liegt 2 km südlich von Cádiar. Hier gibt's z.B. Hase mit Mandelsoße und einem passenden lokalen Wein. €€

Mesón Joaquín
Das bei Einheimischen sehr beliebte Restaurant ehrt den berühmten Schinken der Region, indem die ganze Decke mit Schinkenbeinen übersät ist. €€

Tetería Baraka
Entspanntes Café in Órgiva mit marokkanisch- und Hippie-inspirierter Inneneinrichtung. Es wird mit Halal-Produkten gekocht, und es gibt auch vegetarische Gerichte. €€

LOKALE SPEZIALITÄTEN

El Jardín
In dem Laden in Capileira gibt's lokale Spezialitäten, die alle von den Besitzer:innen produziert werden, von Marmelade und Honig bis hin zu Obstlikören.

Jamones Cano González
Toller Laden für *jamón* aus Trevélez sowie anderes Räucherfleisch, lokalen Käse und Weine.

Bodega La Moralea
Weinhandlung in Pampaneira, in der Schinken und Würste aus der Region von der Decke hängen. Hier kann man auch etwas trinken und Tapas essen.

La Puerta de la Alpujarra
Der Feinkostladen in Lanjarón ist auf Räucherfleisch, Käse, Honig und Weine spezialisiert.

PHILIP REEVE/SHUTTERSTOCK ©

***Jarapa*-Teppiche**

Am meisten fallen die farbenfrohen *jarapa*-Teppiche auf, die in Fenstern, Schaufenstern und auf Balkonen auf den Verkauf warten. Sie sind ein auffälliger Farbklecks an den weißen Häusern. Die Teppiche werden in ganz Las Alpujarras zum Verkauf angeboten, aber die besten werden in der **Telar de Jarapas Hilacar** in Bubión hergestellt. In der traditionellen Werkstatt kann man den 200 Jahre alten Webstuhl in Aktion sehen oder in einem zweistündigen Workshop selbst welche produzieren.

Wie große Teile Andalusiens ist auch Las Alpujarras für seine Keramik bekannt. In den Geschäften vor Ort findet man alles, von Schalen über Olivenölspendern bis hin zu Tapas-Tellern und Vasen. Die *alpujarreña*-Töpferwaren sind für ihre blauen und grünen Farbtöne bekannt, die von der arabischen Kunst beeinflusst wurden. Auf dem **Kunsthandwerkermarkt** in Órgiva oder im **Alizares-Fátima** in **Pitres**, das auf Keramikfliesen mit bunten, geometrischen Mustern im Mudéjarstil spezialisiert ist, wird man sicher fündig. Toll sind auch das geschnitzte Leder und die geflochtenen Körbe aus Espartogras.

UNTERWEGS VOR ORT

ALSA-Busse verkehren mehrmals täglich zwischen Granada und den meisten Dörfern in Las Alpujarras und brauchen ca. zwei Stunden. Mit einem Mietwagen kommt man einfacher von Dorf zu Dorf.

SHOPPEN IN LAS ALPUJARRAS

J Brown
Das Lederwarengeschäft in Capileira verkauft Taschen, Gürtel und Hüte, die alle von dem Kunsthandwerker José Manuel Moreno und seiner Familie hergestellt wurden.

Taller Textil - Mercedes Carrascosa
In der Werkstatt in Pampaneira werden Kleidung und Taschen auf einem alten Webstuhl handgefertigt.

Artesania y Bodega Desakos
Farbenfrohe *jarapa*-Teppiche, gewebte Taschen und Kleinigkeiten in Pampaneira.

Pradollano
Sierra Nevada
Mulhacén
Veleta
Sierra Nevada
Mairena
Las Alpujarras

Rund um Las Alpujarras

Ein Spielplatz im Hochgebirge

TOP TIPP

Die Straße von Las Alpujarras zur Talstation der Sierra Nevada (1½ Std.) führt um das Gebirge herum, sodass der einfachste Weg zurück über Granada führt.

Hat man die malerischen Bergdörfer von Las Alpujarras erkundet, gibt es in allen Richtungen noch viel mehr zu entdecken. Richtung Westen liegt Valle de Lecrín, eine grüne Oase mit sanften Hügeln, Zitrus- und Mandelplantagen und kleinen Dörfern mit Kopfsteinpflasterstraßen. Im Osten befindet sich die wüstenähnliche Provinz Almería und im Süden die Costa Tropical mit ihren entspannten Ferienorten. Aber die meisten zieht es in den Norden von Las Alpujarras hoch oben in die Sierra Nevada. Hier liegt der berühmte Mulhacén (S. 563) sowie Europas südlichstes Skigebiet. Hier kann man zu jeder Jahreszeit jede Menge Abenteuer erleben.

Veleta (S. 566)

ESSEN, AUSGEHEN & ÜBERNACHTEN IN DER SIERRA NEVADA

La Visera
Gut besuchte, moderne Bar und Restaurant mit einer großzügigen Terrasse samt Blick auf die Skipisten.

El Restaurante La Muralla
Das gemütliche Restaurant ist auf gegrilltes Fleisch spezialisiert. Man kann dabei zusehen, wie das Fleisch auf dem offenen Feuer zubereitet wird.

Restaurante La Antorcha
In der Berghütte kann man die Steaks auf einem heißen Stein am Tisch selber zubereiten.

Crescendo
Heimelige Lounge mit gemütlichen Sofas neben einem knisternden Kaminfeuer mit guten Cocktails und DJs.

El Lodge
Schickes, holzgetäfeltes Hotel im alpinen Stil mit gemütlichen Zimmern, einem Gourmet-Restaurant und einem beheizten Außenpool.

Meliá Sol y Nieve
Elegantes, fast futuristisches Hotel mit eleganten Zimmern und einem großen Wellnessbereich unter dem Sternenhimmel.

Apartahotel Trevenque
Einfach eingerichtete Appartements mit Kochnische in der Nähe der Al-Andalus-Skilifte.

Talstation Sierra Nevada

Die Sierra Nevada

DAS SÜDLICHSTE SKIGEBIET EUROPAS

Die schneebedeckten Gipfel der Sierra Nevada beherbergen den höchsten Punkt des spanischen Festlands (Mulhacén) und das südlichste Skigebiet Europas in Pradollano.

In der Sierra Nevada gibt es zu jeder Jahreszeit ein Abenteuer zu erleben. Die Skisaison geht von November bis April, je nachdem, wie viel Schnee fällt. Das Skigebiet liegt um das Dorf **Pradollano** herum an den Hängen des **Veleta**, dem dritthöchsten Berg des spanischen Festlands. Bei 110 Pistenkilometern, die von schwarzen Abfahrten bis zu einfachen grünen Pisten reichen, sowie einigen Langlaufloipen ist für jedes Niveau etwas dabei. Es gibt auch einen tollen Snowpark für Snowboarder:innen und Freestyle-Skifahrer:innen. Für alle, die nicht Ski- oder Snowboardfahren, gibt's noch eine ganze Reihe anderer Aktivitäten im Schnee, von Schneeschuhwandern und Rutschen auf aufblasbaren Reifen bis hin zu Bob- und sogar Hundeschlittenfahren.

Von Juli bis Anfang September kann man in den höheren Bergen super Mehrtagestouren und Tageswanderungen unternehmen. Außerdem sind sie perfekt zum Mountainbiken geeignet. Es gibt jede Menge Wanderrouten, darunter ganztägige Trekkingtouren zu den Gipfeln des Veleta oder des Mulhacén. Für Radfahrbegeisterte gibt's Routen zwischen einer und vier Stunden (für traditionelle Mountainbikes sowie für E-Bikes). Zu den schönsten gehören die Fahrt hinauf zum Veleta, die Abfahrt nach **Mairena** oder die Route, die in **Monachil** endet.

UNTERWEGS VOR ORT

Im Winter fahren von Montag bis Freitag um 8, 10 und 17 Uhr Busse vom Busbahnhof in Granada ins Skigebiet und samstags, sonntags und an Feiertagen um 8, 10, 15 und 17 Uhr. Im Sommer starten die Busse jeden Tag um 9 Uhr am Busbahnhof in Granada.

PARQUE NATURAL DE CABO DE GATA-NÍJAR

Der Naturpark Cabo de Gata-Níjar südöstlich von Almería reicht von Retamar bis ins malerische Dorf Agua Amarga und umfasst 340 km². Als eine der von ausländischen Reisenden am wenigsten besuchten Gegenden Andalusiens findet man hier selbst im August garantiert einen leeren Strandabschnitt. Die karge Halbwüstenlandschaft im Inneren des Parks geht über in eine dramatische Steilküste mit eigenartigen Felsformationen, Vulkanzungen und versteinerten Sanddünen, ganz zu schweigen von den großen halbmondförmigen Sand- oder Kieselstränden. In den weißen Dörfern entlang der Küste kann man wunderbar übernachten, essen oder Touren buchen.

TOP TIPP

Das Gebiet lässt sich am besten mit dem Auto erkunden, da die öffentlichen Verkehrsmittel selten verkehren und einige Parkbereiche nicht anfahren. Wer nicht viel Zeit und kein Auto hat, sollte einen Tagesausflug bei einem Anbieter in Almería oder den Ferienorten Roquetas de Mar und Aguadulce buchen.

Malerische Strände am Cabo de Gata

DIE PERFEKTE KÜSTE

Cabo de Gata ist für seine schönen, einsamen Strände berühmt, die vom Massentourismus unberührt und meist naturbelassen sind und an denen man kein Café oder eine Sonnenliege sieht. Man kann entlang der Küste von Strand zu Strand fahren oder in einem der kleinen Dörfer übernachten und von dort die Strände besuchen. Von **San José** aus sind fünf Strände zu erreichen: die **Playa de los Genoveses**, **Playa del Barronal**, **Playa de Mónsul**, **Cala de la Media Luna** und der Kieselstrand **Cala Carbón**. Am besten kommt man mit dem eigenen Auto, aber von Juli bis August verkehrt auch ein Shuttlebus zwischen den Stränden und San José. Die Fahrkarten müssen vorab in der Tourismusinfo an der Hauptstraße gekauft werden. Man kann entweder ein Ticket für eine Einzelfahrt oder – wenn man länger bleibt – eine Zehnerkarte nehmen. Meist ist es vom Parkplatz oder von der Bushaltestelle noch ein kurzer Spaziergang zum Strand.

GRANDIOSE FILMSETS

Game of Thrones (2016) Die Schlacht um Meereen wurde an der Torre de la Mesa de Roldán gedreht.

Die unendliche Geschichte (1984) wurde an den Dünen und Stränden der Playa de Mónsul gefilmt.

Indiana Jones und der letzte Kreuzzug (1989) wurde am Ufer der Playa de Mónsul gedreht.

ÜBERNACHTEN IN CABO DE GATA

La Posada De Paco
Das Hotel mit Spa nur für Erwachsene in San José verfügt über helle, freundliche Zimmern und einen Außenpool. €

Hotel Naturaleza Rodalquilar & Spa Cabo de Gata
Geräumige Zimmer voll mit Kunst inmitten der ockerfarbenen Vulkanlandschaft im Landesinneren. €€

wecamp Cabo de Gata
Öko-Glampingplatz mit Zelten im Safaristil und futuristischen Kuppeln in einer kleinen Bucht bei Las Negras. €

SEHENSWERTES
1 Las Salinas de Cabo de Gata
2 Mirador Arrecife de las Sirenas
3 Molino del Collado de los Genoveses
4 Playa de los Genoveses
5 Playa de los Muertos
6 Playa de Mónsul
7 Playazo de Rodalquilar
8 Torre de la Mesa de Roldán

ESSEN IN SAN JOSÉ

Vesuvius
Der Italiener am Strand in einem rustikalen Holzgebäude serviert authentische Pizzas direkt aus dem Holzofen. **€€**

Carallo
Freundlicher Service und eine Mischung aus internationalen Gerichten, darunter riesige galizische Steaks, mexikanische Tacos und leckere Burger. **€€**

Parrosseta
Es gibt jeden Tag Paellas mit Seafood oder Fleisch und eine vegane Paella zum Mitnehmen und Essen am Strand. **€**

ANETLANDA/SHUTTERSTOCK ©

Playa de Mónsul

Die Playa de los Genoveses und die Playa de Mónsul sind die zwei bekanntesten und beliebtesten Strände. Auf der 1,2 km langen Playa de los Genoveses findet man immer ein Plätzchen fürs Handtuch, und die Playa de Mónsul ist ein schöner Strand mit feinem Sand, einem großen freistehenden Felsen und einer riesigen Sanddüne.

Weitere sehr schöne Strände liegen weiter oben an der Küste in der Nähe des Dorfes **Las Negras**. Einer der besten ist der 400 m lange **Playazo de Rodalquilar** mit seinem feinen goldenen Sand und dem eindrucksvollen Castillo de San Ramón darüber. Der südliche Teil ist bei FKK-Fans sehr beliebt.

Nach einer 30-minütigen Fahrt Richtung Norden gelangt man zur **Playa de los Muertos** zwischen den Dörfern **Agua Amarga** und **Carboneras**. Der wunderschöne Kieselstrand ist einer der bekanntesten im Park und für sein blaues Wasser und die ungewöhnlichen Felsformationen bekannt. Der Weg vom Parkplatz ist sehr steil.

DIE BESTEN OUTDOOR-ERLEBNISSE IM CABO DE GATA

Schnorcheln
Beim Schnorcheln kann man die Unterwasserwelt zwischen Posidonia-Seegraswiesen und Felsformationen erleben. Zu den schönsten Plätzen gehören La Isleta del Moro, EL Playazo und die Playa de los Muertos.

Tauchen
Tauchen durch Wracks, Höhlen und Vulkanschluchten – hier ist alles möglich.

Kajakfahren
Hier kann man zwischen uralten Vulkanfelsen und hohen versteinerten Sanddünen in dunkle Höhlen und ruhige *calas* (kleine Buchten) paddeln.

Jeeptouren
... sind eine beliebte Möglichkeit, das Innere des Parks zu erkunden. Mehrere Anbieter in San José haben Jeeptouren in ihrem Programm.

Goldminen, Salinen & Wachtürme

VERBORGENE SCHÄTZE IM LANDESINNEREN

Neben den Stränden gibt es im Landesinneren vom Cabo de Gata mehrere natürliche und vom Menschen erschaffene faszinierende Attraktionen. Sie lassen sich leicht an einem Tag oder an mehreren Tagen (wer unterwegs noch an einigen Stränden Halt machen möchte) besichtigen. Man braucht dafür entweder ein eigenes Auto oder man muss an einer Geländewagentour von einem der Anbieter teilnehmen.

La Luna
Ausgezeichnetes Frühstück mit großen Toasts, die mit allem Möglichen belegt sind, von Avocado bis Tomatenfruchtfleisch. **€**

Abaceria San José
Beliebte Tapasbar mit toll angerichteten Gerichten und Weinflaschen an den Wänden. **€€**

La Teteria
Entspanntes Café mit hausgemachten Kuchen, Crêpes, Smoothies, klassischen Cocktails und einer guten Auswahl an Tees. **€€**

EINE AUTOTOUR DURCH DIE KÜSTENDÖRFER

Wer durch den Parque Natural de Cabo de Gata-Níjar fährt, hat das Gefühl, mitten im Nirgendwo zu sein. Man sieht weit und breit keine Menschenseele, aber entlang der Küste liegen versteckt zwischen unberührten Stränden und kargen Hügeln einige hübsche Dörfer zum Übernachten.

Am besten beginnt man die Fahrt in 1 **San José**, dem größten Ferienort in der Gegend vom Cabo de Gata. In dem Ort gibt's ein paar charmante Seitenstraßen mit Souvenirläden und Bars sowie einen belebten Platz. Die lebhafte Strandpromenade ist mit zahlreichen Bars, Restaurants und Eisdielen gesäumt.

Nach einer 15-minütigen Fahrt (11 km) gen Norden durch das staubige Parkinnere erreicht man das winzige Fischereidorf 2 **La Isleta del Moro** – mit den drei Tauchschulen ein super Ausgangspunkt für Tauch-Fans.

Eine weitere Viertelstunde Richtung Norden, vorbei an 3 **Rodalquilar** und den alten Goldminen, liegt 4 **Las Negras**. Es ist eines der malerischsten Dörfer des Parks, mit weißen Häusern, die sanft zum Meer hin abfallen, und das von alten vulkanischen Bergen eingerahmt wird. Hier gibt's mehrere gute Übernachtungsmöglichkeiten und Restaurants.

Weitere 25 Minuten nördlich kommt das kleine 5 **Agua Amarga**, wo viele der weißen Balkone mit rosa- und lilafarbenen Bougainvilleen geschmückt sind. Das Dorf wird von dem erloschenen Vulkan Mesa Roldán und einem Leuchtturm überragt. Und es gibt einen wunderschönen Sandstrand sowie viele charmante Übernachtungsoptionen.

Von Agua Amarga fährt man wiederum 15 Minuten nach Carboneras und kommt an einem der bekanntesten Strände im Park vorbei, der 6 **Playa de los Muertos**. Der trubelige Ferienort 7 **Carboneras** hat einen schönen, von Palmen gesäumten Sandstrand.

Molino del Collado de los Genoveses

Wenn man vom Süden nach Norden unterwegs ist, hält man als Erstes bei den **Las Salinas de Cabo de Gata**. Auf den großen Salzfeldern leben Hunderte leuchtend rosa Flamingos. Von hier sind es nur 5 km zum El Faro de Cabo de Gata, einem 1863 gebauten historischen Leuchtturm. Auf dem Weg zur nächsten Sehenswürdigkeit kommt man am Cabo-de-Gata-Informations-zentrum vorbei. Gleich dahinter befindet sich der **Mirador Arrecife de las Sirenas** (Sirenenriff-Aussichtspunkt) mit seinen zerklüfteten Vulkanklippen.

Dann geht's weiter Richtung Norden, vorbei an den südlich von San José gelegenen Stränden, zur **Molino del Collado de los Genoveses**. Die alte Windmühle erinnert an die Windmühlen im Stil von Don Quijote, die man in Kastilien-La Mancha findet. Nach 15 km durchs wüstenartige Inland gelangt man in die Stadt **Rodalquilar**, in der sich eine alte Goldmine befindet, die noch bis in die 1960er-Jahre in Betrieb war und seitdem als Kulisse für mehrere Filme genutzt wurde, darunter *Zwei glorreiche Halunken* (1966).

Weitere 30 km nördlich windet sich die Straße hinter dem Dorf Las Negras hinauf zum Dorf Agua Amargas. Von hier aus kann man den Vulkan Mesa Roldán sehen, auf dem ein Leuchtturm thront. Hinter dem Leuchtturm erspäht man die **Torre de la Mesa de Roldán**. Der Wachturm wurde zwischen 1764 und 1766 zum Schutz vor Piraten erbaut. Vor nicht allzu langer Zeit diente der Turm als Filmkulisse, und zwar für die Schlacht um Meereen in der sechsten Staffel von *Game of Thrones*.

EINE TOUR DURCH DEN CABO DE GATA

Volcanic Tours
Bootstouren ab San José entlang der vulkanischen Klippen.

Toyo Aventura
Vier verschiedene Kajakrouten im Park sowie Reitausflüge. Ideal für Familien.

Muy Del Cabo
Touren ab Las Negras, entweder zu den Goldminen oder den Salinen.

Astronomía Cabo de Gata
Sternenbeobachtungstouren und -Wanderungen sowie Schnorchelausflüge.

UNTERWEGS VOR ORT

Von Almería fahren Busse direkt in viele der Dörfer. Busse von Autocares Bernardo (autocaresbernardo.com) fahren nach San José, Busse von Autocares Frahemar (frahemar.com) nach Carboneras und Agua Amarga und ALSA-Busse zum Cabo de Gata sowie nach Níjar, Rodalquilar und Las Negras. Die Busse verkehren unregelmäßig und sonntags auf einigen Strecken nur ein Mal pro Tag.

Rund um den Parque Natural de Cabo de Gata-Níjar

Wüstenlandschaften, eine unterschätzte Stadt und noch mehr maurische Wunder befinden sich rund um den Naturpark.

Nördlich des Naturparks liegt das sehenswerte Dorf Mojácar, während westlich und im Landesinneren eine Reihe überraschender Landschaften zu finden sind. Die Provinz Almería erstreckt sich von den Gipfeln der Sierra Nevada und den Stränden der Costa Tropical im Osten und Norden bis in die Region Murcia. Im Süden liegen die beliebten Badeorte und die Hauptstadt der Region – die Stadt Almería. Nördlich der Stadt befindet sich eine der bizarrsten Landschaften Europas, die Desierto de Tabernas. Für einen leichteren Zugang und bessere Verkehrsanbindungen an den Rest der Provinz übernachtet man am besten in Almería, wo es sich lohnt, ein paar Tage zu bleiben, um die großartige Alcazaba und die faszinierenden unterirdischen Bunkeranlagen aus dem Bürgerkrieg zu besichtigen. Ein weiterer Tag sollte für das Buschland der Tabernas-Wüste, wo die berühmten Italowestern gedreht wurden, reserviert werden.

TOP TIPP

Das Stadtzentrum von Almería kann man gut zu Fuß erkunden, aber zu den Stränden fährt man am besten mit dem Bus. Wer die Tabernas-Wüste besuchen möchte, muss sich ein Auto mieten oder eine Tour buchen.

Mojácar Playa

Das Dorf Mojácar

Mojácar

EIN DORF AUF EINEM HÜGEL & EIN SEHR BELIEBTER KÜSTENORT

Nördlich vom Parque Natural de Cabo de Gata-Níjar und von Carboneras liegt die malerische Stadt Mojácar, die aus zwei geografisch voneinander getrennten Ortsteilen besteht: Mojácar Pueblo und Mojácar Playa. **Mojácar Pueblo** thront wie eine riesige weiße Hochzeitstorte auf einem Hügel inmitten der Ausläufer der Sierra Cabrera, und das lebhafte **Mojácar Playa** erstreckt sich über 8 km entlang der von Palmen gesäumten Küste mit feinem Sand und Kieselsteinen, die von Resorts, Restaurants und *chiringuitos* durchsetzt ist.

Am Morgen spaziert man am besten durch das Straßenlabyrinth in der Altstadt und dann hinauf zum **Mirador del Castillo**, wo einst eine Burg stand. Von hier hat man einen der tollsten Ausblicke in der Gegend. Die wunderschöne **Fuente Pública De Mojácar** ist ein historischer Brunnen, der noch aus den Zeiten der Herrschaft der Mauren stammen soll. Der Brunnen wurde im 19. Jh. und nochmals in den 1980er-Jahren erneuert, um einen prächtigen Eingang zu schaffen, der von Töpfen mit leuchtenden Geranien gesäumt ist. Es gibt auch ein kleines ethnologisches Museum in der **Casa de la Canana**, das

EINE RIESIGE GEODE

Nach einer 40-minütigen Fahrt von Mojácar Richtung Norden gelangt man nach Sierra del Aguilón und **La Geoda de Pulpí**. Das spektakuläre Naturschauspiel ist die zweitgrößte Geode der Welt und hat eine beeindruckende Länge von 8 m und eine Höhe von 2 m. Sie wurde von Mineraloginnen und Mineralogen in der verlassenen Mina Rica entdeckt und 2019 für die Öffentlichkeit zugänglich gemacht. Im Rahmen geführter Touren gelangen Besucher:innen 60 m unter die Erde, und am Ende können sie in die Geode mit durchscheinenden Gipskristallen hineinklettern. Die Führungen sollten im Voraus gebucht werden (geodapulpi.es).

ÜBERNACHTEN IN MOJÁCAR

Cortijo El Sarmiento
Das B&B nur für Erwachsene befindet sich in einer malerischen Villa gleich vor Mojácar und verfügt über sieben gemütliche Zimmer im andalusischen Stil. **€€**

Hostal El Olivar
Das reizende Gästehaus in Mojácar mit hellen Doppelzimmern bietet einen Blick direkt auf die Berge. In der Sauna kann man wunderbar entspannen. **€**

Parador de Mojácar
Das moderne Hotel liegt direkt am Strand von Mojácar und wartet mit schicken, beruhigenden Zimmern, Blicken aufs Meer, einem Fitnessraum und einem Pool auf. **€€€**

Museo Arqueológico, Almería

veranschaulicht, wie die Häuser Anfang des 20. Jhs. hier aussahen. Danach kann man an der Küste zu Mittag essen und in der richtigen Jahreszeit sich bei Wassersportarten wie Segeln, Surfen, Windsurfen und Stand-Up-Paddling vergnügen oder einfach im Meer schwimmen.

Hoch oben & unter der Erde in Almería

BUNKER AUS DEM BÜRGERKRIEG & BURGEN AUF DEN BERGEN

Viele Reisende lassen Almería links liegen und fahren stattdessen zu den nahe gelegenen Badeorten, aber die dynamische Hafenstadt hat mehr als nur ein paar Sehenswürdigkeiten zu bieten, die einen für einige Tage beschäftigen können. Breite, von Palmen gesäumte Alleen führen vom Hafen hinauf zum engen Gassengewirr des *casco antiguo* (Altstadt) und seiner sandburgenartigen **Catedral de la Encarnación**.

Über allem thront auf den kargen Hügeln, die die Stadt umgeben, die spektakuläre **Alcazaba**, eine alte maurische Festung, die nach der Alhambra die zweitgrößte Spaniens ist. Wer nur Zeit für eine Sehenswürdigkeit hat, sollte unbedingt die Alcazaba besichtigen. Almerías terracottafarbene Alcazaba geht auf die Mitte des 10. Jhs. zurück und entwickelte sich zu einer der

TAPAS IN ALMERÍA

Wie in Granada gibt es auch in Almería Tapas gratis, wenn man ein Getränk kauft, aber anders als in Granada kann man sich hier aussuchen, was man möchte. Die meisten Bars verfügen über eine große Auswahl, oft sind es verschiedene Toasts mit traditionellen Zutaten. Wenn die Bedienung die Getränke bringt, einfach sagen, welche Tapas man möchte. Die meisten guten Bars befinden sich in der lebhaften Calle Padre Alfonso Torres oder in der Nähe der Kathedrale.

ÜBERNACHTEN IN ALMERÍA

AIRE Hotel & Ancient Bath Almería
Das schicke Hotel ist an den luxuriösen Hammam angeschlossen. **€€€**

La Pita Guesthouse
Gemütliche Doppelzimmer und Schlafsäle in einem hübschen Stadthaus in der Nähe der Kathedrale. Die Gäste teilen sich die Küche und die Terrasse. **€**

Hotel Catedral Almería
Das elegante Hotel ist in einem hübschen Gebäude aus dem 19. Jh. direkt gegenüber der Kathedrale untergebracht und verfügt über eine Dachterrasse. **€€**

bedeutendsten maurischen Festungen in Spanien. Sie ist ebenso beeindruckend, wenn nicht sogar noch beeindruckender als Granadas Alhambra. Für eine Besichtigung der drei verschiedenen Bereiche (*recintos*) sollte man mindestens 1½ Stunden einplanen. Der Weg verläuft über mehrere Steintreppen und Gärten nach oben.

Mit dem Bau der Festung wurde 955 unter Abderramán III. begonnen, und sie wurde vom *taifa*-Herrscher Hayrán im 11. Jh. vollendet. Der untere Bereich, der Primer Recinto, diente früher als Wohnbereich mit Häusern, heute ist hier ein üppiger Garten mit Kanälen. Von den Gerbzinnen aus blickt man hinunter auf die Stadt. Weiter oben im Segundo Recinto befinden sich die Ruinen des maurischen Palasts mit von kunstvollen Torbögen und Palmen umgebenen ruhigen Wasserbecken. Der höchstgelegene Bereich, der Tercer Recinto, ist eine von den Katholischen Königen errichtete Burg, nachdem die Stadt eingenommen wurde.

Neben der Alcazaba sind die **Refugios de la Guerra Civil**, ein 4,5 km langes Netz aus Betonbunkern, die beliebteste Sehenswürdigkeit der Stadt. Die Besichtigung ist nur im Rahmen einer Führung, bei der man spannende Geschichten erfährt, möglich (etwas über 1 Std.). Die Tour führt durch einen 1 km langen Abschnitt des Tunnels, einschließlich des alten Operationssaals, der Lagerräume und eines Wohnbereichs. Unbedingt einige Tage im Voraus buchen, vor allem im Sommer.

Die zwei lohnenswertesten Museen sind das **Museo de la Guitarra** (Gitarrenmuseum) und das **Museo Arqueológico** (Archäologiemuseum). Das erste ist eine Liebeserklärung an die spanische Gitarre und dem aus Almería stammenden Gitarrenbauer Antonio de Torres (1817–92) gewidmet. Im zweiten Museum sind gut präsentierte Exponate aus hiesigen prähistorischen Kulturen, von den Römer bis zu den Mauren, zu sehen.

Desierto de Tabernas

DIE EINZIGE WÜSTE EUROPAS

Man muss nicht bis nach Nordafrika reisen, um eine Wüste zu erleben, denn Spanien hat eine eigene. Direkt nördlich von Almería erwartet Reisende die **Desierto de Tabernas**, eine seltsame Halbwüstenlandschaft aus rostroten und senfgelben bizarren Felsformationen, die sich über tiefe Schluchten erheben. Man kann sich lebhaft die Cowboys auf ihren Pferden vorstellen, wie sie durch die Landschaft galoppieren, bevor sie den nächsten Saloon aufsuchen.

In den 1960er- und 70er-Jahren wurde die Tabernas-Wüste zu einem wichtigen Drehort für Hollywood-Filme und hier

LOCAL TIPP: EMPFEHLUNGEN FÜR DIE WÜSTE

Antonio Carreño, der in Almería ansässige Guide von Al Indalus (al-indalus.com), gibt gute Tipps für den Besuch der Desierto de Tabernas und deren Umgebung.

Malcaminos
Der Veranstalter hat tolle Touren durch die Tabernas-Wüste mit dem Jeep, zu Fuß oder auf dem Pferd im Programm.

Castillo de Tabernas
Von den Überresten der maurischen Burg in Tabernas aus dem 11. Jh. hat man einen grandiosen Blick.

Restaurante Las Eras
In dem Restaurant von Antonio Gázquez kann man wieder Energie tanken. Auf der Speisekarte findet man eine Kombination aus traditionellen und modernen Gerichten.

Gut vorbereiten!
Man befindet sich in der Wüste, also die heißeste Zeit am Tag vermeiden und genügend Wasser, Sonnenschutz und Schutzkleidung mitnehmen.

TAPAS ESSEN IN ALMERÍA

Quesería yo sin ti
In dem Delikatessengeschäft mit angeschlossener Bar dreht sich alles um Käse. Es liegt in der trubeligsten Straße der Stadt und es gibt internationale und lokale Käsesorten. €€

Taberna Nuestra Tierra
Das Restaurant lockt mit schön angerichteten und kreativen Tapas-Platten, darunter Miniportionen von Tintenfisch-Risotto und *fritura de pescado.* €€

Casa Puga
Altmodische Bar, dekoriert mit gemusterten Fliesen, Weinflaschen und Schinkenbeinen. Eine Spezialität sind die gebratenen Pilze. €

RUDIERNST/SHUTTERSTOCK ©

Desierto de Tabernas (S. 575)

ÖL KAUFEN

In einer Mühle am Straßenrand, fünf Minuten hinter Tabernas, produziert **Los Albardinales** preisgekrönte Olivenöle. Hier kann man erleben, wie Öl gepresst wird, und es in dem ausgezeichneten Restaurant in einem Bauernhaus probieren, in dem bodenständige, regionale Gerichte serviert werden. Diese werden mit Zutaten aus der Region zubereitet und von edlen Bio-Weinen begleitet.

In dem kleinen angeschlossenen Laden kann man sich vor der Abfahrt mit Olivenöl, Wein, Seife, Essig und anderen lokalen Produkten eindecken.

wurden viele der berühmtesten Italowestern (darunter Klassiker wie *Lawrence von Arabien*, *Kleopatra* und *Zwei glorreiche Halunken*) gedreht. Man kann immer noch viele der alten Filmsets sehen. Tabernas ist die größte Stadt in der Gegend und das Einfallstor zur Wüste, aber in der Stadt selbst gibt es nicht viel anzugucken. Die Autobahn A-92 führt durch die Wüste nach Gérgal, aber wer die Wüste richtig genießen möchte, bucht am besten eine Geländewagentour oder erkundet sie zu Fuß auf einem der vielen Wanderwege. Die Wandergebiete Las Salinas und Colas de Dragon sind gute Ausgangspunkte, auch wenn es schwierig sein kann, die Routen auf eigene Faust zu finden, da einige Abschnitte gesperrt sind. Also besser einen Guide engagieren oder eine Tour buchen.

Die beiden Western-Themenparks in der Wüste, **Oasys MiniHollywood** und **Fort Bravo Texas Hollywood**, wurden um alte Filmkulissen herum gebaut. Sie haben einen etwas angestaubten Charme, sind aber ideal für Familien geeignet und erwecken den Wilden Westen mit inszenierten Cowboy-Schießereien, Pferden, die durch die staubigen Straßen galoppieren, Saloons und Can-Can-Shows zum Leben. Oasys Mini-Hollywood hat ein Kinomuseum, in dem man noch mehr über die Verbindungen zwischen der Wüste und Hollywood erfährt.

UNTERWEGS VOR ORT

Das Stadtzentrum von Almería erkundet man am besten zu Fuß, und die meisten Sehenswürdigkeiten liegen in der Nähe der Innenstadt. Von der Estación Intermodal (für Busse und Züge) nimmt man die Buslinie L2 ins Stadtzentrum. Die Busse der Linien L11 und L18 fahren vom Stadtzentrum zu den größten Stränden (Playa de San Miguel und Playa del Zapillo).

Wer die Desierto de Tabernas erkunden möchte, benötigt ein eigenes Auto. Busse von ALSA fahren von der Estación Intermodal in die Stadt Tabernas (40 Min.).

MÁLAGA

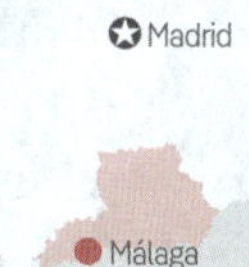

Málaga ist mehr als nur das Einfallstor zur Costa del Sol. Die pulsierende und lebendige Stadt verfügt über eine der besten modernen Kunstszenen Andalusiens, gemischt mit vielen kulturellen Sehenswürdigkeiten, einem großartigen Nachtleben und einer hervorragenden Küche.

Als Geburtsort des Künstlers Pablo Picasso ist es nicht verwunderlich, dass sich Málaga zu einem Kunstzentrum entwickelt hat, nicht nur für bildende und moderne Kunst, sondern auch für Street-Art. Hinzu kommen noch jede Menge Geschichte, ein altes romanisches Theater, eine maurische Festung und eine auf einem Berg gelegene Palastfestung. Unten im geschäftigen Hafengebiet verwandelt sich die Stadt in ein sommerliches Paradies, wo sich weiche Sandstrände über mehr als 16 km entlang der Küste erstrecken, gesäumt von einigen der besten *chiringuitos* der Gegend, die das frischeste und köstlichste Seafood der Südküste servieren.

TOP TIPP

Málaga mag auf den ersten Blick groß erscheinen, aber die meisten Sehenswürdigkeiten befinden sich auf kleinem Raum, sodass man die Stadt gut zu Fuß erkunden kann. Die Strände, die etwas außerhalb des Zentrums liegen, erreicht man am besten mit öffentlichen Bussen.

Málagas Kunstszene

DIE KREATIVSTE STADT ANDALUSIENS

Die Erkundung der Kunstszene Málagas beginnt man am besten im **Museo Picasso Málaga**, einem Muss in der Geburtsstadt des Künstlers. Das Museum bietet mit über 200 Kunstwerken einen guten Überblick über den großen Meister und sein Werk. Einige der Höhepunkte sind ein Gemälde von Picassos Schwester Lola, das er mit nur 13 Jahren malte, *Paulo mit weißer Mütze* und *Olga Khokhlova in der Mantille*. Im **Museo Casa Natal de Picasso**, das sich im Geburtshaus des Künstlers an der trubeligen Plaza de la Merced befindet, erfährt man noch mehr über Picasso und sein Leben. Die Sammlung umfasst u. a. Fotos der Familie Picasso, Erinnerungsstücke aus Pablos Kindheit und eine originalgetreue Nachbildung des Ateliers seines Vaters. Darüber hinaus gibt es zahlreiche Wechselausstellungen mit Werken aus der Sammlung des Museums, die mehr als 7000 Werke von über 200 verschiedenen Kunstschaffenden einschließt, die sich von Picasso inspirieren ließen, etwa Joan Miró, Marc Chagall und Max Ernst.

TOLLE STREET-ART

Birds
Ein riesiges Vogel-Mural in der Calle Tomás Heredia vom chinesischen Künstler DALeast.

Paz y Libertad
OBEYs Bild einer Frau bedeckt die gesamte Rückseite des Centro de Arte Contemporáneo.

Chameleon
ROAs riesiges schwarzes Chamäleon in der Calle Casas de Campos.

Alameda Principal 47
Ein großes, graues Bild einer Frau in der gleichnamigen Straße; von der Südafrikanerin Faith47.

ÜBERNACHTEN IN MÁLAGA

Room Mate Valeria
Modernes Hotel mit außergewöhnlicher Inneneinrichtung in der Nähe des Hafens. Von der Dachterrasse hat man einen grandiosen Blick aufs Meer. **€€**

Casual Málaga del Mar
Die zentral gelegene Unterkunft verfügt über gemütliche und ruhige maritim inspirierte Zimmer sowie tolle Familienzimmer. **€**

ICON Malabar
Schickes Boutiquehotel im *barrio* Soho mit schicken Zimmern und einem wunderschönen Café. **€€**

HIGHLIGHTS
1 Museo Picasso Málaga

SEHENSWERTES
2 Alcazaba
3 Catedral de la Encarnación de Málaga
4 Centre Pompidou Málaga
5 Centro de Arte Contemporáneo
6 Museo Carmen Thyssen
7 Museo Casa Natal de Picasso
8 Museo de Málaga

SCHLAFEN
9 Casual Málaga del Mar
10 ICON Malabar
11 Room Mate Valeria

ESSEN
12 Buenavista Gastrobar
13 Casa Mira
14 Cortijo de Pepe
15 El Pimpi
16 Freskitto
17 Levi Angelo Gelato & Chocolate

AUSGEHEN
18 Alcasabar
19 Antigua Casa de Guardia
20 Speakeasy „The Pharmacy"

ARCHITEKTEN: JAVIER PEREZ DE LA FUENTE AND JUAN ANTONIO MARIN MALAVÉ; BILD: JOYCE NELSON/SHUTTERSTOCK ©

Centre Pompidou Málaga

Das **Museo Carmen Thyssen** befindet sich in einem ästhetisch renovierten Palast aus dem 16. Jh. im Herzen des ehemaligen Maurenviertels der Stadt. Diese umfangreiche Sammlung von Postern, Fotos, Kostümen und Fächern dreht sich um eine *peña* (Flamenco-Club) aus dem 19. Jh. Einen kurzen Spaziergang entfernt liegt das **Museo de Málaga**, das im Palacio de la Aduana untergebracht ist und aus dem Museo Bellas Artes und dem Museo Arqueológico besteht. Die Sammlung besteht hauptsächlich aus andalusischen Landschaftsgemälden aus dem 19. Jh.

Das **Centre Pompidou Málaga**, ein Ableger des Pariser Centre Pompidou, befindet sich am Hafen und wird von einem bunten Kubus des Künstlers Daniel Buren gekrönt. Die Ausstellungen wechseln jährlich oder halbjährlich und schöpfen aus der umfangreichen Sammlung zeitgenössischer Kunst des Museums.

Auf dem Weg durch das Viertel Soho mit seinen Boutiquehotels und schicken Bars zum **Centro de Arte Contemporáneo**

AUSGEHEN & SÜSSE LECKEREIEN IN MÁLAGA

Für süße Leckereien gibt es in Málaga einige fabelhafte *heladerías* (Eisdielen), viele mit außergewöhnlichen Geschmacksrichtungen. Bei **Levi Angelo Gelato & Chocolate** unbedingt die Geschmacksrichtungen Chai-Karamell oder Drachenfrucht probieren. **Freskitto**, in der Nähe des Museo Picasso, überrascht mit der Geschmacksrichtung Muskateller, im **Casa Mira**, der ältesten Eisdiele der Stadt, gibt's traditionellen *blanco y negro* (schwarzer Eiskaffee mit einer Kugel Vanilleeis) und in der **Heladería Inma** die Geschmacksrichtung *tocino de cielo*, die an Crème Caramel erinnert.

Wer lieber etwas trinken möchte, ist hier genau richtig:

Antigua Casa de Guardia
Eine altmodische Weinbar, in der Pedro Ximénez direkt aus dem Fass serviert wird.

Alcasabar
Versteckt in einer kleinen Gasse neben der Alcazaba gibt's hier tolle Cocktails in einem Garten.

Speakeasy „The Pharmacy"
Speakeasy im amerikanischen Stil mit Fransenlampen und leckeren Cocktails.

TAPAS ESSEN IN MÁLAGA

El Pimpi
Diese trubelige Bar direkt vor der Alcazaba besteht aus einem Labyrinth aus begrünten Innenhöfen, Weinkellern und gemütlichen Zimmern. €€

Cortijo de Pepe
Auf der belebten Plaza de la Merced werden unter Backsteinbögen ganze Tintenfische mit Paprikakartoffeln und Calamari serviert. €

Buenavista Gastrobar
In der modernen und stilvollen Tapasbar stehen Fusionsgerichte wie Kabeljau mit Kimchi-Mayonnaise auf der Speisekarte. €€

EIN SPAZIERGANG DURCH DIE GESCHICHTE

Die meisten historischen Sehenswürdigkeiten Málagas liegen nah beieinander.

Am besten beginnt man am 1 **Teatro Romano**, einem römischen Amphitheater aus der Zeit von Kaiser Augustus (1. Jh. v. Chr.). Bis ins 3. Jh. war das Theater in Betrieb. Es wurde 1951 wiederentdeckt, als an den Fundamenten für eine neue Casa de Cultura (Kulturhaus) gearbeitet wurde.

Von hier sind es nur wenige Schritte bis zu der maurischen Palastfestung aus dem 11. Jh., der 2 **Alcazaba**. Ein gewundener Weg führt vorbei an Palmen durch prachtvolle Bogengänge im arabischen Stil zur Palastfestung mit ihren Hufeisenbögen, sprudelnden Brunnen und gemusterten Fliesen.

Unten im 3 **El Pimpi** gegenüber der Alcazaba genießt man danach ein Glas Wein und Tapas, bevor man sich auf den 30-minütigen Weg hinauf zum 4 **Castillo de Gibralfaro** macht, einem weiteren Überbleibsel aus der islamischen Vergangenheit, das über der Stadt thront. Im oberen Teil der Burg wartet das Informationszentrum, in dem man mehr über die Menschen erfahren kann, die hier einst lebten, und im unteren Teil befinden sich die Kaserne und die Stallungen.

Die großartige 5 **Catedral de la Encarnación de Málaga** steht mitten im Stadtzentrum, nicht weit von der Alcazaba entfernt. Der Bau begann im 16. Jh. am früheren Standort einer Moschee, war aber auch 200 Jahre später noch nicht abgeschlossen. Die Baukosten nahmen ein solches Ausmaß an, dass einer der Glockentürme unvollendet blieb, daher auch der Spitzname der Kathedrale: la Manquita (die einarmige Dame). Heute ist nur der Patio de los Naranjos erhalten geblieben, ein Innenhof mit duftenden Orangenbäumen.

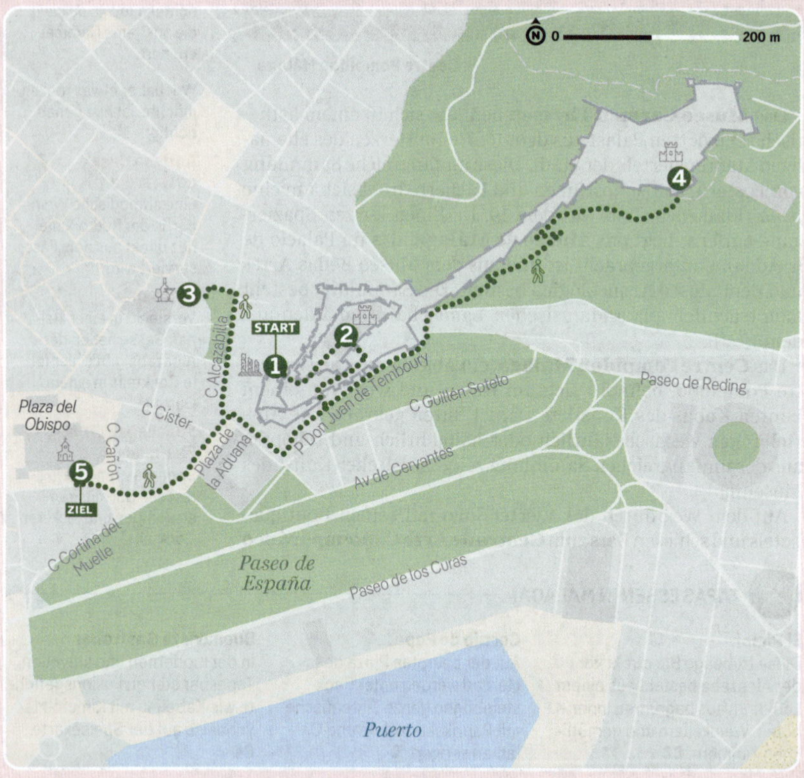

kann man immer wieder tolle Street-Art-Wandgraffitis von Kunstschaffenden wie Dean Stockton (D*Face), Shepard Fairey (OBEY) und ROA entdecken. Das Museum für zeitgenössische Kunst in einem umgebauten Großmarkt aus den 1930er-Jahren an dem ausgetrockneten Flussbett zeigt Wechselausstellungen mit Werken von Kunstschaffenden aus Spanien.

Für alle, die sich noch mehr künstlerisch inspirieren lassen möchten, ist die **Colección del Museo Ruso** im Viertel Las Delicias außerhalb des Stadtzentrums genau das Richtige. Die Dependance des Russischen Museums in Sankt Petersburg befindet sich in einer ehemaligen Tabakfabrik und zeigt russische Kunst aus dem 16. bis 20. Jh., darunter Werke von Wassily Kandinsky, Ilya Repin und Vladimir Tatlin.

Strandleben, Seafood & Fisch

SARDINEN AM MEER

Seafood und Fisch sind in ganz Andalusien beliebt, aber in keiner anderen Region ist die Begeisterung dafür so groß und der Fang so frisch wie in Málaga. Die größten Strände der Stadt – **Malagueta**, **Caleta**, **Pedregalejo** und **El Palo** – sind mehr als nur Orte zum Sonnenbaden und Schwimmen. Sie sind eine Erweiterung des Esszimmers und die Einheimischen strömen am Wochenende in Scharen zum Mittagessen am Meer her. Die alten Fischereiviertel Pedregalejo und El Palo mit ihren Fischerhütten und den im Wasser dümpelnden *jábega*-Booten haben sich ihre traditionelle Atmosphäre bewahrt, sind aber heute auch mit den zahlreichen *chiringuitos* direkt am Strand beliebte Anlaufpunkte für Gourmets.

Obwohl man in Málaga das ganze Jahr über Seafood und Fisch genießen kann, sind es die Sommermonate, auf die sich die Einheimischen am meisten freuen – dann können sie die heiß ersehnten *espetos de sardinas* essen. Das sind Sardinenspieße, die in der Regel in einem großen, mit Sand gefüllten Boot gegart und über heißen Kohlen gegrillt werden. Diese Art des Verzehrs von Sardinen ist bereits seit 1879 bekannt und wird in dem Gemälde *La Moraga* des Malers Horacio Lengo dargestellt. Die auch heute noch beliebten Moragas sind abendliche Strandfeste, bei denen getanzt, gesungen und Seafood gegrillt wird. Heutzutage braucht man eine Erlaubnis, wenn man am Strand grillen möchte, aber es gibt auch viele *chiringuitos*, die das Grillen für einen übernehmen.

Andere traditionelle Seafoodgerichte in Málaga sind *boquerones al limón* (gegrillte Sardellen, die in Zitronensaft getränkt und dann frittiert werden), *conchas finas* (Muscheln, die roh mit einem Stück roter Paprika gegessen werden) und *fritura malagueña* (ein gemischter Teller mit frittiertem Seafood und einem Spritzer Zitrone).

DIE BESTEN SEAFOOD-RESTAURANTS IN MÁLAGA

El Tintero
In der berühmten *chiringuito* an der Playa el Dedo bringen Kellner:innen riesige Tabletts mit dem Fang des Tages, von denen man nach Belieben auswählen kann.

Los Cuñaos
In dem beliebten Klassiker in Pedregalejo gibt's mit die besten *pescaíto frito* der Stadt.

El Gabi
Das alteingesessene Restaurant an der Playa el Palo serviert seit 1976 grandiose *espetos de sardinas* und frische Seafoodplatten.

El Merlo la Revuelo
Die Seafoodbar in Pedregalejo bietet ein tolles Preis-Leistungs-Verhältnis und serviert köstliche *espetos* und ganzen gebratenen Tintenfisch.

Teatro Romano

UNTERWEGS VOR ORT

Vom Bahnhof María Zambrano und vom Busbahnhof (nebenan) fahren zahlreiche Buslinien in nur 15 Minuten ins Zentrum. Die Buslinien 3, 11, 33 und 34 verbinden die Strände mit dem Paseo del Parque im Stadtzentrum.

Antequera
Paraje Natural Torcal de Antequera
La Axarquía
Málaga
Nerja
Mijas Pueblo
Costa del Sol

Rund um Málaga

Von den trubeligen Urlaubsorten entlang der Costa del Sol ins Landesinnere zu den antiken Schätzen in Antequera und den malerischen weißen Dörfern in der Region La Axarquía.

Die Stadt Málaga ist der perfekte Ausgangspunkt für die Sehenswürdigkeiten in der Provinz. Vieles davon lässt sich auch bei Tagesausflügen oder kurzen Trips mit Übernachtungen erkunden. Im Westen liegen die Strände und beliebten Urlaubsorte der Costa del Sol; im Norden befindet sich Antequera mit seiner Vielzahl an religiöser Architektur und den Dolmen, die zum UNESCO-Weltkulturerbe ernannt wurden, und im Osten warten die malerischen weißen Dörfer in der Region La Axarquía und die Höhlen von Nerja. Oder man durchquert die Provinz einfach auf den fantastischen Wanderwegen, darunter der berühmte Caminito del Rey.

TOP TIPP

Die meisten Teile der Küste östlich und westlich von Málaga sowie das Landesinnere bis nach Antequera erreicht man gut mit öffentlichen Verkehrsmitteln, für La Axarquía benötigt man jedoch ein eigenes Auto.

Frigiliana (S. 586)

JAN VAN DER WOLF/SHUTTERSTOCK ©

Torremolinos

Jede Menge Spaß an der Costa del Sol

STRÄNDE, NACHTLEBEN & THEMENPARKS

Die Costa del Sol kennen alle. Spaniens berühmte Südküste lockt seit den 1950er-Jahren Traveller aus aller Welt an. Sie ist bekannt für große Ferienanlagen, Themenparks, das Nachtleben und Pauschalreisen und bietet viele unterschiedliche Städte für fast jeden Reisetyp. Torremolinos hat das turbulenteste Nachtleben und ist sehr beliebt bei der LGBTIQ+-Community, in Benalmádena gibt's die meisten Themenparks und Aquarien, Marbella ist der glamouröseste Urlaubsort, wo die Schönen und Reichen auf ihren Jachten feiern, und Estepona konnte sich noch seinen Charme als Fischereidorf erhalten.

Wer von Málaga aus Richtung Westen fährt, erreicht als Erstes **Torremolinos**. Die Stadt hat einen 7 km langen Strand, eine große Bandbreite an Unterkünften und mit das beste Nachtleben an der Küste. Weiter gen Westen kommt man nach **Benalmádena**, das wegen seiner zahlreichen Attraktionen bei Familien sehr beliebt ist, darunter das märchenhafte Castillo de Colomares, eine Hommage an Christoph Kolumbus, und eine riesige buddhistische Stupa. Wer in der Nähe übernachtet, sollte unbedingt einen Ausflug ins Landesinnere nach **Mijas Pu-**

DIE BESTEN STRÄNDE AN DER COSTA DEL SOL

Playa de Maro
Dieser kleine, östlich von Nerja gelegene Strand wird von üppig bewachsenen, hoch aufragenden Klippen eingerahmt und ist perfekt zum Kajakfahren und Schnorcheln.

Playa de Burriana
Feiner Pudersand, gesäumt von Palmen und einer schönen Strandpromenade, die sich über 800 m in Nerja erstreckt.

Playa Real de Zaragoza
Dieser weitläufige 1500 m lange Strand östlich von Marbella ist einer der längsten an der Costa del Sol.

Playa del Cristo
Die malerische Bucht in Hufeisenform mit dunklem Sand in Estepona ist bei Familien äußerst beliebt.

MITTAGESSEN IN NERJA

Gloria Bendita
Gemütliches, höhlenartiges Lokal mit Platten zum Teilen, Salaten, Fisch- und Fleischgerichten sowie internationalen Speisen. **€€**

Bar El Pulguilla
In dem traditionellen Lokal gibt's Bier und Seafood sowie köstliche Platten mit *pescado frito* (frittierter Fisch). **€**

Chiringuito de Ayo
In der rustikalen Strandbar direkt an der Playa de Burriana gibt's Paella, die in einer großen Pfanne auf einem offenen Holzfeuer zubereitet wird. **€**

TORCAL DE ANTEQUERA

Wer ein eigenes Auto hat, sollte unbedingt den 15 km außerhalb von Antequera gelegenen **Paraje Natural Torcal de Antequera** besuchen. Das große Naturschutzgebiet liegt 1200 m über dem Meeresspiegel und ist eine der spektakulärsten Karstlandschaften Europas. Riesige Felsformationen aus säulenförmigem Kalkstein ragen wie Paläste in den Himmel. Oben kreisen Geier und unten haben Ammoniten verschlungene Spuren im Stein hinterlassen. Es gibt zwei markierte Wanderwege. Die grüne Tour dauert etwa 45 Minuten und die gelbe Tour ca. zwei Stunden. Davon abgesehen gibt es noch die orangene Tour, die man nur mit einem Guide wandern kann. Das Wetter kann schnell umschlagen. Im Winter können die Wege wegen des Schneefalls unpassierbar sein, und es kann sogar im Sommer recht kalt werden.

MILOSK50/SHUTTERSTOCK ©

Dolmen de Menga

eblo unternehmen, einem der schönsten weißen Dörfer der Region. Im Herzen der Costa del Sol liegt **Marbella** mit seiner extravaganten „Goldenen Meile“, wo sich einige der luxuriösesten Adressen Andalusiens sowie exklusive Clubs, Hotels und Restaurants befinden, die sich bis zum Puerto Banús erstrecken, dem schicken Jachthafen, der von Golfplätzen umgeben ist. Ein kleines Stück ins Landesinnere, im Schutz der Gebirgskette Sierra Blanca, findet sich Marbellas wunderschöne *casco antiguo* (Altstadt), die eine der schönsten in der Region ist. **Estepona** ist einer der westlich gelegensten Urlaubsorte an der Costa del Sol. Es konnte sich sein gemütlich-altmodisches Flair erhalten. Es gibt auch einen Hafen, Bars und viele schöne Strände.

Geschichte & Prähistorie in Antequera

EIN UNTERSCHÄTZTES JUWEL

Einer der lohnendsten Tagesausflüge von Málaga aus führt nicht an der Küste entlang, sondern nach Norden über die Berge in die historische Stadt Antequera. Eine Stunde mit dem Bus oder dem Auto entfernt, breitet sich Antequera aus wie Wolken aus weißer und rosafarbener Zuckerwatte, hinter denen der schlafende riesige Berg La Peña de los Enamorados wie ein Goliath erscheint.

Die oft als „Florenz von Andalusien“ bezeichnete UNESCO-Weltkulturerbestadt ist bekannt für ihre elegante Architektur im spanischen Barockstil, ihre Gräber aus Megalithsteinen und die malerische maurische Alcazaba, die über allem thront. Hier gibt's über 30 Kirchen, zahllose Klöster und Paläste zu bestau-

ESSEN IN ANTEQUERA

Restaurante Meson Juan Manuel
Die *porra antequera* (kalte Suppe) muss man unbedingt probieren. Meistens wird sie von Juan Manuel selbst serviert. €€

Bar La Socorrilla
Gemütliche Bar unter den Bögen der Capilla Tribuna Virgen Socorro. Günstiges *menú del día* und leckere Tapas. €

Arte de Cozina
Gemütliches Hotelrestaurant, in dem lokale Produkte in Gerichten wie *pisto malagueño* (eine Art Ratatouille) die Hauptrolle spielen. €€

nen. Die kleine Stadt hat so viel zu bieten, dass man gar nicht weiß, wo man anfangen soll.

Am besten beginnt man wohl im **Museo de la Ciudad de Antequera**, das sich im **Palacio de Nájera** aus dem 18. Jh. befindet. Man muss sich ein paar Kirchen und Klöster aussuchen, die man besichtigen möchte, oder man steigt in den Hop-on-Hop-off-Bus (Reservierung bei der Tourismusinformation), einen offenen Elektrobus, in dem man sich einen guten Überblick verschaffen kann. Von außen ist eine der auffälligsten Kirchen die **Capilla Tribuna Virgen Socorro** (auch Portichuelo-Kapelle genannt) mit ihren bezaubernden Balkonen und gestreiften Säulen. Die **Iglesia de Nuestra Señora de los Remedios** hat von außen nicht viel zu bieten, das Innere ist aber mit den schönen handgemalten Fresken unbedingt einen Besuch wert.

Auf einem Hügel thront Antequeras maurische Festung, die **Alcazaba**. Sie blickt auf eine faszinierende Geschichte zurück und erstreckt sich über stolze 62 000 m². Sie wurde vermutlich um das 12. Jh. herum auf ehemaligen römischen Ruinen errichtet und ist als die Festung von Papabellotas bekannt. Die Eintrittskarten gelten auch für die zwischen 1514 und 1550 errichtete **Real Colegiata de Santa María la Mayor** nebenan, einem der ersten Renaissance-Gebäude Andalusiens.

Eines der Highlights in Antequera sind die Dolmen. Die Grabhügel wurden aus megalithischen Steinen errichtet und zusammen mit La Peña und dem **Torcal de Antequera** zum UNESCO-Weltkulturerbe ernannt. Der **Dolmen de Menga** und der **Dolmen de Viera** liegen ca. 1 km außerhalb der Stadt (der Hop-on-Hop-off-Bus hält hier, falls man kein Auto hat). Der Dolmen de Viera ist etwa 4500 Jahre alt, wohingegen der größere der beiden, der Dolmen de Menga, geschätzte über 6000 Jahre alt ist. Etwas weiter außerhalb der Stadt befindet sich der **Dolmen Romeral**, der aus der späten Kupferzeit (ca. 1800 v. Chr.) stammt und nur mit dem eigenen Auto zu erreichen ist. Die Dolmen gehören zu den schönsten neolithischen Denkmälern Europas. In dem ausgezeichneten Informationszentrum, das im Frühjahr 2022 eröffnet wurde, erfährt man mehr über die erstaunliche Kunstfertigkeit ihrer Entstehung.

ANDERE TOLLE WANDERUNGEN IN DER PROVINZ MÁLAGA

El Saltillo
Über die drittlängste Hängebrücke Spaniens entlang senkrecht abfallender Klippen (4 bis 5 Std.) in der Nähe des Dorfes Canillas de Aceituno wandern.

Mirador de las Buitreras
Rundweg bis zum Aussichtspunkt über der Buitreras-Schlucht, über dem Geier kreisen.

Río Chíllar
Von Nerja aus führt dieser Weg (7 bis 8 Std. hin und zurück) auch durch den Río Chíllar und am Ende wird man mit einem Bad in einem Wasserfall belohnt.

Escalera Árabe
Östlich des Caminito del Rey führt dieser Weg über die Sierra de los Castillejos in vier Stunden über eine Reihe von Steinstufen.

Den Caminito del Rey wandern

DER KÖNIGSWEG

Málaga und die Südküste stehen zwar ganz im Zeichen der Stadt und der Strände, doch es gibt hier auch eine spektakuläre Landschaft, die sich hervorragend zum Wandern eignet. Der berühmteste Wanderweg, den man bei einem Tagesausflug von der Stadt aus begehen kann, ist der Caminito del Rey. Er ist mit dem Auto in weniger als einer Stunde von der Stadt aus zu er-

Restaurante Leila
Hier gibt es tolle Platten mit gebratenem Fisch, hausgemachte *croquetas* und *gambas al ajillo* (Knoblauchgarnelen). €€

Taberna El Rincón de Lola
In der gemütlichen Bar gibt's zahlreiche Tapas-Platten, darunter Guacamole- und Sardinen-Toasts sowie gegrillte Pilze. €

Bar Infante Tapas
Moderne Tapasbar mit einer großen Auswahl an günstigen Tapas, von kleinen Hähnchenspießen bis zu gefüllten Wraps. €

DIE BESTEN GERICHTE IN DER PROVINZ MÁLAGA

Fritura Malagueña
Platte mit frittiertem Seafood und Fisch, typischerweise bestehend aus *boquerones* (Sardellen), *salmonetes* (Streifenbarbe) und *chipirones* (Baby-Tintenfische).

Ensalada Malagueña
Frischer Salat aus Kabeljau, herben Orangenstücken, Kartoffeln, hartgekochten Eiern und salzigen Oliven.

Porra Antequerana
Superdicke kalte Suppe aus Tomaten, Knoblauch, Brot, Paprika und Olivenöl sowie oben drauf Thunfisch, ein gekochtes Ei und Schinkenstücke.

Plato de Los Montes de Málaga
Herzhaftes Gericht aus den Bergen, bestehend aus *morcilla* (Blutwurst), Spiegelei und Kartoffeln, grünem Pfeffer, Schweinefleisch und Chorizo.

reichen oder mit dem Zug bis zur Estación de El Chorro-Caminito del Rey und dann mit dem Bus (im Halbstundentakt; bis zu seinem Ausgangspunkt).

Der einst gefährlichste Weg Spaniens, bei dem ganze Teile in die tiefe Schlucht gestürzt waren, wurde 2015 nach dem Bau von Holzstegen und Brücken wiedereröffnet. Es ist jetzt sicher genug für die ganze Familie (nur für Kinder über acht Jahren). Der 2,9 km lange Fußweg, der sich 100 m über dem Río Guadalhorce an den Klippen entlangschlängelt, bietet bei jeder Biegung neue atemberaubende Ausblicke. Er hat eine Gesamtlänge von 7,7 km, und man sollte für die Wanderung und die anschließende Busfahrt etwa drei bis vier Stunden einplanen.

Die Tickets (10 €) sind oft Tage oder sogar Wochen im Voraus ausgebucht. Man sollte sie also im Vorfeld im Internet erwerben (caminitodelrey.info).

Die Dörfer von La Axarquía

ÖSTLICH VON MÁLAGA

La Axarquía erstreckt sich östlich von Málaga. Die malerischen weiß getünchten Dörfer liegen in den Tälern unter der spektakulären Berglandschaft oder an ihren Hängen und bieten einen grandiosen Ausblick aufs Mittelmeer. Die meisten der von Oliven- und Mandelhainen umgebenen Dörfer stammen aus der Zeit der Mauren, wovon noch heute zahlreiche Zeugnisse zu sehen sind, von den Burgen auf den Hügeln bis hin zu den Brunnen und alten Bewässerungskanälen. Die meisten Dörfer sind nicht ans öffentliche Verkehrsnetz angeschlossen, daher sollte man am besten ein eigenes Fahrzeug haben. Der Hauptort von La Axarquía ist **Vélez-Málaga**, deren restaurierte Burg einen Besuch wert ist. Im Norden, hoch oben in den Bergen, liegen die winzigen Dörfer **Alfarnate** und **Alfarnatejo** und im Osten die schönsten Dörfer Frigiliana und Cómpeta.

Das malerische ehemalige Maurenviertel von **Frigiliana** kann man gut über Steintreppen, vorbei an Keramikmosaiken und Wasserkanälen aus der maurischen Zeit, zu Fuß erkunden. Hier befindet sich auch **El Ingenio Nuestra Señora del Carmen**, früher die einzige Zuckerrohrmelassefabrik in Europa. Sie ist über 75 Jahre alt und im Palacio de los Condes aus dem 16. Jh. untergebracht. Ähnlich wie Sirup wird die Melasse in vielen Gerichten verwendet, z. B. wird sie auf panierte Auberginen (*berenjenas con miel*) geträufelt.

Ungefähr 25 km nördlich von Frigiliana befindet sich **Cómpeta**, eine perlweiße Stadt, die den Hang hinunterzufließen scheint. Die engen, gewundenen Straßen liegen um den zentralen, von Bars gesäumten Platz mit Blick auf eine Kirche aus dem 16. Jh. Die Stadt zieht schon seit Langem viele Ausländer:innen

ÜBERNACHTEN IN LA AXARQUÍA

Casa Torreón 109
Charmantes B&B in Frigiliana, versteckt in den gewundenen Kopfsteinpflasterstraßen, mit einem Gemeinschaftsraum und einer Küche. **€**

Cortijo Bravo
Wunderschönes Anwesen in der Nähe von Vélez-Málaga mit eleganten Zimmern in einem andalusischen Bauernhaus aus dem 19. Jh. **€€**

La Posada del Cani
Kleines B&B mit neun gemütlichen, farbenfrohen Zimmern und einer ruhigen Dachterrasse im Zentrum von Cómpeta. **€**

Cueva de Nerja

an und ist ein guter Ausgangspunkt für Wanderungen und adrenalingeladene Aktivitäten.

Küste & Höhlen

DIE HÖHLEN VON NERJA

Die ansprechende Stadt **Nerja** liegt etwas mehr als 50 km östlich von Málaga. Der beliebte Küstenort hat sich seinen bodenständigen dörflichen Charme erhalten, im Gegensatz zu vielen Orten westlich von Málaga an der Costa del Sol. Die weiß getünchte Altstadt thront über steilen Felswänden, die zu kleinen, sandigen Buchten zwischen den Felsen hinabfallen. Das Herzstück ist der **Balcón de Europa** mit einem Panoramablick auf die malerischen Strände und das Mittelmeer. Abgesehen von den Stränden und dem Aussichtspunkt kommen die meisten Traveller wegen der **Cueva de Nerja**, eine der spektakulärsten Höhlen in ganz Europa. Die riesigen Höhlen wurden erst 1959 von einheimischen Teenagern wiederentdeckt und erstrecken sich über mehr als 5 km unter der Erde. Ein Audioguide führt Besucher:innen durch die außergewöhnlichen Grotten und Höhlen voller faszinierender Felsformationen, Höhlenmalereien (die allerdings während der Tour nicht zu sehen sind) und hoch aufragender Stalagmiten und Stalaktiten. Die Eintrittskarte gilt auch für das interessante **Museo de Nerja** (in der Stadt) über die Geschichte der Region von der Urzeit über die Mauren bis in die Neuzeit. Im Erdgeschoss gibt es eine Kunstgalerie mit wechselnden Ausstellungen.

Die Höhlen befinden sich etwa 4 km vom Stadtzentrum entfernt. Für die, die kein eigenes Auto haben, gibt es eine kleine touristische Bahn, die die Besucher:innen hin- und herfährt.

BLAUER SOMMER

Die erfolgreiche spanische Fernsehserie aus den 80er-Jahren *Verano Azul* (Blauer Sommer) wurde in und um Nerja herum gedreht und erlangte Kultstatus, da sie jeden Sommer in ganz Spanien als Wiederholung gesendet wird. Es geht um eine Gruppe von Jugendlichen, die den Sommer in der Gegend verbringen und verschiedene Abenteuer erleben, bei denen sie von einem Strand zum anderen radeln. In der Stadt stehen überall Denkmäler als Hommage an die beliebte Serie von Antonio Mercero, darunter eine Statue des Fischers Chanquete und eine Nachbildung seines Bootes *La Dorada*. Im Museo de Nerja erfährt man mehr über die Serie und kann sogar eine Folge schauen.

UNTERWEGS VOR ORT

Der Zug C1 fährt von Málaga entlang der westlichen Costa del Sol und hält in beliebten Urlaubsorten wie Torremolinos (25 Min.), Benalmádena (30 Min.) und Fuengirola (42 Min.).

ALSA-Busse verbinden Málaga mit Nerja (1½ Std.) und Antequera (1 Std.).

In die Dörfer von La Axarquía gelangt man nur mit einem Auto.

RONDA

Ronda liegt von Málaga aus etwa 100 km Richtung Westen im Landesinneren über der spektakulären Schlucht El Tajo zwischen dem Parque Natural Sierra de las Nieves und dem Parque Natural Sierra de Grazalema. Der Blick auf die eleganten Paläste und Kirchen, die Kopfsteinpflasterstraßen und die alten Stadtmauern ist fast so beeindruckend wie die Aussicht auf die spektakuläre Schlucht selbst. Heute kommen Besucherströme von Málaga aus zu Tagesausflügen in die Stadt, um ihre Schönheit zu bewundern, doch ist ihre Beliebtheit nicht neu. Schon Ernest Hemingway und Orson Welles verliebten sich in Ronda und schrieben über deren Schönheit.

Südlich der Schlucht liegt die Altstadt von Ronda, die größtenteils aus islamischer Zeit stammt und damals ein wichtiges kulturelles Zentrum voller Moscheen und Paläste war. Weiter nördlich liegt die im Schachbrettmuster angeordnete „neue“ Stadt auf steilen Klippen, mit Parks und Promenaden, die einen herrschaftlichen Blick auf die umliegenden Berge bieten.

TOP TIPP

Abgesehen von der unglaublichen Lage, der Fülle an Museen und der berühmten Stierkampfarena ist Ronda auch Ausgangspunkt für zahlreiche Wanderungen und immer beliebter werdende Klettersteige.

ORSON WELLES

Der amerikanische Regisseur, Schauspieler, Drehbuchautor und Produzent Orson Welles, inspiriert von der Landschaft und dem Stierkampf, liebte Ronda – und zwar so sehr, dass seine Asche nach Ronda geschickt wurde. Seine letzte Ruhestätte ist die Finca Recreo de San Cayetano, die seinem Freund, dem spanischen Stierkämpfer Antonio Ordóñez, gehörte. Heute steht vor der Stierkampfarena eine Skulptur, die an ihn erinnert.

Den Puente Nuevo überqueren

DIE TIEFE ÜBERBRÜCKT

Die berühmteste und bekannteste Sehenswürdigkeit von Ronda ist der beeindruckende **Puente Nuevo**. Die Brücke führt über die spektakuläre Schlucht des Río Guadalevín und verbindet die beiden Hälften der Stadt in einer beeindruckenden Höhe von 98 m. Obwohl ihr Name „neu“ bedeutet, wurde die Brücke bereits 1793 fertiggestellt und erhielt den Namen Puente Nuevo, weil sie eben neuer war als der **Puente Viejo**. In den 1700er-Jahren war die Stadt gewachsen und eine neue Brücke vonnöten, um die Stadthälften La Ciudad und Mercadillo miteinander zu verbinden. Die beiden kleineren Brücken flussaufwärts, der Puente Viejo und der **Puente Árabe** aus dem 12. Jh., reichten nicht aus, sodass in den 1730er-Jahren eine neue Brücke vorgeschlagen worden war.

Der Bau einer Konstruktion über den 120 m tiefen Abgrund der Schlucht war keine leichte Aufgabe, aber überraschenderweise war schon der erste Versuch nach nur acht Monaten erfolgreich. Doch diese Brücke hielt nur wenige Jahre und stürz-

ÜBERNACHTEN IN RONDA

Parador de Ronda
Das schöne Hotel in der ehemaligen Casa Consistorial (Rathaus) bietet einen herrlichen Blick auf die El Tajo-Schlucht und verfügt über einen Pool. **€€**

Hotel Catalonia Ronda
Stilvolles Kettenhotel mit geräumigen Zimmern. Sowohl der Außenpool als auch das Restaurant bieten eine spektakuläre Aussicht. **€€**

Aire de Ronda
Das gemütliche und elegante Boutiquehotel hat nur vier Zimmer, aber eine eigene Bibliothek und einen Innenhofgarten. **€€**

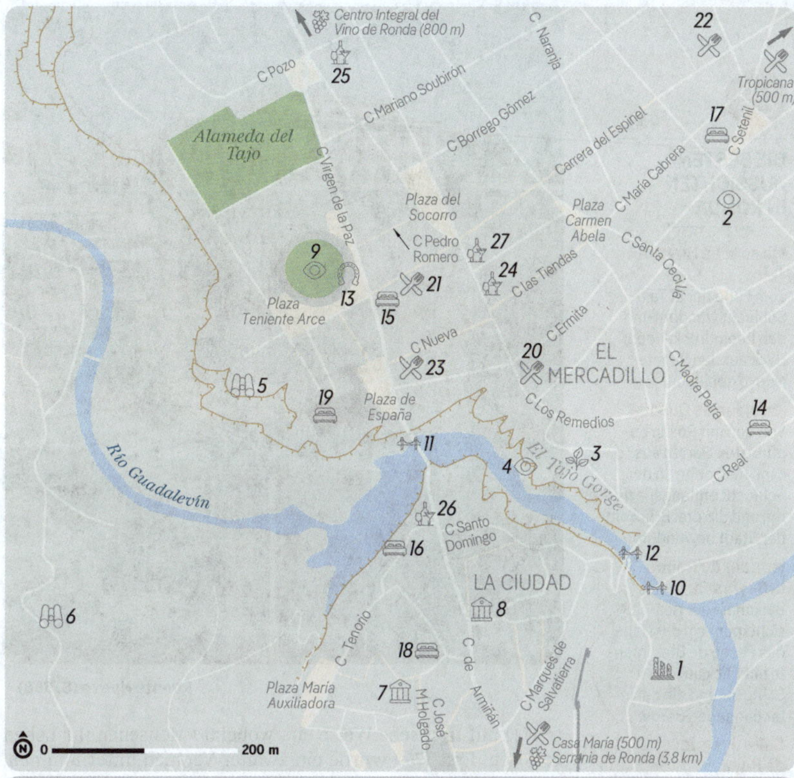

SEHENSWERTES
1 Baños Árabes Yacimiento Arqueológico
2 Calle Juan José de Puya
3 Jardines de Cuenca
4 La Mina
5 Mirador de Ronda la Sevillana
6 Mirador La Hoya Del Tajo
7 Museo Joaquín Peinado
8 Museo Lara
siehe 9 Museo Taurino
9 Plaza de Toros
10 Puente Árabe
11 Puente Nuevo
12 Puente Viejo
13 Real Maestranza de Caballería

SCHLAFEN
14 Aire de Ronda
15 Hotel Catalonia Ronda
16 Hotel Montelirio
17 Hotel San Francisco
18 Hotel Soho Boutique Palacio San Gabriel
19 Parador de Ronda

ESSEN
20 El Lechuguita
21 Las Maravillas
22 Taberna Quinto Tramo
23 Tragatá

AUSGEHEN
24 El Rincón de la Manzanilla
25 Entre Vinos
26 Tabanco Los Arcos
27 Taberna El Almacén

Hotel San Francisco
Dieses kleine, freundliche Hotel bietet einfache, farbenfrohe Familienzimmer und Doppelzimmer. Es gibt auch eine Dachterrasse. **€**

Hotel Montelirio
Vom opulent eingerichteten Hotel in einem ehemaligen Adelshaus hat man eine atemberaubende Aussicht auf den Puente Nuevo und die El Tajo-Schlucht. **€€**

Hotel Soho Boutique
Palacio San Gabriel
In den herrschaftlichen Zimmern mit stilvollen Vordächern fühlt man sich in eine andere Zeit versetzt. **€€**

DIE BESTEN AUSSICHTEN IN RONDA

Mirador La Hoya Del Tajo
Zum Fuße der El Tajo-Schlucht wandern und den beeindruckenden Blick auf den Puente Nuevo genießen.

Jardines de Cuenca
Von den mit Rosen bepflanzten Gärten aus kann man oben an der Schlucht entlangspazieren und die drei Brücken der Stadt bewundern.

Mirador de Ronda la Sevillana
Balkonartiger Aussichtspunkt in der Nähe des Paseo de Blas Infante mit Blick auf die Schlucht und die dahinter liegenden Berge.

Calle Juan José de Puya
Die drei kleinen Balkone und Bänke in dieser Straße bieten einen schönen Blick auf die Stadt und die Türme der Iglesia de Santa María la Mayor.

MISTERVLAD/SHUTTERSTOCK ©

Puente Nuevo (S. 588)

te 1741 auf tragische Weise ein, wobei 50 Menschen ihr Leben verloren. Erst 1759 wurde ein zweiter Versuch unternommen, die Schlucht zu überbrücken. Der renommierte Architekt Domingo Lois de Monteagudo wurde damit beauftragt, und später führte der bekannte Architekt José Martin de Aldehuela den Bau weiter. Die Brücke wurde schließlich 1793, nach 34 Jahren Bauzeit, fertiggestellt, und hat sich bis heute bewährt. Man kann über die Brücke schlendern und die Aussicht bewundern, bevor man im nahe gelegenen Informationszentrum mehr über das Bauwerk erfährt.

Rondas Plaza de Toros

DIE GRÖSSTE STIERKAMPFARENA SPANIENS

Bei einem Besuch der Plaza de Toros, dem angeschlossenen **Museo Taurino** und der Reitschule **Real Maestranza de Caballería** kann man mehr über die Geschichte des Stier-

TAPAS ESSEN IN RONDA

Taberna Quinto Tramo
Geniale Gastrobar mit innovativen und schmackhaften Tapas-Häppchen wie Bao Buns und Pasta. €€

Tragatá
Moderne Tapasbar des mit einem Michelin-Stern ausgezeichneten Kochs Benito Gómez, der auch das Gourmetrestaurant Bardal betreibt. €€

El Lechuguita
Kleines, traditionelles und beliebtes Lokal für klassische, hochwertige Tapas wie gegrillte Pilze und *pisto* mit Spiegelei. €

HISTORISCHER SPAZIERGANG DURCH RONDA

Man startet an der **1 Plaza de España**, dem Hauptplatz der Stadt mit dem ehemaligen *ayuntamiento* (Rathaus), in dem sich heute der Parador de Ronda befindet. Der Platz erlangte Berühmtheit durch Ernest Hemingways Roman *Wem die Stunde schlägt*. In dem Buch erzählt eine der Figuren die Geschichte eines Massakers während des Bürgerkriegs, bei dem Menschen getötet und in die Schlucht geworfen wurden.

Dann geht's weiter zum **2 Puente Nuevo**, von wo man den Ausblick von den zwei Aussichtspunkten, dem Mirador de Aldehuela und dem Mirador de Los Viajeros Románticos, genießt. Von dort ist es nur ein kurzer Spaziergang zur **3 Casa del Rey Moro**, einem Haus im Neo-Mudéjar-Stil, das eigentlich aus mehreren Häusern aus dem 18. Jh. besteht. Aber der eigentliche Star hier ist der Garten und seine Wasserversorgung (nur dieser Teil ist zugänglich). Die begrünten Terrassen führen an der Klippe bis hinab auf den Grund der Schlucht und wurden 1912 vom französischen Landschaftsarchitekten Jean-Claude Forestier entworfen. In den Gärten führt eine islamische Treppe mit fast 200 Stufen, die in den Fels gehauen sind, hinunter zu **4 La Mina**. Dank dieser Treppe konnte Ronda seine Wasserversorgung aufrechterhalten, auch wenn es angegriffen wurde.

Die letzte Sehenswürdigkeit, **5 La Iglesia de Santa María la Mayor**, ist nur sechs Minuten zu Fuß entfernt. Die ursprüngliche Moschee der Stadt (im 13. Jh. während der maurischen Herrschaft) wurde später in diese Kirche verwandelt. Direkt am Eingang befindet sich ein Bogen mit arabischen Inschriften, der zur *mihrab* (Gebetsnische, die in Richtung Mekka zeigt) der Moschee gehörte.

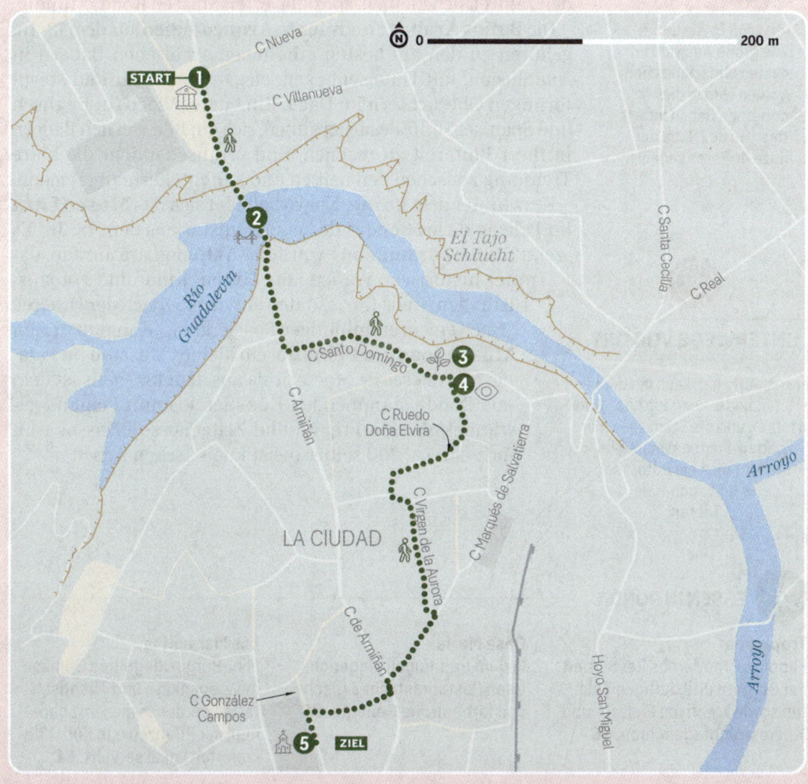

kampfes und seinen Einflusses auf die andalusische Kultur erfahren, auch ohne einem Stierkampf beizuwohnen. Mit einem Durchmesser von 66 m ist die Stierkampfarena die größte Spaniens, auch wenn sie nur 5000 Zuschauer fasst. Sie ist zudem eine der ältesten und wurde 1785 eingeweiht. Hier wurde der moderne Stierkampf erfunden, und sie war Schauplatz einiger der wichtigsten Ereignisse der Stierkampfgeschichte.

Die Arena wurde vollständig aus Stein gebaut und vom Architekten José Martin de Aldehuela entworfen, der auch für den Puente Nuevo verantwortlich war. In der Mitte des Rings zu stehen, umgeben von eleganten, doppelhohen Kolonnadenbögen, ist ein besonderes Erlebnis. Im **Museo Taurino**, das sich ebenfalls auf dem Gelände befindet, kann man über 2000 Erinnerungsstücke bewundern, etwa die Kostüme der Stars der 1990er-Jahre, so von Jesulín de Ubrique. Es zeigt auch Kunstwerke von Pablo Picasso und Francisco de Goya sowie Fotos von berühmten Fans wie Welles und Hemingway. Pferdeliebhaber können sich auch in der angeschlossenen Reitschule umsehen, wo man manchmal den Reitern beim Training zusehen kann.

DIE BESTEN WEINBARS IN RONDA

Tabanco Los Arcos
Unter den Kolonnadenbögen oder im entspannten, mit Flaschen dekorierten Innenraum an einem Glas *tinto* nippen.

Entre Vinos
In der kleinen Bar sitzt man vor alten Weinfässern und kann aus einer großen Auswahl an lokalen Weinen wählen.

El Rincón de la Manzanilla
Sherrys wie *amontillado*, *manzanilla* und *moscatel* werden in diesem hübschen kleinen Lokal direkt aus den Fässern serviert.

Taberna El Almacén
Eine große Auswahl an lokalen und spanischen Weinen wird in dieser modernen Bar im Industriestil in der Nähe der Plaza de Toros serviert.

Jede Menge Museen

ARABISCHE BÄDER, KUNST & GESCHICHTE

Wer tiefer in die Geschichte Rondas eintauchen will, wird in den zahlreichen kleinen, spezialisierten Museen Rondas fündig.

Die **Baños Árabes Yacimiento Arqueológico** aus dem 13. Jh. gehören zu den am besten erhaltenen arabischen Bädern in Andalusien, mit Hufeisenbögen, eleganten Säulen und sternförmigen Oberlichtern im Dach. Ein kurzes Video (in Englisch und Spanisch) hilft Besucher:innen, sich ein Bild von den Bädern in ihrer Blütezeit zu machen, und veranschaulicht die klare Trennung zwischen den heißen und kalten Thermalbereichen.

Kurz hinter dem Puente Nuevo befindet sich das **Museo Lara** im Palacio de los Condes de las Conquistas aus dem 18. Jh. Es zeigt die Privatsammlung von Juan Antonio Lara Jurado, darunter historische Waffen, alte Uhren, Kino- und Fotoausrüstungen sowie Kuriositäten aus dem Bereich der Hexerei.

Nach einem einminütigen Spaziergang gelangt man zum **Museo Joaquín Peinado**, ein kleines Museum im Palacio Marqueses de Moctezuma aus dem 18. Jh. Es ist dem aus Ronda stammenden Künstler Joaquín Peinado gewidmet, der ein Freund und Zeitgenosse Picassos war, und zeigt ca. 200 seiner meist kubistischen Arbeiten.

UNTERWEGS VOR ORT

Wer kein Auto hat, kann mit dem Zug ab Málaga oder Granada nach Ronda fahren und die Stadt zu Fuß erkunden. Für die Weinregion braucht man ein Auto, aber es gibt auch viele Touren.

ESSEN IN RONDA

Tropicana
Flippiges, modernes Restaurant mit Burgern und deftigen Salaten sowie kreativen Fleisch- und Meeresfrüchtegerichten. **€€**

Casa María
In dem traditionell eingerichteten Restaurant gibt's frische und farbenfrohe Gerichte. **€€**

Las Maravillas
Mini-Burger, gegrilltes Gemüse mit Ziegenkäse und Thunfischtartar werden in diesem schönen, mit Pflanzen und Kunst dekorierten Lokal serviert. **€€**

Rund um Ronda

Bodegas in den Ausläufern der Sierra de las Nieves

TOP TIPP

Wer kein eigenes Auto hat, um die Weingüter zu besuchen, kann eine Tagestour bei einem der Anbieter in Ronda buchen.

Ein Teppich aus fruchtbaren Tälern umgibt das Hochplateau, auf dem Ronda liegt. Dahinter liegen im Westen die Berge der Sierra de Grazalema und im Osten die Gipfel des Naturparks Sierra de las Nieves. Richtung Westen liegt die Provinz Cádiz und Richtung Osten die Weinstraße Serranía de Ronda in den Ausläufern der Sierra de las Nieves, die bis auf über 750 m ansteigt. Hier gibt es einige moderne Bodegas, die sich in der Welt der Weine von Málaga einen Namen gemacht haben. Man kann sie auf Tagesausflügen von Ronda aus besuchen oder in ländlichen Anwesen in der Region übernachten. Einige der Bodegas bieten auch Übernachtungen an.

Weinreben, Serranía de Ronda

AGEFOTOSTOCK/ALAMY ©

Descalzos Viejos

Junge Rot- & goldene Weißweine

DER SERRANÍA DE RONDA FOLGEN

Rondas Weinregion, die als **Serranía de Ronda** bekannt ist, erstreckt sich sowohl nördlich als auch südlich der Stadt, von Arriate bis Gaucín, und die Weine tragen die Herkunftsbezeichnung *DO Sierras de Málaga*. Die sanften Hügel sind umgeben von den Bergen der Sierra de las Nieves und der Sierra de Grazalema sowie von Kork- und Eichenwäldern. Entlang der Route befinden sich 16 Weingüter, die junge Rotweine aus den Trauben Tempranillo, Romé, Merlot, Cabernet Sauvignon, Syrah und Petit Verdot sowie Weißweine aus Sauvignon Blanc, Chardonnay, Colombard und Macabeo herstellen. Die Region ist bekannt für fruchtige, vollmundige Rotweine sowie trockene Weißweine, die eine fast goldene Farbe haben. Seit der Zeit der Phönizier und Römer wird hier Wein hergestellt, und es gibt eine ausgeprägte Weinkultur. Die Weingüter können entweder mit dem Auto, auf einer Tour oder mit dem Fahrrad erkundet werden. **Hike and Bike the Sierras** bietet E-Bike- und Bodega-Touren an, bei denen man durch die Weinberge radelt und unterwegs in mehreren Weingütern zur Verkostung anhält. Wer die Region auf eigene Faust erkundet, muss Verkostungen in den Bodegas im Vorfeld reservieren.

In dem kleinen Weinmuseum **Centro Integral del Vino de Ronda** erfährt man mehr über die Weine und die Geschichte der Weinproduktion in der Region. Es gibt auch eine Ausstellung über lokale Weine und einen Verkostungsraum.

DIE BESTEN WEINGÜTER IN DER NÄHE VON RONDA

Bodega García Hidalgo
Die Finca im Tal Guadalcobacín wurde 2006 gegründet und stellt Rotweine wie Cabernet Sauvignon, Syrah und Merlot her.

Bodega Joaquín Fernández
Das Bio-Weingut bietet Besichtigungen und Verkostungen seiner Rotweine sowie eines Weiß- und eines Roséweins an.

Descalzos Viejos
Das Weingut ist im Tajo-Kloster untergebracht, in dem noch alte Fresken die Kellerwände schmücken, und stellt sechs Rotweine und einen Chardonnay her.

Bodega Cortijo los Aguilares
Der zweitgrößter Weinproduzent in Ronda stellt Rotweine und einen Spitzen-Rosé her.

ÜBERNACHTEN ENTLANG DER SERRANÍA DE RONDA

Hotel Bodega El Juncal
Hotel und Weingut mit modernen Zimmern und einem schönen Garten mit Pool; kostenlose Besichtigungen des Weinguts für Hotelgäste. **€**

Hotel Molino del Arco
Ländliches Anwesen mit Spa und Restaurant in einem andalusischen Landhaus aus dem 18. Jh. und einer Olivenmühle. **€€**

Hotel La Fuente de la Higuera
Elegantes Hotel in einer Villa auf dem Land, umgeben von Zitrus- und Nussplantagen, mit familiärer Atmosphäre und einem ausgezeichneten Restaurant. **€€€**

ÚBEDA

Vorbei an kilometerlangen Olivenhainen und den Städten Jaén und Baeza erreicht man Úbeda im Guadalimar-Tal. Von außen sieht es vielleicht nicht nach besonders viel aus, aber im *casco antiguo* (Altstadt) befinden sich einige der schönsten Renaissance-Bauten Spaniens. Zusammen mit seiner kleinen Schwesterstadt Beaza wurde Úbeda 2003 zum UNESCO-Weltkulturerbe ernannt. Hinter jeder Ecke gibt es eine Kirche, eine Kapelle, einen Palast oder ein Adelshaus. Die Besiedlung der Gegend lässt sich bis in die Kupfer- und Bronzezeit zurückverfolgen, doch wurde die Stadt einst von den Mauren gegründet. Nach der Eroberung durch die Christen wurde die Stadt 1368 während des Bürgerkriegs zwischen Peter I. von Kastilien und Heinrich II. von Trastámara praktisch zerstört. Dies ebnete den Weg für einen neuen, im 16. Jh. entwickelten Architekturstil.

TOP TIPP

Úbeda und Baeza bieten sich beide als Ausgangspunkt für Erkundungstouren an, da beide Städte nur 10 Minuten mit dem Bus oder dem Auto voneinander entfernt sind. Úbeda ist etwas größer und hat ein paar mehr Sehenswürdigkeiten zu bieten, Baeza ist dafür noch malerischer.

Historische Tour durch Úbeda

GRANDIOSE RENAISSANCE-ARCHITEKTUR

Die Tour beginnt man am besten an der Plaza de Vázquez de Molina, an der einige der beeindruckensten Gebäude liegen, darunter der **Palacio del Marqués de Mancera**, die **Basílica de Santa María de los Reales Alcázares**, die **Sacra Capilla del Salvador** und der **Palacio Juan Vázquez de Molina**. Das Aushängeschild der Renaissance-Architektur ist die Sacra Capilla del Salvador. Sie wurde zwischen 1536 und 1559 erbaut und von Diego de Siloé (dem Architekten der Kathedrale von Granada, S. 553) entworfen. Sie verfügt über eine ornamentale Fassade und eine Kuppel in Gold-, Blau- und Rottönen. Der Audioguide lohnt sich, um mehr über ihre Geschichte zu erfahren.

Direkt neben der Kapelle befindet sich der **Parador de Úbeda**, das im **Palacio del Deán Ortega** aus dem 16. Jh. untergebracht ist und von einem der führenden Renaissance-Architekten Spaniens, Andrés de Vandelvira, entworfen wurde. Obwohl es sich um ein Hotel handelt, können auch Nicht-Gäste die Lobby betreten, die um einen von Säulenbögen umgebenen Innenhof liegt. An den Wänden sind kleine Tafeln und Fotos angebracht, die die Geschichte des Palastes und seine Umwand-

RENNAISSANCE-ARCHITEKT

Andrés de Vandelvira (1505–75) war ein bedeutender Architekt des 16. Jhs., wirkte in Jaén, Úbeda und Baeza und entwarf einige der schönsten Gebäude in den zwei letztgenannten Städten. Neben Diego de Siloe und Hernán Ruiz II. war er einer der besten Renaissance-Architekten in Andalusien. Zu seinen Bauten gehören das Hospital de Santiago (S. 596) und die Sacra Capilla del Salvador in Úbeda, die Catedral de Baeza (S. 599) und die Catedral de la Asunción (S. 603) in Jaén.

ÜBERNACHTEN IN ÚBEDA

Parador de Úbeda
Das exklusive Hotel ist im Palacio del Deán Ortega untergebracht und liegt um einen beeindruckenden Innenhof herum. **€€€**

Hotel YIT El Postigo
Die moderne Unterkunft mit eleganter Inneneinrichtung, einem Innenhof und einem Pool liegt in der Nähe der Altstadt von Úbeda. **€**

Hotel Ordoñez Sandoval
Das Hotel ist in einem altrosa Herrenhaus im neoklassizistischen Stil untergebracht und verfügt über geräumige und elegante Zimmer voller Antiquitäten. **€€**

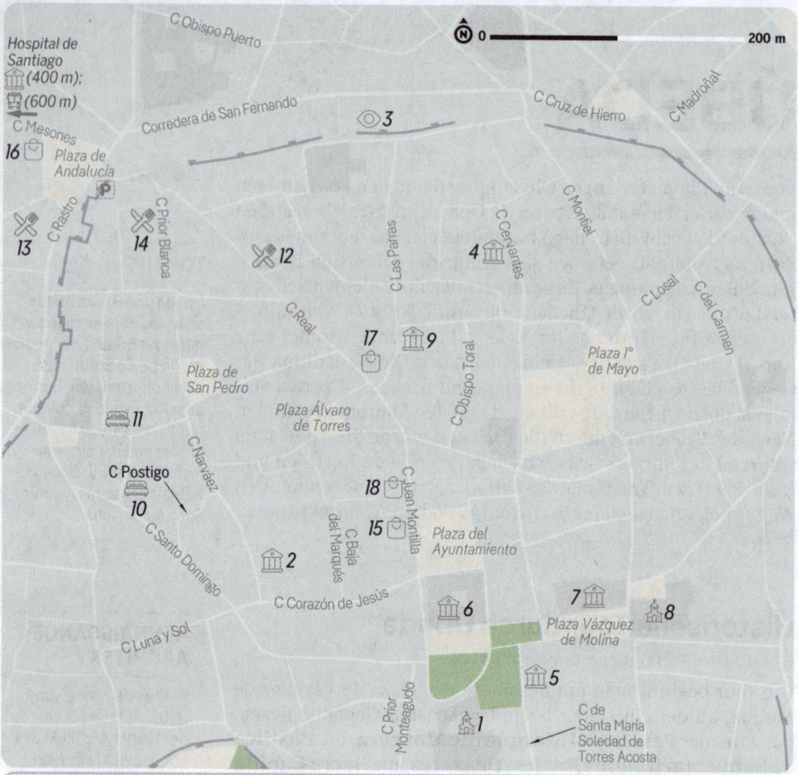

SEHENSWERTES
1 Basílica de Santa María de los Reales Alcázares
2 Casa Museo Andalusí
3 Centro de Interpretación Olivar y Aceite
4 Museo Arqueológico
5 Palacio del Marqués de Mancera
6 Palacio Juan Vázquez de Molina
7 Parador de Úbeda
8 Sacra Capilla del Salvador
9 Sinagoga del Agua

SCHLAFEN
10 Hotel YIT El Postigo
11 Hotel Ordóñez Sandoval
siehe 7 Parador de Úbeda

ESSEN
12 Bar La Tintorera
13 Restaurante Gastrobar Tinta Fina
14 Restaurante La Imprenta

SHOPPEN
15 La Casa del Aceite
16 La Despensa de Moya
17 Panadería Paniaceite
18 Saborjaen

lung in ein Hotel beschreiben. Von hier aus geht es gen Westen durch das Zentrum zum **Hospital de Santiago**, einem weiteren Projekt Vandelviras, das 1575 fertiggestellt wurde. Heute ist es ein Kulturzentrum mit Bibliothek und Ausstellungsräumen. Es kostet nichts, den mit Marmorsäulen versehenen Innenhof und die farbigen Deckenfresken zu besichtigen.

ESSEN IN ÚBEDA

Restaurante Gastrobar Tinta Fina
Modernes Lokal an der Ecke der Plaza de Andalucía mit einem günstigen *menú del día*. **€**

Restaurante La Imprenta
In dem gemütlichen und romantischen Restaurant in der Altstadt werden klassische Gerichte auf moderne Weise zubereitet. **€€**

Bar La Tintorera
In der urban-schicken Weinbar werden kreativ präsentierte Tapas-Gerichte serviert. Der Kabeljau-Confit mit *pisto* ist sehr zu empfehlen. **€€**

FOTOMICAR/SHUTTERSTOCK ©

Basílica de Santa María de los Reales Alcázares (S. 595)

Úbedas fabelhafte Museen

GESCHICHTE & OLIVENÖL

Neben der Renaissance-Architektur gibt es in Úbeda auch interessante Museen. Eines der faszinierendsten ist das **Sinagoga del Agua**, eine jüdische Synagoge aus dem 14. Jh, die 2006 bei einem Bauprojekt entdeckt wurde. Die sechs Räume, darunter ein rituelles *miqvé*-Bad und eine Galerie für Frauen, können auf einer Führung besichtigt werden.

Nach einem Spaziergang von der alten Synagoge aus gelangt man zum **Museo Arqueológico** und in die entgegengesetzte Richtung zur **Casa Museo Andalusí**. Das letztgenannte Museum befindet sich in einem Privathaus aus dem 16. Jh., das von *conversos* (zum Christentum konvertierte Juden) bewohnt wurde, und verfügt über eine riesige, vielfältige Antiquitätensammlung, die vom Eigentümer Paco Castro zusammengetragen wurde. Die ungezwungenen Führungen werden von seiner Tochter, einer Kunsthistorikerin, geleitet.

Das **Museo Arqueológico** ist in einer Casa Mudéjar aus dem 14. Jh. mit einem alten Innenhof untergebracht. Es besteht aus drei separaten Bereichen: prähistorische, iberische und westgotische sowie muslimische Kultur. Zu sehen sind paläolithische Objekte, mehrere Reproduktionen von Höhlenmalereien, römische Skulpturen und Vasen sowie eine muslimische Grabstele.

Studien zum Olivenöl der Region beginnt man am besten im **Centro de Interpretación Olivar y Aceite**, in dem es Multimedia-Ausstellungen über Oliven zu sehen gibt. Highlight ist der Innenhof, in dem alte Maschinen zur Herstellung von Öl ausgestellt sind. Es gibt auch Verkostungen, Workshops und einer großen Auswahl an Olivenöl im Verkauf.

DAS BESTE OLIVENÖL

La Casa del Aceite
Hier werden jede Art von lokalem Olivenöl sowie Olivenölseifen, Kosmetika, Pralinen und vieles mehr verkauft.

La Despensa de Moya
Salva, der freundliche Inhaber dieses gut ausgestatteten Ölladens, teilt seine Leidenschaft gerne mit den Kunden.

Panadería Paniaceite
Eine altmodische Feinkosthandlung und Bäckerei, die typische Produkte aus Jaén verkauft, von Marmeladen, über Käse bis hin zu Ölen.

Saborjaen
Traditionelle Produkte aus Jaén, darunter Olivenöle, werden in dem kleinen Laden in einer Kopfsteinpflasterstraße in der Altstadt verkauft.

INTERESSANTES ÜBER OLIVENÖL

Im **Museo de la Cultura del Olivo** (S. 601) in der Nähe von Baeza erfährt man alles Wissenswerte über Olivenöl.

UNTERWEGS VOR ORT

ALSA-Busse verbinden Úbeda mit Jaén und Baeza. In Úbeda kann man alles zu Fuß erkunden. Das Parken in der Altstadt ist gratis, aber Parkplätze sind rar gesät. Am besten den Parkplatz an der Redonda de Miradores ansteuern. Die Tiefgarage an der Plaza Andalucía liegt ebenfalls gut.

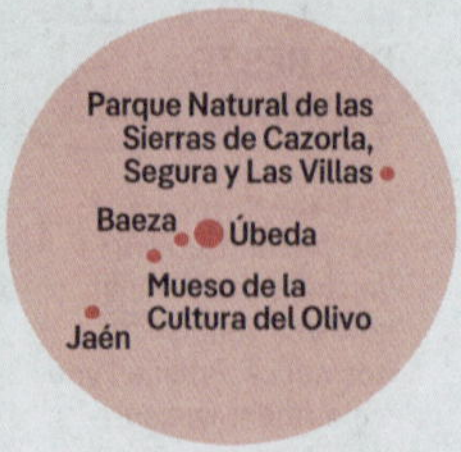

Parque Natural de las Sierras de Cazorla, Segura y Las Villas
Baeza
Úbeda
Mueso de la Cultura del Olivo
Jaén

Rund um Úbeda

Vom malerischen Baeza und den weitläufigen Olivenhainen bis zum Parque Natural de las Sierras de Cazorla, Segura y Las Villas.

TOP TIPP

Zwischen Úbeda, Baeza und Jaén kann man gut mit dem Bus fahren, aber um die Olivenhaine und den spektakulären Parque Natural de las Sierras de Cazorla, Segura y Las Villas zu erkunden, braucht man ein eigenes Auto.

Die wichtigsten Sehenswürdigkeiten von Úbeda kann man binnen weniger Tage besichtigen, sodass genügend Zeit bleibt, um die nähere Umgebung zu erkunden, entweder auf Tagesausflügen oder mit Übernachtungen im Hinterland. Nur 10 Minuten mit dem Auto oder dem Bus entfernt liegt die romantische Renaissancestadt Baeza, die man nicht verpassen sollte. In der Provinz kann man inmitten der zahlreichen Olivenhaine Mühlen besichtigen und an Verkostungen teilnehmen. Dann geht die Landschaft in den spektakulären Parque Natural de las Sierras de Cazorla, Segura y Las Villas über. Wer die Zeit hat, sollte unbedingt die Sehenswürdigkeiten in Jaén, dem Hauptort der Provinz, besichtigen.

Parque Natural de las Sierras de Cazorla, Segura y Las Villas (S. 601)

AGSAZ/SHUTTERSTOCK ©

Kathedrale von Baeza

Verliebt in Baeza

MALERISCHE RENAISSANCESTADT

Das ruhige Baeza ist zwar kleiner als Úbeda, aber womöglich noch attraktiver und eignet sich ebenfalls hervorragend als Ausgangsbasis für die Erkundung der Region. Zusammen mit seiner Schwesterstadt Úbeda wurde es zum UNESCO-Weltkulturerbe ernannt. Das historische Zentrum der Stadt gleicht einem perfekten Freilichtmuseum der Renaissance, das man leicht an einem Tag zu Fuß erkunden kann; wer alles intensiver genießen möchte, sollte ein paar Tage bleiben.

Das Highlight dieser architektonischen Schönheit ist die **Catedral de Baeza** an der wunderschönen **Plaza de Santa María** mit ihrem verzierten Brunnen. Der Brunnen wurde 1564 anlässlich der Fertigstellung der Wasserversorgung der Stadt errichtet. Die Kathedrale selbst wurde an der Stelle einer alten Moschee erbaut und wie viele der Gebäude in Úbeda und Baeza von Andrés de Vandelvira entworfen. Der informative Audioguide nimmt einen mit auf eine Reise in die Vergangenheit und man kann den den Kreuzgang, den Altar und das kleine Religionsmuseum besichtigen. Das Highlight ist jedoch die Besteigung des riesigen Glockenturms, von dem aus man einen unvergleichlichen Blick auf die Stadt und die dahinter liegenden Olivenhaine hat.

ANTONIO MACHADO

Antonio Machado (1875-1939) gilt als einer der größten spanischen Dichter des 20. Jhs. und lebte zwischen 1912 und 1919 in Baeza. Nach dem Tod seiner geliebten Frau zog er in die Stadt, um Französischlehrer an einem örtlichen Institut zu werden. In dieser Zeit schrieb er einige seiner größten Werke und lernte zudem den jungen Federico García Lorca kennen. Es heißt, dass Machado Lorca dazu inspirierte, Schriftsteller zu werden. Man kann die **Aula de Antonio Machado** besichtigen, die in einem Teil des prächtigen **Palacio de Jabalquinto** aus dem 15. Jh. untergebracht ist (separater Eingang und keine Reservierung erforderlich), um das Klassenzimmer des Dichters sowie verschiedene Ausstellungen über sein Leben und Werk zu sehen.

GÜNSTIG ÜBERNACHTEN IN BAEZA

YIT Arco Casona
Wunderschönes, einladendes Hotel in der Altstadt. Die Zimmer liegen um einen hübschen Innenhof herum, die Betten sind riesig und es gibt einen Pool. **€**

Hotel Puerta de La Luna
Romantisches Hotel in einem Herrenhaus aus dem 17. Jh. in der Altstadt. Es verfügt über einen sehr schönen Pool und ein Restaurant. **€**

Hostal Aznaitín
Schickes, modernes Gästehaus mit Fotos von Sehenswürdigkeiten in Baeza in den Zimmern und einem Außenpool. **€**

VÍA VERDE DEL ACEITE

Spaniens Vías Verdes (grüne Wege) sind Radwege auf umgebauten ehemaligen Bahnstrecken. Die Vía Verde del Aceite verläuft über 128 km von Jaén bis in die Provinz Córdoba durch riesige Olivenhaine und über 13 beeindruckende Metallviadukte aus dem 19. Jh. Der Weg, der einst für den Transport von Olivenöl aus der Provinz Jaén in andere Teile Spaniens genutzt wurde, kann entweder mit dem Fahrrad oder zu Fuß zurückgelegt werden. Wer nicht die ganzen 128 km in Angriff möchte, kann auch nur einen Teil davon während eines Tagesausflugs zurücklegen. Man radelt durch kilometerlange Olivenhaine vorbei an alten Olivenmühlen und folgt somit dem Weg vom Baum in die Flasche.

CARON BADKIN/SHUTTERSTOCK ©

Palacio de Jabalquinto, Baeza

Nach einem kurzen Spaziergang über den Platz steht man vor dem prächtigen **Palacio de Jabalquinto**, der wahrscheinlich im 15. Jh. errichtet wurde. Seine Hauptattraktion ist die spektakuläre Fassade im dekorativen isabellinischen Gotik-Stil mit floralen Motiven und einer Reihe von Schilden. Im Inneren hat man nur Zugang zum malerischen Patio und seinem eleganten Brunnen sowie einem wunderschönen Treppenaufgang mit Schnitzereien von Löwen, Frauen und Blättern. Der Eintritt ist frei, aber man muss im Vorfeld ein Zeitfenster buchen.

Baezas trubelige Marktplätze

DIE PLAZA DEL PÓPULO UND IHRE UMGEBUNG

Die anderen Hauptattraktionen der Stadt liegen um die Plaza del Pópulo und den **Paseo de la Constitución** herum. Dieser beherbergt seit dem 16. Jh. den Marktplatz und noch heute werden hier immer wieder Märkte veranstaltet. Gewölbte Säulengänge säumen die zentrale Fußgängerzone, wo sich viele der besten Bars und Restaurants von Baeza befinden. Kurz dahinter liegt die **Plaza del Pópulo** mit der prächtigen **Puerta de Jaén**, einem Teil der alten Stadtmauer. Sie wurde ab 1476 wieder aufgebaut und 1526 zum Gedenken an die Ankunft von König Karl V. verschönert.

Das Highlight des Platzes ist die zentrale **Fuente de los Leones** (Löwenbrunnen) mit Schnitzarbeiten aus dem iberoroma-

ESSEN IN BAEZA

Tasca Burladero
Trubelige Tapasbar mit witziger und schrulliger Inneneinrichtung. Neben traditionellen Gerichten werden auch Nachos und Tacos serviert. **€€**

El Estudiante
Kreative Hauptgerichte und leckere Tapas werden in dem hübschen Restaurant gegenüber der Aula Antonio Machado serviert. **€**

K'Novas Café
Sehr gut besuchtes Frühstückslokal, in dem Kellner in Uniform die beste *chocolate con churros* der Stadt servieren. **€**

nischen Dorf Cástulo, das heute eine archäologische Stätte ist. Der Brunnen wird von einer Statue gekrönt, die die iberische Prinzessin Imilce darstellt, eine der Ehefrauen des karthagischen Heerführers Hannibal. Hier befindet sich auch die Tourismusinformation im beeindruckenden Gebäude des Stadtarchivs.

Jaéns grünes Gold

LOKALE OLIVENÖLE PROBIEREN

Die Provinz Jaén ist mit mehr als 60 Mio. Olivenbäumen der Spitzenreiter der spanischen Olivenölproduktion. Spanien produziert fast die Hälfte des weltweiten Olivenöls, und davon werden wiederum 38 % in der Provinz Jaén hergestellt – das sind rund 507000 t jährlich. Am meisten erfährt man über die Produktion im **Museo de la Cultura del Olivo** etwas außerhalb von Baeza. Man benötigt ein Auto, um hierher zu gelangen, oder man muss eine geführte Tour buchen. Umgeben von uralten Olivenbäumen und in einem historischen Anwesen aus dem 17. Jh. untergebracht, ist es mehr als nur ein Museum. Es ist ein ganzheitliches Erlebnis, bei dem man anhand von Ausstellungen und audiovisuellen Präsentationen alles über die Olive erfährt: wie sie wächst, ihre Geschichte und ihre Herstellung. Im Garten des Museums gedeihen 30 verschiedene Olivenbaumarten, und der große Keller wird „Kathedrale des Öls" genannt. Das Museum bietet auch eine Führung durch eine Olivenmühle sowie Verkostungen an.

In der **Casa del Aceite** und im **Mar de Olivos** in Baeza teilen die einheimischen Besitzer ihre Leidenschaft bei Verkostungen. Die Casa del Aceite geht noch einen Schritt weiter und bietet Workshops an, bei denen man erfährt, wie man den Unterschied zwischen Olivenöl und nativem Olivenöl extra am Geschmack erkennt. Man lernt auch, die Öle zu riechen und Noten von Kräutern, frischen Tomaten oder sogar Gras zu erkennen, bevor man angeleitet wird, sie zu schmecken, indem man sie im Mund herumschwenkt wie einen guten Wein.

Wer mit anpacken möchte, für den bietet Oleo Turismo in der Oleícola San Francisco die Möglichkeit einen Tag lang als Olivenbauer zu arbeiten und zu lernen, wie man die Bäume pflegt, die Oliven erntet und sie zu Öl verarbeitet.

Die Sierras de Cazorla erleben

DIE QUELLE DES GUADALQUIVIR

Der **Parque Natural de las Sierras de Cazorla, Segura y Las Villas** ist nicht nur ein Naturschutzgebiet, sondern wurde von der UNESCO auch zum Biosphärenreservat ernannt. Hier entspringt zudem der lange Río Guadalquivir und fließt weiter

DAS BESTE ESSEN MIT OLIVENÖL IN BAEZA

Ochios
Brötchen mit viel Olivenöl und Paprika bestrichen.

Bacalao a la baezana
Traditionelles Gericht aus Kabeljau, der in einer Soße aus Olivenöl, Zwiebeln, Erbsen, Tomaten und Pinienkernen gekocht wird.

Cocido mareao
Dicker Eintopf oder Dip aus Olivenöl, Kichererbsen, Eiern, Zwiebeln und Tomaten.

Schokolade
In den meisten Olivenölgeschäften der Region gibt es auch Schokolade, die mit nativem Olivenöl aromatisiert ist.

Olivenhain

Palacio de Gallego
Galizisches Restaurant in einem Haus aus dem 16. Jh. in der Altstadt, in dem die Steaks über einem offenen Olivenholzfeuer gebraten werden. €€

Arcediano
Einladendes, elegantes Lokal, in der *montaditos* (belegte Brotscheiben) auf der Speisekarte stehen. €€

Taberna el Pájaro
Gemütliche Taverne mit freigelegten Backsteinwänden; zu den Spezialitäten des Hauses gehören *lomo de orza*, Rührei und gebratene Artischocken. €€

DIE BESTEN WANDERUNGEN IN DEN SIERRAS DE CAZORLA

Ruta de la Frontera Nazari
Ein 10 km langer Rundweg, der die alte Grenze zwischen Mauren und Christen überquert.

Circular Cazorla
Eine zwei- bis dreistündige Rundwanderung vom Dorf Cazorla aus entlang des Río Cerezuelo.

Pico Cabañas und die Quelle de Río Guadalquivir
Eine einstündige Wanderung (Hin- und Rückweg) von Puerto Llano bis zum Gipfel des Cabañas (2027 m).

Río Castril
Eine einstündige Wanderung (nur Hinweg) im südlichen Teil des Parks entlang der Uferpromenaden am plätschernden Río Castril.

in die großen Städte Córdoba und Sevilla. In dem großen und facettenreichen Gebiet gibt's zerklüftete Bergketten, Kalksteinmassive und hoch aufragende Gipfel, die von Stauseen, Seen und Bächen durchzogen sind. Der Park beherbergt 2300 Pflanzenarten, von denen 34 endemisch sind, darunter eine winzige Narzissenart und eine fleischfressende Pflanze. Bergziegen springen von Felsen zu Felsen, Rehe hüpfen durch die Wälder und Wildschweine schnüffeln durchs Unterholz. Um alles zu erkunden, was der Park zu bieten hat, übernachtet man in der kleinen Stadt Cazorla am westlichen Rand des Parks oder in einem der ländlichen Hotels, die überall verstreut liegen.

Eine der beliebtesten Wanderungen im Naturpark führt entlang des Río Borosa. Man geht über einen Holzsteg, der in den Fluss hineinragt, bis hinunter in die spektakuläre Schlucht **Cerrada de Elías** und weiter hinauf in die Berge. Die gesamte Wanderung ist etwa 25 km lang und dauert acht bis neun Stunden, aber man kann auch nur einen Teil davon laufen. Wer eine größere Herausforderung sucht, kann den GR247 wandern, der in 27 Etappen um den gesamten Naturpark führt. Familien können es entspannter angehen lassen und eine Bootsfahrt auf dem Stausee **Embalse de El Tranco** machen. Ein solarbetriebenes Boot (tranco.es) bringt die Besucher:innen auf zwei unterschiedlichen einstündigen Routen über den Stausee, um die Flora und Fauna am Ufer zu bestaunen.

Highlights von Jaén

DIE HAUPTSTADT DER OLIVENÖLREGION

Viele Besucher:innen passieren Jaén nur auf dem Weg zu den prächtigen Renaissance-Schönheiten Úbeda oder Baeza, aber wenn man Zeit hat, bietet sich die Hauptstadt der Provinz für einen interessanten Tagesausflug an. Wer sich Jaén nähert, erblickt inmitten von Olivenhainen als Erstes das beeindruckende **Castillo de Santa Catalina**, das über der Stadt thront.

Die Tour durch die Stadt beginnt man am besten an der Festung. Für den Weg nach oben benötigt man etwa 40 Minuten. Es gibt auch eine direkte Buslinie (L30) hinter der Catedral de la Asunción, die von Freitag (erster Bus freitags 16 Uhr) bis Sonntag alle 90 Minuten verkehrt. Mittwochs ist der Eintritt frei, aber man muss reservieren. Die Festung wurde während der maurischen Herrschaft erbaut und später von Ferdinand III. während der Eroberung durch die Christen eingenommen. Bei einem Spaziergang entlang der Mauern und Wälle hat man einen grandiosen Blick auf die Stadt und die Berge. In einem Teil der Burg befindet sich heute das Hotel Parador de Jaén.

PREISWERT ÜBERNACHTEN IN BAEZA

Hotel Palacio de Los Salcedo
Das Wahrzeichen der Stadt im Stil der Gotik und Renaissance aus dem 16. Jh., das um einen Innenhof gebaut wurde, war Sitz der Grafen von Garciez. €€

Hotel Campos de Baeza
Das am Rande der Stadt gelegene Grand Hotel bietet einen unvergleichlichen Blick auf die weitläufigen Olivenhaine. €€

Hotel TRH Baeza
Modernes Hotel in einem restaurierten Karmeliterkloster mit großen Zimmern um einen alten Kreuzgang herum. €€

ABB PHOTO/SHUTTERSTOCK ©

Baños Árabes, Jaén

Vorbei an den alten Stadtmauern geht's hinunter zum **Centro Cultural Palacio de Villardompardo**. In dem Renaissance-Palast wurden die Überreste der **Baños Árabes** (arabische Bäder) aus dem 11. Jh. entdeckt, die zu den größten erhaltenen islamischen Badehäusern Spaniens gehören. In dem Palast befindet sich auch das **Museo de Artes y Costumbres Populares**, in dem historische Kulturgüter, von alten Kutschen und Kinderspielzeug bis hin zu religiösen Exponaten, zu sehen sind, sowie das **Museo Internacional de Arte Naïf** mit einer Sammlung Naiver Kunst und Werken von Manuel Moral Mozas.

Nach einem zehnminütigen Spaziergang gelangt man zur gewaltigen **Catedral de la Asunción**. Ihr Bau dauerte von 1540 bis 1724 und ersetzte eine verfallene gotische Kathedrale, die wiederum an der Stelle einer Moschee errichtet worden war. Andrés de Vandelvira, der Meisterarchitekt von Úbeda und Baeza, entwarf sie und sorgte damit dafür, dass Jaéns Kathedrale zum Vorbild für viele prächtige Kirchen in Lateinamerika, darunter Mexiko, Kuba und Peru, wurde.

Wer etwas länger Zeit hat, sollte das interessante **Museo Íbero** nicht verpassen, in dem Exponate und Ausstellungen der vorrömischen iberischen Kultur zu sehen sind.

DIE BESTEN TAPASBARS IN JAÉN

Taberna Alcocer
Traditionelle Bar mit klassischen Tapas wie Rührei mit verschiedenen Zutaten und gebratenen Artischocken.

Bar La Barra
Gemütliche, altmodische Bar, spezialisiert auf Wermut, Rossini-Cocktails und *migas*.

Taberna La Manchega
Rustikales Lokal mit eigenem Weinkeller aus dem Jahr 1886. *Bocadillos* und deftige Eintöpfe stehen auf der Speisekarte.

Taberna Pilar del Arrabalejo
In der gemütlichen Bar, die mit historischen Erinnerungsstücken dekoriert ist, wird Hausmannskost serviert. Unbedingt den Klassiker *lomo de orza* (eingelegte Schweinelende) mit *salmorejo* probieren.

UNTERWEGS VOR ORT

ALSA-Busse verbinden Úbeda mit Baeza (10 Min.), Jaén (1 Std.) und Cazorla (1 Std.), für den Parque Natural de las Sierras de Cazorla, Segura y Las Villas braucht man ein eigenes Auto.

ÜBERNACHTEN IN CAZORLA UND IM PARQUE NATURAL

Casa Rural Plaza de Santa María
Das Hotel liegt im Zentrum von Cazorla in einem Haus aus dem 17. Jh. mit Blick auf das Castillo de la Yedra. **€**

Hotel Spa Rural Coto del Valle de Cazorla
Ländliches Anwesen 20 km von Cazorla entfernt mit Zimmern im Landhausstil und einem luxuriösen Spa. **€€**

Hotel Paraiso de Bujaraiza
Landhaus am Ufer des Río Guadalquivir mit hellen, blumengeschmückten Zimmern und einem Außenpool. **€€**

DIE BALEAREN

TRAUMSTRÄNDE UND GEBIRGSPANORAMEN

Die Balearen gelten als Stars unter den Mittelmeerinseln. Kein Wunder: Ihre Landschaften und Strände sind unglaublich schön.

Glitzernde Punkte im azurblauen Meer vor Spaniens Ostküste: Die Balearen bestehen aus vier bewohnten Inseln und weiteren Eilanden, auf denen nur Seevögel leben. Jedes Jahr verzeichnen sie 6 Mio. Traveller – angelockt von Stränden mit weichem Sand, warmem, funkelndem Wasser und verrückten Sommernächten in Mega-Discos.

Abgesehen davon haben die Balearen aber noch eine ganz andere Seite – langsamer und ruhiger. Diese zeigt sich z. B. in honigfarbenen Steindörfern oder mächtigen Bergen voller großartiger Wanderwege. Oder fischreichen Schnorchel-Spots vor versteckten Felsbuchten und Sandstränden, die sogar im August menschenleer sind. Zudem warten hier stille Klöster, versteckt auf Waldlichtungen, Sümpfe mit vielen Vögeln und Serpentinenstraßen mit grandioser Aussicht an jeder Kurve. Und ebenso locken elegante alte Städte mit reichem Kulturleben und ausgelassener Atmosphäre.

Kurz gesagt: Die zauberhaften Balearen haben für alle etwas zu bieten – ob Strandfans, Discogänger:innen, Gourmets, Wanderbegeisterte, Taucher:innen oder Familien, die nur in der Sonne relaxen wollen.

DIE WICHTIGSTEN ZIELE

POLLENÇA (MALLORCA)
Strandleben plus Geschichte und Berglandschaft. S. 608

CIUTADELLA (MENORCA)
Tor zu herrlichen Inselstränden. S. 619

IBIZA-STADT (IBIZA)
Dancemusic-Hauptstadt des Planeten. S. 625

KIRK FISHER/SHUTTERSTOCK ©

Ciutadella de Menorca (S. 619)

Erste Orientierung

Pollença, S. 608

Pollença zeichnet sich durch seine attraktive Altstadt, historische und religiöse Stätten, excellentes Essen und den einfachen Zugang zu seinen Bergen und herrlichen Stränden aus.

Ibiza-Stadt, S. 625

Hier feiert man in den besten Nachtclubs der Welt, entspannt an den schönsten Stränden oder segelt über das türkisblaue Meer nach Formentera.

Ciutadella, S. 619

Die zweite elegante Stadt Menorcas bietet Zugang zu prähistorischen Stätten und einigen der besten Strände des Mittelmeeres.

Balearen-Meer
Mallorca
Menorca
Pollença
Alcúdia
Sóller
Valldemossa
Inca
Artà
Cala Ratjada
Andratx
Peguera
Palma de Mallorca
Manacor
Felanitx
Llucmajor
Portocolom
Santanyí
Colònia de Sant Jordi
Cap de Ses Salines
Illa de Cabrera
Cala Morell
Ciutadella
Ferreries
Es Mercadal
Alaior
Sant Tomás
Maó
Ibiza
Sant Antoni de Portmany
Santa Gertrudis de Fruitera
Santa Eulària des Riu
Ibiza-Stadt
La Savina
Sant Francesc Xavier
Formentera
MITTELMEER
0 100 km

FÄHRE

Große Autofähren sorgen für gute Anbindung zu den Inseln untereinander und machen das Reisen stressfrei. Ist man mit dem Auto unterwegs, ist es sinnvoll, für die Hochsaison im Juli und August die Überfahrten im Voraus zu buchen.

AUTO

Die meisten Straßen auf den Balearen sind selbst im Hochsommer nicht allzu stark befahren. Eine Ausnahme bildet der Süden Ibizas, dort herrscht deutlich mehr Verkehr. Parkplätze sind im Sommer an beliebten Stränden und in den Bergdörfern im Norden Mallorcas sehr rar. Achtung! Wer sich in Badesandalen oder Flipflops ans Steuer setzt, macht sich strafbar.

BUS

Alle Inseln verfügen über ein umfassendes Busnetz, das alle Orte – bis auf die kleinsten Dörfer – mit den größeren Städten verbindet.

JOTAPG/GETTY IMAGES ©

Perfekte Tage

Obwohl die Balearen nur kleine Punkte im Mittelmeer sind, bieten sie viele Attraktionen auf wenig Fläche. Somit sollte man vor allem bei geplantem Insel-Hopping genügend Erkundungszeit einplanen.

Eine Woche auf Zeit

● Bei einer Woche Zeit ist reine Konzentration auf Mallorca sinnvoll: Zuerst die Sehenswürdigkeiten in **Palma de Mallorca** (S. 617) abklappern, danach per Mietwagen durch die **Serra Tramuntana** (S. 613) fahren. Das reizende **Pollença** (S. 608) dient als weitere Ausgangsbasis: Die restlichen Tage z. B. für einen Ausflug zum **Cap de Formentor** (S. 614), Wandern am **Cap des Pinar** (S. 613) oder Relaxen an den weißen **Sandstränden** nutzen (S. 617).

Alle Balearen besuchen

● Zwei Wochen Zeit reichen für fast alle Balearen-Highlights: In den ersten paar Tagen auf **Ibiza** (S. 625) unbedingt auch den ruhigeren **Norden** (S. 628) und eine der **Großraum-Discos** (S. 625) besuchen. Nach ein bis zwei Erholungstagen auf **Formentera** (S. 629) geht's per Fähre für eine Woche nach Mallorca (S. 608). Den Abschluss macht **Menorca** (S. 619) mit seinen **Stränden** (S. 622) und **prähistorischen Stätten** (S. 624).

Beste Reisezeit

FRÜHLING
Überall blühende Blumen plus gute Wandermöglichkeiten. Das Meer ist allerdings teils noch zu kalt zum Schwimmen.

SOMMER
Die rappelvollen Strände und Discos auf Ibiza erleben ihren Party-Höhepunkt. Durchgängig Sonne, aber hohe Preise.

HERBST
Perfektes Wanderwetter in der Serra Tramuntana (Mallorca). Gleichzeitig ist noch spontanes Baden im Meer möglich.

WINTER
Die meisten touristischen Einrichtungen haben ihren Betrieb eingestellt. Dafür rasten nun Zugvögel vor Ort.

POLLENÇA (MALLORCA)

Pollença in Mallorcas äußerstem Nordosten ist Poesie aus Stein: Elegante Häuser, Spitzenrestaurants und teure Läden säumen die Straßen der großen Altstadt. Die unkonventionelle Atmosphäre und das großartige Licht locken Kunstschaffende und Alternative-Typen seit Jahrzehnten hierher. Kurz: Pollença offenbart sofort eine andere Mallorca-Seite fernab der feierwütigen Strandorte.

Die Stadt liegt am wilden Ostende der spektakulären Serra Tramuntana. In unmittelbarer Nähe findet man versteckte Felsbuchten und lange Traumstrände mit goldfarbenem Sand. Auch viele kulturelle und historische Stätten sind von hier aus schnell und stressfrei erreichbar – ebenso fast alle anderen Orte auf Mallorca. Zudem verfügt Pollença über einige tolle Unterkünfte und Restaurants. Insgesamt ist dies also eine super Ausgangsbasis für das Erkunden der großartigen Insel.

TOP TIPP

Mallorca ist perfekt für Radler: Viele Profi-Teams trainieren hier im Winter. Auch ruhige Refugien auf der Insel lassen sich ideal per Drahtesel finden. In den meisten Touristenorten kommt man leicht an Leihfahrräder. Das ganze Eiland bietet zudem gut ausgeschilderte Radwege und MTB-Trails.

BOOTSAUSFLÜGE

Die Glasboden-Bootstouren entlang der Ostküste (Ostern–Okt.; meist max. halbtägig bzw. 4 Std.) sind eine nette Option für Kahnfahrten ohne Selbststeuern. Alle Anbieter verkaufen Tickets mit Hin- und Rückfahrt. Bei manchen Ostküsten-Routen geht's aber nur in eine Richtung. Südöstlich von Pollença sind diverse Bootsbetreiber in Port d'Alcúdia ansässig.

Església de la Mare de Déu dels Àngels

ÜBERNACHTEN & ESSEN IN POLLENÇA

Hotel Son Sant Jordi
Elegantes, aber erschwingliches Innenstadthotel mit schönem verstecktem Garten. €€

L'Hostal
Altes Stadthaus mit kühnem Design und modernen Einrichtungen im Zentrum. €€

La Font del Gall
Lokal mit schöner Straßenterrasse. Schwerpunkt auf mallorquinischen Gerichten (z. B. Seafood-Paella, Spanferkel). €€

Leidenschaft für Pollença

GEBETE UND STRÄNDE

Pollença ist nicht nur optisch attraktiv, sondern auch schwer geschichtsträchtig. Bei einem Altstadtbummel zeigt sich das gleich an den prachtvollen alten Villen und Bürgerhäusern. Die wichtigsten örtlichen Sehenswürdigkeiten sind aber sakraler Art: Die Hauptkirche namens **Església de la Mare de Déu dels Àngels** wurde ursprünglich im gotischen Stil errichtet. Aufgrund umfangreicher Renovierungen im 18. Jh. ist sie heute größtenteils vom Barockstil geprägt. Von der Kirche aus geht's gen Nordwesten zum **Carrer del Calvari**. Diese lange Steintreppe führt hinauf zu einer kleinen Kapelle (ca. 15 Min.) mit großartiger Aussicht auf die Stadt (eigentliche Hauptattraktion).

Nach dem anstrengenden Aufstieg ist es nur eine kurze Fahrtentfernung zu den tollen Strände zu Pollença: Die ruhige, schöne **Cala Sant Vicenç** hat vier kleine Fels- bzw. Sandstrände. Deren leuchtend blaues Wasser ist mitunter etwas trüb. Trotzdem ist die ganze Bucht ein toller Schnorchelspot: Hier tummeln sich zahllose Fische. Vor Ort gibt's auch Leihkajaks. Vom Port de Pollença führt ein leicht zu meisternder Wanderpfad zur komplett einsamen **Cala de Bóquer** (hin & zurück 5 km). Deren Sand- und Kiesstrand ohne touristische Einrichtungen eignet sich ebenfalls gut zum Schnorcheln. Das zum Strand führende Tal ist für seinen Vogelreichtum bekannt.

WARUM ICH POLLENÇA LIEBE

Stuart Butler, Autor

Für mich ist Pollença ein Ort der Optionen: An jeder Ecke der erdfarbenen Altstadtstraßen lässt sich potenziell ein Geheimnis entdecken. In dieser Stadt der Spitzenköche bietet jedes Restaurant die Chance auf ein denkwürdiges Mahl. Von der Església del Calvari schaue ich hinauf zu den reizvollen Wandermöglichkeiten in der Serra Tramuntana. Und bei jedem Blick gen Osten denke ich an die Gelegenheit, eine der schönsten Mittelmeerküsten aufs Neue per Tagestrip zu erkunden.

NOCH MEHR STRANDTAGE

Mallorca ist für die Schönheit seiner **Strände** (S. 617) bekannt. Bei entsprechender Ortskenntnis findet sich sogar im August ein ruhiger Platz auf dem Sand.

UNTERWEGS VOR ORT

Nutzung der Linienbusse Palma–Pollença (ca. 1 Std.; Weiterfahrt nach Port de Pollença) vermeidet eine stressige Parkplatzsuche. Ab Palma rollen Linienbusse auch nach Alcúdia und Port d'Alcúdia.

Rund um Pollença

Von unberührten Stränden bis hin zu charaktervollen Bergdörfern: Mallorca ist beneidenswert vielfältig und kontrastreich. Ein weiteres Highlight ist das großstädtische Palma mit seiner belebten Kulturszene.

TOP TIPP

Palmas Kathedrale am besten gleich zu Sonnenaufgang besuchen: Dann fällt das Licht in Regenbogenfarben durch die riesige zentrale Fensterrose.

Bei Mallorca denken viele Tourist:innen nur an Strände und Berge, aber kaum an einen urbanen Aufenthalt. Die Inselhauptstadt Palma de Mallorca (ca. 500 000 Ew.) hat jedoch eine lange und komplexe Geschichte. Zudem bietet sie großartige Restaurants, ein paar Top-Sehenswürdigkeiten und eine belebte moderne Kulturszene. So erachten diverse Besucher:innen die Stadt mittlerweile als ein weiteres Highlight ihres Urlaubs, nachdem sie sich am Strand und in den Bergen ausgetobt haben.

Serra Tramuntana (S. 613)

GUENTER MI/SHUTTERSTOCK ©

Monestir de Lluc

Wallfahrt zum Monestir de Lluc

DIE LEGENDE VON LLUC ENTDECKEN

Rund 20 km westlich von Pollença versteckt sich das Monestir de Lluc in einem Bergtal. Das große Kloster ist Mallorcas wichtigste Wallfahrtsstätte. Geschichte, religiöse Tradition und Legendenreichtum treffen hier auf gute Wandermöglichkeiten in atemberaubender Landschaft.

Das eigentliche Kloster stammt größtenteils aus dem 17. Jh. Die Stätte ist aber schon wesentlich länger von Bedeutung und mit diversen Legenden verknüpft. Eine davon besagt, dass hier ein Hirte im 13. Jh. zwei Marienerscheinungen sah – eine am Himmel, die andere später auf einem Felsen nahe dem heutigen Kloster. Einer anderen Geschichte zufolge sah der Hirte hier eine wunderschöne Frau. Als er später mit einem Mönch zurückkehrte, fanden die beiden eine heilige Krone am Erscheinungsort. Nach einer dritten Legende entdeckte der Hirte hier eine Marienstatue und nahm sie mit, um sie einem Mönch zu zeigen. Die Skulptur kehrte aber auf wundersame Weise an ihren Fundort zurück.

Abgesehen vom Kloster selbst können Besucher:innen hier noch viel mehr besichtigen – z. B. den **Naturgarten** neben dem

MARXA DES GÜELL A LLUC A PEU

Die jährliche Marxa des Güell a Lluc a Peu von der Plaça Güell (Palma) zum Monestir de Lluc zählt zu den schönsten und ungewöhnlichsten Erlebnissen auf Mallorca. Die 42 km lange Pilgerwanderung (1. Sa im Aug.; Anmeldung unter desguellallucapeu.com) führt quer über die Insel – und das bei Nacht. So sieht man dabei fast nichts von der Landschaft (was aber ok ist). Die ganze Route ist für Kraftfahrzeuge gesperrt und wird von Imbiss- bzw. Getränkeständen für die ca. 10 000 Teilnehmer gesäumt. So ist das Ganze gleichzeitig Wallfahrt und mobiles Straßenfest.

ÜBERNACHTEN AUF MALLORCA

Jardi d'Artà (Artà)
Zauberhaftes Anwesen. Farbenfrohe Textilien verleihen den eleganten, weiß verputzten Zimmern einen gewissen Glamour. **€€€**

S'Hotel d'es Puig (Deià)
Dezentes und modernes Hotel hinter den alten Steinmauern des hübschen Dorfs. **€€**

Es Petit Hotel de Valldemossa (Valldemossa)
Vornehmes Boutiquehotel mit himmlischem Verandablick auf den Ort. **€€**

FELSKLETTERN

Mallorca gilt zu Recht als eins von Europas besten Zielen für Kletterer: Die Insel ist u. a. für ihre Multi-Pitch-Routen (Südwesten) und grandiosen Felsspitzen (Nordwesten) bekannt. Ihr absolutes Highlight ist aber Deep Water Soloing (DWS), das zu den puristischsten und schwierigsten Kraxel-Disziplinen ohne Hilfsmittel gehört: Bei dieser Art des Solo-Freikletterns über tiefem Wasser fungiert letzteres als „Sicherheitsnetz". Mallorcas Ostküste zählt diesbezüglich zu den weltweit besten Revieren. Die vielen Outdoor-Veranstalter der Insel bieten meistens auch geführte Klettertouren für Anfänger an.

MICHAEL MULKENS/SHUTTERSTOCK ©

Pol·lèntia

Komplex. Bei einem Spaziergang durch den **heiligen Wald** lassen sich alte Holzkohleöfen und ein kamelförmiger Felsen entdecken. Am schönsten ist aber die kurze Waldwanderung, die dem **Camí dels Misteris del Rosari** (Pfad der Rosenkranz-Geheimnisse) zu einem Aussichtspunkt auf einer Hügelspitze folgt.

Altertum auf Mallorca

AUF DEN SPUREN DER ERSTEN TOURISTEN

Mallorca liegt mitten im westlichen Mittelmeer und ist daher schon sehr lange bewohnt. Im Osten des Eilands finden sich bis heute Spuren der ersten Insulaner. Die bekanntesten Stätten sind dabei Ses Païsses und Pol·lèntia. In ruhiger Atmosphäre kann man dort jeweils eine geistige Zeitreise in die Vergangenheit unternehmen.

Rund 10 km südöstlich von Pollença gründeten die Römer um 70. v. Chr. ihre Inselhauptstadt **Pol·lèntia**. Zu der großen Stätte gehört u. a. ein antikes Wohnviertel mit den Ruinen von Hausmauern und Säulen. Vergleichsweise viel weniger übrig ist vom nahegelegenen Forum, das einst aus drei Tempeln und diversen Läden bestand. Noch weiter drinnen in der Stätte zerstört die Erosion langsam das eindrucksvolle Teatre Romá, das direkt in den Fels geschlagen ist.

HEIMAT DER TALAYOT-KULTUR

Bei Freude an Mallorcas antiken Stätten empfiehlt sich eine weitere Geschichtsstunde auf Menorca (S. 624).

ESSEN MIT AUSSICHT AUF MALLORCA

Hotel Hostal Cuba (Palma)
Die Skybar auf dem Dach bietet super Aussicht auf das Stadtzentrum und die Badia de Palma.

Forn Nou (Artà)
Der Terrassenblick auf den mittelalterlichen Ort passt zur mediterranen Küche.

Casa de Sa Miranda (Valldemossa)
Gleichermaßen traumhafte Aussicht auf Ort und Tal.

Etwa 30 km weiter südöstlich lockt eine noch längere Zeitreise: Gleich außerhalb des netten Städtchens Artà (S. 617) liegt die 3000 Jahre alte Siedlung **Ses Païsses** aus der Bronzezeit. Deren mächtiges Eingangstor aus groben Felsplatten (Gesamtgewicht: 8 t) ist ein eindrucksvolles Portal zur sagenumwobenen Welt des prähistorischen Mallorca. Mit ihren über 320 m langen Mauern war die Siedlung einst recht groß. Nach der Ankunft der Römer (123 v. Chr.) wurde sie jedoch aufgegeben.

Cap des Pinar

GRANDIOSE AUSBLICKE, HERRLICHER STRAND

Port d'Alcúdia liegt 12 km südöstlich von Pollença. Hier ragt das herrliche Cap des Pinar ostwärts ins tiefblaue Meer hinein. Das Ostende des Kaps wird von Aleppo-Kiefern bedeckt und läuft in steilen Klippen aus. Die örtlichen Wanderwege zählen zu den schönsten der ganzen Insel. Achtung: Die eigentliche Landzunge ist militärisches Sperrgebiet!

Alle Wanderrouten beginnen am Parkplatz neben der Einsiedelei **Ermita de la Victòria**. Für einen leichten Einstieg empfiehlt sich der gut markierte Pfad zum Aussichtspunkt **Talaia d'Alcúdia** (hin & zurück 1½ Std.), der größtenteils durch schattige Kiefernwälder verläuft.

Vergleichsweise anspruchsvoller ist der Trek zum grandiosen Aussichtspunkt **Penya Rotja** (hin & zurück 1½ Std.). Dieser führt zunächst gen Talaia d'Alcúdia, zweigt aber nach 15 Minuten vom Hauptweg ab. Nach einem Steintor führt der letzte Abschnitt über eine kurze Ketten-Hängebrücke oberhalb eines gähnenden Abgrunds.

An der Einsiedelei beginnt zudem ein klassischer Rundwanderweg (hin & zurück 5 Std.), der über Talaia d'Alcúdia hinunter zur **Platja d'es Coll Baix** führt. Von dem idyllischen Strand geht's dann landeinwärts über die Landzunge zurück zum Parkplatz. Diese Route ist schön und abwechslungsreich, im Hochsommer aber ziemlich anstrengend.

MALLORCA: SEEKAJAK-TRIPS

Schöne Buchten in verschiedenen Größen säumen Mallorcas schroffe Küstenlinie. Viele davon sind nur per Boot erreichbar. Mit einem gemieteten Seekajak kann man hier Höhlen, Felsformationen und stille Strände erkunden – begleitet vom beruhigenden Rhythmus des Meeres. Die Buchten des Parc Natural de la Península de Llevant sind auf dem Landweg nicht zugänglich. Dieses Naturparadies punktet mit klarem Wasser, zerklüfteten Felsen und großem Artenreichtum. Die Küstenabschnitte rund um Sóller (Westen), Porto Cristo (Osten) und Port de Pollença oder Cala Sant Vicenç (Norden) sind ebenfalls perfekt für Paddeltrips. Dort gibt's auch jeweils Leihausrüstung und geführte Touren für weniger erfahrene Seekajak-Kapitäne.

Autotour durch die Serra Tramuntana

HINAUF UND HINAB DURCH STEILE BERGE

Der Puig Major (1443 m) ist der höchste Gipfel der Serra Tramuntana (Tramuntana-Berge). Die mächtige Bergkette ragt plötzlich und fast senkrecht aus dem Meer empor. Anschließend zieht sie sich quer durch Mallorcas Nordwesten. Wie eine natürliche Mauer schützt die Serra dabei die übrige Insel vor den schlimmsten Winterstürmen.

Ihre oberen Höhenlagen kombinieren nackten, verwitterten Fels mit verbuschten Wäldern und wettergegerbten Wiesen.

Kingfisher (Port de Sóller)
Großartiger Ausblick auf die Jachten, die Masten und das Hafenwasser.

Béns d'Avall
Weiter und fast unschlagbarer Meerblick (vor allem zu Sonnenuntergang).

Es Vergeret
Lokal mit außergewöhnlichem Meerblick. Anfahrt über eine Abzweigung von der Straße nach Cala Tuent.

Am Fuß der Berge liegen schwer erreichbare Winzbuchten und Fischernester. Dazwischen kleben ein paar der schönsten Inselstädtchen und -dörfer wie Geckos an steilen Felskanten.

Zwischen Pollença und Andratx führt eine Serpentinenstraße durch die gesamte Bergkette – vorbei an Aussichtspunkten, schmucken Dörfern und bedeutenden Klöstern. Eine Autotour auf dieser Route zählt zweifellos zu den großartigsten Balearen-Highlights.

Durch die kaum besiedelten Berge hinter **Pollença** führt die Straße steil und schnell zum großen **Gorg-Blau-Stausee** hinauf. Kurz vor diesem zweigt die Ma 2141 gen Norden ab: Entlang der schmalen, extrem kurvigen und anstrengend zu befahrenden Serpentinenstrecke geht's hinunter zur Bucht von **Sa Calobra**. Deren weißer Kiesstrand zählt zu den schönsten im ganzen Norden. Hinweis: In der Hauptsaison ist die Ma 2141 mitunter komplett verstopft.

Die Rückfahrt zur Hauptstraße führt durch einen kurzen Tunnel unterhalb des Bergs Puig de Massanella. An beiden Tunnelenden gibt's großartige Aussichtspunkte. Bei der Talfahrt auf der anderen Seite der Bergkette fällt auf: Die Vegetation wird etwas üppiger, während die Besiedlungsdichte zunimmt. Noch weiter unten erreicht man mit dem schmucken **Fornalutx** eins von Mallorcas schönsten Bergdörfern. Danach folgt ein Zwischenstopp im Ort Sóller, wo eine hölzerne Standseilbahn hinunter zum Strand beim **Port de Sóller** fährt.

Nach weiteren kurvigen 10 km überschatten hohe Berge das winzige **Deià** inmitten von Feldern. Von hier aus führt die nächste eindrucksvolle Etappe nach **Valldemossa** mit dem Real Cartuja de Valldemossa. Dieser ungewöhnliche Mix aus Kloster und Herrenhaus beherbergt heute ein Museum und eine Kunstgalerie.

Nächste Station ist das Dorf **Banyalbufar** am oberen Klippenrand. Von einem alten Wachturm namens **Torre des Verger** wurde hier einst nach Piraten gespäht. Nach weiteren 9 km wartet der **Mirador de Ricardo Roca** mit grandioser Aussicht auf.

Anschließend führt die Straße gen Süden und durch relativ flaches Terrain zum schmucken Städtchen **Andratx**. Am schnellsten zurück nach Pollença geht's von hier aus über die Ma 20 und Ma 13. Dabei rollt man durch das Tiefland südlich der Berge.

MALLORCA: CANYONING

Sprünge von Felsen plus Rutschpartien auf abschüssigen Steinen oder durch Wasserfälle: Canyoning auf Mallorca macht viel Spaß.

Die besten Schluchtel-Spots der Insel konzentrieren sich auf die zentrale Serra de Tramuntana zwischen Valldemossa und Sa Calobra. Und hier befinden sich auch unsere beiden Favoriten: Die anspruchsvolle **Gorg Blau–Sa Fosca** (2,5 km) mit 300 m hohen Felswänden bietet 40 cm breite Felsspalten und 400 Routenmeter in kompletter Dunkelheit. Die mittelschwere **Torrent de Pareis** (8 km; Ende bei Sa Calobra) wartet mit Felsklettern und grandiosem Kalkstein-Terrain (inkl. Felsformationen, Höhlen) auf.

Auf Mallorca gibt es einige renommierte Tourveranstalter: Profi-Guides sind fürs Canyoning unerlässlich.

Cap de Formentor

PANORAMABLICK ÜBERS MITTELMEER

Die Serra Tramuntana endet spektakulär am Cap de Formentor. Scharfkantige Klippen und windumtoste Kalksteinberge fallen hier steil zum Meer ab. Die Berggrate und *miradors* punkten

ABGESCHIEDEN ÜBERNACHTEN AUF MALLORCA

Refugi Tossals Verds
Besetzte Berghütte (nur zu Fuß erreichbar) im Zentrum eines Wanderwegnetzes. **€**

Santuari de Sant Salvador
Attraktive Zimmer mit Panoramablick in früheren Mönchszellen. **€**

Hospedería del Santuari de Lluc
Bedeutende Pilgerstätte mit schlichten Zimmern und zauberhafter Aussicht. **€**

DENIS ZHITNIK/SHUTTERSTOCK ©

Leuchtturm am Cap de Formentor

mit herrlicher Aussicht. Eine kurvige Straße folgt dem Kap auf ganzer Länge.

Hinter Port de Pollença steigt die Straße schnell an und bietet dabei Aussicht auf die Bucht. Gen Nordosten geht's dann zum Leuchtturm an der Kapspitze. Nach 3 km passiert man dabei den großartigen **Mirador de Sa Creueta.** Von dort aus führt eine kurze Nebenstrecke hinauf zum Wachturm **Talaia d'Albercuix** aus dem 18. Jh.

Die Straße verläuft nun bergab zum schmalen Sandstrand **Platja de Formentor**. Nach weiteren 11 km erreicht man schließlich die Kapspitze mit dem Leuchtturm **Cap de Formentor** aus dem 19. Jh. Von hier aus reicht der Blick südwärts bis zum Cap Ferrutx auf der anderen Seite der Badia d'Alcúdia.

Zwecks Stauvermeidung ist der letzte Straßenabschnitt bis zur Kapspitze von Mitte Juni bis Mitte September für Privatfahrzeuge gesperrt: Selbstfahrer müssen den Parkplatz an der Abzweigung zur Platja de Formentor nutzen und einen der häufig verkehrenden Shuttlebusse nehmen. Fußgänger und Radfahrer können ihren Weg aber bis zur Kapspitze fortsetzen.

MALLORCA: SCHÖNSTE STÄDTCHEN & DÖRFER

Artà
Tolle mittelalterliche Architektur unterhalb einer Hügelfestung.

Fornalutx
Schmuckes Bergdorf mit Steinhäusern und vielen subtropischen Blumen.

Santanyi
Attraktives und kaum touristisches Städtchen im Landesinneren.

Orient
Gruppe von ockerfarbenen Häusern auf einer Anhöhe.

Biniaraix
Postkartenwürdiges und sehr ruhiges Bergdorf (Hinwandern wird empfohlen).

Sa Torre de Santa Eugènia (Ses Alqueries)
Die große Finca in dem kleinen Dorf ist nun ein herrlich ländliches Refugium. €€

Possessió Binicomprat
800 Jahre alte Finca mit Weinbergen, eigener Kapelle und einem Pool unter Eichen. €€€

La Reserva Rotana
Luxuriöse, herrlich einsame Finca auf wunderschön gepflegtem Gelände (202 ha). €€€

GORDON BELL/SHUTTERSTOCK ©

Palau de l'Almudaina, Palma de Mallorca

Bergwandern

MALLORCAS STEILERE SEITE

Mit seinen hohen Bergen und kurvigen Küstenabschnitten bietet Mallorca hervorragende Wandermöglichkeiten. Die stets gut markierten Routen sind generell nicht allzu anstrengend und ganzjährig begehbar. Im Sommer wird's jedoch auch in größeren Höhen oft sehr unangenehm. Und im tiefsten Winter ist in den Bergen mit Schnee und Regen zu rechnen. Frühling (März–Mai) und Herbst (Ende Sept.–Ende Okt.) sind die besten Zeiten für Wanderer.

Die **Serra Tramuntana** ist die beste Trekking-Region der Insel: Hier stehen zahlreiche Routen zur Auswahl. Darunter sind auch einige interessante Optionen (halb- und ganztägig) ab dem Monestir de Lluc (S. 611). Ein paar davon folgen alten Pilgerpfaden.

Höher droben in den Bergen umrundet ein toller Rundwanderweg (5 Std.) das **Tossals Verds Massif**. Nahe dem **Cúber-Stausee** beginnt er am Parkplatz beim **Font d'es Noguer**. Die klassische Route passiert Blumenwiesen, Olivenhaine, schattige Wälder, schmale Schluchten und einen Bergpass mit super Aussicht.

Weiter westlich in der Serra Tramuntana verläuft mit dem **Erzherzogspfad** (5¾ Std.; Start- & Zielpunkt: Valldemossa) der wohl bekannteste Wanderweg der Insel. Denn diese Route

TROCKENMAUER-TREK

Ein Highlight für Fernwanderer: Die gut ausgeschilderte **Ruta de Pedra en Sec** (Trockenmauer-Route; 140 km, 10 Tage) durchquert die komplette Serra Tramuntana zwischen Andratx und Pollença. Am Ende aller Etappen gibt's jeweils Unterkünfte. Der Pfad ist super für ein Mallorca-Erlebnis weitab der Resorts und Touristenscharen.

EINHEIMISCHE KÜCHE AUF MALLORCA

Ca'n Boqueta (Sóller)
Traditionsgerichte mit innovativem Touch. Der Küchenchef hat eine kreative Ader. **€€€**

Ca Na Toneta (Cairmari)
Setzt den Standard für traditionelle mallorquinische Küche aus saisonalen Regionalprodukten. **€€**

Restaurante Jardi d'Arta (Artà)
Mediterrane Klassiker in einmalig modernen und kunstvollen Varianten. **€€€**

kombiniert schöne Wälder und Aussichtspunkte an der Küste mit mehreren Berggipfeln.

Vergleichsweise kürzer und auch sehr beliebt ist der Trek zwischen den Dörfern **Deià** und **Sóller** (2¼ Std.).

Urbanes Mallorca

PALMAS GESCHICHTE UND SCHÖNHEIT ENTDECKEN

Das großartige **Palma de Mallorca** (kurz: Palma) mit seinen sandfarbenen Steingebäuden liegt an der breiten, ruhigen Badia de Palma. Im Lauf der Zeit lebten hier u. a. Angehörige der prähistorischen Talayot-Kultur, Römer, Mauren und christliche Reconquistadoren. Ja: Palma ist schwer geschichtsträchtig.

Die Zeitreise beginnt mit der riesigen **Kathedrale** am Wasser. Deren Fundamente stammen aus dem 12. Jh., während der übrige Bau größtenteils im gotischen Stil gestaltet ist. Mit seinen Türmchen erinnert das etwas ungewöhnliche, aber schmucke Hauptschiff an einen Igel. Im Inneren kann man u. a. 61 Buntglasfenster bewundern – ebenso ein paar künstlerische Überraschungen von Antoni Gaudí. Darunter ist z. B. der gewaltige Hauptaltar-Baldachin mit Christus-Figur. Unbedingt auch das **Museu Capitular** am Eingang besuchen: Hier gibt's u. a. eine riesige, vergoldete Monstranz aus dem 16. Jh. zu sehen.

Der benachbarte **Palau de l'Almudaina** war ursprünglich ein maurisches Fort. Ende des 13. Jhs. wurde er dann zur Residenz der mallorquinischen Könige umgebaut. Seine prachtvollen Räume repräsentieren die bevorzugten Gestaltungsstile von Mallorcas vielen Herrschern im Lauf der Jahrhunderte.

Das **Museu Fundación Juan March** in einer Villa aus dem 17. Jh. zeigt Werke von Meistern der modernen spanischen Kunst: Vertreten sind hier z. B. Dalí, Miró, Picasso und dessen Freund Juan Gris (ein Kubist) sowie die Bildhauer Eduardo Chillida und Julio González.

Mallorcas beste Strände

NOCH MEHR STRANDVERGNÜGEN

Überall auf der Insel hat man es nicht weit bis zu einem Strand. Dieses Buch kann aber nicht alle örtlichen Strände vorstellen. Es folgen daher eher unbekannte Strände und Buchten, die vergleichsweise viel weniger Betrieb mit der Atmosphäre des guten alten Mallorca kombinieren.

Ab **Artà** an der Ostküste fährt man durch herrliche Bergwälder zum breiten Sandstrand von **Cala Torta** (10 km). Von hier aus führt ein Fußmarsch (15 Min.) gen Norden zur winzigen, geschützten **Cala Mitjana**. Weißer Puderzuckersand, jadegrünes Wasser und fast gar kein Betrieb (sogar im August)

PALMA: BESTE RESTAURANTS

Fera
Kühne Kunst und noch gewagtere Gerichte in einem alten Haus prägen Palmas bestes Restaurant. €€€

La Vieja de Jonay Hernandez
Der Küchenchef aus Teneriffa hält nichts von kulinarischen Regeln und kredenzt kanarische Klassiker in innovativen Neuversionen. €€€

Marc Fosh
Ein erschwingliches Michelin-Sternerestaurant: Die Mittagsmenüs unter der Woche sind echte Schnäppchen. €€

Toque
Serviert einen überraschenden, aber überzeugenden Mix aus belgischer und mediterraner Küche. €

Bar Bodega Morey
Viele Einheimische schätzen die winzige, günstige Tapas-Bar z. B. für Oktopus oder Fleischbällchen. €

ÜBERNACHTEN IN PALMA

Hotel Tres
Kombiniert einen Stadtpalast aus dem 16. Jh. attraktiv mit flottem Minimalismus im skandinavischen Stil. €€€

Boutique Hotel Calatrava
Tolles Hotel an der alten Stadtmauer: Traumhafter Meerblick plus reizvolle Elemente aus dem 19. Jh. €€€

Concepcio
Großartige Bleibe mit dem Vibe eines architektonischen Designer-Magazins. €€€

machen diesen Strand zu einer echten Besonderheit. Nach einem weiteren Fußmarsch (10 Min.) in nördlicher Richtung erreicht man die kleine Felsbucht von **Cala Estreta**. Nach noch einmal 20 Minuten gen Norden kommt schließlich die oft menschenleere **Cala Matzoc** in Sicht. Vor 100 Jahren sah ein Großteil der spanischen Mittelmeerküste vermutlich noch wie dieser Sandstrand aus.

Ein paar von Spaniens schönsten Bilderbuchstränden säumen Mallorcas **Südküste**. Die meisten davon sind fjordartige Buchten mit weißem Sand und minzgrünem Wasser. Gleich nördlich der belebten **Cales de Mallorca** führt ein Waldpfad über mehrere Kilometer zu vier unberührten Buchten. Dabei passiert er zuerst die **Cala Bota** (am leichtesten erreichbar). Dann folgen mit der **Cala Virgili** (30 Gehmin. gen Norden) und der **Cala Pilota** zwei kleine Felsbuchten, die nur von ein paar Jachten besucht werden. Gleich nördlich davon liegt der beste Strand des Quartetts: die Sandbucht von **Cala Magraner** am Ende eines schmalen Meeresarms mit klarem Wasser.

Der Leuchtturm am **Cap de Ses Salines** markiert Mallorcas äußerste Südspitze. Rund um das Kap gibt's keine Sandstrände. Dafür erstrecken sich hier Felszungen, schmale Kleinbuchten und Steinplateaus über mehrere Kilometer in beiden Richtungen. Diese bieten jeweils viele tolle Möglichkeiten zum Schwimmen und Schnorcheln im klaren Meerwasser.

Die Berge an der **Nordküste** Mallorcas fallen direkt zum Meer ab, was die Anzahl der Strände reduziert. Die **Cala de Sa Calobra** und die benachbarte **Cala Tuent** sind sehr belebte Strände mit weißem Kies und smaragdgrünem Wasser. Gleichsam bekannt und attraktiv ist die **Cala de Deià.** Sie liegt unterhalb des Dorfs Deià und ist am besten von dort aus mittels eines kurzen, aber steilen Fußmarschs (einfache Strecke 2,5 km) erreichbar.

Am westlichen Ende der Serra Tramuntana umgibt **Port d'Andratx** eine schöne Naturbucht, die bei Jachtkapitänen beliebt ist. Neben einem netten Nobelresort gibt's hier auch viele Boutiquen und Kunstgalerien. Wer's natürlicher mag, begibt sich gen Süden zur **Cala Llamp** (2 km fahren oder 30 Gehmin.): Dort schwimmen und schnorcheln die Einheimischen im funklenden, dunkelgrünen Wasser. Statt Sand lädt hier eine sanft abfallende Felsbank zum Relaxen am Meer ein. Dahinter bilden schroffe Klippen voller Kiefern und Villen eine Art natürliches Amphitheater. Noch etwas weiter südlich liegt die noch idyllischere **Cala Blanca**, die aktuell noch komplett unerschlossen und wunderschön ist.

MALLORCA: TAUCHEN & SCHNORCHELN

In Südeuropa zählt Mallorca zu den beliebtesten Zielen für Taucher und Schnorchler: Glasklares Wasser und diverse Profi-Tauchzentren wie **Dive & Fun Mallorca** (mallorcadiving.de) machen die Insel zum super Ort fürs Freizeittauchen oder für PADI-Freiwasserkurse mit Zertifikat. Von Mai bis Oktober sind die Bedingungen am besten.

Cala Llamp

UNTERWEGS VOR ORT

Mallorcas gut ausgebautes Busnetz verbindet die meisten Dörfer mit den größeren Siedlungszentren (mind. 1- bis 2-mal tgl.). So lässt sich ein Großteil der Insel leicht per Bus erkunden. Ein Leihwagen ist aber im Vergleich praktischer, weil man damit auch entlegene Stände, Bergdörfer und Wanderwege erreicht. Vor Ort sind viele Autovermieter ansässig. In der Nachsaison haben diese teils recht niedrige Preise und ermöglichen spontanes Ausleihen nach Ankunft an Palmas Flughafen. Im Juli und August sind die Tagestarife deutlich höher und eine rechtzeitige Reservierung ist ratsam.

CIUTADELLA (MENORCA)

Das elegante, belebte Ciutadella mit seinem malerischen Hafen ist auch als Vella i Bella („Alt und Schön") bekannt. Golden schimmernde Prachtbauten prägen seine interessante und stimmungsvolle Altstadt. Nach Maó auf der östlichen (gegenüberliegenden) Inselseite ist Ciutadella die zweitgrößte Stadt Menorcas. Sein historisches Zentrum ist aber attraktiver und komplett verkehrsberuhigt. Von hier aus gelangt man auch schneller zu den meisten bekannten Sehenswürdigkeiten. Dies macht Ciutadella zur besseren Ausgangsbasis für Inselerkundungen.

Die von den Karthagern gegründete Stadt war in maurischer Zeit als Medina Minurqa bekannt. Sie wurde während der türkischen Invasion (1558) fast ganz zerstört und im 17. Jh. größtenteils wieder aufgebaut. Bis zur Ankunft der Briten im frühen 18. Jh. war Ciutadella auch Menorcas Hauptstadt.

TOP TIPP

Super in puncto erste Orientierung: Ciutadellas Touristenorganisation organisiert Stadtspaziergänge (spanisch, englisch) mit einheimischen Guides.

SEHENSWERTES
1 Ajuntament
2 Bastió des Governador
3 Catedral de Menorca
4 Museu Municipal
5 Palau Torre-Saura
6 Plaça des Born
7 Port

ESSEN
8 Cuk-Cuk
9 Pez Limón
10 Pinzell

CIUTADELLA: BESTE RESTAURANTS

Pinzell
Serviert mediterrane Klassiker in modernen Versionen (Tipp: der köstliche Tintenfisch mit Walnussfüllung). €€

Cuk-Cuk
Tischt hervorragende Paella-Gerichte in einem Privathaus auf (Reservierung erforderlich) und veranstaltet auch Kochkurse. €€

Pez Limón
Gemütlicher Mix aus Tapas-Bar und Restaurant. Markenzeichen sind kühne und überraschende Rezepte. €€

HANS C. SCHRODTER/SHUTTERSTOCK ©

Ajuntament, Ciutadella

Das historische Ciutadella

SCHMUCKE STRASSEN UND SPAZIERGÄNGE AM MEER

Ciutadellas Altstadt ist ein herrliches Pflaster für Erkundungen. Den Anfang macht am besten der lokale Lebensmittelpunkt: die riesige **Plaça des Born** mit schmucken Gebäuden aus dem 19. Jh. Darunter sind z. B. der neoklassizistische **Palau Torre-Saura** und das festungsartige **Ajuntament** (Rathaus). Hinter letzterem führt ein Pfad hinauf zum **Bastió des Governador** aus dem 14. Jh. Dort oben wartet eine super Aussicht auf den Hafen und die erhaltenen Wehranlagen der Stadt.

Rund 200 m östlich der Plaça des Born gibt das kleine, aber feine **Museu Municipal** super Einblicke in die Inselgeschichte: Es zeigt talayotische, römische und islamische Funde aus der Region.

Etwa 200 m weiter nördlich erhebt sich die **Catedral de Menorca** im Stil der katalanischen Gotik. Im 14. Jh. entstand sie am früheren Standort von Medina Minurqas Hauptmoschee. Deren Minarett wurde deutlich erkennbar in den Glockenturm integriert.

Nach so viel Historie geht's nun hinunter zum **Hafen**. Dieser ist eigentlich eine schmale, natürliche Felsschlucht, die tief ins Stadtzentrum hineinragt. Unterhalb der Altstadt läuft der Hafen spitz aus und wird von Touristenrestaurants gesäumt. Gen Westen führt die Promenade zum **Castell de Sant Nicolau** (1,5 km). Gleich südlich des Wachturms aus dem 17. Jh. liegen ein paar Stellen, an denen Einheimische an heißen Sommertagen im Meer baden.

UNTERWEGS VOR ORT

Ciutadellas Altstadt ist leicht zu Fuß erkundbar. Alternativ kann man sich bei Velos Joan Fahrräder ausleihen.

Selbstfahrer nutzen am besten den ausgeschilderten Parkplatz östlich der Altstadt (nur die Flächen zwischen den weißen Linien sind gratis).

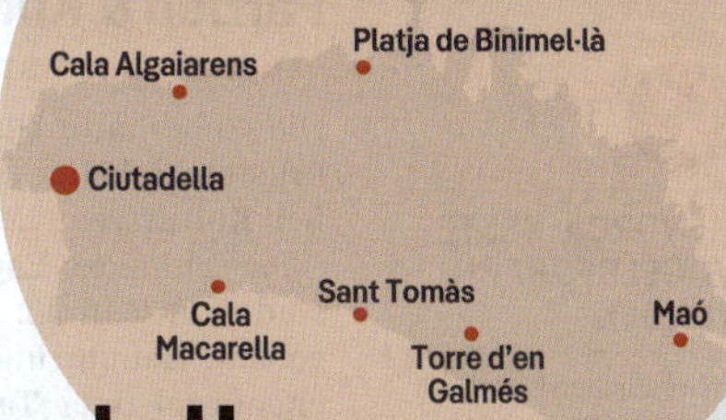

Rund um Ciutadella

Zuerst erkundet man die interessanten Museen und Kunstgalerien der Inselhauptstadt. Dann geht's hinaus zu den Stränden oder Megalithstätten.

Menorcas Hauptstadt Maó mit dem Flughafen liegt genau gegenüber von Ciutadella auf der anderen Inselseite. Nicht nur ein geografischer Gegensatz: Maó hat auch eine ganz andere Optik und Atmosphäre. Denn 1713 verlegten die Briten die Inselhauptstadt von Ciutadella hierher. Ihre fast 100 Jahre dauernde Anwesenheit hat die Stadt mit einem so ungewöhnlichen wie zauberhaften Mix aus angelsächsischen und spanischen Elementen geprägt.

Abseits ihrer beiden Großstädte folgt die östlichste Baleareninsel ihrem eigenen relaxten Rhythmus. Menorcas weiß-goldene Sandbuchten zählen zu den schönsten im ganzen Mittelmeerraum. Das Inselinnere ist bis heute ausgesprochen ländlich: Zwischen weiß verputzten Dörfern überziehen hier Trockenmauern (Gesamtlänge ca. 70 000 km) die Felder und sanft gewellten Hügel.

TOP TIPP

Menorcas Traumstrände zählen zu den besten auf den Balearen. Ihre natürliche Schönheit steht unter behördlichem Schutz: Besucher:innen müssen oft vom Parkplatz zum Strand laufen (1–3 km). Die Parkplätze sind meist gratis, aber gezielt klein und in der Hauptsaison daher schnell komplett belegt.

Maó (S. 622)

KIRK FISHER/SHUTTERSTOCK ©

MENORCA: BESTE VOGELBEOBACHTUNGEN

Im westlichen Mittelmeer gilt Menorca als eins der besten Reviere für Vogelbeobachter: Die Insel hat eine geringe Bevölkerungsdichte und naturbelassene Habitate. Auch ihre Lage an Zugvogelrouten sorgt hier für jede Menge Federträger.

Parc Natural S'Albufera des Grau
Geschützte Lagune in Menorcas Osten. Viele Wasservögel plus Beobachtungstürme.

Prat de Son Bou
Artenreiches Feuchtgebiet (u. a. mit Purpurreihern, Zwergrohrdommeln) an der Südküste.

Salzmarschen von Addaia und Fornells
Beheimaten Flamingos und sind im Frühling ein wichtiger Rastplatz von Zugvögeln.

Farben & Kultur in Maó

MENORCAS HAUPTSTADT UND KULTURZENTRUM

Die zauberhafte Altstadt von Maó (Mahón) kombiniert salzverkrustete Gebäude mit einer überraschend vielfältigen und großen Kulturszene (Museen, Galerien, Konzerte, Events).

Die schmucke **Església de Santa Maria** mitten in der Altstadt wurde im 13. Jh. errichtet und im 18. Jh. umfassend umgebaut. Hauptgrund für eine Besichtigung ist die riesige Kirchenorgel (vier Tastaturen, drei Stufen, 3210 Pfeifen) im neugotischen Stil. Diese erklingt an den meisten Sommertagen bei Konzerten.

Das **Ca n'Oliver** im Stadtzentrum ist eine großartig restaurierte Villa aus dem 18. Jh. Darin zeigt die Collecció Hernández Sanz-Hernández Mora neben Kunstwerken und exquisiten Möbeln auch eine tolle Landkartensammlung. Gleichsam eindrucksvoll sind die Deckengemälde, die prachtvolle Prunktreppe und das Wandbild mit mythologischen Motiven. Im Erdgeschoss sind interessante Wechselausstellungen zu sehen.

Unter den regelmäßigen Events im nahegelegenen **Mercat des Claustre** sind auch Konzerte von Klassik bis Rock. Diesen lauscht man am besten auf der Terrasse einer örtlichen Tapas-Bar.

Maós neueste und wohl auch beste Kulturattraktion wartet draußen auf der **Illa del Rei** nahe der Hafenmündung: Auf der kleinen Insel erbauten die Briten im 18. Jh. ein großes Marinelazarett. Dieses wurde restauriert und zu einem eindrucksvollen Kulturzentrum umgebaut. Hier gibt's ständig Wechselausstellungen, Tanzshows und Konzerte. Vom Hafen unterhalb der Altstadt schippern Boote regelmäßig zu dem Eiland.

Menorcas zauberhafte Strände

DEN EIGENEN TRUMSTRAND FINDEN

Menorca ist für die Schönheit seiner Strände berühmt: Die schneeweißen Sandstreifen mit türkisblauem Wasser lassen durchaus Vergleiche mit der Karibik zu.

Die schönsten und ruhigsten Inselstrände sind meist nur mit einem eigenen Vehikel erreichbar. Rund 13,5 km südwestlich von Ciutadella liegen an der südwestlichen Küste zwei hufeisenförmige Traumbuchten: Die **Cala Macarella** und die **Cala Turqueta** warten jeweils mit weißem Sand, unglaublich türkisblauem Wasser und Felsen voller Kiefern bzw. Steineichen auf. Beide sind im Sommer aber sehr stark besucht: Sofern man nicht in der Nebensaison oder schon zu Sonnenaufgang hierherfährt, sind die örtlichen Parkplätze stets komplett voll. Dann bleibt nur ein Linienbus ab Ciutadella. Zwischen den beiden Stränden verläuft ein netter Klippenwanderweg (2 km).

ESSEN IN MAÓ

Mercat des Claustre
Markthalle und Kulturzentrum mit mehreren Tapas-Bars in einer früheren Klosterkirche. €

Pipet & Co
Selbsternanntes „Café-Labor" mit rustikalem Chic und einfallsreicher Hausmannskost (spanisch, international). €€

Ses Forquilles
Beliebtes Bistro mit scharlachroten Wänden, Tapas aus aller Welt und Hauptgerichten auf Fleisch- oder Fischbasis. €€

LUNAMARINA/SHUTTERSTOCK ©

Cala Turqueta

Ab Ciutadella führt eine 12 km lange Fahrt nordostwärts zur **Cala Algaiarens** und zur benachbarten **Platja des Bots**. Strahlend weißer Sand, ruhiges Flachwasser und eine Umgebung aus grünen Wäldern erzeugen hier Visionen vom Paradies. Die vergleichsweise ruhigere Platja des Bots erreicht man mittels einer Waldwanderung (20 Min.) oder einer kürzeren, aber langweiligeren Klippenwanderung. Von beiden Stränden aus ist es entlang ruhiger Landstraßen nicht weit bis zum kleinen, aber schmucken Ferienort **Cala Morell**.

Ungefähr in der Mitte der Nordküste liegt die sichelförmige **Platja de Binimel·là** mit dunklem Sand. Einen kurzen Fußmarsch westlich davon erstreckt sich das komplexe Felsen- und Buchtlabyrinth der **Cala Pregonda**. Beide Strände gehören zu einem Meeresschutzgebiet und sind bei Einheimischen beliebt. Rund um die Cala Pregonda kann man super schnorcheln.

Ein paar von Menorcas ruhigsten und schönsten Stränden locken etwa in der Mitte der Südküste – genauer westlich des Ferienorts **Sant Tomàs,** der seinen eigenen schönen und langen Sandstrand hat. Hierher geht's aber nur mit etwas Mühe: Ab Sant Tomàs führt ein Fußweg westwärts zur **Platja Binigaus** (praktisch eine Verlängerung des örtlichen Strands). Diese gen Westen überqueren und in den schattigen Wald hineinlaufen:

MENORCA: BESTE KITESURFING-SPOTS

Ganzjährig starke Winde machen Menorca zum idealen Ziel für Kitesurfer. Diese finden entsprechende Schulen an allen folgenden Stränden.

Son Bou
Rund 3 km langer Strand mit leichter Brandung; bei Westwind am besten.

Cala Tirant
Menorcas bester Kitesurfing-Spot mit verlässlicher Brandung; bei Nordwind am besten.

Fornells-Bucht
Prima für Einsteiger: Geschütztes, stets ruhiges Wasser ohne Brandung.

ESSEN AUF MENORCA

Mesón El Gallo
200 Jahre altes Haus rund 17,5 km östlich von Ciutadella. Serviert u. a. selbstgemachte Tortillas und Spezialitäten mit Fleisch. **€€**

Tast (Es Mercadal)
Kreativ gestaltetes Lokal mit hochwertigen Traditionsgerichten à la Menorca. **€€**

Chauvoncourt (Alaior)
Zauberhaftes altes Haus mit außergewöhnlich preiswerter Inselküche. **€**

MENORCA: WANDERN

Der **Camí de Cavalls** (Pfad der Pferde) folgt Mernorcas ganzer verschlungener Küstenlinie. Der alte Fußpfad (186 km) entstand im 13. oder 14. Jh. Sein ursprünglicher Zweck bestand darin, berittene Küstenpatrouillen zu ermöglichen und die Insel so vor amphibischen Invasionen zu bewahren.

Die jahrelang verwilderte Route wurde vom Gestrüpp befreit und in einen öffentlichen Rundwanderweg (GR 223; 7–10 Tage) mit 20 Etappen (5–14 km) umgewandelt. An deren Enden findet man aber jeweils nicht immer eine Unterkunft – daher sorgfältig planen.

Nun umrundet und überquert der Pfad die vielen Landzungen und Klippen. Nach einer guten Stunde erreicht er dann die herrliche, komplett unerschlossene **Cala Escorxada** mit weißem Sand und funkelndem Wasser. Wer nun westwärts über die Landzunge weiterläuft, stößt auf die winzige **Cala Fustam**, die bei Naturkundlern äußerst beliebt ist. Nach noch einmal 30 Gehminuten gelangt man dann schließlich zur traumhaften **Cala de Trebalúger,** wo sich wohl auch Robinson Crusoe pudelwohl gefühlt hätte.

Im Bereich von Maó empfiehlt sich **Sa Mesquida**: Nur 7 km nordöstlich der Hauptstadt erstreckt sich hier ein heller Sandstreifen mit klarem Wasser gen Osten. Rund 10 km nördlich von Maó beglückt **Es Grau** vor allem Familien mit sehr flachem Wasser. Etwa 9 km südlich der Hauptstadt ist die **Platja de Punta Prima** ideal für einen Strandbesuch bei Nordwind. Im Sommer fahren jeweils Busse ab Maó zu den drei Stränden.

Heimat der Talayot-Kultur

PRÄHISTORISCHE IMMOBILIEN

Bereits Südeuropas prähistorische Menschen fanden offenbar Gefallen an Menorca: Die sogenannte Talayot-Kultur hat hier viele Hügelgräber, Siedlungen und religiöse Stätten hinterlassen. Tatsächlich weist die Insel mit 1500 bekannten Megalith-Stätten (bis zu 4000 Jahre alt) europaweit die höchste Konzentration dieser Art auf. Bei einem Großteil davon handelt es sich nur um unscheinbare Felshaufen oder kleine Erhöhungen in Feldern. Andere Exemplare sind dagegen sehr eindrucksvoll.

Ungefähr 6 km östlich von Ciutadella liegt die **Naveta des Tudons:** In der am besten erhaltenen Talayot-Felsgruft der Insel wurden die sterblichen Überreste von über 100 Menschen (größtenteils aus dem 9. Jh. v. Chr.) entdeckt.

Etwa 17,5 km nordwestlich von Maó findet man mit **Torre d'en Galmés** die größte und am besten erhaltene Megalith-Stätte auf Menorca. Nach einem Einführungsvideo (10 Min.) lassen sich hier drei *talayots* (Steintürme) auf einer Hügelspitze bestaunen. Zu sehen gibt's auch weitläufige Rundhäuser, ein komplexes Zisternen-System und Vorratskammern tief unter der Erde.

Rund 4 km westlich von Maó liegt die Talayot-Siedlung **Talatí de Dalt**. Der große, verwitterte *talayot* in deren Zentrum wird langsam von den Wurzeln wilder Olivenbäume zerstört. Vor Ort gibt's auch eine besonders gut erhaltene *taula*. Ein solches Monument besteht aus einer senkrechten Steinsäule, die von einer waagerechten Steinplatte gekrönt wird. Zu Sonnenuntergang ist die Stätte besonders stimmungsvoll, wenn die uralten Felsen golden im Licht erstrahlen.

Torre d'en Galmés

UNTERWEGS VOR ORT

Buslinie 10 pendelt regelmäßig zwischen Menorcas Flughafen (5 km südwestlich von Maó) und dem Busbahnhof in der Hauptstadt. In der Hauptsaison gibt's weitere Busse zu bestimmten Stränden und Küstenorten. Auf der übrigen Insel sind öffentliche Verkehrsmittel aber generell recht rar. Das Landesinnere und die Strände lassen sich daher am besten per Mietwagen erkunden.

Madrid
Ibiza

IBIZA-STADT (IBIZA)

Belebt, stilvoll und elegant: Ibiza-Stadt (Eivissa) ist Herz, Seele und Hauptstadt der Insel. Über einer befestigten Altstadt thronen hier eine Burg und eine Kathedrale. Der Besuchermix aus Modefreaks, Discogängern, Strandfans und Instagram-Models ist einzigartig: Im Sommer werden die Stadt und die ganze Insel zu einem der weltweit größten Laufstege.

Berühmt ist Ibiza vor allem für seine pulsierende Clubszene, die generell als beste des Planeten gilt. Während der entsprechenden Sommersaison spielt die Schönheit der Insel für viele Tourist:innen daher nur die zweite Geige. Die meisten der bekannten Mega-Discos liegen im direkten Umkreis der Stadt.

TOP TIPP

Eine Bleibe auf Ibiza sorgsam wählen: Je nach Aufenthaltsort fällt das Erlebnis hier sehr verschieden aus. Vor allem der Norden ist dagegen viel ruhiger und weniger erschlossen. Ibiza-Stadt ist dagegen eine gute Ausgangsbasis für das Erkunden der ganzen Insel. Außerhalb der Hauptsaison (Ende Juni–Mitte Sept.) fallen die Hotelpreise sehr stark.

DJ-Superstars

DIE BESTEN NACHTCLUBS DER WELT

Die Disco-Szene ist der Hauptmotor der örtlichen Wirtschaft: Legendäre Mega-Clubs wie das Pacha, Hï Ibiza, Amnesia oder Privilege machen Ibiza zu einem der berühmtesten und berüchtigtsten Nightlife-Ziele der Welt. Im Sommer legen hier internationale Star-DJs auf.

Clubbing auf Ibiza ist einzigartig. Die gigantischen Discos mit topmodernen Soundsystemen bieten Platz für bis zu 10 000 Gäste auf einmal und sind daher keine normalen Tanztempel: Sie entsprechen eher riesigen Dance-Festivals, die den ganzen Sommer über stattfinden. Die meisten der berühmten Clubs haben mehrere Levels mit verschiedener Musik und unterschiedlichem Publikum. Hinzu kommen Lounges, Pools, Terrassen, unglaubliche Lightshows und aufwendig kostümiertes Animationspersonal. Die DJs werden vom Publikum wie Rockstars verehrt.

Ibizas ältester Mega-Club namens **Pacha** ist seit 1973 kräftig im Geschäft. Neben einem Hauptfloor mit mehreren Ebenen gibt's hier auch einen Funky Room (Soul, Disco) und einen riesigen VIP-Bereich. Hinzu kommen zahllose weitere Tanzflächen und Lounges.

Das **Amnesia** ist der wohl einflussreichste und legendärste Club auf Ibiza. Hier legten schon Star-DJs wie Sven Väth, Paul Van Dyk, Paul Oakenfold, Tiësto und Avicii auf. Der Hauptsaal im Lagerhausstil wird durch eine Terrasse und ein elegantes Atrium ergänzt.

LOCAL-TIPP: SHOPPEN IN IBIZA-STADT

Hjordis Fogelberg (auf Ibiza geboren) ist die Autorin der Bücher My Ibiza und My Formentera.

Sombrerería Bonet
Altmodisches Hutgeschäft (seit 1916 von derselben Familie geführt) mit allen erdenklichen Kopfbedeckungen.

Vincente Ganesha
Indisch angehauchter Klamottenladen mit farbenfohem Angebot. Meine bügelfreie Lieblings-Strandkluft stammt komplett von Vicente.

Holala Vintage
Bunter, nicht zu übersehender Vintage-Shop. Inhaberin Charlotte hat ein super Auge für Retro-Textilien.

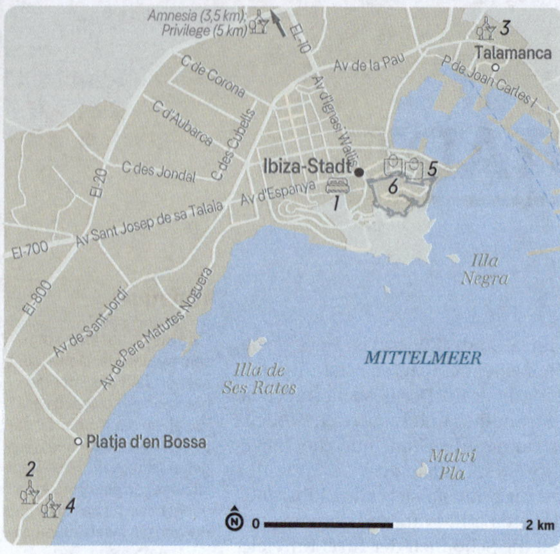

SCHLAFEN
1 Urban Spaces

AUSGEHEN
2 Hï Ibiza
3 Pacha
4 Ushuaïa

SHOPPEN
5 Holala Vintage
6 Sombrerería Bonet
siehe 6 Vincente Ganesha

Amnesia (S. 625)

In puncto Abtanzen bei Tageslicht ist das ultra coole **Ushuaïa** führend: Hier beginnt die Party schon früh. Der Freiluft-Megaclub lockt Hedonisten in Designer-Kluft mit Star-DJs, Poolspaß und Strandliegen im Bali-Stil.

2022 kürte das DJ Magazine das **Hï Ibiza** zur besten Disco der Welt. Wohl zu Recht: Hier warten zwei riesige Hauptfloors, wechselnde Lightshows, Toiletten mit eigenen DJs und ein Freiluftgarten voller Wigwams.

Das atemberaubende **Privilege** ist die größte Disco der Welt: Hier tanzen regelmäßig bis zu 10 000 Gäste ab. Während der Manumission-Partys (1994–2006) war der Laden für seine extravaganten Shows (inkl. Live-Sex) berüchtigt.

Clubbing auf Ibiza erfordert etwas Planung: Vor dem Start zur Insel sollte man die aktuellen Party-Programme über die Disco-Websites ermitteln. Tickets für die bekanntesten Events sind meist schnell ausverkauft und oft ziemlich teuer (bis zu 100 €). Auf der ganzen Insel gibt's aber auch ermäßigte Tickets bei autorisierten Händlern, Bars und Promotern.

UNTERWEGS VOR ORT

Ibiza-Stadt ist klein und generell am leichtesten zu Fuß erkundbar. Direkt in der Stadt gibt's nur wenige Parkplätze. Der Großparkplatz neben dem Fährhafen gen Formentera ist teuer. Insofern besucht man die Stadt am besten per Bus. Zudem bestehen gute Nahverkehrsverbindungen zu allen anderen Ortschaften und größeren Dörfern auf der Insel.

Nachtschwärmer nutzen idealerweise den Discobus: Die verschiedenen Linien bedienen die ganze Nacht über die bekanntesten Discos, Bars und Hotels in Ibiza-Stadt, Platja d'en Bossa, Sant Rafel, Es Canar, Santa Eulària und Sant Antoni. Zudem sind sie im Vergleich zu Taxis deutlich günstiger.

Rund um Ibiza-Stadt

Bei einer Überdosis Hedonismus empfiehlt sich die ruhigere Seite der Weißen Insel.

Ibiza ist vor allem für sein pulsierendes Nachtleben berühmt. Eine ganz andere bzw. alternative Seite der Insel lässt sich aber ebenso leicht entdecken: Hier warten auch ruhige Ecken, bewaldete Landzungen, unkonventionelle Dörfer und großartige Aussichtspunkte. Generell gilt dies hauptsächlich für den Norden und das Landesinnere. Die Partyszene dominiert den Süden.

Vor der Südküste liegt das paradiesische Formentera. Von Ibiza-Stadt aus ist das winzige Eiland per Schnellfähre erreichbar (30 Min.). Dank strenger Naturschutzmaßnahmen ist es angenehm schwach erschlossen: Hier gibt's nur wenige Sehenswürdigkeiten und kaum Nachtleben. Stattdessen ist barfüßiges Strandleben in idyllischer Atmosphäre angesagt.

TOP TIPP

Bei kleinerem Geldbeutel am besten die Hauptsaison (Ende Juni–Mitte Sept.) meiden: Im übrigen Jahr sind die Hotelpreise viel niedriger.

Formentera (S. 629)

IBIZA: BESTE STRÄNDE

Platja de Ses Salines
Weißer Sandstreifen vor Sanddünen.

Cala Mastella
Kleine, ruhige Bucht mit wunderbar smaragdgrünem Wasser.

Platges de Comte
Drei Buchten mit hellem Sand und aquamarinblauem, herrlich klarem Flachwasser.

Benirràs
Perfekter Sonnenuntergangsgenuss: Bewaldete Klippen plus ein Inselchen vor der Küste.

Aigües Blanques
Mehrere Sandbuchten zwischen verwitterten Klippen im Norden der Insel.

Das andere Ibiza

DIE RUHIGERE SEITE DER INSEL ENTDECKEN

Von Ibizas Südosten erstreckt sich der 168 km² große **Parc Natural de Ses Salines** (gehört zum Weltnaturerbe) gen Süden übers Meer bis zum Norden von Formentera. Hierbei schützt er Sümpfe, glitzernde Salzpfannen, beigefarbene Sandstrände und Küstenklippen voller Kiefern. Unter seinen 210 Vogelarten sind z. B. Korallenmöwen, Balearen-Sturmtaucher und Rosaflamingos (Aug.–Okt.).

Kurz oberhalb des belebten Sant Antoni de Portmany versteckt sich die ruhige Bucht von **Punta Galera**. Hier ragen terrakottafarbene Klippen direkt aus dem Meer empor. Besucher:innen müssen eine unbefestigte Holperpiste entlangfahren und das letzte Stück laufen.

An der Westküste erstreckt sich das zauberhafte Dorf **Santa Agnès** rund um ein weiß verputztes Kirchlein. Gegenüber des Gotteshauses ist das altmodische Bar-Restaurant **Can Cosmi** für Tortillas und gegrilltes Schweinefleisch bekannt. Jeden Februar tauchen zahllose blühende Mandelbäume die umliegenden Felder spektakulär in strahlendes Weiß. Vom Dorf aus führt eine ruhige Landstraße westwärts zu mächtigen Klippen mit atemberaubendem Meerblick.

An der äußersten Nordspitze der Insel erhebt sich der schwarzweiß gestreifte Leuchtturm von **Punta Moscarter**. Zu dem schönen und einsamen Ort (super für Sundowner) führt ein Fußmarsch durch den Wald (15 Min.).

Auf dem Rückweg vom Leuchtturm lohnt sich ein Abstecher zum tollen **Giri Café**. In zwangloser Atmosphäre gibt's hier Kaffee, Saftcocktails und Essen aus frischen Regionalprodukten. Die eleganten Innenräume mit rustikalem Chic werden durch einen attraktiven Garten ergänzt.

Korallenmöwe

Die Strände der Weißen Insel

SANDSTREIFEN FÜR JEDEN GESCHMACK

Sonnenbrille aufsetzen und knappe Badekluft anziehen: An Ibizas Stränden geht's ums Sehen-und-Gesehen werden. Im Vergleich zum benachbarten Mallorca gibt's hier im August jedoch keinen einzigen ruhigen Strand.

Auf der Weißen Insel variiert der Strandvibe je nach Ort: Die bekanntesten Partystrände säumen generell die Südküste und Teile der Westküste. Im Sommer sind diese langen und zweifellos schönen Sandstreifen rappelvoll mit bronzebraunen Sonnenanbetern. Superschicke Strandcafés und Lounge-Bars sorgen für musikalische Unterhaltung. Die größeren Resortstrände

ESSEN AUF FORMENTERA

Ca Na Pepa
Bodenständiges Café mit kunstvoll zusammengewürfelten Sitzgelegenheiten. Prima Frühstück plus Snacks. €

El Mirador
Schlichte Köstlichkeiten bei unschlagbarer Aussicht. €€

La Mariterranea
Leckeres Seafood und Tapas im angenehm ruhigen Strandbuden-Ambiente. €€

bieten das volle Wassersport-Programm (z. B. Wakeboarden, Jetski-Trips, Fahrten mit Glasbodenbooten).

Die Strände im Norden sind anders – gleichsam belebt, aber vergleichsweise alternativer geprägt: Hier begrüßen viele Bongo-Trommler und Leute in Batikklamotten den Sonnenuntergang. Die meisten nördlichen Strandbuchten sind auch kleiner und lauschiger als die weiten Sandbogen im Süden. Viele Urlauberfamilien bevorzugen den Norden.

Der Hochbetrieb dauert von Juni bis September. Im übrigen Jahr sind Ibizas Strände herrlich ruhig. Ende Mai und Anfang Oktober ist das Wasser bereits bzw. noch warm genug für angenehmes Schwimmen.

Glückseligkeit auf Formentera

EUROPAS KARIBIK

Formentera hat ein paar von Europas schönsten Stränden: Schneeweiße Sandstreifen und Wasser in unglaublichen Azurtönen umgeben fast die ganze Insel. Fähren bedienen das belebte **La Savina** an der Nordküste. Unmittelbar nördlich der Stadt liegt die schmale **Trucador-Halbinsel**. Deren Weststrand säumt die traumhafte **Platja Illetes** mit weißem Sand und türkisblauem Wasser. Die gleichsam großartige **Platja Llevant** erstreckt sich am nahen Ostrand.

Südlich vom Fährhafen liegt die winzige Inselhauptstadt **Sant Francesc Xavier**. Eine Wehrkirche aus dem 18. Jh. dominiert das schmucke, weiß verputzte Dorf.

Von hier aus führt eine verwirrendes Landstraßennetz westwärts zur **Cala Saona**. Dieser Strand an der Westküste wartet mit schneeweißem Pulversand und Wasser in atemberaubend intensiven Türkistönen auf.

Ebenso reizvoll: Ab **Sant Francesc Xavier** fährt man entlang einer schmalen, gebogenen Halbinsel gen Südosten zu **La Mola**. Am Ende des erhöhten Plateaus steht der stimmungsvolle Leuchtturm **Far de Sa Mola**. Von der Hauptstraße aus führen Abzweigungen unterwegs zu schönen Stränden auf beiden Seiten der Halbinsel. Die Sandstreifen am nordöstlichen Rand sind meist windgeschützt und und haben glasklares Wasser. Hier ragen auch kleine Felszungen ins Meer hinaus und sorgen für ein Schnorchelerlebnis, das an die Korallenriffe des Indischen Ozeans erinnert.

SEEGRASWIESEN & MOOSTIERCHEN

Wiesen verortet man normalerweise nur an Land. Unter Wasser gibt's diese Ökosysteme aber auch: Das außergewöhnlich klare Meer rund um Formentera bedeckt eine riesige Seegraswiese (genauer: eine Wiese aus Mittelmeer-Neptungras), die sich seit 100 000 Jahren zwischen der Insel und Ibizas Süden erstreckt. Darin filtern wiederum mikroskopisch kleine Moostierchen (Bryozoen) das Wasser und halten es kristallklar.

Es sind leider 30 bis 40 % der regionalen Seegrasfläche in den letzten Jahren verschwunden. Gründe hierfür sind zunehmende Umweltverschmutzung, ankernde Boote und zerstörerische Fischereimethoden.

UNTERWEGS VOR ORT

Das kleine Ibiza lässt sich leicht mit guten, günstigen Nahverkehrsmitteln erkunden. Die beste Option ist aber ein gemietetes Auto, Moped oder Motorrad: So genießt man maximale Flexibilität bzw. Unabhängigkeit und erreicht entlegene Ecken.

Das einzige Tor zu Formentera ist der Hafen La Savina auf der nördlichen Inselseite. Ab Ibiza-Stadt schippern Passagierfähren regelmäßig dorthin. Vor Ort lassen sich dann problemlos Mopeds und E-Bikes für Erkundungen ausleihen.

VAL DUNCAN/ALAMY ©

Hemisfèric und Palau de les Arts Reina Sofía (S. 637), Valencia

VALENCIA & MURCIA

KÜSTE & KULTUR

Versteckte Buchten, weitläufige Sandstrände, historische Städte, Naturparks und eine hervorragende Küche.

Bis in die späten 1990er Jahre galten Valencia und Murcia eher als provinziell und wurden von den Eliten in Madrid und Barcelona als kulturelles Hinterland angesehen.

Um den Wandel in Gang zu bringen, brauchte man Mut und eine Vision. Der einheimische Stararchitekt Santiago Calatrava wurde von den valencianischen Behörden beauftragt, in einer städtischen Brache ein futuristisches Kulturzentrum (La Ciudad de las Artes y las Ciencias) zu schaffen. Das erstaunliche Ergebnis, ein spektakulärer Komplex aus sinnlichen Betonkurven und schimmerndem Glas, machte die Stadt bekannt und lockte Gäste aus aller Welt an.

ABB PHOTO/SHUTTERSTOCK ©

Heute ist Valencia mit rund 2,5 Mio. Einwohnern die drittgrößte Stadt Spaniens und ein beliebtes Ziel für Traveller aus aller Welt. Valencias Strände wurden neu belebt und lange vernachlässigte Viertel in aufregende künstlerische Zentren verwandelt.

Andere Städte in der Region, die mit einem wunderbar gemäßigten Mittelmeerklima gesegnet ist, haben sich ebenfalls neu erfunden. So ist des Zentrum von Dénia jetzt weitaus kosmopolitischer und Heimat schrulliger Bars und schicker Boutique-Hotels. Und auch Cartagena hat ein umfangreiches Restaurierungsprogramm für seine wunderschönen Herrenhäuser und klassischen Denkmäler begonnen.

Bei der Erkundung der spektakulären Küste stößt man auf versteckte Buchten, weiße Sandstrände und schimmernde Salzpfannen, die von Flamingos angeflogen werden.

Die Region hat auch eine bemerkenswerte Auswahl an Festen und Events zu bieten. Las Fallas ist zwar die bekannteste Veranstaltung, es gibt jedoch auch zahlreiche kleinere Events – von Jazz bis Techno, von Paella-Kreationen bis zu Bierverkostungen – die auf jeden Fall immer einen Besuch wert sind.

DIE WICHTIGSTEN ZIELE

VALENCIA
Großstadt mit mediterranem Flair. **S. 636**

DÉNIA
Sandige Buchten, großartige Meeresfrüchte und hübsche Städte in der Umgebung. **S. 651**

CARTAGENA
Klassische Ruinen, leere Strände. **S. 659**

Erste Orientierung

Valencia und Murcia bilden den Hauptteil von Spaniens Ostküste. Im Landesinneren gibt es dramatische Gebirgszüge, Wanderwege und historische Städte.

KATALONIEN
ARAGONIEN
El Maestrazgo
Morella
Catí
Sant Mateu
Ares
Tirig
Vilafranca
Vinaròs
Benicarló
Peñíscola
Teruel
CASTELLÓN DE LA PLANA
Costa del Azahar
Montanejos
Oropesa del Mar
Benicàssim (Benicasim)
Castellón de la Plana (Castelló de la Plana)
Segorbe
Nules
La Vall de Uxó
Río Turia
Sagunto
Llíria
Utiel
Valencias Flughafen
Valencia
Ciudad de las Artes y las Ciencias
Requena
Buñol
Catedral de Valencia
El Saler
El Palmar
Río Cabriel
KASTILIEN-LA MANCHA
VALENCIA
Sueca
Cullera
Carcaixent
Albacete
Xàtiva (Játiva)
Gandia
Dénia
Cabo de la Nao
La Font de la Figuera
Ontinyent
Xàbia

Valencia, S. 636

Größte und dynamischste Stadt mit aufregender Kunstszene, modernistischer Architektur, einem historischen Zentrum und Stränden.

Dénia, S. 651

Attraktive, kompakte Stadt mit großartigen Fischrestaurants, einer Burg, interessantem Fischerviertel und Buchten, die man erkunden kann.

Villena
Ibi
Alcoy
Polop
Calpe (Calp)
Altea
Benidorm
Villajoyosa
Yecla
Jumilla
Elda
ALICANTE
Novelda
Aspe
Alicante
MITTELMEER
Cieza
Crevillente
Elche
ISLA DE TABARCA
Río Benamor
Molina de Segura
Orihuela
Costa Blanca
Revolcadores (2001 m)
Mula
Murcia
Alcantarilla
Torrevieja
MURCIA
España (1585 m)
Alhama de Murcia
San Javier
Lo Pagán
Mar Menor
La Manga del Mar Menor
Lorca
Cartagena
Cabo de Palos
Puerto Lumbreras
Mazarrón
La Unión
Museo Nacional de Arqueología Subacuática
Golfo de Mazarrón
ANDALUSIEN
Águilas

Cartagena,
S. 659

Anmutige Hafenstadt voller historischer Sehenswürdigkeiten, in unmittelbarer Nähe einiger spektakulärer unbebauter Strände und Naturparks.

AUTO

Die Region hat ein hervorragendes Autobahnnetz, um die abgelegenen Strände, Bergdörfer und Nationalparks mit dem Auto zu erreichen. Man sollte etwas mehr Geld für die Mautgebühren einplanen, um die Reisezeit zu verkürzen.

ZUG

Es gibt gute Zugverbindungen zwischen Valencia und Cartagena sowie zwischen Xàtiva, Sagunto, Requena und Valencia. Der Hafen von Dénia ist nur durch eine langsame, landschaftlich reizvolle Straßenbahn- und Zugverbindung mit Alicante verbunden.

BUS

Es gibt ausgezeichnete Busverbindungen zwischen allen größeren Städten der Region. Kleinere Ortschaften werden jedoch nur unregelmäßig bedient. Zwischen Valencia und Dénia sind die Busse zuverlässig und in der Regel das beste öffentliche Verkehrsmittel.

0 — 100 km

Perfekte Tage

Dank herausragender kultureller Sehenswürdigkeiten, einzigartiger regionaler Küche und einer traumhaften Küste mit Sandstränden und idyllischen Buchten sind Valencia und Murcia ein Genuss für alle Sinne.

MAJONIT/SHUTTERSTOCK ©

Parque Natural de la Albufera (S. 647)

Wenn man nur einen Tag Zeit hat

- Man konzentriert sich auf das historische Zentrum Valencias, einschließlich des **Mercado Central** (S. 643) mit seinen Feinkostläden (und den unglaublichen Meeresfrüchten). Die wichtigsten Sehenswürdigkeiten, darunter die **Catedral** (S. 643), **La Lonja** (S. 643) und ein oder zwei Museen sollte man sich ebenfalls nicht entgehen lassen. Nach einem Glas *horchata* (einem süßen Getränk aus Erdmandeln) folgt ein Mittagessen im **El Tap** (S. 644).

- Am Nachmittag Erkundung des Künstlerviertels **Barrio del Carmen** (S. 637) mit seinen engen Gassen, Boutiquen, toller Straßenkunst und gemütlichen Cafés. Dann rauf auf die **Torres de Quart** (S. 637), das Tor zur Stadt, von wo aus man eine fantastische Aussicht hat. Abends sollte man das lebhafte Russafa-Viertel besuchen und ein unvergessliches Essen im **2 Estaciones** (S. 637) genießen.

HELENA GARCIA HUERTAS/SHUTTERSTOCK ©, JRPOLOFOTO/SHUTTERSTOCK ©, FCG/SHUTTERSTOCK ©

Beste Reisezeit

Es gibt eine erstaunliche Anzahl von Festen. Die Osterwoche ist besonders wichtig, mit großen Prozessionen, vor allem in Lorca, während Las Fallas die Mutter aller Fiestas ist. Der Sommer ist heiß, aber an der Küste kann man sich gut abkühlen.

MÄRZ

Das tolle **Las Fallas**, das vom 15. bis 19. März stattfindet, bietet Lagerfeuer, Paella-Wettbewerbe und zieht Tausende auf die Straßen.

APRIL

Valencias aufwendige Prozessionen zu **Semana Santa Marinera**, die in und um das barrio Cabanyal stattfinden, bieten ein maritimes Flair.

MAI

Eine wunderbare Zeit zum Reisen, mit langen warmen Tagen. In diesem Monat findet in Valencia ein **Tango-Festival** statt.

Drei Tage zum Erkunden

- Nach einem Tag im historischen Zentrum lockt der Rest der Stadt. Mit einem Miet-Fahrrad geht's durch den **Jardín del Turia** (S. 640), der einst ein Flussbett waren und heute wunderschön bepflanzt sind. Den Rest des Tages verbringt man im bemerkenswerten **Ciudad de las Artes y las Ciencias** (S. 637) mit Sehenswürdigkeiten wie dem herausragenden Oceanogràfic.

- Am dritten Tag steht ein Ausflug in die **Albufera** (S. 647) an, wo man an Bord eines Bootes geht, um die faszinierenden Feuchtgebiete zu sehen. Zum Mittagessen empfiehlt sich das **El Palmar** (S. 647), die Heimat der Paella, bevor man an der **Playa de Saler** (S. 647) ein erfrischendes Bad nimmt. Auf dem Rückweg nach Valencia sollte man sich das quirlige Malvarrosa-Viertel ansehen, einschließlich **La Fábrica de Hielo** (S. 636).

Wenn man mehr Zeit hat

- Fahrt nach **Dénia** (S. 651) mit seiner entspannten Atmosphäre und einer herrlichen Küste. Dann geht's weiter Richtung Süden nach **Altea** (S. 657), wo man abends in der Altstadt speisen kann – die perfekte Kulisse für ein unvergessliches Essen.

- Es geht weiter die Küste entlang mit Halt in **San Pedro del Pinatar** (S. 665), um die Salzpfannen (und vielleicht einen Flamingo) zu sehen, bevor man das anmutige **Cartagena** (S. 659) mit seinen eindrucksvollen Sehenswürdigkeiten erreicht, darunter römische Ruinen und ein herausragendes Museum für Unterwasserarchäologie. Südlich von Cartagena gibt es wunderbare Strände, darunter **Playa de Calblanque** (S. 665) und im Hochland kann man im **Parque Regional de Sierra Espuña** (S. 664) wandern und Rad fahren.

JUNI

Correfoc (Feuerlauf) und Festlichkeiten zur Feier des Mittsommers in Gemeinden wie Altea. **Mar i Jazz** Musikfestival in Valencia.

JULI

Die Fischergemeinden feiern ihre Schutzpatronin, Virgen del Carmen, am 16. Juli mit Flotten aus kleinen Booten.

AUGUST

Das Fest **Moros y Cristianos** bietet kostümierte Umzüge und besonderen Messen. Weinfest in Requena; auch La Tomatina Monat.

NOVEMBER

Ende des Monats findet das **Internationale Filmfestival von Cartagena** statt. Die Wassertemperaturen sind immer noch angenehm genug zum Schwimmen.

VALENCIA

Das beeindruckende, anmutige Valencia hat ein faszinierendes Zentrum, das reich an historischen Sehenswürdigkeiten, außergewöhnlicher moderner Architektur, breiten Sandstränden und einem vielfältigen kulturellen Leben ist. Die meisten der wichtigsten Sehenswürdigkeiten sind vom Hauptplatz aus leicht zu erreichen, andere sind nur eine kurze Fahrrad- oder Straßenbahnfahrt oder eine Metrostation entfernt. Die Stadt ist bei weitem nicht so überlaufen wie ihre katalanische Küstennachbarin, hier herrscht kein Gefühl von Übertourismus, und die Stadt hat sich eine ausgeprägte regionale Identität bewahrt.

Es gibt mehrere Viertel, die alle ihren eigenen Reiz haben und die man unbedingt besuchen sollte. Dazu gehören die historischen Gassen des stimmungsvollen Barrio del Carmen, die großen Sehenswürdigkeiten in der Ciutat Vella, die hübschen Turia-Gärten und die epischen, hochmodernen Gebäude der Ciudad de las Artes y las Ciencias. Man sollte unbedingt auch einen Abend im quirligen Russafa und einen Strandaufenthalt in Malvarrosa einplanen.

TOP TIPP

Das Stadtzentrum (einschließlich Ciutat Vella und Barrio del Carmen) lässt sich am besten zu Fuß erkunden. Für die Turia-Parklandschaft, den Ciudad de las Artes y las Ciencias und den Strand von Malvarrosa sollte man sich ein Fahrrad mieten.

TOP-RESTAURANTS IN STRANDNÄHE

La Sastrería
Gehobenes Ambiente und hervorragende, wenn auch etwas kostspielige Gerichte mit Meeresfrüchten und Fleisch. **€€€**

Car la Mar
Angenehmes, auf Meeresfrüchte spezialisiertes Restaurant mit toller Terrasse und moderaten Preisen. **€**

Beak & Trotter
Atmosphärischer, kantinenartiger Laden mit den besten Burgern der Stadt und interessanten Craft-Bieren. **€**

Viertel der Fischer

STRANDVERGNÜGUNGEN & PROMENADEN

Valencias faszinierende **Strände** liegen 3 km östlich des Stadtzentrums und grenzen an das alte Fischerviertel Cabanyal.

Malvarrosa, ein schöner, breiter Sandstrand, bietet abends Beachvolleyball-Spiele und Latino-Tanzkurse. Man kommt an einer Reihe von Lokalen vorbei, die für ihre Paella berühmt sind, bevor man zum hübschen Patacona-Strand mit seinen unzähligen Restaurants gelangt, die in bunten ehemaligen Fischerhäusern untergebracht sind.

Entlang der Promenade kommt man an **La Fábrica de Hielo** vorbei, einer ehemaligen Eisfabrik, heute ein Kulturzentrum mit Bar und diversen Veranstaltungen vorbei, darunter Musikevents mit Bands und DJs. Das westlich gelegene Viertel Cabanyal ist ein sehr stimmungsvolles Arbeiterviertel, in dem heute viele Kunstschaffende leben. In Bars wie **La Otra Parte** finden Flamenco-Aufführungen statt. In Cabanyal gibt es zwar nur wenige klassische Sehenswürdigkeiten, aber viele Häuser haben kunstvolle Kachelfassaden und der **Mercat Municipal** (schließt um 14.30 Uhr) bietet eine gute Auswahl an lokalen Erzeugnissen.

ESSEN IM BARRIO DEL CARMEN

Refugio
Innovative Med-Fusion-Sharing-Teller mit einer Vielzahl an vegetarischen Speisen, Fisch- und Fleischgerichten. **€€**

El Tap
Stilvolles kleines Lokal, das wirklich kreativeTapas serviert und einen ausgezeichneten Service bietet. **€€**

L'Ostrería del Carmen
Wunderbare Tapas aus Meeresfrüchten sowie leichte Snacks, darunter Austern aus der Region – im Mercado de Mossén Sorell. **€**

Das **Museo del Arroz (Reismuseum)** bietet einen Überblick über Valencias Reiserbe. Die eindrucksvoll restaurierte Reismühle zeigt hervorragende alte Maschinen und bietet einige Informationen in englischer Sprache. Nebenan befindet sich ein Museum, das sich mit den örtlichen Feierlichkeiten zur Semana Santa beschäftigt.

Atmosphäre, Kunst und Geschichte

INNERSTÄDTISCHES KULTURZENTRUM

Das älteste Viertel Valencias, das **Barrio del Carmen**, ist vor allem auch wegen seiner mittelalterlichen Straßen eine Erkundung wert.

Vom imposanten Tor **Torres de Serranos** aus dem 14. Jh. hat man einen herrlichen Blick auf das Viertel. Westlich davon befindet sich das **Centro del Carmen Cultura Contemporánea**, das in den hübschen gotischen und Renaissance-Kreuzgängen eines Klosters untergebracht ist und Ausstellungen und Filme zeigt.

Weiter westlich befindet sich das **Institut Valencià d'Art Modern**, eine beeindruckende Galerie, die hervorragende Wechselausstellungen und eine kleine ständige Sammlung spanischer Kunst des 20. Jhs. bietet.

Gleich südlich davon befindet sich der riesige Beneficència-Komplex, ein ehemaliges Kloster, das heute zwei große, interessante Museen beherbergt (ein einziges Ticket erlaubt Eintritt in beide). Das **Museo de Prehistoria**, ein archäologisches Museum, beschäftigt sich vor allem mit der römischen Epoche und der vorrömischen iberischen Kultur. Das **Museo de Etnología** konzentriert sich auf das valencianische Leben seit dem Industriezeitalter.

Nicht entgehen lassen sollte man sich einen Besuch des **Torres de Quart**, dem wohl prächtigsten Stadttor Spaniens.

Kultur, Kunst und Meeresleben

ARCHITEKTUR VON EINEM ANDEREN PLANETEN

La Ciudad de las Artes y las Ciencias macht Valencia zu einem einzigartigem Leuchtturm zeitgenössischer Architektur.

Am nördlichen Ende des Komplexes lassen sich die beeindruckenden Skulpturen von Igor Mitoraj (1944–2014) bewundern. Der **Palau de les Arts Reina Sofía** ist ein markantes Gebäude, das über dem alten Flussbett thront und ein hochmoderner Komplex für darstellende Künste, mit vier Sälen von denen der Hauptsaal für Opernaufführungen bestimmt ist (Plácido Domingo ist hier mehrmals aufgetreten).

SEIDE UND DIE STADT

Nach der Einführung von Seide durch Kaufleute im 13. Jh. wurde Valencia zu einem der wichtigsten Seidenhandelszentren Europas. Dies führte zum Bau der Lonja de la Seda (Seidenbörse) im Jahr 1483, einem der großartigsten gotischen Gebäude Spaniens.

Weitere Zeugnisse des Seidenhandels sind im historischen Zentrum Valencias zu finden. Im **Museo de la Seda**, das im ehemaligen Colegio del Arte Mayor de la Seda (Seidenmacherzunft) untergebracht ist, werden die Rolle der Stadt im Handel und die Geschichte der Seidenproduktion erläutert. Hier gibt es eine einzigartige Sammlung von Stoffen und Webstühlen, Regale, in denen Seidenraupen gezüchtet wurden, und Vorführungen von Webern.

Das Fremdenverkehrsamt von Valencia bietet eine informative Tour über die Seidenstraße an (nur samstags), bei der die wichtigsten Sehenswürdig keiten vorgestellt werden.

ESSEN BEIM CIUDAD DE LAS ARTES Y LAS CIENCIAS

Sólo del Mar
Zwanglose Tapas-Bar mit marktfrischen Meeresfrüchten und Fischen. Faire Preise. **€€**

2 Estaciones
Hervorragende, moderne Küche, die mit Bravour ausgeführt und präsentiert wird. In Russafa. **€€€**

Tránsito Bar Restaurante
Günstiges Frühstück, Tapas, *bocadillos*, *empanadas* und *arepas* (belegte Brötchen nach südamerikanischer Art). **€**

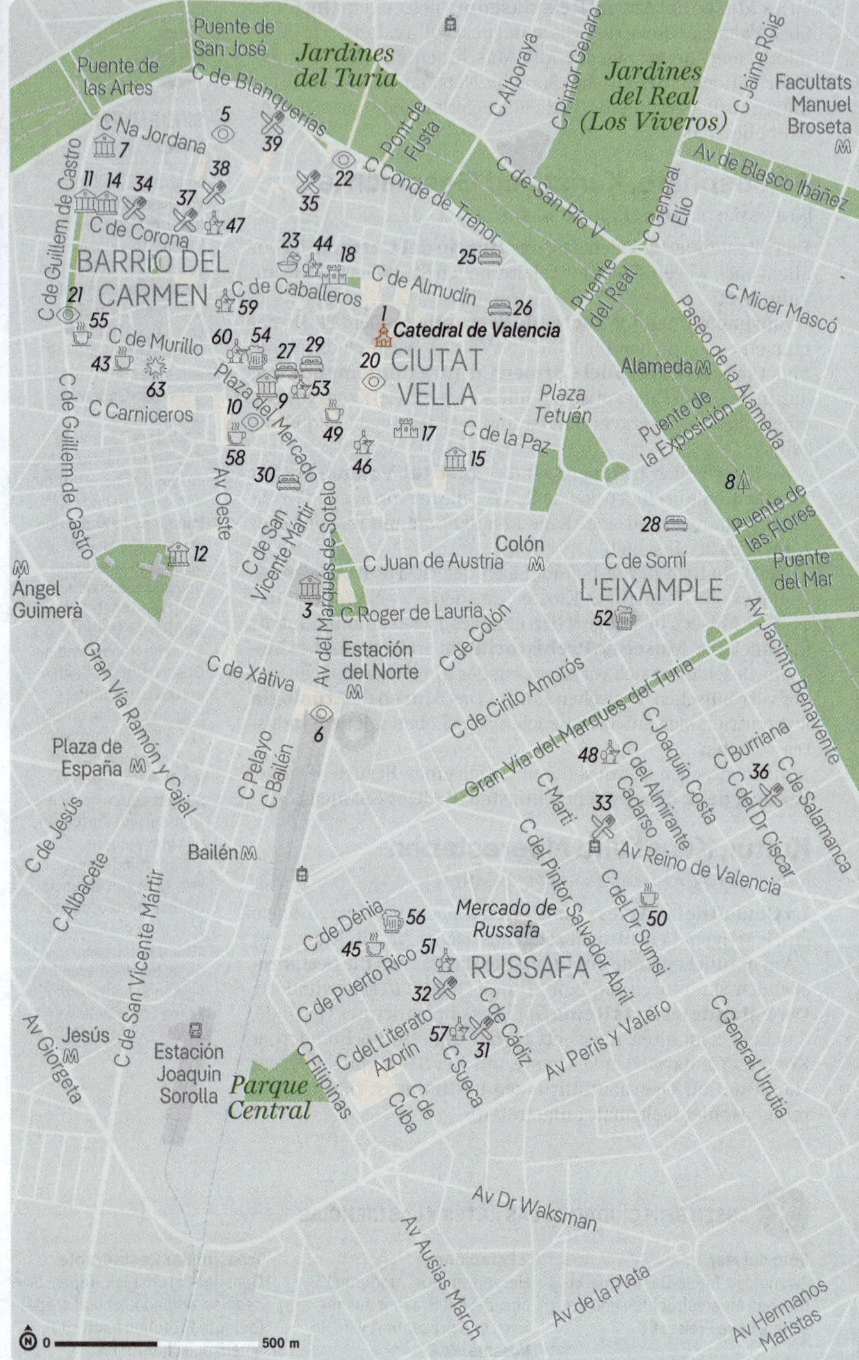
Puente de San José
Jardines del Turia
Puente de las Artes
C de Blanquerías
C Na Jordana
C Conde de Trenor
Pont de Fusta
C Alboraya
C Pintor Genaro
Jardines del Real (Los Viveros)
C Jaime Roig
Facultats Manuel Broseta
Av de Blasco Ibáñez
C de San Pío V
C General Elío
C de Guillem de Castro
C de Corona
BARRIO DEL CARMEN
C de Caballeros
C de Almudín
Catedral de Valencia
CIUTAT VELLA
Puente del Real
C Micer Mascó
Paseo de la Alameda
Alameda
C de Murillo
Plaza del Mercado
C Carniceros
Plaza Tetuán
C de la Paz
Puente de la Exposición
Av Oeste
C de San Vicente Mártir
Av del Marqués de Sotelo
Puente de las Flores
Puente del Mar
Colón
C Juan de Austria
C de Sorní
L'EIXAMPLE
Ángel Guimerà
C Roger de Lauria
C de Colón
Estación del Norte
C de Xàtiva
C de Cirilo Amorós
Gran Vía del Marqués del Turia
Av Jacinto Benavente
Gran Vía Ramón y Cajal
Plaza de España
C Pelayo
C Bailén
C Joaquín Costa
C Burriana
C de Salamanca
C del Dr Císcar
C del Almirante Cadarso
C Martí
Av Reino de Valencia
C de Jesús
C Albacete
Bailén
C del Pintor Salvador Abril
C del Dr Sumsi
C de Dénia
Mercado de Russafa
RUSSAFA
C de Puerto Rico
C de Cádiz
C del Literato Azorín
C Sueca
C de Cuba
Av Peris y Valero
C General Urrutia
C de San Vicente Mártir
Jesús
Estación Joaquín Sorolla
Parque Central
C Filipinas
Av Giorgeta
Av Dr Waksman
Av Ausias March
Av de la Plata
Av Hermanos Maristas
0
500 m

HIGHLIGHTS
1 Catedral de Valencia
2 Ciudad de las Artes y las Ciencias

SEHENSWERTES
3 Ayuntamiento
4 CaixaForum
5 Centro del Carmen Cultura Contemporánea
siehe 1 El Miguelete
6 Estación del Norte
7 Institut Valencià d'Art Modern
8 Jardín del Turia
9 La Lonja
10 Mercado Central
11 Museo de Etnología
12 Museo de la Seda
13 Museo de las Ciencias Príncipe Felipe
14 Museo de Prehistoria
15 Museo del Patriarca
16 Oceanogràfic
17 Palacio del Marqués de Dos Aguas
18 Palau de la Generalitat
19 Palau de les Arts Reina Sofía
20 Plaza de la Reina
21 Torres de Quart
22 Torres de Serranos

KURSE
23 Escuela de Arroces y Paella Valenciana
24 Valencia Club Cocina

UNTERKÜNFTE
25 Ad Hoc Monumental
26 Caro Hotel
27 Home Youth Hostel
28 Hospes Palau de la Mar
29 Hostal Antigua Morellana
30 One Shot Mercat **09**

ESSEN
31 Casa Viva
32 Copenhagen
33 Goya
34 La Lluna
35 L'Aplec
36 Las Lunas
37 L'Ostrería del Carmen
38 Refugio
39 Restaurant Blanqueries
40 Sólo del Mar
41 Sowu
42 Tránsito Bar Restaurante

AUSGEHEN
43 Beat Brew Bar
44 Beers & Travels
45 Bluebell Coffee
46 Café Madrid
47 Café Sant Jaume
48 Doce Gin Club
49 Horchatería de Santa Catalina
50 Ikori Kofe
51 La Catrina
52 Las Cervezas Del Mercado
53 Lisboa Restobar
54 Market Craft Beer
55 Mayan Coffees
56 Olhops
57 Planet Valencia
58 Retrogusto Coffeemates
59 Sant Jaume
60 Tyris on Tap

UNTERHALTUNG
61 Black Note
62 Hemisfèric
63 Radio City

FAHRRADTOUR

Mit dem Fahrrad durch das ehemalige Flussbett des Turia

Der Jardín del Turia ist der schönste Stadtpark Valencias, er erstreckt sich fast über die gesamte Länge des ehemaligen Flusslaufs des Río Turia und kann super mit dem Fahrrad erkundet werden. Auf der hier vorgestellten 5 km langen Strecke (ohne Abzweigungen) des 1986 eingeweihten Flussbetts gibt es zahlreiche Sehenswürdigkeiten.

1 Turia

Los geht's an der U-Bahn-Station Turia, neben der sich Valencia Bikes, ein Fahrradverleih, befindet. Es gab einmal Pläne, das gesamte Flussbett in eine sechsspurige Autobahn zu verwandeln. Zum Glück haben die Umweltschützer:innen die Lastwagenfahrer:innen übertrumpft. In östlicher Richtung ist die erste Brücke der **Puente de Las Artes**. Hier sollte man einen Abstecher zu **Bombas Gens** machen, einer alten Fabrik, in der heute zeitgenössische Kunst ausgestellt wird.

Die Strecke: Vorsicht bei der Überquerung der stark befahrenen Carrer Mauro Guillén, danach geht's im Zickzack 500 m hinauf nach Bombas Gens. Der Rückweg erfolgt anschließend auf der gleichen Strecke.

2 Historische Brücken

Zurück am Flussufer geht die Fahrt durch Waldstücke und unter erstaunlichen Brücken hindurch. Vorbei an einem Baseball- und Softballfeld befindet sich der **Puente de San José** aus dem 17. Jh., gefolgt von dem **Puente de Serranos** aus dem 16. Jh. Hier sollte man vom Sattel steigen, um das Wahrzeichen **Torres de Serranos** zu betrachten, das gotische Tor zum Viertel Barrio de la Carmen.

Die Strecke: Schattige Plätze bieten Schutz vor der Sonne Valencias. Eine Rampe auf der Südseite des Flussbettes führt zum Torres de Serranos.

Torres de Serranos

3 Puente de las Flores

Weiter geht's gen Südosten. Nach 1,8 km erreicht man die elegante, bogenförmige **Puente de la Exposición** und gleich dahinter die noch spektakulärere **Puente de las Flores** – beide wurden von Santiago Calatrava entworfen. Letztere ist mit 27000 Blumenkübeln geschmückt, die typischerweise mit roten, weißen und rosa Geranien bepflanzt sind. Die Instandhaltungskosten veranlassten eine Zeitung einmal dazu, sie als „die teuerste Brücke der Welt" zu bezeichnen.

Die Strecke: Die gewundene Route führt durch die Gärten des Flussbetts, die bei Liebespaaren, Yogis und Picknickern beliebt sind.

4 La Mestalla

Am Ostufer befinden sich die imposanten Tribünen des Mestalla-Stadions, der Heimat des Valencia Club de Fútbol (zweimaliger Finalist der Champions League), das man bei einer Führung besichtigen kann. Das Emblem des Clubs ist eine Fledermaus; im offiziellen Club-Shop gibt's Fanartikel. Auf dem Rückweg entlang des Turia kommt man am **Palau de la Música de València** vorbei, einem imposanten Konzertsaal für klassische Musik und andere kulturelle Veranstaltungen.

Die Strecke: Von dem Puente de las Flores aus folgt man dem Carrer del General Gil Dolz und gelangt so zu La Mestalla. Auf demselben Weg geht's zurück.

5 Gulliver

Als Nächstes steht der riesige **Gulliver** auf dem Programm, ein liegender Mann, der zum Spielplatz umfunktioniert wurde, mit Seilen zum Klettern und Rutschen. Eine tolle Abwechslung für Kinder. Neben dem Giganten befindet sich ein Skatepark.

Von hier aus ist es nur eine kurze Fahrt zu den beeindruckenden Bauten des **Ciudad de las Artes y las Ciencias**. Der Weg ist von Landschaftsgärten, türkisfarbenen Pools und Skulpturen von Igor Mitoraj gesäumt.

El Miguelete

LOCAL TIPP: AUSGEHEN & ESSEN IN BARRIO DEL CARMEN

Miles Roddis (Autor des ersten Lonely Planet Valencia) lebt seit 1992 im Carmen. Er ließ sich hier nieder, als es „heruntergekommen, punkig und ein Tummelplatz für Hasch-Dealer, aber billig" war. Hier sind seine Empfehlungen für das barrio.

L'Aplec
Tapas-Bar, die von einem überfreundlichen Team aus Frauen geführt wird. Unbedingt die *patatas bravas* probieren – außen knusprig, innen weich und mit toller Soße.

Restaurant Blanqueries
Raffinierte Gerichte, frische Zutaten und ein besonders günstiges *menú del día* (Tagesgericht), das je nach Saison monatlich wechselt.

Beers & Travels
Hier gibt's zu jeder Tages- und Nachtzeit Valencias beste Auswahl an Fass- und Flaschenbieren.

Im Süden ist das **Hemisfèric**, eine berauschende Kombination aus Planetarium, IMAX-Kino und Lasershow. Gleich daneben liegt das **Museo de las Ciencias Príncipe Felipe**. Dieses Wissenschaftsmuseum bietet eine riesige Auswahl an interaktivem Material, das alles von der DNA bis zur Raumfahrt abdeckt – ein Riesenspaß für alle Altersgruppen.

Auf der Westseite des Geländes befindet sich das Umbracle, der wohl anmutigste Parkplatz der Welt, überspannt von einem gewölbten Dach samt Gärten. Das nächste Gebäude, das **CaixaForum**, ähnelt einer riesigen lilafarbenen Muschel und war viele Jahre ein echter Problembau, bietet aber jetzt interessante Kunst und Ausstellungen zu verschiedenen Themen.

Das letzte Element des Megakomplexes ist das hervorragende **Oceanogràfic**, eines der größten Aquarien der Welt. Die Meeresgebiete umfassen die Arktis, das Mittelmeer, das Rote Meer, tropische und gemäßigte Gewässer. Der Haitunnel ist atemberaubend. Weniger erfreulich ist, dass in dem Aquarium auch Delfine und Belugas in Gefangenschaft gehalten werden.

Plätze, Paläste und gotische Juwelen

VOM MITTELALTER ZUM MODERNISMUS

Das Herz des historischen Valencias beherbergt viele der wichtigsten Sehenswürdigkeiten der Stadt. Bei der Modernista **Estación del Norte** sollte man innehalten und das mit Keramikmosaiken und Buntglas verzierte Hauptfoyer des Gebäudes betrachten.

In Richtung Norden dominiert Valencias neoklassizistisches *ayuntamiento* (Rathaus). Im Innern kann man die mit Kronleuchtern geschmückten Prunkräume und die tolle Aussicht vom Balkon die Plaza del Ayuntamiento genießen. Von der

ÜBERNACHTEN IN CIUTAT VELLA

One Shot Mercat 09
Boutique-Traum in der Nähe des Mercado Central mit Pool auf dem Dach, Restaurant und viel moderner Kunst. **€€€**

Hostal Antigua Morellana
In einem hübschen Gebäude aus dem 18. Jh. Günstige und geräumige Zimmer. **€€**

Home Youth Hostel
Einrichtung und Design sind retro-schick; die Küche und Filmothek sind großartig; gesellige Atmosphäre. **€**

Plaza Richtung Nordosten findet man den **Palacio del Marqués de Dos Aguas**, eine ehemalige aristokratische Residenz. Seine extravagante Dekoration machen ihn zum wohl schönsten Barock-/Rokokopalast Spaniens. Das oberste Stockwerk beherbergt eine hochkarätige Sammlung spanischer Keramik, wobei der Schwerpunkt auf valencianischen Arbeiten liegt.

Das benachbarte **Museo del Patriarca** besitzt einen Renaissance-Kreuzgang und ein kleines Museum für religiöse Kunst. El Greco und die einheimischen Künstler José de Ribera, Juan de Juanes und Pedro Orrente sind hier vertreten; außerdem gibt es Gemälde aus der Werkstatt von Caravaggio.

Der **Plaza de la Reina**, einer der wichtigsten und anmutigsten Plätze Valencias dominiert das historische Zentrum. An der Nordseite befindet sich die **Catedral**, die 1238 über einer Moschee errichtet wurde. Ihr dreischiffiges Backsteingewölbe ist überwiegend gotisch mit neoklassizistischen Seitenkapellen. Höhepunkte sind das Museum, die reichen Fresken im italienischen Stil über dem Altarbild, ein Paar Gojas in der Capilla de San Francisco de Borja und der angeblich heilige Gral, aus dem Christus beim letzten Abendmahl getrunken haben soll. Vom **El Miguelete**, dem achteckigen Glockenturm, hat man eine hervorragende Aussicht auf die Stadt.

Westlich davon befindet sich der **Palau de la Generalitat**, ein stattlicher gotischer Palast aus dem 15. Jh., der im Laufe der Jahre stark verändert wurde und heute Sitz der Regierung der Region Valencia ist. Kostenlose halbstündige Führungen sind nach Voranmeldung möglich. In Richtung Südwesten stößt man auf **La Lonja** aus dem 15. Jh., die zum UNESCO-Weltkulturerbe gehört und ursprünglich Valencias Seiden- und Warenbörse war. La Lonja ist eines der schönsten gotischen Bürgergebäude Spaniens. Die prächtige Sala de Contratación mit ihren hoch aufragenden, verdrehten Säulen war einst ein Altar des Handels, während der Consulado del Mar ein Seetribunal beherbergte.

Der **Mercado Central**, eine riesige modernistische Markthalle, wurde zwischen 1916 und 1928 errichtet. Sie bietet spektakuläre Meeresfrüchte-Auslagen, Delikatessentheken und ein großes Angebot an Obst- und Gemüsesorten.

Märkte, Cocktails und lokale Spezialitäten

EINZIGARTIGE REGIONALE GETRÄNKE UND SPEISEN.

Am besten beginnt man im **Mercado Central** mit einem *café con leche* bei **Retrogusto Coffeemates**, einem echten Kaffeespezialisten.

Anschließend Bummel durch die Delikatessenstände mit einheimischen Oliven und Mandeln und fantastischen Fisch- und

TOP-ADRESSEN FÜR KLASSE KAFFEE

Retrogusto Coffeemates (S. 643) im Mercado Central ist immer wunderbar. Andere tolle Koffein-Optionen:

Beat Brew Bar
Biologisch angebauter, fair gehandelter Kaffee in verschiedenen Varianten, darunter Cold Brew und Siphon. Verkostungen, Kurse und Workshops.

Bluebell Coffee
Ein von Frauen geführtes Unternehmen, das sehr hochwertigen Kaffee anbietet, der auch in Valencia geröstet wird. In Russafa.

Tallat Specialty Coffee
Direkt im Landesinneren von Malvarrosa. Besonders empfehlenswert: „Dirty Horchata" (Mischung aus Kaffee und *horchata*).

Ikori Kofe
Exzellenter kalt gebrühter Kaffee. Wunderbare Auswahl an Sorten, die man kaufen kann.

Mayan Coffees
Bietet interessante Mischungen und seltene Spezialitäten aus Lateinamerika an. Im Barrio del Carmen.

Hospes Palau de la Mar
Modernes Hotel in zwei ehemaligen Palastgebäuden mit Spa und Pool. €€

Caro Hotel
Eindrucksvolles Hotel in einem Herrenhaus aus dem 19. Jh. mit prächtigen Zimmern. €€€

Ad Hoc Monumental
In der Nähe der Turia-Gärten gelegen, bietet das Hotel Komfort und stilvolle Details wie alte Fliesen und unverputzte Ziegelwände. €€

DIE BESTEN RESTAURANTS FÜR VEGANE & VEGETARISCHE GERICHTE

Mestiza
Hervorragendes veganes Restaurant mit ausgezeichneter Auswahl an Tapas, Hauptgerichten und Desserts. **€**

Casa Viva
Kreative, schön präsentierte Gerichte. Mit Garten; in Russafa. **€**

Copenhagen
Moderne, vegetarische Küche mit ausgezeichneten pflanzlichen Sushi und einem täglichen Menü für 13 €. **€€**

Las Lunas
Bietet in seinen stilvollen Räumlichkeiten echtes „Soul Food". Nicht ausdrücklich vegetarisch, hat aber immer gute vegane Gerichte. **€**

La Lluna
Nahrhaftes Wochentagsmenü (8,50 €) und ein reichhaltiges Degustationsmenü (20 €) geboten; sonntags geschlossen. **€**

Meeresfrüchten. Dabei unbedingt die *longaniza de Pascua* (valencianische Wurst aus Rind- und Schweinefleisch mit Anis) und die *imperial de Lorca* (Wurst mit Schweinebauch, weißem Pfeffer und Muskatnuss) probieren. Am Stand **Frutos Secos Carrasco** kann man Collaret-Erdnüsse mit ihrem unverwechselbaren iberischen Geschmack kaufen.

In der berühmten **Horchateria de Santa Catalina** sollte man ein Glas des berühmtesten Getränks der Region probieren. *horchata* ist ein erfrischendes Milchgetränk aus Erdmandeln, das traditionell mit *fartons* (mit Zucker bestäubtem Gebäck) genossen wird.

Das berühmteste Gericht Valencias ist die Paella. Paella mit Meeresfrüchten erhält man in den Lokalen am Strand von Malvarrosa. Im **Casa Carmela** genießt man ein gemütliches Mittagessen am Wasser. Seine eigene Pallea kann man in der **Escuela de Arroces y Paella Valenciana** oder im **Valencia Club Cocina** zubereiten.

Ein Cocktail, den man sich nicht entgehen lassen sollte, ist Agua de Valencia (Cava, Wodka, Gin und frisch gepresster Orangensaft), den es beispielsweise im **Café Sant Jaume** und in der **Lisboa Restobar** gibt, beide in der Ciutat Vella.

Ein besonderes Abendessen mit einer hervorragenden Mischung aus traditionellen Speisen und moderner Küche bietet das **Goya** an. Für Tapas empfiehlt sich das **El Tap** im Barrio del Carmen.

Es gibt jede Menge interessante lokale Ales und Craft-Biere. Das Turia-Bier – benannt nach dem Fluss der Stadt – ist ein dunkles, malziges Gebräu, das überall erhältlich ist. In der ganzen Stadt gibt es Schankwirtschaften; eine gute davon befindet sich im Mercado de Colón, wo man auch hervorragend essen kann. Im benachbarten Stadtteil Russafa gibt es ebenfalls mehrere Bars, die sich auf lokales Craft-Bier spezialisiert haben.

Nächtlicher Stadtbummel

TRINKEN, DIE NACHT DURCHTANZEN

Valencia hat zu Recht den Ruf, eine tolle Ausgehstadt zu sein. Die Tanzszene der Stadt erwachte in den frühen 1980er Jahren, als sich die Mainstream-*discotecas* in Underground-Clubs entlang der Strandzone im Süden der Stadt verwandelten. In Lokalen wie Barraca, Spook Factory und Looping schufen DJs wie Fran Laners die aufregendste Clubbing-Szene Spaniens, die Ruta de Bacalao, in der britische elektronische Klänge mit Proto-House und anderen Genres vermischt wurden.

Heute ist die valencianische Partyszene vielfältig und die Veranstaltungsorte sind über die ganze Stadt verteilt. **Radio City** ist ein bekannter Club im Barrio del Carmen, der Reggae- sowie Funk-, Soul- und Afrobeat-Nächte veranstaltet. Für Jazz und

VALENCIAS BESTE COCKTAILS

Café Madrid
Geburtsort des Agua-de-Valencia-Cocktails und Wirkstätte der legendären spanischen Mixologin Esther Medina-Cuesta.

Doce Gin Club
Dank über 500 Gins, darunter viele seltene Destillate, wird hier jeder Durst gelöscht.

La Catrina
Hier gibt's zu ausgezeichneten Cocktails alternative Rockmusik.

JULIEN JEAN ZAYATZ/SHUTTERSTOCK ©

Mercado Central (S. 643)

Live-Bands ist das **Black Note** in der Nähe des Mestalla-Stadions eine gute Wahl.

Deseo 54 ist der größte Schwulenclub der Stadt mit House-Musik und echter Partystimmung, die Bar **Planet Valencia** in Russafa hingegen zieht ein treues lesbisches Publikum an.

Es gibt zwar eine Underground-Musikszene, aber Mainstream-Dance und kommerzieller Reggaeton dominieren heute das Nachtleben von Valencia. In der Nähe der Strandzone gibt es einige interessante Bars: **Gran Martínez** für elektronische Klänge und **Artist Bar** für Akustik- und Indie-Musik. In der Nähe, in Cabanyal, bietet **La Fábrica de Hielo** hervorragende DJs und Bands, auch **Mercabañal** ist ein netter Club für einen klasse Abend.

Gelegentliche Veranstaltungen auf der Ruta de Bacalao halten die ursprüngliche Stimmung am Leben; Le Club, Chocolate und Barraca sind allesamt Gastgeber sporadischer Underground-Events mit Drum'n'Bass- und Techno-DJs.

VALENCIAS BESTE CRAFT-BIERE

Tyris on Tap
Mikrobrauerei im Herzen der Ciutat Vella; 10 Zapfhähne mit Craft-Bieren – tolle Terrasse.

Olhops
Intimes „Craft Beer Lab" in Russafa mit ausgezeichneter Auswahl an IPAs und leckeren Bieren vom Fass.

Market Craft Beer
In der Nähe von La Lonja, mit interessanten Bieren aus aller Welt und acht Bieren vom Fass.

Las Cervezas Del Mercado
Im jugendstiligen Mercado del Colón, mit 12 Bieren vom Fass und weit über 100 Flaschenbieren.

UNTERWEGS VOR ORT

Valencia hat ein ausgezeichnetes Bus-, Straßenbahn- und U-Bahn-Netz. In den Fremdenverkehrsbüros und an einigen Busbahnhöfen ist die Valencia Tourist Card erhältlich, mit der man unbegrenzt fahren kann und Ermäßigungen bekommt.

Die Taxis hier sind erschwinglich – ca. 10 € vom Zentrum zum Strand; Radio Taxi Valencia ist empfehlenswert. Uber gibt's hier nicht, dafür Free Now.

Viele Traveller mieten sich Fahrräder (ab 12 € pro Tag), um die Stadt zu erkunden, die eben ist und über ein gutes Radwegenetz verfügt. Valenbisi ist das städtische Fahrradprogramm; ein Vertrag für eine Woche kostet 13,30 €. Elektroroller (ca. 20 € pro Tag) sind ebenfalls sehr beliebt (und legal, allerdings besteht Helmpflicht; die meisten Fahrradverleihe bieten sie an).

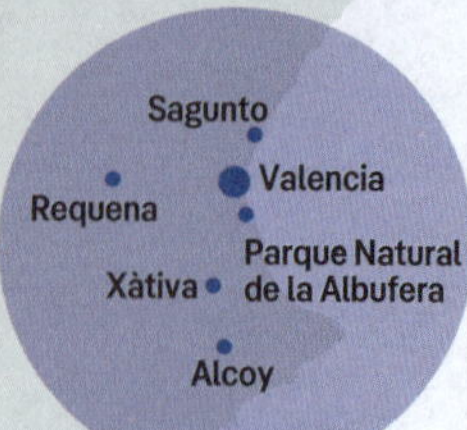

Rund um Valencia

Es warten mittelalterliche Städte und Burgen, Weingüter und Feuchtgebiete – und die ein oder andere Fiesta.

TOP TIPP

Kein eigenes Fahrzeug? Kein Problem – die Zugverbindungen nach Sagunto, Xàtiva und Requena sind ausgezeichnet.

Die Region ist reich an historischen Sehenswürdigkeiten. Die vielleicht beeindruckendste Burg befindet sich in Sagunto, aber auch die Burg von Xàtiva ist einen Besuch wert. Das historische Requena bietet eine stimmungsvolle Altstadt und ein faszinierendes Weingebiet, in dem vielerorts Verkostungen angeboten werden. In der Nähe von Valencia ist die herrliche Albufera-Lagune ein wahres Vergnügen – man kann sie wunderbar mit dem Boot erkunden.

La Tomatina ist das spektakulärste (und chaotischste) der vielen Feste der Region. Zudem gibt es viele kleinere Feste zu Ehren von Schutzheiligen und zu saisonalen Anlässen. Die Feierlichkeiten zu Los Moros y Cristianos sind immer faszinierend: aufwendige Paraden, Kostüme, Musik, Schießpulver und Feuerwerk. Die Termine variieren von Stadt zu Stadt, wobei das berühmteste Fest in der Stadt Alcoy im Landesinneren stattfindet (22. bis 24. April).

Weinberg, Requena (S. 649)

LUNAMARINA/SHUTTERSTOCK ©

AMAZING TRAVELS/SHUTTERSTOCK ©

Parque Natural de la Albufera

Reisfelder und Sanddünen

VOGELBEOBACHTEN, BOOTSFAHRTEN UND BADEN

Die Feuchtgebiete der Lagune von Albufera, 15 km südlich von Valencia (30 Minuten mit dem Bus), sind seit prähistorischen Zeiten eine wichtige Fischereiressource und seit dem 18. Jh. auch Reisanbaugebiet. Der **Parque Natural de la Albufera** ist vom Meer durch einen schmalen Streifen aus Pinien und Sanddünen getrennt und nimmt einen ziemliche großen Teil des Gebiets ein.

Die Gegend eignet sich hervorragend zur Vogelbeobachtung: Über 90 Arten nisten hier regelmäßig, darunter Reiher und Fischadler, und mehr als 250 weitere Arten nutzen das Gebiet als Rastplatz während ihrer Wanderungen. Es gibt Unterstände, Beobachtungsplattformen und markierte Wanderwege.

Zu den Albufera-Gemeinden gehört **Pinedo**, auf der anderen Seite der Flussmündung von Valencia gelegen bekannt für seinen Strand und seine Reisgerichte. **El Palmar** liegt direkt an der Lagune und ist berühmt für seine Paella-Restaurants und **El Saler** hat einen feinen Sandstrand, der von Dünen umgeben ist. Wer auf dem Weg nach Sollana ist, kann wieder Richtung Norden nach Valencia fahren. Die Sonnenuntergänge in La Albufera sind bisweilen spektakulär und am besten vom **Mirador El Pujol** zu erleben.

Bootsausflüge sind perfekt, um die Lagune zu erkunden. Sie starten von El Palmar und El Saler aus und schließen sich einheimischen Fischern an, die mit Flachbodenbooten und Netzen Fische und Aale aus den seichten Gewässern fangen.

PAELLA PLUS

Das von Reisfeldern umgebene La Albufera ist der Geburtsort der Paella und es gibt keinen besseren Ort, um dieses valencianische Gericht zu genießen. In El Palmer gibt es zahlreiche Restaurants, darunter die **Arrocería Maribel** und das **El Sequer de Tonica** und in Playa El Saler viele weitere (das **Restaurante Arrocería Duna** bietet Blick auf die Dünen und ausgezeichnete Paellas).

Die Rezepte variieren, aber Paella besteht immer aus Kurzkornreis, Knoblauch, Olivenöl und Safran. Fleischpaellas werden in der Regel mit Huhn und Kaninchen (und manchmal Schnecken) zubereitet, dazu kommen grüne Bohnen und anderes Gemüse. Paellas mit Meeresfrüchten enthalten in der Regel mehr Flüssigkeit, wobei Calamari oder Tintenfisch für den Geschmack und Garnelen für die Dekoration sorgen.

Arroz negro (schwarzer Reis), ein Reisgericht, wird mit Tintenfischtinte und Fischbrühe zubereitet, *arroz a la banda* ist ein Reisgericht, das in einer starken Fischbrühe gekocht wird.

ESSEN IN SAGUNTO

Arrels Restaurant
Ein gastronomisches Erlebnis der Spitzenklasse mit Degustationsmenüs in spektakulären historischen Gewölben. €€€

Restaurant El Mirador de Sagunto
Großartige Aussicht auf die Burg, preiswerte Menüs und hervorragende Reisgerichte. €€

La Taverna de la Serp
Sehr preiswerte, leckere Tapas; auf dem Weg zur Burg. €

RÖMER & MAUREN

Sagunto geht mindestens auf das 5. Jh. v. Chr. zurück, als es eine iberische Siedlung namens Arse war und mit anderen Küstenstädten am Mittelmeer Handel trieb. Aufgrund ihrer Verbindungen zu Rom geriet sie ins Visier der rivalisierenden Macht Karthago und Hannibal belagerte die Stadt, was den Zweiten Punischen Krieg auslöste. Rom siegte und Arse wurde in Saguntum umbenannt.

Im 8. Jh. begann eine 500 Jahre währende maurische Herrschaft, während der die Stadt florierte, doch mit dem Aufkommen Valencias im Süden erfuhr Sagunto einen stetigen Niedergang.

HERCEG ANDRAS/SHUTTERSTOCK ©

Sagunto

GESCHICHTS UNTERRICHT

Sagunto ist nur eine der vielen Burgen in der Region Valencia, deren Wurzeln bis in die Römerzeit und sogar weiter zurückreichen. Mehr zur Geschichte ab S. 686.

Fort & Hafen

VIEL GESCHICHTE & MAJESTÄTISCHE AUSBLICKE

Die Hafenstadt **Sagunto**, 25 km nördlich von Valencia (30 Minuten mit dem Zug), bietet einen spektakulären Blick auf die Küste und ein Meer von Orangenhainen von einer riesigen, verfallen Burg aus.

Die **Burg** von Sagunto ist majestätisch gelegen, mit 1,5 km Steinmauern, die zwei Hügelkuppen umschließen. Ihre größtenteils bröckelnden Teile zeugen von den vielen verschiedenen Epochen der langen Geschichte der Stadt. Die Festung könnte ein kleines Facelifting vertragen, aber das neue Besucherzentrum, das 2022 eröffnet wurde, hilft einem zu verstehen, was man sieht. Die Mauren gaben der Burg ihren heutigen Grundriss; später wurde sie verschönert und während der Napoleonischen Kriege auf der Iberischen Halbinsel war sie hart umkämpft.

Auf der westlichen Hügelkuppe befand sich die ursprüngliche iberische Stadt; die heutigen Überreste sind hauptsächlich spätere Befestigungsanlagen aus dem 18. und 19. Jh. Die römische Stadt und die maurische Zitadelle befanden sich auf der östlichen Hügelkuppe. Auf der Plaza de Armas wurden die Ruinen des römischen Forums freigelegt. Das beeindruckende Almenara-Tor führt zur Plaza de Almenara, der maurischen Zitadelle. Unterhalb der Burg kann man das römische Theater besichtigen.

ESSEN IN REQUENA

El Yantar
Ausgezeichnetes Restaurant in der Altstadt mit täglichem Mittagsmenü für 14 € (21 € am Wochenende). **€€**

Restaurante La Esquina de Colón
Leckeres Frühstück mit Tapas, guten Salaten und Fleischgerichten. **€**

Restaurante Baccus
Beliebte Gastrobar mit guter Auswahl an veganen und vegetarischen Speisen sowie Burgern und Snacks. **€**

Sagunto ist ein hübscher Halbtagesausflug von Valencia aus. Der schöne Strand Playa de Canet, 8 km östlich der Burg macht ihn mit weichem, hellen Sand und einem sanft abfallenden Profil perfekt für kleine Kinder.

Weinland

AUF DEN SPUREN DER TRAUBEN

Die Hochlandstadt **Requena** liegt 65 km westlich von Valencia (eine Stunde mit dem Zug entfernt) auf einer Höhe von 652 m. Diese historische Siedlung ist berühmt für ihre Weinberge, die hier dank der idealen Lage (in einer Übergangszone zwischen dem Mittelmeer und der Hochebene von La Mancha) gedeihen. Bereits im 7. Jh. v. Chr. bauten die Karthager hier Wein an und das blieb auch während der römischen und maurischen Zeit so.

Das stimmungsvolle La Villa, der mittelalterliche Stadtkern, erhebt sich mit seinen engen Straßen und Sackgassen über den Rest der Stadt. Der Wachturm aus dem 15. Jh. am Eingang ist eine Erkundung wert.

Kleine Museen rund um die Altstadt lassen sich am besten mit Kombi-Eintrittskarten besichtigen (erhältlich im Fremdenverkehrsbüro). Zu den wichtigsten Sehenswürdigkeiten gehören die spätgotische Fassade der **Iglesia de Santa María** und das barocke Innere der **Iglesia San Nicolás**. Die **Cuevas de la Villa** sind ein faszinierendes Netz miteinander verbundener Keller aus der Zeit der Mauren.

Zu den Weingütern von Requena gehört die **Bodega Murviedro**, die Führungen anbietet. Das **Museo del Vino** befindet sich im hübschen Palacio del Cid aus dem 15. Jh. Wer über ein Fahrzeug verfügt, sollte das **Museo Sisternas** besuchen (16 km westlich der Stadt), das Ausstellungen über die lokale Weinproduktion und das ländliche Leben bietet.

Die kräftige rote Bobal-Traube macht 80 % der lokalen Weinproduktion aus, aber auch Tempranillo, Syrah, Garnacha, Merlot und andere Rotweine werden angebaut. Zu den Weißweinen gehören Verdejo, Planta Nova und Macabeo sowie Schaumweine im Cava-Stil.

Ende August findet ein ausgezeichnetes Weinfest statt. Weitere nützliche Informationen gibt's unter www.rutavino.com.

LA TOMATINA

Am letzten Mittwoch im August startet in Buñol (auf halbem Weg zwischen Valencia und Requena) Spaniens chaotischstes Fest – La Tomatina. Es ist eine Tomatenschlacht, die jährlich Zehntausende in die Stadt lockt. Um 11 Uhr werden mehr als 100 t matschiger Tomaten von Lastwagen vor die wartende Menge gekippt. Eine Stunde lang machen alle bei einem fröhlichen, anarchischen Tomatenkampf mit. Erst wenn die Feuerwehr die Feiernden mit Schläuchen abspritzt, ist das Fest beendet.

Die Teilnahme kostet 12 € und erfolgt über die offizielle Website, obwohl es zahlreiche Reiseveranstalter gibt, die Tickets und Pakete für Valencia und andere Küstenstädte anbieten.

Am Samstag vor der Tomatina gibt es eine Kinderversion für Vier- bis 14-Jährige (bei freiem Eintritt).

Einzigartige Burg, faszinierende Küche

FESTUNGSMAUERN, TÜRME, KERKER UND TOD

Xàtiva (Játiva auf Kastilisch), seit karthagischen Zeiten eine befestigte Siedlung, ist durch eine regelmäßige Zugverbindung mit dem 63 km entfernten Valencia verbunden. Ein Besuch lohnt sich sowohl wegen der imposanten Burg, als auch wegen der ungewöhnlichen lokalen Köstlichkeiten.

ESSEN IN XÀTIVA

Talaia del Castell
Im Inneren der Burg. Serviert werden Tapas, *bocadillos* und andere Gerichte. Mit Terrasse. **€€**

Restaurante El Pipistrel Xàtiva
Hervorragende italienische Küche mit römischer *pina*, Pasta und ausgezeichneten Salaten. **€**

Casa la Abuela
An einem alten Stadtplatz gelegen. Serviert Reis mit Fleisch und gute Fischgerichte. **€€**

SÜSSE LECKERBISSEN & BESONDERE BIERE

Sollte es einen in der Gegend von Xàtiva verschlagen, unbedingt auf den Speisekarten der Restaurants nach *arnadí* Ausschau halten. Es handelt sich dabei um einen köstlichen Kuchen aus Kürbis oder Süßkartoffeln, der mit Eigelb, Zitrone, Zimt, Pinienkernen, Mandeln und viel Zucker zubereitet wird, und der in dieser Region einzigartig ist. Er ist zwar besonders in der Karwoche beliebt, aber das ganze Jahr über erhältlich.

In Xàtiva gibt's auch eine ganz besondere Craft-Brauerei, **La Socarrada**. Sie hat sich auf zwei mehrfach preisgekrönte Varianten spezialisiert: La Socarrada ist ein dreifach gemälztes, goldenes Ale mit Rosmarin und Honig, Er Boquerón ist das einzige Bier der Welt, das aus mediterranem Meerwasser gebraut wird. Beide sind in Bars überall in der Region Valencia erhältlich.

Arnadí

Die **Burg** von Xàtiva thront über der Stadt auf einem zerklüfteten, zweispitzigen Hügel, der Sierra Vernissa. Von der Stadt aus geht es 2 km steil bergauf, vorbei an Zinnen und dem Torre del Sol. Die Burganlage selbst, die auf einem Bergrücken liegt, bietet spektakuläre Ausblicke und verfügt über befestigte Tore und eine gotische Kapelle. Zu den Highlights gehört das Gefängnis, ein gewölbter Kerker, in dem Jaime, der Graf von Urgel, starb, einer von vielen, die hier während einer langen Periode der aragonischen Machtpolitik umkamen. Nach 1707, als die Truppen Philipps V. im Erbfolgekrieg den größten Teil der Siedlung zerstörten, schwand Xàtivas Bedeutung.

Auch die Altstadt von Xàtiva ist sehr eindrucksvoll. Das **Almudín**, einst eine Getreidebörse, beherbergt heute ein großartiges archäologisches Museum mit Exponaten aus römischer und islamischer Zeit. Ebenfalls ausgestellt ist ein Porträt von Felipe V., das als Vergeltung für die Brandschatzung der Stadt kopfüber hängt. Ein weiteres Highlight ist das Krankenhaus aus der Renaissance mit seiner kunstvollen Fassade, das sich gegenüber der Hauptkirche befindet.

Neben dem *arnadí* ist Xàtiva auch für seine Reisgerichte bekannt, von denen das berühmteste der *arròs al forn* (Reis aus dem Ofen) ist, ein Genuss für Fleischfresser, die mit Kichererbsen, Zwiebelwurst und Schweineschnitzeln zubereitet wird.

UNTERWEGS VOR ORT

Die Region lässt sich recht problemlos auch ohne eigenes Auto erkunden.

Nach Albufera kommt man mit der Buslinie 25, die etwa alle 20 Minuten vom Stadtzentrum Valencias nach El Saler und El Palmar fährt und Teil des städtischen Systems von Valencia ist. Fahrradwege führen von Valencia bis hinunter nach El Saler – ebenfalls eine gute Möglichkeit, die Gegend zu erkunden.

Requena ist mit Valencia durch regelmäßige Busse (eine Stunde) und Cercanías (Nahverkehrszüge; 1½ Stunden) verbunden.

Die beste Möglichkeit, von Valencia nach Sagunto zu gelangen, ist mit den Cercanía der Linien C5 und C6 (30 Minuten, regelmäßige Abfahrten).

Xàtiva verfügt über sehr gute Zugverbindungen der Linie 2 nach Valencia (etwa alle 30 Minuten).

DÉNIA

Die historische Hafenstadt Dénia am Fuß einer zerklüfteten Halbinsel hat sich in den letzten zehn Jahren stark entwickelt und ist ein hervorragender Ausgangspunkt für ein paar Tage voller Strandspaziergänge und Wanderungen.

Als eines der wichtigsten Tore zu den Balearen war die Stadt schon immer ein bevorzugtes Ziel, aber Dénia hat viel mehr zu bieten als Fähren und Fischerboote. Die Stadt bietet allerlei kulturelle Angebote, einige bescheidene Museen und eine beeindruckende Burg aus der Zeit der Mauren. Die gastronomische Szene hat sich inzwischen erheblich verbessert, auch findet man hier viele schrullige Boutiquen, in denen es sich nett stöbern lässt. Während der Sommermonate herrscht hier reges Treiben (es gibt auch eine kleine Clubszene).

Dénia ist heute ein sehr beliebtes Reiseziel für spanische Familien. Viele von ihnen besitzen hier Ferienhäuser. Damit steht die Stadt im Gegensatz zu den umliegenden Ferienorten, die sehr auf britische, deutsche und skandinavische Tourist:innen ausgerichtet sind.

TOP TIPP

Dénia ein toller Zwischenstopp für alle, die auf die Balearen wollen. Baleària Lines bietet das ganze Jahr über Fähren von/nach Mallorca und Ibiza sowie von Mai bis September direkt nach Formentera an.

Das Zentrum von Dénia

MUSEUM UND HERRENHÄUSER

Dénia (43 000 Ew.) ist keine große Stadt und lässt sich am besten zu Fuß erkunden. An der zentralen **Promenade** findet an Sommerabenden ein sehr geselliger *paseo* statt. Familien machen einen Spaziergang, man trifft sich mit Freunden, manche genießen romantische Zweisamkeit.

Die Fußgängerzone **Marqués de Campo** ist ein weiterer wichtiger Treffpunkt, gesäumt von *gelaterías* und den beeindruckenden Kachelfassaden der schönen Kaufmannshäuser aus dem 19. Jh. Reist man mit Kindern, sollte man unbedingt das **Museo del Juguete de Denia** besuchen, das der Geschichte der Spielzeugherstellung in der Stadt gewidmet ist. Am nördlichen Ende des Marqués de Campo befindet sich ein begrünter Platz, der als **La Glorieta** bekannt ist. Nordwestlich davon liegt das wunderschöne **Art Boutique Hotel Chamarel** mit eleganter Lounge, wo man einen Kaffee oder Cocktail genießen kann.

In der Nähe befindet sich die Carrer del Mar, in der im Sommer viele stimmungsvolle Bars geöffnet sind und der Hauptplatz,

DIE BESTEN RESTAURANTS IN DÉNIA

Quique Dacosta
Hervorragende Küche. 3 km westlich von Dénia. Im Voraus buchen. €€€

For Amur
Kleines Restaurant mit feinen Tapas und mediterranen Gerichten. €€

La Xerna del Mar
Restaurant mit Hummern, Zackenbarsch und Garnelen. €€

Ban Thai
Authentische thailändische Klassiker sowie chinesische Gerichte. €

EIS ESSEN IN DÉNIA

Bernie's
Hervorragende Auswahl an selbst hergestellter Eiscreme. Besonders lecker: Karottenkuchen oder das Pistazieneis; auch vegane Varianten sind erhältlich. €

Artisans Gelateria
Wunderbare Eissorten, darunter Waldfrüchte und After Eight Minze, Sorbets sowie hausgemachte *horchata*. €

Heladería Verdú
Gegründet 1953, serviert Turrón-Eis und viele andere Geschmacksrichtungen, sowie Desserts und *horchata*. €

SEHENSWERTES
1 Baix la Mar
2 Castillo de Dénia
3 La Glorieta
4 La Lonja
5 Marqués de Campo
6 Museo Arqueològic de Dénia
7 Museo de la Mar
8 Museo del Juguete de Denia
9 Plaça de la Constitución

SCHLAFEN
10 Art Boutique Hotel Chamarel
11 Hostal Loreto
12 Posada del Mar

ESSEN
13 Artisans Gelateria
14 Ban Thai
15 Bernie's
16 For Amur
17 Heladería Verdú
18 La Xerna del Mar

FEINSCHMECKER-HOTSPOT

Als eine von nur zwei Städten in Spanien, die auf der Liste der UNESCO für Gastronomie stehen (die andere ist Burgos), ist Dénia zu Recht berühmt für seine Meeresfrüchte, insbesondere für seine *gamba roja* (rote Garnele) und Reisgerichte wie *arroz a banda*. Das jährliche **D*na Festival Dénia**, das Ende September oder Anfang Oktober stattfindet, stellt lokale Köche, Restaurants und landwirtschaftliche Erzeugnisse vor und an der Hauptpromenade finden Kochworkshops statt.

die **Plaça de la Constitución**. Die Hauptkirche von Dénia, die Església de l'Assumpció mit ihrer blauen Kuppel aus dem Jahr 1734 (die jedoch im Spanischen Bürgerkrieg schwer beschädigt wurde) und das Rathaus überblicken diesen friedlichen Platz.

Maurische Aussicht

MÄCHTIGE VERGANGENHEIT

Die beeindruckende **Burg** von Dénia verfügt über ausgedehnte Festungsanlagen, von denen aus man einen schönen Blick auf die Stadt und die Küste hat. Ursprünglich errichteten maurische Herrscher hier im 11. und 12. Jh. eine Festung, die jedoch während des Spanischen Erbfolgekriegs von französischen Truppen schwer beschädigt wurde.

Beim Passieren des Haupttors, dem **Portal de la Vila** aus dem 12. Jh., sollte man das schöne Tonnengewölbe wundern. In den Überresten der Burg befindet sich das **Museo Arqueològic de Dénia**, das die Geschichte der Stadt mit iberischen, römischen und maurischen Keramiken dokumentiert.

Das Schönste des Besuchs ist jedoch die herrliche Aussicht (an sehr klaren Tagen kann man Ibiza sehen). Man kann sich vorstellen, welche Rolle die Burg im Laufe der Jh.e spielte (so dien-

ÜBERNACHTEN IN DÉNIA

Art Boutique Hotel Chamarel
Umgebautes Herrenhaus aus dem 19. Jh., mit geräumigen Zimmern und einem Hauch von Klasse und Geschichte. **€€**

Posada del Mar
Das mit viel Fingerspitzengefühl renovierte Hotel befindet sich in einem Gebäude aus dem 13. Jh., das einst als Zollhaus von Dénia diente. **€€€**

Hostal Loreto
Das von einer gastfreundlichen Familie geführte Loreto bietet reichlich Charme. **€**

YAY MEDIA AS/ALAMY ©

Denia

te sie unter anderem als Zufluchtsort vor Piraten und als Palast für maurische Herrscher).

Maritime Momente

PULSIERENDES HAFENVIERTEL

Zwischen der Burg und dem Hafen liegt **Baix la Mar**, ein schönes Hafenviertel, das zu den lebendigsten Teilen der Stadt gehört. In den engen, von alten Fischerhäusern gesäumten Gassen befinden sich heute unzählige Bars und Restaurants sowie die **Magazines**, ein äußerst beliebter Food-Court mit reichlich Bier vom Fass und vielen Essensmöglichkeiten.

Der Hafen und der Jachthafen von Dénia sind nur wenige Schritte von hier entfernt. Hier legen riesige Fähren in Richtung Balearen ab und auf dem Fischmarkt (**La Lonja**) kann man den Fischern beim Entladen ihres Fangs zusehen (in den Sommermonaten zwischen 16 und 18 Uhr). Auf der anderen Seite des Hafens hat man einen herrlichen Blick auf die Burg, ihre Verteidigungstürme und Festungsanlagen.

In der Nähe der Promenade befindet sich das **Museo de la Mar**. Es zeigt moderne Ausstellungen über die Geschichte der lokalen Seefahrt und Gegenstände, die aus der Tiefsee geborgen wurden (die meisten Informationen gibt's nur auf Valenciano).

LOCAL TIPP: BESTES SEAFOOD RUND UM DÉNIA

Selena Rull Osano, Köchin und Feinschmeckerin, lebt seit Jahrzehnten in der Region Dénia. Hier sind ihre Tipps für Seafood-Fans:

Restaurante Mena
Hervorragende Reisgerichte und Meeresfrüchte in Las Rotas. Der Großvater begann hier in einem *chiringuito* (kleine, oft provisorische Snackbar oder Restaurant) mit der Zubereitung von Paellas. Inzwischen steht die dritte Generation in der Küche. **€€**

Restaurante Primera Línea
Direkt an den Dünen nördlich der Stadt. Hier gibt es perfekt zubereitete Garnelen aus der Bucht von Dénia, Fisch und Reisgerichte. **€€**

Casa Federico
Wunderbare Meeresfrüchte-Tapas, Fischeintöpfe und gegrillter Sebastes. Die Terrasse mit Blick auf das Meer ist ein Traum. **€€**

UNTERWEGS VOR ORT

Leider gibt's zwischen Valencia und Dénia keine direkte Zugverbindung, aber Busse verkehren regelmäßig, und auch die Mitfahrgelegenheit BlaBlaCar ist auf dieser Strecke sehr beliebt. Alicante bietet Straßenbahn-/Zug- sowie auch Busverbindungen nach Dénia.

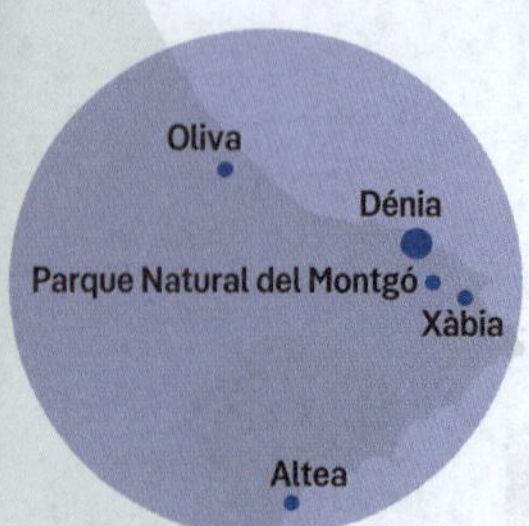

Rund um Dénia

Die Landschaft rund um Dénia ist spektakulär, vor allem im Süden, wo Gebirgszüge die Küste säumen.

TOP TIPP

Das Straßennetz ist zwar gut ausgebaut, doch die Zugverbindung zwischen Dénia und Altea ist besonders praktisch.

Die zerklüftete Region rund um Dénia hat einen einzigartigen Reiz, auch dank des hoch aufragende Kalksteinfelsen, der den Parque Natural del Montgó dominiert (753 m). In der Gegend gibt es einige einsame Buchten zu erkunden, darunter die unberührte Cala de Ambolo. Im Norden liegen die wunderschönen, von Dünen umgebenen Sandstrände um Oliva. Von den Küstenstädten ist Altea die attraktivste, Xàbia hingegen ist eher ein Familienurlaubsort.

Auch die Städte im Landesinneren sind einen Besuch wert: In der Hochsaison, wenn die Badeorte an der Costa Blanca überfüllt sind, gibt es dort einige der besten Unterkunftsmöglichkeiten.

Cala del Portixol (S. 657)

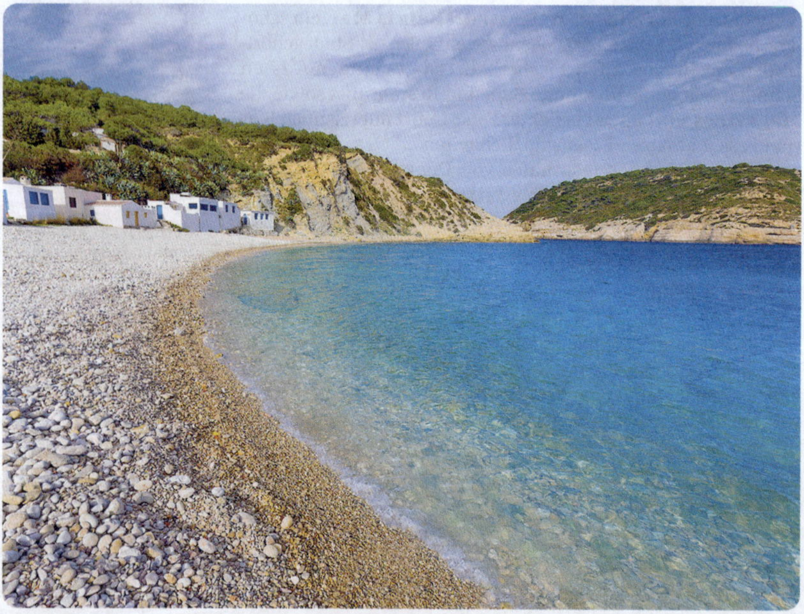

LUNAMARINA/SHUTTERSTOCK ©

CHRISDORNEY/SHUTTERSTOCK ©

Xàbia

Tolles Resort für Familien

STRÄNDE, BUCHTEN UND WANDERWEGE

Der Ferienort **Xàbia**, 20 Autominuten südlich von Dénia, liegt hübsch unterhalb des dramatischen **Montgó-Massivs**, einem Berg, der die Bucht der Stadt vor Nordwinden schützt. Xàbia selbst ist in drei Bereiche unterteilt: eine kleine Altstadt, 2 km landeinwärts von der Küste entfernt, ein Hafengebiet und die Strandzone von El Arenal im Süden. Die Gegend ist bei Auswanderern aus Nordeuropa sehr beliebt.

Viel Zeit braucht man nicht, um die Altstadt zu erkunden, in der es einige kleine Museen gibt. So zeigt das **Museu Arqueològic i Etnològic Soler Blasco** Exponate über die lokalen landwirtschaftlichen Traditionen und die Geschichte. Im Hafenviertel gibt es eine Promenade mit vielen Restaurants und **La Casa del Cable**, eine moderne Galerie, in der zeitgenössische Kunst ausgestellt wird. Die Galerie befindet sich in der ehemaligen Telegrafenstation, die einst das spanische Festland per Kabel mit Ibiza verband.

Der feine **Sandstrand** von El Arenal ist zumal für Kids ein Vergnügen, die mit Eimer und Schaufel umzugehen wissen; an seiner Südseite gibt es abgelegene Buchten zu erkunden (S. 657).

DIE BESTEN RESTAURANTS IN XÀBIA

Cajita Azul
Hervorragende Tapas und schön präsentierte mediterrane Gerichte; in der Altstadt. €

Sotavent
Unweit des Hafens kommen hier spanische Klassiker und feine Meeresfrüchte auf den Tisch. €€

Azorín
Schlichtes Restaurant mit preiswertem *menú del día* (Tagesgericht) und leckeren Reisgerichten. €€

Embruix
Gemütliches Lokal mit feinen Meeresfrüchte-Tapas, Fleischgerichten à la carte und gutem Kaffee. €

ÜBERNACHTEN RUND UM XÀBIA

Hotel Triskel
Hübsches Hotel mit fünf stilvoll eingerichteten Zimmern in perfekter Altstadtlage. €€

Hotel Jávea
Im Herzen des Hafenviertels, mit Blick auf die Bucht vom Restaurant im obersten Stockwerk aus. €€

Nomad Hotel Jávea Port
Dieses elegante Hotel wurde mit natürlichen Materialien und wiederverwendetem Holz gestaltet; viele Zimmer haben Meerblick. €€€

RICARD FERRE JORNET/GETTY IMAGES ©

Cala Blanca

TOP-TOUREN AN DER COSTA BLANCA

Kayak Dénia
Dreistündige Ausflüge (einschließlich Schnorchelzeit) von Dénia zur La Cova Tallada (die zu Fuß erkundet wird).

Mundo Marino
Bootsausflüge ab Xàbia und Dénia, von Minikreuzfahrten bis hin zu Ganztagesausflügen. Ideal für Familien.

Siesta Advisor
Große Auswahl an Kajaktouren und -vermietungen von Xàbia aus zu Buchten wie Cala Ambolo und Cala Portixol.

Auf der Nordseite der Stadt bietet der **Parc Natural del Montgó** ausgezeichnete Wanderwege mit gut markierten Routen. Eine davon beginnt am Hafen von Xàbia und führt hinauf zum **Cabo de San Antonio**, einer Landzunge mit spektakulärer Aussicht auf die Küste, und führt vorbei an einem Leuchtturm, alten Windmühlen und einem Wehrturm, dem **Torre del Gerro**, bis nach Las Rotas auf der Südseite von Dénia.

Wilde, zerklüftete Küsten

TOLLE BUCHTEN, KEINE MENSCHENMASSEN

Ein großer Teil der Küste zwischen Valencia und Alicante, die Costa Blanca, wurde intensiv für den Tourismus erschlossen – vor allem Benidorm – aber einige wunderschöne Buchten und Strände sind noch immer frei vom Beton. Die wilde Küste um Dénia und Xàbia hat einige atemberaubende natürliche Buchten zu bieten, wobei allerdinge viele davon nicht über die Straße erreichbar sind.

Fährt man von Valencia aus nach Süden, findet man zwischen Gandia und Dénia einen herrlichen 35 km langen Küstenab-

ÜBERNACHTEN AN DER COSTA BLANCA

One Thousand Waves
Wunderschön gestaltete Unterkünfte und ein toller Pool inmitten grüner Gärten. €€€

Casa Babel
Im Landesinneren von Oliva, ländlicher Charme und gutes Restaurant. €€

Hotel Ritual de Terra
Modernes Wellness-Hotel südlich von Xàbia mit ausgezeichneten Einrichtungen und Behandlungsräumen. €€

schnitt, der ausschließlich aus Sandstränden besteht. Der schönste, relativ unerschlossene und nicht überfüllte Abschnitt liegt in der Nähe von **Oliva**, wo man durch die Dünen wandern und ein ruhiges Plätzchen zum Entspannen finden kann. **Playa dels Gorgs** (auch bekannt als Playa Agua Blanca) ist ein idyllischer FKK-Strand. **Playa Molinell**, nahe der Mündung des Río Racons, ist ein weiterer wunderbarer Sandstrand. Die Küste um Oliva wurde von den Entwicklern relativ schonend behandelt. Sie hat sich ein ländliches Flair bewahrt und besteht größtenteils aus Campingplätzen und dem einen oder anderen kleinen Hotel.

La Cova Tallada ist eine riesige natürliche Meereshöhle südlich des Vorortes Las Rotas. Von Dénia aus werden Kajak- und SUP-Touren angeboten, oder man wandert von Las Rotas aus über einen steilen Pfad entlang der Klippen zur Höhle (gutes Schuhwerk ist unerlässlich). In den Hochsommermonaten ist die Zahl der Besucher:innen begrenzt, daher sollte man seinen Besuch über das Büro des Naturparks (parque_montgo@gva.es) im Voraus buchen. Bei der Höhle kann man hervorragend schnorcheln, denn die umliegenden Küstengewässer sind als Teil eines Meeresschutzgebietes geschützt und das Fischen ist verboten.

An der Südseite von Xàbia, gleich hinter El Arenal, gibt es mehrere ruhige Buchten. Vom Parkplatz Playa Cala Blanca ist es nur ein kurzer Spaziergang zur **Cala Blanca**, einem kleinen hufeisenförmigen Meeresschwimmbecken. Geht man durch den natürlichen Felsbogen, erreicht man die schöne **Cala de Dins**, die aus zwei Kieselbuchten besteht, die durch einen Felsvorsprung getrennt sind. Weitere 500 m westlich liegt der schmale Strand **Cala Sardinera**, der aus Sand, Kies und Steinen besteht und vor der Küste hervorragende Schnorchelmöglichkeiten bietet. Er ist über einen steilen Steinpfad erreichbar.

Auf der anderen Seite der Landzunge wartet die schöne **Cala del Portixol**, die eine sichelförmige Sandfläche, Liegestühle zum Mieten und einige Restaurants bietet. Man kann von hier aus auch zur Insel **Portixol** schwimmen – sollte dabei auf den Bootsverkehr achten!

Ein steiler Aufstieg

STIMMUNGSVOLLE ALTSTADT

Altea zu erkunden ist ein Vergnügen. Die wunderschöne, historische Siedlung auf einem Hügel geht auf die Zeit der Phönizier zurück. Der größte Teil des soukähnlichen Gassennetzes wurde während der 500-jährigen maurischen Herrschaft (711–1244) angelegt. Piratenangriffe plagten die Stadt mehrere Jahrhunderte lang, bis im Jahr 1597 umfangreiche Verteidigungsanlagen gebaut wurden.

DIE COSTA FÜR KIDS

Die Costa Blanca bietet viele familienfreundliche Badeorte und zahlreiche Attraktionen, die Kinder bei Laune halten.

Aqualandia
Am Stadtrand von Benidorm befindet sich einer der größten Wasserparks Europas mit Riesenrutschen und einem Amazonas-Rundfluss.

Dino Park Algar
Unweit von Altea. Themenpark mit Dinosauriern in Originalgröße; besonders für jüngere Kinder geeignet.

Dino Park Algar

Albergue & Hostel Antiquary
Hostel mit guten Schlafsälen im Dorf Benitatxell. €

Ona Ogisaka Garden
Geräumige, familiengerechte Apartments in großer Anlage in der Nähe von Dénia; 400 m vom Strand entfernt. €€

Pension Oliva
Einfache, gemütliche Pension in Oliva mit gut ausgestatteten Zimmern. €

AUSGEHEN & ESSEN IN ALTEA

Quel Que Quieres
Hervorragende italienische Küche in stimmungsvollem Ambiente. **€€**

Taberna del Xef
Große Auswahl an Tapas und *raciones*, empfehlenswertes Degustationsmenü (25 €). **€€**

Plant Shack
Veganes Café mit leckeren Smoothies, Frühstück, Mittagessen und Obsttellern. **€**

Oustau
Französische Klassiker in der Altstadt; von der Gartenterrasse aus hat man einen schönen Blick auf die Kirche. **€€**

Sushi Bar JT Ryokucha
Angenehmes japanisches Restaurant an der Strandpromenade. **€**

AlteArte
Klasse Bar für Mojitos.

La Mascarada
Die Terrasse dieses Lokals in der Altstadt ist perfekt, um das Treiben um einen herum zu beobachten.

8 de Copes
An der Strandpromenade gelegen, mit einer schönen Terrasse mit Blick aufs Mittelmeer und moderaten Preisen.

BAHDANOVICH ALENA/SHUTTERSTOCK ©

Altea (S. 657)

Da es nur wenige Sehenswürdigkeiten gibt, beginnt man die Erkundung von Altea am besten auf Meereshöhe im neuen Teil der Stadt und wandert einfach bergauf. Die **Altstadt** ist zweifellos auf Traveller ausgerichtet, aber sie ist nicht kitschig und auf dem steilen Anstieg zur **Plaza de la Iglesia** kommt man an Boutiquen und Kunstgalerien vorbei. Hier gibt es einen fantastischen Aussichtspunkt, von dem aus man auf die Wolkenkratzer des nahe gelegenen Benidorm hinunterblicken kann.

Die Kirche **Nuestra Señora del Consuelo** mit ihren zwei blau-weiß gekachelten Kuppeln und drei Schiffen wurde 1910 als Ersatz für eine verfallene Festung gebaut. Auf dem Rückweg kommt man am Eberhard-Schlotter-Museum und Kulturzentrum vorbei, das in einem Bürgerhaus aus dem 13. Jh. untergebracht ist und in dem Foto- und Kunstausstellungen gezeigt werden (die Öffnungszeiten sind allerdings unregelmäßig).

Der neue Teil der Stadt mit seinem schmalen Strand und dem von Wohnblocks gesäumten Ufer ist wenig interessant.

UNTERWEGS VOR ORT

Mit dem Auto lässt sich diese Region am besten erkunden, so erreicht man viele der abgelegenen Buchten und Wanderwege.

Die Busverbindungen sind recht gut, u.a. von Valencia und Alicante nach Altea, Xàbia und Dénia. Es gibt eine malerische Straßenbahnverbindung von Alicante die Küste hinauf nach Benidorm, von wo aus Verbindungen nach Altea und Dénia bestehen. Sie ist nicht Teil des Renfe-Netzes; Fahrpläne und Tarife findet man unter www.tramalacant.es. Zwischen Dénia (oder Altea, oder Xàbia) und Valencia gibt es keine direkten Züge.

CARTAGENA

Der geschichtsträchtige alte Hafen von Cartagena liegt erhaben am Ende eines tiefen Naturhafens und ist von Hügeln umgeben. Dieser Platz wurde von den karthagischen Herrschern als Hauptstützpunkt auf der iberischen Halbinsel gewählt, und wurde zu einer Stadt, die so bedeutend war, dass sie nach Karthago selbst benannt wurde. Später war sie ein wichtiger Hafen des Römischen Reiches, was viele Bauten bezeugen.

Heute ist die Stadt Cartagena ein wahres Vergnügen! Es gibt antike Monumente auf Schritt und Tritt und eine glitzernde Hafenpromenade direkt am Mittelmeer. Cartagena ist auch ein wichtiger Marinestützpunkt.

In den vergangenen Jahren hat ein intensives Restaurierungsprogramm zur Wiederbelebung des zuvor etwas vernachlässigten historischen Zentrums beigetragen. Es handelt sich um einen fortlaufenden Prozess und man wird viele wichtige modernistische Villen und alte Denkmäler sehen, die von Baugerüsten mit Planen verdeckt werden.

TOP TIPP

Viele Straßen des übersichtlichen Zentrums von Cartagena sind verkehrsfrei und gut zu Fuß zu erkunden.

Erkundung des Hafenviertels

EIN ALTER HAFEN

Die herrliche Uferpromenade von Cartagena ist perfekt, um diese alte Siedlung zu erkunden. Hier bekommt man einen Eindruck von dem großen Hafen mit seinen Verteidigungstürmen auf den umliegenden Hügeln und den Leuchttürmen, die die Hafenmündung bewachen, der die Stadt berühmt gemacht hat. An der Ostseite des Hafens liegen Fischerboote, dahinter befindet sich ein riesiger Containerhafen. Direkt davor liegt ein Jachthafen und im Westen befindet sich ein großer Marinestützpunkt mitsamt Kanonenbooten. Im **Museo Naval de Cartagena** kann man das erste voll funktionsfähige U-Boot der Welt und viele weitere historische Exponate besichtigen.

Das **Museo Nacional de Arqueología Subacuática** ist Cartagenas beeindruckendstes Museum. Es ist der Unterwasserarchäologie gewidmet und vermittelt die Rolle von Tiefseetauchern und ROVs (ferngesteuerten Unterwasserfahrzeugen). Die maritime Geschichte und Kultur des Mittelmeers wird auf anschauliche und interaktive Weise dargestellt, darunter auch das Wrack eines phönizischen Handelsschiffs, das vor der Küste Murcias gefunden wurde.

Das **Castillo de la Concepción** liegt auf einer Anhöhe direkt über dem Hafen und bietet einen atemberaubenden Blick auf die Stadt. Es gibt hier Ausstellungen über Cartagenas turbulente Geschichte und interessante Filme mit englischen Untertiteln. Zur Burg gelangt man über einen Aufzug oder durch die attraktiven Landschaftsgärten, in denen viele wilde Pfaue leben.

DIE BESTEN FESTE & EVENTS IN CARTAGENA

Karwoche
Beeindruckende Umzüge durch das historische Zentrum, begleitet von *tambores sordos* (dumpfen Trommeln).

Rock Imperium
(rockimperiumfestival.es/de) Im Juni stattfindendes Heavy-Rock- und Metal-Festival.

Mar de Músicas Festival
(lamardemusicas.cartagena.es) Findet im Juli statt, mit Auftritten führender Weltmusik- und Folk-Künstler.

Cartagena International Film Festival
(ficc.es) Ende November; präsentiert stets lokale Talente.

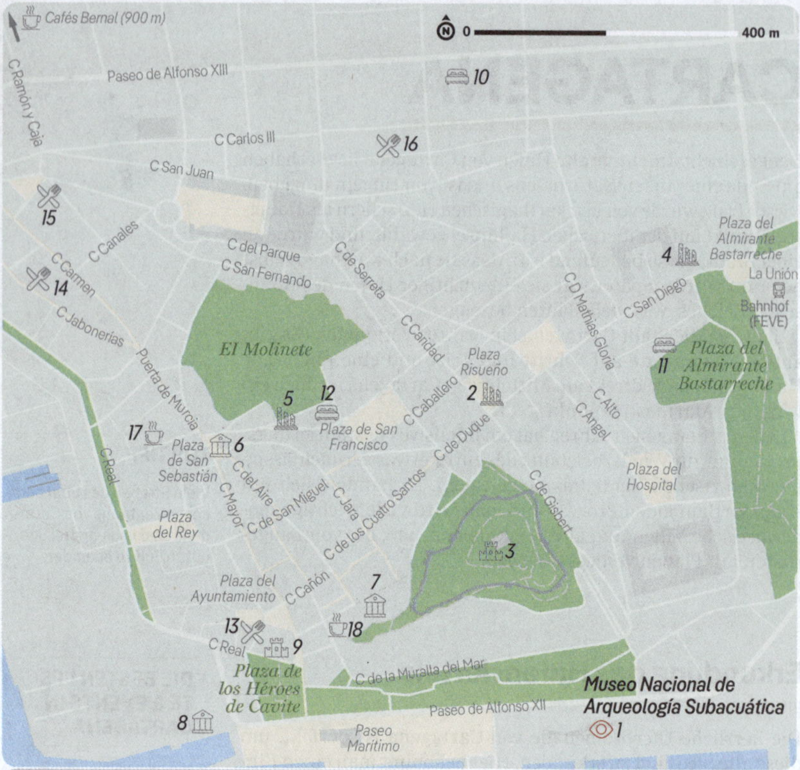
Cafés Bernal (900 m)
0
400 m
Paseo de Alfonso XIII
C Ramón y Cajal
C Carlos III
C San Juan
C Canales
C Carmen
C Jaboneras
C del Parque
C San Fernando
C de Serreta
El Molinete
C Caridad
Plaza Risueño
C D Mathias Gloria
C San Diego
Plaza del Almirante Bastarreche
La Unión
Bahnhof (FEVE)
Plaza del Almirante Bastarreche
Puerta de Murcia
Plaza de San Francisco
C Caballero
C de Duque
C Alto
C Angel
Plaza de San Sebastián
C del Aire
C Mayor
C de San Miguel
C Jara
C de los Cuatro Santos
C de Gisbert
Plaza del Hospital
C Real
Plaza del Rey
Plaza del Ayuntamiento
C Cañón
C Real
Plaza de los Héroes de Cavite
C de la Muralla del Mar
Paseo de Alfonso XII
Paseo Marítimo
Museo Nacional de Arqueología Subacuática
1 2 3 4 5 6 7 8 9 10 11 12 13 14 15 16 17 18

HIGHLIGHTS
1 Museo Nacional de Arqueología Subacuática

SEHENSWERTES
2 Casa de la Fortuna
3 Castillo de la Concepción
4 Centro de Interpretación de la Muralla Púnica
5 Foro Romano
6 Gran Hotel
7 Museo del Teatro Romano
8 Museo Naval de Cartagena
9 Palacio Consistorial

SCHLAFEN
10 Hotel Sercotel Alfonso XIII
11 LoopINN
12 Pensión Balcones Azules

ESSEN
13 Cibus Gastrobar
14 El Barrio de San Roque
15 La Marquesita
16 Magoga

AUSGEHEN
17 Café Lab
18 El Soldadito de Plomo

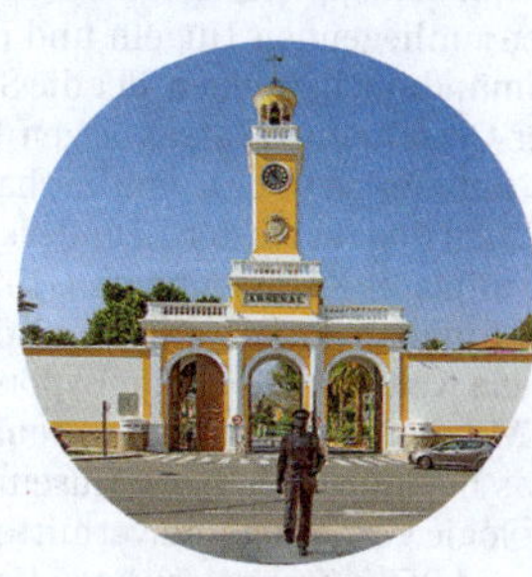

Cartagena

DOLORES GIRALDEZ ALONSO/SHUTTERSTOCK ©

ÜBERNACHTEN IN CARTAGENA

LoopINN
Einladendes Hostel mit komfortablen Schlafsälen und Zimmern sowie guten Einrichtungen wie Küche und Fitnessraum. **€**

Pensión Balcones Azules
Gut geführtes Mittelklassehotel mit Blick auf die Forum-Ruinen mit unterschiedlichen Zimmerkategorien. **€€**

Hotel Sercotel Alfonso XIII
4-Sterne-Hotel mit geräumigen, guten Zimmern; vom Hafen aus 1 km landeinwärts. **€€**

LUNAMARINA/SHUTTERSTOCK ©

Teatro Romano

Römische Ruinen

VILLA, BÄDER UND THEATRALIK

Cartagena, einer der wichtigsten Stützpunkte Roms in Iberien, besitzt einige herausragende antike Überreste. Der Besuch des hervorragenden **Museo del Teatro Romano** ist ein denkwürdiges Erlebnis. Man betritt das fachmännisch gestaltete Museum über die Plaza del Ayu. Auch ein riesiges, restauriertes römisches Theater (das zweitgrößte auf der iberischen Halbinsel), das aus dem ersten Jh. vor Christus stammt, kann besichtigt werden.

Das **Foro Romano** besteht aus beeindruckenden Ruinen einer ganzen römischen Straße, Arkaden und Thermen. Heute sind die Überreste durch ein Dach geschützt, das auch einen Isis und Serapis geweihten Tempel und die Thermen überspannt.

Casa de la Fortuna sind die Überreste einer bedeutenden römischen Villa mit interessanten Wandmalereien und Mosaiken sowie einer Reihe von persönlichen Gegenständen. Es war das luxuriöse Haus eines wohlhabenden Kaufmanns – Cartagena wurde durch Bergbau und Fischfang reich – mit einem großen Speisesaal für Bankette, großzügigen Empfangsräumen und einem Arbeitszimmer.

DIE BESTEN RESTAURANTS IN CARTAGENA

Magoga
Der gastronomische Enthusiasmus der jungen Besitzer (einer hat im El Bulli gearbeitet) zeigt sich in den gelungenen Gerichten. **€€€**

Cibus Gastrobar
Dieses Hotelrestaurant wirkt zwar unscheinbar, aber seine Tapas sind hervorragend (und preiswert). **€**

El Barrio de San Roque
Lockeres, stilvolles Lokal mit ausgezeichneten spanischen und murcianischen Gerichten; leckere Tagesgerichte (*menú del día*). **€€**

La Marquesita
Ein Stück landeinwärts vom Hafen gelegen. An Wochentagen günstige Mittagsmenüs (26,50 €).

KAFFEE IN CARTAGENA

Café Lab
Koffeintempel in historischen Räumlichkeiten mit den besten Barista-Kaffees der Stadt: tolle Auswahl an Mischungen.

Cafés Bernal
Kaffeespezialitätengeschäft mit einer erstaunlichen Auswahl an Kaffeesorten sowie hervorragender Teevielfalt.

El Soldadito de Plomo
Skurriles Café mit ausgezeichnetem Kaffee, hausgemachten Kuchen und Snacks.

PUNISCHE MAUER

Im **Centro de Interpretación de la Muralla Púnica** kann man die mit am besten erhaltenen, wenn auch überschaubaren karthagischen Überreste der iberischen Halbinsel besichtigen. Den Anfang macht eine ausgezeichnete audiovisuelle Präsentation über die punischen Ursprünge Cartagenas. Anschließend lässt sich die punische Verteidigungsmauer besichtigen, die dazu diente, römische Angriffe abzuwehren (was aber letztlich nicht gelang).

Eine Treppe führt hinunter zu einer faszinierenden Grabkrypta, die bei den Ausgrabungen der punischen Mauer der Einsiedelei von San José aus dem 16. Jh. entdeckt wurde.

TRABANTOS/SHUTTERSTOCK ©

Palacio Consistorial

Modernistische Denkmäler

DER BELTRI-PFAD

Cartagena bietet einige herausragende Beispiele der Modernista-Architektur. Für viele der Entwürfe war der Architekt Victor Beltri verantwortlich.

Die meisten Beltri-Gebäude befinden sich entlang der eleganten Fußgängerzone Calle Mayor oder in unmittelbarer Nähe davon. Die reich verzierte Fassade der **Casa Cervantes** mit ihren Bronzereliefs, die Minerva und Merkur darstellen, ist ein besonders hübsches Beispiel dieses Stils. Die Fassade der **Casa Llagostera** (einen Block weiter nördlich) ist leider abgedeckt. Das Innere, unter dem man Überreste des römischen Hafens gefunden hat, wurde inzwischen umgestaltet. Das **Gran Hotel** mit seiner beeindruckenden Zinkdachkuppel ist ein weiteres Werk von Beltri; heute ist es eine Bank.

Gegenüber der Plaza del Ayuntamiento lohnt der spektakuläre **Palacio Consistorial** aus dem frühen 20. Jh. mit seiner Marmorfassade einen Besuch (es werden Führungen angeboten).

UNTERWEGS VOR ORT

Bis zu sieben Mal täglich fahren Busse über den Flughafen Alicante nach Alicante sowie vom Busbahnhof aus etwa stündlich nach Murcia. Außerdem gibt's Busse nach Almería und in mehrere nordspanische Städte.

Bei Renfe-Zügen muss man meist in Murcia umsteigen, es gibt aber auch einige durchgehende Verbindungen. Der Flughafen Murcia ist mit dem Bus erreichbar; eine Fahrt mit dem Taxi kostet ungefähr 50 €.

Rund um Cartagena

Murcia ist die Heimat der Costa Calida („Warme Küste") und lädt mit historischen Städten und Gebirgszügen zu einer Entdeckungsreise ein.

TOP TIPP

Murcia ist eine der wärmsten Ecken Europas mit sehr milden Wintern und scheinbar endlosem Sonnenschein.

Die Region um Cartagena ist dünn besiedelt und reich an Naturparks; sie ist ideal, um die faszinierende, raue Schönheit der spanischen Küste und des Hochlands zu erleben.

Hier kann man in den schimmernden Salzpfannen des Mar Menor Flamingos beobachten, südlich von Cartagena traumhafte Strände erkunden und im wunderschönen, bergigen Parque Regional de Sierra Espuña wandern oder Rad fahren. Vor der Küste bieten die sagenumwobenen Islas Hormigas einige der schönsten Unterwasserlandschaften des Mittelmeeres.

Tauchen, Islas Hormigas **(S. 665)**

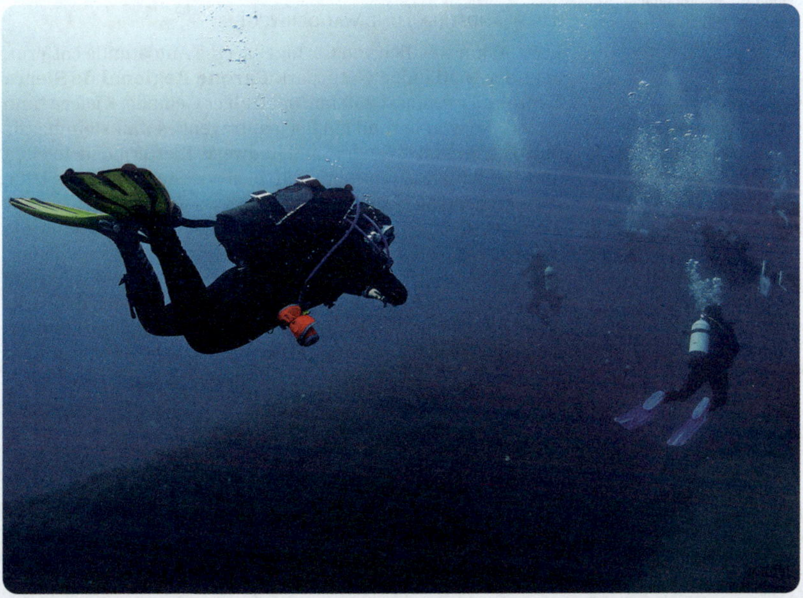

LORCA

Die schöne Marktstadt Lorca ist bekannt für die stimmungsvolle Altstadt und die farbenprächtigen Prozessionen der **Semana Santa** (in der Karwoche).

Atemberaubende Barockgebäude flankieren die **Plaza de España**, darunter die Colegiata de San Patricio aus goldfarbenem Kalkstein, das Pósito, ein ehemaliger Getreidespeicher aus dem 16. Jh. und die Casa del Corregidor aus dem 18. Jh. Einen Besuch wert sind die zwei ausgezeichneten Museen: **Museo de Bordados del Paso Azul** und **Museo de Bordados del Paso Blanco**, die sich mit den Feierlichkeiten der Semana Santa beschäftigen.

Lorcas Wahrzeichen, die **Burg,** ist ein riesiger mittelalterlicher Komplex mit zwei Türmen, Zisternen und Festungsmauern. Es gibt eine rekonstruierte Synagoge, und die Ruinen des jüdischen Viertels können besichtigt werden (am besten mit Führung). Im **Parador de Lorca** kann man sogar in der Anlage übernachten.

Weniger extravagante Übernachtungsmöglichkeiten bieten das **Hotel Mirador de Aledo** oder das **Hotel Félix**.

JOSE ALDEGUER/SHUTTERSTOCK ©

Parque Regional de Sierra Espuña

Ein Kalksteinmassiv

HOCHLAND-TREKS UND WANDERWEGE

Etwa 70 km westlich von Cartagena, eine Autostunde entfernt, liegt der weitläufige Naturpark **Parque Regional de Sierra Espuña**. Er umfasst 250 km² gebirgiges Gelände, Kiefern- und Steineichenwälder und ein hoch aufragendes Kalksteinmassiv und bietet schöne Wander- und Radwege, Klettermöglichkeiten und, dank hier heimischer Greifvögel wie Steinadler und Uhu, hervorragende Gelegenheiten zur Vogelbeobachtung.

Aufgrund extremer Abholzung war der Park einst eine Art ökologisches Katastrophengebiet, doch ein umfangreiches Baumpflanzungsprogramm über viele Jahrzehnte hinweg hat die Landschaft wieder aufblühen lassen. Im Nordwesten des Parks befinden sich rund 20 Eishäuser, in denen bis zum Aufkommen der industriellen Kühltechnik Schnee zu Eis gepresst und im Sommer in die nahe gelegenen Städte gebracht wurde.

ESSEN AM CABO DE PALOS

Trompamujol
Hervorragende Tapas, leckere Fleisch-, Fisch- und vegetarische Gerichte und gute Weine. **€**

El Rancho de Cabo de Palos
Parrilla im südamerikanischen Stil mit hervorragendem gegrilltem Fleisch und argentinischen Vorspeisen. **€€**

Nagare
Das vielleicht beste japanische Restaurant in Murcia bietet fachmännisch präsentiertes Sushi in stilvollen Räumlichkeiten. **€€**

Der Hauptzugang zur Sierra Espuña erfolgt über die Stadt **Alhama de Murcia**. Im informativen Besucherzentrum des Parks gibt's Wanderkarten; von hier gehen auch einige Wanderwege ab. **El Berro**, 9 km hinter dem Besucherzentrum, ist der beste Ausgangspunkt – hier gibt es Trekkingpfade für einige gute Rundwanderungen, Restaurants und einen Campingplatz.

Mountainbiker sollten sich unter https://sierraespuna.com informieren, wo eine 146 km lange Route in vier Etappen durch den Park beschrieben ist, die in El Berro beginnt. Die Website bietet auch Routen für Straßenrad- und Motorradfahrer.

Das historische **Lorca** ist ein weiterer hervorragender Ausgangspunkt für Besuche der Sierra Espuña.

Ausflug zu Lagunen und Dünen

SALZ UND SAND, INSELN UND STRÄNDE

Mar Menor ist mit seinen 170 km² Europas größte Salzwasserlagune und bei Kitesurfern, Kajakfahrern und Wasserskifahrern äußerst beliebt. Es gibt viele Zugänge zu dieser Lagune: **Cabo de Palos** liegt eine 30-minütige Fahrt von Cartagena entfernt.

Cabo de Palos mit seinem hübschen Hafen ist ein guter Ausgangspunkt. Das gilt auch für Lo Pagán am nördlichen Ende der Lagune. Beide Orte bieten unvergessliche Tauch- und Schnorchelausflüge zu dem wunderschönen Meeresschutzgebiet der **Islas Hormigas** an.

An der Nordseite der Lagune grenzt der **Parque Regional de las Salinas y Arenales de San Pedro del Pinatar** mit ausgedehnten Salinen, in denen Meerwasser zum Verdampfen in die Ebenen gepumpt wird: Jedes Jahr werden hier im Spätsommer 100 000 t Salz geerntet. Die Pfannen sind beliebte Futterplätze für Flamingos und andere Zugvögel. Auf der dem Meer zugewandten Seite der Salinas befindet sich der schöne Naturstrand **Playa de la Torre Derribada**, der von Dünen umgeben ist.

Wunderschöne unbebaute Strände gibt's auch auf der Südseite des Cabo de Palos. Im **Parque Regional Calblanque** kann man eine Reihe einsamer Buchten finden (aber kaum Einrichtungen, also Schatten und Picknick mitbringen – und sich darauf einstellen, vom nächsten Parkplatz aus ein wenig laufen zu müssen). **Playa de Calblanque** ist ein wunderschöner, breiter, goldener Sandstrand, die abgelegene **Cala de los Dentoles** ist eine herrliche Bucht mit ockerfarbenem Sand und von Klippen umgeben. Weiter westlich befinden sich idyllische, wilde Buchten wie **Cala Salitrona**.

SPANIENS BESTE TAUCHSPOTS

Die wenige Kilometer vor der Küste des Festlandes entfernt liegenden Islas Hormigas werden immer wieder zu den besten Tauchplätzen im Mittelmeer gewählt.

Zu den Highlights gehören spektakuläre Unterwassertürme, Schiffswracks (darunter die SS Stanfield) und Korallenansammlungen, dazu zählt auch Gorgonien. Zu den pelagischen Meeresbewohnern gehören Stachelmakrelen und Barrakudas und gelegentlich sogar Mola Mola (Mondfisch). Mit Sicherheit sieht man Zackenbarsche und Tintenfische.

Die Islas Hormigas sind seit 1995 Meeresschutzgebiet und die Vorschriften sehen vor, dass maximal ein Boot pro Tauchplatz eingesetzt werden darf. Club de Buceo Islas Hormigas in Cabo de Palos und Scuba Murcia in La Manga sind zwei professionelle Tauchshops (die Kosten betragen ca. 90 € für zwei Tauchgänge).

Es werden auch Schnorchelausflüge (ab 35 €) entlang der Küste von Cabo de Palos angeboten.

UNTERWEGS VOR ORT

Der 2019 eröffnete Aeropuerto Internacional Región de Murcia wird von spanischen und ausländischen Airlines angeflogen.

Um Murcia optimal erleben zu können benötigt man eigentlich ein eigenes Fahrzeug. In der Region Mar Menor gibt's zwar regelmäßige Busverbindungen nach Cartagena, aber z.B. keine Verbindung zum Parque Regional de Sierra Espuña oder zu den abgelegenen Stränden des Parque Regional Calblanque.

ZUMOS NATURALES
TAPAS
y mas...
Jamón
Queso
Salmorejo
Empanadillas
Nachos con Queso
Tortilla Española
Ensaladilla
Meat Balls
Montaditos
Quiche de verduras
Empanda Capresse
y
Crepes, Sandwiches
Pasta y
Ensaladas

PRAKTISCHES

Die wichtigsten Informationen für die perfekte Reise nach Spanien im Überblick. Nützliche Tipps, Tricks und Hintergründe zur Orientierung und Vorbereitung.

Málaga (S. 577)

Ankunft

Die meisten Besucher:innen nutzen die schicken, modernen Flughäfen von Madrid (Barajas; 15 km nordöstlich vom Zentrum, vier Terminals) und Barcelona (El Prat; 15 km südwestlich vom Zentrum, zwei Terminals). Neben vielen Restaurants, Cafés und Läden gibt's dort jeweils auch Tourismusinformationen sowie gute Bus-, Taxi-, Metro- und Zugverbindungen in die Stadt.

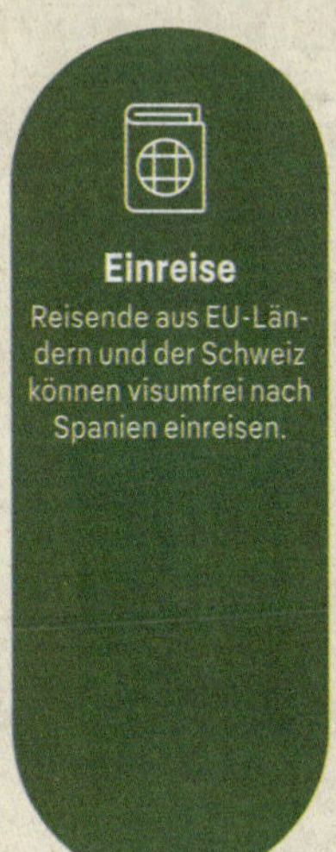

Einreise

Reisende aus EU-Ländern und der Schweiz können visumfrei nach Spanien einreisen.

SIM-Karten

Für Traveller mit EU-Handyverträgen ist Roaming in Spanien gratis – nicht aber für Schweizer Staatsbürger:innen. Für diese empfiehlt sich eine umstellbare e-SIM-Karte mit Datenvolumen (Kompatibilität vorausgesetzt) oder eine spanische SIM-Karte (bei lokalen Handyläden erhältlich).

Flughäfen

Die meisten Reisende fliegen nach Madrid oder Barcelona. Andere spanische Ziele (z. B. Málaga, Valencia, Mallorca, Ibiza, Kanaren) haben ebenfalls betriebsame internationale Flughäfen.

WLAN

Die meisten spanischen Flughäfen bieten Gratis-WLAN über Aena-Netzwerke. Drahtlos ins Netz geht's auch fast im ganzen übrigen Land. In entlegeneren Gebieten auf dem Land sind Hotspots aber vergleichsweise rarer.

Vom Flughafen in die Stadt

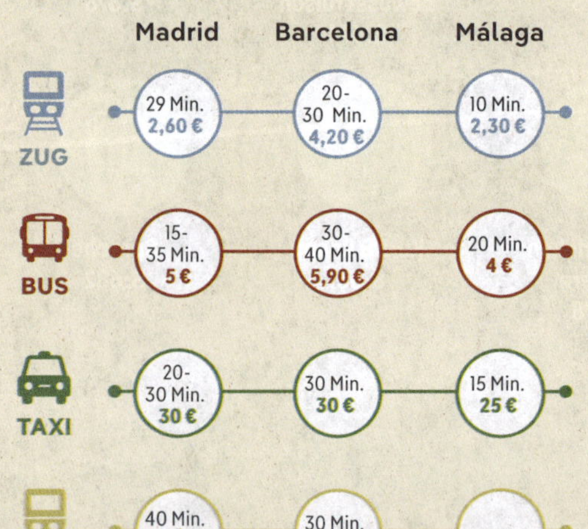

	Madrid	Barcelona	Málaga
ZUG	29 Min. 2,60 €	20-30 Min. 4,20 €	10 Min. 2,30 €
BUS	15-35 Min. 5 €	30-40 Min. 5,90 €	20 Min. 4 €
TAXI	20-30 Min. 30 €	30 Min. 30 €	15 Min. 25 €
METRO	40 Min. ab 7,50 €	30 Min. 4,60 €	–

ALTERNATIVEN ZUM FLUGZEUG

Für eine Anreise mit weniger CO2-Ausstoß gibt's viele und teils auch reizvolle Alternativen zum Flugzeug. Per Schiff bzw. Fähre ist Spanien u. a. problemlos ab Italien, Marokko und Algerien erreichbar. Zudem gibt's Fernbusse z. B. nach/ab Portugal, Andorra und Frankreich. Immer mehr Tourist:innen reisen nun auch mit der Bahn ab Frankreich nach Spanien. Die meisten Züge bedienen dabei Barcelona und Madrid (z. B. der TGV Paris–Barcelona, ca. 7 Std.). Dort bestehen jeweils viele Anschlussverbindungen.

Unterwegs vor Ort

Spaniens hervorragendes Verkehrsnetz umfasst moderne Züge, viele Inlandsflüge und zahlreiche Busverbindungen (auch zu entlegenen Zielen).

REISEKOSTEN

Mietwagen
ab 35 €/Tag

Leihfahrrad
ab 12 €/Tag

Fährticket Barcelona–Mallorca
ab 35 €

Zugticket Madrid–Barcelona
ab 19 €

Mietwagen

In Spanien müssen Mietwagenkund:innen mindestens 21 Jahre alt sein und neben einem gültigen nationalen Führerschein auch meist eine Kreditkarte besitzen. Nur wenige Verleihfirmen akzeptieren Debitkarten. Je nach Saison variieren Preise und Verfügbarkeit sehr stark (rechtzeitig reservieren!). Die meisten Mietwagen haben eine manuelle Schaltung: Automatik-Modelle sind nur begrenzt erhältlich und normalerweise auch teurer.

Straßenzustand

Ab Madrid führen zahlreiche Autobahnen in alle Ecken des Landes. Hinzu kommen kleinere und oft vergleichsweise schönere Landstraßen (vor allem in den Bergen). Der Streckenzustand ist generell gut.

TIPP

Nicht in historische Dorfzentren hineinfahren: Stattdessen an den Ortsrändern parken und hinlaufen.

SPANIENS MINI-PARKPLÄTZE

Spaniens Parkplätze zählen zu den kleinsten in ganz Europa. Und vor allem in den Großstädten sind selbst kostenpflichtige Varianten oft nur sehr schwer zu finden. Es kann ganz schön anstrengen, Mietwagen im heißen Hochsommer auf die Mini-Abstellflächen von verwinkelten, schummrigen Tiefgaragen zu quetschen. Aber keine Panik: Den Locals geht's auch so!

Bus

Von Lokalstrecken zwischen Dörfern bis hin zu schnellen Direkttrips zwischen Großstädten: Zahlreiche Busfirmen (z. B. ALSA, Socibus, Avanza) bedienen fast ganz Spanien. Die meisten Busse zielen auf Einheimische ab und verkehren daher am Wochenende oft seltener.

Zug

Spaniens staatliche Bahngesellschaft Renfe Operadora betreibt den Großteil des hervorragenden Zugnetzes. Dazu zählen auch die AVE-Hochgeschwindigkeitszüge zwischen den Großstädten und die FEVE-Schmalspurbahnen an der Nordküste. Zudem verkehren Lokalzüge (*cercanías*; in Katalonien *rodalies*) auf urbanen Kurzstrecken.

Flugzeug

Spanien hat ein gutes Inlandsflugnetz. Alternativ gibt's super Zugverbindungen zu bekannten Tourismuszielen und praktische Fähren zu den Balearen. In beiden Fällen ist schon die eigentliche Reise mit Landschafts- bzw. Meerblick ein Teil des Spaßes.

UNBEDINGT BEACHTEN

In Spanien herrscht Rechtsverkehr.

Die zulässige Höchstgeschwindigkeit beträgt 30 oder 50 km/h innerorts, 90 km/h auf Landstraßen, 120 km/h auf Autobahnen.

.05

Die Promillegrenze liegt bei 0,5.

Geld

WÄHRUNG: EURO (€)

Steuern & Rückerstattungen

Bei den meisten Waren und Dienstleistungen greift in Spanien eine Mehrwertsteuer (IVA) von 21 %. Mittels elektronischer Rückerstattung (DIVA) können sich Schweizer Staatsbürger:innen einen Teil der IVA zurückholen. Hierzu müssen sie jeweils ein DIVA-Formular bei den jeweiligen Läden bzw. Dienstleistern verlangen und dieses bei der Ausreise per DIVA-Terminal am Flug- oder Fährhafen einlösen.

Kredit- & Debitkarten

Vor allem seit der COVID-19-Pandemie kann man in Spanien fast überall per Kredit- oder Debitkarte bezahlen – mitunter aber nur Komplettbeträge ab einem bestimmten Mindestbetrag. Vor allem in entlegeneren Gegenden empfiehlt sich daher stets das Mitführen von genügend Bargeld (z. B. für Trinkgeld, Kaffee, Verkehrsmittel, kleine Läden).

Trinkgeld

Trinkgeld ist in Spanien fast immer optional und in Bars oder Cafés unüblich. Aber nicht vergessen: Im hiesigen Gastgewerbe bekommen viele Angestellte nur den Mindestlohn. In Restaurants spendieren viele Einheimische etwas Kleingeld oder maximal 5 % (was als großzügig gilt). Dennoch geht die Tendenz nun langsam zu höheren Beträgen (bis zu 10 %). Taxigäste runden die Rechnung teils auf den nächsten vollen Eurobetrag auf.

WIEVIEL KOSTET …

Ein Ticket für die Alhambra
ca. 15 €

Der Hammam-Zugang (mittelteuer)
14 €

Ein geführter Stadtspaziergang
ca. 15 €

Eine händisch hergestellte Keramikschüssel
ab 10 €

WIE … Ein paar Euros sparen

Viele Tourismushochburgen (vor allem Großstädte) haben vergünstigte Kombi-Pässe für mehrere bekannte Attraktionen. Die Pässe sind dort normalerweise direkt vor Ort erhältlich – alternativ online und bei lokalen Tourismusinformationen. Die meisten Sehenswürdigkeiten gewähren auch Rabatte (z. B. für Studierende, Kinder, Senior:innen ab 65 Jahren) und freien Eintritt zu bestimmten Zeiten.

VISA FÜR DIGITALE NOMAD:INNEN

Spanien ist ein beliebtes Ziel zur Telearbeit. Die Regierung plant, mit ihrem neuen Visum für digitale Nomad:innen, noch mehr Menschen anzulocken. Das Visum erlaubt Nicht-EU-Bürger:innen, in Spanien zu leben und ein Jahr lang für nicht-spanische Unternehmen zu arbeiten, mit der Option, es um bis zu fünf Jahre zu verlängern und enge Verwandte wie Ehepartner und Kinder einzubeziehen. Es beinhaltet auch Steuervergünstigungen. EU-Bürger:innen können sich visumfrei in Spanien aufhalten oder freiberuflich arbeiten, wenn sie weniger als 6 Monate im Land sind.

LOCAL TIPP

Generell ist Spanien ein recht erschwingliches Reiseland. Jedoch gibt's hier starke regionale Preisunterschiede. Am teuersten sind u. a. Barcelona, Madrid und Ibiza.

Übernachten

Paradores

Diese staatliche Kette zählt zu Spaniens besten Tourismuskonzepten und legt großen Wert auf Nachhaltigkeit. Ihre ca. 100 Spitzenklassehotels sind teils überraschend günstig und befinden sich oft in tollen historischen Gebäuden (z. B. Klöster, Burgen, Paläste). Zu den legendären Optionen zählen dabei z. B. das Hostal dos Reis Católicos (Santiago de Compostela) oder der Parador de Granada (auf dem Alhambra-Gelände). Parallel gibt's auch modernere Paradores.

Boutiquehotels

Ob elegante Designer-Tempel oder Refugien mit maurischem Touch: Spanien empfängt Stilfans mit vielen verschiedenen und generell eigenständigen Boutiquehotels. Die meisten davon haben charismatische und freundliche Inhaber:innen, die stolz auf ihr liebevoll gestaltetes Lebenswerk sind. Vor allem in Küstenorten gibt's auch zahlreiche Mietvillen (oft mit Pools), die super für Familien bzw. Gästegruppen sind.

Berghütten

Beim Wandern in Spanien benutzt man auch mal *refugios*. In den beliebtesten Gebirgsregionen (vor allem den Pyrenäen) betreiben Wander- bzw. Bergsteigclubs diese Hütten mit schlichten Schlafsälen. Zu Spitzenzeiten sind *refugios* immer schnell ausgebucht – daher rechtzeitig reservieren!

Ländliche Unterkünfte

Urlaub auf dem Land ist in Spanien heute sehr beliebt. So gibt's hier nun auch viele zauberhafte *casas rurales*. Diese sind meist komfortable, renovierte Dorf- oder Bauernhäuser (normalerweise auch komplett mietbar) mit ein paar Zimmern. Landesweit findet man auch gut ausgestattete Campingplätze in teils herrlicher Lage (z. B. nahe Flüssen, Seen oder Wäldern).

PREIS FÜR EINE ÜBERNACHTUNG

einem Parador
ab 90 €

einem Hostel-Schlafsaal
ab 15 €

einem urbanen Nobelhotel
ab 100 €

Budgetunterkünfte

Hostales (nicht mit Hostels verwechseln!) sind kleine und einfache, aber komfortable Budgethotels. Bei *pensiones* handelt es sich um schlichte und oft familiengeführte Pensionen. In ganz Spanien gibt's nun auch immer mehr fesche, moderne Hostels mit Schlafsälen und günstigen Privatzimmern. Die besten Optionen bieten dabei auch einige Extras (z. B. diverse Events). Entlang des Camino de Santiago übernachten Pilger:innen auf ihrem Weg nach Galicien in rustikalen *albergues* (Pilgerherbergen; s. Bild).

PROBLEMATISCHE PRIVATUNTERKÜNFTE

Wie andere beliebte Urlaubsländer hat auch Spanien eine starke Zunahme von privat vermieteten Ferienwohnungen in seinen Tourismushochburgen erlebt. Vermittlungsagenturen und -plattformen wie Airbnb werden auch hier für starke Mietanstiege verantwortlich gemacht. Das vertreibt einheimische Anwohnende und eigenständige Kleingeschäfte, was wiederum das Gesicht ganzer Viertel verändert – vor allem in Barcelona (S. 231), wo es schon mehrfach Proteste dagegen gab. Tourist:innen können etwas dagegen unternehmen, indem sie lokale Hotels unterstützen und nur offiziell registrierte Ferienwohnungen (beim Buchen überprüfen!) wählen.

Reisen mit Kindern

Uralte Burgen, belebte Fiestas, leckeres Essen, leidenschaftlicher Flamenco, tolle Museen, spannende Themenparks, unwiderstehliche Strände: Spanien ist ein großartiges Familienziel. Kinder sind hier fast überall willkommen und werden vielerorts speziell berücksichtigt. Das Land beglückt Familien jeder Größe auch mit attraktiven, passenden Bleiben und zuverlässigen, stressfreien Verkehrsverbindungen.

Familienfreundliche Ziele

Die Strandorte der Mittelmeerküste und der Balearen (vor allem Mallorca) sind super für Familien. Barcelona, Sevilla und Valencia zählen zu Spaniens kinderfreundlichsten Städten: Dort kann man jeweils viele Attraktionen leicht zu Fuß erkunden. Bei gewisser Abenteuerlust wartet das weiläufige Landesinnere u. a. mit märchenhaften Burgen und Dörfern auf. An der Nordküste lässt sich ein wildes Wunderland entdecken.

Verkehrsmittel & -wege

Spaniens öffentliche Verkehrsmittel nehmen Kinder unter vier Jahren meist kostenlos mit; zwischen vier und zwölf Jahren gibt's Rabatt. Mietwagenkunden können einen *silla infantil* (Kindersitz) normalerweise gleich gegen Aufpreis mitreservieren (alternativ selbst mitbringen).

Praktisch & konkret

- **Einrichtungen & Kinderbedarf** *Pañales* (Windeln) sind überall erhältlich. Restaurants und öffentliche Toiletten verfügen teils über Wickeltische. *Tronas* (Hochstühle) gibt's aber nur in manchen Lokalen. Die meisten Hotels haben *cunas* (Kinderbetten; beim Buchen nachfragen).
- Öffentliches Stillen ist kein Problem in Spanien.
- **Mobilität** Bei Kopfsteinpflaster empfehlen sich Babytragen oder Tragetücher.

Sehenswertes

Ob bröckelnde Burgen, interessante Wissenschaftsmuseen oder die zauberhafte Alhambra: Viele von Spaniens Highlights sind super für Kids und gewähren große Rabatte für Kinder. Entsprechende Ermäßigungen gibt's meist auch bei geführten Touren und Aktivitäten. Die Altersgrenzen variieren aber generell.

HITS FÜR KIDS

Pura Esencia (Sevilla, S. 495)
Live-Flamenco in Andalusiens Herz.

Alcázar (Segovia, S. 137)
Eine echte Märchenburg.

Altamira (Kantabrien, S 394)
Tolle prähistorische Höhlenkunst.

Park Güell (Barcelona, S. 244)
Ein so schräges wie großartiges Gaudí-Werk.

Escuela Andaluz del Arte Ecuestre (Jerez de la Frontera, S. 515)
Andalusische Reitshows vom Feinsten.

UHRZEITEN & ESSEN

In Spanien bleiben Kinder lange wach und sind in den meisten Restaurants willkommen – vor allem, wenn diese Außengelände mit Freiluftterrassen haben. Am besten bereitet man Kids rechtzeitig auf die spanischen Zeitverhältnisse (inkl. Siesta) vor, um Probleme wie Übermüdung zu vermeiden. Spaniens Küche ist nur in wenigen Fällen scharf und daher bei Kindern beliebt: Zu den potenziellen Favoriten zählen z. B. Tortillas, Pommes, Kroketten, Churros, *albóndigas* (Fleischbällchen), Paella und Hähnchen oder Fisch vom Grill. Viele spanische Lokale haben auch ein *menú infantil* (Kindermenü) oder gestalten Gerichte auf Wunsch kinderfreundlich.

Sicher reisen

VERSICHERUNG

Auch für Spanien empfiehlt sich grundsätzlich eine gute Reiseversicherung, die neben medizinischen Behandlungskosten auch Diebstahl, Verlust, Stornierungen und Reiserücktritt abdeckt. Gesetzlich Versicherte aus EU-Ländern können in Spanien auch die kostenlose Europäische Krankenversicherungskarte (EHIC; vorab in der Heimat zu beantragen) nutzen. Diese gilt jedoch nur für Notfallbehandlungen.

Abzocke & Diebstahl

An Tourismusorten wie Barcelona sind Taschendiebe aktiv. Zudem Vorsicht vor Ablenkungsmaschen – z. B. durch Verkäufer:innen von Glücksblumen. Mitunter beschmutzen die Gauner:innen die Kleidung ihrer Opfer oder starten Ablenkungsversuche auf Autobahn-Rastplätzen. Wertgegenstände am Strand stets im Auge behalten: Andernfalls sind sie beim nächsten Herumdrehen verschwunden.

In den Bergen

Bei Höhen ab 2500 m besteht die Gefahr der Höhenkrankheit. Die gilt auch beim Wandern an Spaniens höchsten Bergen (z. B. Mulhacén, Veleta, Aneto, Teide). Gegen potenzielle Unterkühlungen hilft ausreichend warme und wasserdichte Bekleidung. Genrell sollte man vor dem Wandern stets vertrauenswürdige Dritte über die jeweilige Route informieren.

CANNABIS

Spanien hat den persönlichen Konsum kleiner Cannabismengen entkriminalisiert. Öffentlicher Konsum, Kauf oder Verkauf sind jedoch illegal.

SICHER SCHWIMMEN UND BADEN

Grüne Flagge
Sicherer Badestrand

Gelbe Flagge
Sicher am Ufer, aber kein Hinausschwimmen

Rote Flagge
Gefahr, Schwimmen und Baden verboten

Schwarz
Strandsperrung wegen Gesundheitsgefahr (selten)

Orange
Keine Rettungsschwimmer:innen anwesend

Frauen unterwegs

Berichten zufolge sind Spanientrips für Frauen größtenteils problemfrei. Vor allem in entlegenen Dörfern und ohne Begleitung kann Frau dennoch unerwünschte männliche Aufmerksamkeit erregen. Generell gilt auch in Spanien: Immer den gesunden Menschenverstand einsetzen und dieselben Vorsichtsmaßnahmen wie in der Heimat treffen.

WALDBRÄNDE

Seit ein paar Jahren leidet ganz Spanien im Sommer immer wieder unter verheerenden Waldbränden. Die Ursache hierfür sind zunehmende Hitzewellen durch die globale Erwärmung. Über 40 Wildfeuer verbrannten hier 2022 fast 3000 km² Landfläche. Damit ging die Evakuierung zahlloser Kleinstädte und Dörfer einher. Im Ernstfall stets alle Anweisungen der lokalen Behörden befolgen!

Verantwortungsbewusst reisen

Reisen & Klimawandel

Nicht zu ignorieren: Jede Reise verursacht klimaschädliche Emissionen. Lonely Planet fordert daher alle Traveller auf, nachhaltig zu reisen und ihren CO2-Fußabdruck möglichst gering zu halten. Über zahlreiche Online-Kohlenstoffrechner (z. B. resurgence.org/resources/carbon-calculator.html) lässt sich die Emissionsmenge pro Trip einschätzen. Diese kann dann oft proportional in Spendenbeträge an internationale Klimaschutz-Initiativen umgerechnet werden. Auch viele Fluglinien und Buchungsportale bieten diese Möglichkeit, die Lonely Planet weiterhin für alle Angestelltenreisen nutzt. Dennoch ist uns bewusst, dass das mehr Schadensminderung als Lösung ist.

Nachhaltige Unterkünfte

In Spanien zahlreich vorhanden. Beispiele: **Posada del Valle** (S 405) Bio-Bauernhof in Asturien.

Las Chimeneas (S. 562) betreibt Bio-Obstplantagen in den Alpujarras. **Casa Fontequeiroso** (S. 433) serviert auch galicische Traditionsküche aus Regionalprodukten. **La Era Hospedería** (S. 507) bietet sanften Tourismus in den Sierras Subbéticas (Córdoba).

Lokal & saisonal

Eins von Spaniens Highlights sind seine großartigen Frischwarenmärkte mit saisonalen Regionalprodukten. Landesweit gibt's auch Bauernmärkte mit Bio-Direktvermarktern.

Kunsthandwerk

Ob handbemalte Keramikschüsseln, Strohkörbe, wunderschöne Fächer oder komplexe Wolldecken: Tourist:innen können Spaniens vielfältige, jahrhundertealte Handwerkstraditionen landesweit mit Käufen in kleinen, eigenständigen Läden unterstützen.

Essen im **Espai Mescladís** (Barcelona; S. 220) oder **Lakook** (Madrid; S. 108): Beide Lokale beschäftigen arbeitssuchende Einwander:innen im Gastgewerbe.

Für Kaffeefans: Das von Frauen betriebene **Bluebell Coffee** (Valencia; S. 643) unterstützt Kaffeeplantagen unter weiblicher Leitung. Das **SlowMov** (Barcelona; S. 247) bezieht seine Bohnen direkt von den jeweiligen Produzenten.

Auch wenn längere Freiwilligenjobs zweifellos prima sind: Man muss nicht Monate in Spanien weilen, um sich hier sinnvoll zu engagieren. So können Traveller z. B. bei spontanen Strandreinigungen mitmachen.

Spanien bietet weitaus mehr als belebte Strände im heißen Juli und August. Außerhalb der Hauptsaison (Mai – Sept. & Ostern) sind die Warteschlangen kürzer und die Menschenmassen kleiner. Besuche während dieser Zeit helfen auch, den Tourismus übers ganze Jahr zu verteilen.

Leitungswasser

Spaniens Leitungswasser kann generell sicher getrunken werden. Somit empfiehlt sich das Füllen eigener Flaschen, um den Plastikmüll zu reduzieren. Im Zweifelsfall aber immer vorher vor Ort nachfragen!

Lokale Experten

Ob Kochkurs oder Architekturführung: Mit einheimischen Expert:innen taucht man am besten in ein Reiseziel ein. Die Guides von Hidden City Tours (Barcelona; S. 211) sind frühere Obdachlose.

Kastilien-León ist aktuell die spanische Region mit der größten Erzeugungsmenge von erneuerbaren Energien (S. 159).

Die zahllosen **Vías Verdes** (Grüne Wege) erkunden: Diese Rad- und Wanderrouten folgen stillgelegten Bahntrassen (S. 600).

Slowfood

Slow-Food-Restaurants besuchen: Bei solchen Lokalen liegt der Fokus auf gesundem Essen, nachhaltiger Produktion und fairer Entlohnung der Erzeuger.

Tierwohl

Fast alle Tierschützer:innen kritisieren das Halten von Meeressäugern in Gefangenschaft. Auch bei anderen Interaktionen mit Tieren (z. B. Fahrten mit Pferdekutschen) steht deren Wohlergehen nicht immer an erster Stelle.

Im 21. Jh. wächst die Zahl der Stierkampfgegner:innen in Spanien beständig. Besucher:innen eines Stierkampfs bekommen potenziell Einblicke in die Traditionen und Beweggründe hinter dem umstrittenen Spektakel. Viele Tourist:innen verzichten aber von vorn herein darauf.

INFOS IM INTERNET

spain.info
Nachhaltige Konzepte der spanischen Tourismusbehörde.

miteco.gob.es
Offizielle Website der 16 spanischen Nationalparks.

impactrip.com
Freiwilligenjobs und nachhaltige Touren mit B-Corporation-Zertifikat.

2020 rangierte Spanien auf dem zwölften Platz des Global Sustainability Index. Bis 2050 strebt das Land eine klimaneutrale Kreislaufwirtschaft an. Reiseziele wie Valencia, Barcelona oder die Balearen machen aktuell wichtige Fortschritte in Richtung sanfter Tourismus.

LGBTIQ+-Traveller

Heute ist Spanien das eventuell LGBTIQ+-freundlichste Land in ganz Südeuropa. Zusammen mit Portugal und Malta rangierte das Land 2021 auf dem zweiten Platz des Spartacus Gay Travel Index. 2005 legalisierte Spanien als vierte Nation weltweit die gleichgeschlechtliche Ehe. Im selben Jahr wurden hier auch Adoptionen durch gleichgeschlechtliche Paare erlaubt (trotz des Widerstands der katholischen Kirche).

Pride-Events

Seit dem Verbot gleichgeschlechtlicher Beziehungen unter Franco hat sich in Spanien sehr viel getan. So findet nun z. B. in Madrid das größte Pride-Festival Europas statt: Das Madrid Orgullo (S. 105) begann 1978 als Marsch für LGBTIQ+-Rechte. Vor allem im Viertel Chueca steigt es rund um das Wochenende nach dem Pride Day (28. Juni). Mit ca. 1,5 Mio. Besucher:innen zählt das Ganze auch zu den größten Pride-Partys der Welt. Bedeutende Pride-Paraden und -Events gibt's ansonsten z. B. in Barcelona, Sitges und Sevilla sowie auf Ibiza.

ALEXANDER SPATARI/GETTY IMAGES ©

SITGES

Etwa 35 km südwestlich von Barcelona liegt Sitges an katalanischen Mittelmeerküste. Der belebte Ort ist ein wichtiges Ziel des internationalen LGBTIQ+-Partyzirkus. Die lokale Szene spielt eine führende Rolle beim wilden Karneval (Feb./März) und den June-Pride-Events, die zu den beliebtesten des Landes zählen. Sitges hat zudem viele LGBTIQ+-freundliche Hotels.

ÜBERNACHTEN

In Spanien gibt's viele besonders LGBTIQ+-freundliche Unterkünfte. Deren Spektrum reicht von stilvollen Boutique-B&Bs in hübschen Dörfern bis hin zu den belebten Axel-Stadthotels. Diese Kette ist in Madrid, Barcelona und San Sebastián sowie auf Gran Canaria und Ibiza vertreten.

LGBTIQ+-Hotspots

In Madrid konzentriert sich die Szene auf das belebte LGBTIQ+-Viertel Chueca (S. 99). Dessen Clubs, Bars und Restaurants haben bis zu später Stunde geöffnet. Barcelonas Szene-Hotspot mit Bars, Clubs, Restaurants, Buchläden und anderen Locations ist das selbsternannte „Gaixample" im Viertel L'Eixample (S. 239). Weitere LGBTIQ+-Hochburgen sind Ibiza sowie die Strandorte Sitges (Katalonien), Torremolinos (Andalusien) und Maspalomas (Gran Canaria).

LGBTIQ+-ORGANISATIONEN

Colectivo LGTB+ de Madrid (COGAM) Szene-Zentrum mit Infobüro und Aktivitäten.

Federación Estatal de Lesbianas, Gays, Trans & Bisexuales (FELGTBI+) Nationaler Interessenverband, der auch führend beim Kampf für legale gleichgeschlechtliche Ehen in Spanien war. Pflegt Verbindungen zu vielen kleineren Lokalorganisationen mit Hilfsangeboten und Szene-Refugien.

Casal Lambda (Barcelona) Sozial-, Kultur- und Infozentrum für die LGBTIQ+-Szene.

LGBTIQ+-Reiseführer Praktische City-Guides für Spanien gibt's u. a. von Patroc, Gay 4 U, Shangay und Chueca (Madrid).

Wettlauf auf Stöckelschuhen

Carrera de Tacones (Madrid): Das Stöckelschuh-Rennen entlang der Calle Pelayo (Chueca) ist das glamouröse Highlight des lokalen Pride-Eventkalenders. Einzige Teilnahmebedingung sind Absätze bis max. 15 cm.

Barrierefrei reisen

Für Tourist:innen mit Handicap ist Spanien immer noch ein recht schwieriges Ziel. Langsam verbessert sich aber auch hier die Barrierefreiheit: Lokale Tourismusbehörden starten hier immer mehr neue Projekte.

Barrierefreie Touren

Diverse Organisationen organisieren barrierefreie Touren für Rollstuhlfahrende, Senior:innen und Menschen mit eingeschränkter Sehfähigkeit. Lokale Tourismusinformationen liefern normalerweise entsprechende Infos und Karten. Die Büros in Barcelona und Madrid veranstalten eigene barrierefreie Touren.

Am Flughafen

Alle spanischen Flughäfen bieten Gratis-Unterstützung für Gäste mit Handicap (z. B. Mobilitätsproblemen). Darunter fällt z. B. Hilfe beim Einchecken, bei der Sicherheitskontrolle und beim Bewegen durch die Terminals. Der Service muss jeweils spätestens 48 Stunden vorher über Aena (aena.es) gebucht werden.

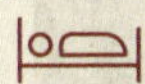

Übernachten

Alle neuen Hotels in Spanien müssen über barrierefreie Zimmer verfügen. Ältere und/ oder ländliche Bleiben haben solche Quartiere mitunter nicht. Zur Sicherheit ist es stets ratsam, vorab nach entsprechenden Einrichtungen zu fragen.

Barrierefreie Sehenswürdigkeiten

Viele von Spaniens Sehenswürdigkeiten sind heute barrierefrei (zur Sicherheit jeweils stets vorab ermitteln). Vor allem in Madrid und Barcelona veranstaltet das Teatro Accesible spezielle Theatervorstellungen für Menschen mit Handicap (z. B. in puncto Hören oder Sehen).

Verkehrsmittel & -wege

Auf Anfrage gibt's Gratis-Unterstützung an Bord der Mittelstrecken- und Fernzüge von **Renfe Operadora**. Viele spanische Busse sind rollstuhlgerecht. Die Barrierefreiheit der Metros von Madrid und Barcelona hat sich ebenfalls stark verbessert.

STRÄNDE

Spaniens Strände werden zunehmend barrierefrei (Verzeichnis unter discapnet.es): Lokale Behörden unterstützen Gäste mit Handicap z. B. mit verbesserten Zugangsrampen, angepassten Einrichtungen, Wasserrollstühlen und Hilfspersonal.

ERFÜHLBARES MUSEUM

Das Museo Tifológico (museo.once.es; Betreiber: ONCE) in Madrid ist speziell für Besucher:innen mit visuellem Handicap gestaltet: Alle Ausstellungsstücke können berührt werden. Zudem warten hier Audioguides, Broschüren auf Braille und über 40 Modelle von berühmten Bauwerken (z. B. der Alhambra in Granada).

WEITERE INFOS

Spain is Accessible *(spainisaccessible.com)* Spaniens Tourismusbehörde liefert nützliche Infos zur Barrierefreiheit vor Ort. Gleiches gilt für die städtischen Tourismusinformationen von Madrid (esmadrid.com/madrid-accesible) und Barcelona (barcelona-access.cat).

COCEMFE (cocemfe.es) Spanische NRO mit vielerlei Support-Services.

ONCE (once.es) Spanischer Sehbehindertenverband; gibt mitunter Reiseführer auf Braille heraus.

Viajeros en silla (viajerosensilla.com) Spanischsprachiger Blog mit Forum, der sich speziell an Tourist:innen im Rollstuhl richtet (u. a. mit Hotelempfehlungen).

Großstädte

Viele von Spaniens Welterbe-Städten (z. B. Córdoba, Tarragona, Cáceres, Santiago de Compostela) haben spezielle Routen für Reisende mit verschiedenen Handicaps eingerichtet (Details unter ciudadespatrimonioaccesibles.org.)

Essen, Trinken & Feiern

Wann?

Desayuno (Frühstück; 8–10 Uhr) Meist Gebäck oder eine einfache *tostada* (belegter Toast) mit Kaffee.

Almuerzo (Mittagessen; 13–16 Uhr) Hauptmahlzeit des Tages; entweder ein *menú del día* zum Festpreis oder üppiger und mit mehreren Gängen.

Cena (Abendessen; 20.30–24 Uhr) Vergleichsweise leichter; oft ein paar Tapas, *pintxos* oder *platillos* nebst Getränken.

KULINARISCHES

Menú del día Mittagsmenü zum Festpreis

Menu degustación Probiermenü

Tapas Pikante Häppchen

Pintxos Tapas im baskischen Stil (meist auf Brot)

Ración/media ración Ganzer/halber Tapas-Teller

Platillos Kleine Gerichte

Plato del día Tagesgericht

Plato combinado Hauptgericht mit drei Gemüsesorten

Entrante Vorspeise

Plato principal Hauptgericht

Postre Dessert

Pescado Fisch

Marisco Seafood

Carne de cerdo Schweinefleisch

Carne de vaca Rindfleisch

Pollo Hähnchenfleisch

A la parrilla Gegrillt

Asado Geröstet oder gebacken

Vegetariano Vegetarisch

Vegano Vegan

Sin gluten Glutenfrei

Vino Wein

Vino blanco Weißwein

Vino tinto Rotwein

Vino rosado Roséwein

Vino natural Bio-Wein

Sidra Apfelwein

Vermut Wermut

Fino, manzanilla, palo cortao Sherry-Sorten (nur „Sherry" gibt's in Spanien nicht).

Caña Kleines Bier

Cerveza artesanal Craft-Bier

Wo?

Restaurantes Von günstig bis teuer; zwischen den Essenszeiten stets geschlossen.

Taperías & bars de tapas/pintxos Häppchen (oft am Tresen) in belebter Atmosphäre.

Tascas Belebte Tapas-Bars mit Häppchen und Drinks.

Tabernas Tapas und *raciones* im rustikalen Ambiente.

Cafeterías Kredenzen ganztägig Kaffee, Süßes und kleine Gerichte.

Casas de comidas Schlichte „Essenshäuser".

Asadors Grillrestaurants.

Terrazas Bars bzw. Restaurants mit Freiluftterrassen; ideal bei Schönwetter.

WIE... Paella & andere Reisgerichte essen

Wichtig zu wissen: Paella ist nur eines von Spaniens vielen leckeren *arroces* (Reisgerichten). Sehr beliebt sind hier z. B. auch *arroz caldoso* (Reissuppe mit Seafood), *arroz negro* (Reis mit Tintenfisch-Tinte), *arroz a banda* (in Fischbrühe gekochter Reis) und *fideuà* (eine Art Nudel-Paella). Unter den Beilagen sind z. B. Seafood, Schnecken, Schweine- oder Kaninchenfleisch. Spanische Reisgerichte werden traditionell mittags im Freien über dem Lagerfeuer gegart und zusammen mit Freunden gegessen. Elementar für die perfekte Paella ist das *sofrito* (Würze aus Tomaten, Zwiebeln, roten Paprika, Olivenöl und optionalem Knoblauch). Eine gute Paella erkennt man am *socarrat* (leicht angebrannte Reisschicht am Boden). Am besten schmeckt's dann per Löffel direkt aus der Flachpfanne.

PREISE FÜR ESSEN & TRINKEN

ein *café con leche*
1,50–2 €

ein Glas Wein
3–5 €

eine Tapa mit *jamón*
5 €

ein Abendessen (Michelin-Sterne-restaurant)
ab 130 €

ein *menú del día* (normales Restaurant)
10 €

eine Paella oder ein *arroz*
ab 20 €/Pers.

ein handgemixter Cocktail
12 €

WIE... Tapas bestellen

Tapas sind ein Stück spanischer Lebensstil und zählen zu den am leichtesten erhältlichen Köstlichkeiten des Landes: Diese Häppchen in zahllosen Varianten gibt's hier u. a. abends bei vielen Festen. *Pintxos* (alias „Spitzenküche im Miniformat") werden oft auf Baguettescheiben serviert. Ohne Spanischkenntnisse ist das Bestellen von Tapas und *pintxos* eine potenziell verwirrende Angelegenheit – in Wirklichkeit aber leichter, als es vielleicht erscheinen mag.

Im Baskenland sowie inSaragossa und vielen Bars (z. B. in Madrid, Barcelona) hat man es besonders leicht:

- Hier sind Tapas und *pintxos* entlang des Tresens angerichtet. Gäste holen sich dann einen kleinen Teller und bedienen sich selbst oder zeigen auf die Optionen ihrer Wahl. Dabei merken sie sich üblicherweise ihre Verzehrmenge (z. B. mittels der Zahnstocher) und teilen diese beim Bezahlen dem Personal mit. Viele Lokale haben auch Tapas-Verzeichnisse in ihren Speisekarten oder teilen das entsprechende Angebot per Aushang hinterm Tresen mit. Oft gibt's auch eine bekannte Spezialität des Hauses (*la especialidad de la casa*).
- Tapas-Genuss geht auch mittels *raciones* oder *medias raciones* (meist Gemeinschaftsteller). Vor allem in Andalusien gibt's in manchen Bars eine kleine Gratis-Tapa zu jedem Drink.

Die Geburt der Tapas

Eine bekannte Legende besagt: In Cádiz servierte man einem spanischen König (evtl. Alfons X. oder XIII.) einst ein Glas Wein mit einem Schinken- oder Käsestück als *tapadera* (Deckel) – was dem Regenten gefiel.

BARS & NACHTLEBEN

Spaniens Nachtleben ist legendär: Oft scheint es hier an jeder Ecke eine Bar zu geben, während auch die kleinsten Nester mindestens eine Schänke haben. Ja: Diese Lokale dienen dem Bechern! Gleichzeitig sind sie aber auch Treffs, lokale Lebenszentren und Ausgangspunkte scheinbar endloser spanischer Nächte.

Mit dem einsetzenden Sonnenuntergang werden Spaniens Plätze lebendig. Ab ca. 19 Uhr verteilen sich die Leute über die ganze Stadt, um ein paar *cañas* oder *vermuts* zu trinken. Daraus werden dann oft gesellige Abende mit Tapas und *pintxos* – idealerweise auf einer belebten Plaza oder in einem berühmten Tapas-Viertel (z. B. La Latina und Chamberí in Madrid, El Tubo in Saragossa oder San Sebastiáns Altstadt. Alternativ kann man auch Weine in einer *vinoteca* oder *bar de vinos* (jeweils „Weinbar") probieren. Oder in Spaniens trendige Cocktailszene (in Barcelona besonders beliebt) eintauchen. Fast landesweit tummeln sich abends Leute mit Drinks in der Hand auf der Straße.

Vor 11 Uhr gehen die Einheimischen nicht in Clubs – mit ein Grund, warum sie nach dem Abendessen einen Kaffee trinken. Trotz variierender Dresscodes ziehen sich die Spanier:innen generell gerne schick an. Manche Discos verlangen Eintritt. Der Trink- und Tanzspaß geht dann häufig bis ca. 6 Uhr. Bei den lokalen *fiestas* und *ferias* wird buchstäblich auf der Straße gefeiert.

LUNAMARINA/SHUTTERSTOCK ©

Bobal-Reben, Requena (S. 649)

WIE ...

Spaniens Weingüter

Entspanntes *vino*-Schlürfen mitten in sonnigen, sanft gewellten Hügeln voller Reben: Ein wichtiger Teil vieler Urlaubsträume von Spanien. Dessen spektakuläre Weingüter besucht man am besten so:

Region & Saison wählen

Spanien hat über 70 offizielle Denominaciones de Origen (DOs; Herkunftsregionen) mit jeweils individuellen Weinsorten. Beispielsweise unterscheiden sich die salzigen Sherry-Weine von Jerez sehr stark von den Lesen der berühmten *bodegas* von La Rioja. Ein paar der reizvollsten Weingüter verstecken sich in aufstrebenden Anbauregionen wie Ribeira Sacra (Galicien) oder den vulkanischen Kanaren. Große und berühmte *bodegas* haben ihren Status nicht ohne Grund. Viele ihrer kleinen und eigenständigen Pendants sind aber ebenso attraktiv.

Besucher:innen können meist ganzjährig vorbeischauen. Während der Hauptsaison im (mitunter sehr heißen) Sommer stehen die Reben in voller Blüte. Dann wirken die Weingüter am spektakulärsten und veranstalten oft auch Events. Im Winter mit eingeschränkten Öffnungszeiten und Aktivitäten herrscht deutlich weniger Besucherbetrieb. Die Weinernte im September ehren belebte Feste, bei denen normalerweise die ersten Trauben gestampft werden.

Weingüter wählen

Bei der *bodega*-Wahl reichen die Optionen von großen Kultlabels bis hin zu kleinen Familienbetrieben. Oft sind die Gebäude so interessant wie die eigentlichen Weine. Größere Weingüter ermöglichen spontane Verkostungen und/ oder Betriebsführungen noch am selben Tag. Am Wochenende und in der Hauptsaison empfiehlt sich trotzdem rechtzeitige Reservierung. Diese ist bei kleineren *bodegas* und für alle Aktivitäten oft Pflicht.

Führungen

Kompetent geleitete Betriebsführungen informieren optimal über die komplexe Herstellung spanischer Weine. Bei den besten Varianten schlendert man an den Fässern vorbei und schlürft gute Tropfen. Die Inhaber:innen kleinerer *bodegas* leiten Verkostungen und Führungen oft selbst. Es gibt auch halbtägige oder längere Weinguttouren mit Shuttles – super, um verschiedene Weingüter auf einmal zu besuchen und keinen nüchtern bleibende:n Fahrer:in zu brauchen.

WEINPROBEN & MEHR

Bei Weingutbesuchen ist das Verkosten natürlich sehr wichtig. Oft ist dann aber auch noch viel mehr geboten – z. B. reizvolle Aktivitäten. Diese reichen vom Traubenstampfen bis hin zu Radtouren, die durch Weinberge zu Flamenco-Shows in Reifekellern voller Fässer führen. Das Rahmenprogramm wechselt meist saisonal (daher vorab ermitteln und rechtzeitig reservieren). Viele Weingüter sind auch großartige Gastro-Ziele mit berühmten Restaurants, bei denen die jeweilige Regionalküche im Mittelpunkt steht. Stilvolle Weingut-Hotels für ruhiges Übernachten zwischen den Reben werden in Spanien auch immer zahlreicher.

Kurz & Knapp

ÖFFNUNGSZEITEN

Die Öffnungszeiten variieren saisonal (je nach Ort und Jahreszeit kürzer oder länger).

Banken Mo–Fr 8.30–14 Uhr

Cafés & Bars 7 Uhr–open end

Clubs Fr & Sa 24 od. 1–5 od. 6 Uhr

Einzelhandel Mo–Fr od. Sa 10–14 & 17–20 Uhr

Restaurants tgl. 13–16 & 20.30–23 od. 24 Uhr

Rauchen

Rauchverbot herrscht in allen geschlossenen öffentlichen Räumen. Seit der COVID-19-Pandemie gilt dies in einigen Regionen (z. B. Valencia, Katalonien, Balearen) auch weiterhin für die Freiluftterrassen von Bars und Restaurants. An über 500 spanischen Stränden darf ebenfalls nicht gequalmt werden.

GUT ZU WISSEN

Zeitzone
MEZ inkl. Sommer- & Winterzeit

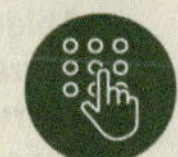

Ländervorwahl
34

Notruf
112

Bevölkerung
47,4 Mio.

FEIERTAGE & FERIEN

Spanien begeht mindestens 14 öffentliche Feiertage (teils nur regional). Kurz vor bzw. nach einem Wochenende werden dazwischen liegende Tage dann oft zu *puentes* (freie Brückentage). Landesweite Feiertage:

Neujahr 1. Januar

Karfreitag März/April

Tag der Arbeit 1. Mai

Mariä Himmelfahrt 15. August

Fiesta Nacional de España (Nationalfeiertag) 12. Oktober

Mariä Empfängnis 8. Dezember

Weihnachten 25. Dezember

Toiletten

Öffentliche Toiletten sind in Spanien rar. So empfehlen sich z. B. die Örtchen von Cafés (aus Höflichkeit stets etwas bestellen!) oder Einkaufszentren.

Internetzugang

Die meisten Bars, Restaurants und Unterkünfte bieten Gratis-WLAN. In den meisten größeren und kleineren Städten gibt's kostenlose kommunale Hotspots.

Strom 230 V/50 Hz

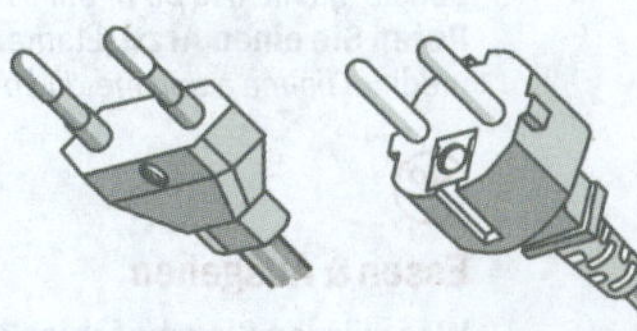

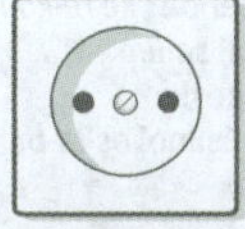

Typ C
220 V/50 Hz

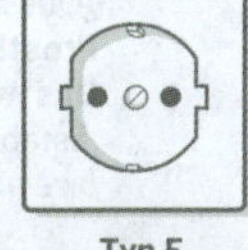

Typ F
230 V/50 Hz

Sprache

Vor allem in größeren Städten und Tourismushochburgen sprechen viele Locals auch Englisch. Für Dorfbewohner:innen und ältere Einheimische gilt dies aber potenziell weniger. Generell erleichtern ein paar Spanischkenntnisse den Aufenthalt und demonstrieren Wertschätzung des Gastlands.

Nützliches: Spanisch

Hallo Hola *o·la*
Auf Wiedersehen Adiós *adiós*
Ja Sí *sii*
Nein No *no*
Bitte Por favor *por fa·vor*
Danke Gracias *gra·thjas*
Entschuldigung Perdón *per·don*
Tut mir leid Lo siento *lo sjen·to*
Wie heißen Sie? ¿Cómo se llama Usted? *ko·mo se lja·ma uu·ste*
Ich heiße ... Me llamo ... *me lja·mo ...*
Sprechen Sie English/Deutsch? ¿Habla inglés/alemán? *a·bla iin·gles/ale man*
Ich verstehe nicht No entiendo *no en·tjen·do*

Nützliches: Baskisch

Hallo Kaixo
Auf Wiedersehen Agur
Danke Eskerrik asko

Nützliches: Galicisch

Hallo Ola
Auf Wiedersehen Adeus
Danke Grazas

Nützliches: Aranesisch

Hallo/Auf Wiedersehen Adiu
Danke Merci

Nützliches: Katalanisch

Hallo Hola
Auf Wiedersehen Adéu
Danke Gràcies

Schilder

Abierto Geöffnet
Cerrado Geschlossen
Entrada Eingang
Mujeres Damen
Hombres Herren
Prohibido Verboten
Salida Ausgang
Servicios/Aseos Toiletten

Uhrzeit & Datum

Wieviel Uhr ist es? ¿Qué hora es? *ke o·ra es*
Es ist (10) Uhr Son (las diez) *son (las djeth)*
Es ist 30 Min. nach (1 Uhr) Es (la una) y media *es (la uu·na) ee me·dja*
Gestern ayer *a·yer*
Heute hoy *oy*
Morgen mañana *ma·nja·na*

Notfall

Hilfe! ¡Socorro! *so·ko·ro*
Gehen Sie weg! ¡Vete! *ve·te*
Rufen Sie die Polizei! ¡Llame a la policía! *lja·me a la po·lii·thii·a*
Rufen Sie einen Arzt! ¡Llame a un médico! *lja·me a uun me·dii·ko*

Essen & Ausgehen

Was würden Sie empfehlen? ¿Qué recomienda? *ke re·ko·mjen·da*
Prost! ¡Salud! *sa·luu*
Das war lecker! ¡Estaba buenísimo! *es·ta·ba bwe·nii·sii·mo*

ZAHLEN

1 **uno** *uu·no*
2 **dos** *dos*
3 **tres** *tres*
4 **cuatro** *kwa·tro*
5 **cinco** *siin·ko*
6 **seis** *seis*
7 **siete** *sje·te*
8 **ocho** *o·tscho*
9 **nueve** *nue·ve*
10 **diez** *djeth*

AUSSPRACHE

kh kehliger Laut wie in „Loch". *r* wird stark gerollt. *ly* wie in „Million". *ny* wie in „Union". *th* wie im englischen „thanks" (in Andalusien eher ein stimmloses S).

Achtung!

Teils widersprechen spanische Wortbedeutungen eventuellen Vermutungen. Beispiel: Ein *suburbio* ist ein Elendsviertel und kein Vorort (*barrio*).

Wichtige Grammatik

Das Spanische unterscheidet zwischen „Sie" (*usted*) und „Du"(*tú*). Die Verwendungen variieren je nach Genus (m/w/n).

Vier nützliche Fragen

1 Ab wann ist geöffnet/geschlossen?

¿A qué hora abren/cierran? a ke o·ra ab·ren/thje·ran

Die meisten Spanier:innen machen eine *siesta* (Nachmittagspause). Dies beeinflusst auch Öffnungszeiten.

2 Wann ist der Eintritt frei?

¿Cuándo es la entrada gratuita? kwan·do es la en·tra·da gra·twii·ta

Viele spanische Museen und Galerien haben Gratis-Zeiten (vor dem Ticketkauf ermitteln).

3 Wo können wir (Salsa) tanzen?

¿Dónde podemos ir a bailar (salsa)? don·de po·de·mos iir a bai·lar (sal·sa)

Authentischer Flamenco ist schön anzuschauen. Doch nur eigenfüßiges Tanzen bringt echten Musikspaß.

4 Wie sagt man das auf (Katalanisch/Galicisch/Baskisch)?

¿Cómo se dice ésto en (catalán/gallego/euskera)? ko·mo se dii·the es·to en (ka·ta·lan/ga·lje·go/e·uus·ke·ra)

Spanien hat vier offizielle Sprachen. Die Einheimischen der jeweiligen Regionen schätzen entsprechende Anwendungsversuche.

WO WIRD SPANISCH GESPROCHEN?

In den letzten 500 Jahren hat sich das Spanische in Europa und Lateinamerika unterschiedlich entwickelt. So klingt die Übersee-Variante u. a. deutlich weniger lispelnd (z. B. *cerveza* bzw. Bier in Europa/Lateinamerika *ther·ve·tha/ser·ve·sa*). Innerhalb Spaniens wird Spanisch bzw. Kastilisch (*castellano*) hauptsächlich in Kastilien (größte Region des Landes) gesprochen. Katalonien, Galicien und das Baskenland sind aber jeweils auch sehr stolz auf ihre offiziellen Sprachen.

STORYBOOK

Mit sechs Reportagen tief in den spanischen Alltag eintauchen.

Valencia (S. 636)

DIE GESCHICHTE SPANIENS IN 15 ORTEN

Spaniens Geschichte gehört zu den großen Epen Europas. Sie beginnt in prähistorischen Zeiten und alten Zivilisationen, erlebt im Mittelalter Kämpfe zwischen den Anhänger:innen von Islam und Christentum, wird zu einer der weltweit größten Mächte und durchlebt im 20. Jh. einen Bürgerkrieg, eine Diktatur und schließlich eine verblüffende Rückkehr zur Demokratie.

EUROPAS ÄLTESTE ÜBERRESTE der Gattung Homo wurden 2022 in Atapuerca (unweit Burgos) ausgegraben – ein Stück eines versteinerten Schädels eines Menschen, der vor 1,2 bis 1,4 Mio. Jahren lebte. An diesem Ort wurde 2007 auch ein 1,2 Mio. Jahre alter Kieferknochen entdeckt. Die erste große Zivilisation, die sich etwa 1000 v. Chr. in Spanien niederließ, waren aber die Phönizier. Es folgten Griechen, Römer und im Norden Kelten.

Die Iberische Halbinsel stand 700 Jahre unter maurischer Herrschaft, diese Zeit gehört zu den sagenumwobensten Kapiteln der spanischen Geschichte. Sie endete mit der Reconquista der Reyes Católicos (Katholische Könige), den Jahrhundertelangen Bemühungen christlicher Truppen, muslimische Herrscher zu vertreiben. Ab Ende des 15. Jhs. verhalfen koloniale Ausbeutungen in Amerika Spanien zu neuem Reichtum. Das 20. Jh. war geprägt vom Spanischen Bürgerkrieg, einer langanhaltenden, verheerenden Diktatur und schließlich der Rückkehr zur Demokratie nach Francos Tod im Jahre 1975.

All dies gehört zur Geschichte Spaniens. Bei Reisen durch das Land kommt man heute erfreulich leicht mit Spaniens vielschichtiger Vergangenheit in Kontakt, denn unzählige Denkmäler und historische Stätten sind hervorragend erhalten, auch gibt es ausgezeichnete Museen. In den meisten Fällen braucht man historische Reichtümer nicht lange zu suchen.

1. Altamira

PRÄHISTORISCHE HÖHLENMALEREIEN

1879 entdeckten der Historiker und Wissenschaftler Marcelino Sanz de Sautuola und seine achtjährige Tochter María wundervolle Gemälde von farbigen Bisons, Pferden, Hirschen und anderen Tieren in einer Höhle in Kantabrien. Ihnen war sofort klar, dass dies etwas ganz Besonderes ist. Die schönsten 13 000 bis 35 000 Jahre alten, prähistorischen Höhlenmalereien sind in der Cueva de Altamira, in der Nähe von Santillana del Mar, zu bewundern. Die echte Höhle ist für die Öffentlichkeit geschlossen (einmal pro Woche wird einigen durch Los ausgewählten Glücklichen der Eintritt erlaubt). Aber auch die nachgebildete Höhle sucht ihresgleichen. *S. 394*

2. Talayotisches Menorca

PRÄHISTORISCHE GEHEIMNISSE

Überall auf Menorca und Mallorca sind unzählige seltsame Felsformationen, Grabkammern, runde Wohnstätten und an

Hängen stehende *talayots* (turmähnliche Steingebäude) zu sehen. Für sie wurde der Status als UNESCO-Weltkulturerbe beantragt. Es sind Überreste der geheimnisvollen eisenzeitlichen Talayot-Kultur, die vor 4000 Jahren auf den beiden östlichsten Baleareninseln, noch bevor die Phönizier und Römer hier an Land gingen, entstanden. Am beeindruckendsten sind die Torre d'en Galmés auf Menorca (wo drei *talayots* auf einem Hügel thronen) und Naveta des Tudons (eine der berühmtesten prähistorischen Stätten Spaniens). *S. 624*

3. Dalt Vila

PHÖNIZISCHE WURZELN

Das sonnenverwöhnte, historische Zentrum von Ibiza-Stadt (Eivissa) gehört zum UNESCO-Weltkulturerbe und ist eine der ältesten Siedlungen Spaniens. Heute gibt es hier schicke Boho-Boutiquen, elegante Restaurants und faszinierende Wehrmauern. Der Ort wurde im 7. Jh. v. Chr. von den Phöniziern gegründet, obwohl sie ursprünglich in der Nähe von Sa Caleta auf der Insel eintrafen. Ob man nun durch die abschüssigen Straßen bummelt, zu den Befestigungsmauern aus dem 16. Jh. (eine spätere Ergänzung) oder zu der katalanisch-gotischen Kathedrale oben auf dem Hügel läuft, stets hat man über 2000 Jahre Geschichte unter den Füßen. *S. 625*

4. Mérida

IN DEN FUSSSTAPFEN DER RÖMER

Wer Bauarbeiten in der extremadurischen Stadt Mérida plant, weiß, dass er zwangsläufig auf Relikte aus der Zeit der Römer treffen wird. Die einst bedeutendste römische Kolonie Augusta Emerita, Hauptstadt der römischen Provinz Lusitania, wurde im Jahr 25 v. Chr. gegründet. Heute bietet Mérida Spaniens größte Ansammlung römischer Architektur, u. a. ein spektakuläres Theater, ein Amphitheater für 30 000 Personen, einen spektakulären Tempel und eine Brücke mit 60 Bögen über den Río Guadiana. Im Juli eines jeden Jahres findet in dem 2000 Jahre alten Theater das Festival Internacional de Teatro Clásico statt. *S. 473*

5. Mezquita-Catedral de Córdoba

ECHOS DES KALIFATS

An den Ufern des Río Guadalquivir im Herzen des alten Córdoba, befindet sich eines der weltweit größten islamischen Gebäude (s. Foto) – ein Relikt aus einer Zeit, in der Córdoba unter der Umayyaden-Dynastie und dem folgenden Kalifat eine der kultiviertesten Städte Europas war. Das Kalifat wurde 929 von Abd ar-Rahman III. gegründet, der der erstaunlichen wie ein Hufeisen geformten Moschee das unverwechselbare Minarett hinzufügte. Zu weiteren Highlights gehören ein nach Zitrus duftender Patio de los Naranjos und ein glitzernder Mihrab mit Goldmosaiken ähnlich der Umayyaden-Moschee in Damaskus. Nach der Eroberung Córdobas durch die Christen im Jahre 1236 wurde das Gebäude zu einer Kathedrale, aber erst im 16. Jh. wurde eine enorme Kirche in der Mitte errichtet. *S. 499*

6. Toledo

EIN BEDEUTENDER WENDEPUNKT

Die christliche Eroberung im Mai 1085 der sagenhaft schönen Stadt Toledo, die damals ein unabhängiges maurisches *taifa* (Kleinkönigreich) war, wurde zu einem Meilenstein in der Reconquista. Bekanntermaßen war dies eine Stadt, in der Christen, Moslems und Juden über Jahrhunderte bis zur Vertreibung der Juden aus Spanien im Jahr 1492 in Frieden miteinander lebten. Nach der Eroberung durch die Christen wurde Toledo mit Unterbrechungen Hauptstadt des Königreichs Kastilien bis 1561 Madrid schließlich die Hauptstadt wurde. Auf einem Bummel durch die zum UNESCO-Weltkulturerbe gehörende Altstadt entdeckt man eine Synagoge, eine Moschee und eine der majestätischsten Kathedralen Spaniens. S. 166

7. Catedral de Santiago de Compostela

JAHRHUNDERTEALTES PILGERZIEL

Wer ein paar Minuten auf der großartigen Praza do Obradoiro in Galiziens Hauptstadt verweilt, wird unweigerlich reisemüde Pilgernde mit einem breiten Grinsen auf dem Gesicht heranhumpeln sehen. Für viele sind es die letzten Schritte nach einer fast 1000 km langen Reise. Santiagos kunstvolle Kathedrale mit ihrer exquisit gemeißelten romanischen Porta da Gloria ist das Ziel von jährlich ca. 350 000 Pilgernden, die über den legendären Camino de Santiago zum Grab von Santiago (Heiliger Jakobus) unter dem Altar pilgern. Alfonso II. von Asturien war (zumindest laut Aufzeichnungen) der erste, der im 9. Jh. die Strecke in Angriff nahm. Er startete in Oviedo auf dem heutigen Camino Primitivo. *S. 422*

8. Alhambra

EIN NASRIDEN-WUNDER

Der Anblick der ockerfarbenen, auf einem Hügel stehenden Alhambra vor der Kulisse der schneebedeckten Gipfel der Sierra Nevada ist einer der beeindruckendsten ganz Andalusiens. Vor allem aber ist die Alhambra (s. Foto) ein Relikt aus der Herrschaft der Mauren. Dieser spektakuläre Festungspalast mit duftenden Gärten, ineinandergreifenden Innenhöfen und rauschenden Wasseranlagen wurde unter den Nasriden-Herrschern, insbesondere unter Mohammed V., perfektioniert. Die erste Erwähnung einer Festung datiert zwar das 9. Jh., es wird aber vermutet, dass die Originalgebäude auf dem Alhambra-Hügel bereits aus römischen Zeiten stammen. Die berühmten Palacios Nazaríes (die Krone islamischer Architektur) und der elegante Palacio del Generalife wurden im 14. Jh. geschaffen. Sie sind im Großen und Ganzen das, was wir heute von der Alhambra kennen.

Der Sturz der Nasriden-Dynastie am 2. Januar 1492 kennzeichnete das Ende der Reconquista. Die Reyes Católicos bauten einen der Nasriden-Paläste der Alhambra schnell in Granadas erstes Kloster um. Sie fanden hier vorübergehend ihre letzte Ruhestätte bis sie in der Capilla Real in der Kathedrale der Stadt beigesetzt wurden. *S. 550*

9. Real Alcázar

EINE SYNTHESE ANDALUSISCHER EPOCHEN

Mehrere Jahrhunderte spanischer Geschichte prallen in Sevillas herrlichem Alcázar aufeinander, der als maurisches Fort im 10. Jh. errichtet wurde und bereits vor der Eroberung von Sevilla durch die Christen im Jahre 1248 unter Fernando III. mehrere Male umgebaut wurde. Das Paradestück ist der Palast aus dem 14. Jh., der von Pedro I. hinzugefügt wurde. Die faszinierenden Stuckarbeiten, Bögen und Kacheln sind das Werk muslimischer Kunsthandwerker:innen, die von Mohammed V., dem Nasriden-Emir von Granada, geschickt wurden. Mit den Gärten voller Brunnen und labyrinthartig angelegten Patios gehört dieser Palast zu den schönsten Gebäuden Andalusiens. Er ist der Inbegriff der unglaublich vielschichtigen Geschichte der Region. *S. 489*

10. Lugares Colombinos

AUF KOLUMBUS SPUREN

Nachdem sich Christoph Kolumbus, der genuesische Entdecker, der Unterstützung von Spaniens Reyes Católicos sicher sein konnte, machte er sich im August 1492 auf den Weg nach Ostasien und brachte so Spaniens koloniale Großtaten für die nächsten Jahrhunderte ins Rollen. Ausgangspunkt war die andalusische Stadt Palos de la Frontera am Ufer des Río Tinto in Huelva, wo sich Kolumbus und seine Crew mit nur drei kleinen Schiffen auf den Weg machten. In den drei Lugares Colombinos kann man

Nachbauten der Schiffe bewundern und das Kloster sowie die Kirche besichtigen, in der Kolumbus vor seiner Abreise und nach seiner Rückkehr betete. *S. 529*

11. El Escorial

DER HÖHEPUNKT DES SPANISCHEN REICHS

Philipp II. herrschte in der Blütezeit Spaniens. Sein Klosterpalast in den Vorbergen der Sierra de Guadarrama in der Nähe von Madrid gehört bis heute zu den großartigsten Monumenten Spaniens. Nach einem Entwurf des berühmten Architekts Juan de Herrera wurde das riesige Real Monasterio de San Lorenzo de El Escorial Ende des 19. Jhs. errichtet. Um Platz für den Bau zu schaffen, mussten einige Ortschaften eingeebnet werden. Das Kloster wurde zu einem wichtigen intellektuellen Zentrum und beherbergt Kunstwerke von Größen wie El Greco, Tizian und Ribera sowie weitere imperiale Reichtümer. Der für das Ganze verantwortliche König wurde genau hier nach seinem Tod im Jahre 1598 beigesetzt. *S. 116*

12. Parc de la Ciutadella

ORT EINER ALTEN ZITADELLE

Wenn man durch Barcelonas zentralen Park mit seinen vielen Palmen spaziert, erscheint es fast unmöglich, dass in diesem Teil der Stadt einst die viel gehasste Festung Ciutadella gestanden haben soll. Nachdem Barcelona nach dem Spanischen Erbfolgekrieg am 11. September 1714 an die Bourbonen fiel, zerstörte Philipp V. (der erste Bourbonenkönig) Teile von La Ribera und errichtete die Ciutadella, um die Stadt zu bewachen. In den Jahrhunderten davor war Barcelona eine große mittelalterliche Macht und die Wurzeln der katalonischen Unabhängigkeitsbewegung stehen mit der Niederlage in Zusammenhang. Es sind noch immer Reste von La Riberas zerstörten Gebäuden am ehemaligen Mercat del Born zu sehen. *S. 213*

13. Palacio Real

EINER DER WELTWEIT GRÖSSTEN PALÄSTE

Madrid mag ja erst seit Mitte des 16. Jhs. die Hauptstadt Spaniens sein, aber Philipp V. sorgte dafür, dass sein königlicher Palast als einer der weltweit größten in die Geschichte Einzug hielt. Die über 3000 Räume sind (es ist einfach unglaublich) nur ein Viertel der ursprünglichen Planung. Die Bauarbeiten begannen 1738, Philipp V. starb 1746 vor der Fertigstellung des Palasts. Ein Bummel durch eine Handvoll dieser extravaganten Säle im italienischen Stil lässt keinen Zweifel an der Macht der Krone zum Zeitpunkt des Entwurfs. Heute lebt die königliche Familie Spaniens in dem (kleineren) Palacio de la Zarzuela am Stadtrand von Madrid. *S. 68*

14. Cádiz

DIE AUSARBEITUNG DER VERFASSUNG

Am 19. März 1812 wurde Spaniens erste liberale Verfassung – liebevoll La Pepa genannt – in der andalusischen Stadt Cádiz unterzeichnet. Während ein Großteil der iberischen Halbinsel von Napoleons Truppen besetzt war und der spanische König Ferdinand VII. in Frankreich inhaftiert war, trafen sich ca. 100 Vertreter aus ganz Spanien im Oratorio de San Felipe Neri und befassten sich mit dem revolutionären Cortes de Cádiz (Parlament von Cádiz). Die von ihnen vereinbarte Verfassung war für die damalige Zeit enorm fortschrittlich und diente später als Beispiel für andere liberale Revolutionen. Wer mehr hierüber erfahren möchte, sollte das Museo de las Cortes de Cádiz besuchen. *S. 509*

15. Gernika

DIE TRAGÖDIE DES BÜRGERKRIEGS

Am 26. April 1937, dem Höhepunkt des spanischen Bürgerkriegs, führte das Franco unterstützende Nazideutschland die allerersten Flächenbombardierungen durch. In der baskischen Stadt Gernika (Guernica auf Spanisch) kamen ca. 1600 Menschen ums Leben und die Stadt wurde an einem Montag, dem Markttag, in nur wenigen Stunden dem Erdboden gleichgemacht. Dieser Tag wurde zum Symbol des Horrors. Die nach dem Krieg wieder aufgebaute Stadt Gernika steht heute für Frieden, Freiheit und Toleranz. Es gibt ein Museo de la Paz (Friedensmuseum) und Kunstinstallationen unter freiem Himmel von Eduardo Chillida und Henry Moor, die Frieden, Leben und Liebe symbolisieren. Picassos Ölgemälde Guernica (1937), das in Madrids Museo Nacional Centro de Arte Reina Sofía zu sehen ist, gehört zu den weltweit beeindruckendsten Antikriegskunstwerken. *S. 341*

TRIFF DIE SPANIER:INNEN

Man kann sich auf ein herzliches Willkommen, grandioses Essen und späte Events freuen.
ISABELLA NOBLE stellt die Einheimischen vor.

WENN ICH durch Nordspanien reise, bemerken die Menschen als Erstes meinen starken andalusischen Akzent. Es ist ein weiter Weg von den schneebedeckten Gipfeln der Pyrenäen an die sonnenbeschienene Mittelmeerküste Andalusiens, das zeigt sich auch an den vielen unterschiedlichen Dialekten des Landes.

Nordspanier:innen und *madrileños* neigen zu einer deutlicheren Aussprache, die Menschen im Süden sprechen das „s" am Ende nicht, die Gegend ist bekannt für ihr *seseo* (ein Akzent, in dem „z" und „c" vor „e" oder „i" wie „s" ausgesprochen wird) und *ceceo* (ähnlich wie *seseo*, jedoch wird „z" und „c" wie ein gelispeltes „s" ausgesprochen). Und dann gibt es in Spanien auch noch drei co-offizielle Regionalsprachen – Katalanisch, Galicisch und Baskisch, die von ca. 9 Mio., 2,5 Mio. bzw. 700 000 Menschen gesprochen werden. Und in Gibraltar (ein britisches Überseegebiet) sprechen viele Menschen Llanito, eine Mischung aus Spanisch und Englisch mit genuesischem, portugiesischem und marokkanisch-arabischem Touch.

WER UND WO

Spanien hat eine Bevölkerung von knapp über 47 Mio. Die bei Weitem am dichtesten besiedelten Regionen sind Andalusien (18 % der Gesamtbevölkerung), Katalonien (16 %), Madrid (15 %) und Valencia (11 %). Abgesehen von den nordafrikanischen Enklaven Ceuta und Melilla ist die am wenigsten besiedelte Region La Rioja, mit weniger als 1 % der Bevölkerung.

Nach jahrzehntelangem Bevölkerungszuwachs im 20. Jh. sank die Geburtenrate in Spanien 2021 auf den niedrigsten Stand. Es wurde pro Frau nur 1,19 Kind geboren. Spanien hat eine alternde Bevölkerung und junge Menschen auf der Suche nach Jobs verlassen die ländlichen Gegenden und gehen nach Madrid, Barcelona und an die Ostküste, oft auch ins Ausland, ein Trend der seit dem Finanzcrash in 2008 zugenommen hat.

Spanier:innen haben traditionell zwei Familiennamen – der erste Familienname des Vaters gefolgt von dem ersten Familiennamen der Mutter. Frauen neigen dazu, ihre Familiennamen im Falle einer Eheschließung zu behalten. Und da wir gerade beim Heiraten sind, Spanier:innen heiraten immer später. Das Durchschnittsalter der Männer beträgt 38, das der Frauen 35 Jahre. Etwa 80 % der Paare heiraten standesamtlich, nur 20 % kirchlich – obwohl zwei von drei Spanier:innen katholischen Glaubens sind.

Angesichts der katholischen Wurzeln würde man es kaum vermuten, aber Spanien gehört zu den weltweit LGBTIQ+-freundlichsten Ländern. 2005 war Spanien das vierte Land der Welt, das gleichgeschlechtliche Eheschließungen und Adoptionen durch gleichgeschlechtliche Paare legalisierte. In Madrid, Barcelona, Sitges, Ibiza und anderswo gibt es große Pride-Paraden.

Wo immer man auch hinkommt, ein herzliches Willkommen gegenüber Gästen und der Wunsch, eine gute Zeit zu verbringen, sind garantiert. In den dunkelsten Tagen des COVID-19-Lockdowns stellten sich die Menschen auf ihre Balkone und sangen, applaudierten systemrelevanten Schlüsselkräften und heirateten sogar. In jeder Woche des Jahres gibt es mit Sicherheit eine lebendige Fiesta, und von Fest zu Fest zu fahren, ist ein beliebtes nationales Hobby.

INTERNATIONALE WURZELN

Meine Eltern sind Englisch-Australisch. Ich bin im Vereinigten Königreich geboren und habe den größten Teil meines Lebens in Spanien verbracht. Ab den 1990er-Jahren, also ab meinem vierten Lebensjahr, wuchs ich in dem *malagueño* Bergdorf Cómpeta auf. Jetzt pendel ich zwischen Barcelona und Andalusien hin und her. Wenn ich gefragt werde, woher ich komme, lautet die Antwort ganz einfach „aus Spanien". Und wenn ich laut zähle, mit meinem Bruder plausche oder über andere Autofahrer:innen schimpfe, so geschieht das alles auf Spanisch.

In Spanien leben ca. 260 000 britische Staatsangehörige, was aber nur ein Teil der unterschiedlichen Gemeinschaften ist, die heute dieses Land ausmachen. In den letzten Jahren kamen Menschen aus aller Welt, vorwiegend aus Marokko, Rumänien, China, Pakistan und Lateinamerika (hauptsächlich aus Kolumbien, Venezuela und Ecuador). Demgegenüber haben viele Spanier:innen das Land aufgrund der Finanzkrise in 2008 verlassen, um im Ausland zu studieren oder zu arbeiten. Sie kommen jetzt mit neuen, kreativen Ideen zurück, die vor allem der sich schnell entwickelnden Tourismusindustrie zugutekommen.

DER SPANISCHE FUSSBALL

RIVALITÄT, SEPARATISMUS UND ERFOLG

Zur Geschichte des Fußballs in Spanien. Von Iain Stewart

WENN DER FUSSBALL DES 21. JHS ein geistiges Heim hat, eine Geburtsstätte, dann wohl in einem alten, steinernen Bauernhaus in Katalonien, welches La Masia genannt. Hier, in Barcelonas legendärer Fußball-Jugendakademie wurden alle Grundprinzipien des modernen Spiels – die Wichtigkeit des Ballbesitzes; der Einbezug kleiner, technisch versierter Spieler:innen; das Spiel von hinten heraus und das *tiki-taka* genannte Kurzpassspiel – entwickelt und zementiert.

Heute ist der Einfluss der La-Masia-Philosophie in aller Welt sichtbar: bei Jugendspielen auf matschigen Trainingsplätzen im Norden Englands, in den Fußballakademien Westafrikas und bei Frauenfußballspielen überall in den USA. Barcelonas Fußball-Lehrsätze wurden zum spanischen Modell und wandelten das Geschick von La Roja (der Nationalmannschaft), die von einem chronisch erfolglosen Mitbewerber zur dominierenden Kraft des Weltfußballs wurde und zwischen 2008 und 2012 zwei Europa- und eine Weltmeisterschaft gewann.

Als Scheich Mansour aus Abu Dhabi und seine Ratgeber versuchten, ein Imperium innerhalb der English Premier League zu etablieren, folgten sie direkt dem Barça-Erfolgsmodell. Eine katalonische Enklave wurde in Nordengland eingerichtet; Schlüsselpersonen vom FC Barcelona wurden angeworben, um Manchester City umzubauen. Die Katalanen Ferran Soriano, Txiki Begiristain und Pep Guardiola wurden zum CEO, Fußballdirektor bzw. Manager bestellt. Dieses Kernteam, das die Fußballphilosophie verfolgt, die in La Masia begründet wurde, hat den Club zu unvergleichlichen Erfolgen in England geführt, so dass er die Liga dominiert.

Die Geschichte des Fußballs in Spanien lässt sich, wie fast überall auf der Welt, auf Großbritannien zurückführen, die Wiege dieses Sports. Britische Einwander:innen brachten den Fußball im späten 19. Jhs in Bergbaugemeinden wie Río Tinto im Süden Spaniens und in Häfen an der Nordküste, darunter Bilbao. Zu Beginn des 20. Jhs. hatte der Fußball begonnen, sich über das ganze Land zu verbreiten.

Establishment & Separatismus

Von Beginn an hatten die regionalen Identitäten und die Politik einen tiefen Einfluss auf die spanische *fútbol*-Kultur, in dem sich die Lage des Landes widerspiegelte. Real Madrid, der mit einigem Abstand erfolgreichste Club des Weltfußballs, wird seit langem mit der spanischen Elite assoziiert („*real*" bedeutet königlich; ein Titel, den König Alfons XIII. dem Club 1920 verlieh). Später vereinnahmte Franco den Club, der untrennbar mit seiner Diktatur verbunden war, und es entwickelte sich eine heftige Rivalität zwischen *Los Blancos* („den Weißen") und Barcelona.

Zahlreiche Zwischenfälle prägten ihre Beziehung. Einer der bittersten betraf die Ver-

GETAFE CF
SONY
FOLLOW US AT: FCBARCELONA.CAT
SEGUEIX-NOS A: FCBARCELONA.CAT
MUSEU INTERACTIU & TOUR CAMP NOU
CAMPNOU EXPERIENCE

pflichtung des argentinischen Superstars Alfredo Di Stéfano. Nach einer der schmutzigsten Transfer-Sagas unterschrieb er, der ursprünglich für Barça bestimmt war, schließlich für Madrid, was eine Orgie von Verschwörungstheorien auslöste. Viele in Katalonien glauben, dass die Einmischung Francos den Abschluss für ihren Club scheitern ließ, obwohl Real Madrid das dementierte.

Heftige fußballerische und politische Spannungen zwischen den beiden Megaclubs existieren seit den 1950er-Jahren. Madrid und Barcelona sind die beiden größten Städte in Spanien, und Real und Barça die bei weitem erfolgreichsten und reichsten Clubs. Viele Katalanen beschuldigen Real, für einen repressiven spanischen Staat zu stehen, der ihr Heimatland erniedrigt, und klagen über die vielen Ungerechtigkeiten, die ihr Club durch Schiedsrichter erlitten hätte, die dem Establishment verbunden wären. Transfers zwischen den beiden Clubs sind selten. Als Luis Figo 2000 nach Madrid ging, wurde er bei seinem Auftritt im Camp-Nou-Stadion von Barcelona mit Transparenten begrüßt, auf denen „Judas" und „Verräter" zu lesen war, und mit Gegenständen beworfen (dazu gehörte auch ein Schweinskopf). Jedes Spiel zwischen den beiden Clubs wird als ein *Clásico* bezeichnet, und Begegnungen, die in Barcelona ausgetragen werden, werden zu einem angeheizten Ausdruck des katalonischen Nationalismus. Für die Unabhängigkeit fordernde Katalonier:innen ist der FC Barcelona *més que un club* (mehr als nur ein Verein): Er ist ein mächtiges Symbol der katalanischen Identität und Nation.

Euskadi, das Baskenland, ist ein weiteres Kernland des Fußballs. Bis in die Mitte der 1980er-Jahre war der führende Club Athletic Bilbao mit acht Meistertiteln und 23 Pokalsiegen (Copa del Rey) einer der erfolgreichsten Spaniens. Für viele in Euskadi repräsentiert der Club den baskischen Nationalismus, und bis heute werden nur Spieler:innen mit baskischen Wurzeln ausgewählt, um das Team zu repräsentieren. In Bilbao und im benachbarten Pamplona sind Tribünen voller baskischer Nationalflaggen ein vertrauter Anblick, und es gab sogar Sprechchöre, die Euskadi Ta Askatasuna (ETA; die baskische separatistische Untergrundorganisation) unterstützten.

Frauenfußball in Spanien

Der spanische Frauenfußball entstand in den 1970er-Jahren, als Frauenteams auf allen Ebenen der konservativen Gesellschaft des Franco-Staats auf beiläufigen und auf offiziellen Widerstand stießen. José Luis Pérez Payá, der Präsident des spanischen Fuballverbands RFEF, machte aus seiner Einstellung kein Hehl, als er erklärte: „Frauen sehen in Hemd und Hose nicht gut aus. Jede regionale Tracht steht ihnen besser." In den frühen 1980er-Jahren hatte sich die Haltung etwas verändert, und ein Nationalteam wurde gegründet. Die Leistungen blieben aber viele Jahre Stückwerk – ein Halbfinale bei der Europameisterschaft von 1997 war schon ein Highlight. Die Ergebnisse bei Weltmeisterschaften waren weitgehend enttäuschend.

Für viele Spielerinnen liegt die Ursache für den mangelnden Erfolg bei der RFEF. Die Stimmung wurde so schlecht, dass im Jahr 2022 fünfzehn Spielerinnen erklärten, sie würden nicht für das Nationalteam spielen, solange es nicht strukturelle Veränderungen im Verband und im Trainerteam gäbe. Der Trainer Jorge Vilda wurde als überheblich kritisiert, und es wurden Stimmen nach seiner Abberufung laut. Die Lage erreichte mit dem Gewinn der Weltmeisterschaft 2023 ihren Höhepunkt als Verbandspräsident Luis Rubiales eine Spielerin bei der Siegerehrung gegen deren Willen auf den Mund küsste. Rubiales weigerte sich zurückzutreten, die Spielerinnen streikten, der Trainer wurde entlassen. Am Ende trat Rubiales doch zurück und muss sich nun wegen sexueller Nötigung vor Gericht verantworten. Ein verdorbener Weltmeistertitel und ein Sieg, den die Spielerinnen am Ende doch gewannen.

Im Clubbereich heimst der spanische Frauenfußball große Erfolge ein. Barcelona Femení ist zu einer der dominierenden Kräfte in Europa geworden; das Team gewann 2021 & 2023 die Champions League und stand zweimal im Finale. Die Zuschauerzahlen bei Ligaspielen werden im im Frauenfußball auch immer mehr.

Stadien

Einige der größten Club-Stadien der Welt stehen in Spanien. Englands Premier League mag die modernsten Spielstätten haben, aber wenn es um die Größe geht, sind sie keine

Konkurrenz. Der erste Rang gebührt dem ehrfurchtgebietenden Schauder, der Besucher:innen im Camp Nou, Barças gewaltiger Heimstätte, erwartet, die einst 120 000 Fans beherbergte. Bei dem eindrucksvollen Umbau, dessen Start für 2024 geplant ist, soll ein topmodernes neues Stadion mit einer Kapazität von 105 000 Plätzen entstehen. Unterdessen wird in der Hauptstadt Reals prächtiges Estadio Santiago Bernabéu (Kapazität 85 000 Plätze) vollständig renoviert; ein einziehbares Dach und ein ausfahrbares Spielfeld kommen hinzu. Das 2017 fertiggestellte Estadio Metropolitano des Stadt-Rivalen Atlético bietet 68 400 Plätze und hat die wohl lärmendste Atmosphäre in ganz Spanien. Valencias Spielstätte La Mestalla bietet mehr als 50 000 Plätze, aber ein Neubau mit einer Kapazität von 70 000 Plätzen steht kurz vor der Fertigstellung. Die drei Stadien in Sevilla bieten alle mehr als 40 000 Plätze. Bilbaos eindrucksvoll modernistische Spielstätte heißt offiziell San Mames, trägt aber den Spitznamen „La Catedral". Umbauten alter Betonarenen gibt es auch in San Sebastián, Vigo und A Coruña.

BARCELONA FEMENÍ IST ZU EINER DER DOMINIERENDEN KRÄFTE IN EUROPA GEWORDEN; DAS TEAM GEWANN 2021 & 2023 DIE CHAMPIONS LEAGUE UND STAND ZWEIMAL IM FINALE.

Kultur

Fußball ist die mit Abstand beliebteste Sportart in Spanien. Die Fans versammeln sich in Bars, schlucken *cañas* (Fassbier), teilen sich einige Tapas und diskutieren das Spiel. Wenn die Teams aus dem Tunnel kommen, ertönt aus der Lautsprecheranlage die offizielle Vereinshymne – der „Cant del Barça" sorgt im Camp Nou für Gänsehaut. Im Stadion knabbern die Fans *pipas* (Sonnenblumenkerne).

Fans der Gastmannschaften sind in Spanien bei allen Spielen dabei, aber nicht in Zahlen, die mit britischen Spielen vergleichbar wären. Hier verlieren sich ein paar Hundert geballt in einer entfernten Ecke des Geländes. Deswegen vielleicht sind gewalttätige Auseinandersetzung zwischen rivalisierenden Fans und Hooliganismus relativ selten. Jedoch sind rassistische Sprechchöre und Pöbeleien seit vielen Jahren ein ernsthaftes Problem, gegen das die Verantwortlichen nur sehr zögerlich vorgehen. Im Jahr 2004 wurden schwarze englische Spieler bei einer internationalen Begegnung im Estadio Santiago Bernabéu von Fans mit Affenlauten begrüßt. Die rassistischen Schmähungen gegen den schwarzen Brasilianer Vinicius Junior seitens Atlético-Fans im Jahr 2022 bestätigen, dass dieses Problem keineswegs gelöst ist.

Eine Liga der Sonderklasse

Die Rekorde der spanischen Clubs in Europa markieren, insbesondere in den letzten Jahren, eine unvergleichliche Periode des Erfolgs. In diesem Jahrhundert haben die Teams der „La Liga" 34 europäische Trophäen gewonnen (mehr als alle anderen Ligen zusammengenommen). Zehn Titel gab es in der Champions League, elf im UEFA Cup/der Europa League und mehr als 13 im UEFA Super Cup. Nur Real Madrid und der FC Barcelona haben in der (prestigeträchtigsten) Champions League gesiegt, aber der FC Sevilla hat mit sechs Titeln die Europa League dominiert. Atlético Madrid siegte dreimal, in diesem Wettbewerb, Valencia und der vergleichsweise kleine Fisch Villarreal konnten sich hier jeweils einmal in die Siegerliste eintragen. Espanyol, Athletic Bilbao und Alavés waren im neuen Jahrtausend alle auch einmal im Endspiel dabei.

Das erstaunlichste Faktum ist, dass spanische Teams Endspiele nicht verlieren. Mit Real Madrids Sieg im Super Cup über Eintracht Frankfurt im Jahr 2022 haben die Clubs von „La Liga" alle der letzten 18 Finales gegen nichtspanische Gegner gewonnen. Und die sieben Siege von Barcelona und Real Madrid im Club World Cup der FIFA übertreffen die Ergebnisse anderer Nationen.

ZEIT(EN) IN SPANIEN

Siesta und spätes Abendessen – die Uhren drehen sich anders in Spanien. Von Jamie Ditaranto

ICH BIN SEIT JE eine Frühaufsteherin und kann nicht stillsitzen, sobald die Sonne durchs Fenster scheint. Insbesondere in neuen Orten nutze ich gern die Morgenstunden für Erkundungen, aber in Spanien habe ich damit kein Glück. Vor 8 Uhr ist praktisch alles geschlossen, selbst die Cafés – eine Tatsache, die ich immer wieder vergesse, wenn ich nach meinem Morgenlauf oder einem frühen Aufbruch, um den Sonnenaufgang über dem Mittelmeer zu erleben, durch die Gegend spaziere. Irgendwie bummele ich am Ende immer durch die noch schlafenden Straßen und warte darauf, dass sich endlich jemand zeigt.

Abends wiederum ist es ganz anders. Wo einst anonyme Metallgitter waren, sind nun muntere Bars, Läden und Restaurants. Tische sind herausgestellt, Menschen haben sich hingesetzt, und die Gläser stapeln sich. Familien unternehmen einen Abendspaziergang, und die Kinder fahren zu Zeiten, zu denen sie eigentlich schon ins Bett gehörten, auf Rollern neben ihren Eltern. Einige Leute brechen zum Abendessen auf, und wieder andere erheben sich von einer Abendruhe, um spätnachts auszugehen, sodass die Grenzen von Nacht und Morgen verschwimmen.

An den Zeitverlauf anpassen

In Spanien verläuft der Tag nach einem anderen Zeitplan als dem, den man vielleicht gewöhnt ist. Das Abendessen ist spät, Ausgehabende starten noch später, und ja, einige Leute schließen tatsächlich in den Nachmittagsstunden ihre Läden für eine zweistündige Siesta, bei der Traveller, die sich nicht auskennen, auf dem Trockenen sitzen. Das sind allerdings nicht nur kulturell verursachte Unterschiede. Die Ursprünge einiger dieser Traditionen sind in der Geschichte verwurzelt oder auch nur simple Anpassungen an das Klima. Es kann länger dauern, sich an diesen kulturellen Jetlag anzupassen, als mit den Symptomen eines physischen zurechtzukommen, aber dann erkennt man, dass es gute Gründe gibt, sich an die spanischen Uhren anzupassen.

Statt seinen Tag im Morgengrauen mit einem Sightseeing-Marathon zu beginnen, kann man etwas länger schlafen. Man sollte sich vornehmen, in den heißesten Stunden des Tages zu ruhen, und sein Abendessen für 22 Uhr zu buchen, so dass man das Leben auf den Straßen richtig genießen kann.

Siestas

Oft habe ich in Spanien das Gefühl, in die Kulissen eines alten Westerns geraten zu sein. Ganz plötzlich liegt eine seltsame Ruhe über dem Ort, als würden sich alle vor einem Bösewicht verstecken, der gerade angekommen ist. Tatsächlich aber halten die Leute nur ihre Siesta.

Manche bezeichnen ein kleines Mittagsschläfchen nach einem schweren Essen oder einer ruhelosen Nacht als Siesta, aber in Spanien ist sie Teil des normalen Tagesverlaufs. Manch-

MIGUEL ANGEL FLORES/GETTY IMAGES ©

mal betrachtet man sie auch als Klischee, da sie in Großstädten wie Madrid oder Barcelona weniger eingehalten wird. Aber es gibt immer noch Orte in Spanien, wo die Siesta sehr ernst genommen wird.

Im Jahr 2015 machte das kleine Dorf Ador, eine Stunde südlich von Valencia, Schlagzeilen, weil es die Siesta praktisch offiziell anerkannte: Hier gab es die Empfehlung, den Straßenlärm zwischen 14 und 17 Uhr zu reduzieren, um „zu garantieren, dass alle Ruhe finden und besser mit den Strapazen des Sommers zurechtkommen". Spanien wird zwar oft als sonnenverwöhnt und sonnenverbrannt beschrieben, aber tatsächlich wird es sehr heiß. Und wenn man in einer Hitzewelle unterwegs ist, hilft einem die Siesta, den Tag zu überstehen.

Insbesondere im Sommer und vor allem im Süden ist die Siesta einfach ein Weg, um mit den hohen Temperaturen zurechtzukommen. In Spanien sind Klimaanlagen in den Wohnungen nicht üblich, aber praktisch alle Fenster sind mit einer *persiana* (Jalousie) versehen, um das Sonnenlicht draußen zu lassen. Selbst wenn man nicht schläft, sind ein paar Stunden Ruhe in einem dunklen Raum wichtig, und die Leute arbeiten wegen der Siesta nicht weniger: Der typische Arbeitstag nach der Siesta kann bis 20 Uhr dauern.

Eine vorgezogene Zeitzone

Das Wort „Siesta" kommt vom Lateinischen *„sexta"*, der sechsten Stunde, aber die Ursache von Spaniens kulturellem Jetlag liegt in einer weit jüngeren politischen Entscheidung. Fährt man auf der Karte mit dem Finger von Madrid aus gerade nach Norden, landet man schließlich in London. Fast ganz Spanien liegt westlich der britischen Inseln, hat aber zeitlich eine Stunde Vorsprung. Schuld daran ist Franco.

Zu Beginn des Zweiten Weltkriegs erholte sich Spanien immer noch vom Bürgerkrieg und Francisco Francos lange Diktatur hatte gerade erst begonnen. Sein Einfluss war allumfassend, aber eine seiner am längsten wirkenden Entscheidungen kam 1940, als er beschloss, Spanien zeitlich auf eine Linie mit Nazideutschland zu bringen und daher die Uhren eine Stunde vorstellte, von der Westeuropäischen auf die Mitteleuropäische Zeit. Seit mehr als 70 Jahren leben die Spanier:innen also in der falschen Zeitzone.

Die spanische Siesta am Nachmittag und das Abendessen um 22 Uhr erscheinen nur seltsam, wenn man sich diese westliche Randlage in der Zeitzone nicht klarmacht. Wenn man tatsächlich früher aufwacht als normal, ist ein Schläfchen am Nachmittag vernünftig, und wenn die Sonne nicht vor 20 oder 21 Uhr untergeht, kann das Abendessen gewiss bis dann warten. Die Spanier:innen hatten Jahrzehnte, sich an diesen verspäteten Zeitplan anzupassen, ihn in ihre kulturelle Identität aufzunehmen und sich damit den internationalen Ruf als die Nachteulen der Welt zu verdienen.

MahlZEIT

Um sich an den spanischen Tagesrhythmus anzupassen, reicht es nicht, einfach eine tägliche Siesta in den Tag hineinzuquetschen. Man muss auch wissen, wann man wieviel essen sollte. Das erfordert einige Gewöhnung und ist nicht leicht, wenn man aus einer Kultur kommt, in der um 18 Uhr zu Abend gegessen wird. Als ich das erste Mal nach Spanien kam, gab es viele Abende, an denen meine Mitbewohner:innen das Gemüse für ihr Abendessen schnippelten, während ich mir schon die Zähne putzte. Beim Planen eines Abendessens in einem Restaurant würde alle vorgeschlagene Zeitpunkt vor 20 Uhr meine Bekannten verblüffen, und sie würden einen Termin vorschlagen, der zwischen unseren gewohnten Zeiten liegt, vielleicht 21.30 Uhr oder 21.45 Uhr.

Wenn man um 12 Uhr zu Mittag gegessen hat, kann die Zeit bis zum Abendessen unerträglich lang sein, und daher halten die Spanier:innen auch nichts von einem so frühen Mittagessen. Um beim späten Abendessen den richtigen Appetit zu haben, sollte man sich auch an die Zeiten der anderen Mahlzeiten in Spanien anpassen. Das sind:

DESAYUNO (7–9 Uhr): Obschon es das eine oder andere trendige Brunch-Lokal gibt, ist die erste Mahlzeit des Tages in Spanien in der Regel keine große Sache. Die Leute begnügen sich meist mit einem kleinen Snack, den sie beim Verlassen der Wohnung einnehmen, etwa ein Croissant mit einem Glas frischem Orangensaft.

ALMUERZO (10.30–12 Uhr): Bei einem so kleinen Frühstück und einem späten Mittagessen, braucht man noch etwas in der Zwischenzeit, etwa ein kleines Sandwich mit Schinken oder Käse oder ein Stück Tortilla, eine Art Omelette in der Regel mit Kartoffeln und Zwiebeln. Die wörtliche Übersetzung von *almuerzo* ist Mittagessen, und in manchen Regionen sind die Begriffe *almuerzo* und *comida* austauschbar und beziehen sich auf die Hauptmittagsmahlzeit des Tages, während *almuerzo* in anderen die Zeit für den Snack am späten Vormittag bezeichnet.

COMIDA (14–16 Uhr): Endlich ist es Zeit für das Mittagessen, aber auch für die Siesta. Man kann eine große Mahlzeit einnehmen, ein Schläfchen halten oder beides in beliebiger Reihenfolge tun. Die *comida*, die in einigen Landesteilen auch als *almuerzo* bezeichnet wird, ist typischerweise die größte Mahlzeit des Tages. Viele Restaurants bieten dann ihr *menu del día*, ein festgelegtes, mehrgängiges Menü zum Festpreis; es gibt in der Regel zwei oder drei Gänge mit einem Getränk und einer Nachspeise. Derartige Mittagsangebote findet man in allen mittags geöffneten Restaurants, gleichgültig welche Küche sie servieren.

MERIENDA (17.30–19 Uhr): Wer etwas Hunger verspürt, aber sich den Appetit für das Abendessen nicht verderben will, entscheidet sich für die *merienda*, einen Snack am späten Nachmittag. Man kann seine Zeit auf einer Freiluftterrasse mit einem Drink und einer Runde *patatas bravas* (Kartoffeln in pikanter Tomatensauce) oder Paprika verbringen. Wenn es schneller gehen soll, tritt man in eine *pintxo*-Bar und isst einen schnellen Happen am Tresen.

CENA (20.30–23 Uhr): Die Zeit zum Abendessen ist gekommen, aber dieses ist in Spanien in der Regel viel leichter als das Mittagessen. Es ist Tapas-Zeit; Ausgehungerte bestellen also einfach immer noch ein kleines Gericht, bis sie gesättigt sind.

La vida nocturna

Wenn man in Spanien ausgeht, ist das späte Abendessen nur der Auftakt eines noch späteren Ausgehabends. Es kann nicht überraschen, dass diese für Nacheulen wie gemachte Kultur Partys liebt, insbesondere, wenn sie die ganze Nacht hindurch gehen. Geht man mit Einheimischen aus, verlässt man das Haus vielleicht erst nach Mitternacht. Aus diesem Grund ist Spanien die Heimat einiger der berühmtesten Partyziele der Welt mit Clubs, die erst um 6 oder 7 Uhr schließen. Bei Musikfestivals stehen die Haupt-Acts vielleicht erst ab 2 Uhr auf der Bühne.

TRABANTOS/SHUTTERSTOCK ©

WENN MAN IN SPANIEN EINE SIESTA AM SPÄTEN NACHMITTAG HÄLT UND EIN SPÄTES ABENDESSEN EINGENOMMEN HAT, IST ES AUCH NICHT SCHWER, DIE GANZE NACHT AUFZUBLEIBEN.

Wenn man in Spanien eine Siesta am späten Nachmittag hält und ein spätes Abendessen eingenommen hat, ist es auch nicht schwer, die ganze Nacht aufzubleiben. Da die Nachtclubs bis zum Sonnenaufgang geöffnet sind, denken die meisten gar nicht daran, vor Mitternacht loszuziehen – und selbst das gilt noch als ein bisschen früh. Um 2 Uhr startet die Party erst richtig und bleibt bis zur Schließung in Gang. Wie lange man bleibt, ist einem natürlich selbst überlassen, aber selbstverständlich wird man kaum frisch und ausgeruht erwachen, wenn man nach Hause geht, während die Bäckerei nebenan schon ihre Brote auslegt.

Als Amerikanerin, die an ein ausführliches Frühstück und Bars gewöhnt ist, die vor Mitternacht schließen, ist für mich die Überwindung meines kulturellen Jetlags in Spanien nicht immer leicht. Ich bin immer noch beschwingt, wenn ich ein Café finde, das mir vor 8 Uhr eine Tasse heißen Kaffees serviert, und ich verlasse immer noch mein Haus in der Regel nicht nach 2 Uhr. Aber gelegentlich ertappe ich mich schon dabei, den Vorschlag für ein Abendessen um 19 Uhr in Frage zu stellen – ist das nicht ein bisschen zu früh?

VON WELLEN GEFORMT

EINE REISE ENTLANG SPANIENS TRAUM-KÜSTEN UND IHRER FASZINIERENDER GESCHICHTE

Das Wort „Spanien" beschwört Bilder sonnenverwöhnter Strände, bunter Bademode und brutzelnder Paellas neben dem tiefenblauen Mittelmeer herauf. Doch wo liegen die Ursprünge von Spaniens Strandkultur? Und wie wurde das Land eines der beliebtesten Strandurlaubsziele der Welt? Mit Bikini und Sonnenhut bewaffnet heißt es nun: *Nos vamos a la playa*. Von Isabella Noble

DER SONNENBESCHIENENE goldene Sand an der Mittelmeerküste, von Tarifa ganz im Süden bis zur französischen Grenze, ist heute die beliebteste Strandspielwiese des Landes. Hier lockt klassisches spanisches Strandvergnügen in Form der belebten Costa del Sol in Andalusien, der überaus populären Costa Blanca in Valencia und der pinienbestandenen Costa Brava in Katalonien. Die vier herrlichen Balearischen Inseln direkt vor der Küste sind mit ihren großartigen türkisfarbenen Buchten seit den 1960er-Jahren ein Grundpfeiler der spanischen Tourismusindustrie.

Doch Spaniens Uferlandschaft wartet nicht nur mit dem Mittelmeer auf. Die dramatische 800 km lange Nordküste prägt wunderbar grüne Natur mit steil abfallenden Klippen und den weißgoldenen Stränden am Golf von Biskaya, wo Galicien, Asturien, Kantabrien und das Baskenland Bade- und Surfbegeisterte gleichermaßen anlocken. Im Westen Andalusiens verleiht der Atlantik der spektakulären honigfarbenen Costa de la Luz, die sich bis zur portugiesischen Grenze erstreckt, ein wilderes Antlitz. Ein gutes Stück weiter südlich bieten die vom Atlantik umspülten, vulkanisch geprägten Kanaren mit ihren schwarzen und goldenen Stränden eine gänzlich andere Strandszene als das Festland.

Historische Hintergründe

Man mag es kaum glauben, doch der Tourismus spielt in Spanien erst seit dem 19. Jh. eine größere Rolle. Vom glamourösen Marbella bis zum betriebsamen Benidorm waren viele der beliebtesten Strandorte des Landes einst ruhige Fischereidörfchen.

Die Geschichte von Spaniens *costas* ist mit dem Anstieg von Sommerreisen verbunden, die sich ab dem 17. Jh. immer größerer

Beliebtheit erfreuten. Insbesondere reiche Brit:innen bereisten auf ihren großen kulturell geprägten Touren Italien und Frankreich im Süden. Dies war der Ursprung des *veraneo* (Sommerurlaubs) in Europa. Im 19. Jh. wurde *balneario*-(Badehaus-)Tourismus sowohl in Spanien als auch andernorts in Europa populär. Dieser richtete sich vorwiegend an die wohlhabenderen Schichten, angelockt von der heilenden Wirkung des mineralreichen Thermalwassers an Meer- oder Flussorten wie Pontevedra (Galicien), Spaniens erstem Kurort.

Dank verbesserter Verkehrsverbindungen (Züge, Straßen, Autos) waren *balnearios* nicht mehr nur den Reichen zugänglich, sondern allmählich auch einem breiteren Publikum. Ab dem frühen 20. Jh. entwickelten sich die Strände selbst zur Hauptattraktion. Interessanterweise gelangten zunächst die Strände Nordspaniens in den Fokus, so wurden z. B. San Sebastián und Santander international als idyllische Küstenorte beworben. Bald erfasste dieser Trend dann auch die sonnigen goldenen Strände an Spaniens Mittelmeerküste.

Der Patronato Nacional de Turismo, eine frühe Version der spanischen Tourismusbehörde, wurde 1928 unter dem Diktator Primo de Rivera gegründet. Im selben Jahr öffnete das erste Parador-Hotel in der Sierra de Gredos in Ávila. Ausländische Reisende waren damals in Spanien noch immer selten, wobei das elegante San Sebastián im Baskenland eine Ausnahme darstellte. Mit dem Ausbruch des verheerenden Spanischen Bürgerkriegs in den 1930er-Jahren kam der Sektor zum Erliegen und erst in den 1950er-Jahren entdeckten die Einheimischen den klassische Strandurlaub für sich.

Während der repressiven Diktatur Francos suchten internationale Reiseunternehmen nach Alternativen zu traditionellen europäischen Zielen wie der Schweiz, Frankreich und Italien. Spanien sprang mit seinen unberührten sonnigen Stränden auf den Zug mit auf. Der internationale Strandtourismus an Spaniens Mittelmeerküste erblühte erst ab den 1960er-Jahren, doch bereits Ende der 1940er- und Anfang der 1950er-Jahre hatten skandinavische Tourist:innen Mallorca, Benidorm, Marbella, Ibiza und Torremolinos für sich entdeckt. Ihre Bikinis, die einst skandalöse Pariser Bademode, waren im streng katholischen Spanien unter Franco ein Novum. Etwa zur selben Zeit sah man auch in Santander französische Sommerschülerinnen in Bikinis – tatsächlich geht das erste Bikinibild in Spanien (1948; ein Neckholder mit hochgeschnittener Hose) auf eine 20-jährige Französin zurück, deren Name bis heute unbekannt ist. 1953 wurden Bikinis offiziell am Strand von Benidorm erlaubt, um den Tourismus anzukurbeln, und bald gehörten sie im ganzen Land zum Strandbild.

In den 1970er-Jahren gingen die ersten großen Strandhotels, Apartmentblocks und Reiseveranstalter an den Start, darunter große, bis heute prominente Ketten wie Meliá, Barceló und Iberostar. Dann kamen das Internet und die Billigflieger in den 2000er-Jahren – der Rest ist Geschichte.

Strandkultur

Heute ist die Leidenschaft für *la playa* (den Strand) tief in der spanischen Kultur verankert und rund 70 % der Einheimischen verbringen den Sommer am liebsten an der eigenen Küste. Warum sollte man auch eine anstrengende Auslandsreise auf sich nehmen, wenn man Cádiz' faszinierende Costa de la Luz, die karibisch anmutenden Strände Formenteras, die katalanischen Buchten von Begur und andere Highlights direkt vor der Haustür hat?

Ein Tag am Strand ist fast schon ein Ritual. Man kommt früh, wählt seinen Standort mit Bedacht, stellt den Sonnenschirm auf und richtet sich für den Tag ein. Auch wenn der Nachbar nur ein paar Schritte entfernt ist, nennt man dieses kleine Stück Sand- oder Kieselstrand sein Eigen, bis man beschließt zu gehen. Während der COVID-19-Pandemie stellten limitierte Besucherzahlen, Maskenpflicht und Berichte von endlosen Schlangen vor den beliebtesten Stränden die spanische Strandkultur auf den Kopf. Doch nichts davon konnte die Einheimischen davon abhalten, 2020 und 2021 ihren Sommer am Meer zu genießen.

Wie in Spanien üblich, spielt auch leckeres Essen eine Rolle. Zum Strandvergnügen gehört ein Tisch im Lieblings-*chiringuito* (Strandbar), wo schattige Terrassen, kühle Getränke und frische Meeresfrüchte für Abkühlung von der Sommerhitze sorgen. Zu den wichtigsten Zutaten für einen perfekten Strandtag zählen in Spanien dampfende Paellas und andere Reisgerichte, Platten mit frisch gegrilltem Fisch mit einem Spritzer Zitrone, die verschiedensten gekühlten hiesigen Weinen und wunderbarer *tinto con limón* (Rotwein mit Limonade, in Andalusien besonders beliebt). Manche sorgen auch selbst für ihre Verpflegung und haben schwere Rucksäcke oder Rollwagen mit den Tagesvorräten im Schlepptau. Hausgemachte Tortilla, frische Salate, belegte *bocadillos* (Sandwiches), riesige Stücke *sandía* (Wassermelone) und ein paar *cervezas* (Biere) sind dabei besonders beliebt. Und je größer die Gruppe aus Familie und Freunden, desto besser!

PHOTOS BRIANSCANTLEBURY/SHUTTERSTOCK ©

Ein Blick in die Zukunft

Das neueste Kapitel in Spaniens Strandgeschichte ist leider mit wachsenden Sorgen wegen des Übertourismus verbunden, die viele beliebte Küstenziele auf der ganzen Welt teilen. Stetig wachsende Besucherzahlen, vermehrte Meeresverschmutzung und andere globale Faktoren gefährden diese Naturlandschaften, während die unkontrolliert wachsende Zahl von privaten Strandapartments und Ferienhäusern für touristische Zwecke einheimische Anwohnende vertreibt, insbesondere in Küstenstädten wie Barcelona, Valencia und Málaga.

Auf der anderen Seite unternimmt Spanien wichtige Schritte zum Schutz der Strände und zum Kampf gegen Übertourismus. Das Rauchen wurde an über 500 Stränden (Tendenz steigend) im ganzen Land verboten, lokale Strandsäuberungsaktionen haben Hochkonjunktur und Kampagnen sollen dazu motivieren, außerhalb der Hochsaison im Juli und August den Strand zu besuchen. Auf den Balearen gibt es neuerdings Schutzprojekte für das bedeutende Neptungras (und die Küste selbst), und auf Menorca sind viele Buchten zur Bewahrung deren ursprünglicher Schönheit schon seit Jahren nicht mehr über Straßen zugänglich.

EIN TAG AM STRAND IST FAST SCHON EIN RITUAL. MAN KOMMT FRÜH, WÄHLT SEINEN STANDORT MIT BEDACHT, STELLT DEN SONNENSCHIRM AUF UND RICHTET SICH FÜR DEN TAG EIN.

Für Galiciens beliebte Praia As Catedrais im Norden, bekannt für kathedralenähnliche Felsformationen, gilt nun eine Besucherobergrenze und Tickets müssen vorab gekauft werden. Auch mit dem eigenen Verhalten kann man dazu beitragen, die wunderschöne Küste Spaniens zu schützen und zu bewahren. Am besten wählt man eine Unterkunft mit lokalem, nachhaltigem Ansatz, die nicht direkt am Sand liegt (wegen drohender Erosion), sowie einen weniger bekannten Strandort, hinterlässt keinen Müll, meidet Einwegplastik, informiert sich über umweltfreundlichere Sonnencremes und beteiligt sich an Strandsäuberungsaktionen.

WILDE WELT

GESCHÜTZTE ORTE, HEIMISCHE WILDTIERE – UND WIE SPANIEN FÜR DEREN ÜBERLEBEN KÄMPFT

Mag sein, dass die Strände und beeindruckenden Monumente allgemein im Mittelpunkt des Interesses stehen, aber wusstest du, dass Spanien eines der ersten Länder Europas war, das sich aktiv für den Schutz seiner natürlichen Umwelt eingesetzt hat? Heute steht die Liebe zur Natur im Mittelpunkt, und ihr Überleben für künftige Generationen zu sichern, ist nach wie vor ein zentrales Anliegen des Landes. Von Isabella Noble

Die Geschichte des Schutzes

Am 7. Dezember 1916 unterzeichnete König Alfonso XIII. ein bahnbrechendes Gesetz zum Schutz einiger der wertvollsten Naturgebiete Spaniens als *parques nacionales* (Nationalparks). Im Sommer 1918 wurden die beiden ersten Nationalparks des Landes eingerichtet: der Parque Nacional Montaña de Covadonga in Asturien (der später zum Parque Nacional Picos de Europa erweitert wurde) und der Parque Nacional Valle de Ordesa in Aragonien (der zum Parque Nacional de Ordesa y Monte Perdido wurde). Sie traten in die Fußstapfen berühmter Nationalparks in Nordamerika, wie Yellowstone (der erste Nationalpark der Welt, gegründet 1872) und Banff (Kanadas ältester Nationalpark seit 1885). Schweden richtete 1909 neun Nationalparks ein (als erstes Land in Europa), und auch Spanien folgte nicht weit dahinter. Dagegen wurde der erste Nationalpark in Großbritannien (im Lake District) erst in den 1950er-Jahren eröffnet.

Von schneebedeckten Gipfeln über spiegelnde Sümpfe bis hin zu sanft geschwungenen Meeresgründen haben sich die Nationalparks Spaniens zu einem der größten Schätze des Landes entwickelt – und zu einer Quelle enormen lokalen Stolzes. Zudem geht die Entwicklung weiter: 2021 folgt der Parque Nacional Sierra de las Nieves in der Provinz Málaga (Andalusien) – Spaniens lang erwarteter 16. Nationalpark, der vor allem wegen seines einzigartigen Reichtums an *pinsapo*-Wäldern (eine seltene Tannenart, die nur in Teilen Südspaniens und Nordmarokkos vorkommt) eröffnet wurde. Im Süden der Kanarischen Inseln hat sich der 1954 gegründete Parque Nacional del Teide auf Teneriffa mit über vier Mio. Besucher:in-

nen pro Jahr zum meistbesuchten Nationalpark Europas entwickelt, und für das Meeresschutzgebiet Mar de las Calmas vor El Hierro wird der Status eines Nationalparks in Aussicht gestellt.

In Spanien gibt es noch viele andere geschützte Naturräume, die etwas weniger strengen Bestimmungen unterliegen, darunter die *parques naturales* (Naturparks), *reservas naturales* (Naturschutzgebiete) und *áreas marinas protegidas* (geschützte Meeresgebiete). Die meisten von ihnen sind von besonderer Bedeutung; so ist der Parque Natural Sierras de Cazorla, Segura y Las Villas in Andalusien das zweitgrößte Schutzgebiet in Europa.

Lokale Wildtiere & ökologische Herausforderungen

Diese gewaltigen, wilden Landstriche verdanken ihren Schutzstatus ihrer erstaunlich reichen Artenvielfalt, und das Bestreben, sowohl die Naturräume als auch die lokale Flora und Fauna zu schützen, ist heute eine der größten Herausforderungen Spaniens. Zu den Stars der spanischen Tierwelt gehören der Iberische Luchs (*lince ibérico*), der Braunbär (*oso pardo*), der Iberische Wolf (*lobo ibérico*), der Steinbock (*cabra montés*) und das Wildschwein (*jabalí*), Dazu kommen unzählige Vogelarten, darunter Schwarzgeier (*buitres negros*), Bartgeier (*quebrantahuesos*), Fischadler (*águilas pescadoras*) und spanische Kaiseradler (*águilas imperiales*).

Wie auf der ganzen Welt sind auch in Spanien viele Arten durch den Klimawandel, die Zerstörung ihrer Lebensräume, eingewanderte Raubtiere und eine ganze Reihe anderer (meist vom Menschen verursachter) Gefahren bedroht. Der iberische Wolf zum Beispiel wurde fast bis zur Ausrottung bejagt, so dass es in den 1970er-Jahren nur noch 1500 Exemplare gab. Seine Situation hat sich in den letzten Jahren etwas gebessert, denn seit 2021 ist die Jagd auf Wölfe illegal, aber Konflikte zwischen Mensch und Tier (insbesondere durch Bäuerinnen und Bauern, die Angriffe von Wölfen auf ihr Vieh befürchten) in ländlichen Gebieten bleiben eine der größten Bedrohungen für diese Art.

In anderen Gebieten sind die zunehmenden Hitzewellen und Dürreperioden in allen Bereichen der Natur deutlich zu spüren. Im Parque Nacional Tablas de Daimiel in Kastilien-La Mancha (einem bedeutenden Vogelschutzgebiet, das seit 1973 unter strengem Schutz steht) sind in den letzten Jahren 80 % der Lagunen ausgetrocknet, während der berühmte Parque Nacional de Doñana, der sich über das Delta des Río Guadalquivir in Andalusien erstreckt, im Sommer 2022 seine letzte dauerhafte Süßwasserlagune verlor (was zum Teil auch auf die illegale Wasserentnahme für die Erdbeerfarmen der Region zurückzuführen ist).

In demselben Sommer zerstörte ein verheerender Waldbrand im Parque Nacional de Monfragüe in Extremadura (ein weiteres Vogelparadies) 400 Hektar geschütztes Gebiet, wobei vor allem die Nester der bedrohten Mönchsgeier in Mitleidenschaft gezogen wurden. Im Parque Nacional Sierra Nevada in Granada (der 1999 eingerichtet wurde) gibt der Rückgang der Schneefälle Anlass zur Sorge um die Wasserversorgung im trockenen Süden Andalusiens in den kommenden Jahren.

Immer mehr Tiere wandern auch in menschliche Lebensräume ein, nachdem sie aus den verschiedensten Gründen aus ihren eigenen Habitaten vertrieben wurden. Ein orientierungsloser, unterernährter Gänsegeier sorgte für Schlagzeilen, als er im August 2022 in den Straßen von Malasaña in Madrid umherirrte; glücklicherweise wurde er jedoch schnell gerettet und in ein Auffangzentrum für Greifvögel gebracht.

Hoffnung für die Zukunft & das Problem des Tourismus

Doch die Lage ändert sich allmählich, und die langfristigen Projekte zeigen endlich Ergebnisse für Spanien. Am erstaunlichsten ist vielleicht die Geschichte des iberischen Luchses. Einst die am stärksten gefährdete Wildkatze der Welt, ist es gelungen, diese gefleckte Kreatur mit dem kurzen Schwanz und dem bärtigen Gesicht knapp vor dem endgültigen Aussterben zu retten.

Zu Beginn des 21. Jhs. gab es weltweit nur noch weniger als 100 Iberische Luchse, die meisten davon in zwei Gebieten Andalusiens (dem Parque Nacional de Doñana und der Sierra Morena in der Provinz Jaén). Dank eines beispiellosen Zuchtprogramms in Gefangenschaft und der gezielten Wiederherstellung von Wildkaninchenpopulationen (der wichtigsten Beute des Luchses) leben heute über 1300 Luchse frei in Spanien (in

Andalusien sowie in Extremadura und Kastilien-La Mancha) und Südportugal. Der Iberische Luchs wurde 2015 offiziell von der Liste der vom Aussterben bedrohten Arten der Weltnaturschutzunion (IUCN) gestrichen. Ein besonders beliebtes Exemplar namens Aura steht für diese erstaunliche Geschichte. Sie wurde 2002 geboren, als es weltweit nur noch 94 iberische Luchse gab, und spielte eine Schlüsselrolle bei der Veränderung des Schicksals dieser Art, indem sie im Laufe ihres Lebens 14 Jungtiere zur Welt brachte; als sie Ende 2022 starb (der am längsten lebende iberische Luchs seit den Aufzeichnungen), gab es insgesamt 1365 wilde iberische Luchse.

Auch der iberische Wolf und der Braunbär sind wieder auf dem Vormarsch: Rund 2500 bzw. 300 Tiere leben heute in Freiheit, vor allem in Nordspanien. Der Bartgeier wurde erfolgreich wieder angesiedelt, insbesondere in Andalusiens Parque Natural Sierras de Cazorla, Segura y Las Villas sowie in den Pyrenäen und den Picos de Europa. Die Bestände der Mönchsgeier sind ebenfalls im Ansteigen begriffen und haben sich bei etwa 1300 Brutpaaren stabilisiert, von denen viele über den Balearen und Südwestspanien ihre Kreise ziehen. Der Bestand des spanischen Iberienadler hat von nur 30 Paaren in den 1960er-Jahren auf heute über 1000 Vögel auf der Iberischen Halbinsel zugenommen. Und in einem historischen Schritt wurde 2022 dem stark verschmutzten und gefährdeten Mar Menor (einer der größten Salzwasserlagunen Europas) in Murcia der Rechtsstatus einer Person zuerkannt, wodurch sein Recht auf Existenz und Schutz als Ökosystem festgeschrieben wurde.

Ein weiteres Thema ist die Beziehung zwischen den spanischen Schutzgebieten und der Rolle des immer stärker werdenden Tourismus. Auf der einen Seite kann der Tourismus dazu beitragen, das Bewusstsein für die ökologischen Herausforderungen, für die heimische Tierwelt und für die Möglichkeiten, wie die Menschen helfen können, zu schärfen und gleichzeitig Arbeitsplätze zu schaffen und nachhaltige Initiativen voranzutreiben, die die Natur in den Mittelpunkt stellen.

VON SCHNEEBEDECKTEN GIPFELN ÜBER SPIEGELNDE SÜMPFE BIS HIN ZU SANFT GESCHWUNGENEN MEERESGRÜNDEN HABEN SICH DIE NATIONALPARKS SPANIENS ZU EINEM DER GRÖSSTEN SCHÄTZE DES LANDES ENTWICKELT

Auf der anderen Seite haben einige Gebiete, wie nach dem Ende der COVID-19-Pandemie zu sehen war, durch sprunghaft ansteigende Besucherzahlen eine Überforderung erfahren, die zu Lasten der Umwelt geht. In den letzten zwei Jahrzehnten ist der Tourismus in den Nationalparks um etwa 77 % gestiegen – das bedeutet rund 16 Mio. Besucher:innen jährlich. Doch oft sind es die weniger geschützten Gebiete, wie die *parques naturales*, die darunter leiden, da es dort weniger Beschränkungen gibt, um den Tourismus auf einem nachhaltigen Niveau zu halten. Im Parque Natural Sierra de Grazalema in der Provinz Cádiz beispielsweise führte der Besucheransturm nach dem Lockdown zu endlosen Schlangen entlang des beliebten Wanderwegs Río Majaceite, so dass die Behörden ihn schließlich ganz schlossen und Umweltschützer:innen zu Maßnahmen aufriefen, um den Ansturm einzudämmen.

Es ist ein langer und schwieriger Weg, auf dem noch viele Kilometer zu bewältigen sind, aber die Zukunft der Natur in Spanien sieht auf jeden Fall viel rosiger aus als noch vor einigen Jahrzehnten. Man schaue sich nur die gefiederte Berühmtheit Esperanza an, die 2015 der erste Bartgeier war, der seit über drei Jahrzehnten in Spanien in freier Wildbahn geboren wurde – ihr schöner, von der Bevölkerung gestifteter Name bedeutet „Hoffnung".

REGISTER

Verweise auf Karten **000**

G

Verweise auf Karten **000**

Verweise auf Karten **000**

Verweise auf Karten **000**

Verweise auf Karten **000**

S

Verweise auf Karten **000**

„Cádiz (S. 509), die Stadt der Gärten am Atlantik, der begrünten Plätze und der verwinkelten Gassen, hatte schon immer den Ruf, eine liberale Stadt zu sein."

LAURA MCVEIGH

„Starte deine Dorf-zu-Dorf-Tour in Calella de Palafrugell (S. 282), einem Ort mit weiß getünchten Häusern, der sich an eine wunderschöne Bucht mit Sandstrand schmiegt."

STUART BUTLER

ÜBER DIESES BUCH

Lonely Planet Global Limited
Digital Depot, Roe Lane (off Thomas Street)
Digital Hub
Dublin 8
D08 TCV4
Ireland

Verlag der deutschen Ausgabe:
MAIRDUMONT
Marco-Polo-Str. 1
73760 Ostfildern

www.lonelyplanet.de, www.mairdumont.com, lonelyplanet-online@mairdumont.com

Spanien
9. deutsche Auflage März 2024 übersetzt von *Spain*, 14th edition, Juli 2023 Lonely Planet Global Limited

Printed in China

Redaktion: Birgit Gläser, Annegret Gellweiler, Simone Härter, Simone Härter, Sophie Härter, Guido Huß, Gerhard Junker, Susanne Junker, Cosima Kroll, Olaf Rappold, Katrin Schmelzle, Romina Sance, Lisa Spägele, Stephanie Ziegler (red. sign, Stuttgart)

Übersetzung: Tobias Ewert, Derek Frey, Marion Gref-Timm, Stefanie Gross, Sonja Hofmann, Gabriela Huber Martins, Britt Maaß, Marion Matthäus, Julie Rinkel-Bacher, Dr. Christian Rochow, Beate Staib

MIX
Paper from responsible sources
FSC® C124385

Dieses Buch wurde auf FSC® zertifiziertem Papier gedruckt. FSC® ist ein internationales Zertifizierungssystem für nachhaltigere Waldwirtschaft. Das Holz für diese Papier kommt aus Wäldern, die verantwortungsvoller bewirtschaftet werden.